中国社会科学院民法典工作项目组编著系列
总顾问　梁慧星　孙宪忠

民法总则评注

Commentary on General Principles of the Civil Code

（上册）

陈　甦　主　编
谢鸿飞　朱广新　副主编

法律出版社
LAW PRESS·CHINA

主编及撰稿人

（以撰写法律条文的序号排序）

陈　甦　中国社会科学院法学研究所与国际法研究所联合党委书记、副所长、研究员、中国社会科学院民商法学优势学科负责人。

于　飞　中国政法大学民商经济法学院教授，撰写第1～12条。

朱广新　中国社会科学院法学研究所研究员，撰写第13～25条、第205～206条。

刘　明　中国社会科学院法学研究所助理研究员，撰写第26～39条、第112、124、127条及第200～204条。

窦海阳　中国社会科学院法学研究所副研究员，第40～53条。

刘承韪　中国政法大学比较法研究院教授，撰写第54～56条及第102～108条。

徐涤宇　中南财经政法大学法学院教授，撰写第57～75条。

谢鸿飞　中国社会科学院法学研究所研究员，撰写第76～86条、第125～126条、第128条。

徐强胜　河南财经政法大学法学研究院教授，撰写第87～101条。

郝丽燕　济南大学政法学院讲师、中国社会学院研究生院博士研究生，撰写第109～110条、第158～160条、第173～175条。

易继明　北京大学法学院教授，撰写第111、123条。

常鹏翱　北京大学法学院教授，撰写第113～122条、第129～132条。

朱晓喆　上海财经大学法学院教授，撰写第133～142条。

韩世远　清华大学法学院教授，撰写第143～150条。

叶金强　南京大学法学院教授，撰写第151～157条。

方新军　苏州大学法学院教授，撰写第161～172条。

蔡立东　吉林大学法学院教授，撰写第176～187条。

周江洪　浙江大学法学院教授，撰写第188～199条。

陈甦研究员全程参与《民法总则》的编纂，对一些法律条文的确立与完善贡献了智慧。他通读书稿，对很多条文的阐释提出修改完善意见与建议，并对书稿内容作出许多修改、补充。谢鸿飞研究员、朱广新研究员、窦海阳副研究员、刘明博士等亦参与了《民法总则》的制定。全书由朱广新研究员负责统稿。

序　言

党的十八届四中全会审议通过了《中共中央关于全面推进依法治国若干重大问题的决定》，明确而郑重地指出，"依法治国，是坚持和发展中国特色社会主义的本质要求和重要保障，是实现国家治理体系和治理能力现代化的必然要求，事关我们党执政兴国，事关人民幸福安康，事关党和国家长治久安"。建设中国特色社会主义法治体系，建设社会主义法治国家，编纂民法典是一项基础工作。

国外法学界有民法乃"万法之母"之说，在中国特色社会主义法律体系中，民法典同样居于重要地位，是我国规范公权、保障私权的基本制度依据。党的十八届四中全会决定，再启民法典编纂工作，是全面推进依法治国的需要，是适应经济社会发展的需要。

新中国成立以来，曾四次启动民法典立法工作。虽然囿于当时的社会条件，民法典立法工作历经波折，但是"制定一部中国的民法典"是我国社会主义法治实践的一个连续过程，此前的工作为我们今天编纂民法典积累了经验，打下了基础。

"法律是治国之重器，良法是善治之前提。"改革开放以来，我国法治建设成就斐然。当前中国特色社会主义法律体系已经形成，在民法领域，《民法通则》《物权法》《合同法》《侵权责任法》《婚姻法》《继承法》等重要法律相继制定，民法理论研究的深度与广度前所未有，民事司法实践经验日趋丰富，编纂民法典时机已经成熟，民法典编纂再次进入立法过程可谓水到渠成。

制定一部既反映一般规律又体现中国特色的民法典，需要聚天下之智。为贯彻落实党的十八届四中全会关于编纂民法典的决定，由全国人大常委会法工委作为牵头单位，由最高人民法院、最高人民检察院、国务院法制办、中国社会科学院、中国法学会作为参加单位，共同组成民法典编纂工作的组织机制，具体承担民法典编纂任务。中国社会科学院高度重视这一工作，为此专门成立了民法典编纂工作项目组。院党组决定由我担任组长，陈甦同志担任副组长，具体负责中国社会科学院承担的民法典编纂工作，由法学研究所具体承担全国人大法工委交办的民法典编纂工作任务，组织协调法学所科研人员参与民法典编纂工作；梁慧星和孙宪忠两位资深学者作为首席专家，主导重大理论与实践问题的研究和立法方案的抉择；谢鸿飞同志作为学术秘书，负责民法典编纂工作项目组的各项具体事务。在中国社会科学院党组的指导下，民法典编纂工作项目组全体成员积极努力、协同创新，通过深入开展专题调研、举办各类专题研究会、参加立法工作会、参与法律草案讨论、提供法律条文建议稿等方式，将中国社会科学院关于民法典的智力成果提供给立法机关，实现研究成果向现实法律的有效转化。

中国社会科学院法学研究所长期致力于民法学研究和参与民法立法实践，经过几代学人的艰苦努力，打造出了一支国内最有影响力的民法学者队伍，为繁荣民法理论、推进民事立法做出了优异贡献。例如，中国社会科学院法学研究所的民法学者参与制定1986年的《民法通则》、1999年的《合同法》、2007年的《物权法》、2009年的《侵权责任法》等，积累了丰富的参与立法工作的经验。早在2000年就出版了我国第一部由民法学者撰写的《中国物权法草案建议稿——条文、说明、理由与参考立法例》，深受实务界和理论界好评。由梁慧星研究员领衔，组织法学所和国内二十余所高校、科研机构的民法学者完成的《民法典学者建议稿（条文、立法例和立法理由书）》，是目前公认的国内最全面、最深入的民法典立法建议稿。

在民法典编纂规划中，《民法总则》以其在民法典体系中的纲要地位和统领作用，成为民法典编纂的开篇之作。在《民法总则》制定过程中，立法机关及相关参与者以其崇高的使命感、强烈的责任心，仅仅在两年多的时间里，就形成《民法总则（草案）》，经立法机关多次审议，召开各种座谈会、研讨会反复讨论，三次向全社会公开征求意见，在充分吸纳集体智慧、广泛集聚社会共识的基础上，终于形成了高水平、高质量的法律文本，于2017年3月由第十二届全国人民代表大会第五次会议审议通过，成功完成了民法典编纂的第一个重大任务。

《民法总则》的颁行是社会主义法治体系建设的又一个重大成果，是全面推进依法治国的又一个标志性成就。其一，《民法总则》是中国特色社会主义建设经验的法律凝炼。《民法总则》总结了改革开放以来我国经济社会发展的实践经验，特别是《民法通则》颁行以来社会主义法治建设的实践经验，并将其进行制度化提炼，使之能够以法治方式长期坚持和有序推广。其二，《民法总则》反映了社会主义市场经济运行与发展的内在要求。例如，规定民事主体法律地位一律平等，进一步丰富民事权利体系，强调意思自治原则，强化民事责任制度等，体现了以保护产权、维护契约、统一市场、平等交换、公平竞争、有效监管为基本导向，巩固了完善社会主义市场经济法律制度的民法基础。其三，《民法总则》在准确把握法律科学自身规律性的基础上，坚持为解决中国问题提供中国式的法治方案，为此做出了卓有成效的制度创新。例如，在法人制度上对营利法人和非营利法人进行分类规范，以适应各种社会组织的职能配置与机制建构；对于农村集体经济组织创设特别法人制度，为其法人化改革方案提供制度空间。其四，《民法总则》把弘扬社会主义核心价值观放在第一条立法宗旨中，并将其有机融入各个具体条款中。特别是还以专门条款的形式彰显社会主义核心价值观的要求。例如，为鼓励见义勇为、自愿助人规定了"好人法条款"；为实现社会和谐稳定、保护弱者权益全面完善了监护制度；为因应老龄化社会的发展趋势，增设了意定监护规则。其五，《民法总则》反映了时代精神，如为鼓励创新，明确了知识产权的客体范围；为促进生态建设，首创"绿色条款"；为因应网络社会运行和电子商务发展，规定了数据、虚拟财产的权利属性，特别强调自然人的个人信息受法律保护。总之，《民法总则》是一部体现中国特色、时代精神和民族气质的法典总则，是民法典编纂中成功且理想的开篇之作。

《民法总则》在民法体系中居于重要的基础地位，蕴含了中国民法理论研究的最新成果，是今后民法实践的重要依据。鉴于此，中国社会科学院民法典工作项目组认为，有责任将参与《民法总则》制定活动中的观察、领悟与思考，以《民法总则》阐释评注的方式贡献于社会，特别是贡献于法学界和法律界，以有助于更好地学习、遵守、运用和适用《民法总则》。

本书以《民法总则》条文阐释评注的方式,对《民法总则》的二百零六个条文进行逐一解读。其体例与内容包括:第一,历史由来。将《民法总则》与旧法间的承继与修订关系,以及《民法总则》起草和审议过程中的修改情况进行梳理,为读者厘清每个条文的发展沿革、修订或增减的内在理由,以更准确地把握现行法的规范含义及现实依据。第二,规范目的。对特定条文在司法实践中的适用场景进行辨析,对其所欲解决的实际问题进行厘清,以期为读者阐明该条文在法律规范体系中的意义与作用,便于法律实务中精准检索并有效适用。第三,规范含义。对特定条文的规范内容进行系统阐释,包括对相关法律概念的解读、构成要件的分析、法律效果的明确等,以期为读者展现该条文最为全面具体的准确含义及适用规则。第四,举证责任分配。对法律条文在法律适用上所涉及的证明负担在当事人之间如何合理安排进行详细阐释,以增强《民法总则》的适用性。第五,其他问题。对特定条文在理解和适用上可能存在的争议进行分析,并就如何减少及消弭争议提出有针对性的意见或建议。同时运用体系化思维方式,分析如何协调适用《民法总则》与其他法律、行政法规之间的关系,以期为读者提供更多的法律判断思考路径与法律冲突解决方案。

民法典的编纂工作是一项艰巨且复杂的系统性工程,为提高立法效率并确保立法质量,我国立法机关采取了“先总则、后分则”两步走的立法模式。《民法总则》的正式颁布标志着民法典编纂工作第一阶段目标已经如期实现,民法典编纂工作第二阶段即将展开。中国社会科学院及其科研人员将以更为积极勤勉的态度、求真务实的精神,在民法典分则部分的立法进程中继续奉献科学智慧,为立法机关建言献策,为编纂出一部具有中国气派、时代精神、适应我国社会主义现代化伟大事业要求的民法典贡献一份力量。

李培林

缩略语表

全　　称	简　　称
一、民法总则草案与建议稿	
《中华人民共和国民法总则(草案)》	《民法总则(草案)》
《中华人民共和国民法总则(草案)》(一次审议稿)	《民法总则(草案)》(一审稿)
《中华人民共和国民法总则(草案)》(二次审议稿)	《民法总则(草案)》(二审稿)
《中华人民共和国民法总则(草案)》(三次审议稿)	《民法总则(草案)》(三审稿)
《中华人民共和国民法总则(草案)征求意见稿》	《民法总则(草案)征求意见稿》
梁慧星组织撰写的《中国民法典草案建议稿·总则编》	"社科院稿"
王利明组织撰写的《中国民法典草案建议稿·总则编》 (王利明主编:《中国民法典学者建议稿及立法理由·总则编》,法律出版社2005年版)	"人民大学稿"
中国法学会提交给全国人大常委会法制工作委员会的《中华人民共和国民法典·民法总则专家建议稿》(2015年6月24日)	"法学会稿"
二、法律	
《中华人民共和国宪法》	《宪法》
《中华人民共和国民法总则》	《民法总则》
《中华人民共和国民法通则》	《民法通则》

续表

全　称	简　称
《中华人民共和国刑法》	《刑法》
《中华人民共和国劳动法》	《劳动法》
《中华人民共和国婚姻法》	《婚姻法》
《中华人民共和国商标法》	《商标法》
《中华人民共和国继承法》	《继承法》
《中华人民共和国物权法》	《物权法》
《中华人民共和国海商法》	《海商法》
《中华人民共和国拍卖法》	《拍卖法》
《中华人民共和国证券法》	《证券法》
《中华人民共和国合同法》	《合同法》
《中华人民共和国公司法》	《公司法》
《中华人民共和国票据法》	《票据法》
《中华人民共和国邮政法》	《邮政法》
《中华人民共和国立法法》	《立法法》
《中华人民共和国担保法》	《担保法》
《中华人民共和国专利法》	《专利法》
《中华人民共和国保险法》	《保险法》
《中华人民共和国价格法》	《价格法》
《中华人民共和国农业法》	《农业法》
《中华人民共和国法官法》	《法官法》
《中华人民共和国检察官法》	《检察官法》
《中华人民共和国公务员法》	《公务员法》
《中华人民共和国企业破产法》	《企业破产法》
《中华人民共和国收养法》	《收养法》
《中华人民共和国著作权法》	《著作权法》
《中华人民共和国合伙企业法》	《合伙企业法》

续表

全　　称	简　　称
《中华人民共和国侵权责任法》	《侵权责任法》
《中华人民共和国食品安全法》	《食品安全法》
《中华人民共和国产品质量法》	《产品质量法》
《中华人民共和国刑事诉讼法》	《刑事诉讼法》
《中华人民共和国民用航空法》	《民用航空法》
《中华人民共和国国家赔偿法》	《国家赔偿法》
《中华人民共和国民事诉讼法》	《民事诉讼法》
《中华人民共和国环境保护法》	《环境保护法》
《中华人民共和国合伙企业法》	《合伙企业法》
《中华人民共和国土地管理法》	《土地管理法》
《中华人民共和国海岛保护法》	《海岛保护法》
《中华人民共和国矿产资源法》	《矿产资源法》
《中华人民共和国经济合同法》	《经济合同法》
《中华人民共和国义务教育法》	《义务教育法》
《中华人民共和国高等教育法》	《高等教育法》
《中华人民共和国商业银行法》	《商业银行法》
《中华人民共和国精神卫生法》	《精神卫生法》
《中华人民共和国行政处罚法》	《行政处罚法》
《中华人民共和国外资企业法》	《外资企业法》
《中华人民共和国网络安全法》	《网络安全法》
《中华人民共和国残疾人保障法》	《残疾人保障法》
《中华人民共和国居民身份证法》	《居民身份证法》
《中华人民共和国反不正当竞争法》	《反不正当竞争法》
《中华人民共和国证券投资基金法》	《证券投资基金法》
《中华人民共和国个人独资企业法》	《个人独资企业法》

续表

全　　称	简　　称
《中华人民共和国海洋环境保护法》	《海洋环境保护法》
《中华人民共和国未成年人保护法》	《未成年人保护法》
《中华人民共和国妇女权益保障法》	《妇女权益保障法》
《中华人民共和国农村土地承包法》	《农村土地承包法》
《中华人民共和国海域使用管理法》	《海域使用管理法》
《中华人民共和国老年人权益保障法》	《老年人权益保障法》
《中华人民共和国人口与计划生育法》	《人口与计划生育法》
《中华人民共和国消费者权益保护法》	《消费者权益保护法》
《中华人民共和国城市房地产管理法》	《城市房地产管理法》
《中华人民共和国涉外民事关系法律适用法》	《涉外民事关系法律适用法》
《中华人民共和国全民所有制工业企业法》	《全民所有制工业企业法》
《中华人民共和国城市居民委员会组织法》	《城市居民委员会组织法》
《中华人民共和国村民委员会组织法》	《村民委员会组织法》
《中华人民共和国村民委员会组织法(试行)》	《村民委员会组织法(试行)》
三、司法解释与法规	
《关于依法处理监护人侵害未成年人权益行为若干问题的意见》(法发〔2014〕24 号)	《处理监护人侵害意见》
《最高人民法院关于民事诉讼证据的若干规定》(法释〔2001〕33 号)	《证据规定》
《最高人民法院关于贯彻执行〈中华人民共和国民法通则〉若干问题的意见(试行)》(法〔办〕发〔1988〕6 号)	《执行民法通则意见》
《最高人民法院关于适用〈中华人民共和国民事诉讼法〉若干问题的意见》(法发〔92〕22 号)	《民事诉讼法意见》
《最高人民法院关于适用〈中华人民共和国婚姻法〉若干问题的解释(一)》(法释〔2001〕30 号)	《婚姻法解释(一)》

续表

全　　称	简　　称
《最高人民法院关于适用〈中华人民共和国企业破产法〉若干问题的规定(二)》(法释〔2013〕22号)	《企业破产法解释(二)》
《最高人民法院关于适用〈中华人民共和国物权法〉若干问题的解释(一)》(法释〔2016〕5号)	《物权法解释(一)》
《最高人民法院关于适用〈中华人民共和国公司法〉若干问题的规定(二)》(法释〔2008〕6号)	《公司法解释(二)》
《最高人民法院关于适用〈中华人民共和国公司法〉若干问题的规定(三)》(法释〔2011〕3号)	《公司法解释(三)》
《最高人民法院关于适用〈中华人民共和国公司法〉若干问题的规定(四)》(征求意见稿)	《公司法解释(四)》(征求意见稿)
《最高人民法院关于适用〈中华人民共和国合同法〉若干问题的解释(一)》(法释〔1999〕19号)	《合同法解释(一)》
《最高人民法院关于适用〈中华人民共和国合同法〉若干问题的解释(二)》(法释〔2009〕5号)	《合同法解释(二)》
《最高人民法院关于适用〈中华人民共和国保险法〉若干问题的解释(三)》(法释〔2015〕21号)	《保险法解释(三)》
《最高人民法院关于适用〈中华人民共和国婚姻法〉若干问题的解释(三)》(法释〔2011〕18号)	《婚姻法解释(三)》
《最高人民法院关于当前形势下审理民商事合同纠纷案件若干问题的指导意见》(法发〔2009〕40号)	《审理合同纠纷意见》

续表

全　称	简　称
《最高人民法院关于审理人身损害赔偿案件适用法律若干问题的解释》(法释〔2003〕20号)	《人身损害赔偿解释》
《最高人民法院关于适用〈中华人民共和国民事诉讼法〉的解释》(法释〔2015〕5号)	《民事诉讼法解释》
《最高人民法院关于审理买卖合同纠纷案件适用法律问题的解释》(法释〔2012〕8号)	《买卖合同解释》
《最高人民法院关于确定民事侵权精神损害赔偿责任若干问题的解释》(法释〔2001〕7号)	《侵权精神损害赔偿解释》
《最高人民法院关于适用〈中华人民共和国担保法〉若干问题的解释》(法释〔2000〕44号)	《担保法解释》
《最高人民法院关于审理票据纠纷案件若干问题的规定》(法释〔2000〕32号)	《审理票据纠纷规定》
《最高人民法院关于贯彻执行〈中华人民共和国继承法〉若干问题的意见》(1985年9月11日)	《执行继承法意见》
《最高人民法院关于审理涉及人民调解协议的民事案件的若干规定》(法释〔2002〕29号)	《人民调解协议规定》
《最高人民法院关于审理证券市场因虚假陈述引发的民事赔偿案件的若干规定》(法释〔2003〕2号)	《虚假陈述规定》
《最高人民法院关于在民事审判工作中适用〈中华人民共和国工会法〉若干问题的解释》(法释〔2003〕11号)	《工会法解释》
《最高人民法院关于审理商标民事纠纷案件适用法律若干问题的解释》(法释〔2002〕32号)	《商标民事纠纷解释》
《最高人民法院关于审理融资租赁合同纠纷案件适用法律问题的解释》(法释〔2014〕3号)	《融资租赁合同解释》
《最高人民法院关于审理民事案件适用诉讼时效制度若干问题的规定》(法释〔2008〕11号)	《适用诉讼时效制度规定》

续表

全　　称	简　　称
《最高人民法院关于审理经济合同纠纷案件中具体适用经济合同法若干问题的解答》(法经发〔1987〕第20号)	《适用经济合同法解答》
《中华人民共和国银行管理暂行条例》	《银行管理暂行条例》
《中华人民共和国外资银行管理条例》	《外资银行管理条例》
《中华人民共和国治安管理处罚条例》	《治安处罚条例》
《中华人民共和国植物新品种保护条例》	《植物新品种保护条例》
《中华人民共和国中外合资经营企业法实施条例》	《中外合资经营企业法实施条例》
《中华人民共和国企业法人登记管理条例》	《企业法人登记管理条例》
《中华人民共和国乡村集体所有制企业条例》	《乡村集体所有制企业条例》
《中华人民共和国城镇集体所有制企业条例》	《城镇集体所有制企业条例》
《中华人民共和国森林法实施条例》	《森林法实施条例》
《中华人民共和国户口登记条例》	《户口登记条例》
《最高人民法院关于审理民事案件适用诉讼时效制度若干问题的规定》(法释〔2008〕11号)	《适用诉讼时效制度规定》
《全国人民代表大会常务委员会关于加强网络信息保护的决定》	《关于加强网络信息保护的决定》
《中华人民共和国专利法实施细则》	《专利法实施细则》
《中华人民共和国企业法人登记管理条例施行细则》	《企业法人登记管理条例施行细则》
《中华人民共和国公司登记管理条例》	《公司登记管理条例》

目　　录

上　　册

下　册

上　　册

第一章　基本规定

第一条　【立法目的和根据】

为了保护民事主体的合法权益，调整民事关系，维护社会和经济秩序，适应中国特色社会主义发展要求，弘扬社会主义核心价值观，根据宪法，制定本法。

一、历史由来

（一）本条来源

本条渊源于《民法通则》第1条。《民法通则》第1条规定，“为了保障公民、法人的合法的民事权益，正确调整民事关系，适应社会主义现代化建设事业发展的需要，根据宪法和我国实际情况，总结民事活动的实践经验，制定本法。”本条较之其来源，主要变动有以下三点：第一，将《民法通则》第1条规定的“公民、法人”改变成“民事主体”，后者更加规范和全面，不仅包括公民、法人，也包括了非法人组织；第二，在立法目的的具体表述上，增加了“维护社会和经济秩序，适应中国特色社会主义发展要求，弘扬社会主义核心价值观”，体现了民法典的当代中国政治背景；第三，在立法依据上，保留了“根据宪法”，但删去了“根据……我国实际情况，总结民事活动的实践经验”。

从比较法上看，《法国民法典》《德国民法典》《瑞士民法典》《意大利民法典》《奥地利民法典》《日本民法典》以及我国台湾地区“民法典”等大陆法系传统民法典，都没有立法目的条款。民法典第1条规定立法目的，是社会主义民法典的一个典型特征。1964年《苏俄民法典》第1条即被命名为“苏俄民法典的任务”。[①] 前苏联学者苏哈诺夫在“社会主义民法典的体系”一文中,在对匈牙利、蒙古、捷克斯洛伐克、波兰、东德及苏俄民法典比较分析的基础上,指出社会主义民法典体系的特点首先表现为:“各个社会主义民法典,都以这样或那样的方式把一般性规定、首先是社会主义民事法律调整任务和原则单独分开规定。”[②]民法典首先规定立法目的(任务),堪称社会主义民法典的体系标识之一。

我国目前公开出版物中可查的最早民法典草案——1955 年 10 月 5 日的“民法总则草稿”,第 1 条即规定了立法目的。[③] 以后历次民法典草案沿袭了这一立法体例。

(二)条文演化

1. 民法总则草案

《民法总则(草案)征求意见稿》(2016 年 5 月 20 日修改稿)第 1 条规定,“为了保护自然人、法人和其他组织的合法权益,调整民事关系,维护社会和经济秩序,促进社会和经济发展,根据宪法,制定本法。”《民法总则(草案)》(一审稿)第 1 条规定,“为了保护自然人、法人和非法人组织的合法权益,调整民事关系,维护社会和经济秩序,适应中国特色社会主义发展要求,根据宪法,制定本法。”该规定将征求意见稿第 1 条规定中的“促进社会和经济发展”改为“适应中国特色社会主义发展要求”,后者概括性更强,也更具政治色彩。《民法总则(草案)》二审稿、三审稿第 1 条皆规定,“为了保护民事主体的合法权益,调整民事关系,维护社会和经济秩序,适应中国特色社会主义发展要求,根据宪法,制定本法。”该规定将“自然人、法人和非法人组织”统称为“民事主体”。最终通过的《民法总则》第 1 条增加了“弘扬社会主义核心价值观”,使本条的当代政治背景色彩更强。

《民法通则》第 1 条分别从个体视角、法律整体视角、政治视角,表述了“保护主体权益”“调整民事关系”“适应社会主义现代化建设发展的需要”三层目

---

① 参见中国社会科学院法学研究所民法研究室编:《苏俄民法典》,中国社会科学出版社 1980 年版,第 4 页。

② [俄]苏哈诺夫:《社会主义民法典体系》,载《外国民法资料选编》,法律出版社 1983 年版,第 151 页。

③ 参见何勤华、李秀清、陈颐编:《新中国民法典草案总览》(上卷),法律出版社 2003 年版,第 3 页。

的。《民法总则》第1条也是在这三个层面上展开的。在个体视角(直接目的)上,表述为“保护民事主体的合法权益”;在法律整体视角上,表述为“调整民事关系,维护社会和经济秩序”;在政治视角上,表述为“适应中国特色社会主义发展要求,弘扬社会主义核心价值观”。

2. 主要建议稿

(1)“社科院稿”第1条规定,“为了保障自然人、法人和非法人团体合法的民事权益,正确调整民事关系,适应社会主义现代化建设事业发展的需要,根据宪法和我国实际情况,总结民事活动的实践经验,制定本法。”①

(2)“人民大学稿”第1条规定,“为了保障民事主体合法的民事权益,维护社会秩序,促进社会发展,根据宪法和我国实际情况,制定本法。”②

(3)“法学会稿”第1条规定,“为了保障民事主体的合法权益,维护社会经济秩序,维护民事主体的自由和尊严,促进经济社会和人的全面发展,根据宪法和我国实际情况,制定本法。”③

前述建议稿有以下几点值得注意:绝大部分建议稿的立法目的和根据条款可以看做《民法通则》第1条的沿袭,大体沿着从具体到抽象、从微观到宏观的次序,依次揭示若干层次的目的。其中,有的内容虽未在立法文本中明确,如“促进社会、经济与人的全面发展”“维护民事主体的自由和尊严”,但不能认为其与立法目的毫无关系。

二、规范目的与含义

(一)规范目的

全国人大法工委《立法技术规范(试行)(一)》(法工委发〔2009〕62号)第5.1条明确规定:“法律一般需要明示立法目的,表述为:‘为了……制定本法’,用‘为了’,不用‘为’。立法目的的内容表述应当直接、具体、明确,一般

---

① 梁慧星主编:《中国民法典草案建议稿》,法律出版社2013年版,第3页。

② 王利明主编:《中国民法典学者建议稿及立法理由·总则编》,法律出版社2005年版,第9页。

③ 中国法学会:《中华人民共和国民法典·民法总则专家建议稿》,载中国民商法律网:http://www.civillaw.com.cn/zt/t/?id=30198,最后访问日期:2017年3月21日。

按照由直接到间接、由具体到抽象、由微观到宏观的顺序排列。”前述规范第5.2条规定:“法律一般不明示某部具体的法律为立法依据。但是,宪法或者其他法律对制定该法律有明确规定的,应当明示宪法或者该法律为立法依据。表述为:‘……根据宪法,制定本法。’或者‘……根据《中华人民共和国××法》的规定,制定本法’。”由上可知,我国立法中设置立法目的和根据条款,不仅仅是一个遵循立法传统的问题,而是已经有了立法活动的技术规范标准意义。

立法目的和根据条款不是规则,无法作为司法三段论的大前提,也不是法官的裁判依据。但它可以在协助确定合理的大前提这一问题上,发挥一定的功能。

1. 法律解释的基准

目的解释是法律解释中的一种重要方法。耶林在其名著《法律的目的》一书中指出:“目的是所有法律的创造者。”故解释法律,必先了解法律所欲实现的目的,以此为出发点进行解释,才能得其要领。① 然而,困难之处在于,法律的目的究竟为何?依主观解释的观点,应以立法者的主观目的为标准,依客观解释的观点,则应依法律在当今法秩序中的客观目的为标准。② 以上两类目的显然都具有很大的不确定性,容易导致争议。为解决此问题,台湾地区学者黄茂荣提出:依靠案例类型化方法;而在案例类型未臻成熟之时,则需要探求牵涉到的人及对牵涉到的问题有研究的人的意见,从而形成共同意见,然后基于共同意见去做决定。③ 但类型化须耗费时日才能形成,且无法涵盖无遗;“共同意见”的观点仅具理论上的正确性,难以操作。总之,法律目的的探求是个聚诉集纷之地,其模糊性及不确定性直接影响了目的解释这种解释方法的功能的实现。

《民法总则》第1条通过在立法上明文规定立法目的的方式,可望收到明确法律目的,减少争议,发挥目的解释功效的作用。

2. 漏洞补充的依据

法律解释以可能的文义为界限,超越此界限即进入漏洞补充的范畴。立法目的在漏洞补充中也发挥着重要功能,典型如目的性限缩与目的性扩张。

① 参见梁慧星:《民法解释学》,法律出版社2009年版,第228页以下。

② 参见[德]齐佩利乌斯:《法学方法论》,金振豹译,法律出版社2009年版,第71页以下。

③ 参见黄茂荣:《法学方法与现代民法》,中国政法大学出版社2001年版,第285页以下。

除以上两者之外，德国法学家拉伦茨将类推适用、将规则一般化发现原则并以原则为基础裁判、依法律目的修正规范在文义上的矛盾，统称为“基于目的考量对法律文本的修正”。① 以上漏洞补充方法，均有赖于对立法目的的阐明和理解，《民法总则》第1条将立法目的明文化，有利于法官明确立法目的、减少争议，并在此基础上进行漏洞补充作业。

需要注意的是，以立法目的为手段进行法律解释或漏洞补充作业之后，法官的裁判依据并非立法目的本身，而是被解释的条文或经漏洞补充作业产生的某个具体规则。易言之，《民法总则》第1条是一个法官在个案中寻找裁判依据的重要工具，但它并不是裁判依据本身，即不能充当三段论的大前提。在审判实践中，不允许法官在判决书中不加论证，直接做出诸如“依据《民法总则》第1条，判决如下”之类的表述。法官必须将其裁判依据及裁判依据产生和推导的过程，在判决书中表述清楚。唯有如此，判决的合理性才能检验和控制，一国法解释体系才可能逐渐累积和完善。

有学者对我国借助立法目的进行裁判的案例进行了一定梳理，可资参照。②

（二）规范含义

1. 立法目的的具体含义

本条从个体视角、法律整体视角、政治视角三个角度，分层次提出了民法典的立法目的，基本符合“按照由直接到间接、由具体到抽象、由微观到宏观的顺序排列”的技术规范要求。以下分述之：

（1）个体视角——“保护民事主体的合法权益”。民法的直接目的和首要目的，是保护民事主体的合法权益。这也是我国民法“权利本位”的一个彰显。③ 这里的“权益”，包括权利和利益，也即除法律有明文规定的权利之外，民事主体的合法利益也在民法典的保护范围之内。有学者建议稿认为，民法的目的不仅包括对权利的保护或保障，还包括对权利的“明确”即确认，以显示

① 参见[德]拉伦茨：《法学方法论》，陈爱娥译，商务印书馆2004年版，第272页以下。

② 参见刘颖：《民法典中立法目的条款的表达与设计》，载《东方法学》2017年第1期。

③ 我国民法应奉行“权利本位”，参见梁慧星：《民法总论》，法律出版社2011年版，第42页以下。

民法并非只有被动地保护权利,更有积极地确认权利的目的。[①] 以上观点有一定道理,但未为立法者采纳。

在作为解释基准和漏洞补充作业时,该立法目的会与本法第3条“合法权益受保护原则”发生一定的功能重复。而在侵权法范围内发生合法利益的保护时,由于具体规则(《侵权责任法》第6条第1款)的存在,法官应依具体规则裁判。

(2)法律整体视角——“调整民事关系,维护社会和经济秩序”。从民法典整体目的来看,本法的目的在于调整民事关系,维护社会和经济秩序。“调整民事关系”这一用语,尤其指向为法官提供裁判依据,强调民法的裁判规范属性。

须注意,在作为解释基准和漏洞补充作业时,“维护社会和经济秩序”这一目的会与本法第8条“公序良俗”发生一定的功能重复。

(3)政治视角——“适应中国特色社会主义发展要求,弘扬社会主义核心价值观”。以上表述在草案征求意见稿中并未见到,“适应中国特色社会主义发展要求”出现于《民法总则(草案)》(一审稿),“弘扬社会主义核心价值观”则是在大会审议中添加进去的,反映了我国民法典制定之时的政治背景。

“适应中国特色社会主义发展要求”一句,在规范功能上应充分重视“发展”一词。立法目的须因应社会发展进行更新,从客观解释视角观察尤其如此。这一点对本条功能的妥当发挥具有重大意义。

2012年11月,中国共产党十八大报告明确提出“三个倡导”,即“倡导富强、民主、文明、和谐,倡导自由、平等、公正、法治,倡导爱国、敬业、诚信、友善,积极培育社会主义核心价值观”。2013年12月,中共中央办公厅印发《关于培育和践行社会主义核心价值观的意见》,明确提出以“三个倡导”为基本内容的社会主义核心价值观。社会主义核心价值观中的部分内容,如自由、平等、公正、诚信,与民法基本原则中的价值理念相重合或相类似,但也有相当多的我国以往民法体系中未明示的价值表述。《民法总则》将“社会主义核心价值观”规定于第1条立法目的中,进一步彰显了民法典的时代背景和中国特

① 参见北航法学院课题组(龙卫球主持):《〈中华人民共和国民法典·通则编〉草案建议稿》,载中国法学创新网:http://www.fxcxw.org/index.php/home/xuejie/artindex/id/9597.html,最后访问日期:2017年3月21日。

色，不仅在立法上决定了《民法总则》具体条文的形成与构造，而且我们认为，这些社会主义核心价值观中的各个具体价值表述都可以作为立法目的，在法官的裁判作业中发挥作用。

当然，从根本上说，以上所有立法目的若要在实践中适度、妥当地发挥作用，都需要本土案例的积累和类型化工作，这将是一个长期的过程。

2. 立法根据的具体含义

对本条“根据宪法，制定本法”的解释，至少有两种可能的方法：第一，将宪法作为民法典规范内容的依据，认为宪法是“母法”，民法是“子法”；第二，将宪法作为民法典的规范效力依据，即要求民法典必须根据宪法所规定的立法机关依合宪之程序而加以制定。① 亦有民法学者指出，在宪法中规定基本权利，是为了彰显公权力者有义务尊重和保护民事基本权利，而非通过宪法赋予民事权利。因此，民法典的规范内容源于宪法的主张，不具有正当性。“根据宪法，制定本法”是指立法权的正当性问题。② 在立法权正当性的意义上，《民法通则》第 1 条提及的“我国实际情况”及“民事活动的实践经验”还不是立法根据，至多是经验基础，删去也无可厚非。

三、其他问题

（一）法律目的与法律价值的关系

《民法总则》第 1 条立法目的中，包含了“保护民事主体的合法权益”“维护社会和经济秩序”；在“社会主义核心价值观”中，又包含了自由、平等、公正、诚信。以上内容与民法基本原则中的合法权益受保护（本法第 3 条）、公序良俗（本法第 8 条）、自愿（本法第 5 条）、平等（本法第 4 条）、公平（本法第 6 条）、诚信（本法第 7 条）相重合。对此应当如何认识，需要在理论上进一步研究和在实践中进一步体现。

仅抽象地看，法律目的与法律价值不应等同看待。法律目的是法律指向的目标，法律价值则是法律本身的抽象概括；事物指向的目标与事物本身不应

① 参见林来梵：《民法典编纂的宪法学透析》，载《法学研究》2016 年第 4 期。

② 参见朱庆育：《民法总论》，北京大学出版社 2016 年版，第 12 页。

相同,犹如箭靶与箭不相同一样。但是,实际上法律目的与法律价值难以区分。黄茂荣指出,人们常对法律目的有不同的理解,其背后隐藏了冲突的利益,而在对利益进行权衡(利益法学)之时,需要有一套价值标准作依据,于是又导出了法律价值(价值法学)。由此,法律所追求的目的被价值取向化,目的因素有了扩及价值的倾向。如 Heier-Hayoz 推荐将"目的与价值"连用,又如在法律目的的考察中,由法律原则构成的内在(价值)体系被普遍地重视。① 拉伦茨认为,客观目的论中判断目的标准有两类,其中之一就是"法伦理性的原则"。② 以上都反映了现代民法学中目的与价值合而为一的趋势。

有意思的是,传统大陆法系民法典一般不会明文规定立法目的,也不会明文规定大多数反映民法价值的基本原则,于是目的与价值重合只会反映在学说中,不会反映在立法上。我国《民法总则》既明文规定了立法目的,又规定了众多体现法律价值的基本原则,于是法律目的与法律价值的重合就直接反映到了立法上。由于在一切以立法目的为基础的法律解释和漏洞补充作业中,都存在目的与价值连用现象,故在我国未来法律适用中,《民法总则》第 1 条立法目的与第 3 条以下的基本原则被同时援引,运用于法律解释与漏洞补充之中,就会是正常情形。

(二)立法目的条款的可能局限及其克服

立法目的条款是当代比较法上的罕例。我们为他人不常为之事,既有制度创新的积极效果,亦有创新可能带来的规则尚不完善、适用缺乏经验等负面作用。因此在法律实践中,应当对可能出现的负面作用有所警惕,尤其应当注意避免对立法目的条款的片面化、静态化的理解。

无论从主观说还是客观说的角度,立法目的条款都存在被不当理解的可能。从主观说角度,立法者是否及能否将其全部目的清楚地在一个条款中表达出来,值得怀疑。显然,我们不能认为民法典的目的仅限于第 1 条所述的有限内容,并进一步认为在此之外不存在目的。比如,在各建议稿中出现过,但第 1 条中未明言的"促进社会、经济与人的全面发展"、"维护民事主体的自由

① 参见黄茂荣:《法学方法与现代民法》,中国政法大学出版社 2001 年版,第 282 页以下。

② 参见[德]拉伦茨:《法学方法论》,陈爱娥译,商务印书馆 2004 年版,第 211 页。

和尊严”等，不能认为与民法典的目的毫无相关。质言之，如果我们认为第 1 条之外不存在法律目的，将会导致非第 1 条的内容不能用于目的解释，这会严重限制目的解释的功能。从客观说角度来看，法律目的是常变常新的，应当根据经济社会发展的不同境况以及相应的国家治理方案而有所因应，不能将其特定历史阶段的含义固化。质言之，大陆法系传统民法典不明文规定立法目的，虽然对立法目的较易产生争议，但对法律目的开放、理性的讨论及常变常新的解释，恰恰是其法律随着时代发展而实质更新的一个源泉。我们将立法目的明文化，可能有减少争议、便利解释的功效，但不能因此而固化了法律目的，阻碍了法律发展。就此而言，“社会主义核心价值观”进入立法目的，实际上可以大大扩充立法目的条款所包含的价值内涵，我们应当充分利用其中的积极因素。同时，“适应中国特色社会主义发展要求”的表述，也应当被能动地、实践性地对待，应解释为立法目的包括民法典须适应我国社会的“发展”，于是立法目的就应因时而变。

综上，应当注意两点：第一，本法第 1 条是对民法典立法目的择其要者的表述，但并不求全面无遗。经开放、理性的讨论，第 1 条之外的内容依然可以作为法律目的，成为法律解释和漏洞补充作业的基准。第二，第 1 条已经包含的内容，其含义也是可以随着实践的发展而更新的。

（三）从“基本原则”到“基本规定”的变迁

《民法通则》第一章为“基本原则”，《民法总则（草案）征求意见稿》第一章的章名为“一般规定”，《民法总则（草案）》一审稿、二审稿、三审稿改回“基本原则”，《民法总则》第一章又改作“基本规定”。对此，《第十二届全国人民代表大会法律委员会关于〈中华人民共和国民法总则（草案）〉审议结果的报告》（2017 年 3 月 12 日）有如下解释，“草案第一章章名为‘基本原则’。有的代表提出，第一章的内容既包括民事法律的基本原则，也包括立法目的、调整范围、法律适用规则等内容，‘基本原则’的章名难以涵盖这些内容，建议修改。法律委员会经研究，建议将这一章的章名修改为‘基本规定’”。的确，第一章 12 个条文中，能称为民法基本原则的有 7 个条文，其他 5 个分别是立法目的、调整对象、法源、特别法的效力、地域效力，这些不是民法基本原则。故从逻辑上说，“基本规定”的章名更显合理。

第二条 【调整对象】

民法调整平等主体的自然人、法人和非法人组织之间的人身关系和财产关系。

一、历史由来

(一)本条来源

本条渊源于《民法通则》第2条:"中华人民共和国民法调整平等主体的公民之间、法人之间、公民和法人之间的财产关系和人身关系。"主要变动有三点:第一,"人身关系"与"财产关系"的顺序置换。第二,民事主体由"二元"增加到"三元",从《民法通则》第2条的"公民""法人",变为本条的"自然人""法人"和"非法人组织"。第三,用"自然人"概念替换了"公民"概念。

从比较法上看,在法、德、瑞、意、奥、日及我国台湾地区等大陆法系传统民法典中,均未出现民法调整对象条款。

调整对象条款同样是社会主义民法典的典型特征。1964条《苏俄民法典》第1条(苏俄民法典的任务)规定,"俄罗斯苏维埃联邦社会主义共和国民法典调整财产关系以及与财产关系有关的人身非财产关系"。该法第2条(苏俄民法典调整的关系)第1款规定,"本法典调整国家组织、合作社组织、社会团体相互之间的,公民与国家组织、合作社组织、社会团体之间的,公民相互之间的为第一条所指的各种关系。"第2条接下来又列举了例外情形,将行政财产关系、税务关系、预算关系、家庭关系、劳动关系、土地关系以及集体农庄中根据集体农庄章程发生的关系排除于民法典调整范围之外。① 以上立法例对其他社会主义国家包括中国,都影响深远。

---

① 参见中国社会科学院法学研究所民法研究室编:《苏俄民法典》,中国社会科学出版社1980年版,第4~5页。

我国 1955 年 10 月 5 日的"民法总则草稿"第 2 条即为民法的调整对象。①以后历次民法典草案沿袭了这一立法体例。

(二)条文演变

1. 民法总则草案

在民法调整对象的表述上,《民法总则》各个阶段的草案与《民法总则》之间没有实质差别。

2. 主要建议稿

(1)"社科院稿"第 2 条规定,"本法调整自然人、法人和非法人团体之间的财产关系和人身关系。"②

(2)"人民大学稿"第 2 条规定,"中华人民共和国民法调整平等主体的自然人、法人和其他组织之间的人身关系和财产关系。"③

(3)"法学会稿"第 2 条规定,"本法调整自然人、法人、其他组织等平等主体之间的人身关系和财产关系。"④

前述建议稿有以下几点值得注意:

第一,主体之前是否需有"平等"的限制。多数建议稿强调民法调整"平等"主体之间的关系,"社科院稿"不强调这一点。本法最终沿袭了《民法通则》传统。

第二,"人身关系""财产关系"的表述次序。多数建议稿将"人身关系"前置"社科院稿"将"财产关系"前置。此与民法学界所谓"人文主义"与"物文主义"的争论有关。⑤ 本法最终调整了《民法通则》第 2 条的表述次序。

第三,人身关系是否及于自然人以外主体。多数建议稿中的人身关系与财产关系都及于全体民事主体。本条最终与多数学者立场一致。

---

① 参见何勤华、李秀清、陈颐编:《新中国民法典草案总览》(上卷),法律出版社 2003 年版,第 3 页。

② 梁慧星主编:《中国民法典草案建议稿》,法律出版社 2013 年版,第 3 页。

③ 王利明主编:《中国民法典学者建议稿及立法理由 · 总则编》,法律出版社 2005 年版,第 10 页。

④ 中国法学会:《中华人民共和国民法典 · 民法总则专家建议稿》,载中国民商法律网:http://www.civillaw.com.cn/zt/t/? id = 30198,最后访问日期:2017 年 3 月 21 日。

⑤ 参见徐国栋:《新人文主义与中国民法理论》,载徐国栋:《民法对象研究》,法律出版社 2014 年版,第 5 页以下。

二、规范目的与含义

(一)规范目的

本条规定了民法的调整对象。民法的调整对象条款旨在解决民法的适用范围问题。理论上说,凡在民法调整对象范围之内的,得适用民法典;不在该调整对象之内的,应当适用其他法律。

对于社会主义民法典中为什么需要调整对象条款,该问题可做如下的理解。在以资本主义为基础的社会中,整个私法领域、私人之间的关系都是民法的调整范围,在公私法划分的前提下,民法典的适用范围是清楚的,不需要再做界定。而社会主义国家的情况则有不同,1964年《苏俄民法典》在前言部分指出,“在共产主义建设中,要按照商品货币关系在社会主义计划经济中所具有的新内容,充分利用这种关系”。[①] 也即社会主义是在国家控制经济(计划经济)的大背景下,在经济生活和私人领域中切割出一部分交给民法调整。此时产生一个关键问题,即经济生活与私人领域中公权与民法之间的界线究竟何在,这就是社会主义国家民法典中民法调整对象条款要说清楚的问题。

我国民法调整对象条款及相关理论的形成,还有一个应当提到的特殊背景,此即改革开放之初民法与经济法的论战。彼时国家致力于经济建设,在经济关系领域中,后起的经济法与民法之间存在适用范围之争,进而演化为部门法主导地位甚而学科主导地位之争。在民法学界与经济法学界的大规模论证中,民法学者提出了影响至今的民法调整对象表述及相关理论。

(二)规范含义

1.“平等主体”的理解及裁判意义

“平等主体”的限制意在指出民事主体之间的平等性,一般认为,此处所言“平等”非属实质平等,而是民事主体在法律地位上的平等,即形式平等。有学者指出,“平等主体”中所谓的“平等”,表现在以下方面:第一,主体条件平等,民事主体取得主体资格的条件上平等;第二,主体地位平等,民事主体具体享有

---

① 中国社会科学院法学研究所民法研究室编:《苏俄民法典》,中国社会科学出版社1980年版,第2页。

的法律权利和能力平等；第三，自治的平等，即民事主体在民事活动中享有平等的自治资格，任何一方不得以自己的意志左右他人；第四，法律保护的平等。[①]

在诸多建议稿中，亦有在主体前无“平等”这一限制的。例如梁慧星认为，“平等”是民事主体的题中应有之义，且民法中已有关于平等原则的规定，故民法调整对象中的“平等”限制并无必要。[②] 而徐国栋则认为，民事主体之间的关系并非都是平等关系，而是存在大量的“民事屈从关系”，典型如亲子关系和从属劳动关系，这种非平等的民事屈从关系同样是民法的调整对象。[③] 对于调整对象中是否采纳“平等”主体的限定，还有相当一些学者存在质疑。[④]

这里的核心问题是，若以行政、司法这些典型的公权隶属关系为一端，形式平等的私人关系为另一端，则两个端点之间，还有相当广阔的中间地带。事实上，只要不是典型的公权隶属关系，都应当是民法典的适用范围，而若将民法调整对象截然地界定为“平等主体”，会导致民法典对中间地带失去控制。换言之，若以公权隶属关系为 A，则民法适用范围应为“非 A”（非公权隶属关系），现在我们把民法适用范围界定为有独立统一特征的 B（平等主体关系），B 的范围必定比“非 A”小，导致民法典适用范围的不当缩小，也使得民法典的立法目的之一——“调整民事关系”部分落空。

为了不对民法典适用范围形成不当限制，在裁判实践中，应当对“平等”进行目的性扩张。也就是说，为妥当实现民法典“调整民事关系”的立法目的，避免不当遗漏，应当认为凡不属公权隶属关系中主体行使公权力形成的关系，均符合这里的“平等”要求，民法典均有适用余地。

2. 民事主体的分类

我国《民法通则》第 2 条将民事主体分为自然人和法人。本条将非法人组

---

① 龙卫球：《民法总论》，中国法制出版社 2002 年版，第 21 页以下。

② 参见梁慧星主编：《中国民法典草案建议稿附理由·总则编》，法律出版社 2004 年版，第 7 页。

③ 徐国栋：《论民事屈从关系》，载徐国栋：《民法对象研究》，法律出版社 2014 年版，第 421 页以下。

④ 参见蔡立东：《“平等主体关系说”的弃与留——未来〈民法典〉调整对象条款之抉择》，载《法学论坛》2015 年第 2 期；尹田：《民法调整对象之争：从〈民法通则〉到〈物权法〉———改革开放 30 年中国民事立法主要障碍之形成、再形成及其克服》，载《法学论坛》2008 年第 5 期。

织纳入民事主体,系采民事主体三元论。《民法通则》之后,我国一些单行民事立法已突破二元论的限制,赋予非法人组织相应的民事主体资格。[①] 学说上也普遍认可非法人组织的民事主体地位。[②] 本条的调整符合理论与实践趋势。

3. 由“公民”到“自然人”的概念变迁

在民事主体的名称上,本条以“自然人”概念取代《民法通则》中的“公民”概念。基于否认公私法划分的思想,1964 年《苏俄民法典》第 2 条将“公民”作为民事主体概念使用。[③] 受此影响,《民法通则》第二章使用了“公民(自然人)”的表述。实际上,公民与自然人并非同一概念,公民是公法概念,指所有具有本国国籍者;自然人是私法概念,除本国人外,还包括了外国人与无国籍人。民法显然对适用地域范围内的本国人、外国人、无国籍人一并适用,以上主体在民事权利能力上并无差别。《民法通则》使用“公民”概念后,不得不在第 8 条第 2 款规定:“本法关于公民的规定,适用于在中华人民共和国领域内的外国人、无国籍人”,以求对狭窄的“公民”概念带来的弊端有所弥补,诚属自扰。学界对恢复“自然人”概念已有共识,[④]本条也反映了这一点。

4. 人身关系、财产关系及其表述顺序

本条所谓“人身关系”,是指没有直接的财产内容,但有人身属性的社会关系。人身关系分为人格关系和身份关系。一般认为人身关系具有以下特点:第一,非财产性。人身关系不能直接表现为财产利益,人身关系本身不以财产为客体,也不以财产为内容,但其与财产关系联系密切。第二,专属性。人身

① 参见《合同法》第 2 条,《物权法》第 4 条,《著作权法》第 2 条,《商标法》第 4 条,《担保法》第 7 条等。

② 参见梁慧星:《民法总论》,法律出版社 2010 年版,第四章“民事主体——法人、非法人团体”;王利明:《民法总则研究》,中国人民大学出版社 2012 年版,第二编“民事主体”之第九章“合伙”;魏振瀛主编:《民法》,北京大学出版社、高等教育出版社 2013 年版,第二分编“民事法律关系主体”之第六章“非法人组织”;马俊驹、余延满:《民法原论》,法律出版社 2010 年版,第六章“合伙”之第二节“合伙的民事主体地位”。有学者认为,非法人团体具有部分权利能力,参见朱庆育:《民法总论》,北京大学出版社 2013 年版,第 469 页以下。

③ 参见中国社会科学院法学研究所民法研究室编:《苏俄民法典》,中国社会科学出版社 1980 年版,第 4 页。

④ 参见梁慧星:《民法总论》,法律出版社 2010 年版,第 88 页;王利明:《民法总则研究》,人大出版社 2012 年版,第 216 页;魏振瀛主编:《民法》,北大高教出版社 2013 年版,第 51 页;马俊驹、余延满:《民法原论》,法律出版社 2010 年版,第 76 页。

关系中所体现的利益与人身很难分离，较之财产关系更具专属性。[①]

本条所谓"财产关系"，是指民事主体以财产为内容发生的社会关系。民法上的"财产"通常指对人具有经济价值的一切事物。财产须具备以下要件：第一，具有经济价值；第二，不属于自然人的人格；第三，人力能够支配。民法调整的财产关系，可以区分为财产支配关系和财产流转关系，也可以区分为有形财产关系和无形财产关系。[②]

《民法通则》第2条将"财产关系"置于"人身关系"之前，本法第2条将表述次序颠倒了过来。有学者认为将"人身关系"前置者属于"人文主义"或"新人文主义"，将"财产关系"前置者属于"物文主义"。[③] 我们认为，民法系以人为中心或目的，[④]然就规范数量而言，民法中调整财产关系的规范显然居多，构成民法的主体部分。本法第2条将"人身关系"前置，可以看作对民法以人为中心或目的的凸显。然而从裁判角度来讲，调整对象中"人身关系"与"财产关系"何者居前，并不产生裁判意义。

三、其他问题

对于"平等主体关系"能否胜任鉴别一种社会关系或一个案件是否适用民法的重任，涉及一个比较根本的问题，即"平等主体关系"究竟是事实还是规范。[⑤]

法律调整对象理论的目的是界定各个部门法的边界。该理论假想了一种法律未调整时处于事实状态的社会关系，这些社会关系基于不同性质被区分为不同领域，再由不同的法律去调整形成法律关系。那么，民法调整对象中的"平等主体关系"究竟是一种法律调整之前的事实状态，还是一种法律调整之后的规范状态，就需要细致鉴别与审慎处理。

---

① 参见王利明：《民法总则研究》，中国人民大学出版社2003年版，第28页以下。

② 参见马俊驹、余延满：《民法原论》，法律出版社2010年版，第5页。

③ 参见徐国栋：《新人文主义与中国民法理论》，载徐国栋：《民法对象研究》，法律出版社2014年版，第5页以下。

④ 参见王泽鉴：《民法总则》，北京大学出版社2009年版，第28页以下。

⑤ 该问题的提出，参见蔡立东：《"平等主体关系说"的弃与留——未来〈民法典〉调整对象条款之抉择》，载《法学论坛》2015年第2期。

就目的而言,“平等主体关系”是在试图界定一种事实状态,“平等”就是这种社会关系的本质特征,具有这种特征的关系才会启动民法的调整。然而,从事实角度来说,自然人之间的性别、年龄、智力、体力、天赋、家庭背景、财产状况等差异,都构成他们之间的实质不平等;法人之间因经济规模上的差异,事实上的不平等更明显;而自然人和法人之间更无事实上的平等可言。因此,说民事主体在事实上或实质上平等是不可能的,若以这种平等关系作为民法的适用范围,等于说民法没有适用范围。如果说“平等主体”所谓的平等是形式意义上或法律地位上的平等,则这种平等是法律已经介入之后的平等,是民法调整社会关系的目的或结果,而不是判断民法是否应予调整的先在的事实标准。如果我们坚持以法律地位平等作为平等主体的判断标准,那么我们又如何判断主体的法律地位是否平等呢?这时我们就不能再用“民事主体之间法律地位平等”来做循环论证,但这里又没有实质上的判断标准。实际上,若声称法律地位平等的主体关系属于民法调整,等于是说属于民法调整的关系属于民法调整,这是没有意义的。这就使得“平等主体关系”丧失了判断一个案件是否适用民法典的功能。

本条民法调整对象条款的功能,就在于界定民法的适用范围,但若顺着前述分析思路,该功能是无法实现的。出路是前文提到的,先界定公法的调整领域(公权隶属关系),然后非属公法调整领域的,都合乎本条“平等主体关系”的要求,都是民法的适用范围。也就是说,非公法上的不平等,就属于私法上的平等。正如学者所指出的,我们应当采取先确立其他部门法调整对象的负面清单的立法模式,来确定民法的调整对象和适用范围。[1] 以上思路不仅具有可操作性,也可以避免民法的调整遗漏,合乎“调整民事关系”的民法立法目的。

---

① 参见蔡立东:《“平等主体关系说”的弃与留——未来〈民法典〉调整对象条款之抉择》,载《法学论坛》2015 年第 2 期。

第三条 【合法权益受保护原则】

民事主体的人身权利、财产权利以及其他合法权益受法律保护，任何组织或者个人不得侵犯。

一、历史由来

（一）本条来源

本条渊源自《民法通则》第5条，“公民、法人的合法的民事权益受法律保护，任何组织和个人不得侵犯”。与《民法通则》第5条相比，本条以“民事主体”代替“公民、法人”，从而将非法人组织包括在内。同时，以“人身权利、财产权利以及其他合法权益”代替“民事权益”，表述上更具体。

（二）条文演化

1. 民法总则草案

《民法总则（草案）征求意见稿》（2016年5月20日修改稿）第9条规定，“民事主体的民事权益受法律保护，任何组织或者个人不得侵犯。”《民法总则（草案）》（一审稿）第9条规定，“民事主体合法的人身、财产权益受法律保护，任何组织或者个人不得侵犯。民事主体行使权利的同时，应当履行法律规定的或者当事人约定的义务，承担相应责任”。在一审稿中，保护对象在具体化，从“民事权益”变为“合法的人身、财产权益”，但这种调整会造成具有人身、财产综合性质的权利——如成员权——不能被纳入保护范围的隐忧。一审稿还增加了第2款，意在强调主体除了权利之外，还有义务和责任，避免主体任意行使权利造成滥用。《民法总则（草案）》（二审稿）第9条规定，“民事主体的人身、财产权利和其他合法权益受法律保护，任何组织或者个人不得侵犯。民事主体行使权利的同时，应当履行法律规定的或者当事人约定的义务，承担相应责任。”在二审稿中，保护对象进一步具体化，并且不再用“合法的”来限定权利。可以理解，权利乃使主体享有特定利益的法律上之力,①既然权利内含“法律上之力”的保护,则其本身并不存在“不合法”的问题。利益因其并非尽皆受到保护,故可以在之前加“合法”的限定。《民法总则(草案)》(三审稿)第8条规定,“民事主体的人身、财产权利及其他合法权益受法律保护,任何组织或者个人不得侵犯。民事主体行使权利的同时,应当履行法律规定的或者当事人约定的义务。”该条第2款删除了“承担相应责任”的表述。这一调整是合理的,因为第2款意在平衡权利行使,避免主体只知有权利不知其他,从而造成滥用;而与权利行使相平衡的,只能是义务履行。责任承担并非必然发生,也不具有与权利行使的对应关系,故应予删除。

《民法总则》第3条较之三审稿有两个重要变化:第一,本条由大会审议稿第9条移至现在的第3条。《第十二届全国人民代表大会法律委员会关于〈中华人民共和国民法总则(草案)〉审议结果的报告》(2017年3月12日)中对此有详细解释,“草案第九条对民事主体的民事权利以及其他合法权益受法律保护作了规定。有的代表提出,民事权利受法律保护是民法的基本精神,统领整部民法典和各民商事特别法,建议进一步突出民事权利受法律保护的理念。法律委员会赞成上述意见,建议将草案第九条移至第二条之后(草案修改稿第三条)”。第二,本条将三审稿第2款行使权利应当履行相应义务的规定,移至第131条,作为权利行使的一般规则予以规定。以上可以反映出权益受保护理念受到了进一步的重视,而将行使权利应当履行相应义务的规定放在权利行使的一般规则中,也更显合理。

2. 主要建议稿

“社科院稿”第3条规定,“民事权利受法律保护,非基于社会公共利益的目的并根据合法程序,不得予以限制。”②“人民大学稿”和“法学会稿”未规定权益受保护原则。这些建议稿的以下方面值得关注:第一,并不是所有建议稿都赞成规定合法权益受保护原则。这可能是考虑到这样的宣示条款缺乏适用价值。第二,保护对象为“权利”还是“权益”,本条最终选择了后者。实际上,

① 参见梁慧星:《民法总论》,法律出版社2011年版,第70页。

② 梁慧星主编:《中国民法典草案建议稿》,法律出版社2013年版,第3页。

即使表述为“权利”，也是择其要者而述之，也应当然解释为将“利益”包含在保护对象范围之内。第三，是否规定非基于公共利益并经合法程序，不得对权利加以限制。权益受保护可以反向理解为对权利剥夺和限制的严格控制，正式文本未采这样的表述，而是放在具体条文中体现。

二、规范目的与含义

（一）规范目的

1. 确立权利保护的基本民法理念

本条确立了合法权益受保护原则。民法性质上属于权利法，奉行权利本位。近代民法思想上有私权神圣原则，其虽自现代以来受到一定修正，但仍然是民法的基本骨架。[①] 本条认可了民事主体在经济社会生活中获得的民事权利和合法利益能够被法律所保障，这是市场经济中激励机制的源泉；故本条有建构社会经济基础的意义。特别是在中国当今时代，强调“合法权益受保护原则”，既是对历史经验反思与总结得出的价值选择与政策结论，也是为当代经济社会发展的法治环境提供观念引导与制度保障。因此，《民法总则》坚持“合法权益受保护原则”，既有历史意义也有现实意义，既有政治宣示作用也有法治引领作用。

2. 合法权益受保护原则的规范功能

本条不是规则，不是法官的裁判依据。若将本条作为规则来理解，会得到一切合法权益都必须在裁判中得到保护的结论，这显然与民法中诸多利益冲突与平衡机制不符，如善意取得就是权利人受保护的显然反例。本条作为一种法律理念，主要在法律解释与漏洞补充中发挥作用。法官在解释法律时，须遵循民法上权利保护的价值取向；在进行漏洞补充作业时，须充分考虑案件中涉及的“合法权益”要素，尤其在合法民事权益不予保护之时，必须严格谨慎地进行论证。

合法权益受保护原则的主要功能是构成民法的“内在体系”，以利法律解

① 民法近代模式向现代模式的变迁，参见梁慧星：《民法总论》，法律出版社 2011 年版，第 4 页以下。

释和漏洞补充。如拉伦茨所论,民法体系分为“外在体系”和“内在体系”,“‘外在体系’是指对法律事实和法律制度所作的概念上的整理和阐明;而‘内在体系’则是指支配整个民法的基本原则以及这些原则之间的实质联系”。[①]合法权益受保护原则可以构成我国民法内在体系的一部分,在法律解释和漏洞补充中发挥作用。拉伦茨在法律解释标准的讨论中,认为有两类客观目的论解释标准,其一是被规整之事物领域的结构,其二是法伦理性原则;合法权益受保护原则即法伦理性原则之一种。在漏洞补充阶段,目的性限缩、目的性扩张等方法中,处处需要法律目的的参与,本法第1条已经明确将保护民事主体的合法权益作为法律目的之一,可以作为漏洞补充的依据。即使法官的创造性工作超越了立法计划,到了“超越法律的法的续造”阶段,仍有“鉴于法伦理性原则从事之法的续造”之方法,合法权益受保护原则在这个阶段仍有发挥作用的空间。[②]

另须注意,当我们利用合法权益受保护原则协助裁判并产生判决时,该原则并非我们的裁判依据。在法律解释中,裁判依据是被解释的法条;在漏洞补充中,裁判依据是经补充产生的新规则。合法权益受保护原则只是协助我们在疑难案件中寻找司法三段论大前提的工具,并不是三段论大前提本身。因此,裁判中不得有“依据合法权益受保护原则,裁判如下”之类的表述,而是必须将真正的三段论大前提(规则)及其获得过程在判决书中明示。该问题前在讨论立法目的时已有提及,兹再强调。这一阐释,对所有的民法基本原则都适用。

3. 基本体制原则与体制限制原则

民法基本原则中有两条价值线索。一条是合法权益受保护原则、平等原则、自愿原则;另一条是诚实信用原则、公序良俗原则、公平原则。前一条线索中,平等原则使得民事主体适用相同的经济社会生活规则;自愿原则使得民事主体可以在经济社会生活中凭借自己的自由意思追逐合理利益;合法权益受保护原则使得民事主体在经济社会生活中所获得的合理利益能够得到法律保障。以上三个原则是社会效率的源泉,构筑了市场经济及自由竞争的法律基

① [德]拉伦茨:《德国民法通论》(上册),王晓晔等译,法律出版社2003年版,沃尔夫序,第1页。

② 参见[德]拉伦茨:《法学方法论》,陈爱娥译,商务印书馆2004年版,第五、六章。

础,被学者称为“基本体制原则”。然而,基本体制原则的功能经充分发挥,时日既久,民事主体在经济社会生活中成败效果会逐步累积,导致日益严重的强弱分化。严重的强弱分化会带来巨大的社会问题,使社会正义价值受损。为弥补市场机制的缺陷,后一条价值线索逐渐在民法中突显了出来,诚实信用、公序良俗、公平原则分别从不同角度对前一条线索形成限制和修正,其实质是国家以公权力之手对自由市场机制进行一定的干预,从而使社会正义价值得到体现;以上原则又被学者称为“体制限制原则”。①

基本体制原则与体制限制原则并非平行关系,而是有主有辅。平等、自愿、合法权益受保护原则构成的基本体制原则居于主导地位,这条价值线若不存在,民法本身就不复存在,市场经济与自由竞争机制也不复存在。诚实信用、公序良俗、公平原则构成的体制限制原则居于辅助地位,其功能在于使基本体制原则妥当地发挥功能,故其虽对基本体制原则形成一定的限制和修正,但决非颠覆或取代。从根本上说,社会正义价值主要依靠公法和社会法去实现,作为私法的民法虽然也要对社会发展和需求做出回应,并在自己的弹性范围内进行一定的调整,但这种调整绝非否定自我;否则,社会效率价值在法律中就无从贯彻了。

(二)规范含义

本条虽然是一个在表述上直接与权利相关的原则,但不能看成民法中所有权利规则的统领。因为权利涉及取得、行使、处分、保护等方面,本条只涉及权利的保护。在权利取得、自由行使和处分上,主要涉及自愿(意思自治)原则;在权利产生的限制上,主要涉及禁止违反法律和公序良俗原则;在权利行使的限制上,主要涉及诚信与权利不得滥用原则。

关于“人身权利、财产权利及其他合法权益”的范围可以拆分为四部分:人身权利、财产权利、其他权利以及其他合法利益。前三项主要由本法第五章“民事权利”及相关分则内容进行规定;其中其他权利应指兼具人身性、财产性的综合性权利,如股权(第125条)、继承权(第124条)等。因此,这里的实质

---

① 基本体制原则与体制限制原则的提法,参见龙卫球:《我国民法上的“生态环境保护原则”如何把握——〈民法总则〉第9条评析》,载法律博客:http://longweqiu.fyfz.cn/b/916267,最后访问日期:2017年3月21日。

问题在于利益的范围究竟有多大。首先须明确,这里的利益是一个开放概念,目的就是使社会上新产生的利益类型有可能纳入民法保护范围。当下民法体系中已获肯认的利益形态,如本法规定的胎儿利益、死者人格利益、物权法上的占有利益、侵权法上的纯粹经济利益等,都是典型。利益之前的“合法”,意味着利益并非一概保护,这仅系一个概括抽象的限制,具体如何判断须依靠特别法规则。

法律保护的具体方式,有公力救济与私力救济两种途径。公力救济的主要实现模式是当事人将纠纷诉诸法院并要求法院对其权利进行司法保护。私力救济主要包括正当防卫、紧急避险及自助行为三种。本法于第181条与第182条分别规定正当防卫与紧急避险,不过对于自助行为的规定付诸阙如,有待法律进一步完善。

三、其他问题

《民法总则》第一章“基本规定”沿袭了《民法通则》第一章“基本原则”的立法体例和基本内容。若能厘清《民法通则》首章“基本原则”的发生史,对于深入认识这一立法例及相关民法基本原则内容会有很大裨益。

法、德、瑞、意、奥、日等大陆法系传统民法典没有民法典首章规定“基本原则”的立法体例。平等、自愿、公平、权利受保护这些民法基本价值理念,一般不会在民法典中明文规定。以“基本原则”为民法典首章的立法体例来源于社会主义法系。1922年《苏俄民法典》第一章即“基本原则”,①1964年《苏俄民法典》第一章沿袭之,②并影响了众多社会主义民法典。苏联学者苏哈诺夫在对众多社会主义民法典进行比较分析之后指出:“各个社会主义民法典,都以这样或那样的方式把一般性规定、首先是社会主义民事法律调整任务和原则单独分开规定。”③可以说,基本原则与立法目的、调整对象一起,是社会主义

① 参见《苏俄民法典》,郑华译,法律出版社1956年版。

② 参见中国社会科学院法学研究所民法研究室编:《苏俄民法典》,中国社会科学出版社1980年版。

③ [俄]苏哈诺夫:《社会主义民法典体系》,载《外国民法资料选编》,法律出版社1983年版,第151页。

民法典的重要“体系标识”之一。

1955 年 10 月 5 日的“民法总则草稿”第一章即为“基本原则”。① 以后历次民法典编纂中形成的草案沿袭了这一立法体例。特别值得指出的是，苏俄民法典第一章虽然称为“基本原则”，但其中并没有平等、自愿、公平、诚信、公序良俗、权益受保护这些我们现在认为是民法基本原则的内容。这些基本原则实际上是我国在改革开放后第三次编纂民法典时，在历次草案里逐渐添加进去的。② 质言之，我们继受了“基本原则”这个社会主义民法典的典型结构，却往里面注入了自己独特的实质内容。对比来看，大陆法系传统民法典没有“基本原则”这一立法结构，社会主义民法典虽有这样的立法结构，却无民法基本价值理念这些内容。“‘基本原则’的形式结构 + 民法价值理念的实质内容”这一组合，的确构成我国民法的一个显著特色。

为什么大陆法系传统民法典不明文规定民法的价值理念，我们却要明文规定之？该问题可做如下理解：大陆法系法治发达国家具有绵亘久远的私法传统，民法是其自身历史自然发展的一个结果。自由、平等、公平等理念并非民法典的衍生物或民法典的结果，而是民法典赖以产生的前提，这些前提性因素蕴含在其久远的私法传统之中，不需要借助民法典规定的方式去“无中生有”地创造出来。而且，这些价值理念也不是裁判规范，规定在民法典中也没有裁判意义。于是形成了大陆法系传统立法例中价值理念不入民法典的局面。

与之相反，中国没有私法传统。③《民法通则》制定是一种自上而下的自觉改革，而非自下而上的自发演进，这种法制发展方式决定了我们的经验和需

① 参见何勤华、李秀清、陈颐编：《新中国民法典草案总览》（上卷），法律出版社 2003 年版，第 3 页。

② 参见《中华人民共和国民法草案》（征求意见稿）（1980 年 8 月 15 日）、《中华人民共和国民法草案》（征求意见二稿）（1981 年 4 月 10 日）、《中华人民共和国民法草案》（第三稿）（1981 年 7 月 13 日）、《中华人民共和国民法草案》（第四稿）（1982 年 5 月 1 日）、《中华人民共和国民法草案》（讨论稿）（1985 年 7 月 10 日）；何勤华、李秀清、陈颐编《新中国民法典草案总览》（下卷），法律出版社 2003 年版，第 371 页以下。

③ 在中国古代有没有民法这一问题上，学界或存在分歧，基本争论可参见俞江：《“关于‘古代中国有无民法’问题的再思考”》，载《现代法学》2001 年第 6 期。但对中国没有以“自由”“平等”“权利”为内涵的私法传统这一点上，应当没有争议。

求与西方恰恰相反。《民法通则》立法时,我们的社会中尚不存在自由、平等、权利这些前提性因素,当然也就无法向民法供给;相反,社会中到处充斥着民法的反对因素。我们当时的需要,是先在法律中"创造"出这些本不存在的前提性因素,再向社会输出和渗透,以期协助克服社会上的反对因素,促进社会变革。这是我们特殊背景下的特殊需求。于是,《民法通则》把自由、平等、权利、公平等民法价值理念以法条形式明文规定,再把传统民法中本来就有的诚信等概括条款提升一步,将两者熔为一炉,在"基本原则"的名称下统一了起来。

第四条 【平等原则】

民事主体在民事活动中的法律地位一律平等。

一、历史由来

(一)本条来源

本条来源于《民法通则》第3条:“当事人在民事活动中的地位平等”。主要变动有以下三点:第一,以“民事主体”代替了“当事人”。“当事人”这一概念更偏向程序法意味;若在实体法中使用,则更侧重于表达特殊法律关系,典型如合同关系当事人。作为《民法总则》的基本原则条款,使用“民事主体”概念更为妥当。第二,在“地位”前增加了“法律”这一修饰,意在彰显此处所谓平等是指法律地位上的平等,而非指实际享受权利和承担义务的均等或实质平等。第三,将“平等”修改为“一律平等”,强调了平等的重要性。

(二)条文演化

1. 民法总则草案

各草案表述大体一致。就内容而言,自《民法总则(草案)》(二审稿)以后,法条表述中增加了“在民事活动中”,可谓是对《民法通则》传统的回归。

2. 学者建议稿

“社科院稿”第4条规定,“在民事活动中当事人法律地位平等,任何一方不得将自己的意思强加给另一方。”①“人民大学稿”第3条规定,“民事主体在民事活动中的法律地位平等,一方不得将自己的意志强加于另一方。”②“法学会稿”第3条规定,“民事主体的法律地位一律平等。国家以及国家机关作为

---

① 梁慧星主编:《中国民法典草案建议稿》,法律出版社2013年版,第3页。

② 王利明主编:《中国民法典学者建议稿及立法理由·总则编》,法律出版社2005年版,第13页。

民事主体从事民事活动，与其他民事主体法律地位平等。法律对未成年人、老年人、残疾人、妇女、消费者、劳动者等自然人有特别保护的，依照其规定。”①

前述建议稿有以下值得关注之处：多数建议稿从正面肯定了民事主体的法律地位平等这一基本含义。在此基础上，“社科院稿”与“人民大学稿”还增加了“一方不得将自己的意志强加于另一方”的反向表述。这一表述源于《合同法》第3条，但实际上在这里并非必要。因为，一方面，这一表述比较明显地偏向于合同双方当事人的平等，但《民法总则》中的平等很多是逸出合同关系之外的，如权利能力平等就不存在一方把自己的意思强加给另一方的问题。另一方面，“任何一方不得将自己的意思强加给另一方”的表述，很容易与本法第5条“自愿原则”混淆。“法学会稿”在平等原则的一般表述后增加了两款，一方面强调了国家作为民事主体时与其他主体的法律地位平等，另一方面列举了若干对特殊弱者的特殊保护，以作为平等原则的例外。实际上，国家在民法世界中与其他主体地位平等是不言自明之理；而原则的例外众多，一方面这种列举不完全，如对强者的特殊限制这种平等的例外就没有被列举，另一方面各个原则都有例外，仅就平等原则进行例外列举也无必要。

二、规范目的与含义

(一)规范目的

本条是关于民法平等原则的规定。平等原则，是指民事主体的法律地位平等，也即形式平等或机会平等，而非指实质平等或结果平等。

在各原则关系上，平等原则为自愿原则奠定了基础；既然民事主体的法律地位平等，则民事主体之间不能相互命令、强迫或干涉他人意思，自愿(意思自治)才成为可能。在与合法权益受保护原则的关系上，平等原则的内涵包括了民事主体的利益平等地受法律保护的含义；但合法权益受保护强调的是“受保护”，平等原则强调的是“平等地”受保护，两者内涵仍然有差别。在与公平原则的关系上，两者完全不同；平等原则是指形式平等和机会平等，公平原则是

① 中国法学会：《中华人民共和国民法典·民法总则专家建议稿》，载中国民商法律网：http://www.civillaw.com.cn/zt/t/?id=30198，最后访问日期：2017年3月21日。

指实质公平和结果公平。

（二）规范含义

1. 平等原则的含义

平等原则有以下三层含义：

第一，自然人的权利能力平等。自然人无论其民族、性别、年龄、精神状态、宗教信仰和文化程度等有何差别，其民事权利能力都是平等的。任何机关或个人不得任意剥夺或限制自然人的民事权利能力，自然人自己也不得放弃或者自我限制其民事权利能力。

第二，在具体的民事法律关系中，民事主体的法律地位平等。民事主体在产生、变更和消灭民事法律关系时，应当平等协商；任何一方民事主体不得享有特权；具有隶属关系的上下级单位，在民事活动中也是平等的主体，即使是国家作为民事主体参与民事活动时也不例外；不同所有制性质的民事主体，其法律地位也是平等的。

第三，民事主体的合法权益平等地受法律保护。任何民事主体合法的民事权益受到非法侵害时，都可以请求人民法院依法保护和救济；法律保护不应依主体不同而区分等级。①

以上是我国学者阐述平等原则时，通常赋予该原则的含义，我们可称为"实体意义上的平等原则"。

另有"工具意义上的平等原则"或"方法论意义上的平等原则"。王泽鉴即把平等原则解为："相类似者，应作相同处理"，"非相类似的，应为不同的处理"，并为其赋予了方法论上的意义。②

2. 平等原则的规范功能

平等原则作为"价值理念型基本原则"之一，构成我国民法内在体系的一部分，可以在法律解释中发挥作用。德国法学家拉伦茨特别强调"同种的事物（或具有相同意义的事物）应予相同处理的原则，尤具重大意义"，这要求解释者"在法条可能的字义及意义脉络范围内，应选择尽可能避免评价矛盾的解释

① 参见马俊驹、余延满：《民法原论》，法律出版社2010年版，第34页以下；梁慧星主编：《中国民法典草案建议稿附理由·总则编》，法律出版社2004年版，第8页。

② 参见王泽鉴：《法律思维与民法实例》，中国政法大学出版社2001年版，第253、265页。

方式”。[1] 因此,平等原则应被包含在作为客观目的论解释基础的法伦理原则之中。

在漏洞补充阶段,王泽鉴将平等原则解释为:相类似的,应做相同处理。一个事项若在所有法律评价的重要之点上与一个既有法律规整相类似,但该事项却欠缺规整而形成法律漏洞时,应发生类推适用。因此,平等原则是类推适用的方法论基础。同理,平等原则也要求不相类似的,应做不同处理。若不相类似的事项在法律上被同样处理了,则应依法律的目的将不相类似的事项排除于法律规整之外,此即目的性限缩。因此,平等原则也是目的性限缩的方法论基础。[2]

需要注意的是,我们在做法律解释时,发挥作用的可能是“实体意义上的平等原则”,其内涵包括权利能力平等、法律地位平等、权益受平等保护等。而我们在进行漏洞补充作业——尤其是类推适用和目的性限缩时,发挥作用的是“方法论意义上的平等原则”。

3. 平等原则与民法调整对象中“平等主体”的区别

本条平等原则“主体法律地位平等”与本法第 2 条调整对象中的“平等主体”,功能并不相同。第 2 条的“平等主体”,意在判断一个社会关系是否适用民法来调整;而本条“平等原则”,是在一个社会关系确定地适用民法之后,在调整中不要造成违反形式平等的差别对待。如一个案件的当事人是否为平等主体(依本书观点,该问题转化为是否为公权隶属关系),决定其是否适用民法典,这是第二条调整对象中“平等主体”的问题;而该案件在适用民法典中,当事人的合法权益要平等地受到保护,这是第三条“平等原则”的问题。

---

① 参见[德]拉伦茨:《法学方法论》,陈爱娥译,商务印书馆 2004 年版,第 211 页以下。

② 参见王泽鉴:《法律思维与民法实例》,中国政法大学出版社 2001 年版,第 253 页以下;[德]拉伦茨:《法学方法论》,陈爱娥译,商务印书馆 2004 年版,第 258 页以下。

第五条　【自愿原则】

民事主体从事民事活动，应当遵循自愿原则，按照自己的意思设立、变更、终止民事法律关系。

一、历史由来

（一）本条来源

本条来源于《民法通则》第4条："民事活动应当遵循自愿、公平、等价有偿、诚实信用的原则。"《民法通则》第4条包含了若干不同的民法基本原则，从立法技术上说，不同的规范内容应当分列于不同的条文，才便于在援引条文时明了其确切的对应内涵。因此，在承继《民法通则》精神的基础上，本法第4条将"自愿原则"单列，既在立法技术上获得进一步改进，又使该原则在民法观念体系中获得进一步凸显，值得肯定。本条新增了"按照自己的意思设立、变更、终止民事法律关系"的表述，此为对自愿原则的进一步阐释。

（二）条文演化

1. 民法总则草案

《民法总则（草案）征求意见稿》（2016年5月20日修改稿）第4条规定，"民事主体从事民事活动，应当遵守自愿原则，按照自己的意思设立、变更和终止民事关系，行使权利、履行义务、承担责任。"《民法总则（草案）》一审稿（第4条）、二审稿（第4条）、三审稿（第4条）及《民法总则》第5条规定，"民事主体从事民事活动，应当遵循自愿原则，按照自己的意思设立、变更、终止民事关系"。草案更迭中的一个重要变化是，在《民法总则（草案）征求意见稿》（2016年5月20日修改稿）中，有"按照自己的意思……行使权利、履行义务、承担责任"的表述，在之后的审议稿及正式通过的《民法总则》中，"行使权利、履行义务、承担责任"的规定被删除。其中行使权利移至本法第130条，作为权利行使的一般规则；履行义务、承担责任移至本法第176条，作为义务和责任的一般规则。《民法总则》将自愿行使权利另立为权利行使的一般规则(第130条),将自愿行使权利与自愿创设权利一道纳入了自愿原则范畴。

2. 主要建议稿

"社科院稿"第5条规定,"当事人依照自己的意思决定民事权利义务的设立、变更和终止,任何组织和个人不得非法干预。"①"人民大学稿"第4条规定,"民事主体根据自己的意志与利益从事民事活动,任何单位和个人不得干预。"②"法学会稿"第4条规定,"民事主体自主从事民事活动,依法承受相应法律后果。"③

研究前述建议稿,有以下几点值得注意:

第一,将此原则只做正面规定,抑或正反两面规定。各建议稿基本都对自愿原则进行了正面规定,即民事主体可以依自己的意思变动法律关系。学界另有一些建议稿还从反面进行了规定,强调任何组织或个人不得非法干预。对自愿原则威胁最大的是公权机关,进行反面强调是有道理的。

第二,"人民大学稿"不仅强调主体依其"意志",还强调主体依其"利益"从事民事活动。实则,主体的意思与利益未必吻合,若主体有充分的意思自由,则其意思即使对其利益有损,法律也应当认可。

第三,"法学会稿"强调"民事主体……依法承受相应法律后果",这更接近于自己责任的含义。自己责任可以理解为意思自治的延伸,但若不表述依其意思缔结法律关系这一自愿原则的主要方面,仅表述自己责任这一延伸,似有未当。

二、规范目的与含义

(一)规范目的

本条是关于民法自愿原则的规定。自愿原则即传统民法中的意思自治原

① 梁慧星主编:《中国民法典草案建议稿》,法律出版社2013年版,第3页。

② 王利明主编:《中国民法典学者建议稿及立法理由·总则编》,法律出版社2005年版,第14页。

③ 中国法学会:《中华人民共和国民法典·民法总则专家建议稿》,载中国民商法律网:http://www.civillaw.com.cn/zt/t/?id=30198,最后访问日期:2017年3月21日。

则。在学说上,有学者遵循学术传统更倾向于意思自治原则这一概念,①有学者提升一步表述为私法自治原则,②有学者具体一步表述为合同(契约)自由原则。③ 本条表述为自愿原则,主要还是沿袭了《民法通则》传统。

立法上承认自愿原则的目的,在于允许民事主体依其个人意思设立法律关系、创设权利和追求自己的利益,并排除一切他人包括公权力机关和国家的非法干预。倘若希望每个主体的每件事项都由公权力安排得尽皆妥当,既在主观上合乎每个主体的意愿,又在客观上符合每个主体的利益,这是根本不可能的。若勉力为之,只会造成公权对资源的垄断、资源使用效率的低下和腐败的滋生。事实上,最明白自己意愿与利益者,正是民事主体自己,而非任何他人。由各个民事主体依其意思自由地处理自己的利益,是实现各个主体差别化利益的最佳方式。同时,社会效率也会因此而增长,每个民法上的个体人格也有了自由和差异化发展的可能性与空间。

每个市场主体为追求各自利益,依其意愿自由地订立合同,实现资源的流转和优化配置,这是市场经济赖以存在的基础。因此,确认自愿原则也是市场经济的要求。

在与其他原则的关系上,自愿原则以平等原则为基础。诚信原则主要在权利的行使上对自愿原则形成限制;公序良俗原则主要在权利的产生上,通过否定法律行为效力对自愿原则形成限制。

(二)规范含义

1. 自愿原则的内涵

自愿原则是指民事主体可以按照自己的意志,在法律允许的范围内自主地设定权利义务,其他任何组织和个人不得非法干预。自愿原则主要包含以上一正一反两方面含义。鉴于我国实际情况,对自愿原则威胁最大的仍是公权力机关,前述建议稿多强调"任何组织或个人不得非法干预",主要也是意在

① 参见王利明:《民法总则研究》,中国人民大学出版社 2012 年版,第 115 页。

② 参见陈华彬:《民法总论》,中国法制出版社 2011 年版,第 61 页;董学立:《民法基本原则研究》,法律出版社 2011 年版,第 120 页。

③ 参见梁慧星:《民法总论》,法律出版社 2011 年版,第 46 页;李永军:《民法总论》,法律出版社 2009 年版,第 40 页。

对公权机关提出警示。虽然本条没有从反面进行规定,但排除非法干预的含义应当认为被本条当然包含。

2. 自愿原则在民法各部分的体现

自愿(意思自治)原则是民法基本原则的核心,体现于民法的各项制度中。在合同法中,自愿原则体现为合同自由;在婚姻法领域,自愿原则表现为婚姻自由,包括结婚自由和离婚自由;在继承法领域,自愿原则表现为遗嘱自由;在物权法领域,自愿原则表现为所有权享有和使用的自由;在侵权法中,则体现为自己责任。

需要注意的是,自愿原则或意思自治原则虽然是民法基本原则,但其在民法各部分中表现出的强度是有差异的。总体而言,财产法中的意思自治强于身份法;在财产法中,债权法中的意思自治强于物权法;在债权法中,又以合同法体现意思自治原则最为强烈和典型。

3. 自愿原则的限制

民法意图使主体在私的领域中依其自由意思实现自我治理,因此承认和维护人的自由应为基本立场。若要对意思自由进行限制,应当由提出限制者负举证责任,证明其主张具有正当且充分的理由。若不能举证,则须维持自由的立场,而非由自由来自证其正当性。

现代民法中对意思自治原则的正当限制,主要是因为社会强弱分化造成的。社会强弱悬殊的前提下,若再一味强调无限制的意思自治,该原则就会成为强者欺凌弱者的工具。试想,一个背井离乡的劳工,靠出卖劳动力维持基本生计,如何能完全自愿地与企业主讨价还价,磋商劳动条件?一个无资力的市民,仅能购买最廉价的商品,所谓合同自由,又有多少选择余地?一个普通消费者,零散孤立,欠缺必要信息,如何能够对抗在市场上居于优势地位的经营者,并获得公平合理的合同条件?这就必然要求国家伸出干预之手,对强者进行特殊限制,对弱者进行特殊保护,意思自治就会因此受到一定限制。这些限制,有时通过特别法规范体现出来,有时通过诚实信用、公序良俗等概括条款的发展体现出来。①

---

① 参见梁慧星主编:《中国民法典草案建议稿》,法律出版社2013年版,第10页。

三、其他问题

意思自治的正当性基础，是假设民法中的人是强而智的理性人或经济人。之所以让当事人意思自治，依其自己的自由意思变动权利义务关系，主要基于三项理性人或经济人假设：其一，人是完全理性的，因此他们知道自己的利益何在；其二，人是有完全意志力的，因此他们会不懈追求自己的利益；其三，人是完全自利的，知道利益及追求利益都是为了自利的结果。这种理性人或经济人，就是民法上的强而智的人。让这样的人去意思自治，的确可以发挥理想中的效率最大化。

然而，经济人的假设很早就受到了批判，行为经济学家证明了人在以上三方面的有限性。人的理性是有限的，无法完全认识自己的利益。人的意志力是有限的，即使知道什么是最好，也往往缺乏足够的自制力去达到行为效用最大化。人的自利也是有限的，人因为多种原因也会考虑他人的利益。以上三方面的有限性决定了民法上的强而智的人只能是一种假设，事实上民事主体是普遍达不到理想化的强而智的，只是其差距程度各自不同而已，因此都需要一定程度的公力救助。基于这种重新认识，意思自治的人性根基受到了动摇，国家一定程度的保护性干预就有了存在的合理性。①

以上可以加深我们对意思自治限制的理解。但正如前述，意思自治在民法中是基本体制原则，对意思自治的限制纵有理由，也不能反客为主变成民法的基本体制。

① 参见徐国栋：《民法总论》，高等教育出版社 2007 年版，第 140 页以下。

第六条 【公平原则】

民事主体从事民事活动，应当遵循公平原则，合理确定各方的权利和义务。

一、历史由来

（一）本条来源

本条主要来源于《民法通则》第4条："民事活动应当遵循自愿、公平、等价有偿、诚实信用的原则。"本条将公平原则予以单列，不仅在立法技术上应当肯定，而且在立法理念上亦应予赞赏。值得一提的是，"合理确定各方的权利和义务"的表述源于《合同法》第5条，"当事人应当遵循公平原则确定各方的权利和义务。"这一表述虽然出自《合同法》，但其能够覆盖的范围显然不限于《合同法》，如在侵权法中，公平原则如若适用，其功能仍然在于由法官确定加害人的赔偿义务范围及受害人的赔偿请求权范围。因此，《民法总则》将"合理确定各方的权利和义务"移植到了作为民法基本原则的公平原则当中。

（二）条文演化

《民法总则（草案）征求意见稿》（2016年5月20日修改稿）、《民法总则（草案）》一审稿、二审稿、三审稿，在本条的表述上完全一致。

"社科院稿"未规定公平原则。"人民大学稿"第5条规定，"民事主体从事法律行为，应当遵循公平原则确定各方的权利和义务。"①"法学会稿"第5条规定，"民事主体实施法律行为以及从事其他民事活动，应当遵循公平原则。"②

① 王利明主编：《中国民法典学者建议稿及立法理由·总则编》，法律出版社2005年版，第15页。

② 中国法学会：《中华人民共和国民法典·民法总则专家建议稿》，载中国民商法律网：http://www.civillaw.com.cn/zt/t/?id=30198，最后访问日期：2017年3月21日。

这些建议稿的以下几点值得关注:公平原则一直是我国民法中一个有争议的问题,应否明确规定它及如何规定它,并未形成一致看法。公平原则的适用范围,是仅限于法律行为,还是包括其他民事活动?"人民大学稿"将其限于法律行为,"法学会稿"则使用了"法律行为以及从事其他民事活动"的表述。《民法总则》可能考虑到公平原则在法律行为领域之外也有体现,故表述为"民事活动"。是笼统规定公平原则,还是明确公平原则的功能是"确定各方的权利和义务"?"人民大学稿"明确了公平原则的功能是"确定各方的权利和义务","法学会稿"则未明确这一点。《民法总则》采纳了该表述。

二、规范目的与含义

(一)规范目的

本条确认了公平原则。此处的"公平"是指实质平等、结果平等,而非形式平等、机会平等。正是在这一点上,公平原则与平等原则有了明确的区分,否则,公平原则就没有独立存在的余地。①

如前所述,平等、自愿、权益保护这些原则会激发市场机制的高效率,也会造成严重的强弱分化。此时需要有效手段介入,以维护社会正义价值。从法律部门的分工上说,结果平等主要应靠公法、经济法、社会法等来实现,但民法也应当在自己的弹性范围内对结果平等有所兼顾,这就出现了一些以追求结果公平为目的的民法制度,它们在法理念上的反映,就是公平原则。

在与其他原则关系上,公平原则是平等原则的对立物。由于民法系以追求形式平等为原则,以追求实质平等为例外,故公平原则是在平等原则发挥基本体制作用的基础上,在特定情况下用以纠偏的一个原则。

公平原则与自愿原则处于动态互补关系。有学者认为,合同发生效力的正当性依据有"合意度"与"均衡度"两个要素,两要素之间动态互补。②"合意度"是自愿原则(意思自治)的体现,"均衡度"则是公平原则的体现。若合同"合意度"的满足程度高,即使缺乏"均衡度",合同也应当有效。此即弗卢梅

① 参见王利明:《民法总则研究》,中国人民大学出版社 2012 年版,第 122 页;马俊驹、余延满:《民法原论》,法律出版社 2010 年版,第 39 页。

② 参见解亘:《格式条款内容的规范体系》,载《法学研究》2013 年第 2 期。

指出的,在法秩序的范围内,意思自治先于法律价值评判而存在。[①] 若“合意度”的满足程度很低,则即使合同的结果公平,合同效力也有瑕疵,如在本法第148条、第149条、第150条所规定的欺诈、胁迫情形中,即使结果公平的法律行为也可撤销。如果合同当事人虽非自愿,但也未如欺诈、胁迫那样“合意度”严重不足,而是处于中间状态,如本法第151条所规定的“一方利用对方处于危困状态、缺乏判断能力等情形”,则需要“均衡度”也达到一定水平,合同才能有效;若合同结果显著不公平(显失公平),“均衡度”不足以弥补“合意度”的欠缺,则合同效力发生瑕疵。以上可见,自愿原则与公平原则虽处于动态互补关系,但自愿原则处于优先地位。“合意度”高度满足时,不需要“均衡度”来补充;而“合意度”严重不足时,“均衡度”也无法补充;仅在“合意度”一定程度上不足时,“均衡度”才有补充的可能。因此,意思自治是优先于结果公平的。

以上也是自愿(意思自治)及同价值取向的原则在民法中居于主线地位,公平及同价值取向的原则在民法中居于辅助地位的一个佐证。

(二)规范含义

1. 公平原则的具体化与法定化

民法以追求形式公平为原则、实现实质公平为例外;然而例外必须要法定,才成其为例外。如果例外并非法定,而是由法官在个案中任凭己意决定,则例外就会无限多且不可控制,例外就不再是例外,原则也就无法再成为原则。

一个典型例子是我国侵权法中的“公平责任”,虽然在《侵权责任法》中已经被改称为“公平分担损失”(《侵权责任法》第24条),但实质问题并没有解决。侵权法的基本思维模式是损害应当停留在原地,仅在有正当理由时才得转移。这里的正当理由,典型表现就是侵权法上的过错责任和无过错责任。如果不存在这些正当理由,损害就应当由受损者承担;即使因此出现了严重的结果不公,也应当交由社会保障法、社会救济法等去处理,而不是改变民法上的损害分配规则。公平责任——现在的公平分担损失规则亦然,其意义无非

---

① 参见[德]弗卢梅:《法律行为论》,迟颖译,法律出版社2013年版,第5页。

是在没有法定转移损害的正当理由时,法官仍得继续在个案中转移损害,而且这里并无实质性的规则控制。例外一旦可以任意不受控制地出现,原则也就不存在了。可以想见,侵权法的重要机能在于帮助行为人建立行为预期,预见、控制行为风险,从而保障行为自由;一旦在法定规则上不可转移风险之处,个案中又可以由法官任意转移时,行为人就无法建立合理预期,也无法明了和控制风险,保障行为自由也就谈不上了。

如何避免例外的无限和不可控?根本途径在于例外的法定化。比较法上虽然也有类似的衡平性规定,但通常都是针对具体问题的具体规则,典型如常为学者援引的《德国民法典》第829条规定,未成年人或聋哑人致人损害,行为人和监护人对损害均不负责时,受害人可以根据情况合理要求赔偿。又如我国台湾地区"民法典"第187、188条规定的无责任能力人及雇用人在特定情况下的损害分担。质言之,民法中可能确实有些地方需要衡平规则,使法官能够在个案中根据具体情况创设结果公平的例外,但绝非在所有的地方都需要这种衡平规则。果真如此,民事立法会丧失意义。

相当一些学者在研究"公平责任"时指出,应当将案件类型具体化并法定之;没有法律的具体规定,就不能适用公平责任。[①] 我们表示赞同,并认为这一结论适用于作为民法基本原则的公平原则。民法中何处需要衡平规定,就应在何处通过立法手段解决,民法不需要一个无所不在的衡平规定。

2. 公平原则并非裁判规范

一方面,没有法律的具体规定之时,不能直接适用公平原则裁判;另一方面,有法律具体规定之时,也不需要适用公平原则。因此,公平原则并非法官的裁判依据,不能作为司法三段论的大前提。公平原则仅是民法中既有衡平规定的抽象理念表达。

我们在立法上认可公平原则,其作用与前述合法权益受保护原则、平等原则、自愿原则相同,它们都是我国民法"内在体系"的一部分。这些原则虽非法官的裁判依据,但可以在法律解释和漏洞补充中发挥作用;它们虽非司法三段

---

① 参见郭明瑞:《关于公平责任的性质及适用》,载《甘肃社会科学》2012年第5期;陈本寒、陈英:《公平责任归责原则的再探讨》,载《法学评论》2012年第2期。

论的大前提,但可以帮助法官寻找和阐释妥当的大前提。

如果发现民法中有其他需要衡平规定之处,则应以立法方式补充之。在立法之前,可以用法学方法论上的适宜方法来补充漏洞,此时,法官的裁判依据是经特定漏洞补充方法而产生的某个具体规则,该规则及推导过程须于判决书中明示。无论何时,法官的裁判依据不能是公平原则本身。

3. 本条中“合理”标准的妥当把握

本条的瞩目之处是明确要求民事主体“合理确定各方的权利和义务”,其中的“合理”作为一个利益衡平标准,在实践中要审慎把握。(1)“合理”的判断机制有领域之分,在经济社会生活中,有经济上之合理,有道德上之合理,亦有法律上之合理,本条中的“合理”应当是对各领域判断结果综合权衡的结果。例如,《民法总则》第151条规定,“一方利用对方处于危困状态、缺乏判断能力等情形,致使民事法律行为成立时显失公平的,受损害方有权请求人民法院或者仲裁机构予以撤销。”就是经济判断、道德判断和法律判断的综合效果。(2)“合理”与否的判断结论既有客观性,亦有主观性。例如,对于同一个权利义务安排的事实,双方当事人从各自立场和利益追求出发,一方当事人认为是不合理的,而另一方当事人却可能认为非常合理。而法官对具体案件中权利义务关系的合理性判断,即使力求客观性,但仍然难以避免法官自身情感倾向与见识偏好的影响。(3)“合理”与否对民事法律行为效力的影响是有弹性的。从“合理”到“显失公平”之间,是“不合理”存在的场域,即不合理并不等于显失公平,或者说,权利义务关系的“不合理”达到严重程度才构成“显失公平”。

由此可见,为实现公平原则而要求的“合理确定各方的权利和义务”,首先是民法上的一个倡导性规范。一个具体权利义务关系的不合理程度只要没有达到显失公平的程度,并不能引起相应的法律后果。只有一个具体权利义务关系的不合理程度达到显失公平的程度时,才能产生相应的法律后果,如合同之撤销。

三、其他问题

首先面临的问题是:公平原则是对民事主体的要求,还是对法官的要求,或者说，这是一项当事人的行为准则，还是一项法官的司法准则；或者兼而有之，公平原则既是对民事主体的要求，也是对法官的要求，或者说，既是一项当事人的行为准则，也是一项法官的司法准则。

从本条的文义来看，“民事主体从事民事活动，应当遵循公平原则，合理确定各方的权利和义务”，这显然是民事主体的要求。但是，合理确定各方权利和义务，实际是要求主体注意维系彼此之间的利益平衡，而维持当事人之间的利益平衡是诚信原则的核心内涵。[①] 固然如此可以理解公平原则，但是，从《民法总则》的立法本意上看，立法者显然希望民事主体在追求自身利益的同时，能够出于本条中表述的“合理”情怀，注意、关照、平衡甚至适当容忍对方当事人的利益追求。也就是说，立法者希望民事主体在恪守诚信原则的基础上，表现得更为道德一些，通过私法上更为合理的交易安排实现资源合理配置和社会普遍和谐。从这一点上看，公平原则是诚信原则的析出或超越，是社会主义核心价值观诸如“公正”“友善”在民法基本原则中的体现。

因此，民事主体在民事活动中主动地顾及其他主体的利益，维系当事人之间的利益平衡，这虽然已经是诚信原则长期发展形成的固定内涵领域，举凡诚信原则的典型制度体现，如依诚信要求行使权利、附随义务的产生、情事变更规则、权利失效制度等，都是要求当事人在行为时要顾及他方利益，不要破坏当事人之间的利益平衡去追求自己的利益；但是，公平原则在上述诚信原则的具体制度表现之外仍然有发挥规范作用的空间。诸如，当事人在订立合同时要合理建构权利义务关系，尽量避免利益过度失衡，尤其不能达到显失公平的程度；在遭遇市场风险而致多个民事主体遭受损失时，各方当事人之间要合理分担损失；在因损失分担而产生纠纷时，要综合考虑各种因素做出合理处理方案等。

当然，提及公平原则时，人们脑海中设想的合理确定当事人之间权利义务的典型情形，可能还是发生在合同磋商领域中。但在合同磋商时，如前文所

---

① 维持双方当事人利益平衡是诚信原则的核心内涵，请参见梁慧星：《民法总论》（第四版），法律出版社 2011 年版，第 268 页以下；徐国栋：《民法总论》，高等教育出版社 2007 年版，第 120 页；王利明：《民法总则研究》，人民大学出版社 2012 年版，第 131 页；马俊驹、余延满：《民法原论》，法律出版社 2010 年版，第 40 页。

述,只强调应有充分的意思自治,并不要求结果的公平,此时当事人也没有顾及结果公平的法律上的义务,这里纵有“义务”,也只存在于道德领域,而不属于法律范畴。所以,对民事主体来说,《民法总则》确立的公平原则在功能上更多地是一个倡导性规范,希望民事主体在运用法律安排自己的生活时,能够兼顾道德追求,在其经济动机与法律行为目的之间嵌入道德介质。可见,公平原则首先是对民事主体的要求,是一项当事人的行为准则。但是,公平原则的真正功能,并不仅限于此。公平原则也是在民法中建立一些衡平规定,而衡平规定也是为法官而定的裁判规范。例如,现行法中公平原则的典型体现——《侵权责任法》第24条规定的公平分担损失规则,该规则是在损害发生后由法官去适用的,当事人无法用它事先合理确定彼此的权利义务。在处理这类案件时,当事人均可引用公平原则来实现或维护自己的利益,原告可以运用公平原则强调自己的主张,被告也可以运用公平原则强化自己的抗辩,甚至处于一方的多个当事人之间也可以运用公平原则来分配意图通过诉讼获得的利益。在此情形中,如何以公平原则衡平当事人之间的利益,合理地取舍各当事人的利益诉求,便是法官的公平素养发挥改进实际生活的作用的场合。

由此可见,公平原则也是对法官的要求,也是一项法官的司法准则。但是,与将公平原则作为对民事主体的要求和一项当事人的行为准则相比,对法官运用或执行公平原则实际上要有更为审慎的态度和更为严格的限制。公平原则对于民事主体而言,旨在倡导民事权利义务关系的合理化,而对于实际生活当中具体权利义务关系的不合理事实,民法实际上有较大幅度的并且很大弹性的法律容忍空间。例如,对于现实生活中的一个合同,在符合民法其他原则(如自愿原则)的前提下,即使各方之间的权利义务安排得并不合理,但只要没有达到“显失公平”的程度,民法并不施以合同撤销的后果。然而,对于法官而言,在运用公平原则分析案情、论证判决理由、选择适用法律时一定要持有审慎的态度,应当综合考虑案件所涉因素包括当事人的主客观状况,确定在具体案件中运用公平原则的节点、强度和方向。例如,在合同纠纷的处理中,要避免法官以公平原则为据过度超越自愿原则。超越自愿原则实际上在为当事人订立一个新合同,而不是在执行当事人自己订立的原合同。

第七条 【诚实信用原则】

民事主体从事民事活动,应当遵循诚信原则,秉持诚实,恪守承诺。

一、历史由来

(一)本条来源

本条内容主要源于《民法通则》第 4 条及《合同法》第 6 条。《民法通则》第 4 条规定:“民事活动应当遵循自愿、公平、等价有偿、诚实信用的原则。”《合同法》第 6 条规定:“当事人行使权利、履行义务应当遵循诚实信用原则。”本条将诚信原则单列,在表述上并未将诚信原则的适用范围限于“行使权利、履行义务”,而是更多地沿袭了《民法通则》传统,采用“民事活动”的表述。

(二)条文演化

1. 民法总则草案

《民法总则(草案)征求意见稿》(2016 年 5 月 20 日修改稿)第 6 条规定,“民事主体从事民事活动,应当遵循诚实信用原则,自觉维护交易安全。”《民法总则(草案)》(一审稿)第 6 条规定,“民事主体从事民事活动,应当遵循诚实信用原则。民事主体从事民事活动,应当自觉维护交易安全。”一审稿是将“遵循诚实信用”与“维护交易安全”作为两款加以规定的。《民法总则(草案)》(二审稿)第 6 条、(三审稿)第 6 条规定,“民事主体从事民事活动,应当遵循诚实信用原则。”二审稿及以后文本删除了“维护交易安全”。《民法总则》第 7 条最终增加了“秉持诚实,恪守承诺”的解释性表述。

本条在制定中的主要变迁,在于是否将主体“应当自觉维护交易安全”纳入本条。交易安全的维护是法律制度的客观效果,而不是民事主体的主观义务。令追逐个体利益的主体负担维护交易安全的义务,既不合理,也无法实现。二审稿及之后的草案删除了维护交易安全的表述,堪称得当。

2. 主要建议稿

“社科院稿”第6条规定,“民事权利的行使和民事义务的履行,应当遵循诚实信用的原则”。[①] “人民大学稿”第6条规定,“民事主体应当按照诚实信用原则,行使民事权利和履行民事义务”。[②] “法学会稿”第6条规定,“民事主体行使民事权利、履行民事义务以及从事其他民事活动,应当遵循诚实信用原则。”[③]大部分建议稿将诚信原则的适用范围界定为“行使权利、履行义务”,“法学会稿”则采用了“行使民事权利、履行民事义务以及从事其他民事活动”的表述。《民法总则》直接使用了“民事活动”这一最概括的表述方法,既有《民法通则》传统的影响,也意在显示诚信原则具有广泛的适用范围。

二、规范目的与含义

(一)规范目的

诚实信用原则是民法最重要的基本原则之一,被称为是民法的“帝王条款”。[④] 从法律史角度来看,诚实信用原则最开始被规定在债法领域,用于调整债务关系当中权利的行使、义务的履行。[⑤] 随着学说与实践的发展,诚实信用原则的适用范围逐渐扩及整个民法领域,遂有“帝王条款”一说。从近年来的学说发展与比较法实践来看,诚实信用原则也逐渐扩展到私法以外的其他法律部门。[⑥]

---

① 梁慧星主编:《中国民法典草案建议稿》,法律出版社2013年版,第3页。

② 王利明主编:《中国民法典学者建议稿及立法理由 · 总则编》,法律出版社2005年版,第15页。

③ 中国法学会:《中华人民共和国民法典 · 民法总则专家建议稿》,载中国民商法律网:http://www.civillaw.com.cn/zt/t/?id=30198,最后访问日期:2017年3月21日。

④ 参见王泽鉴:《民法总则》,北京大学出版社2009年版,第441页;史尚宽:《民法总论》,中国政法大学出版社2000年版,第334页;梁慧星:《民法总论》,法律出版社2011年,第270页。

⑤ 参见《德国民法典》第242条、《瑞士债务法》第2条。

⑥ 在德国法上,诚实信用的适用领域除了私法(包括家事法、继承法以及商法),也在诸如诉讼法、刑法(受到严格限制)、税法以及社会法等领域有所体现。Vgl. MünKomm/Schubert, 7. Aufl., München 2016, § 242, Rn. 109ff.. 我国学者也从宪法、行政法、刑法、税法、诉讼法及国际公法等法律部门中,分别考察诚实信用原则的适用情形,参见徐国栋:《论诚信原则向公法部门的扩张》,载《东方法学》2012年第1期。另参见王泽鉴:《诚信原则仅适用于债之关系?》,载王泽鉴:《民法学说与判例研究》(第1册),中国政法大学出版社2003年版,第367页以下。

（二）规范含义

1. 诚实信用的内涵

诚实信用原则，起源于罗马法上的善意，要求行为人恪守诺言、诚实不欺，在不损害他人利益和社会利益的前提下追求自己的利益。[①] 诚实，要求行为人正直；信用，指相对人可以对其信赖。唯其诚实，始具信用，方可信赖，体现的是诚实信用原则的伦理性。[②]

诚实信用的重要功能在于控制权利的行使和义务的履行。比较法上，《瑞士民法典》第 2 条第 1 款规定，“任何人都必须以诚实、信用的方式行使其权利和履行其义务。”我国台湾地区“民法典”第 148 条第 2 款规定，“行使权利，履行义务，应依诚实及信用方法。”前述建议稿中，大部分也将诚信原则的功能界定为“行使权利、履行义务”。从发展的角度说，现代诚信原则的功能的确已经超过了权利行使、义务履行领域，但该领域仍是其发挥主要功能的场所。

2. 诚实信用的功能类型

（1）行使权利与履行义务的方法

任何权利，必有其界限，权利人行使其权利，不得超出其界限。诚实信用原则，即为权利行使的界限。[③] 具体来说，其规范效果在于：行使权利的某个具体行为被否定，不发生权利行使的效果，但产生权利的法律行为效力不受影响（在此与公序良俗原则相区分，公序良俗原则部分对此有详述）；嗣后权利行使的方式符合诚信要求的，仍有继续行使权利的可能。因此，在功能上，学者将其称为权利的“行使审查”。[④] 若行使权利违反诚信要求，以损害他人为主要目的的，[⑤]构成权利滥用，须被禁止，此即所谓禁止权利滥用，因此禁止权利滥用是诚实信用在权利行使领域的反向规定。权利滥用也并不必然使得相对人产生损害赔偿请求权或不作为请求权，相对人是否享有此类请求权，取决于各

---

① 参见梁慧星：《民法总论》，法律出版社 2011 年版，第 258 页。

② 参见王泽鉴：《诚实信用与权利滥用——我国台湾地区“最高法院”九一年台上字第七五四号判决评析》，载《北方法学》2013 年第 6 期。

③ Vgl. Helmut Köhler, BGB Allgemeiner Teil, 38. Aufl., München 2014, § 17, Rn. 39.

④ 参见于飞：《公序良俗原则与诚实信用原则的区分》，载《中国社会科学》2015 年第 11 期。

⑤ 在权利行使是否“以损害他人为主要目的”的判断基准上，有从行为人的主观意思向客观的利益衡量的变迁。参见王泽鉴：《民法总则》，北京大学出版社 2009 年版，第 437 页以下。

自要件是否满足。①

《民法总则》第132条规定,“民事主体不得滥用民事权利损害国家利益、社会公共利益或者他人合法权益。”此即我国法上的禁止权利滥用条款,实为诚实信用原则在权利行使领域的体现。但由于第132条规定在“民事权利”章,故其只涉及权利行使,并不规制义务履行。

(2)情势变更

合同基础丧失之后,当事人仍依原来的约定主张合同权利,这种权利行使行为即违反诚信,不予准许。因此,情势变更规则所否定的,是当事人对合同权利的某次背信行使行为,而非权利本身,是否对当事人关系进行调整及怎样调整,仍取决于当事人本人,如请求法院变更或者解除合同(《合同法解释(二)》第26条)。有学者对我国情势变更进行了案例类型化研究,值得参考。②

(3)权利失效

权利人在相当期间内不行使权利,导致相对人产生合理信赖,相信权利人不欲履行其义务,若权利人再行使权利,使前后行为发生矛盾,依诚信原则应不予准许;权利失效制度的效果,一般认为是产生抗辩权。③ 权利失效制度所否定的,亦是权利人的某次背信的权利行使行为,权利本身并未消灭,产生权利的法律行为更非无效。

(4)附随义务的创设

债务关系在发展过程中,除了给付义务外,根据具体情形,还会发生其他义务,如照顾、保管、告知、协助等。这类义务的产生,即是以诚实信用原则为依据。从功能上看,附随义务主要包括两类:其一,促进实现给付义务;其二,维护对方当事人人身及财产之固有利益。从时间上看,附随义务可能发生在契约订立前、契约履行中及契约履行完毕后。

---

① Vgl. MünKomm/Schubert, 7. Aufl., München 2016, § 242, Rn. 228f..

② 参见韩世远:《情势变更若干问题研究》,载《中外法学》2014年第3期;韩强:《情势变更原则的类型化研究》,载《法学研究》2010年第4期。

③ 参见王泽鉴:《权利失效》,载王泽鉴:《民法学说与判例研究》(第1册),中国政法大学出版社1998年版,第310页以下。

从功能上看，附随义务属于诚实信用原则对契约内容的补充。这是产生新的义务，而非对既已存在的权利义务进行控制。附随义务的特点在于，相对人不得诉请履行；但若义务人违反该义务，相对人可主张义务违反之后果（损害赔偿）。经过学说与实践的发展，附随义务通常能在法典中找到直接条文依据。①当事人负有何种附随义务，取决于具体情形，但必须以诚实信用原则为准则。②

（5）格式条款的内容审查

对法律行为的内容进行审查，使不能通过审查者归于无效，这通常是公序良俗的功能。但在格式条款——确切地说，是格式条款的辅助条款③——中，由于“合意度”严重欠缺，必须在“均衡度”上高度满足，合同才有有效的正当性。因此，格式条款就不能再以违反秩序或伦理底线（违反公序良俗）作为无效判断标准，这一标准太高，会造成保护不足；而是须以当事人之间利益不平衡（违反诚信）作为无效判断标准。在德国法上，这一诚信标准的具体化即任意法规范。任意法规范恰恰是立法者在事先对双方当事人利益的一个高度平衡。换言之，任意法在格式条款领域起到了“范式作用”，违反任意法就会遭到法律审查并可能归于无效，以此来维护格式条款当事人之间的利益均衡。④

我国《合同法》第40条规定：“提供格式条款一方免除其责任、加重对方责任、排除对方主要权利的，该条款无效。”本条与《德国民法典》第307条、我国台湾地区“消费者保护法”第12条第1款一样，都是格式条款的内容审查规则，但《合同法》第40条没有为格式条款内容审查建立一般标准，仅列举了反映该

① 参见我国《合同法》第60条第2款、第92条。比较法上，德国2001年债法改革以后，也明确将附随义务规定在《德国民法典》第241条第2款当中。

② 参见“杨艳辉诉南方航空公司、民惠公司客运合同纠纷案”，载《最高人民法院公报》2003年第5期。

③ 只要市场机制仍在发挥作用，当事人通常仍会充分关注标的、价格等核心条款，来权衡是否订约，所以即使在格式条款领域，核心条款中也不欠缺合意度。反之，当事人常因未注意、不易阅读、难以理解含义、全盘了解交易费用过高等原因，在核心条款可接受时，不再（难以）关注冗长的辅助条款，将合同一签了之。故格式条款上严格的内容控制制度，仅系针对辅助条款发挥作用，核心条款仍是当事人意思自决领域。Vgl. Larenz/Wolf, Allgemeiner Teil des BGB, 9. Aufl. 2004, § 43, Rn. 43ff.. 中文参见解亘：《格式条款内容的规范体系》，载《法学研究》2013年第2期。

④ 参见于飞：《公序良俗原则与诚实信用原则的区分》，载《中国社会科学》2015年第11期。

一般标准的三种典型情形,这会造成调整遗漏。因此,应当在法解释上确立诚信原则为我国格式条款无效规则的一般标准地位。

(6)合同的解释

当事人对合同内容发生争议,或约定不明,或未做约定时,可以依诚实信用原则对之加以解释、补充或评价。对此,《合同法》有明文规定①;比较法上,亦属通论。② 我国司法实践中,以诚实信用原则对合同内容进行解释,也不罕见。③

(7)解释与发展法律

诚信原则也可以与前述价值理念型基本原则一样,在法律解释和漏洞补充中发挥功能,作为解释法律、发展法律的重要工具。④ 以诚实信用原则作为法律解释及漏洞填补的适用依据,是我国司法实践对诚实信用原则的适用情形之一。⑤

综上,诚信原则的功能可大致分为两类:一是作为裁判规范(前述 1 ~ 5 项);二是作为寻找裁判规范的工具(第 6、7 项,即解释合同与解释法律、漏洞补充)。而作为裁判规范的功能又可分为三类:一是控制已产生的权利义务的行使和履行,即 1 ~ 3 项;二是产生新的权利义务,即第 4 项"创设附随义务";三是否定权利义务,即第 5 项"格式条款无效"。

这里产生一个根本性问题。以上 7 项功能基本上可以规则化,其中有的在我国现行法已被规定,如权利行使、附随义务创设、情势变更、合同解释;有的在比较法上或学理上有确切依据,如格式条款内容审查、权利失效。除此之外,《民法总则》第 7 条规定的诚信原则还有没有独立于以上规则或概括条款之外的功能,值得进一步分析。本条诚信原则的功能主要在于前述第 7 项法

---

① 《合同法》第 125 条第 1 款:当事人对合同条款的理解有争议的,应当按照合同所使用的词句、合同的有关条款、合同的目的、交易习惯以及诚实信用原则,确定该条款的真实意思。

② 参见《德国民法典》第 157 条:合同解释,必须依照诚实信用方法,顾及交易习惯而为之;[德]卡尔·拉伦茨:《法学方法论》,陈爱娥译,商务印书馆 2003 年版,第 180 页。

③ 参见"厦门东方设计装修工程有限公司与福建省实华房地产开发有限公司商品房包销合同纠纷案",载《最高人民法公报》2006 年第 4 期。

④ 参见梁慧星:《民法总论》,法律出版社 2011 年版,第 271 页;[德]卡尔·拉伦茨:《法学方法论》,陈爱娥译,商务印书馆 2003 年版,第 294 页。

⑤ 参见徐国栋:《我国司法适用诚信原则情况考察》,载《法学》2012 年第 4 期。

律解释与漏洞补充，而不是作为裁判依据。拉伦茨在“超越法律的法的续造”中阐述了“鉴于法伦理性原则从事之法的续造”，他所举的典型例证，就是“诉诸‘诚信’的基本原则”。[①] 既然是超越立法计划的漏洞补充，拉伦茨此处所论就不可能是《德国民法典》第242条，因为第242条决不会在立法计划之外。此处拉伦茨所论，其实指的是一种诚实信用的法律一般思想或法理念，因此即使在立法计划之外，法官也可以基于无可反驳的法律交往需要等原因，在这种诚信的法理念基础上进行法律续造。以此观之，《德国民法典》第242条上的“诚实信用”只是这种法理念的一个规则表现而已。

作为法律解释和漏洞补充依据的诚信原则，以一种一般法律思想或法理念存在，而非以概括条款或规则的形式存在，本身不是法官的裁判依据，比较法上一般也不会将其立法化。《民法总则》第7条实际上是把这种法理念意义上的诚信原则立法化了。这种意义上的诚信原则，与合法权益受保护原则、平等原则、自愿原则、公平原则并无不同；它们共同构成我国民法的“内在体系”，作用于法律解释与漏洞补充。

由于我国现行法中还有一些诚实信用条款尚付阙如，如义务履行的一般规则、格式条款内容审查、权利失效等，因此《民法总则》第7条还有一个功能或使命，即通过方法论手段补充这些欠缺的概括条款或规则。

3. 诚实信用概括条款的个案适用及案例类型化

作为概括条款的诚实信用可以直接适用于裁判，但其本身具有伦理性，并不具有固定内容，且随时代发展而变迁。故其在缓和成文法僵硬性的同时，会对法的安定性有所冲击。

为求在增加法律弹性与降低法的安定性之间取得平衡，妥当地发挥诚信的功能，应注意以下几点：

(1)诚实信用的适用次序。在法律适用上，如果法律有具体规定(即使该规定起源于诚实信用原则)，必须首先适用该规定，禁止向一般条款逃避；如果法律没有规定，则存在法律漏洞，须优先考虑通过类推适用等更具确定性的法律方法填补该漏洞，而非径行适用诚实信用。

① 参见[德]卡尔·拉伦茨：《法学方法论》，陈爱娥译，商务印书馆2003年版，第294页。

(2)本土案例的类型化。前述对诚信原则的功能分类,还不是面对个案可以直接得出结论的判断标准。这种个案判断标准只能存在于本土案例的类型化之中,抽象的理论探讨及比较法研究在此帮助都有限。原因有二:其一,是否违背诚信,这是随着时间、地域等具体情事而有别的。其二,诚实信用、公序良俗等概括条款主要的实质作用,仍在于弥补具体规范之间的缝隙。各国具体规范的体系不同,规范之间的缝隙也就不同,这些原则实际作用的领域也就不同。这就导致脱离本土案例去谈具体标准,总是难以切中肯綮。本土案例的类型化,实为最重要、最具裁判意义的具体化方法。

(3)动态系统理论的引入。在法官裁判及案例类型化研究中,我们恐怕会发现,诚实信用的适用往往很难纳入"要件—效果"模式。这里常常有众多的"要素"在发挥影响作用。这些要素之间,并非缺其一就不发生法律效果的关系,而是缺少某一个,但其他要素够强,效果可能仍然发生;同时,也可能一个要素满足度极高,其他要素即使满足度都很低,甚至有些并不满足,法律效果亦发生。于是,我们需要把各要素的满足度抽取出来"凑整",然后再综合地评价法律效果。也即,威尔勃格的"动态系统理论"在这里发挥着重要作用。①

总之,以本土案例类型化研究为根本途径,以"动态系统理论"为重要工具,我们就有可能对违反诚信原则在个案中的判断标准,给出中国的、具裁判意义的回答。

在本土案例类型化工作尚未成熟之前,诚实信用、公序良俗的司法适用都会呈现一定的"乱象",此时我们一方面可以通过加强理论框架和法学方法论的研究,来为法官提供一定的思维辅助,另一方面也需认识到这是一个必经的过程,是试图缓和成文法僵硬性所必然付出的代价。

三、其他问题

前文反复强调原则与概括条款之间的差异。为什么原则不能成为法官的裁判依据,而概括条款却可以?看起来都很抽象的事物,为什么适用上有那么

---

① 参见山本敬三:《民法中的动态系统论——有关法律评价及方法的绪论性考察》,解亘译,载梁慧星主编:《民商法论丛》(第23卷),金桥文化出版(香港)有限公司2002年版,第172页以下。

大差异？此处我们试图证明原则与概括条款之间“逻辑上的”区别。由德沃金开创并由阿列克西发展和精致化的原则规则区分理论，在此可以为我们提供帮助。但须注意，这些法理学家提出其理论的目的，并非是为了解决民法上的问题；他们对相关概念的用法，也与民法学者有所不同。因此须先作两点前提性说明：

第一，规范、规则、原则之间的关系。在德沃金与阿列克西的语境下，规范是规则与原则的共同上位概念。在这个意义上，原则是规范的一种。

第二，原则能否适用。大陆法系民法学者出于对法律安定性的追求，强调原则不能直接适用，它们须经下位原则一步步地具体化为规则，最终被适用的也只能是规则。而在德沃金、阿列克西的语境下，前述在原则的指导下寻找、确定实质规则的过程，被直接认为是在适用原则。

以下论述将借助一个简单但重要的图示来完成：A→B。其中，A 代表“适用条件具备”，B 代表“规范得到适用”，“→”代表蕴涵词“如果，则”。

（一）全有或全无的适用方法

这是德沃金所称原则与规则之间“逻辑的”区别之关键点。“规则在适用时，是以完全有效或者完全无效的方式。如果一条规则所规定的事实是既定的，那么，或者这条规则是有效的，在这种情况下，必须接受该规则所提供的解决办法。或者该规则是无效的，在这样的情况中，该规则对裁决不起任何作用。”①而原则不是这样运作的，即使是“那些看来同规则十分类似的原则，也没有列举出当规定的条件被满足时自动发生的法律后果。”②因为还存在其他与之相冲突的原则，各原则需要较量它们在个案中的分量，来决定最终的适用。这一在个案中较量分量来决定适用的过程，德国学者阿列克西称为“权衡”，并用“重力公式”来论证权衡是一种理性程序。③

对于规则，在 A 满足（适用条件具备）之时，B 确定地发生（规则得到适

---

① ［美］德沃金：《认真对待权利》，信春鹰、吴玉章译，中国大百科全书出版社 1998 年版，第 43 页。

② ［美］德沃金：《认真对待权利》，信春鹰、吴玉章译，中国大百科全书出版社 1998 年版，第 44 页。

③ 参见［德］阿列克西：《重力公式》，载［德］罗伯特·阿列克西：《法：作为理性的制度化》，雷磊编译，中国法制出版社 2012 年版，第 148 页以下。

用);若 A 不满足,则 B 确定地不发生。这就是全有或全无地适用。原则的独特性在于,即使 A 满足,B 也不会确定地发生,而是开启一个权衡的过程,由权衡来决定最终的结果。

概括条款属于规则。例如“违反公序良俗的法律行为无效”,如果 A 满足(法律行为违反公序良俗),则 B 确定地发生(该条获得适用,产生无效后果);若 A 不满足(未发生背俗情事),则 B 确定地不发生(该条与本案无涉而不被适用)。这就是“全有或全无”。诚实信用也是如此。“行使权利、履行义务须遵循诚实信用”,一个具体权利行使行为要么合乎诚信要求,从而导致权利行使发生相应法律效果;要么不合乎诚信要求,从而不发生权利行使的效果。

原则则不同。例如“合法权益受保护原则”(第 3 条),即使 A 满足(存在一个合法的民事权益),B 也未必发生(未必适用该条并产生“受法律保护”的后果),因为存在信赖保护(具体如善意取得)、公共利益(具体如征收)等与之相冲突的其他原则或理念。原则之间的冲突导致原则的例外不可穷尽,①这就决定了原则无法像规则一样“全有或全无”地确定适用,只能进入一个原则之间的权衡程序。

这里必然会有一个关于“权衡”的疑问:概括条款在适用中不是也需要权衡或利益衡量吗?在判断是否违反“诚实信用”或“公序良俗”时,显然也需要法官综合一切情况进行考量,这是否意味着原则与概括条款实质上并无分别?贡特尔指出规则适用中也存在“考量所有情形”的情况,阿列克西回击道:“贡特尔理解了‘考量所有情形’。然而,考量所有情形并不等同于最佳化。这一点可通过以下事实得到说明:考量所有的情形同样可能意味着以‘全有或全无’的方式来适用规范。”②这就是关键,虽然概括条款在适用条件是否具备上需要“考量所有情形”,但适用条件一旦具备(不具备),概括条款仍然是“全有或全无”地适用的。

原则是在“→”上需要权衡,A 满足后未必发生 B,而是要权衡地决定;概

① 关于原则的例外不可穷尽的论述,参见[美]德沃金:《认真对待权利》,信春鹰、吴玉章译,中国大百科全书出版社 1998 年版,第 44 页以下。

② [德]阿列克西:《法律原则的结构》,载[德]罗伯特·阿列克西:《法:作为理性的制度化》,雷磊编译,中国法制出版社 2012 年版,第 139 页。

括条款则是在“A”上需要权衡，A 一旦确定之后，在“→”上没有权衡的余地，仍然是“全有或全无”地适用。原则与规则区分的关键在于“→”上是否需要权衡，在“A”上是否需要权衡则非所问。在“→”不可权衡之时，该规范已然确定地属于规则；然后，若在“A”上也不可权衡，则属于一个一般或典型的规则；若“A”需要权衡（通常是 A 中包含有“须评价地予以补充的概念”[①]导致的），则属于规则中的概括条款。

（二）最佳化命令与确定性命令

阿列克西明确指出：“按照原则理论的标准定义，原则是一种要求某事在事实上和法律上可能的范围内尽最大可能被实现的规范。因此，原则是最佳化命令。它们能以不同的程度被实现。实现的强制程度不仅取决于事实因素，也取决于法律上的可能性。后者的范围取决于与其相冲突的原则和规则。相反，规则是一种仅能以被遵守或不被遵守的方式来实现的规范。如果一项规则是有效的，它就要求人们不多不少地实现它所规定的内容。因此，规则在事实上和法律上可能的范围内构成一种决断。它们是确定性命令。”[②]

对于原则，最佳化命令意味着相冲突的诸原则在个案中都要求在可能范围内得到最大的实现和满足，权衡的目的也正是使处于紧张状态的诸原则在个案中获得一种理想的平衡，最终达到整体的最佳化。这就意味着原则可以在一定程度上实现或部分地得到满足。换言之，原则的适用结果可以位于 1（适用）和 0（不适用）之间的任意一点上（包括 1 和 0，因为有可能某个原则在权衡中完全获胜），或者说原则在其关涉的类型案件中的适用结果有无穷多的可能。对于规则，由于其只能根据适用条件满足与否来决定是否适用，因此规则只有 1 和 0 两种适用可能，没有第三种状态或中间状态，也不能部分适用。

① 对须评价地予以补充的概念，参见黄茂荣：《法学方法论》，中国政法大学出版社 2001 年版，第 297 页。

② ［德］阿列克西：《法律原则的结构》，载［德］罗伯特·阿列克西：《法：作为理性的制度化》，雷磊编译，中国法制出版社 2012 年版，第 132 页以下。

阿列克西认为宪法基本权利具有原则的属性。① 他用原则理论对宪法判例香烟强制标示案进行了分析。② 该案一方面涉及烟草生产者的职业自由,另一方面涉及公众健康,以上利益均受德国基本法保护。但在权衡中,我们无法得出为了公众健康而禁止烟草生产或为了职业自由而放任烟草生产的结论,也即 1 或 0 都不能满足最佳化的要求。阿列克西遂将对烟草生产者的可能限制区分为轻(烟草生产者有义务在其产品上标示吸烟的危害性)、中(禁止某些经营方式,如禁止安装自动售烟机以及只限于特定商店才能销售烟草制品)、重(完全禁止销售任何烟草制品)三个等级,而现代医学已经证明吸烟对人体有严重危害,也即对该职业自由进行限制的理由的重要程度很高,故该案中分量很重的公众健康能够证成对职业自由的轻度侵害,最终阿列克西的结论(也是德国联邦宪法法院的结论)是,烟草生产者有义务在其产品上标示吸烟的危害性。该结论就落在了 1 和 0 之间,使得公众健康和职业自由两项基本权利(原则)都得到了一定程度的实现或满足。在冲突的原则之间取折中,这无论在理论上还是在实践中都是可能的,也是必需的,这就是最佳化命题。

综上,规则是在 A 满足之后确定地发生 B,在"→"上不可权衡;原则是在 A 满足之后未必发生 B,而是开启一个权衡的过程,这是其一。原则权衡的结果,也并非只有完全适用或完全不适用两种可能,而是可以部分地适用,以实现最佳化,这是其二。显然,作为概括条款的诚实信用、公序良俗既在"→"上不可权衡,又不能部分地适用,因此不是原则。它们与合法权益受保护、平等、自愿、公平这些原则(拉伦茨称之为"一般法律思想"③)有"逻辑的"区别。

为什么"价值理念型基本原则"不能作为法官的裁判依据?因为此类基本原则不是规则,法官在个案中必须要提出一个具体规则作为大前提,再依之裁判。为什么"概括条款型基本原则"可以作为法官的裁判依据?因为概括条款本身就是规则。

---

① 阿列克西将其原则理论主要运用于基本权利领域,他有明确的"作为原则的基本权利"的表述。参见[德]阿列克西:《重力公式》,载[德]罗伯特·阿列克西:《法:作为理性的制度化》,雷磊编译,中国法制出版社 2012 年版,第 155 页。

② [德]罗伯特·阿列克西:《法:作为理性的制度化》,雷磊编译,中国法制出版社 2012 年版,第 150 页以下。

③ [德]拉伦茨:《法学方法论》,陈爱娥译,商务印书馆 2004 年版,第 348 页。

在我国法上，作为法理念的诚实信用、公序良俗被立法化，此即《民法总则》第7、8条的规定。这个意义上的诚实信用、公序良俗是原则，与其他的合法权益受保护原则、平等原则、自愿原则、公平原则一样，都不能直接用于裁判，只能在法律解释和漏洞补充中发挥作用。本法第153条第2款上的公序良俗才是概括条款，这个意义上的公序良俗是裁判依据，可以充任三段论大前提。

第八条 【禁止违反法律和公序良俗原则】

民事主体从事民事活动，不得违反法律，不得违背公序良俗。

一、历史由来

（一）本条来源

本条规定源自《民法通则》第7条及《合同法》第7条。前者规定，“民事活动应当尊重社会公德，不得损害社会公共利益，扰乱社会经济秩序。”后者规定，“当事人订立、履行合同，应当遵守法律、行政法规，尊重社会公德，不得扰乱社会经济秩序，损害社会公共利益。”

在表述上，《民法通则》第7条采用的“社会公德”“社会公共利益”“社会经济秩序”，系受到了苏联民事立法及民法理论影响。[①] 虽然我国以往立法没有使用“公序良俗”这一概念，但学界通说认为，“社会公共利益”及“社会公德”等概念，性质上和作用上与公序良俗原则相当。因此，我国以往法律实际上已经确立了公序良俗原则，学界通说亦建议采纳规范的“公序良俗”法律概念。[②]《合同法》第7条将禁止违法与禁止违背公序良俗归入一个条文。本条沿袭了《合同法》第7条的立法方式，在民法基本原则的高度上，规定了“禁止违反法律和公序良俗原则”。

公序良俗原则实为法律强制性规定的补充。因此，本条将不违法与不违背公序良俗规定在一个条文中，也意在体现公序良俗对法律强制性规定的补充关系。

---

① 参见梁慧星：《民法总论》（第四版），法律出版社2011年版，第50页。

② 参见梁慧星：《民法总论》（第四版），法律出版社2011年版，第50页；王利明：《民法总则研究》，人大出版社2013年版，第135页。

（二）条文演化

1. 民法总则草案

《民法总则（草案）征求意见稿》（2016 年 5 月 20 日修改稿）第 8 条规定，“民事主体从事民事活动，应当遵守法律，不得违背公序良俗，不得损害他人民事权益。”《民法总则（草案）》（一审稿）第 8 条规定，“民事主体从事民事活动，应当遵守法律，不得违背公序良俗，不得损害他人合法权益”。《民法总则（草案）》（二审稿）第 8 条规定，“民事主体从事民事活动，不得违反法律，不得违背公序良俗，不得滥用权利损害他人合法权益。”《民法总则（草案）》（三审稿）第 7 条规定，“民事主体从事民事活动，不得违反法律，不得违背公序良俗”。本条与三审稿的表述相同。

草案的主要变迁在于征求意见稿、一审稿、二审稿中曾出现“不得损害他人民事权益”“不得损害他人合法权益”“不得滥用权利损害他人合法权益”，而在三审稿及《民法总则》中，前述表述都被删去了。实际上，“损害他人合法权益”必定是违法行为，该含义已经被“不得违反法律”包含；而“不得滥用权利”已被本法第 132 条所规定，而且从法理上说，不得滥用权利是诚信原则的内涵，并不在公序良俗的意义范围内。因此，前述调整是适当的。

2. 主要建议稿

“社科院稿”第 7 条规定，“法律行为的内容或者目的不得违背公共秩序和善良风俗。”①“人民大学稿”第 6 条规定，“民事活动不得违反法律、行政法规的强行性规定和社会公德，不得损害社会公共利益，扰乱社会经济秩序。”②“法学会稿”第 7 条规定，“民事主体实施法律行为以及从事其他民事活动，不得违背公序良俗。”③

各建议稿的差异主要存在于以下几方面：

第一，是否采取“公序良俗”（公共秩序或善良风俗）这一表述。“社科院

① 梁慧星主编：《中国民法典草案建议稿》，法律出版社 2013 年版，第 4 页。

② 王利明主编：《中国民法典学者建议稿及立法理由 · 总则编》，法律出版社 2005 年版，第 15 页。

③ 中国法学会：《中华人民共和国民法典 · 民法总则专家建议稿》，载中国民商法律网：http://www.civillaw.com.cn/zt/t/? id = 30198，最后访问日期：2017 年 3 月 21 日。

稿”和“法学会稿”采用“公序良俗”,“人民大学稿”则采取与《民法通则》第7条更接近的表述,即“不得违反……社会公德,不得损害社会公共利益,扰乱社会经济秩序”。本条最终吸收“社科院稿”与“法学会稿”的意见,在现行法中确认了国际通行的“公序良俗”概念。

第二,公序良俗的适用范围是民事活动还是法律行为领域。“社科院稿”界定为法律行为。公序良俗原则的核心功能是否定法律行为的效力,但并不限于此。因此,作为总则的基本规定,将公序良俗原则的适用范围界定为“民事活动”是可行的。

第三,公序良俗是与不得违反法律的强制性规定一并规定还是单独规定。“人民大学稿”将其与不违反法律强行性规定一并规定,本条最终采纳了这一立场,有表现公序良俗与法律规范体系之间关联的效果。

第四,规定为“不得违背”公序良俗还是规定为“遵循”公序良俗。多数建议稿采取“不得违背”的反向表述。本条最终与多数建议稿的立场一致。

二、规范目的与含义

(一)规范目的

公序良俗,是公共秩序与善良风俗的简称。公共秩序并非指具体法律规范,而是指向法律的价值体系,尤其是宪法上基本权利价值体系;善良风俗则指向法律外的伦理秩序。公序良俗原则的核心功能在于发挥转介作用,将民法外的规范引入民法之中。公序良俗原则犹如一根双头虹管,一头插入法律价值层面,一头插入社会伦理层面,使民法典可以不断吸收这两个层面的营养,在不修改法典的情况下实质性地更新自己的规则,从而使民法典永葆青春,不致落伍。因此,公序良俗原则也具有克服成文法局限性的功能。

本条将公序良俗原则的适用范围,限定为“民事活动”。从字面意义来看,不仅包含法律行为,也应包括其他领域,如侵权行为、不当得利以及确定法律渊源等。在法律行为领域,公序良俗原则旨在否定法律行为效力,限制意思自治的范围;在侵权法领域,公序良俗原则旨在遴选特定的纯粹经济损失加以保护,在扩张损害赔偿义务时平衡行为自由;在不当得利情形,公序良俗原则旨在规范财产的变动;在确定习惯法作为民法渊源时,公序良俗原则发挥着限制习惯法范围的作用。[①] 而从公序良俗原则的源头和主要功能来说,是审查法律行为的内容,并使不能通过审查者归于无效,此即所谓"内容审查"。[②] 前述学者建议稿中,有的直接将公序良俗原则的功能界定于法律行为领域,并非无据。本条最终使用"民事活动"的表述,应当理解为系采全面概括之义。

公序良俗原则是对法律强制性规定的补充。故本条将不违反法律和不违背公序良俗一并规定。

(二)规范含义

1."不得违反法律"与"不得违反公序良俗"的关系

这里的"法律",是指法律的强制性规定。在民法中的强制性规定不足之时,公序良俗原则发挥补充作用。

违反法律强制性规定与违背公序良俗常常导致同样的法律后果。本法第153条规定:"违反法律、行政法规的强制性规定的民事法律行为无效,但是该强制性规定不导致该民事法律行为无效的除外。违背公序良俗的民事法律行为无效。"这里的"强制性规定"为理解《合同法解释(二)》第14条中"效力性强制性规定"保留了解释空间。而公序良俗原则在法律行为领域的作用,就是在弥补效力性强制性规定之不备。

2.公共秩序与善良风俗的含义

学说上一般认为,公共秩序是指社会一般利益,善良风俗是指社会一般道德。[③] 这样的界定仍嫌笼统,不易操作。善取不如善弃,我们可以从"公序良俗不是什么"开始,展开有启发意义的讨论。

公共秩序不是指现行法律规范。若认为两者等同,会导致不违反现行法就不违反公共秩序的结论。公序良俗是对现行法规范尤其是现行强行法规范

① 参见于飞:《公序良俗原则研究——以基本原则的具体化为中心》,北京大学出版社2006年版,第4页。

② 参见于飞:《公序良俗原则与诚实信用原则的区分》,载《中国社会科学》2015年第11期。

③ 参见郑玉波:《民法总则》,中国政法大学出版社2004年版,第467页;王泽鉴:《民法总则》,北京大学出版社2009年版,第232页。

的补充,如果认为只有在违反现行法规范时才有公序的违反,等于公序没有自己的适用余地。公共秩序应当从超出现行法规范之上的法律价值体系中去理解,这种法律价值体系尤其存在于宪法基本权利价值体系当中。[1]

善良风俗不是指道德本身。若善良风俗是指道德,不违背善良风俗就会为民事主体设立过高的行为标准,这会严重限制行为自由。道德也分层次,作为法律概念的善良风俗并非包括了道德的全部,而只是道德之中构成社会存在发展基础的一部分,即社会一般道德或社会最低伦理标准,被称为"伦理的最小值"[2]。这部分道德"从道德秩序中裁剪下来","被烙上法律印记"[3]。

公共秩序系指法律价值与精神,常表现为一种脱离习惯与流行意见的法律上和意识形态上的概念,故公共秩序在一定程度上是主观的。当法官利用公共秩序概念传导宪法基本权利价值去保护人格尊严时,社会上常常还没有这种惯行,甚至连流行意见都未形成。这时需要法官发挥司法的能动性,对社会和主流观念进行一定的引导。善良风俗则与之不同,它被认为是客观可认定的事实,[4]深深扎根于生活与习惯之中;认定善良风俗须探求和参照社会中的习惯。

3. 公共秩序与善良风俗:区分或合一

公共秩序与善良风俗既然是两个概念,在适用公序良俗原则时,法官有无义务指明当事人违反的究竟是公共秩序还是善良风俗,学说上是否应当区分地发展公序良俗原则的解释论,确是一个值得深入讨论的问题。

比较法上,法国法虽然同时承认了公共秩序与善良风俗,但其解释论是以公序为中心发展的。[5] 德国民法上只有善良风俗。日本民法典、我国台湾地区"民法典"上虽然也是同时承认了公共秩序与善良风俗,但在适用时以"社会

---

① 参见王泽鉴:《民法总则》,北京大学出版社 2009 年版,第 231 页以下。

② Vgl. Larenz/Wolf, Allgemeiner Teil des BGB, 9. Aufl. 2004, § 41, Rn. 3;[德]迪特尔·梅迪库斯:《德国民法总论》,邵建东译,法律出版社 2000 年版,第 511 页。

③ [德]迪特尔·梅迪库斯:《德国民法总论》,邵建东译,法律出版社 2000 年版,第 510 页以下。

④ 参见沈达明、梁仁洁:《德意志法上的法律行为》,对外贸易教育出版社 1992 年版,第 180 页。

⑤ 参见梁慧星:《市场经济与公序良俗》,载梁慧星主编:《民商法论丛》(第 1 卷),法律出版社 1994 年版。

妥当性”统称之,将违背公序良俗称为具有“反社会性”。[①] 也就是说,以上立法例都没有在适用中区分地发展公序良俗的解释论。

我们赞同公序良俗不区分适用的立场。从可能性上说,两者大部分内容相同,界线模糊,区分困难。损害社会一般利益的行为,亦常违反一般道德;而悖于一般道德的行为,又常损于社会一般利益。从必要性上说,违反公共秩序、善良风俗两者任何之一都导致相同的结果,如法律行为无效,因此没有必要区分究竟是违反了两者中的哪一个。[②]

为了阐明公共秩序与善良风俗的内涵,在文义和理念上可以对两者进行区分。但在适用之时,试图进行清楚的区分会造成解释与操作上的麻烦,并无实益。

4. 公序良俗原则应当从反面表达和理解

通说认为,公序良俗并非为了正面推行一种高标准的道德伦理要求,而只是为了从反面否定践踏社会底线的法律行为的效力,从而拒绝为此类行为提供履行强制,因此可将其称之为“伦理的最小值”。[③] 从这个角度来说,公序良俗原则只宜从反面表达为“不违反”,而不宜从正面表达为“遵循”,要求人们只须遵循底线,等于否定了人们追求更高标准的道德自由。

5. 公序良俗与诚实信用的区分

作为概括条款的诚实信用与公序良俗看起来非常类似,二者均为私法自治的限制、都被理解为道德的法律化、实质上均赋予法官自由裁量、均为克服成文法局限性的工具、都被称为对法官的“空白委任状”等。但如果两者如此相似,民法中有一个岂不足矣?既然是“空白委任状”,为什么还需要两个?

对该问题可做如下的理解:一定意义上,我们可以说民法主要解决两个问

---

① 参见[日]我妻荣:《新订民法总则》,于敏译,中国法制出版社 2008 年版,第 254 页;[日]山本敬三:《民法讲义Ⅰ总则》,解亘译,北大出版社 2004 年版,第 177 ~ 178 页;史尚宽:《民法总论》,中国政法大学出版社 2000 年版,第 335 页;郑玉波:《民法总则》,中国政法大学出版社 2003 年版,第 467 页;黄立:《民法总则》,中国政法大学出版社 2002 年版,第 336 ~ 337 页;刘得宽:《民法总则》(增订四版),中国政法大学出版社 2006 年版,第 200 页。

② 参见[日]我妻荣:《新订民法总则》,于敏译,中国法制出版社 2008 年版,第 254 页。

③ Vgl. Larenz/Wolf, Allgemeiner Teil des BGB, 9. Aufl. 2004, § 41, Rn. 3;[德]梅迪库斯:《德国民法总论》,邵建东译,法律出版社 2000 年版,第 511 页。

题:其一,权利如何产生;其二,权利如何行使。民法奉行"法无禁止即自由",问题在于具体禁止性规定总是不足,因此需要兜底性质的条款。公序良俗就是在权利产生阶段弥补禁止性规定不足的概括条款,目的在于通过宣告法律行为无效来否定权利,此即所谓针对法律行为内容进行的"内容审查"。诚实信用则是在权利行使阶段弥补禁止性规定不足的概括条款,目的在于否定既存权利的某个具体行使行为,但权利仍然存在,在调整行使方式符合诚信要求之后,权利仍得继续行使,此即所谓针对权利行使行为进行的"行使审查"。因此,虽然两者都是赋予法官自由裁量权的"委任状",都是克服成文法局限性的工具,但却在作用阶段和根本功能上有质的差异。两者若欠缺任何一个,实践中就一定会有纠纷找不到裁判依据。①

6. 公序良俗的功能类型

(1)否定法律行为效力

在法律行为领域内,公序良俗的规范目的主要是对法律行为作出否定性评价,故公序良俗是意思自治的边界及限制。意思自治的限制,首先依靠法律的禁止性规定。在禁止性规定不足之时,公序良俗起补充作用。

在违背公序良俗判断的时间点上,一般以法律行为成立的时间点为准,而非法效果产生的时间点为准。② 法律行为成立时若因违背公序良俗而无效,不因其后公序良俗观念的变更而使其复活。遗嘱是一个例外,由于遗嘱成立后至遗嘱人死亡之前,遗嘱人可以随时修改遗嘱,因此在遗嘱成立时进行妥当性判断没有必要;遗嘱人死亡遗嘱发生效力时,进行是否背俗的判断即可。③

在构成要件层面,客观上必须存在违反公序良俗之行为;主观上行为人只要对构成违反公序良俗的情形有所认识即为已足,而不需要对行为违反公序良俗有所认识。④ 否则当事人就可以以不知道存在某种公序良俗为由,逃避否定性评价。

---

① 参见于飞:《公序良俗原则与诚实信用原则的区分》,载《中国社会科学》2015年第11期。

② Vgl. MünKomm/Armbrüster, 7. Aufl., § 138, Rn. 133; Palandt/Ellenberger, 76. Aufl., § 138, Rn. 9.

③ 参见王泽鉴:《民法总论》,北大出版社2009年版,第232页以下。

④ 王泽鉴:《民法总论》,北大出版社2009年版,第232页。

(2)纯粹经济损失的保护

侵权法以平衡行为人自由与保护受害人的利益为基本价值取向。比较法上,在德国式过错责任一般条款模式中,即以“背俗故意致损”作为过错责任的一种类型(《德国民法典》第826条)。德国式侵权法一般条款模式确定性更强,尤其可以帮助法官在纯粹经济损失中遴选适宜保护的部分,以兼顾行为自由价值。我国现行法虽未采纳德国式过错责任一般条款的立法模式,但有关司法解释已经吸纳了“背俗故意致损”类型;①司法实践中,亦有利用“背俗故意致损”进行论证并做出裁判的判决;②学者在对我国公序良俗案例进行类型化研究时,也将“背俗故意致损”作为侵权责任的一种类型。③

区分背俗故意致损这一侵权责任类型,目的在于对不同位阶的保护对象给予不同的保护。④ 侵权法上,权利与利益的区分保护在学界已有一定共识。⑤ 对于绝对权及人身性法益的保护,只需要满足较低的要件即可(过错要件);而对于纯粹经济损失,在无特别保护立法之时,原则上以故意致损为限产生赔偿责任。但若仅仅设置“故意致损”要件,保护范围仍然过宽,如自由竞争

① 《最高人民法院关于确定民事侵权精神损害赔偿责任若干问题的解释》(法释〔2001〕7号)第1条第2款:“违反社会公共利益、社会公德侵害他人隐私或者其他人格利益,受害人以侵权为由向人民法院起诉请求赔偿精神损害的,人民法院应当依法予以受理。”该条本身虽未出现“公序良俗”的表述,但根据相关负责人的解释,“鉴于我国法律没有‘公序良俗’的提法,《解释》根据民法通则第7条的规定,采取‘社会公共利益’或‘社会道德’的提法,其规范功能与‘公序良俗’原则基本是一致的。”参见陈现杰:《人格权司法保护的重大进步和发展——〈最高人民法院关于确定民事侵权精神损害赔偿责任若干问题的解释〉的理解与适用》,载《人民法院报》2001年3月28日。

② “重庆电缆案”,参见重庆市高级人民法院编:《重庆审判案例精选》(第2集),法律出版社2007年版,第191页以下。

③ 参见李岩:《公序良俗原则的司法乱象与本相——兼论公序良俗原则适用的类型化》,载《法学》2015年第11期。

④ 参见于飞:《侵权法中权利与利益的区分方法》,载《法学研究》2011年第4期。

⑤ 参见王利明:《侵权法一般条款的保护范围》,载《法学家》2009年第1期;葛云松:《纯粹经济损失的赔偿与一般侵权行为条款》,载《中外法学》2009年第5期;葛云松:《〈侵权责任法〉保护的民事权益》,载《中国法学》2010年第3期;张谷:《作为救济法的侵权法,也是自由保障法》,载《暨南学报》(哲学社会科学版)2009年第2期;王成:《侵权之‘权’的认定与民事主体利益的规范途径》,载《清华法学》2011年第2期;梅夏英:《侵权法一般条款与纯粹经济损失的责任限制》,载《中州学刊》2009年第4期;于飞:《权利与利益区分保护的侵权法体系之研究》,法律出版社2012年版。

中致对手遭受营业损失就是典型的由故意导致的纯粹经济损失,而这显然是社会和法律所希望的,不能纳入赔偿范围。加入"背俗"要件,才能在故意导致的纯粹经济损失当中进行合理遴选。①

(3)否定不当财产变动

在具有给付关系的财产变动中,如果给付目的违反法律规定或违背公序良俗,则给付受领一方保有给付的正当性欠缺,须负有返还给付之义务。公序良俗在调整给付型不当财产变动中,发挥着重要作用。判断是否违背公序良俗的时间点,为给付之时。②

我国现行法上,关于不当得利制度的规定非常简略,本法也只有第 122 条一条规定,难以应对实践中纷繁复杂的现象。通过公序良俗原则,对不当得利规则加以填充,有切实的实践需要。

(4)习惯能否成为法源的检验标准

如前所述,本条规定的公序良俗原则也是一种法理念,仅在法律解释与漏洞补充中发挥作用;能作为法官的裁判依据的,是作为概括条款的第 153 条第 2 款意义上的公序良俗。同时,本条也是补充产生欠缺的公序良俗概括条款(如不当得利中的公序良俗、侵权法中的背俗故意致损等)的基础。

7. 我国公序良俗违反的案例类型

与诚实信用相同,公序良俗司法适用的根本推动力量,仍在于本土案例的类型化。有学者在这方面做出了努力,可供参考。

蔡唱根据我国案例,归纳了以下我国公序良俗的运用领域:(1)判断法律行为的效力;(2)认定侵权行为的违法性;(3)解决物权纠纷;(4)辅助解决人格权与身份权纠纷;(5)解决继承与婚姻纠纷;(6)认定是否符合解除劳动合同事由。蔡唱根据裁判样本分析认为,请托行为、对逝者不尊重的行为、婚外同居行为是在我国实践中比较一致的违反公序良俗的类型。并展望以后在债务人超出自己预计给付能力的债务违反、基本权利维护、保护环境等案例类型

① 参见于飞:《违背善良风俗故意致人损害与纯粹经济损失保护》,载《法学研究》2012 年第 4 期。

② Vgl. MünKomm/Schwab,6. Aufl. , § 817,Rn. 2.

中,也可以进行公序良俗的适用。①

李岩整理我国案例,提出将公序良俗适用的案例类型归为以下五类:(1)禁止祖父母、外祖父母等父母之外的其他近亲属探望孙子女、外孙子女的行为;(2)请托他人办事形成的协议或不当得利;(3)以人身为交易内容或所附条件的民事协议;(4)违反性道德而为的赠与;(5)侵犯生命周期仪式的行为。②

以上案例类型的可贵之处,在于它们是在本土案例的梳理当中产生的,并非源于比较法经验,故这些努力都取向于中国问题的解决。当然,成熟的案例类型需要众多研究者的投入、大量案例的有效梳理、司法与学说的密切互动,这是一个长期的过程。

三、其他问题

自最高人民法院2008年发布决定废止《关于以侵犯姓名权的手段侵犯宪法保护的公民受教育的基本权利是否应承担民事责任的批复》以来,一般认为适用宪法进行民事裁判的通路已经被堵上。然而,前文述及公共秩序概念是指法律的一般价值与精神,尤其指向宪法基本权利价值体系,这里就有将宪法运用于私法裁判的意味,问题在于这种法律措施有无技术上的可能性。

众所周知,上述被废止的批复针对的是"齐玉苓受教育权案",该批复认为,"陈晓琪等以侵犯姓名权的手段,侵犯了齐玉苓依据宪法规定所享有的受教育的基本权利,并造成了具体的损害后果,应承担相应的民事责任。"③也即,这是典型的将宪法上的基本权利作为一种民事权利来保护,属于宪法第三人效力中的"直接效力说"。废止该批复意味着否定了"直接效力说",只是不允许以宪法基本权利条款作为民事裁判中三段论的大前提,但并未否认其他法技术上的可能性。

透过民法上的概括条款——典型如公序良俗中的公共秩序,传递宪法上

① 参见蔡唱:《公序良俗在我国的司法适用研究》,载《中国法学》2016年第6期。

② 参见李岩:《公序良俗原则的司法乱象与本相——兼论公序良俗原则适用的类型化》,载《法学》2015年第11期。

③ 参见《最高人民法院公报》2001年第5期。

的价值与精神,使宪法基本权利价值可以辐射私法领域,从而保持整个法体系的价值一致性,这是一条可尝试的技术路径。此时,法官用于裁判的三段论大前提仍是私法中的具体条款,如公序良俗,但在解释个案中公共秩序的具体含义时,须参酌宪法上基本权利的价值精神,此即所谓"合宪性解释"。如我国台湾地区学者常举的例子,女性雇员在雇佣合同中预先订立在职期间结婚即辞职的条款,因违反"宪法"上保障男女平等的原则,并且限制人民结婚自由的基本权利,故违反了公共秩序;于是依据我国台湾地区"民法典"第72条,该条款违反公序良俗归于无效。通过这一法技术途径,公序良俗原则可以成为连接宪法与民法的通道,为处理宪法与民法的关系提供一条技术路径,并成为谋求整体法秩序中价值统一的手段。

第九条 【生态环境保护原则】

民事主体从事民事活动,应当有利于节约资源、保护生态环境。

一、历史由来

(一)本条来源

从民法基本原则高度规定生态环境保护,是我国此次民法总则编纂中的一个创举。这种层级、内容的条款,在以前我国民法中尚未有过,属于创新。

(二)条文演化

1. 民法总则草案

《民法总则(草案)征求意见稿》(2016 年 5 月 20 日修改稿)、《民法总则(草案)》(一审稿)第 7 条、(二审稿)第 7 条均规定,“民事主体从事民事活动,应当保护环境、节约资源,促进人与自然和谐发展。”本条在二审稿及之前的草案中,“环境”之前尚无“生态”作为限定;而且有“促进人与自然和谐发展”的抽象的目的要求。《民法总则(草案)》(三审稿)第 133 条规定,民事主体行使民事权利,应当节约资源、保护生态环境。三审稿将本条移出“基本原则”章,放在“民事权利”章作为权利行使的一般规则来规定,同时在环境前有了“生态”限定,而且删去了“促进人与自然和谐发展”。“生态”这一限定,表明民法典关切的是环境当中的与人的生存发展、生产生活密切相关的生态环境部分,而非一切自然环境;同时也意味着,民法典视野中的生态环境保护,不再坚持既往环境保护法中的人类中心主义,而是着眼于“推动形成人与自然和谐发展现代化建设新格局。”①《民法总则》基本维持了三审稿的表述方式,但恢复了本条民法基本原则的法律地位。

① 《中共中央关于全面深化改革若干重大问题的决定》(2013 年 11 月 12 日中国共产党第十八届中央委员会第三次全体会议通过)。

2. 主要建议稿

大部分建议稿没有列举该项基本原则。徐国栋提出的民法典建议稿第9条设置了“绿色原则”,即“当事人进行民事活动,应遵循节约资源、保护环境、尊重其他动物之权利的原则。”①“法学会稿”第8条为“人与自然和谐发展原则”,具体规定为:“民事主体从事民事活动应当节约资源和能源、保护生态和环境,促进人与自然的和谐发展。”②“法学会稿”可能对《民法总则》采纳该原则有直接和较大的影响,这一点尤其可以通过该建议稿与征求意见稿、一审稿、二审稿都有“促进人与自然的和谐发展”这一表述体现出来。

二、规范目的和含义

(一)规范目的

民法典有时代性,它总是在回应制定之时的重大社会需求。当今中国,严重的环境污染与生态危机威胁每一个人的生存与发展。“生态环境保护原则”的立法化,表明中国民法典试图对当今中国重大社会问题和社会需求作出一个回应。

“生态环境保护原则”是我国民法典的一个创新,它进一步丰富了我国民法“内在体系”的价值内涵,为我国民法的体制限制原则增加了新的内容。民法的基本体制原则——自愿、平等、合法权益受保护——系以个人利益为中心;民法的体制限制原则之中,诚信、公平意图实现民事主体之间的利益平衡,公序良俗意图实现民事主体与社会之间的利益平衡。“生态环境保护原则”增加了一种体制限制,要求实现民事主体与生态环境之间的利益平衡。可以说,“生态环境保护原则”是民法典社会化一面的新表现和新动向。

客观地说,如果要在传统民法资源内回应生态环境保护需求,可以将生态环境保护解释为公序良俗原则尤其是公共秩序的内涵。但一个问题的现实重要性越高,它在体系中的独立倾向就会越显著。《民法总则》规定“生态环境保护原则”就是高度重视环境问题的体现,也是对当前中国生态文明建设的积

---

① 徐国栋主编:《绿色民法典草案》,社会科学文献出版社2004年版,第4页。

② 中国法学会:《中华人民共和国民法典·民法总则专家建议稿》,载中国民商法律网:http://www.civillaw.com.cn/zt/t/? id=30198,最后访问日期:2017年3月21日。

极回应。

（二）规范含义

本条可作以下几方面的理解：

第一，“生态环境保护原则”是一项民法基本原则。《民法总则（草案）》（三审稿）曾经把本条内容移至“民事权利”一章的权利行使部分，这在解释上意味着本条仅对权利行使发生作用，对其他领域，如权利产生（法律行为效力评价）不发生作用。《民法总则》恢复了本条的基本原则地位，意味着该原则的精神可以覆盖民法各个领域。

第二，“生态环境保护原则”是体制限制原则。作为体制限制原则，意味着该原则并非民法的根基和主导性原则，而是对个人利益为中心的民法基本体制的纠偏和补救。

第三，与其他基本原则一样，“生态环境保护原则”不是裁判规范，不能充任司法三段论的大前提，仅能作为我国民法“内在体系”的内容对法律解释和漏洞补充发挥作用。至于这种作用在个案中如何具体表现，尚须司法实践的检验和发展。

总的来说，《民法总则》第 9 条确立“生态环境保护原则”后，在我国民法内在体系中增加了“生态环境保护”这个新因素。由此，环境保护就不仅在各个具体法条中体现，而是在民法整体领域的解释和漏洞补充作业中体现。换言之，法官在进行法律解释和漏洞补充作业时，应当考虑“生态环境保护”这个立法明示的因素。可以说，这是民法在自己的制度弹性范围内，在权利本位的基础上对又一种社会利益——生态环境保护利益的兼顾。

第十条　【法律渊源】

处理民事纠纷，应当依照法律；法律没有规定的，可以适用习惯，但是不得违背公序良俗。

一、历史由来

（一）本条来源

本条来源于《民法通则》第6条的规定："民事活动必须遵守法律，法律没有规定的，应当遵守国家政策。"本条在适用范围上以"处理民事纠纷"代替了"民事活动"，更加突出了法源条款的裁判规范性质。在第二位阶法源中，本条删除了"国家政策"，代之以"习惯"，并强调习惯不得违背公序良俗。

（二）条文演化

1. 民法总则草案

《民法总则（草案）征求意见稿》（2016年5月20日修改稿）第10条规定，"处理民事关系，应当依照法律规定；法律没有规定的，可以适用习惯，但是不得违背公序良俗。"此时使用的是"处理民事关系"的表述，有在未发生纠纷的情况下，民事主体可以主动运用法律处理彼此关系的意义空间。《民法总则（草案）》（一审稿）第10条、（二审稿）第10条规定，"处理民事纠纷，应当依照法律规定；法律没有规定的，可以适用习惯，但是不得违背公序良俗。"一审稿、二审稿将"处理民事关系"改为"处理民事纠纷"，有转而强调法源条款是针对法官的裁判规范意味。《民法总则（草案）》（三审稿）第9条规定，"处理民事关系，应当依照法律法规规定；法律法规没有规定的，可以适用习惯，但是不得违背公序良俗。"三审稿又改回"处理民事关系"。同时，将第一位阶法源改为"法律法规"，《合同法》第7条有"当事人订立、履行合同，应当遵守法律、行政法规"的表述，实践中法官也把行政法规作为裁判依据；这个调整可能有参酌《合同法》立法经验并照顾审判实践的考虑。按照《民法总则》第10条的规定,“处理民事纠纷,应当依照法律;法律没有规定的,可以适用习惯,但是不得违背公序良俗。”可见,最终文本又改为“处理民事纠纷”,并且把第一位阶法源改回“法律”,有可能是考虑法规中包含地方性法规,而地方性法规没有全国统一适用的效力。

2. 主要建议稿

(1)“社科院稿”第9条规定,“民事关系,本法和其他法律都有规定的,应当优先适用其他法律的规定;本法和其他法律都没有规定的,可以适用习惯;既没有法律规定也没有习惯的,可以适用公认的法理。前款所称习惯,以不违背公共秩序和善良风俗的为限。”①

(2)“人民大学稿”第12条规定,“本法和其他法律都没有规定的,应当依据习惯;没有习惯的,依据本法确定的基本原则参照法理处理。前款所称习惯,不得违背法律、行政法规的强行性规定以及公序良俗原则的要求。依据本法确定的基本原则参照法理作出裁判时,人民法院或者仲裁机关应当在裁判文书中就所依据的原则、所参照的法理以及裁判理由进行详细的论证和说明。”②

(3)“法学会稿”第9条规定,“处理民事纠纷,应当依照法律以及法律解释、行政法规、地方性法规、自治条例和单行条例、司法解释。法律以及法律解释、行政法规、地方性法规、自治条例和单行条例、司法解释没有规定的,依照习惯。习惯不得违背公序良俗。”③

上述建议稿值得注意之处为:第一,三位阶法源体系或二位阶法源体系。采三位阶体系的有“社科院稿”与“人民大学稿”,以“法律—习惯—补充性法源”为基本形式。采二位阶的是“法学会稿”,以“法律—习惯”为基本形式。本条最终采纳了二位阶模式。第二,对于第一位阶法源,多数建议稿表述为“法律”,“法学会稿”表述为“法律以及法律解释、行政法规、地方性法规、自治

① 梁慧星主编:《中国民法典草案建议稿》,法律出版社2013年版,第4页。

② 王利明主编:《中国民法典学者建议稿及立法理由·总则编》,法律出版社2005年版,第22页。

③ 中国法学会:《中华人民共和国民法典·民法总则专家建议稿》,载中国民商法律网:http://www.civillaw.com.cn/zt/t/?id=30198,最后访问日期:2017年3月21日。

条例和单行条例、司法解释”。本条最终表述为“法律”,采纳了多数立场。第三,对于第二位阶法源表述为习惯还是习惯法,多数建议稿表述为“习惯”。本条最终采纳了“习惯”的表述。

二、规范目的与含义

(一)规范目的

本条是民法法源条款。民法法律渊源,通常是指民法的存在形式。从司法和法官裁判角度理解法源,法源系指“一切得为裁判之大前提的规范的总称”。[①] 从根本上说,法源条款就是指示民事法官应当在何处寻找裁判依据。由于民法典当然是裁判依据,因此法源条款的实质意义在于指示法官,若法律无明文规定时,法官能够以何种补充性规则进行裁判。

法源条款应当向法官做出两项指示:其一,民法法源有哪些;其二,各种法源之间的适用次序如何。

本条在文义上向法官指示了两个法源,首先是法律,其次是习惯。属于前述二位阶法源体系。

(二)规范内容

以下对本条提及的法源,以及本条未提及的可能法源进行阐述。

1. 法律

本条中的“法律”应做广义理解。“引用法律规定”第 4 条规定,“民事裁判文书应当引用法律、法律解释或者司法解释。对于应当适用的行政法规、地方性法规或者自治条例和单行条例,可以直接引用”。由此可见,至少从最高法院的角度,前述规定所列的规范性文件均是个案中民事法官的裁判依据。因此,本条中的“法律”应理解为对个案法官有直接拘束力的规范性文件的统称,狭义上的法律、立法解释、行政法规、地方性法规、自治条例和单行条例都属之。

司法解释由司法机关颁布。如前所述,“引用法律规定”第 4 条已经将司

① 黄茂荣:《法学方法论与现代民法》,中国政法大学出版社 2001 年版,第 371 页;梁慧星:《民法总论》,法律出版社 2011 年版,第 25 页;刘得宽:《民法总则》,中国政法大学出版社 2006 年版,第 15 页;朱庆育:《民法总论》,北京大学出版社 2013 年版,第 35 页以下。

法解释纳入裁判依据。2015 年 3 月 15 日修正施行的《立法法》在“附则”章单列一条(第 104 条),增加规定最高法院与最高检察院的司法解释权,正式将司法解释纳入《立法法》的规制范围,学者认为这是“委婉认可司法机关对于立法权的分享”。[①] 学说上,学者也多将司法解释纳入实证法律体系。[②] 考虑到我国当下司法实践的实情,应当肯定司法解释的法源地位,在本条中也属于广义“法律”的一部分。

2. 宪法

我们认为,《宪法》不属于本条中“法律”的范畴。宪法尤其是基本权利条款规制的是国家与公民之间的关系,系为国家设置义务;并非调整私人之间关系。《宪法》基本权利的覆盖范围广,远超人身权、财产权领域;基本权利的刚性强,对其进行限制需要经过法律保留原则及比较原则的审查;以上决定了国家对基本权利所负的义务程度很高,非私主体所能承受,硬性将《宪法》上的基本权利纳入私法领域会严重损伤私法自治和个人自由。[③]《宪法》基本权利价值体系若对私法发生影响,也是在“间接效力说”的支配下,透过民法上的概括条款——如公序良俗,来对民法发生影响。[④] 但需注意,此时作为民法上裁判依据或三段论大前提的并不是宪法条款,而是民法上的概括条款,《宪法》条款只是对民法上概括条款的解释依据。《宪法》条款不能直接成为民事案件的裁判依据,故其不是民法法源。

3. 国家政策

本条删除了《民法通则》第 6 条规定的“国家政策”,是我国法源体系的一大变化。学界对于“国家政策”作为法源的批评所在多有,梁慧星指出:“政策,在经立法机关、立法程序予以规范化成为现行法律之前,不具有规范性和国家强制性,不能在法院裁判中引用、作为判决依据。这是政策不能作为‘法

① 朱庆育:《民法总论》,北京大学出版社 2016 年版,第 38 页。

② 参见梁慧星:《民法总论》,法律出版社 2011 年版,第 27 页;王利明:《民法总则研究》,人大出版社 2013 年版,第 64 页以下;徐国栋:《民法总论》,高等教育出版社 2007 年版,第 108 页。

③ 参见于飞:《基本权利与民事权利的区分及宪法对民法的影响》,载《法学研究》2008 年第 5 期。

④ 参见王泽鉴:《民法总论》,北京大学出版社 2009 年版,第 231 页以下。

源'的根本原因。"[①]朱庆育认为,法律与政策二者差别不容忽视:内容上,国家政策有强烈的目标指向性,服务于特定时期的"路线"和"任务",体现的完全是"路线"和"任务"规范者的意志,以管制为基本取向;程序上,政策之制定,不受立法法制约,无法定的制定程序,无相应的制定程序,无相应的救济措施,具有极大的任意性。政策作为法源的程度,与法制的健全程度呈负相关关系。[②] 我国《民法通则》时期将国家政策作为补充性法源,有当时法律规则供给不足的特殊时代背景。而在《民法总则》颁行之时,"中国特色社会主义法律体系已经形成,法治政府建设稳步推进,司法体制不断完善,全社会法治观念明显增强";在"建设中国特色社会主义法治体系,必须坚持立法先行,发挥立法的引领和推动作用";要"实现立法和改革决策相衔接,做到重大改革于法有据、立法主动适应改革和经济社会发展需要"。[③] 因此,《民法总则》将国家政策移除法源体系之外,是既符合法理又符合实际的妥善之举。

4. 指导性案例

《最高人民法院关于案例指导工作的规定》第 7 条规定:"最高人民法院发布的指导性案例,各级人民法院审判类似案例时应当参照"。这里的"应当参照"是否意味着指导性案例是法源? 王利明指出:"指导性案例不是法律渊源,不能直接作为裁判依据,只是可以在判决书的说理部分来加以使用"。[④]《〈关于案例指导工作的规定〉实施细则》第 10 条规定:"各级人民法院审理类似案件参照指导性案例的,应当将指导性案例作为裁判理由引述,但不作为裁判依据引用"。我们赞成指导性案例并非法源的观点。法源是裁判依据,而指导性案例"不作为裁判依据引用",只是"作为裁判理由引述",真正的裁判依据仍是具体法条。指导性案例所起到的实质作用,是阐释具体法条在某一类案型中的解释适用方法,但它并不能代替其所解释法条的法源地位。如学者所论证的,指导性案例具有"弱的规范拘束力",[⑤]其在我国司法中的积极作用

① 梁慧星:《民法总则绝对不能规定"政策"为"法源"》,载中国法学网:http://www.iolaw.org.cn/showArticle.aspx? id=5069,最后访问日期:2017 年 3 月 21 日。

② 朱庆育:《民法总论》,北京大学出版社 2016 年版,第 41 页以下。

③ 《中共中央关于全面推进依法治国若干重大问题的决定》。

④ 王利明:《民法总则研究》,中国人民大学出版社 2013 年版,第 65 页。

⑤ 雷磊:《指导性案例法源地位再反思》,载《中国法学》2015 年第 1 期。

也值得肯定，但这并不意味着指导性案例具有民法法源地位。

5. 习惯

"习惯"已经被本条确认为法源，这是我国法源论的一大更新，需要明确的是习惯的含义及构成要件。习惯并非仅指事实上的惯行，因为某些习惯本身可能是陈规陋习，尚不足以成为法源。我国台湾地区"民法典"第 1 条规定，"民事，法律所未规定者，依习惯；无习惯者，依法理。"此处的"习惯"，通说是指"习惯法"。[①] 从比较法与法律继受的角度看，我国台湾地区"民法典"第 1 条源于《瑞士民法典》第 1 条，而《瑞士民法典》第 1 条明确使用的是 Gewohnheitsrecht 一词，即"习惯法"。习惯法的构成要件，一般认为有以下三项：其一，多年惯行的事实；其二，普通一般人确信其有法的效力；其三，不违背公序良俗。[②] 从实质意义上看，本条中的"习惯"就是具有"习惯法"的含义，是经过实践经验筛选并符合现行民法精神，因而被赋予法源地位。

6. 实证法外的补充性法源

法律、法规、法律解释等规范性文件可统称为制定法，制定法与习惯法可统称为实证法。本条所列举的法源至实证法为止。这里显然存在一个问题：若实证法没有为某案件提供答案，法官应当依据什么裁判？

一个可能的回答是依据民法基本原则进行裁判，《民法总则》明文确认了诸多民法基本原则，也为这种思路提供了基础。这一思路的方向是正确的，但须注意的是，在"法律—习惯(法)"这二位阶法源体系中，民法基本原则属于哪一位阶？若因民法基本原则被法律明文规定而认为其属于"法律"，则由于基本原则可以说是无所不在、无所不包，"适用"基本原则几乎可以填补任何漏

---

① 参见王泽鉴：《民法总则》，北京大学出版社 2009 年版，第 46 页；胡长清：《中国民法总论》，中国政法大学出版社 1997 年版，第 29 ~ 30 页；史尚宽：《民法总论》，中国政法大学出版社 2000 年版，第 81 页。但有少数异说认为习惯法已被台民第 1 条中的"法律"所包含，第 1 条中的"习惯"仅指事实上的惯行，尤其参见苏永钦：《"民法"第一条的规范意义》，载苏永钦：《私法自治中经济理性》，中国人民大学出版社 2004 年版。

② 参见王泽鉴：《民法总则》，北京大学出版社 2009 年版，第 46 页以下；黄立：《民法总则》，中国政法大学出版社 2002 年版，第 47 页。值得注意的是，黄立指出："这种原始意义的习惯法，几乎已完全失去其重要性，现今习惯法之形成，主要是法官对法律之继续形成，经由法院之使用，而普遍地被接受"。我国民法典新确立的"习惯"这一法源，在裁判实践中究竟会遭遇什么命运，与裁判惯例之间的关系如何协调，尚须在以后的实践中进一步观察。

洞,解决任何问题。于是,“法律”(制定法)就成了一个无漏洞的体系,法源中有这一个位阶就够了,习惯法就成了多余。显然这一思路存在偏差。从规范适用上说,越具体的规范越应当优先适用,越抽象的规范越劣后适用。“法律”指制定法的具体规范,“习惯”是习惯法的具体规范,而这两者之间插入一个基本原则,让更抽象的基本原则优先于具体的习惯法适用,这显然有问题。

“法律”与“习惯”应当均指实证法具体规则。基本原则应当在实证法具体规则之后发挥作用,也即在实证法具体规则不备时,基本原则可以协助提供或寻找补充性法源。孙宪忠曾建议将第三位阶法源表述为“依民法基本原则确立的规则”,“人民大学稿”将第三位阶法源表述为“依据本法确定的基本原则参照法理处理”,可以看作这种思路的尝试表达。

我国台湾地区“民法典”第1条建立的法源体系为“法律—习惯—法理”,而对第三位阶“法理”,王泽鉴解释为:“系指自隐含在立法、法秩序或一般价值体系演绎而出的一般法律原则,为谋社会生活事物不可不然之理,与所谓条理、自然法、通常法律的原理,殆为同一事物的名称。”①可见,“法理”无论在功能还是内涵上,都堪称与法律原则相同。在我国明文规定了民法基本原则的情况下,若肯认第三位阶法源为“基于民法基本原则确立的规则”,具有正当性和合理基础。

“基于民法基本原则确立的规则”这一第三位阶法源,实际就是前文多次提到的民法基本原则的漏洞补充功能。然而值得再次强调的是,民法基本原则本身并不是法源,正如“法理”本身不是法源一样。真正的法源是基于民法基本原则确立的“规则”,该规则及在基本原则协助下寻找规则的过程,都必须反映在判决书中。

三、其他问题

本条确立“法律—习惯”的二位阶法源体系,在文义上意味着只肯认实证法为法源。实证法不能提供裁判依据时构成法律漏洞,这其实是司法实践中的日常现象;但《民法总则》第10条却没有为漏洞补充留下文义上的空间。

---

① 王泽鉴:《民法总则》,北京大学出版社2009年版,第49页。

然而,面对二位阶法源的现行法体系,如何解释产生实际上的三位阶法源体系,这需要一个法技术上的解释路径。首先,本条肯认了法律、习惯(法)二种法源,但并没有明文禁止其他法源,因此仍有解释的空间。其次,如拉伦茨所述,基于无可反驳的法律交往上的需要,可以创构一些法律计划原本并未包含,有时甚至与之背道而驰的法律制度;此即所谓"超越法律的法的续造"。[①]为法官提供实证法规则不备时的补充性法源,此即无可反驳的现实需要,故即使对立法计划有所超越,也具有正当性。最后,具体进行法律续造的方法,可以考虑目的性扩张。即为了妥善实现本法的立法目的,也就是第1条中的"调整民事关系",就不能造成调整漏洞;为不造成调整漏洞,为法官提供实证法规则之外的补充就是必须。因此,应将我国民法的实际法源体系扩张为三位阶,即"法律—习惯(法)—依基本原则确立的规则"。

① 参见[德]拉伦茨:《法学方法论》,陈爱娥译,商务印书馆2004年版,第286页以下。

第十一条 【与其他法律的适用关系】

其他法律对民事关系有特别规定的，依照其规定。

一、历史由来

(一)本条来源

《民法通则》及其他民事法律中，并无本条的直接渊源。《立法法》第92条前段规定，同一机关制定的法律、行政法规、地方性法规、自治条例和单行条例、规章，特别规定与一般规定不一致的，适用特别规定。因此，本条可以看作《立法法》规范效力体系在民法中的一个反映。

(二)条文演化

1. 民法总则草案

《民法总则(草案)征求意见稿》(2016年5月20日修改稿)及之后的历次草案直至正式文本，一直采用了完全一致的表述，不再赘述。

2. 主要建议稿

"社科院稿"第9条规定，民事关系，本法和其他法律都有规定的，应当优先适用其他法律的规定。① "人民大学稿"第11条规定，"对同一法律关系，本法和同位阶的其他特别法律都有规定的，应当优先适用其他特别法律的规定；本法的特别规定与一般规定不一致的，适用特别规定。"②"法学会稿"第12条规定，"其他相关法律另有特别规定的，依照其规定。"③

前述建议稿有以下两方面值得注意：第一，是否明确特别法须与一般法

---

① 梁慧星主编：《中国民法典草案建议稿》，法律出版社2013年版，第4页。

② 王利明主编：《中国民法典学者建议稿及立法理由·总则编》，法律出版社2005年版，第22页。

③ 中国法学会：《中华人民共和国民法典·民法总则专家建议稿》，载中国民商法律网：http://www.civillaw.com.cn/zt/t/?id=30198，最后访问日期：2017年3月21日。

"同位阶"。"社科院稿"与"法学会稿"未予以明确,"人民大学稿"明确之。《民法总则》正式文本未明确。但这一点纵不强调,也是当然之理。第二,是否明确本法内部亦有一般法与特别法的关系。"社科院稿"与"法学会稿"未予以明确,"人民大学稿"明确之。《民法总则》正式文本未提到这一点。

二、规范目的与含义

(一)规范目的

本条为了法律适用目的,规定了一般法与特别法的关系。本条要解决的问题是,若针对同一案件事实存在多个法律规范,且多个法律规范之间呈现出一般法与特别法的关系时,究竟应如何处理。本条给出的答案是:特别法优先于一般法适用。

(二)规范含义

1. 一般法与特别法的区分

一般法与特别法的区分通常采用三个标准:其一,以法律适用的地域为标准;其二,以法律适用的主体为标准;其三,以法律规定的事项为标准。适用于本国一切地域的法律为一般法,适用于特定地域的为特别法;适用于一切民事主体的规定为一般法,适用于特殊主体的为特别法;关于一般事项的法律为一般法,关于特别事项的法律为特别法。①

确立特别法优于一般法的规则,实际上就是要求从具体到抽象、从特殊到一般来考虑法律适用问题。因为,越具体、越特殊的规则表明其与案件的联系性就越密切,对案件的针对性就越强。② 这样,法律适用才可望得到更妥当的结果。

2. 同一位阶的法律规范之间才存在一般法与特别法的关系。

《立法法》第87条以下确定了各级规范性文件的制定机关、效力等级与适用范围,第92条规定:"同一机关制定的法律、行政法规、地方性法规、自治条例和单行条例、规章,特别规定与一般规定不一致的,适用特别规定;新

① 参见梁慧星:《民法总论》,法律出版社2011年版,第285页以下;王利明:《民法总则研究》,中国人民大学出版社2013年版,第149页。

② 参见王利明:《民法总则研究》,中国人民大学出版社2013年版,第150页。

的规定与旧的规定不一致的,适用新的规定。"这里的"同一机关",强调的就是处于同一位阶的规范性文件之间才存在一般法与特别法、新法与旧法的关系。

如果是不同位阶的规范性文件,则必须优先适用"上位法优先于下位法"规则。否则,下位法就可以利用其"特别法"地位任意修改上位法,一国统一的法秩序就不存在了。

3."特别法优于一般法"与"新法优于旧法"之间发生规则冲突时的选择

同一位阶的新的一般法与旧的特别法,究竟哪一个更优先,也是一个重要问题。在《民法总则》颁布后,民法典全部编纂完成之前,该情形恰恰会出现在生效的《民法总则》与仍然有效的《合同法》之间。梁慧星认为:"一旦民法总则通过并生效,法官审理案件中发现民法总则与民法典构成部分(如合同法)有不同的规定,就不能根据特别法优先适用原则,而应当根据新法废改旧法的原则,适用民法总则的规定,而不适用属于民法典分则的合同法的规定。"①我们赞同此时应优先贯彻"新法优于旧法"的观点。同时认为,新法在制定之时,立法者实际上会考虑到其与其他法律之间的衔接问题,如果立法者不欲废止某个旧规范,会在相关新法条文中用"法律另有规定的除外"之类的表述保留旧规范效力。而若新法中没有这种表述,实际上意味着立法者已经做出了立法决定,即不留例外地确立新规则效力,这种立法决定应予尊重。否则,利用新法更新法秩序的目的就会落空。

4.同一法律内部也存在一般法与特别法的关系

特别法与一般法的关系,不仅存在于不同法律部门之间,也可存在于同一部法律内部。② 比如,民法典全部编纂完成之后,解决合同纠纷应当首先适用合同编分则规定,没有规定时则适用合同编总则规定,仍没有规定时适用民法总则法律行为的规定。以上适用次序正是在同一法律内部贯彻"特别法优于一般法"的结果。

① 梁慧星:《〈民法总则(草案)〉:解读、评论和修改建议》,载《华东政法大学学报》2016年第5期。

② 参见王利明:《民法总则研究》,中国人民大学出版社2013年版,第150页以下。

5. 民法典与商事法律之间是一般法与特别法的关系

民法典是私法的一般法。私法领域主要包括民法与商法。因此民法典与众多商事法律之间，也构成一般法与特别法的关系。当民法典与商事法律对同一法律关系都有规定时，优先适用商事特别法；而当商事法律对某事项未为规定时，则应当适用民法典。

第十二条 【空间效力】

在中华人民共和国领域内的民事活动,适用中华人民共和国法律。法律另有规定的,依照其规定。

一、历史由来

(一)本条来源

本条来源于《民法通则》第8条第1款:"在中华人民共和国领域内的民事活动,适用中华人民共和国法律,法律另有规定的除外。"本条与之并无实质不同。

(二)条文演化

1. 民法总则草案

《民法总则(草案)征求意见稿》(2016年5月20日修改稿)第12条、《民法总则(草案)》(一审稿)第12条,(二审稿)第12条、(三审稿)第11条的实质内容都是相同的,其间仅略有文字调整。

2. 主要建议稿

"社科院稿"第10条第1款规定,"本法适用于在中华人民共和国领域内的民事活动,但法律另有规定的除外。"①"人民大学稿"第14条第1款规定,"在中华人民共和国领域内的民事活动,除香港、澳门、台湾地区外,适用本法。"②"法学会稿"第14条规定,"在中华人民共和国领域内发生的民事活动,适用本法,法律另有规定的除外。"③

以上规定了空间效力的建议稿,在表述上并无实质区别。

---

① 梁慧星主编:《中国民法典草案建议稿》,法律出版社2013年版,第4页。

② 王利明主编:《中国民法典学者建议稿及立法理由·总则编》,法律出版社2005年版,第22页。

③ 中国法学会:《中华人民共和国民法典·民法总则专家建议稿》,载中国民商法律网:http://www.civillaw.com.cn/zt/t/?id=30198,最后访问日期:2017年3月21日。

二、规范目的与含义

（一）规范目的

本条是关于民法空间效力的原则性规定。民法的空间效力解决的是民法在什么地域适用的问题。本条采纳了属地主义，民法典效力及于全国，即本条中所表述的“中华人民共和国领域”，同时用但书设置了例外规定。

（二）规范含义

关于“中华人民共和国领域”的范围。一般认为，一国领域包括领土、领水、领空以及依据国际法和国际惯例视为我国领土的一切领域，如我国驻外使馆，我国航行或停泊于国境外的船舶、飞机等。

关于“法律另有规定”的含义。主要是指《涉外民事关系法律适用法》，该法是关于“涉外民事关系适用”的最主要的法律规范。

三、其他问题

本条规定引起了一些国际私法学者的批判，认为这种旨在宣示国家属地主权的简单规定是特殊历史背景下不自觉师法苏俄民法的结果，早已不合时宜，而且与国际私法规则相矛盾。界定民法地域效力是国际私法的根本使命，我国宜采取单行法模式。①

从法律适用角度来说，法院以前在涉外案件中主要是依据《民法通则》第8章“涉外民事关系的法律适用”的规定；在《涉外民事关系法律适用法》颁布之后，法院则主要依据这一特别法律。但是，作为民法地域效力的原则性规定，将其规定于《民法总则》中实际上是有重要作用的，一是为民法体系确立基本的适用规则；二是为民法适用体系设置基本的结构要素。

---

① 参见许庆坤：《我国民法地域效力立法之检讨——以〈民法通则〉第8条第1款为中心》，载《法商研究》2015年第5期。

第二章　自　然　人

第一节　民事权利能力和民事行为能力

第十三条　【民事权利能力的起止时间】

自然人从出生时起到死亡时止,具有民事权利能力,依法享有民事权利,承担民事义务。

一、历史由来

本条承袭了《民法通则》第 9 条,除了将《民法通则》第 9 条规定中的"公民"概念修改为"自然人"概念之外,其余文字完全沿用了《民法通则》的规定。

在《民法总则》制定之前,梁慧星、王利明各自负责完成的两部中国民法典草案建议稿皆提出了与《民法通则》第 9 条几乎完全相同的立法建议。全国人大常委会法制工作委员民法室于 2015 年 8 月 28 日草拟的"民法总则民法室室内稿"第 13 条规定,"自然人从出生时起到死亡时止,具有民事权利能力,依法享有民事权利,承担民事义务"。该规定除了以"自然人"概念替换了"公民"概念外,完全沿袭了《民法通则》第 9 条的规定。之所以作出这样的修改,是因为本条所处章名不再像《民法通则》那样以"公民(自然人)"予以命名,而是仅仅采用了"自然人"概念。《民法总则(草案)征求意见稿》(2016 年 5 月 20 日修改稿)第 13 条一字未改地接受了"民法总则民法室室内稿"第 13 条的规定，其后的《民法总则（草案）》一审稿、二审稿、三审稿也没有再作出任何修改。因此，这是一个在《民法总则》制定过程中未引起什么争议的条文。

不过，在《民法总则》制定之前，一些学者以民事权利能力因丧失社会存在基础而已空壳化或仅表现为一种观念存在为由，主张废除民事权利能力制度。[①]《民法总则》没有接受这种观点。那种以人人皆已平等地享有独立法律人格而否定民事权利能力制度的主张，仅对民事权利能力制度的规范功能作了孤立、静态的分析，完全忽视了该制度在自然人保护之规范体系中的基本规则地位。具言之，自然人民事权利能力始于出生、终于死亡的规定，不仅树立了任何自然人皆普遍地享有民事权利能力的基本人权保护观念，而且同时构成了民法关于胎儿利益保护与死者生前利益保护之特别规定的规范基础。

二、规范目的与含义

（一）规范目的

本条一方面确立了自然人民事权利能力的起止时间，另一方面确立了自然人民事权利能力的普遍性原则，即任何自然人，不管其具有什么样的自然或社会属性（性别、民族、种族、肤色、年龄、语言、信仰、职业、地位等），皆无差别地享有民事权利能力。[②] 从立法形式上看，本条的另一个规范目的是，阐明民事权利能力与民事权利、民事义务之间的关系：民事权利能力是自然人享有民事权利、承担民事义务的前提条件，如果没有民事权利能力，享有民事权利、承担民事义务，则根本无从谈起。因此，民事权利能力实质上是民事权利与义务能力，由于民法主要以权利为轴心或本位予以构造，所以，它就被简称为民事权利能力或者权利能力。

从事实层面上讲，本条针对的基本问题是，自然人享有民事权利、承担民

① 参见孙春伟、冯向辉：《对权利能力理论与实践的再思考》，载《黑龙江社会科学》2003 年第3 期；付翠英：《人格 · 权利能力 · 民事主体辩思——我国民法典的选择》，载《法学》2006 年第8 期；张力：《公民视角下自然人权利能力与行为能力的制度重构》，载《广西社会科学》2006 年第 10 期；徐国栋：《民法哲学》，中国法制出版社 2009 年版，第 160 页；秦伟、杨琳：《民事权利能力质疑论》，载《山东大学学报》（哲学社会科学版）2012 年第 1 期。

② 《瑞士民法典》第 11 条第 1 款规定，“人都有权利能力。”该规定可看作关于民事权利能力之普遍性的另外一种立法模式。

事义务在生存时间上是否受到限制。其所涉及的具体问题是,胎儿、死者是否能享有民事权利、承担民事义务。由本条规定看,自然人只有在生存期间才具有民事权利能力,可享有民事权利、承担民事义务,除非法律另作特别规定,胎儿、死者不能享有民事权利、承担民事义务。《民法总则》第16条关于胎儿利益保护、第185条关于侵害英雄烈士等姓名、肖像、名誉、荣誉的民事责任的规定,即是以本条规定为基础的特别规定。

(二)规范含义

本条的理解与适用涉及以下几个重要法律概念。

1. 自然人

自然人是指具有生命的人类个体,是一个相对于法人的民法概念,是民事主体制度演化发展出法人这一重要类型后产生的民法概念,在法人这个法典编纂概念产生之前,自然人在民法典上被称作"人"。对照一下《法国民法典》《德国民法典》这两部近现代经典民法典关于民事主体的规定,即不难发现自然人概念的时代变迁。《德国民法典》构造出法人概念并由此确立法人制度的一般规则后,私法上的人则成为自然人与法人的上位概念,自然人则成为与法人概念相对称的概念。[①] 自《德国民法典》创造出自然人与法人分立的二元化民法上的人的概念后,自然人概念被许多国家或地区的民法立法、学说所接受。[②] 可以说,自然人是一个被法人概念倒逼出来的法律概念。

在苏联民事立法与学说的影响下,我国20世纪50~80年代的民法著述没有使用自然人概念,而是使用了公民概念。[③] 在重大时代变迁背景下制定的《民法通则》,对于到底应使用公民概念还是自然人概念,一时难以决定,举棋不定之下只好以"公民(自然人)"来命名其第二章。但由其具体条文看,《民法通则》其实自始至终使用了公民概念,没有一个法律条文使用自然人概念。

---

① 《德国民法典》总则编第一章被命名为"人",下设立两节,第一节为"自然人",第二节为"法人"。

② 参见《瑞士民法典》《日本民法典》及我国台湾地区"民法典"。

③ 1964年《苏俄民法典》第一编(总则)第二章被命名为"人",下设立两节,第一节为"公民",第二节为"法人"。参见中央政法干部学校民法教研室编著:《中华人民共和国民法基本问题》,法律出版社1958年版,第62页以下;佟柔主编:《民法原理》(修订本),法律出版社1987年版,第50页以下。

于《民法通则》制定之前后施行的《继承法》(1985 年)、《担保法》(1995 年)均使用了公民概念。我国民商事立法直到 1999 年,才开始明确以自然人概念取代公民概念,1999 年 10 月 1 日起施行的《合同法》是此种立法观念革新的典型立法,该法第二条将自然人、法人、其他组织规定为三类民事主体。

《民法总则》第二章的基本结构及主要内容主要继承了《民法通则》的规定。但是,延续之前关于民事主体类型化的法制变革成果,《民法总则》以自然人概念取代了公民概念。此种做法未引起任何争议。由于《民法总则》把民事主体类型化为自然人、法人、非法人组织三种,所以自然人不再是仅仅与法人概念相对称的法律概念,而是相对于法人、非法人组织相对称的主体性概念。这也反映了民事主体制度于当代社会的重大立法变迁。公民是宪法上相对于国家的法律概念,是指享有从事管理社会和国家等公共事务的权利的人,[①]它的使用通常与某一国家的国籍联系在一起。

自然人是民法上的重要概念之一,可以从两个视角来理解它。

第一,相对于同样作为民事主体的法人与非法人组织而言,自然人是具有生命的人类个体。其生存受自然法则支配,具有生老病死之常情。其既苛求亲属朋友的感情呵护,又需要理性地待人接物。其行为常常是理性的、功利的,但有时亦会因冒失、鲁莽或疏忽大意而惹祸(损害他人)。民法上的未成年人、监护、婚姻、继承、侵权行为等制度或法律,经由自然人在法律上的存在状态,反映了其可能的自然生存状态。

第二,相对于物而言,自然人不只是具有生命的人类个体(生物学意义上的人),更应被看作伦理意义上的人,即具有人格尊严、不应作为客体或工具而必须作为主体或目的予以对待的人。这是关于自然人概念的最具有深意的一种理解,也是近现代民法关于自然人概念的最基本的理解。《法国民法典》所采取“人—财产及对于所有权的各种限制—取得财产的各种方法”的三编制法典编纂方式,即充分彰显了“人”(自然人)相对于“物”的优越地位。《德国民法典》总则编第二章关于物与动物的严格界定与规定,亦衬托了自然人作为主体或目的的法律意义。

① 我国《宪法》第 33 条规定:“凡具有中华人民共和国国籍的人都是中华人民共和国公民。”

不过,亦必须承认,如果没有特别说明,人们在私法领域中提到的人,通常指自然人。对于享有民事权利能力的组织体,人们大多会准确地使用法人概念,而不是使用宽泛的人的概念。就此而言,自然人实际上即是人们日常用语中所说的“人”。

2. 出生与死亡

自然人从出生时起到死亡时止,具有民事权利能力。该规定表面看来确立了民事权利能力的起止时间,实质上确立了关于民事权利能力的两项法律规则:一是自然人自出生时起,享有民事权利能力;二是自然人死亡,其民事权利能力终止。这是两项构成要件与法律效果兼具的法律规则,出生与死亡分别是构成要件,而享有与终止民事权利能力则是两种不同法律效果。这两项法律规则因民事权利能力这一概念而融汇于寥寥数语的同一法律条文之中。因此,本条具有丰富的规范内容。

(1)出生

出生,是指脱离母体而成为独立的人类生命个体。它是发生享有民事权利能力之法律效果的法律构成事实。由于民事权利能力的享有直接决定着民事权利的享有,所以出生是一项极其重要的法律事实。从事实层面来看,婴儿脱离母体并成为独立的生命个体,通常需历经一个或长或短的过程。因此,出生所涉及的核心法律问题是,应截取婴儿分娩过程中的哪一个时间节点作为出生时间,以确定民事权利能力的始期。该时间确定的先与后,直接决定着民事权利能力、民事权利享有的早与晚。

关于出生时间,民法学说上有阵痛说、一部产出说、全部产出说、断带(脐带)说、泣声说、独立呼吸说等几种观点。一般认为,出生须具备两项构成要件:第一,须全部与母体相分离。分离之前为胎儿,分离之后才能够称作法律上的人。此可谓之为“出”。第二,与母体分离后须具有生命。至于存活时间之长短、生命状况如何,则无关紧要。此可谓为“生”。具备此两项构成要件时,则发生享有民事权利能力的法律效果。而且在出生之后,只要自然人具有生命,就可以持续不间断地一直享有民事权利能力。这完全不取决于自然人的意思、身体状况等主、客观情况。出生因而成为决定民事权利能力之产生、享有的唯一法律事实。

(2)死亡

死亡,是指自然人生命的终止。它是发生民事权利能力终止之法律效果的法律事实构成。由于民事权利能力是享有民事权利的前提,自然人的民事权利能力终止后,其自然无法再享有民事权利、承担民事义务。另外,死亡作为一种法律事实,依法律的特别规定,还会发生其他与死亡者相关的诸多法律效果,如继承开始、遗嘱发生效力、生存配偶获得再结婚的权利、人身保险的受益人获得请求支付保险金的权利等。从生活事实上看,自然人的死亡可源于不同原因,会表现为不同的情状,但是,这些事实可能会在侵权损害赔偿方面具有法律意义,而对民事权利能力的终止则无关紧要,唯有生命之终止这一事实才对民事权利能力的终止具有法律意义。

死亡在民法上有自然死亡与宣告死亡之分。宣告死亡是指根据法律规定的条件和程序,自然人被法院宣告为死亡。《民法总则》第二章第三节对宣告死亡有明确规定。本条规定的死亡,指自然死亡,不包括宣告死亡。

死亡作为一种法律事实,所涉及的核心问题是,如何判定死亡的时间。对此,学说与实践一般认为,应结合呼吸断绝、脉搏消失、心跳停止等因素予以综合判断。随着医学、生命科学的发展,有些人又提出了以脑死亡作为判断死亡时间标准的学说。① 死亡时间是一个事实问题,其判定与医学、生命科学的发展具有紧密关联。因此,死亡时间的判定应由医学专家为之。

3. 民事权利能力

民事权利能力,又称作权利能力,是民事主体制度中的核心概念之一,指作为权利和义务主体的能力。② 其在立法上首见于《德国民法典》的规定,后被《瑞士民法典》《日本民法典》《苏俄民法典》、我国台湾地区"民法典"等普遍继受。我国民法学说与立法经由苏联民事立法与学说接受了这一概念。《德国民法典》总则编在规定自然人时之所以首先(第 1 条)确立权利能力概

① 参见郭自力:《死亡标准的法律与伦理问题》,载《政法论坛》2001 年第 3 期。

② 参见[德]卡尔·拉伦茨:《德国民法通论》(上册),王晓晔等译,法律出版社 2003 年版,第 119~120 页;[德]汉斯·布洛克斯、沃尔夫·迪特里希·瓦尔克:《德国民法总论》,张艳译,中国人民大学出版社 2012 年版,第 418 页;[德]迪特尔·梅迪库斯:《德国民法总论》,邵建东译,法律出版社 2000 年版,第 781 页。

念,旨在宣示一切自然人从出生完成之时起均具有权利能力且在法律上一律平等的重要原则。[①] 作此宣示的时代背景是,在此之前的很长一段时间里,同样作为人类生命个体,一些人因出身、性别、年龄等因素则被其他人像物一样地买卖、像牲畜一样奴役。此种宣示旨在告诉人们,尊重每一个人(自然人)的人格尊严,应作为人类一切行为的目的。因此,民事权利能力概念在功能上具有法律人格的内涵,享有民事权利能力即意味着具有民法上的人格。[②]

《民法通则》关于民事权利能力的规定,同样旨在宣示民事权利能力的普遍性、平等性。该规定不只是借鉴域外法制的结果,我国“文革”期间一些人被另一些人随意蹂躏、侵害的历史事实,也是这一规定得到法律承认的重要历史缘由。《民法总则》没有什么争议地继承了这一规定。

民事权利能力依出生这一法定事实而发生,是否出生并不取决于特定自然人自身,是否因出生而享有民事权利能力同样与自然人的意思无关。民事权利能力是自然人依法享有的一种能力,具有法定性。由于法律并没有在出生这一事实之外为民事权利能力的产生设定其他任何条件,所以,对自然人而言,享有民事权利能力不存在任何主客观条件的限制,这与民事行为能力存在重大差异,后者的享有会受到年龄、智力或者精神状态的影响。以此而言,民事权利能力完全是法律赋予自然人的一种能力。法律之所以不分条件地赋予自然人民事权利能力,目的在于宣示任何人皆可作为权利和义务的主体。“除了死亡之外,人不会丧失权利能力,既不会作为一种惩罚的后果,也不会因为进入修道院或因为放弃而丧失。”[③]法律关于民事权利能力的规定因此属于强制性规范,当事人单独或以协议放弃民事权利能力或者限制民事权利能力的意思表示无效。

自然人享有民事权利能力,只是抽象地解决了自然人可以作为权利与义务主体而享有民事权利与承担民事义务的前提性问题,并不意味着,自然人可

① 参见陈卫佐译注:《德国民法典》(第四版),法律出版社2015年版,第5页,注释4。

② 有学者认为,人格是从“平等独立的人”出发,赋予民事主体法律地位;民事权利能力则是对抽象人格的具体功能和实际地位的阐述,二者是一个问题的两个方面。参见梅夏鹰:《民事权利能力、人格与人格权》,载《法律科学》(西北政法学院学报)1999年第1期。

③ 参见[德]迪特尔·施瓦布:《民法导论》,郑冲译,法律出版社2006年版,第88页。

因此而享有民事权利与承担民事义务。民事权利的享有与民事义务的承担,需要在享有民事权利能力的前提下,再满足特定的法定事实,如成立合同、发生侵权行为等。

4. 民事权利与民事义务

本条除确立了民事权利能力的普遍性原则之外,还进一步宣示了民事权利能力与民事权利、民事义务之间的关系,即民事权利能力是享有民事权利、承担民事义务的前提。这一说明性规定非常有助于人们理解民事权利能力对于享有民事权利的重要意义。由于民事权利的享有、民事义务的承担须取决于特定的法定事实构成,所以,享有民事权利能力并不必然意味着民事权利的享有、民事义务的负担。

由于《民法总则》第五章对民事权利有专门规定,且民事义务与民事权利具有紧密的牵连关系,所以,在此不对民事权利、民事义务概念作出阐释,仅阐明民事权利能力与民事权利之间的不同。

概括地看,民事权利能力与民事权利之间存在以下几方面的差别:第一,民事权利能力是法律赋予自然人享有民事权利、承担民事义务的能力,这种能力不因自然人是否参与民事法律关系而有所不同,但凡自然人,无须任何条件,皆可享有民事权利能力;民事权利是民事主体参加到具体民事法律关系后,才能实际享有的法律之力。第二,民事权利能力既是自然人取得民事权利的前提又是其承担民事义务的前提;而民事权利则仅指自然人在具体的民事法律关系中实际取得利益的可能性。第三,民事权利能力的内容和范围是法定的,与自然人的意志没有直接关系,也就是说,法律不管自然人的意思如何,强制性地把民事权利能力赋予了他,并不允许其放弃或对其予以限制;而民事权利是自然人实际参加民事活动时取得的,直接反映了自然人的意志。第四,民事权利能力与自然人的人身不可分离,不能转让或放弃,他人也无权限制或剥夺自然人的民事权利能力;然而,民事权利既可以被依法转让或放弃,又可以被依法限制或剥夺。①

---

① 根据《民法总则》第117条的规定,为了公共利益的需要,依照法律规定的权限和程序,自然人的不动产或者动产可以被征收、征用。

三、举证责任分配

从证明责任的角度来看,本条包括两项性质不同的法律规范:一是自然人自出生时起享有民事权利能力的规定,属于典型的权利形成规范,主张享有民事权利能力者,须对自然人之出生这个法定事实提供证据予以证明;二是自然人的民事权利能力终于死亡的规定,属于典型的权利消灭规范,否定自然人之民事权利能力者,须举证证明自然人之死亡这个法定事实。

第十四条 【民事权利能力的平等性】

自然人的民事权利能力一律平等。

一、历史由来

本规定是承继《民法通则》第 10 条规定的结果，它仅对《民法通则》第 10 条规定作出了将“公民”概念替换为“自然人”概念的修改。

在《民法总则》制定之前，梁慧星负责完成的中国民法典草案建议稿第 11 条第 2 款提出，继承《民法通则》第 10 条的规定，对“自然人的民事权利能力一律平等”作出明确规定。“法学会稿”则没有作出像《民法通则》第 10 条那样的规定。全国人大常委会法制工作委员会民法室于 2015 年 8 月 28 日草拟的“民法总则民法室室内稿”没有采纳中国法学会的意见，其第 14 条明确作出了“自然人的民事权利能力一律平等”的规定。《民法总则（草案）征求意见稿》（2016 年 5 月 20 日修改稿）完全接受了“室内稿”第 14 条的规定。之后的《民法总则（草案）》一审稿、二审稿、三审稿再没有对此作出任何修改。

在《民法总则》制定期间，学界也没有因本规定而引发任何争议。

二、规范目的与含义

本条是为了在第 13 条规定的基础上进一步宣示，自然人不仅普遍地享有民事权利能力，而且其民事权利能力相对于任何人都是平等的、无等级之差的。换句话说，在民事权利能力面前，任何一个自然人不存在相对于他人的特殊权利或地位。

本条规定所涉现实问题是，一些人可能因年龄、性别、种族、民族、宗教信仰等因素，而在民事权利能力上受到歧视或不公平待遇。

在《民法总则》中，有两个法律条文使用了措辞严正的“一律平等”的表达，除本条规定外，另一条文是第 4 条，它规定，“民事主体在民事活动中的法律地位一律平等。”这是关于平等原则的两种不同规定,它们基本涵盖了现代民法所蕴含的平等思想。

民事主体在民事活动中的地位一律平等,主要包括两种不同含义:一是民事主体践行私法自治或意思自治时,所应遵守的规定和所受到的限制相同;二是民事主体所受法律保护的方式和程度相同。《侵权责任法》第17条所作“因同一侵权行为造成多人死亡的,可以以相同数额确定死亡赔偿金”的规定,基本上体现了此种平等思想,美中不足的是,其不应使用“可以”,而应使用“应当”或者“必须”。《物权法》第3条第3款关于“保障一切市场主体的平等法律地位和发展权利”的特别规定,也主要贯彻了此种平等思想。

本条所言“一律平等”,旨在强调,自然人在主体资格或者法律人格的享有与丧失上应具有相同的前提条件,不应存在歧视或等差。比如,女性之权利能力不能因性别而不及男性,僧侣、尼姑等不能因宗教信仰或独特生活方式而被限制民事权利能力。

然而,平等原则并不妨碍对民事主体予以合理区分,如把民事主体区分为商人与非商人、消费者与经营者等,并由此确立一些特别规则。理由在于,商人、消费者等身份属性并不像性别一样完全依附于人身,而是可以根据民事主体的行为选择,与非商人、经营者等身份属性进行自由转换,即每个人皆可以作为消费者或经营者实施民事法律行为或者从事民事活动。①

另外必须特别注意的是,平等有事实上平等与法律上平等之分,民法上的平等属于法律上的平等。事实上平等,指根据人在智力、体力、财力、社会活动力等方面的存在状况,分别赋予与其存在状况相适应的法律地位,从而使事实上具有同样存在状况的人处于相同的法律地位,不同的人处于不同的法律地位。法律上平等,指不管人们在智力、体力、财力、社会活动力等方面存在怎样的差异,在法律看来,他们一律享有均等的机会或同样的法律地位。现代民法严格区分了这两种平等观,弃事实上平等观念而采法律上平等观念。这样做的根本理由是,人的智力、体力、财力、社会活动力等无时无刻不处于变化中,如何判断以及选择何时判断人在事实上是否平等,十分不易,很难把握。相

① 参见[德]迪特尔·施瓦布:《民法导论》,郑冲译,法律出版社2006年版,第86~87页。

反,法律上平等在司法判断上则极其容易,只要其为"人",或者说只要具备"出生"这个唯一的法律事实构成,即可享有平等的民事权利能力。法律上的平等观,着实利于司法判断,但也应当看到,这种观念在抹去了人与人之间的千差万别之时,也抽去了人的血肉、性情与经济能力,从而使民法上的人完全成为了一个唯有"自主意思"的抽象人。

三、其他问题

本条规定在表达方式上更像一句饱含着强烈思想倾向的政治宣言,而与格调中庸、语词平实的法律条文明显有所不同。[①] 不过,作为一条重在宣示平等思想的规定,这种与众不同的格调,反而凸显了我国民法对平等原则的极端重视。这在一定程度上亦可解读为当代中国民法的一种独特风范。

① 例如,《瑞士民法典》第11条规定:"(1)人都有权利能力。(2)在法律范围内,人人都有平等的权利能力及义务能力。"

第十五条 【出生时间与死亡时间的证明】

自然人的出生时间和死亡时间，以出生证明、死亡证明记载的时间为准；没有出生证明、死亡证明的，以户籍登记或者其他有效身份登记记载的时间为准。有其他证据足以推翻以上记载时间的，以该证据证明的时间为准。

一、历史由来

本条是在《执行民法通则意见》第 1 条规定的基础上形成的。① 在民法总则草案形成过程中，本条的具体规定前后有很大变化。

全国人大常委会法制工作委员会民法室于 2015 年 8 月 28 日草拟的“民法总则民法室室内稿”第 15 条规定，“自然人出生和死亡的时间，以户籍登记的时间为准。有其他证据足以推翻户籍登记的时间，或者未办理户籍登记的，以相关证据表明的时间为准。”这一规定基本上沿用了“执行民法通则意见”第 1 条的做法。不过，《民法总则（草案）征求意见稿》（2016 年 5 月 20 日修改稿）第 15 条规定，“自然人的出生时间和死亡时间，以出生证明、死亡证明记载的出生时间和死亡时间为准；没有出生证明、死亡证明的，以户籍登记的出生时间和死亡时间为准。有其他证据足以推翻以上时间的，以相关证据证明的时间为准。”该规定对“室内稿”作了相当大的修改。

《民法总则（草案）》（一审稿）第 15 条规定：“自然人的出生时间和死亡时间，以出生证明、死亡证明记载的时间为准；没有出生证明、死亡证明的，以户籍登记的时间为准。有其他证据足以推翻以上时间的，以相关证据证明的时间为准。”该规定仅对征求意见稿第 15 条作了简单的文字修改，即删除了其中

① “执行民法通则意见”第 1 条规定，“公民的民事权利能力自出生时开始。出生的时间以户籍证明为准；没有户籍证明的，以医院出具的出生证明为准。没有医院证明的，参照其他有关证明认定”。

的“出生时间和死亡”,从而使条文趋于简洁。

《民法总则(草案)》(二审稿)第15条没有对一审稿作出任何修改。然而,《民法总则(草案)》(三审稿)第14条则对此前的规定作了较大的修改,即把二审稿第15条修改为:“自然人的出生时间和死亡时间,以出生证明、死亡证明记载的时间为准;没有出生证明、死亡证明或者其他证据足以推翻出生证明、死亡证明记载的时间的,以其他证据证明的时间为准。”这一修改主要阐明了出生证明、死亡证明记载的时间与其他证据证明的时间之间的逻辑关系。然而,《民法总则》并未接受《民法总则(草案)》(三审稿)第14条的规定,而是回到了《民法总则(草案)》(一审稿)第15条的规范模式。

总之,在《民法总则》制定期间,自从全国人大常委会法制工作委员会民法室提出规定本条的意见以来,学界基本上没有对应否作出这样的规定产生较大争议,与此相关的意见主要体现在如何更为简洁、明确规定出生时间、死亡时间的证明上。该规定体现了对既有立法的扬弃。

二、规范目的与含义

(一)规范目的

本条旨在确立出生时间、死亡时间的证明规则。出生与死亡乃事实问题,出生时间、死亡时间的确定,依赖于法律承认的证据。本条不仅确定了三类出生时间、死亡时间的证据,而且指明了三者之间的适用关系。通常情形下,出生时间、死亡时间以出生证明、死亡证明记载的时间予以确定,但出生证明、死亡证明不是唯一、最终的证据,如果没有出生证明、死亡证明,或者有其他证据足以推翻出生证明、死亡证明,则该其他证据可作为证明出生、死亡的时间的最终证据。

本条所解决的现实问题是:如何证明出生时间和死亡时间,以及出生证明、死亡证明与其他的出生时间、死亡时间证据之间的证据证明力问题。

(二)规范含义

出生与死亡是十分重要的法律事实,会产生重要的法律效果。因而如何证明出生时间与死亡时间就显得相当重要。本条属于一种如何证明出生、死亡时间的证据规范。它确立了两项推定规则和一项最具证明力的证据规则:

第一,一般情形下,出生时间和死亡时间的证明,以出生证明、死亡证明为基本证据,出生证明、死亡证明记载的时间,被推定为出生时间和死亡时间;第二,如果没有出生证明、死亡证明,户籍登记或者其他有效身份登记记载的时间被推定为出生时间、死亡时间;第三,如果有其他证据足以推翻出生证明、死亡证明记载的时间、户籍登记或者其他有效身份登记记载的时间,则以该证据为准确定出生时间、死亡时间。

本条提到了三类证据,即出生证明或者死亡证明、户籍登记或者其他有效身份登记及其他证据。

依据"出生证明、死亡证明记载的时间"这种文字表达看,出生证明、死亡证明在证据类别上属于《民事诉讼法》第 63 条规定的书证。① 依据我国目前关于出生、死亡的证据形式看,出生证明是医院按照规定的条件向自然人父母开具的证明自然人出生状况的证书。关于出生证明的格式、开具条件等,我国目前并没有形成统一的法律规定,主要取决于各地医院的做法。各地医院在此方面的做法千差万别。不过,总体看来,出生证明通常记载幼儿如下基本出生信息:姓名、出生时间、身长、体重、出生地等,出生证明也记载幼儿父母的一些信息,如身份证号码等。各地医院通常要求,办理出生证明必须提供一些证明材料,如父母双方身份证与结婚证、出院结算清单等。这些条件基本决定了出生证明作为一种书证的证据力大小。

死亡证明的形成要复杂一些。对于正常死亡,在家中自然死亡的,由死者家属携带死者身份证、户口本的原件到当地居民委员会或者村民委员会开具死亡证明;在医疗机构正常死亡的,由死者家属携带死者身份证、户口本的原件到医疗机构开具死亡证明。非正常死亡的,有待公安机关调查死亡原因的或者交通事故死亡的,死者的死亡证明由区、县以上公安机关、司法部门开具死亡证明。

出生时间和死亡时间一般以出生证明、死亡证明的证据予以证明,并以出生证明、死亡证明记载的时间为准予以确定。但是,一些人的出生因为各种各

① 《民事诉讼法》第 63 条规定:"证据包括:(一)当事人的陈述;(二)书证;(三)物证;(四)视听资料;(五)电子数据;(六)证人证言;(七)鉴定意见;(八)勘验笔录。证据必须查证属实,才能作为认定事实的根据。"

样的原因,如违法超生或偷生、农村地区在家自然分娩、买卖儿童等,没有出生证明。另外,也存在出生证明毁损灭失的情况。自然人死亡时,很多情况下也没有形成死亡证明书,这在农村地区尤其普遍。鉴于这种客观情况,本条作出了"没有出生证明、死亡证明的,以户籍登记或者其他有效身份登记记载的时间为准"的补充规定。《户口登记条例》《居民身份证法》是形成该规定的主要法律依据。《户口登记条例》规定:婴儿出生后一个月以内,由户主、亲属、抚养人或者邻居向婴儿常住地户口登记机关申报出生登记;弃婴,由收养人或者育婴机关向户口登记机关申报出生登记(第7条)。公民(自然人)死亡的,城市在葬前,农村在一个月以内,由户主、亲属、抚养人或者邻居向户口登记机关申报死亡登记,注销户口。公民如果在暂住地死亡,由暂住地户口登记机关通知常住地户口登记机关注销户口(第8条)。根据《居民身份证法》:居住在中国境内的年满十六周岁的中国公民,应当依照《居民身份证法》的规定申请领取居民身份证;未满十六周岁的中国公民,可以依照《居民身份证法》的规定申请领取居民身份证(第2条)。申请领取居民身份证,应当交验居民户口簿(第10条)。出生日期是居民身份证登记的必备项目(第3条)。根据以上规定,在证明出生时间、死亡时间时,不能提供出生证明证的,可提供户籍登记簿或者居民身份证对出生时间予以证明;不能提供死亡证明书的,可以用户籍登记簿记载的内容证明死亡时间。

然而,出生证明书、死亡证明书、户籍登记簿、居民身份证等书证记载的出生时间、死亡时间并不具有绝对的、不可推翻的证明力,其作为证据的效力只是推定性的。当其他证据足以推翻这些书证记载的出生时间或者死亡时间的,出生时间、死亡时间则以该证据证明的时间为准。其他证据,既可以是书证也可以是证人证言,例如,证明出生证书、户籍登记簿、居民身份证存在错误记载的证明书、证言。

三、其他问题

本条确立了出生证明、死亡证明在证明自然人的出生时间和死亡时间上的主要证据地位,并同时考虑到了出生证明和死亡证明在证明出生时间、死亡时间上的局限性。从立法效率来讲,只有当人们在实际生活中普遍或者基本上在出生、死亡时皆会要求开具出生证明、死亡证明时,将出生证明和死亡证明作为证明出生时间、死亡时间的基本证据,才更具现实意义。如果出生证明、死亡证明在现实生活中并未获得普遍认可,那么,如此规定的实效如何,则非常值得质疑。另外,相比于其他证据,出生证明、死亡证明在证明出生时间、死亡时间上具有相当大的便宜性、可靠性。基于这两方面的考虑,为了确保本条规定的适用效率,建议建立具有统一格式、统一办理条件的严格的出生证明、死亡证明制度。

第十六条 【胎儿利益的保护】

涉及遗产继承、接受赠与等胎儿利益保护的，胎儿视为具有民事权利能力。但是胎儿娩出时为死体的，其民事权利能力自始不存在。

一、历史由来

本条为新增规定，《民法通则》与其司法解释以及其他民事法律、司法解释并无关于胎儿利益保护的一般规定，仅《继承法》第28条有关于遗产分割时应当保留胎儿的继承份额的特别规定。

在民法总则制定之前，梁慧星、王利明各自负责完成的两部中国民法典草案建议稿皆提出了在自然人章为胎儿利益保护设立一种一般条款的立法建议。① 该立法建议有力地推动了学术界关于胎儿利益保护的学术研究，一些学者就民法如何保护胎儿利益进行了深入研究，并提出了比较具体的立法意见和建议。②

全国人大常委会法制工作委员会民法室于2015年8月28日草拟的“民法总则民法室室内稿”接受学者们的立法建议，对胎儿利益保护作出了明确规定（第16条），即“涉及胎儿利益保护，胎儿出生时为活体的，其出生前即视为具有民事权利能力”。《民法总则（草案）征求意见稿》（2016年5月20日修改

---

① 梁慧星负责完成的中国民法典草案建议稿第14条（胎儿利益保护）规定，“凡涉及胎儿利益保护的，胎儿视为具有民事权利能力。涉及胎儿利益保护的事项，准用本法有关监护的规定。胎儿出生时为死体的，其民事权利能力视为自始不存在。”王利明负责完成的中国民法典草案建议稿第19条（胎儿利益的保护）规定，“胎儿遭受损害，出生时为活体的，有权就其受到的损害独立提出赔偿请求。胎儿遭受损害，出生时为死体的，该损害视为对其母亲的损害。”

② 参见杨巍：《论胎儿利益的民法保护》，载《环球法律评论》2007年第4期；杨志祥：《论胎儿利益的民法保护》，载《法学杂志》2010年第9期；杨显滨：《论胎儿利益的民事立法保护》，载《法学杂志》2011年第11期；朱晓峰：《民法典编纂视野下胎儿利益的民法规范——兼评五部民法典建议稿胎儿利益保护条款》，载《法学评论》2016年第1期。

稿)第16条规定,“对胎儿利益的保护,胎儿出生时为活体的,其出生前即视为具有民事权利能力。”征求意见稿的规定基本上完全采用了室内稿的方案。梁慧星对征求意见稿规定中的“胎儿出生时为活体的”提出了批评。他认为:“胎儿出生时为活体的”的规定容易使人产生误解,误将“胎儿出生时为活体”作为胎儿享有民事权利能力的必要条件,要求等待其活着出生之后才可以向法院起诉。而按照立法目的,胎儿自母亲怀孕之时起就被视为具有民事权利能力,无须待到其出生之时,即可行使继承权、损害赔偿请求权及相应的诉权。如果“胎儿将来出生时为死体”,因保护胎儿利益的法律政策目的落空,则溯及于其母亲怀孕之时否定其民事权利能力。换言之,应从反面将“胎儿将来出生时为死体”作为溯及于怀胎之时消灭其民事权利能力的条件。建议本条稍作修改,分设为两款。第1款规定:“凡涉及胎儿利益保护的,胎儿视为具有民事权利能力。”第2款规定:“胎儿出生时为死体的,其民事权利能力视为自始不存在。”①

《民法总则(草案)》(一审稿)第16条对征求意见稿的规定作出了相当大的调整,其具体规定为,“涉及遗产继承、接受赠与等胎儿利益的保护,胎儿视为具有民事权利能力。但是,胎儿出生时未存活的,其民事权利能力自始不存在。”该规定也遭到学者的批评,如有学者提出:“‘胎儿出生时未存活’的语言表述不够准确,没有将出生后存活时间极短的情况排除在外,因此应当修改,建议改为‘娩出时是死体的’,比较准确。”②该意见很有道理。考虑到梁慧星在征求意见稿阶段曾经提出的合理建议,《民法总则(草案)》(二审稿)将一审稿规定中的“胎儿出生时未存活的”修改为“胎儿出生时为死体的”。③《民法总则(草案)》(三审稿)第15条对先前的两次审议稿进行了如下简化处理:“涉及胎儿利益保护的,胎儿视为具有民事权利能力。但是胎儿出生时为死体的,其民事权利能力自始不存在。”该规定删除二审稿规定中的“遗产继承、接

---

① 参见梁慧星:《对民法总则草案(征求意见稿2016.5.20修改稿)的修改建议》,载中国法学网:http://www.iolaw.org.cn/showArticle.aspx?id=4787。

② 杨震:《民法总则“自然人”立法研究》,载《法学家》2016年第5期。

③ 《民法通则(草案)》(二审稿)第16条规定,“涉及遗产继承、接受赠与等胎儿利益的保护,胎儿视为具有民事权利能力。但是,胎儿出生时为死体的,其民事权利能力自始不存在”。

受赠与等”,此种修改的基本考虑是,关于胎儿利益的保护,在范围上不应仅仅限于遗产继承、接受赠与等有限类型,像胎儿出生后所能获得的被抚养利益之类的利益,也可包括在内。这种立法实际上总结吸收了我国既有的审判经验。①

然而,《民法总则》并未接受《民法总则(草案)》(三审稿)第15条的规定,而是采纳了《民法总则(草案)》(二审稿)第16条的规范方式。

总体而言,在《民法总则》中为胎儿利益保护设立一般性规定,不仅吸收了我国的民事审判经验,而且接受了学界的立法建议。在《民法总则》制定期间,立法者及学者们并未对应否对胎儿利益保护作一般规定发生任何争议,相关争议主要是关于如何更为明确、恰当地规定胎儿利益保护。

二、规范目的与含义

(一)规范目的

本条是为了确立关于胎儿利益保护的一般规则,以填补我国民法在胎儿利益保护上的立法空缺,从而使民法在人的保护上拓展至出生前——胎儿期间。胎儿时期是自然人孕育成人的关键阶段,其受保护状态直接关系着自然人出生后的发育、成长及健康状况。因此,古罗马法即确立了关于胎儿利益保护的一般规则,即关于胎儿的利益保护,视为胎儿已出生。② 必须指出的是,民法关于胎儿利益保护的规定,不应仅仅狭隘地理解是为了保护胎儿,而是根本上为了加强对自然人的保护。也就是说,通过将人的保护前延至怀胎时期而确保自然人在孕育、成长过程处于良好的受保护状态,从而为日后成长为健康、健全的自然人奠定坚实的法律基础。③

---

① 在“王德钦诉杨德胜、泸州市汽车二队交通事故损害赔偿纠纷案”中,法院判决认为,按照《民法通则》第119条规定,“死者生前抚养的人”既包括死者生前实际抚养的人,也包括应当由死者抚养但因为死亡事故发生死者尚未抚养的子女。参见《最高人民法院公报》2006年第3期。

② 参见周枏:《罗马法原注》(上册),商务印书馆1994年版,第117页。

③ 梁慧星指出,“胎儿视为具有民事权利能力这个制度,非常重要,创设此项制度,体现中国民法对生命高度尊重的人道主义精神”。参见梁慧星:《〈中华人民共和国民法总则(草案)〉:解读、评论和修改建议》,载中国法学网:http://www.iolaw.org.cn/showArticle.aspx?id=4954。

本条所欲解决的现实问题时,对自然人而言,其于胎儿时期遭受的肯定会对其出生后的健康成长产生不良影响的不利益,是否自胎儿时期即可被视为具有民事权利能力,从而受到法律的保护。例如,胎儿可否受遗赠,胎儿是否可以继承财产,胎儿是否享有抚养权,胎儿的孕育状况是否受侵权责任法的保护,等等。

根据《民法总则》第 13 条,自然人从出生时起,开始享有民事权利能力。然而,根据本条的规定,胎儿可被视为具有民事权利能力。显而易见,本条突破了第 13 条的规定,确立了一项关于民事权利能力的特别规则。相对于《继承法》第 28 条关于胎儿特留份的特别规定,本条具有关于胎儿利益保护的一般规则的规范地位。

(二)规范含义

本条由两句话组成,第一句话以拟制性立法技术赋予胎儿民事权利能力,第二句话规定了胎儿之民事权利能力的排除条件。这两句话共同确立了关于胎儿利益保护的一般规则。

1. 第一句规定

该部分规定为典型的拟制性规定,“视为”是拟制性规定的典型标志。根据该部分规定,凡涉及胎儿利益保护,胎儿被拟制为具有民事权利能力。从比较法上看,关于胎儿利益保护的立法,主要有两种规范模式:一是总括的保护主义(概括主义),瑞士民法典、我国台湾地区“民法典”采纳了此种立法模式;[①]二是个别的保护主义,法国民法典、德国民法典、日本民法典等采纳了这种立法模式。本条采纳的是一种列举与概括相结合的独特模式,可称为折中主义模式。

“胎儿”“胎儿利益”及“视为”这三个关键词是理解本条之一般规则部分的关键之处。

根据现代医学,胎儿是指妊娠八周以后的胎体。根据人类生命孕育的一般规律,孕妇妊娠八周后,胚胎已初具人形,头占整个胎体一半,能分辨出眼、

① 《瑞士民法典》第 31 条第 2 项规定:“胎儿,只要其出生时尚生存,出生前即具有权利能力的条件。”我国台湾地区“民法典”第 7 条规定:“胎儿以将来非死产者为限,关于其个人利益之保护,视为既已出生。”

耳、口、鼻、四肢，已具人的雏形。超声检查可见早期心脏形成，并有搏动。妊娠十二周后的胎儿，外生殖器已发育，多可辨认男女，已经长出指（趾）甲，肠道已经有蠕动，可有吸收葡萄糖的能力。然而，民法对胎儿概念的理解是宽泛的，并没有对它在时间上作出严格限制，自妊娠之日起的胚胎，皆可看作胎儿。

所谓胎儿利益，主要指胎儿的人格与财产利益，通常表现为遗产继承、接受赠与方面的利益，但并不限于这两种财产利益。本条对遗产继承、接受赠与的列举只是为了示例，并非为了将胎儿利益严格限制在遗产继承、继受赠与的范围内。根据我国的民事审判实践，胎儿还可以在抚养费、胎体损害赔偿等方面享有受保护利益。[①]

"视为"是一项重要立法技术方法，学理上一般称其为"法定的拟制"（gesetzliche Fiktion）。《民法总则》有八个条文使用了"视为"概念，仅自然人章就有三个条文使用了视为概念（第 16 条、第 18 条第 2 款及第 25 条）。有必要对视为概念作出详细阐释。

"视为"的重要特征为：法律有意识地将两个不同的事实构成等同，以期待取得预期的法律后果。[②] 所谓两个不同的事实构成，一个是尚未获得法律评价的拟被处理的事实（A），另一个则为已获得法律评价——构成要件明确，法律效果确定——的事实（B）。A、B 事实明显不同，是应用"视为"之拟制技术的前提。立法者之所以不尊重客观事实，强行将 A 事实当作 B 事实，根本目的是使 A 事实获得 B 事实的法律效果。在将 A 事实拟制为 B 事实的过程中，A 事实之有关当事人是否同意，或是否愿意接受这样的安排，在立法者看来根本无须考虑。因此，"视为"之拟制技术具有"指鹿为马"的任意性、强制性。[③] 例如，《民法总则》第 145 条第 2 款规定，"相对人可以催告法定代理人自收到通知之日起一个月内予以追认。法定代理人未作表示的，视为拒绝追认。"本来，

---

① 在《民法总则》制定期间，有学者针对《民法总则（草案）》指出，"除本条举示的遗产继承和接受赠与外，胎儿出生前的人身损害、胎儿就其生父死亡的扶养费请求权和精神损害赔偿请求权、接受遗赠也可以包含在'等'之中，是一个概括加开放列举的条文结构"。杨震：《民法总则"自然人"立法研究》，载《法学家》2016 年第 5 期。

② 参见［德］伯恩·魏德士：《法理学》，丁小春、吴越译，法律出版社 2003 年版，第 66 页。

③ 参见苏永钦：《立法学札记（六）——视为的立法技术》，载 http://www.yadian.cc/paper/18586/。

“未作表示”(A)与“拒绝追认”(B)是两个明显不同的事实,但“未作表示”一旦被视为“拒绝追认”,即确定地获得后者的法律效果:合同无效。因此,就视为规则的法律适用来讲,当事人一方一旦证明了A(如“未作表示”),即可确定地享有B(如“拒绝追认”)的法律效果,对方当事人只有证明了A事实根本不存在,才能阻止B之法律效果的发生。

B事实的法律效果同样适用于A事实,在法学方法论上,可表述为,A事实“引用”了B事实的法律效果。“视为”之拟制技术因此在立法技术上被看作简化法律的有效手段之一。有人也许会提出这样一个问题:立法者为何不采用诸如参照、准用、亦同之类的纯引用性立法技术方法,在很多情况下①偏偏运用这种具有引用功能②的“视为”技术呢? 大致看来,原因有三:第一,立法者为了维持原有规定之继续性的外观,而进行“表见的拟制”,例如,当事人为自己的利益不正当地阻止条件成就时,视为条件已成就;不正当地促成条件成就的,视为条件不成就。第二,立法者在不十分肯定两个事实构成是否同一时,进行“推定式的拟制”,例如,法定代理人未作表示的,视为拒绝追认。第三,立法者为了立法的简洁,而进行“引用性拟制”,例如,法人至清算终结止,在清算之必要范围内视为存续。③

在拟制技术的三种应用中,推定式的拟制与引用性拟制最为常见。根据我国台湾地区黄茂荣的研究,推定式拟制,主要有两种类型:④一是指在一方当事人于相当期间内未为一定意思表示或观念通知的情况下,出于规范上的需要,拟制有某种意思表示或观念通知,典型情况如,法定代理人在一个月内未作表示的,视为拒绝追认。二是指在一方当事人在一定情形下被规范地期待应有一定的意思表示或观念通知,但其却未作出表示或通知,法律因此拟制有被期待的意思表示或观念通知,典型情况如,遗嘱人故意毁损或涂销遗嘱,或在遗嘱上记明废弃之意思的,其遗嘱视为撤销。

① 我国台湾地区的“民法典”近60处采用了“视为”技术。我国主要民事法律运用“视为”的情况大致如下:《合同法》14次,《物权法》3次,《继承法》2次。

② “视为”之拟制技术,具有“隐藏的引用”与“隐藏的限缩”两个类型。参见黄茂荣:《法学方法与现代民法》,中国政法大学出版社2001年版,第15页以下。

③ 参见黄茂荣:《法学方法与现代民法》,中国政法大学出版社2001年版,第157~165页。

④ 参见黄茂荣:《法学方法与现代民法》,中国政法大学出版社2001年版,第160~162页。

推定式的拟制虽然在很大程度上融合了推定之立法技术方法，甚至被认为“实际上是一种法律上的推定”，[①]但其与通常所言的法律上的推定，实则存在显著差异：第一，法律上的推定，在绝大多数情况下，可以反证予以推翻；推定式拟制，是明知两种事实不同而强行将它们等同，不许以反证予以推翻，是其本质属性。第二，法律上的推定，其功能在于减轻举证负担，主要被应用于庭审过程中，不能决定实体权利的归属关系，如不动产登记簿的权利推定，只是为了减轻登记权利人的举证负担；推定式拟制，则旨在增进法律交往的安定性，避免某种法律事实或关系陷于悬疑状态，或久拖不决，强制性地确定当事人之间的权利、义务或责任关系。

引用性拟制，为引用技术与拟制技术的精巧结合，“拟制是其手段，引用则为其目的”。[②] 因此，像常规性的引用性立法技术那样，引用性拟制也是简化法条的一种有效办法。不同于常规性引用性立法技术的是，引用性拟制只是通过事实构成之拟制，以达到引用某一既定法律效果的目的。如仅仅立足于“引用”这个因素，引用性拟制主要是关于法律效果的引用；而通常所提到的引用性技术，则为构成事实与法律效果的全部引用。由于两种事实构成存在明显差别，因而，对于引用性拟制，可能会发生使“拟处理之案型在归类上被过当地归于被拟制之法条所规范之案型”。[③]

采用“视为”之拟制技术的法律条文，在法学方法论上，通常被称为拟制性法条。由于拟制技术只是为了将两个不同的事实构成等同，进而使拟处理的案件获得被拟制案件的法律效果；所以，在法条设计上，拟制性条文常常被表达为“在某某情况下，A 事实，视为 B 事实”。依构成要件与法律效果之法学思维看，拟制性法条显然仅仅确定了某种案型的构成要件，而该案型的法律效果则经由“视为”被导向其他条文。因此，拟制性法条属于一种仅规范了事实构成的不完全法条。

依上而言，“胎儿视为具有民事权利能力”这种规定，在使用视为概念上明显存在瑕疵。“胎儿”属于一种法律事实，“具有民事权利能力”是一种法律效

① 参见黄茂荣：《法学方法与现代民法》，中国政法大学出版社 2001 年版，第 163 页。
② 黄茂荣：《法学方法与现代民法》，中国政法大学出版社 2001 年版，第 164 页。
③ 参见黄茂荣：《法学方法与现代民法》，中国政法大学出版社 2001 年版，第 164 页。

果,将法律事实与法律效果符合法理地连接在一起的关键词通常为"是"而不是"视为","视为"只是将A事实与B事实连接在一起的关键词。因此,对于本条规定来说,删除"视为"一词不但无损于文义,而且表达更为简洁。如果非得使用"视为"这个概念,并以此显现该项规定的拟制性,那么,可以这样规定:涉及遗产继承、接受赠与等胎儿利益保护的,胎儿视为已出生。① 如此规定不仅遵循了视为这个立法技术的一般做法,而且充分揭示了本条与第13条之间的特别规定与一般规则之间的逻辑关系。

2. 第二句规定

为保护其利益,胎儿视为已出生。依据《民法总则》第13条的规定,一旦构成出生之法定事实,即可享有民事权利能力。不过,根据本条第二句的规定,胎儿享有民事权利能力,存在严格的限制条件或者存在明确的排除条件,即胎儿娩出时为死体的,其民事权利能力自始不存在。所谓"娩出",是指胎儿从母体内产出来。所谓"死体",本义指死亡之人体,但在本条应理解为,胎儿从母体内产出时未获得人之生命。在《民法总则》制定期间,其草案一审稿、二审稿及三审稿皆使用了"胎儿出生"的表述,《民法总则》最终将"出生"修改为"娩出"。这是一种非常正确的修改,理由在于:"出生"为出而生之,如为"死体",显然与出生的"生"义存在矛盾。而娩出仅指胎儿自母体脱离的情状,无论其为活体抑或死体。《民法总则》第16条使用娩出概念,恰如其分地表达了胎儿脱离母体的情状,而又避免了既为出生却是死体的矛盾表达。

胎儿娩出时为死体,意味着胎儿脱离母体后未发生自然人出生之法定事实结果。由于法律确立胎儿利益保护制度的目的,不是单纯地为了保护胎儿本身,而是旨在保护自然人,所以胎儿娩出时为死体的,其自妊娠起至娩出前所享有的民事权利能力应自始不存在。

据上分析,本条第二句规定虽然使用了"但是",但它并不是在但书规定意义上使用的,从规范意旨上讲,它想表明两层含义:一是本条不是为了单纯地保护胎儿本身,而是为了保护自然人;二是胎儿享有民事权利能力是有条件

---

① 《日本民法典》第721条规定,"胎儿就损害赔偿请求权,视为已出生"。我国台湾地区"民法典"第7条规定,"胎儿以将来非死产者为限,关于其个人利益之保护,视为既已出生"。

的,不是绝对的。

三、举证责任分配

从举证责任分配上看,提出胎儿利益保护请求的一方,须对胎儿阶段即应享有权益保护的情况予以证明,这包括两种事实:一是已有胎儿之存在,即已妊娠并形成胚胎或胎体;二是胎儿阶段的权利发生事实。否认胎儿享有民事权利能力的另一方,须对胎儿娩出时为死体负担举证责任。

四、其他问题

理解适用本条,必须注意到它与第 13 条规定之间的体系关联关系。另外,由于本条已将"遗产继承"明确列举为涉及胎儿利益保护的一个重要方面,所以民法典继承编没有必要再保留《继承法》第 28 条关于胎儿应有继承份额的特别规定。

第十七条 【成年与未成年年龄】

十八周岁以上的自然人为成年人。不满十八周岁的自然人为未成年人。

一、历史由来

本条前一句是拆分继承《民法通则》第 11 条第 1 款的结果,①后一句是新增规定。民法总则制定伊始,全国人大常委会法制工作委员会民法室于 2015 年 8 月 28 日草拟的“民法总则民法室室内稿”第 17 条采取了几乎完全沿用《民法通则》第 11 条的做法,②《民法总则(草案)征求意见稿》(2016 年 5 月 20 日修改稿)第 17 条在继承《民法通则》第 11 条上开始采取拆分处理的修改方法,即将其中的第 1 款规定为第 17 条、将其中的第 2 款规定在第 18 条第 2 款。《民法总则(草案)》(一审稿)第 17、18 条接受了征求意见稿在承继《民法通则》第 11 条上的拆分处理意见,只是将第 17 条规定中的“具有完全民事行为能力”修改为“为完全民事行为能力人”。《民法总则(草案)》(二审稿)对一审稿第 17 条作了重大调整,不仅将“十八周岁以上”修改为“年满十八周岁”,③而且对其作了更进一步的拆分与修改,即把“年满十八周岁的自然人为成年人。不满十八周岁的自然人为未成年人”规定为第 17 条,把“成年人为完全民事行为能力人,可以独立实施民事法律行为”规定为第 18 条。《民法总则(草案)》(三审稿)未对二审稿的上述规定作出任何修改。《民法总则》第 16 条则将“年满十八周岁”修改为“十八周岁以上”,这其实又回到了《民法通则》

---

① 《民法总则》在继承《民法通则》第 11 条第 1 款规定时进行了拆分处理,把其中的“十八周岁以上的公民是成年人”规定为第 17 条,把其中的“具有完全民事行为能力,可以独立进行民事活动,是完全民事行为能力人”修改规定为第 18 条。

② 对《民法通则》第 11 条仅仅作了将“公民”修改为“自然人”的概念替换。

③ 这种修改可能是受到了梁慧星负责完成的中国民法典草案建议稿第 28 条(完全民事行为能力)规定的影响,该条规定,“年满十八周岁的自然人为成年人,具有完全民事行为能力”。

第 11 条第 1 款所采纳的表达方式。

总体看来,本条是对《民法通则》第 11 条规定进行两次拆分、增补、修改的结果。至于这种修正是否合理,《民法总则》制定期间鲜有人对此提出意见。中国法学会于 2015 年 6 月 24 日提交给全国人大常委会法制工作委员会的民法总则专家建议稿没有设计像本条这样的规定,梁慧星负责完成的中国民法典草案建议稿只是作出了"年满十八周岁的自然人为成年人,具有完全民事行为能力"的类似《民法通则》第 11 条第 1 款这样的规定(第 28 条)。因此,本条尤其是其第二句,完全是《民法总则》制定期间构造出来的。

二、规范目的与含义

(一)规范目的

本条主要是为了规定成年年龄,并以该年龄为界线对自然人作出成年人与未成年人的区分,并为以下各条关于民事行为能力类型化的规定奠定基础。本条规定可以简化为,自然人满十八岁为成年。按照逻辑法则,自然人不满十八岁自然应为未成年。

本条所解决的基本问题是,自然人达到什么年龄时可以独立地实施民事法律行为,反过来讲,自然人在那一年龄之下不能独立地实施民事法律行为。以年龄为界线将自然人可以与不可以独立实施法律民事法律行为进行了明确区分,其最大意义在于,可以确保与未成人进行交易的相对人的交易安全。

(二)规范含义

本条虽然由两句话组成,但是实质上仅仅确立了一项法律规范,即自然人满十八岁为成年。"满十八岁"可看作构成要件,"成年"为法律效果。从规范逻辑上讲,"不满十八周岁的自然人为未成年人"的规定是本来是"十八周岁以上的自然人为成年人"规定的不言自明的一种必然结论,但是为了使立法更具易接受性,立法者还是作出了有些繁琐的规定。

由当今世界各地的法律看,年龄是判断成年与否的基本标识。之所以采取这种做法,是原因"吾人之智识经验,通常与年俱进,未达相当年龄之人,多不能熟权利害”。[①] 人是社会的存在物,其与自然、社会相互影响、协同共进。自然人的成年不是纯粹的生理、心理问题,而是一个融习俗、文化、教育、经济等复杂因素于一体的社会政策问题。人在何种情况下始能称作成年,完全取决于人类对自身发展状况的理解与评价。我国于 1930 年代颁布现仍施行于台湾地区的“民法典”所作“满二十岁为成年”的规定(第 12 条),即参考了我国旧制中的“冠笄”。[②]

年龄标准具有很强的社会性、政策性、相对性。随着社会的不断发展、进步,成年年龄自古罗马法以来显现了逐渐降低的趋势。例如,法国、德国民法典本来皆规定满二十一岁为成年,然而,至 1974 年,两国均将成年年龄下调为十八周岁以上。瑞士民法典也自 1996 年把成年年龄由年满二十岁调整为年满十八岁。奥地利民法典把成年年龄由年满十九岁降低为年满十八岁,英国 1969 年家庭法改革法把成年年龄由年满二十一岁降至十八岁,英国法律委员会的建议稿甚至考虑将成年年龄进一步降低到十六岁(但该建议稿未被采用)。不过,日本民法典和我国台湾地区“民法典”一直未对“满二十岁为成年”的规定作出调整。

我国《民法通则》第 11 条第 1 款把成年年龄界定为十八岁以上。这种成年年龄标准与当今世界绝大多数国家或地区的规定基本一致。《民法总则》在规定成年年龄时毫无争议地继承了《民法通则》第 11 条第 1 款的规定。

如前所言,本条可解释为,是一个兼具构成要件与法律效果的完全法条。十八岁以上是构成要件,成年为法律效果。

不过,本条之措辞在《民法总则》制定期间前后有所反复。《民法总则(草案)》(一审稿)沿用了《民法通则》第 11 条第 1 款规定中的“十八周岁以上”的表达法;《民法总则(草案)》(二审稿)则将“十八周岁以上”修改为“年满十八周岁”,并为《民法总则(草案)》(三审稿)所接受;《民法总则》最终则采用了《民法通则》的“十八周岁以上”的表达法。《民法总则》的选择是正确的,它反映了立法者对准确立法语言的追求,这种追求同样可看作落实科学立法的一

① 参见胡长清:《中国民法总论》,中国政法大学出版社 1997 年版,第 76 页。

② 参见胡长清:《中国民法总论》,中国政法大学出版社 1997 年版,第 76 页。

种体现。

就年龄而言,如果是指周岁,自然应以年为计算单位,因此,“年满十八周岁”中的“年”完全是多余的。不过,多使用一个“年”字,也谈不上有什么害处。另外,“满十八岁”与“十八周岁”实质上含义相同,即“满岁”与“周岁”在汉语语义上具有相同的含义。周岁,通常相对于虚岁而言,是指自出生之日起过12个月再至生日,十八周岁,是指年至第十八个生日。周岁的计算公式是:周岁=今年-出生年(已过生日)。虚岁以过年而不是过生日进行计算,即从出生之日起过一个年(通常指春节)算作一岁,哪怕其出生在春节之前的一个月甚至几天。虚岁的计算公式为:虚岁=今年-出生年+1。满岁,指一年或整年。因此,“年满十八周岁”在表达上有些繁琐,“满十八岁”即能充分表达十八周岁之义。既然“十八周岁以上”的表达没有什么缺陷,最好还是继续使用它。

周岁是国际通用的年龄计算方式,以公历生日为基础进行计算,“十八周岁”指出生之年至第十八个出生日,“不满十八周岁”指出生之后未至第十八个出生日。

作为一种法律效果,成年的基本意义是,具有完全民事行为能力,可以独立实施民事法律行为。反过来讲,未成年意味着,自然人无民事行为能力或者仅享有有限的民事行为能力。成年与未成年的具体法律效果主要规定在《民法总则》第18~20条。

三、举证责任分配

本条从证明责任上讲可归入权利形成规范。主张自己为成年人的自然人应对自己的年龄已达“十八周岁以上”负担证明责任。该证明责任之关键,在于应对自己的出生时间作出证明。出生时间一旦被明确确定,按照公历纪年法自然可以确定当事人是否已为成年人。否认他人为未成年人的一方当事人,应对他人不满十八周岁负担举证责任,其举证能否成功,取决于对他人出生时间的证明。

第十八条 【完全民事行为能力】

成年人为完全民事行为能力人，可以独立实施民事法律行为。

十六周岁以上的未成年人，以自己的劳动收入为主要生活来源的，视为完全民事行为能力人。

一、历史由来

本条是对《民法通则》第11条第1款进行拆分承继的结果。[①] 其第1款把《民法通则》第11条第1款规定中的“成年人，具有完全民事行为能力，可以独立进行民事活动，是完全民事行为能力人”拆分修改为，成年人为完全民事行为能力人，可以独立实施民事法律行为。其第2款主要吸收了《民法通则》第11条第2款的规范模式，只是将《民法通则》第11条第2款规定中的“十六周岁以上不满十八周岁的公民”修改为了“十六周岁以上的未成年人”。

（一）第1款

在《民法总则》制定过程中，本款基本上未引起争议，相关修改主要体现在如何进行措辞上。具言之，在民法总则草案形成的早期阶段，全国人大常委会法制工作委员会民法室于2015年8月28日草拟的“民法总则民法室室内稿”第17条采取了近乎完全沿用《民法通则》第11条的做法，[②]《民法总则（草案）征求意见稿》（2016年5月20日修改稿）第17、18条在继承《民法通则》第11条上开始采取拆分处理的做法，即把其第1款规定为第17条、将其第2款规定在第18条第2款。《民法总则（草案）》（一审稿）第17、18条接受了征求意见稿对《民法通则》第11条予以拆分继承的做法，只是将第17条规定中的“具

① 《民法总则》在承继《民法通则》第11条第1款规定时进行了拆分处理，把其中的“十八周岁以上的公民是成年人”规定为第17条，把其中的“具有完全民事行为能力，可以独立进行民事活动，是完全民事行为能力人”修改规定为第18条。

② 对《民法通则》第11条仅仅作了将“公民”修改为“自然人”的概念替换。

有完全民事行为能力”替换为“为完全民事行为能力人”。[①]《民法总则(草案)》(二审稿)对一审稿第17条作了重大调整,对其作了更进一步的拆分与修改,即把“年满十八周岁的自然人为成年人。不满十八周岁的自然人为未成年人”规定为第17条,把“成年人为完全民事行为能力人,可以独立实施民事法律行为”规定为第18条。《民法总则(草案)》三审稿未对二审稿第18条作出任何修改,只是将其条文顺序由第18条修改为第17条。

(二)第2款

本款是沿袭《民法通则》第11条第2款的产物,只是对《民法通则》的规定作出了将其中的“不满十八周岁的公民”替换为“的未成年人”的修改。全国人大常委会法制工作委员会民法室于2015年8月28日草拟的“民法总则民法室室内稿”第17条第2款规定,“十六周岁以上不满十八周岁的自然人,以自己的劳动收入为主要生活来源的,视为完全民事行为能力人”。《民法总则(草案)征求意见稿》(2016年5月20日修改稿)第18条第2款规定,“十六周岁以上不满十八周岁的未成年人,以自己的劳动收入为主要生活来源的,视为完全民事行为能力人”。该征求意见稿仅仅注意到了把“自然人”替换为“未成年人”,而忽视了未成年人概念即包含着“不满十八周岁”之义。但是,尽管存在这种语义重复的规范瑕疵,《民法总则(草案)》(一审稿)第18条第2款还是完全接受了它。《民法总则(草案)》(二审稿)第19条第2款觉察到上述立法瑕疵,删除了一审稿规定中的“不满十八周岁”。《民法总则(草案)》(三审稿)没有再对二审稿的内容作出修改,只是将其由原来的第19条第2款调整为第18条第2款。

然而,《民法总则》最终对《民法总则(草案)》(三审稿)第17、18条作出重大调整,将“十六周岁以上的未成年人,以自己的劳动收入为主要生活来源的,视为完全民事行为能力人”规定的体系地位,从关于未成年人之限制民事行为能力的条文中上调到关于成年人之完全民事行为能力的条文中。这实际上使本款的体系安排回到了《民法通则》第11条规定的旧路上,同时宣告了此前对

① “完全民事行为能力”“完全民事行为能力人”都是《民法通则》第11条第1款采用的概念。

《民法通则》第11条所作出的变革努力付之东流。

学者为中国民法典所提出的建议稿对是否保留《民法通则》第11条第2款存在重大争议。梁慧星负责完成的中国民法典草案建议稿认为,应继续保留完全民事行为能力拟制制度,主要理由是,根据我国劳动法,十六周岁以上的自然人享有劳动权,这类人一旦就业,即取得独立生活的地位。① 王利明负责完成的中国民法典草案建议稿则主张,应彻底废止完全民事行为能力拟制制度,基本理由为,以劳动收入为主要生活来源与一个人的智力状况并无必然联系,这种规定在实践中很难掌握,它尤其不利于保护交易第三人的利益。②

(三)第1款与第2款的体系关联

本条两款规定均属于对《民法通则》第11条两款规定的承继与发展,不是创新性规定。《民法总则(草案)》一审稿、二审稿及三审稿以构成要件的一致性为基点,将完全民事行为能力拟制制度(本条第2款)与未成年人之限制民事行为能力规定在了一起。作出此种调整的最大益处在于,凸显了完全民事行为能力拟制制度的规范功能——缓冲未成年人之限制民事行为能力制度的极端与僵化。这种条文序位调整所涉基本问题是,对于完全民事行为能力拟制制度,在规范体系上,到底是与关于"成年人为完全民事行为能力人"的规定放在一起,还是应使其紧随关于未成年人之限制民事行为能力的规定。前者主要立足于法律效果的一致性(具有完全民事行为能力),后者主要立足于构成要件的一致性(八周岁以上的未成年人)。

《民法通则》根据法律效果的一致性,将完全民事行为能力拟制制度与成年制度规定在了一个条文之中(第11条)。但是,《民法总则》并未采纳《民法总则(草案)》的方案,沿袭《民法通则》的做法,以法律效果的一致性为基础,将完全民事行为能力拟制制度与成年人为完全民事行为能力人的规定安排在一个条文之中。

---

① 参见梁慧星:《中国民法典草案建议稿附理由·总则编》,法律出版社2004年版,第43~44页。补充说明的是,梁慧星主持完成的中国民法典草案建议稿的民事主体制度部分,具体由尹田负责完成,基于此,关于赞同沿用《民法通则》第11条第2款的详细理由,亦可参见尹田:《民事主体理论与立法研究》,法律出版社2003年版,第282~284页。

② 参见王利明:《中国民法典草案建议稿及立法理由·总则编》,法律出版社2005年版,第42页。另可参见王利明:《民法总则研究》,中国人民大学出版社2003年版,第347~348页。

二、规范目的与含义

本条有两款组成，它们属于两种不同性质的规定，有必要分别加以阐述。

（一）本条第 1 款

1. 规范目的

本款不是一项完全法条，只是对成年之法律效果的一种界定，即是关于上一条（第 17 条）规定的成年概念的说明性规定。依民事行为能力类型化的思维看，它可以表述为，成年人具有完全民事行为能力，可以独立实施民事法律行为。由第 21、22 条关于成年人无民事行为能力与具有限制民事行为能力的特别规定看，本款是关于成年之法律效果的一般规定。

由于首次提到民事行为能力概念，所以本款也具有提领下文（具体指第 19、20 条）的规范功能。因此，本条具有承上启下的体系功能。

然而，从比较法上观察，其他国家或地区的民法典通常不作像本款这样的规定，他们在对成年年龄作出规定后，笔锋直接转向重点规定未成年人之无民事行为能力或限制民事行为能力以及成年人不享有完全民事行为能力的情况。他们如此立法的基本考虑是，既然自然人享有民事权利能力，那么其原则上应具有独立实施民事法律行为的能力（完全民事行为能力）。这在立法上突出体现为，在规定民事行为能力时，应把自然人具有民事行为能力作为一项不言自明的一般规则；不具有或欠缺民事行为能力是一种例外情况，应予以特别规定。这一特点在德国、日本民法典及我国台湾地区“民法典”上有非常鲜明的体现。这些国家或地区的法律通常不直接规定，人在什么情况下具有民事行为能力，而是特别规定，人在何种情况下无行为能力或享有有限的行为能力。以我国台湾地区“民法典”的规定为例，其第 12、13 条只对何为“成年”（满二十岁为成年）以及未成年人无行为能力、有限制行为能力、（特别情况下）有行为能力等问题作了直接规定，[①]而未像《民法通则》第 11 条第 1 款那样，对成年人具有完全民事行为能力亦作出明确规定。

---

① 我国台湾地区“民法典”第 13 条规定，“未满七岁之未成年人，无行为能力。满七岁以上之未成年人，有限制行为能力。未成年人已结婚者，有行为能力”。

在苏联民法立法与学说的影响下,我国《民法通则》第 11 条第 1 款对完全民事行为能力的享有也作出了明确规定。萧规曹随,《民法总则》第 18 条第 1 款承继了《民法通则》的规定。这样的规定看起来比较有利于增强法律的易接受性,但却使很多人不能轻易地看到民事行为能力制度的本旨,原来是为了对未成年人及具有意思能力缺陷的成年人提供必要保护。由《民法总则》制定过程中学界对本款规定不持任何异议的学术态度看,包括立法者在内的很多人并没有意识到此种立法模式对立法目的的遮蔽性。当然,在《民法通则》制定时,面对当时公权偏重、私权不彰的国情特点,特别是经历过民事权利曾被严重压制、普遍侵害的年代,以法律形式明确强调民事主体的“完全民事行为能力”,即人们可以独立自主地从事民事法律行为,并且这一权利受到法律保护,不受其他单位和个人的干预和侵犯,却有彰显权利意识、确定民法权威的积极意义。《民法通则》的这一传统值得《民法总则》坚持,何况保护民事权利、强化民法权威仍是当前的一个重要法治任务。

2. 规范含义

本款有两个关键词:民事行为能力与民事法律行为。因为民事法律行为是在对完全民事行为能力作更具体阐释的意义上使用的,所以本款最核心的关键词是民事行为能力概念。之所以在民事行为能力概念之前附加“完全”一词,主要是为了与下文的无民事行为能力、限制民事行为能力概念进行鲜明的区分。成年人具有完全民事行为能力的规范含义是,成年人可以独立自主地实施民事法律行为。

其他国家或地区的民法典通常使用文字更为简洁的行为能力概念。《民法通则》与众不同地使用民事行为能力概念,与它将私法领域内的交易、关系、行为、权利、责任等称为“民事活动”“民事关系”“民事行为”“民事权利”“民事责任”等的概念思维方式紧密相关。为保持法律的连续性,《民法总则》承袭了《民法通则》把“民事”一词附加于一些民法核心概念之前的做法。

(1)民事行为能力

民事权利能力,是指有效实施民事法律行为的能力。此所谓有效,指自然人实施的民事法律行为不会因无民事行为能力或者未得到法定代理人的同意而归于无效。本款所谓“可以独立实施民事法律行为”,是对“可以有效实施”

民事法律行为的一种描述性规定。从民事法律行为的效力的角度来看,“可以独立实施”意味着“可以有效实施”,即自然人独立自主实施的民事法律行为是完全得到法律承认的。根据《民法总则》第133条关于民事法律行为的说明性规定,民事行为能力本质上是一种意思能力,即理智地形成意思的能力,[①]主要包括理解、辨识法律行为的性质、内容、后果及其相关交易风险的认识力、理解力、分辨力。

民事行为能力制度旨在保护未成年人及欠缺意思能力的成年人,法律为此作出的一切规定,具有不能以私人意思予以排除或者限制的强制性。这与法律关于民事权利能力的规定是一样的。但是,不同于民事权利能力制度的是,不是任何自然人皆可依据出生之事实而自然享有民事行为能力。民事行为能力之有无取决于自然人的年龄、智力或精神健康状况,成年人原则上具有民事行为能力,未成年人只有在符合法律规定的条件才可以享有完全或部分民事行为能力。不满八周岁的未成年人完全不具有任何民事行为能力(第20条)。另外,依据法律的特别规定(第21、22条),欠缺意思能力的成年人要么只有有限的民事行为能力,要么完全没有任何民事行为能力。

民事行为能力也不同于民事责任能力。民事责任能力指独立承担民事责任的能力,又称侵权责任能力。法律之所以规定民事责任能力,其根本目的在于使幼弱的未成年人免于为自己的致害行为独立承担侵权责任,以此为未成年人的成长提供一定程度的保护。这与民事行为能力制度的立法思想基本上是一致的。

关于自然人的民事责任能力,具有三种不同立法例:一是出生主义,即自然人自出生之日起就有民事责任能力,并且其责任能力与自然人的年龄和精神状况无关。法国民法典、英美私法采纳此种做法。二是意思主义,即以自然人的民事行为能力状况确定其有无民事责任能力。意大利民法典可看作此种立法的代表。三是识别主义,即以自然人的识别能力为标准确定其有无民事责任能力。德国、日本民法典及我国台湾地区“民法典”采纳了这种做法。[②]

① 参见[德]迪特尔·梅迪库斯:《德国民法总论》,邵建东译,法律出版社2000年版,第409页。

② 参见丁文:《自然人民事责任能力制度之反思与重构》,载《法商研究》2005年第1期。

由《民法通则》第133条与《侵权责任法》第32条关于监护责任的规定看，关于民事责任能力，我国民事立法采纳了意思主义的立法例。《民法通则》第11条第1款以“可以独立进行民事活动”对完全民事行为能力予以界定的规定方式，也为民事行为能力与民事责任能力被等同视之的观念提供了充分的法律依据。[①] 由于《民法总则》第18条明确将完全民事行为能力界定为“可以独立实施民事法律行为”，所以，自此之后，不可再将民事行为能力与民事责任能力相提并论。基于此，民法典之侵权责任编立法必须抛弃《侵权责任法》第32条的规范模式，有必要对民事责任能力作出具体规定。

(2)民事行为能力的类型化、形式化

民事行为能力本质上是一种意思能力，对于自然人意思能力的有无，本应就自然人实施某一民事法律行为时的意思状况予以个别审查，然后据此判断其所实施的民事法律行为是到底是有效还是无效，才能切合实际地保护未成年人或具有意思能力缺陷的成年人。然而，如此而行事必然会费时费事，有碍交易的便捷与安全，因而，法律遂以自然人的年龄作为整齐划一的标准，规定何种人有民事行为能力，何种人无民事行为能力或者仅具有限的民事行为能力。类型化、形式化的民事行为能力制度由此而产生。

从比较法上看，民事行为能力的类型化有两级制与三级制之分。

两级制民事行为能力度，指以年龄为标准类型化民事行为能力时，仅把自然人划分为成年人与未成年人，并规定：成年人原则上享有完全民事行为能力，可以独立实施法律行为；未成年人原则上无缔结契约的能力，法定管理人代理未成年人进行所有民事行为(《法国民法典》第389－3、1124条)，或者，未成年人实施法律行为原则上应经其法定代理人同意，只要未征得同意，未成年人所为法律行为就可被撤销(《日本民法典》第4、120条)。

三级制民事行为能力制度，指以年龄为标准将自然人的民事行为能力划分为(完全)民事行为能力、限制民事行为能力、无民事行为能力三类。成年人

① 主流观点认为，《民法通则》规定的民事行为能力包括了民事责任能力。参见佟柔主编：《中国民法学·民法总则》，中国人民公安大学出版社1990年版，第99页。但是，已故民法学家谢怀栻认为，《民法通则》第二章规定的民事行为能力，不包括侵权行为责任能力，只是一种实施法律行为的能力。参见谢怀栻：《民法总则讲要》，北京大学出版社2007年版，第78～79页。

(满十八或二十周岁以上)有(完全)民事行为能力,七周岁以上的未成年人有限制民事行为能力,未满七周岁的未成年人无民事行为能力。奥地利民法典、德国民法典、希腊民法典、我国台湾地区"民法典"等采纳此种立法例。

我国《民法通则》采纳了三级制民事行为能力制度。在《民法总则》制定之前及制定期间,一些学者认为,应废除三级制民事行为能力制度,改采二级制民事行为能力制度,规定成年人有完全民事行为能力,未成年人属于限制民事行为能力人。基本理由是,我国现行民事行为能力制度的立法目的,过分强调市场交易的安全和财产管理,而无视对于有精神、智力障碍的成年人和未成年人自己意思的尊重,与20世纪末以来的民法发展潮流不一致。① 但是,《民法总则》最终还是沿袭了《民法通则》的三级制民事行为能力制度。

(3)完全民事行为能力

完全民事行为能力,是相对于无民事行为能力、限制民事行为能力的概念。相对于完全不能独立实施民事法律行为的无民事行为能力,其指自然人完全可以独立实施民事法律行为;相对于仅能独立实施部分民事法律行为的限制民事行为能力,其指自然人原则上可以独立实施任何民事法律行为。如果不与无民事行为能力、限制民事行为能力相比较,仅就其本身而言,完全民事行为能力指自然人具有独立实施民事法律行为的能力。

根据《民法总则》,有两类人可享有完全民事行为能力:一是成年人。本款将成年人直接称作完全民事行为能力人。这是一种一般性规定,根据《民法总则》第21、22条的特别规定,成年人在特殊情形下也会成为无民事行为能力与限制民事行为能力人。二是十六周岁以上以自己的劳动收入为主要生活来源的未成年人(本条第2款)。《民法总则》将此类自然人视为完全民事行为能力人。

(4)民事法律行为

民事法律行为也是本款的一个重要概念,《民法总则》第六章对其概念与

① 参见梁慧星:《民法总论》(第四版),法律出版社2011年版,第106页;梁慧星主编:《中国民法典草案建议稿》(第二版),法律出版社2011年版,第5~6页;张强:《民事行为能力制度的反思与重构》,载《法学论坛》2005年第5期;董学立:《民事行为能力制度重构》,载《河北法学》2007年第11期;朱广新:《民事行为能力类型化的局限性及其克服》,载《法学评论》2013年第1期;朱广新:《民事行为能力制度的立法完善——以〈中华人民共和国民法总则(草案)〉为分析对象》,载《当代法学》2016年第6期。

规范内容作了比较详细的规定，下文对此有详细解释。在此着重指出的一点是，将民事行为能力限定为独立实施民事法律行为之后，民事行为能力与民事责任能力之间的界碑其实也被明确树立起来。这其实也提出了如何在民法典之侵权责任编构造民事责任能力制度的立法问题。

（二）本条第2款

1. 规范目的

本款在成年人具有完全民事行为能力制度的基础上，确立了一种特殊的完全民事行为能力制度——完全民事行为能力拟制制度。有学者以前将该制度简称为劳动成年制度或拟制成年制度。[①] 如此简称有些不恰当，基本理由在于，未成年人被拟制为完全民事行为能力人，只是意味着其享有完全民事行为能力，并不意味着其成年了，其实际上还属于未成年人。《劳动法》第58条第2款是重要佐证。[②]

十六周岁以上的未成年人，以自己的劳动收入为主要生活来源的，可依法享有完全民事行为能力。这是为保护未成年人的行为自由而特别规定的制度，构成第19条的一种例外规定。《民法总则（草案）》根据构成要件的一致性，将本款与未成年人之限制民事行为能力规定在一个条文中，但《民法总则》基于法律效果的一致性，将本款与成年人为完全民事行为能力人的规定放在了一起。

设置此种制度的根本目的是，缓和未成年人一律不享有完全民事行为能力的极端规定，使那些实质上具有意思能力、完全能够独立实施民事法律行为的未成年人享有完全民事行为能力。因此，它被称为未成年缓冲制度。

从比较法上看，未成年缓冲制度为大多数国家或地区的民事法律所采纳。它主要有以下几种立法模式：第一，成年宣告制度，即规定年满一定岁数（通常为十八周岁）的未成年人，得以监护法院的决定，宣告为成年，[③]如《德国民法

① 参见朱广新：《我国民法拟制成年制度的反思与重建》，载《法商研究》2011年第1期；戴孟勇：《劳动成年制的理论与实证分析》，载《中外法学》2012年第3期；王彬：《成年年龄的法律拟制》，载《学术交流》2016年第12期。

② 《劳动法》第58条第2款规定，“未成年工是指年满16周岁未满18周岁的劳动者”。

③ 该做法肇始于古罗马法。古罗马法虽以二十五岁为成年，但男子达到二十岁，女子达到十八岁者，得由皇帝宣告其有完全行为能力。

典》原第 3 条的规定。不过,当德国于 1976 年将成年年龄修改为十八周岁后,成年宣告制度因存在前提消失而被废止。第二,结婚享有行为能力制,即规定,未成年人已结婚者,有行为能力。我国台湾地区"民法典"第 13 条第 3 项对此有明确规定。[①] 第三,结婚成年制,即未成年人结婚后,视为因此而达成年。《日本民法典》第 753 条对此有明确规定。[②] 第四,解除亲权制度。主要由《法国民法典》所设,它规定:未成年人结婚依法当然解除亲权(第 476 条);即使未成年人未结婚,但在年龄达到十六周岁时,应父母或其中一人的请求,如有正当理由,法官得在听取未成年人本人的意见后,宣布解除亲权(第 477 条)。第五,营业成年制。其基本做法是,被许可独立从事营业的未成年人,在其营业范围内与成年人具有同样的民事行为能力。《德国民法典》第 112 条、《瑞士民法典》第 412 条、《日本民法典》第 6 条第 1 款及我国台湾地区"民法典"第 85 条对此有明文规定。

在《民法总则》制定之前,有论文在对《民法通则》第 11 条第 2 款规定的完全民事行为能力制度予以系统研究时指出,该制度不仅在保护未成年人权益与维护交易安全上皆存在缺陷,而且立法思想过于狭隘——太注重对未成年人经济利益的保护,由此提出,以成年宣告制取代完全民事行为能力拟制制度。[③]《民法总则》没有接受这种立法建议,保留了《民法通则》第 11 条第 2 款的规定。

本款所针对的现实问题是,接近成年且在经济上获得独立生活能力的未成年人,可否获得完全民事行为能力。

2. 规范含义

本款是一项说明性规定,且属于完全法条,"十六周岁以上的未成年人,以自己的劳动收入为主要生活来源的"为构成要件,"完全民事行为能力人"是法律效果,"视为"概念表达了构成要件与法律效果之间的逻辑关系。前文在

① 未成年人已结婚者,虽为有行为能力人,但不因此而成年,仍为未成年人,虽得有效为财产上的行为,但其两愿离婚应得法定代理人同意。参见王泽鉴:《民法总则》,北京大学出版社 2009 年版,第 96 页。

② 日本学者对此解释为,"若非如此难以维持独立的家庭"。参见[日]山本敬三:《民法讲义Ⅰ总则》(第三版),解亘译,北京大学出版社 2012 年版,第 65 页。

③ 参见朱广新:《我国民法拟制成年制度的反思与重建》,载《法商研究》2011 年第 1 期。

阐释第16条规定时,已对视为概念作出详细解释,在此不再重复。

3. 构成要件

构成要件包括两部分内容,即年龄要素和生活能力要素。年龄因素以客观的形式标准划定了拟制完全民事行为能力人的范围——十六周岁以上的未成年人。十六周岁的未成年人离成年只有两年,近乎成年。人的意思能力是渐进发展起来的,在很短时间内发生骤变的可能性微乎其微。如果严格以十八周岁区分有无完全民事行为能力,难免会发生昨日无完全民事行为能力、今日骤然获得完全民事行为能力的违背常理的问题。因此,为接近成年的未成年人设置一项灵活的民事行为能力缓冲制度,则显得相当必要。以十六周岁作为年龄界限还考虑到了这样一种法律事实:根据《劳动法》第15条,十六周岁以上的未成年人已可以与用人单位订立劳动合同,成为合法的劳动者。

对于"以自己的劳动收入为主要生活来源",可解释为关于生活能力要素的规定。参考《执行民法通则意见》第2条的规定,①"以自己的劳动收入为主要生活来源",旨在要求,未成年人必须具备以自己的劳动获得独立生活的能力。也就是说,未成年人实质上已经具备独立生活能力。以此而言,生活能力要素虽然比较注重未成年人的行为能力的实质内容,但它仍然采纳了一种相当客观的判断标准。

这种客观判断标准由两个条件构成。第一,能够独立获得劳动收入。劳动收入,指通过劳动获得的各种报酬。劳动是劳动力的支出和使用。② 劳动力是人的体力和脑力的统一,脑力劳动事实上也离不开体力的付出,劳动通常分为以体力付出为主的劳动(体力劳动)和以脑力付出为主导的劳动(脑力劳动)。由于《公务员法》《法官法》《检察官法》等法律对担任公务员、法官、检察官规定了"年满十八岁"或"年满二十三岁"的必要条件,③所以本款规定的劳

① 其内容为,"十六周岁以上不满十八周岁的公民,能够以自己的劳动取得收入,并能维持当地群众一般生活水平的,可以认定为以自己的劳动收入为主要生活来源的完全民事行为能力人"。

② 马克思认为:"劳动力的使用就是劳动本身。劳动力的买者消费劳动力,就是叫劳动力的卖者劳动。"马克思:《资本论》(第一卷),人民出版社1975年版,第201页。

③ 《公务员法》第11条规定,公务员应当年满十八周岁;《法官法法》第9条规定,法官必须年满二十三岁;《检察官法》第10条规定,检察官必须年满二十三岁。

动收入，主要是指在社会团体、企业事业组织等单位工作所获的报酬，[①]以及个体工商户、私营企业主、乡镇企业就业人员、农业（农、林、牧、副、渔）就业人员、家庭直接雇佣的保姆等，通过劳动获得的各种收益或收入。

由法院判决看，劳动收入有各种表现形式，如工资收入、[②]从事农业生产（耕作承包地）的收入、[③]独立经营营业（经营超市）的收入[④]等。法院通常不对工资收入在时间上作严格要求，即使是短期的打工或务工收入，也可以。[⑤]但是，如果工作是临时性的，收入不稳定，不能达到当地群众一般生活水平的标准，则不能看作法律上的“劳动收入”。[⑥]

第二，劳动收入须为主要生活来源。按照《执行民法通则意见》，所谓“主要生活来源”，主要是指“能维持当地群众一般生活水平”。这是一个因地而异但可客观化的判断标准。“当地”是指实际生活居住之地，“一般生活水平”不同于中等生活水平，应理解为，经济收入不低于当年城乡居民最低生活保障标准。[⑦] 但是，从以前的法院判决来看，各地对该项条件的理解并无一致做法。例如，有判决认为，劳动收入须达到当时当地牧民人均年生活消

---

① 《事业单位人事管理条例》没有对事业单位的工作人员在年龄上作出限制性规定。《劳动法》第15条明确规定，“禁止用人单位招用未满十六周岁的未成年人。文艺、体育和特种工艺单位招用未满十六周岁的未成年人，必须依照国家有关规定，履行审批手续，并保障其接受义务教育的权利。”

② 参见“耿丹与唐小平等机动车交通事故责任纠纷再审案”，四川省高级人民法院（2013）川民提字第11号。类似判决，参见“中国人民财产保险股份有限公司伊犁哈萨克自治州分公司与巴合提·托合提加，哈依那尔·马木尔别克、周孟新机动车交通事故责任纠纷二审民事判决书”，新疆维吾尔自治区高级人民法院（2014）伊州民三终字第292号；“芈某与邵春荣、王羽民间借贷纠纷二审民事判决书”，江苏省徐州市中级人民法院（2014）徐民终字第1651号；“潘世明等与佛山市南海区市政管理局等人身损害赔偿纠纷上诉案”，广东省佛山市中级人民法院（2006）佛中法民一终字第59号。

③ “王松华与乐清市城东街道坝头村村民委员会、余小龙农村土地承包合同纠纷二审民事判决书”，浙江省温州市中级人民法院（2015）浙温民终字第2377号。

④ “喻青青与王某某买卖合同纠纷二审民事判决书”，河南省信阳市中级人民法院（2016）豫15民终913号。

⑤ 参见“朱福成与王某、山西老区建设有限公司机动车交通事故责任纠纷申请再审民事裁定书”，山西省高级人民法院（2014）晋民申字第863号。

⑥ “乌拉盖管理区贺斯格乌拉牧场与蒙根、粱金山、何秀芹监护人责任纠纷二审民事判决书”，内蒙古自治区锡林郭勒盟中级人民法院（2015）锡民一终字第36号。

⑦ 参见《城市居民最低生活保障条例》和《关于在全国建立农村最低生活保障制度的通知》（国发〔2007〕19号）。

费支出额(7067 元)的水平;[①]有判决则认为,劳动收入须不低于市企业工资最低标准数额。[②]

三、举证责任分配

民事行为能力是独立实施民事法律行为的一种能力。无论是限制民事行为能力还是无民事行为能力,皆需要在民事法律行为范畴内理解。在考虑举证责任分配时必须注意到这一点。根据《民法总则》第 136 条的规定,民事法律行为自成立时生效。该规定在证明责任方面的基本意义是,主张民事法律行为有效或主张民事法律行为上权利的当事人,只需要对民事法律行为的成立负担举证责任,否认民事法律行为有效或者否定民事法律行为上权利的当事人,则需要证明民事法律行为存在法律明确规定的无效事由。因此,当双方当事人因民事法律行为的效力发生争议时,主张民事法律行为有效的一方当事人,仅需对民事法律行为成立的事实负证明责任,而不必证明自己享有民事行为能力;对方当事人应当把一方当事人欠缺相应的民事行为能力,作为抗辩事由并为此负担证明责任。[③] 当对方当事人举证证明一方当事人欠缺相应民事行为能力时,一方当事人可举证证明自己属于"以自己的劳动收入为主要生活来源的"未成年人,以对抗对方关于自己属于无独立实施民事法律行为的未成年人的抗辩。[④]

① "何秀芹与蒙根、内蒙古自治区锡林郭勒盟乌拉盖管理区贺斯格乌拉牧场财产损害赔偿纠纷二审民事判决书",内蒙古自治区锡林郭勒盟中级人民法院(2015)锡民一终字第 261 号。

② "历某、张某等与于怀杰提供劳务者受害责任纠纷案",山东省日照市中级人民法院(2014)日民一终字第 763 号。

③ 参见李浩:《民事行为能力的证明责任》,载《中外法学》2008 年第 4 期。

④ 有法院判决明确指出,"主张林某以自己的劳动收入为主要生活来源,视为完全民事行为能力人,应承担相应举证责任,但其在本案中未能提供相应证据证实,因此,本院对其主张不予支持"。参见"谢伟平、杨群波等与林某、李海萍民间借贷纠纷再审复查与审判监督民事裁定书",广西壮族自治区高级人民法院(2015)桂民申字第 1282 号。另有判决认为,签订《房屋买卖合约》时,郑某已年满十六周岁,未满十八周岁,但根据其向银行申请办理个人住房贷款时提交的个人职业及收入证明,此时郑某已工作并独立生活,以自己的劳动收入为主要生活来源,依法应视为完全民事行为能力人。参见"梁光燚等与吴海华等商品房买卖合同纠纷上诉案",广西壮族自治区南宁市中级人民法院(2011)南市民一终字第 991 号。

四、其他问题

本条第2款关于完全民事行为能力拟制的规定，是一种“一事一决”的制度。未成年人可否“视为完全民事行为能力人”，应依据民事法律行为实施之时未成年人能否满足“以自己的劳动收入为主要生活来源”的客观条件，进行个别审查。如果满足该条件，法院即可依法判决其为完全民事行为能力人。由于法院判决不像法律那样具有普遍法律约束力，仅仅对特定案件当事人的特定行为具有约束力，所以，未成年人被视为完全民事行为能力人这种情况，仅仅相对于其过去的特定民事法律行为具有意义，此案之后，其是否具有完全民事行为能力，需要再确定。因此，完全民事行为能力拟制制度完全不同于成年宣告制度，后者意味着，未成年人可在宣告之后相对于任何人、任何民事法律行为皆享有完全民事行为能力。完全民事行为能力拟制制度因而非常不利于对相对人交易安全的保护。同时，它也存在将民事行为能力完全沦为一种经济能力的弊端：有获得劳动收入之经济能力者，可被视为完全民事行为能力人；劳动收入之经济能力一旦丧失，则根本无法再被视为完全民事行为能力人。这显然违背了民事法律行为能力本质上属于一种意思能力的基本认识。

本来，在克服限制民事行为能力制度之局限性上，《民法通则》设置了一项相当灵活的缓冲制度：未成年人可以独立实施与其年龄、智力相适应的民事法律行为。十六周岁以上具有稳定劳动收入的未成年人与他人实施的民事法律行为，在绝大多数情况下，可以解释为一种是与未成年人的年龄、智力相适应的民事法律行为。而且，此种解释也不会发生将民事行为能力等同于一种经济能力的弊端。从科学立法的角度来看，当今后民法典整体编纂，再规定未成年人可以独立实施与其年龄、智力相适应的民事法律行为时，可以将《民法总则》第18条第2款改造为一种完全民事行为能力宣告制度，则会比较恰当地兼顾未成年人保护与交易安全维护。

第十九条 【限制民事行为能力】

八周岁以上的未成年人为限制民事行为能力人，实施民事法律行为由其法定代理人代理或者经其法定代理人同意、追认，但是可以独立实施纯获利益的民事法律行为或者与其年龄、智力相适应的民事法律行为。

一、历史由来

本条是以《民法通则》第 12 条第 1 款为基础，吸收《合同法》第 47 条第 1 款的规定，补充修改完成的。其中的"八周岁以上"是对《民法通则》第 12 条第 1 款规定中的"十周岁以上"的修正，其中的"可以独立实施纯获利益的民事法律行为"吸收了《合同法》第 47 条第 1 款的规定。因此，本条是承继和发展我国民事立法的产物。

在《民法总则（草案）》一审稿、二审稿及三审稿中，本条与关于完全民事行为能力拟制的规定分列同一条文之中。然而，最终通过的《民法总则》对《民法总则（草案）》的规定作出了三方面的重大调整或改变：一是将完全民事行为能力拟制的规定移到关于成年人为完全民事行为能力人的规定中（第 18 条）；二是将《民法总则（草案）》规定的"六周岁"修改为"八周岁"；三是以一般规则与例外规则的思维对本条的表达方式进行了调整。

全国人大常委会法制工作委员会民法室于 2015 年 8 月 28 日草拟的"民法总则民法室室内稿"对本条提出的最初方案（第 18 条第 1 款）为，"六周岁以上的未成年人是限制民事行为能力人，可以独立实施与其年龄、智力相适应的法律行为；其他法律行为由其法定代理人代理，或者征得其法定代理人同意后实施，法律另有规定的除外。"这一规定最令人瞩目之处为，将《民法通则》第 12 条规定中的"十周岁"下调为"六周岁"。

《民法总则（草案）征求意见稿》（2016 年 5 月 20 日修改稿）第 18 条第 1 款接受了"室内稿"的年龄下调方案，其具体规定为，"六周岁以上不满十八周岁的未成年人,为限制民事行为能力人,可以独立实施纯获利益的民事法律行为或者与其年龄、智力相适应的民事法律行为;实施其他民事法律行为由其法定代理人代理,或者征得其法定代理人同意。”相对于2015年的“室内稿”第18条第1款,该规定增加了“不满十八周岁”和“纯获利益的民事法律行为”的规定,同时删除了“法律另有规定的除外”的规定。“不满十八周岁”与未成年人概念构成明显的同义重复,有些多此一举。新增“纯获利益的民事法律行为”乃吸收《合同法》第47条规定的结果,比较合理。删除“法律另有规定的除外”,也比较合理,理由在于,“法律另有规定的除外”这一表述之前的部分,已经对六周岁以上的未成年人可以独立实施的民事法律行为及不能独立实施的民事法律行为进行了周全规定,从规范逻辑上讲,无论是可以独立实施的民事法律行为还是不可以独立实施的民事法律行为,皆不可能再出现另有规定的可能性。

《民法总则(草案)》(一审稿)第18条第1款一字不改地接受了征求意见稿第18条第1款的规定。至《民法总则(草案)》(二审稿)时,关于未成年人限制民事行为能力的规定被调整到第19条第1款,在内容上作了两处增删:一是删除了一审稿中的“不满十八周岁”;二是将二审稿中“经其法定代理人同意”修改为“经其法定代理人同意、追认”。第一处修改是合理的,第二处修改完全没有必要,因为“同意”概念本身包含事前许可与事后追认两层含义。将追认与同意并行规定,也许会提高法律的明确性,但却为此付出了使同意概念的含义不得不作出改动的代价。这样的修改明显忽视了立法、学理、解释之间的互动关系。

尽管一直存在将“十周岁”下调到“六周岁”是否合理(反对意见主要认为,六周岁太低)的争议,《民法总则(草案)》三审稿并未对二审稿第19条第1款的内容作出任何修改,只是将条文顺序调整为第18条第1款。

然而,最终表决通过的《民法总则》却把“六周岁”修改为“八周岁”。

二、规范目的与含义

(一)规范目的

本条是为了确立未成年人之限制民事行为能力制度。民事行为能力制度主要是为了规定自然人不能完全独立实施民事法律行为时应如何参与民事交易,以保护未成年人及辨认能力存在缺陷的成年人。《民法总则》第二章第一节确立了三级制民事行为能力制度,即完全民事行为能力、限制民事行为能力与无民事行为能力。成年人原则上具有完全民事行为能力,在辨认能力存在缺陷的特殊情形下,或者具有限制民事行为能力,或者为无民事行为能力。未成年人的民事行为能力被划分为两类:限制民事行为能力与无民事行为能力。本条是关于未成年人之限制民事行为能力的具体规定,它规定了未成年人享有限制民事行为能力的最低年龄界限(年龄时间点),未成年人不能独立实施民事法律行为时如何参与民事交易,及未成年人可以例外地独立实施哪些民事法律行为。

它所解决的现实问题是,未成年人实施的民事法律行为在哪些情形下是有效的,在哪些情形下只有经过法定代理人的同意或追认才能产生法律约束力。

除了关于八周岁以上的未成年人为限制民事行为能力人的规定外,本条的其他规定,尤其是关于独立实施民事法律行为及须经法定代理人同意、追认的民事法律行为的规定,应结合《民法总则》第六章(民事法律行为)第一节关于限制民事行为能力人实施的民事法律行为的规定进行理解。相对于第六章关于限制民事行为能力的相关规定,本款的规范重心在于确立自然人之限制民事行为能力这个基本类型,而不在于规定限制民事行为能力人可以及不可以独立实施哪些民事法律行为。也就是说,《民法总则》第二章与第六章虽然都有关于限制民事行为能力的规定,但二者的侧重点是完全不同的。

(二)规范含义

由于本款旨在确立限制民事行为能力这个类型,所以,其具体内容可以简化为这样一项法律规范:八周岁以上的未成年人具有限制民事行为能力。该款规定的其他内容(实施民事法律行为由其法定代理人代理或者经其法定代理人同意、追认,但是可以独立实施纯获利益的民事法律行为或者与其年龄、智力相适应的民事法律行为),应立足民事法律行为制度的范畴予以理解,《民法总则》第六章对此也作了明确规定。①

“八周岁以上的未成年人”可看作关于构成要件的规定,“限制民事行为能力”可看作关于法律效果的规定。这其中的关键词是“八周岁”和“限制民事行为能力”。

1. 八周岁作为分界点的重要意义

八周岁是限制民事行为能力与无民事行为能力的分界线,八周岁以上的未成年人具有限制民事行为能力,不满八周岁的未成年人为无民事行为能力。因此,在未成年人之民事行为能力类型化上,八周岁是一个像分水岭一样的关键概念。由于无民事行为能力是三级制民事行为能力制度相对于两级制民事行为能力制度的显著标志,所以作为类型化未成年人之民事行为能力的八周岁,作为无民事行为能力之最高年龄界限的意义要远大于其作为限制民事行为能力之最低年龄界限的意义。

更具体地讲,限制民事行为能力是一项极富弹力的制度,因为其只是非常抽象地规定,未成年人既可独立实施一些民事法律行为又不能独立实施一些民事法律行为。故而,限制民事行为能力的最低年龄界限到底确定为多少岁,其实无关紧要,因为其所具有的可以独立实施与不可独立实施的双重机制,不会造成具有意思能力的未成年人不能独立实施民事法律行为的情况,由此也不可能造成限制或剥夺未成年人之行为自由的极端后果。

然而,对于无民事行为能力制度而言,情况就完全不同了。无民事行为能力是一项极其僵硬的制度,未成年人一旦被规定为无民事行为能力人,不管其意思能力或者智力状况如何,一律没有独立实施民事法律行为的能力。这是无民事行为能力相对于完全民事行为能力、限制民事行为能力的基本特色。如果认为无民事行为能力人可以独立实施一些与其日常生活极其相关的民事法律行为及纯获利益的民事法律行为,那么无民事行为能力实际上就变异为一种限制民事行为能力制度。因此,无民事行为能力的最高年龄界限是多少

① 《民法总则》第二章与第三章关于限制民事行为能力的规定,存在明显的重复规定问题。《民法总则》制定期间,有学者不仅提出了该问题而且提出了克服该问题的具体建议,但立法者没有采纳。参见朱广新:《民事行为能力制度的立法完善——以〈中华人民共和国民法总则(草案)〉为分析对象》,载《当代法学》2016年第6期。

岁,是一个非常重要的立法政策问题,如果年龄上限定得太高,必然会发生这样的弊端:具有意思能力或智力状况优异的未成年人,因为依年龄而应被归入无民事行为能力人之列,其行为自由则会被完全剥夺。

基于上述分析,对于《民法总则》为何将《民法通则》规定的十周岁修改为八周岁,下文在阐释关于无民事行为能力的规定时再给予详细分析。另外,关于周岁的计算方式,前文阐释第 17 条时已经作出具体分析。

2. 限制民事行为能力

准确地讲,将“八周岁以上的未成年人为限制民事行为能力人”的规定修改为“八周岁以上的未成年人具有限制民事行为能力”更为恰当。毕竟,这样的规定是为了确立限制民事行为能力这个类型。然而,《民法总则》不假思索地沿袭了《民法通则》的做法:以人(成年人—未成年人)为纲而不是以民事行为能力之类型为纲,规定完全民事行为能力、限制民事行为及无民事行为能力。在法律解释和适用上,应将限制民事行为能力作为理解该条的核心概念。

限制民事行为能力是一个介于完全民事行为能力与无民事行为能力之间的类型,具有缓冲全有与全无之极端性的规范功能。相对于无民事行为能力,其意味着,未成年人不是完全不能独立实施民事法律行为,而是可以有限地独立实施某种民事法律行为;相对于完全民事行为能力,其意味着,未成年人可以独立实施的民事法律行为是受到法律限制的、是有限度的。因此,限制民事行为能力是指,可以在法律限定的条件下独立实施民事法律行为的能力。

法律将限制民事行为能力主要限定在两种条件下:一是纯获利益的民事法律行为;二是与其年龄、智力相适应的民事法律行为。这两种限定条件不是对民事法律行为范围的限制,而是对民事法律行为性质(本质)的限制或限定。因此,限制民事行为能力不是意味着未成年人在什么或者多大范围内享有完全的民事行为能力;而是意味着未成年人可以独立实施哪种性质或者类型的民事法律行为。“范围”是概括的,可作范围内与范围外区分的,如果在某种范围内享有民事行为能力,意味着相对于在范围外根本无民事行为能力,范围内的民事行为能力是一种完全民事行为能力,因为在范围内可以实施各种类型或性质的民事法律行为。然而,可以独立实施某种性质或者类型的民事法律行为,则具有完全不同的意义。性质或类型取决于民事法律行为本身,无法作范围内与范围外的区分,它要求须依民事法律行为本身来确定是否适合未成年人独立实施。

纯获利益的民事法律行为,指那些纯粹获得法律上利益的民事法律行为,而不是纯粹事实上获得利益的民事法律行为。[①] 无负担的赠与、无须赋税的得利等皆属于典型的纯获法律上利益的民事法律行为,有负担的赠与,即使负担相对于获赠相当微小,也不属于纯获法律上的利益。

"与其年龄、智力相适应的民事法律行为"属于一种概括、灵活的规定。该民事法律行为主要指有偿法律行为,但也可能是像附负担的赠与这样的无偿法律行为。所谓"与其年龄、智力相适应",本质上指与未成年人的意思能力相适应,它要求从认识力、理解力、辨识力等基本能力方面全面分析,未成年人能否认识法律行为的性质、理解其内容与后果并对相关交易风险有所辨识。《执行民法通则意见》第 3 条规定,"十周岁以上的未成年人进行的民事活动是否与其年龄、智力状况相适应,可以从行为与本人生活相关联的程度、本人的智力能否理解其行为,并预见相应的行为后果,以及行为标的数额等方面认定"。该规定仍然具有一定的参考价值。

除上述两类民事法律行为外,限制民事行为能力人可通过两种途径参与其他民事法律行为:一是由法定代理人代理,即由未成年人的法定代理人以限制民事行为能力人的名义与他人实施民事法律行为。关于法定代理人、代理概念的含义,下文第七章有详细阐释。二是限制民事行为能力可以自己实施民事法律行为,但根据《民法总则》第 145 条的规定,限制民事行为实施的这些民事法律行为,只有经过其法定代理人同意或追认之后,才能发生法律约束力(生效),在法定代理人予以追认之前,民事法律行为的效力处于悬而未决的待定状态。所谓同意,主要指在民事法律行为发生之前,即表示允许限制民事行为能力可以与他人实施民事法律行为;所谓追认,是指在民事法律行为实施之后,对限制民事行为能力人与他人实施的民事法律行为表示认可。同意概念

① 有学者在解释《合同法》第 47 条规定中的"纯获利益的合同"时指出,该规定是仿自《德国民法典》及我国台湾地区"民法典"的结果,所以应作相同解释,采"形式判断标准"。这一判断标准要求限制民事行为能力人既不负担义务,又不发生权利丧失的结果,而可以获取利益。参见韩世远:《合同法学》,高等教育出版社 2010 年版,第 103 页。

本来包含事前允许与事后追认两种意义,但将追认规定为与同意相并行的一个法律概念后,同意的含义应被限缩为事前允许。

同意与追认是两种以意思表示为核心的行为,由于其法律效果不是以法定代理人的意思而定,而是取决于法律的规定,所以学理上将它们称作准民事法律行为。关于同意与追认概念的详细阐释,参见下文关于第145条的解释。

三、举证责任分配

如前文阐释第18条规定的举证责任分配时所言,当双方当事人因民事法律行为的效力发生争议时,主张民事法律行为有效的一方当事人仅需对民事法律行为成立的事实负证明责任,而不必证明自己享有民事行为能力;对方当事人应当把一方当事人欠缺相应的民事行为能力作为抗辩事由,并为此负证明责任。当对方当事人举证证明一方当事人欠缺相应民事行为能力时,一方当事人可以举证证明,争议民事法律行为属于纯获利益的民事法律行为或者与其年龄、智力相适应的民事法律行为,据此予以抗辩。

四、其他问题

根据未成年人之民事行为能力制度的立法宗旨以及本条的但书规定,不难推知,未成年人之限制民事行为能力的立法明确贯彻着这样的立法思想:限制民事行为能力人原则上不能独立实施民事法律行为,在满足法律规定的例外情形时,可以独立实施民事法律行为。然而,《民法总则(草案)》在规定未成年人之限制民事行为能力这个类型时,在法条表达上不仅没有将这种“原则—例外”的立法思想表现出来,而且其所采取的先规定“可以独立实施的民事法律行为”、后规定“不能独立实施的其他民事法律行为”的语序和思路,很容易使人得出正好相反的结论:限制民事行为能力人原则上可以独立实施民事法律行为,例外情形下不可独立实施民事法律行为。庆幸的是,在《民法总则》被全国人大代表表决通过的前夕,本条以但书规定的立法技术被重新书写。“但是可以独立实施纯获利益的民事法律行为或者与其年龄、智力相适应的民事法律行为”这一规定,不仅彰显了限制民事行为能力制度的规范意旨,而且对该条在法律适用中的举证责任进行了明确分配。这完全可以看作科学立法的一种杰作。

与此相关的是,《民法总则》第六章关于限制民事行为能力实施的民事法律行为的效力的规定(第 145 条第 1 款),也在《民法总则》交付表决的最后关头被修改为,“限制民事行为能力人实施的纯获利益的民事法律行为或者与其年龄、智力、精神健康状况相适应的民事法律行为有效;实施的其他民事法律行为经法定代理人同意或者追认后有效。”这种修改不仅注意到了与本条规定的差异,而且还考虑了民事法律行为制度的规范特点(有效性思维)。

第二十条 【无民事行为能力】

不满八周岁的未成年人为无民事行为能力人，由其法定代理人代理实施民事法律行为。

一、历史由来

本条是在《民法通则》第 12 条第 2 款规定的基础上修改而成的。其相对于《民法通则》的基本改变如下：一是将“不满十周岁”修改为“不满八周岁”，降低了无民事行为能力人的年龄上限；二是将“代理民事活动”修改为“代理实施民事法律行为”，凸显了民事行为能力的应用范围（民事法律行为）。在《民法总则》制定过程中，本条的争议与关注点主要体现在将“十周岁”修改为“六周岁”是否恰当。在《民法总则》制定伊始，全国人大常委会法制工作委员会民法室确定了将“十周岁”修改为“六周岁”的立法方案。[①]《民法总则（草案）征求意见稿》（2016 年 5 月 20 日修改稿）第 19 条接受了“室内稿”这一年龄修改意见，它规定：“不满六周岁的未成年人，为无民事行为能力人，由其法定代理人代理实施民事法律行为。”其后的《民法总则（草案）》一审稿、二审稿、三审稿完全接受了该规定。这足以说明，尽管一直存在争议，立法机关对将“十周岁”下调到“六周岁”始终保持着比较坚定的看法。然而，在《民法总则》被交付表决通过之前，立法机关接受部分全国人大代表的意见，将《民法总则（草案）》规定的“六周岁”上调为“八周岁”。

学者们关于本条的争议，不是其具体内容，而是应否保留无民事行为能力制度。在《民法总则》制定之前以及在其制定期间，始终有学者认为，应取消无

---

① 全国人大常委会法制工作委员会民法室于 2015 年 8 月 28 日草拟的“民法总则民法室室内稿”第 18 条第 2 款规定，“不满六周岁的未成年人是无民事行为能力人，由其法定代理人代理实施法律行为。法律另有规定的除外。”

民事行为能力这个类型，对于未成年人，只建立限制民事行为能力制度。[1] 但是，立法者没有采纳这种立法建议，他们的基本考虑是，应保持法律的连续性、稳定性。

二、规范目的与含义

（一）规范目的

本条旨在确立未成年人之无民事行为能力制度，对低幼未成年人提供绝对保护，并由此在未成年人行为能力制度上建立起两级保护制度：无民事行为能力与限制民事行为能力。本条同时也确立了不满六周岁的未成年人如何参与民事法律行为的规则——法定代理人代理实施民事法律行为。

其所解决的基本问题是，不满八周岁的未成年人是否可以独立实施民事法律行为，以及不能独立实施民事法律行为时如何参与民事法律行为。

《民法总则》第二章第一节关于民事行为能力的规定，主要是为了确立民事行为能力的基本类型，即三级制民事行为能力制度，不是为了确立未成年人实施的民事法律行为的效力类型。关于未成年人实施的民事法律行为的效力类型，应依据《民法总则》第六章关于民事法律行为的规定予以判断。根据第六章的规定（第 144 条），“无民事行为能力人实施的民事法律行为无效”。

（二）规范含义

本条以“不满八周岁的未成年人为无民事行为能力人”的表达方式，确立了这样一项法律规则：不满八周岁的未成年人，无民事行为能力。这是一项兼具构成要件与法律效果的完全法条。如果把未成年人理解是一种前提（是针对未成年人的民事行为能力制度），本条的关键词有两个，即八周岁与无民事行为能力，前者是构成要件的核心，后者是法律效果的概括表述。

1. 八周岁

八周岁，指自然人出生后至第八个出生日。出生后尚未至第八个出生日这一天时，为不满八周岁；出生后已至第八个出生日时，为八周岁以上或满八

---

① 参见刘向宁、张艳萍：《无民事行为能力人所订合同之效力——不满十周岁未成年人的视角》，载《中国青年社会科学》2015 年第 3 期；朱广新：《民事行为能力制度的立法完善——以〈中华人民共和国民法总则（草案）〉为分析对象》，载《当代法学》2016 年第 6 期。

岁。前文在解释第19条时曾指出,作为限制民事行为能力与无民事行为能力的界分点,八周岁的法律意义主要体现在“不满八周岁的未成年人为无民事行为能力人”这一规定上,至于理由,前文已作阐述,在此不再重复。

在此值得深入分析的是,《民法总则》为何要下调无民事行为能力人的年龄上限,将“十周岁”下调到“八周岁”,是否比将其下调到“六周岁”更为合理。该问题涉及无民事行为能力制度之根本。

如前文阐述第18条时所言,为保护未成年人并兼顾交易安全,现代世界各地的未成年人之民事行为能力制度普遍采纳了以年龄为标准类型化民事行为能力的做法。这种做法虽然免除了意思能力的逐一证明,确保了实施民事法律行为的安定性,但是,无论从关爱意思能力上的弱者还是从保护交易相对人的角度看,其缺陷皆相当明显:忽视了未成年人之意思能力的自然差异,交易相对人的合理信赖有时无法得到保护。以无民事行为能力制度为例,它可能为绝大多数未成年人提供了一种恰如其分的关爱或保护,但也可能剥夺了一些意思能力超常者的行为自由,使事实上完全有能力实施一定民事法律行为的未成年人,因法律的强行性规定而完全不能实施任何民事法律行为。从另一个角度来看,因无民事行为能力人享有绝对受保护的法律地位,交易相对人即使与实质上具有一定意思能力的人实施了交易,由于此种交易一律被定性为无效,其信赖利益同样会受到严重损害。①

立法政策上的过分保护,表现在具体立法上,即为强行法之下行为自由的禁止过度。这通常表现为,因无民事行为能力的年龄界线规定得过高,事实上具有一定意思能力的人在法律上完全被禁止实施任何民事法律行为。

为尽可能减少禁止过度问题,德国民法典采取了如下做法:降低无民事行为能力人的年龄上限,规定未满七周岁的人,为无行为能力人(第104条)。这一做法源于古罗马法。古罗马优士丁尼皇帝在位时,确立了以年龄为基础、以适龄与否为区分标准的行为能力制度。男性十四岁、女性十二岁为适婚期的

---

① 在设置无行为能力制度的德国及我国台湾地区,无行为能力人受绝对保护,相对人对交易的信赖不受保护,是基本立法思想。参见[德]迪特尔·梅迪库斯:《德国民法总论》,邵建东译,法律出版社2000年版,第417页;[德]卡尔·拉伦茨:《德国民法通论》(上册),王晓晔等译,法律出版社2003年版,第142页。

起始标准,适婚人可以自主地实施适法行为并且独立地承担相应的法律责任;未适婚人的行为能力被区分如下两种类型:(1)不满七岁的幼儿(infans),即“还不会讲话的人”(拉丁文本义),没有任何行为能力,只能通过监护人实施财产性行为;(2)已满七岁不满十四岁(男)或十二岁(女)的少童(大幼儿)(infantia maior),具有有限的行为能力。①

依生理发育规律看,不满七周岁的人,尚为婴幼儿,其体形、心智、容貌、言语、神态等皆处于幼稚期,其能否实施民事法律行为,仅从外观即可辨别出来。此类人即使可能存在体貌、理智上的发育优常者,但概率较低。德国法学家拉伦茨因此认为,与无民事行为能力人订立合同或对之作出意思表示的人不受保护,即使对方不知情,并依情况也不可能考虑到另一方当事人无行为能力时,也同样如此。这种情况不可能发生在七岁以下的儿童身上。②

另一种克服无民事行为能力之局限性的方法是,取消无民事行为能力类型,规定未成年人一律为限制民事行为能力人。这种方法被个别最新民法典所采纳。例如,在爱沙尼亚,其 1994 年民法总则像德国民法典那样以七周岁与十八周岁为标准将民事行为能力划分为三类,并明确规定:成年人(十八周岁以上)有行为能力(第 9 条第 1 款),七周岁以上不满十八周岁的未成年人有限制行为能力(第 10 条第 1 款),不满七岁的未成年人无行为能力(第 11 条第 1 款)。但是,2002 年,爱沙尼亚对其民法总则作出修改,废除了无民事行为能力类型,规定年满十八周岁的自然人(成年人)享有完全的行为能力,不满十八周岁的自然人(未成年人)享有有限的行为能力(第 8 条第 2 款)。20 世纪下半叶以来颇受关注的一些新民法典,如荷兰新民法典(第 1:234 条)、魁北克民法典(第 155 ~ 158 条)等,在规定自然人行为能力时,均采纳了只将自然人划分为成年人与未成年人的二级制行为能力制度,未设无民事行为能力类型。

关于无民事行为能力的年龄上限,《民法通则》施行之前,我国司法实践一

① 参见陈朝璧:《罗马法原理》,法律出版社 2006 年版,第 62 ~ 63 页;黄风:《罗马私法导论》,中国政法大学出版社 2003 年版,第 104 ~ 105 页。

② 参见[德]卡尔·拉伦茨:《德国民法通论》(上册),王晓晔等译,法律出版社 2003 年版,第 142 页。

般认定为不满六周岁,[①]自1985年9月11日施行的《执行继承法意见》第7条也明确规定,[②]不满六周岁的儿童可以认定为无行为能力人。《民法通则》制定期间,参与立法的学者曾对无民事行为能力的年龄上限发生过六周岁、七周岁、八周岁的激烈争论。[③] 在“不满十周岁”作为强行法被确定下来之后,学者们看似不再关注这一问题了,实质上则是转换了争议形式,即把争议焦点由年龄上限问题转变为无民事行为能力人可否独立实施某些法律行为的问题。值得注意的是,《执行民法通则意见》第6条规定,无民事行为能力人可以实施接受奖励、赠与、报酬的民事行为。绝大多数学者认为,《民法通则》规定的无民事行为能力制度,并非绝对禁止不满十周岁的未成年人独立实施法律行为,而是既允许他们实施一些与其日常生活密切相关并由习惯承认的行为,又允许他们实施“纯获法律上利益”的行为。[④] 这种观点实际上完全超越了《民法通则》第12条第2款和第58条第1款第1项的规定。它不仅严重模糊了无民事行为能力与限制民事行为能力之间的界限,并将十周岁这个确定的年龄界限由实线变成了虚线;而且实质上将作为强行性规范的民事行为能力制度转变成了一种任意性规定。这种做法虽然总体上矫正了无民事行为能力制度附带的禁止过度弊端,但其采取的置法律威信于不顾的法律解释与适用方法,则与法治原则背道而驰。

学界关于无民事行为能力制度之理解,充分揭示了我国无民事行为能力

---

① 参见佟柔主编:《民法原理》,法律出版社1983年版,第45页。

② 该条规定:“不满六周岁的儿童、精神病患者,可以认定其为无行为能力人。已满六周岁,不满十八周岁的未成年人,应当认定其为限制行为能力人。”

③ “在民法通则制定过程中,有的建议定为六周岁、七周岁、八周岁,其理由是,现在孩子成熟早,民事活动范围又广,一些小学生也要进行一些民事活动,审判实践都以七周岁为界限;有的主张为十二周岁;也有的认为应规定为十四周岁,以便与刑法规定的承担刑事责任年龄统一起来。”参见王利明、郭明瑞、方流芳:《民法新论》(上),中国政法大学出版社1988年版,第160~161页。

④ 参见王利明、郭明瑞、方流芳:《民法新论》(上),中国政法大学出版社1988年版,第385~386页;尹田:《民事主体理论与立法研究》,法律出版社2003年版,第52、55页;李开国:《民法总则研究》,法律出版社2003年版,第129页;王利明:《民法总则研究》,中国人民大学出版社2003年版,第351页;魏振瀛主编:《民法学》(第五版),北京大学出版社、高等教育出版社2013年版,第59页。梁慧星曾经坚持此种观点,2011年3月以后他则明确建议:废除现行《民法通则》关于自然人民事行为能力的“三分法”,而改采“二分法”,规定成年人有完全民事行为能力,未成年人属于限制民事行为能力。参见梁慧星:《民法总论》(第四版),法律出版社2011年版,第106页。

制度相对于社会现实的乖谬。三级制民事行为能力制度与10周岁年龄界限,是使立法与现实产生重大冲突的重要因素。为《民法总则(草案)》作前期准备工作的全国人大常委会法制工作委员会民法室一开始就提出,将无民事行为能力的年龄界限由“不满十周岁”下调为“不满六周岁”。这种意见既符合我国1980年代初期的民事立法实践,又与绝大多数学者的意见相一致。虽然一些人一直对这种年龄下调方案持反对态度,[①]但《民法总则(草案)》一审稿、二审稿及三审稿皆坚持了此种调整方案。

然而,直至《民法总则》通过前夕,全国人大常委会的一些委员们还在为六周岁的年龄界限发表不同意见,[②]并且,这种反对意见在《民法总则(草案)》在交付表决之前的短暂时间内,得到了一些全国人大代表的应和。[③] 在这种持续不绝的反对意见所形成的强大压力下,立法机关在表决通过之前夜,将“不满六周岁”修改为“不满八周岁”。

由于八周岁同时也是限制民事行为能力人的年龄下限,并且限制民事行为能力在保护未成年人上是一项极具弹性的制度,所以,无民事行为能力与限制民事行为能力之间的年龄界限确定得越低越合理、确定得越高害处越大。非常遗憾,这种道理未能被更多的人大代表所理解。

2. 无民事行为能力

无民事行为能力是三级制民事行为能力区别于两级制民事行为能力的标志,是理解三级制民事行为能力制度的关键点。无民事行为能力是有民事行为能力的对称,有民事行为能力被我国民事立法称为完全民事行为能力。使用完全民事行为能力概念,主要是为了凸显该概念与无民事行为能力、限制民事行为能力的不同。以体系观念看,将完全民事行为能力与无民事行为能力看作两种完全对立的类型,并将限制民事行为能力看作克服“有—无”之极端

① 反对意见主要有两种:一是认为根本不应该做出调整或修改,应维持《民法通则》规定的“十周岁”;二是认为年龄界限不应下调幅度太大,下调到“八周岁”比较妥当。

② 参见张璁:《民法总则草案分组审议民法总则草案已渐趋成熟》,载《人民日报》2016年12月21日,第4版。

③ 参见赵秀红、刘博智:《限制民事行为能力年龄下限改为八岁》,载《中国教育报》2017年3月14日,第3版。

思维的一种类型,比较合理。[①] 因此,无民行为能力是指不能独立实施任何民事法律行为的能力。

无民事行为能力制度肇始于古罗马法,系统形成于德国民法典。法律设置无民事行为能力制度的基本用意在于,完全禁止尚牙牙学语、蹒跚学步的幼儿独立参与法律交往。立法者作出这种行为自由禁止决策的基本考虑是,幼儿的意思能力或理智能力像其体格、道德意识、价值观等人格要素那样正值初始形成阶段。在此人生初期阶段,幼儿独立性差,情绪性强,言行举止易受他人影响。而此一阶段的受教育状况或成长条件,又很可能直接关系着一个人一生的发展状况。因此,幼儿需要基本的、长远的人文关怀。

无民事行为能力制度并非单纯地为了保全无民事行为能力人的财产,防止其作出不理智、有风险或有害无益的民事法律行为,而是更多地为了无民事行为能力于人生之初期阶段健康、安全地发育、成长。[②] 像赠与之类的能够增加无民事行为能力人财产总量的行为,对幼儿而言是否真正属于纯粹获利的行为,必须从幼儿健康成长的高度系统地进行判断,不能孤立地就事论事。鉴于幼儿社会关系的简单性,将其参与法律交往的方式完全交给父母或法定代理人,对婴幼儿自身根本不会带来不利,对想与幼儿实施法律行为的一方也不会带来任何负担。

因此,对于无民事行为能力制度,应该作出不能独立实施任何民事法律行为的解释。像《执行民法通则意见》第 6 条关于无民事行为能力人可以接受奖励、赠与、报酬的规定,在今后的司法解释中不应予以采纳。

三、举证责任分配

如在解释第 18 条规定时所言,当事人之间因民事法律行为的效力发生争议时,以无民事行为能力否定民事法律行为效力的一方当事人须为此负证明责任,对方当事人无须为其实施民事法律行为时的民事行为能力状态负证明责任。

---

① 我国已故民法学家谢怀栻曾道:"无民事行为能力人与完全民事行为能力人正相反,而限制民事行为能力人则介乎二者之间。"参见谢怀栻:《民法总则讲要》,北京大学出版社 2007 年版,第 82 页。

② 《儿童权利宣言》(联合国大会 1959 年 11 月 20 日通过)指出:"儿童因身心尚未成熟,在其出生以前和以后均需要特殊的保护和照料,包括法律上的适当保护。"

第二十一条 【成年人之无民事行为能力】

不能辨认自己行为的成年人为无民事行为能力人，由其法定代理人代理实施民事法律行为。

八周岁以上的未成年人不能辨认自己行为的，适用前款规定。

一、历史由来

本条第1款是对《民法通则》第13条第1款予以修改完善的结果，即把“精神病人”修改为“成年人”、把“代理民事活动”修改为“代理实施民事法律行为”。本条第2款属于新增规定。本条的雏形是全国人大常委会法制工作委员会民法室于2015年8月28日草拟的“民法总则民法室室内稿”第19条第1款，它规定：“不能辨认自己行为的自然人是无民事行为能力人，由其法定代理人代理实施法律行为，法律另有规定的除外。”《民法总则（草案）征求意见稿》（2016年5月20日修改稿）对“室内稿”第19条作了重大调整，即将其拆分两条，一条规定成年人之无民事行为能力（第20条），另一条规定成年人之限制民事行为能力（第21条）。第20条的具体规定为，不能辨认自己行为的成年人，为无民事行为能力人，由其法定代理人代理实施民事法律行为（第1款）。六周岁以上的未成年人不能辨认自己行为的，适用前款规定（第2款）。《民法总则（草案）》一审稿、二审稿、三审稿完全接受了征求意见稿第20条的规定。最终通过的《民法总则》将《民法总则（草案）》三审稿第20条第2款规定中的“六周岁”修改为“八周岁”。这种修改主要是为了与第19、20条的规定保持一致。

就民法总则建议稿而言，“社科院稿”没有规定无民事行为能力制度，“法学会稿”第22条关于成年人之无民事行为能力的规定，以“精神障碍者”概念替换了《民法通则》第13条规定中的“精神病人”概念。征求意见稿及以后的民法总则草案没有接受“法学会稿”第22条的建议，而是选择将“精神病人”

修改为“成年人”。这些修改方案是非常合理的,理由在于:第一,本条旨在规定成年人之无民事行为能力,使用成年人概念明显增强了法律规定的明确性;第二,由《执行民法通则意见》第4、5条对“不能完全辨认自己行为”和“不能辨认自己行为”的解释看,“不能辨认自己行为”与“不能完全辨认自己行为”这两种表达方式,已足以涵盖成年人的精神病状态,使用“精神病”概念与“不能(完全)辨认”构成语义重复。

本条在《民法总则》制定期间所引起的争议,主要是应否规定成年人之无民事行为能力,而不是如何规定成年人之无民事行为能力。

二、规范目的与含义

(一)规范目的

本条第1款是为了确立成年人之无民事行为能力制度,为不能辨认自己行为的成年人提供绝对保护。同时,该款也确立了无民事行为能力的成年人参与民事法律行为的方法,即有其法定代理人代理实施民事法律行为。根据《民法总则》第18条,成年人为完全民事行为能力人,可以独立实施民事法律行为。因此,本条第1款规定属于第18条的一种例外规定,也就是说,成年人只是在法律明确规定的例外情形下才无民事行为能力。由于无民事行为能力会造成完全剥夺行为自由的极端后果,所以,成年人在哪些情形下会由完全民事行为能力人转变为无民事行为能力人,必须由法律作出明确规定。①

本条第2款旨在确立八周岁以上未成年人的无民事行为能力制度,它构成《民法总则》第19条规定的一种例外规则。如此之下,《民法总则》在形式上承认了三类无民事行为能力人:一是不满八周岁的未成年人;二是八周岁以上不能辨认自己行为的未成年人;三是不能辨认自己行为的成年人。这与世界各地一些新近民法典多选择取消无民事行为能力制度的立法趋势形成强烈反差。

① 有法院判决认为,“自然人是否具有民事行为能力攸关其是否具备以自己的行为参加民事法律关系并取得民事权利和承担民事义务的法律资格,应当适用严格的标准和程序依法予以认定”。参见“李某一与李某二等确认合同无效纠纷二审民事判决书”,北京市第二中级人民法院(2016)京02民终2031号。

（二）规范含义

1. 第 1 款

本款可简化为这样一项规则：不能辨认自己行为的成年人，无民事行为能力。这是一项构成要件与法律效果兼具的完全法条。关于无民事行为能力概念或制度，前一条已作详细阐述，此处不再重复。本款最为独特、最值得分析的是其构成要件部分。

成年人这一概念极其清晰地表明了本款的适用对象，并揭示了本款相对于第 18 条规定的例外规则地位。成年人概念首次出现于第 17 条，前文对其已作具体分析。

既然只是相对于第 18 条规定的一种例外规则，那么理解本款的关键之处，在于如何理解成年人之限定语——“不能辨认自己行为”。对于民事行为能力而言，成年的主要法律意义是，自然人具备独立实施民事法律行为的意思能力，成年人被法律强制性地赋予完全民事行为能力。法律之所以作出这样的规定，主要是因为，迫于维护交易安全的需要，不得不将民事行为能力的判断标准由实质的意思标准转化为一种形式化的年龄标准。从实质的意思标准的角度来讲，某些成年人可能仅仅具有民事行为能力的面相，而欠缺意思能力这个实质内容。因此，为缓和成年人享有完全民事行为能力制度的极端与僵化，现代民法同时确立了成年人在例外情形下无民事行为能力或者仅具有限制民事行为能力的制度。

“不能辨认自己的行为”应理解为，无意思能力或者无法理智地形成意思的能力，它注重的是对成年人的内在意思能力的探究，在判断有无民事行为能力上采纳的是实质的意思标准。只有如此理解才符合成年人无民事行为能力制度作为例外规则的独特性质。《执行民法通则意见》第 5 条将“不能辨认自己行为”解释为“没有判断能力和自我保护能力，不知其行为后果”。这种解释其实是围绕《民法通则》第 13 条第 1 款规定中的“精神病人”概念展开法律思维的。《民法总则》以“成年人”概念替代“精神病人”概念之后，成年人之无民事行为能力制度显然不能再局限于“精神病人”概念之内，而应从成年人之民事行为能力制度的例外规则的视角来理解“不能辨认自己的行为”这个观念用语。民事行为能力本质是一种意思能力，即理智地形成意思的能力，主要包括理解、辨识法律行为的性质、内容、后果及其相关交易风险的认识力、理解力、分辨力。因此,对于成年人是否构成“不能辨认自己的行为”,应综合民事法律行为实施时的各种情况对成年人的意思能力予以综合判断。对于患有精神障碍的成年人,可借助司法精神病学鉴定或者参照医院的诊断、鉴定,来确认成年人有无意思能力。

2. 第 2 款

本款属于不完全法条,其法律效果部分应用引用性法条的立法技术——“适用前款规定”——进行了简化处理,它的完整表达应为,八周岁以上的未成年人不能辨认自己行为的,为无民事行为能力人,由其法定代理人代理实施民事法律行为。该款确立了这样一项规则:不能辨认自己行为的八周岁以上的未成年人,无民事行为能力。从民事行为能力类型化的立法思路来看,本款是为了确立适用于八周岁以上未成年人的无民事行为能力类型。由于其构成要件部分主要限定为八周岁以上的未成年人,所以,从规范体系上看,它构成第 19 条规定的一种例外规则。将本款与第 19 条结合在一起看,八周岁以上的未成年人,原则上具有限制民事行为能力,在不能辨认自己行为的特殊情形下,无民事行为能力。

关于“八周岁”“未成年人”“不能辨认自己行为”三个概念或用语,前文阐释第 17 条、第 20 条及本条第 1 款时已作解释,在此不再重复。本款涉及的独特问题主要有两个,下面分别予以分析。

第一,关于引用性法条。法律条文为法律规范的基本组织(表达)方式,为符合逻辑、简洁明快地表达一部法律的法律规范,一项法律规范常常需要多个法律条文协同表达,这导致很多法律条文不能构成一项完整的法律规范。一项完整的法律规范由构成要件、法律效果以及将构成要件与法律效果符合法理地串联起来的连接词构成。充分表达了一项完整法律规范的法律条文,在学理上称作完全法条;不能完整表达一项法律规范的法律条文(主要指未直接规定法律效果部分),则相应地称作不完全法条。引用性法条属于不完全法条之一种,是指在其构成要件或法律效果的规定中引用其他法条的法律条文。引用性法条的功能,从立法技术上看,在于避免繁琐的重复性规定或者避免挂一漏万的规定;从法律适用上看,具有授权法院或者其他主管机关为法律作出补充的功能。[1]“适用……规定”“准用……规定”“依……规定”等语义形式是引用性法条常用表达方式。

本款没有直接规定法律效果,而是在法律效果部分使用“适用前款规定”的立法技术,引用了第1款关于法律效果的规定。这明显避免了重复性立法,简化了法律规定。

使用引用性法条的前提条件是,被引用法条与引用性法条在构成要件方面极其类似或者基本相同,在法律评价上应具有同一法律效果,以使法律政策或立法思想保持统一。就第21条的两款规定而言,其构成要件完全相同,即皆为“不能辨认自己行为”,只是适用对象不同而已:第1款为成年人,第2款为八周岁以上的未成年人。因此,第21条的两款规定其实也可以简化为一条规定:不能辨认自己行为的成年人与八周岁以上的未成年人,为无民事行为能力人,由其法定代理人代理实施民事法律行为。

第二,该款规定与第19条规定之间的体系关联。如前所言,本款是在第19条规定的基础上作出的例外规定。但是,须注意的是,这仅仅是对法律的外在体系予以观察的结果。如果深入法律的内在体系,结论则大相径庭。根据第19条,八周岁以上的未成年人具有限制民事行为能力。限制民事行为能力是缓冲完全(有)民事行为能力与(完全)无民事行为能力之极端对立规定的产物,它意味着,限制民事行为能力人既有独立实施民事法律行为的可能性,又无独立实施民事法律行为的可能性。当限制民事行为能力人不能独立实施民事法律行为时,其实质上处于与无民事行为能力人完全相同的法律状态。因此,限制民事行为能力实际上包含着自然人无民事行为能力的情形。

至为关键之处在于,关于限制民事行为能力,在立法政策上到底应以未成年人之无民事行为能力为立足点,还是应以其有民事行为能力为立足点。在此方面,限制民事行为能力这个概念并没有给人们提供一个较为清晰的答案,反而存在一定的误导性,也就是说,该概念很容易使人们误认为,限制民事行为能力人本来具有民事行为能力,但因法律的特别规定,该民事行为能力受到了一定限制。其实,限制民事行为能力的基本含义应是,自然人仅仅具有有限

[1] 参见黄茂荣:《法学方法与现代民法》,中国政法大学出版社2001年版,第137～138页。

的民事行为能力。

民事行为能力制度旨在保护意思能力薄弱或欠缺的自然人,避免其在实施民事法律行为时遭受相对人的损害,从而为其健康成长或者意思能力的恢复营造安全环境。其保护未成年人的基本方式是,剥夺未成年人独立行为的自由(无民事行为能力制度),或者将未成年人独立行为的自由严格限制在法定范围内(限制民事行为能力制度)。因此,《民法总则》第 19 条规定,限制民事行为能力人只能独立实施两类民事法律行为:纯获利益的行为及与其年龄、智力相适应的行为。该规定隐含地显现了这样的立法思想,即限制民事行为能力人仅在法律明确限定的情形下才可以独立实施民事法律行为。此种立法思想的逻辑后果是,限制民事行为能力人一般情形下不可以独立实施民事法律行为。《民法总则》第 19 条所采但书规定的立法技术相当清晰地表明,限制民事行为能力人原则上不可以独立实施民事法律行为,仅于例外情形下可以独立实施民事法律行为。将限制民事行为能力理解为一种具有有限民事行为能力的类型其实也蕴含着,限制民事行为能力人原则上无民事行为能力的立法思想。

据以上分析,对于未成年人之限制民事行为能力制度来说,限制民事行为能力人通常情形下应当无民事行为能力,限制民事行为能力人只可以独立实施法律明确限定的民事法律行为。据此结论,本条第 2 款所作"八周岁以上的未成年人不能辨认自己行为的,适用前款规定"的规定,纯属多此一举。八周岁以上的未成年人或者与该类未成年人实施民事法律行为的相对人,完全没有必要以"未成年人不能辨认自己行为"为据主张未成年人无民事行为能力或为无民事行为能力人,其只要举证证明未成年人实施的民事法律行为不属于纯获利益的行为及与其年龄、智力状况相适应的行为,即可使未成年人处于无民事行为能力的法律状态。

三、举证责任分配

将《民法总则》第 18 条与本条第 1 款结合在一起看,如果不存在本条第 1 款规定的例外情形,成年人享有完全民事行为能力。该规则在证明责任分配上意味着,凡从民事行为能力方面否认某成年人实施的民事法律行为的效力的,不管是该成年人本人还是与其实施民事法律行为的相对人,皆需为该成年人处于“不能辨认自己行为”的意思能力状态负证明责任。如果不能举证证明成年人属于“不能辨认自己行为”,该成年人则享有完全民事行为能力。

本条第2款不属于第19条规定的例外规定,而是属于未明晓第19条规定之立法思想的多余规定。认为八周岁以上的未成年人为无民事行为能力人,无须采用本条第1款那样的举证方式,只需要证明未成年人实施的民事法律行为未得到其法定代理人的同意或者追认即可。相较于举证证明“未成年人不能辨认自己的行为”,证明未成年人实施行为时未获得其法定代理人的同意或者追认,负担要轻得多。

第二十二条 【成年人之限制民事行为能力】

不能完全辨认自己行为的成年人为限制民事行为能力人，实施民事法律行为由其法定代理人代理或者经其法定代理人同意、追认，但是可以独立实施纯获利益的民事法律行为或者与其智力、精神健康状况相适应的民事法律行为。

一、历史由来

本条是修改完善《民法通则》第13条第2款的产物。对旧法的修改完善主要体现在四个方面：一是将“精神病人”修改为“成年人”；二是补充“可以独立实施纯获利益的民事法律行为”和“与其智力相适应的民事法律行为”的内容；三是把“民事活动”修改为“民事法律行为”；四是增加经其法定代理人追认的内容。

本条的雏形是全国人大常委会法制工作委员会民法室于2015年8月28日草拟的“民法总则民法室室内稿”第19条第2款，它规定：“不能完全辨认自己行为的自然人是限制民事行为能力人，可以独立实施与其精神健康状况相适应的法律行为；其他法律行为由其法定代理人代理，或者征得其法定代理人同意后实施，法律另有规定的除外。”《民法总则（草案）征求意见稿》（2016年5月20日修改稿）将“室内稿”第19条的两款规定拆分两条，并对它们的内容作了进一步修改，第19条第2款被调整为第21条，其内容为，不能完全辨认自己行为的成年人，为限制民事行为能力人，可以独立实施纯获利益的民事法律行为或者与其智力、精神健康状况相适应的民事法律行为；实施其他民事法律行为由其法定代理人代理，或者经其法定代理人同意。这一修改方案主要吸收了《合同法》第47条第1款关于限制民事行为能力实施的合同的效力的规定。《民法总则（草案）》一审稿完全接受了征求意见稿第21条的规定。《民法总则（草案）》二审稿对一审稿作了将“经其法定代理人同意”改为“经其法定代理人同意、追认”的修正,这种修改主要是为了与其第 18 条的规定保持一致。《民法总则(草案)》三审稿没有对二审稿关于成年人之限制民事行为能力的规定作出任何改动。《民法总则》采用但书规定的立法技术,对《民法总则(草案)》三审稿第 21 条进行了大幅度调整。

在《民法总则》制定期间,本条规定没有引起太大争议。

二、规范目的与含义

(一)规范目的

本条旨在确立成年人之限制民事行为能力制度,为不能完全辨认自己行为的成年人提供适当保护。它所解决的基本问题是,不能完全辨认自己行为的成年人在哪些情形下可以独立实施民事法律行为,当不能独立实施民事法律行为时应如何参与民事交易。

本条在规范体系上像第 21 条第 1 款那样属于《民法总则》第 18 条的一种例外规定。如果将第 18 条、第 21 条第 1 款及本条规定结合在一起予以理解,可以得出这样的结论:成年人原则上具有完全民事行为能力,例外情形下无民事行为能力或者具有限制民事行为能力。

(二)规范含义

本条确立了这样一项规则:不能完全辨认自己行为的成年人,具有限制民事行为能力,实施民事法律行为须由其法定代理人代理或者经其法定代理人同意、追认;但是,其可以独立实施纯获利益的民事法律行为或者与其智力、精神健康状况相适应的民事法律行为。这是一项完全法条,不能完全辨认自己行为的成年人是构成要件,限制民事行为能力是法律效果。其他内容皆属于对限制民事行为能力这一法律效果的具体化。相对于《民法总则》第六章关于限制民事行为能力的规定,本条之规范功能主要在于,确立成年人之限制民事行为能力这个类型,不在于限制民事行为能力所蕴含的更为具体的法律效果。所以,将本条的法律效果理解为限制民事行为能力即可。

相对于未成年人之民事行为能力制度,由本条规定不难看出,对于成年人,《民法总则》确立了三级制民事行为能力制度,即完全民事行为能力、无民事行为能力与限制民事行为能力。这三种民事行为能力类型之间的关系是,成年人原则上具有完全民事行为能力,例外规定下无民事行为能力或者具有限制民事行为能力。完全民事行为能力之享有完全依据成年年龄,予以形式性判断,而无民事行为能力与限制民事行为能力则要根据成年人之意思能力的实质状态,予以个案审查确定。

本条值得分析的关键词与用语是"不能完全辨认自己行为"与"与其精神健康状况相适应的民事法律行为",其他概念或关键词前文已作阐释。

《执行民法通则意见》第5条将"不能完全辨认自己行为"解释为,对于比较复杂的事物或者比较重大的行为缺乏判断能力和自我保护能力,并且不能预见其行为后果的。所谓"比较复杂的事物",主要是交易标的或标的物在构造或内容上不太易于理解或认识;"比较重大的行为"主要是指,民事法律行为相对于意思能力薄弱的成年人的财产或人身具有重要价值或意义,如关于房屋的买卖、对具有显著精神价值的动产的处分等。[①] 然而,必须指出的是,这种解释可能无法适用于成年人不能完全辨认自己行为的所有情形。相比于未成年人的意思能力状况,成年人之意思能力的欠缺或薄弱不是成长、发育过程中的自然发展规律(成长的渐进性、阶段性)使然,而大多是因患有生理、心理疾病而意外突发造成的。如果说未成年人的意思能力表现了从无到有的渐进发展过程,那么成年人的意思能力发展状况则完全表现为一个相反的方向,即从有突然变为全无或仅剩余一部分。因此,成年人之无意思能力或仅有部分意思能力的情况,在判定上要远比未成年人复杂许多。

由于导致意思能力欠缺或薄弱的因素复杂多样,成年人之"不能完全辨认自己行为"的意思能力薄弱状况,可能会在不同人那里表现为极不相同的形态。有的人可能不能理解、辨识比较复杂的交易物或者比较重大的交易行为;有的人可能只是在某一领域或生活方面存在意思能力薄弱的缺陷,在其他方面则不存在问题;有的人可能只是间断性地存在意思能力薄弱情形。鉴于这

---

① 在审理一起房屋买卖纠纷案时,法院判决认为:房屋价值较大,对当事人的利益影响较大,不属于日常生活中的普通交易。被鉴定为限制民事行为能力人的当事人(成年人)不具备从事房屋买卖民事法律行为的行为能力,其出售房屋应当依法由其法定代理人代理,或者征得其法定代理人的同意。参见"于某上诉查某确认合同无效纠纷案",北京市第二中级人民法院(2016)京02民终5950号民事判决书。

些客观情况，在判断成年人是否“不能完全辨认自己行为”时，必须充分考虑成年人自身的特殊意思能力状况——智力与精神健康状况，如果其行为异于常人，通常可判定其不能完全辨认自己的行为。为防止对成年人的民事行为能力造成不应有的限制，借助科学的精神病学进行意思能力鉴定，比较合理。但是，当事人双方通常只是于民事法律行为实施后，对当事人一方是否因“不能完全辨认自己行为”而应属于限制民事行为能力人发生争议。由于精神病学在推断成年人丧失部分意思能力上存在很大局限性，①所以在审判实践中，法院通常只能根据其他办法判断成年人的意思能力状况。② 不过，对于被诊断为精神发育迟滞的成年人，有法院依据《中国精神障碍分类与诊断标准》(第三版)第70条③的规定事后推定，当事人于实施民事法律行为之时已罹患不能完全辨认自己行为的精神疾病，已经属于限制民事行为能力人。④

根据《执行民法通则意见》第4条的规定，不能完全辨认自己行为的成年人实施的民事法律行为是否与其精神健康状态相适应，可以从行为与本人生活相关联的程度，本人的精神状态能否理解其行为并预见相应的行为后果，以及行为标的数额等方面进行认定。在一起民间借贷纠纷上诉案中，被上诉人

---

① 在裁定一起抵押借款合同纠纷案时，最高人民法院的裁定书指出：白某威于2013年被宣告为限制民事行为能力人，葫芦岛市康宁精神疾病司法鉴定所(2012)精鉴字第43号司法鉴定意见书附注1注明“此鉴定意见书仅作为被鉴定人白某威2012年11月15日民事行为能力评定用”，上述证据不能证明白某威在2007年2月签订合同及公证书时属于限制民事行为能力状态。“白某威、李某敏与辽宁葫芦岛连山农村商业银行股份有限公司城北支行抵押借款合同纠纷申请再审民事裁定书”，最高人民法院(2013)民申字第344号。关于类似判决，参见“张×与张今朝房屋买卖合同纠纷案”，北京市第三中级人民法院(2014)三中民终字第08356号。

② 在审理一起民间借贷纠纷案时，法院判决认为，鉴于科学技术手段所限，精神病司法鉴定所鉴定意见书不能对黄某俊行为能力丧失的时间进行准确的判断，但黄某俊生活、工作中各个阶段的人均对黄某俊的限制民事行为能力进行证明，故此，黄某俊给陈某光出具收到条及还款计划的行为，超出其理解能力，黄某俊亦不能辨认其行为所产生的后果，该活动未经其法定代理人代理，事后又未征得其法定代理人的同意，该行为无效。参见“上诉人黄某俊、杜某霞与被上诉人陈某光民间借贷纠纷案”，河南省新乡市中级人民法院(2012)新中民四终字第392号。

③ 该条规定：“精神发育迟滞是指一组精神发育不全或受阻的综合征，特征为智力低下和社会适应困难，起病于发育成熟以前(18岁以前)。”

④ 参见“张某添、中山市艺航工艺家私有限公司等与张某添、中山市艺航工艺家私有限公司追索劳动报酬纠纷再审民事判决书”，广东省中山市中级人民法院(2015)中中法审监民再字第48号；“张某添与中山市艺航工艺家私有限公司劳动争议再审民事判决书”，广东省中山市中级人民法院(2015)中中法审监民再字第49号。

郭某敏系一精神残疾患者(持有残疾人证),其于2012年2月29日、4月2日向上诉人于某庭两次借款各一万两千元,并出具借条两份。由于郭某敏未能如约返还借款,双方当事人遂发生纠纷。二审法院判决认为,"被上诉人郭某敏给于某庭出具的借条所涉及的借贷内容及借款数额显然不属于与她的精神健康状况相适应的民事活动,且该借贷行为事后亦未得到被上诉人郭某敏法定代理人的认可。因此,被上诉人郭某敏为于某庭出具的借条依法不具有法律效力"。① 在审理一起股权确认纠纷案时,二审法院判决指出,"柯某某系限制民事行为能力人,其作出的退股决定的行为,属于重大的民事行为,该行为与其的精神状态并不相适应,且又未征得其法定代理人的同意或追认,故柯某某退出电机××及桐庐富某某合市场股份的行为应属无效"。② 在审理一起劳动报酬纠纷案时,二审法院认为,《声明》(解除与工作单位的劳动合同关系,放弃申请仲裁及诉讼的权利)虽有申诉人张某添的亲笔签名,但放弃仲裁、诉讼等法律救济途径的民事行为属于对自身民事权利的重大处分,超出了张某添的民事行为能力,故《声明》应当依法无效。③

三、举证责任分配

将本条与《民法总则》第18条、第21条第1款结合在一起看,如果没有本条与第21条第1款的特别规定,成年人享有完全民事行为能力。该结论在证明责任分配上意味着,凡从民事行为能力方面否认某一成年人实施的民事法律行为的效力的,无论是该成年人本人还是与其实施民事法律行为的相对人,皆需为该成年人具有"不能完全辨认自己行为"意思能力状态负证明责任。如果不能举证证明成年人存在"不能完全辨认自己行为"的意思能力状况,该成

① 参见"姜某雁、于某纯与郭某敏民间借贷纠纷二审民事判决书",天津市第一中级人民法院(2015)一中民三终字第0405号。

② 参见"柯某某因与被上诉人浙江××电机厂股权确认纠纷一案二审民事判决书",浙江省杭州市中级人民法院(2010)浙杭商终字第426号。

③ 参见"张某添、中山市艺航工艺家私有限公司等与张某添、中山市艺航工艺家私有限公司追索劳动报酬纠纷再审民事判决书",广东省中山市中级人民法院(2015)中中法审监民再字第48号;"张某添与中山市艺航工艺家私有限公司劳动争议再审民事判决书",广东省中山市中级人民法院(2015)中中法审监民再字第49号。

年人则享有完全民事行为能力。

当当事人一方以“不能完全辨认自己行为”否认成年人实施的民事法律行为的效力时，当事人另一方可以以下述事实予以抗辩：该成年人实施的民事法律行为属于纯获利益的行为或者属于与其智力、精神健康状况相适应的行为。

第二十三条 【无民事行为能力人、限制民事行为能力人的法定代理人】

无民事行为能力人、限制民事行为能力人的监护人是其法定代理人。

一、历史由来

本条几乎完全承继了《民法通则》第 14 条，只是将第 14 条规定中无关紧要的"他的"修改为"其"而已。本条自全国人大常委会法制工作委员会民法室于 2015 年 8 月 28 日草拟的"民法总则民法室室内稿"第 20 条提出之后，在《民法总则》制定期间，历经《民法总则（草案）征求意见稿》，《民法总则（草案）》一审稿、二审稿、三审稿各个阶段，均没有被改动过。它完全可算作一条没有任何争议的规定，《民法总则》立法一开始实际上就决定了它的样子。

二、规范目的与含义

（一）规范目的

这是一条规范目的十分简明的规定，即为了确定无民事行为能力人、限制民事行为能力人的法定代理人。根据本条，无民事行为能力人、限制民事行为能力人的法定代理人是其监护人。

本条所欲解决的现实问题是，在无民事行为能力人、限制民事行为能力不能独立实施民事法律行为的情况下，由谁作为其法定代理人参与民事法律行为，代理其享有民事权利、承担民事义务。

（二）规范含义

本条是一种不完全法条，且属于不完全法条中的说明性法条，旨在对前面几条（第 19 ~ 22 条）规定中的法定代理人概念作出界定或说明。说明性法条是一种常见的立法技术，是对法律概念或用语给予定义性说明的法律条文。说明性法条有完全法条与不完全法条之分，"说明性的不完全法条之任务在于进一步比较详细地描述其他法条中之构成要件要素（该构成要件所使用之概念、类型)或其法律效果,或进一步加以具体化、类型化或加以补充”。[①]《民法总则》的很多规定使用了说明性法条的立法技术,如第 17~22 条关于成年人、未成年人、完全民事行为能力、限制民事行为能力人、无民事行为能力人的规定,无不使用了说明性法条的立法技术,另外,其关于个体工商户、农村承包经营户、法人、营利法人、非营利法人、民事法律行为等概念的规定,皆为典型的说明性法条。

监护、代理是本条的关键词,理解了这两个概念,监护人、代理人这两个概念也就迎刃而解。

在民事行为能力制度中,监护与代理并非核心概念,只是对民事行为能力制度予以进一步说明的边缘概念。然而,就《民法总则》整体而言,监护与代理是极其重要的法律概念或制度,《民法总则》第二章第二节专门规定了监护,其规模有十四个条文之多;《民法总则》第七章以代理为章名对代理制度作了相当系统的规定。鉴于此,这里不再对监护、监护人、代理、代理人等概念作出解释,关于这些概念或制度的含义,分别参见下文的详细解释。

三、其他问题

以体系观念看,本条具有承上启下的功能,即一方面对前面法律条文中的法定代理人概念作出说明,另一方面则引出下文关于监护的专门规定。因此,从立法技术的角度来看,将本条置于关于民事行为能力规定的末尾比较恰当,《民法通则》事实上也是这样规定的。然而,《民法总则》似乎没有洞悉本条规定的体系地位,将它规定在了成年人之无民事行为能力、限制民事行为能力的司法认定制度之前。

① 黄茂荣:《法学方法与现代民法》,中国政法大学出版社 2001 年版,第 133 页。

第二十四条 【无民事行为能力、限制民事行为能力的司法认定】

不能辨认或者不能完全辨认自己行为的成年人，其利害关系人或者有关组织，可以向人民法院申请认定该成年人为无民事行为能力人或者限制民事行为能力人。

被人民法院认定为无民事行为能力人或者限制民事行为能力人的，经本人、利害关系人或者有关组织申请，人民法院可以根据其智力、精神健康恢复的状况，认定该成年人恢复为限制民事行为能力人或者完全民事行为能力人。

本条规定的有关组织包括：居民委员会、村民委员会、学校、医疗机构、妇女联合会、残疾人联合会、依法设立的老年人组织、民政部门等。

一、历史由来

本条是以《民法通则》第 19 条为基础修改、补充形成的。它对旧法的改造主要表现在五个方面：一是调整了它的体系地位，即把它从“监护”一节前移至“民事权利能力和民事行为能力”一节，以表明它是民事行为能力制度不可或缺的一部分。二是将“精神病人”修改为“成年人”。这种修改主要是为了与前面几条的规定保持一致。三是把申请人由“利害关系人”扩张至“利害关系人或者有关组织”，“有关组织”属于新增规定。这种修改主要考虑了《民事诉讼法解释》第 352 条的规定。四是把“宣告”修改为“认定”。这主要是为了与《民事诉讼法》关于认定公民无民事行为能力、限制民事行为能力案件的规定相衔接。五是增设一款，作为第三款，对“有关组织”概念作出了说明性规定。由此可见，本条的形成不仅受到了新民事行为能力制度的体系影响，而且受到了新《民事诉讼法》及其司法解释的重要制约。

本条在《民法总则》制定过程没有经历多大波折或产生太大争议。全国人大常委会法制工作委员会民法室一开始提出的修改方案如下：（第 1 款）不能辨认或者不能完全辨认自己行为的自然人的利害关系人，可以向人民法院申请宣告其为无民事行为能力人或者限制民事行为能力人。(第2款)被人民法院宣告为无民事行为能力人或者限制民事行为能力人的，根据其精神健康恢复的状况，经本人或者利害关系人申请，人民法院可以宣告其为限制民事行为能力人或者完全民事行为能力人。① 这一方案的重要意义，不是把“精神病人”修改为“自然人”，而是将该规定从关于监护的规定中调整到关于民事行为能力的规定中。这种体系地位调整被以后的征求意见稿和《民法总则(草案)》所接受。《民法总则(草案)征求意见稿》(2016年5月20日修改稿)第23条对上述方案作出三方面的修改与补充：一是把“自然人”修改为“成年人”；二是将第2款规定中的“经本人或者利害关系人申请”修改补充为“经本人、利害关系人或者有关组织申请”；三是增补一款作为第三款，对有关组织概念作出了说明性规定。这种修改与补充实际上确定了本条的基本架构和内容。《民法总则(草案)》(一审稿)第23条仅仅作了将“宣告”调换为“认定”的修改。《民法总则(草案)》二审稿、三审稿未对一审稿第23条作出任何修改。在此之后，考虑到《民事诉讼法解释》第352条的规定，《民法总则》对《民法总则(草案)》(三审稿)第23条第1、2款规定的表达方式作了调整和修改：一是将第1款规定中的“不能辨认或者不能完全辨认自己行为的成年人的利害关系人”，修改为“不能辨认或者不能完全辨认自己行为的成年人，其利害关系人或者有关组织”；二是将其第2款所作“被人民法院认定为无民事行为能力人或者限制民事行为能力人的，根据其智力、精神健康恢复的状况，经本人、利害关系人或者有关组织申请，人民法院可以认定该成年人恢复为限制民事行为能力人或者完全民事行为能力人”的规定，调整修改为，“被人民法院认定为无民事行为能力人或者限制民事行为能力人的，经本人、利害关系人或者有关组织申请，人民法院可以根据其智力、精神健康恢复的状况，认定该成年人恢复为限制民事行为能力人或者完全民事行为能力人”。

① 全国人大常委会法制工作委员会民法室2015年8月28日草拟的“民法总则民法室室内稿”第21款。

二、规范目的与含义

(一)规范目的

本条是为了确立成年人之无民事行为能力与限制民事行为能力的司法认定制度,即对于不能辨认或者不能完全辨认自己行为的成年人,可以由法院认定为无民事行为能力人或者限制民事行为能力人。确立这种制度的根本目的在于,为成年人之民事行为能力或者限制民事行为能力确立一种具有外在判断依据的形式标准,从而既利于保护不能辨认或者不能完全辨认自己行为的成年人,又利于维护交易安全。主张成年人为民事行为能力人或者为限制民事行为能力的当事人,无须举证证明在民事法律行为实施时该成年人不能辨认或者不能完全辨认自己行为,只要提供法院认定成年人为无民事行为能力人或者为限制民事行为能力人的判决书即可。如此一来,在证明成年人为无民事行为能力人或者为限制民事行为能力人上,当事人和法院就摆脱了对成年人之智力、精神健康状况进行个案实质审查的沉重负担,依据既有判决书即可轻而易举地确定成年人的民事行为能力状况。

本条是在第21、22条规定的基础上确立起来的。为表示其与第21、22条规定之间的关系,本条第1款完全可以这样规定:"成年人的利害关系人或者有关组织可以依据本法第二十一条第一款、第二十二条的规定,向人民法院申请认定该成年人为无民事行为能力或者具有限制民事行为能力。"然而,立法者似乎没有觉察到本条与第21、22条之间的体系关联,再一次重复了"不能辨认或者不能完全辨认自己行为"这样的规定。如果说法律是一门科学,那么立法技术的娴熟应用既是其科学性的体现,又是其品质、质量的保障。本条显然没有在立法技术方面作太多思考。

本条涉及的基本问题是,成年人的利害关系人或者有关组织可不可以依据《民法总则》第21、22条的规定,申请法院认定成年人为无民事行为能力或者具有限制民事行为能力,从而减轻不能辨认或者不能完全辨认自己行为的成年人参与民事法律行为的证明负担。

(二)规范含义

本条由三款组成,第1款是确立了成年人之无民事行为能力或者限制民事行为能力的司法认定制度;第 2 款规定了无民事行为能力或者限制民事行为能力司法认定的撤销;第 3 款对前两款规定中的"有关组织"用语作了说明性规定。

1. 第 1 款

本款规定了无民事行为能力、限制民事行为能力的司法认定制度。该制度涉及三个基本问题:一是申请者;二是申请受理者;三是无民事行为能力、限制民事行为能力的认定。

根据本款规定,无民事行为能力或者限制民事行为能力的认定完全取决于成年人的利害关系人或者有关组织的申请,法院处于"不告不知"的被动地位。是否提出申请,由具有申请资格者自由决定,它是具有申请资格者的权利而不是义务。因此,本款属于赋权性规范,不是强制性规范。不能辨认或者不能完全辨认自己行为的成年人的利害关系人或者有关组织,可根据保护成年人的实际需要或者维护交易安全的现实需要,决定是否提出无民事行为能力或者限制民事行为能力的认定申请。基于此,本条与第 21、22 条之间不是一种一般规则与特殊规定的关系,对于不能辨认或者不能完全辨认自己行为的成年人的近亲属(主要是其法定代理人)来说,其既可以选择依据本条规定来保护成年人的利益,又可以仅仅依据第 21 条第 1 款或者第 22 条规定来实现对成年人利益的保护。例如,如果成年人之辨认能力的丧失或弱化只是间歇性的或者可能是短暂性的,则就没有必要提出无民事行为能力或者限制民事行为能力的认定申请。反之,当成年人之辨认能力的丧失或弱化可能会持续存在较长时间时,提出无民事行为能力或者限制民事行为能力的认定申请,可能更有利于对成年人利益的保护。对此,还需要注意这样一种情况,法院一旦认定成年人为无民事行为能力人或者限制民事行为能力人,除非法院应本人、利害关系人或者有关组织的申请,认定该成年人恢复为限制民事行为能力人或者完全民事行为能力人,否则成年人为无民事行为能力人或限制民事行为能力人的状况会一直持续不间断地存在着。① 因此,无民事行为能力或者限制

① 例如,有法院判决认为,宣告行为能力的判决的效力并非仅仅及于当时,该判决也没有明确限定判决的有效期限,故不能以行为能力宣告后的时间长短来判断判决的效力。当事人的行为能力未经重新司法确认,既有的司法确认的结果不能被随意否定。参见"于某上诉查某确认合同无效纠纷案",北京市第二中级人民法院(2016)京 02 民终 5950 号民事判决书。

民事行为能力的认定是一项比较刚性的制度,它与成年人辨认能力的丧失或弱化情况难免会在时间上存在偏差。这不可避免地会造成这样的消极后果,即成年人实际上已完全恢复辨认能力,但关于民事行为能力完全恢复的认定申请尚未及时提出,或者虽然提出了,但申请仍然还在处理过程中,因此导致该成年人在法律上仍然是无民事行为能力人或限制民事行为能力人。

一旦决定提出无民事行为能力或者限制民事行为能力的认定申请,包括申请者、申请受理者、申请方式在内的相关问题,则必须依据法律的规定。

申请者为成年人的利害关系人或者有关组织。所谓利害关系人,是指与成年人本人之间具有法律上权利义务关系的人,包括成年人的父母、成年子女等近亲属,以及成年人的债权人、债务人等。根据本条第 3 款的规定,有关组织包括:居民委员会、村民委员会、学校、医疗机构、妇女联合会、残疾人联合会、依法设立的老年人组织、民政部门等。

根据《民事诉讼法》第 187 条第 1 款的规定,无民事行为能力或者限制民事行为能力的认定申请,应向成年人住所地的基层人民法院提出,即成年人住所地基层人民法院为认定申请受理者。

申请应以申请书的方式提出。考虑到无民事行为能力或者限制民事行为能力的认定,直接牵涉到对成年人民事行为能力的限制或剥夺,在申请方式上作出这样的要求是恰当的。《民事诉讼法》第 187 条第 2 款规定,申请书应当写明成年人无民事行为能力或者限制民事行为能力的事实和根据。所谓"事实",指据以判定成年人为无民事行为能力或者仅仅具有限制民事行为能力的基本理由。该理由就是《民法总则》第 21、22 条规定的成年人不能辨认自己行为或者不能完全辨认自己行为。所谓"根据",指能够证明成年人不能辨认自己行为或者不能完全辨认自己行为的证据。该证据既可以是与成年人一起生活或工作的人所提供的证人证言,又可以是关于成年人辨认能力或者意思能力的司法精神病鉴定意见。

法院受理申请后,依照《民事诉讼法》规定的特别程序,必要时应当对被请求认定为无民事行为能力或者限制民事行为能力的成年人进行鉴定;申请人已提供鉴定意见的,应当对鉴定意见进行审查(《民事诉讼法》第 188 条)。审理认为申请有事实根据的，判决被申请人为无民事行为能力人或者为限制民事行为能力人；认定申请没有事实根据的，应当判决予以驳回。

以下是一份申请宣告无民事行为能力判决书：

容某娟、刘某苏申请宣告公民无民事行为能力特别程序民事判决书①

申请人：容某娟，女，汉族，1937 年 3 月 2 日出生，住广东省珠海市香洲区。

委托代理人：刘某荣，男，汉族，1968 年 6 月 26 日出生，住广东省珠海市香洲区。系申请人容某娟的儿子。

被申请人：刘某苏，男，汉族，1931 年 7 月 12 日出生，住广东省珠海市香洲区。

代理人：刘某芬，女，1963 年 2 月 16 日出生。系被申请人刘某苏的女儿。

申请人容某娟申请认定刘某苏无民事行为能力一案，本院于 2016 年 10 月 27 日立案后，依法适用特别程序进行了审理。现已审理终结。

容某娟称，请求：1. 认定刘某苏为无民事行为能力人；2. 认定容某娟为刘某苏的法定监护人。事实和理由：容某娟与刘某苏系夫妻关系，因刘某苏年事已高，× ×缠身，经医院诊断，其已进入瘫痪状态，意识不清，不能生活自理。因刘某苏无法处理身边事务，故特向法院提出申请。

刘某芬称，对容某娟的申请请求没有意见。

经审理查明，根据容某娟提供的户口簿和珠海市香洲区南屏镇南屏社区居民委员会出具的《证明》，刘某苏与容某娟是夫妻关系，生育了长子刘某忠、四子刘某荣、二女刘某芬、三女刘某贞。刘某苏持有《残疾人证》，为一级肢体残疾，监护人是容某娟。根据容某娟提供的珠海市香洲区人民医院《出院小结》记载，刘某苏因肺部感染、脑梗塞后遗症期等在珠海市香洲区人民医院住院治疗 20 天，于 2016 年 10 月 28 日出院，出院诊断为：肺部感染、左侧胸腔积液、脑梗塞后遗症期、× ×（3 级、极高危）、× ×。出院情况：痴呆状，自主睁眼，呼吸平顺，间中咳嗽等。珠海市香洲区人民医院于 2016 年 10 月 24 日出具

---

① 广东省珠海市中级人民法院（2016）粤 0402 民特 100 号。

《××诊断证明》,证明刘某苏因多次脑梗塞,并脑萎缩,造成脑功能进行性退化,进入老年性痴呆状态,意识不清,不能生活自理。容某娟向本院陈述,刘某苏现在护老院居住,现进入瘫痪状态,生活不能自理,意识不清,需要24小时照顾。

本院认为,根据申请人容某娟提供的出院小结和××诊断证明,刘某苏因多次脑梗塞,并脑萎缩,造成脑功能进行性退化,进入老年性痴呆状态,意识不清,不能生活自理。据此,本院认定被申请人刘某苏目前为无民事行为能力人。

容某娟是被申请人刘某苏的妻子,其请求认定其为刘某苏的监护人,符合法律规定,本院予以支持。

依照《中华人民共和国民事诉讼法》第一百八十九条之规定,判决如下:

一、刘某苏为无民事行为能力人;

二、容某娟为刘某苏的监护人。

本判决为终审判决。

审判员　欧绍强

二〇一六年十一月十五日

书记员　黄尧敏

2. 第2款

本款确立了恢复限制民事行为能力或者完全民事行为能力的申请认定制度。当被认定为无民事行为能力的成年人恢复部分辨认能力之后,经成年人本人、其利害关系人或者有关组织申请,法院可以认定该成年人恢复为限制民事行为能力人;当被认定为限制民事行为能力的人完全消除不能辨认自己行为的智力、精神健康状态后,经成年人本人、其利害关系人或者有关组织申请,法院可以认定该成年人恢复为完全民事行为能力人。

这种恢复民事行为能力的司法认定同样须取决于成年人本人、其利害关系人或者有关组织的自主申请,法院无权凭职权主动介入。有资格提出申请者,除了成年人的利害关系人或者有关组织外,还包括部分恢复或完全恢复辨认能力的成年人本人。申请受理者为作出认定成年人为无民事行为能力人或者限制民事行为能力人判决的同一基层法院。申请也应以提出申请书的方式为之。法院受理申请后，必要时应当对被认定为无民事行为能力或者限制民事行为能力的人的辨认能力恢复情况进行鉴定；申请人已提供鉴定意见的，应当对该鉴定意见进行审查。审理认为申请有事实根据的，应当作出新判决，撤销原判决（《民事诉讼法》第190条）；审理认为申请没有事实根据的，判决被申请人为无民事行为能力人或者为限制民事行为能力人；认定申请没有事实根据的，作出驳回要求宣告恢复为限制民事行为或者完全民事行为能力的判决。①

以下是一份申请认定恢复完全民事行为能力的判决书：

吴某申请宣告恢复完全民事行为能力案民事判决书②

申请人：吴某。

申请人吴某要求撤销对其本人无民事行为能力的宣告一案，本院依法进行了审理，现已审理终结。

本院于2013年1月23日作出的（2013）嘉民一（民）特字第5号民事判决书，宣告吴某为无民事行为能力人。现经当事人申请，华东政法大学司法鉴定中心于2015年6月25日对申请人目前的精神状态及民事行为能力作出鉴定结论为：1. 被鉴定人吴某目前无精神病。2. 被鉴定人吴某为具有完全民事行为能力人。

本院认为，申请人吴某无民事能力的原因已经消除，依照《中华人民共和国民事诉讼法》第一百九十条之规定，判决如下：

撤销本院宣告吴某为无民事行为能力人的（2013）嘉民一（民）特字第5号民事判决。

本判决为终审判决。

审判员　王强祥

二〇一五年七月二十日

书记员　张　轶

---

① 参见“杭某某要求申请宣告其恢复完全民事行为能力案”，上海市虹口区人民法院（2014）虹民一（民）特字第57号。

② 上海市嘉定区人民法院（2015）嘉民一（民）特字第21号。

3. 第3款

本款是对第1、2款规定中的有关组织用语作出的说明性规定。

居民委员会,全称为城市居民委员会,是城市居民自我管理、自我教育、自我服务的基层群众性自治组织(《居民委员会组织法》第1、2条)。

村民委员会,是乡(镇)所辖行政村村民选举产生的群众性自治组织,是村民自我管理、自我教育、自我服务的基层群众性自治组织,它办理本村的公共事务和公益事业,调解民间纠纷,协助维护社会治安,向人民政府反映村民的意见、要求和提出建议(《村民委员会组织法》第2条)。

学校指有计划、有组织地进行系统的教育活动的组织机构,它分为四种:幼儿园、小学、中学和大学。

医疗机构,是依法成立的从事疾病诊断、治疗活动的机构。医院、卫生院是我国医疗机构的主要组织形式。此外,疗养院、门诊部、诊所、卫生所(室)以及急救站等也属于医疗机构的组成部分。

妇女联合会,是全国各族各界妇女为争取进一步解放而联合起来的社会群众团体,它有复杂的组织机构,其全国组织为中华全国妇女联合会,地方组织为地方各级妇女联合会,基层组织为乡镇、街道社区妇女联合会。基本职能是代表和维护妇女权益,促进男女平等。

残疾人联合会,主要指中国残疾人联合会,是经国务院批准、法律确认的由残疾人及其亲友和残疾人工作者组成的人民团体,是全国各类残疾人的统一组织。其基本职能有:代表残疾人共同利益,维护残疾人合法权益;开展各项业务和活动,直接为残疾人服务;承担政府委托的部分行政职能,发展和管理残疾人事业。其下设中国盲人协会、中国聋人协会、中国肢残人协会和中国智力残疾人及亲友协会、中国精神残疾人及亲友协会五个协会组织。

依法设立的老年人组织,俗称老年社团,是指依法设立的以老年工作为主要内容,以老年人需求为主要活动目的,或以老年人为参与主体的、非政府性的社会组织,如老年人协会、老科技工作者协会、老教授协会、中国老龄事业发展基金会、中国老年协会等。《老年人权益保障法》第6条规定,居民委员会、村民委员会和依法设立的老年人组织应当反映老年人的要求,维护老年人合法权益,为老年人服务。

民政部门，是主管民间社会事务的行政部门，其主管婚姻登记、救灾救济、优抚安置、拥政爱民、区划地名、老龄工作、低保、福利、慈善、殡葬、救助等事务。民政部门的机构设置为：国家级设民政部，省（自治区）级设民政厅，市县级设民政局，乡镇设社会事务办公室。

三、其他问题

本条与《民事诉讼法》第十五章（特别程序）第四节（认定公民无民事行为能力、限制民事行为能力案件）的规定明显衔接得不是太好。这表现在两个方面：第一，依据本条第1款，有资格向法院提出无民事行为能力或者限制民事行为能力认定申请者，为成年人的利害关系人或者有关组织；然而，根据《民事诉讼法》第187条第1款的规定，只有成年人的近亲属或者其他利害关系人，才可以申请认定公民为无民事行为能力或者具有限制民事行为能力。“近亲属或者其他利害关系人”意味着，近亲属只是利害关系的重要类型，“利害关系人”与“近亲属或者其他利害关系人”具有相同的含义。但是，“有关组织”概念远远超越了利害关系人概念的范围。因此，本条规定的申请者在范围上要远大于《民事诉讼法》第187条第1款规定的利害关系人。由于成年人之民事行为能力的限制或剥夺会导致成年人丧失全部或部分行为自由，所以，规定只有与成年人具有利害关系的人才有申请法院认定成年人为无民事行为能力人或者为限制民事行为能力人的权利，比较合理。因此，在司法实践中，建议依据《民事诉讼法》第187条第1款确定申请者的范围。

第二，对于请求法院认定恢复限制民事行为能力或者完全民事行为能力的申请者，本条规定为成年人本人、成年人的利害关系人或者有关组织，而《民事诉讼法》第190条规定为成年人本人或者其监护人。所谓成年人的监护人，根据原《民法通则》第17条的规定，主要包括成年人的配偶、父母、成年子女、其他近亲属、关系密切的其他亲属、朋友，没有前述监护人的，成年人所在单位或者住所地的居民委员会、村民委员会或者民政部门可以担任监护人；根据《民法总则》第28条的规定，主要包括：（1）配偶；（2）父母、子女；（3）其他近亲属；（4）其他愿意担任监护人的个人或者有关组织，经被监护人住所地的居民委员会、村民委员会或者民政部门同意的。必须指出的是，根据《民法总则》第

28 条的规定,成年人的监护人是按顺序担任的,如果前一顺序的监护人有监护能力,后顺位的监护人根本无机会担任监护人。据此,《民事诉讼法》第 190 条规定的申请者,其范围实际上非常狭窄,即仅为成年人本人及实际的监护人;而本条第 2 款规定的申请者明显非常宽泛。尽管恢复限制民事行为能力或者完全民事行为能力的司法认定,非常有利于成年人的行为自由,但是,如果已实际恢复辨认能力的成年人本人还不积极向法院提出恢复其限制民事行为能力或者完全民事行为能力的认定申请,那么,其他组织或者个人似乎更不应积极请求法院恢复成年人的民事行为能力。因此,《民事诉讼法》第 190 条规定的申请者即足以保护成年人的权益。

第二十五条 【住所】

自然人以户籍登记或者其他有效身份登记记载的居所为住所；经常居所与住所不一致的，经常居所视为住所。

一、历史由来

本条是对《民法通则》第15条进行较大修改后形成的，它以“自然人”“户籍登记或者其他有效身份登记记载的居所”“经常居所”等概念或用语，替代了《民法通则》第15条规定中的“公民”“户籍所在地的居住地”“经常居住地”概念或者用语。全国人大常委会法制工作委员会民法室于2015年8月28日草拟的“民法总则民法室室内稿”关于本条的最初建议法条（第22条）是：自然人以户籍登记的居所为住所（第1款）。经常居所与住所不一致的，或者未办理户籍登记的，经常居所视为住所（第2款）。自然人离开住所后连续居住一年以上的居所，为经常居所，法律另有规定的除外（第3款）。该规定是整合《民法通则》第15条与《执行民法通则意见》第9条并予以适当修改的结果。《民法总则（草案）征求意见稿》（2016年5月20日修改稿）第24条对上述建议法条作了大刀阔斧的修改，将三款内容简化为如下规定：“自然人以登记的居所为住所；经常居所与住所不一致的，经常居所视为住所。”该规定为《民法总则（草案）》（一审稿）完全接受后再也没有被改动过。《民法总则》最终将《民法总则（草案）》三审稿中的“登记”修改为“户籍登记或者其他有效身份登记记载”。

在《民法总则》制定期间，对关于住所的规定提出修改意见者甚少。梁慧星认为，第25条关于自然人住所的规定，不属于“民事权利能力和民事行为能力”的内容，建议在自然人章另设一节，作为第五节规定“住所”，将第25条移入其中，并增加一条规定：“在中华人民共和国领域内无户籍登记的，其经常居所视为住所。”①

二、规范目的与含义

(一)规范目的

本条是为了确定自然人的住所。自然人通常以住所为中心实施民事法律行为或者进行其他民事活动,住所是自然人进行民事活动的主要地域,自然人享有的民事权利和承担的民事义务大多以住所为中心区域而发生。

住所在法律上具有下列重要意义:(1)是决定自然人宣告失踪、宣告死亡管辖法院的依据;②(2)是决定认定成年人无民事行为能力或者限制民事行为能力案件管辖法院的依据;③(3)在民事诉讼中,是决定案件管辖法院的依据;④(4)是决定自然人宣告失踪、宣告死亡管辖法院的依据;⑤(5)可作诉讼文书的送达地;⑥(6)是决定由人民法院执行的其他法律文书的执行法院的依据;⑦(7)决定涉外民事法律关系准据法的依据之一;(8)决定债务的履行地等。此外,住所在公司法、国际法、选举法、税法等领域皆具有重要意义。

本条涉及的基本问题是,当自然人与他人发生民事权利义务纠纷,以及自然人的民事权利或法律地位牵涉到公共机构时,应由何地的法院或公共机构处理这些纠纷或问题。

(二)规范含义

本条包括两项规定:一是对住所概念的说明性规定,即对自然人的住所作出了界定;二是确立了拟制住所制度,即经常居所视为住所。

人类的生存深受自然规律的作用或影响,“日出而作,日落而息”。住房像穿衣、吃饭、行路那样属于人的基本需求之一。因此,任何自然人都会有自己

---

① 参见梁慧星:《〈中华人民共和国民法总则(草案)〉:解读、评论和修改建议》,载中国法学网:http://www.iolaw.org.cn/showArticle.aspx? id=4954。

② 参见《民事诉讼法》第183、184条的规定。

③ 参见《民事诉讼法》第187条的规定。

④ 例如,《民事诉讼法》第21条第1款规定:“对公民提起的民事诉讼,由被告住所地人民法院管辖;被告住所地与经常居住地不一致的,由经常居住地人民法院管辖。”

⑤ 参见《民事诉讼法》第183、184条的规定。

⑥ 参见《民事诉讼法》第86条的规定。

⑦ 参见《民事诉讼法》第224条第2款的规定。

的居所,否则将无法生存。即使在现代这种极具流动性的社会中,为了休养生息,绝大多数人都是居有定所。很难想象,一个居无定所而四处漂浮的流浪汉,能够真正践行私法自治,能够真正取信于社会,并与他人发生社会生活关系。

关于住所概念,学理上有主观主义、客观主义、折中主义思维之分。主观主义者认为,住所为生活之中心或者为法律上活动之中心;客观主义者认为,住所为主要住宅的所在地或者为常住之地;折中主义者认为,住所为以久住之意思住于一定之地域。[①] 由"户籍登记或者其他有效身份登记记载的居所"和"经常居所"之用语看,《民法总则》对住所概念采取客观主义的思维方法,即把住所理解为,户籍登记或者其他有效身份登记记载的居所或者经常居住的居所。

从近现代以来的世界各地民法典规定来看,在规范住所上,绝大多数国家或地区采纳以自由设定住所(任意住所)为原则、法律规定住所(法定住所)为例外的立法模式。例如,《德国民法典》规定,在一地常住的人即在该地设定其住所(第7条第1款);军人以驻地为其住所(第9条第1款)、未成年人子女与父母有相同的住所(第11条)。对于任意住所而言,法律既允许当事人自由设定住所,又允许以抛弃的意思废止住所。任意住所须满足两项构成要件:久住之意思与居住某种之事实。在一地常住之事实通常即可推定具有久住之意思。

我国《民法通则》无关于任意住所的规定,《民法总则》同样没有对任意住所作出任何规定。[②] 因此,在规范住所上,我国一直采纳以法定住所为原则、以拟制住所为例外的住所法定主义原则。这与大陆法系其他国家或地区的立法迥然有别。

1. 法定住所

本条确立了两类住所,即法定住所与拟制住所。所谓法定住所,即不管自然人是否常住于某地而法律直接将该地设定为自然人的住所。在大陆法系其

① 参见胡长清:《中国民法总论》,中国政法大学出版社1997年版,第87页。

② 有著作指出,意定住所(任意住所)与迁徙自由紧密相连。随着我国市场经济的发展,住所和户籍分离的存在,在客观上要求法律肯定自然人的意定住所。参见魏振瀛主编:《民法》(第五版),北京大学出版社、高等教育出版社2013年版,第67页。

他国家或地区,法定住所只是相对于任意住所的例外情形,而在我国,法定住所是民法关于住所规定的一般情形。

根据本条,自然人以户籍登记或者其他有效身份登记记载的居所为住所。该规定以“户籍登记或者其他有效身份登记记载的居所”用语,取代了《民法通则》第15条所作“户籍所在地的居住地”的规定,比较而言,新法的规定更为准确、合理。理由在于,住所概念旨在说明自然人生活居住的处所或地方,居住地虽然具有居住场所之义,但也容易被宽泛地理解为居住的地区。另外,对一些自然人来说,其在户籍所在地可能有不止一个的居住地。像住所概念一样,居所概念比较强调居住的场所(地点),而根据《户口登记条例》第6条的规定,自然人可被登记的居所是唯一的。

所谓居所,指生活居住的处所或场所。按照居住时间的长短,居所有暂时居所与经常居所之分。为维护法律的稳定性,可参考《执行民法通则意见》第9条的规定确定经常居所,即经常居所可理解为,连续居住一年以上的居所。

在《民法总则》施行之前,我国现有法律、行政法规鲜有使用“户籍登记或者其他有效身份登记记载的居所”用语的。考虑到与旧法的衔接及法律秩序的稳定性,所谓“户籍登记的居所”,应理解为户口登记簿记载的居所;“其他有效身份登记记载的居所”,如居民身份证、军人身份证件(中国人民解放军军人)、武装警察身份证件(中国人民武装警察)、港澳居民往来内地通行证(香港、澳门居民)、台湾地区居民来往大陆通行证或者其他有效旅行证件(台湾居民)、护照(外国公民)等记载的居所。

户籍登记分为家庭户、个人户、集体户登记。《户口登记条例》第5条规定:户口登记以户为单位。同主管人共同居住一处的立为一户,以主管人为户主(家庭户)。单身居住的自立一户,以本人为户主(个人户)。居住在机关、团体、学校、企业、事业等单位内部和公共宿舍的户口共立一户或者分别立户(集体户)。具有集体户口的自然人,其被登记在“集体”名义下的居所,大多数情况下只是履行公职或为雇主服务(工作)的处所,而并非是其自主生活的场所(个人经常生活的居所)。由此难免出现这样的情况:经常居所与法定住所不一致。另外,由于我国长期实行区分农业户口和非农户口的二元户籍管理制度,且对农业户口转为非农业户口至今存在诸多限制性规定,所以导致众多具有农业户口的城镇工作人员的经常居所与住所不一致。

2. 拟制住所

由于我国不仅采纳住所法定主义,而且在住所数目上采纳绝对的单一主义原则,①所以难免会造成只有登记的居所才可以为住所、才可以为自然人民事法律关系之中心的极端后果。当自然人的自由迁徙不能方便地发生居所登记之变更,从而导致经常居所与住所不一致时,僵化的法定住所必然会为自然人的民事生活带来诸多负担。例如,甲被登记的居所(住所)在四川省阆中市,而其实际工作、生活居住在上海市闵行区。如果严格认为只有登记的居所才能为住所,那么甲一旦与他人发生民事纠纷,则很可能被诉至阆中市法院。甲因此会奔波于上海与阆中之间。

为避免产生上述弊端,使住所不偏离自然人民事生活之中心区域的意义,本条在法定住所的基础上确立了拟制住所制度,即经常居所视为住所。其实,拟制住所同样依法确定而根本不取决于自然人自主意思的住所。不同于法定住所的是,它是一种以法定住所为前提或基础,通过拟制性立法技术,为自然人确定的住所。由于拟制具有不管当事人意思将 A 事实当作 B 事实对待的强制性,所以拟制住所同样具有法定性。只是为了突出其特性,并由此与法定住所区别开来,才使用拟制住所而不是法定住所的概念。因此,拟制住所同样是住所法定主义原则的产物。

法律之所以将经常居所拟制为一种住所。是立足于住所之本质进行思维的结果。住所是自然人生活关系的中心处所。自然人通常多以登记的居所为中心进行民事活动或建构民事关系。《民法总则》根据此种事实将以登记的居所规定为住所。但是,当户口登记的严苛与僵化导致登记的居所事实上不再是自然人民事关系的中心处所时,住所制度显然不宜再依形式主义思维将住所一律界定为登记的居所,而应依实质主义思维以自然人民事关系之中心处

① 关于设定住所之单复,各国或地区的法律规定不太一致。有的采复数主义,如《德国民法典》第 7 条第 2 款规定,住所可以同时存在于一个以上地方。有采绝对的单一主义,即不得同时设定两住所,如《泰国民法典》第 43 条。有的采相对的单一主义,即原则上不得同时设定两住所,但于工商业之营业所则属例外,如《瑞士民法典》第 23 条规定,一人不能同时有几个住所,但营业所不受本规定限制。参见胡长清:《中国民法总论》,中国政法大学出版社 1997 年版,第 87 页。

所为着眼点规定住所。因此,当自然人事实上不再将登记的居所作为其民事关系的中心处所,并在有其他经常生活、居住之处所(经常居所)时,法律根据经常居所与登记的居所之间的类似性(自然人民事关系之中心处所),以拟制之立法技术强制性地赋予经常居所一种住所的效力。

"经常居所"用语是将"居住地"修改为"居所"的必然后果。因此,"经常居所"是一个与"经常居住地"具有相同规范功能的用语。《执行民法通则意见》第9条第1款①与《民事诉讼法解释》②对"经常居住地"所作说明性规定,完全可以用来解释"经常居所"概念。参考上述两种司法解释的规定,经常居所,是指自然人离开住所连续居住一年以上的地方,但自然人住院就医的地方除外。

三、举证责任分配

如前所述,住所在法律上具有很多意义,会对自然人的行为产生重要影响。主张某居所为某人之住所的人,应对该居所为该某人的登记的居所提供证据予以证明。根据《户口登记条例》第4条第4款③及《居民身份证法》第10条④的规定,居民身份证即作为证明登记的居所的证据。对于拟制住所而言,主张某居所为某人之经常居所的人,应对该居所为该某人连续居住一年以上的地方提供证据予以证明。

四、其他问题

法定住所与拟制住所是《民法通则》第15条确立的住所制度,二者皆不管自然人自主意思而由法律直接确立。在此二元制住所制度下,住所概念在构成上实际上包括两种事实,即自然人登记的居所与自然人的经常居所。因此,

---

① 该款规定,"公民离开住所地最后连续居住一年以上的地方,为经常居住地。但住医院治疗的除外"。

② 该条规定,"公民的经常居住地是指公民离开住所地至起诉时已连续居住一年以上的地方,但公民住院就医的地方除外"。

③ 该款规定,"户口登记簿和户口簿登记的事项,具有证明公民身份的效力"。

④ 该条规定,"申请领取居民身份证,应当填写《居民身份证申领登记表》,交验居民户口簿"。

经常居所不可与住所概念并称。然而,就《民法总则》施行之前的情况而言,有些法律却无视拟制住所制度,将住所与经常居住地相提并论,例如,《民事诉讼法》第 12 条第 1 款规定,“对公民提起的民事诉讼,由被告住所地人民法院管辖;被告住所地与经常居住地不一致的,由经常居住地人民法院管辖。”该规定分号之后的部分完全是多余的,因为根据《民法通则》第 15 条的规定,经常居住地与住所不一致的,经常居住地视为住所。换言之,根据拟制住所制度,住所地其实已经包含了经常居住地。希望《民法总则》施行之后,《民事诉讼法》能够作出相应的修改。

第二节　监　　护

第二十六条　【抚养和赡养义务】

父母对未成年子女负有抚养、教育和保护的义务。

成年子女对父母负有赡养、扶助和保护的义务。

一、历史由来

（一）对《民法通则》的承继和修订

在《民法总则》颁布之前，我国现行法律对于父母与子女之间抚养和赡养义务的规定，主要分布在《宪法》第49条、《婚姻法》第21条，以及《未成年人保护法》《老年人权益保护法》等民事部门法中，《民法通则》中并无相关规定。其中，《宪法》和《婚姻法》概括性地规定了父母对于未成年人子女的抚养、教育和保护义务，以及子女对父母的赡养扶助义务；《未成年人保护法》规定了父母对其未成年子女承担之抚养、教育和保护义务的具体内容；《老年人权益保障法》则规定了子女对于六十周岁以上老年人所承担之赡养义务的具体内容。总体来说，《民法总则》第26条是对我国现行法律中相关规定的概括和梳理，并未额外创设新的义务内容。

（二）《民法总则》的审议过程

1.2015年8月全国人大法工委“民法总则民法室室内稿”

立法者延续了《民法通则》的立法体例，并未在监护一节中规定父母和子女之间的抚养和赡养义务。

2.2016年5月《民法总则（草案）征求意见稿》

立法者在法定监护人规则中增加了父母对未成年子女的照管和保护义务。这已经在一定程度上体现了将亲权与监护权相互融合的立法趋向。具体条款如下：

“第二十五条　未成年人的父母是未成年人的监护人。父母对未成年子女负有照管和保护的义务。”

3.《民法总则(草案)》的三次审议稿

在《民法总则(草案)》(一审稿)中,立法者正式将父母和子女之间的抚养和赡养义务,以专条形式进行规定,并置于监护一节的首位。此种立法体例的选择,在一定程度上奠定了整个民法典中亲权与监护制度之间的关系。具体条文如下:

“第二十五条　父母对未成年子女负有抚养、教育和保护的义务。

子女对无民事行为能力或者限制民事行为能力的父母负有赡养、照顾和保护的义务。”

然而,在本条第2款中,立法者规定子女仅需对无民事行为能力或者限制民事行为能力的父母承担赡养、照顾和保护的义务。此种将父母行为能力作为子女是否需要承担赡养义务标准的做法,显然混淆了监护职责与赡养义务之间的关系,不仅不符合我国现行法律规范,而且也与社会主流的伦理道德观念存在较大差距。

因此,在《民法总则(草案)》(二审稿)中,立法者删除了关于父母行为能力的限制,改为概括性地规定成年子女需对父母负有赡养、照顾和保护的义务。在《民法总则(草案)》(三审稿)中,延续了二审稿中的表述。具体条文如下:

“第二十五条　父母对未成年子女负有抚养、教育和保护的义务。

成年子女对父母负有赡养、照顾和保护的义务。”

在《民法总则》中,立法者将成年子女对父母负有的“照顾”义务改为了“扶助”义务,从而与《婚姻法》第21条中的表述相统一。

二、规范目的与含义

(一)规范目的

父母与子女之间相互承担抚养和赡养义务,不仅是中华民族尊老爱幼传统美德的具体体现,更是一项具有人类共同价值的法定义务,因此,我国民法典对其作出明确规定,可谓理所应当。然而,立法者在监护一节中设置抚养和赡养义务条款,其主要目的却并不在于对这两项义务本身作出规定,而是为了给监护规则的进一步完善提供理论和制度基础。

1. 在父母监护规则中引入亲权内容

从第25条第1款的内容上看,父母对于未成年人承担的抚养、教育和保护义务,在法律属性上可划归亲权范畴。然而,虽然根据大陆法系传统民法理论,亲权与监护权在法律属性、权利主体范围、权利内容以及制度目标等方面存在一定差异,①且就我国民法典分则是否单独设立亲权章节还尚存一定争议,但这并不妨碍立法者通过将抚养和赡养义务引入监护制度,来创设能够更为准确反映父母与子女之间特殊身份关系的监护规则。具体来说,主要表现在如下几个方面:

第一,父母的法定监护人地位。父母对于子女基于特殊身份关系所承担的抚养义务,决定了当未成年子女的父母尚未死亡且具有监护能力时,理应是子女的第一顺位法定监护人,并且不得以任何理由拒绝履行此种监护职责。换言之,此项监护规则是亲权和监护相互衔接和协调的产物。②

第二,父母通过遗嘱制定监护人。通过遗嘱设立监护,最早可追溯至罗马法,而在罗马法上,该项权利通常仅为家父享有。虽然现代民法中已经没有父权概念,但在大陆法系国家,此项权利依然只能由享有亲权的父母行使。③ 毕竟,相较于法律根据亲属间的一般亲疏关系设置的监护顺位,让父母根据自己的意愿指定监护人,不仅更符合子女利益最大化的目标,也是对其行使亲权的尊重。④

第三,监护人资格恢复制度。父母与子女之间的特殊亲缘关系,使亲子关系是否融洽,对于子女的健康成长具有十分重要的影响。同时,亲权作为一种身份权,具有不可剥夺性,即使监护资格被撤销,父母仍应承担抚育子女的义务。鉴于此,《民法总则》设置了谅解制度,允许被撤销监护资格的父母在符合一定条

① 杨立新:《人身权法论》,人民法院出版社2006年版,第790页。

② 李永军:《民法总论》,法律出版社2006年版,第271页。

③ 参见《德国民法典》第1776条;《法国民法典》第397条;《日本民法典》第839条;我国台湾地区“民法典”第1911条等。

④ 余延满:《亲属法原论》,法律出版社2007年版,第486页。

件的情况下,恢复监护人资格,从而为更好地履行抚养义务创造条件。

2. 以赡养义务为基础的成年人监护规则

《民法总则》第26条第2款中,规定了成年子女对父母的赡养、扶助和保护义务,这三项基于身份关系而产生的法定义务,在一定程度上,内化成为了成年人监护职责的内容和要求,使其与未成年子女的监护职责相区分。其中最为重要的一点,就是要充分尊重被监护人的自我决定权,根据比例原则的要求,以最小的限制满足被监护人最大化的保护需求。[①] 这一方面,直接体现在《民法总则》第35条第3款的条文规定之中;另一方面,则表现为第33条关于成年人可通过事先协商方式确定监护人的相关规定,从而明确了意定监护优先于法定监护适用的基本规则。

(二)规范含义

所谓抚养义务,是指一定亲属间相互供养和扶助的法定义务。[②] 在我国既有法律规范中,根据抚养与被抚养双方的亲属关系不同,广义的抚养义务可分为长辈对未成年晚辈的抚养义务、成年晚辈对长辈的赡养义务以及同辈人之间的扶养义务三类。在《民法总则》中,立法者主要对父母与子女,这一对血缘关系最为紧密、伦理色彩最为浓厚、对社会和家庭结构影响也最为深刻的亲属关系项下的抚养义务作出了规定。

1. 父母对未成年子女的抚养义务

根据本法以及《婚姻法》《未成年人保护法》等相关法律规定,父母对于未成年子女负有无条件抚养义务。换言之,无论父母之间的婚姻关系是否存续、是否与子女共同生活,也无论其自身或子女的经济情况如何,其均应承担并充分履行法定抚养义务,甚至需要为此做出自我牺牲。具体来说,抚养义务包括以下三个方面:

第一,抚养义务。所谓抚养义务,主要是指父母应向未成年子女提供必要的物质经济条件,并在日常生活中给予充分照料,从而创造一个有利于子女身心健康成长的生活环境。具体来说,父母履行抚养义务的方式可大体分为两

① 焦富民:《民法总则编纂视野中的成年监护制度》,载《政法论丛》2015年第6期。

② 杨大文:《亲属法》,法律出版社2012年版,第291页。

类:一是为子女提供基本的生活条件,并承担子女在成长过程中产生的各类花销,包括生活费、接受教育的费用、医疗护理的费用等合理费用。至于何为合理费用,学界主流观点认为,父母对于子女的支出至少应使后者的生活水平达到与其相同的程度,即履行生活保持义务;①二是通过对子女生活上的照料和精神上的鼓励支持,为其营造一个和谐、温馨的家庭环境,促进其身心健康成长。然而,一个不容忽视的现实情况是,在我国目前的发展阶段下,因父母与子女两地生活而造成的"留守儿童"现象十分普遍。在此种情况下,虽然基于现实条件的限制,很多父母无法时常在身边陪伴子女,但这并不妨碍父母通过积极采取替代措施,为子女提供良好的生活照顾,以尽量减少因长期分离对子女身心健康造成的影响。

第二,教育义务。所谓教育义务,大致可分为教育和管教两个方面。一方面,父母在抚育子女过程中,应充分尊重适龄子女受教育的权利,并为其积极创造良好的受教育条件,特别是对于处于义务教育阶段的未成年人,不得因任何原因使其辍学。此外,除了要保障子女能接受必要的学校教育外,父母作为子女的第一任老师,还应通过在生活中的言传身教,为子女树立正确的榜样,引导其形成正确的世界观、人生观和价值观,促进德育、智育和体育的全面发展,并养成良好的生活和学习习惯。另一方面,考虑到未成年人的是非分辨能力和自我管控能力尚不健全,父母还有必要对子女在生活中表现出的错误行为及思想观念进行约束和纠正,②引导其进行有益身心健康的活动,预防和制止未成年人沾染吸毒、酗酒、赌博等恶习。对于有严重不良行为的子女,还可在法律允许的范围内采取较为严厉的措施加以管教。事实上,父母履行上述管教义务,也是其行使以身份为基础的管教权的体现。③ 需要注意的是,父母对于管教权的行使必须控制在合理的范围之内,不能以损伤未成年人的身心健康,或过度限制未成年人的人身自由为代价。同时,也应根据子女能力和心智的不同发展阶段,不断探索和适用更为恰当的教育方法。④

---

① 余延满:《亲属法原论》,法律出版社 2007 年版,第 514 页。

② 王洪:《婚姻家庭法》,法律出版社 2003 年版,第 222 页。

③ 杨立新:《人身权法论》,人民法院出版社 2006 年版,第 799 页。

④ 参见《德国民法典》第 1626 条。

第三,保护义务。所谓保护义务,主要是指父母应采取必要措施,保护未成年子女的人身和财产安全免受来自家庭内部和社会外界的威胁和侵害。具体来说,来自家庭内部的安全威胁,主要包括父母或其他家庭成员对子女实施的家庭暴力、虐待和遗弃等行为。对于此类严重摧残未成年人身心健康的行为,无论实施侵害行为者为谁,父母任何一方均有义务及时进行制止和纠正。同时,为了使子女免受来自社会外界的威胁,父母一方面,应采取有效措施,及时发现和制止各种可能使未成年人的人身和财产安全遭受直接侵害的行为,并采取针对性的救济措施;另一方面,则应通过适当的引导和管束,防止未成年人接触与其身心发展阶段不符的各类内容,或出入未成年人不宜进入的场所,避免其走上邪路。

2. 成年子女对父母的赡养义务

舔犊之情,唯有反哺报恩。因此,在本法以及我国《宪法》《婚姻法》《继承法》等相关法律中,大多将成年子女对父母的赡养义务与父母对未成年子女的抚养义务一并进行规定。此外,我国还专门制定了《老年人权益保障法》,对老年人权益的保障从家庭、社会和国家等多个层面作出详细规定。具体到民事领域中,成年子女对父母的赡养义务具体包含以下三个方面:

第一,赡养义务。所谓赡养,主要是指成年子女对父母经济上的供养,即提供必要的生活费用,给予物质上的帮助。① 从法律性质上看,赡养义务与父母对子女的抚养义务基本相通,只是根据老年人的实际生活需要,经济支持的内容有所区别。例如,相较于未成年人,医疗和护理费用将可能构成赡养费支出的主要组成部分。但需注意的是,与父母对未成年子女无条件承担抚养义务不同,成年子女承担以经济支持为主要内容的赡养义务是有条件的。详言之,根据《婚姻法》第21条之规定,只有当父母无劳动能力或面临生活困难时,成年子女才有支付赡养费的强制义务。如父母未面临上述困境,法律仅提倡子女向父母提供经济上的供养,但并不强制。此外,成年子女对父母的赡养义务也是没有固定期限的,直至父母死亡方告终止。

第二,扶助义务。结合《婚姻法》第21条第1款以及《老年人权益保障法》

---

① 参见杨大文:《亲属法》(第四版),法律出版社2004年版,第214页。

第14条之规定,本条中所说的扶助义务,应主要指成年子女对其父母给予的生活上的照料和精神上的慰藉。具体来说,在生活中,子女应充分关心和了解父母的身体健康状况,在力所能及的范围内为父母创造便利条件,使其生活更为健康、充实;同时,子女还应从精神层面给予父母更多的理解、尊重和关心,并通过陪伴或探望等方式,使其在生活中感受到身心的愉悦和满足,①此即所谓的精神赡养义务。

随着现代社会的不断发展,我国传统家庭结构正在经历巨变,子女与父母长期分居而导致的空巢老人现象越发普遍。在此种情况下,仅从经济层面对子女的赡养义务进行要求,已经不足以在当下这个老龄化倾向越发明显的社会环境中,实现对老年人权益的充分保护。有鉴于此,我国《老年人权益保障法》第18条正式将精神赡养纳入子女对于父母的赡养义务之中。固然,这个被戏称为"常回家看看"的条文规定,确实存在内容过于笼统、原则性过强、缺乏实际可操作性等诸多问题,②但其所具有的教育和评价功能同样不容忽视。通过将精神赡养上升为法定义务,不仅能够在全社会范围内引起人们对于老年人精神需求的关注,也能够通过法律和道德层面的负面评价对义务人形成一定程度的约束。当然,为了使精神赡养义务能够真正得到落实,还需要通过一系列配套措施的完善,以法律、道德和经济等多种手段,不断丰富和扩展促使子女主动履行精神赡养义务的激励和约束措施。

第三,保护义务。鉴于子女对于父母保护义务的总体目标和核心标准,与父母对于未成年子女的保护义务基本相同,故在此不作过多赘述。但应注意的是,由于作为被赡养人的父母大多具有完全行为能力,即使行为能力出现欠缺也与未成年人的情况有所不同,因此,在子女履行保护义务时,应最大限度地尊重父母的自主意愿,并协助其实施与行为能力相适应的各类法律行为,而不能过度干涉其个人事务,或对其人身和财产自由施以不正当限制。

---

① 参见李欣:《家庭养老"保障论——以亲属法之保障为视角》,载《河北法学》2011年第8期。

② 参见蒋悟真:《精神赡养权法治保障的困境及其出路》,载《现代法学》2014年第4期。

三、其他问题

(一)亲权与监护的关系

虽然从条文表述上看,本条对于抚养和赡养义务内容的规定并无过多创新之处,但将这些在传统民法理论中原本属于亲权范畴的规定,置于监护一节的首位,无论是与原有《民法通则》还是与其他大陆法系国家民法典相比,[①]均是一项较为新颖的体例安排。也可能会引发人们对于我国民法典在亲权与监护制度关系这一问题上的不同解读,故有必要进行简要说明。

关于是否区分亲权和监护权,大陆法系和英美法系存在截然相反的两种做法。在英美法系国家中并无亲权概念,父母对于未成年子女的抚养和教育义务,是直接包含在监护职责之中的;在大陆法系国家,父母与未成年子女之间的关系主要通过亲权制度进行规范,而监护制度则适用于父母以外的其他主体对未成年人行为能力进行补正的情形。[②]

至于我国立法应该采取上述哪种模式,学界尚存一定争议。有观点认为,随着现代法治的发展,原本以父权为基础的亲权制度已经失去独立存在的价值,而其内容也可直接纳入未成年子女的监护规则之中。《民法通则》第16条规定中的法定监护人制度,以及《执行民法通则意见》第10条对于监护职责的规定,实际上已经表明我国选择了将亲权内容纳入监护权制度的立法模式,民法典理应承继此种体例。也有观点认为,亲权与监护制度的设立初衷和具体内容均存在较大差异,将未成年人的保护制度由亲权降格为监护,可能会使法律对未成年人的保护力度有所降低,并造成法典体系内容的混乱。[③] 因此,仍有必要将二者分开规定,但可借鉴德国法将"亲权"修改为"父母照顾权"的做法,在名称和内容上体现现代社会环境下的新型亲子关系。[④]

总体来看,双方观点均有其合理性,但诚如余延满所言,我国未来民法典

---

① 参见《德国民法典》第1601、1618a、1626、1631条;《瑞士民法典》第272、276、277条;《日本民法典》第877条;我国台湾地区"民法典"第1114条等。

② 参见杨立新:《〈民法总则〉制定与我国监护制度之完善》,载《法学家》2016年第1期。

③ 参见尹志强:《未成年人监护制度中的监护人范围及监护类型》,载《华东政法大学学报》2016年第5期。

④ 参见薛宁兰:《我国亲子关系立法的体例与构造》,载《法学杂志》2011年第11期。

是否有必要单独制定亲权规则,关键不在于亲权制度自身的价值,而在于未成年人监护制度的具体内容,是否可以全面代替亲权制度的功能。[①] 根据此种判断标准,《民法总则》第26条第1款的设立,确实有助于在未成年子女监护职责的创设和解释中,融入一些原本属于亲权的内容,从而在一定程度上实现对亲权制度的替代。但《民法总则》的监护规则对于亲权内容的引入还相对简略,立法者最终在这一问题上会作出何种选择,还需要等到民法典分则部分制定完成后才能见分晓。

(二)监护在民法典中的体例安排

在《民法通则》中,监护制度被置于民事主体部分,此种体例安排与当时我国民事立法的现状,以及该法"通则"的功能定位是相符合的。然而在编纂民法典时,是否应继续沿用此种体例安排,在我国学界存在一定争议。其中,持否定意见的学者主张,应将监护制度纳入亲属法编进行规定。具体理由如下:

第一,尽管在现行法中,监护人不再以亲属为限,且公权力介入的趋势日益明显,但家庭仍然是最为重要的生活单元和组织体,是监护职责的主要承担者,[②]国家公权力的介入也并不会削弱家庭在监护制度中的重要作用。因此,将监护制度纳入亲属法之中更为妥适。[③]

第二,监护制度仅适用于特定的自然人主体,并不足以构成私法关系的公因式,因此与总则编的体系定位不相符合。

第三,监护制度近年来的发展方向显示出,监护的设立与行为能力欠缺之间的联系正在逐渐减弱,[④]在此种背景下,将监护置于行为能力规则之后,仅作为行为能力欠缺者的保护措施,已不符合监护制度未来的发展趋势。[⑤]

第四,将监护置于亲属法编进行规定的体例安排,符合大陆法系民法典的体系化传统。例如,在《德国民法典》《意大利民法典》《瑞士民法典》《日本民

① 参见余延满:《亲属法原论》,法律出版社2007年版,第453页。

② 参见李永军:《我国未来民法典中主体制度的设计思考》,载《法学论坛》2016年第2期。

③ 参见夏吟兰:《民法典体系下婚姻家庭法之基本架构与逻辑体例》,载《政法论坛》2014年第5期。

④ 参见赵虎、张继成:《成年人监护制度之反思》,载《武汉大学学报》(哲学社会科学版)2011年第2期。

⑤ 参见余延满:《亲属法原论》,法律出版社2007年版,第30页。

法典》以及我国台湾地区“民法典”等大陆法系法典中,均采取了此种立法体例。

若仅从理论上看,将监护制度从总则移至亲属法编,确实更符合民法典各编之间的职能分工和逻辑结构,在篇章体例上也更为工整,可以与亲属法相关规则形成更为紧密的联动关系。然而现实情况却是,根据全国人大的立法计划安排,我国民法典编纂工作采取“先总则,后分则”的“两步走”策略,这就使得在制定《民法总则》的过程中,必须要特别注意与既有法律规范之间的衔接问题。具体到监护制度来说,如果选择将监护制度置于亲属法一编,那么,除非《民法总则》在审议通过后,选择等待与民法典分则部分一并生效;否则,在民法典分则编纂的立法周期内,监护制度将始终处于缺位状态,立法者显然是不会允许此种情况出现的。这也就使得延续《民法通则》的体例安排,在《民法总则》中规定监护制度成为了一个必然选择。

第二十七条 【未成年人法定监护人的范围和顺序】

父母是未成年子女的监护人。

未成年人的父母已经死亡或者没有监护能力的，由下列有监护能力的人按顺序担任监护人：

（一）祖父母、外祖父母；

（二）兄、姐；

（三）其他愿意担任监护人的个人或者组织，但是须经未成年人住所地的居民委员会、村民委员会或者民政部门同意。

一、历史由来

（一）对《民法通则》的承继和修订

本条规定基本承继了《民法通则》第16条第1、2款的主要内容，并在如下几方面进行了修订：

第一，扩大了未成年人法定监护人的范围。一方面，将自然人监护人的范围扩张到了所有愿意且有能力承担监护职责的人，而不再局限于关系密切的其他亲属和朋友；另一方面，增加其他社会组织可以担任未成年人监护人的规定。

第二，取消了未成年人父、母所在单位对于其他个人或有关组织担任未成年人监护人的同意权，并代之以民政部门。

《民法总则》作出上述调整，主要目的是通过扩大法定监护人范围，使未成年人的人身和财产权益得到更为充分的保护。特别是在我国居民委员会和村民委员会（以下简称“两委会”）承担社会管理职能越发繁重，以及民政部门专设之未成年人监护机构资源相对有限的大背景下，[①]允许其他社会组织担任未

① 李国强：《我国成年监护制度运行中的问题及其立法修改趋向》，载《当代法学》2014年第6期。

成年人监护人，更是适应了我国社会发展的实际情况，有助于充分调动社会资源，弥补家庭监护和国家监护力量的不足，为未成年人健康成长创造更为有利的环境。此外，考虑到在市场经济环境下，员工的工作单位已经不再具有对员工子女承担监护职责的能力，本条取消了其对于其他个人或组织担任监护人的同意权。

（二）《民法总则》的审议过程

1. 2015年8月全国人大法工委“民法总则民法室室内稿”

立法者基本延续了《民法通则》中的条文表述，仅对法定监护人的范围进行划定，而未对监护顺序作强制性规定。但在由关系密切的其他亲属、朋友担任监护人的情形中，赋予了“两委会”或民政部门对监护人进行选任的权力。具体条文如下：

“第二十三条　未成年人的父母是未成年人的监护人。

未成年人的父母已经死亡或者没有监护能力的，由下列人员中有监护能力的人担任监护人：

（一）祖父母、外祖父母；

（二）成年兄、姐；

（三）关系密切的其他亲属、朋友愿意承担监护责任，由未成年人住所地的居民委员会、村民委员会或者民政部门根据最有利于未成年人的原则确定。

没有第一款、第二款规定的监护人的，由未成年人住所地的居民委员会、村民委员会或者民政部门担任监护人。”

2. 2016年5月《民法总则（草案）征求意见稿》

立法者除了在第1款中增加了关于父母对于子女的抚养义务的规定外，与前一版本最大的区别在于，恢复了《民法通则》中关于由关系密切的其他亲属、朋友担任监护人的相关规定，“两委会”或民政部门仅享有对其监护人资格的同意权，而不再直接对监护人进行选任。具体条文如下：

“第二十五条　未成年人的父母是未成年人的监护人。父母对未成年子女负有照管和保护的义务。

未成年人的父母已经死亡或者没有监护能力的，由下列人员中有监护能力的人担任监护人：

(一)祖父母、外祖父母;

(二)成年兄、姐;

(三)关系密切的其他亲属、朋友愿意承担监护责任,经未成年人住所地的居民委员会、村民委员会或者民政部门同意的。

未成年人的父母可以通过遗嘱指定未成年人的监护人;其父、母指定的监护人不一致的,以后死亡一方的指定为准。"

3.《民法总则(草案)》的三次审议稿

立法者在《民法总则(草案)》(一审稿)中主要作了两处修改:一方面,加入了关于法定监护人之间监护顺序的规定;另一方面,扩大了法定监护人的范围,将"关系密切的其他亲属、朋友"修改为"其他愿意承担监护职责的个人或者有关组织"。这两项修改在此后的审议稿以及《民法总则》中均得到了保留。此外,还将第2款第2项中的"成年兄、姐"改为了"兄、姐",这主要是因为,该条第2款已经将法定监护人限定为"有监护能力的人",而未成年人显然不具有监护能力,故无须再强调"成年"二字。同理,该条中所指之"父母",也应以成年人为限。一审稿具体条文如下:

"第二十六条　未成年人的父母是未成年人的监护人。

未成年人的父母已经死亡或者没有监护能力的,由下列人员中有监护能力的人依次担任监护人:

(一)祖父母、外祖父母;

(二)兄、姐;

(三)其他愿意承担监护责任的个人或者有关组织,经未成年人住所地的居民委员会、村民委员会或者民政部门同意的。

未成年人的父母可以通过遗嘱指定未成年人的监护人;其父、母指定的监护人不一致的,以后死亡一方的指定为准。"

与一审稿相比,《民法总则(草案)》二审稿、三审稿所作的修改,主要集中于第3款遗嘱监护之上。鉴于立法者最终选择对遗嘱监护规则进行专条规定,故在此不详细介绍。

二、规范目的与含义

(一)规范目的

本条的主要规范目的在于,确定未成年人的法定监护人范围和监护顺序,为司法实践中对未成年人监护人的选任提供制度依据。

立法者创设未成年人监护制度的目的,在于为行为能力存在欠缺的未成年人提供积极保护,避免其人身和财产权益遭受侵害,并为参与必要的社会活动创造条件。然而,上述制度目标的实现,均需要依托于监护人对于监护职责的恰当履行,这就使监护人选任规则在整个监护法律制度中,将发挥至关重要的作用。其中,法定监护作为监护产生方式之一,具有强制性和补充性特点,能够在缺少遗嘱监护人的情况下,确保未成年人不会因监护人缺位而遭受损害。

(二)规范含义

1. 父母作为未成年人的监护人

在比较法上,各国法律规范中均有关于父母应对其未成年子女承担监护职责的规定,但在立法例上,大陆法系和英美法系国家存在较大分别。在大多数大陆法系国家的民法典中,父母与子女之间的关系通常规定于亲权制度之中,其中就涵盖了监护职责的全部内容。至于监护制度,则旨在保护那些不在亲权之下的未成年人的人身和财产利益。换言之,能够担任未成年人监护人的,只能是父母以外的其他非亲权人。而在英美法系国家,则大多采取统一的监护制度,父母或其他适格主体对于未成年人的照管统称为监护,只不过在担任监护人的顺位上,父母处于天然的优先地位。①

由此可见,父母是否应被纳入未成年子女的法定监护人范畴,主要取决于如何理解监护与亲权制度之间的关系,以及在立法例上的不同选择。我国学界主流观点认为,父母对于子女所享有的亲权属身份权范畴,而监护很大程度上是一种义务本位的法定职责,二者在法律性质上存在本质区别。此外在规范内容上,亲权所涉及范围也更为广泛,不仅能够涵盖全部监护职责,还包含

① 参见余延满:《亲属法原论》,法律出版社2007年版,第469页。

了对子女的抚养、教育等权利义务。因此,有必要在民法典分则亲属法一编中,专门设置亲权制度对父母与子女关系进行规定,而不宜再将父母纳入监护人范畴。①

然而如前文所述,我国民法典的立法计划安排,决定了《民法总则》中必须包含监护制度的相关规定,亲权制度则要留待分则编纂时再行确定。在此种情况下,如果将父母对于子女的监护职责统一归入亲权规则之中,那么在该问题上,将同样面临着分则编纂周期内的制度缺失问题,这显然不利于未成年子女合法权益的保护。此外,此种选择也不利于与现行法律规范之间的有效衔接。例如,《侵权责任法》第32条中规定的监护人责任,显然是包括未成年子女的父母在内的。

鉴于此,《民法总则》第27条沿用了《民法通则》以来一直采用的广义监护概念,将父母纳入法定监护人的范畴之内。不过,此种体例安排并不妨碍在分则亲属法编之中,对父母和子女关系进行专门规定,毕竟,监护职责只是亲子间权利义务关系的一个面向,且《民法总则》第26条对于抚养义务的规定也较为简略,需要进一步填充扩展。

2. 其他法定监护人的范围

(1)其他法定监护人的范围

对于除父母以外的其他法定监护人的范围,在比较法上主要有两种界定方法:一为列举式,即直接在条文中对各类法定监护人进行列举,而选择此种规定模式的,通常也会对法定监护人的近亲属,如祖父母、兄姐等的监护顺序作出明确规定。② 二为概括式,即只对监护人适格与否的判断标准进行规定,而不具体列举监护人的类型。在此种规范模式下,多个监护人之间的监护顺序通常由有权机关(如监护法院)根据一定标准作出判断。③

我国《民法总则》第27条第2款基本采取了第一种界定方法,直接列举了

① 参见夏吟兰:《民法典体系下婚姻家庭法之基本架构与逻辑体例》,载《政法论坛》2014年第5期;尹志强:《未成年人监护制度中的监护人范围及监护类型》,载《华东政法大学学报》2016年第5期;薛宁兰:《我国亲子关系立法的体例与构造》,载《法学杂志》2011年第11期;余延满:《亲属法原论》,法律出版社2007年版,第453页。

② 参见《法国民法典》第402、403条;我国台湾地区“民法典”第1094条。

③ 参见《德国民法典》第1778、1779条;《日本民法典》第842、846条。

未成年人的祖父母、外祖父母、兄、姐,以及其他愿意担任监护人的个人或者有关组织具有法定监护人资格,只是后两者的监护人资格,还需要以有关部门的同意作为前提条件。

(2)监护能力的判断标准

本条第2款虽明确规定了三类主体的法定监护人资格,但在司法实践中,只有在其真正具备必要监护能力的情况下,此种监护人资格才可能转化成为实际的监护人职责。具体来说,监护能力的判断标准包括积极和消极两类要件。

所谓积极要件,是指担任监护人所必须具备的能力或资格。对此,《执行民法通则意见》第11条规定:“认定监护人的监护能力,应当根据监护人的身体健康状况、经济条件,以及与被监护人在生活上的联系状况等因素确定。”① 此外,还需要综合考察监护人的年龄、品行、职业、文化水平、生活习惯、对未成年人的照管经验等其他因素,对监护人是否有能力且有意愿履行监护职责进行判断。对于有关组织担任监护人的,还需要对其是否具备符合法律法规和行政主管部门要求的特殊资质进行考察。

所谓消极要件,是指担任监护人所必须不能存在的情况。《民法总则》对此未作明确规定,但结合学界观点和比较法上的相关经验,可主要归纳为如下几点:其一,无行为能力和限制行为能力人;其二,被父母明确拒绝其担任监护人;其三,被依法撤销监护人资格且未恢复;其四,因正在接受刑事处罚而被拘禁;其五,与被监护人可能存在利益冲突;其六,具有其他不利于被监护人的因素。② 需要注意的是,如果只是存在工作或生活上的不便(如常年在海外工作居住等),并不足以构成监护能力的缺失,法定监护人不得以此为由拒绝承担监护责任。

3. 监护顺序

所谓监护顺序,是指当有多个法定监护人并存时,由法律直接规定监护人

---

① 尽管《民法总则》颁布施行后,《民法通则》及其司法解释将同步废止,但该条所确立之监护人资格判断标准却依然有沿用的价值。

② 参见《德国民法典》第1780~1784条;《法国民法典》第442条;《日本民法典》第846条。杨大文:《亲属法》,法律出版社2012年版,第281页。余延满:《亲属法原论》,法律出版社2007年版,第497页。

的选任顺序。对于是否有必要规定监护顺序,在理论上始终存在争议。第一种观点认为,无须对监护顺序作强制性规定,只有当对担任监护人发生争议时,由有关机关或法院进行指定。《民法通则》采取的就是此种模式;第二种观点认为,在适用法定监护规则时,应直接由有权机关或人民法院在法定监护人范围内指定最为合适的监护人;①第三种观点认为,为减少因争夺或推诿监护权而产生的法律纠纷,尽快为需要保护的未成年人确定监护人,法律应对监护顺序作直接规定。

《民法总则》第 27 条采纳了第三种观点,明确规定了三类法定监护人的监护顺序。同时,基于对民事主体意思自治的尊重,《民法总则》依然允许法定监护人以协商方式对法定监护顺序进行调整。此外,还在第 28 条中增设了遗嘱监护制度,赋予其优先于法定监护的适用效力。具体来说,未成年人法定监护人的监护顺序基本如下:

第一顺序:未成年人的父母。父母对于子女的监护职责,始于子女出生这一法律事实,并终于子女年满十八岁成年。在这段期间内,基于亲子间十分特殊的血缘关系,只要父、母尚具监护能力,任何人非经法定程序都不能剥夺或限制其对于子女的监护权。此外,父母也不能通过协议或辞任等方式擅自变更监护人身份,而只能将部分或全部监护职责委托他人行使。

例如,在林某甲与林某乙监护权纠纷案中,被监护人陈某甲在其父亲去世后,一直和祖母林某生活。林某认为陈某甲的母亲林某乙另外育有两个女儿且经济能力较差,无力抚养陈某甲,故向陈某甲住所地的村委会要求指定自己为监护人,村委会为此出具了一份指定证明。后陈某甲的母亲欲将陈某甲带走一起生活时遭到阻拦,故向法院提起诉讼,要求林某将陈某甲交予自己进行抚养。两审法院均认为,在陈某甲的父亲去世后,其母亲林某乙是当然的第一顺位监护人,依法享有对陈某甲的抚养权。只有当未成年人的父母已经死亡或者没有监护能力时,未成年的祖父母才有资格担任监护人,村委会也才有权指定监护人。法院最终判决林某甲将陈某甲交予林某乙监护和抚养。②

---

① 参见梁慧星:《中国民法典草案建议稿附理由 · 亲属编》,法律出版社 2006 年版,第 228 页。

② 参见福建省福州市中级人民法院(2015)榕民终字第 809 号民事判决书。

第二顺序:未成年人父母通过遗嘱指定的监护人。本项具体内容将在对第28条的评注中详述。

第三顺序:适格监护人之间通过协商确定的监护人。本项具体内容将在对第29条的评注中详述。

第四顺序:未成年人的祖父母、外祖父母。

第五顺序:未成年人的成年兄、姐。

第六顺序:经未成年人住所地的"两委会"或者民政部门同意的其他愿意担任监护人的个人或者有关组织。当有多数个人或组织有意愿担任监护人并均具备法定监护能力时,有权机关应一并认可其法定监护人资格,不得无故否认,只是最终需要通过监护人之间相互协商或有权机关指定的方式,确定其中一方或几方担任未成年人监护人。

需要注意的是,由于监护在本质上是一种职责,是权利和义务的有机统一,监护人所担负的不只是对被监护人个人的责任,还有对社会和国家的责任。[①] 因此,《民法总则》对于父、母、祖父母、外祖父母、兄、姐等与被监护人血缘关系最为紧密的法定监护人采取了限制原则,未赋予其拒绝担任监护人的权利;对其他个人或有关组织,则采取了任意原则,允许其选择不担任未成年人的监护人。

三、其他问题

有关组织担任监护人的资格条件尚待明确。随着我国公益事业的不断发展,有监护意愿和能力担任未成年人监护人的社会组织日渐增多,由这些适格的社会组织承担监护人职责,确实可以对传统的家庭监护形成有益补充,也能够有效缓解国家有关机关所面临的监护压力。在此背景下,《民法总则》第27条规定有关组织可以担任未成年人的监护人。

然而,与未成年人的亲属或其他密切关系人相比,社会组织与未成年人之间的关系毕竟较为特殊,行使监护职责的方式和方法也存在较大不同。因此,有必要通过制度手段对其监护能力作出明确要求,并督促其充分履行监护职

① 参见王利明:《民法总则研究》,中国人民大学出版社2012年版,第251页。

责,以实现对未成年人合法权益的妥善保护。不过,由于《民法总则》刚刚出台,因此我国相关配套制度还正处于建章立制阶段。在设立相关规则时,可重点从如下几个方面对相关组织作出要求:

第一,应具备注册成为非营利法人的登记条件;

第二,业务范围中应明确包含未成年人监护工作,并将保护未成年人利益作为运营宗旨之一;

第三,应拥有足够数量且具备适当监护能力的工作人员,并有条件对其开展培训和监督工作;

第四,应拥有健全的组织治理结构、员工管理制度、财务管理制度、风险防控机制和信息公示制度。

第二十八条 【成年人法定监护人的范围和顺序】

无民事行为能力或者限制民事行为能力的成年人,由下列有监护能力的人按顺序担任监护人:

(一)配偶;

(二)父母、子女;

(三)其他近亲属;

(四)其他愿意担任监护人的个人或者组织,但是须经被监护人住所地的居民委员会、村民委员会或者民政部门同意。

一、历史由来

(一)对《民法通则》的承继和修订

本条在承继《民法通则》第17条第1款主体内容的基础上,在如下几个方面作出了一定幅度的调整:

第一,结合《民法总则》第21、22条对无民事行为能力和限制行为能力人认定规则的调整,将成年监护对象的范围扩大至所有不能辨认或不能完全辨认自己行为的无民事行为能力或者限制民事行为能力人,而不再以精神病人为限。

第二,对成年人法定监护人的范围稍作调整,规定其他社会组织在一定条件下可以担任成年人的法定监护人。

第三,对法定监护人的监护顺序稍作调整,将子女与父母并列,上升为第二顺位。

第四,取消了被监护人所在单位对于其他个人或有关组织担任监护人的同意权,并代之以民政部门。

(二)《民法总则》的审议过程

1. 2015年8月全国人大法工委"民法总则民法室室内稿"

立法者基于在先条款中对于行为能力欠缺者认定规则的调整,将成年被监护人的范围进行了扩张,删除了“精神病人”的前置条件。同时,在取消被监护人单位的同意权的同时,规定当关系密切的其他亲属、朋友表示愿意承担监护职责时,应由“两委会”或民政部门对其进行选任。具体条文如下:

“第二十四条　无民事行为能力或者限制民事行为能力的成年人,由下列人员中有监护能力的人担任监护人:

(一)配偶;

(二)父母;

(三)成年子女;

(四)其他近亲属;

(五)关系密切的其他亲属、朋友愿意承担监护责任,由被监护人住所地的居民委员会、村民委员会或者民政部门根据最有利于被监护人的原则确定。

没有前款规定的监护人的,由被监护人住所地的居民委员会、村民委员会或者民政部门担任监护人。”

2. 2016 年 5 月《民法总则(草案)征求意见稿》

立法者恢复了《民法通则》中关于由关系密切的其他亲属、朋友担任监护人的相关规定,“两委会”或民政部门仅享有对其监护人资格的同意权,而不再直接对监护人进行选任。具体条文如下:

“第二十六条　无民事行为能力或者限制民事行为能力的成年人,由下列人员中有监护能力的人担任监护人:

(一)配偶;

(二)父母;

(三)成年子女;

(四)其他近亲属;

(五)关系密切的其他亲属、朋友愿意承担监护责任,经被监护人住所地的居民委员会、村民委员会或者民政部门同意的。”

3.《民法总则(草案)》的三次审议稿

《民法总则(草案)》(一审稿)基本沿用了前一版本的条文表述,但将“其他近亲属”与“关系密切的其他亲属、朋友”这两类监护人合并,作统一表述。

具体条文如下：

“第二十七条　无民事行为能力或者限制民事行为能力的成年人，由下列人员中有监护能力的人依次担任监护人：

（一）配偶；

（二）父母；

（三）子女；

（四）其他愿意承担监护责任的个人或者有关组织，经被监护人住所地的居民委员会、村民委员会或者民政部门同意的。”

《民法总则（草案）》（二审稿）较之于一审稿，共作了两处调整：一是将子女提升至第二顺位，与父母并列；二是重新将“其他近亲属”作为单独一类的法定监护人。具体条文如下：

“第二十八条　无民事行为能力或者限制民事行为能力的成年人，由下列人员中有监护能力的人依次担任监护人：

（一）配偶；

（二）父母、子女；

（三）其他近亲属；

（四）其他愿意担任监护人的个人或者有关组织，经被监护人住所地的居民委员会、村民委员会或者民政部门同意的。”

《民法总则（草案）》（三审稿）基本延续了二审稿的条文表述，只是在修辞上将“依次序”调整为了“按顺序”。

二、规范目的与含义

（一）规范目的

本条的规范目的与第26条基本相同，只是监护对象从未成年人变为了无民事行为能力或限制行为能力的成年人。然而，由于在现实生活中，成年监护的对象往往存在较为严重的精神、智力或身体障碍，监护难度较之未成年人更大，监护人之间相互推诿监护职责的情况也更易发生。因此相较于未成年人监护，本条对于成年人法定监护人范围和监护顺序的规定，对于切实保护被监护人的合法权益，具有更为重要的现实意义。

(二)规范含义

1. 成年被监护人范围的界定

在未成年监护制度中,年龄是划定监护对象范围的唯一标准,根据本条规定,划定成年监护对象范围的唯一标准,是民事行为能力。这就是说,只有当十八周岁以上的自然人不能辨认或不能完全辨认自己行为时,其才能成为被监护的对象。至于如何判断成年人的民事行为能力是否存在欠缺,可参见前文对于民事行为能力相关条款的评注内容。

需要说明的是,立法机关在《民法总则(草案)》(一审稿)的说明中指出,本条规定删除了《民法通则》第17条中关于"精神病人"的规定,并"将智力障碍者以及因疾病等原因丧失或者部分丧失辨识认知能力的成年人也纳入被监护人范围,有利于保护其人身财产权益,也有利于应对人口老龄化问题,更好地维护老年人权益"。从实际效果来看,上述论断无疑是正确的,但仍需厘清的是,真正使得成年被监护人范围得以扩大的原因,并非是监护制度的调整,而是对民事行为能力制度的修订。因此可以说,在成年被监护人范围的界定规则方面,《民法总则》与《民法通则》并无实质性差别,至多算是一种量变。在此种规则之下,如果成年人仅仅因为年老、疾病或残疾等原因面临生活不便,但尚未达到不能辨认或不能完全辨认自己行为的程度,那么其仍然无法得到监护制度的保护。

总体来说,相较于近几十年来国外监护制度的发展趋势,《民法总则》坚持将成年监护关系设立与民事行为能力挂钩的做法,已经略显保守。虽然结合民事行为能力制度的调整,能够在一定程度上缓解老龄化社会发展所带来的现实问题,但却有治标不治本之嫌,对此将在下文予以讨论。

2. 成年人法定监护人的范围和监护顺序

鉴于担任成年人法定监护人所需的积极和消极条件,与未成年人监护人的标准基本相同,故仅结合二者在家庭成员和人际关系结构上存在的差别,对成年被监护人的法定监护人范围和监护顺序进行说明:

第一顺序:配偶。所谓配偶,是指婚姻关系存续期间的夫妻双方。与父、母作为子女第一顺位监护人之地位,只可能因法定原因被终止或撤销不同,在成年人法定监护规则中,配偶虽然顺位在前,但可以通过协议方式将监护职责自始交由后位法定监护人承担。

第二顺序：父母、子女。将子女提升至与父母同一顺位，主要是考虑到有些成年人的父母年事已高，体力和精力的限制很可能使其无法有效履行监护职责。相较之下，由被监护人的成年子女承担监护职责，不仅是后者履行赡养、照顾和保护义务的具体体现，在客观上也可能更有利于被监护人合法权益的保护。

第三顺序：其他近亲属。所谓被监护人的其他近亲属，根据我国现行法律规定及传统宗亲观念，主要包括成年兄弟姐妹、祖父母、外祖父母、孙子女、外孙子女等直系血亲。在本条的审议过程中，其他近亲属作为法定监护人的规定曾经被删除后又恢复，这主要是考虑到，在现实生活中，有不少行为能力存在欠缺的成年人是由其兄弟姐妹或其他近亲属照料，赋予这些近亲属法定监护人资格，不仅有利于保护被监护人利益，与我国传统亲族观念也是相符合的，对于弘扬社会主义家庭伦理美德亦有促进作用。

第四顺序：经被监护人住所地的居民委员会、村民委员会或者民政部门同意的，其他愿意担任监护人的个人或者有关组织。

与未成年人法定监护规则相同，为了保护成年被监护人的合法权益，《民法总则》对于配偶、父、母、子女、其他近亲属等法定监护人同样采取了限制原则，除非丧失监护能力，否则不得拒绝担任监护人；对其他个人或有关组织，则依然采取任意原则，允许其选择不担任未成年人的监护人。

三、其他问题

1. 成年监护制度的改革趋势

自20世纪中叶以来，随着人权保护观念的兴起以及社会老龄化问题的出现，在全球范围内引发了一场监护制度改革的浪潮，其中一个最为突出的发展趋势便是，弱化行为能力与监护关系设立之间的联系，使监护制度的保护对象范围扩张至所有不能正常照顾自己利益的成年人，而不再以其行为能力欠缺作为前置条件。[①] 此种趋势，在德国、日本民法以及我国台湾地区“民法典”对于传统成年监护制度（禁治产制度）的改革中表现的尤为突出。

---

① 参见赵虎、张继承：《成年人监护制度之反思》，载《武汉大学学报》（哲学社会科学版）2011年第2期。

(1)德国法

经过《关于改革监护法和成年保佐法的法律》和《修改照管法及其他规定的法律》这两部法律的先后颁布施行,德国法完成了对于传统成年监护制度的改革,旧法中的禁治产宣告制度和成年人监护、保佐制度被"法律上的照管"制度所取代。① 在新制度下,需要接受他人照管的对象,主要指由于心理疾患或身体上、精神上或心灵上的残疾而完全或部分不能处理其事务的成年人,②结合《德国民法典》第104条关于自然人行为能力的规定可知,此种照管对象并不局限于行为能力欠缺者,还包括其他虽具有完全行为能力但仍需通过照管制度对其进行辅助的主体,如身体中障碍者和严重疾病患者。③ 而对于照管人的确定,《德国民法典》并未直接列举照管人的类型和顺序,而是根据照管对象的行为能力,设置了不同的照管人选任规则。如果照管对象是无行为能力人,那么监护法院应依职权任命照管人;反之,则需依据照管对象的申请任命照管人。

(2)日本法

与旧法相比,在2000年《日本民法典》对于成年人监护制度的修改中,"将原来的'禁治产'和'准禁治产'这两种过于僵硬的制度改为由三种类型组成的、可操作性强的实用制度"。④ 具体包括保护"因精神障碍,经常处于欠缺事理认识能力状态的人"的监护制度、保护"因精神障碍事理辨识能力显著不充分的人"的保佐制度,以及保护"因精神障碍事理辨识能力变得不充分的人"的辅助制度。⑤ 在这三种制度中,被监护人、被保佐人和被辅助人的行为能力依次递增,而其对于监护人、保佐人和辅助人的依附程度也随之逐渐递减。

在监护人、保佐人和辅助人的选任方面,修改后的《日本民法典》删除了配偶一方当然作为另一方监护人或保佐人的规定,改由家庭裁判所指定最为适

① 参见秦伟、亓麟:《成年监护立法路径论》,载《山东社会科学》2012年第3期。

② 参见《德国民法典》第1896条。

③ 参见李霞:《成年监护制度的现代转向》,载《中国法学》2015年第2期。

④ 渠涛:《中日民商法研究》(第一卷),法律出版社2003年版,第388页。

⑤ 参见刘金霞:《德国、日本成年监护改革的借鉴意义》,载《中国青年政治学院学报》2012年第5期。

当的人担任监护人或保佐人。[①] 鉴于被辅助人具有相对完整的行为能力,因此,应根据被辅助人的申请对辅助人进行选任,或至少需要得到被辅助人的同意。[②]

(3)我国台湾地区

在我国台湾地区"民法典"中,为了增加成年人监护制度的弹性,在针对行为能力欠缺者设置的监护宣告制度之外,另外设置了辅助宣告制度。与受监护宣告之人相比,受辅宣告之人虽因精神障碍或其他心智缺陷,致其为意思表示或受意思表示或辨识其意思表示效果之能力显有不足,但并未达到丧失行为能力的地步。此种制度设计,在通过辅助人的设置,加强了对精神障碍或其他心智缺陷程度较轻微者保护的同时,也为其预留了充足的意思自治空间,[③]只是在实施特定法律行为时方需要得到辅助人的同意,以保障其能够理性对待自己的权益。[④]

结合上述三个国家和地区的成年监护制度可以看出,在此次监护制度改革中,一个贯穿始终的核心理念就是,改变以往先剥夺监护对象行为能力,再通过监护制度对其进行保护的做法,而将法律介入缩小到必要的最小限度,并按监护对象的具体情况予以弹性照顾。[⑤]

2.《民法总则》相关制度的调整方向

如前文所述,我国《民法总则》对于成年监护对象范围的界定,并未与行为能力实现脱钩,仍然采取了以行为能力作为划分标准的二元结构。这可能使得众多虽有受特殊照顾需要,但尚未达到丧失行为能力程度的成年人,被排除于监护制度的保护范围之外。在我国老龄化社会趋势日益明显的大背景下,此种非此即彼的单一化制度设计,恐难以有效满足社会发展需要。[⑥] 要想有效解决这一问题,有以下两条路径可供选择。

---

① 参见《日本民法典》第841条。

② 参见《日本民法典》第14、16、876条。

③ 参见李昊:《大陆法系国家(地区)成年人监护制度改革简论》,载《环球法律评论》2013年第1期。

④ 参见李霞:《台湾地区新修正的成年监护制度及其评析》,载《法学论坛》2010年第5期。

⑤ 参见刘得宽:《新成年监护制度之检讨》,载《法学丛刊》1997年第4期。

⑥ 参见李霞:《成年监护制度的现代转向》,载《中国法学》2015年第2期。

(1)立法论的解决路径

在我国未来的相关立法中,可适当参考借鉴比较法上的成熟经验,根据成年人在行为能力和保护需求上的具体差异,设置多层次、细分化的成年人监护规则,从而扩大成年监护制度的保护范围。具体来说,可在现行成年人监护制度之外,另设与其相衔接的成年人辅助制度,专门适用于那些虽依其智力和精神状态尚能辨认自己的行为,但却因身体上的障碍(如视觉、听觉、语言和肢体障碍),需要借助他人辅助对自己的权益作出安排的成年人。鉴于此类被辅助人尚有完全行为能力,因此在辅助制度相关规则的建构过程中,应充分体现对被辅助人自主意愿的尊重。具体表现在以下几个方面:

第一,在法院判断是否有必要进行辅助宣告时,应充分考虑被辅助人自己的意愿,并优先确定被辅助人根据自己意愿选择的辅助人人选。

第二,在确定辅助职责内容和履行辅助职责时,应遵循必要性原则。即辅助人应在对本人造成最小限制的范围内行使监护职责,对于一般性事务的处理,被辅助人仍保有最终决定权,只有在处理与其人身财产权益存在重大关联的事项(如处置重大资产、参与诉讼等)时,被辅助人行为的有效性需要以得到辅助人的同意为前提条件。

(2)解释论的解决路径

鉴于《民法总则》刚刚通过,在短时间内对成年监护制度进行大幅调整恐难度较大,因此更为现实的解决方法是,通过限制民事行为能力制度和尊重被监护人自主决定权原则的相互配合,达到完善成年监护制度的实际效果。

具体来说,将监护关系设立与行为能力挂钩不利于监护对象范围的适当扩张,主要原因在于,宣告特定民事主体的行为能力存在欠缺,将意味着其行为自由受到极大限制,并在一定程度上被置于“他治”的地位。因此,法院在宣告行为能力欠缺时往往会十分谨慎,即使是宣告为限制行为能力人,也需要被申请人达到丧失正常认识能力的程度。

然而,与宣告完全丧失行为能力不同,宣告为限制行为能力存在较大的灵活适用空间,如果辅之以《民法总则》第 35 条第 3 款中关于尊重被监护人自主决定权的规定,可以在相当程度上缓和行为能力欠缺对被监护人行为自由造成的限制,从而在现行成年监护制度项下实现对监护对象范围的适当扩张。

具体做法为，人民法院在受理以设立监护关系为目的的限制行为能力宣告申请时，可适当放宽限制行为能力的认定标准，将更多需要特殊照顾的民事主体纳入其中。同时，在对此类被申请人进行限制行为能力宣告时，应结合其智力、精神健康状况等因素，对能够独立处理的事务范围进行界定，从而最大限度排除监护人对其行为自由的影响，并确保其在该范围内实施的法律行为能够正常产生法律效力。

总而言之，无论选择上述何种路径，核心目标均只有一个，即通过不断细化成年监护制度的适用规则，使现实生活中更多需要特殊照顾的民事主体，都能藉由监护制度得到有效保护。根据不同监护对象自身行为能力的强弱，监护职责的履行方式也应有所不同，逐渐从控制向辅助过渡。

第二十九条 【遗嘱监护】

被监护人的父母担任监护人的，可以通过遗嘱指定监护人。

一、历史由来

(一)对《民法通则》制度漏洞的填补

遗嘱监护是《民法总则》中新增规定，其填补了《民法通则》监护规则中的一个制度漏洞。立法者之所以新增此项规则，主要基于以下两方面考虑：第一，基于父母与子女之间最为亲密的血缘关系，允许父母在因死亡来临而无法继续履行监护职责时，通过遗嘱方式为其子女指定监护人，有利于最大限度保护被监护人的合法权益，并为其健康成长创造良好的环境；①第二，允许父母通过遗嘱方式指定监护人，既是对父母享有之亲权的尊重，也是现代民法人文关怀精神的具体体现。②

(二)《民法总则》的审议过程

1. 2015 年 8 月全国人大法工委“民法总则民法室室内稿”

在该版本中，尚无关于遗嘱继承的规定。

2. 2016 年 5 月《民法总则(草案)征求意见稿》

首次出现了关于遗嘱继承的规定，但并未作为单独条文规定，而是与未成年人法定监护人规则置于同一条款之中。具体条款如下：

“第二十五条　未成年人的父母是未成年人的监护人。父母对未成年子女负有照管和保护的义务。

未成年人的父母已经死亡或者没有监护能力的，由下列人员中有监护能力的人担任监护人：

---

① 参见杨大文：《亲属法》，法律出版社 2012 年版，第 279 页。

② 参见余延满：《亲属法原论》，法律出版社 2007 年版，第 486 页。

（一）祖父母、外祖父母；

（二）成年兄、姐；

（三）关系密切的其他亲属、朋友愿意承担监护责任，经未成年人住所地的居民委员会、村民委员会或者民政部门同意的。

未成年人的父母可以通过遗嘱指定未成年人的监护人；其父、母指定的监护人不一致的，以后死亡一方的指定为准。”

从此种体例安排中可以合理推知，立法者当时对于遗嘱监护适用范围的界定，应仅限于父母为未成年子女指定监护人，而不包括为成年子女选任监护人。

3.《民法总则（草案）》的三次审议稿

《民法总则（草案）》（一审稿）对于遗嘱监护制度的规定，无论在内容还是体例安排上，与“室内稿”、征求意见稿均无不同。但在《民法总则（草案）》（二审稿）中，立法者对父、母指定监护人不一致时的处理规则进行了调整，从“以后死亡一方的指定为准”修改为了“应当尊重被监护人的意愿，根据最有利于被监护人的原则确定。”具体条款如下：

“第二十七条　未成年人的父母是未成年人的监护人。

未成年人的父母已经死亡或者没有监护能力的，由下列人员中有监护能力的人依次担任监护人：

（一）祖父母、外祖父母；

（二）兄、姐；

（三）其他愿意担任监护人的个人或者有关组织，经未成年人住所地的居民委员会、村民委员会或者民政部门同意的。

未成年人的父母可以通过遗嘱指定未成年人的监护人；其父、母指定的监护人不一致的，应当尊重被监护人的意愿，根据最有利于被监护人的原则确定。”

在《民法总则（草案）》（三审稿）中，立法者将遗嘱监护从未成年人法定监护规则中移出，单作一条进行规定。此种变化，预示着遗嘱监护适用范围的调整。此外，该版本中还删除了关于父、母指定监护人不一致时的处理规则。具体条文如下：

“第二十八条　被监护人的父母可以通过遗嘱指定监护人。”

在《民法总则》中,立法者采取了更为严谨的文字表述,将有权通过遗嘱指定监护人的主体,限定于正在承担监护职责的被监护人父母,而非所有被监护人的父母。

二、规范目的与含义

(一)规范目的

在现行各类监护人选任规则中,法定监护与指定监护因受选任机关自身能力和特点所限,往往只能依据社会一般标准(主要为亲等排序)对监护人进行选任,而较少关注被监护人的个性化需求。法定监护人之间以协议方式选任监护人,则主要反映的是监护人之间的利益博弈,虽然法律要求尊重被监护人的真实意愿,但由于对其是否拥有否决权未作明确规定,因此在实践中,是否真的能够做到优先考量被监护人的利益并不得而知。相较之下,唯有父母通过遗嘱方式指定监护人,能够真正做到以被监护人的实际需求为基础,并在不掺杂任何个人利益考虑的情况下,作出最有利于被监护人合法权益保护的选任结果。有鉴于此,《民法总则》在第29条专门设立了遗嘱监护制度,允许被监护人的父母通过遗嘱方式为其子女指定监护人。

(二)规范含义

遗嘱监护制度历史久远,最早可追溯至罗马法时代,只是限于当时的社会和历史条件,该项权利通常只由家长所享有。此后,随着人类社会的发展,家长权已经基本消亡,但在大陆法系许多国家和地区的立法中,遗嘱监护规则却依然得到了延续,只不过设置遗嘱继承的权利基础,从父权或夫权变为了父母对于子女的亲权,父、母均有权通过遗嘱为其子女指定监护人。[①] 我国现行法虽然尚未设立亲权制度,但本条规定之遗嘱监护的理论基础,依然根植于父母与子女之间特殊的身份关系之上。

具体来说,本条规定虽然文字表述简单,但字字珠玑,具有较为丰富的规

① 参见《德国民法典》第1776~1777条、《法国民法典》第397条、《日本民法典》第839条、我国台湾地区“民法典”第1093条等。

范内容,可大致从以下几方面对其规范含义进行理解。

1. 遗嘱监护的生效要件

根据本条及《民法总则》其他条款的相关规定,父母以遗嘱方式指定监护人,应具备如下生效要件:

第一,指定监护人的遗嘱应符合遗嘱生效的实质和形式要件。虽然遗嘱监护系属监护制度范畴,但指定监护人作为一项意思表示,若想产生预期的法律效力,则必须以其载体,即遗嘱本身的合法有效为前提条件。至于何为有效的遗嘱,可参考《继承法》的相关规定,在此不赘。

第二,遗嘱监护的适用对象,既包括父母的未成年子女,也包括其行为能力存在欠缺的成年子女。在比较法上,由于遗嘱监护制度根基于亲权,因此大多只适用于父母为未成年子女指定监护人的情形。质言之,是亲权的存在使得父母的监护人地位有别于其他法定监护人。然而,当父母因子女成年而不再享有亲权时,是否还能够通过遗嘱方式为其指定监护人,结合本条在《民法总则》起草时的修订历程,立法者给出的答案应该是肯定的。

具体来说,虽然从法定监护顺序来看,父母作为成年子女监护人的地位并无特殊之处,仅与被监护人的子女处于相同顺位,而位列被监护人的配偶之后。但在现实生活中,即使子女已经成年,父母对其的感情往往仍然是最为真挚的,父母对子女所能做到的无条件付出,也往往是配偶和子女无法企及的。而且,在由父母担任监护人的情况下,被监护人大多没有配偶或子女。在此种情况下,赋予成年人的父母通过遗嘱方式为其选定监护人的"特权",对于被监护人来说可谓有益无害。

第三,遗嘱监护只能由被监护人的父母作出,且该父母的监护权不能被终止或撤销。如前所述,遗嘱监护的理论基础在于父母与子女之间的特殊身份关系,因此,除了父母之外,被监护人的其他法定监护人无权通过遗嘱为其指定其监护人。但需注意的是,父母与子女之间的特殊身份关系,只是前者享有通过遗嘱指定监护人的必要条件,只有当父母确实对其子女承担监护职责时,才真正有权通过遗嘱方式指定监护人。此外,与比较法上大多将遗嘱监护的主体范围限定为担任未成年监护人的父母不同,《民法总则》将该范围扩大到了所有担任监护人的父母。也就是说,虽然根据《民法总则》第 28 条之规定,父母在无民事行为能力或者限制民事行为能力的成年人的监护人顺序中,仅与其子女共同位列第二顺序,但当父母担任其成年子女的监护人时,依然有权根据本条规定,通过遗嘱指定继任监护人,而其他更高或相同顺位监护人则并无此权利。

第四,遗嘱应由最后行使监护权的父或母一方作出。在《民法总则》立法过程中,立法者对于父、母指定监护人不一致时的处理规则曾经有过较大调整,而最终选择不对此问题作明确规定。不过,结合监护制度的其他相关规定,我们依然可以合理推知,唯有最后行使监护权的父或母一方,方有权利做出有效的遗嘱监护。这是因为,根据《民法总则》第 27 条之规定,如果父或母有一方先死亡时,另一方仍然能够对子女承担监护职责,那么就根本没有必要选任新监护人。即使先死亡一方在遗嘱中表示希望由其他主体担任监护人,根据《民法总则》第 36、39 条之规定,也不能直接产生撤销或终止其配偶监护权的法律效果。此外,对于遗腹子,虽然父母在设立遗嘱监护之时尚无监护权,但应例外地承认此种遗嘱监护的效力。

2. 设立遗嘱监护的法律效果

当父母指定监护人的遗嘱符合上述要件后,遗嘱监护即产生其法律效果,主要表现为遗嘱监护的优先效力,即遗嘱指定的监护人相较于其他法定监护人,在监护人选任上处于在先顺位,除非有法定原因(如被指定人丧失监护能力),否则任何人不得擅自变更此种顺位安排。需要注意的是,有效的遗嘱监护只会确定的改变监护顺序,而并不会使被指定人在遗嘱人死亡后直接成为被监护人的监护人,只有在其表示愿意承担此项监护职责后,才会正式成为监护人。反之,如果被指定人拒绝接受此项任命,监护人则将继续根据法定监护或指定监护的相关规则进行选任。

三、其他问题

(一)不同监护设立方式之间的关系

在本条增设遗嘱监护规则后,我国《民法总则》中所规定的监护设立方式,共包括法定监护、指定监护、遗嘱监护和意定监护四类,而这四类监护设立方式在法律适用上的关系,可大致作如下归纳:

第一,以遗嘱监护和意定监护为原则。相较于法定监护,遗嘱监护和意定监护,对于监护人的选任具有优先效力。具体来说,此种优先效力主要体现在两个方面:其一,当作为监护人的父、母作出有效的遗嘱监护后,遗嘱指定的监护人将有权优先于其他法定监护人,对被监护人承担监护职责。同样,当民事主体与他人订立的监护合同生效后,受任人也应优先于其他法定监护人而直接承担监护职责。其二,承担监护职责的父、母或具有完全行为能力的成年人,可在法定监护人的范围以外,指定其他具备监护能力的主体担任监护人,而无需征得民政部门或“两委会”的同意。

第二,以法定监护为基础。虽然遗嘱监护对于监护人的选任具有优先效力,但在现实生活中,并非所有父、母都会通过遗嘱方式为其子女指定监护人。此时,就需要通过法定监护规则来填补父、母意思的空缺,为被监护人选择最为恰当的监护人。更为重要的是,法定监护规则对于被监护人来说,还具有兜底保护的功效,可有效防止无人承担监护职责的情况出现。质言之,从民法规范分类的角度来看,法定监护属于监护人选任规则中的任意性规范,具有补足当事人意思之功能,是选任监护人的基础性规则。

第三,以指定监护为保障。在大多数情况下,根据遗嘱监护或法定监护的相关规定,即可最终确定应由何人担任监护人。但是,当有关当事人对担任监护人存在争议,且仅凭遗嘱监护或法定监护规则本身无法得到妥善解决时,就必须通过引入中立第三方的判断,来确保监护人的选任结果合法有效,且符合最有利于被监护人原则的要求。立法者创设指定监护规则的目的即在于此。总而言之,只有在有关当事人对根据遗嘱监护或法定监护规则确定之监护人存在争议时,有关单位方可根据指定监护规则对监护人进行指定。

(二)遗嘱监护规则有待进一步完善

《民法总则》中对于遗嘱监护规则的规定相对简单,虽然能够通过解释使其规范含义得以厘清,但从实际操作角度来看,某些程序性规则仍有进一步完善的空间。因此,在未来的相关立法或司法解释中,可重点对以下规则作出规定:

第一,设定被指定人对监护指定的回复期间。在父母双方均不幸离世的情况下,能否及时确定监护人人选,直接关涉未成年子女合法权益的保护。因此,有必要设置一个较为明确的固定期间(如知道遗嘱监护指定后15日),要求被指定人在该期限内对是否接受指定做出明确回复。如果未在法定期限内回复,则视为其拒绝指定,法定监护开始启动。

第二,规定被指定人对监护指定的回复方式。在法定监护和指定监护中,公权力的介入使得监护人的选任结果具有一定的公示性,这不仅在一定程度上能够起到稳定监护关系,督促监护人履行监护职责的作用,而且也与监护制度维护社会正常秩序的功能要求相暗合。然而在遗嘱监护中,由于对监护人的选任主要由遗嘱人和指定人的个人意思所决定,因此其结果具有较强的私人属性,而公示性不足。为妥善解决这一问题,有必要对被指定人对于监护制定的回复方式作出规定。

鉴于我国人民法院尚未设立专门的监护法庭或监护备案制度,可考虑借助遗嘱执行的相关规则,要求被指定人在法定期限内向遗嘱执行人作出明确回复,从而完成对于监护人职责的接任或拒绝。

(三)明确父母同时死亡时遗嘱监护的法律效力

在通常情况下,由最后行使监护权的父母一方做出遗嘱监护,并不会引发法律争议。然而,当父、母同时死亡且各自指定的监护人不尽相同时,仅凭该规则是无法确定应由何人承担监护职责的。鉴于现行立法对此未作明确规定,故有必要对其进行专门探讨。并通过明确相关规则减少不必要的法律纠纷。

值得注意的是,为解决这一问题,立法者曾在《民法总则》(二审稿)中,将遗嘱监护的适用规则修改为“父、母指定的监护人不一致的,应当尊重被监护人的意愿,根据最有利于被监护人的原则确定。”这意味着,当父母同时死亡且遗嘱指定监护人不同时,应根据指定监护规则确定未成年子女的监护人。

然而,此种完全否定父、母意思自治法律效力的做法,不仅与遗嘱监护的制度初衷不相符合,而且也与监护人选任规则的正常适用顺序相违背。当面对父母同时死亡且遗嘱指定监护人不同情形时,仍应最大限度尊重父、母的真实意愿为原则,根据指定监护人的具体情况区别对待,而不宜直接否定遗嘱监护的法律效力。具体如下:

第一,如果父、母在各自指定监护人的同时,并未明确排除另一方指定的监护人,则应继续保持遗嘱监护的优先效力,由被指定人通过协议确定监护人。如果协商不成,则由有权机关根据指定监护规则,在遗嘱指定的监护人范围内做出选择。

第二,如果父、母在各自指定监护人的同时,明确排除了另一方指定的监护人,那么,根据担任监护人所需具备的消极要件,应在未被明确排除的被指定人范围内确定监护人。如果双方指定的监护人均被明确排除,则遗嘱监护应被宣告无效。此时,根据前述监护人选任规则的适用顺序,应首先根据法定监护规则确定监护人。

第三十条 【协议确定监护人】

依法具有监护资格的人之间可以协议确定监护人。协议确定监护人应当尊重被监护人的真实意愿。

一、历史由来

（一）对《民法通则》继承和修订

本条基本承继了《执行民法通则意见》第15条的规范内容，并新增了关于协议确定监护人时，应当尊重被监护人真实意愿的要求。该条规定是私法自治原则在监护制度中的具体体现，一方面，允许适格监护人以协议方式，根据自己的意愿对监护职责进行分配；另一方面，则强调了协议结果应当尊重被监护人的真实意愿。毕竟，监护法律关系的确立事关双方主体利益，而被监护人作为相对弱势一方，在监护人选任过程中尊重其真实意愿，对于保护被监护人合法权益这一制度目标的实现，具有十分重要的意义。

（二）《民法总则》的审议过程

1. 2015年8月全国人大法工委"民法总则民法室室内稿"

立法者已对协议确定监护人规则进行专条规定，具体条文如下：

"第二十五条　有监护资格的人之间可以协议确定监护人。协议确定监护人的，应当听取限制民事行为能力的谈监护人的意见。"

2. 2016年5月《民法总则（草案）征求意见稿》

该稿主要有两处调整：一是仅规定"监护人可以协议确定"，而未明确强调订立协议的主体，必须是具有监护资格的人；二是不再区分被监护人是否具有限制行为能力，转为概括性的规定协议确定监护人时，应当尊重被监护人的意愿。具体条文如下：

"第二十七条　监护人可以协议确定。协议确定监护人的，应当尊重被监护人的意愿。"

3.《民法总则(草案)》的三次审议稿

《民法总则(草案)》(一审稿)完全延续了征求意见稿的条文表述,《民法总则(草案)》(二审稿)也只是出于语句通顺的考虑,将"监护人可以协议确定"改为"监护人可以由协议确定"。在《民法总则(草案)》(三审稿)中,立法者出于用词更为严谨的考虑,在"被监护人的意愿"中增加"真实"二字。具体条文如下:

"第二十九条　监护人可以由协议确定。协议确定监护人的,应当尊重被监护人的真实意愿。"

《民法总则》为了避免不必要的歧义,提高该条规定在实际操作中的确定性,立法者在前半句基本恢复了"室内稿"的表述方法,强调了订立协议的主体必须是依法具有监护资格的人。

二、规范目的与含义

(一)规范目的

从法律性质上看,本条规定应属于法定监护范畴,法律之所以允许具有监护资格的人通过协议方式对监护顺序进行调整,主要是为了解决法定监护顺序僵化、死板的固有缺陷,希望可以通过意思自治要素的加入,使社会生活的实际情况和监护双方的主观意愿得到充分考量,从而作出最为合理的监护人选任安排。例如,当被监护人是老年人时,其配偶的年纪可能也已经很大,监护能力较为有限,通过协议方式确定由其他具有监护资格的人承担监护职责,无疑是一个更为合理的选择。

因此在司法实践中,如果具有监护资格的人之间选择通过协议方式确定监护人,且协商结果不违背被监护人的真实意愿,那么就应以协议内容为准确定监护人。事实上,从制度功能的角度出发,本条与指定监护存在异曲同工之处,均为对法定监护顺序的校正,只不过前者依靠的是监护人之间的意思自治,而后者则是有权机关的外力介入。

(二)规范含义

1. 协议确定监护人规则的适用范围

根据本条规定,依法具有监护资格的人,可以通过协议方式确定监护人,此种监护人选任方式,同时适用于未成年人监护和成年监护,二者在适用规则上并无实质差异。

所谓依法具有监护资格的人,指的是《民法总则》第27、28条规定的各类法定监护人,但未成年子女的父、母除外。此外,结合《民法总则》第32条的条文表述可以看出,被监护人住所地的"两委会"和民政部门也不属于"具有监护资格的人"之列。具体来说,之所以本条规定不适用于未成年子女的父、母,主要原因在于,与其他监护人不同,父、母对未成年子女承担的监护职责系基于其特殊的身份关系,因此,只要未发生监护权终止或被撤销的法定事由,任何人均不得擅自改变父母的监护人身份。反之,父母也不得以协议方式将监护人身份转交他人,但这并不妨碍其在必要情况下,通过协议将部分或全部监护职责委托给他人,对此将在下文予以详述。

2. 协议确定监护人的形式要件和实质要件

在协议确定监护人规则中,处于不同监护顺序的具有监护资格的人,均可平等参与协商并以协议方式对监护人进行选任。根据本条及《民法总则》监护制度的其他相关规定,协议确定监护人应符合如下形式和实质要件:

(1)形式要件

虽然本条并未对协议确定监护人的形式作明确规定,但鉴于监护人的选任结果,对于监护法律关系双方当事人都会产生十分深远的影响,因此,为确保监护人之间所达成协议的严肃性和准确性,至少应要求当事人采用书面形式订立协议。

(2)实质要件

根据本条规定,监护人之间的协议若想产生预期的法律效力,除了需要具备合同生效的一般要件外,还需要尊重被监护人的真实意愿,而这将引出两个问题:

第一,如何探知被监护人的真实意愿。所谓被监护人的真实意愿,应主要依据主观标准进行判断,即强调对被监护人内心真意的探知。这主要是因为,对于被监护人来说,监护人的选任不仅是一项法律关系的创设,更是一个包含了诸多情感因素的选择,而后者在根据客观标准得出的结论中往往难以得到充分体现。

鉴于依据主观标准对被监护人真实意愿进行判断的前提条件，是被监护人有能力将其内心真意表达于外，因此在通常情况下，本条中所说的被监护人应为限制行为能力人。但是，考虑到表达对监护人选的意愿并不是一项法律行为，不直接产生法律效果，因此，即使被监护人是无民事行为能力人，但只要其能够清晰地表达自己的意愿，那么该意愿也应得到必要的尊重。

第二，如何尊重被监护人的真实意愿。在司法实践中，首先应明确区分尊重被监护人的真实意愿与完全按照其意愿执行之间的关系，毕竟，法律并未赋予被监护人选择监护人的决定权。因此，在协议确定监护人时，仍应将最有利于被监护人原则置于最高位阶，只有当被监护人的真实意愿与该原则的内在要求不存在明显冲突时，具有监护资格的人才应在协议确定监护人时对其予以优先考量。

本条规定虽属于不完全法条，未明确规定协议确定的监护人明显违背被监护人真实意愿时的法律后果，但由于从文义上看，本条采用了“应该”，这一我国民事法律规范中强制性规定的标志性词语；而且明显违背被监护人的真实意愿，与最有利于监护人原则存在内在矛盾。因此，当此种情况发生时，应直接认定协议确定监护人不发生法律效力，以期更为有效地保护被监护人的利益。

3. 监护人之间协议的内容

在监护人之间达成的协议中，不仅可以约定由一名或多名法定监护人承担监护职责，而且当监护人为多人时，还可对各监护人的监护职责进行分配，既可约定由其共同承担全部监护职责，也可约定各自承担不同监护职责，对此法律并无明确限制。

三、其他问题

（一）委托监护的相关规则

虽然《民法总则》并未如《执行民法通则意见》第 22 条和《未成年人保护法》第 16 条那样，直接规定监护人可以将监护职责部分或者全部委托给他人的相关条款，但结合《民法总则》第 36 条第 2 项的条文表述中可以看出，《民法总则》非但不禁止此种委托行为，而且还将其视为监护人履行监护职责的一种方式。鉴于委托监护在我国当今社会环境中,具有较为广泛的适用空间,故有必要对其适用规则进行讨论,从而提高其在现实生活中的可操作性。

1. 委托监护的法律性质

委托监护关系的设立,基于监护人(委托人)与受托人之间达成的合意,而该合意的主要内容即为对监护职责的委托。因此从法律性质上来说,委托监护应属于委托合同范畴,而不涉及监护人主体资格的变更,即使监护人将全部监护职责交付于受托人,其监护人身份也不会因此发生改变。质言之,透过设立委托监护关系所能改变的,只是监护人与受托人之间的权利义务关系,而对监护人与被监护人之间的法律关系不产生任何影响。对于被监护人来说,受托人也只不过是在履行监护人的法定职责,而与自己并不存在直接的权利义务关系。

2. 委托监护关系的设立

委托监护关系的设立,主要以订立合同为主要手段。考虑到在现实生活中,委托监护多发生于熟人之间,因此不宜对合同订立形式作强制规定,只要双方当事人达成合意,书面或口头形式均无不可。但为了有效区分委托监护与情谊行为,应鼓励当事人双方采取书面形式,并对被监护人的基本信息、委托监护的期限、委托的监护职责、受托报酬、监护责任分配、委托关系的解除条件和违约责任等事项,作出明确约定。

3. 委托监护的法律效果

(1)根据委托监护合同约定履行监护职责

委托监护关系基于合同产生,因此,按照约定履行合同义务无疑是设立委托监护最为直观的法律后果。在委托合同中,双方当事人可就委托事项的范围、委托监护的期间、接受委托的报酬、法律责任的分配、委托监护终止的原因等进行约定。[①] 但考虑到委托事项自身的特殊性,双方当事人在对委托监护合同内容进行约定时,应注意如下几方面限制:

第一,不得约定无限期委托,或限制委托人领回被监护人。此种约定无异于在实质上将委托监护的法律性质,从委托合同改为了监护人的变更,显然有

① 参见林艳琴:《我国未成年人监护法律制度现状检讨与完善构想》,载《东南学术》2013 年第 2 期。

违监护法律制度关于监护人选任的相关规定,有推卸监护责任之嫌。

第二,不得将涉及被监护人身份权的监护职责委托他人,而应由监护人亲自履行。例如,只有监护人有权作为被监护人的法定代理人,向其配偶提起离婚诉讼,该项权利不得转托他人行使。

第三,委托监护关系的设立,不影响监护人继续履行监护职责,监护人有权随时撤销监护委托,但出于对被监护人利益的保护,受托人在欲解除委托监护关系时,应为监护人预留合理期间按,不得立即终止履行监护职责。

(2)被监护人实施侵权行为时监护人与受托人的法律责任

由于委托监护关系的设立,并不改变委托人的监护人身份,因此,当被监护人实施侵权行为造成他人损害时,委托人理应根据《侵权责任法》第32条之规定承担监护人责任。需要讨论的是,在此种情况下受托人是否需要对被侵权人承担责任,以及应承担何种责任。

根据《执行民法通则意见》第22条之规定,如果受托人对损害发生确有过错,应与监护人对受害人承担连带责任;如果没有过错,则无须对受害人承担侵权责任,监护人在承担全部责任后亦无权向受托人追偿,但另有约定的除外。对此有学者认为,同样是对被监护人履行监护职责,监护人需对被监护人造成的损害承担无过错责任,而受托人却只需承担过错责任,在理论上存在矛盾之处,而且在司法实践中,也会造成受托人责任的实质虚化,从而加重监护人的责任。① 因此,应对受托人适用与监护人相同的归责原则,即对被监护人造成的损失承担无过错责任。

上述两种观点均有一定道理,但亦均有商榷的余地。首先,由于委托监护关系的设立,并不会使受托人获得监护人资格,因此,《侵权责任法》第32条中关于监护人对被监护人造成的损失承担无过错责任的规定,不应对其适用。其次,由于受托人履行监护职责的行为,在法律性质上属于对委托监护合同义务的履行,因此,当被监护人造他人损害时,其至多只需要对监护人承担违约责任即可,而对受害人所承担的侵权责任,则仍应由监护人依据《侵权责任法》第32条之规定予以承担,与受托人并无关系。

① 参见缪宇:《未成年人民事责任能力研究》,中国人民大学2013年博士学位论文。

综上所述,我们认为较为合理的制度安排是,当被监护人的侵权行为需要承担民事责任时,应由监护人独立承担;但当侵权行为的发生,是因为受托人未合理履行监护职责而造成时,监护人有权要求受托人承担违约责任,对其遭受的损失进行赔偿。

(二)建立监护关系登记备案制度

在比较法上,当监护职责由父、母以外的其他监护人承担时,往往会要求监护人到法院或相关专门机构进行登记备案,或直接由法院对此类监护人的任命进行宣告,从而确保监护关系具有必要的稳定性和公示性。①

相较之下,根据我国法律规定,除了指定监护情形外,人民法院、居民委员会、村民委员会或民政部门并不实际参与监护人的选任过程,监护人的选任结果也不需要向人民法院或有关机关进行报备。此外在司法实践中,人民法院对于单纯的确认监护关系之诉,也往往以没有明确被告为由采取回避态度。上述情况的累积,使得在现实生活中,监护人大多只能通过公安机关开具证明的方式,证明其与被监护人之间的监护关系。然而,公安机关以户籍为基础的判断标准,使得很多与被监护人之间并无户籍关联的监护人,难以有效证明监护关系存在,特别是当多个具有监护资格的人并存时,证明难度更是陡然提升。

如前所述,设立监护制度的目的,除了保护被监护人的人身、财产权益外,还在于通过对被监护人行为能力的补全,来维护正常的社会交往秩序。但当人们无法通过合理的方式对监护关系是否存在作出有效判断时,那些有被监护人参与的社会活动的秩序和效率,就必将受到较大影响。因此,未来可考虑在人民法院或民政部门增设监护关系备案机制,要求当事人在设立或变更监护关系的同时,对监护人的选任结果进行登记或公证,以方便利害关系人进行查询。

① 参见我国台湾地区“民法典”第1094、1111条;《德国民法典》第1789条。

第三十一条 【指定监护】

对监护人的确定有争议的，由被监护人住所地的居民委员会、村民委员会或者民政部门指定监护人，有关当事人对指定不服的，可以向人民法院申请指定监护人；有关当事人也可以直接向人民法院申请指定监护人。

居民委员会、村民委员会、民政部门或者人民法院应当尊重被监护人的真实意愿，按照最有利于被监护人的原则在依法具有监护资格的人中指定监护人。

依照本条第一款规定指定监护人前，被监护人的人身权利、财产权利以及其他合法权益处于无人保护状态的，由被监护人住所地的居民委员会、村民委员会、法律规定的有关组织或者民政部门担任临时监护人。

监护人被指定后，不得擅自变更；擅自变更的，不免除被指定的监护人的责任。

一、历史由来

（一）对《民法通则》的调整和补充

本条结合多年来的司法实践经验和理论研究成果，对《民法通则》和《执行民法通则意见》中的指定监护规则，进行了较大幅度的调整和补充，使其制度安排日趋合理，并更有利于被监护人合法权益的保护。

第一，在被监护人住所地的居民委员会、村民委员会（以下简称"两委会"）之外，增加民政部门作为监护人的指定机构，同时取消了未成年人的父、母或被监护人所在单位指定监护人的资格。在此次《民法总则》监护制度的调整和修订中，对于民政部门作用的强调可谓是一大亮点。除了指定监护规则外，在法定监护、临时监护、监护撤销，以及监护监督等多项规则中，民政部门均被赋予重要职能。在现代社会，通过监护给予行为能力欠缺者必要的保护，已经不再是单纯的私人事务，而事关社会公共利益，因此，国家公权机关理应积极承担此项职责。《民法总则》的上述修订,正是体现了国家公权力对于监护领域的介入。而公权机关的适当介入,不仅有助于有效弥补家庭监护和社会监护的不足,而且也可对监护人监护职责的履行形成外力监督,从而为行为能力欠缺者提供更为周延的保护。至于未成年人的父、母或被监护人所在单位被取消指定监护人资格的理由,与其被取消法定监护人资格的原因基本相同,故不再重复。

第二,简化了申请法院指定监护人的前置程序。根据《民法通则》第16条第2款、第17条第2款以及《执行民法通则意见》第16条之规定,当事人对担任监护人有争议的,需要先申请"两委会"对监护人进行指定,只有对指定结果不服时,方可向法院提起诉讼,要求法院指定监护人。考虑到"两委会"作出的指定并非是终局性的,当事人仍然可以申请法院对其予以撤销或更改,因此,此种前置程序的设置,除了会降低监护纠纷的解决效率,使被监护人的合法权益长期面临无人照管的困境以外,①几乎没有任何积极意义。鉴于此,《民法总则》取消了上述前置程序的规定,允许就担任监护人存在争议的当事人,直接向法院提出申请,要求法院对监护人进行指定。通过此项调整,当事人申请法院指定监护人的流程得以大幅简化,有助于避免被监护人的合法权益在冗长的监护人选任过程中遭受损失。

第三,新增第2款之规定,强调有关单位在指定监护人时,应尊重被监护人的真实意愿,并辅之以最有利于被监护人原则作为判断标准。根据旧法规定,有关机关在指定监护人时,应主要以法定监护顺序、监护人的监护能力、是否对被监护人有利等客观标准为依据,而无需要优先考虑被监护人的主观意愿,②即使征求其意见,对最终结果也不起决定性作用。③ 新法对该标准进行了调整,在继续坚持对被监护人有利这一客观标准的基础上,重点强调了被监护人真实意愿对于指定监护结果的决定性作用。尽管指定监护系因监护人之间的争议而起,但其最终目标仍然是为了保护被监护人的合法权益,因此,在

---

① 参见林艳琴:《我国未成年人监护法律制度现状检讨与完善构想》,载《东南学术》2013年第2期。

② 参见康娜:《我国老年人监护制度探究》,载《法商研究》2006年第4期。

③ 参见《关于贯彻执行〈中华人民共和国民法通则〉若干问题的意见(试行)》第14条。

对监护人进行指定时，理应优先考虑被监护人的主观意愿，唯有如此，才能真正作出符合被监护人最大利益的监护指定。

第四，完善临时监护人制度。被监护人的利益保护应该是延续的、一贯的。① 然而在现实生活中，根据法定程序对监护人进行指定往往需要花费一定时间，而在这段期间内，被监护人的合法权益很可能会处于无人保护状态。为解决这一问题，多国立法中均设置了临时监护制度。例如，《德国民法典》第1846条规定："如果尚未任命监护人或监护人受到阻碍无法履行其义务，则监护法院应当采取为当事人之利益所必需的措施。"②

在我国既有法律规范中，《执行民法通则意见》第19条第2款对临时监护规则有所规定，但其仅适用于被指定人不服有关单位指定而向法院提起诉讼的期间，至于有关单位指定期间由谁承担临时监护责任，则付之阙如。此外，在《未成年人保护法》第43条和《处理监护人侵害意见》第15条中，也有对临时监护责任的规定，但同样存在适用范围狭窄的情况，无法解决监护人指定过程中被监护人利益的保护问题。此次《民法总则》在指定监护中增设了临时监护人规则，要求被监护人住所地的"两委会"、法律规定的有关组织或者民政部门，在被监护人的合法权益处于无人保护状态时，担任其临时监护人，从而有效填补了上述制度漏洞，并为被监护人的合法权益在监护人选任的空档期到有效保护，提供了制度上的支持。

第五，对擅自变更指定监护的法律后果进行调整。根据《执行民法通则意见》第18条规定："监护人被指定后，不得自行变更。擅自变更的，由原被指定的监护人和变更后的监护人承担监护责任。"该条规定的立法目的较为清晰，即禁止被指定的监护人擅自辞任，但对于法律后果的规定却存在一个理论上的悖论：既然指定监护不得擅自变更，那么所谓变更后的监护人就不能成为监护人，因此也就不应承担监护责任。鉴于此，《民法总则》第31条第4款对该项错误进行了纠正，仅对擅自变更行为对被指定监护人产生的法律后果进行

① 参见中国民法典立法研究课题组：《中国民法典草案建议稿附理由·亲属编》，法律出版社2006年版，第244页。

② 另参见我国台湾地区"民法典"第1091条；《日本民法典》第876-2、876-6条；《法国民法典》第491条。

规定,至于变更后的监护人应承担何种责任,因不属于监护制度的规定范畴,故不再作具体规定。

(二)《民法总则》的审议过程

1. 2015 年 8 月全国人大法工委“民法总则民法室室内稿”

立法者已经对原有指定监护规则作出了一定调整,主要体现在以下几个方面:第一,将针对未成年人和成年人的指定监护规则合二为一,统一进行规定;第二,赋予民政部门对监护人进行指定的权利;第三,允许当事人不经有关组织指定,直接向人民法院提起诉讼,要求法院指定监护人。具体条文如下:

“第二十六条　有监护资格的人之间对担任监护人有争议或者相互推诿的,由被监护人住所地的居民委员会、村民委员会或者民政部门根据最有利于被监护人的原则指定,对指定不服的,可以向人民法院提起诉讼;也可以不经指定,直接向人民法院提起诉讼,由人民法院根据最有利于被监护人的原则裁决。

居民委员会、村民委员会或者民政部门指定监护人,或者人民法院裁决指定监护人的,应当听取限制民事行为能力的被监护人的意见。

第二十七条　监护人被指定后,不得擅自变更。擅自变更的,不免除被指定的监护人的监护责任。”

2. 2016 年 5 月《民法总则(草案)征求意见稿》

立法者主要从以下两个方面对“室内稿”的条文进行了修订:第一,单设一款,专门强调有关组织在指定监护人时,应遵循最有利于被监护人原则,并尊重被监护人的意愿;第二,增设临时监护制度,避免被监护人在监护人指定期间处于无人保护状态。具体条文如下:

“第二十八条　对担任监护人有争议的,由被监护人住所地的居民委员会、村民委员会或者民政部门指定,有关当事人对指定不服的,可以向人民法院提起诉讼;有关当事人也可以直接向人民法院提起诉讼,由人民法院指定。

居民委员会、村民委员会、民政部门或者人民法院指定监护人,应当根据最有利于被监护人的原则,尊重被监护人的意愿。

依照本条第一款规定指定监护人前,被监护人的人身、财产及其他合法权益处于无人保护状态的，由被监护人住所地的居民委员会、村民委员会、法律规定的有关组织或者民政部门担任监护人。

监护人被指定后，不得擅自变更。擅自变更的，不免除被指定的监护人的监护责任。”

3.《民法总则(草案)》的三次审议稿

《民法总则(草案)》(一审稿)完全沿用了征求意见稿的条文表述。在《民法总则(草案)》(二审稿)中，也只是在第2款里，增加了有关组织和人民法院应在具有监护资格的人中对监护人进行指定的要求。《民法总则(草案)》(三审稿)对此未做任何改变。具体条文如下：

“第三十条　对担任监护人有争议的，由被监护人住所地的居民委员会、村民委员会或者民政部门指定，有关当事人对指定不服的，可以向人民法院提出申请；有关当事人也可以直接向人民法院提出申请，由人民法院指定。

居民委员会、村民委员会、民政部门或者人民法院应当尊重被监护人的意愿，根据最有利于被监护人的原则在具有监护资格的人中指定监护人。

依照本条第一款规定指定监护人前，被监护人的人身、财产及其他合法权益处于无人保护状态的，由被监护人住所地的居民委员会、村民委员会、法律规定的有关组织或者民政部门担任临时监护人。

监护人被指定后，不得擅自变更；擅自变更的，不免除被指定的监护人的监护责任。”

《民法总则》在上述条文基础上对文字表述进行了一定修改，使条文语句更为通畅，但实质内容未做任何调整。

二、规范目的与含义

(一)规范目的

在《民法总则》规定的多种监护设立方式中，指定监护的主要功能在于，通过引入第三方主体，妥善解决有关当事人对担任监护人产生的争议，从而确保监护人的最终选任结果合法有效，并真正符合被监护人的利益需求。

为实现这一制度目标，本条规定从指定监护的申请规则、指定监护人的考量标准、临时监护制度，以及指定监护的法律效果四个方面，对指定监护规制的具体内容作了详细规定。较之以往,极大地提升了该项规则在司法实践中的可操作性,并改进了有关单位选任监护人所采用的表现,为最大限度保护被监护人的合法权益提供了制度保障。

(二)规范含义

本条规定共分四款,分别从不同方面对指定监护规则的具体内容进行了规定。

1. 指定监护的申请规则

本条规定第1款之内容,主要为相关当事人申请有关单位对监护人进行指定的相关规则。具体来说,主要包括以下三方面内容:

第一,提出指定申请的理由。根据本款规定,只有在相关当事人对监护人的选任结果存在争议时,方可申请有关单位以指定方式确定监护人。在实践中,此类争议主要表现为两种形态,一是数个适格监护人争当监护人,引发积极冲突;二是适格监护人之间相互推诿监护职责,引发消极冲突。需要注意的是,引发争议的选任结果,既可能是依法定监护而产生,也可能是依意定监护(包括遗嘱监护和成年协议监护)而产生,毕竟,以意定方式选任的监护人,也可能因监护能力欠缺而引发争议。

第二,提出指定监护申请的主体范围。虽然法律并未明确规定哪些主体有权申请相关单位指定监护人,但鉴于申请人提出该项申请的主要目的,在于希望其能够担任或拒任监护人,因此,与申请撤销监护资格的主体范围不同,能够申请指定监护的主体范围,应仅限于那些具有监护资格的人。

第三,提出指定监护申请的对象。根据本款规定,被监护人住所地的“两委会”、民政部门以及人民法院,均可接受相关当事人的指定监护申请,且当事人可在上述单位中自由选择申请对象,并无法定顺序的要求。只不过,对于由“两委会”或民政部门作出的指定结果,当事人可在法定期限内向法院提起诉讼,要求法院对其予以撤销和调整。需注意的是,如果多个当事人分别向不同单位提出指定监护申请,应按照如下方法进行处理:其一,若有当事人向人民法院提出指定监护申请,应以法院作出的指定结果为准;其二,如果当事人分别向“两委会”和民政部门提出申请,应以先作出的指定为准。如对该项指定存在争议,且后被指定者已经实际履行监护职责,则可认定后者监护关系成立。[①]

2. 指定监护人的基本规则和考量标准

根据本条第2款之规定，有关单位在指定监护人时，应依循如下基本规则和考量标准：

第一，有关单位只能在“具有监护资格的人”的范围内，对监护人进行指定。所谓“具有监护资格的人”，不仅包括各类法定监护人，还应包括相关主体通过遗嘱或协议方式指定的法定监护人范围之外的适格主体。

第二，如果被监护人能够准确表达对于监护人选任结果的意见，且该意见与被监护人的自身利益不存在严重冲突，那么相关单位就应充分尊重被监护人的真实意愿，并以此作为指定监护人的主要依据。

第三，当被监护人对监护人的指定结果未表达明确意愿时，相关单位应根据最有利于被监护人的原则，综合考量被监护人的身心障碍程度、生活习惯、财产状况，以及监护人的职业、品行、文化水平、与被监护人的关系、对被监护人的照管经验等多方面因素，对监护人进行指定，[②]而不应将法定监护顺序作为主要判断标准。毕竟，当事人对于担任监护人的争议往往就是因法定监护顺序所引起的。

3. 临时监护人制度

本条第3款系对临时监护适用规则所做之规定，主要规范内容如下：

第一，临时监护的适用条件。临时监护作为一种特殊保护措施，仅适用于监护原因发生后到监护人确定前的这一段时间。换言之，一旦监护人最终得以确定，临时监护即应宣告终止。此外，如果在指定监护的过程中，尚有其他主体（如被监护人的近亲属或其他愿意担任监护人的个人或组织）愿意且有能力对被监护人的权益进行必要的保护，那么也无须适用临时监护规则。需要注意的是，临时监护是相关单位所承担的法定职责，因此，当法定情形出现时，相关单位应依职权主动承担该项职责，而无须以当事人的申请作为前提条件。

第二，临时监护人的监护职责。本法对于临时监护人的监护职责未作明

---

① 参见王洪：《婚姻家庭法》，法律出版社2003年版，第325页。

② 参见[日]宇田川幸则：《浅论日本关于成年人监护制度的修改》，载《中日民商法研究》（第1卷），法律出版社2003年版，第390页。

确规定,鉴于法律设立临时监护制度的主要目的,在于使被监护人的合法权益能够在监护人选任的空档期间得到持续性保护,因此,对于临时监护人监护职责的规定,也应符合其承上启下的角色定位,在内涵和外延方面与普通监护人有所区别。具体来说,可根据监护事务的不同,对临时监护人的职责范围作出相应规定。对于涉及保护被监护人人身、财产权益的事务,应规定临时监护人与普通监护人承担相同的监护职责,从而为更好地保护被监护人利益提供制度依据;但当涉及需要对被监护人的人身、财产权益进行处置的事务时,则应对临时监护人的监护职责作必要限制,除非为被监护人生活所必需,否则应待由正式监护人确定后再做决定。

4. 指定监护人的法律效果

根据本条第4款之规定,一旦有关单位作出了监护指定,被指定的监护人就必须对被监护人承担监护职责,非经法定程序不得擅自变更。具体来说,除了发生监护终止的法定事由或被依法撤销监护资格外,被指定的监护人若想变更监护职责,唯有向作出指定的单位提出申请,要求其重新指定监护人。[①]监护人与他人擅自达成的变更监护协议,不能产生监护责任变更的法律效果。这是因为,首先,在有关单位依法作出的监护指定中,包含了对于监护关系双方乃至社会公共利益的综合考量,具有一定的公法属性(法院以判决方式作出的指定尤为典型),因此不能仅依私人主体之间的意思自治进行更改。其次,监护关系的变更直接关涉被监护人的切身利益,因此,必须通过法定程序对监护人变更可能带来的影响进行综合分析,方可确保被监护人的合法权益不会因此遭受损害。

① 参见余延满:《亲属法原论》,法律出版社2007年版,第501页。

第三十二条 【民政部门和居民委员会、村民委员会担任监护人】

没有依法具有监护资格的人的，监护人由民政部门担任，也可以由具备履行监护职责条件的被监护人住所地的居民委员会、村民委员会担任。

一、历史由来

（一）对《民法通则》的调整和补充

本条基本承继了《民法通则》第16条第4款和第17条第3款的主要内容，对没有法定监护人的情况下，如何确定行为能力欠缺者的监护人进行了规定。相较于旧法，本条主要在以下两个方面进行了修订：

1. 不再将未成年人父、母和成年被监护人所在的单位纳入监护人范畴

立法者作出此项调整的主要原因在于，与《民法通则》颁布时的社会环境相比，随着近年来我国市场经济体制的不断发展，员工与供职单位之间的关系发生了重大转变，二者之间的人身依附属性已基本被契约关系所取代，单位原本承载的社会保障功能，也基本完成了社会化改革。在此种背景下，即使是政府机关或国有企事业单位，也基本丧失了对其员工子女或员工本人的监护能力，更遑论占据全国企业数量绝大多数的各类私营企业。鉴于此，立法者在《民法总则》监护一章中，全面清理了旧法关于未成年人父、母和成年被监护人所在的单位的相关规定。此项调整也得到了学界的普遍认同，在各方专家意见稿中，均未保留成年人父、母和成年被监护人所在单位的监护人资格。

2. 重点强调民政部门的监护职责

在《民法总则(草案)》一审稿、二审稿中，立法者延续了《民法通则》中的表述，规定“监护人由被监护人住所地的居民委员会、村民委员会或者民政部门担任。”但《民法总则(草案)》(三审稿)中，立法者综合各方意见建议，在条文表述中突出了民政部门担任监护人的主要职责，而被监护人住所地的居民委员会、村民委员会(以下简称“两委会”)则相对处于辅助地位。

立法者之所以作出此项调整,主要原因在于,随着现代社会对于人权保障要求的不断提高,国家公权力介入监护领域已成各国监护制度改革的趋势所在。① 通过监护制度,为行为能力欠缺者提供有效保护,不仅是家庭和社会的责任,更是国家和政府的责任。民政部门作为构建和维持我国社会救助体系运转的行政主管部门,在没有法定监护人的情况下,由其承担对行为能力欠缺者的主要监护职责,本就是其职责所在。更为重要的是,民政部门作为国家的专门机关,较之于其他社会组织,对于履行监护职责具有更为丰富的经验,并有能力统筹协调各类社会、市场或行政资源,从而为被监护人提供更为全面和有效的保护。在司法实践中,也已陆续有法院选择指定民政部门作为行为能力欠缺者的监护人。②

相较之下,"两委会"作为基层群众性自治组织,虽然承担了一定的社会管理职能,但其职能定位却并非是专业的福利机构,而在人、财、物等相关资源缺乏充分支持的情况下,其监护能力往往无法得到有效保障。③ 事实上,在现实生活中,已很少有法院会指定"两委会"来承担具体监护职责,"两委会"在监护制度中所发挥的作用,也已主要转向监护人指定和监护监督工作。在此种情况下,如果强制要求"两委会"承担监护职责,恐并不利于被监护人合法权益的保护。不过,考虑到我国较为复杂多样的国情,特别在某些熟人社会环境中,"两委会"仍然具备一定监护能力,可以对家庭监护和国家监护形成有益补充。因此,《民法总则》并未直接取消"两委会"的监护人资格,而是将其置于了辅助性地位。

在民法总则建议稿中,对民政部门在此种情况下应承担主要监护职责表示普遍认同,但在"两委会"的监护人资格问题上,学界观点较之《民法总则》明显不同,大多持否定态度。④ 此外,还有观点认为,民政部门作为国家行政机

---

① 参见陈翰丹、陈伯礼:《论未成年人国家监护制度中的政府主导责任》,载《社会科学研究》2014 年第 2 期。

② 参见《最高人民法院关于侵害未成年人权益被撤销监护人资格典型案例》,载《人民法院报》2016 年 6 月 1 日第 3 版。

③ 参见尹志强:《未成年人监护制度中的监护人范围及监护类型》,载《华东政法大学学报》2016 年第 5 期。

④ 如"社科院稿"第 1815 条、"法学会稿"第 23、24 条。

关，应主要承担监护监督职责，而由其所管理的社会福利机构担任监护人更为恰当。[①]

（二）《民法总则》的审议过程

1. 2015 年 8 月全国人大法工委“民法总则民法室室内稿”

对于在没有法定监护人情况下，由民政部门或“两委会”担任监护人的规定，与《民法通则》采取了相同的立法例，分别位于未成年人和成年人法定监护规则的条文之中，但在规范内容上，已经将未成年人父、母的所在单位和成年被监护人的所在单位排除于监护人范围之外。具体条文如下：

“第二十三条　未成年人的父母是未成年人的监护人。

未成年人的父母已经死亡或者没有监护能力的，由下列人员中有监护能力的人担任监护人：

（一）祖父母、外祖父母；

（二）成年兄、姐；

（三）关系密切的其他亲属、朋友愿意承担监护责任，由未成年人住所地的居民委员会、村民委员会或者民政部门根据最有利于未成年人的原则确定。

没有第一款、第二款规定的监护人的，由未成年人住所地的居民委员会、村民委员会或者民政部门担任监护人。

第二十四条　无民事行为能力或者限制民事行为能力的成年人，由下列人员中有监护能力的人担任监护人：

（一）配偶；

（二）父母；

（三）成年子女；

（四）其他近亲属；

（五）关系密切的其他亲属、朋友愿意承担监护责任，由被监护人住所地的居民委员会、村民委员会或者民政部门根据最有利于被监护人的原则确定。

没有前款规定的监护人的，由被监护人住所地的居民委员会、村民委员会

---

① 参见杨大文：《亲属法》，法律出版社 2012 年版，第 281 页；余延满：《亲属法原论》，法律出版社 2007 年版，第 499 页。

或者民政部门担任监护人。”

2.2016年5月《民法总则(草案)征求意见稿》

立法者对条文结构进行了较大幅度调整,设置专条,对在没有法定监护人情况下,由民政部门或“两委会”担任监护人进行了规定,且该条规定同时适用于未成年人监护和成年监护两种情形。此外,还增加了“法律规定的有关组织”可以担任监护人。具体条文如下:

“第二十九条　无具有监护资格的人的,由被监护人住所地的居民委员会、村民委员会、法律规定的有关组织或民政部门担任监护人。”

3.《民法总则(草案)》的三次审议稿

《民法总则(草案)》(一审稿)将“法律规定的有关组织”删除,再次回归到由“两委会”或民政部门担任监护人的规定上来。具体条文如下:

“第三十条　无本法第二十六条、第二十七条规定的具有监护资格的人的,监护人由被监护人住所地的居民委员会、村民委员会或者民政部门担任。”

《民法总则(草案)》(二审稿)以“无具有监护资格的人”替代了一审稿中的“无本法第二十六条、第二十七条规定的具有监护资格的人”,从此项调整可以看出,在《民法总则》监护一章中,所谓“具有监护资格的人”,实际上仅指法定监护人,而不包括“两委会”和民政部门。具体条文如下:

“第三十一条　无具有监护资格的人的,监护人由被监护人住所地的居民委员会、村民委员会或者民政部门担任。”

《民法总则(草案)》(三审稿)对该条规定进行了一处较大幅度的调整,即重点强调了民政部门在无具有监护资格的人的情况下,应优先承担对被监护人的监护职责,“两委会”则发挥辅助和补充功能。具体条文如下:

“第三十一条　无具有监护资格的人的,监护人由民政部门担任,也可以由具备条件的被监护人住所地的居民委员会、村民委员会担任。”

二、规范目的与含义

(一)规范目的

本条的规范目的在于,为行为能力欠缺者在没有其他法定监护人的情况下,依然能够通过监护制度得到保护提供制度保障。

在现实生活中，家庭成员始终是行为能力欠缺者获得监护保护的主要依靠，这不仅是法律强制性规定的结果，更是由我国社会传统伦理观念所决定的。然而，当行为能力欠缺者因种种原因，既没有具有监护资格的亲属，也没有其他个人或有关组织愿意担任其监护人时，法律有必要在监护人选任规则中设置兜底性条款，通过借助其他主体的力量，为被监护人合法权益的保护构筑最后一道防线。诚如有学者所言："基于社会连带责任思想之社会本位立法，监护事关社会公益，不容单纯以家务私事视之。"①因此，在家庭监护缺位时，国家和社会的力量理应成为有益补充。事实上，本条规定中涉及的两类监护人，即分属国家监护（民政部门）和社会监护（居委会、村委会）的范畴。

（二）规范含义

1. 本条规定的适用规则

本条作为广义的监护人选任规则，虽可同时适用于对未成年人和行为能力欠缺之成年人监护人的选任，但与其他选任规则相比，在法律适用上却始终处于最后一位。换言之，只有当被监护人的父母或其自己既没有通过遗嘱或协议方式指定监护人，也没有《民法总则》第27、28条中所规定的其他法定监护人时，才可以根据本条规定对其监护人进行选任。这主要基于如下两方面原因：

第一，相较于通过其他规则选任之监护人，本条中所规定的三类监护人与被监护人之间的情感联系最为疏远，而对其生活环境的改变程度却最为显著，特别是当由孤儿院、精神病院等机构具体承担监护职责时，势必会对被监护人的身心发展造成一定程度的影响。因此，根据最有利于监护人的原则，只有在没有其他适格监护人的情况下，才需要由民政部门和"两委会"对行为能力欠缺者承担监护职责。

第二，在《民法总则》关于法定监护人的规定中，明确排除了法定监护人拒任的权利。因此，只要有适格的法定监护人存在，其就必须承担法定监护职责，而不能直接要求由民政部门或"两委会"担任监护人。

例如，在张某与镇江市姚桥镇迎北村村民委员会生命权、健康权、身体权

① 谢在全:《物权 · 亲属编》，中国政法大学出版社2002年版，第293页。

纠纷一案中,[1]被监护人张某鑫在父母离婚后,法院判决由其父亲张某林抚养张某鑫,母亲徐某为无民事行为能力人。后张某林以自己是视力一级残疾人且无固定生活来源为由,向住所地的村民委员会申请另行指定张某鑫的监护人。村委会后指定张某鑫的姑姑张某担任监护人。张某对该指定不服,以自己身有残疾无力承担监护职责为由,向人民法院提起诉讼要求另行指定他人担任张某鑫的监护人。法院经审理认为,张某鑫的父母均不具有担任其监护人的能力,原告张某虽为其姑姑,但其承担监护职责应以自愿为前提,现张某提起诉讼表明其不愿承担监护职责,故村委会指定其为监护人不当。鉴于张某鑫没有其他法定监护人,且为一个刚满9个月的婴儿,需要专门人员照顾,法院最终判决由镇江市民政局担任张某鑫的监护人。

2. 民政部门与“两委会”在监护人选任中的关系

如前所述,与《民法通则》及《民法总则》一审稿、二审稿相比,本条在条文表述上,对民政部门和“两委会”在承担监护职责时的关系,进行了较大幅度的调整。根据文义解释可以看出,立法者有意让民政部门承担主要监护职责,而“两委会”则发挥补充性作用。这即是说,当被监护人没有其他适格监护人时,应优先由民政部门对其承担监护职责,只有当被监护人住所地的“两委会”具备更好的监护能力,或民政部门暂时不具备监护能力时,才可由后者担任监护人。

此种制度安排,与民政部门和“两委会”各自的职能定位和实际监护能力,无疑是更相契合的,也可以在一定程度上防止不同部门之间相互推诿监护责任。事实上,在2016年6月颁布的《国务院关于加强困境儿童保障工作的意见》中,政策制定者已经对民政部门和“两委会”在未成年人权益保障工作中的职能分工作出了类似规定。一方面,重点强调对于监护人缺位的未成年人,应由民政部门设立的儿童福利机构收留抚养,并具体履行监护职责;另一方面,则将居委会和村委会的主要职责,定位于发现和掌握辖区内困难儿童的基本情况,并要求其及时报告发现的监护缺失或监护不当问题,以协助民政部门积极履行职责。总而言之,此种职能分工,能够充分发挥民政部门和“两委会”

① 《最高人民法院公报》2015年第8期(总第226期)。

各自的优势，有助于使处于危困状态的被监护人获得更为及时有效的救助。

在实践中，我国民政部门主要是通过委托其下设或管理的儿童福利院、未成年人保护中心、养老院、精神病院等机构，来实际履行其监护职责的。[①] 这些机构受民政部门监督，并对其负责。需要注意的是，当上述受托机构无法满足社会实际需求时，民政部门应通过向适格的社会组织购买服务等方式，弥补监护资源的缺口，而不能仅以自身能力有限为由，拒绝承担监护职责。

① 陈伯礼、陈翰丹：《我国精神病人公共监护制度论纲》，载《西南民族大学学报》（人文社会科学版）2013 年第 5 期。

第三十三条 【意定监护】

具有完全民事行为能力的成年人,可以与其近亲属、其他愿意担任监护人的个人或者组织事先协商,以书面形式确定自己的监护人。协商确定的监护人在该成年人丧失或者部分丧失民事行为能力时,履行监护职责。

一、历史由来

(一)对《民法通则》制度漏洞的填补

在《民法通则》对于成年监护设立方式的规定中,法定监护始终处于核心位置,而缺少对于意定监护的规定。然而,与未成年人监护相比,成年人监护的最大特点在于,绝大多数被监护人都曾是完全民事行为能力人,可以根据自己的意愿对其监护关系作出妥善安排,从而借助监护人之手,将对自己生活的自主决定权以某种形式延续至其行为能力丧失之后,[①]形成"自治"基础上的"他治"。[②] 在此种情况下,坚持以法定监护为原则设立成年人监护关系,显然忽略了被监护人的自主意志,不利于形成真正符合其利益需求的监护关系。特别是当老龄化社会的到来,使成年人监护的适用范围从精神病人扩展至老年人及其他身心障碍者时,此种制度设计的弊端更被进一步凸显。

为回应我国社会日益突出的老龄化问题,我国立法者顺应国际监护制度发展潮流,在《老年人权益保障法》第26条中正式引入了意定监护规则,允许具备完全民事行为能力的老年人,通过协商方式确定自己的监护人。虽然该项规定受限于《老年人权益保障法》的立法定位,暂时只能适用于老年人群体,但其确立的尊重被监护人自我决定权的立法理念,却对我国成年监护制度的

① 参见渠涛:《最新日本民法》,法律出版社2006年版,第428页。

② 参见任凤莲、高成新:《关于构建我国老年人监护制度的思考》,载《山西大学学报》(哲学社会科学版)2009年第3期。

整体改革，具有十分重要的导向性意义。因此，在《民法总则》的制定过程中，各方专家学者均普遍主张，应在成年监护制度中增设意定监护规则，并将其适用对象范围从老年人群体扩张至所有成年人。①

最终，《民法总则》在第33条增设了适用于全体成年人的意定监护规则，并赋予其较之于法定监护的优先效力。意定监护规则的确立是对我国传统成年监护规则的重大变革，对于推动我国成年监护法律制度的进一步完善，具有重要意义。

（二）《民法总则》的审议过程

1. 2015年8月全国人大法工委"民法总则民法室室内稿"

在该版本中，立法者已经决定增设意定监护规则，具体条文如下：

"第二十九条　具有完全民事行为能力的成年人，可以在近亲属或者其他与自己关系密切，愿意承担监护责任的个人、组织中事先协商确定自己的监护人。监护人在该成年人丧失或者部分丧失民事行为能力时，依法承担监护责任。"

2. 2016年5月《民法总则（草案）征求意见稿》

立法者不再要求监护人与被监护人必须存在密切关系，只要前者有意愿承担监护责任即可。同时，还增加了关于监护合同应以书面形式订立的规定。具体条文如下：

"第三十条　具有完全民事行为能力的成年人，可以与近亲属或者其他愿意承担监护责任的个人、组织事先协商，以书面形式确定自己的监护人。监护人在该成年人丧失或者部分丧失民事行为能力时，承担监护责任。"

3.《民法总则（草案）》的三次审议稿

《民法总则（草案）》（一审稿）基本沿袭了征求意见稿的条文表述，而《民法总则（草案）》（二审稿）将"愿意承担监护责任的个人或者有关组织"改为了"愿意担任监护人的个人或者有关组织"。《民法总则》又将最后一句中的"承担监护责任"改为了"履行监护职责"。上述两处调整，一方面，更为准确地反映了监护的法律性质；另一方面，也有效避免了监护职责与民事责任在概念使用上发生混淆。

---

① 参见"社科院稿"第1835条、"法学会稿"第25条。

二、规范目的与含义

(一)规范目的

本条系对意定监护设立规则的具体规定,为成年人根据自己的意愿对监护人进行选任,提供了制度依据。在该条中,立法者从意定监护的适用主体、监护人的选任规则、监护合同的订立方式、意定监护的生效要件等几个方面,对意定监护的规范内容进行了详细规定,使其具备了较强的可操作性。

从监护人的选任方法来看,意定监护与《民法总则》第29条规定的遗嘱监护系属同一类型,均为依据民事主体的意思自治确定监护人,对法定监护规则具有优先效力。从监护对象的类型来看,本条与《民法总则》第27、28、29、31条一起,共同组成了包括意定监护、法定监护和指定监护在内的多元化、次序化的成年监护设立规则体系。

(二)规范含义

1. 以意定监护为原则的成年监护制度

所谓意定监护,是指具有完全行为能力的成年人,根据自己的意愿选择监护人,并与其订立监护合同,将自己的监护事务部分或全部委托受任人,当监护原因发生时,由受任人依据合同约定承担监护责任的一种监护设立方法。①

较之于法定监护制度中所蕴含的法律父爱主义倾向,意定监护是民法意思自治基本原则的具体体现,其核心价值在于对被监护人自我决定权的尊重,而对于监护制度而言,将被监护人的自我决定权置于优先地位,具有更为天然的正当性。② 这是因为,一旦监护关系设立,被监护人的人身自由就将受到诸多限制,无论是处理自己的事务还是参与社会交往,都需要借助监护人的协助甚至征得其同意。因此可以说,监护人的选任是否恰当,将直接决定被监护未来生活(包括物质生活和精神生活)质量的高低。在此种情况下,被监护人在行为能力健全时根据自身实际情况选择的监护人,理应比立法者依据社会一般情况所确定的监护人,更有利于形成和谐、稳定的监护关系,从而时其合法

① 参见李霞:《意定监护制度论纲》,载《法学》2011年第4期。

② 参见李霞:《成年监护制度的现代转向》,载《中国法学》2015年第2期。

权益得到更有妥善的保护。

基于意定监护所具有的上述优势,以及20世纪中叶以来人权保障思潮的兴起和社会老龄化压力的增大,包括德国、日本、瑞士、奥利地、美国、英国以及我国台湾地区等在内的多个国家和地区,都对原有成年监护制度进行了大刀阔斧的改革,普遍增设了意定监护制度(如日本法上的“任意监护制度”、德国法上的“防老授权制度”、英美法系的“持续性代理权授予制度”等),①并明确赋予其在监护设立规则中的优先地位。如今,意定监护的适用范围早已不限于老年人,而呈现出了泛成年人化的发展趋势,在此种背景下,以被监护人的自立与自我决定为中心的当代成年监护制度逐渐成形。②

进一步来说,意定监护相对于法定监护在法律适用上的优先效力,主要体现在当监护合同正式生效以后,合同双方当事人的监护关系即宣告成立,受任人开始按照合同约定履行监护职责,并对被监护人负有善良管理人的注意义务、人身照顾义务和本人意思尊重义务等附随义务,③而无须考虑其是否属于法定监护人范畴和法定监护顺序。需注意的是,虽然监护合同在法律性质上与委托合同较为类似,但当合同中约定的权利义务转化成为法定监护职责后,任何一方当事人非经法定程序,均不得再擅自变更监护关系。

2. 监护合同的法律性质和生效要件

在整个意定监护制度中,委托监护合同始终处于核心地位,合同内容贯穿了监护人选任、监护事项分配、监护关系设立、监护责任承担、监护关系终止等各个环节,对于监护双方权利义务关系的确定,起着至关重要的基础性作用。因此,对于意定监护制度规范含义的解读,应主要围绕监护合同而展开。

(1)监护合同的法律性质

根据我国《合同法》的相关规定,监护合同虽属无名合同,但鉴于其主要合同内容以及双方当事人之间的关系,均与委托合同较为类似。因此,监护合同

---

① 参见郑晓剑:《中国民法典中成年监护立法若干问题综论》,载《天府新论》2011年第4期。

② 参见杨立新:《〈民法总则〉制定与我国监护制度之完善》,载《法学家》2016年第1期。

③ 参见杨立新:《我国老年监护制度的立法突破及相关问题》,载《法学研究》2013年第2期。

成立、生效、解除或终止的基础规则,可参考适用《合同法》委托合同一章的相关规定。此外,由于监护合同订立之时,被监护人尚具有完全行为能力,无须与受任人形成监护法律关系,因此,监护合同在法律性质上应属于附生效条件的合同,只有当监护原因发生时,监护合同才宣告生效,受任人开始履行监护职责。①

(2)监护合同的成立要件

根据本条以及合同法的相关规定,可将监护合同的成立要件归纳如下:

第一,主体资格要件。一方面,被监护人在与受任人订立监护合同时,应是具有完全民事行为能力的成年人,此乃所有合同成立均需具备的主体资格要件,监护合同亦不例外;另一方面,监护合同中的受任人一方,应是具有监护资格的人。根据本条规定,被监护人可在近亲属、其他愿意担任监护人的个人或者有关组织的范围内,协商确定监护人。由于被监护人的配偶本就处于法定监护的第一顺位,因此,被监护人无须通过监护合同指定其为监护人。

第二,形式要件。鉴于监护合同的约定事项,对于双方当事人来说均会产生十分深远的影响,因此,有必要通过对书面形式的要求,来确保合同订立的真实性和准确性。对此有观点认为,仅要求以书面形式订立并不足以确保监护合同的效力不受质疑,因此,可借鉴日本《关于任意监护契约的法律》上的做法,要求监护合同必须以公证形式订立。② 当然,公证程序的引入固然有助于减少因监护合同所引发的法律纠纷,但是否应将其上升为合同成立的形式要件,则需要再做斟酌。毕竟,中国国情复杂,不同地区发展状况差距巨大,如果强制要求当事人以公证方式订立监护协议,可能导致某些被监护人放弃使用意定监护,从而与鼓励被监护人根据自己意愿设立监护关系的制度目标背道而驰。较为合理的做法是,参照遗嘱公证的相关规定,赋予经过公证的监护合同优先效力,而不将公证作为其成立要件。

第三,就合同主要条款形成合意。在意定监护中,监护双方当事人的意思

① 参见杨立新:《我国老年监护制度的立法突破及相关问题》,载《法学研究》2013 年第 2 期。

② 参见李国强:《我国成年监护制度运行中的问题及其立法修改趋向》,载《当代法学》2014 年第 6 期。

自治,不仅表现为对于监护人的选任,还体现在对于其他监护内容的约定上面。具体来说,双方当事人既可约定在监护关系设立后,由监护人概括承担全部监护职责,也可约定由其承担部分监护职责。当指定监护人为多数人时,还可在不同监护人之间对监护职责进行分配,由其共同或分别承担监护职责。此外,当受任人与被监护人并非配偶、亲子等关系时,合同双方还可根据监护事物的轻重、监护双方的财务状况等因素,就受任人应获得的报酬作出约定。[①]

(3)监护合同的生效要件

与普通委托合同相比,监护合同中所委托的事项,对于被监护人的人身财产权益具有重大影响,一旦因合同生效而致监护关系成立,被监护人就将被置于一种"他治"的地位。因此监护合同的生效,不仅要具备合同法上的生效要件,更要符合监护制度中关于监护关系设立的相关规定。具体来说,监护合同的生效要件包括以下几个方面:

第一,被监护人丧失部分或全部行为能力。虽然学界有观点认为,应尽量弱化行为能力欠缺与成年人监护关系设立之间的联系,但在实证法上,《民法总则》仍然将行为能力欠缺作为成年监护关系成立的前提条件。因此,也只有当人民法院通过特别程序宣告被监护人为无民事行为能力或限制行为能力人后,监护合同才有可能产生法律效力。

需要注意的是,为避免被监护人在丧失行为能力后,因无法及时向法院提出宣告申请而遭受损失,有必要将监护合同中的受任人纳入《民法总则》第24条中的"利害关系人或者有关组织"范畴,允许其向人民法院申请宣告被监护人的行为能力存在欠缺。

第二,当监护原因发生时,监护合同指定的监护人应具备履行监护职责的能力。具体来说,考虑到从监护合同成立到监护原因发生的这段期间内,受任人的监护能力可能会发生变化,因此有必要在监护关系正式设立之前,对受任人的监护能力进行重新检视。如果其已经丧失监护能力,则只能依据法定监护或指定监护规则对监护人进行选任。

---

① 参见余延满:《亲属法原论》,法律出版社2007年版,第502页。

三、其他问题

建立有偿监护制度。在世界范围内,对于监护人能否因履行监护职责而获得报酬,主要存在三种立法例:其一,无偿主义,即将监护视为监护人对被监护人以及对社会所负担的法定义务,因此不得索取报酬。苏联的《婚姻和家庭法典》就采取了此种立法例。其二,补偿主义,即监护以无偿为原则,但法院等监护权力机关可以根据监护人履行监护职责的实际情况,允许其获得一定金额的补偿。采取此种立法例的代表国家包括德国、日本、法国、意大利等。[①] 其三,有偿主义,即监护人有权从被监护人的财产中接受报酬,但具体金额应由法院等监护权力机关决定。例如,《德国民法典》第1836条规定,如果监护人系职业性行使监护职责,其监护职责的行使可以是有偿的。我国台湾地区"民法典"第1104条亦规定了监护人得请求报酬。

我国学界普遍认为,《民法通则》采纳了无偿主义的立法例,而《民法总则》对此问题则未置可否。我们认为,结合我国当下社会经济发展现状以及传统的家庭道德观念,应根据监护人与被监护人之间的关系不同,对监护报酬问题予以区别对待,单纯采纳无偿主义或有偿主义,均不利于全面促进监护制度发挥其应有功效。

首先,如果监护人对被监护人负有法定的抚养、赡养或扶养义务,或基于所承担的公共职能而履行监护职责,则其无权要求被监护人支付报酬,对此无须过多解释。

其次,如果由除上述主体以外的其他具有监护资格的人担任监护人,由于其承担监护职责乃出于法律直接规定或有权机关的指定,因此原则上也没有要求被监护人支付报酬的权利。但当被监护人的法定抚养、赡养或扶养人缺位或无力支付相关费用时,可向人民法院提出申请,在其因履行监护职责而支出的合理费用范围内,从被监护人的财产中获得补偿。如果被监护人无力进行补偿,则应由社会保障机关进行支付,从而使监护关系得以正常延续。

① 参见《德国民法典》第1835条、《日本民法典》第862条、《法国民法典》第454条、《意大利民法典》第379条。

最后,除前述第一种情形外,如果监护双方在监护协议中对监护活动的报酬进行了约定,则应允许监护人依照约定从被监护人的财产中获取报酬。此种做法一方面,是对民事主体意思自治的尊重;另一方面,在客观上也有助于扩大监护人的选任范围,激发更多民事主体承担监护职责的积极性。[1]

总而言之,监护制度具有明显的社会公益属性,监护人履行监护职责也大多基于法律的直接规定,是其承担社会责任的一种体现,因此获得报酬并非是监护人的必然权利。然而从客观方面来看,对监护职责的履行是一件十分辛苦的事情,权利义务存在明显的不对等,在此种情况下,允许监护人在特定情况下获得经济上的合理补偿,或根据约定从监护活动中取酬,将有助于使监护人的权利和义务得到平衡,从而促使其更好地履行监护职责,使被监护人的合法权益得到有效保护,这与监护制度的公益属性并不存在冲突。

---

① 尹志强:《未成年人监护制度中的监护人范围及监护类型》,载《华东政法大学学报》2016年第5期。

第三十四条 【监护职责】

监护人的职责是代理被监护人实施民事法律行为，保护被监护人的人身权利、财产权利以及其他合法权益等。

监护人依法履行监护职责产生的权利，受法律保护。

监护人不履行监护职责或者侵害被监护人合法权益的，应当承担法律责任。

一、历史由来

（一）对《民法通则》承继和修订

本条基本承继了《民法通则》第18条的主要内容，与第18条相比，《民法总则》除了将监护撤销规则移至第36条予以专门规定以外，最为主要的修订体现在第2款的文字表述上，将“监护人依法履行监护的权利”，调整为了“监护人依法履行监护职责而产生的权利”。借由该种文字调整，立法者把监护人享有权利和承担义务的法律基础，统一到了“监护职责”这一概念之上，从而反映了其将监护的法律性质定位于一种职责的立法选择。

（二）《民法总则》的审议过程

1. 2015年8月全国人大法工委“民法总则民法室室内稿”

立法者将监护职责的履行规则、监护职责的内容和监护职责的保护与责任三部分内容，放在了同一个条款中进行规定。其中，对于监护职责的保护与责任的规定，与《民法通则》一脉相承，而对监护职责内容的规定，则采取了更为详细的列举方式。具体条文如下：

“第三十条　监护人应当按照最有利于被监护人的原则履行监护职责，保护被监护人的身心健康，照顾被监护人的生活，管理和保护被监护人的财产，代理被监护人实施法律行为等。除为被监护人利益外，不得处分被监护人的财产。

监护人依法履行监护的权利,受法律保护。

监护人不履行监护职责或者侵害被监护人合法承权益的,应当担责任;给被监护人造成财产损失的,应当赔偿损失。”

2. 2016 年 5 月《民法总则(草案)征求意见稿》

立法者延续了“室内稿”将三部分内容置于同一条款的做法,只是对条款顺序进行了一定调整,并在如下几方面对条文内容进行了修订:第一,将“履行监护的权利”改为“行使监护的权利”,此处修改,在有意无意间体现出了立法者监护理解为一种权利的倾向;第二,不再对监护职责的内容进行具体列举,转而采取从权益保护的角度进行概括式规定;第三,不再对监护人给被监护人造成财产损失时的赔偿责任作专门规定。具体条文如下:

“第三十一条　监护人依法行使监护的权利,受法律保护。

监护人应当按照最有利于被监护人的原则履行监护职责,保护被监护人的人身、财产及其他权益;除为被监护人利益外,不得处分被监护人的财产。

未成年人的监护人应当履行对被监护人的教育和管理职责;根据被监护人的年龄和智力状况,在作出与被监护人权益有关的决定时,尊重被监护人的意愿。

成年人的监护人履行监护职责,应当最大程度地尊重被监护人的意愿,保障并协助被监护人独立实施与其智力、精神健康状态相适应的民事法律行为。

监护人不履行监护职责或者侵害被监护人民事权益的,应当承担责任。”

3.《民法总则(草案)》的三次审议稿

立法者将关于监护职责保护和监护责任的规定单列一条进行规定,关于监护职责内容的规定,则继续保留在第 33 条之中。与征求意见稿相比,两部分内容均作出实质性调整。具体条文如下:

“第三十二条　监护人依法行使监护的权利,受法律保护。

监护人不履行监护职责或者侵害被监护人合法权益的,应当承担责任。

第三十三条　监护人应当按照最有利于被监护人的原则履行监护职责,保护被监护人的人身、财产及其他合法权益;除为被监护人利益外,不得处分被监护人的财产。

未成年人的监护人履行监护职责,应当根据被监护人的年龄和智力状况,在作出与被监护人权益有关的决定时,尊重被监护人的意愿。

成年人的监护人履行监护职责,应当最大程度地尊重被监护人的意愿,保障并协助被监护人独立实施与其智力、精神健康状况相适应的民事法律行为。”

《民法总则(草案)》(二审稿)沿袭了一审稿的条文结构和规范内容,但将“监护人依法行使监护的权利”改为了“监护人依法履行监护职责而产生的权利”,从“行使”到“履行”的变化,反映出了立法者再次回归到了将监护理解为一种职责而非权利的态度。《民法总则(草案)》(三审稿)对二审稿的内容未作调整。具体条文如下:

“第三十三条　监护人依法履行监护职责而产生的权利,受法律保护。

监护人不履行监护职责或者侵害被监护人合法权益的,应当承担责任。”

在《民法总则》中,立法者将关于监护职责内容的规定移至本条第 1 款,从而使本条规定的内容更为完整,在法律适用上更具可操作性。

二、规范目的与含义

(一)规范目的

《民法总则》第 34 条共分三款,分别从监护职责的内容、监护权利的保护以及监护责任的承担三个方面,对监护人履行监护职责的法律效果进行了规定,旨在通过保障和督促监护人依法履行监护职责,有效保护被监护人的合法权益。

从规范内容来看,《民法总则》监护一章可大致分为两个部分:第一部分从第 26 条到第 33 条,主要对监护关系的设立规则进行规定;第二部分从第 34 条到第 39 条,主要对监护职责的履行进行规定。本条处于第二部分规范内容之首,发挥着类似于一般条款的功能。一方面,通过对监护职责的具体内容作出明确规定,为规制和保障监护人履行监护职责提供制度基础;另一方面,也为其他监护保障制度(如监护人资格撤销制度、监护监督制度等)的构建,奠定了必要的前提性规范。此外,本条较为抽象的条文表述方式,也可在司法实践中起到填补制度漏洞、灵活法律适用的作用。

(二)规范含义

1. 监护的法律性质

对于如何界定监护的法律性质,学界大致有如下几种观点:

第一,权利说。该观点主张,监护是一种项以监护双方之间的特殊主体关系为基础而产生的身份权,此种特殊关系既包括亲属关系,也包括法律拟制的身份关系(主要指监护人是非亲属或社会组织的情形)。①

第二,权利、义务一体说。该观点主张,监护的性质是一种融合了权利与义务等若干要素,并以义务为本位的综合体。在此综合体中,应明确承认监护人享有法定权利,但监护人对于这些权利的行使建立在其履行监护义务的基础之上。②

第三,职责说。该观点主张,监护在本质上是一项权利和义务紧密相连,并以义务为中心的社会职责。③ 我国学界主流观点较为认同职责说,④从对本条规定文字表述几次修订中可以合理推知,立法者也基本接受了此种观点。

与权利、义务一体说不同,职责说更为强调监护的社会公共属性,这直接反映在对于监护权法律性质的理解上面。具体来说,职责说认为,监护并非是一项民事权利,而是一种权限。⑤ 这是因为,监护人对于监护权利的行使,本质上是其履行监护义务的要求。监护权人既没有决定是否行使监护权的自由,也不能对其进行自由处分,更不能通过行使监护权使自己获得利益。换言之,没有一项监护权不是为了履行监护义务而服务的,而监护义务又是监护人承担之监护职责的核心内容。这显然与民事权利的利益、自由等本质特征存在差别。⑥

2. 监护职责的内容

根据本条第1款的规定,监护人的监护职责主要包括代理被监护人实施法律行为和保护被监护人的合法权益两项,其中前者为积极保护,旨在使被监护人可以有效参与社会交往活动;后者为消极保护,旨在防止被监护人合法权益遭受损害。

---

① 参见段厚省:《论身份权请求权》,载《法学研究》2006年第5期。

② 参见郑晓剑:《中国民法典中成年监护立法若干问题综论》,载《天府新论》2011年第4期。

③ 参见杨大文:《亲属法》,法律出版社2012年版,第267页。

④ 参见梁慧星:《民法总论》,法律出版社2007年版,第106页;王利明:《民法总则研究》,中国人民大学出版社2012年版,第251页。

⑤ 参见余延满:《亲属法原论》,法律出版社2007年版,第473页。

⑥ 参见尹志强:《未成年人监护制度中的监护人范围及监护类型》,载《华东政法大学学报》2016年第5期。

(1)法定代理权

根据《民法总则》第23条规定,监护人是被监护人的法定代理人。因此,监护人有权代表被监护人实施各类民事法律行为,并对被监护人实施的超出行为能力的法律行为,享有同意权和追认权。在现实生活中,监护人除了可以代理被监护人处理日常的经济和生活事务外,在特定情况下,监护人还可代理其实施与身份关系有关的法律行为。例如,根据《婚姻法解释(三)》第8条规定,无民事行为能力人的配偶有虐待、遗弃等严重损害无民事行为能力一方的人身权利或者财产权益行为,其监护人有权代理无民事行为能力一方提起离婚诉讼。但需要注意的是,虽然作为法定代理人,监护人的代理权为一般代理权,但根据《民法总则》第35条的规定,无论其代理实施的是财产行为还是身份行为,都必须按照最有利于被监护人的原则行使代理权,否则将构成代理权的滥用,这点在监护人擅自处分被监护人财产行为的法律效力问题上,表现尤为突出。

(2)保护被监护人人身、财产等合法权益的义务

该项义务是监护人履行监护职责所承担的首要义务,也是法律设置监护制度的首要目的。在实践中,该项义务主要表现以下几个方面:

第一,照顾被监护人的生活,为其提供必要物质条件的义务。需注意的是,由此产生的费用,应由对被监护人承担抚养或赡养义务的人承担,或从被监护人的个人财产中支出,如上述主体均无力承担该项费用,则应通过社会保障机制予以解决,但监护人应先行垫付,不得以抚养人不支付抚养费为由拒绝为被监护人提供必要的物质条件。

第二,保护被监护人的人身权益的义务。一方面,被监护人应采取必要措施,保护被监护人的身体健康,避免其人身权益遭受不法侵害。对于身患疾病的被监护人,还应提供良好的医疗和恢复条件。当损害发生后,监护应积极采取救济措施防止损害后果扩大,并采取诉讼、仲裁等有效方式挽回损失。另一方面,监护人在处理与被监护人人身利益相关的事务(如利用未成年人的肖像、姓名等人格要素从事商业活动)时,应秉承最有利于被监护人的原则,对相关事务进行必要的筛选和审查。

第三,管理和保护被监护人财产的义务。监护人在履行该项义务时,应注

意如下问题：首先，监护人要严格区分自己与被监护人的财产，避免因财产混同造成被监护人财产流失，[①]或与被监护人发生财产上的利益冲突；其次，监护人应以维护被监护利益为目标，在合理范围内使用和处分被监护人的财产，以实现对被监护人更好的保护和照顾。具体判断标准，可参见第 35 条评注内容；复次，监护人应对被监护人的财产权益进行妥善管理和保护，使其原理不合理风险，并预防因第三人侵害或其他原因遭受损失。当被监护人的财产权益实际遭受损失时，监护人应及时采取措施组织损失扩大，并追究造成损失者的法律责任，尽量使损失获得有效填补。

第四，合理管束被监护人的义务。对于监护人来说，通过必要的管束，对未成年人的错误思想和行为进行合理约束和纠正，从而防止被监护人实施侵害他人行为，并避免其人身、财产权益遭受损害，既是监护人作为应尽的监护义务，也是其享有的权限。监护人在对被监护人进行管束时，应尊重被监护人的人格尊严，并根据其身心发展的规律和特点，选择恰当的方式进行。只要监护人采取的手段方法属于合理范围，且不会给被监护人的身心健康造成严重损害，法律一般不应干涉。

第五，教育被监护人的义务。对于未成年人，监护人应在生活中对其进行必要的教育，以健康的思想、良好的品行和适当的方法教育和影响未成年人，引导未成年人进行有益身心健康的活动，预防和制止未成年人吸烟、酗酒、流浪、沉迷网络以及赌博、吸毒、卖淫等行为。同时，根据《义务教育法》《未成年人保护法》等法律法规的规定，监护人还应切实保护被监护人接受正规教育的权利，不得无故让未成年人辍学。

3. 因监护而产生权利的法律保护

如前所述，虽然监护在法律性质上并非民事权利，但监护职责的行使仍然具有不可侵犯并且排除干涉的效力，任何个人或组织无法定理由，均不得妨碍监护人正常履行监护职责，《侵权责任法》第 2 条将监护权纳入其保护范围亦是基于此理。因此，当第三人对监护权的行使造成阻碍时，监护人可根据《侵权责任法》的相关规定进行救济。

---

① 参见王利明：《民法总则研究》，中国人民大学出版社 2012 年版，第 256 页。

具体来说,“监护人依法履行监护职责产生的权利”主要包括:(1)监护人行使监护权的自主权利,即监护人依法履行监护义务的“特权”。在现实生活中,当监护人与被监护人之间存在特定亲属关系(如父母与子女)时,此种“特权”属性表现得尤为明显,因为在履行各项监护职责的过程中,监护人和被监护人都将实现来自于亲情和身份关系上的利益。在此种情况下,阻碍监护人履行监护职责的行为,无疑应构成对其合法权益的侵害。(2)监护人的名誉权,能否妥善行使监护职责,在某些情况下也可能对监护人的名誉产生影响,而恢复监护职责的行使则是使其名誉得到恢复的主要方式。(3)在有偿的意定监护中,监护人因履行监护职责而获得报酬的权利。监护人的这些因履行监护职责而产生的权利,也应当获得法律的保护。在司法实践中,最为典型的侵害监护权行使行为,便是行为人未经监护人允许,擅自使被监护人脱离监护人的照管范围。对于此种侵权行为,监护人有权要求侵权人交还被监护人并承担精神损害赔偿。① 此外也有观点认为,因故意或过失导致被监护人失踪的,也可构成对监护权的侵害。② 但需注意的是,监护人主张精神损害赔偿的基础是其与被监护人之间具有亲属关系,如果监护双方之间没有不存在此种亲属关系(如由相关组织当人监护人),则不能主张精神损害赔偿。

例如,在傅某凤诉毕传星侵权责任纠纷案中,③傅某凤于2000年7月6日育一非婚生子傅某。后傅某凤与毕某星于2000年8月26日登记结婚,毕某星非傅某生父。2001年3月,傅某凤与毕某星经法院判决离婚,傅某由傅某凤抚养。毕某星未履行法院判决,傅某一直由毕某星抚养照顾。2008年6月3日,毕某星与案外人金某结婚,傅某随二人共同生活。2013年2月22日,傅某意外身亡。傅某凤认为,毕某星强行将傅某偷偷抱走,使其脱离自己的监护,后又因疏于照顾,导致了傅某的死亡。毕某星的行为给自己造成了严重的精神痛苦,应承担侵权责任。

法院经审理认为,在法院判决孩子由傅某凤抚养的情况下,毕某星拒不履

① 参见《最高人民法院关于确定民事侵权精神损害赔偿责任若干问题的解释》第2条。

② 参见汪志刚:《论失踪损害赔偿之诉的法律适用——以马航客机失踪事件切入》,载《法律科学》(西北政法大学学报)2014年第5期。

③ 参见北京市第三中级人民法院(2016)京03民终7992号民事判决书。

行生效判决，拒绝将孩子还给傅某凤，使其与仍在襁褓中的孩子失去联系并长期不能与傅某见面，傅某凤之精神痛苦可想而知。因此，毕某星应承担相应的侵权责任，并向傅某凤给付精神损害抚慰金。本案的判决也进一步说明了，在我国亲权与监护制度存在交叉的立法体例下，由于监护职责中内涵了部分亲权内容，因此对于履行监护职责的侵害往往会对监护人造成精神上的损害。

4. 监护人的法律责任

根据本条第3款之规定，监护人不履行监护职责或者侵害被监护人合法权益的，应当承担法律责任。在实践中，监护人承担法律责任主要包括以下几种情况：

（1）对被监护人造成他人损害承担监护人责任

被监护人在行为能力上的欠缺，使其可能无法正确认识其行为的法律后果，并对自己的行为进行控制。因此作为监护人，有义务对被监护人进行合理管束，以防止其实施侵害他人合法权益的行为。如果监护人未尽到监护职责，导致被监护人实施了此类行为，根据《侵权责任法》第32条之规定，监护人应向受害人承担侵权责任。

（2）因侵害被监护人合法权益承担法律责任

在司法实践中，监护人侵害被监护人合法权益的行为，主要包括以下几类：第一，怠于履行监护职责，将被监护人置于无人照管的状态，放任其人身财产权益遭受损害。第二，滥用监护权侵害被监护人的合法权益。例如，非为被监护人利益，擅自处置、使用、侵占或抛弃被监护人财产，或在对被监护人进行教育和管教时超出必要限度，给其身心健康或人格尊严造成严重损害等。

当监护人怠于履行监护职责或者侵害被监护人合法利益时，对其法律责任的追究主要有几种方式：第一，通过追究监护人的侵权责任，对被监护人遭受的损失进行救济。当被监护人有两个或以上监护人时，根据《民事诉讼法》第57条之规定，应由侵权人以外的其他监护人代被监护人向法院提起诉讼，自不待言。但是，当侵权人是被监护人的唯一监护人时，应由何方代被监护人向其提起诉讼，我国相关法律法规未作明确规定。笔者认为，可参考适用《民法总则》第36条之规定，由有权提起监护资格撤销之诉的主体代为提起诉讼。第二，若监护人的行为符合监护资格撤销条件，人民法院还可根据相关当事人的申请,撤销监护人的监护资格,并另外指定新的监护人。第三,当监护人行为构成对行政法规或刑事法律规范的违反时,执法机关应依职权主动介入,追究监护人的法律责任。

三、其他问题

在《民法总则》确立的监护制度体系中,监护监督制度有待建立,这是进一步完善我国的监护制度,切实保障监护制度得以有效实现的必要措施。

1. 我国现行法中的监护监督制度

由于被监护人在监护法律关系中大多处于弱势地位,仅凭自己的力量无法有效监督监护人履行其监护职责,对于失职和侵权行为更是难以辨别和反抗。因此,通过监护监督制度的建立引入第三方主体对监护人的行为进行监督,对于被监护人利益的保护以及监护制度目标的有效实现,均具有十分重要的意义。

然而在我国现行法上,对于监护监督制度的规定尚不成体系,只是在《民法总则》第 36 条和《执行民法通则意见》第 20 条中有所涉及。然而仅凭这两条规定,并不足以建构起一套完整有效的监护监督制度,特别是在以下几个方面,存在较为明显的制度缺陷:

第一,监督职责分配不清,监督责任难以落实。根据《执行民法通则意见》第 20 条之规定,监护人以外的其他具有监护资格的个人或单位,均有权对监护人履行监护职责的情况进行监督。然而,由于该条只是概括性的赋予各类主体监护监督的权利,而并未对各监督人之间的具体职责分工作明确规定,因此在实践中难免出现都由监督权,但却无人真正履行监督职责的情况。《民法总则》第 36 条第 3 款之规定虽在一定程度回应了上述问题,但由于该条只适用于申请撤销监护资格的情形,且对民政部门以外的其他主体应如何分配监护监督职责并未作明确规定,故尚不足以全局性的解决监护职责分配不清的问题。

第二,监督职责的具体内容有待完善。现行法中对于监督职责的规定,大多集中在事后对监护人法律责任的追究上面,而对监护职责的具体内容和行使方式,以及监督人与监护人之间的关系等问题则较少规定,且可操作性较差,不利于监督人在事前和事中对监护人履行职责的情况形成有效监督。[①]

2. 建立完善的监护监督制度

有效的监督是维护监护制度的正常运转的重要保障,是监护制度不可或缺的组成部分。因此,有必要在日后的法律修订或司法解释中,对监护监督制度的具体规则予以填补。具体来说,主要包括以下几个方面:

第一,明确监督人的选任规则,使监护职责落到实处。首先,可比照法定监护制度,明确监护监督人的法定范围,并根据其与被监护人的亲等关系,确定担任监督人的法定顺序,从而明确将"监督权利"转化为"监督义务"。同时,公权监督机构则作为辅助监督人,发挥兜底保护作用。其次,在意定监护中,允许被监护人自主选择监督人,但应强调公权监督机构对监护合同的审查和对监护人的监督,将监督人的确定作为意定监护生效的法律要件。

第二,对监护监督人的具体职责以及监护职责的履行方式进行规定。具体包括:监督监护人是否积极履行监护职责,督促其履行职责;监督监护人是否存在侵犯被监护人的人身或财产权利的情况;发生侵害被监护人行为时,代表被监护人追究被监护人的法律责任;向法院申请撤销监护人的监护资格;监护人缺位时,协助选任新的监护人,或直接向法院请求指定监护人;在紧迫情况时,暂时代行监护人职责;调解和结局监护人之间因履行监护职责发生的纠纷等。

第三,完善公权机构的监督机制。在我国传统观念中,监护属于家庭内部事务,公权机关一般不愿介入。但是在国外,已有不少国家设立专门的监护机构,如德国的青少年局和监护法院、日本的家庭裁判所等、瑞士的监护官署等,对监护职责的履行情况进行监督。[②] 在我国,应当结合我国《民法总则》监护制度的相关规定,可考虑构建以私力监护为主,公力监督为辅的两重监督体系。一方面,由与被监护人存在亲属或其他密切关系的个人或社会组织担任监护监督人,负责对监护职责的履行情况进行日常监督;另一方面,由公权监督机构担任辅助监督人,在私力监督无法有效履行职责时,及时介入为被监护

① 参见李欣:《〈民法总则(草案)〉第34条和第29条评析——以成年监护监督制度为中心》,载《安徽大学学报》(哲学社会科学版)2016年第6期。

② 参见余延满:《亲属法原论》,法律出版社2007年版,第503页。

人提供保护。具体来说,可考虑将民政部门作为监督职责的主要承担者,被监护人住所地的居民委员会或村民委员会发挥协助职能,同时由法院保留指定监护监督人的最终决定权,以强化国家公权力和社会力量对监护监督事务的直接介入。[①]

① 参见焦富民:《民法总则编纂视野中的成年监护制度》,载《政法论丛》2015 年第 6 期。

第三十五条 【监护职责的履行】

监护人应当按照最有利于被监护人的原则履行监护职责。监护人除为维护被监护人利益外,不得处分被监护人的财产。

未成年人的监护人履行监护职责,在作出与被监护人利益有关的决定时,应当根据被监护人的年龄和智力状况,尊重被监护人的真实意愿。

成年人的监护人履行监护职责,应当最大程度地尊重被监护人的真实意愿,保障并协助被监护人实施与其智力、精神健康状况相适应的民事法律行为。对被监护人有能力独立处理的事务,监护人不得干涉。

一、历史由来

(一)对《民法通则》承继和修订

在原有法律规范中,对于监护人履行监护职责时应当遵循的规范,主要体现于《民法通则》第18条和《未成年人保护法》第二章的相关规定之中。本条在承继上述条文主体内容的基础上,又增加了两项重要的基本原则:一是最有利于监护人原则;二是尊重被监护人真实意愿原则。其中,前者的加入,明确了监护制度的核心价值,在于最大限度促进和保护被监护人的利益,基本属于对原有法律规范内容的释明和重申;而后者的加入,却是在相当程度上颠覆了传统的监护职责履行方法,并在监护人与被监护人之间形成了一种全新的交往模式。本条规定是此次监护制度改革的又一大亮点,不仅与国际监护制度改革的整体趋势相吻合,也符合我国社会发展对于监护规则的实际需求。

具体来说,自第二次世界大战以来,人权保障意识在国际范围内普遍增强,《世界人权宣言》《国际人权公约》《精神耗弱者的权利宣言》《儿童权利公约》等一系列国际性文件的通过,更是使人权保障理念迅速深入人心。在此背景下,世界各国监护制度也掀起了一轮改革的风潮,其中一个重要的发展趋势,就是对被监护人自主决定权的尊重,原有"一刀切"式地否定被监护人意思能力的做法,已不再符合现代社会的价值观念,并且从实践效果来看,也不利于最大程度保护和促进被监护人的合法权益。因而设立一个柔韧且有弹性的监护制度,正逐渐在世界范围内形成共识。①

具体到监护职责的履行来说,人权保护理念主要体现在对于被监护人自主决定权的重视。在未成年监护中,主要表现为有主见能力的被监护人,有权对与自己本人利益相关的事务发表意见,监护人则应根据其智力和成熟程度对其意见予以适当对待。② 在成年监护中,则主要表现为从医疗监护模式向人权监护模式的转变。③ 借由此种转变,被监护人的自主决定权成为了监护职责履行中的核心要素,监护人与被监护人之间的关系也随之发生改变。特别是对于尚有一定行为能力的被监护人来说,监护人的主要职能不再是单方面的代替其实施法律行为,而是处于辅助性位置,协助其在力所能及的范围内自主实施法律行为。此种转变不仅体现了对被监护人的尊重,更有利于被监护人更多参与正常的社会交往,避免与社会产生隔绝。在我国现行法上,这一理念也已得到认同。例如,《精神卫生法》第30条第1款规定:“精神障碍的住院治疗实行自愿原则。”就体现除了对于精神病患者自主意思的尊重。

总体而言,《民法总则》此次对于监护制度的修订最有利于被监护人和尊重被监护人自主决定权这两项基本原则可谓贯穿始终,监护人履行监护职责的行为规范作为整个监护制度的核心规则之一,对上述两项原则的强调更属题中之义。

(二)《民法总则》的审议过程

1. 2015年8月全国人大法工委“民法总则民法室室内稿”

立法者将监护职责的履行规则、监护职责的内容和监护职责的保护与责任三部分内容,放在了同一个条款中进行规定。其中,在监护职责的履行规则部分,重点强调了“最有利于被监护人原则”,但尚无关于尊重被监护人自主决定权的规定。具体条文如下:

“第三十条　监护人应当按照最有利于被监护人的原则履行监护职责,保

① 参见余延满:《亲属法原论》,法律出版社2007年版,第470页。

② 参见《联合国儿童权利公约》第12条。

③ 参见李霞:《成年监护制度的现代转向》,载《中国法学》2015年第2期。

护被监护人的身心健康,照顾被监护人的生活,管理和保护被监护人的财产,代理被监护人实施法律行为等。除为被监护人利益外,不得处分被监护人的财产。

监护人依法履行监护的权利,受法律保护。

监护人不履行监护职责或者侵害被监护人合法承权益的,应当担责任;给被监护人造成财产损失的,应当赔偿损失。”

2.2016 年 5 月《民法总则(草案)征求意见稿》

立法者虽然仍未将监护职责的履行规则作专条规定,但较之“室内稿”,除了在条文表述和条款顺序上有所调整以外,增加了监护人在履行监护职责时应尊重被监护人自主决定权的规定,是该版本中最为重要的修订,此项修订也被后续版本所保留。具体条文如下:

“第三十一条 监护人依法行使监护的权利,受法律保护。

监护人应当按照最有利于被监护人的原则履行监护职责,保护被监护人的人身、财产及其他权益;除为被监护人利益外,不得处分被监护人的财产。

未成年人的监护人应当履行对被监护人的教育和管理职责;根据被监护人的年龄和智力状况,在作出与被监护人权益有关的决定时,尊重被监护人的意愿。

成年人的监护人履行监护职责,应当最大程度地尊重被监护人的意愿,保障并协助被监护人独立实施与其智力、精神健康状态相适应的民事法律行为。

监护人不履行监护职责或者侵害被监护人民事权益的,应当承担责任。”

3.《民法总则(草案)》的三次审议稿

在《民法总则(草案)》(一审稿)中,立法者在条文结构上进行了较大幅度调整,将监护职责的履行规则单列一条进行规定。在规范的具体内容方面,则未做过多调整。具体条文如下:

“第三十三条 监护人应当按照最有利于被监护人的原则履行监护职责,保护被监护人的人身、财产及其他合法权益;除为被监护人利益外,不得处分被监护人的财产。

未成年人的监护人履行监护职责,应当根据被监护人的年龄和智力状况,在作出与被监护人权益有关的决定时,尊重被监护人的意愿。

成年人的监护人履行监护职责,应当最大程度地尊重被监护人的意愿,保障并协助被监护人独立实施与其智力、精神健康状况相适应的民事法律行为。”

《民法总则(草案)》(二审稿)在一审稿的基础上,进一步强调了对于成年被监护人自主决定权的尊重,明确监护人不得干涉被监护人有能力独立处理的事务。这在一定程度上为缓和监护关系设立与行为能力相挂钩对监护对象范围造成的限制提供了制度基础。具体条文如下:

“第三十四条　监护人应当按照最有利于被监护人的原则履行监护职责,保护被监护人的人身、财产及其他合法权益;除为被监护人利益外,不得处分被监护人的财产。

未成年人的监护人履行监护职责,应当根据被监护人的年龄和智力状况,在作出与被监护人权益有关的决定时,尊重被监护人的意愿。

成年人的监护人履行监护职责,应当最大程度地尊重被监护人的意愿,保障并协助被监护人独立实施与其智力、精神健康状况相适应的民事法律行为,对被监护人有能力独立处理的事务,监护人不得干涉。”

《民法总则(草案)》(三审稿)基本沿袭了二审稿的条文表述,仅对第 2 款的语序进行了调整,将“应当根据被监护人的年龄和智力状况”和“在作出与被监护人权益有关的决定时”前后对调。具体条文如下:

“第三十四条　监护人应当按照最有利于被监护人的原则履行监护职责,保护被监护人的人身、财产权利及其他合法权益;除为被监护人利益外,不得处分被监护人的财产。

未成年人的监护人履行监护职责,在作出与被监护人权益有关的决定时,应当根据被监护人的年龄和智力状况,尊重被监护人的真实意愿。

成年人的监护人履行监护职责,应当最大程度地尊重被监护人的真实意愿,保障并协助被监护人独立实施与其智力、精神健康状况相适应的民事法律行为;对被监护人有能力独立处理的事务,监护人不得干涉。”

在《民法总则》中,立法者将三审稿第 1 款后半句中“保护被监护人的人身、财产权利及其他合法权益”移至第 34 条第 1 款,与监护权利的保护和监护责任置于同一条文,从而使本条的规范内容指向更为明确,即只包括监护职责的履行规则,而不再涉及监护职责具体内容的规定。

二、规范目的与含义

（一）规范目的

本条规定共分三款，对监护人履行监护职责所应遵循的行为规范进行了规定。其中，第1款属于一般条款，明确了监护人履行监护职责的基本原则，适用于所有类型的监护关系。第2、3款则分别强调了未成年人和成年人的监护人在履行监护职责过时，应根据被监护人的自身特性和实际情况，充分尊重其真实意愿和自主决定权。质言之，立法者借由本条规定，一方面，明确了监护人是否妥当履行其监护职责的核心判断标准；另一方面，则对监护人与被监护人之间的相互关系进行了重新定位。

（二）规范含义

1. 最有利于被监护人原则

如前所述，监护制度虽然具有维护社会正常交往秩序的效果，但其核心功能仍然在于维护被监护人的合法权益。因此，将最有利于被监护人原则作为监护人履行监护职责的基础性要求，理应是监护制度的题中之义。具体来说，可从以下几个方面对“最有利于被监护人”原则进行理解：

第一，保证被监护人生存和发展的权利，是实现一切其他权益的基础。因此，对于监护人来说，为被监护人的生存和发展创造必要条件，是其承担的首要监护职责。特别是对于被监护人的父母、子女或配偶来说，为被监护人提供保障其生存和发展所需的必要费用，并创造一个和睦、健康的家庭环境，本就是其不容推卸的法定义务。

第二，建立以被监护人为本位的监护理念，将被监护人看作权利的主体，而非法律保护的客体。这就要求监护人在履行监护职责时，一方面，应充分了解被监护人自身的实际情况，采取与其真实需要和所处发展阶段相适应的监护措施，从而为其提供或延续最有利于其生活和成长的生活环境；①另一方面，则应尊重被监护人的人格尊严，既不能对其有侮辱、歧视或侵害其他人身权益

① 参见李欣：《〈民法总则（草案）〉第34条和第29条评析——以成年监护监督制度为中心》，载《安徽大学学报》（哲学社会科学版）2016年第6期。

(如侵害隐私权、通信自由权)的行为,也不能因被监护人行为能力上的欠缺,就对其人身自由进行简单的过度限制。

第三,在合理范围内,尊重被监护人的自主决定权。对于完全行为能力人来说,何为最有利于自己的决定,往往需要依靠主观标准进行判断。对于被监护人来说,虽然行为能力存在欠缺,但若能够在其力所能及的范围内,按照自己的愿望对自己的生活进行安排,也不失为一项最佳选择。因此,尊重被监护人的自主决定权本身,就是最有利于被监护人原则的具体体现。① 当然,尊重被监护人的自主决定权,并不等于一切事务均交由被监护人自己决定,否则将偏离监护制度的设立初衷,也是监护人对自己应尽职责的推卸。

第四,妥善保管、利用和处分被监护人的财产权益。具体来说,按照最有利于被监护人的原则,可将监护人对于被监护人财产权益的监护要求,概括为以下几个方面:其一,严格区分监护人与被监护人财产,避免二者发生混同;其二,通过妥善的保管使被监护人的财产价值保持稳定,并在有条件的情况下,积极选择稳健的投资渠道,促使被监护人的财产得到增值;②其三,根据被监护人的生活和发展需要,合理使用和处置被监护人的财产权益。其四,监护人对被监护人的财产进行使用和处分时,不得与自己发生利益冲突。③

2. 尊重被监护人自主意愿原则

虽然在《民法总则》规定的监护制度中,监护关系的设立与被监护人的行为能力之间依然存在直接关联,但在被监护人行为能力普遍存在欠缺这一前提之下,立法者依然可以通过对监护职责履行方式的调整,为被监护人的自主决定权留下必要空间。根据被监护人的类型不同,分别分析如下:

(1)未成年的被监护人

根据《联合国儿童权利公约》第 12 条规定,有主见能力的未成年人,有权对影响其本人的一切事项自由发表自己的意见,监护人应按照其年龄和成熟

① 参见李昊:《大陆法系国家(地区)成年人监护制度改革简论》,载《环球法律评论》2013 年第 1 期。

② 参见朱埂梁:《〈民法总则(草案)〉第 17—22 条评析——监护与信托的功能耦合与制度融合》,载《安徽大学学报》(哲学社会科学版)2016 年第 6 期。

③ 参见王利明:《民法总则研究》,中国人民大学出版社 2012 年版,第 254 页。

程度给予适当的看待。之所以在现代社会中,需要强调对未成年人自主意愿的尊重,主要是因为,随着人们生活水平的不断提高,未成年人的心智成熟速度较之以往有了很大提高,特别是伴随着未成年人年龄和心智水平的不断增长,其对于自己独立人格的认识也会日渐清晰。在此种情况下,传统的家长式监护方法,对于那些已经具有主体意识的未成年人来说,显然已经不能产生良好的监护效果。[①] 因此,监护人应转变原有观念,不再将自己单纯定位于监管者角色,根据自己单方面的意志就对未成年人的生活作出安排,而应真正将被监护人作为与自己平等的民事主体,在处理与其权益相关的事务时,征求并尊重其的真实意愿,并尽量谋求一致。[②]

当然,监护人对于为被监护人意见的尊重并非是无条件的,只有当被监护人具备了与处理事务基本相当的智力水平,且其作出的决定确实不违背自身利益的情况下,被监护人才应将其自主意愿转化为生效的法律行为;否则,监护人仍有权对其行为进行主动干预。

(2)成年的被监护人

由于成年被监护人原本具有或本应具有完全民事行为能力,因此对其自主决定权的对待方式理应与未成年被监护人有所不同,这主要体现在将“正常化”作为监护人履行监护职责的价值目标之一。所谓“正常化”,是指不将被监护人视为一个特别的群体,通过将其隔离于社会生活之外对其进行保护,而应该尽量让他们像普通人一样,参与正常的社会交往活动。具体来说,在监护职责的履行规则上,主要体现为以下两方面要求:

第一,根据被监护人的意思能力,设置多层次、差异化的监护职责履行规则,并根据“最小限制”标准对监护事务的范围进行界定。[③] 由于从本质上来说,监护关系的设置意味着对被监护人行为自由的限制,因此在作出此项决定时,应充分考虑被监护人的意思能力情况,并据此设置相应的监护规则,尽量将监护人的职责范围限定在对被监护人的自主决定权产生最小影响的范围之

---

① 参见王雪梅:《儿童权利轮——一个初步的比较研究》,社会科学文献出版社 2005 年版,第 87 页。

② 参见《德国民法典》第 1626 条。

③ 参见李霞:《成年监护制度的现代转向》,载《中国法学》2015 年第 2 期。

内。这就需要对传统的概括监护规则进行调整,并代之以部分监护规则。例如,在日本法上,法律就将广义的监护类型细分为了狭义监护、保佐和辅助三种类型,分别适用于不同意思能力的被监护人,而根据监护人职责范围的不同,被监护人的自主决定权也随之变化。

第二,在监护法律关系中,监护人与被监护人之间不再是管理者与被管理者,而是协助者与受协助者、保护者与被保护者的关系。[①] 换言之,监护人在监护关系中主要起辅助性作用,只有当特定事项超出了被监护人的意思能力范围时,监护人才应辅助其对其进行处理。

鉴于《民法总则》对于监护职责的规定依然采取了概括式方法,且对于被监护人的类型,也只区分了无行为能力和限制行为能力两类,无法直接对监护人的监护职责内容进行调整,因此,只能通过对监护人履行监护职责的行为进行限制,实现对被监护人自主决定权的尊重。这主要体现在,当被监护人所欲实施的民事法律行为与其意思能力或行为能力基本相符时,监护人应积极协助其按照自己的真实意愿完成该项行为;当被监护人有能力独立处理特定事务时,则监护人有义务及时通过同意或追认的意思表示,使被监护人实施行为的法律行为发生效力,而不得任意行使撤销权,限制被监护人的行为自由。

3. 对被监护人财产的处分规则

对于监护人来说,除了要保护被监护人财产权益的静态安全以外,还应在被监护人参与社会交往活动的过程中,对其财产进行合理的使用和处分,从而在物尽其用的目标下实现对财产权益动态安全的保护。对于此类行为,本条第1款后半句设置了最为核心的行为规范,即必须"为被监护人利益"而实施。在司法实践中,对于该款规定的适用,主要基于对以下两个问题的正确理解:

(1)财产处分行为是否有利于被监护人的判断标准

鉴于财产处分行为同时涉及与被监护人和第三人的法律关系,因此应分别从其各自角度,对处分行为是否有利于被监护人的判断标准进行分析。

第一,对于被监护人来说,判断结果直接影响其财产权益的增减。结合

① 参见陈苇、李欣:《私法自治、国家义务与社会责任——成年监护制度的立法趋势与中国启示》,载《学术界》2012年第1期。

《民法总则》监护制度中强调尊重被监护人自主决定权的立法精神，应采取主客观相结合的标准对处分行为是否有利于被监护人进行判断。

一方面，当被监护人具备适当的认识能力，能够对财产处分行为发表独立意见时，应在充分尊重被监护人真实意愿的基础上，对监护人的财产处分行为是否符合前者利益进行判断。如果财产处分行为与被监护人的真实意愿明显违背，则监护人的行为将可能构成对监护权的滥用。

另一方面，如果被监护人未对财产处分行为提出意见，或以被监护人的智力和精神健康状况，无法判别财产处分行为是否对其有利，应该采取客观标准进行判断，即从一个善意、合理的监护人的角度，对该行为是否有利于被监护人进行判断。需要注意的是，所谓有利于被监护人，不仅指财产权益的保值和增值，也包括通过其他方式使被监护人获益，如教育投资、生活消费等，但此等利益应是现实存在的。根据此等标准，监护人无权代理被监护人订立遗嘱，但却可以代其与第三人设立遗赠抚养协议。

第二，对于第三人来说，判断结果直接决定其在与监护人的交易行为中是否存在恶意，进而对处分行为归于无效后的责任分配结果产生影响。如果其在主观上将构成恶意，在处分行为归于无效后，应根据《民法总则》第 171 条第 4 款的规定，与监护人按照各自过错承担责任。反之，则可根据《民法总则》第 171 条第 3 款要求监护人承担损害赔偿责任。在司法实践中，应从如下两个层次对第三人的主观状态进行判断：第一层次，第三人是否知道交易对象为被监护人；第二层次，第三人对监护人的财产处分行为是否有利于被监护人的知晓情况。

对于第一层次的事实，不应要求第三人承担实质审查义务，否则会对市场主体的交易效率和交易安全产生不利影响。只有当第三人明知或根据交易活动的实际情况可以合理推知交易对象为被监护人时，才会触发对第二层次事实的审查义务。进一步来说，当第三人知道其交易对象为被监护人时，由于本条管于监护人处分被监护人财产行为的规定属于强行性规定，因此，第三人理应对监护人的交易行为是否有利于被监护人承担审查义务。但是，为避免对第三人课予过重的审查义务而致交易效率受损，此种审查应以形式审查为限，只有在第三人存在故意或重大过失的情况下，才可能构成主观上的恶意。例如,如果监护人只是单纯出售被监护人名下的财产,则不应要求第三人对该行为是否真正有利于别监护人作出准确判断。

(2)擅自处分被监护人财产行为的法律效力

从文意上看,本款规定使用了“不得”二字,这充分反映了立法者对于保护被监护人财产权益的坚定态度,在司法实践中,人民法院也大多将该款视为禁止性规定,直接认定违反该款规定之行为无效。

例如,在洛阳市百通典当有限公司(以下简称百通公司)与刘某、一审被告刘某林典当纠纷案中,河南省高级人民法院在审理百通公司提出的再审申请时认为,百通公司与刘某林(一审被告,刘某的监护人)鉴订房产抵押典当合同时间是2005年11月30日,刘某是1993年4月28日出生,当时未满12周岁,法律明确规定,监护人应当履行监护职责,保护被监护人的人身、财产及其他合法权益不受侵害,除为被监护人的利益外,不得处理被监护人的财产。《合同法》也规定,违反法律、法规的强制性规定,合同无效。本案中,刘某林系在刘某毫不知情的情况下办理房产抵押典当合同,其行为明显违反了法律规定。原审认定侵犯了被监护人刘某的利益,属无效合同并无不当。[①]

除了在法政策上对保护被监护人权益的考量之外,立法和司法机关得出上述结论的主要理论依据在于,所谓“为被监护人利益”,在法律性质上属于对监护人代理权限的规定。因此,当监护人违反规定实施财产处分行为时,其行为将构成无权代理,而根据《民法总则》第171条规定,未经被代理人追认的,无权代理行为无效。鉴于在监护关系中,被代理人没有作出追认的行为能力,且其他监护人也无权超越代理权对该行为进行追认,因此,此等无权代理行为只能最终归为无效,而监护人则应对第三人承担无权代理的法律后果。

---

① 参见河南省高级人民法院(2013)豫法立二民申字第01991号民事裁定书。类似判决参见浙江省高级人民法院(2016)浙民申393号民事裁定书;北京市高级人民法院(2016)京民申1693号民事裁定书。

第三十六条 【监护资格的撤销】

监护人有下列情形之一的，人民法院根据有关个人或者组织的申请，撤销其监护人资格，安排必要的临时监护措施，并按照最有利于被监护人的原则依法指定监护人：

（一）实施严重损害被监护人身心健康行为的；

（二）怠于履行监护职责，或者无法履行监护职责并且拒绝将监护职责部分或者全部委托给他人，导致被监护人处于危困状态的；

（三）实施严重侵害被监护人合法权益的其他行为的。

本条规定的有关个人和组织包括：其他依法具有监护资格的人，居民委员会、村民委员会、学校、医疗机构、妇女联合会、残疾人联合会、未成年人保护组织、依法设立的老年人组织、民政部门等。

前款规定的个人和民政部门以外的组织未及时向人民法院申请撤销监护人资格的，民政部门应当向人民法院申请。

一、历史由来

（一）对《民法通则》承继和修订

从发展沿革来看，监护资格撤销制度最早规定于《民法通则》第18条第3款和《执行民法通则意见》第20、21条。此后，《未成年人保护法》第53条、《婚姻法解释（三）》第8条等对监护资格撤销也均有所规定。[①] 但由于这些规定要么在内容上过于简单和笼统，缺乏实际可操作性；要么在适用范围上过于狭窄，导致该项制度在我国长期处于“沉睡”状态。[②]

---

① 在1991年《未成年人保护法》审议通过时，监护人资格撤销的相关规定位于第12条，2006年修订时变更为第53条。

② 参见佟丽华：《监护侵害处理意见：激活“沉睡的制度”》，载《中国青年社会科学》2015年第5期。

真正改变这一局面的,是2014年《处理监护人侵害意见》的颁布,在该意见中,立法者详细规定了撤销未成年人监护人资格的具体适用规则,极大提高了该制度的可操作性,对于未成年人合法权益保护具有极其重大的标志性意义。① 2016年,最高人民法院又集中公布了12起侵害未成年人权益被撤销监护人资格的典型案例,进一步细化了监护人资格撤销规则的适用方法,并正式宣告了这一制度的"复活"。

《民法总则》第36条在参考《处理监护人侵害意见》相关规定的基础上,结合司法实践经验和本法在民事法律体系中的定位,对原有监护人资格撤销制度进行了如下调整、修订和补充:

第一,通过对侵害未成年被监护人和侵害成年被监护人这两类行为的提取公因式,以例示注意方法,规定了监护人资格撤销的法定事由,主要包括不作为的失职行为和积极实施的侵害行为两类。相较于《民法通则》采取的概括注意,本条规定显然更为具体,但限于篇幅,本条并未如《处理监护人侵害意见》第35条那样采取列举主义,进一步细化关于撤销事由的规定。

第二,以列举方式明确规定了有权申请撤销监护人资格的主体范围,基本涵盖了现实生活中各类有条件了解,且有职责或意愿对监护侵害行为追究法律责任的个人和社会组织。特别是各类社会组织的加入,有助于充分调动各方主体力量,在社会中形成一章被监护人合法权益的保护网。同时,为与本节其他规定保持一致,本条也取消了"未成年人父、母所在单位"的申请人资格。

第三,为避免出现"九龙治水"却"群龙无首"的情况,本条第3款对"处理监护人侵害意见"第30条第2款之规定进行了改进,明确规定民政部门有在其他个人或组织为及时提出撤销申请时,应依职权向人民法院提出申请的法定义务,而不再以其他个人或组织提出申请和建议作为前置条件。

第四,立法者参照《处理监护人侵害意见》中的相关规定,在监护人资格撤销制度中增加了临时监护规则。法律设置监护人资格撤销制度的真正目的,

① 参见吴允锋、刘环宇:《监护侵害行为的刑事法规制研究——以〈关于依法处理监护人侵害未成年人权益行为若干问题的意见〉为视角》,载《青少年犯罪问题》2015年第2期。

是为了保障监护制度的正常运转，因此人民法院在判决撤销监护人资格后，有必要做出妥善的后续安排，使被监护人的权益能够得到持续性保护。事实上，较之于《民法总则》第31条指定监护中的临时监护，针对监护侵害行为设置的临时监护措施，无疑更具紧迫性，对于被监护人合法权益的保护也更具现实意义。

（二）《民法总则》的审议过程

1.2015年8月全国人大法工委“民法总则民法室室内稿”

立法者已对监护资格撤销规则进行专条规定。具体条文如下：

“第三十二条　监护人有下列情形之一的，经其他有监护资格的人或者被监护人住所地的居民委员会、村民委员全、民政部门、妇女联合会、学校等部门和组织申请，人民法院可以判决撤销其监护权，并在有监护资格的人中根据最有利于被监护人的原则为 其指定新的监护人：

（一）实施严重损害被监护人身心健康行为的；

（二）怠于履行监护职责，或者无法履行监护职责并且拒绝将监护职责部分或者全部委托给他人，导致被监护人处于危困状态的；

（三）有其他严重侵害被监护人合法权益的行为的。

监护人确有悔改情形的，经其申请，人民法院可以恢复其监护权，人民法院指定的监护人同时终止监护职责。”

2.2016年5月《民法总则（草案）征求意见稿》

较之于“室内稿”，关于监护资格撤销的规定主要有以下三处调整：第一，扩大了有权提出撤销申请的主体范围，加入了医疗卫生机构、残疾人联合会、老年人组织等组织；第二，明确了民政部门应当在其他个人或组织未及时提出撤销申请时，依职权向人民法院提出申请；第三，删除了人民法院应在“有监护资格的人中”指定监护人的范围限制，从而将居民委员会、村民委员会和民政部门纳入指定监护人的范畴。具体条文如下：

“第三十二条　监护人有下列情形之一的，人民法院根据有关人员或者组织的申请，撤销其监护人资格，并根据最有利于被监护人的原则依法为其指定新的监护人：

（一）实施严重损害被监护人身心健康行为的；

(二)怠于履行监护职责,或者无法履行监护职责并且拒绝将监护职责部分或者全部委托给他人,导致被监护人处于危困状态的;

(三)有其他严重侵害被监护人合法权益的行为的。

前款规定的有关人员和组织包括:其他有监护资格的人员,被监护人住所地的居民委员会、村民委员会,学习、医疗卫生机构、妇女联合会、残疾人联合会、老年人组织、民政部门等。

有关人员和组织未及时向人民法院提出撤销监护人资格申请的,民政部门应当向人民法院提出申请。"

3.《民法总则(草案)》的三次审议稿

《民法总则(草案)》(一审稿)基本沿袭了前一版本的条文表述,仅对个别词语作了微调。

在《民法总则(草案)》(二审稿)中,立法者参照《处理监护人侵害意见》中的相关规定,增加了人民法院在作出撤销判决后,应安排必要的临时监护措施的规定。《民法总则(草案)》(三审稿)基本延续了二审稿中的规定。具体条文如下:

"第三十五条　监护人有下列情形之一的,人民法院根据有关人员或者组织的申请,撤销其监护人资格,安排必要的临时监护措施,并根据最有利于被监护人的原则依法指定新监护人:

(一)实施严重损害被监护人身心健康行为的;

(二)怠于履行监护职责,或者无法履行监护职责并且拒绝将监护职责部分或者全部委托给他人,导致被监护人处于危困状态的;

(三)有严重侵害被监护人合法权益的其他行为的。

前款规定的有关人员和组织包括:其他有监护资格的人员,被监护人住所地的居民委员会、村民委员会,学校、医疗卫生机构、妇女联合会、残疾人联合会、未成年人保护组织、依法设立的老年人组织、民政部门等。

前款规定的人员和其他组织未及时向人民法院提出撤销监护人资格申请的,民政部门应当向人民法院提出申请。"

在《民法总则》中,立法者为了表述更为严谨,将三审稿第3款中的"前款规定的人员和其他组织"修改为"前款规定的个人和民政部门以外的组织。"

二、规范目的与含义

(一)规范目的

在日常生活中,监护人本应是被监护人最值得信赖和托付的对象。然而事情总有例外,最亲密的人往往也会带来最为严重的伤害。近年来,我国媒体曝出的一系列监护侵害事件,在让人们感到出离愤怒和扼腕叹息的同时,也意识到了完善相关法律制度的重要性,《处理监护人侵害意见》正是在这一背景下出台的。《民法总则》作为民事法律规范的基本法,理应对此问题作出有效回应,本条规定正是立法者为应对监护侵害行为而构筑的最后一道防线,其通过彻底剥夺监护人监护资格的方法,使被监护人能能够有效远离侵害的威胁,并重新回到生活的正轨。

(二)规范含义

1. 申请撤销监护人资格的主体范围

根据本条第 2 款,立法者共赋予了 10 类主体向人民法院提出撤销监护人资格申请的权利。立法者之所以作出此种较为宽泛的规定,主要是考虑到现实生活中,遭受监护侵害的被监护人根据其自身情况不同,极有可能向上述人员或组织寻求救助,在此种情况下,允许其在实施救助后直接依法提起撤销监护人资格的申请,有利于使被监护人得到更为及时和有效的保护。

鉴于本款未对上述主体提出申请的顺序作明确规定,因此可以认为,其中任何一方在发现监护人存在撤销监护资格的法定事由后,均有权直接向法院提起诉讼。但如果没有任何一方及时提起诉讼,民政部门则有义务应依职权向人民法院提出申请。但这并不意味着,民政机关只能在其他主体均未及时提出申请之时才可代位提出申请。事实上,民政机关本就在这 10 类主体范围之内,《民法总则》第 36 条第 3 款的主要目的,是要保证民政部门能够起到兜底保护的作用,以确保这一条所规定制度的体系化效应能够在实践中充分实现。

还需注意的是,在司法实践中,虽然法院不能依职权主动对监护人的监护资格进行审查,但在其他案件的审理过程中,如果发现确有变更监护人的需要,法院可以通过司法建议书的方式将该情况通知有关个人或单位,并建议其向法院提出撤销监护人资格的申请。①

2. 撤销监护人资格的法定事由

鉴于监护关系一旦被撤销,将使监护双方的原有生活产生重大改变,特别是未成年人与原生家庭的分离,更会对其身心发展造成深远影响。② 因此,在对是否存在监护人资格撤销的法定事由进行判断时,应始终保持格外谨慎的态度,并以最有利于被监护人利益为基本原则。

第一,监护人主观状态对于撤销监护人资格的意义。

根据《未成年人保护法》第53条之规定,人民法院只有在监护人"经教育不改"的情况下,才能作出撤销其监护人资格的判决。换言之,监护人对于其实施的监护侵害行为,必须具有主观上的故意。然而在《民法总则》第36条中,立法者删除了这一前置条件,因此,人民法院对于监护人资格撤销的判断,应主要根据客观标准,即监护人是否存在监护资格撤销的法定事由而作出,至于监护人对于法定事由的发生是否存在主观故意,则并非决定性因素。此种改变,从侧面反映出新法中的监护人资格撤销制度,完全是以被监护人利益为中心设计而成的。

第二,是否以穷尽其他救济方法作为撤销监护人资格的前提条件。

当监护人存在监护资格撤销的法定事由时,人民法院是否需要先穷尽其他救济方法,再作出撤销监护人资格的判决,我国现行法律法规未作明确规定。在比较法上,对于该问题亦有两种不同的态度。③ 我们认为,前置条件的设置应以法律明确规定为准,既然本条为对此做明确规定,不宜要求人民法院将是否穷尽其他救济措施作为影响判决结果的决定性因素。但即便如此,法院在案件审理个过程中也应采取较为严格的证据标准,只有在维持原监护关

① 参见《最高人民法院关于侵害未成年人权益被撤销监护人资格典型案例》之案例十:卢某某被撤销监护人资格案,载最高人民法院网:http://www.court.gov.cn/zixun-xiangqing-21481.html,最后访问日期:2017年2月2日。

② 参见金眉:《未成年人父母的监护人资格撤销制度比较研究》,载《南京大学学报》(哲学人文科学社会科学)2016年第6期。

③ 参见主张不设前置条件的包括:《意大利民法典》第330条、《日本民法典》第834条等;主张设有前置条件的包括:《德国民法典》第1666a条、《瑞士民法典》第311条、我国台湾地区"民法典"第1090条等。

系确实会对被监护人造成严重伤害的情况下，才可判决撤销监护人资格。如果能通过其他替代解决方案，亦应尽量通过调解或借助其他主体力量化解矛盾，毕竟监护人资格撤销造成的影响颇为深远，故以谨慎为宜。

第三，监护人资格撤销之法定事由的判断标准。

根据本条第1款之规定，导致监护人资格被撤销的法定事由共有三项。

其一，实施严重损害被监护人身心健康行为的。该项法定事由的构成标准类似于“行为犯”，即只要监护人实施了此类行为，即可导致其监护人资格被撤销，至于是否真正给被监护人的身心健康造成了严重损害结果，则并非关键所在。在司法实践中，此类行为主要表现为：监护人对被监护人实施的暴力伤害、虐待、性侵、出卖、侵占转移财产、教唆或利用其实施犯罪等违法犯罪行为。

其二，怠于履行监护职责，或者无法履行监护职责并且拒绝将监护职责部分或者全部委托给他人，导致被监护人处于危困状态的。该项法定事由的构成标准类似于“行为犯＋结果犯”。(1)怠于履行监护职责，即监护人基于主观上的故意或过失选择不履行监护职责。此类行为，不仅对内可能会造成监护人身体、精神以及财产的损失，对外也可能给他人的利益造成损失，故有必要对监护人进行更换。在司法实践中，此类行为经常表现为：监护人遗弃被监护人；拒绝为被监护人提供必要的生活、教育或医疗条件；将被监护人置于无人照管状态；利用被监护人进行乞讨等。(2)无法履行监护职责且拒绝将监护职责转托他人。与怠于履行监护职责相比，无法履行监护职责大多并非出是监护人的本意，而是客观原因造成的，如被处以刑罚，或因吸毒、赌博、酗酒等生活恶习而丧失履行监护职责的能力。因此，当监护人出现上述情况时，法律允许其通过将监护职责及时转托他人来保持监护人资格，待其监护能力恢复后，可继续正常履行监护职责。但如果其拒绝转托他人，则其行为将转化为故意不履行监护责任，一旦造成法定后果，将可能丧失监护人资格。

需注意的是，将监护职责部分或全部委托给他人并不会导致监护关系的终止，委托人仍需要承担监护人的法律责任，如侵权责任法上的监护人责任。①

---

① 参见杨立新：《人身权法论》，人民法院出版社2006年版，第850页。

在委托监护成立后,监护人也仍然可以行使监护权。① 在实践中,为明确委托合同双方的权利义务关系,并防止委托人逃避监护责任,委托合同中应尽量明确委托事项、委托期间、责任承担规则、委托终止原因等相关内容。②

上述两类侵害行为所造成的结果均为同一,即导致被监护人处于危困状态。所谓危困状态,应包括危险和困境两类,前者强调的是被监护人的人身和财产权益存在遭受严重损害的现实可能;后者则更多指的是一种有碍被监护人正常生活的困难状态,如因不委托他人代行监护职责,导致被监护人无法参与正常的社会交往,对其财产进行合理的使用和处置。对此,《处理监护人侵害意见》第35条第2、3、4项中列举了几类较为典型的情况,在司法实践中具有一定参考价值。

需要讨论的是,如果监护人虽怠于或无法履行监护职责,但被监护人因有其他亲属照料而未面临实际生活困难时,是否可以申请撤销监护人资格。我们认为,虽然被监护人的亲属可能为其提供良好的物质条件和精神慰藉,但这些付出均基于亲情或道义上的原因,而并无法律制度作为保障。因此,来自于被监护人亲属的照料,并不影响对监护人监护侵害行为给被监护所造成之损害的判断。

其三,实施严重侵害被监护人合法权益的其他行为的。本项作为兜底条款,用于规制那些法无明文规定,但却严重危及或损害被监护人合法权益的监护侵害行为,以期为被监护人合法权益提供更为周延的保护。例如,当监护人存在滥用监护权利,挥霍或侵占被监护人的财产,且无力偿还或不能提供充分担保时,可以考虑根据本项规定,撤销其监护人资格。③

3. 撤销监护人资格的法律效果

第一,为被监护人安排必要的临时监护措施。人民法院审理撤销监护人资格案件通常需要一定时间,而在审理期间内,如继续由被申请人承担对被监

① 参见王洪:《婚姻家庭法》,法律出版社2003年版,第326页。

② 参见林艳琴:《我国未成年人监护法律制度现状检讨与完善构想》,载《东南学术》2013年第2期。

③ 参见何某申请撤销监护人资格案,上海市黄浦区人民法院(2013)黄浦民一民特字第34号民事判决书。

护人的监护职责,有可能会使后者的合法权益收到进一步侵害。因此,为避免此种情况发生,人民法院应根据案件具体情况,在审理过程中为被监护人安排必要的临时监护措施。需注意的是,与依据《民法总则》第 31 条第 3 款设立的临时监护人不同,由于在案件审理过程中,被申请人在法律上依然具有正式监护人资格,因此无法为被监护人指定临时监护人,而只能要求相关个人或单位对其承担临时照料的义务。当人民法院作出最终判决后,临时照料义务也随即宣告结束。

第二,原监护关系终止,新监护关系设立。在人民法院判决撤销被申请人的监护人资格后,被申请人与被监护人之间的监护关系即宣告终止。同时,人民法院还应根据最有利于被监护人的原则,根据指定监护规则为其选任新监护人。在《执行民法通则意见》第 19 条中,只是规定了人民法院在作出撤销判决时,可以同时另行指定监护人,而并未作强制性规定。此种做法不利于为被监护人提供连续性的保护,《民法总则》第 36 条第 1 款的规定有效填补了这一漏洞。当然,这并不是说在所有情况下,人民法院都需要在判决撤销被申请人监护资格的同时,为被监护人指定新监护人。例如,当父、母一方被撤销监护资格时,另一方如仍然能够继续承担监护职责,则无须为被监护人重新指定监护人。

第三,当被撤销监护人资格的是被监护人的父母或子女时,其可在符合法定条件的情况下申请恢复监护资格,具体规则详见《民法总则》第 38 条评注。

4. 撤销监护人资格申请的举证责任

根据《民法总则》第 31、34 条之规定,监护关系一经设立,非经法定程序不得擅自变更,包括主动变更和被动撤销。因此,提出撤销监护人资格申请的当事人,理应承担证明被申请人存在不履行监护职责或侵害被监护人合法权益等监护人资格撤销法定事由的举证责任,如不能提供充分证据,法院应判决驳回申请,原监护关系继续有效。

三、其他问题

关于增设监护职责部分撤销制度的必要性。

根据《民法总则》第 36 条的规定,人民法院对于撤销监护人资格的申请,只能做出“全有”或“全无”的判断,即要么判决被申请人继续履行监护职责,要么彻底剥夺其监护资格,并没有中间选项。在司法实践中,人民法院也基本都是遵循这一规则进行裁判的。然而,现实生活较之于法律规定往往更为复杂和多样的,在某些情况下,非此即彼的判决结果恐无法有效平衡被监护人利益保护与维持监护关系稳定之间的关系。鉴于此,有必要通过法律解释的方式,创设监护职责部分撤销机制。例如,在前文提到的监护人浪费或侵占被监护人财产的情况下,就可以考虑仅剥夺其保管和处置被监护人财产的监护职责,而继续保留其他方面的监护职责。在比较法上,此种制度设计十分常见,如《德国民法典》第1667条、《日本民法典》第835条、《意大利民法典》第334条等均有涉及,这对于我国监护人资格撤销制度的完善,有一定的参考价值。

第三十七条 【监护资格撤销后的抚养义务】

依法负担被监护人抚养费、赡养费、扶养费的父母、子女、配偶等，被人民法院撤销监护人资格后，应当继续履行负担的义务。

一、历史由来

在我国现行法上，关于监护人资格被撤销后原监护人的抚养义务履行问题，最早规定于《未成年人保护法》第53条之中。根据该条规定，被撤销监护资格的父母应当依法继续负担抚养费用。换言之，虽然父母对于子女抚养权的行使，可能会因为其监护人资格的被撤销而受到诸多限制，但其负担的支付抚养费的义务却不会因此而发生任何改变。

本条基本延续了此种区分监护职责与抚养义务的思路，并根据《民法总则》监护制度的体系定位，将该条的适用对象扩大至所有依法负担被监护人抚养费、赡养费、抚养费的民事主体。即当上述民事主体的监护人资格被人民法院宣告撤销后，其应继续向被监护人履行支付抚养费、赡养费或抚养费的义务。

在《民法总则》起草和审议过程中，本条规定直到《民法总则（草案）》被表决通过时才被立法者安排在监护资格撤销条款和恢复条款之间，而在此前的征求意见稿和《民法总则（草案）》的三次审议稿中，均未提及本条规定之内容。

二、规范目的与含义

（一）规范目的

结合我国《民法总则》《婚姻法》《老年人权益保障法》等相关法律规定可知，监护人在与被监护人形成监护关系的同时，其往往还对后者承担着抚养、赡养或扶养义务，①身兼两职的情况十分普遍。鉴于此，立法者为了防止义

---

① 为方便表述，下文将“抚养、赡养和扶养”这三种法律关系统一表述为“抚养”。

务人因监护资格被撤销而逃避抚养义务,使被监护人限于不利境地,特别设置本条规定,明确监护关系被宣告撤销时,原监护人对于被监护人的抚养、赡养或扶养义务不会随之终止,抚养义务人仍应依法履行支付抚养费的义务。

(二)规范含义

1. 抚养义务的范围

在本条中,立法者在明确列举了父母、子女和配偶的监护人资格被撤销时,应继续履行抚养义务的同时,以一个"等"字给义务人的主体范围预留了扩大解释的空间。事实上,除上述三类抚养关系外,我国现行法律规范中还规定了如下几种抚养关系:

第一,因其他直系血亲关系产生的抚养义务。主要表现包括有负担能力的祖父母、外祖父母,对于父母已经死亡或父母无力抚养的未成年的孙子女、外孙子女,负有的抚养义务。以及与之相对应地,有负担能力的孙子女、外孙子女,对于子女已经死亡或子女无力赡养的祖父母、外祖父母负有的赡养义务。

第二,因旁系血亲关系产生的抚养义务。主要表现为有负担能力的兄、姐,对于父母已经死亡或父母无力抚养的未成年的弟、妹,有抚养的义务。以及与之相对应地,由兄、姐抚养长大的有负担能力的弟、妹,对于缺乏劳动能力又缺乏生活来源的兄、姐,有扶养的义务。

当由上述抚养义务人担任被扶养人的监护人时,本条规定应同样适用。

2. 抚养义务的内容

根据民法传统理论,抚养义务的内容主要指经济上的供给。抚养方式主要包括两类:如果抚养双方共同居住生活,义务人应该承担被扶养人在日常生活中发生的各项合理开销;如果义务人与被扶养人分开居住生活,则将通过定期支付抚养费的方式履行抚养义务。根据被扶养人的实际情况不同,抚养费的具体内容也应有所区别。例如,在父母向子女支付的抚养费中,主要包括子女生活费、教育费、医疗费等费用;而在子女对父母承担的赡养义务中,生活费和医疗费将成为抚养费的主要组成部分。

根据履行抚养义务的条件和程度不同,抚养义务可分为生活保持义务和生活扶助义务两类。所谓生活保持义务，是指义务人应使被扶养人的生活达到与自己生活同等水平的地步，纵须牺牲自己的利益也应在所不辞，故又称“共生义务”。[①] 义务人对处于第一顺序的抚养权利人，均应承担生活保持义务。所谓生活扶助义务，是指义务人在不降低与自己地位相当的生活水平限度内，保障被抚养人能够维持最低限度的生活水平。[②] 相较于生活保持义务，扶助义务对于义务人的要求显然较低，因此，其主要适用于义务人对亲等关系相对较远的第二顺位被扶养人的抚养义务。

随着时代的发展，抚养义务的内容正在不断丰富，义务人除了需在经济上为被扶养人提供必要的物质条件以外，还应在日常生活中对其给予关怀和照顾，并在精神上给予慰藉和关怀。在此种情况下，本条规定之所以只重点强调了义务人对于抚养费、赡养费和扶养费的支付义务，主要是考虑到，被撤销监护人资格这一结果本身，往往同时意味着被撤销人无法或不愿履行其抚养义务，而在各项抚养义务之中，唯有支付抚养费一项能够通过强制措施得到有效执行。至于其他抚养义务，即使规定恐怕也不会产生实际效果，更何况，从监护人资格撤销的法定事由来看，让被撤销人继续履行除支付抚养费外的其他抚养义务，对被抚养人来说可能也未尝是一件好事。

3. 抚养与监护的关系

本条规定之所以强调监护资格被撤销后，被撤销人仍应承担支付抚养费的义务，理论基础在于监护与抚养分属两个独立的法律关系，二者在内容上可能有所重叠，但在法律效力上却并无任何关联。具体来说，抚养与监护之间的区别主要体现在如下几个方面：

第一，法律关系主体不同。抚养关系的双方当事人通常存在较为密切的亲属关系，而亲属关系的亲疏也会直接影响承担抚养义务的顺位以及抚养义务的具体内容。相较之下，监护关系的双方当事人既可能存在亲属关系，也可能没有亲属关系，监护人甚至可能由非自然人担任。

第二，法律关系内容不同。抚养义务是单纯的法定义务，主要强调义务人

---

① 参见裴桦：《亲权与监护立法之比较》，载《甘肃政法学院学报》2004 年第 5 期。

② 参见余延满：《亲属法原论》，法律出版社 2007 年版，第 514 页。

为被扶养人提供经济上的供给、生活上的照顾和精神上的慰藉,其主要目的在于使被扶养人能够获得生存于世所需的必要条件。相较之下,监护职责的内容则更为丰富,是多项权利和义务的复合体(具体参见第34、35条评注内容),其主要目的在于使被监护人能够正常参与社会生活,并在此过程中免受损害,监护职责本身并不包括对被监护人给予经济上的供给。

第三,法律效果不同。抚养关系产生的法律效果通常仅限于抚养关系双方当事人之间,而不会与第三人产生关联。即使发生法律纠纷,也主要表现为权利人要求义务人履行抚养义务。相较之下,在监护职责的履行过程中,往往会涉及与第三人的法律交往,监护人需要在此过程中对被监护人的行为负责。如《侵权责任法》第32条规定的监护责任、《民法总则》第145条规定的追认和同意权等,即属典型。

第四,法律关系的产生事由不同。抚养关系形成的主要原因,在于被扶养人在财产状况、自理能力和劳动能力上存在一定欠缺,以致无法凭借自己的力量独立生活,至于其在民事行为能力上是否同时存在欠缺,则在所不问。因此,具备完全行为能力但无劳动能力或生活困难的老年人、已成年但不能独立生活的子女等,均可能成为被抚养的对象。相较之下,根据《民法总则》的相关规定,监护关系的形成需要以被监护人存在民事行为能力上的欠缺为前提条件,完全行为能力人即使已经处于生活上的困境,在其被宣告为限制或无民事行为能力人之前,也不能成为被监护的对象。

第五,法律关系的终止事由不同。抚养义务作为一种以身份关系为基础,以保障被监护人生存条件为目标的法定义务,其消灭主要通过两种方式:一为身份关系的消灭,如婚姻关系解除、子女成年等;二为被扶养人获得独立生活能力。抚养人不履行抚养义务或侵害被扶养人的合法权益,并不能导致抚养关系终止。相较之下,监护作为一种法定职责,由于监护人在承担义务的同时还对被监护人享有权利,因此为保障被监护人的合法权益,法定终止事由相对多样。

综上所述,正是基于上述五方面的区别,监护与抚养分属两个独立的法律关系,二者之间并无联动关系,监护人资格被撤销并不影响其作为抚养义务人,继续在抚养关系项下履行支付抚养费的义务。

三、其他问题

关于多个抚养义务人和抚养权利人并存时的抚养义务承担顺序。

在现实生活中,一个抚养权利人可能对应多个抚养义务人,一个抚养义务人也可能对应多个抚养权利人。在此种情况下,为使抚养关系得以有效确定,确保处于最弱势地位者得到充分保护,有必要对抚养义务的承担顺序予以明确。尤其是当抚养义务人无法对全部抚养权利人履行抚养义务时,抚养顺序的规定将具有更为重要的意义。

在比较法上,对于该问题的规定主要有两种立法例。一为概括主义,即对抚养义务的顺序只作原则性规定,而不直接对顺序安排作明确限定。例如,《日本民法典》第 878 条规定,抚养义务人之间可以通过协商方式确定义务归属,如协商不成则由家事法苑进行裁判。在有多个抚养权利人而义务人不足以对其全部履行抚养义务时,处理方法亦同。二为列举主义,即对抚养义务顺序作明确规定。例如,《德国民法典》第 1606 条至第 1609 条,将抚养义务的负担顺序规定为:(1)配偶;(2)直系晚辈亲属;(3)直系长辈亲属;(4)同一辈分亲属中的近亲属。将抚养权行使的顺序规定为:(1)未成年的未婚子女、配偶;(2)其他晚辈直系血亲;(3)长辈亲属;(4)同一辈分亲属中的近亲属。[①]

我国现行法律规范对该问题未作明确规定,仅能从相关条文的文字表述和体系关系中,大致推断出存在多个抚养义务人时的抚养顺序,具体表现为:父母与子女之间的抚养义务,应优先于祖孙之间和兄弟姐妹之间的抚养义务。但是,对于配偶之间的扶养义务应处于何种顺位,以及当父母和子女之间、祖孙和兄弟姐妹之间的抚养义务并存时,是否以及如何需要区分顺序先后,则缺乏详细规定。对于同时存在多个抚养权利人时抚养义务人的抚养顺序,也缺少相关的规定。

由于抚养顺位的确定,更多涉及伦理道德和宗族观念层面的价值选择,因此,学界对此问题的态度也呈现出因人而异的情况。主要有如下几种观点:

首先,当抚养义务人为数人时,对负担抚养义务的顺序,主要有如下几种

① 另可参见我国台湾地区“民法典”第 1115、1116 条。

建议:

第一,(1)父母、子女、配偶;(2)直系血亲晚辈亲属;(3)直系血亲长辈亲属;(4)二亲等旁系血亲。同一顺位多个义务人的,亲等近的优先承担抚养义务;亲等相同的,依经济能力按比例负担抚养义务。①

第二,(1)配偶、未成年子女的父母;(2)直系血亲卑亲属;(3)直系血亲尊亲属;(4)兄弟姐妹;(5)共同生活的子妇、女婿;(6)共同生活的夫妻之父母;(7)三等旁系血亲。同一顺序多个义务人的,可经由协商确定义务人,协商不成的,由法院根据经济情况决定共同承担或部分人承担抚养义务。②

第三,(1)父母、成年子女、配偶;(2)祖父母、外祖父母,成年的孙子女、外孙子女,兄弟姐妹。同一顺序多个义务人的,平均承担抚养义务,也可按照协议分担抚养义务。③

其次,当抚养权利人为多人,且义务人不足以全部履行抚养义务时,对享有抚养权利的顺序,主要有如下几种观点:

第一,(1)父母、子女、配偶;(2)直系血亲长辈亲属;(3)直系血亲晚辈亲属;(4)二亲等旁系血亲。同一顺位多个权利人的,亲等近的优先享有抚养权利;亲等相同的,协议确定抚养权利的享有,协商不成的,由法院判决。④

第二,(1)配偶;(2)直系血亲晚辈亲属;(3)直系血亲长辈亲属;(4)二亲等的旁系血亲。同一顺位多个权利人的,亲等近的优先享有抚养权利;亲等相同的,协议确定抚养权利的享有,协商不成的,由法院判决。⑤

第三,(1)配偶、未成年子女的父母;(2)直系血亲卑亲属;(3)直系血亲尊亲属;(4)兄弟姐妹;(5)共同生活的夫妻之父母;(6)共同生活的子妇、女婿;(7)三等旁系血亲。同一顺位多个权利人的,首先抚养经济最困难的人。⑥

---

① 参见余延满:《亲属法原论》,法律出版社2007年版,第523页。王利明:《中国民法典学者建议稿及立法理由·人格权编、婚姻家庭编、继承编》,法律出版社2005年版,第398页。

② 参见杨大文:《亲属法》,法律出版社2012年版,第305页。

③ 参见梁慧星:《中国民法典草案建议稿附理由·亲属编》,法律出版社2006年版,第205页。

④ 参见余延满:《亲属法原论》,法律出版社2007年版,第523页。

⑤ 参见王利明:《中国民法典学者建议稿及立法理由·人格权编、婚姻家庭编、继承编》,法律出版社2005年版,第403页。

⑥ 参见杨大文:《亲属法》,法律出版社2012年版,第306页。

第四,(1)未成年子女、父母、配偶;(2)祖父母、外祖父母,成年的孙子女、外孙子女,兄弟姐妹。[①]

笔者认为,上述各方观点均具有其合理之处,立法或司法机关选择其中任何一种排序方法均无不可,但结合我国社会发展实际情况,在确定抚养义务和权利顺序时,应重点考量如下几项规则:

第一,配偶和未成年子女优先。改革开放以来,我国家庭户结构已由传统的直系家庭向核心家庭转变,根据2010年人口普查结果,由父母和未婚子女组成的标准核心户,占全部家庭户的33.4%,是最为主要的家庭户结构。[②] 在此种情况下,将配偶和未成年子女置于承担抚养义务和享有抚养权利的优先顺位,无疑是确保家庭关系保持稳定的合理选择。

第二,直系血亲优先。直系血亲相互之间具有直接或间接的生育或被生育关系,在各类亲属关系中理应处于优先地位。在抚养义务的承担顺序中,由于晚辈亲属较之长辈亲属通常具有更强的经济能力,因此将其置于在先地位应无争议;但在抚养权利的享有顺序中,应以晚辈优先还是长辈优先,则存在一定争议。立法者可不对该问题作明确规定,而交由人民法院根据案件实际情况作出判决。例如,若国家和社会保障机制对于老年人的救济更为充分,则在家庭抚养关系中,应由晚辈优先享有抚养权利。反之亦然。

第三,亲等优先。亲等这一观念本身的存在,即意味着人际关系的远近亲疏,而在此种人际关系中亦包含抚养关系。因此,依据亲等远近确定扶养顺序,在学界和实践中均无争议。

第四,照顾生活困难者。当根据前述规则有数个同顺位抚养权利人,而义务人无力对其承担全部抚养义务,且平均承担抚养义务无法满足其最低生活需要时,应以生活最困难、最需要义务人对其进行扶助者优先,从而体现抚养制度设立的核心目标。

---

① 参见梁慧星:《中国民法典草案建议稿附理由·亲属编》,法律出版社2006年版,第204页。

② 参见彭希哲、胡湛:《当代中国家庭变迁与家庭政策重构》,载《中国社会科学》2015年第12期。

第三十八条 【监护资格的恢复】

被监护人的父母或者子女被人民法院撤销监护人资格后，除对被监护人实施故意犯罪的外，确有悔改表现的，经其申请，人民法院可以在尊重被监护人真实意愿的前提下，视情况恢复其监护人资格，人民法院指定的监护人与被监护人的监护关系同时终止。

一、历史由来

（一）对既有法律规范的补充

在《民法通则》及其司法解释中，并未涉及关于监护资格恢复的相关规定。该规定首次在我国既有法律规范中出现，是在《处理监护人侵害意见》第 38 条至第 40 条。本条在承继上述规定实体部分的基础上，经过审议修订，在如下几个方面进行了调整：

第一，不再区分监护对象，《处理监护人侵害意见》监护资格恢复制度适用的监护对象限于未成年人，而依《民法总则》本条的规定，被监护人的父母或子女，均可在被撤销监护资格后，根据本条规定申请恢复监护资格，即本条适用的监护对象包括所有被监护人，并不限于未成年人。

第二，将可申请恢复监护人资格的主体范围，从“原监护人”（《民法总则（草案）》一审稿）缩小至“未成年人的父母”（《民法总则（草案）》二审稿），最终又确定为“被监护人的父母或子女”。立法者之所以做出这样的调整，主要原因在于：(1)原监护人的范围不仅包括作为监护人的父母或者子女，也包括父母或者子女之外的其他监护人。在被撤销监护人资格的民事主体中，除了父母或者子女之外，其他原监护人再行发生撤销监护人资格事由的可能性较大，并且与此关系相当的监护人选择替代性较大。因此，《民法总则》将父母或者子女之外的原监护人排除在申请恢复监护人资格的主体范围之外。相较之下，虽然作为监护人的父母或者子女被撤销监护人资格属于有不良记录在先，再行将其恢复监护人资格有一定的风险,但是,同父母与子女关系相当的监护人选择替代性较小,并且立法者假定,基于父母与子女关系而产生真诚悔改的可能性,要大于再行出现撤销监护人资格事由的可能性。允许被撤销监护人资格的父母或子女在符合一定条件的情况下恢复监护人资格,有利于监护关系双方重建良好、和谐的家庭和情感关系,这也是当代民法人文关怀精神的具体体现。(2)作为监护人的父母的监护对象,不仅是未成年人,也包括无民事行为能力或者限制民事行为能力的成年人。因此,可以申请恢复监护人资格的主体就不应限于未成年人的父母,而应是被监护人(包括作为被监护人的成年人)的父母。(3)我国开始进入老龄化社会,子女作为其父母的监护人的情形愈加增多。在作为监护人的子女被撤销监护人资格后,如果其确有悔改表现而申请恢复监护人资格时,法律自应允许。因此,本条将申请恢复监护人资格的主体范围由被监护人的父母扩及包括被监护人的子女。

第三,将被监护人的真实意愿增设为判断恢复申请人监护资格与否的前提条件。此项调整强调了对于被监护人自主意志的尊重,是最有利于监护人原则的内在要求。具体来说,虽然被监护人在行为能力上存在欠缺,但其对曾经伤害过自己的监护人,依然能够产生情感上的好恶和最为基本的判断。因此,即使身为被监护人的父母或子女,申请人要想恢复监护人资格,也必须以获得被监护人的谅解和信任为前提条件。[①]

第四,《民法总则(草案)》(三审稿)将"对被监护人实施故意犯罪"增设为申请恢复监护资格的消极条件,并不再将罪名和因犯罪而遭受之刑罚轻重作为考量标准。立法者之所以作出此种"一刀切"式规定,主要是为了避免认识能力存在欠缺的被监护人,因对申请人的悔改情形作出误判而遭受二次伤害。此外,设置此种颇为严格的法律后果,也能够在社会中起到一定威慑作用。

(二)《民法总则》的判定过程

1. 2015年8月全国人大法工委"民法总则民法室室内稿"

立法者将监护人资格恢复规则与监护人资格撤销规则规定于同一条款之

① 参见李霞、陈迪:《〈民法总则(草案)〉第34、35条评析——监护执行人的撤销与恢复》,载《安徽大学学报》(哲学社会科学版)2016年第6期。

中,且规范内容相对简单。具体条款如下:

"第三十二条　监护人有下列情形之一的,经其他有监护资格的人或者被监护人住所地的居民委员会、村民委员全、民政部门、妇女联合会、学校等部门和组织申请,人民法院可以判决撤销其监护权,并在有监护资格的人中根据最有利于被监护人的原则为其指定新的监护人:

(一)实施严重损害被监护人身心健康行为的;

(二)怠于履行监护职责,或者无法履行监护职责并且拒绝 将监护职责部分或者全部委托给他人,导致被监护人处于危困状态的;

(三)有其他严重侵害被监护人合法权益的行为的。

监护人确有悔改情形的,经其申请,人民法院可以恢复其监护权,人民法院指定的监护人同时终止监护职责。"

2. 2016 年 5 月《民法总则(草案)征求意见稿》

立法者将监护人资格恢复规则与监护人资格撤销规则相分离,并进行专条规定。具体条文如下:

"第三十三条　原监护人被人民法院撤销监护人资格后,确有悔改情形的,经其申请,人民法院可以视情况恢复其监护人资格,人民法院指定的新的监护人同时终止与被监护人的监护关系。"

3.《民法总则(草案)》的三次审议稿

本条规定在《民法总则(草案)》的三次审议稿中,均有较大幅度的调整和修订,这显示出其作为一项新制度规范,在立法过程中确实历经了较为充分的讨论和论证。

《民法总则(草案)》(一审稿)基本延续了前一版本的条文表述,只是在文字表述上稍作调整。具体条文如下:

"第三十五条　原监护人被人民法院撤销监护人资格后,确有悔改情形的,经其申请,人民法院可以视情况恢复其监护人资格,人民法院指定的新监护人与被监护人的监护关系同时终止。"

《民法总则(草案)》(二审稿)对一审稿进行了较大幅度调整,将有权申请恢复监护人资格的主体范围,先定位被撤销监护人资格的"未成年人的父母"。同时,增加了人民法院判断是否恢复监护人资格时,应当尊重被监护人意愿的要求。具体条文如下：

“第三十六条　未成年人的父母被人民法院撤销监护人资格后，确有悔改情形的，经其申请，人民法院可以在尊重被监护人意愿的前提下，视情况恢复其监护人资格，人民法院指定的新监护人与被监护人的监护关系同时终止。”

《民法总则（草案）》（三审稿）对二审稿也进行了一定调整。首先，将有权申请恢复监护人资格的主体范围，扩大至“被监护人的父母或子女”；其次，将“对被监护人实施故意犯罪”增设为恢复监护人资格的消极要件。具体条文如下：

“第三十六条　被监护人的父母或者子女被人民法院撤销监护人资格后，除对被监护人实施故意犯罪的外，确有悔改情形的，经其申请，人民法院可以在尊重被监护人真实意愿的前提下，视情况恢复其监护人资格。人民法院指定的新监护人与被监护人的监护关系同时终止。”

《民法总则》基本延续了三审稿的条文表述，只是在文字表述上，将“确有悔改情形的”改为了“确有悔改表现的”。

二、规范目的与含义

（一）规范目的

本条规范的主要目的在于，为人民法院应依何种标准，对被监护人的父母或子女恢复监护资格的申请进行判断，设置具体规则。从规范体系上看，该条规定属于监护资格撤销的制度范畴，是监护资格被撤销的法律后果之一，同时，本条还包含了部分关于监护关系设立和终止的规则。

（二）规范含义

本条规定的适用场景相对单一，对其规范含义的理解，可主要从如下几个方面入手。

1. 申请恢复监护人资格的主体范围

根据本条规定，只有被监护人的父母或子女在其监护人资格被撤销后，有权向人民法院提出恢复监护资格的申请，而其他监护人，则无论当初是以何种方式被选任而出，只要被依法撤销了监护资格，就不能再要求恢复。如前所述，申请恢复监护资格的主体范围，在立法过程中几经调整，之所以最后确定为被监护人的父母和子女,主要还是基于对亲子之间较为特殊的血缘和伦理关系,以及这种关系的效果假定与再行出现撤销事由风险之间的权衡考量,而此种考量在《民法总则》第26、27条和第29条中也得到了充分体现。

2. 监护人资格恢复的判断标准

鉴于监护人资格的恢复,对于被监护人的生活影响巨大,因此在制度建构时,应采取十分审慎的态度。在比较法上,有些国家甚至在立法上直接采取了禁止或在一定期间内禁止监护资格恢复的态度。例如,《日本民法典》第847条规定,被家事法庭撤销监护资格者不得再担任监护人;《瑞士民法典》第313条规定,被剥夺的父母监护权在任何情况都不能在一年内恢复。在我国各方专家意见稿中,只有法学会版中设置了监护恢复制度。① 我国学界亦有观点主张,《民法总则》中不宜规定监护恢复制度,主要理由在于,监护的恢复将会打乱监护撤销后建立起的监护秩序,不利于为被监护人创造一个相对稳定的生活环境;此外在司法实践中,申请人"确有悔改"也难以有效证明,终止新监护人的监护关系,可能徒增争端。②

在权衡各方利弊的基础上,《民法总则》采取了较为稳妥的制度建构方式,在设立监护人资格恢复制度的同时,对监护人资格恢复的条件作了较为严格的限制。一方面,将有权申请恢复监护人资格的主体范围限定为被监护人的父母和子女;另一方面,则为人民法院判决恢复监护人资格,设置了诸多前置要件,以确保被监护人不会受到二次伤害。鉴于第一方面上文已述,在此仅对第二方面的规范内容进行分析。

由于撤销监护人资格的决定系由人民法院依法作出,因此,被监护人的父母或子女若想恢复监护资格,也必须向人民法院提出申请,并提供证据证明其具备承担监护职责的能力。具体来说,人民法院应主要考察申请人是否具备如下积极和消极要件。

(1)积极要件,即申请人恢复监护资格所必须具备的要件

第一,确有悔改表现。所谓确有悔改表现,一方面,表现为申请人在主观

---

① 参见"法学会稿"第32条。

② 参见梁慧星:《〈中华人民共和国民法总则(草案)〉:解读、评论和修改建议》,载《华东政法大学学报》2016年第5期。

上具有恢复监护人资格的意愿，这点在提出申请时就已经能够得到证明；另一方面，则表现为申请人在客观上恢复了履行监护职责的能力。对于后一方面的判断，可基本沿用《处理监护人侵害意见》第39条第2款中规定的考察方法，即人民法院应当征求被监护人现任监护人的意见，并可以委托申请人住所地的未成年人救助保护机构或者其他未成年人保护组织，对申请人监护意愿、悔改表现、监护能力、身心状况、工作生活情况等进行调查，形成调查评估报告，再结合申请人自己提供的相关证据，对其监护能力综合作出判断。

例如，在最高人民法院公布的周某被撤销监护人资格案中，法院就委托上海市阳光社区青少年事务中心长宁工作站进行社会观护，对被监护人与申请人和被申请人之间的关系进行考察，并以此为依据作出最终判决。虽然本案系监护人资格撤销申请案件，但此种对于案件事实的考察方法，在监护恢复申请案件中同样适用。

应注意的是，在对申请人的监护能力进行判断时，除了要以法定标准为依据外，还应重点考察申请人是否有再次对被监护人实施侵害行为的可能。毕竟，监护关系一经恢复，被监护人就将和申请人长期生活，因此不能仅以申请当时的实际情况为依据作出判断，还应对监护人未来的监护能力作出合理预判。

第二，被监护人同意。监护人资格的恢复，将再次改变被监护人已经稳定下来的新监护关系，对其生活和身心发展均影响甚巨。因此，在被监护人能够准确表达自己意思的情况下，其对于监护人资格恢复申请的态度，将对法院作出最终判断产生决定性作用。换言之，如果被监护人明确拒绝恢复原监护关系，法院一般不应作出相反的判决结果。

(2)消极要件，即申请人要求恢复监护资格所不能具有的要件

根据本条规定，凡曾对被监护人实施故意犯罪的监护人，均不得恢复其监护资格，而不论其罪名为何及刑罚轻重，即使监护人因犯罪情节轻微而被判决免予刑事处罚，也不得再申请恢复监护资格。在实践中，监护人对别监护人实施的较为常见的故意犯罪行为包括：遗弃、虐待、性侵、出卖、故意伤害、组织儿童乞讨、强迫儿童卖淫等。需注意的是，只有故意犯罪行为才会导致被监人的父母和子女丧失申请恢复监护人的资格，如果其对被监护人实施的犯罪行为

系因过失所导致,如过失致人重伤罪,则仍有权申请要求恢复监护人资格。

(3)人民法院的自由裁量权

人民法院在作出最终决定时,除了考察上述积极和消极条件外,还应根据案件实际情况综合考量各方面因素,如申请人与被监护人之间是否存在利益冲突,对恢复申请人的监护人资格是否符合最有利于被监护人原则等,作出判断。换言之,人民法院对于监护人资格恢复与否的判断,所采取的是“核准主义”方法,而非“准则主义”,即使申请人在客观上具备了上述积极和消极要件,人民法院仍然保留对于最终裁判结果的自由裁量权。

3. 监护关系恢复的法律后果

若人民法院驳回申请人恢复监护人资格的申请,被监护人的监护关系自然不发生改变,撤销监护时人民法院指定的监护人继续承担监护职责。若人们法院判决恢复申请人的监护人资格,那么根据本条规定,将产生新监护关系设立和原监护关系终止的法律效果,监护人资格撤销时指定的监护人与被监护人之间的监护关系,因符合《民法总则》第 39 条第 4 项规定之情况,而随申请人与被监护人监护关系的恢复而终止。

三、举证责任

根据《民事诉讼证据规定》第 2 条的规定,“当事人对自己提出的诉讼请求所依据的事实或者反驳对方诉讼请求所依据的事实有责任提供证据加以证明。”因此,当被监护人的父母或子女向人民法院提出申请后,应对其具备法定的恢复监护人资格的积极和消极要件承担证明义务。此外,人民法院在审理过程中,应依职权主动征询被监护人的意见,如果被监护人无法明确表示其真实意愿的,则应征询其现任监护人的意见。

第三十九条 【监护关系的终止事由】

有下列情形之一的,监护关系终止:

(一)被监护人取得或者恢复完全民事行为能力;

(二)监护人丧失监护能力;

(三)被监护人或者监护人死亡;

(四)人民法院认定监护关系终止的其他情形。

监护关系终止后,被监护人仍然需要监护的,应当依法另行确定监护人。

一、历史由来

(一)对《民法通则》的修订

监护作为一种对行为能力欠缺者的特殊保护制度,无论是对于监护人还是被监护人来说,监护关系的持续存在都并非常态,其因特定原因产生,也必然会因特定原因终止。然而,在我国《民法通则》等法律规范中,立法者仅对监护权的撤销规则进行了规定,对监护关系的终止却着墨较少,仅在《处理监护人侵害意见》第17条中,对临时监护的终止作了规定,不得不说是监护制度中的一个缺失。

《民法总则》在监护权撤销规则之外,单独增设监护关系终止的相关规定,实现了对旧法制度欠缺的有效填补,也使本法关于监护制度的规范,在内容和体系上更加完整和周延。

(二)《民法总则》的制定过程

1.2015年8月全国人大法工委"民法总则民法室室内稿"

立法者已就监护关系的终止事由进行了专条规定,且规范内容与《民法总则》最终版本基本相同,只是条文表述上稍有区别。具体条文如下:

"第三十三条　有下列情形之一的,除本法另有规定外,监护关系终止:

(一)被监护人取得或者恢复完全民事行为能力的;

(二)监护人丧失监护能力的;

(三)被监护人或者监护人死亡的;

(四)经人民法院认定监护关系应当终止的其他情形。

监护关系终止后,被监护人仍然需要监护的,应当依法另行确定监护人。”

2.2016 年 5 月《民法总则(草案)征求意见稿》

删除了“室内稿”第 1 款规定中“除本法另有规定外”的表述。具体条文如下:

“第三十三条　有下列情形之一的,除本法另有规定外,监护关系终止:

(一)被监护人取得或者恢复完全民事行为能力的;

(二)监护人丧失监护能力的;

(三)被监护人或者监护人死亡的;

(四)由人民法院认定监护关系终止的其他情形。

监护关系终止后,被监护人仍然需要监护的,应当依法另行确定监护人。”

3.《民法总则(草案)》的三次审议稿

《民法总则(草案)》的三次审议稿均延续了征求意见稿的条文表述,未作任何修改,《民法总则》也只是对文字表述稍作微调。

各建议稿也大多包含有与本条内容相似的监护关系终止规则,只是在具体的终止法定事由上存在一定出入。[①] 例如,在“法学会稿”中,将监护人基于正当理由辞任列为了监护关系终止的事由之一。

二、规范目的与含义

(一)规范目的

本条规定的规范目的与其在监护一章中所处之位置相得益彰,主要对导致监护关系终止的法定事由和法律后果进行了规定。虽然从广义上讲,监护资格撤销也是导致监护关系终止的法定事由之一,但由于监护资格撤销规则与本条所规定的监护关系终止规则,在如下几个方面存在较大区别,故而立法者选择将二者分别进行规定:

---

① “社科院稿”第 1828 条;“法学会稿”第 33 条。

第一,法定事由的产生原因不同。导致监护资格撤销的法定事由,主要表现为监护人的积极作为或消极不作为;导致监护关系终止的法定事由,基本上都是由客观原因所引发的法律事实,监护人在主观上没有追求此种后果发生的意思。

第二,是否直接损害被监护人权益不同。监护人的行为导致被监护人的人身财产权益遭受严重损害或陷于危困状态,是导致监护资格被撤销的主要原因;而监护关系终止的法定事由并不会产生此种严重后果,至多使被监护人处于无人监护状态,并需要重新确定监护人。

第三,法律后果的发生是否以相关主体申请为前提条件不同。对监护人资格的撤销,需要由有关个人或组织进行申请,并由法院作出判决;而监护关系终止的法律后果,则是在法定事由出现后自动产生的,既无须相关主体主动申请,也无须法院对此专门作出判决。需要说明的是,虽然被监护人行为能力的恢复和监护人监护能力的丧失,需要由法院进行认定,但其认定的对象是行为能力和监护能力本身,而非监护关系是否应该终止,监护关系依然是自行为能力确定恢复以及监护能力确定丧失之时起自动终止的。

第四,新监护人的选任方法不同。在监护资格被撤销时,新任监护人应由作出撤销判决的法院直接依据指定监护规则进行指定;而在监护关系终止时,由于法院并未参与其中,因此对于新任监护人的选任,应根据具体情况适用恰当的选任规则。

总而言之,相较于监护资格被撤销,本条规定是监护关系终止的基础性规则,在司法实践中也具有更为广泛的适用性,绝大多数监护关系都将根据本条规定走向终结。

(二)规范含义

1. 监护关系终止的法定事由

监护的终止,又称监护关系的终止,是指监护人与被监护人之间的监护关系因一定法定事由的发生而归于消灭。[①] 在比较法上,在监护制度中设置监护终止的相关规则是十分普遍做法。例如,在《德国民法典》第 1882 ~ 1895 条

① 参见余延满:《亲属法原论》,法律出版社 2007 年版,第 508 页。

中,立法者专节规定了导致监护关系终止的各项法定事由。再如,在我国台湾地区“民法典”第 1106 条中,也规定了监护人死亡、经法院许可辞任以及因其他原因丧失监护能力等导致监护关系终止的情况。此外,在日本、法国等国家的民法典中也有类似规定。

根据被监护人是否完全脱离监护关系,监护终止可分为绝对终止和相对终止两类,而本条中规定的各类法定事由,也可据此分为绝对终止事由和相对终止事由。

(1)监护关系的绝对终止

所谓监护关系的绝对终止,是指被监护人彻底脱离监护关系,而不再需要设置新的监护人。根据本条规定,导致监护关系绝对终止的法定事由包括以下两类:

第一,被监护人取得或恢复完全民事行为能力时,监护关系自然绝对终止。需要注意的是,在被监护人民事行为能力恢复后又丧失的情况下,依然构成监护关系的绝对终止,行为能力再次丧失后所形成的监护关系,即使监护人是同一人,也并非是对先前监护关系的延续,而是一个全新的监护关系。①

第二,被监护人死亡。当被监护人死亡时,由于监护对象不复存在,监护关系自然随之彻底终结。需要讨论的是,当被监护人被宣告死亡后归来时,监护关系是否构成绝对终止,《民法总则》对此并未作明确规定。对此,可参考《民法总则》第 51 条的规定,在死亡宣告被撤销时,如果原监护人依然具有监护能力,那么监护关系应自行恢复;反之,则监护关系构成相对终止。

此外,还有观点认为,在被监护人被宣告失踪时,由于监护关系失去义务主体,因此监护关系也应告终止。② 其实,此种观点有商榷余地,主要原因在于,结合《民法总则》关于宣告失踪的法律规定可以看出,法律设立该制度的主要目的,是为了维护失踪人及其利害关系人的财产利益,而与其身份关系无关。因此,被监护人宣告失踪并不会使其身份关系产生任何改变。事实上,也正是基于上述原因,使得申请被监护人失踪变得毫无意义,因为监护人原本就

① 参见杨立新:《人身权法论》,人民法院出版社 2006 年版,第 859 页。

② 参见杨立新:《人身权法论》,人民法院出版社 2006 年版,第 860 页。

是被监护人的财产代管人。

(2)监护关系的相对终止

所谓监护关系的相对终止,是指监护关系终止的法律效果仅在特定监护人与被监护人之间发生,被监护人仍需与其他主体形成新的监护关系。因此,从法律性质上来说,监护的相对终止可纳入监护关系变更的范畴。[①] 根据本条规定,导致监护关系相对终止的法定事由包括以下两类:

第一,监护人丧失监护能力。具备监护能力是监护人承担监护职责的前提条件,因此,当监护人丧失监护能力时,其与被监护人之间的监护关系理应自动终结。

第二,监护人死亡。当监护人死亡时,监护关系理应自动终结,对此无任何疑义。但同样需要讨论的是,当监护人被宣告死亡后归来时,监护关系应如何处理。对此,应区分被宣告死亡的人与被监护人之间的关系,采取不同的处理方法。

如果被宣告死亡的人是被监护人的父或母,那么,首先应根据《民法总则》第 52 条的规定,对子女是否与他人形成收养关系进行判断。如果未形成收养关系或收养关系解除的,则父、母的监护人身份自动恢复;如果收养关系未解除,则父、母不再承担监护职责。如果被宣告死亡的人是被监护人的其他法定监护人,则可参考《民法总则》第 51 条的规定,若在其死亡宣告被撤销时,被监护人已经有了新监护人,则其监护人身份不能自动恢复;反之,则其监护人身份自动恢复。

2. 监护关系终止的法律后果

监护关系终止的法律后果可大致分为以下两类:

(1)身份上的法律后果

在监护关系绝对终止的情况下,监护人不再承担监护职责,被监护人则成为完全民事行为能力人,可独立从事各类民事法律行为,行使权利并承担义务。在监护关系相对终止的情况下,由于被监护人依然需要监护制度与以保护,因此应当尽快依法确定新监护人。鉴于监护关系的终止无须法院介入,因

---

① 参见杨大文:《亲属法》,法律出版社 2012 年版,第 289 页。

此在选任新监护人时,应按法定顺序适用各类监护人选任规则,而非由法院直接指定。

(2)财产上的法律后果

在监护关系绝对终止的情况下,监护人应将其代为保管的所有财产,向被监护人自己(被监护人成为完全民事行为能力人)或其继承人(被监护人死亡)进行返还。

在监护关系相对终止的情况下,监护人应将其代为保管的所有财产,向被监护人的新任监护人进行移交;在新任监护人尚未确定之前,监护人应采取必要措施妥善保管被监护人的财产。

三、其他问题

监护财产清算制度有待建立。

随着人民生活水平的不断提高,被监护人的财产数量亦随之增长,某些被监护人(如未成年演艺人员、运动员、巨额遗产继承人等)的财产数量甚至远超其监护人。在此种情况下,通过合理的制度手段切实保护被监护人的财产权益不受监护人侵害,无疑是非常必要的。

具体来说,一方面,应对监护人在监护关系存续期间,对被监护人财产的处置行为进行规制;另一方面,则应对监护关系终止时,被监护人财产的清算和移交工作进行有效监督。然而,相较于前一方面,我国现行法律规范对于后一方面的规定,还基本处于空白状态,这无疑给监护人滥用监护权,侵害被监护人的财产权益留下了巨大的制度漏洞。①

鉴于此,有必要在日后的相关立法或司法解释中,增设关于监护关系终止时财产清算的相关规定,并重点强调如下两项义务:

第一,财产清点义务。在监护关系存续期间,原监护人应对被监护人的财产进行登记造册。在监护关系终止时,监护人应在法定期间内完成对被监护人财产的清点,并出具相关报告,对财产的获得、使用和剩余情况进行说明。

① 参见杨立新:《〈民法总则〉制定与我国监护制度之完善》,载《法学家》2016 年第 1 期。

第二,财产返还义务。在监护关系终止时,监护人应在法定期间内,将被监护人的财产清单、监护人出具的财产报告以及全部剩余财产,向被监护人或被监护人的新任监护人、继承人完成移交工作。如有遗漏,则可能构成对被监护人的侵权,需要承担相应的侵权责任。

第三节　宣告失踪和宣告死亡

第四十条　【宣告失踪的条件】

自然人下落不明满二年的，利害关系人可以向人民法院申请宣告该自然人为失踪人。

一、历史由来

本条是关于宣告失踪条件的规定。该规定直接源自《民法通则》第 20 条的第 1 款，即“公民下落不明满二年的，利害关系人可以向人民法院申请宣告他为失踪人”。在概念用语上，《民法通则》中所使用的“公民”系公法范畴的概念，主要指代具有某国国籍，根据公法的规定，享有权利和承担义务的个人。而“自然人”则是私法上的概念，是指具有权利能力的自然状态下的个人。虽然“公民”与“自然人”在现实对象的指向上具有高度的重合性，但是在概念的本质上却存在巨大的差别，如在外延上，一国公民仅指本国人，而自然人则包括本国人、外国人和无国籍人。因此，《民法总则》做了修正，将公法的术语——“公民”替换为私法的术语——“自然人”。

在该条的起草过程中，除了 2015 年 8 月 28 日的全国人大常委会法制工作委员会“民法总则民法室室内稿”第 35 条第 1 款有细微的变动，即“自然人离开最后居住地下落不明满二年的，利害关系人可以向人民法院申请宣告其为失踪人”，本条文的表述与《民法总则(草案)征求意见稿》(2016 年 5 月 20 日修改稿)以及全国人大常委会审议的《民法总则(草案)》一审稿、二审稿、三审稿的表述完全一致。之所以未采纳“室内稿”在“下落不明”之前附加“离开最后居住地”，原因在于：一是第 41 条所规定的宣告失踪期间的起算点——“失去音讯”已经表明了“下落不明”的基本含义；二是“下落不明”必然是“离开最后居住地”，没有必要再做赘述。

本条起草过程中的具体演化为：

2015 年 8 月 28 日全国人大常委会法制工作委员会“民法总则民法室室内稿”第 35 条第 1 款：自然人离开最后居住地下落不明满二年的，利害关系人可以向人民法院申请宣告其为失踪人。

2016 年 5 月 20 日《民法总则（草案）征求意见稿》第 35 条第 1 款：自然人下落不明满二年的，利害关系人可以向人民法院申请宣告其为失踪人。

2016 年 6 月《民法总则（草案）》（一审稿）第 37 条第 1 款：自然人下落不明满二年的，利害关系人可以向人民法院申请宣告其为失踪人。

2016 年 11 月《民法总则（草案）》（二审稿）第 38 条：自然人下落不明满二年的，利害关系人可以向人民法院申请宣告该自然人为失踪人。

2016 年 12 月《民法总则（草案）》（三审稿）第 38 条：自然人下落不明满二年的，利害关系人可以向人民法院申请宣告该自然人为失踪人。

二、规范目的与含义

（一）规范目的

在社会生活中，经常会有人口失踪事件的发生。比如，因战争、地震、泥石流、海啸、洪水等不可抗力的天灾人祸以及从事具有一定危险性的航海、航空、登山、科学探险等活动，时常会导致人们遭遇各种危险而失踪；亦有本人因某种原因而故意隐匿行踪或因疾病失去记忆等而失踪。在当今社会，大批农村劳动力跨地区进入各大城市务工，使得地区之间人口常常发生大规模的流动，环球旅游、赴海外学习或者工作在现代社会也属经常之事，这种巨大的社会流动性也易于造成人员的失踪事件。由于难以确定失踪人的状态及其意思，其法律关系尤其是财产关系势必处于不确定状态。这种不确定状态的长期持续将不利于失踪人财产的管理和利用，也必然会损害与失踪人有利害关系的第三人利益，最终会损及社会经济的发展和社会秩序的稳定。因此，从社会公共利益角度来考虑，与失踪人有关的财产关系宜尽快予以确定。为了调整因失踪而引发的不稳定状态，保护相关当事人的利益，有必要设定相应的补救制度。然而，如果仅以失踪状态作为民事法律关系变化的根据，又势必会损害失踪人的财产权利及其他合法权益，更容易造成社会关系的紊乱。于是，设立宣告失踪制度,由公共机关宣布自然人已经失踪的事实状态,公布其财产关系的暂时代管人,从而能够结束失踪人财产的无人管理及其应当履行的义务不能得到及时履行的不确定状态,有效地保护失踪人自己和相关利害关系人的利益,维护社会经济秩序的稳定。①

宣告失踪需要对失踪状态的持续性设置一定的期限。如果法律不对失踪状态规定一定的期限,则一旦有人下落不明,利害关系人即可申请作为其财产代管人,容易滋生事端甚至为恶意的利害关系人所利用,因此规定一定的期限是有必要的。我国《民法通则》对宣告失踪制度的规定源于苏联民法的相关规定,但是在下落不明期限的规定方面,我国规定为二年,而没有采纳苏联民法所规定的一年期限。这主要是考虑到我国幅员辽阔、人口众多,随着社会经济生活的日益发展和提升,大批人口在地域之间的流动激增,虽然交通、通信日益发达,但是由于各种原因与家人一时中断联系成为时常发生的事情。同时,根据我国家庭结构状况以及亲情关系,家庭成员偶尔有下落不明的,其财产也常常有人照管,短期内不会出现太大的影响,设置二年的期限符合我国的国情。② 因此,《民法总则》沿用《民法通则》的二年期限。

(二)规范含义

根据本条的规定,宣告失踪需要满足以下三项法定条件:

第一,自然人下落不明满二年。根据《执行民法通则意见》第 26 条的解释,下落不明是指公民离开最后居住地后没有音讯的状况。该司法解释对“下落不明”的说明仍然适用于本条。这里的“二年”期限是连续期限,从确定自然人下落不明状态时开始计算,起算点的确定参见第 41 条的规定。如果其间有偶尔联系,则不能达成“满二年”之条件。

第二,下落不明的自然人没有法定代理人或财产管理人。考虑到设立失踪宣告制度的目的主要在于保护失踪人的财产,而下落不明的自然人如果属于无民事行为能力人或者限制民事行为能力人,本来就有法定代理人为其管

---

① 参见梁慧星主编:《中国民法典草案建议稿附理由·总则编》,法律出版社 2013 年版,第 82 页;王利明主编:《中国民法典学者建议稿及立法理由·总则编》,法律出版社 2005 年版,第 83 页。

② 参见尹田:《论宣告失踪与宣告死亡》,载《法学研究》2001 年第 6 期。

理财产,若该法定代理人在此情况下无不利于失踪人的特别情况,即无宣告失踪的必要。另外,如果下落不明的自然人属于完全民事行为能力人,但其已经为自己设定了财产管理人,若该管理人在此情况下无不利于失踪人的特别情况,则也无宣告失踪的必要。

第三,利害关系人向人民法院提出申请。根据《执行民法通则意见》第24条的解释,申请宣告失踪的利害关系人,包括被申请宣告失踪人的配偶、父母、子女、兄弟姐妹、祖父母、外祖父母、孙子女、外孙子女以及其他与被申请人有民事权利义务关系的人。该解释中的"与被申请人有民事权利义务关系的人"主要是指失踪人的债权人、债务人、财产共有人等。该说明仍然适用于本条。在实践中,利害关系人的范围还扩及在事实上具有共同生活关系的人。比如,在"陈某美要求宣告陈某某失踪案"中,申请人陈某美与被申请人陈某某系婆媳关系,因陈某美儿子娄某与陈某某相识结为夫妇,婚后于2009年1月14日生育女孩娄某某;2015年6月16日娄某因意外死亡,儿媳陈某某在2010年1月离家出走失去联系,至今已下落不明满二年。法院基于陈某美的申请宣告陈某某为失踪人。[①] 尽管该案中有被申请人的女儿娄某某,但是她属于无民事行为能力人。娄某某的祖母以其自己的名义申请陈某某失踪。陈某美之所以可以作为申请人,法院认定的原因在于她与被申请人是在一起共同生活的婆媳,在财产等方面具有较为紧密的利害关系。另外,需注意的是,申请宣告失踪是司法上的诉讼行为,申请者应当具备完全民事行为能力,无民事行为能力人或限制民事行为能力人不能独立申请,需要由法定代理人代为申请。[②]

上述利害关系人在符合条件的情况下均可提出宣告失踪的申请,也可以由其中一人或数人同时申请。根据《民事诉讼法解释》第346条的规定,符合法律规定的多个利害关系人提出宣告失踪申请的,列为共同申请人。另外,根据《民事诉讼法解释》第348条的规定,申请人为一人时,申请人撤回申请的,人民法院应当裁定终结案件。如果申请人为多人或者有其他符合法律规定的利害关系人加入程序要求继续审理的,则不终结案件的审理。

① 参见贵州省桐梓县人民法院(2015)桐法民特字第13号民事判决书。

② 参见湖南省耒阳市人民法院(2015)耒巡民一特字第23号民事判决书。

利害关系人申请的提出也不受与失踪人关系亲疏远近的限制,因为宣告失踪不会导致身份关系上的变化,对申请人按照身份关系进行排序也在很大程度上不利于后顺序人,例如将债权人放在最后顺序,将不利于保护债权人的利益,所以没有必要根据身份关系来确定申请人的顺序。在司法实践中,对宣告失踪的利害关系人也没有进行先后顺序的安排。即便这些利害关系人就是否宣告失踪发生冲突,只要符合受理条件,法院就会予以受理。

另外,有的观点主张将检察院作为申请宣告失踪的主体之一,其理由包括:检察院作为宣告失踪的申请主体是西方发达国家的成功范例。我国台湾地区也增设了检察官为申请人,即检察官代表国家行使职权,无论有无利害关系人,均得单独申请。就我国实际情况而言,检察院作为国家监督检察机关,维护国家利益、公共利益和他人合法权益,以及维护正常的民商事交往活动,因此检察院公权力的介入是十分必要的。[①] 然而,宣告失踪主要涉及失踪人财产的管理以及对债权债务的清偿,其产生的后果仍然是民事法律后果,在绝大多数情况下不会涉及国家和社会公共利益,因此检察机关作为失踪宣告的申请人并不妥当。[②] 基于此,《民法总则》并未将检察院纳入本条所指的申请人范畴。

关于宣告失踪案件管辖的人民法院,根据《民事诉讼法》第 183 条第 1 款的规定,由被宣告失踪人住所地的基层人民法院管辖。根据"执行民法通则意见"第 28 条第 2 款的解释,住所地与居住地不一致的,由最后居住地的基层人民法院管辖。

在审理宣告失踪案件的司法程序上,首先由符合条件的申请人提出申请。根据《民事诉讼法》第 183 条第 2 款的规定,申请书应当写明失踪的事实、时间和请求,并附有公安机关或者其他有关机关作出的关于该公民下落不明的书面证明。人民法院受理宣告自然人失踪申请后,应当依照《民事诉讼法》第 185 条的规定,发布寻找失踪人的公告。根据"民事诉讼法解释"第 347 条的

① 参见吴斌:《论自然人宣告制度的条件及其民事责任的承担》,载《河北法学》2003 年第 1 期。

② 参见王利明主编:《中国民法典学者建议稿及立法理由 · 总则编》,法律出版社 2005 年版,第 84 页。

解释,寻找下落不明人的公告应当记载下列内容:(1)被申请人应当在规定期间内向受理法院申报其具体地址及其联系方式。否则,被申请人将被宣告失踪;(2)凡知悉被申请人生存现状的人,应当在公告期间内将其所知道情况向受理法院报告。宣告失踪的公告期间为三个月。公告期届满时,人民法院应当根据被宣告失踪的事实是否得到确认,作出宣告失踪的判决或者驳回申请的判决。

三、举证责任分配

利害关系人向人民法院申请自然人失踪,应当证明该自然人下落不明已满二年。其中,主要的证据包括但不限于自然人最后一次出现或与人联系的视频、音频、文字、电子讯息等资料或物品。在实践中,如果到派出所失踪报案,派出所出具《接受案件回执单》并发出协查通报,之后仍无讯息的,则认定失踪状态。在认定失踪状态方面,在有的判决中也会有居委会、村委会出具的失踪证明,以及对失踪人住所地的居民和具有亲戚关系的人进行走访指证自然人失踪事实的证明等。另外,申请人还需提交证据证明他与失踪人之间的利害关系,如夫妻关系、父母子女关系、债权债务关系等。①

① 参见北京市顺义区人民法院(2015)顺民特字第12037号民事判决书;上海市浦东新区人民法院(2015)浦民一(民)特字第231号民事判决书;天津市河东区人民法院(2015)东民特字第29号民事判决书等。

第四十一条 【宣告失踪期间的起算点】

自然人下落不明的时间从其失去音讯之日起计算。战争期间下落不明的,下落不明的时间自战争结束之日或者有关机关确定的下落不明之日起计算。

一、历史由来

本条是关于宣告失踪期间起算点的规定。该规定的前一句源自《执行民法通则意见》第28条第1款的解释:"中华人民共和国民法通则第二十条第一款、第二十三条第一款第一项中的下落不明的起算时间,从公民音讯消失之次日起算。"在"下落不明"起算点的表述上,本条是"失去音讯之日起计算",而《执行民法通则意见》是"音讯消失之次日"。实际上这两种表述都指同一日,即获得该自然人最后一条音讯的第二日。本条规定的后一句源自《民法通则》第20条第2款的规定,即"战争期间下落不明的,下落不明的时间从战争结束之日起计算"。另外,条文中的公法术语"公民"也改为私法术语"自然人"。

在本条的起草过程中,除了2015年8月28日的全国人大常委会法制工作委员会"民法总则民法室室内稿"第35条第2款在表述上有细微差别,即"下落不明的时间,自自然人音讯消失之日起计算。战争期间下落不明的,下落不明的时间自战争结束之日起计算。"其余的草案,即2016年5月20日的"征求意见稿"以及《民法总则(草案)》一审稿、二审稿、三审稿在内容和表述上完全一致。考虑到战争期间下落不明时间的特殊性,可能难以确定战争结束之日,由有关机关确定更为明确,因此在最后条文中修改为"战争期间下落不明的,下落不明的时间自战争结束之日或者有关机关确定的下落不明之日起计算"。

本条起草过程中具体演化为:

2015年8月28日全国人大常委会法制工作委员会"民法总则民法室室内

稿”第35条第2款:下落不明的时间,自自然人音讯消失之日起计算。战争期间下落不明的,下落不明的时间自战争结束之日起计算。

2016年5月20日《民法总则(草案)征求意见稿》第35条第2款:自然人下落不明的时间,从失去该自然人音讯之日起计算。战争期间下落不明的,下落不明的时间自战争结束之日起计算。

2016年6月《民法总则(草案)》(一审稿)第37条第2款:自然人下落不明的时间,从失去该自然人音讯之日起计算。战争期间下落不明的,下落不明的时间自战争结束之日起计算。

2016年11月《民法总则(草案)》(二审稿)第39条:自然人下落不明的时间,从该自然人失去音讯之日起计算。战争期间下落不明的,下落不明的时间自战争结束之日起计算。

2016年12月《民法总则(草案)》(三审稿)第39条:自然人下落不明的时间,从该自然人失去音讯之日起计算。战争期间下落不明的,下落不明的时间自战争结束之日起计算。

二、规范目的与含义

(一)规范目的

本条旨在确定宣告失踪期间的起算点问题。根据《民法总则》第40条的规定,自然人下落不明必须满二年,其利害关系人才能申请宣告其失踪。这就需要确定“满二年”的起算点。

(二)规范含义

本条关于自然人下落不明起算点的规定,包括了两种情况:一种是一般情况下的下落不明,另一种是战争情况下的下落不明。

关于一般情况下的下落不明,通常是某人离开居住地,一去不复返,其间虽偶有讯息,但最终还是杳无音信。那么,这种情况下的起算点就是自然人失去音讯之日,即最后一次获取其讯息的第二日。比如,张某从2011年12月某日离家出走,期间分别于2012年1月1日与家人电话联系,2013年8月15日向家人汇一笔款项,之后再无联系。那么张某的下落不明时间即从2013年8月16日开始起算。如果在能够证明的情况下,张某的朋友在外地见到过张某,那么这种情况下的起算点即是张某离开其朋友并失去联系的次日。

关于战争情况下的下落不明,由于战争持续时间可能很长,其间通信困难甚至无法通信,不能判断其是否下落不明,故应从战争结束之日开始计算。比如两国于2010年5月6日发生交火,次日宣告进入战争状态,两国的战争状态一直持续到2013年12月12日,那么失踪人员下落不明状态即从2013年12月12日起计算。战争结束之日的确定可以根据战争各方的停战声明或者根据国家机关颁布的公告,也可以根据标志性战争事件的发生或者结束予以确定。另外,如果有关机关,如失踪人员所在的军事单位或者失踪人员所处地区的民政部门等,确定了某日为失踪人的下落不明之日,那么战争中的下落不明情形即从这些机关确定的具体日期起开始计算。

尽管本条对失踪期间的起算点有精确的规定,具体到"天",但是在实践中,有的宣告失踪案件无法确认准确的起算点,不能准确到"天",那么只能确定大概的起算时间。在这类案件中,由于不能按照法条所规定的要求准确确定起算时间,因此大概估定失踪的起始时间到宣告失踪申请时的间隔时间通常会较长。比如,在"褚某甲、褚某乙等与石某某申请宣告公民失踪特殊程序案"中,申请人褚某甲、褚某乙与被申请人石某某系母子关系,申请人的父亲褚某丙于2015年10月22日死亡。被申请人石某某于2004年下半年离家出走,至今下落不明。为此,申请人褚某甲、褚某乙请求人民法院依法宣告石某某失踪。审理法院根据《民事诉讼法》第185条第1款的规定,于2016年2月6日发出寻找石某某的公告。法定公告期限为三个月,届满后因石某某仍然下落不明,于是宣告石某某为失踪人。[①] 再如,在"陈某申请宣告汪某失踪案"中,申请人陈某系汪某的母亲,汪某系精神残疾人,大概在12年前离家出走,至今下落不明。审理法院在发出寻找公告的期限届满后宣告汪某为失踪人。[②]

这里的"下落不明"状态并不要求申请人从被申请人"失去音讯"之日起就了解失踪情况,"下落不明"的起算点也并非从申请人了解被申请人"下落不明"之日起确定。因为失踪人的"下落不明"状态属于客观事实,不以某个

---

① 参见河南省方城县人民法院(2016)豫1322民特7号民事判决书。

② 参见浙江省台州市椒江区人民法院(2015)台椒民特字第15号民事判决书。

申请人或其他利害关系人明确知晓为条件。比如,在“洪某龙申请宣告洪某文失踪案”中,申请人洪某龙系被申请人洪某文的二哥,被申请人于2001年6月无故失踪,至今下落不明。由于申请人常年在外居住,直至2013年才发现,已向辖区派出所报案。审理法院认为,洪某文所在村委会、辖区派出所出具的证明及本院所作调查情况均表明,洪某文于2001年6月无故失踪,至今下落不明。法院依申请人申请于2016年1月12日发出寻人公告,至今公告期已满三个月,被申请人本人未与法院联系,亦无相关人员知其下落,故宣告洪某文失踪。①

在实践中,通常情况下“失去音讯”起算点的证明,大多以政府机关,如村委会、居委会、公安部门等具有人口管理职责的单位出具的文件为准。由于在很多情况下难以证明“失去音讯”的准确日期,因此在实际案件的处理中,对失踪状态的起点往往仅具体到“月”。比如,在“张某申请宣告公民失踪案”中,2013年12月被申请人离家外出打工与家人失去联系。申请人张某多次寻找,均无音信。泰兴市虹桥镇新市常委会出具证明,证明被申请人于2013年12月离家出走,至今下落不明。泰兴市公安局虹桥派出所也提供接处警工作登记表,证明申请人因被申请人与家庭失去联系而报警的事实。2016年1月7日,申请人张某向人民法院申请宣告失踪。②

另外,在向公安机关报案寻找失踪人的案件中,如果先后进行多次报案,则仍以第一次报案的时间为起算点。比如,在“廖某、李某申请宣告失踪案”中,申请人廖某、李某系夫妻关系,被申请人李某泉系二人次子。被申请人于1997年4月在南昌新东方厨师学校失踪,申请人多次寻找无果,当年就在南昌市公安局和广昌县头陂镇派出所报案,后来于2012年11月15日因需提取DNA记录,又再次到广昌县公安局报案。审理法院认为,被宣告失踪人李某泉自1997年4月失踪,至今下落不明已满2年,现经利害关系人廖某、李某申请,法院以公告方式寻找,李某泉仍然下落不明,应宣告其为失踪人。③

在向公安机关报案人员失踪的情况下,即使有报案的记录,也不能排除申

① 参见浙江省杭州市富阳区人民法院(2015)杭富民特字第1号民事判决书。

② 参见江苏省泰兴市人民法院(2016)苏1283民特1号民事判决书。

③ 参见江西省广昌县人民法院(2015)广民特字第2号民事判决书。

请人对起算点以及两年期间的证明责任,否则会承担举证不能的后果。比如,在“朱某申请宣告失踪案”中,朱某与被申请人系夫妻关系,朱某诉称2013年8月31日被申请人自称出差,至此开始音讯全无,至今无法取得联系。2015年7月12日朱某到海珠区赤岗派出所报案。对于朱某的上诉,二审法院经审查认为:下落不明满两年,利害关系人申请宣告其失踪的,向下落不明人住所地基层人民法院提出。申请书应当写明失踪的事实、时间和请求,并附有公安机关或者其他有关机关关于该公民下落不明的书面证明。朱某于2015年7月12日到广州市海珠区赤岗公安派出所报案称被起诉人黄光波失踪已两年,但未能举证证明被起诉人下落不明满两年的情形。因此,朱某申请宣告失踪不符合法律规定。原审裁定正确,法院予以维持。①

① 参见广东省广州市中级人民法院(2015)穗中法立民终字第3269号民事裁定书。

第四十二条 【失踪财产的代管人】

失踪人的财产由其配偶、成年子女、父母或者其他愿意担任财产代管人的人代管。

代管有争议，没有前款规定的人，或者前款规定的人无代管能力的，由人民法院指定的人代管。

一、历史由来

本条是关于确定失踪财产代管人的规定。本规定源自《民法通则》第 21 条第 1 款，即"失踪人的财产由他的配偶、父母、成年子女或者关系密切的其他亲属、朋友代管。代管有争议的，没有以上规定的人或者以上规定的人无能力代管的，由人民法院指定的人代管。"

在本条的起草过程中，2015 年 8 月 28 日的全国人大常委会法制工作委员会"民法总则民法室室内稿"第 36 条完全承袭了《民法通则》的规定。后来的《民法总则(草案)征求意见稿》(2016 年 5 月 20 日修改稿)以及《民法总则(草案)》一审稿、二审稿、三审稿将"关系密切的其他亲属、朋友"修改为"其他愿意担任财产代管人的人"。这些草案在内容和表述上是完全一致的，即"失踪人的财产由其配偶、父母、成年子女或者其他愿意担任财产代管人的人代管。代管有争议，没有前款规定的人，或者前款规定的人无代管能力的，由人民法院指定的人代管。"

之所以将"关系密切的其他亲属、朋友"修改为"其他愿意担任财产代管人的人"，这里主要考虑的是对失踪人代管财产更多意义上是义务，对配偶、父母、成年子女之外的其他亲属或朋友，即使关系密切，也不应让其承担这样的义务。同时，关系密切的其他亲属或朋友如果没有代管的意愿，将其作为财产代管人也不利于失踪人财产的维护、管理。因此，除了配偶、父母、成年子女之外，其他人作为财产代管人需要有相关意愿。

值得注意的是,在2017年1月3日的《民法总则(草案)》(三审稿)修改稿中,该条的内容和表述有较大的变动,该条表述为:失踪人的财产由下列有代管能力的人按顺序担任财产代管人:(一)配偶;(二)父母、子女;(三)其他愿意担任财产代管人的个人或者有关组织。

较之《民法通则》以及上述草案的条文,该修改稿有两项变化:

一项变化是明确了财产代管人的顺序。在原来的条文中没有明确财产代管人的顺位,该条明确失踪人的财产由下列有代管能力的人按顺序担任财产代管人:一是配偶;二是父母、子女;三是其他愿意担任财产代管人的个人或者有关组织。做如此顺位的安排,考虑的原因一是这种顺位安排在绝大多数情况下都符合现实,通常社会生活中的代管人都是依此顺序予以安排的;二是因为基于这些人与失踪人原本的权利义务关系,财产代管本身就是其中重要的一项,而配偶、父母子女以及其他人或组织对财产管理义务的承担,也是根据他们的生活关系存在顺位的。

另一项变化是在"其他愿意担任财产代管人"的民事主体中增加了"有关组织"。该规定源自《执行民法通则意见》第30条的解释,即"人民法院指定失踪人的财产代管人,应当根据有利于保护失踪人财产的原则指定。没有《民法通则》第21条规定的代管人,或者他们无能力作代管人,或者不宜作代管人的,人民法院可以指定公民或者有关组织为失踪人的财产代管人"。在我国民法的相关制度中,民政部门、村委会、居委会等组织往往会被作为替补承担相关义务。与此相对应的,在失踪人财产代管方面,这些组织也可以成为代管人。另外,有些与失踪人有关的资产管理类公司在愿意的情况下也可以承担此代管义务。

在2017年2月6日的"法律委员会审议草稿"中,上述改动又被删除,恢复了之前各草案的规定。最终,《民法总则》沿用了《民法通则》以来的规定,即不对代管人做顺序排位的规定,财产代管人中也不包括代管的组织。需指出的是,较之以往的法律条文和草案文本,本条将"成年子女"和"父母"的位置做了对调。这并非是强化相关主体的法定顺位,而是实践中相关主体作为财产代管人的顺序事实的客观反映。

本条起草过程中的具体演化为:

2015年8月28日全国人大常委会法制工作委员会“民法总则民法室室内稿”第36条:失踪人的财产由他的配偶、父母、成年子女或者关系密切的其他亲属、朋友代管。代管有争议、没有以上规定的人或者以上规定的人无能力代管的,由人民法院指定的人代管。

2016年5月20日《民法总则(草案)征求意见稿》第36条:失踪人的财产由其配偶、父母、成年子女或者关系密切的其他亲属、朋友代管。

代管有争议,没有前款规定的人,或者前款规定的人无代管能力的,由人民法院指定的人代管。

2016年6月《民法总则(草案)》(一审稿)第38条:失踪人的财产由其配偶、父母、成年子女或者其他愿意担任财产代管人的人代管。

代管有争议,没有前款规定的人,或者前款规定的人无代管能力的,由人民法院指定的人代管。

2016年11月《民法总则(草案)》(二审稿)第40条:失踪人的财产由其配偶、父母、成年子女或者其他愿意担任财产代管人的人代管。

代管有争议,没有前款规定的人,或者前款规定的人无代管能力的,由人民法院指定的人代管。

2016年12月《民法总则(草案)》(三审稿)第40条:失踪人的财产由其配偶、父母、成年子女或者其他愿意担任财产代管人的人代管。

代管有争议,没有前款规定的人,或者前款规定的人无代管能力的,由人民法院指定的人代管。

二、规范目的与含义

(一)规范目的

本条旨在自然人被宣告失踪的情况下,为失踪人确定合适的财产代管人。宣告失踪制度的目的在于维护失踪人自身的合法权益,使其不因财产无人管理而遭受不测损害;同时维护与失踪人有利害关系的当事人的合法权益,使其不受失踪人失踪事实的影响而遭受财产上的损害。同时,与宣告死亡不同,自然人被宣告为失踪人后,其民事主体资格仍然存在,尚存返回的可能,并不产生婚姻、收养等人身法律关系解除和继承开始的后果。因此,宣告失踪制度主要就是为失踪人的财产设定代管人,以维护失踪人的财产利益及利害关系人的财产利益。①

财产代管人的确定具有十分重要的意义。自然人被宣告失踪的同时,即应为失踪人确定财产代管人。通常情况下,适合担任财产代管人的是与失踪人共同生活的近亲属,包括配偶、父母、子女。如果失踪人无近亲属或其近亲属不适宜担任代管人的,则可由其他愿意担任财产代管人的个人担任。

(二)规范含义

财产代管人需要具备代管能力。由于财产代管是对财产的管理,其中包括一定程度的处分,因此需要代管人具备完全行为能力。无民事行为能力人或限制民事行为能力人不得担任财产的代管人。另外,根据《执行民法通则意见》第30条第2款的解释,如果失踪人是无民事行为能力人或者限制民事行为能力人,由于其财产在失踪前已经由其监护人依法进行实际的管理,在其失踪后,如不存在变更的必要,应由其监护人继续管理财产,担任财产代管人。同理,在完全民事行为能力人为失踪人的情况下,如果在被宣告失踪之前就有财产管理人,在宣告失踪后,如果原先的财产管理人能恪尽职守,维护失踪人的利益,那么应直接确认原先财产管理为失踪人的代管人。

财产代管人包括配偶、父母、子女以及其他愿意担任财产代管人的个人。这里的"个人"可能是祖父母、外祖父母、孙子女、外孙子女、兄弟姐妹等近亲属,也可能是其他亲属或朋友。但这些人必须是在有意愿的情况下,才可担任财产代管人。如果失踪人没有上述近亲属,也没有其他愿意担任财产代管人的个人,那么其财产代管可以由失踪人所在地的有关组织包括村委会、居委会、民政部门予以代管。在失踪宣告的申请人没有与失踪人共同生活的情况下,通常难以确知失踪人的财产状况,那么申请人可以根据《民事诉讼法解释》第343条的规定,向人民法院请求清理下落不明人的财产。人民法院可以根据个案情况清理失踪人的财产,并指定案件审理期间的财产管理人。

在实践中,当利害关系人中有多人具有代管人资格时,法院在指定其中一人

① 参见梁慧星主编:《中国民法典草案建议稿附理由·总则编》,法律出版社2013年版,第87页;王利明主编:《中国民法典学者建议稿及立法理由·总则编》,法律出版社2005年版,第86页。

为代管人时会询问其他人的意见,并根据有利于保护失踪人财产的原则指定财产代管人。比如,在"袁某甲申请宣告袁某乙失踪案"中,袁某乙、袁某丙与袁某甲系兄弟姐妹关系。2007 年 7 月 14 日,袁某乙帮袁某甲送菜未归,经家人多方寻找至今仍杳无音信。袁某丙对于袁某甲担任袁某乙的财产代管人无异议,根据有利于保护失踪人财产的原则,人民法院指定袁某甲为其财产代管人。①

除此之外,法院也会根据案件的具体情况,比如没有共同生活等原因,不询问其他利害关系人的意见而直接指定。比如,在"洪某龙申请宣告洪某文失踪案"中,申请人洪某龙系被申请人洪某文的二哥,被申请人洪某文患有疾病,于 2001 年 6 月无故失踪,至今下落不明。由于申请人常年在外居住,直至 2013 年才发现,已向辖区派出所报案。自被申请人失踪以来,其监护人父亲年事已高无力监护,其大哥、三弟从未负过责任,现监护人父亲已于 2015 年 12 月 25 日去世,申请人与被申请人为家庭共同生活的关系人。尽管在具备财产代管人资格的人中还有其他的兄弟,但在事实上没有紧密的利害关系,因此法院指定申请人作为被申请人的财产代管人。② 由此可见,法院在确定财产代管人上,更多地考虑事实上是否具有紧密的关系,如是否在一起共同生活等。再比如在"陈某美要求宣告陈某某失踪案"中,申请人陈某美系娄某之母,与被申请人陈某某系婆媳关系。被申请人陈某某与娄某于 2009 年生育娄某某;2015 年娄某因意外死亡,儿媳陈某某在 2010 年 1 月离家出走失去联系,至今已下落不明满两年。法院指定陈某美为陈某某的财产代管人。③ 该案将婆婆确定为失踪人儿媳妇的财产代管人,法院考虑的基本因素就是在于她们之间的共同生活关系,在财产的使用上具有更为紧密的利害关系。

另外,在申请人不具有完全民事行为能力的情况下,失踪宣告的申请人与财产代管人可能并不是一个人。比如,在"刘某要求宣告尹某失踪案"中,被申请人系申请人刘某、刘某某的母亲,两名申请人的父亲刘某阳于 2007 年 7 月 19 日遇害死亡,母亲尹某于 2010 年 8 月离家出走至今下落不明,两个申请人的祖父、祖母均已死亡,两个申请人随堂伯父刘某古生活。由于申请人都尚未

① 参见重庆市江北区人民法院(2016)渝 0105 民特 10 号民事判决书。
② 参见浙江省杭州市富阳区人民法院(2015)杭富民特字第 1 号民事判决书。
③ 参见贵州省桐梓县人民法院(2015)桐法民特字第 13 号民事判决书。

成年,该案的申请则由其堂伯父刘某古作为法定代理人代为申请。法院指定申请人刘某、刘某某的法定代理人刘某古为失踪人尹某的财产代管人。①

有的观点认为,法院在失踪人的近亲属中确定其财产代管人,不受列举的配偶、父母、成年子女、其他愿意担任财产代管人的人之顺序的限制,即失踪人财产的代管人的确定,应当遵循有利于失踪人财产管理的原则。② 在现实生活中,绝大多数情况的确是以此顺位确定代管人的。正因如此,在本条起草过程中曾对财产代管人的顺位做明确安排。但是,事实上的大概率并不排除在有些情况下顺位在前的民事主体在主观上不愿意承担此代管职责,或者因客观条件等因素由其作为代管人不利于失踪人财产的维护与管理。因此,在立法上对财产代管人的资格不做顺位安排,相关民事主体是否为失踪人适当的财产代管人,交由法官根据个案具体情势予以具体判定。

关于代管人确定的方式和时间,有的观点指出,《民法通则》第 21 条第 1 款规定代管有争议的或失踪人无配偶、其他亲属、朋友的,由人民法院指定的人代管,应当理解为法律并不要求人民法院在宣告自然人失踪时即为其确定财产代管人,只是在代管人的确定发生争议或者无代管人的情形,才由人民法院予以指定。如果人民法院仅宣告自然人失踪而不为之确定财产代管人,则在自然人被法院宣告失踪后,其亲属之间因财产代管人的确定发生争议时,失踪人的财产难以得到妥善管理,对于失踪人财产的保护尤为不利。鉴于此,明确规定人民法院在宣告自然人失踪的同时应为其确定财产代管人,以避免因法院仅宣告失踪而不为失踪人指定财产代管人所导致的滋扰。③

在不确定财产代管人顺位的情况下,的确同时需要法院确定财产代管人。如果配偶、父母、成年子女及其他符合条件的人能够自愿、合理地代管失踪人的财产,围绕失踪人的财产所发生的法律关系自然能够顺利展开。但实际生活中常常就此出现纷争。由于法律并未规定财产代管人担任的顺序,在存在

---

① 参见湖南省耒阳市人民法院(2015)耒巡民一特字第 23 号民事判决书。

② 参见梁慧星主编:《中国民法典草案建议稿附理由·总则编》,法律出版社 2013 年版,第 87 页。

③ 参见梁慧星主编:《中国民法典草案建议稿附理由·总则编》,法律出版社 2013 年版,第 88 页;王利明主编:《中国民法典学者建议稿及立法理由·总则编》,法律出版社 2005 年版,第 87 页。

多个具有法定财产代管资格的人的情况下，如果都希望担任失踪人的财产代管人，将会使代管人实际上无法具体确定，失踪人的财产关系将会处于不稳定状态，同时也可能不存在具有法定代管资格的人或者有法定代管人却拒绝担任失踪人的财产管理人，由此使得财产代管人缺位。所以，在这种情况下，应当同时由法院确定财产代管人。正因如此，2015 年出台的《民事诉讼法解释》第 343 条明确规定，公告期满后，人民法院判决宣告失踪的，应当同时依照《民法通则》第 21 条第 1 款的规定，指定失踪人的财产代管人。

第四十三条 【财产代管人的权限】

财产代管人应当妥善管理失踪人的财产，维护其财产权益。

失踪人所欠税款、债务和应付的其他费用，由财产代管人从失踪人的财产中支付。

财产代管人因故意或者重大过失造成失踪人财产损失的，应当承担赔偿责任。

一、历史由来

本条是关于财产代管人权限的规定。本规定源于《民法通则》第 21 条第 2 款，即"失踪人所欠税款、债务和应付的其他费用，由代管人从失踪人的财产中支付"。《民法总则》对《民法通则》的规定做了补充，明确了财产代管人妥善管理财产的义务，并规定了财产损害的赔偿责任。

在本条的起草过程中，从 2015 年 8 月 28 日的全国人大常委会法制工作委员会"民法总则民法室室内稿"，到《民法总则(草案)》(2016 年 5 月 20 日修改稿)以及《民法总则(草案)》一审稿、二审稿、三审稿，相关条文的内容及其表述与本条完全一致。

本条起草过程中的具体演化为：

2015 年 8 月 28 日全国人大常委会法制工作委员会"民法总则民法室室内稿"第 37 条：财产代管人应当妥善管理失踪人的财产，维护其财产权益。

失踪人所欠税款、债务和应付的其他费用，由财产代管人从失踪人的财产中支付。

财产代管人因故意或者重大过失造成失踪人财产损失的，应当承担赔偿责任。

2016 年 5 月 20 日《民法总则(草案)征求意见稿》第 37 条：财产代管人应当妥善管理失踪人的财产，维护其财产权益。

失踪人所欠税款、债务和应付的其他费用,由财产代管人从失踪人的财产中支付。

财产代管人因故意或者重大过失造成失踪人财产损失的,应当承担赔偿责任。

2016年6月《民法总则(草案)》(一审稿)第39条:财产代管人应当妥善管理失踪人的财产,维护其财产权益。

失踪人所欠税款、债务和应付的其他费用,由财产代管人从失踪人的财产中支付。

财产代管人因故意或者重大过失造成失踪人财产损失的,应当承担赔偿责任。

2016年11月《民法总则(草案)》(二审稿)第41条:财产代管人应当妥善管理失踪人的财产,维护其财产权益。

失踪人所欠税款、债务和应付的其他费用,由财产代管人从失踪人的财产中支付。

财产代管人因故意或者重大过失造成失踪人财产损失的,应当承担赔偿责任。

2016年12月《民法总则(草案)》(三审稿)第41条:财产代管人应当妥善管理失踪人的财产,维护其财产权益。

失踪人所欠税款、债务和应付的其他费用,由财产代管人从失踪人的财产中支付。

财产代管人因故意或者重大过失造成失踪人财产损失的,应当承担赔偿责任。

二、规范目的与含义

(一)规范目的

本条旨在确定财产代管人的地位并以此确定其权限。有的学者指出,就失踪人的财产代管人的地位而言,其应当具有与法定代理人同等的法律地位,即财产代管人有权依其代管权,对失踪人财产的全部或者一部分进行管理。因为自然人被宣告失踪后,其权利能力并不丧失,只是其权利义务由财产管理人代为行使和履行。所以,财产管理人的法律地位与无行为能力人之法定代理人实质上并无区别。对代管人管理权限的确定,各个国家的立法有所不同。比如根据《日本民法典》第 28 条的规定,代管人的管理权限应当依法院的命令内容而定。当法院确定的管理权限不明时,对于失踪人的财产,管理人具有实施该法典第 103 条所规定的管理行为的权限。管理人需要实施超越此权限的行为时,须经法院许可。由此可见,日本民法对于失踪人财产管理人的行为采取了比较严格的限制立场。但是,日本民法仅设置了对失踪人的财产代管人制度,并未设置失踪宣告制度,故其对财产代管人权限的限制,自有其合理之处。①

相比而言,我国自《民法通则》以来的宣告失踪制度在确定财产代管人的前提、条件以及程序上更为复杂,被宣告失踪的人下落不明状态更为稳定,因而赋予失踪人财产代管人以更大的管理权限是非常有必要的。所以,失踪人的财产代管人的管理权限除了对财产的保管、维护、收益、改良等保存行为之外,还应包括必要的经营行为和处分行为。《民法总则》沿用了《民法通则》的制度设计。当然,与代理人一样,财产代管人在对财产进行保管、维护、收益时,应当尽到与管理自己财产同样的注意义务,而在对财产进行必要的经营行为和处分行为时,应尽到善良管理人之注意义务。失踪人之财产代管人因自己的过错而导致失踪人财产损害时,应当承担赔偿责任。

(二)规范含义

财产代管人对失踪人财产进行妥善管理,具体是指对财产实施妥当的保存行为以及必要的经营行为和处分行为,以维护失踪人的财产权益。所谓的保存行为,是指维护财产的既有价值的行为,如对财产进行必要的保管、维修、保养。所谓的经营行为,是对失踪人拥有的财产进行经营管理,收取财产所产生的天然孳息和法定孳息及其他收益等,如对失踪人的企业基于目前的经营状态进行管理,对可出租的物品进行出租等。所谓的处分行为,是指对失踪人的财产进行处分,如财产出现不宜保存或保存成本过高的情况将财产以合理的价格出卖等。这里需注意的是,对财产代管人所实施的代管行为,必须以维

① 参见尹田:《论宣告失踪和宣告死亡》,载《法学研究》2001 年第 6 期。

护失踪人财产利益为必要条件。所谓必要是指,如不实施对财产的经营行为或者处分行为,失踪人的利益即有遭受损害之虞。非为避免失踪人财产的损害,代管人不得将失踪人的财产用于投资或其他经营活动,也不得将财产出租、出让及做其他处分。

财产代管人不仅仅是保管人,除了维持失踪人财产的现有正常状态,他在法律以及法院授权的范围内,有权代理失踪人从事一定的民事行为,即以失踪人的财产代其清偿债权债务,也有权代理其接受债权。因为代管人的职责只是代为管理失踪人的财产,一般情况下没有义务以自己的财产承担失踪人的责任,失踪人所欠税款、债务和应付的赡养费、抚养费和因代管财产所需的管理费等必要的费用(《民法通则》第21条第2款),应由代管人从失踪人的财产中支付。同时,这种代管只是对失踪人的财产进行管理,而不能管理与失踪人人身相关的事务,如代为收养行为。

在涉及失踪人的税款、债务等费用及债权的行为等问题上,如果发生了诉讼,根据《执行民法通则意见》第32条的解释,失踪人的财产代管人拒绝支付失踪人所欠的税款、债务和其他费用,债权人提起诉讼的,人民法院应当将代管人列为被告。失踪人的财产代管人向失踪人的债务人要求偿还债务的,可以作为原告提起诉讼。将财产代管人以当事人的身份参与诉讼,其缘由在于,依据诉讼法的一般原理,围绕权利人的财产所发生的诉讼,应当由相关权利人作为原告或被告来参与诉讼。但在权利人被宣告失踪的情况下,客观上不可能参加诉讼活动,由于财产代管人负有管理失踪人财产的法定职责,是失踪人财产的实际管理者,围绕失踪财产发生的诉讼由其财产代管人作为当事人参与最为合理,也最能保护失踪人的权益。另外,此种设定与诉讼法的原理并不违背,而是借鉴了诉讼担当理论。民事诉讼法上的诉讼担当,是指本不是权利或民事法律关系主体的第三人,对他人的权利或法律关系有管理权,以当事人的地位,就该法律关系所产生的纠纷而行使诉讼实施权,判决的效力及于原民事法律关系的主体。也就是说,民法上的权利主体或法律关系以外的第三人,以自己的名义,为了他人的利益或代表他人的利益进行诉讼,目的在于主张一项他人享有的权利,从而成为诉讼担当人。失踪人的财产代管人对失踪人财产的管理来自法律的授予,因此属于法定的诉讼担当。[①] 这种诉讼担当是一种特别的需要而非一般形态,依诉讼担当理论取得诉讼地位的财产代管人成为诉讼法中的正当当事人,因此可以成为相关诉讼中的原告或被告。[②]

基于上述原理,在实践中,法院在确定诉讼当事人的时候,往往会把失踪人与代管人列为共同原告或者共同被告。比如,在"张某诉钟某等船舶买卖合同纠纷案"中,原告张某与被告钟某签订一份合同,约定钟某将"桂北渔22035"号渔船出卖给原告。之后原告支付购船款 126000 元给钟某,钟某亦按合同约定将五本船舶证书交给原告并将"桂北渔 22035"号渔船交付原告经营使用至今。期间双方在办理该船过户相关手续时,因"桂北渔 22035"号渔船已被法院限制办理过户变更手续,致过户不能。2010 年 9 月 5 日,因钟某从家中出走后一直未归,原告向北海市银海区人民法院申请宣告钟某失踪,该院于 2013 年 4 月 12 日作出(2012)银民特字第 1 号民事判决书,判决:一、宣告钟某为失踪人;二、指定叶某为失踪人钟某的财产代管人。原告已按照合同约定支付了购船首付款 126000 元,被告钟某也应按照合同约定协助原告办理案涉渔船的过户手续。由于被告钟某已被法院宣告失踪,被告叶某被指定为被告钟某的财产代管人,应协助原告办理案涉渔船过户登记手续。故法院判决,被告钟某、叶某协助原告张某将"桂北渔 22035"号渔船过户登记至原告张某名下。

无论财产代管人针对失踪人财产实施何种代管行为,法律均要求代管人尽善良管理人的注意义务。所谓善良管理人,指诚实、谨慎而富有经验的管理人应当承担能够达到的注意程度的注意义务。财产代管人未尽善良管理人的注意义务而造成失踪人财产损失的,应当承担赔偿责任。但是,由于失踪人的代管人从事的仍然是一种无偿的代管行为,所以财产代管人仅因自己的故意或重大过失造成失踪人的财产损害时,才应当承担赔偿责任;对于一般的过失造成的损害,不应当承担损害赔偿责任。代管人要尽力追索失踪人的债权,代

---

① 参见江伟主编:《中华人民共和国民事诉讼法学原理》,中国人民大学出版社 1999 年版,第 403 ~ 404 页。

② 参见梁慧星主编:《中国民法典草案建议稿附理由 · 总则编》,法律出版社 2013 年版,第 90 页;王利明主编:《中国民法典学者建议稿及立法理由 · 总则编》,法律出版社 2005 年版,第 88 页。

理失踪人接受债权，该财产应为失踪人所有，由代管人管理。代管人不能够代理失踪人从事清偿债务和追索债权以外的其他民事活动，尤其是关涉失踪人人身关系的民事活动。

三、举证责任分配

本条第3款规定了财产损失赔偿责任，即财产代管人因故意或者重大过失造成失踪人财产损失的，应当承担赔偿责任。对于损害赔偿责任的请求，对该财产具有权利的人，包括失踪人及其继承人或者财产共有人等，需证明财产损失的状况、财产代管人的故意或重大过失及其行为、因果关系等构成要件。

第四十四条 【财产代管人的变更】

财产代管人不履行代管职责、侵害失踪人财产权益或者丧失代管能力的，失踪人的利害关系人可以向人民法院申请变更财产代管人。

财产代管人有正当理由的，可以向人民法院申请变更财产代管人。

人民法院变更财产代管人的，变更后的财产代管人有权要求原财产代管人及时移交有关财产并报告财产代管情况。

一、历史由来

本条是关于财产代管人变更的规定。该规定源于《执行民法通则意见》第35条的解释："失踪人的财产代管人以无力履行代管职责，申请变更代管人的，人民法院比照特别程序进行审理。失踪人的财产代管人不履行代管职责或者侵犯失踪人财产权益的，失踪人的利害关系人可以向人民法院请求财产代管人承担民事责任。如果同时申请人民法院变更财产代管人的，变更之诉比照特别程序单独审理"。

在本条起草过程中，2015年8月28日的全国人大常委会法制工作委员会"民法总则民法室室内稿"、《民法总则（草案）征求意见稿》（2016年5月20日修改稿）以及《民法总则（草案）》（一审稿）的规定仅包括了前两款。到了《民法总则（草案）》二审稿及三审稿增加了第3款。之所以增设该款，是因为变更财产代管人需及时了解财产的现状并占有管理财产，如不明确赋予变更后财产代管人的请求权，则可能导致原财产代管人怠于移交财产并不告知代管情况，不利于失踪人财产的继续代管。

关于本条起草过程的具体演化为：

2015年8月28日全国人大常委会法制工作委员会"民法总则民法室室内稿"第38条：财产代管人不履行代管职责、侵害失踪人财产权益或者丧失代管能力的，失踪人的利害关系人可以向人民法院申请变更财产代管人。

财产代管人有正当理由的，可以向人民法院申请另行确定财产代管人。

2016 年 5 月 20 日《民法总则（草案）征求意见稿》第 38 条：财产代管人不履行代管职责、侵害失踪人财产权益或者丧失代管能力的，失踪人的利害关系人可以向人民法院申请变更财产代管人。

财产代管人有正当理由的，可以向人民法院申请另行确定财产代管人。

2016 年 6 月《民法总则（草案）》（一审稿）第 40 条：财产代管人不履行代管职责、侵害失踪人财产权益或者丧失代管能力的，失踪人的利害关系人可以向人民法院申请变更财产代管人。

财产代管人有正当理由的，可以向人民法院申请另行确定财产代管人。

2016 年 11 月《民法总则（草案）》（二审稿）第 42 条：财产代管人不履行代管职责、侵害失踪人财产权益或者丧失代管能力的，失踪人的利害关系人可以向人民法院申请变更财产代管人。

财产代管人有正当理由的，可以向人民法院申请变更财产代管人。

人民法院变更财产代管人的，变更后的财产代管人有权要求原财产代管人及时移交有关财产并报告财产代管情况。

2016 年 12 月《民法总则（草案）》（三审稿）第 42 条：财产代管人不履行代管职责、侵害失踪人财产权益或者丧失代管能力的，失踪人的利害关系人可以向人民法院申请变更财产代管人。

财产代管人有正当理由的，可以向人民法院申请变更财产代管人。

人民法院变更财产代管人的，变更后的财产代管人有权要求原财产代管人及时移交有关财产并报告财产代管情况。

二、规范目的与含义

（一）规范目的

本条旨在确定财产代管人变更的条件、申请的主体和程序以及后果。财产代管人设置的目的是妥善保管失踪人的财产。如果财产代管人不履行或者无法履行代管职责，那么就应当变更代管人，以确定合适的代管人承担代管职责、维护失踪人的财产利益。

（二）规范含义

失踪人的利害关系人在如下三种情况下，可以向人民法院申请变更财产

代管人:

第一种情形是财产代管人不履行代管职责。不履行包括怠于履行代管职责和未尽善良管理人的注意义务,以致造成或者有可能造成失踪人财产的损失。比如,失踪人有到期返还的物品或者到期应收账款,但财产代管人不配合债务人,拒绝返还物品的接受,或者不积极催收到期账务,以致失踪人财产利益遭受损失。再如,失踪人所有的生鲜物品需要进行妥善保管,在无法继续保管的情况下,应及时以合理的价格变卖,但失踪人未尽善良管理人的注意义务导致生鲜物品腐烂,或者以极低的价格变卖,严重损害失踪人的财产利益。

第二种情形是财产代管人侵害失踪人的财产利益,只要代管人有损害失踪人利益的故意或重大过失,无论是否已造成实际损失,均构成撤销其代管权的事由。比如,财产代管人利用代管的职权便利侵占失踪人的财产归为己有,或者在他人侵占失踪人财产的时候,明知或者疏忽大意而没有加以防范或制止,从而导致失踪人财产的损失。

第三种情形是财产代管人丧失代管能力,包括代管人丧失或者部分丧失其民事行为能力,或代管人因患病、长期外出等原因无法履行代管职责。财产代管人的职责是管理失踪人的财产,如财产代管人不适宜继续担任代管人职务或客观上不能履行其代管职责,经过失踪人的利害关系人申请,人民法院应当更换财产代管人。在原财产代管人没有丧失行为能力的情况下,可以自行向人民法院提起申请,而不必通过其他利害关系人。但是,在确定新的财产代管人时,需要新的财产代管人以及其他利害关系人同意。比如,在"潘某策申请为失踪人财产变更代管人"案中,潘某圣是申请人潘某策的胞兄,于1981年10月起下落不明。法院于1990年判决潘某圣财产由潘某策代管。鉴于目前潘某策年事已高、行动不便等原因,潘某策请求将潘某圣的财产代管人变更为潘某甲。潘某乙与妻子欧某乙生育潘某圣与潘某葵。潘某乙与妾黎某生育潘某丙。潘某乙与妾蔡某生育潘某策与潘某丁。潘某乙、欧某乙、黎某、蔡某分别于1981年10月21日、1972年、1981年、1986年死亡。潘某葵于1986年死亡。潘某丁现已死亡。潘某丙、潘某甲均到庭表示同意由潘某甲担任潘某圣财产代管人。审理法院认为:失踪人潘某圣的财产经法院判决由潘某策代管理后,潘某策申请将财产代管人变更为潘某甲,潘某圣的妹妹潘某丙同意将代管人变更为潘某甲，潘某甲亦同意担任潘某圣的财产代管人，法院予以确认。撤销申请人潘某策为失踪人潘某圣财产代管人的身份，指定潘某甲为失踪人潘某圣的财产代管人。①

在财产代管人的确定上，基本的原则是有利于失踪人财产的代管。在现实生活中，指定自然人作为代管人通常优于村委会、居委会等组织。如果没有对具有财产代管人资格的人进行全面的核查，尤其是在有自然人亲属或具有共同生活关系的人的情况下指定单位为财产代管人，则可能会导致原先指定财产代管人的变更。比如，在"张某等与北京市怀柔区怀柔镇杨家园村村民委员会申请为失踪人财产指定、变更代管人案"中，二原告张某兰、陈某利系母子关系，原告张某兰系张某发之姐，陈某利系张某发的外甥。2012 年 2 月 28 日，陈某利与张某发签订一份遗赠扶养协议书，约定由陈某利照顾张某发的生活起居，生养死葬，被告村委会作为监督人在协议上盖章确认。2013 年 3 月 29 日，张某发走失。2015 年，被告诉至法院申请宣告张某发为失踪人，法院于 2015 年 11 月 11 日作出（2015）怀民特字第 04465 号民事判决书，判决宣告张某发失踪，指定北京市怀柔区怀柔镇杨家园村村民委员会为张某发的财产代管人。2015 年 12 月 29 日，二原告主张变更财产代管人。审理法院认为，法院指定失踪人的财产代管人，应当根据有利于保护失踪人财产的原则指定。代管人在无能力作代管人或者不宜作代管人的，人民法院可以指定其他公民或者有关组织为失踪人的财产代管人。在被告申请宣告张某发失踪一案中，被告作为失踪人的村民委员会未将失踪人尚有其他亲属存在的情况告知法院，现二原告不仅属于法律规定的代管人，且有能力作为代管人，被告无证据证明二原告存在不适宜作为代管人的证据，故二原告宜作为失踪人的财产代管人。根据法律规定，法院依法予以变更，判决变更原告张某兰、陈某利为失踪人张某发的财产代管人。②

对于上述申请变更的情形，申请人应当予以举证，否则法院不予变更。比如在"杨某菊诉杨某军申请为失踪人财产变更代管人案"中，被告杨某军与原

① 参见广东省广州市荔湾区人民法院（2015）穗荔法民一特字第 68 号民事判决书。

② 参见北京市怀柔区人民法院（2016）京 0116 民初 34 号民事判决书。

告杨某菊系继兄妹关系。被告杨晓军系杨某林与其前妻鲁某琼的婚生儿子。杨某林与鲁某琼于1998年离婚,杨某军由鲁某琼抚养。2003年8月19日,杨某林与杨某妹登记结婚,婚后杨某妹带着女儿到杨某林家居住生活。杨某林于2008年4月16日外出,后下落不明。被告杨某军于2013年9月5日向法院申请宣告杨某林失踪。法院于2013年12月23日作出(2013)祥民特字第2号民事判决,宣告杨某林失踪,指定杨某军为杨某林的财产代管人。2014年3月3日,原告要求法院变更其为杨某林的财产代管人。审理法院认为:人民法院指定失踪人的财产代管人,应当根据有利于保护失踪人财产的原则指定,生效判决指定被告杨某军为杨某林的财产代管人,指定后被告杨晓军并没有损害其代管的财产或者处分其代管的财产,因此原告的诉讼请求不符合相关法律规定,法院不予支持,驳回原告杨某菊变更财产代管人的请求。①

有的观点指出,在失踪人无利害关系人或利害关系人不提出申请的情形,应由人民检察院提出变更财产代管人的申请。② 然而,财产代管人的确立、变更所涉的关系仍属私人之间的民事法律关系,在绝大多数情况下不会涉及国家和社会公共利益,因此检察机关作为申请人并不妥当。基于此,《民法总则》仅规定了利害关系人的申请资格,而并未特别将检察院纳入本条所指的申请人范畴。

除了上述三种客观原因可以申请变更代管人之外,财产代管人有正当理由的,比如因工作、学习等原因离开财产所在地,无法履行代管职责,财产代管人本人也可以向人民法院申请变更财产代管人。这种情形的申请变更通常是由财产代管人自行提出。根据《民事诉讼法解释》第344条第1款的规定,失踪人的财产代管人经人民法院指定后,代管人申请变更代管的,比照民事诉讼法特别程序的有关规定进行审理。申请理由成立的,裁定撤销申请人的代管人身份,同时另行指定财产代管人;申请理由不成立的,裁定驳回申请。

就变更代管人的诉讼程序而言,除了上述规定的代管人申请变更代管比照民事诉讼法特别程序,根据《民事诉讼法解释》第344条第2款的规定,失踪

---

① 参见云南省祥云县人民法院(2014)祥民初字第570号民事判决书。

② 参见梁慧星主编:《中国民法典草案建议稿附理由·总则编》,法律出版社2013年版,第92~93页。

人的其他利害关系人申请变更代管的，人民法院应当告知其以原指定的代管人为被告起诉，并按普通程序进行审理。

财产代管人变更后，为了方便变更后的财产代管人及时了解财产状况并有效代管财产，他有权要求原财产代管人及时移交有关财产并报告财产代管情况。如果原财产代管人不及时履行或者故意拖延造成财产损失，变更后的财产代管人可以请求原财产代管人予以赔偿。

第四十五条 【宣告失踪的撤销】

失踪人重新出现,经本人或者利害关系人申请,人民法院应当撤销失踪宣告。

失踪人重新出现,有权要求财产代管人及时移交有关财产并报告财产代管情况。

一、历史由来

本条是关于撤销宣告失踪的规定。本规定源于《民法通则》第 22 条:"被宣告失踪的人重新出现或者确知他的下落,经本人或者利害关系人申请,人民法院应当撤销对他的失踪宣告。"另外,《民事诉讼法》第 186 条也有同样内容的规定,即"被宣告失踪、宣告死亡的公民重新出现,经本人或者利害关系人申请,人民法院应当作出新判决,撤销原判决"。

较之《民法通则》的规定,本条增设了第 2 款,即"被宣告失踪的人重新出现,有权要求财产代管人及时移交有关财产并报告财产代管情况"。其原因在于,失踪人重新出现后,财产代管人需及时移交有关财产并报告财产代管的情况,否则失踪人无法及时、有效地管控自己的财产。在实践中,有些财产代管人可能基于各种考虑怠于移交财产或报告财产代管状况,因此赋予失踪人请求权以保护其财产权益。

在本条起草过程中,除了 2015 年 8 月 28 日的全国人大常委会法制工作委员会"民法总则民法室室内稿"在表述上有细微不同之外,《民法总则(草案)征求意见稿》(2016 年 5 月 20 日修改稿)以及《民法总则(草案)》一审稿、二审稿、三审稿在相关内容和表述上与本条完全一致。

关于本条起草过程的具体演化为:

2015 年 8 月 28 日全国人大常委会法制工作委员会"民法总则民法室室内稿"第 39 条:被宣告失踪的人重新出现,经本人或者利害关系人申请,人民法院应当撤销失踪宣告。

人民法院撤销失踪宣告后,财产代管人应当及时向本人移交有关财产并向本人报告代管情况。

2016 年 5 月 20 日《民法总则(草案)征求意见稿》第 39 条:被宣告失踪的人重新出现,经本人或者利害关系人申请,人民法院应当撤销失踪宣告。

被宣告失踪的人重新出现,有权要求财产代管人及时向其移交有关财产并报告财产代管情况。

2016 年 6 月《民法总则(草案)》(一审稿)第 41 条:被宣告失踪的人重新出现,经本人或者利害关系人申请,人民法院应当撤销失踪宣告。

被宣告失踪的人重新出现,有权要求财产代管人及时向其移交有关财产并报告财产代管情况。

2016 年 11 月《民法总则(草案)》(二审稿)第 43 条:被宣告失踪的人重新出现,经本人或者利害关系人申请,人民法院应当撤销失踪宣告。

被宣告失踪的人重新出现,有权要求财产代管人及时移交有关财产并报告财产代管情况。

2016 年 12 月《民法总则(草案)》(三审稿)第 43 条:被宣告失踪的人重新出现,经本人或者利害关系人申请,人民法院应当撤销失踪宣告。

被宣告失踪的人重新出现,有权要求财产代管人及时移交有关财产并报告财产代管情况。

二、规范目的与含义

(一)规范目的

本条旨在确定宣告失踪撤销的条件、程序及其后果。失踪的宣告描述的是一种事实状态,即自然人不在原来的居住地,其所处位置以及现状不为与该自然人有财产关系和人身关系的人所知晓。如果被宣告失踪的人重新在原居住地出现,或者家人、亲属、朋友有确切证据证明其下落,如失踪人通过信件、电话或其他通信方式与家人、亲属、朋友取得了联系,或者在某地见到了失踪人,那么在这些情况下,该自然人失踪的事实状态即不复存在,失踪宣告就应当被撤销。

(二)规范含义

由于失踪宣告属于司法审判行为,即通过利害关系人向法院提起申请,法院根据相关证据对失踪人的失踪状态予以判定,因此失踪宣告的撤销也应当履行相应的司法程序。失踪人本人或其利害关系人提出撤销失踪宣告的申请,由人民法院根据相关证据予以判断。如果证据确实充分,即撤销失踪宣告。受理撤销失踪宣告申请的法院,应当是原来做出失踪宣告的法院,因为失踪人回归原来的生活地,恢复原有存在的状态,则应由原来的法院撤销失踪状态的宣告。另外,撤销的是原来宣告失踪的判决,即由原审法院做出撤销原来宣告失踪判决的判决,诉讼程序使用民事诉讼法的特别程序。

失踪宣告一旦被撤销,对失踪人财产设定的代管即告停止,财产代管人即丧失其代管权利。除非失踪人委托财产代管人继续管理其财产,财产代管人应当停止对失踪人财产的管理活动,并向失踪人移交其财产和账务。如果失踪人属于无民事行为能力人或限制民事行为能力人,或者在失踪期间丧失了完全民事行为能力,那么财产代管人在指定失踪人的法定代理人期间继续代管财产,等待法定代理人确定后,再向该代理人移转失踪人的财产。如果财产代管人被确定为失踪人的法定代理人,则继续履行管理职责。如果怠于返还失踪人的财产,或者未将相关管理事宜向失踪人或其法定代理人进行交接,失踪人可以请求返还并报告财产代管情况。因迟延履行所产生的损害,失踪人可以请求赔偿。

在实践中,很多情况下是失踪人本人到原来的宣告失踪的法院申请撤销失踪宣告。[①] 在此类案件的审理中,法院通常会要求相关人口管理机关或失踪人的亲属、朋友对申请人是否失踪人本人进行辨认并予以证明。比如,在“徐某申请撤销失踪宣告案”中,徐某系徐某虎、游某的儿子,在其失踪多年后徐某虎、游某申请宣告其子失踪。审理法院于2012年5月22日作出(2012)简阳民特字第00001号民事判决,宣告徐某失踪。2015年1月4日失踪人徐某回家与亲人团聚,并于2015年3月27日在简阳市公安局平泉派出所办理了常住

① 比如四川省岳池县人民法院(2015)岳池民特字第45号民事判决书、重庆市大足区人民法院(2016)渝0111民特6号民事判决书、广西壮族自治区平南县人民法院(2015)平民特字第153号民事判决书、上海市嘉定区人民法院(2015)嘉民一(民)特字第10号民事判决书等。

人口登记,2015 年 4 月 13 日在简阳市公安局办理了居民身份证,并向法院申请撤销失踪宣告。经徐某父亲徐某虎辨认,申请人确系徐某本人。根据申请人徐某的身份证、简阳市公安局出具的户籍证明、徐某父亲徐某虎、母亲游某的常住人口登记卡及徐某虎的证言,审理法院判决撤销该院宣告徐某失踪的(2012)简阳民特字第 00001 号民事判决。①

尽管实践中撤销失踪宣告的申请通常都是由失踪人本人申请的,但是在有些情况下,如失踪人在外地无法回到原住所地,失踪人属于无民事行为能力人或限制民事行为能力人,失踪人在主观上不愿申请撤销等,相关的利害关系人可以与失踪人一同作为申请人提出申请,或者单独提出申请。在此情况下,申请人应当提交证据证明已经确知被宣告失踪人的现状,不处于失踪状态。这里的证据包括音频、视频、文件、照片、相关证人证言等一切能够证明失踪人现状的证据。比如在“余某文申请撤销宣告余某洲失踪案”中,申请人余某文要求撤销对余某洲的宣告失踪。法院于 2013 年 11 月 5 日作出(2013)綦法民特字第 33 号民事判决,宣告余某洲失踪,并指定余某文为余某洲的财产代管人。现余某洲已重新出现,并于 2016 年 2 月 26 日到重庆市公安局万盛经济技术开发区分局金桥派出所拍照确认,又于 2016 年 3 月 15 日到法院接受询问。依照《民事诉讼法》第 186 条的规定,判决撤销(2013)綦法民特字第 33 号民事判决。②

---

① 比如四川省简阳市人民法院(2015)简阳民特字第 14 号民事判决书。

② 参见重庆市綦江区人民法院(2016)渝 0110 民特 180 号民事判决书。

第四十六条 【宣告死亡的条件】

自然人有下列情形之一的，利害关系人可以向人民法院申请宣告该自然人死亡：

（一）下落不明满四年；

（二）因意外事件，下落不明满二年。

因意外事件下落不明，经有关机关证明该自然人不可能生存的，申请宣告死亡不受二年时间的限制。

一、历史由来

本条是关于宣告死亡条件的规定。本规定源于《民法通则》第 23 条第 1 款，即“公民有下列情形之一的，利害关系人可以向人民法院申请宣告他死亡：（一）下落不明满四年的；（二）因意外事故下落不明，从事故发生之日起满二年的。”之所以删除第 2 款，即“战争期间下落不明的，下落不明的时间从战争结束之日起计算”，原因在于战争的情况与通常情况并无差别。根据《执行民法通则意见》第 27 条的解释，“战争期间下落不明的，申请宣告死亡的期间适用中华人民共和国民法通则第 23 条第 1 款第 1 项的规定。”只是在下落不明的起算时间上与一般情况有所不同，这在《民法总则》第 41 条中已明确规定，即从战争结束之日或有关机关确定的下落不明之日起算。因此在本条没有必要再做重复规定。另外，《民事诉讼法》第 184 条第 1 款，即“公民下落不明满四年，或者因意外事故下落不明满二年，或者因意外事故下落不明，经有关机关证明该公民不可能生存，利害关系人申请宣告其死亡的，向下落不明人住所地基层人民法院提出”，也是本条的来源，尤其是本条的第 2 款规定。

在本条的起草过程中，除了 2015 年 8 月 28 日的全国人大常委会法制工作委员会“民法总则民法室室内稿”未在条文中明确“因意外事件下落不明，经有关机关证明该自然人不可能生存的，申请宣告死亡不受二年时间的限制”，

《民法总则(草案)征求意见稿》(2016 年 5 月 20 日修改稿)以及《民法总则(草案)》一审稿、二审稿、三审稿在内容上基本一致。

关于本条起草过程中的具体演化为:

2015 年 8 月 28 日全国人大常委会法制工作委员会“民法总则民法室室内稿”第 40 条:自然人有下列情形之一的,利害关系人可以向人民法院申请宣告其死亡:

(一)下落不明满四年的;

(二)因意外事故下落不明,自事故发生之日起满二年的。

(三)因意外事故下落不明,经有关机关证明该自然人不可能生存的。

2016 年 5 月 20 日《民法总则(草案)征求意见稿》第 40 条:自然人有下列情形之一的,利害关系人可以向人民法院申请宣告其死亡:

(一)下落不明满四年的;

(二)因意外事故,下落不明满二年的。

因意外事故下落不明,经有关机关证明该自然人不可能生存的,申请宣告死亡不受二年时间的限制。

下落不明的时间计算,适用本法第三十五条第二款的规定。

2016 年 6 月《民法总则(草案)》(一审稿)第 42 条:自然人有下列情形之一的,利害关系人可以向人民法院申请宣告其死亡:

(一)下落不明满四年的;

(二)因意外事件,下落不明满二年的。

因意外事件下落不明,经有关机关证明该自然人不可能生存的,申请宣告死亡不受二年时间的限制。

下落不明的时间计算,适用本法第三十七条第二款的规定。

2016 年 11 月《民法总则(草案)》(二审稿)第 44 条:自然人有下列情形之一的,利害关系人可以向人民法院申请宣告该自然人死亡:

(一)下落不明满四年的;

(二)因意外事件,下落不明满二年的。

因意外事件下落不明,经有关机关证明该自然人不可能生存的,申请宣告死亡不受二年时间的限制。

2016年12月《民法总则(草案)》(三审稿)第44条:自然人有下列情形之一的,利害关系人可以向人民法院申请宣告该自然人死亡:

(一)下落不明满四年的;

(二)因意外事件,下落不明满二年的。

因意外事件下落不明,经有关机关证明该自然人不可能生存的,申请宣告死亡不受二年时间的限制。

二、规范目的与含义

(一)规范目的

宣告死亡是指按照法定程序,由法院宣告失踪人死亡,并以此为根据,发生与事实死亡同样的法律后果。法律追求安定,需要将某些可能使法律关系悬而不决的因素消除。自然人长期失踪的情形即属此类因素。一个人失踪时间越长,不在人世的可能性就越大。[①] 基于此大概率的事实推定,宣告长期失踪的人死亡,以消除因该人失踪而引起的民事法律关系的不确定状态。宣告死亡制度和宣告失踪制度,程序设计类似,但目的不同。宣告失踪的目的仅在于解决失踪人的财产管理问题,并不能解决因失踪引起的民事法律关系的不确定状态。而宣告死亡的目的则在于,保护长期下落不明之人的利害关系人的合法权益,彻底解决民事法律关系因人长期失踪而产生的不确定状态。

尽管宣告死亡是对自然人死亡状态的法律推定,但是却能够产生自然死亡在法律上的效果,比如继承的开始等。然而,宣告死亡是否可以完全等同于自然死亡在法律上产生的效果,有不同的立法例:第一种,死亡宣告的效力仅及于财产关系,比如《泰国民法典》原第75条;第二种,死亡宣告不仅及于财产关系,还及于身份关系,比如《法国民法典》第128条、第132条;第三种,死亡宣告及于一切关系,但婚姻关系需配偶再婚方为解除,比如《德国民法典》第1319条第2款;第四种,死亡宣告效力原则上及于一切关系,但如被宣告死亡的人归来或生存,则其配偶再婚无效,比如《意大利民法典》第65条、第68条。[②]

---

① 参见朱庆育:《民法总论》,北京大学出版社2013年版,第381页。

② 参见梁慧星主编:《中国民法典草案建议稿附理由·总则编》,法律出版社2013年版,第107页。

在理论上，学者的观点也有所不同。有的学者认为，宣告死亡应发生与自然死亡相同的效力，即被宣告死亡的人丧失民事主体资格，其权利能力和行为能力终止，婚姻关系自然解除，个人合法财产成为遗产并开始继承。[①] 但是，将宣告死亡与自然死亡完全等同并不妥当，因为两者的法律效果仅为相似，而并不相同。其一，二者规范意旨不同。在自然死亡，自然人的权利能力消灭，而宣告死亡制度的目的却不在剥夺失踪人的民事权利能力，而仅在结束以原住所地为中心的民事法律关系。其二，一为事实，一为拟制。自然死亡是事实，宣告死亡为拟制。其三，二者要件不同。自然死亡是当然死亡，宣告死亡却要充分的法律要件才行。其四，二者效力不同，自然死亡的效力是绝对的，而宣告死亡的效力是相对的，可以撤销而溯及地被消灭。其五，死亡日期不同。自然死亡中的死亡日期一般是真实的，宣告死亡中的死亡日期则是法律拟制的。[②]

从我国立法以及司法实践的一贯的态度来看，宣告死亡发生与自然死亡类似但并不完全等同的法律效力。自宣告死亡开始，以被宣告死亡人原住所地为中心的一切财产关系和身份关系归于消灭。一切享有以该人死亡为条件的财产权利人，可因此获得权利。但对于实际生存地的法律关系不受影响。

（二）规范含义

自然人下落不明达到法定期间时，其利害关系人可以向人民法院申请宣告死亡。本条规定死亡的期间分为两种：

一种是普通期间，适用于自然人在一般情况下下落不明的情形。比如，离开居住地，一去不复返，期间虽偶有讯息，但最终还是杳无音信。此种情况下自然人的下落不明应当满四年，其利害关系人才能申请宣告死亡。该下落不明的起算点依照《民法总则》第 41 条规定“从自然人失去音讯之日”，即从得到该自然人最后消息的次日开始计算。《执行民法通则意见》第 26 条第二句补充解释的“对于在台湾或者在国外，无法正常通讯联系的，不得以下落不明宣告死亡”，不宜再适用。因为现代社会的对外交流，较之三十年前“执行民法

① 参见魏振瀛主编：《民法》，北京大学出版社 2000 年版，第 61 页。

② 参见张俊浩主编：《民法学原理》，中国政法大学出版社 1991 年版，第 112 页。

通则意见”颁行时所处的时代,情况已经有了巨大改变,出国、赴港澳台地区定居、工作或旅游已成平常之事。如果《民法总则》不将这些经常发生的事实纳入调整范围,可能会产生很大的法律漏洞。此外,如果自然人在战争期间下落不明的,其宣告死亡的期间适用普通期间的规定,即在战争中下落不明的,必须经过四年的时间才能被申请宣告死亡。下落不明的时间自战争结束之日起计算。比如两国于2010年5月6日发生交火,次日宣告进入战争状态,两国的战争状态一直持续到2013年12月12日。如果失踪人员在战争中下落不明的,必须到2017年12月13日方能被申请宣告死亡。

另一种是特别期间,适用于自然人因意外事故而下落不明的情形。所谓意外事故,是指地震、海啸、海难、空难、洪灾、火灾等危及生命的重大灾害事故。除此之外,意外落水情况的意外事故在实践中较为常见。[①] 自然人在意外事故中下落不明,应当满两年,其利害关系人即可申请宣告其死亡。“两年”的起算点从意外事故发生之日起。

因意外事件下落不明的,如果经有关机关证明该自然人不可能生存,那么申请宣告死亡不受两年时间的限制,即利害关系人可以立即申请宣告失踪人死亡,而无须等待下落不明满两年。比如在“卢某分请求宣告卢某勇死亡案”中,2012年10月28日,“建安8”号船在海南省三亚市南山海域防台时,遭强台风“山神”正面袭击而沉没,导致正在船上工作的卢某勇等5名船员全部失踪。事故发生后,三亚海事局全力组织协调各方力量对事发海域展开大规模搜寻行动,同年10月30日在乐东县岭头湾海域发现翻沉的“建安8”号船。经多次潜水探摸寻找,未发现卢某勇等5名失踪船员。此后,三亚海事局改变搜救方式,扩大搜救范围,发布航行警告和北斗信息,协调海上过往船只和作业渔船继续展开搜寻行动,但一直未找到卢某勇等5名失踪船员。2013年1月20日,“建安8”号船被打捞起浮,未发现卢某勇等5名船员的尸体。2013年1月31日,三亚海事局出具《三亚海事局关于徐某等五人相关情况的说明》,证明“建安8”号船翻沉“事故发生至今3月有余,该局未接到‘建安8’轮上5名

① 比如湖北省钟祥市人民法院(2014)鄂钟祥民一初字第00003号民事判决书、甘肃省舟曲林区基层法院(2015)舟林民初字第2号民事判决书等。

失踪人员的任何获救信息，通过专业判断，可以确认卢某勇等五人皆无生还可能”[①]在该案中，由于三亚海事局出具了卢某勇无生还可能的证明，因此申请人申请卢某勇死亡则无须“下落不明满两年”。

如果有关机关出具的文件并不能证明“自然人不可能生存”，而仅指出失踪状态，那么仍然适用两年期间。比如在“陈某甲、陈某乙要求宣告陈某丙死亡案”中，陈某丙与申请人陈某甲、陈某乙系父女关系。2009 年 12 月 8 日 13 时许，陈某丙驾驶皖郎溪货 0951 轮经长江某 64 黑浮北侧距离靖江敦丰拆船厂约 400 米水域沉没。当时船上有三人，陈某丙和其妻子任某乙以及另一雇员全部落水，报警后经江苏江阴海事局打捞，任某乙的尸体找到证明为死亡，陈某丙和另一名雇员尸体一直未找到，证明为失踪。2010 年 4 月 26 日江苏江阴海事局出具了内河交通事故调查结论书。在该案中，海事局仅说明陈某丙是失踪，而未标明他不可能生存。那么，该案仍应适用两年期间。但是，该案审理法院认为，宣告死亡制度，是指公民因意外事故下落不明满两年，经有关机关证明该公民不可能生存，使与其有关的民事权利义务关系处于不确定状态，为此，利害关系人可以依法向人民法院申请宣告其死亡的制度。[②] 这种观点认为，有关机关证明该人不可能生存与“下落不明满两年”是意外事件下宣告死亡的两个必备要件。这种理解并不准确，也不利于尽早结束法律关系不稳定状态，违背了宣告死亡制度的意旨。

死亡宣告的申请必须由下落不明的自然人的利害关系人向人民法院提出。利害关系人之外的人不能提出死亡宣告申请。非经利害关系人提出死亡宣告申请，人民法院也不得依职权主动宣告自然人死亡。由此，利害关系人必须与被申请宣告死亡的人存在民事权利义务关系。这种民事权利义务可以是亲属关系，比如父母子女、兄弟姐妹等，也可以是财产共有关系、债权债务关系。另外，养兄弟姐妹关系也属于利害关系人的范畴。比如在“余某申请宣告刘某死亡案”中，刘某在 5 岁时被申请人的父母余某选、阮某收养，与申请人余某系养兄妹关系。刘某于 2003 年离开其居住的陕西省白河县麻虎镇南沟村

① 参见海南省海口海事法院（2015）琼海法宣字第 1 号民事判决书。

② 参见安徽省郎溪县人民法院（2014）郎民特字第 00001 号民事判决书。

外出,至今没有回家,也没有与家人联系。刘某的养兄余某作为申请人申请宣告刘某死亡。法院受理该案后于2014年5月15日在人民法院报发出寻找刘某的公告,公告期间为1年。现公告期限届满,刘某仍然下落不明,故宣告刘某死亡。[①] 当然,申请死亡宣告也是诉讼活动,申请人必须具有完全民事行为能力,无民事行为能力人和限制民事行为能力人都不能提出死亡宣告申请。

关于宣告死亡案件管辖的人民法院,根据《民事诉讼法》第184条第1款的规定,由下落不明人住所地的基层人民法院管辖。根据《执行民法通则意见》第28条第2款的解释,住所地与居住地不一致的,由最后居住地的基层人民法院管辖。在审理宣告死亡案件的司法程序上,首先由符合条件的申请人提出申请。根据《民事诉讼法》第184条第2款的规定,申请书应当写明下落不明的事实、时间和请求,并附有公安机关或者其他有关机关关于该公民下落不明的书面证明。人民法院受理宣告自然人死亡申请后,应当依照《民事诉讼法》第185条的规定,发布寻找下落不明人的公告。根据《民事诉讼法解释》第347条的解释,寻找下落不明人的公告应当记载下列内容:(一)被申请人应当在规定期间内向受理法院申报其具体地址及其联系方式。否则,被申请人将被宣告死亡;(二)凡知悉被申请人生存现状的人,应当在公告期间内将其所知道情况向受理法院报告。宣告死亡的公告期间为一年。因意外事故下落不明,经有关机关证明该公民不可能生存的,宣告死亡的公告期间为三个月。公告期届满时,人民法院应当根据被宣告死亡的事实是否得到确认,作出宣告死亡的判决或者驳回申请的判决。

关于利害关系人提出死亡宣告是否要遵从一定的顺序,这在理论和实践中产生过很大的争议。根据《执行民法通则意见》第25条的解释,利害关系人申请宣告死亡需按照以下的顺序,即第一顺位是配偶;没有配偶的,是父母、子女;没有前两顺位的,是兄弟姐妹、祖父母、外祖父母、孙子女、外孙子女;以上近亲属都没有的,才轮到其他有民事权利义务关系的人。但是,针对此顺序要求,很多理论观点根据实务中面临的困难提出了质疑。[②] 在实务中,往往会出

① 参见陕西省白河县人民法院(2014)白河民初字第00189号民事判决书。

② 参见梁慧星主编:《中国民法典草案建议稿附理由·总则编》,法律出版社2013年版,第101页。

现这样的问题:某人失踪已达到《民法通则》所规定的年限,其配偶不申请宣告他死亡,而按照上述解释,其他利害关系人不能申请宣告他死亡,使其他利害关系人的利益受到损害。民法宣告死亡制度,与失踪制度不同,死亡宣告制度目的不是要保护被宣告死亡人的利益,而是要保护其利害关系人的利益,并考虑到利害关系人不论其配偶、子女、父母抑或债权人、债务人,在法律地位上一律平等,不应有先后之分。在法院宣告失踪人死亡后,其遗产之继承,债务之清偿,均有法律规定,而与由何人提出宣告死亡之申请无关。最高人民法院的上述意见将利害关系人分为一定顺序,第一顺序利害关系人不提出申请,其他顺序利害关系人无权提出申请,导致现实中有的配偶基于感情或有其他不当目的,不提出申请,导致不能宣告失踪人为死亡人,使其他利害关系人的合法利益遭受损害。显然违背民法设立宣告死亡的立法目的。基于上述考虑,本条一改《执行民法通则意见》的解释,利害关系人对死亡宣告的申请不再有顺位规定,在符合条件的情况下均可提出宣告死亡的申请,可以根据自己的利益考虑进行单独申请,也可以一同申请。根据《民事诉讼法解释》第 346 条的规定,符合法律规定的多个利害关系人提出宣告死亡申请的,列为共同申请人。另外,根据《民事诉讼法解释》第 348 条的规定,申请人为一人时,申请人撤回申请的,人民法院应当裁定终结案件。如果申请人为多人或者有其他符合法律规定的利害关系人加入程序要求继续审理的,则不终结案件的审理。

在死亡宣告的申请人没有与下落不明人共同生活的情况下,通常难以确知下落不明人的财产状况,那么申请人可以根据《民事诉讼法解释》第 343 条的规定,向人民法院请求清理下落不明人的财产。人民法院可以根据个案情况清理下落不明人的财产,并指定案件审理期间的财产管理人。

自然人下落不明后,如没有利害关系人,或者利害关系人不提出死亡宣告申请,那么人民检察院是否可依职权提出死亡宣告?对此,理论上有肯定说和否定说。肯定的观点认为,为了不使法律设立宣告死亡的目的落空,应当由人民检察院依照职权提出死亡宣告的申请。① 而否定的观点则认为,包括我国在

① 参见梁慧星主编:《中国民法典草案建议稿附理由·总则编》,法律出版社 2013 年版,第 100 页。

内的多数国家民法,均将有权申请宣告失踪人死亡的人限于失踪人的利害关系人,而未考虑国家公权的直接接入,原因在于宣告死亡制度的目的主要在保护失踪人利害关系人的利益,依据民法私法自治原则,申请宣告死亡与否由利害关系人定夺。使检察院享有失踪人死亡宣告申请权,是国家权力对民事生活领域的强行干预,须有充足的理由。根据民法的基本原则,国家干预民事生活须基于社会利益或他人利益的特别保护。而宣告死亡的宗旨在保护利害关系人利益,必须是在对利害关系人有所损害的前提下,才有为法律所关注的必要。因此,单纯以"稳定法律关系"为由来确认检察院有权申请宣告死亡,无异于强行规定只要失踪达到法定期限,就必须宣告失踪人死亡,这种做法有失合理。[①] 与宣告失踪的理由一样,本条对宣告死亡申请人的范围一贯排除检察院。

在被宣告死亡的法律效果方面,一旦自然人被宣告死亡,则在法律上产生与自然死亡类似的后果。但是,宣告死亡毕竟是一种法律的推定,在实践中,尤其是在保险合同约定的"意外事故死亡"的情况,因意外事故被宣告死亡是否囊括其中仍存争议,比如"徐某卫等与中国平安人寿保险股份有限公司陕西分公司人寿保险合同纠纷上诉案"。[②] 具体案情如下:

冯某礼、徐某卫系冯某刚之父母。1997 年 3 月 30 日,徐某卫作为投保人,为其子冯某刚在保险公司投保 5 份少儿终身幸福平安保险,被保险人及受益人均为冯某刚,徐某卫依约交纳了保险费。徐某卫持有的中国平安保险公司少儿终身平安保险条款(试行)第 5 条第 6 项约定:"被保险人在保险单生效时起至 22 周岁前因意外伤害事故死亡,给付死亡保险金 6000 元,保险责任终止;若被保险人在 22 周岁至 25 周岁期间因意外事故死亡,给付死亡保险金 10000 元,保险责任终止。"保险公司提供的中国平安人寿保险股份有限公司少儿终身幸福平安保险条款第 5 条第 6 项中约定:"被保险人在保险单生效时起至 22 周岁前因意外伤害事故死亡,给付死亡保险金 6000 元,保险责任终

① 参见王利明主编:《中国民法典学者建议稿及立法理由 · 总则编》,法律出版社 2005 年版,第 94 页。

② 参见陕西省西安市雁塔区人民法院(2007)雁民二初字第 712 号民事判决书;陕西省西安市中级人民法院(2008)西民四终字第 029 号民事判决书。

止;若被保险人在22周岁至25周岁期间因意外伤害事故死亡,给付死亡保险金10000元,保险责任终止。”

被保险人冯某刚于1984年1月6日出生,2001年10月23日外出后下落不明。经徐某卫申请,陕西省西安市灞桥区人民法院于2007年3月8日作出(2006)灞民特字第418号民事判决,宣告冯某刚死亡。徐某卫据此向保险公司提出理赔申请,保险公司以理赔申请不符合保险合同约定为由拒赔。徐某卫、冯某礼遂向陕西省西安市雁塔区人民法院提起诉讼,请求判令保险公司支付死亡赔偿金50000元。被告保险公司辩称:双方保险合同约定的死亡性质是“因意外伤害事故死亡”,而原告之子冯志刚是因下落不明而被宣告死亡,不属于保险条款的理赔范围,原告的诉请不能成立。

陕西省西安市雁塔区人民法院一审认为,双方争议的焦点是被保险人冯志刚被法院以下落不明而宣告死亡是否属于保险合同约定的保险责任范围。徐某卫、冯某礼诉请的依据是合同约定:若被保险人在22周岁至25周岁因意外伤害事故死亡,给付死亡保险金10000元,保险责任终止。所谓意外伤害事故,是指遭受外来的、突发的、非本意的、不能为行为人控制的使身体受到伤害的客观事件,由此引起被保险人死亡的,才构成保险合同约定的保险事故,同时保险事故必须是明确的、已实际发生的客观事实。本案被保险人冯某刚因外出打工、下落不明而被依法宣告死亡,此种死亡是从法律制度上所设定的方式,并不是双方保险合同中所约定的“因意外伤害事故死亡”的方式。因此,被保险人冯某刚因下落不明被法院宣告死亡不属于双方保险合同所约定的保险责任范围,徐某卫、冯某礼要求给付死亡保险金的请求不能成立。判决:驳回徐某卫、冯某礼的诉讼请求。

一审宣判后,徐某卫、冯某礼不服原审判决,提起上诉称:被保险人冯某刚被宣告死亡,法律上已肯定了其死亡的事实,而从死亡原因上分析,也不能排除意外事故死亡的可能性,且宣告死亡情形并不属保险合同中载明的保险人除外责任范围,故原审认定宣告死亡不属合同约定的保险责任范围,依据不足,请求撤销原判,判令保险公司支付50000元死亡赔偿金。保险公司辩称:被保险人冯某刚系由于下落不明而被法院宣告死亡,并非由于因意外事故下落不明而被宣告死亡,虽然宣告死亡不能排除意外伤害死亡的可能性,但不能确认宣告死亡即为保险合同约定的意外伤害死亡的情形,故徐某卫、冯某礼的上诉理由不能成立,请求维持原判。

陕西省西安市中级人民法院审理认为,被保险人冯某刚被宣告死亡是否属于保险合同约定的意外事故死亡,是确定保险公司应否承担赔偿责任的关键。根据《合同法》第41条规定,徐某卫作为投保人,在签订保险合同时由于自身专业知识的缺陷以及受阅读理解时间不足等因素的影响,要求其对制式保险条款中意外事故死亡的内涵以及情形作出与保险人一致的理解与判断,有失公允。从常人的理解与判断,22周岁至25周岁的青年,除疾病原因之外的死亡,通常被认为属于非正常死亡,即意外死亡。故被保险人冯某刚的宣告死亡,一般应理解为意外死亡,属于意外事故死亡的范围。保险公司提供的保险条款中已罗列了保险人免除保险责任的各种情形,但是宣告死亡并不包含在保险人免除责任的范围之内,因此,应当认定保险合同约定的免责范围之外的其他意外死亡的情形,亦应当属于保险事故范围。最后,《保险法》第31条已明确规定了对保险合同条款发生争议时的处理原则。现徐某卫与保险公司对格式保险条款中意外事故死亡的理解发生争议,应作出有利于徐某卫、冯某礼的解释。综上,被保险人冯某刚被宣告死亡属于本案争讼的保险合同约定的保险事故范围,保险公司依约应向被保险人冯某刚的法定继承人徐某卫、冯某礼支付赔偿金50000元。判决:一、撤销西安市雁塔区人民法院(2007)雁民二初字第712号民事判决;二、保险公司于本判决生效后10日内向徐某卫、冯某礼支付被保险人冯某刚死亡赔偿金50000元。

实际上,宣告死亡并不排除下落不明是因意外事故造成的。比如,有因意外事故下落不明而产生的宣告死亡;也有非因意外事故下落不明,但在下落不明期间实际发生了意外事故导致死亡,但该事实并不为其他人所知晓。具体到该案中,一审法官认为:本案险种为意外伤害事故,保险事故必须是明确的、已实际发生的客观事实。被保险人冯某刚因外出打工、下落不明而被依法宣告死亡是从法律制度上所设定的方式,并不是双方保险合同中所约定的“因意外伤害事故死亡”。因此,被保险人冯某刚不属于双方保险合同所约定的保险责任范围。这种理解实际上忽略了对格式条款的理解发生争议的,应当按照通常理解予以解释,从常人的理解与判断,除疾病原因之外的死亡,通常被认为属于意外死亡，由此宣告死亡属于意外事故死亡的范围。故而，二审法院做了改判。对此，还可以参照2001年6月经中国保险监督管理委员会核准备案的《国寿个人旅游意外伤害保险条款》第3条关于宣告死亡问题的明确规定，即“在本合同有效期间内，被保险人因意外事故下落不明，经人民法院宣告死亡的，本公司按意外保险金额给付死亡保险金，本合同对该被保险人的保险责任中止”。

三、举证责任分配

利害关系人向人民法院申请自然人死亡，应当证明该自然人下落不明已满四年。其中，主要的证据包括但不限于自然人最后一次出现或与人联系的视频、音频、文字、电子讯息等资料或物品。在因意外事件的情况下，要证明意外事件发生的事实，在可能的情况下应获得有关机关的证明。在实践中，还要证明申请人与被申请人的关系，被申请人的亲朋好友、所在地的居委会、村委会、公安机关等人口管理单位证明该人已下落不明且满法定期间。

第四十七条 【宣告死亡的优先适用】

对同一自然人,有的利害关系人申请宣告死亡,有的利害关系人申请宣告失踪,符合本法规定的宣告死亡条件的,人民法院应当宣告死亡。

一、历史由来

本条是关于宣告失踪与宣告死亡关系的规定。本规定源于《执行民法通则意见》第29条的解释:“宣告失踪不是宣告死亡的必须程序。公民下落不明,符合申请宣告死亡的条件,利害关系人可以不经申请宣告失踪而直接申请宣告死亡。但利害关系人只申请宣告失踪的,应当宣告失踪;同一顺序的利害关系人,有的申请宣告死亡,有的不同意宣告死亡,则应当宣告死亡。”本条节选了该条解释的最后一句,即“同一顺序的利害关系人,有的申请宣告死亡,有的不同意宣告死亡,则应当宣告死亡”。由于《民法总则》改变了《执行民法通则意见》第25条所要求的利害关系人申请宣告死亡顺位的规定,因此无须将宣告死亡的申请限定在同一顺序范围内,只需符合利害关系人的资格即可申请宣告死亡。于是,本条规定为“对同一自然人,有的利害关系人申请宣告死亡,有的申请宣告失踪,符合本法规定的宣告死亡条件的,人民法院应当宣告死亡”。

在本条起草过程中,2015年8月28日的全国人大常委会法制工作委员会“民法总则民法室室内稿”第41条与上述《执行民法通则意见》在内容上基本一致,即“宣告失踪不是宣告死亡的必经程序。利害关系人有的申请宣告死亡,有的申请宣告失踪,符合本法规定的宣告死亡条件的,人民法院应当宣告死亡。”由于“宣告失踪不是宣告死亡的必经程序”可以从后一句推知,不必在条文中再做赘述,因此在后来的草案中该句被删除。《民法总则(草案)征求意见稿》(2016年5月20日修改稿)以及《民法总则(草案)》一审稿、二审稿、三审稿在相关内容和表述上与本条完全一致。

关于本条起草过程中的具体演化为:

2015 年 8 月 28 日全国人大常委会法制工作委员会“民法总则民法室室内稿”第 41 条:宣告失踪不是宣告死亡的必经程序。

利害关系人有的申请宣告死亡,有的申请宣告失踪,符合本法规定的宣告死亡条件的,人民法院应当宣告死亡。

2016 年 5 月 20 日《民法总则(草案)征求意见稿》第 41 条:对同一自然人,有的利害关系人申请宣告其死亡,有的申请宣告其失踪,符合本法规定的宣告死亡条件的,人民法院应当宣告死亡。

2016 年 6 月《民法总则(草案)》(一审稿)第 43 条:对同一自然人,有的利害关系人申请宣告其死亡,有的申请宣告其失踪,符合本法规定的宣告死亡条件的,人民法院应当宣告死亡。

2016 年 11 月《民法总则(草案)》(二审稿)第 45 条:对同一自然人,有的利害关系人申请宣告死亡,有的申请宣告失踪,符合本法规定的宣告死亡条件的,人民法院应当宣告死亡。

2016 年 12 月《民法总则(草案)》(三审稿)第 45 条:对同一自然人,有的利害关系人申请宣告死亡,有的申请宣告失踪,符合本法规定的宣告死亡条件的,人民法院应当宣告死亡。

二、规范目的与含义

(一)规范目的

本条是关于宣告死亡和宣告失踪在程序上的相互关系的规定。宣告失踪是人民法院对自然人失踪事实状态的司法确认,目的在于保护失踪人的财产利益不因其下落不明而遭受损失。而宣告死亡是人民法院对下落不明人死亡后果的法律推定,目的在于结束因自然人下落不明导致的法律关系不稳定状态,保护利害关系人的财产利益和身份利益。两项制度的出发点和法律条件以及法律效果各不相同,不能混为一谈。但是,两项制度在起算点、期间、申请主体以及司法程序上有诸多类似之处,因此两者往往会被混同。在实践中,会出现某人先被宣告失踪,后来经过一定期间仍下落不明,于是被宣告死亡。对于这种情况,不能将其解释为宣告失踪是宣告死亡的前置程序,即只有在宣告失踪之后才能进行失踪人的死亡宣告。基于此,本条厘清了两者的关系:对同一自然人,有的利害关系人申请宣告死亡,有的申请宣告失踪,符合宣告死亡条件的,人民法院应当宣告死亡。

(二)规范含义

本条的规定,即“对同一自然人,有的利害关系人申请宣告死亡,有的申请宣告失踪,符合本法规定的宣告死亡条件的,人民法院应当宣告死亡”,其展开的意义为:宣告失踪不是宣告死亡的必须程序。当出现自然人下落不明情况时,如果同时符合申请宣告失踪和宣告死亡的要件,那么利害关系人可以选择其一。对于符合申请宣告死亡的条件,利害关系人可以不经申请宣告失踪而直接申请宣告死亡。

如果自然人下落不明持续的时间仅达到法定申请宣告失踪的期间,利害关系人只能申请宣告其失踪。比如王某离家出走,下落不明刚满两年,或者在意外事故中下落不明不满两年且没有相关机关出具不可能生存的证明。这种情况不符合宣告死亡的情况,利害关系人只能申请宣告张某失踪。但是,如果自然人下落不明达到法定申请宣告死亡的期间,利害关系人可以申请宣告失踪,也可以申请宣告死亡。或者利害关系人可以先申请宣告失踪,再申请宣告死亡,也可以不申请宣告失踪而直接申请宣告死亡。在自然人符合申请宣告死亡的情况下,如利害关系人中有人申请宣告失踪,有人申请宣告死亡,人民法院应当宣告其死亡,而不能仅宣告其失踪。比如王某离家出走,下落不明满四年。如果张某的利害关系人都申请宣告张某失踪,那么人民法院只能根据申请宣告张某失踪,而不能主动做出宣告死亡的判决。如果张某的妻子先申请宣告失踪,而张某的父母后来申请宣告死亡,那么人民法院则应当做出宣告张某死亡的判决,而不能仅宣告张某失踪。总之,就同一自然人而言,宣告失踪与宣告死亡不得同时并存,宣告死亡即排除了宣告失踪的可能性。

《民事诉讼法解释》第345条对宣告失踪和宣告死亡在程序上的关系也做了进一步的解释,即“人民法院判决宣告公民失踪后,利害关系人向人民法院申请宣告失踪人死亡,自失踪之日起满四年的,人民法院应当受理,宣告失踪的判决即是该公民失踪的证明,审理中仍应依照民事诉讼法第一百八十五条规定进行公告”。如果某人被宣告失踪后符合宣告死亡要件的,则可以申请宣告失踪人死亡,起算点从失踪之日起计算。比如张某自2010年10月10日离家出走,自此下落不明。张某的妻子向人民法院宣告张某失踪,审理法院于2013年4月5日宣告其失踪。之后张某仍杳无音讯,张某的父母于2015年5月15日向人民法院宣告张某死亡。张某宣告死亡的要件下落不明满四年的起算点就是原来宣告失踪的起算点,即为2010年10月11日作为下落不明的起算点。另外,在宣告死亡的司法程序中,需要提交相关证据证明自然人下落不明开始的时间以及持续的期间。如果人民法院已经判决宣告自然人失踪,那么该失踪宣告的判决即可作为证明。公告的内容、期间都依照宣告死亡的公告规定。

第四十八条 【死亡时间的确定】

被宣告死亡的人，人民法院宣告死亡的判决作出之日视为其死亡的日期；因意外事件下落不明宣告死亡的，意外事件发生之日视为其死亡的日期。

一、历史由来

本条是确定被宣告死亡人死亡时间的规定。本规定源于《执行民法通则意见》第36条第1款的规定："被宣告死亡的人，判决宣告之日为其死亡的日期。判决书除发给申请人外，还应当在被宣告死亡的人住所地和人民法院所在地公告。"在实践中，完全将判决作出之日等同于死亡日期会出现不合理之处：一是可能人为地改变继承关系，虽然被宣告死亡人的死亡事实客观上只是一个，而宣告死亡判决作出的日期不同，却能导致被宣告死亡人亲属间的继承关系发生根本变化；二是在因意外事件下落不明宣告死亡的情形中，往往会产生与保险等制度不相适应的后果。由此，本条在《执行民法通则意见》的基础上做了修正，即增加了"因意外事件下落不明宣告死亡的，意外事件发生之日视为其死亡的日期"。

在本条起草过程中，2015年8月28日的全国人大常委会法制工作委员会"民法总则民法室室内稿"第42条照搬了《执行民法通则意见》第36条第1款的第一句。而《民法总则(草案)征求意见稿》(2016年5月20日修改稿)以及《民法总则(草案)》(一审稿)则增加了"人民法院判决确定日期作为死亡日期"的规定。在一审稿和征求意见稿内容的基础上，《民法总则(草案)》二审稿与三审稿在表述上做了调整。在本条的最后正式文本上，根据实践中存在的问题，修正了前述司法解释以及在此基础上的草稿，即"被宣告死亡的人，人民法院宣告死亡的判决作出之日视为其死亡的日期；因意外事件下落不明宣告死亡的，意外事件发生之日视为其死亡的日期。"

关于本条起草过程中的具体演化为：

2015 年 8 月 28 日全国人大常委会法制工作委员会“民法总则民法室室内稿”第 42 条:被宣告死亡的人,宣告死亡的判决作出之日视为其死亡的日期。

2016 年 5 月 20 日《民法总则(草案)征求意见稿》第 42 条:被宣告死亡的人,人民法院宣告死亡的判决作出之日视为其死亡的日期。

2016 年 6 月《民法总则(草案)》(一审稿)第 44 条:被宣告死亡的人,人民法院宣告死亡的判决作出之日或者判决确定的日期视为其死亡的日期。

2016 年 11 月《民法总则(草案)》(二审稿)第 46 条:被宣告死亡的人,人民法院判决确定的日期视为其死亡的日期;判决未确定死亡日期的,判决作出之日视为其死亡的日期。

2016 年 12 月《民法总则(草案)》(三审稿)第 46 条:被宣告死亡的人,人民法院判决确定的日期视为其死亡的日期;判决未确定死亡日期的,判决作出之日视为其死亡的日期。

二、规范目的与含义

(一)规范目的

本条的目的旨在确定被宣告死亡人的死亡时间。死亡时间的确定具有重要的法律意义:首先,它可以决定继承的开始时间。如果在时间点上还涉及其他相关人的死亡或出生,那么死亡时间的确定对于继承主体、份额等事项有决定性影响。其次,它可以决定婚姻关系何时消灭。只有准确确定婚姻关系的消灭时间,才能避免生存的配偶在再婚的情况构成重婚罪。最后,它可以决定他人何时可以进行收养活动。只有确定了死亡时间,他人才可以开始对其子女进行收养,确立养父母子女关系。总之,死亡时间的确定对于下落不明人及其他利害关系人财产关系、人身关系的结束以及开始,有非常重要的影响。

在比较法上,关于死亡时间的确定,宣告死亡的判决作出之日与确定死亡的日期并不必然等同。比如在德国法上,通过法院判决宣告某人死亡的判决本身及该判决中如何确定死亡时间被严格区分。根据德国失踪法第 9 条第 2 款的规定,死亡宣告通过初级法院决议作出,在决议中需要确定死亡时间,原则上该时间为“根据调查结果被认为最有可能死亡的时间”。在德国法上,还存在一个独立的“确定死亡时间”的程序。如果某人确定死亡,但不知道其具体的死亡时间,由于死亡时间的确定对于相关的当事人而言,具有非常重要的法律意义,但缺少相关当事人处于失踪状态这一要素,所以不能采用宣告死亡的程序。在这种情况下,就必须要适用确定死亡时间的程序。确定死亡时间的程序与宣告死亡的程序有些类似,也是由初级法院通过判决来确定那个最有可能作为死亡时间的一个时间节点,并且做出推定,死亡就是在这一时间发生的(德国失踪法第44条)。总的来说,在德国法上,宣告死亡与确定死亡时间被认为是两个性质不同的问题。前者主要解决某个自然人处于下落不明的失踪状态达到一定的期限之后,法律上可以通过宣告死亡的方法,推定其死亡,从而终结其在法律世界中的主体资格的问题。从其规范性质上来看,有关法条其实是授权性质的规范。而确定死亡时间则主要是一个事实的查明和推定的问题。因此,德国法上并不将宣告死亡的判决作出之日与确定死亡的日期等同起来。①

我国《执行民法通则意见》以来的司法实践一直将判决作出之日视为其死亡的日期。但这种做法存在一定的不合理之处,最典型的是在保险问题上可能使几乎所有那些保险期限较短的意外伤害保险受益人的理赔诉求落空。比如2006年7月,陈某向保险公司投保一年期"个人人身意外伤害保险",其中约定意外身故保额10万元。2006年9月1日陈某在外出之后失踪,下落不明。2011年10月,陈某被法院宣告死亡。同年12月,陈某女儿向保险公司提出索赔申请。保险公司提出,因为法院宣告陈某死亡之日即为被保险人死亡的日期,在宣告死亡之时,保险合同早就过了有效期,因此不予赔付。② 我国的宣告死亡制度中最短要经过2年3个月的时间,而通常的意外伤害保险期限往往只有一年或两年。如果以宣告死亡的判决宣告之日作为死亡日期,在很多情况下,由于保险合同的保险责任期限已经届满,受益人根本不可能获得保险公司的理赔。

为了解决这个问题,《保险法解释(三)》第24条第2款的规定:"被保险

① 参见[德]汉斯·布洛克斯、沃尔夫·迪特里希·瓦尔克:《德国民法总论》,张艳译,中国人民大学出版社2012年版,第423页。

② 参见杜万华主编:《最高人民法院〈关于保险法司法解释(三)〉理解适用与实务指导》,中国法制出版社2016年版,第603页。

人被宣告死亡之日在保险责任期间之外,但有证据证明下落不明之日在保险责任期间之内,当事人要求保险人按照保险合同约定,给付保险金的,人民法院应予支持。"该规定在"死亡之日"之外,又赋予了"下落不明之日"法律效果。之所以如此规定,就是为了解决"执行民法通则意见"以来机械地将宣告死亡的日期与死亡宣告判决做出的日期二者等同起来所导致的弊端。受益人可以通过证明被保险人出现下落不明的状况之日,处于保险责任期间之内,从而可以主张保险金。但这种做法仍存在一定问题,如该司法解释明显违反保险合同的约定,重构了保险合同的利益结构等。① 在保险法实践中所出现的上述问题,实际上反映了直接将宣告死亡的判决作出之日视为死亡的日期的缺陷。

将宣告死亡的判决作出之日等同于被宣告死亡人的死亡之日,还可能人为地改变继承关系。例如,某被宣告死亡人的一个直系亲属甲亦濒于死亡,如果机械地坚持宣告死亡的判决作出之日等同于被宣告死亡人的死亡之日,那么就会出现这样一种情形:宣告死亡的判决在甲死亡之前作出,则甲是宣告死亡人的继承人;若在甲死亡之后作出,则甲就变成宣告死亡人的被继承人。即使法院的审判过程和判决结果十分公正,但是仍然可以被人为地扰动,如被宣告死亡人的其他近亲属可以通过诉讼策略,使宣告死亡的判决或及时或滞后地作出,甲在继承关系中的地位就会发生变化,由此导致与被宣告死亡人有关的继承关系产生大幅度调整。被宣告死亡人的死亡事实只是一个,法律上的死亡确认与自然上的死亡事实越接近,法律上确认的相关继承关系就越客观公正。《德国失踪法》第 9 条第 2 款所强调的确定死亡时间为"根据调查结果被认为最有可能死亡的时间",实际上就是为了法律上宣告的死亡时间尽可能地接近被宣告死亡人实际死亡时间的客观事实。在我国法律适用的情形中,在意外事件发生时,如果被宣告死亡人的死亡时间可以因该意外事件的性质与结果而更准确的确定,那么以该意外事件发生之日为被宣告死亡人的死亡日期,显然比以法院判决作出之日作为死亡日期更为客观,据此确定的继承关

① 参见薛军:《论被宣告死亡者死亡日期的确定——以中国民法典编纂为背景的论述》,载《政治与法律》2016 年第 6 期。

系也就更为公正。

可见,宣告死亡的判决作出之日与确定死亡之日是完全不同的两回事,不能将二者捆绑在一起。因此,在宣告死亡的判决中,法官不能满足于简单地做出某人已经死亡的宣告,还必须要单独地确定具体的死亡日期。正因为如此,本条在“执行民法通则意见”的基础上,加上了“因意外事件下落不明宣告死亡的,意外事件发生之日视为其死亡的日期。”

关于死亡日期的确定方法,在立法例上,瑞士民法以最后音信或灾难发生之日为死亡日期。法国民法以可得推定死亡的情形发生之日为死亡日期,没有此日期的,以失踪之日为死亡日期。日本民法与我国台湾地区“民法典”类似,以法定期间届满之日为死亡日期。《魁北克民法典》以法定期间届满之日为死亡日期,可得推定死亡之情形发生于法定期间届满之日前的,以该情形发生之日为死亡日期。为了保持一定的可预期性,应将死亡时间的认定与特定期限的届满联系起来,但如果在该期限届满之前存在可以推定死亡的情形,则允许利害关系人通过举证来说服法院确定另外的一个更加合理的死亡日期。这样的规范模式,一方面照顾到法律规范适用上的稳定性,避免给予法院在这一问题上过于宽泛的自由裁量权,另一方面也为相关的利害关系人实事求是地基于具体情形,请求法院确定另外的日期作为被宣告死亡者的死亡日期提供了可能性。在这一类型案件中,法院需要听取相关当事人在这一问题上的观点,当事人可以收集相关证据来证明自己的诉求,而且法院在做出认定的时候,事实上也必须体现出一定程度的价值判断和利益衡量。①

基于以往司法实践中的正反两方面的经验和教训,一方面,本条继受了以往司法实践的成果,即在通常情况下(主要是下落不明满四年的失踪情形)将判决作出之日与确定死亡之日等同起来;另一方面,修正了通常情况的弊端,对宣告死亡的制度机理进行了更为全面的分析,并吸收了《保险法解释(三)》的司法经验,对因意外事件下落不明宣告死亡的情况作了特殊规定,即“意外事件发生之日视为其死亡的日期”。

① 参见薛军:《论被宣告死亡者死亡日期的确定——以中国民法典编纂为背景的论述》,载《政治与法律》2016年第6期。

(二)规范含义

被宣告死亡的人,人民法院判决作出之日视为其死亡的日期。比如张某于2010年1月10日离家出走,至此下落不明。张某的妻子于2014年2月10日向法院申请宣告死亡。法院受理后经过一年的公告期,于2015年3月1日作出宣告张某死亡的判决。在此案例中,张某的死亡日期就是判决作出之日,即2015年3月1日。

因意外事件下落不明宣告死亡的,意外事件发生之日视为其死亡的日期。比如张某于2010年1月10日遭遇海难下落不明,那么海难发生之日视为死亡的日期。如果张某作为被保险人,该死亡日期在保险责任期间之内,张某的继承人或者其他受益人要求保险人按照保险合同约定,给付保险金的,人民法院应予支持。

第四十九条 【被宣告死亡人实际生存情况下的行为效力】

自然人被宣告死亡但是并未死亡的，不影响该自然人在被宣告死亡期间实施的民事法律行为的效力。

一、历史由来

本条是关于被宣告死亡人在实际生存情况下行为效力的规定。本条源自《民法通则》第24条第2款的规定："有民事行为能力人在被宣告死亡期间实施的民事法律行为有效。"《民法通则》的表述并不妥当，因为该表述从字面意思上理解容易使人误认为在宣告死亡制度下，只要自然人有民事行为能力即可使法律行为有效。而实际上，民事法律行为是否有效，除了民事行为能力之外，还取决于其他要件的存在与否，所以立法上不宜继续使用《民法通则》的表述。妥当的表述宜为本条所述"自然人被宣告死亡但是并未死亡的，不影响该自然人在被宣告死亡期间实施的民事法律行为的效力。"

在本条起草过程中，2015年8月28日的全国人大常委会法制工作委员会"民法总则民法室室内稿"、《民法总则（草案）征求意见稿》（2016年5月20日修改稿）以及《民法总则（草案）》一审稿、二审稿、三审稿除了在表述上略有不同之外，在内容上都是一致的。

关于本条起草过程中的具体演化为：

2015年8月28日全国人大常委会法制工作委员会"民法总则民法室室内稿"第43条：自然人被宣告死亡的，不影响其在被宣告死亡后实施的法律行为的效力。

2016年5月20日《民法总则（草案）征求意见稿》第43条：自然人被宣告死亡的，不影响其在被宣告死亡后实施的法律行为的效力。

2016年6月《民法总则（草案）》（一审稿）第45条：自然人被宣告死亡的，不影响其在被宣告死亡后实施的民事法律行为的效力。

2016 年 11 月《民法总则(草案)》(二审稿)第 47 条:自然人并未死亡但被宣告死亡的,不影响该自然人在被宣告死亡后实施的民事法律行为的效力。

2016 年 12 月《民法总则(草案)》(三审稿)第 47 条:自然人并未死亡但是被宣告死亡的,不影响该自然人在被宣告死亡后实施的民事法律行为的效力。

二、规范目的与含义

(一)规范目的

本条旨在明确被宣告死亡人在实际生存情况下行为的效力,避免因宣告死亡的推定而与事实不符所产生的可能对实际生存的人及其法律行为关系人的不利。宣告死亡是一种法律基于长期失踪事实的推定,在于结束失踪人原生活地的法律关系,以维护利害关系人的利益。但被宣告死亡人完全可能在某地实际生存,在这种情况下,被宣告死亡人仍然是具有权利能力的民事主体,不能因为在原生活地被宣告死亡而影响到实际生存地的行为效力。如果具有行为能力等条件,其实施的法律行为亦可有效。

从我国立法以及司法实践的一贯的态度来看,宣告死亡发生与自然死亡类似但并不完全等同的法律效力。自宣告死亡开始,以被宣告死亡人原住所地为中心的一切财产关系和身份关系归于消灭。一切享有以该人死亡为条件的财产权利人,可因此获得权利。但对于实际生存地的法律关系,则不受其被宣告死亡的影响。

(二)规范含义

自然人被宣告死亡但并未死亡的,该被宣告死亡人以及民事法律行为的相对人,不得以其被宣告死亡为由主张其所实施的民事法律行为无效。对于该自然人实施的民事法律行为,应依照其本身的行为能力以及其他要件来确定其效力。比如张某在北京市被宣告死亡,但实际上他并未死亡,而是生活在云南某地。张某此时处于不能完全辨识自己行为的精神病状态。如果他此时购买了一辆轿车,那么购买轿车的买卖行为无效。这里的行为无效并非因为张某被宣告死亡,而是因为他仅具有限制民事行为能力,其购买轿车的买卖行为效力待定,由于此时张某并无法定代理人,对他的买卖行为无法予以追认,所以该民事法律行为无效。但是,如果张某具有完全的行为能力,其购买轿车的买卖行为符合法律规定的生效要件,那么张某在云南某地购买轿车的行为就是有法律效力的买卖行为,并不因其在北京市被宣告死亡而归于无效。

第五十条 【死亡宣告的撤销】

被宣告死亡的人重新出现，经本人或者利害关系人申请，人民法院应当撤销死亡宣告。

一、历史由来

本条是关于死亡宣告撤销的规定。本规定源于《民法通则》第24条第1款:“被宣告死亡的人重新出现或者确知他没有死亡，经本人或者利害关系人申请，人民法院应当撤销对他的死亡宣告。”由于“重新出现”已经包括了“确知他没有死亡”，因此，本条删除了《民法通则》中的“或者确知他没有死亡”。另外，《民事诉讼法》第186条也有同样内容的规定，即“被宣告失踪、宣告死亡的公民重新出现，经本人或者利害关系人申请，人民法院应当作出新判决，撤销原判决”。

在本条起草过程中，2016年5月20日的《民法总则(草案)征求意见稿》以及《民法总则(草案)》一审稿、二审稿、三审稿在相关内容和表述上完全一致。

关于本条起草过程中的具体演化为：

2015年8月28日全国人大常委会法律工作委员会“民法总则民法室室内稿”第44条：被宣告死亡的人重新出现，经本人或者利害关系人申请，人民法院应当撤销死亡宣告。

2016年5月20日《民法总则(草案)征求意见稿》第44条：被宣告死亡的人重新出现，经本人或者利害关系人申请，人民法院应当撤销死亡宣告。

2016年6月《民法总则(草案)》(一审稿)第46条：被宣告死亡的人重新出现，经本人或者利害关系人申请，人民法院应当撤销死亡宣告。

2016年11月《民法总则(草案)》(二审稿)第48条：被宣告死亡的人重新出现，经本人或者利害关系人申请，人民法院应当撤销死亡宣告。

2016年12月《民法总则(草案)》(三审稿)第48条：被宣告死亡的人重新

出现,经本人或者利害关系人申请,人民法院应当撤销死亡宣告。

二、规范目的与含义

(一)规范目的

本条旨在确定死亡宣告撤销的条件、程序。由于死亡宣告是法律的拟制,当被宣告死亡人重新出现,或者获知其信息、或者重回原住所地,那么就应当推翻法律的推定,撤销死亡宣告。死亡宣告是司法程序确定的结果,那么对其撤销也应通过司法程序。本人或利害关系人向人民法院提出申请,由人民法院查明情况撤销原来的死亡宣告。撤销死亡宣告的判决具有溯及力,即溯及于宣告死亡之时,消灭该死亡宣告判决的效力。法院一旦撤销对自然人的死亡宣告,则意味着对该自然人已经死亡之推定的推翻。

(二)规范含义

被宣告死亡的人重新出现是指,自然人在被宣告死亡之后重新出现在原来的居住地或住所地,或者与家人、朋友、其他利害关系人取得联系,也可以是被宣告死亡人被他人发现行踪,确知其现状。

由于死亡宣告属于司法审判行为,即通过利害关系人向法院提起申请,法院根据相关证据对下落不明人的状态予以判定,因此死亡宣告的撤销也应当履行相应的司法程序。撤销死亡宣告可以由被宣告死亡人本人申请。在被宣告死亡人本人无法到庭或者不愿到庭的情况下,如该自然人在外地无法回到原住所地,该自然人属于无民事行为能力人或限制民事行为能力人等,也可以由利害关系人申请。该利害关系人并不一定是原来死亡宣告的申请人,可以是申请人以外的其他利害关系人。另外,还可以由被宣告死亡人与利害关系人共同申请。

在实践中,如果是被宣告死亡人本人到庭,在案件的审理中要提交的证据相对而言较为简单,甚至在很多情况下判决书中都不体现相关证据。[①] 有的法

① 比如北京市顺义区人民法院(2015)顺民特字第19723号民事判决书、江苏省南京市玄武区人民法院(2015)玄民特字第48号民事判决书、安徽省黄山市屯溪区人民法院(2015)屯民特字第00008号民事判决书、上海市闸北区人民法院(2015)闸民一(民)特字第97号民事判决书、安徽省芜湖市镜湖区人民法院(2015)镜民特字第00004号民事判决书等。

院则会要求提交公安机关、居委会、村委会等人口管理机关的证明文件,有的还会要求相关近亲属作为证人提供证言等。① 比如在“张某、张某民申请撤销宣告公民死亡案”中,申请人张某与被申请人张某民系父子关系。法院于2013年7月2日作出(2012)昆民一特字第0014号民事判决,宣告张某民死亡。2014年1月8日昆山市公安局长江派出所出具证明1份,载明“2014年1月6日上午,一自称张某民的男子前来我所办理居民身份证。经了解张某民因离家多年未归,且无任何音讯,其儿子张某于2012年5月至昆山市人民法院申请宣告死亡,昆山市人民法院于2013年7月2日判决宣告张某民死亡。长江派出所已于2013年7月11日将其户籍信息注销。经苏州市人口信息管理系统核对照片,询问张某、夏某核实情况,现证实该男子是张某民本人。”根据公安机关出具的证明及证人夏某的指认,可以证实本案的被申请人张某民与(2012)昆民一特字第0014号民事判决中的被申请人张某民系同一人。现张某民重新出现,故利害关系人有权申请撤销对被申请人张某民的死亡宣告,撤销本院宣告张万民死亡的(2012)昆民一特字第0014号民事判决。②

另外,自然人是否属于涉嫌犯罪外逃下落不明,并不影响宣告死亡。在其重新出现时,也不影响死亡宣告的撤销。比如在“黎某申请撤销宣告刘某辉死亡案”中,黎某主张刘某辉于2003年离家出走之后下落不明,人民法院于2011年3月4日作出(2010)开民特字第575号民事判决,宣告刘某辉死亡。经查,刘某辉于2003年8月6日涉嫌故意杀人后外逃,并未真实死亡。审理法院根据黎某的申请,撤销该院作出的(2010)开民特字第575号宣告刘某辉死亡的民事判决。③

根据被宣告死亡人或利害关系人的申请,人民法院在核实查证的基础上考察是否撤销死亡宣告。如果证据确实充分,即撤销死亡宣告。受理撤销死

① 比如上海市杨浦区人民法院(2015)杨民一(民)特字第192号民事判决书、江苏省海安县人民法院(2015)安民特字第00002号民事判决书等。

② 参见江苏省昆山市人民法院(2014)昆民特字第0001号民事判决书。参见四川省筠连县人民法院(2015)筠连民特字第1号民事判决书。

③ 参见湖南省长沙市开福区人民法院(2015)开民特字第01852号民事判决书。

亡宣告申请的法院,应当是原来做出死亡宣告的法院,因为下落不明的自然人回归原来的生活地,恢复原有存在的状态,则应由原来的审理法院撤销死亡状态的宣告。另外,撤销的是原来宣告死亡的判决,即由原审法院做出撤销原来宣告死亡判决的判决,诉讼程序使用民事诉讼法的特别程序。

第五十一条 【死亡宣告及其撤销对婚姻关系的效果】

被宣告死亡的人的婚姻关系，自死亡宣告之日起消灭。死亡宣告被撤销的，婚姻关系自撤销死亡宣告之日起自行恢复，但是其配偶再婚或者向婚姻登记机关书面声明不愿意恢复的除外。

一、历史由来

本条规定的是关于死亡宣告对婚姻关系的效果，以及死亡宣告被撤销对婚姻关系的效果。本规定源于《执行民法通则意见》第37条的解释："被宣告死亡的人与配偶的婚姻关系，自死亡宣告之日起消灭。死亡宣告被人民法院撤销，如果其配偶尚未再婚的，夫妻关系从撤销死亡宣告之日起自行恢复；如果其配偶再婚后又离婚或者再婚后配偶又死亡的，则不得认定夫妻关系自行恢复。"除了表述上的修正之外，本条删除了"再婚后配偶又死亡"的情况，因为这种情况属于"配偶再婚"的情况。另外，为了尊重配偶的意思，本条增加了"向婚姻登记机关书面声明不愿意恢复"的情况。

在本条起草过程中，2015年8月28日的全国人大常委会法制工作委员会"民法总则民法室室内稿"除了表述不同之外，内容与《执行民法通则意见》一致。《民法总则（草案）征求意见稿》（2016年5月20日修改稿）以及《民法总则（草案）》一审稿、二审稿都强调了"配偶不愿意恢复"的情况。在《民法总则（草案）》（三审稿）中，为了与我国婚姻登记制度相一致以及具有公示效果，要求配偶不愿意恢复需向婚姻登记机关进行声明。在正式的条文中，为了有证据效果，在声明前加上了"书面"，要求声明应当采取书面形式。

关于本条起草过程中的具体演化为：

2015年8月28日全国人大常委会法制工作委员会"民法总则民法室室内稿"第45条：被宣告死亡的人与配偶的婚姻关系，自死亡宣告之日起消灭。死亡宣告被撤销时，其配偶未再婚的，夫妻关系自撤销死亡宣告之日起自行恢复;其配偶再婚的,夫妻关系不自行恢复。

2016年5月20日《民法总则(草案)征求意见稿》第45条:被宣告死亡的人与配偶的婚姻关系,自死亡宣告之日起消灭。死亡宣告被撤销时,其配偶未再婚的,夫妻关系自撤销死亡宣告之日起自行恢复,任何一方不愿意自行恢复的除外;其配偶再婚的,夫妻关系不自行恢复。

2016年6月《民法总则(草案)》(一审稿)第47条:被宣告死亡的人与配偶的婚姻关系,自死亡宣告之日起消灭。死亡宣告被撤销,其配偶未再婚的,夫妻关系自撤销死亡宣告之日起自行恢复,任何一方不愿意自行恢复的除外;其配偶再婚的,夫妻关系不自行恢复。

2016年11月《民法总则(草案)》(二审稿)第49条:被宣告死亡的人的婚姻关系,自死亡宣告之日起消灭。死亡宣告被撤销的,夫妻关系自撤销死亡宣告之日起自行恢复,但其配偶再婚或者不愿意恢复的除外。

2016年12月《民法总则(草案)》(三审稿)第49条:被宣告死亡的人的婚姻关系,自死亡宣告之日起消灭。死亡宣告被撤销的,夫妻关系自撤销死亡宣告之日起自行恢复,但是其配偶再婚或者向婚姻登记机关声明不愿意恢复的除外。

二、规范目的与含义

(一)规范目的

本条旨在确定宣告死亡及其撤销对婚姻关系存否的影响。各国立法例对宣告死亡婚姻关系的影响有两种做法:一种是婚姻关系因宣告死亡当然消灭,如法国、意大利、日本;另一种是婚姻关系自生存的配偶再婚时消灭,如德、瑞士。宣告死亡撤销对婚姻关系的影响也有两种先例:一种是新缔结婚姻关系无效,恢复原婚姻关系,如意大利;另一种是新缔结的婚姻关系有效,多数国家即为如此。如果其配偶尚未缔结新婚姻关系,也存在两种做法:一种是原婚姻关系自始有效,如德国;另一种是即使未缔结新婚姻关系,原婚姻关系也绝对消灭而不能自动恢复,如法国。[①] 我国立法和司法实践的态度则分别采纳和修

① 参见梁慧星主编:《中国民法典草案建议稿附理由·总则编》,法律出版社2013年版,第117页。

正了上述不同的做法:由于宣告死亡与自然死亡的法律效果类同,因此婚姻关系因宣告死亡而消灭,而非自生存的配偶再婚时消灭。对于死亡宣告被撤销的情况,采取了多数国家的做法,即由于原来的婚姻关系因宣告死亡而消灭,因此新缔结的婚姻关系有效。而对于配偶尚未缔结新婚姻关系的情况,则采取了类似于德国的做法,即原婚姻关系自行恢复,但是其配偶再婚或者向婚姻登记机关声明不愿意恢复的除外。

另外,关于死亡宣告对婚姻关系的影响,有的学者主张,如果配偶反对申请宣告该自然人死亡的,婚姻关系继续存续。其理由是:在失踪人的利害关系人中,其配偶最为特殊,是否宣告失踪人死亡,与其具有更重大的利害关系。如果配偶不愿意申请宣告死亡,而子女为了继承失踪人遗产坚持申请宣告死亡,于我国家庭伦理道德观念有所违背。故规定配偶在申请宣告失踪人死亡问题上享有权利,则更有利于家庭关系的稳定。因此,为了保护配偶的婚姻利益,应当设定例外情形,即配偶反对宣告死亡的意思表示将影响宣告死亡对婚姻关系的效力,如果配偶不同意宣告死亡,在下落不明人被宣告死亡后,其与宣告死亡人之间的婚姻关系不发生终止的效果。从婚姻关系来说,如果配偶不主张宣告死亡,应当尊重其意愿。① 实际上,这种处理方式在我国的立法和司法实践中并无必要。我国的立法和司法实践在宣告死亡的情况下,对婚姻关系的处理区别于自然死亡下的情况。根据本条的规定,被宣告死亡的人的婚姻关系,自死亡宣告之日起消灭。死亡宣告被撤销的,夫妻关系自撤销死亡宣告之日起自行恢复,但是其配偶再婚或者向婚姻登记机关书面声明不愿意恢复的除外。也就是说,尽管婚姻关系随着死亡宣告而消灭,但如果没有再婚或者主动声明不愿恢复,婚姻关系随着死亡宣告的撤销而自行恢复。这种立法规定在保护配偶的婚姻意愿以及其他利害关系人的财产、人身利益方面,做了妥当的平衡。

(二)规范含义

在已婚自然人被宣告死亡的情形,宣告死亡产生与自然死亡类似的法律

① 参见王利明主编:《中国民法典学者建议稿及立法理由 · 总则编》,法律出版社 2005 年版,第 97 页。

效果,被宣告死亡人的婚姻关系,自死亡宣告之日起消灭。其配偶当然得另行缔结婚姻关系。在宣告死亡被撤销时,被宣告死亡人与其配偶的婚姻关系是否得以恢复,应视不同情形处理:

在其配偶没有再婚的情况下,原则上其婚姻关系从撤销死亡宣告之日起自行恢复,也即死亡宣告的撤销效力,溯及到当事人被宣告死亡时,其婚姻关系视为自始未消灭,双方当事人无须履行任何婚姻登记手续。考虑到被宣告死亡一方长期下落不明,未能履行夫妻和家庭关系上的义务,即使未被宣告死亡,其婚姻关系也仅具有形式上的意义。失踪人重新出现导致死亡宣告被撤销后,仅因其配偶尚未再婚而一律自行恢复其婚姻关系,未免有片面保护失踪人的利益,无视其配偶自由意思而违背婚姻关系本质之嫌。因此,为尊重配偶的自由意思而符合婚姻关系的本质,规定死亡宣告被人民法院撤销,配偶尚未再婚,夫妻关系从撤销死亡宣告之日起自行恢复,但其配偶不愿意恢复的除外。如果配偶不愿恢复的,其婚姻关系则不能恢复。为了具有公示效果,配偶需向婚姻登记机关声明不愿意恢复婚姻关系。如果未做此类声明,则视为自行恢复原有的婚姻关系。声明应当采取书面形式,以产生足够的证据效力。

如果被宣告死亡人的配偶在宣告死亡判决生效后已经再婚,则其与被宣告死亡人原来的婚姻关系,不因死亡宣告被撤销而恢复,其配偶与他人缔结的婚姻关系受法律保护。即使其配偶与他人结婚后又离婚,或者结婚后对方死亡,其与被宣告死亡人原来的婚姻关系也不能自行恢复。这种情形,如其配偶愿意与被宣告死亡后重新出现的人恢复夫妻关系,双方必须另行办理结婚登记。

在实践中,需要厘清自然人被宣告死亡前后与配偶的关系,方能选择合适的诉求,否则会被人民法院予以驳回。比如在“谷某与王某离婚纠纷案”中,谷某未能理解死亡宣告及其撤销对婚姻关系的影响,导致两次向法院提出的诉讼都被审理法院驳回。在该案中,因原告谷某早年曾下落不明,被告王某向天津市河西区人民法院申请宣告原告谷某死亡,天津市河西区人民法院于1994年11月28日作出(1994)西民初字第978号民事判决书,宣告下落不明人谷某死亡。被告王某于1995年2月14日登记再婚。后来原告谷某重新出现,向法院申请与王某离婚。审理法院认为,原告谷某的死亡宣告尚未被人民法院依法撤销,原告谷某与被告王某的婚姻关系尚未恢复,故本案中谷某起诉离婚不符合相关法律规定。驳回原告谷某的起诉。[①] 后来经谷某申请,天津市河西区人民法院于2015年4月22日作出(2015)西民特字第26号民事判决书,撤销对谷某的死亡宣告。审理法院认为,被告王某已于原告谷某被宣告死亡后再婚,原、被告间已不存在婚姻关系,故原告谷某的离婚诉请本院不予支持。驳回原告谷某的诉讼请求。[②] 实际上,当谷某知晓王某已经再婚,在法律上的效果即已表明两人之间的婚姻关系不复存在,就没有必要提起这两起离婚诉讼。

① 参见天津市南开区人民法院(2015)南民初字第1450号民事裁定书。

② 参见天津市南开区人民法院(2015)南民初字第4214号民事裁定书。

第五十二条 【死亡宣告撤销对收养关系的效果】

被宣告死亡的人在被宣告死亡期间，其子女被他人依法收养的，在死亡宣告被撤销后，不得以未经本人同意而主张收养关系无效。

一、历史由来

本条是关于死亡宣告撤销对收养关系效果的规定。本规定源于《执行民法通则意见》第38条："被宣告死亡的人在被宣告死亡期间，其子女被他人依法收养，被宣告死亡的人在死亡宣告被撤销后，仅以未经本人同意而主张收养关系无效的，一般不应准许，但收养人和被收养人同意的除外。"《执行民法通则意见》的表述较为繁琐，同时"但书"部分属当然的收养关系解除条件，没有必要做赘述。本条做了表述上的精简，在内容上是一致的。在本条起草过程中，2015年8月28日的全国人大常委会法制工作委员会"民法总则民法室室内稿"、《民法总则（草案）征求意见稿》（2016年5月20日修改稿）以及《民法总则（草案）》一审稿、二审稿、三审稿在相关内容和表述上与本条完全一致。

关于本条起草过程中的具体演化为：

2015年8月28日全国人大常委会法律工作委员会"民法总则民法室室内稿"第46条：在被宣告死亡期间，被宣告死亡的人的子女被他人依法收养的，在死亡宣告被撤销后，不得仅以未经本人同意而主张解除收养关系。

2016年5月20日《民法总则（草案）征求意见稿》第46条：被宣告死亡的人在被宣告死亡期间，其子女被他人依法收养的，在死亡宣告被撤销后，不得仅以未经本人同意而主张收养关系无效。

2016年6月《民法总则（草案）》（一审稿）第48条：被宣告死亡的人在被宣告死亡期间，其子女被他人依法收养的，在死亡宣告被撤销后，不得仅以未经本人同意而主张收养关系无效。

2016年11月《民法总则（草案）》（二审稿）第50条：被宣告死亡的人在被

宣告死亡期间,其子女被他人依法收养的,在死亡宣告被撤销后,不得以未经本人同意而主张收养关系无效。

2016 年 12 月《民法总则(草案)》(三审稿)第 50 条:被宣告死亡的人在被宣告死亡期间,其子女被他人依法收养的,在死亡宣告被撤销后,不得以未经本人同意而主张收养关系无效。

二、规范目的与含义

(一)规范目的

本条旨在确定死亡宣告撤销后对收养关系所产生的效果。当自然人被宣告死亡后,其未成年子女在法律上和事实上都已失去抚养人。在法律上,由于宣告死亡与自然死亡的后果类同,未成年子女在法律关系上失去了法定的抚养人。在事实上,由于自然人长期下落不明,无法履行对未成年子女的抚养义务。因此,未成年子女可以被他人收养。由于此收养是在宣告死亡的基础上发生,虽未经被宣告死亡人的同意但仍具有合法性,因此该收养关系应受法律保护,不因被宣告死亡的人的死亡宣告被撤销而以未经其本人同意为由当然归于无效或被撤销。

(二)规范含义

被宣告死亡的人在被宣告死亡期间,其子女可以被他人依法收养的。根据《收养法》的规定,可被收养的被宣告死亡人的子女,应当是不满十四周岁的未成年人。而收养人应当同时具备下列条件:无子女;有抚养教育被收养人的能力;未患有在医学上认为不应当收养子女的疾病;年满三十周岁。无配偶的男性收养女性的,收养人与被收养人的年龄应当相差四十周岁以上。收养人只能收养一名子女。收养孤儿、残疾儿童或者社会福利机构抚养的查找不到生父母的弃婴和儿童,可以不受收养人无子女和收养一名的限制。收养三代以内同辈旁系血亲的子女,可以不受收养法相关年龄的限制。华侨收养三代以内同辈旁系血亲的子女,可以不受收养人无子女的限制。

在被宣告死亡的人的死亡宣告被撤销后,其不得以未经本人同意而主张收养关系无效。被宣告死亡的人在死亡宣告撤销后,要求恢复其与子女之间的父母子女关系的,如收养人和能够表达自己意志的被收养人均同意解除收养关系,则收养关系可以被解除,被宣告死亡人与其子女之间的父母子女关系因而恢复。另外,如果收养人明知或者应知被宣告死亡的人并未死亡,故意隐瞒事实而导致本人被宣告死亡,从而达到收养其子女的目的,则其收养关系不应受法律保护,应属自始无效。

第五十三条 【死亡宣告撤销的财产返还效果】

被撤销死亡宣告的人有权请求依照继承法取得其财产的民事主体返还财产。无法返还的,应当给予适当补偿。

利害关系人隐瞒真实情况,致使他人被宣告死亡取得其财产的,除应当返还财产外,还应当对由此造成的损失承担赔偿责任。

一、历史由来

本条是关于死亡宣告撤销后财产效果的规定。本规定源于《民法通则》第25条:“被撤销死亡宣告的人有权请求返还财产。依照继承法取得他的财产的公民或者组织,应当返还原物;原物不存在的,给予适当补偿。”同时将《执行民法通则意见》第39条的解释作为第二款的内容:“利害关系人隐瞒真实情况使他人被宣告死亡而取得其财产的,除应返还原物及孳息外,还应对造成的损失予以赔偿。”除了在表述上有所差别外,《民法总则(草案)征求意见稿》(2016年5月20日修改稿)以及《民法总则(草案)》一审稿、二审稿、三审稿的相关内容完全一致。考虑到“原物”的返还在实践中较为困难,而且容易造成适用范围的狭窄,在本条的正式文本中将“原物”更正为“财产”。

关于本条起草过程中的具体演化为:

2015年8月28日全国人大常委会法制工作委员会“民法总则民法室室内稿”第47条:被撤销死亡宣告的人有权请求返还财产。依照继承法取得其财产的自然人、法人或者其他组织,应当返还原物;原物不存在的,给予适当补偿。

利害关系人隐瞒真实情况致使他人被宣告死亡而取得其财产的,除应当返还原物外,还应当对因此造成的损失承担赔偿责任。

2016年5月20日《民法总则(草案)征求意见稿》第47条:被撤销死亡宣告的人有权请求返还财产。依照继承法取得其财产的自然人、法人或者其他组织,应当返还原物;无法返还原物的,应当适当补偿。

利害关系人隐瞒真实情况,致使他人被宣告死亡而取得其财产的,除应当返还原物外,还应当对由此造成的损失承担赔偿责任。

2016年6月《民法总则(草案)》(一审稿)第49条:被撤销死亡宣告的人有权请求返还财产。依照继承法取得其财产的自然人、法人或者非法人组织,应当返还原物;无法返还原物的,应当给予补偿。利害关系人隐瞒真实情况,致使他人被宣告死亡而取得其财产的,除应当返还原物外,还应当对由此造成的损失承担赔偿责任。

2016年11月《民法总则(草案)》(二审稿)第51条　被撤销死亡宣告的人有权请求返还财产。依照继承法取得其财产的民事主体,应当返还原物;无法返还原物的,应当给予补偿。

利害关系人隐瞒真实情况,致使他人被宣告死亡而取得其财产的,除应当返还原物外,还应当对由此造成的损失承担赔偿责任。

2016年12月《民法总则(草案)》(三审稿)第51条:被撤销死亡宣告的人有权请求返还财产。依照继承法取得其财产的民事主体,应当返还原物;无法返还原物的,应当给予补偿。

利害关系人隐瞒真实情况,致使他人被宣告死亡而取得其财产的,除应当返还原物外,还应当对由此造成的损失承担赔偿责任。

二、规范目的与含义

(一)规范目的

本条旨在确定死亡宣告被撤销后所涉及的有关财产方面的法律效果。宣告死亡是对失踪人已经死亡的法律推定,由此产生被宣告死亡人的民事权利能力消灭的法律效果。基于死亡宣告,利害关系人有可能实施各种有关财产的法律行为,而导致被宣告死亡人原有的财产关系的变更。宣告死亡撤销之后,被宣告死亡的人的民事权利能力视为自始没有丧失,其对财产的权利应当恢复。但是,如无条件地恢复宣告死亡前的财产关系,则有可能破坏已经形成的法律秩序,损及利害关系人和善意第三人的合法权益。因此,有必要对死亡宣告撤销后有关财产关系的恢复设有限制,即在死亡宣告撤销前实施的善意行为的效力不受影响,目的在于稳定已经形成的法律秩序,保护善意利害关系人和第三人的合法权益。对于宣告死亡撤销后财产的返还问题,各国立法均规定,取得财产的人仅限于财产的现状或现受利益的范围内负返还之责。[①] 死亡宣告被撤销后,法律对于被人财产返还请求的限制,其目的在于保护善意的利害关系人和第三人,如利害关系人为恶意,法律当然应着重保护被错误宣告死亡的本人的利益。因死亡宣告的撤销所具有的溯及力,使依据死亡宣告而取得失踪人的财产丧失法律根据而变成不当得利。该财产的返还,当然应适用不当得利规则。根据不当得利规则,如属于善意,仅须返还尚存的利益。不当得利人属于恶意的,须返还全部不当得利。

(二)规范含义

下落不明人被宣告死亡后,其财产通常即被继承人继承或者按照继承法的规定转归有权接受遗产的组织所有。当死亡宣告被撤销后,基于遗产继承、受遗赠或接受无人继承又无人受遗赠的遗产而取得被宣告死亡的人的财产的个人或者组织,应当返还财产。其返还原则是,财产存在的,应按财产的现状予以返还。

在实践中,如果财产属于共有,被宣告死亡人占其中一部分份额,那么通常会提起确权之诉或者物权保护之诉。比如在"周某某与全利青、庞海荣物权保护纠纷案"中,1962 年 7 月 20 日原告周某某与第三人张淑媛结婚,婚后生育两女,长女周洁,次女周静。1968 年周某某与张淑媛离婚。1969 年张淑媛与全乃轩再婚,婚后生育一子全利青。1976 年 7 月 28 日唐山大地震,张淑媛父母张朋长、郭素萍去世,张淑媛继承大洪桥同明里 17 号两间正房和两间厢房。1979 年张淑媛与全乃轩离婚。1979 年周某某与张淑媛复婚,婚后未生育子女。1984 年,大洪桥同明里简易房整栋拆迁按居住人口周某某、张淑媛、周洁、周静、全利青分配至龙泉北楼 301 楼 4 门 401 室居住。1993 年,原告周某某离家出走,2000 年按旧公房出售政策,在使用张淑媛 14.75 年工龄和周某某 6 年工龄后,由全利青、庞海荣支付剩余购房款购买了唐山市路北区龙泉北楼 301

① 参见梁慧星主编:《中国民法典草案建议稿附理由 · 总则编》,法律出版社 2013 年版,第 112 页。

楼4门401室房屋产权,全利青、庞海荣、张淑媛在该房屋内居住至今。2014年其女周洁向法院申请宣告周某某死亡。2005年7月12日唐山市路北区人民法院作出(2004)北民初字第1号民事判决书,宣告周某某死亡。2014年11月27日周某某来院申请,要求撤销宣告死亡。唐山市路北区人民法院以(2014)北民特字第12号民事判决书,撤销法院宣告周某某死亡的(2004)北民初字第1号民事判决。2008年4月25日,被告全利青与周某某、张淑媛的婚生女周洁、周静在唐山市路南公证处,就继承周某某对唐山市路北区龙泉北里301楼4门401室享有的50%的产权一事办理公证,周洁、周静放弃继承,上述财产由全利青继承;同时张淑媛亦办理公证,将其享有的唐山市路北区龙泉北楼301楼4门401室房屋产权的50%份额赠与全利青与庞海荣夫妻,现该房屋所有权转移登记于二被告名下。法院认为,该案原告在被其近亲属宣告死亡期间,二被告基于继承赠与方式取得唐山市路北区龙泉北楼301楼4门401室房产的所有权,现原告出现并已撤销宣告死亡判决书,现原告要求确认二被告继承其坐落在唐山市路北区龙泉北楼301楼4门401室房屋50%产权的行为无效的诉讼请求,法院予以支持,遂判决被告全利青、庞海荣继承原告周某某在唐山市路北区龙泉北楼301楼4门401室房屋中的占份额行为无效。①

如果财产不存在的,应当给予补偿。补偿不同于赔偿,并不需要完全按照财产的价值进行赔偿。如财产被出卖,应返还其价款。其价款已经部分或者全部用于家庭消费的,根据实际情况酌情补偿。另外,根据《执行民法通则意见》第40条的解释,被撤销死亡宣告的人请求返还财产,其财产已被第三人合法取得的,第三人可不予返还。也就是说,财产所有权因赠与、买卖或者其他方式为善意第三人取得的,其行为的效力不因死亡宣告被撤销而受影响,不得因死亡宣告的撤销而要求返还或解除合同,该善意第三人有权不予返还。被宣告死亡人的继承人所实施的免除第三人债务的单方行为,不因宣告死亡的撤销而受影响。

所谓利害关系人的善意,是指其不知道也不应知道被宣告死亡的人尚生存的事实。与此相对的,所谓利害关系人的恶意,是指利害关系人明知或应当

① 参见河北省唐山市路北区人民法院(2015)北民初字第927号民事判决书。

知道失踪人并未死亡,但故意隐瞒这一事实,使失踪人被错误地宣告死亡,并由此取得失踪人的财产。在死亡宣告撤销后,利害关系人如属恶意,除了应返还基于死亡宣告所取得的全部财产外,还应当对被宣告死亡的人由于宣告死亡而遭受的损失承担赔偿责任。对于恶意利害关系人,原则应当是全部返还。如果财产存在的,应当返还财产。如果财产被消耗或者毁损的,应当赔偿损失。如果财产有孳息的,应当在返还财产的同时返还孳息。如果财产不存在的,应当给予赔偿。

第四节　个体工商户和农村承包经营户

第五十四条 【个体工商户】

自然人从事工商业经营，经依法登记，为个体工商户。个体工商户可以起字号。

一、历史由来

个体工商户是自我国1986年《民法通则》所确定的一类特殊民事主体，当时具有重大意义。《民法通则》第26条规定，“公民在法律允许的范围内，依法经核准登记，从事工商业经营的，为个体工商户。个体工商户可以起字号。”1987年国务院颁布的《城乡个体工商户管理暂行条例》确定了可以申请从事个体工商业经营的人员：有经营能力的城镇待业人员、农村村民以及国家政策允许的其他人员。而2011年国务院通过并施行的《个体工商户条例》第2条也规定，有经营能力的公民，依照本条例规定经工商行政管理部门登记，从事工商业经营的，为个体工商户。

但是，在经过了这么多年后，特别是在《公司法》《合伙企业法》等法律颁布之后，一人公司、有限责任公司等商业组织形式在我国法律上相继被承认，个体工商户是否还有继续存在下去的意义，引起了学界的激烈讨论。学界具有代表性民法典专家建议稿对于个体工商户和农村承包经营户有着不同的看法。在自然人一章规定了个体工商户和农村承包经营户。而“社科院稿”①并没有将个体工商户和农村承包经营户纳入进去，主要理由是，认为个体工商户和农村承包经营户均非准确的法律概念。与此同时，也有学者认为，未将个体工商户和公司等具体的商事主体纳入到民法典或民法总则，也是考虑到立法

① 参见梁慧星主编：《中国民法典草案建议稿》，法律出版社2013年版，第32页。

上的不可行性。因为,作为自然人商事主体的个体工商户以及其他企业形式,涉及十分复杂的法律关系、组织形式、权利配置、内部治理、利润分配、债务责任等,如果全由民法典来包办,将存在如下明显的弊端:(1)与民事主体的稳定性相比,个体工商户的形态表现为活泼易变、与时俱进的特点,这些会严重影响民法典的稳定性;(2)更加细致的分类和更为专业的立法技术要求,必然会增加民法典的立法编纂难度;(3)囊括过于冗杂的内容必然会影响民法典作为一般法的应有功能。① 可见,基于个体工商户的特殊性质,部分学者主张将其移出民法典,由具体的商事单行法予以更为精细的设计和安排,是有一定道理的。

纵观个体工商户在我国的发展情况,从 1990 年至 2014 年,个体工商户从业人数从 2093 万人增加到 1.06 亿人,增长了 4.06 倍;②2013 年年底个体工商户 4436.29 万户、资本总额 2.43 万亿元,同比增速分别为 9.3% 和 23.1% 。③ 2014 年年底个体工商户 4984.06 万户,比上年增长 12.35% ,资金数额 2.93 万亿元,增长 20.57% 。④ 可见,个体工商户在我国社会生活中具有十分重要的意义,不仅体现了公民个体所具备的蓬勃创造力,还促进社会经济生活的繁荣与发展,与社会生活息息相关的民法典应当保留个体工商户在民事主体中的一席之地,并对当下社会现实做出积极应对和回应。同时,个体工商户作为中国改革开放的一个重要标识性概念,具有彰显改革理念、坚持改革决心的社会安定功能和政策导向价值,《民法总则》中对个体工商户制度的保留与改进,既具有法律意义也具有政治意义。

《民法通则》第 2 章第 4 节、《民法总则(草案)》一审稿、二审稿、三审稿和《民法总则》,在"自然人"章下均设有关于"个体工商户和农村承包经营户"的

---

① 参见肖海军:《民法典编纂中商事主体立法定位的路径选择》,载《中国法学》2016 年第 4 期。

② 参见国家工商总局《中国个体私营经济与就业关系研究报告》,载 http://www.saic.gov.cn/zwgk/tjzl/zxtjzl/xxzx/201510/t20151030_163438.html。

③ 参见《二○一三年全国市场主体发展分析》,载 http://www.saic.gov.cn/zwgk/tjzl/zhtj/xxzx/201402/P020140227616783687760.pdf。

④ 参见《二○一四年度全国市场主体发展、工商行政管理市场监管和消费维权有关情况》,载 http://www.saic.gov.cn/zwgk/tjzl/zhtj/xxzx/201501/t20150123_151591.html。

规定。相比于《民法总则》的规定,之前的《民法通则》和三个《民法总则(草案)》审议稿都将"依法登记"放在了"从事工商业经营"的前面,即"自然人经依法登记,从事工商业经营的……"而《民法总则》则将"从事工商业经营"放在了"依法登记"的前面。此种词语顺序的调换,一是彰显了民法权利法的本位,二是符合当前市场经济主体自由从事经营活动的现实。因为,"从事工商业经营"与"依法登记"何前何后,在国家管理市场体制的建构理念和结构逻辑上有着微妙的差别。"依法登记"在前而"从事工商业经营"在后,意味着自然人只有经过依法登记后,才可以从事工商业经营,并且选择的主体形式只能是个体工商户。"从事工商业经营"在前而"依法登记"在后,意味着自然人从事工商业经营,有的须依法登记,有的则不须经依法登记,而且个体工商户只是可供选择的主体形式之一。

总之,《民法总则》关于个体工商户的规定,进一步确认了个体工商户的民事主体地位,并赋予自然人以营业权能,既符合社会主义市场经济运行和发展的需要,也符合依法保障自然人财产权利的需要。在未来的民法典中,继续保留个体工商户这一主体形式,也基本成为定局。

二、规范目的与含义

(一)规范目的

本条旨在对个体工商户做出总体性规定。1986 年《民法通则》规定了个体工商户制度,将其作为自然人的特殊形态加以规范,也是独具中国特色的一项民事主体法律制度。时至今日历经 30 余年的发展,个体工商户也发生了很大的变化。个体工商户写入《民法总则》,主要是基于以下考虑:

首先,在下位层面来看,个体工商户制度面临与个体摊贩的区隔与竞争问题,而《民法总则》对个体工商户商事主体地位的确认,拉开了其与个体摊贩之间法律形式上的距离,有利于两者的区分;其次,从上位层面来看,个体工商户一直面临与个人独资企业的区隔与竞争问题。自 1999 年《个人独资企业法》颁布以来,这一问题一直存在,并且随着该法的施行而越发凸显。但不可否认的是,《个人独资企业法》的实施效果一直不尽如人意。其中最重要的一个表现就是,如今人们选择设立个人独资企业的数量,一直严重低于当初立法者制定这部法律的预估和社会各界对于这部法律的预期。①

究其原因,一个合理的假设就是,个人独资企业面临着先行一步的个体工商户制度的激烈竞争,个体工商户先行积累的时间成本优势,使个人独资企业在与其的交锋中似乎处于下风。另外一个更有制度分析作为依据的原因是,个人独资企业的制度设计与个体工商户制度相比,缺乏足够的制度比较优势和投资偏好吸引。其一,在经营主体的名义显示上,个人独资企业比个体工商户具有更为显著的市场地位,因为一个叫"企业",一个叫"户",前者比后者更有市场信任感。其二,在责任承担上,投资人以其个人财产对企业债务承担无限责任;②个人独资企业投资人在申请企业设立登记时明确以其家庭共有财产作为个人出资的,应当依法以家庭共有财产对企业债务承担无限责任。③ 而个体工商户的债务,个人经营的,以个人财产承担;家庭经营的,以家庭财产承担;无法区分的,以家庭财产承担。④ 可见,个人独资企业与个体工商户适用几乎同等效果的责任承担规则,只是在家庭财产是否纳入经营责任财产范围,个人独资企业须明示;而个体工商户除了明示外,在无法区分是个人经营还是家庭经营的情形下,推定为家庭经营而将家庭财产纳入经营责任财产范围。究其最终效果,两者之间并无显著的优劣之分。其三,在企业经营的制度成本上,如纳税规则、企业公示、会计账簿、劳动合同管理、社会保险缴纳等方面,个人独资企业明显重于个体工商户。综合比较起来,自然人从事经营活动时,个体工商户形式比个人独资企业形式更易于被选择。

可见,如果需要个体工商户和个人独资企业这两项制度能够长期并存,那么究竟个体工商户与个人独资企业之间如何进行清楚的制度区分,以及如何合理地设计结构要素和配置规制模式以便于展现出各自的制度优势,这应该是今后改革与重构个体工商户和个人独资企业制度的着眼点。当然,就《民法总则》的宗旨与功能而言,只能在民事主体形式上做最为基本的规定,其他更

① 参见李建伟:《民法总则的商事主体制度设计:承继、改革与重构》,载《中国商法年刊》2015年。

② 《个人独资企业法》第2条。

③ 《个人独资企业法》第18条。

④ 《民法总则》第56条。

为细致的制度设计则只能由商法去实现了。

(2)规范含义

本条中规定个体工商户的成立前提是必须要经依法登记,根据《个体工商户登记管理办法》第6条至第11条的规定,个体工商户的登记事项包括:经营者的姓名和住所、组成形式、经营范围、经营场所;本条规定的"字号"是个体工商户名称的组成部分。个体工商户可以自由决定是否使用名称,如若决定使用名称的,应当向登记机关提出申请,经核准后方可使用。个体工商户可以不使用名称。个体工商户决定使用名称的,应当向登记机关提出申请,经核准之后才可以使用。其名称由行政区划、字号、行业、组织形式依次组成。经营者姓名可以作为个体工商户名称中的字号进行使用。

现今,为了简化个体工商户繁杂的登记手续,为其提供程序上的便利,个体工商户营业执照和税务登记证的"两证整合"工作已于2016年12月1日起在全国范围内正式实施。从具体操作层面来看:个体工商户持加载统一社会信用代码的新版营业执照到银行业金融机构办理银行账户业务时,可不再提供税务登记证;个体工商户持电子营业执照办理银行账户业务的,已配备电子营业执照识别机具的银行可以根据机读信息办理账户业务,并留存电子营业执照影印件;并且还规定了个体工商户"两证整合"不设过渡期,不要求将旧版营业执照更换为新证。个体工商户持旧版营业执照和税务登记证办理银行账户业务的,银行仍应按照相关账户制度规定来执行。这些新举措的出台,都是为了方便个体工商户的成立与发展,为其提供了很多的便利。

(3)司法实践

在2015年《民事诉讼法解释》出来之前,在涉及与个体工商户相关的案例中,体现出来的主体性情况大体有以下几种:

1. 在某些案例中,是以个体工商户作为原告和被告的,但表述方式有很大的差异,这可能与个体工商户最开始的登记名称有关。

第一种表述方式可能是"向大川个体工商户""个体工商户张婷婷""刘红梅(个体工商户)"。例如,重庆市铜梁区人民法院(2014)铜法民初字第05231号民事裁定书载明:"本院于2014年10月24日立案受理了原告黄定勇诉被告个体工商户张婷婷工伤保险待遇纠纷一案。依法由审判员周大力使用简易程序公开进行了审理。原告黄定勇于2014年12月8日向本院提出撤诉申请。"重庆市第二中级人民法院(2014)渝二中法民终字第01146号民事判决书载明:"上诉人向大川个体工商户与被上诉人吴世桃。冉绪秀、刘辉、刘恬确认劳动关系一案,奉节县人民法院于2014年4月29日作出[(2014)奉法民初字第00585号]民事判决,向大川个体工商户不服,向本院提起上诉。本院依法组成合议庭审理了本案,现已审理终结。"而另外一种表述方式则直接列明个体工商户的字号,并注明其个体工商户的组织性质,如"宁波市鄞州下应诚达轻钢结构活动房厂(个体工商户,组织机构代码为L3647716－1,业主:董某干)"。[①] 北京市第一中级人民法院(2014)一中执字第195－1号裁定书写明时俊杰(个体工商户,字号韩城市浩泽电子商务部)与北京宏信博控科技有限公司国内非涉外仲裁裁决裁定书。

2.绝大多数案例没有将个体工商户列为原告或者被告,而是将实际经营者的自然人作为原告或者被告。在这部分以自然人为原告或者被告的案例中,一多半是仅仅列出个体工商户中的自然人的个人信息,但案例大多数都在已经列出自然人为原告(被告)的基础上表明了自然人的经济属性(个体工商户)。

例如,湖南省资兴市人民法院[(2011)资法民二初字第1047号]民事判决书写明:原告刘××,男,1958年10月20日出生,汉族,广东省大埔县人,住资兴市鲤鱼江。被告黄××,女,1978年5月4日出生,汉族,资兴市人,个体工商户,住资兴市唐洞新区大全路居委会。广东省广州市南沙区人民法院(2013)穗南万民初字第91号民事判决书写明:原告李某国与黄某强、陶某连(广州市增城南阳服装工艺厂个体工商户主)机动车交通事故责任纠纷一审民事判决书等。

之所以实践中的诉讼大多数是以个体工商户的经营者自然人作为诉讼当事人,是因为《执行民法通则意见》在第41条有一个专门规定:起字号的个体工商户,在民事诉讼中,应以营业执照登记的户主(业主)为诉讼当事人,在诉

① 宁波市鄞州区人民法院民事判决书(2014)甬鄞商初字第2217号写明:原告:宁波恒达装饰工程有限公司。被告:宁波市鄞州下应诚达轻钢结构活动房厂(个体工商户。组织结构代码为L3647716－1,业主:董荣干)。

讼文书中注明系某字号的户主。

而2015年《民事诉讼法解释》第59条明确规定,在诉讼中,个体工商户以营业执照上登记的信息为当事人。有字号的以营业执照上登记的字号为当事人,但应同时注明该字号经营者的基本信息。这就确定了个体工商户的诉讼地位。由此可见,我国的司法实践也已经将个体工商户纳入到民事诉讼主体以及权利义务主体的范畴之中。

三、其他问题

关于个体工商户的相关规定放置在总则第二章自然人当中,这代表着以个体工商户为代表的商事主体已开始逐渐融入到民法典中。这样的缺乏一定过渡衔接的置入方式是否恰当,仍有一些疑问。民法典编纂中商事主体立法定位的重点应是:商事主体究竟以什么方式切入到民法典中去,这恰恰是民法典立法应继续深入考量的重要问题。在一些以民商合一为典型特征的立法方案中,商事主体在当中有所体现,但是却缺乏能连接并贯通民事主体与商事主体之间的法概念做统筹,难以实现两者在民法典中的和谐共融;并且考虑到我国现行的繁多的商事单行法,没有一个统一的法概念,也难以实现民法典中对于商事主体的规定与单行法中相关规定的有效对接。所以,在我国未来的民法典起草过程中,找到一个能够统领并能够促使民事主体与商事主体相容互通的法概念,是实现商事主体在民法典中准确定位的立法起点。①

综合上面的考虑,民事主体之所以成为商事主体主要标志是因为其进入了营业领域,从事了投资、经营、交易为特征的营业行为。这说明,营业已经成为"商事行为与民事行为的分水岭";②营业作为一种"独立、有偿的、包括不特定的多种行为的、向外公示的行为",③有显著的外观特征和标志意义,便于人们识别,也便于立法的抽象和归类,从而可克服传统主观主义商人论和客观主义商行为论在有关商事主体识别、判断上的不必要争论,能事实上把民事主体

① 参见肖海军:《民法典编纂中商事主体立法定位的路径选择》,载《中国法学》2016年第4期。

② 徐喜荣:《营业:商法建构之脊梁》,载《政治与法律》2012年第11期。

③ [德]C. W. 卡纳里斯:《德国商法》,杨继译,法律出版社2006年版,第36页。

与商事主体之角色、身份关系做有效贯通，并扮演“连接着商行为制度和商人制度”[①]的中介桥梁。基于此，如果在《民法总则》中能够引入“营业”这一核心且具有标志性的法概念，搭建起民事主体→营业行为→商事主体的过渡桥梁，为民事主体进入营业领域，成为商事主体提供适合的法律中介，且又能克服与商事单行法之间的混乱冲突状态，其意义是十分显著的。

而将“营业”这一上位概念代入到对于“个体工商户”既有规定的考量当中，就发现“个体工商户”实质就是自然人的营业问题。如同上文提到的，自然人营业的问题不限于“个体工商户”，还包括小摊贩等一些不需要登记的营业活动。显然，民法典中仅仅规定“个体工商户”“农村承包经营户”，并不能囊括所有正常从事商事活动的自然人。或许，引入“自然人营业”概念是恰当的，在自然人营业这一上位的法概念之下，对于自然人从事商事活动的具体细节作出规定，既能克服如今可能的立法不周延问题，又能够解决未来《民法总则》与自然人营业单行法的冲突问题。

① 朱慈蕴：《营业规则在商法中的地位》，载《清华法学》2008 年第 4 期。

第五十五条 【农村承包经营户】

农村集体经济组织的成员，依法取得农村土地承包经营权，从事家庭承包经营的，为农村承包经营户。

一、历史由来

改革开放以来，以家庭联产承包为主的责任制和统分结合的双层经营体制为基础，形成了农村承包经营户的经济概念，并通过《民法通则》转化为一个法律概念，进而成为我国农村集体经济经营体制一项基本制度。《民法通则》第27条规定："农村集体经济组织的成员，在法律允许的范围内，按照承包合同规定从事商品经营的，为农村承包经营户。"而之后为了更加明确地界定农村承包经营户这一概念，《土地承包经营法》第5、15条规定，农村集体经济组织成员有权依法承包由本集体经济组织发包的农村土地，家庭承包的承包方是本集体经济组织的农户。这些规定为《民法总则》第55条对农村承包经营户作出规定提供了依据和基础。可以清晰地看到，《民法通则》第27条规定中的"从事商品经营的"已被本条规定中的"从事家庭承包经营"所代替。

学界对于农村承包经营户的"去留"问题，从《民法通则》的颁布之始便争论不断，以至延续到《民法总则》的制定过程中。反对"农村承包经营户"概念与相关规范进入民法典的理由，主要基于时代变迁方面的考虑，认为农村土地承包经营户是改革开放之后针对中国特殊土地所有权制度所采取的一种主体制度，如今其赖以生存的社会背景、文化背景都发生了变迁，民法典应秉承个体主义制度构建的理念，不能再继续规定农村土地承包经营户的民事主体。① 我国实行社会主义经济体制改革，就是要让"人"成为独立的个体，具有独立的

---

① 参见申惠文：《论农村承包经营户的现代转型》，载《中国民法学研究会2015年年会论文集》（中册），第160页。

人格，而不必通过“家长”或“户主”对外从事民事活动。废弃家庭或户的概念，直接以集体经济组织的成员作为土地承包经营权的承包人并无不妥。[①] 但是，关于农村土地承包经营户的性质或地位在《民法通则》上就已经明确。《民法通则》将农村承包经营户和个体工商户规定在第2章“自然人”之中，是将其认定为“自然人”。农村承包经营户与个体工商户一样，并非一类独立的民事主体，而是自然人作为民事主体参与民事活动的特殊形式。在现实经济生活中，作为农村承包经营户成员的自然人的某些行为与农村承包经营户的行为难以区分。为了避免由此产生的责任的不明确性，将农村承包经营户视为自然人的一种特殊表现形式，的确有利于简化其中涉及的民事法律关系。另外，出于纳入个体工商户概念及其相关规范的同样原因，农村承包经营户作为中国改革开放的一个重要标识性概念，《民法总则》对其予以保留与改进，既具有法律意义也具有政治意义。

三个《民法总则(草案)》审议稿和《民法总则》均延续了《民法通则》的规定，明确设置了关于农村承包经营户的相关规则，将其与个体工商户一起规定在了“自然人”章的第4节。

二、规范目的与含义

(一)规范目的

本条旨在对农村承包经营户这一基于农村集体土地所有权制度而产生的、独具中国特色的自然人民事主体，做出概括性界定。《民法总则》中对农村承包经营户做出明确规定的立法目的在于：首先，在民法典中确立农村承包经营户的法定地位。农村承包经营户是农村集体经济的一个经营层次。农村承包经营户是由作为农村集体经济组织成员的一人或多人所组成的农户，但它和以往的农户不同，农村承包经营户是在推行联产承包责任制中，通过承包合同的形式，把农民家庭由生活单位变成了生产和生活相结合的单位所产生的。其法定地位需要得到民法典的肯认。其次，回应社会的发展变化，调整农村承

① 参见岳兵、姚迪英：《两户民事主体地位的再思考》，载《中国民法学会研究会2015年年会论文集》(上册)，第539页。

包经营户的内涵。《民法通则》第27条首次对农村承包经营户以基本法律的形式作出了定义,将商品经营视为农村承包经营户的属性和内涵。但现在看来,将商品经营视为农村承包经营户的本质属性和主要内涵,将农村承包经营户的生产经营范围限定为从事商品经营,确实有些狭隘,因为农村承包经营户的目的与功能并不限于商品经营。《民法总则》将农村承包经营户的内涵由"从事商品经营"修改为"从事家庭承包经营",符合现今农村承包经营户存在与活动的实际状况。最后,明定农村承包经营户这一主体概念,也意在修正《农村土地承包法》中的"农户"这一非严格法律概念,以期统一基本法律概念、进一步明确土地承包经营关系中的权利义务关系。

(二)规范含义

本条中规定的农村承包经营户是指农村集体经济组织的成员,在法律允许的范围内,以家庭为单位,按照承包合同规定从事农业生产的社会组织体。农村承包经营户可以由多个成员组成,也可以由单一成员组成。但是,本集体经济组织以外的单位或个人通过招标、拍卖、公开协商等方式承包农村"四荒"后从事农业生产的,则不具有相应的农村承包经营户的法律地位。①

从法律地位上来看,农村承包经营户的作用在于促进农村经济的发展,与城市中的个体工商户相对应,二者地位相当。② 要说明的是,本条所称的农村承包经营户,与所谓的"农户"并非同一概念,后者是宅基地使用权③及土地承包经营权④之主体(以户为治理单位,是户籍制度的逻辑结果)。虽然两者在定义上区分的很清楚,但在逻辑关系上,农户或是农村承包经营户的上位概念,两者或是交叉概念。但在实践中,二者往往均以家庭名义行为,且农村承包经营户也以取得相应的土地承包经营权为基本内容,两者在许多领域存在

---

① 参见李永安:《农村承包经营户法律地位问题的立法探究》,载《广西政法管理干部学院学报》2010年第3期。

② 参见朱庆育:《民法总论》,北京大学出版社2013年版,第461页。

③ 《土地管理法》第62条第1款规定:"农村村民一户只能拥有一处宅基地,其宅基地的面积不得超过省、自治区、直辖市规定的标准。"

④ 《农村土地承包法》第15条规定:"家庭承包的承包方是本集体经济组织的农户。"

着广泛的重叠。①

可以做出以下解释;第一,作为集体经济的发展形式之一,农村承包经营户必须为本集体经济组织成员;第二,农村承包经营户必须以从事家庭承包经营为主要内容;第三,农村承包经营户无须登记,也没有字号,在获取经营权的程序方面较之个体工商户而言,更为简便。

(三)体系地位

农村承包经营户是以"户"为单位的承包,符合我国的传统以及现实生活的实际需要。我国传统的家庭,不仅仅是一个稳定的生活单元,同时也是一个稳定的生活单元,以户为单元的承包恰好满足了这种需要。这是因为,农村的生产,需要农具、农资等,如果以个人为单位进行承包,那么对于那些失去劳动能力的人以及未成年人等就会造成很大的困难。而且,如果经济上家庭成员之间相互独立的话,作为生产和生活单元的"户"必然会受到极大的损害,进而产生许多的问题。因此,尽管民法是尽量使财产个人化,便于保障个人的自由以及增加个人财产,但在土地承包方面,以"户"为单位的承包却是中国本土化的典型。②

从我国的诉讼实践来看,尽管在诉讼中,多数诉讼主体并不是户而是个人,但不可否认的是,《农村土地承包法》和《物权法》都规定了"户"是承包合同的主体,当发生土地承包纠纷时,户应该是诉讼主体,承担责任的也是"户",而不仅仅是个人。特别是在土地承包经营权在作为物权登记后,"户"在农村土地承包权这种用益物权制度中也是有主体地位的。反映在司法实践中,农村承包经营户可以作为诉讼的原告与被告。例如,湖北省阳新县人民法院(2015)鄂阳新民二初字第00117号判决书中就写有"原告彭某家庭承包户",案由是"原告彭某家庭承包户诉被告何垅村某组土地承包经营权纠纷"。内蒙古自治区赤峰市中级人民法院[案号:(2015)赤民一终字第1143号]民事裁判书写到:"上诉人姚俊家庭联产承包户因农村土地承包合同纠纷一案,不服赤峰市松山区人民法院(2014)松民再字第11号民事裁定,向本院提起上诉。本

① 参见李永军:《中国民法典总则草案建议稿及理由》,中国政法大学出版社2016年版,第61页。

② 参见李永军:《我国未来民法典中主体制度的设计思考》,载《法学论坛》2016年第2期。

院依法组成合议庭审理了本案。本案现已审理终结。”

从这些案例中可以看出,农村承包经营户在司法实践中的称呼基本上是以“×××家庭承包户”或者“×××家庭联产承包户”的形式出现,这些原告或者被告代表的不是个人,而是家庭承包户。所以,基于我国特殊的土地所有制,以及中国多年的家庭联产承包经验,《民法总则》继续规定和落实农村土地承包经营户的主体地位,既符合经济社会的发展需要,也符合社会主义法治体系的建设需要。

三、其他问题

虽然农村承包经营户被规定在总则第2章“自然人”中,并且按照体系解释的方法,民法典起草者明显是将其视为民事主体来对待,但是由于我国私法并没有明确区分民事主体和商事主体,因此学界对于农村承包经营户的性质界定议论纷纷,形成了多种观点。

一种观点是认为,农村承包经营户与个体工商户、个人独资企业一样,同属于商个人的一种。① 商个人作为一种法律拟制的商主体,首先需要经过法定登记程序才能够成立,是一种以营利性为目的的经营性行为,并对其债务承担无限连带责任。而农村承包经营户的经营集中性、财产责任的无限连带性,恰恰与之相符合,因此其属于商事主体中的商个人。

另一种观点认为是坚持主张农村承包经营户为民事主体,认为农村承包经营户被规定在“自然人”一章,若将其归为商个人,则与我国立法体系相矛盾。农村承包经营户的根本在于土地,我国土地公有制的性质,就决定了要开展如同发达国家一样依托在私有土地上的商业经济活动,必然会受到很大的局限。而观察我国农村承包经营户的农业生产活动,其目的也的确只是为了农业生产者生活的自给自足与社会保障的需要,很少有资本增值的意图。而且,农村承包经营户无论是生产劳动还是资源分配都以家庭为单位,有着经营结构固化、人力资源匮乏、产业链延伸困难等自身先天不足,②难以适应市场竞

① 参见赵旭东:《商法学》,高等教育出版社2007年版,第31页。

② 参见林政:《对农业家庭经营组织的辩证思考》,载《经济问题》2004年第10期。

争,因此我们不能够将其称之为商事主体。

我们看到,农村承包经营户在某些方面都能够与上面的两种观点相符合,虽然《民法总则》中是将其作为民事主体来看待,但并不影响我们在学理上对于该种制度的完善提出自己的看法。据统计,农业部确定的家庭农场有6670多个,[①]而其余农村承包经营户的实力依然弱小。如果将农村承包经营户视为商事主体,即意味着它要承担较高的税负,这对于财力和人力都不是很充裕的承包经营户来讲,无疑是一种很大的负担;而如果将农村承包经营户视为民事主体,可能遇到的情况是,具有一定规模的农村承包经营户无法享受商事主体可能享有的制度优惠与经营便利。既然农村承包经营户具有民事和商事这两方面的特征,适当的制度安排就是必需的。在此方面,德国的做法可以为我们提供借鉴。依照德国商法中的任意商人的分类,从事农业、林业方面的经营者可以依法自主决定是否注册登记并以商人经营方式为其要件。[②] 这样,采取此种立法分类模式,意味着将权衡利弊、自主抉择的权利留给农林生产者,对于有一定规模的农业经营者可以选择登记为商人并享有主体资格,对于其他农村承包经营户则不作具体性的规定。另外,在当前农村农用地采取三权分置的新形势下,如何廓清并落实农村承包经营户的主体地位和权利义务关系,是摆在我们面前的另一项重要课题。

---

① 参见董俊:《中央一号文件首提"家庭农场"已建立6670多个》,载http://news.sohu.com/20130215/n366089761.shtml,最后访问日期:2013年2月15日。

② 参见王保树:《商法总论》,清华大学出版社2007年版,第100页。

第五十六条 【个体工商户和农村承包经营户的责任承担】

个体工商户的债务，个人经营的，以个人财产承担；家庭经营的，以家庭财产承担；无法区分的，以家庭财产承担。

农村承包经营户的债务，以从事农村土地承包经营的农户财产承担；事实上由农户部分成员经营的，以该部分成员的财产承担。

一、历史由来

《民法通则》第29条规定："个体工商户、农村承包经营户的债务，以个人财产承担；家庭经营的，以家庭财产承担。"这是首次以基本法律的形式对个体工商户和农村承包经营户（以下简称"两户"）的法律责任承担问题作出了规定。《执行民法通则意见》对于"两户"责任承担制度作出了更为细致的规定。在责任承担的方式、内容方面，《执行民法通则意见》第42条规定了："用家庭共有财产投资的，或者收益的主要部分供家庭成员享用的，其债务应以家庭共有财产清偿。"而该意见第43条规定了"在夫妻关系存续期间，一方从事个体经营或者承包经营的，其收入为夫妻共有财产，债务亦应以夫妻共有财产清偿"。而在责任承担的限度方面，该意见第44条规定了"个体工商户、农村承包经营户的债务，如以其家庭共有财产承担责任时，应当保留家庭成员的生活必需品和必要的生产工具"。

《民法总则》基于各方面的考量，将"两户"置入到民法典的体系当中，正式确认了"两户"的民事主体资格，并且较之《民法通则》第29条对于"两户"债务责任的笼统性规定，《民法总则》对"两户"分别进行了规定，避免了在法条理解上的混乱，而且也明确了不同的主体承担责任方式的不同，有利于利益相关人的追偿。就之前公布的三个《民法总则（草案）》审议稿而言，一审稿、二审稿对于"两户"债务责任的承担规定是一致的；而三审稿在之前规定的基础上增加了"事实上由农户部分成员经营，则以该部分成员的财产承担"这样一句内容。其增加的原因,旨在区分“农户部分成员”与“农村承包经营户”的财产和责任。“农户”家庭成员,与“家庭承包经营户”不能画等号,二者人格不能混同,财产相互独立,责任也应有所区别。如果仅仅因为农户部分成员的行为所披“家庭外衣”就让农村承包经营户以所有财产对外承担全部责任,对于农村承包经营户来说,实不合理。在《民法总则(草案)》三审稿和《民法总则》中,特意明确区分了农户部分成员的财产责任和农村承包经营户的财产责任,既满足了法治实践需要,又体现了立法技术进步。

二、规范目的与含义

(一)规范目的

本条旨在规定“两户”负担债务时的责任承担问题,既是为了保护与个体工商户、农村承包经营户交易的相对方利益;也通过区分个体工商户的个人财产与家庭财产、农村承包经营户的成员财产与农户财产,保护了“两户”与其成员以及成员间的合理利益关系。《民法总则》明确划定责任承担的主体范围和财产范围,符合市场经济运行和司法实践的需要,便于“两户”责任承担制度的落实和履行。

(二)规范含义

本条是对于个体工商户和农村承包经营户“责任财产”和“责任承担”之规定。“责任财产”是指有哪些财产可作为“两户”经营者债务的担保,是以个人财产还是家庭财产承担责任,以农户财产还是农户成员财产承担责任。所谓“责任承担”制度,关键是个体工商户和农村承包经营户对外债务的责任承担标准是什么。从本条的规定来看,本法确立了责任承担上的“经营标准”。即以谁的财产来承担责任的判断标准,主要是看该个体工商户和农村承包经营户到底是谁在经营。如果个体工商户是个人经营的,就以个人财产承担责任;家庭经营的,就以家庭财产承担责任。农村承包经营户的责任承担标准也是如此,以从事农村土地承包经营的农户的财产,来承担农村承包经营户的对外债务;但如果该农村承包经营户事实上是由农户部分成员经营的,则以该部分经营的成员财产来承担责任。

具体来说,个体工商户虽有“户”之名,但其法律人格往往与个人投资人高度重合,所以其在法律交往上所产生的权利义务,应该由相应的个人投资人承受。从所有权角度来看,个人经营时,因经营所产生的财产增益由个人所享有,因此而产生的债务,也应该由个人承担;反之,若由家庭共同经营,则必须要用家庭财产承担因经营所产生的债务。体现所有权收益与风险负担相一致的原则。当然,在个体工商户个人与家庭财产发生混同,难以证明是个人经营时,其债务需要由家庭财产共同承担,这就是共有人的连带责任。[①] 在设计责任承担的逻辑思路上,农村承包经营户与个体工商户是相同的,唯一不同的就是因为我国农业承包经营户概念术语使用的不规范,而对于农村承包经营户规定了事实上的责任承担者。

结合之前公布的《民法总则(草案)》审议稿以及《执行民法通则意见》,在责任财产方面,就个体工商户而言,"个人经营的,以个人财产承担","个人经营的"个人即个体工商户的经营者本人。一般说来,个人经营则以个人财产承担责任。但《执行民法通则意见》规定了两个例外:其一,根据其第 42 条的规定,即使是个人经营,如果用于投资的财产得到的收益部分供家庭成员享用的,则以家庭共有财产清偿;其二,根据其第 43 条的规定,如果夫妻一方从事个体经营或者承包经营的,其收入为夫妻共同财产,则以夫妻共有财产清偿。虽然如今对于农村承包经营户的规定中少了"个人经营"的限定,但以上的两个例外对于农村承包经营户同样是适用的。对于农村承包经营户的债务,一般以从事农村土地承包经营的农户财产来承担。但如果该农村承包经营户事实上由农户部分成员经营的,以该部分成员的财产来承担责任。这是本法所确定的成员事实经营的法律责任规则。

三、其他问题

虽然《民法总则》关于"两户"责任承担的规则较之以前详尽了许多,但也难免留有一些缺憾。《执行民法通则意见》在第 44 条规定了对于个体工商户和农村承包经营户的保护措施,即"个体工商户、农村承包经营户的债务,如以

① 参见李永军主编:《中国民法典总则编草案建议稿及理由》,中国政法大学出版社 2016 年版,第 62 页。

其家庭共有财产承担财产时,应当保留家庭成员的生活必需品和必要的生产工具。”但是,《民法总则》未将《执行民法通则意见》这一责任限定制度纳入进来。由于两户中的个人财产与家庭财产并没有一个十分清晰的界限,所以,将自然人作为最终的责任承担者,也会最终导致所有成员都要承担无限责任的结果。由于“两户”中的未成年人、其他限制行为能力人以及无财产、无收入能力需要他人供养的人等,均在现实中无法独立承担民事责任,[①]如果“两户”中的每个成员都承担无限责任,不仅会导致责任归属不公平,也会损害法律的严肃性。

对于这一问题,我们认为可以适当地借鉴国外的做法。对于个体工商户,可以采取个人破产制度。所谓个人破产,是指在经济实体中,因承担无限责任而导致的商自然人破产和普通自然人破产。它起源于古罗马时期,在中世纪被正式写入法律,并伴随着商品经济的发展而迅速被世界多国所采用。[②] 但是我国《企业破产法》并没有规定个人破产制度。对于已经通过工商登记的个体工商户,不妨引入个人破产制度。鉴于个体工商户经营规模相对较小,经济活动较为封闭,使个人破产有得以适用的空间。对于与家庭生产生活密切相关的农村承包经营户,与由家庭发展而来的有限责任制度具有一定的相似性,所以对于限制我国农村承包经营户的无限债务责任,可以适当借鉴一下有限责任制度。[③]

---

① 参见房绍坤、张旭欣:《我国民法典编纂中的主体类型》,载《法学杂志》2016 年第 12 期。

② 转引自胡辉:《我国建立个人破产制度的现实基础研究——兼论如何构建我国个人破产制度》,广东商学院 2010 年硕士学位论文。

③ 参见游文丽、张萱:《农村承包经营户的法律地位问题研究》,载《北京化工大学学报》2013 年第 2 期。

第三章 法 人

第一节 一般规定

第五十七条 【法人定义】

法人是具有民事权利能力和民事行为能力，依法独立享有民事权利和承担民事义务的组织。

一、历史由来

（一）法条来源

本条规定承袭自《民法通则》第36条第1款。

《民法通则》第36条是关于法人的基本规定，共两款。其中第1款是对法人概念的界定，揭示了法人的民事主体性及其法律特征，本条规定即从《民法通则》第36条第1款直接承袭而来；第2款则是对法人民事权利能力和民事行为能力起止时间的规定，《民法总则》第57条即为承袭该款规定之产物。

本条与《民法通则》第36条相比，有所变化的是，将法人民事权利能力与民事行为能力起止时间的规定单列出去。在旧法中，法人的定义与法人民事权利能力与民事行为能力起止时间条款，合并规定在一条中。《民法总则》中，法人民事权利能力与民事行为能力起止时间条款，则被单独列为一条（第59条），并置于法人成立的条件（第58条）之后。这种改变，虽使《民法总则》第

57 条的功能单一化，但有助于理顺法人成立与民事权利能力及民事行为能力产生、终止之间的逻辑顺序。因为某一团体在符合法人成立条件，并取得法人资格之后，方有民事权利能力与民事行为能力产生与终止的问题。

（二）条文演变状况及学者意见

不论是正式启动民法典编纂工作前的学者建议稿，还是正式的民法总则草案，学界与立法者争论的焦点始终在于法人的分类以及某一类法人之下的具体制度设计，关于法人定义（内涵）的规定争议不大。具体而言：

1.“社科院稿”第 62 条规定：“法人是具有民事权利和民事行为能力，依法独立享有民事权利和承担民事义务的组织。

非依法律规定，法人不得成立。

在外国设立的法人为外国法人。”①

2.“人民大学稿”第 64 条规定：“法人是具有民事权利能力和民事行为能力，依法独立享有民事权利能力和承担民事义务的组织。”②

3.“法学会稿”第 56 条规定：“法人是具有民事权利能力和民事行为能力，依法独立享有民事权利和承担民事义务的组织。

法人的民事权利能力和民事行为能力，从成立时产生，到终止时消灭。”③

4.《民法总则（草案）征求意见稿》（2016 年 5 月 20 日修改稿）第 51 条规定：“法人是具有民事权利能力和民事行为能力，依法独立享有民事权利和承担民事义务的组织。

法人的民事权利能力和民事行为能力，从法人成立时产生，到法人终止时消灭。”

5.《民法总则（草案）》（一审稿）第 53 条规定：“法人是具有民事权利能力和民事行为能力，依法独立享有民事权利和承担民事义务的组织。”

6.《民法总则（草案）》（二审稿）第 55 条规定：“法人是具有民事权利能力

---

① 梁慧星主编：《中国民法典草案建议稿附理由 · 总则编》，法律出版社 2013 年版，第 131 页。

② 王利明主编：《中国民法典草案建议稿及说明》，中国法制出版社 2004 年版，第 12 页。

③ 中国法学会民法典编纂项目领导小组、中国民法学研究会：《中华人民共和国民法典 · 民法总则专家建议稿》，载中国民商法律网：http://www.civillaw.com.cn/zt/t/? id = 30198，最后访问日期：2017 年 1 月 23 日。

和民事行为能力,依法独立享有民事权利和承担民事义务的组织。”

7.《民法总则(草案)》(三审稿)第55条规定:“法人是具有民事权利能力和民事行为能力,依法独立享有民事权利和承担民事义务的组织。”

由以上列举的条文不难看出,我国学界与立法者对法人概念已取得较大共识,各建议稿与草案中关于法人定义的表达可能略有差异,但都承认法人具有民事权利能力、民事行为能力与民事责任能力。当然,也有学者主张将法人界定为“法律上具有权利能力的组织”,并不要求法人具有行为能力与责任能力,从而“可以对民法上的组织体在统一的法人名义之下进行分类。它不仅有利于民事组织体体系的建立,更有利于创立开放的民事主体制度。”①显然,《民法总则》并未采纳这一观点,而是接受学界通说与《民法通则》的旧制,强调法人是具有民事权利能力、民事行为能力与民事责任能力的组织。

二、规范目的与含义

(一)规范目的

《民法总则》第57条是关于法人定义的规定,其性质为说明性法条,规范意旨在于对法人概念进行法定化,便于裁判者把握法人组织的本质与构成要素,以认定某一组织是否为法人。具体如下:

第一,团体人格化功能。根据本条,凡某团体符合法人成立条件,经登记或批准之后,即取得法人资格,并同时取得民事权利能力与民事行为能力。该团体成为法人之后,即可依其独立的意思实施法律行为,并独立承担民事责任。通过该条规定,法律赋予符合条件的团体以法律人格,使团体的人格与成员的人格独立开来,从而使这些团体成为独立的民事主体。

第二,体系统领功能。法人的定义,为法人一般规定的立足点,是对所有法人“提取公因式”的总结,故该定义适用于本章所有类型的法人。法人一章所规定的各种具体的法人,均为本条规定的“法人”概念之具体种概念。不仅

---

① 参见范健:《对〈民法总则〉法人制度立法的思考与建议》,载《扬州大学学报》(人文社会科学版)2016年第2期。

如此,在整个私法主体体系中,本条规定亦起提纲挈领的作用。但凡在其他单行法中所涉法人的类型,虽可能形态各异,如《保险法》中的保险公司、《商业银行法》中的商业银行,但除法律另有规定外,其法人类型的具体构造,也应符合本条关于法人概念的一般规定。

第三,当事人能力之基础规定功能。本条规定同样昭示着法人具有一定的当事人能力。一方面,法人有独立于其成员的财产,可依独立之意思从事民事活动,并以其全部财产承担民事责任。故法人获得民事权利能力,也就相应地获得当事人能力。① 另一方面,法人民事权利能力对其当事人能力范围构成限制。虽然所有的法人都具有当事人能力,但法人的活动一般限于经济领域,法人的权利能力也被限于财产法上的关系,而不及于身份法的关系。因此,法人的当事人能力往往被限定于法人的目的范围之内。② 总而言之,《民法总则》赋予了某些团体以民事权利能力和行为能力,这也意味着该法人取得了当事人能力,同时其当事人能力亦受到本条的限制。

(二)规范含义

本条为说明性条文,且因其为法人制度的"总公因式",具体内涵被其他规定分解,故须结合其他条文来理解本条的意义。根据本条,法人概念可做如下理解:

第一,法人为社会组织。"组织"一词,一方面,旨在表明法人的"团体性",即法人既可以是与成员的变更没有关系的人的联合体,也可以是为一定目的筹集的财产而建立起来的组织体;③另一方面,该词也可用以表明法人团体的实在基础。法人团体的实在基础本身就有别于自然伦理意义之人的实在基础,其实在基础为适合于权利义务主体的组织体。又法人的权利能力与行为能力内在于法人人格,于法人成立时方才产生,而法人组织的构建必先于此,因此,根据《民法总则》第58条的规定,法人应具备自己的名称、组织机构、

---

① 参见江伟、肖建国主编:《民事诉讼法》,中国人民大学出版社2015年版,第110页。

② 参见[日]中村英郎:《新民事诉讼法讲义》,陈刚、林剑锋、郭美松译,法律出版社2001年版,第53页。

③ 参见[德]卡尔·拉伦茨:《德国民法通论(上册)》,王晓晔等译,法律出版社2013年版,第178页。

住所、财产或者经费这四个成立要件。这四个要件就是作为法人的“组织”最为基本的要素。

第二,法人是具有民事权利能力和民事行为能力的社会组织。有关法人民事权利能力和行为能力的规定,本质上是一个市场参与的问题。[①] 具体而言:法人的权利能力,系指法人可行使权利或负担义务的能力,其旨在赋予法人团体以人格,使法人成为与自然人同等地位的民事主体。但法人与自然人并非完全相同,法人的权利能力受到目的、性质及法律的限制。法人的行为能力,系指法人能为有效法律行为的能力,其与法人的意思能力紧密相连,涉及法人人格能否被视为真实存在的问题。我国《民法通则》承认了法人的行为能力,亦即肯认了法人的意思能力。法人可通过意思机关产生独立于其成员的意志,并借由法人机关加以实现,而非由其成员“代理”实现。[②] 虽法人民事权利能力与民事行为能力指向不同,但其范围一致。法律通过赋予团体以民事权利能力和行为能力,使其与自然人处于平等的参与民事活动的地位,同时又通过限制权利能力和行为能力的范围,控制法人参与民事活动的范围。

第三,法人是依法独立享有民事权利和承担民事义务的社会组织。“独立享有民事权利”的关键是法人权利能力范围的大小,上文已述。故此处解释的重点为“法人是能够独立承担民事义务的组织”。虽义务与责任可离可合,既有无义务之责任,也有无责任之义务,但在通常情况下,责任为义务的担保,违反原生义务就会派生责任承担问题。[③] 故可否独立承担民事义务的关键,在于法人是否具有民事责任能力。根据第 57 条和第 60 条的规定,《民法总则》承认了法人的民事责任能力。在对外责任上,法人可依独立财产对其他民事主体承担民事责任;在对内责任上,法人对法定代表人及其工作人员以法人的名义从事的活动承担责任。[④] 从这个意义上来说,法人独立责任为法人人格的前

① 参见苏永钦:《寻找新民法》,北京大学出版社 2012 年版,第 43 页。

② 参见江平主编:《法人制度论》,中国政法大学出版社 1994 年版,第 26 ~ 31 页。

③ 参见史尚宽:《债法总论》,中国政法大学出版社 2004 年版,第 3 页以下。

④ 参见江平主编:《法人制度论》,中国政法大学出版社 1994 年版,第 33 页。

提,又为法人独立人格的重要体现。①

综上,我国法人概念的内核由民事权利能力、民事行为能力、独立民事责任能力三部分所构成。

三、其他问题

立法者在《民法总则(草案)》(一审稿)的说明中指出,“由于法人是法律拟制的‘人’,不同的国家的民事法律对法人的分类也不同”。② 据此,对于法人本质这一问题,起草者似有意采“法人拟制说”。然而,无论是草案一审稿还是正式通过的《民法总则》,有关法人定义的规定皆赋予了法人以民事行为能力与责任能力,与“法人实在说”暗合。故《民法总则》对法人本质这一问题究竟采何种学说,尚需斟酌。

法人的本质问题,在历史上曾出现过激烈争论,有拟制说、否定说和实在说三种不同观点。具体而言:(1)法人拟制说。该说认为,构成法人之本体者为现实未存有的架空的东西,但为社会交易的需要,拟制其存在。进而推之,其一,法人仅仅是一种观念的整理;其二,法人的实体基础不同于生物意义上人的天然的实体基础,故无意思属性与人格属性;其三,法人参与法律活动,须根据组织法任命一个或者数个自然人来代表。③ (2)法人否认说。该说将法人还原于多数个人之集合或财产之集合,认为除此之外别无他物。④ (3)法人实在说。该说认为,法人是现实的社会存在,其本身就存有适于且必须赋予法律人格的社会实体。法人本身是“社会的生活单位”,具备法律上的实体基础,

① 如(2015)湘高法民二终字第47号民事判决书正确地指出:“……并且具备了企业法人其他条件的,应当认定其具备法人资格,以其财产独立承担民事责任。但如果该企业被撤销或者歇业后,其财产不足以清偿债务的,开办企业应当在该企业实际投入的自有资金与注册资金差额范围内承担民事责任。”

② 全国人大常委会:《关于〈中华人民共和国民法总则(草案)〉的说明》,载中国人大网:http://www.npc.gov.cn/npc/lfzt/rlyw/2016-06/28/content_1992350.htm,最后访问日期:2017年1月16日。

③ 参见刘得宽:《民法诸问题与新展望》,中国政法大学出版社2002年版,第495页以下;参见龙卫球:《民法总论》,中国法制出版社2001年版,第361页以下。

④ 参见刘得宽:《民法诸问题与新展望》,中国政法大学出版社2002年版,第497页;参见黄立:《民法总论》,中国政法大学出版社2002年版,第109页以下。

具有意思属性,而其意思借助于法人机关加以实现。[①]

《民法总则》明确表示法人具有权利能力、行为能力和意思能力(第57、59条),同时承认法人意思借由法人机关加以实现(第61、62条)。据此可知,《民法总则》对于法人本质这一问题采法人实在说,非法人拟制说。而立法者所言"法人是法律拟制的人",应理解为其表达可能有以下含义:立法者乃是从生活事实的角度阐述法人的构造,其意指法律将法人比附于人,乃人为创造的产物。在《民法总则》立法者的表达体系中,"法人是法律拟制的人"意在表达法律对法人的建构作用,并无为法人拟制说或法人实在说择优背书的含义。

① 参见龙卫球:《民法总论》,中国法制出版社2001年版,第363页以下。

第五十八条 【法人成立条件】

法人应当依法成立。

法人应当有自己的名称、组织机构、住所、财产或者经费。法人成立的具体条件和程序，依照法律、行政法规的规定。

设立法人，法律、行政法规规定须经有关机关批准的，依照其规定。

一、历史由来

（一）法条来源

本条规定承袭自《民法通则》第 37 条。相较《民法通则》第 37 条，本条有以下变化：

其一，由《民法通则》第 37 条的一款规定增加至三款规定，并将“法人应当依法成立”单列为该条第一款；

其二，将《民法通则》第 37 条第 2、3 项所列条件统合于本条第 2 款第 1 句，并删除了《民法通则》第 37 条第 2 项中“必要的”的限制语；

其三，《民法通则》第 37 条中第 4 项“能够独立承担民事责任”未再纳入法人的成立条件；

其四，本条第 2 款中增加“法人成立的具体条件和程序，依照法律、行政法规的规定”作为法人成立条件的补充性说明；

其五，本条增加了第 3 款规定，即“设立法人，法律、行政法规规定须经有关机关批准的，依照其规定。”

《民法通则》第 37 条将“依法成立”与其他三项条件列为法人成立的基本条件。从形式上讲，“依法成立”与其余三项成立要件呈现并列关系。但事实上，依法成立为法人成立的原则性规定，几乎无所不包，可涵盖其他三项成立要件。①

---

① 参见朱庆育：《民法总论》，北京大学出版社 2013 年版，第 410 页。

故本条将“依法成立”单列,并置于其第1款,以作法人成立条件的统领性规定。

在法人成立的具体条件中,本条将《民法通则》第37条中“必要的财产或者经费”的“必要的”这一限制语予以删除,这是对《公司法》出资制度修改的回应。根据2013年修订的《公司法》,公司出资的最低资本要求、注册资本的比重要求被予以删除,出资制度也从“实缴制”修改为“认缴制”。法人制度以公司制度为其构建原型,当立法对原型已删除出资的最低要求时,作为《公司法》上位法的《民法总则》无疑需要与其接轨,故《民法总则》对旧法规定做此修改。

在《民法通则》第37条中,“能够独立承担民事责任”,被视为法人成立的实质条件。① 实际上,“能够独立承担民事责任”为“狭义”法人概念题中应有之义,但这并不意味着其应作为法人成立的条件。这是因为,某一团体之所以能够独立承担民事责任,系因具备法人资格。换言之,独立承担民事责任仅为团体取得法人资格的法律效果。② 因此,《民法总则》将《民法通则》中“能够独立承担民事责任”从法人成立的条件中删除。

此外,本条所增加的第3款,规定的是许可主义的法人设立方式。

(二)条文演变状况及学者意见

关于法人成立的具体条件的规定,无论是学者建议稿,还是民法总则的各个草案,均存在不同程度的差异。具体而言:

1.“社科院稿”第62条规定:“法人的成立应当具备下列条件:

(一)有自己的名称、组织机构和场所;

(二)有自己的章程或者组织章程,但机关法人除外;

(三)有符合法律规定的独立财产或者经费;

(四)履行法律规定的法人设立程序。”③

---

① 参见梁上上:《中国法人概念无需重构》,载《现代法学》2016年第1期。

② 参见朱庆育:《民法总论》,北京大学出版社2013年版,第410页。

③ 梁慧星主编:《中国民法典草案建议稿附理由·总则编》,法律出版社2013年版,第135页。

2."人民大学稿"第 66 条规定:"申请设立法人,应当具备下列条件:

(一)依照法定程序设立;

(二)有自己的名称、组织机构和场所;

(三)有独立的财产或者经费;

(四)法律规定的其他条件。"①

3."法学会稿"第 58 条规定:"法人一般应当具备下列条件:

(一)依照法定程序设立;

(二)有自己的名称、组织机构和场所;

(三)有独立的财产或者经费;

(四)法律规定的其他条件。"②

4.《民法总则(草案)征求意见稿》(2016 年 5 月 20 日修改稿)第 52 条规定:"法人应当具备下列条件:

(一)依法成立;

(二)有必要的财产或者经费;

(三)有自己的名称、组织机构和场所;

(四)能够独立承担民事责任。"

5.《民法总则(草案)》(一审稿)第 54 条规定:"法人应当依法成立。

法人应当有自己的名称、组织机构和住所。法人成立的具体条件和程序,依照法律的规定。

设立法人,法律规定须经有关机关批准的,依照其规定。"

6.《民法总则(草案)》(二审稿)第 56 条规定:"法人应当依法成立。

法人应当有自己的名称、组织机构和住所。法人成立的具体条件和程序,依照法律、行政法规的规定。

设立法人,法律规定须经有关机关批准的,依照其规定。"

---

① 王利明主编:《中国民法典草案建议稿及说明》,中国法制出版社 2004 年版,第 12 页以下。

② 中国法学会民法典编纂项目领导小组、中国民法学研究会:《中华人民共和国民法典·民法总则专家建议稿》,载中国民商法律网:http://www.civillaw.com.cn/zt/t/?id=30198,最后访问日期:2017 年 1 月 23 日。

7.《民法总则(草案)》(三审稿)第56条规定:“法人应当依法成立。

法人应当有自己的名称、组织机构、住所、财产或者经费。法人成立的具体条件和程序,依照法律、行政法规的规定。

设立法人,法律、行政法规规定须经有关机关批准的,依照其规定。”

从上文列举不难看出,《民法总则(草案)征求意见稿》(2016年5月20日修改稿)完全承袭了《民法通则》第37条旧制,《民法总则(草案)》(一审稿)、《民法总则(草案)》(二审稿)就征求意见稿的规定进行了大幅调整。而《民法总则(草案)》(三审稿)及正式通过的《民法总则》与此前两次审议稿的规定的不同之处在于,此前两次审议稿均未将“财产或者经费”作为法人成立的基本条件,三审稿及《民法总则》重拾《民法通则》之规定,将“财产或者经费”作为法人成立的基本条件。其原因在于,虽然《公司法》不再对公司注册资本的最低限额做要求,并将实缴制改为认缴制,但这并不表明公司成立无需财产。公司出资制度从实缴制改为认缴制,所表明的仅是资本审查机制的转变,并不表明法人成立无需任何财产或者经费。相反,公司法人只有具备财产,才能独立展开民事活动。对于其他非营利法人,其目的事业的展开,也以具有财产或者经费为前提。

在民法总则的制定过程中,学界关于本条规定的主要争议,在于是否应将“能够独立承担民事责任”,继续作为法人成立的条件。有学者就此指出,尽管《民法通则》规定了法人应具备“能够独立承担民事责任”这一条件,但在规范层面上,这一法律规定无法体现为一项具体的义务,不具有可操作性:不论是公司、合作社登记,还是社会团体、基金会登记,申请人都无法提供“能够独立承担民事责任”的文件,以供登记机关审核;另外登记机关也无法以是否符合“能够独立承担民事责任”这一条件,作出予以登记或不予登记的决定,更不可能对已经设立的法人团体,因其不具备“能够独立承担民事责任”这一要件,而作出撤销登记或其他处罚的决定。①《民法总则(草案)征求意见稿》(2016年5月20日修改稿)继续将其作为法人成立的条件,后续草案显然意识到了问

① 参见柳经纬:《民法典编撰中的法人制度重构——以法人责任为核心》,载《法学》2015年第5期。

题的存在，取消了这一要求。正式通过的《民法总则》延续了后续草案的做法，即不再将“能够独立承担民事责任”列为法人的成立条件。

二、规范目的与含义

（一）规范目的

法人系法律构造之物，并非所有的团体都可成为具有民事权利能力和行为能力且能够独立承担责任的法人，问题因而在于何种团体可以成为法人以及如何成为法人，本条即旨在规定取得法人资格须具备的法律标识和条件。

在体系上，本条构成了其他法律、行政法规具体化法人资格取得条件的上位法依据。该条为各类法人成立条件的公因式，其他有关法人成立条件的规定不过是该条的具体化。本条第 1 款表明，不论何种团体，取得何种类型的法人资格，必须有法律依据；第 2 款明确了我国法人设立的基本要件；第 3 款确立了某些特殊法人的成立须经有关国家机关批准这一条件。同时，作为具体化本条规定的法律、行政法规，其关于法人的规定不可与本条相悖。

（二）规范含义

该条由 3 款组成，所规范的是法人的成立条件。

1. 本条第 1 款

本款规定“法人应当依法成立”，表明我国法人的设立不采自由设立主义，不论何种团体取得何种类型的法人资格，均须存在法律依据，此即团体人格法定原则。[①] 对于该款规定的含义，可从以下角度加以把握：

第一，“法人应当依法成立”中的“法”应指法律、行政法规。设立法人是宪法中结社自由的体现，而依法成立的核心却是国家通过法律、行政法规，实现国家对法人的监管。因此，法人成立的问题，涉及结社自由与国家管制之间的平衡，而这种平衡只能由法律、行政法规予以实现。如果任由地方性法规、部门规章对法人成立问题进行规定，那么结社自由不过一纸空文。

此外，本条第 1 款是法人成立的原则性规定，其具体的规范含义须由本条第 2、3 款具体化。从本条第 2、3 款来看，确定法人成立具体条件和程序所依

① 参见梁慧星：《民法总论》，法律出版社 2011 年版，第 136 页。

据的法律规范,均为“法律、行政法规”。从这个角度来看,也可得出“法人应当依法成立”中的“法”为法律、行政法规这一结论。

第二,“法人应当依法成立”是法人成立的原则性规定。有学者指出,《民法通则》第37条中的法人“依法成立”是一个近乎无所不包的表达,既指法人资格取得须依照法定程序,也可囊括法人实质要件的合法性;既可指设立行为“合法性”,也可指法人目的事业须“合法”。① 但是,如果对“依法成立”作如此宽泛的解释,该条若以此法理为基础,就会失去意义。

但应注意的是,这种批评意见的对象是《民法通则》第37条。《民法通则》第37条将“依法成立”置于该条第1项,与其他三项条件并列为法人成立要件。而在《民法总则》第58条中,“法人应当依法成立”已被单列,并置于该条的第1款。在逻辑关系上,本条第1款为其他两款的总纲目,这已不同于《民法通则》第37条各项间的逻辑关系。故“法人应当依法成立”作为法人设立法定主义的原则性表达,含义当然宽泛,不成问题。

2. 本条第2款

本款由两句构成:第1句规定了法人成立的四个基本要件,即自己的名称、组织机构、住所、财产或者经费;第2句是对第1句的进一步阐释,惟其所采用的是指示参照的规定方式,即须参照其他法律、行政法规,以明确本款第1句规定的名称、组织机构、住所、财产或者经费的具体含义。

其一,自己的名称。为了明确交易对象和方便国家对法人的监管,法律要求法人实行“显名主义”,即作为民事主体的法人必须具备自己的名称。对于私法人的设立,法人的设立人原则上可以自由选择法人的名称,但法律对法人命名进行适当干预。一般而言,具有以下限制:(1)名称单一原则,即一个法人仅能使用一个名称(《企业名称登记管理规定》第6条、《公司登记管理条例》第11条)。(2)警示原则,如《公司法》第8条规定,必须在公司名称中注明有限责任或者存在有限公司的字样,并且禁止非法人组织冒用“有限责任公司”或者“股份有限公司”。(3)要素组成限定原则,如企业名称须由下列要素依次组成:所在地行政区划名称、字号(商号)、行业或者经营名称、组织形式

① 参见朱庆育:《民法总论》,北京大学出版社2013年版,第410页。

(《企业名称登记管理规定》第7条)。(4)公序良俗原则,即法人所取名称不得有损于国家、社会公共利益、不得对公众造成欺骗或者误解、不得包含政党名称、党政机关名称等(《企业名称登记管理规定》第9条、《基金会名称管理规定》第10条等)。①

其二,组织机构。我国法人概念采"法人实在说",肯认了法人的权利能力与行为能力,并以组织机构为法人的实在基础。为形成并贯彻法人的独立意思,法人须有意思机关、执行机关与监督机关。具体而言:(1)意思机关,即形成法人团体意志的组织机构,如股东大会、社会团体法人中的会员大会等。对于无意思机关的财团法人,其意思由捐助章程形成。(2)执行机关,即执行法人的意思及意思机关的决议,对内组织管理法人内部所发生的事务,对外代表法人进行民商事活动的机关。② (3)监督机关。监督机关以监督执行机关的具体活动为己任,一般而言,公司法人必须设立监督机关,其他类型的法人可自由选择是否设立监督机关。

其三,住所。法人住所是法人民事活动的中心。为确定与法人有关的民事关系及法律事实的空间要素,法律确立某一固定地点为法人之所在,即为法人的住所。据《民法总则》第63条:"法人以其主要办事机构所在地为住所。依法需要办理法人登记的,应当将主要办事机构所在地登记为住所。"另据《社会团体登记条例》第10条、第16条及《公司登记管理条例》第9条,我国对营利法人和社会团体法人的住所采登记要件主义,其住所非经登记,不生效力。以主要办事机构所在地为住所,不需要办理法人登记的法人,主要是指《民法总则》中的特别法人。

其四,财产或者经费。这是法人享有民事权利和承担民事义务的重要物质基础,也是其得以独立承担民事责任的重要保障。其中财产主要是针对营利法人而言的,而经费是针对非营利法人的要求。对于需要财产或者经费的多寡,我国《公司法》中已经删除一般公司类型的注册资本最低要求,但这并不意味着一般类型的公司不需要财产。为保护交易安全,对于特殊的公司类型,

① 参见刘俊海:《现代公司法》(上),法律出版社2015年版,第90页。

② 参见寇志新:《民法总论》,中国政法大学出版社2002年版,第138页。

如商业银行、基金管理公司、保险公司、劳务派遣公司等,各特别法对其注册资本仍有要求。

3. 本条第3款

本款规定的是“许可主义”的法人设立方式。所谓“许可主义”,是指法人的设立除应符合法律规定的条件,尚须经过主管行政官署的批准,法人方能成立。①

应注意的是,第3款的适用以第2款为其前提,亦即即使法律对某一类法人的成立采许可主义,该类法人的成立同样需要满足本条第2款所规定的法人成立要件。在我国,法人设立以准则主义为原则,以许可主义为例外。凡须经过批准才能成立法人的,都须有法律或者行政法规的明文规定。

三、其他问题

《民法总则》第58条第2款第1句规定了法人成立的四项条件,紧接着该款第2句规定“法人成立的具体条件和程序,依照法律、行政法规的规定”。因此,该款第2句应具有以下两层含义:其一,法律、行政法规规定的具体条件和程序为第1句中四个要件的具体化,成立任何类型的法人均须具备这四个要件;其二,法律、行政法规如果有特殊规定,则依其特殊规定。如公司法人、基金会法人的成立除上开四个要件外,还须具备章程。

本条第3款规定,“设立法人,法律、行政法规规定须经有关机关批准的,依照其规定”。不难发现,该款规定须经过有关机关批准设立的法人,也须具备本条第2款所规定的四项要件。而依上述解释,该条第3款的法人成立须经批准也可以涵盖于第2款第2句之下,即“须经批准”可视为法律、行政法规的特殊规定。在此种情形下,本条第3款规定变得冗余。

为避免本条第3款冗余,笔者认为,须限缩本条第2款第2句的适用范围,使之不包括第3款之含义。第3款的适用虽以第2款为基础,但其含义却不在第2款射程之内;或将第3款视为第2款特殊的规定,有特殊规定时,优先适用第3款这一特殊规定。

① 参见江平主编:《法人制度论》,中国政法大学出版社1994年版,第113页。

第五十九条 【法人民事权利能力与民事行为能力的取得与消灭】

法人的民事权利能力和民事行为能力，从法人成立时产生，到法人终止时消灭。

一、历史由来

（一）法条来源

本条规定是对《民法通则》第36条第2款的承袭。《民法通则》第36条第2款是对法人民事权利能力和民事行为能力起止时间的规定，本条规定原封不动承袭了该条款。

（二）条文演变状况及学者意见

本条规定在民法总则的制定过程中，就条文内容而言并没有实质性变化，具体而言：

1.“社科院稿”第61条规定：“法人的民事权利能力和民事行为能力，从法人成立时取得，至法人解散时消灭。”①

2.“人民大学稿”第65条规定：“法人的民事权利能力和民事行为能力，从法人成立时取得，至法人终止时消灭。”②

3.“法学会稿”第56条规定：“法人是具有民事权利能力和民事行为能力，依法独立享有民事权利和承担民事义务的组织。

法人的民事权利能力和民事行为能力，从成立时产生，到终止时消灭。”③

---

① 梁慧星主编：《中国民法典草案建议稿附理由·总则编》，法律出版社2013年版，第133页。

② 王利明主编：《中国民法典学者建议稿及立法理由·总则编》，法律出版社2005年版，第129页。

③ 中国法学会民法典编纂项目领导小组、中国民法学研究会：《中华人民共和国民法典·民法总则专家建议稿》，载中国民商法律网：http://www.civillaw.com.cn/zt/t/？id=30198，最后访问日期：2017年1月23日。

4.《民法总则(草案)征求意见稿》(2016 年 5 月 20 日修改稿)第 51 条规定:“法人是具有民事权利能力和民事行为能力,依法独立享有民事权利和承担民事义务的组织。

法人的民事权利能力和民事行为能力,从法人成立时产生,到法人终止时消灭。”

5.《民法总则(草案)》(一审稿)第 55 条规定:“法人的民事权利能力和民事行为能力,从法人成立时产生,到法人终止时消灭。”

6.《民法总则(草案)》(二审稿)第 57 条规定:“法人的民事权利能力和民事行为能力,从法人成立时产生,到法人终止时消灭。”

7.《民法总则(草案)》(三审稿)第 57 条规定:“法人的民事权利能力和民事行为能力,从法人成立时产生,到法人终止时消灭。”

赋予法人民事权利能力,是承认法人为一类独立民事主体的逻辑必然,故各国民法均赋予法人民事权利能力。然而,是否赋予法人民事行为能力,则因立法者对法人本质持不同观点而有所不同。在《民法总则》立法过程中,关于法人民事权利能力起止时间的规定,学界虽然争议不大,但对是否应赋予法人民事行为能力则尚存争议,这也间接影响了本条的规定。有学者建议将法人界定为“法律上具有权利能力的组织”;[①]相应地,本条应规定为“法人的权利能力自成立时产生,于终止时消灭”,[②]删去民事行为能力起止时间之规定。显然,《民法总则》仍采学界通说,赋予法人民事行为能力,在本条同时规定民事权利能力与民事行为能力的起止时间。

二、规范目的与含义

(一)规范目的

本条是关于法人民事权利能力与民事行为能力的取得与消灭的规定。该规定旨在明确法人何时取得民事权利能力和民事行为能力,确定法人在哪个时段内拥有成为民事权利义务主体的资格以及在哪个时段内能够独立从事有

---

① 参见范健:《对〈民法总则〉法人制度立法的思考与建议》,载《扬州大学学报》(人文社会科学版)2016 年第 2 期。

② 李永军等:《中华人民共和国民法总则(专家建议稿)》,载《比较法研究》2016 年第 3 期。

效的法律行为。[①]

此外,法人民事权利能力与法人当事人能力密切相关,因此,本条规定在确定法人是否具有民事权利能力的同时,同样起到确定法人当事人能力的作用。在部分案件中,如果涉讼"法人"在诉讼时尚未成立或已经终止,那么法院可以驳回该"法人"作为原告提起的诉讼;如果该"法人"作为被告被诉至法庭,法院可以要求原告变更起诉对象。[②]

(二)规范含义

自然人的权利能力始于出生、终于死亡,法人与自然人相似,其权利能力也存在于其存续期间内。故本条规定,法人的民事权利能力"从法人成立时产生,到法人终止时消灭"。然而,如果说自然人的权利能力的存续是基于自然人的本质属性,那么法人权利能力的存续,则只是法律或法人章程对法人参与社会交往的一种理性规制,因此有必要探讨法人何时成立、何时终止。

法人的民事权利能力,从法人成立时产生。法律对待法人成立,因组织体目的、形态或涉及的社会价值不同,往往区别对待。[③]《民法总则》第 56 条第 2 款第 2 句"法人成立的具体条件和程序,依照法律、行政法规的规定"即体现斯旨。同时,此处之所以使用"成立"二字,而非"登记",主要是考虑到各种类型的法人其成立的时间是不同的。[④] 具体而言:(1)根据《民法总则》第 77 条、第 88 条、第 90 条、第 92 条第 1 款之规定,营利法人、提供公益服务设立的事业单位、为实现公益目的或者会员共同利益等非营利目的设立的社会团体、为实现公益目的以捐助财产设立的基金会、社会服务机构等,经依法登记后始取得民

---

① (2016)最高法民申 1572 号民事裁定书指出:"《中华人民共和国民法通则》第三十六条第二款规定:'法人的民事权利能力和民事行为能力,从法人成立时产生,到法人终止时消灭。'安宜医院注销后法人资格消灭,其不再具有民事行为能力。因此,尽管在 2002 年 7 月 31 日宝应建行发出的《逾期贷款催收通知书》上加盖有安宜医院公章,亦不具有法律效力。"(2016)鄂民申 1739 号民事裁定书、(2015)肇要法新民初字第 243 号民事判决书等同样在此意义上援引《民法通则》第 36 条第 2 款的规定。

② (2015)渝高法民提字第 00144 号民事判决书、(2015)粤高法民二破终字第 51 号民事裁定书等即在此意义上援引原《民法通则》第 36 条第 2 款的规定。

③ 龙卫球:《民法总论》,中国法制出版社 2002 年版,第 345 页。

④ 王利明主编:《中国民法典学者建议稿及立法理由 · 总则编》,法律出版社 2005 年版,第 130 页。

事权利能力;(2)根据《民法总则》第88、90、97条之规定,提供公益服务设立的事业单位、为实现公益目的或者会员共同利益等非营利目的设立的社会团体中不需要办理法人登记的,以及有独立经费的机关和承担行政职能的法定机构,自成立之日起即取得权利能力;(3)根据《民法总则》第99、100条之规定,农村集体经济组织和城镇农村的合作经济组织,依据特别法的具体规定取得权利能力;(4)居民委员会、村民委员会等基层群众性自治组织因在我国已经广泛存在,且具有一定的稳定性,故《民法总则》第101条直接承认这些主体具有权利能力。综上可知,法人的成立乃以登记为原则,法律规定不需要登记的除外。

法人的民事权利能力,到法人终止时消灭。法人的终止相当于自然人的死亡。然而,自然人死亡是一件较为容易确定的自然事件;法人的终止则不同,法人的生命何时终结,端视实证法如何规定。具体而言:(1)法人解散的,根据《民法总则》第72条第3款的规定,清算结束并完成法人注销登记时,法人终止;依法不需要办理法人登记的,清算结束时,法人终止。(2)法人破产的,根据《民法总则》第73条之规定,法人被宣告破产的,依法进行破产清算并完成法人注销登记时,法人终止。(3)此外,根据《民法总则》第98条之规定,机关法人被撤销的,法人终止。综上可知,《民法总则》相关规定确定的基本原则是法人终止不仅要完成清算工作,还须完成法人注销登记,法律另有规定的除外。因此可以说,《民法总则》明确我国法人终止采登记要件主义。

所谓法人的民事行为能力,是指法人以自己独立的意思表示,有效为法律行为的能力。与法人民事权利能力不同,是否赋予法人民事行为能力,端视立法者如何看待法人的本质。我国立法者早在《民法通则》中便已对法人本质问题明确表态,即采法人实在说,认可法人有行为能力。

鉴于法人两个能力起止时间的具体确定尚需依据其他法律的具体规定,故本条为不完全法条。

需要注意的是,自然人的行为能力与权利能力享有的时间不完全相同,权利能力与生俱来,而行为能力则根据其年龄和智力发育状况而定。但本条表明,法人的民事行为能力同民事权利能力一样,始于成立,终于终止,这便与自然人存在差异。盖法人的行为能力是作为一个圆满的整体而存在的,没有伸缩的空间，故法人的行为能力随法人的权利能力的取得或丧失而享有或消灭。

三、其他问题

就是否应赋予法人民事行为能力这一问题，上述以法人本质学说为起点来证成是一种主流的论证思路。但这种论证思路是否恰当，学界亦有质疑之声。有观点就指出，有关法人本质学说的争论，本质上都是在比附自然人；但法人行为能力制度这一问题是一个实践问题，妥善平衡当事各方的利益，加载适当的功能实现问题的解决才是个中关键；故这种通过法人本质的争议来决定应否赋予法人行为能力的设计思维，某种程度上与法律的制定原则不符：法律追求的应该是社会价值的实现，而不是机械的技术类比。① 因此，似乎也不难理解为什么德日及英美的主流学说均对法人性质存而不论，法律实践也改采实用主义态度，②许多法学家甚至断言，有关法人性质的争论是无益之争。③

本条规定"法人的民事权利能力和民事行为能力"产生和消灭的时间，分别为法人"成立"和"终止"之时。然而如上文所言，法人具体何时"成立""终止"，本条规定并未明确回答，因此本条是一个不完全法条。故在实际适用本条规定时，须通过《民法总则》其他法条以及其他有关法律、法规来进一步确定法人的"成立""终止"时间，方能将本条之规定正确付诸适用。除上文已经列举的《民法总则》中部分规定不同法人成立、终止时间的条文外，还需要特别注意一些特别法中规定的某些法人特殊的成立、终止方式。

关于法人终止的时点，从上文梳理不难发现，我国现行法原则上规定以"注销登记"作为法人终止的时点，然而此种规定是否妥当，仍有争议。有观点认为，基于第三人利益之保护，公司的登记簿不能有积极公示功能，法人的主

---

① 参见蔡立东：《论法人行为能力制度的更生》，载《中外法学》2014年第6期；龙卫球：《民法总论》，中国法制出版社2002年版，第372页。

② 参见谢鸿飞：《论民法典法人性质的定位——法律历史社会学与法教义学分析》，载《中外法学》2015年第6期。

③ 参见［德］迪特尔·梅迪库斯：《德国民法总论》，邵建东译，法律出版社2000年版，第823页；［德］卡尔·拉伦茨：《德国民法通论（上册）》，王晓晔等译，法律出版社2013年版，第180页；王文宇：《揭开法人的神秘面纱——兼论民事主体的法典化》，载《清华法学》2016年第5期。

体资格伴随着清算结束而消灭。[1] 从比较法上看,德国法虽要求股份有限公司将解散登记于商事登记簿,但登记只是发挥宣示性的作用,不具有生效性的效力。[2]

最后,通览《民法总则》之规定,不难发现,有关法人民事行为能力的规定止步于本条,《民法总则》与《民法通则》一样,并未就法人民事行为能力制度再做进一步的规定。有学者对《民法通则》第 36 条在司法实践中的适用状况进行实证研究的指出,该条规定主要被援引作为确证诉讼当事人是否具有法人资格的依据。[3] 然而这一问题实际上完全属于法人民事权利能力的职能范畴,法人行为能力于是成为一个全有或全无的问题,该制度并未承载确定法律行为效力的实质规范意义,而仅发挥着完备民法知识体系和制度体系的装饰意义。[4] 因此,在如何完善并充分利用法人行为能力制度这一问题上,尚有解释论的空间。

---

① 参见朱庆育:《民法总论》,北京大学出版社 2013 年版,第 429 ~ 430 页。

② 参见[德]格词・怀克、克里斯蒂娜・温德比西勒:《德国公司法》,殷盛译,法律出版社 2010 年版,第 458 页。

③ 参见蔡立东:《论法人行为能力制度的更生》,载《中外法学》2014 年第 6 期。

④ 参见蔡立东:《论法人行为能力制度的更生》,载《中外法学》2014 年第 6 期。

第六十条 【法人的民事责任】

法人以其全部财产独立承担民事责任。

一、历史由来

(一)法条来源

本条规定是由《民法通则》第48条改造而来。该条规定:“全民所有制企业法人以国家授予它经营管理的财产承担民事责任。集体所有制企业法人以企业所有的财产承担民事责任。中外合资经营企业法人、中外合作经营企业法人和外资企业法人以企业所有的财产承担民事责任,法律另有规定的除外。”

《民法通则》第48条虽然规定了法人的独立责任,但该规定的适用对象仅限于企业法人,即从事经营活动的法人。至于非企业法人等是否也仅以其财产承担民事责任,《民法通则》并未明确表态,但鉴于《民法通则》第37条要求法人应当“能够独立承担民事责任”,责任独立乃法人的最基本特征之一,故答案显然是肯定的。

本条对《民法通则》第48条进行了如下修改:(1)将本条规定从某一类法人的具体规定提升为法人这一章的一般规定。按照“提取公因式”的立法技术,将该规定提取到一般规定中,意味着该规定被作为法人一章的“公因式”来对待,该规定不仅可以适用于营利法人,而且亦可适用于非营利法人与特别法人。(2)本条规定放弃了《民法通则》第48条复杂的分类式表述,更为抽象、简洁地规定法人的独立民事责任。这也进一步彰显了该规定的“公因式”地位。(3)相比《民法通则》第48条的规定,本条特别强调,法人是“独立”承担民事责任。(4)《民法通则》第48条在中外合资经营企业法人、中外合作经营企业法人和外资企业法人独立责任的规定中,还保留了独立责任的例外性规定,而本条未予保留。

需注意的是,《民法通则》第 37 条将“能够独立承担民事责任”作为法人的成立条件之一,犯了倒果为因的错误。因为独立责任并非某一团体获得主体资格的前提条件,相反,某一团体因符合法定条件并依法定程序设立从而被法律赋予团体人格,它才“能够独立承担民事责任”。对于《民法通则》第 37 条的规定,学界早有广泛批评。《民法总则》放弃了《民法通则》第 37 条的“能够独立承担民事责任”这一要求,仅在本条规定“法人以其全部财产独立承担民事责任”,显然意识到了《民法通则》的这一错误。

(二)条文演变状况及学者意见

《民法总则(草案)征求意见稿》(2016 年 5 月 20 日修改稿)中并没有独立的有关法人独立责任的条款,该草案承《民法通则》第 37 条旧制,在法人成立的条件中,规定法人应当“能够独立承担民事责任”。单列条款规定法人独立责任始于《民法总则(草案)》(一审稿),后续草案承袭了一审稿的做法。

1.“社科院稿”第 65 条规定:“法人以其全部财产独立承担民事责任。

根据宪法、法律设立并担负公共职能的法人,其民事责任的承担,法律另有规定的,依照其规定。”①

2.“人民大学稿”第 65 条规定:“法人以其全部财产独立承担民事责任,但法律、行政法规另有规定的除外。”②

3.“法学会稿”第 63 条规定:“法人以其全部财产独立承担民事责任,法律另有规定的除外。”③

4.《民法总则(草案)》(一审稿)第 56 条规定:“法人以其全部财产独立承担民事责任。”

5.《民法总则(草案)》(二审稿)第 58 条规定:“法人以其全部财产独立承担民事责任。”

---

① 梁慧星主编:《中国民法典草案建议稿附理由·总则编》,法律出版社 2013 年版,第 142 页。

② 王利明主编:《中国民法典学者建议稿及立法理由·总则编》,法律出版社 2005 年版,第 143 页。

③ 中国法学会民法典编纂项目领导小组、中国民法学研究会:《中华人民共和国民法典·民法总则专家建议稿》,载中国民商法律网:http://www.civillaw.com.cn/zt/t/?id=30198,最后访问日期:2017 年 1 月 23 日。

6.《民法总则(草案)》(三审稿)第58条规定:“法人以其全部财产独立承担民事责任。”

须注意的是,在《民法总则》制定过程中,《民法总则》应否承袭《民法通则》第48条之规定,亦即《民法总则》应否继续将独立责任规定为法人的基本特征之一,学界有争议。此即学界所争论的我国法上“法人”概念是否需要重构的问题。具体而言,有学者就民法典是否应当采广义的法人概念即是否应当将合伙企业等纳入法人概念之下争论时指出,法人是否以承担独立责任为其特征尚存争议。[①] 我们认为,在争论中国的法人是否需要重构,即是否应当将合伙企业等纳入法人概念之下时,学者们所争论的并非法人应否具有独立承担民事责任的特征问题,而是法人成员承担有限责任是否应当成为法人的特征这一问题。实际上,如下文所言,责任独立乃独立民事主体题中应有之义,不应当有什么太大争议,无限责任的形态实际上也并不影响法人的独立人格。[②] 同时,是有限责任还是无限责任与是否独立承担民事责任,也是两个完全不同的范畴,其中没有必然联系。显然,本条规定表明,《民法总则》仍然认为独立责任乃法人的本质特征之一。

二、规范目的与含义

(一)规范目的

本条是关于法人独立、无限责任的规定。本条的规范目的就是在于明确法人应对自己的债务承担独立、无限责任,当法人资不抵债时,其债权人原则上不能主张以法人出资人之自有财产实现其债权。

立法者之所以煞费苦心单列一条强调法人的独立责任,原因在于我国原来长期实行“政企不分”的体制,学界对国家是否应对国有企业的债务承担责任这一问题认识混乱。故在改革开放初期,《民法通则》中法人独立责任条款

① 参见柳经纬:《民法典编纂中的法人制度重构——以法人责任为核心》,载《法学》2015年第5期;梁上上:《中国的法人概念无需重构》,载《现代法学》2016年第1期;范健:《对〈民法总则〉法人制度立法的思考与建议》,载《扬州大学学报》(人文社会科学版)2016年第2期。

② 参见江平主编:《法人制度论》,中国政法大学出版社1994年版,第34~35页。

可以说担负着重塑企业制度尤其是国有企业制度的使命,[1]独立责任规定的重要性不言而喻。然而需要注意的是,随着社会主义市场经济的发展,尤其是国企公司制改革的不断深化,法人独立责任的观念已经深入人心,成为现代经济社会的基本常识之一。但是,作为法人制度的一个基本规范,尤其是在改革理念还需强化、改革任务仍然繁重的今天,本条规定所做的宣示依然有重要的积极意义。

本条规定的规范目的决定了本条规定在实践中主要起辅助作用,即主要用以最后坐实将责任归于哪个民事主体。如在(2015)辽审一民申字第688号民事裁定书、(2015)民提字第197号民事判决书[(2013)长民四重字第00002号民事判决书]中,法院均是在查明案件事实、解决好原被告双方各自应该承担什么责任后指出,作为民事主体的法人应独立承担民事责任(原《民法通则》第48条)。

(二)规范含义

所谓法人的民事责任,在法人制度中有两种意义:一种是指法人是否以其全部资产独立清偿其所负债务;另一种是指法人对其成员以法人名义从事的民事活动是否承担责任。前者系外部责任,所要解决的是当法人的全部资产不足以清偿债务时,要不要由其他主体(如出资人)来承担清偿责任的问题;后者则为内部责任,所要解决的是在什么情况下法人成员所实施的行为后果应由法人承担责任,什么情况下由成员自己承担责任。本条规定,法人以其全部财产承担民事责任,显然指的是外部责任。

有观点认为,本条规定的内容是法人的有限责任。[2] 笔者认为,这种观点并不准确。通常所说的有限责任,是指法人的出资人仅以其出资额为限对法人的债务承担责任,即出资人对法人债务的有限责任;而此处所言的独立责任,则是指法人仅以自己的财产对自己的债务承担责任。本条规定的显然是法人的独立责任,而非出资人的有限责任。而且,法人的独立责任与法人成员

---

① 参见柳经纬:《民法典编纂中的法人制度重构——以法人责任为核心》,载《法学》2015年第5期;

② 参见王利明主编:《中国民法典学者建议稿及立法理由·总则编》,法律出版社2005年版,第143页;于海涌:《中国民法典草案立法建议·提交稿》,法律出版社2016年版,第36页。

的有限责任之间并不存在必然的联系，独立责任仅意味着权利主体以自己的名义和自己的财产对外承担责任，并不意味着所有的责任都由自己承担，而其他人在任何时候都不对此承担责任。①

根据本条之规定，法人的民事责任作为一种外部责任，具有如下特点：

第一，独立性。以文义观之，法人应以其全部财产"独立"承担责任。所谓独立，即法人仅以自己所享有的财产对自己所负债务承担责任，法人的民事责任与法人成员彼此独立、分离，当法人自有财产无法清偿其所负到期债务时，只能依照破产程序宣告法人破产，并按《破产法》之规定，以法人既有财产为限清偿债务，而不能要求法人的出资人替法人清偿不足部分。

除上述"法人责任与法人成员责任的相互独立"之外，法人责任的独立性尚须注意以下两个方面：(1)法人组织之间财产责任的独立，即一个法人对另一个法人的债务不承担责任，作为母公司的法人对作为子公司的法人的债务不承担额外的责任。这一点本质上来说也是法人责任与法人成员责任相互独立。之所以需要特别强调，是因为我国大量存在全民所有制企业法人、机关法人与事业单位法人。作为特殊法人的国家对于这些法人并不承担额外的责任，②换言之，这些由国家创办的法人的责任也是独立于国家本身的。现阶段，我国的绝大部分国有企业都完成了公司制股份制改革，责任独立这一点也应成为不言自明之理。(2)法人责任与其管理人员和工作人员的责任独立，即法人的董事、经理或雇员等对法人的债务除特殊情况外，也不承担责任。

第二，无限性。本条规定，法人应以其"全部财产"独立承担责任，这意味着法人承担的是无限责任。与之相反，法人成员仅以其出资额为限，对法人的债务承担责任，这意味着法人成员对法人的债务承担的是有限责任。实际上，法人对其债务承担无限责任，乃法人作为独立之民事主体的必然结果。一般而言，民事主体均应以其全部财产对外承担无限责任。法人之所以能同自然人一样为商业交易，就是因为它也是以自己所拥有的全部财产担保自己债务之履行。在这一点上，法人与自然人并无不同，民法之主体平等原则亦体现于此。

---

① 参见柳经纬：《民法典编纂中的法人制度重构——以法人责任为核心》，载《法学》2015年第5期。

② 参见江平主编：《法人制度论》，中国政法大学出版社1994年版，第272页。

三、其他问题

本条规定与前述两个学者建议稿及《民法通则》第48条之规定的一个明显区别在于,前者并未规定法人独立责任的例外条款。学者建议稿规定例外条款,主要是考虑国家机关法人和担负某些公共职能的法人,其民事责任的承担应当与一般的法人有所区别,因此借鉴发达国家经验,特设该例外条款,规定这些担负公共职能的法人,其民事责任的承担,如法律另有规定的,依照其规定。①

《民法总则》未如学者建议稿和《民法通则》第48条那样规定法人独立责任的例外条款,总体而言影响不大,不构成立法上的瑕疵。之所以这样认为,其理由在于:(1)学者建议稿为法人独立责任之例外预留空间,主要考虑的是国家机关法人和担负某些公共职能的法人与一般法人的区别,但这些法人主要是公法人,在发达国家,大多是由公法予以规定的。因此,当国家需要某一国家机关法人或担负某些公共职能的法人对其债务承担特殊责任时,自然可以由立法机关通过制定相应公法规范的方式实现,此时依"特别法优于普通法"之原理,作为普通法的民法典自动退居其后,本条规定自然也不会成为特别法人承担特殊责任的障碍。(2)即使不通过立法,国家同样可以迂回方式实现这一目的。例如,当确实需要动用某一法人的固定资产清偿债务时,如果此项固定资产系维系国家经济利益和社会利益,影响国计民生,如某些行业和某些领域中的高、精、尖设备等,理应由国家控制,那么国家完全可以折价收回,或替代该法人清偿相应数额的债务,也可以规定其他法人对此项财产的优先购买权。② 综上所述,即使本条未设例外性规定,总体而言也影响不大。

---

① 参见梁慧星主编:《中国民法典草案建议稿附理由·总则编》,法律出版社2013年版,第143页;王利明主编:《中国民法典草案建议稿及说明》,中国法制出版社2004年版,第145页。

② 参见江平主编:《法人制度论》,中国政法大学出版社1994年版,第274页。

第六十一条 【法人的法定代表人】

依照法律或者法人章程的规定，代表法人从事民事活动的负责人，为法人的法定代表人。

法定代表人以法人名义从事的民事活动，其法律后果由法人承受。

法人章程或者法人权力机构对法定代表人代表权的限制，不得对抗善意相对人。

一、历史由来

（一）法条来源

本条第 1 款和第 2 款均源自《民法通则》，但进行了改进；第 3 款则为新增。

"法定代表人"一词，立法上最早见于1981 年的《经济合同法》，该法第 31 条规定："经济合同订立后，不得因承办人或法定代表人的变动而变更或解除。"但此时法定代表人仅仅是立法上的一个名称表述，其对象、权利内容均未被涉及。1982 年《民事诉讼法》赋予法定代表人在诉权上的法定代表性，1983 年《中外合资经营企业法实施条例》第 37 条规定"董事长是合营企业的法定代表人"。1986 年《民法通则》则首次明确了法定代表人的定义。该法第 38 条规定，"依照法律或者法人组织章程规定，代表法人行使职权的负责人，是法人的法定代表人。"同时第 43 条规定，"企业法人对它的法定代表人和其他工作人员的经营活动，承担民事责任。"《民法通则》并未规定何人可以担任法定代表人，而是将此交由法律和法人章程决定。

《民法通则》出台以后，随着改革开放的深入，各类法律法规中"法定代表人"的规定越来越多。配合当时大力推行的厂长经理负责制，1988 年《全民所有制工业企业法》第 45 条、《企业法人登记管理条例》第 11 条、《企业法人登记管理条例施行细则》第 27 条，1990 年《乡村集体所有制企业条例》第 10 条，

1991 年《城镇集体所有制企业条例》第 31 条,1992 年《全民所有制工业企业转换经营机制条例》第 23 条等法律法规,纷纷明确规定厂长(经理)作为法人最高负责人担任法定代表人。由此,法定代表人的法定性、唯一性基本确立。1993 年《公司法》整合了不同位阶法律、法规关于法定代表人的表述,在明确规定董事会的结构及产生机制的基础上,直接将董事长设定为公司的法定代表人,并用相应条款赋予董事长"特权",将企业代表人的法定性和唯一性推向极致。[①] 直到 2005 年《公司法》的修订方有些许缓和,公司的法定代表人可以由章程确定,"由董事长、执行董事或者经理担任,并依法登记"。另外,《社会团体登记管理条例》《事业单位登记管理暂行条例实施细则》等行政法规和部门规章均对"法定代表人"做出了相应规定,可以说各种类型法人的"法定代表人",都被认为是法定、唯一的代表人。[②]

对于第 3 款涉及的法定代表人越权问题,《民法通则》并未直接规定,但其第 42 条规定,企业法人应当在核准登记的经营范围内从事经营。《民法通则》第 49 条和《执行民法通则意见》第 61 条则规定了企业法人超出经营范围时法定代表人的民事、行政和刑事责任。其后多年,司法实践对于法定代表人超越经营范围的行为一律认定无效。这种立法与司法状况,与改革之初计划经济的影响依然存在、通过"经营范围"管制企业经营的体制机制有关。

直到 1993 年《经济审判纪要》出台,上述做法才得以缓和。《经济审判纪要》指出,合同约定仅一般违反行政管理性规定的,例如一般地超范围经营、违反经营方式等,而不是违反专营、专卖及法律禁止性规定,合同标的物也不属于限制流通的物品的,可按照违反有关行政管理规定进行处理,而不因此确认合同无效。同时,该《经济审判纪要》还规定,企业法人的工作人员在其职务范围或者在授权范围内以企业法人的名义进行的活动,应当由法人承担责任。企业法人的工作人员事前未经授权或超越代理权,以企业名义进行职务范围

---

① 参见曹兴权、荣振华:《公司代表人制度"法定性"的弱化》,载《北方法学》2013 年第 1 期。

② 各国均存在各种形式的法人代表人制度,但其定义于立法条文中较为罕见。关于"何人可以代表法人进行民事交往",比较法上常视为法人机关的特殊问题,其内容虽有不同程度的"法定性",但其人数、效力等主要交由法人自治,通常并无"法定代表人"的表述方式。

外的活动,除企业法人追认或者知道不予制止的外,由行为人自己负责。企业法人授权不明,使相对人误认为企业法人的工作人员得到授权的,由企业法人承担责任。其他人明知企业法人的工作人员未经授权或超越代理权而仍与之进行经济交往造成损失的,无权要求行为人所在单位承担责任。也就是说,法定代表人越权行为原则上与企业无关,但法人授权不明从而形成权利表象,且相对人善意的除外。

1999 年《合同法》第 50 条改变了之前的法律状况,规定"法人或者其他组织的法定代表人、负责人超越权限订立的合同,除相对人知道或者应当知道其超越权限的以外,该代表行为有效。"同年出台的《合同法解释(一)》第 10 条规定,"当事人超越经营范围订立合同,人民法院不因此认定合同无效。但违反国家限制经营、特许经营以及法律、行政法规禁止经营规定的除外"。由此,法人对其代表人权限之限制不得对抗善意第三人的规则,最终得以建立。

(二)条文演变状况及学者意见

1. 第 1 款与第 2 款

(1)"社科院稿"第 63 条规定:"代表法人行使职权的主要负责人,是法人的法定代表人。法定代表人以及其他具有代表权的人以法人名义实施的民事活动,其后果应由法人承担。"

(2)"人民大学稿"第 66 条第 2 款规定:"依照法律或者章程规定,代表法人行使职权的负责人,是法人的法定代表人。"

第 70 条规定:"法定代表人和其他工作人员执行工作任务产生的法律后果,由法人承受。"

(3)"法学会稿"第 60 条第 2 款规定:"依照法律或者章程规定,代表法人从事民事活动的负责人,是法人的法定代表人。"

第 64 条规定:"法定代表人和其他人执行法人职务产生的法律后果,由法人承受。"

(4)《民法总则(草案)征求意见稿》(2016 年 5 月 20 日修改稿)第 53 条第 1、2 款规定:"依照法律或者法人章程规定,代表法人从事民事活动的负责人,为法人的法定代表人。

法定代表人以法人名义从事的民事活动,其法律后果由法人承受。"

(5)《民法总则(草案)》(一审稿)第57条第1、2款规定:“依照法律或者法人章程规定,代表法人从事民事活动的负责人,为法人的法定代表人。

法定代表人以法人名义从事的民事活动,其法律后果由法人承受。”

(6)《民法总则(草案)》(二审稿)第59条第1、2款规定:“依照法律或者法人章程规定,代表法人从事民事活动的负责人,为法人的法定代表人。

法定代表人以法人名义从事的民事活动,其法律后果由法人承受。”

(7)《民法总则(草案)》(三审稿)第59条第1、2款规定:“依照沃律或者法人章程规定,代表法人从事民事活动的负责人,为法人的法定代表人。

法定代表人以法人名义从事的民事活动或者其他执行职务的行为,其法律后果由法人承受。”

“社科院稿”相对于《民法通则》有两点不同:(1)《民法通则》仅针对企业法人规定了归属规则,而该建议稿将其提升至法人的一般规定,体系位置有变。盖因归属规则不仅企业法人需要,其他类型的法人也需要,属于可以提取公因式的内容。(2)《民法通则》归属规则中强调的是“法定代表人和其他工作人员的经营活动”之归属,而该建议稿强调的是具有代表权的人“以法人名义实施的民事活动”之归属,后者更加强调代表行为的外观——“以法人名义”。盖因“经营活动”是明显具有营利法人特征之表述,不符合该法条的体系地位;同时舍弃这一表述也将避免产生“超出经营范围之行为是否归属法人”之疑问。

“人民大学稿”对法定代表人的定义与《民法通则》无实质区别,归属规则方面,其第71条规定:“法定代表人及其工作人员执行职务所产生的法律后果,应当由法人承担。”体系上同样置于一般规定的位置,但强调的是“执行职务”。

“法学会稿”沿袭了“人民大学稿”,但对法定代表人定义采取了“依照法律或者章程规定,代表法人从事民事活动的负责人,是法人的法定代表人”之表述。“从事民事活动”不同于“行使职权”:首先,民法典主要关注法人的民事活动,法定代表人从事的活动也主要以民事活动为主,采取这一说法符合实际情况;其次,舍弃“行使职权”的表述,也将避免“当法定代表人超越职权行为时还是不是法定代表人”之疑问。

《民法总则(草案)》(一审稿)吸收了上述学者建议稿的意见,在法定代表人定义上采纳“法学会稿”的建议,其第57条第1款规定“依照法律或者法人章程规定,代表法人从事民事活动的负责人,为法人的法定代表人”;在归属规则上采取“社科院稿”建议,该条第2款规定“法定代表人以法人名义从事的民事活动,其法律后果由法人承受”。其后的二审稿、三审稿和最终的《民法总则》均未再变动。

2. 第3款

(1)“社科院稿”第64条规定:“法人的法律行为不因超越章程或者组织规章规定的目的范围而无效,但法律明文规定该条文无效的除外。”

第80条规定:“营利法人的章程或者股东大会、社员大会决议,或者非营利法人的章程、组织规章或者成员大会决议对法定代表人的代表权范围的限制,不得对抗善意第三人。”

(2)“人民大学稿”第77条规定:“企业法人的法定代表人权限限制不得对抗善意第三人。”

(3)《民法总则(草案)征求意见稿》(2016年5月20日修改稿)第53条第3款规定:“法人的章程或者权力机构对法定代表人的代表权范围的限制,不得对抗善意第三人。”

(4)《民法总则(草案)》(一审稿)第57条第3款规定:“法人的章程或者权力机构对法定代表人的代表权范围的限制,不得对抗善意第三人。”

(5)《民法总则(草案)》(二审稿)第59条第3款规定:“法人的章程或者权力机构对法定代表人的代表权范围的限制,不得对抗善意第三人。”

(6)《民法总则(草案)》(三审稿)第59条第3款规定:“法人章程或者权力机构对法定代表人的代表权范围的限制,不得对抗善意相对人。”

国外立法例对于代表人行为归属均有相应规则,且内容趋同;我国《合同法》及其司法解释等也有相关规定,故而借鉴比较法并反映本国立法之演变,我国学者建议稿对此问题均做了补充规定,但态度不尽相同。

根据“社科院稿”第64、80条,除法律明文规定外,法人行为不因超越目的而无效;无论营利法人还是非营利法人,章程等对法定代表人代表权限的限制均不得对抗善意第三人。

“人民大学稿”对此则区分不同类型的法人分别规制:第77条规定了企业

法人的法定代表人权限限制不得对抗善意第三人，第99、101条则明确规定了机关、事业单位和社会团体法人和基金会法人的目的限制。“法学会稿”沿袭“人民大学稿”的基本思路，第74～76条规定了营利性社团法人登记的善意保护，而在第67、88条仍然坚持对机关法人和财团捐助法人进行目的限制。

《民法总则(草案)》一审稿和其后的二审、三审稿主要吸收了“社科院稿”的做法，未区分法人不同类型，统一规定了法定代表人权限限制不得对抗善意第三人，《民法总则》原则上采取审议稿的表述，但将“善意第三人”改为了“善意相对人”，盖因与法人实施民事活动的另一方可能是法人内部的社员，或者在立法视角上将法人与法定代表人视为一方，且只有发生交易时才有“对抗”情形，故改为“相对人”表述则更为准确。

二、规范目的与含义

(一)规范目的

自然人、法人和非法人组织是《民法总则》明确承认的三类民事主体。然而，不同于自然人，法人作为一种法律构造的组织体，不论对其本质采取何种认识，事实上需要借由自然人或自然人的结合体代为行为，方可参与社会交往。由此，必然产生如下问题：(1)何人可以代表法人进行民事活动等对外交往。(2)有资格代表法人行为之人实施的行为，是否都可以归属于法人。本条之内容即为民法总则对上述问题之回答。

本条位于第三章法人之“一般规定”一节，因此应普遍适用于营利法人、非营利法人和特别法人。条文共包括三款，第1款针对“法定代表人”的定义进行描述，属于说明性法条；第2款为法定代表人行为之归属规则，该款前半句为构成要件，后半句为法律效果，但其具体构成要件以及法律后果的内容，仍有待结合其他法条方可明确，故本身并非请求权基础，而只是一个归责条款，属于不完全法条；第3款为法定代表人权限之外部效力，从体系上看属于第2款之例外情况，亦为不完全法条。

(二)规范含义

1.本条第1款

本款为法定代表人定义之描述。根据文义，法定代表人含义可做如下理解：

第一，法定代表人的产生途径有两种：法律或法人章程确定。法人制度反映了自然人结社自由的可实现程度，是私法自治的表现之一。[①] 法定代表人作为法人的意思表达者，其产生应当以法人自治为主。根据本法第 81 条、第 91 条和第 93 条，我国的营利法人和非营利法人之法定代表人的确定，基本由章程自治。机关法人等特别法人，因涉及公法、特别政策或公共利益，其法定代表人一般由法律规定。

第二，法定代表人应为法人的负责人。(1)所谓负责人，依文义观之，为负担责任之人，或负责某项事务之人。一般而言，权责是相对应的，负担责任之人也应当是对该事项有权力(职权)之人。故法人的负责人，应当是对法人事务享有职权、能够对法人事务负责任之人。可见，法定代表人的选任有一定范围，并非所有工作人员均可担任，而应由其中权力较大、职务较高者承担。(2)本款文义并不能得出法定代表人的“唯一性”。历史上看，我国的法定代表人制度与“首长负责制”有密切关系，法定代表人往往被限定为法人最高行政领导一人。这种唯一性当然有利于社会交往中的相对人方便地确认法人的法定代表人，但同时也使得法定代表人制度过于僵化，在缺乏其他制约规则的情况下助长了法定代表人滥权。[②] 因此，法人的负责人不宜解释为“唯一”负责人，什么样的人有资格担任法定代表人，以及其最终有几人，应当从有利于法人意思充分被理解和表达的角度出发，结合法人的不同类型，由法律规定或法人章程自治。

第三，法定代表人目的在于“代表法人从事民事活动”，其与法人之间是代表关系。对于法定代表人和法人的关系，理论上历来有代表说和代理说之争，[③]两者分别对应着法人本质上的实在说和拟制说。前者认为法定代表人行为就是法人自身行为，法定代表人作为法人机关的负责人，与法人合二为一，并非独立主体；后者则认为法人与其法定代表人都是独立的民事主体，后者作为法人的代理人从事行为，根据代理将行为后果归属于法人。两种学说在解

---

① 参见朱庆育：《民法总论》，北京大学出版社 2013 年版，第 407 页。

② 参见方流芳：《国企法定代表人的法律地位、权力和利益冲突》，载《比较法研究》1999 年第 21 期。

③ 参见朱庆育：《民法总论》，北京大学出版社 2013 年版，第 448 页。

释方面虽有一定区别,但在纠纷处理的实际效果上并无实质差异。中国民法历来对于法人本质采取实在说中的组织体说,[①]关于两者的关系,当然采取代表说。故本条中法定代表人作为法人的意思表达者,是法人进行民事活动和对外交往的代表,其行为应视为法人本身行为。

2. 本条第2款

本款为法定代表人行为之归属规则。根据文义,法定代表人行为之效果欲归属于法人,须满足以下构成要件:

第一,行为人必须首先具有法定代表人身份。法定代表人身份是其代表法人对外活动的前提。(1)一般而言,根据法律或者法人章程,某自然人系因担任法人的某项职务而被赋予法定代表人资格。例如,我国《高等教育法》第30条规定,"高等学校的校长为高等学校的法定代表人";某公司章程规定董事长为公司法定代表人。法律或章程对某一职务任职资格有要求的,法定代表人均应当满足。(2)法人应将其法定代表人的姓名予以登记,以便于外界确认,但登记仅是确定身份的参考,而非依据。根据《公司法》第13条、《企业法人法定代表人登记管理规定》第3条、《社会团体登记管理条例》第12条、《事业单位登记管理暂行条例》第8条等,法定代表人是法人登记的必要内容,但对于此类登记的效力,理论界长期存在要件主义和对抗主义之争。[②] 虽然《企业法人法定代表人登记管理规定》等行政规章曾采取登记主义,要求登记方可取得法定代表人资格,但本法第64、65条最终采取了对抗模式。换言之,法定代表人的委任主要由法人自治,其变更自法人内部职务调整决定形成之时起即可生效,但未经登记不得对抗善意相对人。例如某公司工商登记的法定代表人为张三,但其后经合法程序李四接任张三担任董事长,则不论是否变更登记,李四均已是该公司法定代表人,只是善意相对人不知该变更而实施的行为,公司不得对抗其效力。

第二,法定代表人代表法人实施的行为,应属于民事活动。"民事活动"一词少见于国外立法例和民法理论,却频繁出现于《民法通则》并为《民法总则》

① 参见王利明:《民法》,中国人民大学出版社2015年版,第69页。

② 参见王军:《中国公司法》,高等教育出版社2015年版,第261页。

沿袭使用,[①]然其准确含义长期被学界忽视。依其出现在法条中的体系位置(通常是总则第一章)和文义,可以认为"民事活动"指的是民事主体实施的、旨在实现其民事利益的、受到民法调整和评价并产生相应民事法律后果的法律活动。[②] 而在民法教义学上,能够产生民事法律后果且由民事主体实施的,对应的是民事法律事实中的行为,包括法律行为、准法律行为和事实行为。[③] 实践中,法人意欲从事的民事上之社会交往,往往以法律行为为主。

第三,该行为必须是以法人名义实施的。(1)为何必须"以法人名义"。虽然机关说认为法人代表人的行为就是法人行为,本人在代表行为中没有独立的法律地位,但这只是理论上的解释而已,事实上法人代表人在对外活动中作为生物体的个人当然是存在的,只是法律上视为其不存在而已。为区分法人行为和代表人自身行为,法定代表人作为机关行为时应当以法人名义进行。(2)何为"以法人名义"。由于民法中并不存在体系化的代表制度,对法定代表人和法人之间关系的理解和解释更多的需要借助代理理论,何为"以法人名义"可类比代理。从代理的角度看,"以本人名义"包括两种情况:"明确的以本人名义做出"或"情况表明他以本人名义做出"。[④] 由此,本款"以法人名义",包括明确表示作为法定代表人行使职权并代表法人行为。也包括虽未明确表示,但根据情况可以表明他是作为代表人代表法人行为,如法定代表人签字购买机器设备用于公司生产,但合同只有法定代表人签字,而并无公司公章。

满足上述构成要件的行为,其法律后果归属于法人。至于系何种法律后果,尚应视具体情形中法定代表人的行为性质如何以及当事人的请求,结合其他规范方可明确。具体而言,既可以是合同法上的履行请求权或违约损害赔偿请求权,也可以是缔约过失请求权或侵权损害赔偿请求权等。

3. 本条第3款

本款为代表权限制的外部效力规则。代表人如何代表法人,在私法中主

---

① 《民法通则》共有9个条文使用了"民事活动"一词。

② 对民事活动的论述可参见李建华:《论民事活动——兼论我国未来民法典总则结构的设计》,载《法制与社会发展》2000年第2期。

③ 参见魏振瀛:《民法》,北京大学出版社、高等教育出版社2007年版,第34页。

④ 参见[德]迪特尔·梅迪库斯:《德国民法总论》,法律出版社2013年版,第699页。

要由法人自治。一般情况下,法人会赋予法定代表人概括的代表权,但有时也会对其进行限制。法定代表人超出此等限制而与相对人进行民事活动,其行为效力是否仍然可以归属于法人,为代表权限制的外部效力问题。依本款文义,法人章程或者权力机构对法定代表人的代表权范围的限制,不得对抗善意相对人。

"不得对抗"为本款的法律后果,所谓"不得对抗",指的是对于满足构成要件的相对人,法人不能拒绝承担责任,不能否认其法定代表人与该相对人所为之行为的效果归属于自己。欲发生本款之法律后果,需具备如下要件:

第一,法人章程或权力机构决议对代表权进行了限制。(1)此处代表权之限制,应来自法人自治,而非法律规定。法律有时出于特殊目的考量,会对代表人之权限做出明确限制,如《公司法》即要求代表人与公司发生诉讼时不得代表公司。代表人如果违反法律的直接限制,其行为应属无效。除此之外,出于法人自治的需要,法人章程以及权力机关的决议,亦有可能对代表权进行限制,例如公司章程规定金额在1000万元以上的合同需要经董事会一致决议方可签署,股东大会决议本公司不得为他人提供金额在500万元以上的担保。本款所指之限制,应来自法人自治之情形。(2)有疑问的是,法人章程的目的条款,是否也属于代表权限制之情形。某些法律法规或规章规定,法人章程的登记,应包括经营范围或目的事业等,此即法人"目的条款"。从形式上看,该条款针对的并非法定代表人,而是法人本身。由于法人只能通过代表人等自然人来实施行为,从而在实务中,法人的目的限制问题只能表现为法定代表人及其工作人员超越法人目的限制的行为是否应归属于法人问题,故对法人目的之限制,可解释为对代表权限制的一种。①

第二,相对人当属善意。所谓相对人,系指通过法定代表人之行为,与法人形成民事法律关系的民事主体。而"善意",则属于法律以一定事实为基础之价值判断。"善意"一词,民法制度中多有出现,如《合同法》第47、48条,《物权法》第24、106、129条,一般解释为对某一情况"不知道且不应当知道"。

---

① 早期目的限制曾被视为对法人权利能力或法人行为能力之限制,但上述观点已被抛弃,代表权限制说或称代理说成为主流观点。参见朱庆育:《民法总论》,北京大学出版社2013年版,第454页以下。

故而本款所称之"善意相对人",应为与法人形成民事法律关系,但不知且不应知该法定代表人代表权受限之相对人。[①] (1)"不知",包括事实不知与推定不知。"不知"乃是对相对人事实状态的一种描述,然而"是否知道"难以直接判断,故各国均允许推定。当该项代表权限制并未登记时,除非有相反证明,即应推定相对人不知。[②] (2)不应当知道,是对相对人"不知"这一事实状态所做的评价,指的是相对人对不知道没有过失。虽然相对人并无查阅登记簿的义务,但如果根据交易性质、金额或者交易习惯等,法定代表人超越权限如此显而易见,以至于只要不是熟视无睹就不可能不知道,则相对人难谓"不应当知道",由此他不得主张自己为善意。

三、举证责任分配

(一)本条第2款

该款并未规范某种独立的请求权,应视其为不完全法条。适用该款时,往往需要结合合同法、公司法等领域的其他请求权基础规范。

根据请求权基础规范的不同,主张适用该款的主体可能有法定代表人、法人或者相对人。根据规范说之"有利者举证"的基本原理,凡要求适用该款者,应当就其构成要件事实(法定代表人以法人名义从事的民事活动)承

① 需要特别说明的是,从立法例观之,"善意"有时采取反面解释,即考察相对人是否存在"知道且应当知道"之恶意。不独我国有《合同法》第50条"法人或者其他组织的法定代表人、负责人超越权限订立的合同,除相对人知道或者应当知道其超越权限的以外,该代表行为有效"之规定,《德国民法典》第929条亦有"非为善意的除外"之表述,英国2006年《公司法》第40条亦规定"董事超越权限原则上也是有效行为,除非公司能够证明相对人在交易之时存在恶意"。"善意"或"恶意",差异并不在于文字表达,而在于举证责任之分配。

② 然而当该项代表权限制已经登记时,能否推定相对人(第三人)已知,立法例上存在差异。《德国商法典》第15条及《德国民法典》第26、68、70、71条肯认此等推定,也就是说当此限制已登记时推定第三人已知,但允许第三人通过证明自己不知且无过失而予以推翻,此时相当于为第三人设定了查询和审核的义务。英国《公司法》则不认可第三人的审核义务,不采取"推定知道"规则。1972年欧共体法第9条甚至强令各成员国废除推定知晓制度。其理由在于交易的便捷与安全,不应当要求第三人查阅登记簿,且即使查阅,对登记之章程等限制语句理解也可能有异。我国多数学者亦主张,对于公司法人代表权之限制,原则上第三人没有审核义务,不应采取"推定知道"。参见朱广新:《法定代表人的越权代表行为》,载《中外法学》2012年第3期;张舫:《法定代表人越权签约对公司的拘束力》,载《法学论坛》2011年第3期;崔建远、刘玲伶:《论公司对外担保的法律效力》,载《西南政法大学学报》2008年第4期。

担举证责任。

较为常见的情形是,相对人起诉法定代表人要求履行合同或承担违约责任,法定代表人对此提出其签订合同的行为是“代表法人从事的民事活动”。这种主张在诉讼法上的性质为“抗辩”,应由法定代表人就该抗辩事实承担证明责任。例如在“王某良与袁某华、刘某承揽合同纠纷”一案中,被告袁某华主张其系代表惠昌公司履行职务出具欠条,法院判决要求其举证证明之,在其未能进行充分证明时判决其败诉。[①]

但该款同样也能被法人或者相对人援引。例如,法人依据法定代表人与相对人所签订的合同要求对方履行合同,或者是相对人直接起诉法人,要求对方履行法定代表人与其所签订的合同,这些情形下由主张该要件者承担举证责任。

(二)本条第3款

本款依其表达对相对人有利,如果严格依照规范说的原理或者《民事诉讼法解释》(2015年)第91条所确定的分配规则,则相对人应当证明自己的善意。但显而易见,这种证明责任分配方式其实并不利于对相对人利益的保护,而本款依其文义显然偏重于保护相对人。在此,我们有必要对规范说的分配规则进行局部修正,不能机械地完全依照法条的文字表达来确定证明责任。借助于规范目的,本款应替换为另一种等值的表达方式即“法人章程或者权力机构对法定代表人代表权范围的限制,不得对抗相对人,但其为恶意时除外”。由此,应当由法人或者法定代表人去证明对代表权范围的限制以及相对人的恶意这两个要件。

这种分配方式在司法实务中并不鲜见,如在浙江省高院的一份判决中,法院认为:“陈某奎应为善意第三人。有限责任公司的公司章程不具有对世效力,有限责任公司的公司章程作为公司内部决议的书面载体,它的公开行为不构成第三人应当知道的证据。强加给第三人对公司章程的审查义务不具有可操作性和合理性,第三人对公司章程不负有审查义务。第三人的善意是由法

① 王某良与袁某华、刘某承揽合同纠纷民事判决书,参见济南市中级人民法院(2015)济商终字第548号。

律所推定的，第三人无须举证自己善意；如果公司主张第三人恶意，应对此负举证责任。因此，不能仅凭公司章程的记载和备案就认定第三人应当知道公司的法定代表人超越权限，进而断定第三人恶意。故在馨华园公司不能举证证明陈某奎存在恶意的情形下，应当认定陈炳奎为善意第三人，陈炳奎已经尽到合理的审查义务。”①

四、其他问题

根据本条第2、3款，法定代表人行为超越法人自治中对代表权的限制，如果相对人是善意的，则行为效果仍然归属于法人。该规则至少从文义和体系上看，不区分法人不同类型而有区别。对营利性法人，其“善意”并不要求相对人查阅登记簿，该认识符合我国立法一贯规定，为比较法的通行做法，理论界也相应达成了共识。有疑问的是，事业单位、社会团体、基金会等捐助法人，以及机关法人等特别法人的法定代表人越权，是否应当如同营利性法人适用同一规则。例如，某寺院（捐助法人）章程规定，其存在目的为发扬宗教教义普度众生，而其法定代表人与某公司签订合同，采购大批布料制作佛衣等服饰出售，或签订合同聘请酒店管理人员将佛堂馆舍改做旅游住宿使用，数额巨大，相对人是否仍可主张自己没有查阅登记簿之义务而不应知，故属于“善意”。某希望小学利用校舍和教师资源，开办收费辅导班并提供午饭午休服务，为此实施采购行为的，其相对人是否可以主张自己为“善意”。再如，某机关法人将土地使用权或办公楼等财产作价，与他人签订联营协议，以会议中心为名经营度假村，则其相对人是否属于“善意”。

英美法系和大陆法系对于该问题的认识趋于一致。根据英国2006年《公司法》第31条和第39条之规定，公司行为不因超出目的而受到质疑，但这一规则不适用于慈善公司和2006年公司法适用范围外的其他法人团体。② 日本判例对于非营利法人目的限制的放松，与营利法人相比步伐缓慢许多。③ 我国

① 参见浙江省高级人民法院（2014）浙商终字第57号民事判决书。

② 参见朱广新：《法定代表人的越权代表行为》，载《中外法学》2012年第3期。

③ 参见［日］我妻荣：《新订民法总则》，于敏译，中国法制出版社2008年版，第148页。

台湾地区学界亦认为,目的限制对公法人仍应有效。①

可以说,国外立法例对于公司这样的营利性法人,一般不做目的限制,其代表人权限也不得对抗善意相对人。只是在慈善法人、特别企业和公法人方面,目的限制仍有一定意义。因此,是否应当区分不同类型的法人判断其善意与否,须留待解释论上的进一步讨论,甚至需要借助立法在法政策上予以明确。

① 参见王泽鉴:《民法总则》,北京大学出版社 2009 年版,第 139 页。

第六十二条 【法定代表人执行职务造成他人损害的民事责任】

法定代表人因执行职务造成他人损害的,由法人承担民事责任。

法人承担民事责任后,依照法律或者法人章程的规定,可以向有过错的法定代表人追偿。

一、历史由来

(一)法条来源

《民法通则》中并无"法定代表人执行职务致人损害"的直接规定,其第43条"企业法人对它的法定代表人和其他工作人员的经营活动,承担民事责任",应当包括"法定代表人执行职务致人损害"的情况。《执行民法通则意见》第58条"企业法人的法定代表人和其他工作人员,以法人名义从事的经营活动,给他人造成经济损失的,企业法人应当承担民事责任",亦是如此。

(二)条文演变状况及学者意见

1."社科院稿"第66条规定:"法人的法定代表人以及其他具有代表权的人因执行职务致人损害的,应由法人承担民事责任。法人承担民事责任之后,有权根据法律规定或者法人章程或者组织规章的规定,向有过错的法定代表人以及其他具有代表权的人追偿。"①

2."人民大学稿"第72条第1款规定:"法定代表人及其工作人员执行职务所产生的法律后果,应当由法人承担。"②

3."法学会稿"第64条规定:"法定代表人和其他人执行法人职务产生的

① 参见梁慧星主编:《中国民法典草案建议稿附理由 · 总则编》,法律出版社2013年版。

② 参见王利明主编:《中国民法典学者建议稿及立法理由 · 总则编》,法律出版社2005年版。

法律后果,由法人承受。”①

4.《民法总则(草案)征求意见稿》(2016 年 5 月 20 日修改稿)第 54 条规定:“法定代表人因执行职务造成他人损害的,由法人承担民事责任。法人承担民事责任后,根据法律或者法人章程的规定,可以向有过错的法定代表人追偿。”

5.《民法总则(草案)》(一审稿)第 58 条规定:“法定代表人因执行职务造成他人损害的,由法人承担民事责任。

法人承担民事责任后,根据法律或者法人章程的规定,可以向有过错的法定代表人追偿。”

6.《民法总则(草案)》(二审稿)第 60 条规定:“法定代表人因执行职务造成他人损害的,由法人承担民事责任。

法人承担民事责任后,依照法律或者法人章程的规定,可以向有过错的法定代表人追偿。”

7.《民法总则(草案)》(三审稿)第 60 条规定:“法定代表人因执行职务造成他人损害的,由法人承担民事责任。

法人承担民事责任后,依照法律或者法人章程的规定,可以向有过错的法定代表人追偿。”

可以看出,学者建议稿对该问题有不同意见。

“人民大学稿”第 72 条名为“法定代表人和其他具有代表权的工作人员的职务行为的后果”,其第 1 款规定:“法定代表人及其工作人员执行职务所产生的法律后果,应当由法人承担。”该建议稿还在侵权责任部分,规定了国家机关以及用人者对其工作人员执行职务致人损害的民事责任。“法学会稿”第 64 条规定:“法定代表人和其他人执行法人职务产生的法律后果,由法人承受。”可见,上述建议稿认为此为侵权责任的问题,在已经对法定代表人执行职务之行为的效果归属做出规定的情况下,并未在总则部分针对“执行职务致人损害”单独规定。

① 中国法学会民法典编纂项目领导小组、中国民法学研究会:《中华人民共和国民法典·民法总则专家建议稿》,载中国民商法律网:http://www.civillaw.com.cn/zt/t/?id=30198,最后访问日期:2017 年 1 月 23 日。

“社科院稿”第63条在对法定代表人行为归属进行规定的同时,第66条规定:“法人的法定代表人以及其他具有代表权的人因执行职务致人损害的,应由法人承担民事责任。法人承担民事责任之后,有权根据法律规定或者法人章程或者组织规章的规定,向有过错的法定代表人以及其他具有代表权的人追偿。”“社科院稿”将第66条定性为“职务侵权行为的民事责任”。其理由有三:其一,我国立法采取法人实在说,法人具有民事权利能力和行为能力,由此也应当承认法人具有民事责任能力,法定代表人执行职务致人损害应视为法人自身侵权。其二,各国不论对待法人本质的认识有何不同,但在民法的实际制度上莫不规定法人侵权损害赔偿责任。例如,《德国民法典》第31条规定:“社团对董事会、董事会成员之一或其他依章程选任的代理人以在执行其有权执行的业务中实施的、引起损害赔偿义务的行为所加给第三人的损害,负其责任”。《日本民法典》第44条规定:“法人对于其理事或其他代理人在执行职务时加于他人的损害,负赔偿责任。”我国台湾地区“民法典”第28条规定:“法人对于其董事或其他有代表权之人因执行职务所加于他人之损害,与该行为人连带负赔偿之责任。”其三,《民法通则》第43条可以作为立法上承认法人民事责任能力的依据。

对于具体实施侵权行为的代表人是否应当承担责任以及如何承担责任,“社科院稿”第66条第2款规定,法人承担责任之后可有条件追偿。民法总则草案总结了两种国外立法例——法人单独承担后有条件追偿和法人与具体实施人连带承担之后,选择了后者,其理由有二:其一,我国《民法通则》第43条即为法人单独责任,只是是否追偿没有明文规定。其二,既然承认法定代表人行为即为法人自身的行为,则使法定代表人对受害人负直接责任于法理不符,法定代表人之赔偿能力与法人差别悬殊,规定连带实际意义不大。[①]

《民法总则(草案)》(一审稿)基本采纳了“社科院稿”,在规定了法定代表人以法人名义进行的民事活动之效果归属之后,又对法定代表人执行职务致人损害的民事责任归属单独规定,并增加有条件的追偿条款。其后的草案

---

① 参见梁慧星主编:《中国民法典草案建议稿附理由·总则编》,法律出版社2013年版,第144页。

二审稿、三审稿和《民法总则》均未再发生变化。

二、规范目的与含义

(一)规范目的

本条是关于法定代表人职务行为致人损害的民事责任承担,其规范目的与第61条有类似之处。虽然根据本法,法人具有民事权利能力、民事行为能力和民事责任能力,但其仍然需要通过法定代表人等自然人代为行动方可参与社会交往。那么,是否所有法定代表人致人损害的民事责任,均由法人承担?本条即针对"何人的何种致害行为法人自负责任"进行回答。

本条位于"一般规定"一节,故应适用于所有类型之法人。

与第61条相同,本条并非请求权基础,而只是一个归责条款,说明法人在这些情况中负有民事责任。具体何种民事责任,尚需结合其他请求权基础法条方可明确。

本条与第61条存在竞合之处。第61条规定法定代表人代表法人从事之民事活动,效果归属于法人,其中"民事活动"从文义上亦应当包括"致人损害需要承担民事责任"的情况,故第61条也可以成为法人民事责任的依据。只是第61条强调的是法定代表人"以法人名义"从事民事活动之行为,而本条并无此要求,强调的是"执行职务"致人损害的赔偿责任。①

(二)规范含义

1. 本条第1款

法人对他人损害所负之民事责任,应包括其法律行为造成损害和侵权行为造成损害的民事责任。本条来源于"社科院稿",虽然后者将其定位为"法定代表人职务侵权行为的民事责任",②但依文义观之,本条表述并未将此等民事责任限定为侵权责任。与本条表述极为相似的是《德国民法典》第31条,

---

① 结合第61条第3款对法定代表人权限效力之规定,立法者似乎更倾向于在第61条解决法定代表人从事法律行为之效力归属。

② 该理解应来源于日本民法和我国台湾地区"民法典"。《日本民法典》直接将其第44条的条文名称写作"法人的侵权行为能力",我国台湾地区学界亦认为台湾地区"民法典"第28条为法人侵权之法律基础,契约上的赔偿另有依据(第27条)。参见王泽鉴:《民法总则》,北京大学出版社2009年版,第145页。

依德国教义学,该条亦包括法律行为和侵权行为给他人造成损害之赔偿责任。① 故对此不应做限缩解释,仍应解释为包括合同上和侵权上之民事责任,从而允许第 61 条与本条的竞合。

具体而言,该民事责任归属规则之适用应满足以下要件:

第一,行为人系法人的法定代表人。法定代表人之含义及其确定,与第 61 条之解释相同。法人此时承担民事责任是为自身承担,而非如"转成责任"或"雇主责任"系为他人行为产生之责任负责。

第二,所涉行为须为法定代表人执行职务的行为。如何认定"执行职务",存在不同观点。主观说认为,职务的范围应以用人者(法人)指示被使用者(法定代表人)所承担的事项为准,或者原则上以用人者指示事项而定,但当被使用者的意思是为了有利于用人者指示事项而实施时,也应属于执行职务。客观说则认为,执行职务的认定应以行为的外观为依据,客观上可认为是执行职务的,不必考虑用人者或被使用者的意思。② 对此,解释上应当将两者结合,执行委托事务或者从外观上看与执行委托事务有牵连的行为,都应属于"执行职务"。其理由有二:(1)从比较法的角度看,现代各国几乎都放弃了单纯的主观说,而将主客观相结合。例如在德国,一般认为执行职务的认定标准为"内在关联性",从行为的目的和方式来看,该行为与委托事务之间具有紧密的或直接的内在联系。③ 美国法院认为,是否满足执行职务的范围应当考虑多个因素,包括已经实施的行为与授权行为在质量上的相似性,该行为不一定必须完全是工作的分内之事。④ 在日本,执行职务包含职务行为以及社会观念上认为有适当牵连关系的行为,外形上被认为是法人为实现其所担当社会作用而实施的行为即可。⑤ (2)2003 年的《人身损害赔偿解释》第 9 条第 2 款规定:

---

① 参见[德]汉斯·布洛克斯、沃尔夫·迪特里希·瓦尔克:《德国民法总论》(第 33 版),张艳译,中国人民大学出版社 2014 年版,第 307 页以下。

② 参见郑玉波:《民法债编总论》,中国政法大学出版社 2004 年版,第 159 页。

③ 参见[德]马克西米利安·福克斯:《侵权行为法》,齐晓琨译,法律出版社 2006 年版,第 175 页以下。

④ 参见[美]小詹姆斯·A. 亨德森等:《美国侵权法·实体与程序》,王竹等译,北京大学出版社 2014 年版,第 138 页以下。

⑤ 参见[日]我妻荣:《新订民法总则》,于敏译,中国法制出版社 2008 年版,第 153 页。

“前款所称从事雇佣活动,是指从事雇主授权或者指示范围内的生产经营活动或者其他劳务活动。雇员的行为超出授权范围,但其表现形式是履行职务或者与履行职务有内在联系的,应当认定为从事雇佣活动。”该款前半句采用了主观说,后半句则为客观说。虽然针对的是雇主责任中的“从事雇佣活动”,但可据以类推解释法定代表人“执行职务”。

第三,所涉行为须符合具体民事责任的构成要件。本条为不完全法条,仅涉及法定代表人执行职务造成他人损害的民事责任的归属,其适用以该行为导致民事责任之产生为前提。

2. 本条第2款

本款是法人对其法定代表人执行职务的行为承担民事责任后追偿权的规定。从外部关系看,本条所涉民事责任的承担主体为法人本身,受害人仅可向法人主张权利,追偿权则为法人与其有过错的法定代表人之间的内部关系。依本款,法人承担民事责任后可向法定代表人行使追偿权的前提有二,具体如下:

第一,须有法律或章程作为依据。法律依据有如《公司法》第147条规定:“董事、监事、高级管理人员应当遵守法律、行政法规和公司章程,对公司负有忠实义务和勤勉义务。”又如其第149条规定:“董事、监事、高级管理人员执行公司职务时违反法律、行政法规或者公司章程的规定,给公司造成损失的,应当承担赔偿责任。”同时,法人章程可根据法人自治的需要,对法定代表人追偿权的启动条件等做出规定。

第二,法定代表人应有过错。所谓有过错,指的是法定代表人在执行职务的过程中存在故意,或违反注意义务的过失。例如,法定代表人为公司利益所为之不正当竞争、商业欺诈。需要注意的是,本条所涉应由法人承担的民事责任,本身不一定要求以行为人过错为其构成要件,例如法定代表人亲自开车接送客户,行人闯红灯而发生交通事故,须法人对受害人承担无过错的损害赔偿。只不过由于法定代表人本身并无过错,故法人不得对其行使追偿权。

但是需要注意的是,在本条第2款适用的情形中,法人拥有是否向法定代表人追偿的自主决定权。根据本条第2款的规定,法人在承担民事责任后,是“可以”而不是“必须”向有过错的法定代表人追偿。既然是可以追偿,那么即使法定代表人有过错,法人也可以不向其追偿。这既是民事主体对权利的自主处分,也是法人自治的体现。但是,法人是否向法定代表人追偿的自主决定权并不是完全自由行使的,必须按照本条第2款即"依照法律或者法人章程的规定"。这里有两种情形:(1)法律或者法人章程规定必须追偿的,法人不得放弃对有过错的法定代表人的追偿。(2)法律或者法人章程没有规定必须追偿的,法人可以根据其内部议决程序,决定是否向有过错的法定代表人追偿。

三、举证责任分配

(一)本条第1款

本款尽管从表达上看似可被认为是一个完全法条,但其构成要件和法律后果往往都需要借助于其他法规范来确定,故依然是一个不完全法条,其适用时往往需要结合其他(尤其是侵权法上)请求权基础规范。因此在具体适用时,就该款进行解释所得出的证明责任分配方案,也需要结合其他请求权基础规范的证明责任分配方案。

依本款之表达,其前半句为构成要件,后半句为法律后果。受害方依本款需要证明"法定代表人因执行职务造成他人损害"。这一要件可以细分为"法定代表人的职务行为"、"损害"及"该行为导致损害"这三个要件。其中,要件三的具体举证责任的分配应结合其他请求权基础规范决定,而前两个要件则由受害方承担。

但可能发生的另一种情况是,受害方起诉"法定代表人"主张某种请求权,此时本款会为被告所援引,成为有利于他的规范。这种情况下,可能出现法条竞合,被告既可以援引第61条第2款,也可以援引第62条第1款来提出抗辩,从而要求法人来承担责任。此时,被告除须举证证明"自己是法定代表人"之外,有两种方案可以选择:(1)依第61条第2款,法定代表人须证明以法人名义实施该行为;(2)依第62条第1款,法定代表人则需要证明自己是执行职务。

(二)本条第2款

本款为指示性法条,需要结合其他法律规范或者法人章程来确定具体的要件及法律后果。而依本款,法人需要证明法定代表人过错的存在。

四、其他问题

本条对法定代表人执行职务致人损害的民事责任,采取由法人单独承担并赋予其有条件的追偿权的做法,从而否定了法定代表人与法人的连带赔偿责任。对此,学者给出的理由主要是"更符合法人实在论的本质""法定代表人赔偿能力与法人相比差别悬殊,规定连带意义不大"。不过,不管该观点是否正确可行,但此等理由却有待商榷。对于第一个理由,法人承担何种责任,完全是立法选择问题,而不应陷入抽象的形式逻辑推理中。法人机关只是被视为法人自身的一部分,事实上并非其自身。① 对于第二个理由,法定代表人的赔偿能力未必一定弱于法人,尤其在法人处于清算破产程序时。法人承担何种责任,完全取决于法人责任制度追求的价值目标。如果法人责任制度旨在充分救济受害人和保护交易安全,显然连带责任更加有利于受害人实现救济,有利于保护交易安全。

但是,如果法律一般性地规定了法定代表人与法人的连带责任,可能会给法定代表人造成过大的责任压力,使其过于谨慎经营或管理而降低法人运营效率。再者,法人承担民事责任后是否向法定代表人追偿,本属于法人自治的内容,其当然可以放弃向法定代表人追偿的权利。而如果法律规定了法定代表人与法人的连带责任,实际上等于剥夺了法人的此项自治内容,法定代表人也不能享有法人的宽宥利益。因为即使法人放弃了对法定代表人的追偿,受害人仍可基于法定代表人与法人的连带责任直接向法定代表人请求赔偿。因此,在保证交易安全和提高法人效率之间进行权衡后,《民法总则》既规定了法人直接承担责任,以维护交易安全;又不一般性地规定法定代表人与法人的连带责任,以维护法人自治和法定代表人履职动力。可以说,《民法总则》的制度选择是合理的。至于根据市场监管等需要而必须要求法定代表人承担连带责任的场合,如《证券法》上的虚假信息披露连带责任制度,则由特别法如《证券法》予以规制。

---

① 蒋学跃:《法人侵权责任能力的理论预设与制度设计——以法人本质理论为线索》,载《现代法学》2007年3月第29卷第2期。

第六十三条 【法人的住所】

法人以其主要办事机构所在地为住所。依法需要办理法人登记的，应当将主要办事机构所在地登记为住所。

一、历史由来

（一）法条来源

本条规定源于《民法通则》第39条、《公司法》第10条，是对旧法的延续。另外，《公司登记管理条例》第12条、《民事诉讼法解释》第3条也规定了法人的住所问题。

《民法通则》第39条规定："法人以它的主要办事机构所在地为住所。"《公司法》第10条规定："公司以其主要办事机构所在地为住所。"《公司登记管理条例》第12条规定："公司的住所是公司主要办事机构所在地。经公司机关登记的公司的住所只能有一个。公司的住所应当在其公司机关辖区内。"《民事诉讼法解释》第3条规定："公民的住所地是指公民的户籍所在地，法人或者其他组织的住所地是指法人或者其他组织的主要办事机构所在地。法人或者其他组织的主要办事机构所在地不能确定的，法人或者其他组织的注册地或者登记地为住所地。"

相比上述规定，本条修订之处在于：将法人的住所与登记制度联系起来，明确规定了依法需要办理法人登记的，应当以主要办事机构所在地为登记住所。

（二）条文演变状况及学者意见

1."社科院稿"第65条规定："法人以它的主要办事机构所在地为住所。"

2."人民大学稿"第68条规定："法人以其登记的住所为住所，没有登记的，以其主要办事机构所在地为住所。"

3."法学会稿"第68条规定："法人以其登记的住所为住所，没有登记的，以其主要办事机构所在地为住所。”

4.《民法总则(草案)征求意见稿》(2016 年 5 月 20 日修改稿)第 55 条规定:“法人以登记的住所为住所。

法人的主要办事机构所在地与住所不一致的,其主要办事机构所在地视为住所。”

5.《民法总则(草案)》(一审稿)第 59 条规定:“法人以登记的住所为住所。

法人的主要办事机构所在地与住所不一致的,其主要办事机构所在地视为住所。

法人依法不需要办理登记的,其主要办事机构所在地视为住所。”

6.《民法总则(草案)》(二审稿)第 61 条规定:“法人以其主要办事机构所在地为住所。”

7.《民法总则(草案)》(三审稿)第 61 条规定:“法人以其登记的住所为住所。依法不需要办理登记的,以主要办事机构所在地为住所。”

《民事诉讼法》第 21 条第 2 款规定:“对法人或者其他组织提起的民事诉讼,由被告住所地人民法院管辖。”这是对审判管辖的原则性规定。但同时,《民事诉讼法意见》第 4 条规定:“公民的住所是指公民的户籍所在地,法人的住所地是指法人的主要营业地或者主要办事机构所在地。”该解释在《民法通则》及《公司法》所规定的以主要办事机构所在地方式确定法人住所之外,又规定了以主要营业地的方式确定法人的住所,以至于在司法实践中造成了诸多问题:法人改变其住所未经变更登记,其不利后果本应由法人自行承担,但依据该解释,该法人反而拥有对审判管辖权提出异议,从而避免不利管辖的机会,对善意相对人保护明显不公。

法人的住所应当确定、唯一且与法人变更登记制度等在内的一系列登记制度紧密联系起来,发挥法人登记的公示效力。对此,《民事诉讼法解释》对法人的住所问题进行了重新规定,其中第 3 条规定:“公民的住所地是指公民的户籍所在地,法人或者其他组织的住所地是指法人或者其他组织的主要办事机构所在地。法人或者其他组织的主要办事机构所在地不能确定的,法人或者其他组织的注册地或者登记地为住所地。”新的解释删除了旧解释以主要营业地确定法人住所的方式，仅规定法人及其他组织应以主要办事机构所在地为住所。

在参照《民事诉讼法解释》的基础上，本法对法人住所问题进行了规定，法人的主要办事机构所在地为住所地，且需要登记的法人，住所办事机构所在地与登记的住所地应当同一。

二、规范目的与含义

（一）规范目的

法人住所的确定对于明确审判管辖、税务管辖、监管管辖、准据法选择、文书送达等，都有十分重要的意义。在民法上，法人住所地的确定具有以下功能：（1）确定诉讼管辖地。我国《民事诉讼法》规定，对法人或者其他组织提起的民事诉讼，由被告住所地人民法院管辖。另外，因合同、票据、侵权等引起的纠纷，也可以由被告住所地人民法院管辖。（2）确定诉讼文书收受地。《民事诉讼法》第88条规定，直接送达诉讼文书有困难的，可以委托其他人民法院代为送达，或者邮寄送达。（3）确定债务履行地。我国《民法通则》第88条规定，履行地点不明确，给付货币的，在接受货币一方的所在地履行，其他标的在履行义务一方的所在地履行。（4）确定法人登记管辖地。以公司法人为例，《公司登记管理条例》规定，除依法应当由国家工商行政管理总局或者省、自治区、直辖市工商行政管理管理局核准登记注册的公司外，其他公司由所在市、县（区）工商局核准登记。（5）涉外经济及民事诉讼中确定适用的法律。

（二）规范含义

住所系与法人有关的民事关系及法律事实的空间要素，法律须确立某一固定地点为其住所，本条即为法人住所之规定。

本条系不完全法条，法人的住所为其规范的对象。法人的“住所”不同于法人的“场所”，后者比前者的涵义更广，既包括法人的住所，也包括法人从事生产经营活动的地点或设施。所谓“主要办事机构所在地”，是指执行法人业务活动、决定和处理法人事务的法人的机构所在地。[①]

---

① 王利明、杨立新、王轶、程啸：《民法学》，法律出版社2015年版，第64页。

从规范构成上看,本条将法人分为需要登记和不需要登记的两类,两类法人都应当以其主要办事机构所在地为住所。需要登记住所的法人,其主要办事机构所在地经登记后会产生公示效力。具体而言:(1)营利法人皆需依法登记才能成立,取得法人资格(本法第77条)。营利法人的住所为登记时的必要事项,登记的住所应当是其主要办事机构所在地。(2)非营利法人中符合法人条件依法登记的,住所的确定方式与营利法人相同;不需要办理法人登记的,以其主要办事机构所在地为准(本法第88、90、92条)。(3)特别法人中,机关法人从成立之日起具有法人资格(本法第97条),以其主要办事机构所在地为住所。农村集体经济组织法人、合作经济组织法人、基层群众性自治组织等法人依法取得法人资格,法律、行政法规有规定的,依照其规定(本法第99、100、101条),上述法人的住所地,以其是否需要办理法人登记的情形分别确定。总之,所有需要办理住所登记的法人,住所变更而未及时履行变更登记手续的,原登记住所地法院依然享有管辖权,所生不利法律后果皆由法人自行承担。这不仅显著增强了登记的公示公信效力,也是贯彻私法自治,权责相统一的体现。

另外,法人的分支机构经常进行业务活动,对外发生民事法律关系,法律、行政法规定分支机构应当登记的,依照其规定(本法第74条)。因此,法人分支机构也有确定住所,明确管辖之需要。其住所的确定,应当以分支机构所在地为准。①

三、其他问题

就法人住所的确定而言,《民法总则》与《民事诉讼法解释》规定仍存在差别。依据本条之规定,需要登记的法人的主要办事机构所在地应当是其登记的住所。法人的主要办事机构所在地和登记的住所应当是同一的。为了发挥登记的公示效力,确定管辖及其他事项时,原则上也应首先以登记的住所为法人的住所。而《民事诉讼法解释》所规定的法人住所方式恰恰相反,首先以法人的主要办事机构所在地为住所,仅在主要办事机构所在地确定困难时,才以

① 魏振瀛:《民法》,北京大学出版社2014年版,第91页。

法人登记的住所为其住所。这就造成了二者适用的难题:当法人的主要办事机构所在地与其登记地不一致时,究竟应当首先以登记的住所为准,还是首先以法人的主要办事机构所在地为住所为准。

我们认为,当法人的主要办事机构所在地与其登记地不一致时如何确定其住所地,应当优先适用本法,以登记的住所为准。原因在于法人的住所一经登记,随即产生公示效力。当法人擅自改变主要办事机构所在地而未经变更登记时,所生管辖及其他不利后果理应由法人自行承担。《民事诉讼法解释》规定,明显于相对人不利,会造成法人借此逃避不利管辖的问题。因而,确定法人的住所时,应当以法人登记地为优先选择。

第六十四条 【法人的变更登记】

法人在存续期间登记事项发生变化的，应当依法向登记机关申请变更登记。

一、历史由来

（一）法条来源

本条规定承袭自《民法通则》第44条第1款。另外，《公司法》第22条第4款和第179条、《公司登记管理条例》第26条亦有相关内容的规定。

《民法通则》第44条第1款规定："企业法人分立、合并或者有其他重要事项变更，应当向登记机关办理登记并公告。"《公司法》第22条第4款规定："公司根据股东会或者股东大会、董事会决议已办理变更登记的，人民法院宣告该决议无效或者撤销该决议后，公司应当向公司登记机关申请撤销变更登记。"第179条规定："公司合并或者分立，登记事项发生变更的，应当依法向公司登记机关办理变更登记……公司增加或者减少注册资本，应当依法向公司登记机关办理变更登记。"《公司登记管理条例》第26条规定："公司变更登记事项，应当向原公司登记机关申请变更登记。未经变更登记，公司不得擅自改变登记事项。"

相较《民法通则》，本条修订之处在于：需要办理变更登记的事项不仅限于"企业法人分立、合并或者重要事项"变化，而是所有法人存续期间登记事项之变化，都应当申请变更登记。

（二）条文演变状况及学者意见

1."社科院稿"第78条第1款规定："法人存续期间如发生分立与合并及组织形式、目的范围、注册资本、住所、法定代表人、经营方式等方面的改变，应向法人设立机关申请变更登记。法律另有规定的除外。

法人如发生分立、合并，其权利和义务由变更后的法人享有和承担。

凡法人变更未依法予以登记时，其变更对第三人不具有对抗效力。”

2.“人民大学稿”第78条规定：“营利性社团法人改变名称、住所、经营场所、法定代表人、经济性质、经营范围、经营方式、注册资本、经营期间，以及增设或者撤销分支机构等，应当申请办理变更登记。

营利性社团法人分立、合并、迁移，应当向商事登记机关申请办理变更登记、设立登记或者注销登记。”

3.“法学会稿”第73条规定：“营利性社团法人的设立、变更和终止，应当依法办理登记；法律规定应当办理批准手续的，依照其规定。

本法所称营利性社团法人，包括企业法人和农民专业合作社法人等。”

4.《民法总则（草案）征求意见稿》（2016年5月20日修改稿）第56条规定：“法人在其存续期间登记事项发生变化的，应当依法向登记机关申请变更登记。”

5.《民法总则（草案）》（一审稿）第60条规定：“法人在其存续期间登记事项发生变化的，应当依法向登记机关申请变更登记。”

6.《民法总则（草案）》（二审稿）第62条规定：“法人在存续期间登记事项发生变化的，应当依法向登记机关申请变更登记。”

7.《民法总则（草案）》（三审稿）第62条规定：“法人在存续期间登记事项发生变化的，应当依法向登记机关申请变更登记。”

登记事项的准确与否涉及当事人之间的利益平衡。登记簿记载事项，都有可能影响到相对人为法律行为之判断，对登记的法人自身也会造成影响，故不应当以重要事项为限。

二、规范目的与含义

（一）规范目的

自然人获得生命之后直至死亡，其人格同一性不发生改变，然而法人不同。作为纯粹的规范存在，尤其作为设立人法律行为所产生的法律效果，法人具有变更之可能。但其变更应否以及如何公示，涉及交易安全，需要法律明示。变更登记事关公示内容的准确性，可谓登记制度的重点，本条旨在明确变更登记的范围和义务，以健全法人登记制度，提高法人登记的公示公信效力。

本条与本法第66条相辅相成。后者乃从登记机关角度出发,确定其及时履行公示的义务;而本条则从法人角度发出,督促法人登记事项发生变动时及时办理变更登记。在法人怠于履行此种义务时,依据本法第65条规定,法人不得以此未变更的登记事项对抗善意相对人。

(二)规范含义

本条共1款,是对法人及时办理变更登记义务的规定。本条仅规定法人登记事项变更时应当履行的变更登记的义务,但未规定相应的法律后果,尤其是未履行此种变更义务时法人应当承担的责任,故属于不完全法条。

法人的变更登记,是指有关法人将其变更的事项向登记机关申请变更,并办理变更手续。法人的变更,理论上有广义、狭义之分。广义的法人变更,是指法人的任何登记事项变更;狭义的法人变更,仅指影响法人主体地位的事项变更,主要包括法人的合并、分立、形态变更与目的事业的变更。[①] 本条所谓的变更登记,应采广义之理解,不仅涉及法人存续状态的变更,还包括任何法人登记事项内容的变更。

具体而言,依照本法第77条之规定,营利法人皆需登记,其变更机关为原登记机关;而非营利法人中,不需要登记而取得法人资格的机关法人及部分事业单位、社会团体、基金会、社会服务机构等,其事项的变更则不需办理变更登记。具体变更登记的内容,依据《公司法》规定,包括公司营业登记执照上记载的的名称、住所、注册资本、经营范围、法定代表人姓名等。《公司登记管理条例》第9条还规定了从名称到公司发起人的姓名或名称等登记事项的8项内容。非营利法人的登记事项变更,可参照上述规定予以明确。

三、其他问题

法人变更登记的具体程序,因法人类型的不同而不同,总则中难以统一做出规定。公司法人的变更登记程序,在《公司登记管理条例》第5章有详细的规定。其他法人的变更登记的具体程序,可结合各类型法人自身特点参照上述内容予以确定。

---

① 参见朱庆育:《民法总论》,北京大学出版社2013年版,第433页。

第六十五条 【法人登记的对抗效力】

法人的实际情况与登记的事项不一致的，不得对抗善意相对人。

一、历史由来

（一）法条来源

《民法通则》并未针对法人登记的效力进行规定，但《公司法》第32条第3款规定："公司应当将股东的姓名或者名称向公司登记机关登记；登记事项发生变更的，应当办理登记。未经登记或者变更登记的，不得对抗第三人。"本条以此为基础，统一针对所有法人登记效力进行了规定。

相对于《公司法》的上述规定，本条修订处有三：

第一，主体上的改变。由"公司"扩展为"法人"，同时包括营利性法人及需要登记的非营利性法人。

第二，登记事项改变。《公司法》仅规定股东的姓名或者名称未经登记或者变更登记不生对抗效力，对于其他事项的对抗效力未做规定。而本条规定，只要是法人的实际情况与登记事项不一致的，皆不得对抗善意相对人，内容不限于法人股东（成员）的姓名或者名称。

第三，登记对抗效力范围限定。《公司法》规定"不得对抗第三人"，而本条将其修改为"不得对抗善意相对人"。

（二）条文演变状况及学者意见

1."社科院稿"第78条第3款规定："法人存续期间如发生分立与合并及组织形式、目的范围、注册资本、住所、法定代表人、经营方式等方面的改变，应向法人设立机关申请变更登记。法律另有规定的除外。

法人如发生分立、合同，其权利和义务由变更后的法人享有和承担。

凡法人变更未依法予以登记时，其变更对第三人不具有对抗效力。"

2."人民大学稿"第76条规定："法律保护善意第三人对商事登记簿记载

事项的合理信赖。”

3.“法学会稿”第76条规定:“法律保护善意第三人对商事登记簿记载事项的合理信赖。”

4.《民法总则(草案)征求意见稿》(2016年5月20日修改稿)第57条规定:“法人的实际情况与登记的事项不一致的,不得对抗信赖登记的善意第三人。”

5.《民法总则(草案)》(一审稿)第61条规定:“法人的实际情况与其登记的事项不一致的,不得对抗信赖登记的善意第三人。”

6.《民法总则(草案)》(二审稿)第63条规定:“法人实际情况与登记的事项不一致的,不得对抗善意第三人。”

7.《民法总则(草案)》(三审稿)第63条规定:“法人的实际情况与登记的事项不一致的,不得对抗善意相对人。”

可以看出,除“社科院稿”外,其余的建议稿及审议稿皆增加了对不得对抗的相对人的范围限定,即“善意”。这涉及登记效力是绝对的还是相对的学理之争,依据“恶意不受法律保护”的原则,对相对人的范围予以限制,将恶意相对人排除在外,显然更具合理性。另外,在“人民大学稿”、“法学会稿”、《民法总则(草案)征求意见稿》及一审稿中,规定了“合理信赖”“信赖登记”,但在二审稿及之后予以删除。删除原因在于,相对人是否信赖登记内容,为相对人主观心理状态,否定事由应由法人承担举证责任,在此之前皆应认定其为善意。

二、规范目的与含义

(一)规范目的

本条的规范目的主要在于明确法人登记的效力,保护善意相对人,维护交易安全。

登记制度对保护法人、相对人以及社会公共利益均有积极意义。具体而言:(1)登记事项具有可公示性,公示的信息具有“对抗”的意义。凡是在法人登记中登记之事项,法人可以依照其登记事项对抗相对人。(2)对相对人而言,法人的组织和营业状况等信息登记于主管机关,可以被查阅、复制,方便其依据登记信息进行判断。(3)法人登记能够为政府实施宏观经济管理提供基础信息,从而实现政府对国民经济的公共管理,维护社会公共利益。①

就一定意义而言,登记的效力也可被认为是法人登记功能的一部分。此种效力的内容包括:(1)登记真实性推定效力;(2)善意保护的效力。进言之,信息一经登记,即推定为真实的权利和身份,相对人基于登记信息与法人形成的法律关系,法人不得以登记失实为由擅自改变、撤销,即便登记存在瑕疵,也不影响对相对人信赖利益的保护,此为外观主义原则的体现。

(二)规范含义

本条是对法人登记效力的规定。

第一,“法人的实际情况与登记事项不一致”为本条之事实要件。本条之“法人”,为需要办理登记的法人,包括所有营利法人,部分非营利法人和特别法人。“实际情况与登记事项不一致”,是指在法人登记簿上登记的信息与法人的实际情况不符。造成此种不一致的原因有很多:可能是法人或者登记机关的过失,使登记的内容错误;可能是法人故意进行虚假登记;可能是法人的登记事项发生变更后,法人未及时办理变更登记。

第二,“相对人之善意”亦为本条之事实要件。此所谓“善意”,是指相对人对登记簿记载内容失实情况不知且不应知。不应知,是指相对人已经尽到合理的注意义务,对法人登记信息与实际状况不一致的情况并不知情,其不知并非出于其自身的过失。此种注意义务的程度及过失的判断,因相对人的身份而有所不同。譬如法人内部的高级管理人员、董事等,因职务的便利,其对法人登记信息状况是否属实,应当更加了解。故此类相对人的注意义务相对其他相对人要高,其仅对登记信息做一般性了解,难谓无过失。有关“善意”的认定,更为重要的是举证责任分配的问题,下文将予以详述。

第三,“不得对抗”为本条之法律效果,而此项法律效果所及对象被限定为“相对人”。“不得对抗”是指法人不能以登记失实为由,否认既存的法律关系,拒绝向善意相对人承担责任。具体责任形态,仍需依据实际情况确定,可能是合同法上的履行请求权或者违约损害赔偿请求权,也可能是缔约过失请

---

① 参见王保树:《商法》,北京大学出版社2014年版,第62页。

求权或者侵权损害赔偿请求权。“相对人”,既包括除法人以外的其他主体,也包括法人自己内部的组成人员,如股东、董事、高级管理人员。相较于第三人,相对人的提法在法人登记中更为准确。因为,法人的登记不仅具有对外的效力,同时也拥有对内的效力;第三人往往与外部人员关联,隐含三方当事人,而相对人则不以此为限。以营利法人登记为例,对内的效力主要是指对投资人、法人的高级管理人员和法人自身的效力,故登记事项对投资人或者股东等亦有约束力,上述人员基于信赖登记内容而产生的信赖利益同样值得保护。①

三、举证责任分配

根据本条文义,法人登记并非要件主义,而是对抗主义,法定代表人、股东及其股份变更、公司章程等登记事项,未经登记并非不生效,而仅仅是不得对抗善意相对人,且应当由未登记一方承担相对人“恶意”之举证,而非由相对人证明己方善意。理由如下:

第一,依据文义解释方法,该条的规范目的在于保护善意相对人的利益,为对善意相对人有利之规范,根据规范说则应当由相对人举证自己善意。但与《民法总则》第61条的情况类似,如果严格按照规范表达来确定证明责任分配,反而无助于该规范“保护善意相对人”之目的的实现。由此,更恰当的方式应当是无须严格按照文字表达来进行解释,而应对此作一种“反面解读”,由未经登记的法定代表人、股东等向法院证明第三人恶意,从而使未登记事项对第三人发生效力,而不是由第三人向法院证明自己善意,以使未登记事项对自己不发生效力。

第二,关于善意的举证责任分配的“反面解读”,亦可在物权法、公司法等领域找到例证。《物权法解释(一)》第15条规定:“受让人受让不动产或者动产时,不知道转让人无处分权,且无重大过失的,应当认定受让人为善意。真实权利人主张受让人不构成善意的,应当承担举证证明责任。”又如2011年1月《公司法规定(三)》第38条。该司法解释直接以证明责任规范的方式,将“恶

① 张义华:《企业登记法律效力制度的比较分析——兼论我国企业登记效力制度的完善》,载《法学杂志》2004年第3期。

意"的举证责任赋予主张未登记事项有效一方,而非由第三人证明自己善意。

第三,上述分配方案得到了司法实践的支持。在司法实务中,也有法院认为应当由第三人证明自己的善意,但无疑这是一种错误的做法。例如,在一起股权转让合同纠纷中,原告谌某等三人起诉要求确定凌某菊(诚信公司日常事务的代理人)与刘某旭之间关于诚信公司(原告谌某等三人控股的公司)股权转让合同无效。被告刘某旭主张凌某菊为诚信公司的隐民股东,双方签订股权转让协定后,自己支付了价款但凌某菊但未履行转让义务;原告的起诉是与被告凌某菊恶意串通损害自己权利。一审法院认为,"原告谌某和被告凌某菊均不认可凌某菊系隐名股东,且被告刘某旭所举证据不能证明凌某菊系诚信公司的实际出资人,对凌某菊作为原告处理诚信公司日常事务的代理人,与被告刘某旭于2010年2月27日签订的《股份转让协议》中涉及原告谌某的股权部分,被告刘某旭也不能证明其在签订该协议时符合善意第三人的情形,故根据《中华人民共和国合同法》第五十二条关于恶意串通,损害国家、集体或者第三人利益的合同无效的规定,被告凌某菊与刘某旭之间的股权转让协议已侵害原告谌某的股权,属无效合同。"①该判决实际上要求第三人告刘明旭来证明自己的善意,实属适用法律错误。二审法院撤销了该判决。

四、其他问题

对抗效力的形成究竟以登记行为完成时为准,还是以公告时间为准,需要明确。对此,通行的做法有两种:第一种,是以登记行为的完成即产生对抗效力,登记簿的公告与否不影响对抗效力;第二种,需将登记事项公告后方能形成对抗效力。我们认为,在互联网社会,虽然信息的获取固然便捷,但信息的传达与获取之间仍需时间,并非即时获取。另外,相对人还有可能需要对海量信息进行搜索、筛选与甄别等,甚至还应当考虑到不可抗力的情形。如果仅以登记行为的完成即宣告法人登记事项具有对抗效力,于相对人明显不利。由于我国各地现实情况复杂,故原则上对抗效力的形成时间应以公告为主,其他公示方式为辅来确定。

---

① 参见德阳市中级人民法院(2014)德民三终字第95号民事判决书。

第六十六条 【登记机关的公示义务】

登记机关应当依法及时公示法人登记的有关信息。

一、历史由来

(一)法条来源

本条关于法人登记机关的公示义务的规定,是在公司法人的相关规定(《公司登记管理条例》第55条)的基础上提炼而来。另外,《物权法》第18条、《不动产登记暂行条例》第28条也有若干与此相关的规定。

《公司登记管理条例》第55条规定:"公司登记机关应当将公司登记、备案信息通过企业信用公示系统向社会公示。"《物权法》第18条规定:"权利人、利害关系人可以申请查询、复制登记资料,登记机关应当提供。"《不动产登记暂行条例》第28条规定:"查询不动产登记资料的单位、个人应当向不动产登记机构说明查询目的,不得将查询获得的不动产登记资料用于其他目的;未经权利人同意,不得泄露查询获得的不动产登记资料。"

本法对旧法修订之处在于,将公司的登记信息扩张为所有类型法人的登记信息;与此同时,应当承担公示义务的主体也不再限于公司登记机关,还包括其他类型法人的登记机关。

(二)条文演变状况及学者意见

1."人民大学稿"第75条规定:"商事登记机关应当通过信息公示系统,公示营利性社团法人下列信息:

(一)商事登记簿记载的事项;

(二)年度报告中依法需要公示的信息;

(三)动产抵押登记信息、股权出质登记信息;

(四)行政处罚信息;

(五)依法应当公示的其他信息。"

2.“法学会稿”第75条规定：“商事登记机关应当通过信息公示系统，公示营利性社团法人下列信息：

（一）商事登记簿记载的事项；

（二）年度报告中依法需要公示的信息；

（三）动产抵押登记信息、股权出质登记信息；

（四）行政处罚信息；

（五）依法应当公示的其他信息。”

3.《民法总则（草案）征求意见稿》（2016年5月20日修改稿）第58条规定：“登记机关应当通过信息公示系统依法及时公示法人登记的有关信息。”

4.《民法总则（草案）》（一审稿）第62条规定：“登记机关应当通过信息公示系统依法及时公示法人登记的有关信息。”

5.《民法总则（草案）》（二审稿）第64条规定：“登记机关应当依法及时公示法人登记的有关信息。”

6.《民法总则（草案）》（三审稿）第64条规定：“登记机关应当依法及时公示法人登记的有关信息。”

“人民大学稿”“法学会稿”对登记机关的公示义务及具体事项规定较为详尽，不仅包括商事登记簿上记载的信息，还包括其他相关信息，但主要是营利性社团法人的信息。历次民法总则草案审议稿及本法之规定则较为原则，包括所有类型法人的信息，但以法人登记的信息为限。

《民法总则（草案）征求意见稿》及一审稿均规定了信息公示的方式即“信息公示系统”。但在二审稿之后删除了相关内容。之所以做出此种修改，主要在于法人登记制度的意义重大，信息公示系统建立在互联网便捷的基础之上，拥有及时、公开、透明、快速等多方面的优点，但我国幅员辽阔，不同地区的情况并不一致。在已建设完成信息公示系统的地区，首选应当采用信息公示系统将法人的登记信息予以公开；在其他尚未建成信息公示系统或不能通过该系统公示法人登记信息时，也应当采取其他的手段和措施予以公示。

二、规范目的与含义

（一）规范目的

公信力的形成系于公示，本着为登记的公信力提供法律基础之考量，应当将法人登记事项予以公示。本法第 64 条、65 条主要从法人角度出发,规定其登记事项变动时及时办理变更登记的义务及相应的法律后果。但仅规定法人的登记和及时办理变更登记的义务尚有不足,只有在此种登记或变更登记的信息经公开后,为相对人所普遍得知,公信力方始形成。因而,公信力制度的构建,还要求作为信息汇总的登记机关将登记信息及时公开。

本条一方面是确定登记机关公示职责的依据,另一方面也是确定相对人是否得以产生信赖利益的前提。

(二)规范含义

本条共 1 款,主要规定了法人登记机关及时公示登记信息的义务,为不完全法条。

"登记机关",是指法人之登记信息的主管机关。以商事登记为例,我国目前实务主要选择的是行政机关主管模式,商事登记主管机关是工商行政管理部门。按照行政区划的不同,中央是国家工商行政管理总局,地方是省、自治区、直辖市和市、县工商行政管理局。不同的商主体的登记,有不同的设置于工商行政管理部门之下的登记机构主管。上述登记的主管机关,对其管辖范围内的营利法人登记信息,应当及时进行公示。非营利法人的信息公示,同样应当由其主管或登记机关予以履行。

"依法",不仅包括本法以及其他民商事法律,还应当包括行政法相关内容。因为登记及相关信息的公示,本身并不纯粹是一种按照法人自由意志行为的活动,还具有较强的行政彩色,是国家的一种行政管理行为。①

"及时"是指依据依照市场交易习惯或一般社会常识,在合理的期限内将信息传达给相对人为其所知,不影响相对人的判断。在有条件的地区,应当主要通过信息公示系统实现,而在其他地区也应当通过其他方式有效传达。

另外,我国《物权法》第 18 条规定:"权利人、利害关系人可以申请查询、复制登记资料,登记机关应当提供。"参照《物权法》规定,登记机关的公示义务不仅意味着登记机关应当积极主动向外界公示法人的登记信息,还应当在包括相关权利人、利害关系人在内的相对人申请查询、复制登记信息时予以配合。

---

① 参见范健:《商法》,高等教育出版社 2007 年版,第 73 页。

第六十七条　【法人合并、分立的效果】

法人合并的，其权利和义务由合并后的法人享有和承担。

法人分立的，其权利和义务由分立后的法人享有连带债权，承担连带债务，但是债权人和债务人另有约定的除外。

一、历史由来

（一）法条来源

本条是对《民法通则》第44条和《合同法》第90条的改造和吸收。《民法通则》第44条规定："企业法人分立、合并或者有其他重要事项变更，应当向登记机关办理登记并公告。企业法人分立、合并，它的权利和义务由变更后的法人享有和承担。"《合同法》第90条规定："当事人订立合同后合并的，由合并后的法人或者其他组织行使合同权利，履行合同义务。当事人订立合同后分立的，除债权人和债务人另有约定的以外，由分立的法人或者其他组织对合同的权利和义务享有连带债权，承担连带债务。"

《民法通则》第44条仅针对企业法人合并、分立的权利义务作了规定，本法则将"企业法人"扩展为"法人"，表明本条的调整对象为所有法人类型的合并与分立。《民法通则》将法人分为两类：一类是企业法人；另一类是非企业法人，包括机关、事业单位和社会团体法人。[①]《民法通则》因受到苏联民法法人基本模式和计划经济体制的影响，仅规定"企业法人的合并、分立的效果"。[②]但事实上，不考虑法人基本类型模式，无论何种法人分类，均存在合并与分立的问题。因此，本条做出了上述改变。

---

① 参见王利明等：《民法学》，法律出版社2015年版，第58页。

② 相关观点参见王利明：《民法总则研究》，中国人民大学出版社2003年版，第376页；范健：《对〈民法总则〉法人制度立法的思考与建议》，载《扬州大学学报》（人文社会科学版）2016年第2期。

与此同时,本条区分了法人合并、分立的不同法律效果。在保持法人合并的效果规定不变的同时,将法人分立的法律效果的规定修改为:“法人分立的,其权利和义务由分立后的法人享有连带债权,承担连带债务,但是债权人和债务人另有约定的除外。”这是对《合同法》第90条规定的吸收。本条规定的法理基础在于,依债的一般担保原理,法律要求以债务人所有的财产担保债的履行,于是,在法人合并的情形,其合并前的权利义务由合并后的法人承继,不会减弱其担保能力;但在分立的情形,仅由分立后的法人按份或依其内部约定分别承受债权和债务,对债之相对人而言,不仅剥夺其选择的自由,更可能减弱债权人实现其债权的可能性。

最后,因本法在第64条对法人的变更登记作了单独规定,为避免重复,本条删除了《民法通则》第44条第1款“企业法人分立、合并或者有其他重要事项变更,应当向登记机关办理登记并公告”的规定。

(二)条文演变状况及学者意见

关于法人合并、分立的效果,学者建议稿和各个民法总则草案,均规定了权利和义务由变更后的法人享有和承担。但对于法人分立后的债务承担责任规则,则存有不同:

1.“社科院稿”第82条规定:“法人合并、分立的,其权利和义务由变更后的法人享有和承担。”①

2.“人民大学稿”第79条规定:“企业法人合并的,其权利和义务由合并后的法人享有和承担。

企业法人分立的,由分立后的各法人共同享有其权利、共同承担其义务。分立后的各法人就债务清偿的份额所达成的协议,不得对抗第三人。”②

3.《民法总则(草案)征求意见稿》(2016年5月20日修改稿)第59条规定:“法人合并、分立的,其权利和义务由变更后的法人享有和承担。”

4.《民法总则(草案)》(一审稿)第63条规定:“法人合并、分立的,其权利和义务由变更后的法人享有和承担。”

---

① 梁慧星主编:《中国民法典草案建议稿》,法律出版社2013年版,第18页。

② 王利明主编:《中国民法典草案建议稿及立法理由·总则编》,法律出版社2005年版,第161页。

5.《民法总则(草案)》(二审稿)第65条规定:"法人合并的,其权利和义务由合并后的法人享有和承担。法人分立的,其权利和义务由分立后的法人享有连带债权,承担连带债务,债权人和债务人另有约定的除外。"

6.《民法总则(草案)》(三审稿)第65条规定:"法人合并的,其权利和义务由合并后的法人享有和承担。法人分立的,其权利和义务由分立后的法人享有连带债权,承担连带债务,债权人和债务人另有约定的除外。"

从上列条文不难看出,无论是学者建议稿还是民法总则各草案,对于企业合并,合并前企业的权利义务概括移转给合并后的企业,已然达成共识。而对于企业分立之情形,《民法总则(草案)》(一审稿)采用了"社科院稿",但全国人民代表大会法律委员会在《民法总则(草案)》(二审稿)指出"宜进一步细化法人分立后的债务承担规则,同时体现对法人分立前与债权人就债务清偿所作约定的尊重",将原有条文修改为"法人合并的,其权利和义务由合并后的法人享有和承担。法人分立的,其权利和义务由分立后的法人享有连带债权,承担连带债务,债权人和债务人另有约定的除外"。一方面此举意图保护债权人的利益,防止利用企业分立而逃避债务。另一方面基于私法自治的原则,分立后的各法人就债务清偿份额可以与债权人另行达成协议。

二、规范目的与含义

(一)规范目的

本条旨在规定法人合并、分立的法律效果。其位于第三章法人之"一般规定"一节,因此应普遍适用于营利法人、非营利法人和特别法人。

法人作为独立的民事主体,在其存续期间,具有变更组织机构的能力,其组织机构的变更必然导致原法人与新法人的此消彼长。那么,后者应如何继承前者的权利、义务;法人的合并与法人的分立是否具有相同的法律效果。本条之内容即为民法总则对上述问题的回答。①

就其在规范体系中位置而言,本条系法人合并、分立后债权、债务关系之承受的一般规范,而《公司法》第174条和第176条分别就公司合并、分立后的

① 实践中,(2001)民二终字第166号民事判决书等即在此等意义上引用相关规定。

债权、债务承受做出的相同规定,应属特别法的范畴。此外,本条也解决了《民法通则》与《公司法》之间就债务承受之性质究为法定转移还是协议转移的争议。

(二)规范含义

显然,本条规范对象之“法人”,包括营利法人、非营利法人与特别法人,而其合并与分立的法律后果,系本条规定的核心内容。法人合并的,将产生“承继被合并的法人之权利、承担其义务”之法定效果,此乃强制性规范。法人分立的,债权人和债务人之间若有约定,则依其约定;无约定的,由分立后的法人享有连带债权和承担连带债务,此乃任意性规范。整体以观,法人的合并与分立之具体构成要件以及法律后果的内容,须结合相关法条方可明确。据此,本条系不完全法条。

本条构成要件有合并与分立两种情形。法人合并,乃指两个以上的法人依法律规定或法律行为成为一个法人的法律事实,是法人在法律人格上的变化。法人合并的方式有两种,一种是两个以上的法人合并为一个新的法人,原法人消失,产生新的法人,原法人的权利义务由新法人承担,此为新设合并;另一种是一个或多个法人归入一个现存的法人之中,被合并的法人主体资格消失,存续的法人主体资格仍然存在,只是由于被合并法人的加入而发生变更,此即吸收合并,也称兼并。[①] 对此,《公司法》第172条规定:“公司合并可以采取吸收合并或者新设合并。一个公司吸收其他公司为吸收合并,被吸收的公司解散。两个以上公司合并设立一个新的公司为新设合并,合并各方解散。”

法人的分立,是法人在法律人格上的变更。表现为一个法人分裂为两个或两个以上法人的法律行为。法人分立的方式有两种,一为创设式分立(亦称新设分立),即一个法人分成两个以上的法人,原法人消失;另一种方式是存续式分立(亦称派生分立),即原法人存续,但分出其一部分财产设立新法人。[②]

关于法人合并后的法律后果,理论与实践争议不大。法人采取新设合并或者吸收合并,其“权利、义务”均由合并后的法人享有和承担。如《公司法》

① 参见江平主编:《法人制度论》,中国政法大学出版社1994年版,第142页。

② 参见江平主编:《法人制度论》,中国政法大学出版社1994年版,第146页。

第174条规定:“公司合并时,合并各方的债权、债务,应当由合并后存续的公司或者新设的公司承继。”

本条第2款就法人分立的法律后果做出了规定,针对无约定的情形,对分立后的法人设定了一种法定的连带债权和连带债务。此处所谓“连带责任”应如何理解,学界有不同观点。第一种观点认为,此处连带责任为不区分的连带责任:因分立而消灭的法人,其权利义务由分立的法人概括承受;派生分立的,可由协议约定或章程规定责任承担方式,但该约定不得对抗债权人。[①] 无论采用何种形式进行分立,均由分立后的法人对原法人债务承担连带责任。[②] 第二种观点认为,采法人消灭时的连带责任主义:当法人以存续式分立时,原法人并未消灭,此时分立后的法人不对原法人债务承担连带责任。[③] 第三种观点认为,因分立而消灭的法人,其权利义务由分立后的法人概括承受;而派生分立,其权利义务关系,则依分立合同的约定或者章程的规定处理。[④] 以上三种不同观点出现的原因,在于法人分立方式的多样性。由于本条未对新设分立与派生分立分别予以规定,故依文义,法人无论依何种形式分立,只要没有约定,债权人均可依本法第178条关于连带责任的规定,请求分立后的全部或者部分法人承担责任。

同时,在法人分立中,关于“继受法人是否能以其受让资产的范围为限承担连带责任”,国内学者观点尚未统一。[⑤] 在市场经济中,除应保障债权人的利益外,也应减轻继受法人的严重偿债压力,提高社会经济运行效率。连带责任人不享有先诉抗辩权,也只能在超出自己应承担部分而清偿债务时,就超出部分对其他责任人有求偿之权,若分立后的法人仅继受极少部分资产,却因此要承担全部债务的清偿责任,显然对其正常经营造成极大负担。基于此,有学者建议,对于分立后的法人,应在其受让范围内承担连带责任。值得注意的

① 参见马骏驹、余延满:《民法原论》,法律出版社2010年版,第138页。

② 参见柳经纬:《合同法》,厦门大学出版社2009年版,第391页;韩世远:《合同法总论》,法律出版社2011年版,第497页。

③ 参见王利明、崔建远:《合同法新论·总则》,中国政法大学出版社1997年版,第443页。

④ 参见张俊浩:《民法学原理》,中国政法大学出版社1997年版,第197页。

⑤ 持肯定观点参见车传波:《公司分立法律问题探析》,载《东岳论丛》2010年第11期。持否定观点参见孟继超:《公司分立中债权人利益保护研究》,载《哈尔滨学院学报》2012年第1期。

是,《企业改制规定》第13条规定:“分立的企业在承担连带责任后,各分立的企业间对原企业债务承担有约定的,按照约定处理;没有约定或者约定不明的,根据企业分立时的资产比例分担。”由此可见,该司法解释将连带清偿责任的范围限缩在企业分立时的资产比例内。

虽然上述债务处理规则的初衷是好的,但是无论在实践中还是在理论上却颇有窒碍之处。在实践上的主要问题是,债务人企业可以利用这一规则逃废债务,因为“企业分立时的资产比例”如何确定是很容易被操纵的。首先,在资产定价上,评估结果本身就是有一定弹性的。其次,即使按照严格资产价格比例分担债务,但作为标的物的资产仍有变现能力差别问题。其结果致使债权人处于不利境地并且对此情形无能为力。在理论上的问题则更为严重:其一,实质上改变了债权属性,将债权人的债权与债务人企业分立时的资产分配联系起来,实际上等于将“债随人走”变成“债随物走”,把债权属性由“对人权”变成了“对物权”;其二,意图分立的企业完全掌握对资产处置与债务分配的决定权,其与债权人没有约定的情况下,就将企业资产与债务通过企业分立重新进行配置,属于单方改变债权人当初的交易判断与合同预期,等于把债务清偿风险完全转嫁给债务人;其三,债务人企业本应履行债务人的义务,其在意图分立时完全可以与债权人协商如何处置债权债务,但按照《企业改制规定》这一司法解释,债务人企业与债权人之间“没有约定或者约定不明的,根据企业分立时的资产比例分担”,等于将债务人企业放到可以拒绝协商约定的强势地位,与诚实信用原则完全不符。可见,《民法总则》的本条规定,实际上等于“拨乱反正”,消弭了理论界实务界在企业分立时债务承担规则问题上的争议与困惑。

三、举证责任分配

本条分别规定了法人的合并和分立后的权利义务。根据第一句,结合规范说的原理,如果法人主张其享有合并前所享有的权利,则应证明法人合并这一要件事实的存在;如果相对人需要主张法人承担其合并前的债务,则应证明法人合并这一要件事实的存在。

根据第二句中的前两小句,结合规范说的原理,如果分立后的法人主张其享有分立前的债权,应证明法人分立这一要件事实的存在;如果相对人主张分立后的法人承担其分立前的债务,则应证明法人分立这一要件事实的存在。而最后一小句,则为前述规范的抗辩规范,法人或者相对人均可援引该规范,证明“债权人与债务人另有约定”的存在,以对抗对方所主张的请求权。

第六十八条 【法人终止】

有下列原因之一并依法完成清算、注销登记程序的,法人终止:

(一)法人解散;

(二)法人被宣告破产;

(三)法律规定的其他原因。

法人终止,法律、行政法规规定须经有关机关批准的,依照其规定。

一、历史由来

(一)法条来源

本条是对《民法通则》第45条的改造。《民法通则》第45条规定:"企业法人由于下列原因之一终止:(一)依法被撤销;(二)解散;(三)依法宣告破产;(四)其他原因。"

本条相较于《民法通则》主要有三处修改:

一是将《民法通则》第45条中的"企业法人"扩展为"法人",此处修改的理由与本法第67条相似,故不再赘述。

二是删除了《民法通则》第45条规定的"企业法人依法被撤销"的情形,并将其作为法人解散的事由规定在本法第69条中。此种修订解决了我国《民法通则》与《公司法》对法人终止、法人解散、法人依法被撤销等概念界定相互矛盾的问题。具体而言,《民法通则》第45条将"企业法人依法被撤销"和"企业法人解散"均列为企业法人终止的原因,而《公司法》第180条却将"公司被撤销"作为公司解散的原因。显然,对于法人"终止"与"解散"内涵,《民法通则》与《公司法》的理解不同。本条和本法第69条区分了法人终止与法人解散、法人被撤销等概念,对我国法人制度的完善有着重要意义。

三是增加第2款"法人终止,法律、行政法规规定须经有关机关批准的,依照其规定"。旨在解决特殊法人的终止问题,即适用法律、行政法规的特别规定。

(二)条文演变状况及学者意见

关于法人终止的事由,各学者建议稿、《民法总则(草案)征求意见稿》(2016年5月20日修改稿)和《民法总则(草案)》(一审稿)均未提及,本条文直至《民法总则(草案)》(二审稿)时才首次出现。具体而言:

1."法学会稿"第73条规定:"企业法人等营利性社团法人的设立、变更和终止,应当依法办理登记手续。法律规定应当办理批准手续的,依照其规定。

其他法律对营利性社团法人另有规定的,依照其规定。"

2.《民法总则(草案)》(二审稿)第66条规定:"法人由于下列原因之一终止:

(一)法人解散;

(二)法人被宣告破产;

(三)法律规定的其他原因。

法人终止,法律规定须经有关机关批准的,依照其规定。"

3.《民法总则(草案)》(三审稿)第66条规定:"法人由于下列原因之一终止:

(一)法人解散;

(二)法人被宣告破产;

(三)法律规定的其他原因。

法人终止,法律、行政法规规定须经有关机关批准的,依照其规定。"

从上文列举不难看出,各学者建议稿、《民法总则(草案)征求意见稿》和《民法总则(草案)》(一审稿)并未注意到"法人终止的事由"这一问题。直到《民法总则(草案)》(二审稿),方才明确提出"应明确法人终止的事由和特殊程序",遂增加本条之规定。而相较于《民法通则》,《民法总则(草案)》(二审稿)增加第2款"法人终止,法律规定须经有关机关批准的,依照其规定。"在《民法总则(草案)》(三审稿)中,将该款修改为"法人终止,法律、行政法规规定须经有关机关批准的,依照其规定"。

二、规范目的与含义

(一)规范目的

本条旨在明确法人终止的原因和法人终止的程序。本条位于第三章法人之“一般规定”一节,因此应普遍适用于营利法人、非营利法人和特别法人。

根据本法第59条,法人的民事权利能力和民事行为能力“到法人终止时消灭”。但法人是法律构造物,生命来自实证法,其“生命”的终结不似自然人那般明显,而应取决于法律规范。法人的团体性质决定了其社会影响力较为深远,法人的终止如不审慎进行,可能造成社会动荡,故而国家有必要对法人这种市场主体的退出机制进行干预。① 法人的终止将导致与其相关的一切法律关系的消灭,故此过程应严格按照法定程序进行,以保护第三人信赖利益。② 问题是,何种情况将导致法人终止?法人终止的程序如何?本条即为《民法总则》对上述问题的回答。

本条是法人终止原因和法人终止程序的一般性规范,系不完全法条。法人终止的三项原因,需结合本法其他条文和相关单行法加以判断;法人终止的程序亦要结合其他法律、行政法规,才可具体确定。本条第2款是参引性规范,当其他法律、行政法规就法人终止做出特殊规定时,应适用该法律、行政法规。

(二)规范含义

法人终止因涉及第三人利益,故各国民法无不要求其遵循一定程序。根据本条之规定,当法人出现本条第1款所列三种原因之一并完成清算、注销登记时,法人即告终止。

法人的终止,是法人不再具有民事权利能力与行为能力的一种状态,即法人丧失其民事主体资格。传统民法对法人终止的原因,总体上有五项共识:(1)章程规定的终止事由发生。③ (2)法人的目的事业已经达成抑或不能达成。④ (3)破产。⑤ (4)撤销或剥夺权利能力。⑥ (5)社员决议解散或社员欠缺

① 参见马骏驹:《民法基本问题研究》,法律出版社2015年版,第197页。

② 参见朱庆育:《民法总论》,北京大学出版社2013年版,第429页。

③ 参见《德国民法典》第74条第2款第1项;《日本民法典》第68条第1款第1项;我国台湾地区“民法典”第61条第1款第8项。

④ 参见《瑞士民法典》第88条第1款;《日本民法典》第68条第2款。

⑤ 参见《德国民法典》第42条第2款;《日本民法典》第70条第1款。

⑥ 参见《日本民法典》第71条;《德国民法典》第44条。

等人数不足的解散。[①]《民法总则》在完善《民法通则》关于一般法人终止原因缺失的基础上，延续了传统民法的部分共识。

本条第1款具体列举了引起法人终止的三项原因：法人解散、被宣告破产以及法律规定的其他原因。

（1）法人解散具体可分为两种情形：第一，法院或有关行政主管机关依法宣告其强制解散，如法人的目的、行为违反法律、公序良俗，法律的相关规定要求法人必须解散的；第二，当法人的目的、事业完成或无法完成时，法人自行解散。[②] 前者如本法第69条第4项规定之情形；后者如本法第69条第1、2、3项规定之情形。此外，针对某一类具体法人的解散问题，还应参照相关单行法之规定加以判断，如公司法人的解散应参照《公司法》第180条之规定处理。

（2）法人破产，是指法人资不抵债或者称无法支付到期债务时，法院依据债权人或债务人的申请，宣告法人破产。《企业破产法》及其司法解释对法人破产问题作了详尽规定，在处理法人破产规定时，无疑应适用该法的规定。

（3）本款第3项"法律规定的其他原因"乃兜底性规定，其显例为法人的合并、分立（本法第67条）。当法人合并、分立后使原法人不复存在时，也会出现法人终止的法律效果。此外，国家经济政策调整、战争等不可预测的情形，也可能成为法人终止的原因。

本条第2款确立了法人终止机制中的"许可主义"，即某些法人的终止，在满足本条第1款规定的同时，还须经有机关批准。此处的"有关机关"，应参照有关法律、行政法规的具体规定予以确定。例如，根据《外资银行管理条例》第58条的规定，外资银行的终止，应经国务院银行业监督管理机构批准。

三、其他问题

就本条规定法人终止的原因，理论及司法实践中争议不大。但是本条作为与法人成立相呼应的法律制度，对法人终止的程序性规定仍显不足。广义上，法人终止的程序应当包括，法人终止事由出现、对终止事由进行审

---

① 参见《德国民法典》第74条第2款；《日本民法典》第68条第2款第1、2项。

② 江平：《法人制度论》，中国政法大学出版社1994年版，第156页。

查并停止法人的相关活动、清算、法人债权债务的清结、办理法人注销等相关手续。对于公司清算,《公司法》《公司登记管理条例》等已予详细规定。但我国现行法对法人终止事由的审查及债权债务清结等具体程序的规定,则存在空白。因此,须加快法人终止制度的设计,以全面保障法人及相关当事人合法权益。

第六十九条 【法人解散】

有下列情形之一的，法人解散：

（一）法人章程规定的存续期间届满或者法人章程规定的其他解散事由出现；

（二）法人的权力机构决议解散；

（三）因法人合并或者分立需要解散；

（四）法人依法被吊销营业执照、登记证书，被责令关闭或者被撤销；

（五）法律规定的其他情形。

一、历史由来

（一）法条来源

《民法通则》并未直接对法人解散的事由加以规定。本条是在《公司法》第180条基础上进行提炼的产物。《公司法》第180条规定："公司因下列原因解散：（一）公司章程规定的营业期限届满或者公司章程规定的其他解散事由出现；（二）股东会或者股东大会决议解散；（三）因公司合并或者分立需要解散；（四）依法被吊销营业执照、责令关闭或者被撤销；（五）人民法院依照本法第一百八十二条的规定予以解散。"

（二）条文演变状况及学者意见

关于法人解散的类型，无论是学者建议稿还是民法总则的各个草案，均存在不同程度的差异。具体而言：

1."社科院稿"第84条规定："法人因下列原因之一而解散：

（一）因违反法律而被强制解散；

（二）法人的目的事业已经完成或者确定无法完成；

（三）法人章程规定的解散事由发生；

（四）法人依法被宣告破产；

(五)股东大会、社员大会或者成员大会决议解散;

(六)法人的成员低于法定人数;

(七)法律规定的其他原因。

前款第(四)项规定,不适用于非营利法人。前款第(六)项规定,不适用于捐助法人。

法律对机关法人、事业单位法人的解散另有规定的,依照其规定。”①

2.“人民大学稿”第73条规定:“法人可因如下原因而解散:

(一)因法人目的事业已经完成或者确定无法完成而解散;

(二)法人章程规定的存续期间届满,或者法人章程规定的其他解散事由出现;

(三)法人权力机关决定解散;

(四)企业法人不足法定人数而解散;

(五)依法被宣告破产;

(六)因违反法律、公共秩序或善良风俗被撤销;

(七)法律、行政法规规定的其他原因。”②

3.“法学会稿”第65条规定:“有下列情形之一的,法人解散:

(一)因目的事业已经完成或者确定无法完成;

(二)章程规定的存续期间届满,或者章程规定的其他解散事由出现;

(三)法律规定的其他情形。”③

4.《民法总则(草案)征求意见稿》(2016年5月20日修改稿)第60条规定:“有下列情形之一的,法人解散:

(一)法人章程规定的存续期间届满或者法人章程规定的其他解散事由出现的;

(二)法人的权力机构决议解散的;

---

① 梁慧星主编:《中国民法典草案建议稿》,法律出版社2013年版,第18页。

② 王利明主编:《中国民法典草案建议稿及立法理由·总则编》,法律出版社2005年版,第147页。

③ 中国法学会民法典编纂项目领导小组、中国民法学研究会:《中华人民共和国民法典·民法总则专家建议稿》,载中国民商法律网:http://www.civillaw.com.cn/zt/t/? id=30198,最后访问日期:2017年1月17日。

（三）法人依法被吊销营业执照、登记证书，责令关闭或者被撤销的；

（四）出现法律规定的其他情形的。”

5.《民法总则（草案）》（一审稿）第64条规定：“有下列情形之一的，法人解散：

（一）法人章程规定的存续期间届满或者法人章程规定的其他解散事由出现的；

（二）法人的权力机构决议解散的；

（三）法人依法被吊销营业执照、登记证书，责令关闭或者被撤销的；

（四）出现法律规定的其他情形的。”

6.《民法总则（草案）》（二审稿）第67条规定：“有下列情形之一的，法人解散：

（一）法人章程规定的存续期间届满或者法人章程规定的其他解散事由出现的；

（二）法人的权力机构决议解散的；

（三）法人依法被吊销营业执照、登记证书，责令关闭或者被撤销的；

（四）法律规定的其他情形。”

7.《民法总则（草案）》（三审稿）第67条规定：“有下列情形之一的，法人解散：

（一）法人章程规定的存续期间届满或者法人章程规定的其他解散事由出现的；

（二）法人的权力机构决议解散的；

（三）因法人合并或者分立需要解散的；

（四）法人依法被吊销营业执照、登记证书，被责令关闭或者被撤销的；

（五）法律规定的其他情形。”

从上文列举可以看出，有部分学者仍持法人解散仅为法人自行解散的观点，认为法人解散需体现法人的自主意愿，因而不包括依法被撤销等强制解散的情形。① 而《民法总则（草案）征求意见稿》则通过本条第3项“法人依法被

① 参见王利明：《民法学》，法律出版社2015年版，第68页。

吊销营业执照、登记证书,责令关闭或者被撤销的”的规定,表明法人解散还应包括强制解散的情形。

同时,《民法总则(草案)》(三审稿)新增了“因法人合并或者分立需要解散”一项。因为法人合并分为新设合并和兼并,法人分立分为创设式分立和存续式分立,在新设合并、兼并和创设式分立的情形中,均存在原有法人民事主体资格消灭的问题,故新增本项以进一步完善法人解散的事由类型。

二、规范目的与含义

(一)规范目的

本条旨在规定法人解散的事由。本条位于第三章法人之“一般规定”一节,因此应普遍适用于营利法人、非营利法人和特别法人。

根据本法第 68 条,“解散”是法人终止的原因之一,但并未对“解散”进行解释说明,而本条规定即为对“解散”的说明,属于说明性条文。当法人出现本法所列的五项情形之一时,法人即告解散。本法所列各项情形均需结合其他法条方可确定实质性构成要件,故本条系不完全法条。

(二)规范含义

理论上,法人解散被理解为法人权利能力丧失的原因,或是使法人资格消灭的法律行为,抑或是法人终止程序的一环。[①] 对于法人解释,不应只从静态理解,应从动态角度理解法人的解散。法人从产生走向消灭的过程中,若出现解散的情形,法人将面临终止的结局。故法人的解散乃此动态过程中可能出现的一种致使法人终止的原因。具体言之,法人解散从时间顺序上说,必然出现在终止之前;从“引起与被引起”角度来看,法人解散将引起法人终止的法律结果。因此,法人的解散宜做程序上的理解而非实体上的理解。

本条第 1 项规定的解散事由,为“法人章程规定的存续期间届满或者法人章程规定的其他解散事由出现”。此种解散事由乃法人成员在法人成立之初

---

① 参见江平主编:《法人制度论》,中国政法大学出版社 1994 年版,第 154 页。

事先约定的事项。

本条第2项规定的解散情形,为“法人的权力机构决议解散”。其中“法人的权力机构”需结合其他法条具体确定。如《公司法》第36条规定:“有限责任公司股东会由全体股东组成。股东会是公司的权力机构,依照本法行使职权。”第98条规定:“股份有限公司股东大会由全体股东组成。股东大会是公司的权力机构,依照本法行使职权。”

本条第3项规定的“法人合并或者分立”,应结合本法第67条及其他相关法律的规定(如《公司法》第172条、《商业银行法》第69条、《保险法》第89条等),根据合并、分立的具体方式,确定其是否属于需要解散的情形。

本条第4项规定的“法人依法被吊销营业执照、登记证书,被责令关闭或者被撤销”系行政强制解散。此处的“法”指《行政处罚法》第8条;《个人独资企业法》第33条;《产品质量法》第17、49、50、51、52、53、56条;《价格法》第40条;《劳动法》第94条;《反不正当竞争法》第21条;《外资企业法》第9、14条等。

本条第5项系兜底条款,指向其他法律规定的法人解散的情形。如《公司法》第182条规定:“公司经营管理发生严重困难,继续存续会使股东利益受到重大损失,通过其他途径不能解决的,持有公司全部股东表决权百分之十以上的股东,可以请求人民法院解散公司。”

三、举证责任分配

依据本条,相对人或者股东等主体要求解散法人的,需要证明导致解散的构成要件事实,即本条所规定的五种情形的存在。

四、其他问题

本条虽对法人解散的事由做了规定,但《民法总则》却未对法人解散的损害赔偿作出相应规定。正如《合同法》第97条规定了解除合同并不影响当事人要求损害赔偿的权利,《民法总则》和《公司法》也应当注意到:解散法人若系某一出资人的原因造成,且使其他出资人遭受重大损失,则不应忽视其他出资人具有请求该出资人承担赔偿责任的权利。目前《民法总则》和

《公司法》都忽略了“因出资人违背义务致使法人解散”时的民事责任问题,造成了出资人义务履行落空,其他权利人“有损害而无赔偿”的局面。同时,对于解散的公示制度、解散后的社会责任等问题,《民法总则》也未作出相应规定。

第七十条 【清算义务人】

法人解散的，除合并或分立的情形外，清算义务人应当及时组成清算组进行清算。

法人的董事、理事等执行机构或者决策机构的成员为清算义务人。法律、行政法规另有规定的，依照其规定。

清算义务人未及时履行清算义务，造成损害的，应当承担民事责任；主管机关或者利害关系人可以申请人民法院指定有关人员组成清算组进行清算。

一、历史由来

（一）法条来源

本条是对《民法通则》第 47 条和《公司法》第 183 条的改造、补充和吸收。前者规定："企业法人解散，应当成立清算组织，进行清算。企业法人被撤销、被宣告破产的，应当由主管机关或者人民法院组织有关机关和有关人员成立清算组织，进行清算。"后者规定："公司因本法第一百八十条第（一）项、第（二）项、第（四）项、第（五）项规定而解散的，应当在解散事由出现之日起十五日内成立清算组，开始清算。有限责任公司的清算组由股东组成，股份有限公司的清算组由董事或者股东大会确定的人员组成。逾期不成立清算组进行清算的，债权人可以申请人民法院指定有关人员组成清算组进行清算。人民法院应当受理该申请，并及时组织清算组进行清算。"

《民法通则》第 47 条对企业法人在解散与被撤销、宣告破产时的清算作了区分，一方面是因为《民法通则》对于法人解散、法人被撤销概念界定不明，另一方面是因为制定《民法通则》时《企业破产法》尚未颁布施行。因《民法总则》第 69 条已修正了先前立法的漏洞，将法人被撤销规定在法人解散的事由中，而法人被宣告破产的情形则由《企业破产法》加以规范，故本条删除了"企业法人被撤销""被宣告破产"两种情形，不再对其作单独规定。

在法人解散中,由何者作为清算义务人、成立清算组织,是解散清算程序的首要问题。对此,我国《民法通则》和《公司法》都未作出规定。本条第2款首次规定“法人的董事、理事等执行机构或者决策机构的成员为清算义务人”。根据民法理论,清算义务人应对法人负有忠实勤勉义务,并应对法人具有法律上的控制力。而将董事、理事作为清算义务人,则具有法理基础和现实可行性。具体而言,首先,《公司法》第147、148条对董事的忠实勤勉义务及禁止行为作出了明确规定,而此义务理应贯穿于法人成立至消亡,“考虑到董事的职位特点,承担清算义务是董事履行其信义义务的职责所在”。[①] 其次,董事作为法人运营中具有决策权和支配权的主体,在法人解散后有能力启动清算程序;且董事作为法人解散的当然第一知情人,由其组织清算具有职权上的便利性,可以有效防止法人财产的流失,进而保护债权人等利害关系人的利益。[②] 因此,对于董事成为法人清算时的清算义务人,我国学者和立法者的观点也趋于一致。而本条规定理事作为清算义务人,则对应非营利法人解散的情形,与董事担任清算义务人同理。

如前所述,清算义务人对法人负忠实勤勉义务,对股东、债权人负有诚信义务,而这一义务中包含受法律保护的权利人的权利和利益。清算义务人因故意或过失不及时履行清算义务,致权利人遭受损害的,应负损害赔偿责任,故本条第3款对清算义务人的清算责任予以规定。

(二)条文演变状况及学者意见

对于清算义务人,在《民法总则》的制定过程中,学界与立法者主要的关注点在于清算程序中的义务主体即“清算义务人”的概念界定与区分及其构成。

1.“社科院稿”未对清算义务人进行规定,而对清算人进行了规定,如第85条规定:“法人解散时,应当选任清算人进行清算,但法律另有规定的除外。

营利法人因被宣告破产而解散,其清算适用破产法的有关规定。”[③]

2.“人民大学稿”第73条第2款规定:“法人在解散后,应当进行清算,清算完毕,应当注销法人登记。未经清算即注销法人登记的,应当由法人的设立

① 黎淑兰、王丽娜:《公司清算义务人相关问题研究》,载《人民司法》2012年第7期。

② 参见李建伟:《公司清算义务人基本问题研究》,载《北方法学》2010年第2期。

③ 梁慧星主编:《中国民法典草案建议稿》,法律出版社2013年版,第19页。

人承担赔偿责任。登记机关有过错的,应当承担适当的责任。”①

3.“法学会稿”第66条规定:“法人解散的,应当依法进行清算。未经清算即终止的,由清算义务人承担责任。

清算过程中,法人可以从事与其清算目的相适应的民事活动。”②

4.《民法总则(草案)征求意见稿》(2016年5月20日修改稿)第61条规定:“法人解散的,清算义务人应当及时组成清算组进行清算。

法人的董事、理事等执行机构成员为清算义务人,但是法人章程另有规定,法人权力机构另有决议、或者法律、行政法规另有规定的除外。

清算义务人怠于履行清算义务的,主管机关或者利害关系人可以申请人民法院指定有关人员组成清算组进行清算。

公司以外的法人的清算程序和清算组职权,依照有关法律、行政法规的规定;没有规定的,参照适用公司法的有关规定。”

第63条规定:“清算义务人怠于履行清算义务,造成法人财产损失的,应当在造成损失范围内对法人债务等承担责任。

清算义务人怠于履行清算义务,导致法人主要财产、账册、重要文件等灭失,无法进行清算的,对法人债务等承担连带责任。”

5.《民法总则(草案)》(一审稿)第65条规定:“法人解散的,清算义务人应当及时组成清算组进行清算。

法人的董事、理事等执行机构成员为清算义务人,但是法人章程另有规定,法人权力机构另有决议,或者法律另有规定的除外。

清算义务人怠于履行清算义务的,主管机关或者利害关系人可以申请人民法院指定有关人员组成清算组进行清算。”

6.《民法总则(草案)》(二审稿)第68条规定:“法人解散的,清算义务人应当及时组成清算组进行清算。

法人的董事、理事等执行机构成员为清算义务人。但是,法人章程另有规

---

① 王利明主编:《中国民法典草案建议稿及说明》,中国法制出版社2004年版,第12页。

② 中国法学会民法典编纂项目领导小组、中国民法学研究会:《中华人民共和国民法典·民法总则专家建议稿》,载中国民商法律网:http://www.civillaw.com.cn/zt/t/?id=30198,最后访问日期:2017年1月23日。

定、法人权力机构另有决议或者法律另有规定的除外。

清算义务人未及时履行清算义务的,主管机关或者利害关系人可以申请人民法院指定有关人员组成清算组进行清算。”

7.《民法总则(草案)》(三审稿)第68条规定:“法人解散的,清算义务人应当及时组成清算组进行清算。

法人的董事、理事等执行机构成员为清算义务人。但是,法人章程另有规定、法人权力机构另有决议或者法律另有规定的除外。

清算义务人未及时履行清算义务的,主管机关或者利害关系人可以申请人民法院指定有关人员组成清算组进行清算。”

从上述条文可以看出,自民法典编纂工作开展以来,民法总则学者建议稿、征求意见稿及各审议稿等,对于清算义务人的规定均有差异。有学者在建议稿中未使用“清算义务人”的概念,未及由何人组织法人进行清算的问题,而是选择对执行具体清算事务的“清算人”的职权与责任作出相应规定。①

《民法总则(草案)征求意见稿》明确提出“清算义务人”的概念,并将清算义务人与清算组进行区分,规定“法人解散的,清算义务人应当及时组成清算组进行清算”,表明清算义务人是指法人解散时组织清算组启动清算程序的人。② 此稿对于清算义务人的规定已较为详尽,不仅明确了清算义务人主体范围,还规定了清算义务人怠于清算的责任承担。

为使法律规范的内容更加清晰,《民法总则(草案)》(一审稿)将《民法总则(草案)征求意见稿》第61条第4款“法人的清算程序和清算组职权”,单列为另一法条。同时,《民法总则(草案)》(一审稿)删去了《民法总则(草案)征求意见稿》第63条对于清算义务人怠于履行清算时的民事责任的规定。

但《民法总则》第70条对上述草案的规定进行了四处修改:一是排除本条对法人合并、分立时原法人解散之情形的适用;二是将清算义务人的范围扩大

① 杨立新主编:《中华人民共和国民法总则(草案)建议稿》,载中国民商法律网:http://www.civillaw.com.cn/lw/l/? id=29208,最后访问日期:2017年1月18日;龙卫球主编:《中华人民共和国民法典·通则编(草案建议稿)》,载中国法学创新网:http://www.lawinnovation.com/index.php/home/xuejie/artindex/id/9597.html,最后访问日期:2017年1月18日。

② 参见李建伟:《公司清算义务人基本问题研究》,载《北方法学》2010年第2期。

为“董事、理事等执行机构或决策机构的成员”;三是将第2款修改为“法律、行政法规另有规定的,依照其规定”,删除了“法人章程另有规定、法人权力机构另有决议”的情形,限制了法人在解散清算时对清算义务人选择的意思自治;四是重新规定了清算义务人怠于履行清算时的民事责任,以督促其积极履行清算义务。

由此可以看出,目前学界对于“清算义务人”的主体范围、义务内容和责任性质等问题争议颇多。立法者在《民法总则》中固定了“清算义务人”的用法,明确“董事、理事等执行机构成员”或者决策机构成员作为清算义务人,负有“及时组成清算组进行清算”的清算义务。在其不积极履行清算义务造成损害时需承担民事责任,且“主管机关或者利害关系人”可申请人民法院指定有关人员组成清算组以保证清算及时有效地进行。

二、规范目的与含义

(一)规范目的

本条旨在规范法人解散后的清算事宜。其位于第三章法人之“一般规定”一节,因此应普遍适用于营利法人、非营利法人和特别法人。

根据本法第69条之规定,法人出现该条文规定的情形之一的,法人解散。第69条所列第三种情形,法人因合并或者分立而解散的法律后果,已由本法第67条予以回答。其他解散情形的法律后果尚需解答。根据本法第68条之规定,法人可因解散而终止,此过程中应对法人进行清算。那么,法人解散,法人的财产应由谁负责清算,本条即为《民法总则》对此问题之回答。

本条第1款是强制性规范。法人解散的,除去合并分立解散情形,清算义务人应及时组成清算组进行清算,故清算是法人解散后的法定程序。同时,法人的解散、清算义务人均需结合其他法条方可确定,故本款为不完全法条。本条第2款亦为强制性规范。当法律、行政法规就清算义务人的遴选有其他规定的,依照其规定;若无规定,则由法人董事、理事等执行机构或者决策机构的成员担任清算义务人。此款中的具体内容仍有待结合其他法条才可明确,故系不完全法条。本条第3款规定的是当本条第2款中的清算义务人未及时履行相关清算职责,主管机关或利害关系人有申请法院对清算人进行司法指定的请求权。但本款规定并非独立的请求权基础,毋宁只是一个归责条款,说明清算义务人在此种情况下负有民事责任。具体负何种民事责任,尚需结合其他法条方能确定。同时,主管机关、利害关系人、损害的确定也需结合其他法条确定,故本款亦为不完全法条。

(二)规范含义

本条第1款规定了法人解散时的清算义务。但是,因合并或者分立而解散的法人,其权利的享有、义务的承担已由本法第67条加以规定,故本条规定不适用于该解散情形。

清算,指的是清理被解散法人的财产,了解其作为当事人的法律关系,从而使法人最终消灭的程序。① 根据本款规定,清算是法人解散后的法定必经环节。当法人出现本法第69条第1、2、4项及第5项中的情形时,即进入清算程序,未经清算的法人无法走向终止。如此规定,首先,是因为我国采取广义的法人终止登记主义(本法第68、72、73条)。其次,法人终止往往涉及多方利益。清算作为厘清法人与各方法律关系、计算债权债务的方法和途径,在保护债权人利益和善意第三人利益,乃至社会稳定等方面,都起到至关重要的作用。

“清算义务人”,指的是基于其与法人之间存在的特定法律关系,在法人解散时对其负有依法组织清算义务的民事主体。此概念在《民法总则》之前的法律文本中并未出现,《公司法》第183条、184条等中均只出现“清算组”字样,《合伙企业法》第86、87条称“清算人”等。但司法实践中,已有法院在判决书中使用“清算义务人”的概念。② 本款明确提出了“清算义务人”的称谓。

“及时”是指依照一般社会常识或者具体行业的市场交易习惯,在合理的期限内将信息传达给相对人且不影响该相对人判断。“及时”的要求,在不同地区应采取不同条件予以实现。

① 参见江平主编:《法人制度论》,中国政法大学出版社1994年版,第158页。

② 在(2010)沪一中民四(商)终字第1302号民事判决书中,二审法院直接使用了“清算义务人”的概念,认为有限责任公司全体股东、股份有限公司的董事和控股股东负有组织公司进行清算的义务,是为清算义务人。

清算义务人是清算组的构成要素，二者是部分与整体的关系，都是执行清算任务的"人"的称谓。如前文所述，我国对法人进入清算后的地位、性质采取的是登记终止主义（本法第68、72、73条）。换言之，在清算期间，法人仍然享有与清算任务匹配的权利能力和行为能力。这与日本、我国台湾地区的清算终止主义类似。

本条第2款规定了清算义务人的遴选规则。若法律、行政法规另有规定的，应首先依照该规定确定清算义务人。如《商业银行法》第70条规定："商业银行因吊销经营许可证被撤销的，国务院银行业监督管理机构应当依法及时组织成立清算组，进行清算，按照清偿计划及时偿还存款本金和利息等债务。"据此，商业银行的清算义务人，是国务院银行业监督管理机构。若法律未做出其他规定，则由董事、理事等执行机构或者决策机构的成员担任清算义务人。此处执行机构，指法人按照决策的要求进行民事活动的指挥机构，①是实际上对公司日常经营进行管理的公司机构，也是董事会决议的执行机关。②如《公司法》第46条规定董事会对股东会负责，行使各项职权，由其第2项"执行股东会的决议"可知，董事会是股份有限公司的执行机构。决策机构是法人的最高权力机构，其基本职能是行使决策权。如《公司法》第36条规定："有限责任公司股东会由全体股东组成。股东会是公司的权力机构，依照本法行使职权。"第98条规定："股份有限公司股东大会由全体股东组成。股东大会是公司的权力机构，依照本法行使职权。"据此可确定，股东会是有限责任公司和股份有限公司的决策机构。

本条第3款"未及时履行清算义务"的规定，应结合其他单行法确定何为"及时"。如《公司法》第183条规定"应当在解散事由出现之日起十五日内成立清算组，开始清算"。若相关法律未对具体时间做出规定，"及时"应理解为一般社会常识或交易习惯。同时，"未及时履行清算义务"，是造成损害情况下，清算义务人承担民事责任的前提条件。本款"主管机关"应结合相关法律具体确定。例如，根据《商业银行法》第69、70、71条的规定，商业银行的主管

---

① 参见江平主编：《法人制度论》，中国政法大学出版社1994年版，第305页。

② 参见甘培忠：《企业与公司法学》，北京大学出版社2014年版，第212页。

机关为国务院银行业监督管理机构;据《保险法》第89条、90条、91条、92条、149条的相关规定,可确定保险公司的主管机关是国务院保险监督管理机构;据《外资银行管理条例》第58条的规定,可确定外资银行的主管机关是国务院银行监督管理机构。"利害关系人"是指与进行清算的法人有利益关系的人,如法人的职工、债权人、债务人。

三、举证责任分配

根据第3款的表达并按照规范说的法理,初步的证明责任分配方案应当是:主张损害赔偿请求权的当事人,应当证明"清算义务人未及时履行清算义务,造成损害",具体而言包括"清算义务人未及时履行清算义务""损害"以及两者之间的因果关系。

根据《公司法规定(二)》第18条规定,清算义务人因未履行法定清算义务承担清算赔偿责任的情形有两种:一是未及时启动清算程序,未在法定期限内成立清算组开始清算,导致公司财产贬值、流失、损毁或灭失;二是怠于履行清算义务,导致公司主要财产、账册、重要文件的灭失,无法进行清算。上述规定可以用来解释"清算义务人未及时履行清算义务"这一要件。但鉴于清算人承担的是不作为义务,因此,机械地要求原告方承担此不作为事实的证明责任不尽合理。而实际上,罗森贝克也认为,在履行义务为不作为义务的情形下,应当是债务人(履行义务方)而非债权人承担举证责任。[①] 借鉴罗森贝克对于合同案件的分析结论,该款中的"清算义务人未及时履行清算义务"要件的举证责任分配,应当是由清算义务方证明自己已经及时履行了清算义务。

此外,就损害和因果关系,应当是由原告方证明。此处的损害指的是公司财产的贬值、流失、损毁或者灭失。但就损害的证明问题,德日的通说认为,应当实行举证责任减轻,其理由在于损害问题的举证责任难度较高。[②] 但在我国的司法实务中,往往因为原告方无法证明损害的存在而令其承担败诉后果。

---

① 参见[德]莱奥·罗森贝克:《证明责任论》,庄敬华译,中国法制出版社2002年版,第358~359页。

② 参见段文波:《事实证明抑或法官裁量:民事损害赔偿数额认定的德日经验》,载《法学家》2012年第6期。

例如，在某合同纠纷案中，一审法院就认为“天津工贸公司亦未提交证据证明新永安实业公司怠于履行清算义务造成了公司财产的贬值、流失、损毁或者灭失，即认定新永安实业公司对天津工贸公司承担侵权赔偿责任缺少必要的构成要件”。[①] 对此，更为恰当的做法是，由法院对损害进行酌定，而非直接驳回诉讼请求。

四、其他问题

关于清算义务人，在学界一直存在诸多争议。有学者主要从法人解散时负有组织清算义务来理解清算义务人，将其与清算人、清算组等概念相区分。[②] 也有学者除了注重清算义务人依法组织清算的义务外，还强调其在公司未及时清算而给相关权利人造成损害时，依法应承担相应责任。[③] 另有学者未将清算义务人与清算人、清算组等概念明确区分，不强调清算义务人的主要义务在于组织清算组、保证清算任务的完成，而笼统地称其对解散和终止的企业法人负有进行清算的义务。[④] 而本条之规定，未能彻底地解决上述争议。本条第 1 款指明“清算义务人应当及时组成清算组进行清算”，将清算义务人与清算组作了区分，但“组成”一词似乎暗示清算义务人与清算组的组成人员可能存在一致性。同时，本条第 3 款又规定“清算义务人未及时履行清算义务”，也表明立法者似乎有将清算义务人与清算组混同之意。

此外，本条第 3 款中“主管机关”指向不明，难以认定。立法者欲将行政法上的主管机关引入法人清算问题中，需要行政法规的进一步明确方具可操作性，但目前行政法规中尚未见能与其结合适用者。同时，此规定有私法领域过于行政化之嫌，不过条文中的“可以”一词，却又留给法律适用者一定的解释空间。

---

① 最高人民法院(2015)民抗字第 55 号民事判决书。

② 参见李建伟：《公司清算义务人基本问题研究》，载《北方法学》2010 年第 2 期；冯果：《公司法要论》，武汉大学出版社 2003 年版，第 246 页。

③ 参见黎淑兰、王丽娜：《公司清算义务人相关问题研究》，载《人民司法》2012 年第 7 期。

④ 参见孙效敏：《论吊销营业执照的法律后果》，载《现代法学》2004 年第 4 期。

第七十一条 【清算程序与清算组职权】

法人的清算程序和清算组职权，依照有关法律的规定；没有规定的，参照适用公司法的有关规定。

一、历史由来

(一)法条来源

本条是对《民法通则》的补充。《民法通则》对于清算程序与清算组职权并未作出相应规定，也未安排条文适用的指引。但在部分单行立法中，可以窥见此条文的立法精神。如《外资企业法》第 21 条第 1 款规定："外资企业终止，应当及时公告，按照法定程序进行清算"，将清算程序的具体规定引致更具体的法律规范中。在实践中，因公司、社团、事业单位法人在清算时，都有单行法的具体规定可适用。故可以说，虽然《民法通则》中没有相对应的条款，但本条的具体内容早已蕴含于整个民法之中。

在《民法总则》的制定中，本条是立法者对法人清算程序与清算组职权设置的参引性规范，一方面使得法人清算的内容更加完整，另一方面也使得清算程序与清算组职权的规定更具有指向性。

(二)条文演变状况及学者意见

无论是学者建议稿，还是《民法总则》各个草案，学界与立法者对于法人清算程序与清算组职权的争议并不大。此问题无须在总则中进行具体规定，建议稿、审议稿之间的不同主要在于，是否在形式上对此进行引致性规定，而非实质上的差异。

1. "社科院稿"第 89 条规定："除本法另有规定外，法人的清算程序准用公司法关于公司法人清算程序的规定。"

另有条款规定了"清算人"的职责与职权。第 86 条规定："清算人应当清理法人的财产，了结法人的业务，清缴所欠税款，收取债权以及清偿债务，依法处理剩余财产，并实施法律规定的其他行为。”

第88条规定：“在清算期间，清算人是法人的执行机关和代表机关，有权以法人名义实施清算目的范围内的一切行为。”①

2.“人民大学稿”中无相对应的条文规定。

3.“法学会稿”中无相对应的条文规定。

4.《民法总则（草案）征求意见稿》（2016年5月20日修改稿）第61条第4款规定：“公司以外的法人的清算程序和清算组职权，依照有关法律、行政法规的规定；没有规定的，参照适用公司法的有关规定。”

5.《民法总则（草案）》（一审稿）第66条规定：“公司的清算程序和清算组职权，适用公司法的有关规定。

公司以外的法人的清算程序和清算组职权，依照有关法律的规定；没有规定的，参照适用公司法的有关规定。”

6.《民法总则（草案）》（二审稿）第69条规定：“公司的清算程序和清算组职权，适用公司法的有关规定。

公司以外的法人的清算程序和清算组职权，依照有关法律的规定；没有规定的，参照适用公司法的有关规定。”

7.《民法总则（草案）》（三审稿）第69条规定：“法人的清算程序和清算组职权，依照有关法律的规定；没有规定的，参照适用公司法的有关规定。”

在《民法总则（草案）》的学者讨论中，对于清算程序与清算组职权的争议并不大。本条规定的“法人的清算程序和清算组职权，依照有关法律的规定；没有规定的，参照适用公司法的有关规定”，已是法人清算过程中所遵从的准则，学界与立法者均已达成共识。

二、规范目的与含义

（一）规范目的

本条旨在明确法人的清算程序及清算组的职权。本条位于第三章法人之“一般规定”一节，因此应普遍适用于营利法人、非营利法人和特别法人。

---

① 梁慧星主编：《中国民法典草案建议稿》，法律出版社2013年版，第19页。

根据本法第68条规定,清算是法人走向终止的前置程序之一,清算义务人组成清算组进行清算。清算不是一蹴而就的,法人的清算有一定的程序要求,清算组在清算程序中有具体的职责。为保护相关权利人利益,法律规范对清算程序中的期限、公告方式等都有严格限制,不依规定的程序履行职责,可能伤害公司或相关权利人的利益而需承担责任。那么,清算工作应遵循何种程序,清算组又应如何在此过程中行使职权。本条即为对上述问题的回答。

本条未直接对上述问题进行具体规定,而是指引司法者适用有关法律,故本条规定属于典型的参引性规范。

(二)规范含义

本条包含两层含义:第一,法人清算程序及清算组职权,依有关法律的规定。此时,"有关法律"是指与法人类型相关、法人采取何种清算方式有关的法律。例如,在破产清算情况下,清算组职权应按照《企业破产法》第25条规定,履行"接管债务人的财产、印章和账簿、文书等资料;调查债务人财产状况,制作财产状况报告;决定债务人的内部管理事务;决定债务人的日常开支和其他必要开支;在第一次债权人会议召开之前,决定继续或者停止债务人的营业;管理和处分债务人的财产;代表债务人参加诉讼、仲裁或者其他法律程序"等职权。至于破产的程序,则应依《企业破产法》第107至124条之规定予以确定。

第二,若有关法律对清算程序和清算组职权没有做出规定,则不论此时法人类型如何,清算组均履行《公司法》184条罗列的七项职权,如"清理公司财产,分别编制资产负债表和财产清单;通知、公告债权人;处理与清算有关的公司未了结的业务;清缴所欠税款以及清算过程中产生的税款"等。清算组应按照《公司法》第185至188条规定的程序进行清算工作。此时,《公司法》上述法条具有一般适用性。

本条规定较为明确、规范,不存在较大争议。但作为参引性规范,本条与其他法律之间的体系性问题值得关注。其中"有关法律"究竟包含哪些,需要在今后的实践中逐渐明确。《公司法》《外资企业法》《合伙企业法》《个人独资企业法》等单行法及相关司法解释中均对法人清算有所规定,唯合伙企业与个人独资企业非属于法人,与本条对法人的一般规定并无关联。《外资企业法》第21条第1款规定“外资企业终止,应当及时公告,按照法定程序进行清算”仍模糊而笼统,《公司法》第183至189条的规定最具有参考价值。因此,本条特别规定,“没有规定的,参照适用公司法的有关规定”。

第七十二条 【清算效果】

清算期间法人存续，但是不得从事与清算无关的活动。

法人清算后的剩余财产，根据法人章程的规定或者法人权力机构的决议处理。法律另有规定的，依照其规定。

清算结束并完成法人注销登记时，法人终止；依法不需要办理法人登记的，清算结束时，法人终止。

一、历史由来

（一）法条来源

本条第1、3款分别承袭自《民法通则》第40、46条。《民法通则》第40条规定："法人终止，应当依法进行清算，停止清算范围外的活动。"《民法通则》第46条规定："企业法人终止，应当向登记机关办理注销登记并公告。"本条第1款相较《民法通则》第40条，修改了语言表述方式，而条文本身所欲表达的规范含义并无变化。本条第3款的修改理由与本法第68条相同，强调在办理完毕注销登记之时起，法人才宣告终止。当然，法律规定不需要办理法人登记的，在清算结束时，法人即告终止。

本条第2款为本法新增，是对法人清算后剩余财产归属的规定。对于剩余财产的归属问题，各国立法例一般都依照私法自治原则来处理，[①]除法律另有规定外，剩余财产归属都由法人章程或法人权力机构决定。同时，考虑《公司法》等民事特别法可能会对一些特殊法人的剩余财产归属作出特别规定，[②]本条又对法人的意思自治做了一定的限制，"法律另有规定的，依照其规定"。

---

① 参见《日本民法典》第72条第1款、第2款。

② 《公司法》第186条第2款："公司财产在分别支付清算费用、职工的工资、社会保险费用和法定补偿金，缴纳所欠税款，清偿公司债务后的剩余财产，有限责任公司按照股东的出资比例分配，股份有限公司按照股东持有的股份比例分配。"

（二）条文演变状况及学者意见

1.“社科院稿”第87条规定:“在清算期间,法人应停止清算目的范围以外的一切活动。”

第90条规定:“法人经清算后剩余的财产,根据法人章程或者组织规章的规定处理。法律另有规定的,依照其规定。”

第91条规定:“清算人依法清算终结,并依法完成法人注销登记时,法人消灭。”①

2.“人民大学稿”第85条规定:“清算期间,法人应当停止清算范围外的一切活动。”②

第74条规定:“法人终止后,其清偿债务后的剩余财产除法律另有规定外,应当根据章程的规定或法人权力机关的决议确定其归属。但以公益为目的得到法人终止时,其剩余财产不得归属于自然人或者以营利为目的的团体。

没有前款法律、章程的规定或者权力机关决议的,法人的剩余财产归国家所有。”③

第93条规定:“企业法人清算完毕,应当在登记机关办理注销登记。自办理注销登记之时起,企业法人终止。”④

3.“法学会稿”第66条规定:“法人解散的,应当依法进行清算。未经清算即终止的,由清算义务人承担责任。

清算过程中,法人可以从事与其清算目的相适应的民事活动。”

第79条规定:“营利性社团法人歇业、被撤销、宣告破产或者因其他原因终止营业,应当在清算完毕后依法办理注销登记,营利性社团法人自办理注销登记之日起终止。”

第90条规定:“清算后的剩余财产按照章程或者募捐方案、捐赠协议的规

---

① 梁慧星主编:《中国民法典草案建议稿》,法律出版社2013年版,第19页。

② 王利明主编:《中国民法典草案建议稿及立法理由·总则编》,法律出版社2005年版,第169页。

③ 王利明主编:《中国民法典草案建议稿及立法理由·总则编》,法律出版社2005年版,第151页。

④ 王利明主编:《中国民法典草案建议稿及立法理由·总则编》,法律出版社2005年版,第176页。

定处理;章程或者募捐方案、捐赠协议未规定的,由业务指导机关划归宗旨相同或者相似的财团法人,并向社会公告。"①

4.《民法总则(草案)征求意见稿》(2016 年 5 月 20 日修改稿)第 62 条规定:"清算期间,法人存续,但是不得从事与清算无关的活动。

法人清算后的剩余财产,根据法人章程的规定或者法人权力机构的决议处理。法律、行政法规另有规定的除外。

清算终结,并完成法人注销登记时,法人终止;法人成立时不需要办理登记的,清算终结时,法人终止。"

5.《民法总则(草案)》(一审稿)第 67 条规定:"清算期间,法人存续,但是不得从事与清算无关的活动。

法人清算后的剩余财产,根据法人章程的规定或者法人权力机构的决议处理,法律另有规定的除外。

清算终结,并完成法人注销登记时,法人终止;法人依法不需要办理登记的,清算终结时,法人终止。"

6.《民法总则(草案)》(二审稿)第 70 条规定:"清算期间,法人存续,但是不得从事与清算无关的活动。

法人清算后的剩余财产,根据法人章程的规定或者法人权力机构的决议处理。法律另有规定的,依照其规定。

清算终结,并完成法人注销登记时,法人终止;法人依法不需要办理登记的,清算终结时,法人终止。"

7.《民法总则(草案)》(三审稿)第 70 条规定:"清算期间,法人存续,但是不得从事与清算无关的活动。

法人清算后的剩余财产,根据法人章程的规定或者法人权力机构的决议处理。法律另有规定的,依照其规定。

清算结束,并完成法人注销登记时,法人终止;依法不需要办理法人登记的,清算结束时,法人终止。"

---

① 中国法学会民法典编纂项目领导小组、中国民法学研究会:《中华人民共和国民法典·民法总则专家建议稿》,载中国民商法律网:http://www.civillaw.com.cn/zt/t/? id=30198,最后访问日期:2017 年 1 月 21 日。

从以上列举可看出，关于本条第1款内容的规定，学者建议稿和《民法总则》各草案表述均无差别。同一人格说是我国学界的通说，[①]立法者也采用此种学说，在清算的目的范围内，法人的法律人格依然存续，清算法人与解散前的法人具有同一人格，只是权利能力范围缩小，不再享有从事生产活动的能力。我国《公司法》亦接受并确认了这一理论与立法模式。[②]

本条第2款学界和立法者均无争议，均在尊重"私法自治"的基础上做一定灵活处理，此种灵活处理表现在"有其他法律规定时，从其规定"。

本条第3款亦基本无争议。法人的注销登记，可以使法人的组织及其权利义务得以确定，并公示于社会，从而保障企业法人本身和社会公众的利益并维护交易安全，因此法人需经注销登记后，方宣告终止。

二、规范目的与含义

（一）规范目的

本条旨在明确清算期间法人的活动范围、剩余财产归属和清算终结的法律效果。本条位于第三章法人之"一般规定"一节，因此应普遍适用于营利法人、非营利法人和特别法人。

根据本法第59条的规定，法人的权利能力和行为能力到法人终止时消灭；若法人出现了本法第68条所列原因时，法人可告终止；同时，根据本法第68条的规定，清算是法人终止的法定必经程序。那么，在清算期间，法人是否已经终止；若未终止，清算期间的法人和原法人的权利能力、行为能力是否相同；清算后的剩余财产应当如何分配。本条规定即为对上述问题的回答。

本条第1款系不完全法条。其认可了清算法人人格的存续，并将清算期间法人权利能力的范围限制在"与清算活动有关的活动"。但如何判断一行为是否与清算活动有关，则需结合其他法律的相关规定方可确定。本条第2款是清算后的剩余财产之规定，具体确定相关内容尚须结合法人章程、法人权力

---

① 参见梁慧星主编：《民法总论》，法律出版社2001年版，第171页。

② 参见范健、王建文：《商法学》（第三版），法律出版社2012年版，第259～260页；魏振瀛主编：《民法》（第四版），北京大学出版社、高等教育出版社2010年版，第96～97页；朱庆育：《民法总论》，北京大学出版社2013年版，第430～432页。

机构的决议或其他法律,故本款亦为不完全法条。本条第3款就清算结束后的登记程序做出规定,但需结合《公司法》《公司登记管理条例》《企业法人登记管理条例》等具体确定该法人是否需要进行登记注销,故本款仍是不完全法条。

(二)规范含义

本条第1款之规定表明清算期间法人在清算范围内具有人格。“法人存续”,结合本法第68条之规定,是指清算期间法人并未终止。本款进一步规定,清算期间法人“不得从事与清算无关的活动”。“不得”一词虽然表明本款系强制性规范,但当技术性的自治规范和政策性的行政法或伦理性的刑法都使用“不得”时,前者在绝大多散的情形下,仅具有“权限”的规范内涵,立法者并没有禁止或强制一定“行为”的意思。① 对此,应从规范目的角度展开分析。本款仅仅表明,清算期间的法人不具有从事与清算无关的活动的权利能力,若其从事此等活动,将影响其私法上的效果;而“活动”一词语,应理解为民事法律行为,其他如侵权行为、事实行为不属于本条所称活动。具体而言,在清算期间,法人若与其他民事主体实施与清算活动无关的民事法律行为,此时该民事法律行为成立,但因其系逾越权利能力之行为,故属无效。不过,在此等情形下,清算期间的法人应对无过错的相对人承担缔约过失责任。

本条第2款所规范的,是法人在清算后的剩余财产的处理的问题。对此,如果法律另有规定,应首先依据其规定处理。如果法律没有规定,则应尊重法人自治,按照法人章程或其权力机构处理:法人章程对此有规定的,优先依法人章程处理;若法人章程未为规定,法人的权力机构可对此做出安排。而依《公司法》第36条、第98条,可知股东会为我国公司法人的权力机构。

本条第3款规定了法人清算结束后的注销登记事宜。据此,法人清算结束后,原则上需根据《公司登记管理条例》第41至44条、《企业法人登记管理条例》第20至22条、《社会团体登记管理条例》第19至21条等规定进行注销登记。但有特殊规定无须登记的,则在清算结束时,法人即告终止。注销登记旨在对法人的消灭进行公示,从而保障交易安全。

---

① 参见苏永钦:《私法自治中的国家强制——从功能法的角度看民事规范的类型与立法释法方向》,载《中外法学》2001年第1期。

第七十三条 【法人破产】

法人被宣告破产的，依法进行破产清算并完成法人注销登记时，法人终止。

一、历史由来

（一）法条来源

本条是对《民法通则》第46条、第47条的承袭。《民法通则》第46条规定："企业法人终止，应当向登记机关办理注销登记并公告。"《民法通则》第47条规定："企业法人解散，应当成立清算组织，进行清算。企业法人被撤销、被宣告破产的，应当由主管机关或者人民法院组织有关机关和有关人员成立清算组织，进行清算。"

本条相较于《民法通则》，主要变化是，将《民法通则》第47条拆分为本法第70条和本条两个条文。因法人清算分为破产清算和非破产清算，前者由《企业破产法》调整，后者由本法和《公司法》调整，两者对清算组织的产生、清算程序等的规定存在较大不同。因此，关于非破产清算的问题，《民法总则》将其规定在本法第70条至第72条，而破产清算则由本条单独规定。

（二）条文演变状况及学者意见

1."社科院稿"第86条规定："营利法人因被宣告破产而解散，其清算适用破产法的有关规定。"

第91条规定："清算人依法清算终结，并依法完成法人注销登记时，法人消灭。"①

2."人民大学稿"第86条规定："企业法人解散的，应当依法成立清算组织。

① 梁慧星主编：《中国民法典草案建议稿》，法律出版社2013年版，第19页。

企业法人被撤销或被宣告破产时,有关主管机关或人民法院应依法成立清算组织。"①

第93条规定:"企业法人清算完毕,应当在登记机关办理注销登记。自办理注销登记之时起,企业法人终止。"②

3."法学会稿"第79条规定:"营利性社团法人歇业、被撤销、宣告破产或者因其他原因终止营业,应当在清算完毕后依法办理注销登记,营利性社团法人自办理注销登记之日起终止。"③

4.《民法总则(草案)征求意见稿》(2016年5月20日修改稿)第64条规定:"法人被宣告破产的,依法进行破产清算并完成法人注销登记时,法人终止。"

5.《民法总则(草案)》(一审稿)第69条规定:"法人被宣告破产的,依法进行破产清算并完成法人注销登记时,法人终止。"

6.《民法总则(草案)》(二审稿)第72条规定:"法人被宣告破产的,依法进行破产清算并完成法人注销登记时,法人终止。"

7.《民法总则(草案)》(三审稿)第71条规定:"法人被宣告破产的,依法进行破产清算并完成法人注销登记时,法人终止。"

从上述列举可以看出,学者建议稿和《民法总则》各草案对本条均无争议,虽表述上存有差异,但都包含了以下内容:第一,法人被宣告破产的,其清算适用《企业破产法》的有关规定;第二,法人破产清算后,需完成注销登记,法人方告终止。

二、规范目的与含义

(一)规范目的

根据本法第68条之规定,法人被宣告破产,可以导致法人终止。那么,法

① 王利明主编:《中国民法典草案建议稿及立法理由·总则编》,法律出版社2005年版,第170页。

② 王利明主编:《中国民法典草案建议稿及立法理由·总则编》,法律出版社2005年版,第176页。

③ 中国法学会民法典编纂项目领导小组、中国民法学研究会:《中华人民共和国民法典·民法总则专家建议稿》,载中国民商法律网:http://www.civillaw.com.cn/zt/t/?id=30198,最后访问日期:2017年1月21日。

人被宣告破产到法人终止之间的程序如何；是否与普通清算适用相同法律。本条规定即为对上述问题的回答。

本条系不完全法条。“依法进行”破产清算、注销登记程序之表述，意味着其具体程序需依《企业破产法》第107条至第121条，《公司登记管理条例》第41条至第44条，《企业法人登记管理条例》第20条至第22条等相关规定，才能确定。

（二）规范含义

根据本法第68条，法人被宣告破产是法人终止的原因之一。除破产清算外，我国破产法还引入了破产和解和破产重整程序，形成了三个入口和三个出口的破产制度。① 但现行立法对于重整与清算、和解之间如何转化的问题语焉未详。② 对此，一般认为，上述三种程序之间可构成三种转换关系：其一，破产清算程序转化为破产和解程序，但这种转化条件要求债务人提出申请，或者债务人同时提出和解协议，同时法院未做出破产宣告裁定。其二，破产清算程序转化为破产重整程序。其三，破产和解程序或者破产重整程序未获债权人会议表决通过，也未获得人民法院强制裁定通过，或者破产和解协议、破产重整计划实施失败的情况下，法院作出破产宣告裁定，二者回归到破产清算程序中。③ 其中，仅有破产清算会产生债务人注销的法律后果，即本条所指的“法人终止”。故本条“法人被宣告破产的”应作限缩解释，仅指破产宣告后破产清算的情形。

法人走向终止前，需要进行清算、注销登记，后者往往又以前者为条件。完成清算并于有关部门进行注销登记，可以说是法人被宣告破产后到终止之间的两个必要步骤。④ 此处“破产清算”，应具体适用《企业破产法》及相关司

① 参见齐明：《论我国破产程序转换与债权人后续重整申请权》，载《东北师大学报》（哲学社会科学版）2015年第5期。

② 参见张世君：《破产重整与清算、和解程序互相转换的法律思考》，载《中国商法年刊》，北京大学出版社2007年版。

③ 参见齐明：《论我国破产程序转换与债权人后续重整申请权》，载《东北师大学学报》（哲学社会科学版）2015年第5期。

④ 《民法通则》中未明确规定清算与破产法人的终止之间的必要关系，但《企业破产法》第121条“管理人应当自破产程序终结之日起十日内，持人民法院终结破产程序的裁定，向破产人的原登记机关办理注销登记”，已对此做出实质肯定。

法解释的规定;“注销登记”应具体适用《公司登记管理条例》《企业法人登记管理条例》等相关法律法规;“终止”则应具体适用本法第68条之规定。此外,根据《企业破产法》第107条之规定:“人民法院依照本法规定宣告债务人破产的,应当自裁定作出之日起五日内送达债务人和管理人,自裁定作出之日起十日内通知已知债权人,并予以公告。”据此,法人“被宣告破产”,只能是人民法院做出的宣告。最后,关于破产清算,应按照《企业破产法》第111条至第119条的相关规定展开,此处不赘。

第七十四条 【法人分支机构】

法人可以依法设立分支机构。法律、行政法规规定分支机构应当登记的，依照其规定。

分支机构以自己的名义从事民事活动，产生的民事责任由法人承担；也可以先以该分支机构管理的财产承担，不足以承担的，由法人承担。

一、历史由来

（一）法条来源

《民法通则》中并无关于法人分支机构的规定。现行法律体系中，《公司法》对法人分支机构规定最为详尽。例如，《公司法》第十一章即以专章的形式，对外国公司的分支机构的设立、法律地位及法律责任等进行了规定。在其他一些法律、行政法规中，对银行、保险公司的分支机构亦有一些零星的规定，如《银行管理暂行条例》第15条、《保险公司管理规定》第3条。由此可见，与《民法通则》相较，本条为新增规定，是对法人分支机构的一般规定。

（二）条文演变状况及学者意见

关于法人的分支机构的具体规定，无论是学者建议稿还是民法总则的各个草案，都存有一定程度的差异，尤其表现在法人的分支机构的民事责任承担这一问题上。

1."人民大学稿"第67条规定："法人可以设立分支机构。

分支机构经法人授权，得以自己的名义从事民事活动，由此产生的债务，以法人分支机构以及法人的财产承担。"①

2."法学会稿"第61条规定："法人可以设立分支机构。分支机构应当依法办理登记手续。

---

① 参见王利明主编：《中国民法典草案建议稿及说明》，中国法制出版社2004年版。

分支机构经法人授权，以自己的名义从事民事活动，由此产生的债务，以法人分支机构以及法人的财产承担。”①

3.《民法总则(草案)征求意见稿》(2016年5月20日修改稿)第65条规定：“法人可以依法设立分支机构。法律、行政法规规定分支机构应当办理登记的，依照其规定。

分支机构以自己的名义从事民事活动，由此产生的民事责任由法人承担。”

4.《民法总则(草案)》(一审稿)第70条规定：“法人可以依法设立分支机构。法律规定分支机构应当办理登记的，依照其规定。

分支机构以自己的名义从事民事活动，由此产生的民事责任由法人承担。”

5.《民法总则(草案)》(二审稿)第73条规定：“法人可以依法设立分支机构。法律规定分支机构应当办理登记的，依照其规定。

分支机构以自己的名义从事民事活动，由此产生的民事责任由法人承担。”

6.《民法总则(草案)》(三审稿)第72条规定：“法人可以依法设立分支机构。法律规定分支机构应当登记的，依照其规定。

分支机构以自己的名义从事民事活动，产生的民事责任由法人承担。”

从上开列举的条文不难看出，就法人的分支机构的规定，《民法总则(草案)征求意见稿》、《民法总则(草案)》(一审稿)、《民法总则(草案)》(二审稿)、《民法总则(草案)》(三审稿)以及正式通过的《民法总则》，在条文表述上有一定程度的差异。

首先，《征求意见稿》关于法人的分支机构的登记，规定为：“法律、行政法规规定分支机构应当办理登记的，依照其规定。”之后的一审稿、二审稿、三审稿删除了“征求意见稿”中的“行政法规”的字样，修改为：“法人可以依法设立分支机构。法律规定分支机构应当办理登记的，依照其规定。”但《民法总则》

① 中国法学会民法典编纂项目领导小组、中国民法学研究会：《中华人民共和国民法典·民法总则专家建议稿》，载中国民商法律网：http://www.civillaw.com.cn/zt/t/?id=30198，最后访问日期：2017年1月23日。

又将“行政法规”纳入本条文中。如果本条贸然将行政法规排除在外，那么那些规范法人分支机构的行政法规，无疑会失去其效力基础。

其次，据征求意见稿以及一审稿、二审稿、三审稿的规定，法人的分支机构在从事民事活动中所产生的责任，均应由法人承担。但是，根据正式通过的《民法总则》的规定，增加了“也可以先以该分支机构管理的财产承担，不足以承担的，由法人承担”的责任承担方式。《民法总则》对之前各版草案的修改，其实是对法人分支机构法律地位的修改。

二、规范目的与含义

(一)规范目的

本条如是规定，主要基于以下目的：

第一，明确法人的分支机构的法律地位。首先，法人的分支机构显然是不具有法人资格的，这也是学界通说。其次，就法人的分支机构是否能以“非法人组织”的形式，成为独立的民事主体的这一问题，学界及实务界均存有一定争议。此前，有学说认为，法人分支机构绝对隶属于法人，为法人的组成部分，不具有民事主体地位。[①] 然而，本条虽未言明法人分支机构可以自己的名义从事民事活动，但也未否定其以自己的名义实施的法律行为的效力。相反，本条通过明确这种情况下债务清偿顺序的方式，暗指某些法人分支机构可用自己的名义从事民事活动。因而，本条在某种意义上，赋予了法人分支机构相对独立的民事地位。

第二，明确了法人分支机构的设立要求。根据本条，法人分支机构的设立可分为两种情形：一是法人分支机构须经登记，方能设立。二是其无须登记，可根据法人意思自由设立。本条作为规范法人分支机构一般条款，虽未对法人分支机构登记的具体情形作出规定，但以参引性规定的方式，对法人分支机构登记事项作出了规定。

第三，明确了法人的分支机构的民事责任分担情形。适用本条，有以下几

① 参见甘培忠：《企业与公司法学》，北京大学出版社2012年版，第320页；柯芳枝：《公司法论》，中国政法大学出版社2004年版，第42页。

个层次的逻辑要求:首先,适用本条第2款的前提条件是,法人分支机构所负的债务是以自己名义从事民事活动所产生的债务;其次,法人分支机构所产生的责任,应先以其财产进行清偿。最后,法人分支机构财产不足以清偿其债务的,再由法人进行了清偿。由此,本条明确了法人分支机构产生责任的前提要件、法人分支机构与法人承担民事责任的先后时序。

(二)规范含义

本条共2款,是关于法人的分支机构的规定。

1. 本条第1款

本条第1款由两句所组成,规定了法人分支机构的设立问题。可从以下方面理解其含义:

其一,法人的分支机构是指法人在某一区域设置的,具有处理对外事务职能的机构。法人为拓展民事活动的空间,在其主要办事机构开展活动以外,常需要设立其他事务所,而这些办事场所常以法人的分支机构的形式存在,且多被称为代表处、分理处。① 在《公司法》中,我们又将公司的分支机构称为"分公司",与作为法人本体的总公司相对。

其二,"法人可以依法设立分支机构",从字面理解,"法人可以依法设立分支机构"是一个近乎无所不包的表达,可涵盖法人分支机构设立的所有实质条件。如作如此宽泛的理解,那么该句就会失去其实质含义。② 结合本条第1款第2句可知,第1款旨在规范法人分支机构的设立程序。本条第1款第1句为与该目的契合,可将"法人可以依法设立分支机构"的含义,限缩为"依据法定程序设立分支机构"。"法人可以依法设立分支机构"中的"法",也应仅指法律、行政法规。这样,即使当本条第1款第1句被作为引介点,引介管控法人分支机构的其他法律规定时,也不至于管控过度。

其三,根据第1款第2句的文义,法人的分支机构的设立条件可区分为:须经登记设立与无须登记设立两类。而其究竟是否需要办理登记,应依其他法律、行政法规加以确定。如根据《公司登记管理条例》第47条、《基金管理条

① 参见龙卫球:《民法总论》,中国法制出版社2001年版,第443页。

② 参见朱庆育:《民法总论》,北京大学出版社2013年版,第410页。

例》第 12 条,公司法人、基金会法人设立分支机构须经登记。此外,还有须经审批方能设立的分支机构的法人,如商业银行(《商业银行法》第 21 条)。

但应注意的是,需经登记或审批方可设立法人分支机构的法人类别,应以法律、行政法规明文规定为限。反之,若无法律、行政法规明文规定的,法人则可自由设立分支机构。例如,依 1988 年所颁布的《社会团体登记管理条例》第 19 条规定,社会团体法人拟设立分支机构、代表机构的,应申请登记。而 2016 年通过的《社会团体登记管理条例》,则删除了旧法中社会团体法人需经登记才能设立分支机构的有关规定。其意旨显然为,社会团体法人无须登记即可设立分支机构。

2. 本条第 2 款

本条第 2 款在第 1 款处理完法人分支机构成立的问题后,紧承其尾规定了法人分支机构的主体资格问题以及以自己的名义从事民事活动所产生的民事责任问题。

(1)我国法人分支机构具有相对独立的民事主体资格

法人分支机构是否具有独立的民事主体地位的问题,素来饱受争议。否定者认为,分支机构既不是法人,也不是自然人,故在法律上不存在独立的民事主体资格。[①] 而肯定者在解释论与立法论上,始终竭力证明此事:解释论上,较为保守的观点认为,法人分支机构可被称为较为具体的民事主体,可以在授权范围内从事民事活动;[②]另一相对超前的观点认为,分支机构可被当成其他组织的一种,具有民事主体地位。[③] 在立法论上,有学者呼吁,在法人分支机构广泛参与民事交易及诉讼活动的情况下,应当顺势将其纳入民法上的"其他组织"范畴。[④] 就《民法总则》就法人的分支机构是否具有相对独立的民事主体地位的问题上,部分采纳了肯定者的观点,其理由如下:

第一,本条指出法人分支机构可以自己的名义开展民事活动。本条虽未

① 参见甘培忠:《企业与公司法学》,北京大学出版社 2012 年版,第 320 页。

② 参见江平主编:《法人制度论》,中国政法大学出版社 1994 年版,第 110 页。

③ 参见施天涛:《公司法论》,法律出版社 2014 年版,第 83 页。

④ 参见谭启平:《中国民法典法人分类和非法人组织的立法构建》,载《现代法学》2017 年第 1 期。

言明法人分支机构可用自己的名义从事民事活动,但也未否定它以自己的名义实施的法律行为的效力。相反,本条通过规定法人分支机构清偿债务顺序的方式,暗指法人分支机构可以自己的名义从事民事活动,如做交易合同主体,参加诉讼活动,实践中其实也已如此。这已不同于《担保法》第 10 条、《担保法解释》第 17 条所规定的,经法人书面授权,可在授权范围内提供保证。

而本条比上述条文更进一步的是,本条肯认了法人分支机构相对独立的民事主体地位。但这也并不是说,法人分支机构可凭本款作为授权规范,肆意而为。恰恰相反,法人分支机构的具体民事交往活动范围,仍应受法人章程、法人授权、分支机构性质以及所开展的具体民事活动特征的约束。

第二,在责任的分担上,本款肯认了法人分支机构可承担一定的民事责任。分支机构以自己的名义从事民事活动的,产生的债务可先以其财产进行清偿,不能清偿的,再由法人清偿。在承担对外责任时,法人分支机构可先以其财产承担民事责任。虽民事责任最终归属于法人,但并不妨碍认定法人分支机构的民事主体地位,只不过可据此否认其法人资格。例如,个人独资企业、合伙企业均不能独立承担民事责任,但并不妨碍它们作为民事主体。

(2)第 2 款中的责任承担方式

法人分支机构以自己的名义从事民事活动所生债务,有以下两种并列的责任承担方式:

其一,由法人承担民事责任。这是因为法人分支机构不具有法人资格,在实践中,法人分支机构的人事权、财务权往往为其所属的法人所掌控。分支机构并无独立的财产,因而也不具有独立的财产承担能力。此故,分支机构以自己名义从事民事活动所生债务,由法人承担。

其二,民事责任可先由法人分支机构以其管理的财产承担,再由法人承担。实践中法人的分支机构四处林立,对外交易频繁。大量实践也表明,几乎所有的法人的分支机构都可能以自己的名义从事着民事交往。另外,分支机构在经营中,也可能有其相对独立、可自由支配的财产,如大型银行、大型保险公司等的分支机构。因此,从促进交易效率以及保护交易安全的角度出发,有必要在一定程度上承认法人的分支机构可以其管理的财产承担民事责任。但是,由于分支机构并不具有法人资格,而且与其所属的法人存在密切的联系,因此法人在第二种责任承担方式中,应该承担补充责任。

三、其他问题

对于本条,如果在解释上,将法人分支机构界定为相对独立地位的民事主体,亦有一些问题需要探讨与解决。

其一,是否会增加法人内部治理困难。在我们认可分支机构具有相对独立民事主体地位,可用自己的名义对外开展民事活动的情况下,法人与分支机构的关系应该如何定位,作为本体的法人又将如何管理分支机构,等等,需要深入而充分地研究。

其二,分支机构以自己名义所开展的民事活动,无疑须经法人的授权。但肯认其相对独立的主体资格后,分支机构所取得的法律效果,应如何归属于法人本体;此问题又是否可以完全类推适用间接代理的规定,至少法人分支机构根据本条规定,清偿其以自己名义所负债务时的法律效果,与间接代理的法理并不一致。而对于间接代理的其他规定,是否可类推适用于法人与分支机构的关系,这些问题也须进一步研究。

第七十五条 【设立中的法人】

设立人为设立法人从事的民事活动，其法律后果由法人承受；法人未成立的，其法律后果由设立人承受，设立人为二人以上的，享有连带债权，承担连带债务。

设立人为设立法人以自己的名义从事民事活动产生的民事责任，第三人有权选择请求法人或者设立人承担。

一、历史由来

（一）法条来源

《民法通则》中并无关于“设立中的法人”的规定。其他法律中也罕见对设立中的法人进行概括性规定的条文，唯有《公司法》对公司设立时发起人的责任有具体规定。《公司法》第94条规定：“股份有限公司的发起人应当承担下列责任：（一）公司不能成立时，对设立行为所产生的债务和费用负连带责任；（二）公司不能成立时，对认股人已缴纳的股款，负返还股款并加算银行同期存款利息的连带责任；（三）在公司设立过程中，由于发起人的过失致使公司利益受到损害的，应当对公司承担赔偿责任。”

其后，《公司法规定（三）》将“发起人”的内涵扩展至有限责任公司设立时的股东，统一了先公司合同的规则，并以缔约名义和合同利益归属为标准，具体规定了合同责任的分配（第2、3、4条）。[①]《民法总则》则在《公司法》及其司法解释的基础上，提炼出关于“设立中的法人”的一般规则，本条规定由此产生。

（二）条文演变状况及学者意见

关于“设立中的法人”，在此前“社科院稿”和“人民大学稿”中，均未见相关规定。在“法学会稿”中，开始设置专门条文对“设立中的法人”进行规定，

① 参见方斯远：《先公司合同研究》，载《中国法学》2015年第3期。

其后的《民法总则(草案)征求意见稿》、一审稿、二审稿、三审稿中都有相应的条文。但是,无论是学者建议稿,还是其后的各民法总则草案以及正式通过的《民法总则》,在对“设立中的法人”进行规定时,条文表述还是存在一定程度的差异,具体而言:

1.“法学会稿”第61条规定:“设立中法人自法人名称预先核准登记之时起,可以从事与其设立目的相适应的民事活动。

设立人应当对法人设立过程中的债务承担责任;设立人为两人以上的,承担连带责任。

法人成立后,设立中法人从事民事活动产生的法律后果由法人承受。”①

2.《民法总则(草案)征求意见稿》(2016年5月20日修改稿)第66条规定:“设立人为设立法人从事的民事活动,其法律后果在法人成立后由法人承受;法人未成立的,其法律后果由设立人承受,设立人为二人以上的,承担连带责任。”

3.《民法总则(草案)》(一审稿)第71条规定:“设立人为设立法人从事的民事活动,其法律后果在法人成立后由法人承受;法人未成立的,其法律后果由设立人承受,设立人为二人以上的,承担连带责任。”

4.《民法总则(草案)》(二审稿)第73条规定:“设立人为设立法人从事的民事活动,其法律后果在法人成立后由法人承受;法人未成立的,其法律后果由设立人承受,设立人为二人以上的,承担连带责任。

设立人为设立法人以自己的名义从事民事活动,造成第三人损害的,第三人有权选择请求法人或者设立人承担民事责任。”

5.《民法总则(草案)》(三审稿)第72条规定:“设立人为设立法人从事的民事活动,其法律后果在法人成立后由法人承受;法人未成立的,其法律后果由设立人承受,设立人为二人以上的,享有连带债权,承担连带债务。

设立人为设立法人以自己的名义从事民事活动产生的民事责任,第三人有权选择请求法人或者设立人承担。”

---

①　中国法学会民法典编纂项目领导小组、中国民法学研究会:《中华人民共和国民法典·民法总则专家建议稿》,载中国民商法律网:http://www.civillaw.com.cn/zt/t/? id=30198,最后访问日期:2017年1月23日。

从上文列举的条文中不难看出,《民法总则(草案)征求意见稿》和《民法总则》(一审稿)中,仅规定了设立人为设立法人而从事民事活动时的法律后果,并区分法人成立和未成立两种情形而规定责任承担。对于设立人以自己的名义从事民事活动所产生的民事责任问题,征求意见稿和一审稿并未涉及。然而在实践中,在法人设立的过程中,设立人以自己的名义从事民事活动的情形并不罕见。最高人民法院对此种情形的责任承担作出了司法解释,《公司法规定(三)》第2条第1款明确规定:"发起人为设立公司以自己名义对外签订合同,合同相对人请求该发起人承担合同责任的,人民法院应予支持。"其第2款又规定:"公司成立后对前款规定的合同予以确认,或者已经实际享有合同权利或者履行合同义务,合同相对人请求公司承担合同责任的,人民法院应予支持。"显然,最高人民法院在处理设立人以自己名义从事民事活动的责任承担时,赋予了相对人以选择权,但是相对人若要选择成立后的公司承担责任,则需要满足"公司成立后对前款规定的合同予以确认,或者已经实际享有合同权利或者履行合同义务"的要件。

在民法典制定的过程中,立法者也逐渐注意到设立人以自己的名义从事设立活动的情形,并从二审稿开始,在"设立中法人"这一条款中,以增设条款的形式对其做出规定。显然,民法总则中该条款的设置,是对《公司法规定(三)》进行提炼的产物。而且,《民法总则》第75条第2款在赋予相对人选择权时赋予了相对人更高的灵活度,并未要求"公司成立后对前款规定的合同予以确认,或者已经实际享有合同权利或者履行合同义务"的要件。

另外,值得注意的是,三审稿以及正式通过的《民法总则》第75条第2款,删除了"造成第三人损害的"的内容。因为实践中设立人以自己名义从事民事活动时,并不一定只会产生侵权责任,产生合同之债、无因管理之债或者不当得利之债等民事责任的情形也屡有发生。若限定"造成第三人损害"这一条件,很可能会限缩设立人承担民事责任的范围。因此,三审稿始,立法者删除了"造成第三人损害的"的内容。

二、规范目的与含义

(一)规范目的

本条旨在解决设立人为设立法人所从事民事活动而产生的民事责任的承

担问题,具体而言,其规范目的体现在以下两方面:

第一,明确设立中法人的法律地位。从条文来看,设立人即发起人的法律地位应当从两个方面来理解:(1)从设立中的法人与发起人的关系来看,发起人作为一个整体应属于设立中的法人的机关,对外代表设立中的法人进行设立活动,履行设立义务。由于设立中的法人与成立后的法人实体是同一的,所以发起人设立行为所产生的权利义务自然归属于将来成立的法人。(2)从发起人之间的关系来看,他们之间的关系可类推适用合伙关系,因此,倘若法人未能成功设立,发起人对其设立行为所产生的义务对第三人应负连带责任。①

第二,明确设立中的法人从事民事活动的责任承担问题。根据本条,该责任主要从三个方面进行把握:(1)如果法人成功设立,则由法人来承受设立中的法人为设立法人而从事的民事活动的法律后果;(2)如果法人未能成功设立,则根据合伙的原理,由设立人承担连带责任;(3)如果设立人非以法人的名义从事民事活动,而是以自己的名义从事民事活动,则赋予第三人以选择权,即可选择请求法人或设立人来承担责任。

(二)规范含义

本条共两款,是关于设立中的法人的规定,属于完全法条。

1. 本条第1款

所谓设立中法人,是指法人成立前进行法人设立事项的组织体。② 也就是说,设立中法人是一个过渡性的、以一定的外在标志为起始点的、以完成“取得法人资格”为目的,并终止于设立目的完成或不能完成时的组织体。③

本条第1款主要规定设立人在法人成立与否时的责任承担,即法人成立,其法律后果由法人承担;法人未成立,其法律后果由设立人承担。设立中法人旨在使法人获准成立,发起人、设立中法人必须为此实施一系列行为。就行为本身的性质而言,可分为设立法人的必要行为与设立法人的营业行为。对于本法条中的“民事活动”,应注意区分设立中法人的必要行为和营业行为这两

① 参见赵旭东:《公司法学》(第四版),高等教育出版社2015年版,第89~90页。

② 参见赵旭东:《新公司法制度设计》,法律出版社2006年版,第14页。

③ 参见茅院生:《论设立中公司的独立性》,载《中国法学》2006年第8期。

种类型。①

对于设立法人的必要行为,若法人成立,则相应的法律责任应由成立的法人承担;若法人未成立,此种情况下的责任,应属于法人设立责任范畴。法人设立失败,当然不存在由成立后的法人承受设立中法人行为的法律责任问题。在设立失败的情况下,设立中法人作为一种过渡性社团,也随着设立失败而终止,此时所有因法人设立而产生的法律责任,只能由发起人来承担。②

设立法人的营业行为是指超越了法人设立必要行为的其他交易行为。实质上,设立中的法人尚不能以自己的名义从事经营行为,从法律行为的角度来看,其营业行为属于主体不合格的行为。如果发起人的上述行为本身不违反法律的强制性规定,相对方若无故意或重大过失可以主张撤销该行为。事实上,本条对设立人所从事的民事活动也进行了限制,即必须为"为设立法人所从事的民事活动",因此,根据立法者的本意,应对本条文中的民事活动进行限缩解释,即仅包括设立法人的必要行为,而不包括设立法人的营业行为。

2. 本条第2款

本条文第2款主要规定设立人为设立法人以自己的名义从事民事活动产生的民事责任的承担问题,此时第三人有权选择请求法人或者设立人承担。为理解其含义,对于设立人承担民事责任的情形,可大致区分合同之债与侵权之债两种。

第一,发起人为成立法人,以自己的名义对外签订合同的,合同相对人可径行请求合同当事人或者法人承担民事责任。本条的规定,突破了作为其原型的《公司法规定(三)》第2条第2款的规范内容。根据后者的规定,相对人若要选择成立后的公司承担责任,则需要满足"公司成立后对前款规定的合同予以确认,或者已经实际享有合同权利或者履行合同义务"的事实要件。此种规定的不足之处是可能违背当事人意思,如对于性质上只能由公司来履行的合同,如果公司拒绝接受合同,第三人只能起诉发起人承担损害赔偿责任,而不能请求公司实际履行。这显然会加重发起人的责任,同时也不利于保护交

① 参见范健、王建文:《公司法》,法律出版社2008年版,第9页。

② 参见范健、王建文:《公司法》,法律出版社2008年版,第9页。

易相对人。为了避免这种情形,依本款规定,无论法人是否于成立后确认合同,或是否实际履行合同,当事人均可根据实际情况,选择公司抑或设立人承担合同责任。

第二,设立人为设立法人以自己的名义从事民事活动所产生的侵权损害赔偿责任,在责任承担上与受害人是否知晓设立人与设立中的公司的关系并无关联。受害人若请求设立人承担侵权责任,因受害人是因执行职务所致他人损害,设立人在承担责任之后可请求法人赔偿。若法人没有成立,设立人可以请求其他设立人承担连带赔偿责任。但设立人对造成其损害存有过错时,法人及其他设立人在承担责任之后可向设立人追偿。

第二节　营 利 法 人

第七十六条　【营利法人的定义】

以取得利润并分配给股东等出资人为目的成立的法人，为营利法人。

营利法人包括有限责任公司、股份有限公司和其他企业法人等。

一、历史由来

（一）本条来源

本条渊源于《民法通则》第 3 章中法人的具体分类。《民法通则》将法人一章共分四节，即“一般规定”“企业法人”“机关、事业单位和社会团体法人”及“联营”。这种分类可以解释为“企业法人—非企业法人”两分法，若加入公法人和私法人的区分，则可解释为“企业法人—国家机关法人—事业单位法人—社会团体法人”的四分法。但《民法通则》并没有对企业法人作出定义，而是直接按照所有制形态规定了全民所有制企业和集体所有制企业（第 41 条第 1 款）以及外商投资企业（第 41 条第 2 款）。其他亦未对营利法人作出定义，对营利法人的典型形态——公司，《公司法》第 3 条第 1 款也只是规定“公司是企业法人，有独立的法人财产，享有法人财产权”。本条较之其来源，主要变动为：其一，《民法总则》采取了营利法人和非营利法人的分类，是中国法全新的法人分类方式；其二，本条明确了对营利法人的定义。

从比较法上看，《德国民法典》采取了社团法人、财团法人的分类方法，类似的立法例还有《葡萄牙民法典》《巴西民法典》；《俄罗斯民法典》列举了商合伙与商业公司、生产合作社、国有和自治地方所有的单一制企业、非商业组织四大类法人，类似的立法例还有《埃及民法典》；日本旧民法没有以法人的类型划分章节，但在具体制度中区分了公益法人和营利法人、社团法人和财团法人，其曾于 20 世纪 80 年代制定中间法人法，后被废止。

（二）条文演化

1. 民法总则建议稿与草案

全国人大常委会法工委民法室2015年8月28日起草的“民法总则民法室室内稿”采取的是三分法，即“机关和事业单位法人、社团法人、捐助法人（另一方案：财团法人）”。《民法总则（草案）征求意见稿》（2016年5月20日修改稿）即采取了“营利性法人”和“非营利性法人”的分类。具体规定在第73条中：“以取得利润并分配给其股东或者其他出资人等成员为目的成立的法人，为营利性法人。”其后，因为“营利性”表达不简洁，以及“其他出资人”与“成员”的表述重复，遂在《民法总则（草案）》（一审稿）中改为“以取得利润并分配给其股东等出资人为目的成立的法人，为营利法人”。在《民法总则（草案）》（三审稿）中将法人分类确定为“营利法人”“非营利法人”和“特别法人”。

2. 学者建议稿

（1）“社科院稿”规定，[①]营利法人，是指以取得经济利益并分配给其成员为目的的法人。营利法人，非经工商行政管理机关登记，不得成立。

（2）“人民大学稿”维持了《民法通则》中的企业法人与非企业法人分类模式。

（3）“法学会稿”采取了“社团—财团”法人的分类方式。

从上述学者建议稿可以看出，对于我国法人分类的标准和类型尚存在争议，意见不一。从学理上法人分类的标准来看，“社团—财团”的分类方式在逻辑上更为简明，因为这是从结构主义视角对法人组织体进行解析，在法人概念下划分出组织结构上具有明显区别的两类，即社团法人和财团法人。但是，《民法总则》在法治实践的基础上，对法人采取了功能主义的划分，根据法人的设立目的和运作特点，将法人分为营利法人、非营利法人和特别法人。《民法总则》采行的法人分类是中国法治实践经验的提炼与坚持，尤其契合改革开放以来形成的法人管理体制机制，当前在我国是最有体系化效益的法人分类方案。

---

① 参见梁慧星主编：《中国民法典草案建议稿》，法律出版社2013年版，第14页。

《民法总则》的法人分类与《民法通则》的法人分类基本吻合,保持了我国法人制度的连续性和稳定性。《民法通则》将法人分为企业法人、机关法人、事业单位法人和社会团体法人四类,后三类统称为非企业法人。企业法人基本等同于营利法人,非企业法人则基本等同于非营利法人。

《民法总则》的法人分类有效地实现了民商合一,涵盖了现实中各类法人形态,符合民法总则作为基本法的地位。《民法总则》适用于民事领域和商事领域,营利法人是商事主体,即经济组织;非营利法人除非从事绝对商事行为,一般是民事主体,包括各种社会组织,与非企业法人的范围大致相当(但不包括国家机关法人);最后又有特别法人作为补充。这样,民法总则就构建了非常明晰的民商合一法人主体制度。立法机关也认为,这一分类不仅可以涵盖事业单位法人、社会团体法人等传统法人形式,而且可以纳入基金会和社会服务机构等新法人形式,符合我国国情。

《民法总则》的法人分类标准明确,立法表达通俗易懂,便于对法人进行区分、分类登记和监管。通常而言,法律对营利法人(经济组织)适用宽松的准则主义,对非营利法人(社会组织)适用较严格的许可主义。立法机关认为,营利法人和非营利法人的治理结构不同,这一分类有利于健全社会组织法人治理结构,有利于加强对这类组织的引导和规范,促进社会治理创新。

二、规范目的与含义

本条规定的是营利法人的定义条款。规范目的在于明确营利法人的性质和类型,其中,本条第 1 款规定营利法人的定义,第 2 款规定营利法人的类型。

(一)营利法人的“营利目的”的界定

本条第 1 款规定,“以取得利润并分配给其股东等出资人为目的成立的法人,为营利法人。”它涉及的最重要的法律问题是,究竟什么是法律上的“营利目的”。

营利通常是指以获得金钱或其他物质回报为目的的行为。按照传统商法理论,营利是法人谋求超出投资以上的利益并将其分配于成员的商法属性。它包括两层含义:一是法人设立的目的是通过从事经济活动营利;二是法人的盈余或利润要分配给社员。①

本条界定的“营利目的”包括如下两个要素：

其一，投资的目的是取得利润。营利法人的出资人出资的目的是实现资本的增值，获得超过投资额以外的利益。因此，传统公司法理论认为，公司最终、唯一的使命就是营利，公司的全部机关尤其是董事会应服务于为公司和公司股东创造最大利润的目的，而无须考虑利益相关者的利益。

其二，将利润分配给出资人。营利法人在取得利润后，应按照法律和章程的约定将其分配给出资人，出资人投资的最终目的就是取得利润。理论上亦有观点认为，除了分配利润之外，“营利目的”还要求出资者或股东依法取得公司清算后的剩余财产。② 这种观点以股权的自益权为基础，认为“营利目的”最终通过利润分配和剩余财产分配实现。但从文义上说，营利法人的出资人在出资时的“营利目的”通常体现在通过资本或资产的运动实现增值，从中获取超额利润，通常不可能考虑到公司清算时分配剩余财产——在现实生活中，这往往被视为投资失败的结果。此外，出资人既然以取得利润为目的，按照“举重以明轻”的法律解释原则，取得剩余财产自然也是其目的。

因此，本条采取的以“取得利润”和“分配利润”两个标准界定营利法人的做法是比较恰当的。当然，从营利法人设立到终止的全过程来看，“营利目的”纳入剩余财产的分配也无可厚非，尤其是营利法人的章程约定了经营期限或目的事业完成后即注销，在注销之前并未分配利润时，“营利目的”就主要体现为取得法人的剩余财产。

本条在界定“营利目的”时，之所以强调利润分配标准，还有一个原因是将其与非营利法人进行区分。《民法总则》第 87 条规定，非营利法人是指“为公益目的或者其他非营利目的成立，不向其出资人或者设立人分配所取得利润的法人”。即非营利法人并非不能从事营利活动，只是它们从事营利活动后取得的利润，不能分配给出资人或设立人。同时，依据《民法总则》第 95 条，非营

① 参见王保树：《中国商事法》，人民法院出版社 2003 年版，第 7 页。

② 参见史际春：《论营利性》，载《法学家》2013 年第 3 期。

利法人终止时,也不得向其出资人或者设立人分配剩余财产。由此可见,营利法人与非营利法人的区别并非在于能否从事营利活动,而在于能否分配利润和分配剩余财产。另外,与“营利目的”相关的一个概念是商法中的“营利活动”。商事行为具有营业性、公开性、持续性和营利性特征。①

“营利目的”是区分营利法人和非营利法人的直接标准,它进而造成了两种法人在设立程序、行政管理、财政税收等方面的差异。在政治、宪法和社会层面,区分营利目的和非营利目的的意义更为深远:以营利目的设立的法人是一个市场主体,在市场经济领域发挥作用;而非以营利目的设立的法人则在市场经济以外的社会领域从事其目的事业。因此,营利法人以股东权利和公司利润最大化为目的,通常不具有强化成员认同的功能。非营利法人更重视人格的自由发展与人格认同,其目的不仅是实现非营利事业,而且也裨益成员实现其深层次的精神目的(如慷慨、仁慈、公共参与等)。② 在国外法实践中,加入营利法人受私法自治原则规制,但加入非营利法人尤其是受国家资助的法人通常是受公法保护的权利,非营利法人承担强制接纳义务,而不能以章程等方式不合理地排除他人加入。③

关于“营利目的”的界定,还需要注意如下两个法律问题:

1.“营利目的”在实践中的认定

本条第1款以利润分配为目的来确定“营利目的”,在实践中通常不会产生认定问题。尽管出资人在设立营利法人时通常不会表明其“营利目的”(当然也可能通过章程约定利润分配条款),但只要选择了特定的法人形态,就可以推定其具有“营利目的”。如选择成立有限公司的,就可以推定其设立公司的目的是为了营利。按照这一逻辑,营利法人的成立目的就是营利,这种将营利法人(尤其是公司)的目的事业与营利活动等同的做法,可能在实践中造成

---

① 参见叶林:《商行为的性质》,载《清华法学》2008年第4期。

② James D. Nelson, The Freedom of Business Association, *Columbia Law Review*, Vol. 115, No. 2.

③ 德国司法实践通常采用两种方式保障公民加入非营利组织的权利:一是通过认为这种限制若属故意违反公序良俗的,构成侵权行为(援引第823条和第249条),认为入会权也是侵权法上的一种权益。参见BGH NJW 1969,316。在公法上,即通过比例原则审查非营利法人章程对入社条件的限制;BGHZ 63,282;BGHZ 93,151。

两方面的问题：一是无法解释营利法人的社会责任（《民法总则》第 86 条），即营利法人不仅要完成使股东权益最大化的任务，而且要担负维持和促进社会福祉的使命；二是无法解释晚近兴起的社会企业。这种企业虽然采取企业方式经营，但其目的并非营利。例如，为规范这类企业，美国特拉华州 2013 年出台了《公共利益企业法》（PBC Law）。在中国也有此类社会企业，比如为帮助残障人士就业、保障其生存而设立的“福利企业”，这类企业通常可以取得国家的财政补贴和税收优惠，其创办目的并非单纯的利润最大化；再如，中国证券投资者保护基金公司设立的主要目的是保障证券投资者保护基金的筹集、管理和使用，也并非以营利为目的。所以，法律规定“营利目的”可能造成的一大问题是：出资人若不以营利为目的，就无法设立企业，进而无法按照企业法运作，而只能采用其他方式经营，但中国现行法上非企业法人类型往往又无法满足其治理结构和经营的要求。“营利目的”虽然是营利法人的特征，但在法律上没有必要使它成为一个法定条件。①

此外，在实践中尽管可以用出资人选择的法人形态来反推其是否具有“营利目的”，但若投资人登记的并非企业法人，而是“服务中心”“行业协会”“商会”等，认定其是否具有“营利目的”就相当困难，除非采用“一刀切”的做法，把企业法人以外的所有法人的设立目的都认定为非营利目的。即使像德国这样有法人规制经验的国家，“营利目的”的认定也经常成为一个难题。② 在中国，《农民专业合作社法》第 16 条规定合作社的农民成员享有从合作社取得盈利的权利，但其第 2 条又规定，“农民专业合作社是在农村家庭承包经营基础上，同类农产品的生产经营者或者同类农业生产经营服务的提供者、利用者，自愿联合、民主管理的互助性经济组织。农民专业合作社以其成员为主要服务对象，提供农业生产资料的购买，农产品的销售、加工、运输、贮藏以及与农业生产经营有关的技术、信息等服务”。按照这一规定，农民专业合作社从事的主要是经营活动（提供技术与信息服务则可能是无偿的），但它又是“互助性经济组织”，难以界定为营利法人。

① 参见［德］C. W. 卡纳里斯：《德国商法》，杨继译，法律出版社 2006 年版，第 533 页。

② K. Schmidt, Der buergerlich-rechtliche Verein mit wirtschaftlicher Taetigkeit, AcP 182（1982）1 ff.；［德］梅迪库斯：《德国民法总论》，邵建东译，法律出版社 2001 年版，第 830 页。

2.“营利目的”与商主体、“营利性活动”的确认

通过“营利目的”认定的营利法人,都是商法上的主体。《民法总则》对营利法人和非营利法人的区分,有助于中国确定商法适用的范围。按照《民法总则》和相关法律,中国商法的适用范围可以通过两个标准确定:一是主体标准,即营利法人为商法主体。商人实施的营业行为和附属于营业的行为,皆为商行为。在现代商法上,商人不仅不享有特权,而且还要遵守更严格的要求和标准,所以以商人身份为标准的商法主观主义标准不仅不会损害法律主体的平等原则,反而会强化商人的法律义务,①如商人作为《消费者权益保护法》中的生产者和经营者,承担法定义务的范围与履行标准显然高于民事合同主体。二是行为标准,即绝对商行为,任何主体从事这类行为,都构成商行为,如证券、保险等。这两个标准通常满足其中之一就可认定为商行为。当然,营利法人从事的个别行为如赠与,也构成民事合同而非商事合同。

与营利性目的相关的另一个概念是“营利性活动”。在法律上,“营利性活动”应解释为营利法人以营利为目的持续、反复的营利性活动。在现行法上,“营利性活动”主要用于《公务员法》第53条禁止公务员从事营利活动的认定。比如,公务员能否投资设立一个公司,能否买卖股票,能否在业余时间从事培训工作等,在法律上需要明确界定并施以相应义务与责任。当然,公务员不应因其担任公职而被过度禁止自由,但是因其身份与职权的性质,禁止公务员参与营利性活动是法治应有之义。不过,禁止公务员参与的“营利性活动”应做两方面的范围限缩:一是与公务员运用公权力相关;二是亲自、持续参与经营。

(二)营利法人的类型

本条第2款规定,营利法人包括有限责任公司、股份有限公司和其他企业法人等。它将营利法人分为两种:公司法人和非公司法人。

1.公司法人

《公司法》第2条规定了两种公司形态:“本法所称公司是指依照本法在中国境内设立的有限责任公司和股份有限公司。”这种区分的事实依据主要是

① 参见[德]C. W. 卡纳里斯:《德国商法》,杨继译,法律出版社2006年版,第3、35页。

公司的规模,包括股东人数和资金规模,但2014年新《公司法》实施后,股份公司的最低注册资本限制被取消,这种区分的依据存疑。此外,依据《证券法》和证监会《非上市公众公司监督管理办法》,股份公司又可一分为二:非公众股份公司和公众股份公司,后者又包括上市公司和非上市公众公司。

2. 非公司法人

“企业”指集中管理的从事经济活动的市场主体。它是一个开放的、包容的概念,其范围比公司更广。它既包括公司等出资人以其出资为限对企业债务承担有限责任的企业形态,也包括出资人对企业债务承担无限责任的企业形态。在现代法上,它既可以是社团法人,也可以是一人企业(一人公司或独资企业);既可以按照社团模式管理,也可以按照合同模式管理(如日本的合同公司);既可以是营利企业,也可以是共益企业(如合作社)或从事公益活动的社会企业。

企业通常按照出资人的数量和责任承担方式,分为独资企业、合伙企业和公司企业三大类,也可按照出资人的责任承担方式分为企业法人和非企业法人。需要指出,在比较法上,大多数立法并不要求法人的出资人对法人债务以出资额为限承担有限责任,如德国、法国、意大利等,但中国法上的法人一直以出资人对法人债务以出资额为限承担有限责任为前提(《民法通则》第37条,《民法总则》第60条)。

中国现行法包括大量非公司类的企业法人。《企业法人登记管理条例》(2014年修订)第2条规定的企业法人,包括全民所有制企业,集体所有制企业,联营企业,在中国境内设立的中外合资经营企业、中外合作经营企业和外资企业,私营企业和其他企业。结合现行法,中国非公司企业法人包括如下几种:

(1)非公司类国有企业

1993年颁布的《公司法》多被视为国有企业改制法,其实施后,许多国有企业进行了公司化改造,对这些企业当然适用《公司法》;但依然有一些国有企业并没有进行公司化改造,这些企业依然适用1988年4月13日全国人大常委会公布的《全民所有制工业企业法》。

(2)集体企业

未进行公司化改造的集体企业,适用1990年国务院的《乡村集体所有制企业条例》或《城镇集体所有制企业条例》。

(3)乡镇企业

《乡镇企业法》(1996年)第2条规定,乡镇企业是指农村集体经济组织或以农民投资为主,在乡镇(包括所辖村)举办的承担支援农业义务的各类企业。符合法人条件的,取得企业法人资格。

(4)股份合作制企业

股份合作制企业是股份制和合伙制结合的企业形态,是在实践中产生并不断发展的新型企业组织形式(原国家经济体制改革委员会《关于发展城市股份合作制企业的指导意见》①第3条)。它是指以合作制为基础,实行以企业职工(农民群众)的劳动合作与资本合作相结合,按劳分配与按股分红相结合,职工共同劳动,共同占有生产资料,利益共享,风险共担,股权平等,民主管理的企业法人组织(《北京市股份合作制企业登记管理办法》第2条)。这类企业曾普遍运用于小型国有企业和集体企业改制,目前农村也较多采用这种方式发展农村经济,工商部门也对其进行法人登记。但法律、行政法规一直缺少相应的规定。

(5)非公司制的外商投资企业

中国对外开放早期成立的外商投资企业并未采取公司形态,之后也并未都改造为公司制企业,因此还存在非公司制的外商投资企业。

(6)事业单位、社会团体设立的经营性企业

中国实践中存在大量事业单位、科技性的社会团体设立的具备法人条件的企业,这类企业许多并没有采取公司形态,也没有进行公司化改造,其中有些还以“中心”等名义登记。

(三)《民法总则》中营利法人规范的适用

在比较法上,类似《民法总则》的法律几乎不调整营利法人,而主要调整非营利法人,营利法人通常都由特别法(商法典或公司法)调整。无论采民商分立,还是民商合一,主要国家和地区的民法典总则部分对法人的规定均是关于非营利法人的规定,而营利法人的规定则交由专门法或分则编。这和营利法

① 该条例现已失效。

人专门立法的必要性、丰富性和变化性有关。① 如《瑞士债务法》第三编专门规定了“公司和合作社”，调整股份公司、两合公司、有限责任公司以及合作社；《瑞士民法典》第一编（人法）第二章（法人）部分基本调整公益及其他目的的社团法人规定。②

我国《民法总则》通过营利法人和非营利法人的二分法，提炼了营利法人的一般规则，将对营利法人的调整纳入《民法总则》的调整范围。但从整体上看，这些规范并未在《公司法》的基础上有重要创新或突破。因此，公司类营利法人的诉讼依然应适用《公司法》，因为《公司法》是特别法，《民法总则》是普通法；对未采取公司形态的营利法人，则应适用《民法总则》关于营利法人的规定。中国存在大量非公司类企业法人，但又缺乏相应的法律规范，《民法总则》关于营利法人的规定可谓填补了法律空白，具有重要意义。

三、其他问题

（一）“营利法人与非营利法人”法人分类的争议

法人分类可以说是《民法总则》制定过程中争论最大的问题，其在全国人大常委会法工委、法律委员会和常委会会议上都出现过激烈的讨论。在立法讨论中出现了三种思路：一是按照传统的社团—财团分类；二是按照营利法人和非营利法人分类；三是不采二分法，按照法人的具体形态分为企业法人、机关法人、事业单位法人、宗教法人、基金法人等。立法机关也破费思量，从社团—财团的分类转向营利—非营利的分类。

法人分类问题之所以重要，因为它不仅关涉经济发展，也涉及宪法上的结社自由权；之所以疑难，是因为社会中的法人形态纷繁芜杂，难以类型化。《民法通则》的法人分类套用当时国务院“编制管理”核定的机构分类标准，体现的是计划经济的行政管理思维，导致法人类型的制度供给严重不足，难以容纳基金会、宗教活动场所等法人，而且使公法人与私法人的界限不明确，理论界

① 参见徐强胜：《论我国民法总则中营利法人的制度安排》，载《华东政法大学学报》2016 年第 5 期。

② 参见［瑞］贝蒂娜·许莉蔓－高朴、耶尔格·施密特：《瑞士民法：基本原则与人法》（第二版），纪海龙译，中国政法大学出版社 2015 年版，第 372～373 页。

和实务界一直都有诟病。《民法总则》必须调整法人分类是立法时的共识。

《民法总则》采用营利法人、非营利法人和特别法人的分类,具有明显的优点,前已述及。但此种分类方法也存在如下问题:

第一,无法体现法人作为组织体的最根本特征,也将使《民法总则》无法按照不同类型的法人特征进行针对性立法。如果说营利法人的立法可以通过《公司法》在一定程度上进行弥补,非营利法人的立法规范就相对简略,难以适用于种类众多的法人形态,而三审稿中增加特别法人可谓亡羊补牢。

第二,无法反映不同法人类型的根本差异,导致法人制度无法"提取公因式",有损民法典的体系性。以"是否营利"为标准的分类"仅仅能够看出法人存在的目的,而不能反映出法人的其他特征",亦无法体现提取各类法人制度规则的"公因式"。①

第三,通过《民法总则》来判断法人的公益性质,可能破坏《民法总则》的稳定性。在高度复杂和分化的现代社会中,民法典更应作为中立的技术法,而不应涉及法人营利目的与非营利目的的判断。尽管"营利"是一个民商法上的常用术语,也因此衍生出了一系列的制度,但非营利目的却可能涉及社会公共利益,产生的往往是公法上的效果,民法典没必要对这些目的作出实质性判断。通常,非营利目的不是由民法典而是由公法或者民事特别法规定的。有关非营利法人的收支比例、公益目的事业费比例等事项亦同。

第四,并不能穷尽法人的所有形态,尤其是中间法人。乍一看,从任何一种形态入手,将法人分为某类法人和非某类法人,都可以穷尽所有的法人形态,如"企业法人和非企业法人""宗教法人和非宗教法人等"。然而,在"营利法人和非营利法人"这一标准中,因为"营利"本身不是名词,词义的不确定性特征突出,因此完全可能存在同时具有两者特征的法人,而这将会在实践中造成如何区隔营利—非营利的难题。

(二)游离于"营利法人—非营利法人"之外的营利性财团法人

财团法人是财产的集合体,甚至可以说它是特定的财产被赋予法律人格

① 李永军:《以"社团法人与财团法人"的基本分类构建法人制度》,载《华东政法大学学报》2016年第5期。

的结果，它可以使自然人在有生之年甚至在其身后将特定财产用于实现特定目的，这种财产在法律上独立于其他所有主体的财产。① 在传统民法理论中，它只能从事公益目的。但即使在今天德国法上，财团法人也未必一定是公益团体，而可以是私人性质的财团，如家庭财团，它们不享有财政税收的优惠待遇。② 中国法关于财团的规定仅见于《基金会管理条例》，而且也限于公益事业。目前中国的商事实践已经产生了设立营利性财团法人的强烈需求。如中国方兴未艾的商业信托（单一或集合的信托计划），若将商业信托明定为法人，有助于在相当程度上解决信托定性难题，因为商业信托具备法人的特征与要件。商业信托是有独立的财产、有自己的名称与组织机构的组织，能够独立承担民事责任。③ 与此类似，证券子公司的资管计划、基金公司管理的基金，都有必要使其成为独立的财团法人以有效实现投资中的风险隔离，即在证券公司和基金公司破产时，资管计划和基金涉及的财产并不成为破产财产，而且同一公司管理的不同资管计划和基金相互独立，投资人的权益因此将受到更好的保护。此外，在目前中国大力推广的资产证券化过程中，发起人的财产移转给为资产证券化而设立的特殊目的载体 SPV 时，若 SPV 采用 SPC 即公司这种形式，会遇到公司成立的难题：SPC 在法律上只是用于资产证券化的资产的权利主体，它并没有投资人，按照现行《公司法》，是无法设立公司的，因此可通过设立财团法人的方式解决这一难题。

（三）社团—财团法人分类的现实价值

在学理上，法人分类通常采取三个层次：（1）依据法人设立的法律依据是公法还是私法，将法人首先区分为公法人和私法人。（2）依据私法人成立的结构基础，将其区分为社团法人和财团法人。前者以社员为基础，是人的组织体，成员在社团中取得社员权；后者以特定的财产为基础，是财产的组织体，不存在成员。（3）依据社团法人成立的目的，将其进一步分为营利社团、公益社

① Werner Flume, Allgemeiner Teil des buergerlichen Rechts: Die Juristische Preson, Springer-Verlag, 1983, S. 95.

② Von Hagen Hof & Maren Haartmannund Andreas Richter, Stiftungen-Errichtung · Gestaltung · Geschaeftstaetigkeit, Beck-Rechtsberater Deutscher Taschenbuch Verlag, 2004, S. 285.

③ 参见李宇：《论作为法人的商业信托》，载《法学》2016 年第 8 期。

团和中间社团。营利社团即从事经济行为逐利,并将利润和剩余财产分配于社员的社团。公益社团是以不特定多数人的公益为目的的社团。中间社团指既非以公益又非以营利为目的,而是为了特定成员的共同利益成立的社团。①

大陆法系各国的民法典几乎都采取了社团法人与财团法人的分类。这种分类的合理性在于两者的组织构造和治理机构不同:(1)社团法人是人的结合,必须有社员,有成员数量的底限要求(一人公司除外);财团法人则以实现特定目的的财产为基础,不存在社员。(2)社团法人是自治法人,社员大会是最高权力机关;财团法人则是他治法人,没有最高权力机关,理事会必须按照章程规定的财产使用目的使用财产。此外,在公法上,因财团法人只能基于公益目的设立,②享受税收优惠、国家财政补贴等待遇,且因其公益目的可能有损国家权威,因此受到更为严格的监管。这种通行的分类标准并非无懈可击:一人公司用社团法人理论很难解释;从法人实在说的角度出发,财团法人也并非没有"人"的因素,不过没有社团法人意义上的成员而已。在实践中,两者的界限也并非楚河汉界,如 2005 年国务院批准成立的中国证券投资者保护基金公司,按现行法本应成立基金会法人,但最终成立的是公司。但是,就整体而言,社团法人和财团法人的区分还是明确的。

① 参见王泽鉴:《民法总则》,中国政法大学出版社 2001 年版,第 151 页;梁慧星:《民法总论》(第四版),法律出版社 2011 年版,第 121 页;[德]汉斯·布洛克斯、沃尔夫·迪特里希·瓦尔克:《德国民法总论》,张艳译,中国人民大学出版社,第 433 页。

② 参见梁慧星:《民法总论》(第四版),法律出版社 2011 年版,第 121 页。

第七十七条 【营利法人的成立登记】

营利法人经依法登记成立。

一、历史由来

(一)本条来源

企业法人的成立需要经过登记,或企业经过登记才取得法人资格,这是中国很多法律规范都确认的规则。本条来源于《民法通则》第41条规定,全民所有制企业、集体所有制企业、中外合资经营企业、中外合作经营企业和外资企业,经主管机关或经工商行政管理机关核准登记,取得法人资格。《公司法》第6条第1款也规定,设立公司,应当依法向公司登记机关申请设立登记。此外,企业法人登记的行政法规也做了类似规定,如《企业法人登记管理条例》(2014年)第3条规定:“申请企业法人登记,经企业法人登记主管机关审核,准予登记注册的,领取《企业法人营业执照》,取得法人资格。”《公司登记管理条例》第3条规定了公司登记的程序要件:“公司经公司登记机关依法登记,领取《企业法人营业执照》,方取得企业法人资格。”在比较法上,各国和地区均要求营利法人经过登记之后才能取得主体资格,即将登记作为取得法人资格的要件,如德国有限公司和股份公司的成立都必须经过登记。《德国民法典》对经营性社团与非经营性社团的权利能力的取得做出了区别规定,第21条规定:“不以经营为目的的社团,通过在主管初级法院的社团登记簿上登记而取得权利能力。”第22条规定:“以经营为目的的社团,在帝国法律无特别规定时,因邦的许可而取得权利能力。许可权属于社团住所所在地的邦。”另外,《瑞士民法典》第52条规定:“团体组织以及有特殊目的的独立机构,在商事登记簿上登记后,即取得法人资格。”《日本民法典》也根据法人类型的不同,而设立不同的认定条件。其中,对于公益法人与商法上的公司,以登记作为设立条件。但二者设立登记的含义亦不同:公益法人以登记作为对抗要件,而商法上的公司以登记作为成立要件。

(二)条文演化

1.民法总则建议稿与草案

《民法总则(草案)征求意见稿》(2016年5月20日修改稿)第74条规定:“营利性法人,经依法登记成立,取得法人资格。”之后,由于“营利性”表达不简洁,遂在《民法总则(草案)》(一审稿)中改为“营利法人,经依法登记成立,取得法人资格”。之后各草案至最新的《民法总则(草案)》(三审稿)均沿袭此条规定。而《民法总则》最终将“取得法人资格”的表述删除,并修改为“营利法人经依法登记成立”。

2.学者建议稿

(1)“社科院稿”①

有独立经费的国家机关从成立之日起,具有法人资格。

具有法人条件的事业单位、社会团体,依法不需要办理法人登记的,从成立之日起,具有法人资格;依法需要办理法人登记的,经核准登记,取得法人资格。

(3)“人民大学稿”②

企业法人大多通过准则主义而设立,只要符合法定的设立企业的条件,通过登记便可设立;而非企业法人的设立,大多需要通过国家机关的批准,才能成立。

上述建议稿,都根据法人的性质,对其设立条件作两款分别规定,对于企业法人、营利性社团法人这类有自己独立经费的法人,只要符合设立条件,登记即可成立。因此,以上建议的内容与我国《民法总则》中营利法人以登记为成立要件颇为类似。

二、规范目的与含义

本条是关于营利法人成立登记的规定。它要求营利法人的成立以“依法

---

① 梁慧星主编:《中国民法典草案建议稿》,法律出版社2013年版,第14页。

② 王利明主编:《中国民法典学者建议稿及立法理由·总则编》,法律出版社2005年版,第123页。

登记"为前提。本条涉及的具体问题如下：

（一）营利法人成立登记行为的性质及其功能

1. 营利法人成立登记行为的性质

营利法人的成立登记是指营利法人的筹办人或代表人为取得法人的主体资格，依照法律、法规的要求，向登记机关提出登记申请，经登记机关审查核准，记载于登记簿将其公之于众的行为。

对营利法人成立登记行为的性质，理论界和实务界一直存在两种对立观点：一是公法行为说。其主张营利法人的成立登记是营利法人的筹办人或其代表人依法向行政机关提出申请，行政机关对其予以审查并作出是否授权特定组织取得法人主体资格的行为。确认登记与否都体现了国家意志，均是一种具体行政行为。其法律依据为《行政许可法》第 12 条第 5 项，即"企业或者其他组织的设立等，需要确定主体资格的事项"为行政许可事项。二是私法行为说。其认为核准登记就如自然人的出生，旨在解决私法组织体的主体资格问题。虽然是否取得主体资格是公权力机关行使的，但私法主体资格属于私法问题。[①]

公法行为说与私法行为说差异的实质，在于对法人性质的认定和国家介入市民社会的程度。按照法人实在说，组织体的资格并非取决于国家确认，在国家确认之前，法人事实上就已经成立了；而按照拟制说，在国家确认之前，组织体的主体资格是不存在的，正是基于国家的确认，法人才能取得主体资格。从各国的具体规则来看，没有一个国家完全承认法人实在说，而是兼采法人实在说和拟制说来规范法人，以实现国家对法人进行监控的目的。从根本上讲，这源于法人的强大功能和对国家权力的潜在威胁。[②] 因此，公民尽管享有宪法上的结社自由权，但这种权利受到的限制远比人身权、财产权要深刻得多，以不动产物权登记类比法人登记是不恰当的，因为两者承载的功能不可能完全相同。不同国家、同一国家的不同时期都可能根据政治、经济、社会和文化条

① 参见蒋大兴：《公司法的展开与评判：方法 · 判例 · 制度》，法律出版社 2001 年版，第 345 页。

② 参见谢鸿飞：《论民法典法人性质的定位：法律历史社会学与法教义学分析》，载《中外法学》2015 年第 6 期。

件调整自己的法人规范。在解释上,中国营利法人的成立登记是一种行政许可行为,理由如下:(1)国家对“人”的治理和对“物”的治理,其目的和措施都不相同,对自然人和法人的治理也更不相同;中国向来对包括营利法人在内的法人采取较严格的监管措施。(2)《行政许可法》已经明确将法人成立登记作为了行政许可事项。

2. 营利法人登记的功能

营利法人的成立之所以要登记,主要在于其具有几个基本功能:

第一,使营利法人相互区别。

营利法人申请登记时,登记机关通过对其名称的核定,可以确保每个营利法人的名称各不相同,从而确保每个营利法人都与其他营利法人相互区分,可以准确锁定营利法人及其投资人。

第二,便于国家对营利法人的治理。

营利法人成立后,通常会从事各种生产和经营活动。与自然人的活动相比,法人的这些活动产生的收益更大,潜在的风险也更多。它们可能通过实施垄断行为造成对市场自由秩序的侵害,通过提供有缺陷的产品或服务造成对消费者的损害,通过生产或经营活动对生态环境造成损害等。而且,国家往往基于产业政策、促进就业等经济目的和社会目的,对某些企业提供财政补贴或税收优惠,而且还需要获得企业运行的某些数据,便于国家进行统计和做出各种决策。此外,现代“财税国家”(熊彼特语)很大程度上依靠税收运转,营利法人也是国家的重要纳税主体。基于上述理由,国家通过营利法人成立登记,可以获得营利法人的重要信息,对其进行持续监控,通过行政监管使营利法人合法经营,使其不背离公序良俗,预防其对国家、社会和经济可能造成的损害,同时掌握其交易信息,顺利征税。国家还可以通过登记所获得的信息对营利法人的规模、营业、劳动者等相关信息,分类甄别,获得统计信息。在营利法人的生产经营活动造成损害时,国家也易于依据登记信息追究其法律责任。营利法人的登记要求和自然人的证件式管理一样,最终都服务于现代国家的治理要求,在信息化年代,这种治理技术已相当成熟。

第三,减少交易费用并促进交易。

现代社会,商事主体浩如烟海,数不胜数。市场主体基于契约自由选择交易相对方时都面临筛选的困境,而筛选需要大量的信息,交易双方彼此的信息不可能完全对称。国家作为最权威的公共机构对营利法人进行登记,相当于国家用自己的信用为登记信息的真实性、准确性和完整性作出背书或担保。此外,登记机关还向公众提供查询服务,如《公司法》第6条第3款规定:"公众可以向公司登记机关申请查询公司登记事项,公司登记机关应当提供查询服务。"这使公司的信息公开度和透明度大为增加,公众选择交易对方的信息成本大大降低。再辅之以商事外观主义,即使登记事项错误也对信赖登记事项的相对人发生公信力,可补正当事人的认知错误,在法律上产生和登记事项真实一样的法律效果。因此,理论上多强调营利法人登记具有保障交易安全和维护市场秩序的重要功能。① 登记和信息公示具有引起和集聚社会压力的功能,也可倒逼公司放弃实施违法和违反公序良俗的行为。

(二)营利法人成立登记的法律效力

1. 确认营利法人的主体资格

营利法人的成立登记是营利法人取得法人资格的生效要件,成立登记完成,意味着国家确认了营利法人的主体资格。营利法人即成为法律主体,这里包括私法主体和公法主体。这是登记制度最重要的核心的法律效力。但《民法总则》第78条维持了现行法的做法,营利法人在登记完成后还需要取得营业执照,才具有完全的权利能力。

2. 产生登记公信效力

国家机关对营利法人成立登记后,登记机关对营利法人的登记内容就具有公信力,对公司具有法律拘束力。即使登记信息存在错误,信赖登记内容真实的善意相对人基于这种信赖对外发生的法律关系也受法律保护。中国《公司法》和相关企业立法并没有明确这一规则,但理论和司法实践均予以承认。如有限责任公司的实际出资人与名义出资人订立合同,约定由实际出资人出资并享有投资权益,以名义出资人为名义股东,若名义股东将登记于其名下的股权转让、质押或者以其他方式处分的,虽然名义股东并非真正的股东,其处分构成无权处分,但根据"公司法规定(三)"第25条的规定,此时可参照《物

① 参见赵万一、王兰:《私法视域下商事登记的重新解读》,载《河北法学》2009年第6期。

权法》第106条,认定股权的买受人或受质押人等的行为构成善意取得,可以取得股权或质权。公司成立后变更了某些需要进行变更登记的事项但未依法进行登记的,信赖登记的善意相对人亦受法律保护,如董事长兼法定代表人变更后公司未进行变更登记,相对人基于对登记的信赖,与董事长订立的以公司为当事人的合同有效(依据《合同法》第50条关于表见代表的规定)。《民法总则》第65条进一步将其上升为法律,明确规定法人的实际情况与登记的事项不一致的,不得对抗善意相对人。此外,若公司登记事项的错误是由登记机关的错误造成的,而不是因为申请人提供虚假材料造成的,登记机关应对受害人承担赔偿责任。

(三)营利法人成立登记与前置审批程序

《公司法》第6条第2款规定,法律、行政法规规定设立公司必须报经批准的,应当在公司登记前依法办理批准手续。《企业法人登记管理条例》《公司登记管理条例》也做了类似规定。《民法总则》本条并没有规定这一内容,其目的是厘清公法与私法规范的界限。在解释上,若法律、行政法规要求营利法人应在设立前报批的,营利法人自然应在公司成立登记申请之前报批。这就是所谓"先证后照",即营利法人的设立或者经营范围涉及前置许可的,需要先取得许可证或批准文件,才能向登记机关申请登记。

三、其他问题

《民法总则》作为市民社会的基本法,规定的是最普遍、最原则和最抽象的事项,就登记而言,也只是做了最一般的规定,并未规定登记机关、登记事项和登记审查标准等事项。

(一)登记机关

各国和地区尽管都规定了营利法人的成立需要经过登记,但各国的具体国情决定了登记机关选择上的差异。整体上看,登记机关采取两种模式:(1)由法院对公司进行登记。这种模式主要见于大陆法国家,如德国、韩国、瑞士等。(2)由行政机关进行登记,如英国、美国、日本、我国台湾地区等。例如,美国的公司登记机关是州务卿办公室。

依据《企业法人登记管理条例》《公司登记管理条例》等,在中国,营利法人登记是工商行政管理部门的职责。国家工商行政管理局及各级工商行政管理局均按照不同的行政区划,以属地管理方式从事营利法人的登记工作。如国家工商行政管理总局负责登记国务院国有资产监督管理机构履行出资人职责的公司以及该公司投资设立并持有50%以上股份的公司、外商投资的公司等;省、自治区、直辖市工商行政管理局负责登记本辖区内省、自治区、直辖市政府国有资产监督管理机构履行出资人职责的公司以及该公司投资设立并持有50%以上股份的公司等。上述两级工商行政管理机关登记的营利法人的数量并不多,营利法人的登记主要由设区的市(地区)工商行政管理局、县工商行政管理局,以及直辖市的工商行政管理分局、设区的市工商行政管理局的区分局完成。

(二)登记事项与登记证书

依据《企业法人登记管理条例》第9条,企业法人登记注册的主要事项包括:企业法人名称、住所、经营场所、法定代表人、经济性质、经营范围、经营方式、注册资金、从业人数、经营期限、分支机构。它使用的是“主要事项”这一措辞,主要是考虑到企业法人的形态众多,无法做整齐划一的规定,只是列举了一般性事项。《公司登记管理条例》第9条规定:“公司的登记事项包括:(一)名称;(二)住所;(三)法定代表人姓名;(四)注册资本;(五)公司类型;(六)经营范围;(七)营业期限;(八)有限责任公司股东或者股份有限公司发起人的姓名或者名称。”从两者对比看,公司登记的事项明显少于非公司企业法人的登记事项,它并不要求登记企业的经济性质、经营方式和从业人数等内容。

但是,现行法并没有规定登记机关在核准登记后应向营利法人颁发证书,《营业执照》实际上发挥了营利法人主体资格证书的作用。国家颁发给营利法人的“五证”包括营业执照、组织机构代码证、税务登记证、社会保险登记证和统计登记证,并不包括单独的主体资格证书。《企业法人登记管理条例施行细则》第33条第2款也只是要求“登记主管机关应当分别编定注册号,在颁发的证照上加以注明,并记入登记档案”。

(三)登记审查标准

登记事项的审查模式大致可以分为三种:形式审查、实质审查和折中审查。形式审查是指登记机关仅对申请文书的形式要件是否合法进行审查,并不核查文书内容真伪等事项;实质审查是指登记机关审查申请文书的实质内容,核查其真伪等事项;折中审查是指登记机关对申请的登记事项以形式审查为主,仅在申请文书内容等存疑时进行实质审查。

《行政许可法》《企业法人登记管理条例》和《公司登记管理条例》均并未规定登记机关对营利法人成立登记的审查范围和审查基准。《公司登记管理条例》要求"申请人应当对申请文件、材料的真实性负责"(第2条第2款),申请文件、材料齐全,符合法定形式的,就许可登记;但公司登记机关也可以对申请文件、材料进行核实。结合这些规定看,登记机关对成立登记采取的是折中主义审查方式。一些地方性法规明确规定采用形式审查标准,如《深圳经济特区商事登记若干规定》第11条;国务院《注册资本登记制度改革方案》也明确指出,"尊重市场主体民事权利,工商行政管理机关对工商登记环节中的申请材料实行形式审查"。首先需要明确,营利法人成立的准则主义也需要其成立符合法律规定,登记机关因此具有审查其成立是否符合法律规定的权力。在理论上,登记机关采何种审查标准,主要取决于两个因素:一是登记机关行政自由裁量权的大小,实质审查赋予登记机关较大的自由裁量权,有可能导致权力寻租和滥用,不利于创业兴业,但完全形式审查也可能导致营利法人成立的欺诈。二是登记机关登记错误的责任。如申请人提供虚假登记材料,登记机关予以登记给交易相对人造成损失时,登记机关采取形式审查标准的,无须承担赔偿责任,登记错误的风险完全由交易相对人承担,亦有违国家承担公共职能的宗旨。两相权衡,折中主义较为妥当,登记机关故意或有重大过失造成登记错误的,应承担损害赔偿责任。但对于备案事项,登记机关无须作任何实质审查,因为备案事项通常并不具备法律公信力,不过因信赖备案事项而与营利法人进行交易的相对人,亦可通过表见代理等制度予以保护。

此外,在营利法人登记实务中,很多地方的登记行政管理部门会对章程的合法性进行审查。《企业法人登记管理条例实施细则》第29条第2款规定,企业章程应经主管部门审查同意。但是在法律上,章程虽然是营利法人成立的要件,但并非登记的内容,而是备案内容,因此行政登记机关不宜审查其内容。在利害关系人就章程内容的合法性发生纠纷时,应由法院裁断。

（四）营利法人以欺诈方式取得成立登记的法律效力

《民法总则》并未涉及营利法人以欺诈方式取得成立登记的问题。《公司法》第198条规定，虚报注册资本、提交虚假材料或者采取其他欺诈手段隐瞒重要事实取得公司登记的，除承担行政罚款责任外，情节严重的，撤销公司登记或者吊销营业执照。在实践中，若投资人以欺骗手段取得登记后，利用营利法人这一载体严重损害债权人利益的，公司债权人可以依据《民法总则》第83条或《公司法》第20条第3款、第63条，请求出资人对营利法人的债务承担连带责任。但中国法并未规定公司成立无效之诉，利害关系人尚不能提起这一诉讼，只能向工商行政管理部门提起撤销公司登记或者吊销营业执照的异议，之后进入公司清算。

（五）中国商事登记立法

在比较法上，很多国家和地区都有专门的商事登记法，或在民法典、商法典中规定详尽的商事登记制度，如日本、法国、意大利等。我国目前没有统一的商事登记法，单行法也没做具体规定，商事登记规则散见于各种法律、法规及部门规章，如《公司法》《公司登记管理条例》《企业法人登记管理条例》《企业法人登记管理条例施行细则》《中外合资经营企业法实施条例》《合伙企业法》《合伙企业登记管理办法》等，这些规范效力层级不同，甚至其中有些规定还相互冲突。一些地方也积极制定了地方性法规，如广东省和深圳市制定的商事登记条例。目前，在简政放权和注册资本改革的背景下，国务院也推出了若干举措建立完善的商事登记制度。鉴于商事登记制度的重要性，我国有必要制定统一的商事登记法，详细规定登记内容、登记程序、登记的审查标准等具体内容。

第七十八条 【营利法人的营业执照】

依法设立的营利法人，由登记机关发给营利法人营业执照。营业执照签发日期为营利法人的成立日期。

一、历史由来

（一）本条渊源

营业执照制度源于计划经济时期，最初是对企业经营范围的界定。《民法通则》第42条就规定，“企业法人应当在核准登记的经营范围内从事经营”。此后，《公司法》第7条第1款规定，“公司营业执照签发日期为公司成立日期”。《企业法人登记管理条例》第3条和《公司登记管理条例》第3条第1款也都规定，企业法人（公司）领取《企业法人营业执照》，取得企业法人资格。

从比较法上看，大多数国家的法人资格要件都不要求具体的经营范围或营业执照，如《德国商法典》《英国公司法》等。我国台湾地区“公司法”第6条以前规定，“公司非在中央主管机关登记并发给执照后，不得成立”，但在2001年修订后改为“公司非在中央主管机关登记后，不得成立”，公司的主体资格与营业执照不再有关联。

（二）条文演化

1. 民法总则建议稿与草案

《民法总则》各草案也和本条规定基本一致，在立法过程中，除了由于“营利性法人”表达不简洁，遂在《民法总则（草案）》（一审稿）中改为“营利法人”，之后各草案均沿袭此条规定。

2. 学者建议稿

各学者建议稿基本没有涉及营业执照的签发事宜。

二、规范目的与含义

本条规定营利法人由登记机关发给营利法人营业执照，营业执照签发日期为营利法人的成立日期。它涉及的主要内容如下：

(一)营业执照的性质与功能

营业执照的法律性质，在比较法上有两种模式：一是营利法人的成立要件，它要求营利法人的成立必须经过成立登记和颁发营业执照两个程序。二是为企业获准注册的凭证。即营业执照仅具有证明企业获准注册的证据效力，凡拥有营业执照的企业即可证明该企业经过注册，但企业的成立并不以颁发或者拥有营业执照为条件。绝大多数国家和地区都采用这种做法。①

依据《民法总则》本条规定，营利法人应取得营利法人营业执照，而且营利法人的成立日期为"营业执照签发日期"。据此，营业执照为法人成立的标志。

本条对营业执照的性质规定并不明确，要准确界定营业执照的法律性质，还必须结合相关的营利法人登记条例。《企业法人登记管理条例》第16条规定，企业法人凭据《企业法人营业执照》可以刻制公章、开立银行账户、签订合同、进行经营活动；第25条第1款规定，登记主管机关核发的《企业法人营业执照》是企业法人凭证；《公司登记管理条例》第25条规定，公司凭公司登记机关核发的《企业法人营业执照》刻制印章，开立银行账户，申请纳税登记；《企业法人登记管理条例实施细则》第34条更明确规定，登记主管机关核发的《企业法人营业执照》是企业取得法人资格和合法经营权的凭证。

由此可见，营业执照在我国的性质可以定性为：一是营利法人已经成立并具备法人资格的证明文件；二是表明营利法人有权从事经营活动的证明文件。营利法人没有取得营业执照的，不只是对其行为能力的限制，也是对其权利能力的限制。因按照民法理论，营利法人的权利能力和行为能力是同时取得的，若营利法人没有取得营业执照，就无法从事经营活动，这就说明，取得营业执照同时表明了营利法人具有权利能力和行为能力。本条规定的"营业执照签发日期为营利法人的成立日期"，表明了营利法人不是从登记完成时取得法人资格，而是从营业执照签发之日起才取得法人资格，法人才成立。

营业执照最初在计划经济年代用于确定企业的经营范围，企业只能在核准的经营范围内从事生产和经营，以便国家的经济计划得以实现。现行法维

① 参见虞政平：《吊销营业执照的法律效力》，载《法律适用》2003年第10期。

持营业执照的主要目的,是为了对市场主体的主体资格进行控制,以及对其经营活动进行监管。营业执照记载了营利法人的名称、经营场所、负责人(法定代表人)、经营范围、成立日期、经营期限等内容,相对人无须通过查阅工商登记信息,就可以通过营业执照提供的信息(包括二维码)获悉营利法人的基本情况。此外,按照现行法对营业执照的监管要求,必须将营利法人的住所或分公司经营场所置于醒目位置,以便交易相对人查知(《企业法人登记管理条例施行细则》第53条、《公司登记管理条例》第59条规定)。

此外,依据《企业法人登记管理条例》第30条,在下列几种情形,登记主管部门可以扣缴、吊销《企业法人营业执照》:营利法人在登记中隐瞒真实情况、弄虚作假或者未经核准登记注册擅自开业的;擅自改变主要登记事项或者超出核准登记的经营范围从事经营活动的;不按照规定办理注销登记的;伪造、涂改、出租、出借、转让或者出卖《企业法人营业执照》正本或副本的;抽逃、转移资金,隐匿财产逃避债务的;从事非法经营活动的。对营业执照的这种行政管理,有利于稳定市场秩序和保障交易安全,因为营业执照是营利法人取得经营资格的前提,在交易中,相对人可以通过营业执照查知营利法人是否具有经营能力,从而判断能否与对方缔约。

(二)营业执照的种类、内容和形式

依据《企业法人登记管理条例》,我国的营业执照分为两类:一是《企业法人营业执照》,适用于营利法人,包括公司类营利法人和非公司类营利法人;二是《营业执照》,适用于不具有法人资格、但具备经营条件和经营单位的企业,如企业法人的分支机构、个人独资企业、合伙企业等。以往颁发给外商投资企业的营业执照为《中华人民共和国企业法人营业执照》和《中华人民共和国企业营业执照》,目前已被合并入《企业法人营业执照》和《营业执照》,但对外商投资企业设立的办事机构,核发《外商投资企业办事机构注册证》(《企业法人登记管理条例实施细则》第36条[①])。

依据《企业法人登记管理条例》第9条,企业法人登记注册的主要事项有:企业法人的名称、住所、经营场所、法定代表人、经济性质、经营范围、经营方

① 该条款已被删除。

式、注册资金、从业人数、经营期限、分支机构。但现行法并未规定营业执照应载明哪些内容,工商部门颁发的营业执照记载的内容包括:注册号、营利法人的名称、营利法人的类型(如有限责任公司等)、住所、法定代表人、注册资本、成立日期、营业期限和经营范围、登记机关的名称和颁发日期等。

《企业法人登记管理条例施行细则》第53条和《公司登记管理条例》第59条规定,《企业法人营业执照》分为正本和副本,正本和副本具有同等法律效力。而且"登记主管机关根据企业申请和开展经营活动的需要,可以核发执照副本若干份"。副本以折页的开合方式设计,一般用于外出办理业务时适用。营利法人营业执照的正本和副本的格式都由国家工商行政管理总局统一制定。

(三)营利法人成立的时间

本条规定"营业执照的签发时间"为法人成立的时间。依据《企业法人登记管理条例》第16条和《公司登记管理条例》第25条,登记机关在核准登记后,就应颁发《企业法人营业执照》,申请人无须再另行申请,直接领取即可。《国家工商行政管理局关于企业登记申请核准后不领取营业执照如何处理问题的答复》(工商企字〔2000〕第289号)①指出:"对登记申请核准之日起超过6个月仍未领取《企业法人营业执照》的,登记主管机关可以撤销企业登记,不再发放《企业法人营业执照》。"这表明,营业执照的签发时间实际上就是登记机关核准成立登记的时间,而不是申请人领取营业执照的时间。实践中营利法人登记时颁发的《营业执照》中,将营业执照的颁发日期和企业成立日期做不同记载的做法是错误的。

(四)营利法人营业执照与营利法人登记的关系

营业执照确定的是企业从事生产和经营活动的资格,它记载的登记内容从属于营利法人成立登记的内容。中国现行法对营业执照赋予了确认主体资格和国家对营利法人的监管的功能,营利法人的营业执照与营利法人成立登记的关系就相对较为复杂。

1. 营利法人成立时两者的关系

理论上,营利法人的成立登记与营业执照可以采取统一主义和分离主

① 该条例现已失效。

义。前者是指营利法人的成立登记包括营业执照记载的内容,登记机关只颁发营利法人主体资格登记证书,无须另行颁发营业执照;而后者则是指营利法人的成立登记与营业执照的颁发分为两个不同程序,成立登记是营利法人取得主体资格的程序,营业执照的颁发是取得营业资格和营业权的证明。

然而,对于中国现行法上的营利法人登记和营业执照的颁发之间的关系,很难用统一主义和分离主义界定。因为登记机关在核准营利法人的登记后,并不向营利法人颁发诸如《营利法人主体资格登记证》一类的文件。现行法实际上是以《企业法人营业执照》取代了营利法人的主体资格登记证书。这种思维方式源于中国计划经济体制时期对经营范围的重视。营利法人取得主体资格后,能否进行经营和在什么范围内进行经营,也受国家严格监管。这种做法的逻辑是有主体资格未必有营业资格,其错误在于:营业资格包含在主体资格中,在成立登记核准时,登记机关已经对营业范围作了审查,再颁发营业执照完全属于画蛇添足。

营利法人的经营项目分为一般类经营项目和许可类经营项目。依据《公司法》第 12 条规定,公司的经营范围由公司章程规定,并依法登记;公司的经营范围中属于法律、行政法规规定的须经批准的项目,应当依法经过批准。若营业执照涉及的经营范围为一般类经营项目的,由登记机关核准并颁发营业执照;涉及许可类经营项目的,则需取得该行业主管机关的审批,如金融、电力等行业,之后由登记机关核准并颁发营业执照。

2. 营利法人营业执照被注销时两者的关系

为营利法人颁发营业执照既然被作为国家监督的重要措施,营业执照又被赋予了经营资格证书的功能,因此,在营利法人主体资格存续期间实施违法行为或歇业的,登记机关可依法剥夺其营业资格。这体现为营业资格的收缴、扣缴和吊销。

在上述情形,营利法人的主体资格是否因其丧失了经营资格而消灭,实践中一度有不同做法。如国家工商总局〔2002〕年第 106 号①答复代表了当时实

① 该条例现已失效。

务中的通行做法:“企业法人营业执照是企业法人凭证,申请人经登记主管机关依法核准登记,领取企业法人营业执照,取得法人资格。因此,企业法人营业执照被登记主管机关吊销,企业法人资格随之消亡。吊销营业执照、注销登记是企业法人资格消亡的两种方式,两者的法律后果均导致企业法人资格消亡。注销登记以企业法人申请为前提,是企业法人的主动行为,经登记主管机关核准登记,法人资格消亡;吊销营业执照是登记主管机关依照法律法规的规定,对企业法人违反规定实施的一种行政处罚,对企业法人而言,吊销营业执照就意味着其法人资格被强行剥夺,法人资格也随之消亡,并由登记主管机关在企业登记档案上予以载明,不需要被吊销执照的企业法人再申请办理注销登记。”其逻辑是:营业执照既是营利法人经营权的凭证,也是主体资格的凭证;企业若不具有经营资格,既丧失了权利能力和主体资格。

但最高人民法院的态度与国家工商总局的态度不同。早在法经〔2000〕23号函中,最高人民法院就表明:“吊销企业法人营业执照,是工商行政管理局对实施违法行为的企业法人给予的一种行政处罚……企业法人营业执照被吊销后,应当由其开办的单位(包括股东)或者企业组织清算组依法进行清算,停止清算范围之外的活动。清算期间,企业民事诉讼主体资格依然存在。”其后在最高人民法院的其他批复中,也确认了营利法人的营业执照吊销并不导致其主体资格消灭的观点。《公司法》第180条将吊销营业执照作为公司法定清算的事由,依据其第183条,公司应当在解散事由出现之日起十五日内成立清算组,开始清算。有限责任公司的清算组由股东组成,股份有限公司的清算组由董事或者股东大会确定的人员组成。逾期不成立清算组进行清算的,债权人可以申请法院指定有关人员组成清算组进行清算。第186条第3款明确规定:“清算期间,公司存续,但不得开展与清算无关的经营活动。”可见,最高人民法院的批复和《公司法》坚持了法人法定原则中的法人消灭事由法定的原则,法人消灭必须经过注销才能消灭。《企业法人登记管理条例》第20条、《公司登记管理条例》第44条也坚持了这一原则。综上所述,公司的主体资格不因企业失去营业资格而受到影响,在公司解散时,法人资格与营业资格是分离的。这与成立登记时主体资格与经营资格不分的做法,在制度设计上有所不同。

三、其他问题

(一)营业执照制度的必要性

营业执照是中国商事登记制度中特有的现象。① 它是对企业进行监管的最方便的方式,不仅可以据此设定营利法人的经营范围,而且可以据此剥夺其经营资格。从法律史上看,营业执照作为国家对企业营业范围的限定与记载,与国家对商业的管制密切相关。从整体上看,在营利法人设立的准则主义被采纳之前,各国普遍对以法人为形态从事生产和经营的活动进行高度管制,一是因为法人的能力远远超过单个自然人,它通过集中、规模经营可以获得极大的利益,为了避免法人侵害国家的专营行业,对法人的营业范围必须进行管制,以保障国家利益。二是国家最初对法人的最低注册资本有较高的要求,通常只有富人才能通过法人制度获得有限责任的特权,若法人可以从事任何行业,势必对穷人造成较大的不公平。三是法人最初是作为"拟制的法律主体",其存在是由国家承认和许可的,国家自然有权决定每个法人的经营范围。但随着自由主义成为近现代西方国家基本的意识形态,随之而来的是公民在宪法上的结社权、营业自由和职业自由的兴起、法人的大量涌现和法人实在说的崛起,对法人的营业范围的限制逐渐减少。法人实在说将法人作为一个和自然人相同的法律主体,当然应享有全面的权利能力和行为能力。②

中国营业执照的设立源于计划经济时代,目的是对营利法人的行为进行监管,而需要反思的是,这种职能在市场经济背景下所存在的问题或其存在的必要性。

为实现监督功能,现行营业执照制度区分了营利法人的主体资格和经营资格。这种做法造成了营利法人资格的矛盾:具有营利法人资格的组织,自然应享有经营资格,因为经营资格是其权利能力的体现。而且,对营利法人成立登记程序已经包括了对经营范围的核准,登记机关再颁发营业执照纯属多余

---

① 参见虞政平:《吊销营业执照的法律效力》,载《法律适用》2003 年第 10 期。

② 在国家对法人的性质从拟制说向实在说转化中,法人权利能力的变化是根本性的,如美国的例子。参见[美]霍维茨:《美国法的变迁:1780 - 1860》,谢鸿飞译,中国政法大学出版社 2004 年版,第 167 ~ 210 页。

的程序。在实践中,法人的主体资格由营业执照替代,难免有越俎代庖之嫌。依据现行法,将主体资格与经营资格分离唯一的实践意义在于:在营业执照被吊销时,营利法人的主体资格不因此消灭。一旦法人无法向交易相对人提供营业执照的正本或副本,相对人就可以查知对方不具有经营资格,从而断然放弃交易,其利益不至于受到损害。但若用企业主体资格证书取代营业执照,也会起到同样的效果。此外,与自然人的权利能力一样,法律除非基于正当的、重要的事由,不能对法人的民事权利能力(经营资格)进行限制。在营利法人从事严重有损市场交易的违法行为或长期持续歇业时,可以对其权利能力进行限制,同时启动法人注销程序。

国家对营利法人的监督职能不仅只能通过营业执照来实现,而且营业执照的颁发还可能导致法律冲突和权力寻租。依据宪法的结社权、营业自由和市场经济的固有原理,营利法人有权选择自己的经营范围,《公司法》第12条也确认了这一点。因此,除了法定的应前置审批的经营范围之外,登记机关无权审查经营范围。以颁发营业执照为企业经营资格的前提,无疑会侵害营利法人的营业自由,甚至出现权力寻租。这也背离了目前中国"简政放权"的改革方向。

综上,中国营业执照制度最大的问题是,将公法上对市场主体的监管与私法上的主体资格问题杂糅,用营业执照制度取代了主体资格制度。

(二)中国营业执照的改革

中国未来营业执照的改革首先应正本清源,将营利法人的营业范围作为法人成立登记的一部分内容,营业执照的效力来源于成立登记。可供参考的改革方案有二:

其一,废除营业执照,代之以"企业法人主体登记证"。营利法人的主体资格基于登记产生,而不是基于营业执照的颁发。《中共中央关于全面深化改革若干重大问题的决定》2013年11月12日中国共产党第十八届中央委员会第三次全体会议通过。要求"建立公平开放透明的市场规则。实行统一的市场准入制度,在制定负面清单基础上,各类市场主体可依法平等进入清单之外领域"。在经营范围方面,除法律、行政法规禁止准入的经营项目,一般经营项目可由市场主体自由选择,登记机关不做任何审查。需要审批的可由审批机关颁发《经营许可证》,而不是由登记机关颁发营业执照,这样可厘清登记机关和其他行政许可机关的职权,实现行政审批权力与注册登记事务分离。

其二,保留营业执照,但同时颁发"企业法人主体登记证",营利法人的成立时间也以后者颁发的时间为准。

此外,为了维持甚至强化营业执照的监管功能,同时兼顾登记的效率,曾有学者建议借鉴日本和我国台湾地区立法例,取消书面营业执照制度,推行营业执照电子化托管。托管的机构可以由公司登记机关负责,也可考虑由其他专门的非营利性商业征信部门负责。① 2014 年国务院《注册资本登记制度改革方案》要求"推行电子营业执照和全程电子化登记管理"。《企业法人登记管理条例》第 25 条和《公司登记管理条例》第 59 条第 2 款也规定,国家推行电子营业执照,电子营业执照与纸质营业执照具有同等法律效力。2014 年国务院颁布了《关于促进市场公平竞争维护市场正常秩序的若干意见》,要求"三证合一",将企业依次申请的工商营业执照、组织机构代码证和税务登记证三证合为一证,提高市场准入效率;2016 年国务院办公厅发布了《关于加快推进"五证合一、一照一码"登记制度改革的通知》,推行"多证合一,一证一码"。电子营业执照应该是中国营业执照改革的一个方向。

① 参见蒋大兴:《公共信息的回归路径?——股东名册和营业执照保管的"乌托邦"》,载《河北法学》2005 年第 10 期。

第七十九条 【营利法人的章程】

设立营利法人应当依法制定法人章程。

一、历史由来

（一）本条来源

在《民法通则》第 37 条有关法人成立要件的规定中，并没有将章程作为一般要件，其第 41 条关于企业法人的规定，则要求法人成立必须有章程。《公司法》第 11 条明确规定，设立公司必须依法制定公司章程。《企业法人登记管理条例》和《公司登记管理条例》也将章程作为法人成立的条件内容。

在比较法上，一般国家都规定法人的设立条件中包括制定法人章程，也有国家称之为法人设立文件。比如，《德国民法典》第 57 条规定了社团章程的最低条件，《意大利民法典》第 16 条规定了社团的设立文件和章程，《葡萄牙民法典》第 167 条规定了设立文件。

我国《民法总则》未在法人一般规定中强调法人章程的制定，但在营利法人一节中以及非营利法人一节中，均规定了“营利法人应当依法制定法人章程”以及“非营利法人应当依法制定法人章程”。这也就意味着，我国《民法总则》把章程分别作为营利法人、非营利法人的成立要件，但并未将章程作为法人成立的一般要件。

（二）条文演化

1. 民法总则建议稿与草案

《民法总则（草案）征求意见稿》（2016 年 5 月 20 日修改稿）中并没有营利法人应当制定法人章程的规定，《民法总则（草案）》（一审稿）中第一次出现“营利法人应当制定章程”的表述，之后《民法总则（草案）》（三审稿）改为“营利法人应当依法制定法人章程”。《民法总则》最终沿袭以上表述。

2. 学者建议稿

各学者建议稿通常都将章程作为法人的成立条件,规定在法人的一般规定中。例如,"社科院稿"[①]规定,法人的成立应当具备下列条件:……(二)有自己的章程或者组织规章,但机关法人除外。

二、规范目的和含义

本条规定设立营利法人应当依法制定法人章程,把章程作为营利法人的成立要件,但并未将章程作为法人成立的一般要件,主要是考虑到很多公法人并没有章程。本条涉及的主要内容如下:

(一)营利法人章程的界定

营利法人的章程是由营利法人的发起人制定的,对公司及其成员具有拘束力的,有关公司组织和行为的自治规则。章程是营利法人成立的必备要件。

营利法人的章程与发起人协议的功能和内容有很多相似之处。两者的目的都是成立营利法人,内容也都涉及公司名称、注册资本、经营范围、股东构成、出资形式等,甚至还都涉及公司治理结构、公司资本等内容。但是,两者毕竟在性质和功能上也存在重要差异:(1)是否为营利法人成立的必备要件不同。章程是营利法人设立的必备要件,但有限责任公司的成立,《公司法》并未要求发起人协议为必备文件;而股份有限责任公司的设立,发起人协议是必备文件(《公司法》第79条第2款)。(2)是否要式和内容不同。发起人协议一般是不要式的法律文件,内容主要是公司设立过程中有关权利和义务的安排,内容完全由当事人约定;而章程是要式的法律文件,内容主要是营利法人成立后法人治理结构等,其内容具有一定的法定性。(3)效力不同。发起人协议依据合同相对性原则,仅仅在发起人之间具有法律约束力,而且自设立行为开始后生效,营利法人成立后终止;而公司章程的效力不仅及于公司股东,也及于公司、董事、监事、高级管理人员(《公司法》第11条),其效力持续于公司成立后的存续期间。[②]

---

① 梁慧星主编:《中国民法典草案建议稿》,法律出版社2013年版,第12页。

② 参见赵旭东:《公司法学》(第四版),高等教育出版社2015年版,第171页。

在股东协议与章程的内容重复时，基于章程对公司的重要意义，司法实践多以章程取代股东协议。但是，这种做法亦不能僵化，尤其在涉及两者对股权分配的标准不一致时，往往股东协议才是发起人之间的真实意思表示，应以股东协议的认定为准。如现行法不允许营利法人以人力资源出资，出资人往往通过股东协议授予人力资源出资者以股权；又如股东之间约定不按照出资比例分配股权，但章程规定按照出资比例分配股权。最高人民法院在“深圳市启迪信息技术有限公司与郑州国华投资有限公司、开封市豫信企业管理咨询有限公司、珠海科美教育投资有限公司股权确认纠纷案”中也明确指出：在公司注册资本符合法定要求的情况下，各股东的实际出资数额和持有股权比例应属于公司股东意思自治的范畴。股东持有股权的比例一般与其实际出资比例一致，但有限责任公司的全体股东内部也可以约定不按实际出资比例持有股权，这样的约定并不影响公司资本对公司债权担保等对外基本功能的实现。如该约定是各方当事人的真实意思表示，且未损害他人的利益，不违反法律和行政法规的规定的，其应属有效，股东按照约定持有的股权应当受到法律的保护。[①] 据此，在章程与股东协议对赋权比例分配不一致时，应以股东协议为准。

（二）营利法人章程的性质与特征

公司章程的法律性质一直是学术界的难题，[②]主要有如下三种学说：

1. 合同说。这是英美法系的通说，源于对科斯《企业的性质》一文中公司与合同区隔理论的改造。其核心观点认为，公司是股东订立的一份长期性、继续性合同，也是股东自由意志的体现。章程的约束力也源于与股东之间的自由意思，对基于章程设立的公司自然具有拘束力。公司成立后加入公司的股东因为已经知悉章程内容，所以章程亦对其发生效力。[③] 其实质是认为章程的效力来源于合意，而不是法律规定。如果说公司法是法律为所有公司提供的标准合同，公司章程就是公司的个别化合同。这种观点因为不好解释一人公

① 参见最高人民法院民事判决书(2011)民提字第6号。

② 参见[德]托马斯·莱塞尔、吕迪格·法伊尔：《德国资合公司法》，高旭军等译，法律出版社2005年版，第404页。本书称为“公司合同”。

③ 参见罗培新：《公司法的合同解释》，北京大学出版社2004年版，第132页。

司的章程、章程对公司未来成员的拘束力问题,因此理论上又提出了“组织合同”的概念,认为章程设立了股东之间的权利义务关系,构建了股东创设公司的法律框架。近年来,这种观点在德国、日本和中国也有一定影响力。

2. 自治说。这是大陆法系各国的通说。认为设立法人是公民宪法上结社自由的体现,而社团章程是在法律允许的范围内,通过社团内部关系的调整从而达到社团自治的目的,也是私法自治的一种特殊表现形式。[①] 在法人内部,章程具有与法律相似的稳定性与强制性,其对成员和公司都具有约束力。既然是自治规范,则社员的变动或者股份的转让也不影响章程的效力。中国学界多持这种观点。[②]

3. 宪章说。此说法认为公司章程是具有宪章性质的法律文件。按照基尔克的观点,它属于社会领域内的“立宪行为”。[③] 因为它确立了股东和公司的行动纲领和公司最基本的运行规则,是公司内部效力最高的文件,其他公司内部文件都不能同公司章程发生矛盾。[④]

章程的法律性质定性,需考虑如下三个问题:

第一,《公司法》的性质。章程的性质与公司法规范的强行性和任意性品格密切相关:若公司法以强制性规范为主,则章程的自治空间不足;反之,则公司章程具有极大的自治空间。[⑤] 上述三种学说虽然表述有别,但都强调发起人可以通过约定决定公司未来的组织架构、权力分配和运行模式,这些观点的成立是以公司法赋予营利法人以章程自治权为前提的。从自治这个角度来看,上述三种学说并没有本质差异,无非是契约说强调章程订立的程序、自治说强调章程的内容、宪章说强调章程的地位而已。

---

① 参见[德]卡尔·拉伦茨:《德国民法通论》(上),王晓晔等译,法律出版社2003年版,第184页。

② 参见赵旭东主编:《公司法学》(第四版),高等教育出版社2015年版,第170页。

③ 参见[德]托马斯·莱塞尔、吕迪格·法伊尔:《德国资合公司法》,高旭军等译,法律出版社2005年版,第405页。

④ 参见[美]爱森伯格:《公司法的结构》,张开平译,载王保树主编:《商事法论集》(第3卷),法律出版社1999年版,第391页;雷兴虎主编:《公司法新论》,中国法制出版社2001年版,第169页。

⑤ 参见朱慈蕴:《公司章程两分法——论公司章程自治与他治理念的融介》,载《当代法学》2006年第9期。

第二,无论章程自治的空间有多大,合法的章程本身可以作为裁判的依据。合法的章程作为一份有法律效力的法律文件,应作为公司诉讼的裁判依据,章程自治的内容应优于公司法适用。就这个意义而言,章程和合同并没有根本差异。

第三,《民法总则》第134条将决议行为作为法律行为的一种,章程制定与修改的性质最好解释为决议行为。章程的制定与修改都基于资本多数决作出,其目的都指向营利法人团体,涉及团体成员之共同利益与福祉,即使涉及投资人的个人权利,但该种权利并非纯粹意义上的私权,而是与其他成员私权以及团体组织紧密联系在一起的结构化了的个人私权。①

(三)营利法人章程的形式和内容

在多数大陆法系国家,营利法人的章程表现为单一的文件,如德国、法国、日本、韩国、中国等。而在英美法系国家,公司章程通常由两个文件组成。英国公司章程是由章程大纲和章程细则组成,前者规定公司的外部关系,主要包括公司名称、住所、注册资本、法定代表人等最基本的规定。只有章程大纲是必须提交登记的文件,而章程细则无需公示。美国公司章程的两部分称作设立章程和章程细则。按照美国《示范公司法》的规定,设立章程应仅记载公司名称、经授权可发行股份的数量、初始注册办事处的住所及初始注册代理人的姓名和每一位发起人的姓名和住址。与英国公司章程类似,只有设立章程需要公示。②

公司章程的内容,即公司章程记载的事项。公司法对章程自治赋权的大小,决定了公司章程记载事项的差异。大陆法通常将章程记载的事项分为:(1)绝对必要记载事项。指法律强制性规定的营利法人章程必须记载的事项,若不记载或者记载违法,则章程无效,营利法人的设立亦无效。这类事项基本是营利法人作为一个法人的基本要素,如名称和住所、公司的经营范围、公司的资本数额、公司机构、公司的法定代表人等。(2)相对必要记载事项。指法律规定的公司章程可以选择记载与否的事项。但章程一旦选择记载这些事

① 参见王雷:《论民法中的决议行为——从农民集体决议、业主管理规约到公司决议》,载《中外法学》2015年第1期。

② 参见施天涛:《公司法》(第二版),法律出版社2006年版,第119页。

项,就产生了法律上的约束力。在比较法上存在所谓公司法规范的"选入"(opt in)和"选出"(opt put)的问题,前者是指只有通过章程明确规定时,才能对公司予以适用;后者是指章程如果没有明确排除的,公司法规范就自动适用。其中最典型的是累计投票权制度的规定。(3)任意记载事项。指法律未作任何指引,由制定者自愿记载于公司章程的事项。

关于营利法人章程应记载事项的法律规定,主要见于《公司法》,此外还有一些部门规章和其他规范性文件,如证监会发布的《上市公司章程指引》《到境外上市公司章程必备条款》等。《公司法》第25条规定:"有限责任公司章程应当载明下列事项:(一)公司名称和住所;(二)公司经营范围;(三)公司注册资本;(四)股东的姓名或者名称;(五)股东的出资方式、出资额和出资时间;(六)公司的机构及其产生办法、职权、议事规则;(七)公司法定代表人;(八)股东会会议认为需要规定的其他事项。"另外,第81条规定:"股份有限公司章程应当载明下列事项:(一)公司名称和住所;(二)公司经营范围;(三)公司设立方式;(四)公司股份总数、每股金额和注册资本;(五)发起人的姓名或者名称、认购的股份数、出资方式和出资时间;(六)董事会的组成、职权、任期和议事规则;(七)公司法定代表人;(八)监事会的组成、职权、任期和议事规则;(九)公司利润分配办法;(十)公司的解散事由与清算办法;(十一)公司的通知和公告办法;(十二)股东大会会议认为需要规定的其他事项。"可见,《公司法》并未对相对记载事项作出明确规定,但上述这些事项是否都构成绝对必要记载事项亦存疑,如章程未记载"公司的机构及其产生办法、职权、议事规则"的,完全可以依据《公司法》补充。

(四)营利法人章程的效力

1. 营利法人章程的时间效力

营利法人章程的时间效力主要在于营利法人章程生效时间的确定。

对于这一问题,学界有不同观点。第一种观点认为自股东签字或盖章时生效。第二种观点认为自营利法人成立时生效。第三种观点认为应区别对待:如章程中调整发起设立公司的投资者的内容,相当于公司设立协议,签字盖章时成立并生效;如章程中调整尚未成立的公司、尚未产生的董事、监事、高级管理人员以及未来可能加人公司的其他股东的那些内容,则应自公司成立时生效。① 第四种观点认为:有限公司和发起设立的股份公司,章程自全体股东或者发起人签名、盖章时发生效力;募集设立的股份公司,则以创立大会通过时有效。② 既然章程是一种决议行为,自然应从决议行为生效时发生效力,即股东签字或盖章、或创立大会通过时有效。虽然章程通过时公司尚未成立,但成立后就受章程拘束,即章程相当于默示设定了一个对公司生效的时间——公司成立时;公司成立登记时就需要产生公司的董事和监事,因此章程对他们也发生效力。此外,认定公司章程从决议行为作出时生效,也有助于在公司成立过程中确定当事人的权利义务关系,尤其是在股份的认购等事项方面。

2. 营利法人章程的对人效力

首先,营利法人章程的对人效力,是指营利法人章程可以对哪些人产生约束力。《公司法》第 11 条规定:“公司章程对公司、股东、董事、监事、高级管理人员具有约束力。”另外,《公司法》第 216 条规定:“高级管理人员,是指公司的经理、副经理、财务负责人,上市公司董事会秘书和公司章程规定的其他人员。”章程对上述人员发生效力,意味着他们与公司之间可以发生权利义务关系,具体如下:

(1)股东可以依据公司章程起诉公司,如确认股东身份(《公司法》第 32 条)、确认股东会董事会作出的决议无效(《公司法》第 22 条第 1 款、《民法总则》第 83 条)、分红权诉讼(《公司法》第 34 条)、股权回购之诉(《公司法》第 74 条)和解散公司之诉(《公司法》第 182 条)等。

(2)公司可以依据公司章程起诉股东,赔偿其滥用股权给公司造成的损失(《公司法》第 20 条第 1 款、《民法总则》第 82 条);公司亦可依据公司章程起诉董事、监事和高级管理人员(《公司法》第 151 条、第 152 条)。

(3)股东可以依据公司章程起诉其他股东,赔偿其滥用股东权造成的损失(《公司法》第 20 条第 1 款、《民法总则》第 82 条)。

(4)股东诉董事、高级管理人员违反法定义务造成的损害赔偿(《公司法》第 149 条)、行使归入权(《公司法》第 148 条)……

---

① 参见赵旭东主编:《公司法学》(第四版),高等教育出版社 2015 年版,第 185 页。

② 参见施天涛:《公司法》(第二版),法律出版社,第 124 页。

其次,营利法人章程的效力是否及于第三人,是理论和实务中相当重要和疑难的问题。《公司法》并未规定章程对第三人具有约束力。公司章程并非"制定者之间的一种契约安排和私法秩序,而是一种涉他性文件……甚至在特定情形下,债权人等公司外部人员也可能受其拘束",①但章程无论如何不可能对公司以外的第三人普遍发生拘束力,否则,章程为第三人设定的义务就都有效,这显然违反了私法自治的基本原则。

在实践中,章程对第三人效力的法律意义主要在于:第三人在交易中有没有审查交易对方公司章程的义务。如《公司法》第16条规定,公司为他人提供担保的,依据公司章程规定,由公司董事会或股东会、股东大会决议,公司章程对担保总额及单项担保的数额有限额规定的,不得超过规定的限额。若公司董事长违反这一规定,未经章程规定的董事会许可,擅自对外提供了担保,这种担保究竟有无效力。首先,必须肯定,虽然公司成立必须制定章程,公司成立也必须提交公司章程,但公司章程并非工商登记事项,不可能记载于公司《营业执照》上,而是备案事项,法律上不能推定章程一旦在工商备案,就判定第三人应当知道章程的内容。其次,完全否认第三人在交易时对公司章程的审查义务,将使公司利用章程规避交易风险的可能性大为降低,还可能因此引发第三人的败德行为。此外,《公司法》第6条第3款规定:"公众可以向公司登记机关申请查询公司登记事项,公司登记机关应当提供查询服务。"在实践中登记机关提供章程查询的服务到位,或者在缔约之前要求对方提供其公司章程,第三人完全可以通过较低的成本获悉对方章程的内容。权衡双方的权利义务关系,至少在重大交易或双方当事人均为商人的情形,第三人应承担审查对方公司章程的义务,否则不应基于表见代表,主张合同有效。但对担保人依照的章程以及其基于章程提供的许可对外担保的股东会决议或董事会决议,债权人只应承担形式审查义务。最高人民法院在"招商银行股份有限公司大连东港支行与大连振邦氟涂料股份有限公司、大连振邦集团有限公司借款合同纠纷案"中,支持了这一观点。②

---

① 蒋大兴:《公司法的展开和批判》,法律出版社2001年版,第281~285页。

② 参见(2012)民提字第156号,本案亦被纳入《中华人民共和国最高人民法院公报》2015年第2期。

三、其他问题

(一)营利法人章程的制定

营利法人的章程如何制定,只有在我国的《公司法》中有所涉及。而不同类型的公司,其制定程序亦有所不同,具体如下:

1. 有限责任公司

《公司法》第23条规定,设立有限责任公司,由股东共同制定公司章程;第61条规定,"一人有限责任公司章程由股东制定";第25条第2款规定,"股东应当在公司章程上签名、盖章";第65条规定,"国有独资公司章程由国有资产监督管理机构制定,或者由董事会制定报国有资产监督管理机构批准。"

2. 股份有限公司章程的制定

《公司法》第76条规定,设立股份有限公司应当具备的条件之一是发起人制定公司章程。以发起方式设立的股份有限公司具有和有限公司相同的封闭性特征。《公司法》第83条规定,以发起设立方式设立股份有限公司的,发起人首次缴纳出资后,应当选举董事会和监事会,由董事会向公司登记机关报送包括公司章程在内的系列文件,申请设立登记。可见,这类股份有限公司的章程制作与有限公司相同。募集设立的股份有限公司的初始股东不仅有发起人,而且还有认股人。因此,这类公司在成立时就已经具有一定的公众性,所以《公司法》第90条第2款规定,章程在由发起人、认股人组成的创立大会通过。

需要注意的是,营利法人的初始章程虽然多是由出资人全体一致通过,但这并非法律的强制性要求。《公司法》第23条规定,有限责任公司的初始章程由"股东共同制定",但"共同"并不要求一致同意。而募集设立的股份公司,《公司法》第90条规定,创立大会应有代表股份总数过半数的发起人、认股人出席,方可举行,创立大会的职责之一就是通过股东决议,通过章程,其要求是"必须经出席会议的认股人所持表决权半数通过"。因此,在解释上,公司的初始章程只需要股东所持表决权过半数通过(有限公司)或出席会议的认股人或发起人所持表决权半数通过(股份有限公司)。也就是说,在现行法上,初始章程的通过,只需要过半数表决权通过;而章程的修改反而需要三分之二表决权通过。如果把初始章程理解为需要全体出资人一致同意,那么就很难理解何以三分之二多数决可以修改全体一致达成的初始章程?

(二)营利法人章程的制作技术

法人章程作为营利法人存续和运行的“宪章”,对法人、出资人及利害关系人具有极其重要的意义。而且,以公司为代表的营利法人在现行法上享有相当广泛的章程自治权,《公司法》规定了大量章程自治条款。如适用于所有公司形态的经营范围、法定代表人、对外投资与担保等;适用于有限公司的股权转让、股东资格继承等;适用于股份有限公司的累积投票制等。既然公司享有如此规范的章程自治权,章程的制作在公司治理、股权等事项方面应具有重要作用。但在实践中,章程的重要性很大程度上被忽视了。很多公司尤其是中小公司都通过套用一些简单模板,导致公司章程千篇一律,遗漏了很多重要事项,也导致其操作性极差,在发生纠纷时无法提供有效的解决机制。

章程制作与合同制作的目的一样,都是在利害关系人之间预先分配未来不确定性的风险,比如通过公司权力分配和制衡规定,约束权力滥用行为,通过完善的股权退出机制和议事规则,化解公司僵局。其目的是为设计股东和公司的全部事项提供一套完整、翔实的规则,在纠纷发生时,能为纠纷解决提供有效依据。章程在运用《公司法》赋予的广泛章程自治权利时,首先应做到量体裁衣,为公司制作适合其股东关系、股权结构、资本规模、治理结构的具体规范。

1. 股东权益事项

《公司法》将公司区分为有限公司与股份公司。两者的根本差异在于有限公司通常人数和资金规模较小,因此具有强烈的“人合性”特征,股东之间的信赖和合作对公司的存续具有重要意义;股份公司则因人数较多、资金规模较大,以“资合性”为主要特色。《公司法》对两类公司章程自治的限度做了不同的规定。总体来说,有限公司章程自治的权限大于股份公司。因此,有限公司的章程可以约定就股权转让、股东表决权、分红权等事项作出排除或变更《公司法》的适用。通过这些约定,有限公司甚至可以改变“出资比例 = 股权比例 = 表决权比例 = 分红权比例 = 剩余财产分配权比例”规则,从而放大或者限缩控制权。当然,股份有限公司也可以就分红权等事项另行约定。

2. 公司治理事项

《公司法》作为组织法，分别针对有限公司和股份公司提供了一套标准的治理模式，但不同公司的具体情况千差万别，公司章程的制作必须针对公司特色作出约定。如法定代表人的选任、董事会与股东会权力的划分、公司经理或总裁的权限、《公司法》未明确规定的公司的其他权力（如财务签字权）等。此外，针对实践中大量存在的公司僵局，章程也可通过股权强制转让的方式有效解决。

3. 反并购措施

上市公司的章程可以设计合法的反并购措施，预防恶意收购。如规定股东会和董事会决议的通过需要三分之二多数决（所谓"超级多数决"条款）、"分期分级董事会"、各种降落伞计划、董事的积极任职资格和任命程序等。

4. 议事规则

公司是通过股东会、董事会和监事会行使公司权力的，而"三会"又通过决议方式行使权力，因此议事规则在公司治理中的作用相当重要。但《公司法》只要求公司的章程应包括议事规则（第25条、第81条），并未明确规定议事规则的内容。证监会的相关规范性文件（如《股东大会议事规则》）的规定也相当简略。公司章程有详细规定议事规则的必要，或者通过"三会"议事规则予以明确规定。在这方面，全球影响最大的罗伯特议事规则具有重要的参考价值。①

① 参见［美］亨利·罗伯特：《罗伯特议事规则》，袁天鹏、孙涤译，格致出版社、上海人民出版社2008年版。

第八十条 【营利法人的权力机构】

营利法人应当设权力机构。

权力机构行使修改法人章程，选举或者更换执行机构、监督机构成员，以及法人章程规定的其他职权。

一、历史由来

（一）本条来源

营利法人权力机构的法律规范始于1993年《公司法》，其第37条规定："有限责任公司股东会由全体股东组成，股东会是公司的权力机构，依照本法行使职权。"其第38条规定了股东会行使决定公司的经营方针和投资计划、选举或者更换执行机构、监督机构成员、修改法人章程等职权。其第102条和第103条对股份有限公司的股东大会也做了类似规定。几次修订后的《公司法》也在略作改动的基础上，保留了上述规定，而且统一了有限责任公司和股份有限责任公司的职权。

（二）条文演化

1. 民法总则建议稿与草案

在立法机关采取营利法人和非营利法人的分类后，各草案都对营利法人的权力机构及其职权做了与本条基本相同的规定。

《民法总则（草案）征求意见稿》（2016年5月20日修改稿）中规定，营利性法人的权力机构为成员大会。之后，在《民法总则（草案）》（一审稿）中将营利法人的权力机构改为股东会等出资人会议。具体规定为："营利法人的股东会等出资人会议为其权力机构。权力机构制定、修改章程；选举或者更换执行机构、监督机构成员，并行使章程规定的其他职权。"最后，在《民法总则（草案）》（三审稿）中删除了"股东会等出资人会议"的描述，将本条最终确定为："营利法人应当设权力机构。权力机构行使修改法人章程，选举或者更换执行机构、监督机构成员，以及法人章程规定的其他职权。”

2. 学者建议稿

“社科院稿”[①]将营利法人的法定机关分为意思机关、执行机关与代表机关。其中营利法人的意思机关的职能与本条规定的权力机关相类似。其具体规定如下：

“公司法人的股东大会，为公司法人的意思机关，有权决定公司法人章程的变更、董事会成员的任免，并有权监督董事会职务的执行以及决定其他重大事项。

公司法人以外的营利法人的意思机关为社员大会。”

二、规范目的与含义

（一）规范目的

本条和第 81 条、第 82 条共同确立了营利法人的机关，包括权力机构、执行机构和监督机构，分别行使法人的最高决定权、经营决策权、经营执行权和监督权。

本条规定的是营利法人的权力机构，即法人的意思机关。法人为民事主体，不仅有权利能力，且有行为能力及责任能力，可以自己的行为取得权利和负担义务，但法人的行为实际上是自然人的行为，不过在法律上被视为法人的行为。法人的行为既然需要通过自然人完成，而自然人又具有独立的人格，要使自然人的行为和法人的行为相区隔，就必须通过设置法人机关，使自然人通过法人机关形成法人的意思，从而使其可以做出自己的行为，并与自然人自己的意思和行为区分开。这样，法人就在法律上有了自己独立的意思，也有了自己独立的行为。

营利法人设置权力机构的原因是，营利法人作为一个人和财产的组织体，具有独立的人格，要使法人持续和运行，必然涉及权力分配，而权力必然又存在等级差异；在法人中设置一个最高权力机构，便于形成法人的最高意志，由法人的成员执行，使法人意志能得以贯彻；在法人不同的机构发生争议时，还

① 梁慧星主编：《中国民法典草案建议稿》，法律出版社 2013 年版，第 15 页。

可诉诸最高权力机构。此外,从《民法总则》一审稿、三审稿中可以看出本款还确立了出资人中心主义原则,即由全体出资人组成的机构为公司最高权力机构,出资人的意志构成营利法人的最高意志。营利法人的一切重大事项如章程的修改、法人其他机构的组成人员都由权力机构任命,这就确立了由出资人组成的权力机构在营利法人中至高无上的地位。

(二)规范含义

1. 营利法人权力机构的界定及其组成

本条第1款规定,营利法人应当设权力机构。其性质是强制性规范,即营利法人的权力机构为其法定机关,必须设立才能满足营利法人的成立要件。

营利法人的组织形态不同,其权力结构的组成也有所不同。

第一,公司制营利法人

公司制营利法人的权力机构为有限责任公司的股东会或股份有限公司的股东大会。股东会或股东大会均由全体股东组成。任何一个股东都是公司股东会的成员,而且也只有股东才是股东会的成员。参与股东会或股东大会是股东最原生、最重要、不可剥夺的职权。① 按照公司"利益相关者"理论,公司应保护各种利益相关者的利益,利益相关者甚至也影响公司的治理(尤其是职工代表越来越广泛地介入公司治理),但他们并非股东会或股东大会的成员。

但是,并非所有公司都必须设定权力机构,其主要包括两种情形:一是国有独资公司不设股东会,由国有资产监督管理机构行使股东会职权或由其授权董事会行使股东会的部分职权(《公司法》第66条);二是一人有限责任公司不设股东会(《公司法》第61条)。

第二,非公司制营利法人

非公司营利法人通常也设立权力机构。如农民专业合作社的成员大会,为法人权力机关和意思机关。国有非公司企业法人实行厂长(经理)负责制,厂长(经理)既是法人的权力机关和意思机关,又是法人的执行机关。②

① 参见赵旭东主编:《新公司法条文解释》,人民法院出版社2005年版,第82页。

② 参见梁慧星:《民法总论》(第四版),法律出版社2011年版,第136页。

2. 营利法人权力机构的职权

本条第2款规定，权力机构行使修改法人章程，选举或者更换执行机构、监督机构成员，及法人章程规定的其他职权。

第一，修改法人章程

法人章程是法人成立和持续的必备文件，其内容涉及法人内部治理和对外关系中最为重要的事项。法人章程涉及法人权力机构、执行机构和监督机构的权力分配，权力机构的法律定位高于执行机构和监督机构，后两者向权力机构报告工作，涉及法人权力分配的法人章程就只能由权力机构制定或修改。此外，对公司制营利法人，《公司法》第43条第2款规定，有限责任公司股东会会议作出修改公司章程的决议，必须经代表三分之二以上表决权的股东通过；第103条第2款规定，股份有限责任公司股东大会作出修改公司章程的决议，必须经出席会议的股东所持表决权的三分之二以上通过。

第二，选举或者更换执行机构、监督机构成员

营利法人的权力机构作为法人的最高权力机关，形成公司最高意志，但它并非常设机关，不可能执行和实现自己的意志。加之营利法人的经营涉及很多专业事项，即使全体出资人都能够全身心经营，也未必能胜任。因此，营利法人应设置执行机构，专门执行权力机构的决议或完成权力机构授权的事项。此外，营利法人还须设置监督机构，负责监督执行机构及其成员。从权力运行和配置角度看，最高权力机构当然应享有选举和更换执行机构和监督机构成员的权力，以贯彻和落实其意志。因此，本条规定，营利法人的权力机构行使选举或者更换执行机构、监督机构成员的职权。

既然选举和更换执行机构、监督机构成员是营利法人权力机构的职权，权力机构当然有权任意变更执行机构、监督机构的成员，而无须说明任何理由。1993年《公司法》第47条第2款规定，有限责任公司董事在任期届满前，股东会不得无故解除其职务。2005年修订后的《公司法》废除了这一规定，其原因就在于，选举公司董事是股东会的法定职权，股东会完全可以基于自己的意志解除董事的职务，无须说明理由，也不论其任期是否届满。法律并不过问股东会解除董事职务的原因。

第三,法人章程规定的其他职权

本条列举的营利法人权力机构的法定职权,仅限于修改章程和选举、更换执行机构和监督机构的成员,营利法人机构的其他职权都由章程规定。它与《公司法》第37条有关公司权力机构的职权明显不同,后者除了规定股东会的这两项职权之外,还规定了决定公司的经营方针和投资计划、有关董事和监事的报酬事项,审议批准董事会的报告、监事会或者监事的报告、公司的年度财务预算方案和决算方案、公司的利润分配方案和弥补亏损方案,对公司增加或者减少注册资本作出决议,对发行公司债券作出决议,对公司合并、分立、解散、清算或者变更公司形式作出决议等职权,同时还规定了"公司章程规定的其他职权"。

在解释上,可以认为本条规范赋予了营利法人更多章程自治的权利,因为它列举的营利法人权力机构的法定职权比《公司法》少很多,仅限于必须由权力机构行使的职权。这意味着营利法人可以通过章程更灵活地配置法人内部的职权,至少对非公司制的营利法人如此。

三、其他问题

(一)营利法人权力机构行使职权的方式

《民法总则》并没有规定营利法人的权力机构、执行机构和监督机构行使职权的方式。在公司法上,它们都是通过召开会议作出决议的方式行使权利。营利法人的权力机构由全体出资人组成,出资人是基于出资份额享有和行使表决权的,因此决议采取资本多数决的方式作出。而营利法人的执行机构和监督机构的决议,则采取人头多数决的方式作出。

在公司法上,公司股东(大)会的会议方式一般分为定期会议和临时会议。前者是指依据法律和公司章程的规定,在一定时间内必须召开的股东会议。定期会议主要对股东会职权范围内的例行重大事项作出决议,具体召开时间由公司章程或议事规则规定。后者是指由于发生法定事由,或者根据法律有权提议召开股东会的人员的提议而召开的股东会议。其中,法定事由如《公司法》第101条规定,股份有限公司当董事人数不足本法规定的人数或者公司章程所定人数的三分之二时,或者当公司未弥补的亏损达实收股本总额三分之一时,应当在两个月内召开临时股东大会。依据《公司法》第39条第2款和第100条第2款,有权提议召开临时股东会议的主体主要包括:(1)持有一定比例股份的股东。有限责任公司为代表十分之一以上表决权的股东、股份有限公司为单独或者合计持有公司10%以上股份的股东。(2)董事或董事会。《公司法》规定,有限责任公司三分之一以上的董事可以提议召开股东会临时会议;股份有限公司董事会认为必要时,应当在两个月内召开临时股东大会。(3)监事或监事会。有限责任公司监事会或者不设监事会的公司的监事可以提议召开股东会临时会议;股份有限公司当监事会提议召开时,应当在两个月内召开临时股东大会。

在营利法人权力机构不召开权力机构会议时,营利法人的治理和运行可能会出现严重问题,此时,如果出资人的份额无法达到召开权力机构会议的底限要求时,关于能否请求法院判决营利法人强制召开股东会,现行法并未明确规定。鉴于营利法人权力机构在法人治理中的重要性,在穷尽公司内部救济后,出资人应有权请求法院判决强制召开权力机构会议。

(二)《民法总则》营利法人法定机关权力配置规范的属性

《民法总则》和我国现行其他营利法人的法律对营利法人的权力配置都做了列举,而且《民法总则》还直接将营利法人的法定机构称为权力机构、执行机构和监督机构。从名称上即可以看出,这种立法思路是将营利法人与国家的治理机构做类比:营利法人的权力机构与全国人民代表大会类似,执行机构与国务院类似,监督机构则与国家监督机构类似。在国家政制中,"人民主权"决定了代表民意的代议制机关在国家治理和权力运行中的核心地位。《民法总则》本条规范也确立了营利法人的权力机构中心主义,它和执行机构、监督机构之间是隶属关系。营利法人的权力机构是法人全部权力的拥有者,执行机构和监督机构的权力均由此派生。在权力机构中心主义模式下,如果法律没有明确将权力授予执行机构和监督机构时,原则上这种权力仍归属于权力机构。但是,法律对权力机构的职权,则是列举性质,并没有穷尽权力机构的职权。

在我国学界,主流的理论和司法实践基本上将公司法中有关公司组织机构的设置及其基本权限和职责的分配规范认定为强制性规范,因为它们是公司得以存在和运行的普遍性标准。① 而且,这些规范有助于保护第三人对法律的信赖,即第三人在与公司从事交易时,信赖交易方权力机构或执行机构享有法定的职权,从而省去了查询对方公司章程的成本,减少了信息不对称给第三人造成的损害。

但是,在科斯1937年《企业的性质》一文发表后,公司的"合同理论"逐渐成为相当有影响的理论,并因而影响了公司立法。按照这种理论,公司也是一种合同制的合作机制,它能取代市场是因为公司内部存在与行政机关类似的科层制管理,从而能规模化地集中经营,最大限度的发挥资本要素、人力要素的资源禀赋。人力资源理论的发展使公司中人力资源要素的重要性日益凸显,出资人投入的财产只是公司中的各种"生产要素"之一,人力资源也是公司中的关键资源,没有优良的人力资源,公司也无法顺利运行。因此,公司并不存在固定的股东会中心主义或董事会中心主义。② 按照这种观点,公司法虽然是组织法,但它并非公法上的组织法,而是对公司实践中达成共识的有益经验的确认,在公司组织架构和权力配置方面,它不过提供了一份标准合同而已,不同公司完全可以根据自己的情况量体裁衣,制定与自己实际情况相应的章程规定。只有在章程没有另行约定时,公司法的规则作为任意性缺省规则才予以适用。

营利法人治理结构规范是否为强制性规范,在价值上需要衡量的因素为:

(1)是否涉及第三人的利益。如果不涉及第三人利益,只是为公司规范和高效运行,那么这些规范无疑应界定为任意性规范;反之,则为强行性规范。如法人对外担保的权力分配,涉及第三人利益,自然应界定为强制性规范,但关于法人内部生产与经营事项的权力配置,显然不涉及第三人利益,自然是任意性规范。

(2)安全与效率。将法人治理结构界定为强行性规范,所有营利法人都采取相同的治理结构,第三人在与法人交易时,无需查询不同交易方法人章程等文件,自然将减少交易费用,降低交易成本,保障交易安全。但标准化治理规

① 参见赵旭东:《公司法学》,高等教育出版社2006年版,第363页。

② Alchian and Demsetz, Production, Information Costsand Economic Organization, 62 *American Economic Review*, 777, 794(1972).

范的统一适用未必是有效率的，如在一个小规模的有限责任公司中，三个股东出资份额相同，全部参与经营，此时公司非要设置权力机构、执行机构和监督机构，未尝不是增加交易成本，遑论促进公司经营的效率。因此，即使法人法定机关的设置也未必要强求统一，更不用说法人机关的权力配置。

(3)法律的“父爱主义”限度。法人治理规范还有一个重要的作用，就是体现法律的“父爱主义”。这体现为两个方面：一是确保公司健康、高效的运行，减少摩擦，使公司永续。营利法人治理规范是对历史与现实中法人治理经验的总结，它体现的是立法者认为相对完美和可行的治理结构，这种结构的适用将避免公司内部出现无法调和的矛盾，避免出现公司僵局，公司因此能得以永续，对国家、社会、出资人、债权人、消费者和劳动者都有利，这就实现了营利法人法的最高理想。二是保护中小出资人的利益。按照营利法人运行的资本多数决逻辑，中小出资人在法人治理中的话语权较小，因此在公司治理中处于弱势地位。立法者的任务之一就是保护他们的利益。尤其是公开公司涉及众多中小投资者的利益，这些投资者虽然是公司股东，但通常无法参与公司的治理，无法对公司的治理产生影响，而将法人治理规范界定为强行性规范，有利于保护中小投资者的利益。封闭公司同样如此。公司法上有关公司对股东提供担保必须由股东大会决议的规范，由于其目的是保护法人利益和中小出资人利益，因此其当然属于强制性规范。

(4)职权行使的逻辑和程序正义要求。合理配置组织体权力的基本要求是权力分立与制衡，同时避免权力冲突。如执行机构不能享有选任和罢免监督机构成员的权力，否则将违反权力监督的基本原理；执行机构既不能自己决定成员的薪酬，更不能决定监督机构成员的薪酬，这是程序正义最基本的要求。

综上，《民法总则》关于营利法人机构权力配置规范的性质是否为强行性规范，不能一概而论，应综合各种因素予以类型化考虑。

第八十一条 【营利法人的执行机构】

营利法人应当设执行机构。

执行机构行使召集权力机构会议，决定法人的经营计划和投资方案，决定法人内部管理机构的设置，以及法人章程规定的其他职权。

执行机构为董事会或者执行董事的，董事长、执行董事或者经理按照法人章程的规定担任法定代表人；未设董事会或者执行董事的，法人章程规定的主要负责人为其执行机构和法定代表人。

一、历史由来

（一）本条来源

本条是对营利法人执行机构和代表机构的规定，包括执行机构的法定性、执行机构的职权和营利法人的代表人。

1993 年《公司法》第一次规定了公司的执行机构，其第 45 条第 1 款规定，有限责任公司设董事会，其成员为三人至十三人。第 46 条规定，董事会对股东会负责，行使负责召集股东会，并向股东会报告工作、执行股东会的决议、决定公司的经营计划和投资方案、决定公司内部管理机构的设置、制定公司的基本管理制度等职权，但并未授权公司章程可以改变董事会的职权。它们也并没有将董事会界定为公司的执行机构，《民法总则》第一次明确营利法人应设立执行机构。

营利法人的法定代表人，最初见于《民法通则》第 38 条："依照法律或者法人组织章程规定，代表法人行使职权的负责人，是法人的法定代表人。"1993 年《公司法》第 45 条第 4 款规定，有限责任公司的董事长为公司的法定代表人，采唯一代表权制。2005 年修订后的《公司法》第 13 条规定，公司法定代表人依照公司章程的规定，由董事长、执行董事或者经理担任，并依法登记。其内容与本条第 3 款基本类似。

（二）条文演化

1. 民法总则建议稿与草案

在立法机关采取营利法人和非营利法人的分类后，《民法总则》的各个文本都作了与本条类似的规定。

《民法总则（草案）征求意见稿》（2016 年 5 月 20 日修改稿）将营利法人的权力机构和执行机构一并规定在第 76 条："营利性法人设董事会或者执行董事的，董事会或者执行董事为其执行机构，董事长、执行董事或者经理依照法人章程的规定担任法定代表人；未设董事会或者执行董事的，法人章程规定的主要负责人为其执行机构和法定代表人。"

《民法总则（草案）》（一审稿）将营利法人的执行机构单列一条，明确"营利法人应当设执行机构"，并添加了执行机构的职权："执行机构召集权力机构会议，决定法人的经营计划和投资方案，决定法人内部管理机构的设置，并行使法人章程规定的其他职权。"

之后各草案基本沿袭上述条款。

2. 学者建议稿

"社科院稿"[①]规定，公司法人的董事会为公司法人的执行机关，有权根据公司章程授予的权限处理公司事务。公司法人的董事会设董事长一人。董事长是公司法人的法定代表人。公司法人以外的营利法人设董事会的，适用前两款的规定；没有董事会的，其章程所规定的主要负责人，为该法人的执行机关和法定代表人。

二、规范目的与含义

（一）规范目的

1. 营利法人执行机构及其职权的规范目的

本条规定营利法人应当设立执行机构及其职权的目的主要在于两个方面：一是营利法人的权力机构并非常设机构，权力机构也不可能经常召开会议决定法人的对内和对外的重要事项。其通常只是决定法人最为重要的事项，

① 参见梁慧星主编：《中国民法典草案建议稿》，法律出版社 2013 年版，第 15 页。

而营利法人从事的生产经营行为涉及的事务繁多,又往往需要及时作出决策,不可能等待营利法人召开权力机构会议事无巨细地作出决定,否则将不仅没有效率,还会丧失商机。在股东人数众多的公司中,通常小股东对公司经营事项缺乏话语权,而且也没有能力和时间介入公司经营,权力机构通常由大股东控制。大股东即使能以出资份额控制公司重大决策,但也不可能通过频繁召开权力机构会议来经营公司。二是营利法人的生产经营等事项往往具有一定的专业性,并非所有股东可以胜任,必须仰赖具有专业知识的机构和人员,出资人往往无法胜任。此外,董事会对公司内部权力还具有分权制衡的价值。①因此,营利法人的出资人与管理人的分离,逐渐成为一种普遍现象。在社会分工日趋复杂的今天,通过专业人员来实现公司生产和经营的决策,已经成为营利法人治理机构的一个重要特征,甚至出现了营利法人的权力从股东会中心主义向董事会中心主义的转化。

2. 营利法人法定代表人的规范目的

营利法人是一个组织体,自身不可能对外从事民事活动。但营利法人又必须以公司名义对外从事活动,如果营利法人的内部运行机构均能对外代表法人,则法人对外活动的身份难免发生混乱,因此,法人必须确定对外代表机构,而且是常设机构,才能在外以法人名义从事法律行为。在对外关系上,法律将法定代表人以法人的名义从事的行为等同于法人的行为,通过这种法律机制,法人才得以顺畅地对外从事民事活动。

(二)规范含义

1. 营利法人执行机构的法定性及其组成

本条第1款规定,“营利法人应当设执行机构”。按照这一规定,营利法人“应当”设立执行机构,“应当”应理解为强制性规范。营利法人如果没有执行机构,其营业是无法进行的,因此,无论其名称如何,营利法人是不可能没有执行机构的。

执行机构应包括两种:一是狭义的执行机构,即由两个以上的成员组成的机构,如公司法人中的董事会。二是执行董事/理事。如按照《公司法》第50

① 参见赵万一:《公司治理的法律设计与制度创新》,法律出版社2015年版,第146页。

条规定,营利法人规模较小或者出资人较少的,可以设一名执行董事,不设董事会,执行董事可以兼任公司经理。这里的“执行董事”作为一个职位,也可以理解为营利法人的执行机构。

与营利法人权力机构不同的是,执行机构是营利法人法定的常设机关。自营利法人成立之日起到注销为止,执行机构一直存在。执行机构的成员可依法由权力机构随时更换,但执行机构作为营利法人的机关始终存在,不能更换和撤销。尤其是在公司所有与公司经营分离的情况下,董事会的常设更为必要。由于股东很少过问公司经营,经营事宜落在董事身上,为了使公司有效经营并不断发展,董事不仅应组成董事会,而且董事会应为常设并经常发挥作用。①

营利法人执行机构的成员由权力机构选举产生。但在比较法中,并非所有国家的执行机构成员都由权力机构产生。例如,《德国股份公司法》第 84 条就规定董事的委任由监事会负责,且为强制性法律规定。② 鉴于实践中营利法人的种类复杂,《民法总则》本条也未规定执行机构的组成。《公司法》对这一问题有规定,依据其第 44 条,有限责任公司设董事会,其成员为三人至十三人,但股东人数较少或者规模较小的有限责任公司除外。两个以上的国有企业或者两个以上的其他国有投资主体投资设立的有限责任公司,其董事会成员中应当有公司职工代表。但对其他有限责任公司董事会成员,法律并未规定必须有公司职工代表。董事会中的职工代表由公司职工通过职工代表大会、职工大会或者其他形式民主选举产生。《公司法》第 108 条规定,股份有限公司设董事会,其成员为五人至十九人,董事会中可以有公司职工代表,其选任与有限责任公司相同。

执行机构的成员按照其是否在执行机构中担任其他职务,分为内部董事/理事或执行董事/理事和外部董事/理事或非执行董事/理事。前者是指在营利法人中同时担任其他职务的董事/理事,他们与营利法人的经管人员往往具有直接关系,甚至本身就担任法人的经理等,参与公司生产和经营,其从事有

① 参见王保树、崔勤之:《中国公司法原理》(第三版),社会科学文献出版社 2006 年版,第 177 ~ 178 页。

② 参见[德]温德比西勒、怀克:《德国公司法》,殷盛泽,法律出版社 2010 年版,第 469 页。

损法人利益的败德行为(如篡夺法人交易机会等)的可能性就较大,因此是法人治理机构中被重点监督的人员。后者则指不在法人担任其他职位的董事/理事,不参与公司生产和经营,独立性较强,可以承担对内部董事/理事的监督职责。这也是公司法人的董事会在比较法上通常被区分为内部董事和独立董事的核心原因。独立董事这一制度源于美国的"非利害关系董事",主要使用于公司中的"利益冲突交易"。① 美国将不在公司任职的董事根据其与公司是否具有利害关系又分为准内部董事和独立董事。不在公司任职,但与公司有其他重要利害关系的董事为准内部董事,只有既不在公司任职,又与公司没有其他重要利害关系的董事才能被视为独立董事。②

关于执行机构董事/理事任职的积极资格和消极资格,本条并未规定,但《公司法》第147条有规定其消极资格,即禁止无民事行为能力或者限制民事行为能力的人;因犯有贪污、贿赂、侵占财产、挪用财产或者破坏社会主义市场经济秩序,被判处刑罚,执行期满未逾五年,或者因犯罪被剥夺政治权利,执行期满未逾五年的人不能担任董事。规定董事消极任职资格是各国(地区)立法上通行的做法。如德国法律规定下列人员不能担任董事:由他人监护的人、因为破产犯罪行为而被判刑的人或者那些被司法判决或行政命令禁止在工商企业中就职的人。此外《股份法》强调机构分离原则,禁止一个人同时兼任几个职位。③ 学者总结各国(地区)立法,其中无行为能力或限制行为能力者、商事犯罪服刑期满未过一定期限者等,已成为不得担任董事的共同情形。④

我国法律没有规定董事/理事的积极任职资格,可以理解为对其国籍、是否为股东、是否必须是自然人等没有作出限制。⑤ 但《上市公司章程指引(2016年修订)》第95条有规定"公司董事为自然人",且依民法原理,自然人

① 参见施天涛:《商法学》(第四版),法律出版社2010年版,第215页。

② 参见苗壮:《美国公司法制度与判例》,法律出版社2007年版,第137页。

③ 参见[德]托马斯·莱赛尔等:《德国资合公司》,高旭军等译,法律出版社2005年版,第147~148页。

④ 参见王保树、崔勤之:《中国公司法原理》(第三版),社会科学文献出版社2006年版,第204页。

⑤ 参见刘宗胜、张永志:《公司法比较研究》,中国人民公安大学出版社2004年版,第144页。

才划分完全民事行为能力、限制民事行为能力和无民事行为能力,法人则不如此划分。[①] 其积极条件的其他方面则由章程规定,如规定董事必须具有从事公司主业相关的管理经验、具有高级职称等,在公司法实践中,由章程设定董事/理事资格的积极条件,在一定程度上有一定意义的反并购作用。

本条也没有规定执行机构成员的任期。但《公司法》第 45 条和第 108 条规定,公司董事任期由公司章程规定,但每届任期不得超过三年。董事任期届满,连选可以连任。这里的"每届任期不得超过三年"应视为强制性条款,但它们只是设定了董事任职的最长任期,章程完全可以自由设定不超过三年的任期,如两年或一年等。章程可以为不同类别的董事/理事设定不同的任期,或者为每届董事/理事设定不同的任期,并规定董事会的更换每年只能改选其中的一定比例(如 1/4 或者 1/3 等),以形成"分期分级"的董事会(理事会)。在这种制度下,既可以维持董事会管理经验的持续性,又可以减弱累积投票的效果和防止敌意收购。[②]

此外,本条也并未规定执行机构的内部行政负责人,《公司法》第 44 条规定,有限责任公司董事会设董事长一人,可以设副董事长;董事长、副董事长的产生办法由公司章程规定。第 109 条规定,股份有限公司董事会设董事长一人,可以设副董事长。董事长和副董事长由董事会以全体董事的过半数选举产生。

营利法人执行机构与经理不同。执行机构享有决定法人生产经营事项的法定权力,它可以将其权力授予经理层行使,尤其是在规模较大、业务复杂的营利法人中。依据《公司法》第 68 条和第 113 条,经理为国有独资公司、股份有限公司的法定必设机关,有限责任公司是否设置经理全由公司自主决定。《公司法》第 49 条规定了公司经理的法定职权,包括主持公司的生产经营管理工作,组织实施董事会决议、组织实施公司年度经营计划和投资方案等,这些权力几乎都来自董事会的职权。经理的法律定位应为公司的业务执行机构和进行日常经营管理的机构,其职务和权力的取得来源于董事会或者公司章程

① 参见郭春宏:《公司章程个性化设计与疑难释解》,法律出版社 2014 年版,第 241 ~ 242 页。

② 参见施天涛:《商法学》(第四版),法律出版社 2010 年版,第 210 ~ 211 页。

的授权。在大型公司中,因为董事会也并非常设机关,无法对公司事务事必躬亲作出决定,所以董事会往往将其权力授权给经理层行使。经理层并不采用董事会的多数决运行机制,而采取科层制和官僚制的首长决定制,比董事会的决议要高效很多,但容易造成公司权力向经理层倾斜。经理层的权力来自董事会的授权,经理层作为公司的经营者,是董事会的执行机构,与董事会之间存在委托—代理关系,因此董事会享有监督和约束经理层的权力,董事会也因此在决策权力之外取得了"监控职能"。

2. 营利法人执行机构的职权

(1)营利法人执行机构的法定职权

本条第2款规定,"执行机构行使召集权力机构会议,决定法人的经营计划和投资方案,决定法人内部管理机构的设置,及法人章程规定的其他职权"。

第一,召集权力机构会议。

在营利法人成立后,权力机构会议通常不再由出资人召集,召集权力机构会议的职权由执行机构行使。在这个意义上,权力机构和执行机构的关系也类似于人民代表大会和人民代表大会常委会的关系。《公司法》第46条也将"召集股东会会议,并向股东会报告工作"作为公司董事会的第一项职权。需要指出,权力机构会议是由执行机构召集,而不是由执行机构的行政负责人,如董事长召集的。董事长只是权力机构会议的法定主持人。但是在特殊情况下,出资人也可以召集权力机构会议,如《公司法》第40条第3款规定的情形,"董事会或者执行董事不能履行或者不履行召集股东会会议职责的,由监事会或者不设监事会的公司的监事召集和主持;监事会或者监事不召集和主持的,代表十分之一以上表决权的股东可以自行召集和主持"。

第二,决定法人的经营计划和投资方案。

关于营利法人执行机构职权的规定,《民法总则》和《公司法》的一大差异是,前者并未将"决定公司的经营方针和投资计划"列举为权力机构的一项职权,但将"决定法人的经营计划和投资方案"列举为执行机构的重要职权;《公司法》则对股东会和董事会涉及公司经营和投资的职权都予以规定。

法人的经营计划和投资方案是与法人营业有关的重要内容,由执行机构决定,完全符合执行机构设置的目的。《公司法》将公司经营权分为三级机构的行使,股东(大)会行使最高也是最抽象的决定权,决定公司的经营方针和投资计划;董事会执行股东(大)会决议,进一步决定公司的经营计划和投资方案;经理执行董事会决议,最后落实经营计划和投资方案。

第三,决定法人内部管理机构的设置。

营利法人内部管理机构的设置直接影响法人营业的完成、法人的人力资源和财产资源的使用、经营的效率和包括高级管理人员在内的人事安排,是法人营业中的重要事项,应由执行机构负责。公司内部管理机构的设置方案则可能由经理提供,由执行机构作出决议。"内部管理机构"并非法律概念,其范围由公司章程规定。

第四,章程规定的其他职权。

营利法人可以依据自己的特点量体裁衣,通过章程改变法人机构法定职权分配,赋予营利法人更多的经营决策权和经营执行权,既可以包括权力机构享有的部分职权,也包括经理层享有的法定职权。

(2)执行机构与权力机构职权的界分

在比较法上,各国和地区主要是通过公司法规定营利法人执行机构职权的,立法模式有三种:一是列举式,即明确授予董事会各项职权;二是排除式,即法律只规定权力机构必须行使的重要权力,除此之外的权力均由董事会行使;三是不规定董事会职权,授权公司章程去规定。但无论是何种模式的立法,营利法人的执行机构在实际运行过程中,都享有广泛的职权。《民法总则》本条规范采取的是列举式立法,存在如何区分执行机构与权力机构职权的难题。

"二战"后,在比较法上,公司董事会都享有相当广泛的权力,包括公司对外代表权、公司营业的决策权和执行权。《德国股份公司法》第15条至第19条、第202条、第76条和第119条第2款规定,董事会享有公司经营管理的法定专属权限,专属权限内的事务均由董事会决定,不受股东大会的干预。《美国示范公司法》第8.01条(b)以及《特拉华州普通商业公司法》第141条(a)甚至规定,公司的一切权力应当由董事会行使或在董事会的授权下行使。[①] 按照这

① 参见[美]罗伯特·W.汉密尔顿:《美国公司法》(第五版),齐东祥译,法律出版社2008年版,第176页。

种立法思路,除了法律专门授权给股东会的权力,其他职权都应属于董事会享有。这样的规定也可以说是“董事会中心主义”的体现。①

股东会享有的主要是涉及公司出资人根本利益的一些事项,比如公司章程修改、董事会人员的选任与罢免、公司分立并转、增资减资的事项等。股东会对董事会最大的制约就在于董事的选任和罢免,而且通常可以无理由地罢免董事。1993 年《公司法》第 115 条第 2 款曾规定,董事在任期届满前,股东大会不得无故解除其职务。但 2005 年修正后删除了该规定。这一立法变化表明,股东可否在无特定情形下随时请求股东会罢免董事,这已属于公司自治的范畴,应由公司章程具体规定。公司章程可以规定董事在任职期间不得被无故解任,并就董事的解职问题设置绝对多数条款,以保证分级分期董事会条款的实施。② 董事会是公司的经营决策机关,在法律和章程规定的范围内独立行使公司的经营管理决策权力,而且可通过任命经理来执行公司的日常经营事务。董事会有权独立行使其权力,不受股东会干预。这种权力分配模式已经突破了传统公司法上的“所有与经营分离”、委任合同理论的限制,因为董事会已经享有了不受股东会干预的独立权力。

《民法总则》和《公司法》对营利法人的权力配置模仿了国家权力的配置,体现了强烈的公司“行政化”色彩。《民法总则》中“权力机构”和“执行机构”的提法,明确将执行机构隶属于权力机构,执行机构并不享有独立于权力机构的职责,它只是执行权力机构的决议。《公司法》虽然未将董事会界定为执行机构,但明确规定“董事会对股东会负责”“董事会向股东会报告工作”“董事会执行股东会的决议”,明显使董事会依附于股东会,董事会被视为行政机构,依附于股东会这一权力机关。③ 按照这种逻辑,法律对权力机构职权规定只是列举,而并未穷尽,法律未明确规定属于营利法人执行机构和监督机构的职权,都属于权力机构的职权。

---

① 参见倪健林:《公司治理结构:法律与实践》,法律出版社 2001 年版,第 8 页。

② 参见王建文:《我国公司章程反收购条款:制度空间与适用方法》,载《法学评论》2007 年第 2 期。

③ 参见罗培新:《股东会与董事会权力构造论:以合同为进路的分析》,载《政治与法律》2016 年第 2 期。

3. 营利法人的法定代表人

本条第 3 款规定，执行机构为董事会或者执行董事的，董事长、执行董事或者经理依照法人章程的规定担任法定代表人；未设董事会或者执行董事的，法人章程规定的主要负责人为其执行机构和法定代表人。

本款规定了营利法人的法定代表人。《民法总则》第 61 条第 1 款规定，依照法律或者法人章程的规定，代表法人从事民事活动的负责人，为法人的法定代表人。本条和第 61 条第 1 款为普通条款和特别条款的关系，营利法人的法定代表人适用本款规定。

依据不同的法人性质学说，法定代表人的法律定位也不同。按照法人实在说，法人的法定代表人是法人的代表人，法人与代表人是一个人格，虽名二而实一，不存在两个主体。代表人执行法人的对外业务，所为的法律行为是法人自身的行为，当然由法人承担其后果。按照拟制说，法人的代表人是法人的代理人，与法人是两个不同的人格。中国民法采法人实在说中的组织体说的立场，对法定代表人采代表说。[①] 对本款规定，也应作同样解释。

按照本款规定，营利法人的法定代表人分如下两种情形：

(1) 营利法人设执行机构或者执行董事

对这种情形，本款授权章程规定营利法人的法定代表人，它只列举了由董事长、执行董事或者经理担任，但不应理解为章程只能选择董事长、执行董事或经理担任法定代表人，而应将其解释为是列举规定。

(2) 营利法人未设董事会或者执行董事

对这种情形，本款规定法人章程规定的主要负责人为其执行机构和法定代表人。"法人未设董事会或者执行董事"是指，营利法人的执行机构的名称不是董事会或执行董事，而是采用了其他名称，如理事会、执行理事等。此外，营利法人未设董事会或者执行董事的，章程即使规定了主要负责人，章程也可以规定其他人为其法定代表人；只有在章程没有明确规定法定代表人时，章程规定的主要负责人才是法定代表人。

本条规定的是法定代表人而不是法定代表机构。在比较法上，营利法人

① 参见梁慧星：《民法总论》（第四版），法律出版社 2011 年版，第 132 页。

的法定代表机构有不同模式,如授权章程规定、董事会决议决定、董事会集体代表公司,一般都规定营利机构的执行机构为法人的代表机构。但中国法一直采取营利法人代表的法定单一制,[①]1993 年《公司法》规定了法定的唯一代表权制度,股份有限公司和有限责任公司的董事长为公司的法定代表人,有限责任公司不设董事会的,执行董事为公司的法定代表人。因为这种强硬规定忽视了出资人的意志,不利于投资者根据自身利益及实际需要确定权限的划分,对外使法人缺乏适应能力和竞争能力,2005 年修改的《公司法》规定公司的法定代表人依照公司章程的规定,由董事长、执行董事或者经理担任,并依法登记。[②]

三、其他问题

(一)营利法人执行机构职权的行使

营利法人设立执行机构而不是设立执行董事、执行理事这种个人职位的,执行机构都是作为一个独立的机构,以集体或合议制的方式来行使职权的,而不是由单个董事(如董事长)的意志决定的。具体而言,其是以召开执行机构会议并形成决议的方式行使职权的。《民法总则》并未规定执行机构应如何召开会议和作出决议。执行机构的性质是执行法人事务,其成员即使是股东或股东委派的代表,在法律上,他们也必须为法人的整体利益而不是股东利益作出决议。因此,执行机构的表决采取"人头多数决"的方式,即执行机构须有二分之一以上人头通过(章程也可规定超过二分之一的"超级多数决")。

执行机构的会议分为普通会议和临时会议,前者是营利法人的章程规定的执行机构在固定期限内召开的会议,《公司法》未对有限责任公司董事会会议召开的次数予以规定,但规定股份有限公司每年度至少召开两次董事会会议(第 110 条);后者是指执行机构在法人运行过程中基于法人的具体情况,根据法律或章程规定而临时启动的会议。《公司法》第 110 条规定,在股份有限公司中,代表十分之一以上表决权的股东、三分之一以上董事或者监事会,可

① 参见王保树:《商法的改革与变动中的经济法》,法律出版社 2003 年版,第 143 页。

② 参见赵旭东:《公司法学》(第二版),高等教育出版社,第 368、383 页。

以提议召开董事会临时会议。但《公司法》没有规定有限责任公司的董事会临时会议,这是因为有限责任公司具有更为强烈的人合性,可以根据需要随时召开董事会临时会议,无须法律强制规定。

《公司法》第46条、第109条规定了公司董事会会议的召集和主持。即董事会会议由董事长召集和主持;董事长不能履行职务或者不履行职务的,由副董事长召集和主持;副董事长不能履行职务或者不履行职务的,由半数以上董事共同推举一名董事召集和主持。

尽管本条并未规定营利法人执行机构的内部机构(如专业委员会)的设置,但营利法人完全可以通过章程将执行机构的权力交由下设的专业委员会行使。专业委员会是指,行使董事会部分职权或为董事会行使职权提供帮助的董事会内设机构。[①] 常见的专业委员会包括提名委员会、审计委员会、执行委员会、报酬委员会、诉讼委员会等。[②] 设立专业委员会可以防止执行机构由个别人垄断,在执行机构成员之间形成有效的制衡和监督机制,同时还可以发挥执行机构成员的专业优势。但在授权后,各专业委员会并不能代替执行机构作出决议,而只能向执行机构提出议案,由执行机构进行表决。

(二)营利法人执行机构决议的合理性审查

营利法人的执行机构作出的决议,如果被出资人以决议不合理为由起诉到法院,法院在进行审查时,不应审理决议基础的合理性,而只能审理决议的内容和作出程序是否违反法律、行政法规和章程。因为执行机构作出的决议涉及法人的营业事项,属于法人自治的范围,原则上应排除司法权的介入,法院对决议的内容进行合理性审查,势必会介入公司内部的经营。这种介入如果对营利法人未来产生了好的影响,还不至于产生问题;但如果使营利法人的经营恶化,则法院恐怕难辞其咎。正因为此,这类案件在英美法上被称为"烫手的山芋"。

在中国司法实践中,最高人民法院颁布的指导案例10号涉及法院对董事会任免经理的决议的审查。法院认为,审理公司决议撤销纠纷案件中应当审

---

① 参见范健、王建文:《公司法》,法律出版社2011年版,第400页。

② 参见施天涛:《商法学》(第四版),法律出版社2010年版,第217页。

查以下事项:会议召集程序、表决方式是否违反法律、行政法规或者公司章程,以及决议内容是否违反公司章程。在未违反上述规定的前提下,解聘总经理职务的决议所依据的事实是否属实,理由是否成立,不属于司法审查的范围。司法介入公司决议时,要避免对公司决议做合理性审查,以免使得法院妨害公司自治。对公司决议行为的成立及公司决议召集程序、表决方式、决议内容等的合法性,应当由公司承担证明责任。[①] 也就是说,法院并不评价作出决议的理由是否合理,解聘经理是董事会的职权,董事会完全可以不在决议中说明任何理由,而可以径直通过决议罢免经理。与此相关的是营利法人权力机构解聘董事的职权。1993 年《公司法》第 47 条、第 115 条第 2 款明确规定:董事在任期届满前,股东(大)会不得无故解除其职务。但 2005 年《公司法》删除了该规定,这表明股东会也有任意解除董事职务的权力。

① 参见最高人民法院案例指导工作办公室:《指导案例 10 号〈李建军诉上海佳动力环保科技有限公司公司决议撤销纠纷案〉的理解与参照》,载《人民司法·应用》2013 年第 3 期。

第八十二条 【营利法人的监督机构】

营利法人设监事会或者监事等监督机构的，监督机构依法行使检查法人财务，监督执行机构成员、高级管理人员执行法人职务的行为，以及法人章程规定的其他职权。

一、历史由来

（一）本条来源

1988 年的《全民所有制工业企业法》第 52 条规定了职工代表大会行使对厂长的监督权，但并未规定专门的监督机构。营利法人监督机构的设置始于 1993 年《公司法》，其第 52 条规定，有限责任公司，经营规模较大的，设立监事会，其成员不得少于三人。股东人数较少和规模较小的，可以设一至两名监事。其第 54 条规定了监事会检查公司财务、对董事、经理执行公司职务时违反法律、法规或者公司章程的行为进行监督等职权。它对股份有限公司的监督机构也做了类似规定。

从比较法上看，各国对法人的法定机构均有所规定，如美国的独立董事、德国的监事会。《日本民法典》第 58、59 条对法人的监督机构及职责做出了明确规定："法人可以根据章程、捐助章程或全会的决议，设置监事一人或数人。""监事的职务如下：(1)监察法人的财产情况；(2)监察理事的业务执行情况；(3)发现财产状况或业务执行中有可疑事实时，向全会或主管官署报告；(4)为了进行前项报告，必要时可以召集全会。"

（二）条文演化

1. 民法总则建议稿与草案

立法机关在采取营利法人和非营利法人的分类后，《民法总则》的各草案基本都规定了营利法人的监督机构。

《民法总则（草案）征求意见稿》（2016 年 5 月 20 日修改稿）中并没有规定

营利法人的监督机构。之后,在《民法总则(草案)》(一审稿)中首次规定"营利法人设监事会或者监事等监督机构的,监督机构依法检查法人财务,对执行机构成员及高级管理人员执行法人职务的行为进行监督,并行使章程规定的其他职权"。之后各草案基本沿袭以上表述。

二、条文目的与规范含义

(一)营利法人监督机构设置的意义

营利法人设置监督机构规定的根源在于公司中的"两权分离",即经济学意义上的所有权与经营权的分离。在营利法人的出资人并不亲自参与法人经营而将其交由职业经理人时,"委托—代理"中的信息不对称问题就将产生,尤其是上市公司中,中小股东往往既不可能直接参与公司的经营,在股东大会中也几乎没有话语权,甚至完全成为一个单纯的出资人,对公司治理没有实质影响,对董事的行为也无法进行直接监督。① 而营利法人的执行机构享有广泛的权力,容易形成"内部人控制"而滥用权力。实质上,经济权力和政治权力一样都需要制衡。此外,营利法人的董事和经理都应对公司承担忠实义务和勤勉义务,这种义务的履行情况自然也需要被监督。营利法人监督机构的监督是内部监督机制,与来自股东、监管部门和社会公众的外部监督不同,其目的在于监督决策机关决策行为的正确性,确保其符合法律法规和公司章程,同时监督公司业务执行的准确性,保证公司决策得到准确地执行。② 在营利法人中设置监督机构,可以平衡公司内部机构的权力配置,防止经营者滥用权力,降低公司内部的代理成本,推动公司的良性和持续发展。所以,在比较法上,营利法人一般都设置监督机构,如美国的独立董事、德国的监事会、日本的监察人或者设置委员会等,而且赋予监督机关较多的职权和高度的独立性,以实现对董事、高级管理人员的有效监督。

在现代法上,营利法人的利益相关人逐渐被纳入法律的保护范围,在营利法人的治理中,监督机构设置的目的除了保护公司、公司出资人(尤其是中小

---

① 甘培忠:《论完善我国上市公司治理结构中的监事制度》,载《中国法学》2001 年第 5 期。

② 李金生、高桂林:《独立董事与监事会——谈我国上市公司内部监督机制的完善》,载《河北法学》2002 年第 6 期。

出资人)之外,也要求保护职工利益和公司债权人利益。公司职工可以选举代表进入监督机构,保障自己的合法权益;公司债权人的利益除了传统的资本维持原则等机制之外,还可以通过营利法人监督机构的监督行为,确保法人的执行机构的经营活动合法合规,间接有利于债权人利益的保护。

(二)营利法人监督机构的法定性及其类型

1. 营利法人监督机构的法定性

本条并没有规定营利法人应当或必须设立监督机构。《公司法》第 51 条第 1 款规定,有限责任公司设监事会,股东人数较少或者规模较小的有限责任公司,可以设一至两名监事,不设监事会。第 117 条第 1 款规定,股份有限公司设监事会,其成员不得少于三人。从这些规定来看,除一人公司外,公司的监督机构(或监督职位)是其法定、必备和常设的监督机构。

2. 营利法人监督机构的类型

由于各国和地区公司法律传统和治理现实的不同,营利法人监督机构的类型存在较大差异。综观世界各国公司治理的实践,公司治理监督模式主要有两大类:一类是以美国和英国为代表的独立董事监督模式;另一类是以德国和日本为代表的监事会监督模式。在两种模式的基础上,又产生了复合类型。

第一,单一型。美国单一型模式是在股东会下不设独立的监事会,但在董事会中设置独立董事,由其行使与监事会大致相当的监督职能。独立董事一般是审计委员会、提名委员会、薪金报酬委员会等董事会专门委员会的核心成员,这就保障了该独立能力能充分发挥其监督功能。

第二,双层型。双层型模式是指在股东会下同时设置监事会和董事会。监事会由股东大会任免,主要负责监督董事会的经营行为。德国的监事会还享有选举理事会(董事会)的职权,监事会代表股东监督理事会,理事会负责企业日常经营管理活动。德国监事会不仅有股东监事,还有雇员监事,在人数超过一定数目的公司,雇员监事须占到监事人数的一半。其基本理念是,职工的人力资源与股东的财产资源对公司是同样重要的,公司职工与股东是合伙关系,而不是单纯的雇佣关系。

第三,选择型。在双轨制的国家,是否设置监事会由公司通过其章程做出选择,公司也可不设监事会,只设监事,由监事负责对公司业务和会计事务进行监督检查,但监事无权任免董事会成员。意大利、法国在引入独立董事制度时,为保障公司的自治权,均规定有选择权。[①]

第四,并列型。公司组织机构中设立了监察人作为监督机构,其公司组织机构由股东会、董事会、监察人三者构成。[②] 日本在2002年《公司法》修订时也引入了"授权"模式,公司可自由选择采用一元制还是二元制,原来适用"二元"模式的公司可以转向单一董事会制度。[③] 2005年修改的《日本公司法典》第327条,允许公司在设置监事会或主要由独立董事组成的委员会中任选其一。[④]

根据2014年修改后的法律,日本的上市公司有三种选择:(1)单层双会模式,公司设有董事会和监事会,均由股东大会选举。(2)单层委员会模式,即公司只设董事会,没有监事会。董事会内部设置三个委员会:审计委员会、报酬委员会及提名委员会,每个委员会的大多数成员由独立董事组成,股东大会选举董事。(3)最新的混合模式,即公司不设监事会,董事会下设立名为"审计等委员会"的特殊委员会。[⑤]

中国《公司法》所设计的监事会制度,基本上是沿袭了大陆法的监事会模式。在监事会的结构上,参照了德国式的由股东代表和职工代表组成的模式;监事会的职能定位更接近于日本、意大利的监事会模式,即主要担任监督者的角色。[⑥] 此外,《公司法》第122条规定,"上市公司设立独立董事",可见在上市公司中,公司的监督机构既包括监事会,也包括独立董事。

(三)营利法人监督机构的组成及其职权

1. 营利法人监督机构的组成

本条并未规定营利法人监督机构的组成。公司类营利法人的监督机构为

---

① 参见郭富衿:《各国公司法现代化》,载顾功耕主编:《公司法律评论》(2009年卷),上海人民出版社2010年版,第48、57页。

② 参见赵旭东主编:《公司法学》(第四版),高等教育出版社2015年版,第299~300页。

③ 参见龙卫球、李清池:《公司内部治理机制的改进:"董事会—监事会"二元结构模式的调整》,载《比较法研究》2005年第6期。

④ 参见崔延花译:《日本公司法典》,中国政法大学出版社2006年版,第156页。

⑤ 参见郭雳:《中国式监事会:安于何处,去向何方?——国际比较视野下的再审思》,载《比较法研究》2016年第2期。

⑥ 参见李建伟:《论我国上市公司监事会制度的完善——兼及独立董事与监事会的关系》,载《法学》2004年第2期。

监事会,监事会由监事组成。《公司法》第 51 条第 1 款规定,有限责任公司设监事会,其成员不得少于三人。股东人数较少或者规模较小的有限责任公司,可以设一至两名监事,不设监事会。第 79 条第 1 款规定,国有独资公司监事会成员不得少于五人。第 117 条第 1 款规定,股份有限公司设监事会,其成员不得少于三人。《公司法》亦强调职工在监事会中的监督作用,对有限责任公司、国有独资公司和股份有限公司的监事会,它都规定职工代表的比例不得低于三分之一,具体比例由公司章程规定(第 51 条第 2 款、第 79 条第 2 款、第 117 条第 2 款)。监事任职的消极资格和董事一样,任期也是三年,任期届满,连选可以连任。

监事与董事一样,与公司之间并不存在劳动合同关系,他们的报酬标准、发放条件也是由股东会决议决定的,应属于公司法调整范畴。因此,监事与公司之间的关系并非劳动争议事项,不应适用《劳动合同法》和劳动纠纷程序。①

(四)营利法人监督机构的职权

1. 营利法人监督机构的职权

依据本条规定,监督机构依法行使检查法人财务,监督执行机构成员、高级管理人员执行法人职务的行为,以及法人章程规定的其他职权。

(1)检查法人财务

整体上,监事会的监督职能一般包括两个方面:一是财务检查权;二是经营监督权。《公司法》第 53 条对监事会第一项职权就规定为"检查公司财务"。营利法人的财产财务状况是公司经营的指针和综合反映,直接涉及营利法人、出资人和利益相关人的利益,监事会通过各种形式随时了解公司的整体财务状况,可以起到两方面的作用:其一,通过财务监督,可以按图索骥,发现执行机构成员违法违规或违反公司章程的行为;其二,及时向权力机构披露公司财务状况,便于权力机构通过召开临时会议等措施,提出应对措施,纾缓公司危机。

监督机构要承担财务检查的权能,必须满足如下条件:一是成员必须具有

---

① 参见徐慧莉、张宏毅:《监事报酬应属于公司法调整范畴而非劳动争议事项》,载《人民司法》2016 年第 2 期。

专业的财务知识,以履行财务监督的专业职能。二是监督机构必须有获得法人财务信息的权利,即通过列席董事会等方式获得财务信息。但执行机构成员的这种权利和股东知情权不同,它属于公司治理的内容,并非民事权利,执行机构或其成员以其知情权受到侵害为由提起的诉讼不具有可诉性,法院不予受理,已经受理的,应当裁定驳回起诉。① 三是保障执行机构的财务调查权及其费用。《公司法》第 54 条第 2 款规定,监事会、不设监事会的公司的监事发现公司经营情况异常,可以进行调查;必要时,可以聘请会计师事务所等协助其工作,费用由公司承担。

(2)监督执行机构成员、高级管理人员执行法人职务的行为

监督机构的另一项重要监督职能是,监督执行机构成员、高级管理人员执行法人职务的行为。这种对行为的监督涉及三个层面:一是国家法层面,监督执行机构成员、高级管理人员的行为是否符合法律、法规,尤其是有无违反信义义务和注意义务。二是法人章程层面,监督执行机构成员、高级管理人员的行为是否符合公司章程。三是权力机构决议层面,监督执行机构成员、高级管理人员的行为是否执行了权力机构的决议。这种监督也是专业监督,不仅需要监督机构的成员具有相应法律知识,而且还需要一定的商业判断能力。

监督机构发现执行机构成员、高级管理人员违反法律、法规、法人章程或权力机构决议时,有权要求董事和经理停止上述行为并予以纠正;对违反法律、行政法规、公司章程或者权力机构决议的执行机构成员、高级管理人员,可以向权力机构提出罢免的建议;《公司法》第 54 条第 2 项对此作了明确规定。此外,监督机构还可以对违反法定义务、损害法人利益的监督执行机构成员、高级管理人员提起诉讼。

本条并未规定监督机构行使这些职权时的费用承担问题,《公司法》第 56 条明确规定,监事会、不设监事会的公司的监事行使职权所必需的费用由公司承担。在解释上,这一规定同样适用于非公司类的营利法人。

(3)公司章程规定的其他职权

本条对监督机构的权力规定较少,《公司法》第 53 条规定了监督机构的职

① 参见司伟、王灯:《公司监事无权提起知情权诉讼》,载《人民司法》2010 年第 22 期。

权，包括提议召开临时股东会会议和特定情形召集和主持股东会会议的权力、向股东会会议提出提案的权力；第110条规定了监事提议召开董事会临时会议的权力。非公司类的营利法人也可以通过章程，赋予监督机构这些权力。此外，各类营利法人均可通过章程赋予监督机构更多权力，如选择会计师事务所的权力等。

2. 营利法人监督机构监督的特征

营利法人内部对执行机构成员、高级管理人员的监督来自三个方面：一为专门监督机构的监督；二为权力机构的监督；三为执行机构的自我监督。监督机构的监督是最重要的监督，它与其他两种监督存在较大差异。

权力机构的监督主要体现在两方面：一是选任和罢免执行机构成员、高级管理人员；二是通过决议，对违反信义义务的执行机构成员、高级管理人员提起诉讼。执行机构的内部监督首先体现在执行机构成员之间的相互监督，其次体现为执行机构对其聘任的高级管理人员的监督。在采单层董事会的英美法系国家，董事会兼具经营机关和监督机关的性质，独立董事可以实现对董事会内部董事的监督。在两大法系中，董事会对其选任的经理层都具有监督职权。

与营利法人其他机构的监督职能相比，监督机构的监督具有如下特征：(1)法定性。监督机构通常是营利法人的法定必备机构，法律规定了其底限的监督职权，监督权的行使不以监督对象同意为条件。(2)独立性。监督机构在法律和章程规定的范围内行使监督权，有权排除他人的非法干涉。监督机构与权力机构的决策权和执行机构的执行权相对独立，监督机构成员的身份独立、意志独立以及财产独立，监督机构行使职权的费用亦由法人负担。这样才能保障监督机构从中立的立场进行监督。(3)受限性。为保障法人治理结构中权力的制衡，监督机构的监督应为合法性监督，而不是妥当性监督。如果监督机构监督执行机构成员、高级管理人员经营活动的妥当性，将会越俎代庖，代替执行机构对经营活动进行判断，有损法人内部权力分配的合理性。

三、其他问题

(一)营利法人监督机构权力的行使方式

从权力运行的逻辑上说，营利法人监督机构应和执行机构一样，通过召开会议作出决议的方式行使职权。《公司法》第55条、119条也规定,监事会决议应当经半数以上监事通过。

但是,监督机构的成员也应享有平等的、独立的监督权,其监督权并非必须通过监事会作出决议后才能行使。因为监督机构的职责是尽可能通过财务监督和合法性监督,发现执行机构成员违法、违规或违反章程损害股东利益的行为。如果均要通过人头多数决的集体议事方式作出决议,可能延误监督时机,降低监督的频率,减损其监督功能,所以其监督机构权力的行使应当与负责经营决策的执行机构的议事方式存在差异。监督机构的成员均应平等地享有和行使监督的权力,享有平等获得法人经营信息、财务监督和检查等方面的权力,通常无须通过形成集体决议行使职权。

许可监督机构的成员单独行使监督权,可以形成对法人执行机构成员经营活动的持续、动态和日常性监督,且可以将法人执行机构的活动全面纳入监督之内,提升监督的效率和效果。监督机构成员独立行使监督权,是它与执行机构成员的最大差异。

(二)通过章程扩大监督机构的职权

法律尽管赋予了监督机构广泛的权力,但在实践中,营利法人监督机构未能充分履行职责甚至形同虚设,是营利法人治理中最突出的问题。依据本条规定,营利法人完全可以通过制定章程或者扩充其职权的方式,落实监督机构完成监督职权。具体可考虑如下方案:

1. 赋予监督机构更多的监督手段

(1)赋予监督机构成员出席执行机构会议的权力。如《公司法》第54条第1款规定,监事可以列席董事会会议,并对董事会决议事项提出质询或建议。但没有规定监事会可列席经理办公会的权力,为矫此弊,章程可规定监事享有出席经理办公会的权力,并有权陈述意见。

(2)落实监督机构财务调查权的手段,扩大监事会在特定情形的调查权。监督机构之所以在实践中无法发挥监督作用,一个重要的原因在于缺乏监督能力,尤其是在财务监督方面。章程可规定监督机构有合理理由怀疑公司经营异常时,可以聘请专业人员进行财务审计,费用由公司承担;监督机构还有权每年聘请财务机构进行一次或两次财务审计。章程可规定在监督机构怀疑执行机构成员、经理人员存在损害法人利益的行为时,或作出有损公司利益的决议时,可请求召开临时股东会,报请股东会决议。章程可规定在这种情形下,监督机构可以自行直接召集临时权力机构大会而不仅是提议召集。这样既可避免监督机构干预执行机构的经营决策权和执行权,也可强化监督机构的监督权。

(3)章程可赋予监督机构对某些交易享有批准权或代表权。如营利法人与其实际控制人之间、执行机构成员与公司之间的交易,可赋予监事会以批准权;在执行机构的成员与法人之间发生交易时,赋予监事会代表公司的权力,以解决利益冲突问题。

(4)保障监督机构履职的费用。章程可规定,营利法人应每年为监督机构预支一部分费用,监督机构要求法人承担监督费用的,法人不得拒绝,除非能证明该费用与监事履行职务无关。

2. 明确监督机构成员的独立监督权,增强监督机构的独立性

首先,章程可以规定监督机构的成员有权进行监督,而无须监事会作出决议,以使监督机构实现动态、全面和日常的监督。其次,借鉴独立董事的做法,规定独立监事。即章程可规定监督机构三分之一的成员来自外部人士,而不是股东委派的代表,如来自与营利法人关系密切的交易方,或其他社会人士。章程还可规定监事任职的积极资格,如道德品质、专业水平和学历要求等。

3. 通过设置专业委员会,充分发挥独立董事的作用

依据现行法,独立董事在董事会中应发挥监督职能。从英美的经验来看,只有董事会设置了专业委员会,而且独立董事在专门委员会中占较大比重时,独立董事才能真正发挥作用。[①] 独立董事最能发挥作用的是提名、审计、薪酬三个委员会。其中,提名委员会负责评价公司执行机构的成员和高管,并向股东大会推荐相应的人员。它可以保障营利法人选任优秀的经理人,又可以防止法人被大股东、实际控制人或经理层控制。审计也是独立董事发挥监督职

① 参见[美]罗伯特·W.汉密尔顿:《美国公司法》,刘东祥译,法律出版社2008年版,第239页。

能的核心领域,通过审计可以克服委托代理中的“信息不对称”问题,使独立董事能掌握法人运行的真实经营状况和财务状况。薪酬委员会的职能是评价执行机构人员和高管的工作绩效,使其薪酬与工作相匹配,这也是独立董事发挥监督职责的重要领域之一。

第八十三条 【营利法人出资人的权利滥用】

营利法人的出资人不得滥用出资人权利损害法人或者其他出资人的利益。滥用出资人权利给法人或者其他出资人造成损失的，应当依法承担民事责任。

营利法人的出资人不得滥用法人独立地位和出资人有限责任损害法人的债权人利益。滥用法人独立地位和出资人有限责任，逃避债务，严重损害法人的债权人利益的，应当对法人债务承担连带责任。

一、历史由来

（一）本条来源

本条源于《公司法》（2005 年修订）第 20 条："公司股东应当遵守法律、行政法规和公司章程，依法行使股东权利，不得滥用股东权利损害公司或者其他股东的利益；不得滥用公司法人独立地位和股东有限责任损害公司债权人的利益。公司股东滥用股东权利给公司或者其他股东造成损失的，应当依法承担赔偿责任。公司股东滥用公司法人独立地位和股东有限责任，逃避债务，严重损害公司债权人利益的，应当对公司债务承担连带责任。"

在 2004 年《公司法》修订之前，《最高人民法院关于企业开办的其他企业被撤销或者歇业后民事责任承担的批复》（1994 年）第 1 条第 3 项、《执行工作规定》第 80 条、《企业改制规定》（2003 年）第 35 条等条款中，也一定程度上体现了本条规范的部分内容。

（二）条文演化

1. 民法总则建议稿与草案

《民法总则（草案）征求意见稿》（2016 年 5 月 20 日修改稿）中规定："营利性法人的成员应当遵守法律、行政法规和法人章程，依法行使成员权利，不得滥用成员权利损害法人或者其他成员的利益，不得滥用法人独立地位和成员有限责任损害法人债权人的利益。”

《民法总则(草案)》(一审稿)中将本条规定修改为营利法人出资人权利滥用的相关规定:“营利法人的出资人不得滥用出资人权利损害法人或者其他出资人的利益。法人的出资人滥用出资人权利给法人或者其他出资人造成损失的,应当依法承担民事责任。营利法人的出资人不得滥用法人独立地位和出资人有限责任损害法人的债权人利益。法人的出资人滥用法人独立地位和出资人有限责任,逃避债务,严重损害法人的债权人利益的,应当对法人债务承担连带责任。”之后的二审稿沿袭了本条规定。

《民法总则(草案)》(三审稿)在一审稿、二审稿前两款规定的基础之上,增加了“关联交易的滥用禁止”条款,作为其第三款。

最终,《民法总则》将三审稿中关于“关联交易的滥用禁止”的第 3 款移出单列为第 84 条,保留了本条规定前两款。

2. 学者建议稿

“人民大学稿”[①]规定:

企业法人的股东或者出资人仅以其出资为限承担民事责任,但股东或者出资人从事如下行为,严重侵害侵权人利益的,应当对法人的债务承担责任:

(1)企业法人的财产与其股东和出资人的财产无法区分的;

(2)用企业法人的财产为股东及出资人的债务提供担保的;

(3)股东或出资人占用企业法人的重要财产不支付任何对价的;

(4)股东或出资人与企业法人进行关联交易,损害侵权人利益的;

(5)未经清算程序即办理注销登记的;

(6)法律规定的其他情况。

二、规范目的与含义

(一)规范目的

本条规范主要规定的是禁止营利法人出资人滥用股权的义务。其中第 1

① 王利明主编:《中国民法典学者建议稿及立法理由 · 总则编》,法律出版社 2005 年版,第 179 页。

款规定的是，禁止营利法人的出资人滥用出资人权利损害法人或者其他出资人的利益，第 2 款规定的是，法人人格否认规则。

1. 禁止出资人滥用出资人权利损害公司和其他股东的权利

营利法人治理结构最突出的特色在于，它采用经济民主的运行逻辑和机制，以资本为中心展开，采取资本多数决原则。营利法人中的出资人平等体现为股权（股份）面前人人平等，即同股同权，出资份额越多，其表决权越大。这其实是为控股出资人提供了一种“法律上的利益”，赋予了他们实际控制公司的权力。传统以公司法为代表的营利法人法并没有规定禁止股东权利滥用的义务，更没有规定股东的信义义务，其首要原因就在于，股东有行使股权的自由，无须额外承担义务。另一个原因是，营利法人与其执行机构的董事、经理等在事实上存在委托关系，但股东与公司、股东与股东之间并不存在这种关系。

营利法人出资人应对公司和其他股东承担禁止权利滥用义务的基础有二：一是禁止权利滥用是权利行使的一般原则，依据《民法总则》，股权是一种民事权利，自然应受《民法总则》中关于禁止权利滥用原则的调整；二是事实上股权经常被滥用，尤其是大股东滥用股权损害法人和其他出资人的现象频发。在封闭公司中，由于公司股东人数有限，股东通常直接经营公司，而出资较多的大股东往往出任公司董事或经理，掌握公司主要经营权。因此，极易发生大股东滥用控制权损害小股东利益的情况。① 而且，营利法人的大股东往往可以通过行使股权（股份）的表决权，实际上取得公司的控制权，首先控制营利法人的权力机构，进而控制其执行机构，取得超出其股权（股份）的权力和利益，即所谓的“控制权溢价”（control premium）。在现实交易中，出让达到控制权比例的股权（股份），如 70% 的股权，往往比出让未达到控制权的股权（股份）的价格要高。这种控制权的真实存在，使营利法人的大股东完全可能滥用控制权，从事不利于公司利益的行为。

营利法人法律规范的根本目的是防范与矫正公司内各方主体之间的不正

① 参见朱慈蕴：《资本多数决原则与控制股东的诚信义务》，载《法学研究》2004 年第 4 期。

当利益侵蚀,以追求公司法上的利益平衡,①在营利法人被部分出资人实际控制时(通常是大股东,但也可能是小股东),赋予其禁止权利滥用的义务,可以促使其在追求自己股权利益最大化的同时,限制、约束其损害法人和其他出资人的动机和行为。

2. 禁止出资人滥用权利损害法人的债权人利益

出资人设立营利法人的主要目的之一是取得有限责任的特权,即营利法人对其债务以全部责任财产承担无限责任,出资人对营利法人承担出资义务,原则上不对营利法人的债务人承担责任,或者说以出资额为限对法人的债务承担有限责任。法人出资人与法人责任的隔离,是营利法人最大的优势。因此,出资人若控制了营利法人,完全可能掏空法人财产,从而损害法人债权人的利益。为了降低投资人承担有限责任的社会震荡,本条第2款规定了法人人格否认规则,以减少和遏制这种行为。

(二)规范含义

1. 滥用出资人权利损害法人和其他出资人的利益

营利法人出资人滥用出资人权利,损害法人和其他出资人利益的方式有三种:一是通过操纵股东会,做出有损法人和其他出资人的决议;二是通过控制董事会和经理层做出有损法人和其他出资人的决议或行为;三是私自从事有损法人和其他出资人的行为,如侵占法人财产等。但是,若出资人抽逃其出资的,尽管该出资已经成为公司财产的一部分,因《公司法》和民事诉讼执行规范已经对这种行为做出了专门规定,故本条规定不应适用于出资人抽逃出资的行为。

本条规范并没明确出资人滥用其权利损害法人和其他出资人利益的行为类型。在实践中,这类行为主要包括:(1)侵占或者擅自处分公司财产;(2)篡夺法人机会;(3)排挤与压榨公司股东,如法人营利,但大股东操纵股东会无正当理由不分配利润;(4)非公允价格的自我交易;(5)非公允价格的关联交易;(6)与第三人从事的恶意损害法人利益的交易,如低价增值等;(7)滥用职权导致公司损失,如恶意修改公司章程、长期不召开股东会导致公司出现僵局

① 参见张民安:《公司法上的利益平衡》,北京大学出版社2003年版,第1~2页。

等;(8)其他行为。如直接或间接干预法人的决策及生产经营活动、财务、会计活动,从事违法活动导致法人被行政罚款等。

滥用出资人权利损害法人和其他出资人的利益的,依据其行为类型的不同,产生不同的法律效力。公司可以请求其承担侵权责任、返还不当得利、行使归入权等。其他出资人可以请求其承担因股权被侵害而遭受的损失。

在司法实践中,本条规范的法律适用遇到的一大问题是,如果滥用权利的出资人违法损害法人利益,但并未在营利法人中担任董事、监事或高级管理人员时,在法人不起诉违法的出资人时,其他出资人能否提起代位权诉讼。按照《公司法》第 151 条第 3 款的规定,可以通过法律解释涵盖这种情形。《公司法》第 151 条第 3 款规定,“他人侵犯公司合法权益,给公司造成损失的,本条第一款规定的股东可以依照前两款的规定向人民法院提起诉讼”。《公司法》对“他人”的范围未作限定,在逻辑上是指第 151 条第 1 款规定的董事、监事、高级管理人员之外的人,应当包括未担任这些职务的出资人。因此,当公司中滥用权利的出资人违法损害法人利益时,符合《公司法》第 151 条第 1 款规定的股东,即有限责任公司的股东、股份有限公司连续 180 日以上单独或者合计持有公司 1% 以上股份的股东,可以提起代位权诉讼。

2. 滥用出资人权利损害债权人的利益

本条第 2 款规定,滥用法人独立地位和出资人的有限责任,逃避债务,严重损害法人的债权人利益的,应当对法人债务承担连带责任。它确立了法人人格否认规则。

(1)法人人格否认规则的界定

此规则源于英美判例法,后为一些大陆法系国家吸收。

营利法人人格否认,在美国又称为“揭开公司面纱”(lifting the veil of the corporation),在英国称为“刺破公司面纱”(piercing the veil of the corporation),德国称为“直索责任”(Durchgriffshaftung),它是指在营利法人出资人滥用独立地位和出资人有限责任,严重损害法人债权人利益时,就具体的法律关系,否认公司的独立人格和股东的有限责任,责令出资人对法人债权人承担连带责任的法律制度。因为它在个案中就具体法律关系直接否认了法人的独立人格,因此称为法人人格否认规则;它揭开了法人的面纱,使股东现身承担责任,故称为“刺破(揭开)公司面纱”;它直接让法人债权人追索股东的责任,故称为“直索”责任。

(2)法人人格否认的构成要件

法人人格否认规则的宗旨是为了追求正义,在营利法人的债权人和营利法人的出资人之间取得利益平衡。但在司法实践中,这种平衡相当难以维持。即使在这一规则的发源地英美法的规定中,其标准也远未明确,法院重视运用大量的比喻来说明其构成要件。[①] 本条规范和《公司法》第 20 条第 3 款一样也采用了很多原则性、抽象性表达,结合学说和司法实践,营利法人人格否认通常应具备以下要件。

第一,主体要件。依据本条规定,营利法人人格否认只能发生在具体法律关系中,是在个案中否认独立人格,因此,它应具备双方主体:一是受害人,即债权人,包括公司的自愿债权人和非自愿债权人;二是滥用人,本条规定为出资人,通常为控股出资人。

在实务中,法人人格否认的适用还存在三个问题:一是非营利法人能否适用。理论上非营利法人因为也可能从事营利活动,所以也存在人格被滥用的可能,因此若发生这种情形,可以类推适用本条规定。但这种情形应相当罕见。二是对实际控制人能否适用。从本条的文义解释来看,不应适用。另外,从法人人格否认应严格、谨慎适用的司法精神来看,也不宜扩大到实际控制人。传统的公司人格否认法理也认为该法理适用的对象(被告)为控制股东,即公司中具有支配地位的股东或握有该公司实质控制能力的股东(公司法人格的滥用者)。[②] 但鉴于实践中实际控制人滥用公司法人人格的情形不在少数,如控股出资人将自己的出资转让给偏远山区的农民,自己继续控制公司并滥用公司控制地位,因此,学界也有赞同说,主张对实际控制人也应适用法人人格否认规则。[③] 三是营利法人的其他股东、董事、监事和高级管理人员不能主张对出资人适用法人格否认规则,因本条保护的对象是法人的债权人,而不是法人本身或法人的出资人。

---

① 参见蒋大兴:《公司法的观念与解释Ⅱ》,法律出版社 2009 年版,第 326 页。

② 参见赵旭东:《法人格否认的构成要件分析》,载《人民司法》2011 年第 17 期。

③ 参见石少侠:《公司人格否认制度的司法适用》,载《当代法学》2006 年第 5 期。

第二,行为要件。依据本条第 2 款,行为人必须滥用法人独立地位和出资人有限责任,逃避债务才能适用法人人格否认,即必须存在出资人滥用法人人格的事实和行为。但哪些行为属于滥用行为,法律并未明文规定。在司法实践中,这些行为的类型主要包括:营利法人资本显著不足;滥用公司人格回避法律义务或者合同义务;公司法人人格的形骸化;其他情形。如欺诈合同债权人或恶意破产等。

首先,营利法人资本显著不足。资本不足并非指不符合法定最低资本额,而是指公司成立时的资本额与法人经营的事业和规模明显不成比例。因为法人资本是工商登记的内容,为债权人所知悉,债权人应承担相应的风险,所以这种情形如何平衡出资人的有限责任和债权人保护,颇为疑难。比较法和中国法实践一直承认这种类型,但《公司法司法解释(三)》基本排除了这种情形适用法人人格否认的可能性,其第 2 款和第 3 款规定,债权人可以请求未履行或者未全面履行出资义务的股东在未出资本息范围内,对公司债务不能清偿的部分承担补充赔偿责任,如果公司设立时出资人未履行或者未全面履行出资义务的,债权人还可以请求公司的其他发起人与被告股东承担连带责任。2014 年的《公司法》取消了最低资本的限制和实缴制的要求,但学理上依然支持对资本显著不足的情形适用法人人格否认规则。①

其次,滥用公司人格回避法律义务或者合同义务。前者是为回避公法上的义务(如逃税)或私法上的法定之债(如侵权之债),后者是指利用法人人格逃避合同债务。

再次,公司法人人格的形骸化。即营利法人和出资人完全混同,两者形式上独立,实质互为一体,法人不过是出资人的另一个形象和行为的工具。主要表现为出资人对公司的不正当控制和干预、法人和出资人的财产混同、业务混同,在母子公司情形,还可能存在组织机构混同,即"一套班子、两块牌子"的情况。

最后,其他情形,如欺诈合同债权人或恶意破产等。②

---

① 参见胡改蓉:《资本显著不足情形下公司法人格否认制度的适用》,载《法学评论》2015 年第 3 期。

② 参见《揭开公司面纱——法人人格否认制度理论与实务研讨》,载《中国审判》2008 年第 4 期。

本条规范使用了“滥用”“逃避”等措辞来说明出资人滥用行为的性质,只有出资人有损害债权人的主观恶意时,才能适用法人人格否认规则,从而将滥用法人人格的行为与其他损害债权人利益的行为加以区别。[①] 尽管理论上存在客观滥用论和主观滥用论的差异,但在司法实践中,通常是依据出资人的上述行为推定其主观恶意的,只要出资人逃避了债务,严重损害了债权人的利益即可。

第三,结果要件。依据本条规定,滥用行为必须造成了逃避债务、严重损害公司债权人利益的结果,才能适用法人人格否认规则。首先,债权包括合同之债、侵权之债、劳动之债、税收之债等,[②]在司法实践中,我国涉及合同之债和侵权之债的案件在刺破率上也并没有明显不同。[③] 其次,“严重”应当是指导致法人没有足够财产清偿债务,若出资人否认了法人人格,但法人的责任财产足以清偿债务的,并没必要适用法人人格否认规则。最后,“严重”不宜引入具体数字标准。在我国公司面纱被成功刺破的案例中,最低的损害金额是11860元,最高的是1674万元;而在公司面纱未被刺破的案件中,最低的损害金额是58032元,最高的是1100万元。[④] 这表明我国司法实践也并未以债务数额作为“严重”的标准。

(3)营利法人人格否认的举证责任

依据诉讼主体处分权原则,法人人格否认应根据受害当事人的请求作出,而不应由法院主动适用。在债权人主张适用法人人格否认规则时,债权人应承担结果意义上的举证责任;而对“谁主张,谁举证”这一行为意义上的举证责任,债权人应证明出资人存在滥用法人人格的事实和行为。鉴于这种证明难度过大,在司法实践中,可借鉴的方法是:原告只提供基本证据,由被告证明其没有滥用公司法人人格的行为,若不能提供证据予以证明,将承担不利的举证后果,[⑤]法院可据此认定被告存在滥用行为。但是,对合同债权人的证明标准,

① 参见赵旭东:《公司法人格否认规则适用情况分析》,载《法律适用》2007年第10期。

② 参见王保树、崔勤之:《中国公司法原理》,社会科学文献出版社2006年版,第48页。

③ 参见黄辉:《中国公司法人格否认制度实证研究》,载《法学研究》2012年第2期。

④ 参见黄辉:《中国公司法人格否认制度实证研究》,载《法学研究》2012年第2期。

⑤ 参见朱慈蕴:《法人格否认司法解释之建议》,载《人民法院报》2011年6月8日,第7版。

法院可以从严把握,因为自愿债权人应当为其自愿选择与公司进行交易而承担风险。①

依据《公司法》第64条,在一人公司的情形下,股东应承担自己财产与公司财产分离的举证责任,举证不能的即可适用公司法人人格否认规则。这一规定在适用法人人格否认规则的举证责任方面,区分了一人公司和其他公司,对一人公司适用"法人人格滥用推定"制度。在立法论上,也有观点认为这种做法违反了平等原则,并有可能使一人公司失去实际意义,因此应取消专门针对一人公司的"法人人格滥用推定"制度。②

(4)营利法人人格否认的法律效力

第一,对公司的适用后果。法人人格否认不过是在特定的法律关系中否认法人的独立人格,并非彻底、永久地消灭法人资格,法人并不因此被撤销或被解散。法人人格否认的效力限于具体的法律关系,并不涉及其他法律关系。

第二,对出资人的适用后果。法人人格否认的责任效力仅限于实施滥用行为的出资人,对其他股东不发生法律效力。依据本条规定,发生滥用法人人格的情况时,出资人"应当对法人债务承担连带责任"。此时,出资人对法人债务承担无限清偿责任,而不再受其出资额的限制。但这种责任是补充连带责任,即股东对法人不能清偿的部分承担连带责任,还是直接连带责任,即股东对法人的全部债务承担连带责任,本条规范并未明确。为尽可能不动摇出资人有限责任的法律原则,加之出资人承担补充责任又无害于债权人利益,宜解释为补充连带责任。

法人人格否认的适用将使出资人承担较重的责任,因此必须经过审判程序,给予其辩护的机会。在执行阶段发现营利法人无力偿债或者难以偿债的,不能直接以营利法人与出资人系同一体为由,执行出资人的财产。③ 即使对一人公司的股东也应如此。《最高人民法院关于民事执行中变更、追加当事人若干问题的规定》第20条规定:"在执行中,一人公司的财产不能清偿全部债务

① 参见朱慈蕴:《公司法人格否认:从法条跃入实践》,载《清华法学》2007年第2期。

② 参见毛卫民:《一人公司"法人人格滥用推定"制度的法理评析——兼论公司立法的价值抉择》,《现代法学》2008年第3期。

③ 参见朱慈蕴:《公司法人格否认:从法条跃入实践》,载《清华法学》2007年第2期。

时,股东不能证明公司财产独立于自己财产的,申请执行人可申请变更、追加该股东为被执行人,对公司债务承担连带责任。"这一规定是否妥当,还值得深入研究。

三、其他问题

(一)法人人格否认规则适用范围的扩张

法人人格否认不仅有损法人制度的根基,而且还导致法官自由裁量权过大,因此各国均对其适用情形做了严格限制。但在我国,可能是因为出资人利用营利法人逃债的情形过多,法院往往扩大法人人格否认规则的法定适用范围。

1. 反向法人人格否认规则的适用

法人人格否认是在法人无力清偿其债务时,由股东对法人的债务承担连带责任;反向法人人格否认源于美国法,它适用于股东的债权人无法偿还债务时,判令由其控制的法人对其债务承担连带责任。与法人人格否认一样,它否定的也是营利法人的核心法则——资产分割(Assets Partitioning),即法人的财产与出资人的财产相互独立,法人的债权人优于股东的债权人优先受偿。

《公司法》第22条第3款和《民法总则》本条规范均未规定这一制度,但在司法实践中,沈阳中院在一个案例中运用了这一制度,认定母公司和子公司在人员、业务管理和资金方面存在人格混同。"股东须对公司债务承担责任,自不待言,而公司也须为股东债务承担责任,也应是公司法第20条有关法人人格否认规定的应有之义"。①

2. 姐妹公司

对同一实际控制人控制的、相互不存在持股关系的关联公司(俗称"姐妹公司"),彼此之间能否适用法人人格否认规则,现行法也未作任何规定。美国法通过"单一商业体"理论解决这一问题,即关系紧密的各关联公司可以被视

① 一审:(2009)北新民初字第2256号;二审:(2010)沈民二终字第264号。参见陈林、贾宏斌:《反向刺破公司面纱——公司法人格否认规则的扩张适用》,载《人民司法》2010年第14期。

为一个商业体,彼此都应为对方的债务承担连带责任。[①] 早在2008年,最高人民法院就在"中国信达资产管理公司成都办事处与四川泰来装饰工程有限公司、四川泰来房屋开发有限公司、四川泰来娱乐有限责任公司借款担保合同纠纷案"中,否认了同一控制人项下的数个姐妹公司的人格,判令它们对股东的债务承担清偿责任。[②] 最高人民法院2013年1月31日发布的指导案例15号(徐工集团工程机械股份有限公司诉成都川交工贸有限责任公司等买卖合同纠纷案)裁判要旨明确指出:关联公司人格混同,严重损害债权人利益的,关联公司相互之间对外部债务承担连带责任。但这些判决并未涉及实际控制人(如实际控制母公司的自然人)是否应承担连带责任。学理上对姐妹公司适用法人人格否定规则多持赞同态度。[③]

(二)控股出资人和实际控制人的信义义务

本条涉及的一个重大理论问题是:它是否确立了控股出资人和实际控制人的信义义务。对《公司法》与本条类似的规定,有观点认为,它首次确立了控制股东的诚信义务制度。[④] 要解释这一问题,首先应分析控股股东信义义务的内容。

传统理论既不承认出资人权利滥用,更不承认其信义义务,主要理由是股东行使股权是行使自己的固有权利,不应受其他股东的限制,而且控股出资人与董事、经理不同,并没有受公司委托。公司法上的控制股东诚信义务起源于美国最高法院1919年*Southern Pacific Co. v. Bogert*案,[⑤]其理由是控制股东实质享有对公司的控制权,是中小股东利益的受托人。控股股东只对公司和少数股东负有诚信义务,因为公司债权人可以基于法人人格否认规则要求控制股东对公司的债务人承担连带责任。

与董事的信义义务一样,控股出资人和实际控制人的信义义务也包括忠

---

① 参见黄辉:《现代公司法比较研究——国际经验及对中国的启示》,清华大学出版社2011年版,第112页。

② 参见最高人民法院(2008)民二终字第55号;李晓云:《关联企业人格混同的法人格否认》,载《人民司法》2009年第2期。

③ 参见朱慈蕴:《公司法人格否认制度理论与实践》,人民法院出版社2009年版,第19页。

④ 参见孙爱林:《关联交易的法律规制》,法律出版社2007年版,第104页。

⑤ 250 U. S. 483(1919).

实义务和注意义务。忠实义务解决的是利益冲突问题,它要求义务人将公司利益置于自身利益之上。它更强调忠诚这一道德主观心态。注意义务是指控制股东在从事公司经营时,应尽到一个谨慎的人在同等地位或情形下对所经营事项给予的相同谨慎义务。① 它更强调经营能力,通常亦采用商业判断规则认定义务违反。

从比较法上看,信义义务的主体经历了一个范围不断扩大的过程,从最初信托关系的受托人,发展到营利法人中处于受信关系的义务人,即董事、监事和高级管理人员,再发展到控股股东。但《民法总则》本条规定并没有确立营利法人出资人对公司,尤其是对其他小股东的信义义务,它只是禁止权利滥用这一规则适用于营利法人出资人的结果。当然,在立法论上,确有必要规定营利法人控股出资人的信义义务,以充分保障营利法人及其中小出资人的利益。

① 参见李建伟:《关联交易的法律规制》,法律出版社 2007 年版,第 326 页。

第八十四条 【关联交易的滥用禁止】

营利法人的控股出资人、实际控制人、董事、监事、高级管理人员不得利用其关联关系损害法人的利益。利用关联关系给法人造成损失的，应当承担赔偿责任。

一、历史由来

（一）本条来源

本条源于2005年修订后的《公司法》第21条："公司的控股股东、实际控制人、董事、监事、高级管理人员不得利用其关联关系损害公司利益。违反前款规定，给公司造成损失的，应当承担赔偿责任。"此前中国法律并没有专门就关联交易作出规范，只有中国证券业协会等机构制定的一些规范性文件。此外，《公司法》（2013年）第124条还对上市公司关联交易的程序进行规范："上市公司董事与董事会会议决议事项所涉及的企业有关联关系的，不得对该项决议行使表决权，也不得代理其他董事行使表决权。该董事会会议由过半数的无关联关系董事出席即可举行，董事会会议所作决议须经无关联关系董事过半数通过。出席董事会的无关联关系董事人数不足三人的，应将该事项提交上市公司股东大会审议。"其第148条还从董事、高级管理人员的行为禁令角度，规定董事、高级管理人员不得违反公司章程的规定或者未经股东会、股东大会同意，与本公司订立合同或者进行交易。董事、高级管理人员违反这一规定所得的收入，应当归公司所有。

（二）条文演化

1. 民法总则建议稿与草案

《民法总则（草案）》（三审稿）首次对"关联交易的滥用禁止"作出规定："营利法人的控股出资人、实际控制人、董事、监事、高级管理人员不得利用其关联关系损害法人的利益。利用关联关系给法人造成损失的，应当承担赔偿责任。”该规定作为第3款增加在“营利法人出资人的权力滥用”禁止性规定中(三审稿第82条)。

《民法总则》将三审稿关于“关联交易的滥用禁止”的相关规定,单列为第84条。

2. 学者建议稿

“人民大学稿”[1]规定:企业法人的股东或者出资人仅以其出资为限承担民事责任,但股东或者出资人从事如下行为,严重侵害侵权人利益的,应当对法人的债务承担责任:

……(四)股东或出资人与企业法人进行关联交易,损害侵权人利益的。

二、规范目的与含义

(一)规范目的

本条的规范目的是禁止营利法人的出资人、“董监高”利用其关联关系损害法人和其他股东的权利。关联交易是相当常见的一种交易类型。它具有节省交易费用、形成规模优势等优点,但也可被用于掏空公司、规避税收、粉饰公司财报等违法行为。[2] 在实践中,营利法人出资人、“董监高”利用关联交易损害法人利益、间接损害法人出资人利益的情形相当常见,尤其是在上市公司中,关联自然人和关联法人通过关联交易掠夺上市公司,严重损害公司、股民和公司债权人利益的现象司空见惯,甚至一些上市公司还因为不公允关联交易被掏空,造成社会财富的不合理、不公平转移。[3]《全国人民代表大会常务委员会关于批准2012年中央决算的决议》中提到,“银行间债券市场关联交易输送利益问题较为突出。审计共发现此类问题11起,涉及非法输送利益6亿多元,主要是一些工作人员利用主管或操作债券交易便利,以银行间债券市场价格波动为掩护,将其所在机构持有的债券低价卖给指定企业再加价回购,或

① 参见王利明主编:《中国民法典学者建议稿及立法理由·总则编》,法律出版社2005年版,第179页。

② 参见孙爱林:《关联交易的法律规制》,法律出版社2006年版,第23页。

③ 参见李中立:《加强公司关联交易法律规制的若干思考》,载《科技与法律》2010年第2期。

由指定企业加价转售,特定关系企业基本是无本套利”。这一审计材料充分说明了中国关联交易影响的广度和深度。2005 年《公司法》修订时增加调整关联交易条款的原因是“社会各方面普遍反映,一些上市公司的控股股东、董事、监事、高级管理人员和其他实际控制公司的人利用关联交易‘掏空’公司,侵害了公司、公司中小股东和银行等债权人的利益”。其立法目的为“规范上市公司治理结构,严格上市公司及其有关人员的法律义务与责任,推进资本市场的稳定健康发展”。[①] 本条在《公司法》的基础上,进一步规定所有类型的营利法人的控股出资人、实际控制人、董事、监事、高级管理人员均不得利用其关联关系损害法人的利益,以遏制损害法人利益的不公允关联交易。此外,本条规定也有利于保护在关联交易中受损的法人的出资人和债权人利益。

(二)规范含义

本条规定的是营利法人的控股出资人、实际控制人、董事、监事、高级管理人员利用其关联关系损害法人利益时的承担赔偿责任。

1. 关联交易的界定及其法律评价

(1)关联交易的界定

本条规范并未明确界定关联交易。《公司法》第 216 条第 4 项规定,“关联关系”是指公司控股股东、实际控制人、董事、监事、高级管理人员与其直接或间接控制的企业之间的关系,以及可能导致公司利益转移的其他关系。此外,《企业会计准则 36 号——关联方披露》(2006 年)第 7 条规定:“关联方交易,是指关联方之间转移资源、劳务或义务的行为,而不论是否收取价款。”《上市公司信息披露管理办法》第 71 条规定:“上市公司的关联交易,是指上市公司或者其控股子公司与上市公司关联人之间发生的转移资源或者义务的事项。”综合这些规定,关联交易包括两个要点:一是关联方之间存在控制与被控制关系;二是关联交易的内容或结果是发生利益的移转。关联交易可以界定为:营利法人与其关联人之间的财产性交易。

本条也并未明确规定关联交易的类型。《企业会计准则 36 号——关联方

---

① 关于《中华人民共和国公司法(修订草案)》的说明——2005 年 2 月 25 日第十届全国人民代表大会常务委员会第十四次会议。

披露》第8条规定关联方交易的类型包括:购买或销售商品、购买或销售商品以外的其他资产,提供或接受劳务,担保,提供资金(贷款或股权投资),租赁,代理,研究与开发项目的转移,许可协议,代表企业或由企业代表另一方进行债务结算,关键管理人员薪酬。《上海证券交易所上市公司关联交易实施指引》(上证公字〔2011〕5号)第12条规定的上市公司关联交易,包括:购买或者出售资产,对外投资(含委托理财、委托贷款等),提供财务资助,提供担保,租入或者租出资产,委托或者受托管理资产和业务,赠与或者受赠资产,债权、债务重组,签订许可使用协议,转让或者受让研究与开发项目,购买原材料、燃料、动力,销售产品、商品,提供或者接受劳务,委托或者受托销售,在关联人的财务公司存贷款,与关联人共同投资等。综合这些定义,只要是发生在关联方之间并导致资源或义务移转的事项,均构成关联交易。

依据不同标准,可以对关联交易作不同分类:依关联人的身份不同,可分为董事自我交易和控制股东自我交易;依交易的影响及内容不同,可分为零星关联交易、普通关联交易与重大关联交易;依交易发生的频率为标准,可分为偶发性关联交易与经常性关联交易;依交易的结果是否公允为标准,可分为公平的关联交易与不公平的关联交易;依不公平利益对于相关公司的损益方向,可分为输出型关联交易与输入型关联交易。[①] 具有重要法律实务意义的分类是按关联交易的缔结主体,将其分为直接关联交易和间接关联交易。前者是指关联主体与公司之间发生的直接交易关系,如买卖、租赁、贷款、担保等合同关系;后者是指可能导致利益转移的其他交易形式,如共同董事、管理报酬和公司机会以及同业竞争等,[②]在这种关联交易中,关联方并不直接与营利法人发生交易,而是通过其他协议或者安排导致法人利益转移,如控股股东通过其近亲属控制的营利法人与营利法人缔结合同。

关联交易的法律特征是:①交易双方法律地位平等。交易双方在法律上是平等主体的当事人,合同表面上也是基于双方的自由意志订立的。②交易双方存在直接或间接的控制关系。这种控制关系在不同关联交易中的表现不

---

① 参见李建伟:《关联交易的法律规制》,法律出版社2007年版,第56~68页。

② 参见施天涛、杜晶:《我国公司法上关联交易的皈依及其法律规制——一个利益冲突交易法则的中国版本》,载《中国法学》2007年第6期。

同:在直接交易的关联交易中,双方之间存在基于股权、基于营利法人执行人身份(董事或高级管理人员)产生的控制权,其结果是使被控制一方的营利法人要么受制于对方的意志(如母子公司之间的交易),要么根本就没有自己的意志(如控股出资人和营利法人之间的交易);在间接关联交易中,关联交易的双方虽然不存在法律上的股权控制和基于执行人身份产生的控制,但一方能通过协议安排(如 VIE/协议控制中的被控制方)或其他关系控制关联交易中的另一方。因此,关联交易的双方当事人在法律上虽然平等,但只是形式平等,实际上双方的地位并不平等。③关联交易中存在基于身份关系产生的利益冲突。任何交易的双方当事人都存在利益冲突,但关联交易的双方存在控制与被控制关系,关联交易导致的利益或义务的移转就可能偏离商业交易判断产生的利益冲突,而可能基于控制关系产生不公允的利益移转,造成不公平后果的系数也相对较高。

(2)关联交易效力的法律评价

关联交易利弊互见,法律对其持中立态度,既不一概承认其效力,也不简单否认其效力,而是从两个层面进行规范。

第一,营利法人规则。一是某些制度设计避免关联交易损害法人利益,如关联股东表决回避制度[《公司法》(2013 年)第 16 条 3 款]、董事会表决回避制度[《公司法》(2013 年)第 12 条]等。《企业会计准则 36 号——关联方披露》第 2 条还要求,企业财务报表中应当披露所有关联方关系及其交易的相关信息。对外提供合并财务报表的,对于已经包括在合并范围内的各企业之间的交易不予披露,但应当披露与合并范围外各关联方的关系及其交易。二是对不公允的关联交易,既否认其法律效力,又规定行为人应对法人承担损害赔偿责任,如《民法总则》本条规范。

第二,合同法规则。法律对关联交易评价的首要难题是以何种标准认定关联交易的效力。关联交易合同虽然出现在营利法人领域,但它作为一种合同交易,应然受《合同法》等民法规范。有学者认为,作为新型合同类型的关联交易合同,确实对民法的平等原则、自愿原则和公平原则带来了严重挑战,传统的合同效力规则及代理规则对其并不具有普遍和当然的适用性。公司法实践中要求解答的"何为违反法律的关联交易内容公平或公允"的问题,并不能从传统合同法中找到确切的答案。立法者应当充实一定的合同效力规则,以明确关联交易合同的效力状态。[①] 但关联交易作为一种合同,虽然它的主体之间具有被法律特殊关注的关系,但其效力并不取决于主体之间的特殊关系,而应按照合同法规范予以判断。学界有观点认为,关联交易是否具有法律效力,主要取决于它是否公允,是否损害了交易一方的利益。关联交易有效性的标准是公平标准,包括平衡运用程序公平与实质公平。同时,关联交易具体表现形式不同,对公平审查的侧重也应有所差异。按照现代"公平标准"要求,从事利益冲突交易的利害关系人要证明其所进行的交易是公平的,除了要满足强制披露义务外,还要满足以下三个条件之一:①非利害关系股东同意;②非利害关系董事同意;③证明交易是公平的。[②]

《最高人民法院关于人民法院为企业兼并重组提供司法保障的指导意见(法发〔2014〕7 号)》第 11 项规定:"依法规制关联交易,严厉禁止不当利益输送……公司股东、董事、高级管理人员与公司之间从事的交易,符合法律法规规定的关联交易程序规则,且不损害公司利益的,应当认定行为有效。"司法实践中,法院基本采用的是以交易价格标准来认定关联交易是否公允。[③]

关联交易涉及多方主体利益,简单运用价格标准判断关联交易是否公允并不妥当。因为恰好关联交易的主体具有特殊关系,所以双方的交易可能存在商业利益之外的考量,即使纯粹是为了商业利益,也可能是在某个关联交易中营利法人受到了损失,但在另一个关联交易中得到了弥补。综合来看,对关联交易合同效力的判断,应结合公司法上的程序机制,审查关联方所从事的关联交易是否符合程序正义的要求;若符合程序正义,再进入实质审查阶段,即综合关联交易双方的各种具体情形:控股股东是否滥用控制权、执行机构人员是否违反信义义务等因素,判断关联交易是否公允、是否应发生法律效力。

---

① 参见董安生、张保华:《缺失的合同效力规则——论关联交易对传统民法的挑战》,载《法学家》2007 年第 3 期。

② 参见施天涛、杜晶:《我国公司法上关联交易的皈依及其法律规制——一个利益冲突交易法则的中国版本》,载《中国法学》2007 年第 6 期。

③ 例如,"河北太行机械工业有限公司等诉 Expert Cost 有限公司(Expert Cost Limited)等决议纠纷案",(2015)冀民三终字第 2 号。

在理论上,如下公平原则的判断标准可供参考:

一是第三人替代规则。如该交易并非发生在关联方之间,而是发生在一方与第三人之间,则可以以一方与第三方之间的模拟交易价格确定公允价格。这种方法为行政法规和部门规章广泛采用,如《税收征收管理法实施细则》《商业银行与内部人和股东关联交易管理办法》《保险公司关联交易管理暂行办法》等。

二是专业人员审计评估规则。关联交易合同的交易条件(特别是价格条件)严重悖离审计报告结论或资产评估报告结论时,可以认定该关联交易为不公平的关联交易。中国目前有关公司重组、股权转让、企业产权交易等大量的行政法规和部门规章均采用了专业人员审计评估规则,如《企业国有产权转让管理暂行办法》《企业国有资产评估管理暂行办法》等。

三是商业判断规则。关联交易的决策者违背了正常的商业决策程序,或者当事人与该交易存在着利益冲突,或者该当事人行事不符合善意标准,或者此等交易对公司只有损害而没有任何利益,则此等交易属于不公平的关联交易。①

2. 控股出资人、实际控制人和高级管理人员的界定

本款的关联交易主体和损害赔偿责任主体包括控股出资人、实际控制人和高级管理人员。控股出资人有两种情形:一是出资份额在50%以上;二是虽然不到50%,但其出资份额所享有的表决权已足以对股东会、股东大会的决议产生重大影响。实际控制人是指虽不是营利法人的出资人,但通过投资关系、协议或者其他安排,能够实际支配法人行为的人,包括自然人和法人。高级管理人员指公司的经理、副经理、财务负责人,上市公司董事会秘书和公司章程规定的其他人员(《公司法》第216条)。本条的范围不仅包括董事、高级管理人员这些传统关联交易的主体,而且还扩张至控股股东、实际控制人和监事,充分体现了现代法的精神。②

① 参见董安生、何以:《论不公平关联交易赔偿中的实质公平原则》,载《理论界》2012年第10期。

② 参见施天涛、杜晶:《我国公司法上关联交易的皈依及其法律规制——一个利益冲突交易法则的中国版本》,载《中国法学》2007年第6期。

3. 滥用关联交易损害法人利益时的损害赔偿

(1)赔偿责任的性质

对控股出资人、实际控制人、董事、监事、高级管理人员利用其关联关系损害法人利益时的损害赔偿的性质,理论界有不同观点。

第一,侵权责任说。主张这种责任构成侵权责任,应符合侵权责任的“四要件说”:(1)侵权行为,包括非真实关联交易、非公开关联交易、非公允关联交易中的抽取利益型关联交易等违反法律法规的行为。(2)因果关系,侵权行为与受害人的损害之间有因果关系。(3)损害事实,受害人的财产遭受了损失。(4)主观过错,侵权人在实施侵权行为中具有故意或过失。① 司法实践中,很多法院将其界定为侵权责任,并采用过错责任归责原则。② 而且,法院推定公司股东系基于理性的商业判断就公司的经营计划形成决议。在此前提下,即使公司事后因该经营行为产生亏损,亦应认定该亏损属正常的商事交易风险,而不能将经营结果的盈亏作为标准判定参与决议的股东对亏损承担侵权责任。原告应承担证明公司各股东在形成决议的过程中存在滥用股东权利或其他过错的举证责任。③

第二,非侵权责任说。非侵权责任说认为,法律对关联交易的评价重点在于它是否违反了决议程序或者造成了不公平的后果,而合同存在效力瑕疵时,除非发生责任竞合,否则不产生侵权责任。关联交易产生的赔偿责任可能是缔约过失责任或者特殊情况下的合同责任。如关联交易合同被撤销时发生缔约过失责任,公司作为有撤销权的一方当事人,有权要求对方赔偿公司因合同被撤销而遭受的损失。④

第三,综合责任说。主张关联交易之诉主要可以归纳为以下四类请求:①公司或股东请求与交易对方的合同无效及无效赔偿责任;②股东请求公司

---

① 贾军:《非正当关联交易侵权责任分析》,载《法学论坛》2004 年第 3 期。

② 例如,“海通强设备安装有限公司与太仓约翰亨利实业有限公司损害公司利益责任纠纷案”,(2009)沪高民二(商)终字第 19 号。

③ 例如,“上海高金股权投资合伙企业(有限合伙)诉休宁中静华东有色投资有限公司等公司关联交易损害责任纠纷案”,(2015)苏商初字第 00026 号。

④ 参见张保华:《关联交易概念辨析——以“交易”为视角》,载《新疆大学学报》(哲学·人文社会科学版)2011 年第 3 期。

的股东会决议、董事会决议无效或撤销;③公司或股东请求关联人赔偿关联交易损失或请求返还关联交易所得;④公司或股东请求非关联董事承担职务失职赔偿责任等。除上述交易双方的合同责任外,当关联人违反信息披露义务对关联交易信息未披露或披露不当的,遭受损害的股东有权向关联人提起侵权损害赔偿之诉;对非关联董事未尽注意义务表决批准关联交易的,遭受损害的股东有权请求非关联董事承担职务失职赔偿责任等。总之,关联交易合同双方之间所涉的民事责任主要为合同责任,非直接交易方之间则主要涉及侵权责任、法定归入责任以及特殊情形下违约与侵权责任的竞合。①

法人因为控股出资人、实际控制人、董事、监事、高级管理人员从事关联交易受到损失的,这种损失是上述主体违反信义义务的结果,这种义务的目的之一是保护法人的利益,应当构成侵权损失。

(2)请求权主体

在解释上,因关联交易受损的营利法人当然可以作为原告请求上述加害人赔偿其所受损失。在存在董事、监事、高级管理人员时,若公司不起诉的,有限责任公司的股东、股份有限公司连续180日以上单独或者合计持有公司1%以上股份的股东还可以提起代位诉讼(《公司法》第151条)。但是,对实际控制人和没有董事、监事、高级管理人员的控股出资人,公司若不起诉的,其他出资人能否提起代位之诉,现行法并没有规定。

① 参见陈洁:《论不当关联交易的司法救济》,载《人民司法》2014年第19期。

第八十五条 【营利法人权力机构、执行机构决议的撤销】

营利法人的权力机构、执行机构作出决议的会议召集程序、表决方式违反法律、行政法规、法人章程，或者决议内容违反法人章程的，营利法人的出资人可以请求人民法院撤销该决议，但是营利法人依据该决议与善意相对人形成的民事法律关系不受影响。

一、历史由来

（一）本条渊源

《民法通则》并未规定营利法人的权力机构、执行机构所作出的决议的效力。最初规定这一问题的是1993年的《公司法》。其第111条规定："股东大会、董事会的决议违反法律、行政法规，侵犯股东合法权益的，股东有权向人民法院提起要求停止违法行为和侵害行为的诉讼。"《民法总则》的本条规范来自于现行《公司法》第22条："公司股东会或者股东大会、董事会的决议内容违反法律、行政法规的无效。股东会或者股东大会、董事会的会议召集程序、表决方式违反法律、行政法规或者公司章程，或者决议内容违反公司章程的，股东可以自决议作出之日起六十日内，请求人民法院撤销。股东依照前款规定提起诉讼的，人民法院可以应公司的请求，要求股东提供相应担保。公司根据股东会或者股东大会、董事会决议已办理变更登记的，人民法院宣告该决议无效或者撤销该决议后，公司应当向公司登记机关申请撤销变更登记。"

（二）条文演化

《民法总则》草案采取营利法人和非营利法人分类之后，就一直有本条规定。但各草案的相关条文与本条相比，多了"营利法人的权力机构、执行机构的决议内容违反法律、行政法规的无效"的规定。本条规定之所以最终没有纳入决议无效的规定，是因为《民法总则》将决议作为法律行为的一种，同时规定违反法律、行政强制性规定的法律行为无效，营利法人的的权力机构、执行机构的决议内容违反法律、行政法规的,适用《民法总则》第153条的规定。《公司法》第22条存在的一个问题是:是否决议的内容只要违反了法律、行政法规就无效。如果做肯定性理解,决议违法时无效的判断标准就和其他法律行为有所差异,因为后者无效限于"违反法律、行政法规的效力性强制规定",《民法总则》第153条调整决议的效力,还统一了决议行为和其他法律行为的评价标准,消除了《公司法》第22条存在的歧义。

二、规范的目的与含义

(一)营利法人决议撤销制度的意义

营利法人作为组织体并不具备自然人的血肉之躯,只能通过由自然人组成的法人机关形成公司的意志。法人机关通常是通过会议形式,按照特定的程序和意思规则,通过资本多数决或人头多数决的方式作出决议的。而决议一旦做出后,就对参与决议的所有人员产生拘束力。无论营利法人的权力机构采取资本多数决作出决议,还是执行机构通过人头多数决作出决议,都在表决权达到法律或章程规定的多数比例后,自动转化为营利法人的意思。决议作为团体意思吸收了个人的意思,作为决议参与人"公意"。但实际上,决议只体现了多数派的意志,少数派的异议不足以推翻决议。可见,决议行为与合同行为最大的差异就在于,决议并不以参与人的"合意"为前提,而是以多数人的意志为整个团体的意志。因此,决议行为的作出程序是否体现了多数派意志、尊重了少数派的权利,最终是否体现了"程序正义",对决议的效力应有重要影响。中国向来缺少"公司会议文化",而更看重"能人决策",[①]会议的议事规则和议事程序也相当不发达,本条对营利法人权力机构、执行机构决议的程序性要求,无疑将倒逼营利法人完善自己的议事规则和议事程序。

1.决议行为与合同行为的区别

《民法总则》将决议行为作为法律行为的一种重要类型,又将决议行为的程序纳入法律规范的范围毋庸置疑。决议行为与合同行为有两个根本性差异:一是程序。决议行为形成的是团体意思,只要决议者不是一致同意,意思

① 参见叶林:《股东会会议决议形成制度》,载《法学杂志》2011年第11期。

形成过程中可能存在多数人的意志压制少数人的意志的情形,它不"求同",也不许可"存异";而合同行为是各方意志的合致,双方均同意的内容才能纳入合同,但各方可以保留自己的意见,它求同但也不纳入"异"。二是内容。营利法人的权力机构、执行机构作出的决议未必具有民事权利和义务的内容,或者不直接产生民事权利和义务,它可能涉及投资方向、员工培训甚至春游等内容。而合同必然产生民事权利和义务的内容。因此,也有观点认为,将公司决议作为多方法律行为,纳入法律行为制度加以规范的做法不妥,因为在决议中,股东意思只是股东的单方意思表示,不是法律行为,也不产生权利义务关系变动的效果。① 虽然决议属于团体法调整的重要事项,民法关于意思表示瑕疵的内容也很难用于调整决议行为,但这并不意味着以调整合意见长的民法典不能对其进行规范。准确地说,法律对决议行为的调整范围比合同范围广泛:它不只调整决议的内容,而且调整决议产生的程序(尤其是召集程序和表决方式)。这种程序是法律应予调整的内容,因为权力机构成员在投票时行使的是其基于股权产生的表决权,执行机构行使的是基于其董事、理事身份产生的表决权,这些表决权都是法定权利,其行使自然也应受法律规范。

2. 可撤销决议与无效决议

《民法总则》本条规定的营利法人权力机构、执行机构决议的撤销事由虽然包括两种,即程序违法或违反章程、内容违反章程,但两者都可以统合为议事程序。因为决议的内容违反章程的,其实是在未修改章程的情形下推翻了章程的相关规定,比如营利法人的权力机构以二分之一的多数决作出的内容违反章程的决议,显然违反了修改章程需要的三分之二多数决。

可撤销决议与无效决议都是在决议作出(成立)后,对其进行第二层次的合法性评价。结合《民法总则》本条规定和第153条关于违反法律、行政法规效力性强制性规定的法律行为无效的规定,决议的撤销和无效的根本差异在于违法程度与对法益侵害的程度。具体有以下几点:(1)事由和对法益的损害不同。决议无效的事由限于决议的内容违法,它对利害关系人的法益损害较大,甚至有损国家利益和公共利益。可撤销的决议是决议程序违法或违反公

① 参见叶林:《私法权利的转型——一个团体法视角的观察》,载《法学家》2010年第4期。

司章程,或者其内容违反公司章程,其对法益的损害通常较小,甚至未必会实质性地损害法益。(2)法律效力不同。无效是法律否定性评价最强烈的一种效力形态,其效力是自始无效、绝对无效、确定无效,法院在诉讼中应依职权主动认定决议无效,而无须当事人主张,当事人也可通过抗辩等方式主张无效。可撤销决议在被撤销之前具有法律效力,只有在当事人起诉撤销时,法院才依法作出司法评价;若当事人不起诉撤销的,在撤销的除斥期间经过后,决议的瑕疵就因此消灭,成为生效决议。而且如果决议程序只存在轻微瑕疵,法院还可以维持其效力。可见,决议无效更偏重对法益的保护,偏重实质正义;而决议撤销则更关注维护效率,偏重程序正义。

3. 决议撤销之诉

提起决议撤销之诉是营利法人出资人固有的权利,这种权利不能通过营利法人的章程或权力机构的决议予以剥夺或限制。因此,决议撤销制度的根本目的和功能定位应在于维护原告股东受违法决议侵害的个体权利,撤销权是自益性而非共益性的股东权,原告股东通过诉讼,只能主张其自身受违法决议侵害的利益,而绝非充任其他利益同样受损股东甚至债权人和公共利益的代言人。决议撤销之诉对决议合法性的维护只是间接的、附带的而非必然实现的客观效果。① 但是撤销权并不以决议侵犯其出资人的个体利益为条件。

4. 实践意义

本条规定最突出的实践意义是对营利法人控制权进行法律控制。在实践中,营利法人的控制权人滥用控制权、损害其他出资人利益的现象并不鲜见。其滥用行为之一即违反法律、章程规定的议事规则和议事程序,利用多数表决权形成团体意思,作出有利于多数派、有损少数派及团体本身的决议。②《民法总则》的这一规定因纳入对团体意思形成机制的评价,使民法中意思表示瑕疵制度的内容更为丰满。

(二)营利法人权力机构、执行机构决议撤销的构成条件

从本条规定中可以看出,营利法人权力机构、执行机构决议撤销的具体条

① 参见丁勇:《股东大会决议撤销之诉功能反思》,载《法学》2013 年第 7 期。

② 参见蔡立东:《公司自治论》,北京大学出版社 2006 年版,第 169 页。

件有以下几点:

1. 决议撤销以决议成立为前提

依据本条规定,营利法人权力机构、执行机构的决议撤销条件是:营利法人的权力机构、执行机构的决议已经成立。如果一项决议未成立,则根本无法进入第二层次的效力评价阶段。而决议的成立则需要满足如下三个要件:

第一,具有权力机构、执行机构决议的外观。决议撤销之诉首先需要原告出具营利法人的权力机构、执行机构所作出的决议。在外观上,决议上应有出资人、董事(理事)的签字,或者有营利法人的印章。

第二,通过会议方式或法律、章程、议事规则或决议人共同同意的其他方式作出。原则上,营利法人的权力机构、执行机构的决议都应通过会议方式作出,通过会议这种方式,参与人能充分表达自己的观点、理解其他人的观点,说服别人或者被别人说服。但若法律另有规定,如《公司法》第 37 条第 2 款规定,股东对决议事项以书面形式表示一致同意的,可以不召开股东会会议,直接作出决定,并由全体股东在决定文件上签名、盖章。章程、议事规则另有规定或决议人一致同意的,也可以采取其他方式。

第三,达到多数决的要求。决议作为团体的意思,必须达到二分之一以上的资本多数决或人头多数决才能通过。法律、章程或议事规则有其他规定的,从其规定。若未达到多数决要求,则根本不存在决议要求的共同意思,不过是少数派意志而已,无法上升为团体意志。

2. 符合法律规定的撤销事由

本条规定了三种法定撤销事由:

第一,召集程序违反法律、行政法规、法人章程。启动营利法人权力机构、执行机构会议的程序,包括议案的提出、通知程序等,它是决议的初始程序。现行法对营利法人权力机构、执行机构会议的召集程序主要见于《公司法》,但内容也较为简略。在实践中,召集程序瑕疵主要表现在:

一是召集权瑕疵。营利法人的权力机构并非法人的常设机构,因此一般由执行机构召集,如《公司法》第 40 条规定,有限公司的股东会由董事会召集,董事会不能履行或不履行的,由监事会或代表十分之一以上表决权的股东可以自行召集和主持。执行机构会议则由执行机构的行政负责人或代表(如董事长、理事长等)召集,如《公司法》第47条规定,董事会会议由董事长召集;董事长不能履行职务或者不履行职务的,由副董事长召集;副董事长不能履行职务或者不履行职务的,由半数以上董事共同推举一名董事召集。若召集人不符合上述要求的,则构成召集权的重要瑕疵。此外,执行机构召集权力机构会议的,应首先由执行机构作出合法决议,否则亦构成召集权瑕疵。如公司董事长未经董事会决议擅自召集股东会。最后,若执行机构作出召开权力机构会议的决议存在瑕疵的,则执行机构据此召集权力机构会议的召集权也存在瑕疵。

二是召集通知程序瑕疵。召集通知程序瑕疵主要体现为:(1)通知方式瑕疵。现行法并未明确规定营利法人的权力机构、执行机构会议通知的方式,[①]若章程作了明确规定,则必须按照章程规定的方式进行通知,如章程约定以书面方式通知的,则以口头方式通知即构成通知程序的瑕疵。(2)通知时间瑕疵。营利法人的权力机构、执行机构会议之所以要提前通知,其原理与诉讼中的"防止突袭"类似,是为了给表决权人留下准备和思考的时间,如决定是否亲自出席会议或委托他人参与,或者干脆不参与;阅读候选人或投资项目的材料;与其他表决权人进行沟通等。因此,《公司法》第41条规定,有限公司股东会应当于会议召开15日前通知全体股东;另外,其第102条规定,召开股东大会会议,应当将会议召开的时间、地点和审议的事项于会议召开20日前通知各股东;临时股东大会应当于会议召开15日前通知各股东;发行无记名股票的,应当于会议召开30日前公告会议召开的时间、地点和审议事项。(3)通知中未载明议案。营利法人的权力机构、执行机构的会议是以议案为中心的,决议也是对议案的表决。通知最核心的目的并不是让表决权人知道会议的时间和地点,而是让其知道议案的内容,以便其决定是否参与会议。因此,通知上记载的议案范围决定了会议作出决议的范围,各国法几乎均将通知必须载明议案作为强制性要求,我国《公司法》第102条对股份有限公司股东大会的会议通知也要求其必须载明议案,但单独或者合计持有公司3%以上股份的股东提出的临时提案除外。(4)通知遗漏部分表决权人。表决权人参与会议是其

① 《上市公司股东大会议事规则》(2016年修订)第15条规定,召集人应当在年度股东大会召开20日前以公告方式通知各普通股股东(含表决权恢复的优先股股东),临时股东大会应当于会议召开15日前以公告方式通知各普通股股东(含表决权恢复的优先股股东)。

固有权利,若通知遗漏部分表决权人的,构成重要程序瑕疵。

第二,表决方式违反法律、行政法规、法人章程

表决方式不符合相关规定的常见类型包括:(1)无表决权人参与表决;(2)主持人无主持权或不当行使主持权利。权力机构和执行机构的会议主持人一般都由执行机构的代表人担任(董事长、理事长等),其有主持会议、负责确认出席股东、维护会议秩序等权力,对股东大会决议的作出常具有或直接或间接的影响。[①] 另外,主持人还有不许可某个或多个股东发言等权利。(3)表决事项瑕疵。权力机构和执行机构的会议目的是对议案进行表决,若会议超出会议通知载明的议案范围,表决其他议案的,则构成表决事项瑕疵。(4)表决方式错误。如违反章程或议事规则约定,采取鼓掌通过的方式,或采用"不反对就表示同意"的规则的,都属于表决方式的错误。(5)投票、计票、表决结果的宣布违反章程议事规则。如未按规定设置监票人,或未计票即公布投票结果等。(6)其他违反营利法人的章程或议事规则的事项,如未采用"一案一决",而是最后一揽子表决。(7)会议记录与签署事项违反法律、章程或议事规则的。

本条规定的"召集程序"和"表决方式"应做目的性扩张解释,将其范围等同于《公司法》第42、48、55条规定的"议事方式和表决程序",以纳入所有违反法律、章程规定的程序,如纳入不适当的开会时间或开会地点;股份公司无记名股票的股东未将股票交存公司即出席股东会;董事会拒绝将符合股东法律、章程或议事规则的临时提案交由股东大会等。《公司法规定(四)》(征求意见稿)第7条第2款规定,"召集程序"和"表决方式",包括股东会或者股东大会、董事会会议的通知、股权登记、提案和议程的确定、主持、投票、计票、表决结果的宣布、决议的形成、会议记录及签署等事项,显然也是对《公司法》第22条中的"召集程序"和"表决方式"做了扩张解释。

第三,决议内容违反公司章程

章程作为公司效力最高的自治文件,对权力机构和执行机构的表决权人

---

① 参见李建伟:《公司决议效力瑕疵类型及其救济体系再构建——以股东大会决议可撤销为中心》,载《商事法论集》总第15卷,第67页以下。

均发生效力。决议内容违反章程的，因其通常不损害国家利益、公共利益或第三人利益，故只产生可撤销效力。

法院在审查决议内容是否违反章程时，须关注决议内容违反的章程条款是否合法。作为裁判依据的章程条款，其内容必须是合法的。章程虽然是营利法人的自治规范，其内容也受法律强制性规范调整，尤其是《公司法》等市场主体组织法中涉及债权人、中小股东或出资人利益保护的强制性规范。

3. 营利法人的监事机构决议无法被确认无效或撤销

本条规定，营利法人的权力机构、执行机构的会议召集程序、表决方式违反法律、行政法规、法人章程，或者决议内容违反法人章程的，营利法人的出资人可以请求撤销。与《公司法》一样，本条规定请求确认无效或撤销的决议限于营利法人的权力机构、执行机构的会议，并不包括监督机构的决议。但本法第 80 条也和《公司法》一样，授予了监督机构“检查法人财务，对执行机构成员及高级管理人员执行法人职务的行为进行监督”的重要职权，监督机构作出的决议内容或者程序违法违章的，依然无法被确认无效或被撤销。唯一的救济途径是：公司监事会的决议在执行时损害公司利益的，公司可以提起损害赔偿之诉（《公司法》第 149 条）；公司不提起诉讼时，有限责任公司的股东、股份有限公司连续 180 日以上单独或者合计持有公司 1% 以上股份的股东可以提起代位损害赔偿之诉（《公司法》第 151 条）。

（三）营利法人决议撤销之诉

出资人提起的撤销之诉是形成之诉，即原告主张存在某种法律事实，当法院确认这种事实时，即判决形成新的法律关系。出资人的撤销请求被法院认可时，决议即被撤销，不再发生法律效力。

本条规定了营利法人的权力机构、执行机构决议的撤销权人是出资人，但并未规定决议撤销之诉的其他内容。而我国《公司法》第 22 条及《〈公司法〉司法解释四》则对此作了相对详细的规定。

1. 撤销之诉的当事人

第一，原告。依据本条规定，撤销之诉的原告为出资人，而且没有任何持股份额或者持股时间的要求，这一点与《公司法》第 22 条第 2 款相同。将撤销之诉的原告限定为出资人的原因有二：一是可撤销的决议对法益的损害较小，往往只侵害了程序正义,未必有损实质正义,因此法律对其容忍程度远大于无效决议。二是通常只有出资人和决议具有法律上的利害关系,为避免撤销权被滥用影响营利法人的正常经营,应对其主体作严格限制。《公司法规定(四)》(征求意见稿)的第1条将无效之诉的适格原告界定为公司股东、董事、监事及与股东会或者股东大会、董事会决议内容有直接利害关系的公司高级管理人员、职工、债权人等,而第2条则将撤销之诉的当事人限定为股东,而且要求在起诉时和案件受理后具有股东身份。原告不具有公司股东身份的,法院裁定驳回起诉。可见,在决议形成时具有股东身份,但提起诉讼时或诉讼过程中不再具有股东身份的人,并非适格原告,因为他不再与该决议具有法律上的利害关系。

撤销之诉的原告虽然是股东,但这里的"股东"的范围如何界定,在实务中还存在诸多疑难问题。

(1)决议形成后受让股权的股东。这类股东在决议形成时并非公司股东,但在受让股权后成为股东,可以依据《公司法规定(四)》(征求意见稿)第2条成为适格原告。这类股东在受让股权后成为公司股东,与决议的执行有法律上的利害关系。决议撤销权是股东的固有权,它附着于股权之上,随股权一道转让。股权上已经发生的撤销权,并不因股权转让而消灭,而应随着股权转让而转让。

(2)无表决权股东。这类股东虽然不享有表决权,但其出席股东会议的固有权利并不因此消灭,决议的执行也对其利益有直接或间接的影响,加之撤销权是以股东身份而不是以表决权为基础的,故股东并不因为没有表决权而丧失撤销权。

(3)缺席会议的股东。缺席股东仍享有撤销权,因为出席会议是股东享有的一项权利而非义务,股东可以依法行使也可以放弃,股东缺席股东大会只是决定放弃了表决权的行使,并未有放弃撤销权的意思。①

(4)瑕疵出资股东。瑕疵出资股东的分红权和表决权虽然可以依据章程限制,但撤销权作为股东固有的权利,可撤销决议的执行可能损害公司利益,

① 参见蔡立东、杨宗仁:《论股东会决议撤销权的主体及其行使》,载《当代法学》2008年第5期。

因此不宜限制瑕疵出资股东的撤销权。尤其是公司章程未剥夺其表决权的瑕疵出资股东,更应享有撤销权。

(5)隐名股东。隐名股东并未记载于其公司的股东名册和章程上,也未记载于工商登记簿上,因此无法向公司主张股东身份。即使公司对隐名股东与显名股东之间的协议安排知情,隐名股东作为真实股东,也只能通过表决权信托,以显名股东的代理人身份参与股东会和行使表决权。因此,隐名股东不应享有撤销权。

(6)对股东会决议表示同意的股东。这类股东是否享有撤销权,取决于其表决时是否知道或者应当知道决议存在可被撤销的瑕疵。若知道或应当知道的,意味着其认可了股东会决议的瑕疵,依据诚实信用原则,应丧失撤销权;反之则应享有撤销权。

本条并未规定董事(理事)和监事享有撤销权。从理论上说,他们都应享有撤销权。首先,对权力机构的决议,董事(理事)有执行的义务,监事承担了监督公司合规经营的职责,最能发现股东决议的瑕疵并予以纠正,因此也应享有撤销权。[①] 其次,对执行机构的决议而言,董事(理事)本身就是表决权人,而且执行机构的决议损害公司利益时,董事还可能对公司承担损害赔偿义务,因此董事执行机构应享有对执行机构决议的撤销权。监事作为盈利法人的业务检查机关,重点职责就在于监督执行机构,因此也应享有撤销权。

第二,被告。营利法人权力机构、执行机构决议撤销之诉的被告是营利法人,这是各国理论和实务的共识。《公司法规定(四)》(征求意见稿)第3条也规定了公司为决议撤销之诉的被告。一方面,营利法人权力机构、执行机构不具有诉讼主体资格;另一方面,营利法人的权力机构、执行机构作出的决议,形成的是法人的意思,而不是法人机关的意思。

2. 撤销权的除斥期间

鉴于撤销权的存在将导致营利法人权力机构、执行机构决议的效力悬而不决,影响决议的稳定性,各国或地区一般都规定了撤销权的除斥期间。本条并没有规定撤销权的除斥期间,但根据《公司法》第22条第2款规定,撤销权

① 参见王文宇:《公司法论》,中国政法大学出版社2004年版,第277页。

的除斥期间为60日,自股东会或者股东大会、董事会的决议作出之日起计算。该60日期限为客观期间,不能中止、中断和延长,故不考虑出资人不提起撤销之诉的主观状态。自决议作出之日起经过60日后,决议即使有瑕疵,也确定发生法律效力。此外,这一期间为法定期间,公司章程或者决议不能对其进行缩短或者延长。对公司形态以外的其他营利法人,撤销权的除斥期间则并不明确,只能类推本条适用。

3. 撤销之诉的审查内容

依据当事人处分主义原则,在决议撤销之诉中,法院只能依据当事人的主张审查决议作出程序是否存在瑕疵,或决议的内容是否违反章程,或者同时审查两者。法院不能对决议的内容是否合理进行审查,因为决议是否合理应由营利法人自己决定,而不能由法院决定,否则就违反了营利法人自治原则。但如果法院在审查过程中发现决议内容违反法律、行政法规的,则应主动判决决议无效。此外,法院也不能对决议的内容进行变更,否则也将有损营利法人的自治权。

(四)营利法人决议撤销的法律效力

营利法人权力机构、执行机构的决议被撤销后,因为决议是法律行为的一种,所以应同样适用《民法总则》第152条有关法律行为被撤销的规定。

决议被撤销后,视为决议自始未被作出,决议被撤销的判决溯及决议作出之时。依据决议内容是否与相对人存在法律上的利害关系,决议的效力又可分为两部分:

其一,对内效力。即决议被撤销后对公司的效力。营利法人的权力机构、执行机构作出的决议本来是法人的意思,自然对法人具有拘束力。在决议被撤销后,依据决议作出的行为应恢复原状,即恢复决议作出以前的状态。如有关增加"董监高"报酬的决议或分配红利的决议被撤销后,已经支付的报酬或分配的红利应返还于营利法人;根据决议已办理变更登记的,应当向公司登记机关申请撤销变更登记。

其二,对外效力。即营利法人依据该决议与相对人形成的民事法律关系。本条明确规定,"营利法人依据该决议与善意相对人形成的民事法律关系不受影响",其目的在于保护善意相对人的信赖和维持交易安全。这里的"善意"

是指相对人不知道也不应当知道公司据以与相对人发生法律关系的决议存在可被撤销的瑕疵,基于对决议效力的信赖与公司发生法律关系的,其信赖受法律保护。如接受公司担保,担保合同有效。相对人通常没有能力审查决议是否存在可被撤销的瑕疵,因此相对人只需对决议进行形式审查,就构成善意。最高人民法院在“招商银行股份有限公司大连东港支行与大连振邦氟涂料股份有限公司、大连振邦集团有限公司借款合同纠纷案”中,针对债权人接受担保人提供的伪造的股东会决议的效力,指出:“《股东会担保决议》中存在的相关瑕疵必须经过鉴定机关的鉴定方能识别,必须经过查询公司工商登记才能知晓、必须谙熟公司法相关规范才能避免因担保公司内部管理不善导致的风险,如若将此全部归属于担保债权人的审查义务范围,未免过于严苛,亦有违《合同法》《担保法》等保护交易安全的立法初衷。担保债权人基于对担保人法定代表人身份、公司法人印章真实性的信赖,基于担保人提供的股东会担保决议盖有担保人公司真实印章的事实,完全有理由相信该《股东会担保决议》的真实性,无须也不可能进一步鉴别担保人提供的《股东会担保决议》的真伪。因此,招行东港支行在接受作为非上市公司的振邦股份公司为其股东提供担保过程中,已尽到合理的审查义务,主观上构成善意。”①这一判决理由是符合交易现实的,也是公正的。此外,营利法人定向增发、合并分立等变更行为的决议,也不应因撤销受到影响。若决议有损小股东利益的,小股东可以请求损害赔偿。

三、其他问题

(一)营利法人决议的撤销与决议不成立、未形成有效决议

本条规定与《公司法》第 22 条对决议的效力瑕疵只区分了无效与可撤销,均未区分决议的撤销与决议不成立、未形成有效决议。在比较法上,营利法人权力机构、执行机构决议效力瑕疵有两分法与三分法:前者是将决议的瑕疵区分为无效与可撤销;后者是将其分为无效、可撤销与不成立。如 2005 年通过

① 最高人民法院(2012)民提字第 156 号民事判决书,载《中华人民共和国最高人民法院公报》2015 年第 2 期。

的《日本公司法典》第830条规定了股东大会决议不成立之诉和无效之诉,第831条规定四种情形的撤销之诉。

中国理论和实务界多主张采三分法,区分决议的可撤销与不成立,原因在于两者确实存在差异:决议不成立主要是事实问题,解决的问题是营利法人的权力机构、执行机构是否做出了决议。决议可撤销是法律问题,它解决的问题是,一个已经成立的决议,在法律上是否应做撤销的评价。一般认为,单从程序违法的严重性来判断决议不成立与可撤销也存在难题,关键在于权力机构、执行机构的会议通知未向全体有参与资格的人发出时,会议作出的决议是否成立。学界多持肯定说,认为如果公司完全没有经过召集、表决程序,而是由大股东私自伪造签名、虚构炮制公司决议,则公司决议行为的程序正义荡然无存,而此时该公司决议行为是不成立而非无效或者可撤销。①

决议不成立和可撤销的事由都属于程序瑕疵,其核心差异在于:可撤销决议的程序瑕疵严重程度弱于决议不成立,前者可以被补正;决议程序有严重瑕疵,以致无法承认决议在法律上存在时,决议不成立,其程序瑕疵是无法被补正的。② 其合理性在于使参与人知道会议的存在并决定是否参与会议和进行表决。若表决权人并未得到通知,往往就无法知道决议是否作出,也就无法在决议作出之日起60日之内提起撤销之诉。但在这种情形,若决议已经达到法律或章程规定的多数决,认定决议不成立,又与决议的形成机制矛盾:因为只要满足了多数决的要求(当然多数决必须是真实的,而不是伪造的表决),决议就已经成立,成为法人的意思。因此,决议的成立不应以通知全体为要件,而只需以满足多数决为要件。但控股股东未通知其他股东,单独作出的多数决,应认定为不成立,以保障其他中小股东的利益,不过无需强求通知全体股东。《公司法规定(四)》(征求意见稿)也并未要求通知全体股东,其第4条规定,决议在两种情形不成立:其一,公司未召开股东会或者股东大会、董

① 参见王雷:《公司决议行为瑕疵制度的解释与完善——兼评公司法司法解释四(征求意见稿)第4-9条规定》,载《清华法学》2016年第5期。

② 参见赵心泽:《股东会决议效力的判断标准与判断原则》,载《政法论坛》2016年第1期;李建伟:《公司决议效力瑕疵类型及其救济体系再构建——以股东大会决议可撤销为中心》,载《商事法论集》总第15卷,第63页。

事会,但是公司按照《公司法》第37条第2款或者公司章程的规定,不召开股东会或者股东大会而直接作出决定,并由全体股东在决定文件上签名、盖章的除外;其二,公司召开股东会或者股东大会、董事会,但是未对决议进行表决。

在司法实践中,中国一直存在认定决议不成立的实践。如在"张艳娟诉江苏万华工贸发展有限公司、万华、吴亮亮、毛建伟股东权纠纷案"中,法院就判决虽然实际控制公司的股东享有绝对多数的表决权,但并不意味着其利用控制公司的便利作出的个人决策过程就等同于召开了公司股东会议,也不意味着其个人意志即可代替股东会决议的效力。[①] 判决决议不成立的一个重要实益在于,决议不成立不受申请撤销决议的60日除斥期间的限制。[②]

此外,《公司法规定(四)》(征求意见稿)第5条创设了"未形成有效决议"这种效力瑕疵类型,其前提是公司召开了股东会或者股东大会、董事会并作出决议,但存在出席会议的人数或者股东所持表决权不符合公司章程的规定、决议通过比例不符合公司法或者公司章程的规定、决议内容超越股东会或者股东大会、董事会的职权等。但是,上述"未形成有效决议"的事由中,关于决议未达到多数决的事由,应系决议不成立;决议内容越权的,应区分系违反《公司法》的强制性规定还是章程规定:违反前者的,应为无效决议;违反后者的,应为可撤销决议。

(二)表决权瑕疵

从法律行为的构成来看,营利法人权力机构、执行机构的决议行为包括三个环节:一是表决权人的表决行为;二是决议行为的形成过程,即多数决的形成;三是决议的内容。若表决行为存在瑕疵,诸如欺诈、胁迫等,此时就会引发如下两个问题:

一是表决行为能否被撤销。表决权是团体法上的重要法律权利,其行使为单方法律行为,自然受一般意思表示规则的调整。因此,表决权的行使存在瑕疵时,表决权人当然可以予以撤销。

---

① 参见《最高人民法院公报》2007年第9期。

② 参见刘素霞:《伪造签名的股东会决议应不受撤销时效限制》,载《检察日报》2012年9月14日,第3版。

二是表决行为撤销后,决议的效力如何认定。首先,决议瑕疵不适用于传统的意思表示规则,而应适用团体法的规则,①因为传统意思表示规则适用于单个意思表示或多个意思表示合致的情形。其次,在表决权行使行为撤销后,决议的效力是否当然无效,应考虑在该表决权行使行为被撤销后,剩余的表决权的数量能否达到法律或者章程约定的多数决的最低数量,若能达到,则决议仍然成立;反之,则不成立。② 但对实务中伪造和假冒表决权人签字的行为能否适用这一观点,理论上有不同观点:认为只要决议存在假冒或伪造股东签字的,即使被假冒名义的股东仅持有较少表决权,未发生假冒或伪造也不足以推翻多数派决议的,该决议也因为程序违法而不具有法律效力。为了纠正伪造或假冒行为造成的违法结果,公司若要形成有效决议,只能另行依法召集会议。③ 但鉴于决议程序违法通常并不损害法益,从效率角度考虑,法人另行召集会议,同样会作出相同内容的决议,在决议达到多数决的情形中,伪造或假冒往往在法律上是毫无必要的,因此,在剔除伪造或假冒部分的表决权比例后,如果决议满足了多数决要求的,应认定为有效。

(三)营利法人决议的治愈

营利法人权力机构、执行机构的决议存在可被撤销的瑕疵时,首先可以因撤销权除斥期间的经过而被彻底治愈。

另外,在比较法上,一些国家和地区的公司法规定了决议效力瑕疵的另一种治愈方法,即全体表决权人同意可补正可撤销决议的瑕疵。在实践中,可运用于两种情形:一是异议股东虽然在发现程序时表达了异议,但事后也投了赞成票,支持决议通过;二是股东在发现程序瑕疵后,明示或者默示认可瑕疵程序。

中国法并未规定决议程序瑕疵的治愈,理论界多主张设置这一制度,但应将未当场明示反对从而视为同意决议的股东范围,限制在对起诉股东个人存

① 参见许中缘:《论意思表示瑕疵的共同法律行为——以社团决议撤销为研究视角》,《中国法学》2013 年第 6 期。

② 参见张旭荣:《法律行为视角下公司会议决议效力形态分析》,载《比较法研究》2013 年第 6 期。

③ 参见叶林:《股东会会议决议形成制度》,载《法学杂志》2011 年第 11 期。

在的程序瑕疵而未提出异议者。[①] 一些规范性文件间接涉及了这一问题。如《上市公司章程指引》第167条、《到境外上市公司章程必备条款》第58条,上市公司因意外遗漏未向某有权得到通知的人送出会议通知或者该等人没有收到会议通知,会议及会议作出的决议并不因此无效。《公司法规定(四)》(征求意见稿)第8条运用"禁反言"和诚实信用原则,规定存在下列情形之一的,决议不能撤销:"决议作出后,股东明确表示同意决议内容;决议作出后,股东以自己的行为明确表示接受决议内容;作出新的决议,实质认可股东诉讼请求的内容。"这就认可了具有程序瑕疵的决议的治愈。

(四)营利法人决议轻微瑕疵的裁量驳回

营利法人权力机构、执行机构作出的决议存在轻微瑕疵的,若动辄被撤销,不仅将可能导致出资人滥用撤销权,而且可能导致公司对内对外法律关系的不稳定,甚至影响公司的正常营业。因此,一些国家和地区规定了决议程序瑕疵的裁量驳回制度,由法院权衡程序瑕疵的决议被撤销后的利弊,若程序瑕疵轻微,而且未影响实质正义时,法院可以驳回撤销请求,有程序瑕疵的决议因此有效。《日本公司法典》第831条第2款、《韩国商法典》第379条、我国台湾地区"公司法"第189条等均规定了这种制度。裁量驳回的理论基础显然是"比例原则",其实质是赋予了法院自由裁定违反程序的决议的效力,并因此将具有程序瑕疵的决议分为三种:(1)最严重的程序瑕疵,发生不成立的效力;(2)显著严重的程序瑕疵,发生撤销效力;(3)显著轻微的程序瑕疵,不影响决议的效力。

《民法总则》本条规定和《公司法》并未按照决议程序瑕疵的严重程度区分决议的效力,但学界普遍持赞成确立裁量驳回制度,[②]以缓解规则的刚性和僵化适用。这一制度建立后,决议撤销的要件就相应地增加了"瑕疵严重"这一项。在司法实践中,一些法院已经采纳了这一标准,如认为在股东会决议没有侵犯股东的实体权益,也没有违反法律、行政法规、公司章程的规定时,该决

① 参见钱玉林:《论可撤销的股东大会决议》,载《法学》2006年第11期。

② 参见丁勇:《德国公司决议瑕疵诉讼滥用问题研究及启示》,载《比较法研究》2013年第4期。

议即使有瑕疵,仍为有效决议。[①] 在股东会会议通知比法定期限少了一天时,[②]会议记录欠缺部分股东签名[③]等情形,法院也判决该决议有效。从实质正义和程序正义的平衡看,这些判决值得肯定,但立法上应明确裁量驳回制度,以使法院裁判有法可依。

(五)营利法人决议撤销之诉的滥用

整体上看,现行法规范营利法人出资人撤销权的目的在于保护中小投资人的利益,立法的初衷是鼓励撤销权的提起,而不是限制。基于这一思路,撤销权没有设立股权(股份)比例的门槛,撤销事由严苛,而且原告可以轻易以提供担保的方式阻碍决议执行(《公司法》第 22 条)。但在实践中,至少一些上市公司小股东滥用撤销权,阻碍公司决议执行的案例已时有发生,因此,在立法论上,可区分公众公司和非公众公司,对公众公司,可参考《公司法》(2013年)第 151 条第 1 款,将股东提起撤销权的资格确定为"持有公司百分之一以上股份",或要求其持股时间达到半年;非公众公司则无需这一要求。

---

① 参见林燕贞:《有瑕疵的股东会决议也可以有效》,载《人民司法》2015 年第 12 期。

② 参见金文芳:《股东会召集程序瑕疵并不必然导致决议被撤销》,载《人民司法》2008 年第 12 期。

③ 参见陈道兵、苏国华:《欠缺部分股东签名的股东会决议应否撤销》,载《人民法院报》2011 年 6 月 16 日,第 7 版。

第八十六条　【营利法人的社会责任】

营利法人从事经营活动，应当遵守商业道德，维护交易安全，接受政府和社会的监督，承担社会责任。

一、历史由来

（一）本条渊源

本条规定了营利法人的社会责任。《民法通则》对此未有规定，本条源于《公司法》第5条："公司从事经营活动，必须遵守法律、行政法规，遵守社会公德、商业道德，诚实守信，接受政府和社会公众的监督，承担社会责任。"此外，《企业国有资产法》第17条第1款也规定："国家出资企业从事经营活动，应当遵守法律、行政法规，加强经营管理，提高经济效益，接受人民政府及其有关部门、机构依法实施的管理和监督，接受社会公众的监督，承担社会责任，对出资人负责。"

本条删除了《公司法》第5条"必须遵守法律、行政法规"的规定，意在使本条仅限于公司的社会责任。本条增设了营利法人的经营活动必须"维护交易安全"的规定。《民法总则（草案）》曾将"维护交易安全"作为一般原则，但因交易安全只在财产法领域适用，不适用于婚姻家庭和继承领域，不适宜作为一般原则，所以《民法总则》并未将其作为一般原则，但在本条做了规定。尽管本条只是在最后提到"承担社会责任"，但整个条款均为对营利法人社会责任的表述，"承担社会责任"不过是落脚点而已。

（二）条文演化

1. 民法总则草案

《民法总则（草案）征求意见稿》（2016年5月20日修改稿）规定："营利性法人从事经营活动，必须遵守法律、行政法规，遵守社会公德、商业道德，诚实信用，接受政府和社会公众的监督，承担社会责任。"《民法总则（草案）》（一审稿)删除了“必须遵守法律、行政法规”的规定,增加了“维护交易安全”的原则,将营利法人的社会责任总结为:“营利法人从事经营活动,应当遵守商业道德,维护交易安全,接受政府和社会的监督,承担社会责任。”之后各草案均沿袭以上表述。

二、规范目的与含义

(一)规范目的

本条规范的核心目的在于确立营利法人的社会责任,以明确营利法人社会责任的性质和范围。

传统上讲,营利法人的根本任务是追求出资人利益最大化,这体现为公司法和公司治理领域中的股东中心主义。营利法人的社会责任则滥觞于对这一理念的修正和补充。现代营利法人社会责任理论肇始于20世纪初的美国。一般认为,1924年谢尔顿最早提出了公司社会责任。[①] 其后,20世纪30年代,代表传统股东利益最大化的伯尔教授与代表公司社会责任的多德教授之间展开了一场著名的论战,以后者胜利告终。[②]

营利法人何以应承担社会责任,法理上有多种学说,如“利益相关者”理论、“企业公民”理论、“企业契约”理论、“企业系统”理论等。[③] 但理论界多以“利益相关者”理论作为营利法人社会责任的理论基础,1983年宾夕法尼亚州率先修改公司法引入“利益相关者条款”,允许经营者对更广泛的“利益相关者”负责,其后美国绝大多数州的公司法都引入了这一概念。“利益相关者”背后的核心观念是:营利法人不仅应追求企业经济效益的提升,而且还应致力于增进社会效益,“组织和运营公司的终极目标应是社会的整体利益”。[④] 这些利益涉及的主体除了股东外,就是利益相关者。但“利益相关者”是一个相当模糊的概念,涉及与公司利益有关的一切人,如劳动者、消费者、债权人、政

---

① 参见李立清、李燕凌:《企业社会责任研究》,人民出版社2005年版,第22页注1。

② 参见刘俊海:《公司的社会责任》,法律出版社1999年版,第42页以下。

③ 参见李雪平:《企业社会责任国际标准的性质和效力——兼议ISO6000制定中的法律问题》,载《环球法律评论》2007年第4期。

④ Henry Hansmann & Reinier Kraakman, The End of History for Corporate Law, 89*G EO. L. J.* 438, 441(2001).

府、社区、下一代等主体，但不包括股东，[①]或认为包括债权人、雇员、供应商、用户、消费者、当地住民以及政府代表等。[②] 中国实践中对营利法人的社会责任也做了类似解释，如《深圳证券交易所上市公司社会责任指引》(2006 年)中，将上市公司的社会责任界定为“上市公司对国家和社会的全面发展、自然环境和资源，以及股东、债权人、职工、客户、消费者、供应商、社区等利益相关方所应承担的责任。”

营利法人的另一个重要理论基础是“企业公民”理论，但它依然植根于“相关利益者”理论，目前是用于评估公司社会责任的最为密切相关的理论。[③]它认为，企业与自然人一样，是国家的公民，除了因其组织体的性质无法享有一些权利，如健康权外，基本享有与自然人相同的权利，甚至包括宪法上的政治性权利，而且营利法人是从社会大众中获取各种资源的，因此它应承担与其能力相匹配的义务来回报社会。

尽管学界普遍认可营利法人的社会责任，甚至高度评价《公司法》第 5 条，认为“这是我国社会主义公司法的一大特色，也是我国立法者对世界公司法的一大贡献。”[④]然而，理论界对营利法人的社会责任也有微词。反对的理由主要是：其一，公司的天性是营利，而不是承担国家应承担的公共职能或慈善机构从事的活动。营利法人践行社会责任将导致“财富的重分配”，但公司经营层并不适宜做这类公共服务事务的判断工作，因为这基本属于政治问题。[⑤] 其二，营利法人承担社会责任将会赋予法人经营者极大的自由裁量权，超越公司利益为利益相关者服务，容易导致经营者裁量权过大，但又无法依据“商业判断规则”确认其责任，经营者完全可能在造成法人损失时，以其行为是为了承担社会责任为托词，逃避对功能公司的赔偿义务。其三，公司社会责任并没有

① Michael C. Jensen, “Value Maximization, Stakeholder Theory, and the Corporate Objective Function”, 7 *EUR. FIN. MGMT.* 297, 302(2001).

② 朱慈蕴：《公司的社会责任：游走于法律责任与道德准则之间》，载《中外法学》2008 年第 1 期。

③ 参见朱慈蕴：《公司的社会责任：游走于法律责任与道德准则之间》，载《中外法学》2008 年第 1 期。

④ 刘俊海：《新公司法的制度创新：立法争点与解释难点》，法律出版社 2006 年版，第 553 页。

⑤ 参见刘连煜：《公司治理与公司社会责任》，中国政法大学出版社 2001 年版，第 165 页。

可行的实施机制,只是一个没有法律刚性约束的宣示性条款,而且公司社会责任的内涵模糊、边界不清,极易导致对公司社会责任的无限扩张,也可能导致有关机构和部门对公司经营行为的不当干预。[①] 但整体上,学界和实务界都认可营利法人的社会责任。

营利法人之所以应承担自然人并不承担的"社会责任",其根由在于两个因素:

1. 营利法人在现代社会无法被替代的重要性

营利法人承担社会责任的第一个基础来自于营利法人在社会中越来越重要的事实。营利法人成立的目的之一是克服单个个体力量的有限性,通过集聚自然人的力量从事大规模经营,从而获得更大的经营利润。市场经济的优胜劣汰机制使一部分公司的实力越来越强大,不仅经济能力上富可敌国,而且还具有了影响一国政治、社会甚至文化(如培养消费主义的文化观)的能力。这是社会分工的必然产物,公司的成立本身就是分工的结果,任何公司都有自己的资源禀赋和比较优势,通过与他人的交易获利。正如斯密所说,分工源于人性的自利因素——"请给我以我需要的东西吧,同时,你也可以获得你所需要的东西。"[②]在同行业竞争中脱颖而出的公司,其规模如同滚雪球一般越来越大,其性质也逐渐从单纯的商业机构,发展成一个社会和政治组织,[③]逐渐取得了经济利益以外的社会权力,在社会上具有举足轻重的作用和影响力。

现代公司的这种发展带来的直接社会效果是:在私法上,公司在交易中成为强势的一方,可能运用其经济能力在缔约中获得更多优势,因此法律通过格式合同、一般交易条款等制度予以控制;在公法上,大公司、大企业介入公共事务的能力越来越强,因此美国法运用"国家行为"理论对其进行规制,即将它们视为公法人,将其与其他市场主体进行的交易行为拟制为公法行为,从而对其

---

① 参见陈晓星:《企业社会责任法律规制的理性思考——兼评中国〈公司法〉第5条之规定》,载《中国商法年刊》2009年,第52页。

② [英]亚当·斯密:《国民财富的性质和原因的研究(上)》,王亚南、郭大力译,商务印书馆1994年版,第14页。

③ A. Berle & G. Means, *The Modern Corporation and Private Property*, rev. ed. Harcourt, Brace & World, Inc. 1968, 299ff..

进行公法调控,以限制其契约自由权利。它要求大公司应承担类似于公法人一样的义务,如强制缔约义务、反就业歧视等。

2. 营利法人功能的新定位

营利法人承担社会责任的第二个理由来自对营利法人功能定位的价值判断。营利法人的成立目的尽管源于社会分工,但在社会学上,营利法人本身还应具有社会整合功能。营利法人作为自然人的集合体,进行规模经营,实施集中管理,不仅有扩大自然人经济能力的功能,而且还通过构建一个职业共同体,促进了人与人之间的团结和社会整合。这是法国社会学家涂尔干最深刻的洞见之一:"严格说来,任何个人都不能自食其力,它所需要的一切都来自于社会,他也必须为社会而劳动……他已经习惯于把自己看作是整体的一部分,看作是有机体的一个器官……社会已经不再是把它的组成成员看作是可以随意摆布的物品,而是把他们看作是必不可少的合作伙伴,并对其负有一定的责任。"①公司法学界也有类似观点认为,公司是一个"情感共同体",②公司成员之间不仅是经济合作关系,而且还是社会合作关系,甚至成员之间还会产生荣辱与共的关系。

这种将营利法人作为社会整合媒介的观点,实际上是将营利法人和社会组织的功能趋同,其目的是矫正营利目的的过度发展对社会的危害,通过营利法人承担的社会功能这样一种价值理性来克服营利法人单一的经济理性。在现代社会中,"法人资本主义"的兴起几乎使所有人都是某个法人组织的成员,无数人为公司工作,传统的社会整合模式被打破。营利法人若能承担社会责任,尤其是对其员工承担更多的社会责任,将使营利法人与非营利法人一样,有效承担社会整合的功能,甚至成为一个"友爱共同体"或"情感共同体"。它不再是完全以理性、契约和利益为基础的组织,而是充满友爱、满足个体归属感和塑造人格的共同体。此外,营利法人和非营利法人一样都是个人与国家之间的中间团体,能在政治上起到缓和国家与个人矛盾的功能。晚近营利法人和非营利法人界限的模糊也证明了这一点。

---

① [法]埃米尔·涂尔干:《社会分工论》,渠东译,三联书店2000年版,第185页。

② 蒋大兴:《团结情感、私人裁决与法院行动——公司内解决纠纷之规范结构》,载《法制与社会发展》2010年第3期。

3. 社会连带理论与权责匹配理论

营利法人社会责任的伦理基础有二:

一是社会连带理论。社会连带理论认为,社会的存续离不开成员之间的信赖和合作,任何个体都与其他个体发生各种联系,彼此相互依存,组织体也如此。个人、组织体及其相互之间因此构成各种连带关系。① 营利法人的生存和发展都离不开社会各方的认可,如劳动者、消费者、银行、合作方等,营利法人和其他各方形成一种合作关系和利益相关关系,任何一个合作链条的失败,都可能导致营利法人无法生存。

二是权责匹配理论。营利法人的利润来自社会,若没有社会支持,它就无法生存,遑论发展,因此在某种意义上,营利法人在伦理上是"亏欠"社会的,作为一个伦理主体,它应对社会承担社会责任。此外,营利法人的出资人享有有限责任这种特权,在法人经营失败时,经营失败的风险是由债权人、劳动者等社会成员分摊的,法人在其经营期间对社会承担责任是一种利益对称和平衡。最后,营利法人在现代社会的重要性和能力也要求它承担符合相应的社会责任,即所谓"能力强者,责任越大"。

(二)规范含义

1. 营利法人社会责任的界定及其性质

营利法人的社会责任的界定,一直是理论上的一大争议难题,各国和地区的实务差异也很大。理论上一般从"利益相关者"的角度入手界定,即认为公司的社会责任体现为公司不仅应为股东承担责任,而且还应为利益相关者承担责任。如认为公司的社会责任,是指营利法人的决策机关在确认某一事项社会上多数人的期望后,应放弃单纯的营利意图,作出符合社会大多数人期望的决策。② 更多学者则认为社会责任是营利法人在谋求利润最大化以外,负有的维护和增进社会利益的义务,③"社会利益"并非通常法学意义上的公共利

① 参见[法]狄骥:《宪法学教程》,王文利等译,辽海出版社、春风文艺出版社 1999 年版,第 9~10 页。

② 参见刘连煌:《公司治理与公司社会责任》,中国政法大学出版社 2001 年版,第 66 页。

③ 参见刘俊海:《公司的社会责任》,法律出版社 1999 年版,第 6 页;卢代富:《企业社会责任的经济学与法学分析》,法律出版社 2002 年版,第 96 页。

益,而是利益相关者这些具体主体的利益之总和。

营利法人的社会责任的性质,迄今依然是个热议问题。其核心是:它到底是一种法律义务(责任)、还是道德义务(责任)还是兼而有之?学界较为一致地采纳了分层次的社会责任学说,尤其是卡罗尔(Archie B. Carroll)的“企业社会责任金字塔”理论:第一层经济责任是基本责任;第二层是法律责任,要求企业在社会制定的法律框架内运作;第三层是伦理责任,指那些为社会所期望或禁止的、尚未形成法律条文的活动和做法,包括公平、公正、道德、规范等;第四层是慈善。① 从法学视野看,第一层和第二层责任属法律责任,第三层和第四层则属于道德责任。国内类似的观点较多,如认为公司社会责任包括三个层面,即守法层面上的社会责任、道德义务层面上的社会责任和道德理想层面上的社会责任。②

国内学界的主流观点是,营利法人的社会责任既是法律义务,也是道德义务,但它第一位的内容是法律义务,然而因为法律义务难以细化,所以需要道德义务作为一种理想来支撑。③ 或者将社会责任分为法律强制约束内的社会责任和“超越法律”的企业社会责任,后者的实质为不具有法律拘束力的“软法”,它主要通过将社会价值和责任目标内化于企业的商业行为和治理结构中,以实现企业的“自我管制”。④

要准确解释营利法人社会责任的性质,首先要清楚它出现的法律背景。无疑,它的出现是为了回应调整公司的法律缺失和疏漏,立法者希望借助道德层面的呼唤,解决法律无法解决的问题;道德层面的社会责任往往在一段时间后被确认为法律层面的社会责任;接着又会出现法律无能为力的问题,于是又引发了社会责任。⑤ 在法律明确规定公司的社会责任时,这种责任即不应被解

① 参见楼建波:《中国公司法第五条第一款的文义解释及实施路径——兼论道德层面的企业社会责任的意义》,载《中外法学》2008 年第 1 期。

② 参见胡晓静:《论公司社会责任:内涵、外延和实现机制》,载《法制与社会发展》2010 年第 2 期。

③ 参见朱慈蕴:《公司的社会责任:游走于法律责任与道德准则之间》,载《中外法学》2008 年第 1 期。

④ 参见周林彬、何朝丹:《试论“超越法律”的企业社会责任》,载《现代法学》2008 年第 2 期。

⑤ 参见楼建波:《中国公司法第五条第一款的文义解释及实施路径——兼论道德层面的企业社会责任的意义》,载《中外法学》2008 年第 1 期。

释为道德义务(责任),而应解释为一种法律义务(责任)。原因在于:若它是道德义务(责任),则根本不具有强制执行力,法律引入这种不具有强制执行力的道德义务显然是违反法律具有强制执行力这一属性的。此外,营利法人的社会责任的内容虽然无法像其他法律义务那样具有明确的“if—then”模式,但与诚信原则和公序良俗原则类似,其内容虽然未由法律规定,但法院在个案中完全可以依据法律原理和道德观念确定。

2. 营利法人社会责任的内容

本条规定营利法人从事经营活动,应当遵守商业道德,维护交易安全,接受政府和社会的监督,承担社会责任。本条整体上是对营利法人社会责任的规定,“遵守商业道德,维护交易安全,接受政府和社会的监督”属于社会责任的具体内容。

依据本条的规定,营利法人的社会责任的主要内容包括:

第一,遵守商业道德

这里的商业道德是广义的,是在商业实践中发展起来的一套观念、准则和规范体系。商业本身是分工的产物,它意味着交易双方处于平等地位,排除了巧取豪夺等野蛮行径,本身就是文明到一定程度的产物,也会促进文明的进一步发展。

通常,商业道德的范围较法律上的范围宽泛,民法典纳入的只是最底限的商业道德并将其规则化。对民法典未纳入的各行业的商业道德的具体规范,可以依据三种方法予以法律化:商业习惯、营利法人的社会责任和诚实信用原则。这三种方法应按顺序适用:(1)若某个地区或行业存在商业习惯时,商业道德则已融入商业习惯,此时可将其作为法源直接用于裁判依据。(2)不存在商业习惯,但存在相关营利法人的商业道德时,则依据营利法人社会责任的法律规定,将法律未明确规定的商业道德作为对营利法人的法律要求。(3)在不存在营利法人之间的商业道德时,依据诚实信用原则确立的普遍性道德观念,确立商业道德的内容。

第二,维护交易安全

本条的“交易安全”是指营利法人在与他人的交易行为中,主动维护他人的交易安全。在广义上,它适用于两种情形:一是适用权利外观法理。如营利法人在与他人的交易中造成了他人的错误信赖,营利法人应承担损害赔偿责任,或者承担合同有效成立时的合同义务,如适用善意取得、表见代表的情形。二是保障对方在交易中的人身和财产安全,即《侵权责任法》上的安全保障义务。对这两种情形,法律都有具体规定。本条主要是指第一种情形。

第三,接受政府和社会的监督

营利法人作为民事主体,本不存在专门为其设置的接受政府和社会的监督之义务,这一义务源于消费者运动。如《产品质量法》《消费者权益保护法》多次提到生产者和经营者接受监督的义务,尤其是后者将监督权作为消费者的一项法定权利,将接受监督义务作为经营者的法定义务。这一内容在司法实践中的重要意义在于平衡公众言论自由权和经营者的商誉时,应优先保障言论自由权。

第四,其他社会责任

即本条未明确规定的营利法人应承担的其他社会责任,这是营利法人社会责任在司法实践中的难点。

在比较法上,营利法人的社会责任很少由法律直接规定,但英美公司法将它通过确定董事应对利益相关者承担义务的方式做了原则规定。如美国法律研究院颁行的《公司治理原则:分析与建议》第2:01(b)项的规定:"即使公司营利和股东收益未得到提高,公司在进行其业务时:(1)有义务像自然人那样在法律规定的范围之内进行活动;(2)可以适当考虑那些可以被认定为与负责任的商业行为的相关的道德因素;(3)可以将合理的资源用于公共福利、人道主义、教育和慈善目的。"[①]英美也有公司法律规范进一步明确了社会责任的内容,如英国2006年《公司法》第172(1)款明确提出,公司董事须善意地为"全体股东利益"并促进公司的成功而行事,但它也要求董事兼顾其他利益相关者的利益,如考虑公司职工的利益、供应商、顾客、社区及环境等。美国康涅狄格州《公司法》第33-313(e)条规定,董事在决定何为公司最佳利益时应当考虑公司员工、顾客、债权人、供应商的利益和公司所在社区的利益。

① 美国法律研究院:《公司治理原则:分析与建议(上)》,楼建波等译,法律出版社2006年版,第64页。

此外,一些国际组织也颁行了一些社会责任标准,如由社会责任国际组织(Social Accountability International,SCI)发布的"SA8000"(Social Accoutability 8000,社会责任国际标准体系)。其宗旨是确保供应商所供应的产品符合社会责任标准的要求。SA8000 标准适用于世界各地的所有公司,公司在符合条件时可申请认证并获得相应的证书。SA8000 涉及的内容有:童工、强迫性劳工、健康与安全、组织工会的自由与集体谈判的权利、歧视、惩戒性措施、工作时间、工资、管理体系等。它的标准明确,如在工作时间方面,要求员工一周工作不超过 48 小时,并且每 7 天至少应有一天休假;每周加班时间不超过 12 小时,除非在特殊情况下及短期业务需要时不得要求加班;且应保证加班能获得额外津贴。

中国也存在一些公司社会责任的规范性文件,主要涉及中央国有企业和上市公司。如国务院国有资产监督管理委员会发布的《关于中央企业履行社会责任的指导意见》、商务部发布的《外资投资企业履行社会责任指导性意见》、深交所的《上市公司社会责任指引》、上交所的《关于加强上市公司社会责任承担工作的通知》等。但这些文件中的社会责任的内容都比较原则,并没有为企业设定具体的义务。

三、其他问题

营利法人社会责任的实现机制

1. 营利法人社会责任规范的可诉性

营利法人社会责任的两个核心法律问题是责任的性质和实施机制。这是密切相关的两个问题:因为如果社会责任的法律性质不确定,则其实施机制也将不确定。

在比较法上,即使法律规定了"利益相关者条款",它也是由法院在个案中自由裁量的。如在 1968 年著名的 *Shlensky v. Wrigley*① 一案中,原告是某经营职业垒球队公司的小股东,被告是公司经理和大股东 80% 的股权。在 1961 ~ 1965 年,公司一直亏损,原告认为,如果公司在体育馆安装用于球队夜间比赛

① 237 N. E. 2d 776.

用的照明灯，将提高上座率。但公司经理认为，晚上比赛会对周围邻居环境造成坏的影响。原告认为被告的行为违反了合理注意和谨慎义务。初审驳回起诉，上诉审维持原判，理由是被告的这种行为符合相关者的利益，并未侵害公司的利益。

营利法人的社会责任规范是否具有强制执行性或可诉性，一直是中国理论界和实务界争议较多的问题，目前，学界通说认为，这一规范并非宣言，而是可执行的规范，规范的性质又分为原则说、兼具原则说和具体规则说。前者认为公司的社会责任是公司法的基本原则之一，其功能包括：作为公司企业立法的准则之一、公司行为准则之一，为法官进行创造性司法活动提供依据。[①] 后者认为，公司社会责任条款具有规范属性，既是行为规范，又是裁判规范，它为公司设定了一定的行为要求；同时，该规范为弹性条款、一般条款，具有法律原则的功能，赋予了法院或者法官一定的裁量权，在具体审案时，可借助解释工具成为裁判基准。[②] 鉴于营利法人的社会责任已被上升为法律规范，不宜认定它仅仅是一种宣示性规范，而应是可以被执行的规范。尽管公司社会责任可以通过若干具体法律规范的内容及其适用体现，但社会责任法律规范毕竟并没有确定，因此将其界定为基本原则较为妥当，即它虽然不是民法的基本原则，但却是营利法人组织法的基本原则（类似民法中的诚实信用原则）。因此，在没有具体法律规范时，利益相关者可以依据本条规范起诉营利法人承担社会责任。

2. 营利法人社会责任的实施机制

目前，在中国法律实践中，营利法人社会责任的贯彻实施情形相当不理想，仅见于一些中央国有企业、上市公司发布的社会责任报告。但这并不意味着营利法人社会责任规范缺乏实施手段，它完全可以在非诉和诉讼两个层面落实。

第一，非诉层面。非诉层面的营利法人社会责任的落实，可以采取的主要

---

① 参见胡田野《论我国公司社会责任的制度完善——兼论对欧盟国家公司社会责任实践的借鉴》，载《政法论坛》2008 年第 2 期。

② 参见蒋大兴：《公司社会责任如何成为"有牙的老虎"——董事会社会责任委员会之设置》，载《清华法学》2009 年第 4 期。

手段包括:

(1)由非政府组织,如行业协会商会制定并推行社会责任标准,同时要求成员应恪守标准,否则将对其实施社团处罚,甚至对其进行除名处理。对中央国有企业和上市公司,则可由国资委、证监会或交易所要求其发布年度公司社会责任报告,披露其承担社会责任的信息。履行上市各跨国公司自身制定的产品供应链企业的行为守则。

(2)改进公司治理结构。这又体现在两个方面:一是落实股东的提案权。从美国的情况看,股东的提案权对于贯彻公司的社会责任具有重要意义。《公司法》虽未规定美国法上的股东提案制度,但其第 102 条第 2 款规定,股份有限公司单独或者合计持有公司 3% 以上股份的股东可以在股东大会召开前提出临时提案并书面提交董事会。这种提案权的存在为公益股东提供了一个建议或督促管理层在执行公司事务中履行社会责任的渠道。① 二是让利益相关者进入公司董事会等内部机构,或在董事会中设立社会责任委员会,为营利性组织的基本结构。②

第二,诉讼层面。在诉讼层面,落实营利法人社会责任的方式有如下两种类型:

(1)在营利法人应承担社会责任时,对其责任的成立或责任范围,作不利认定。

营利法人承担社会责任意味着它比其他民事主体承担的责任范围要更大,构成要件要更为宽松。因此,在适用涉及民事责任的规范时,法院可以依据案情对责任成立要件做较为宽松的认定,或者在较大范围内承担责任。如《侵权责任法》第 76 条规定,未经许可进入高度危险活动区域或者高度危险物存放区域受到损害,管理人已经采取安全措施并尽到警示义务的,可以减轻或者不承担责任。在司法实践中,法院若认定公司应承担社会责任,则在责任比例的承担上,使公司承担更大比例的责任。

---

① 参见楼建波:《中国公司法第五条第一款的文义解释及实施路径——兼论道德层面的企业社会责任的意义》,载《中外法学》2008 年第 1 期。

② 参见蒋大兴:《公司社会责任如何成为“有牙的老虎”——董事会社会责任委员会之设置》,载《清华法学》2009 年第 4 期。

(2)在营利法人应承担社会责任时,对其权利的成立或范围,作不利认定。

这方面最重要的类型有三种:

一是营利法人起诉其执行机构的人员违反商业判断规则损害公司时,法院不应完全按照商业标准判断,而应参酌社会伦理标准判断。如董事会向博物馆捐赠了其年度利润的0.1%,而且无法判断捐赠与公司短期或长期的营利有关,此时法院可依据社会责任规范目的判断董事的对外捐赠行为是否合理,而不能径直以损害股东利益判决其承担责任。①

二是营利法人向特定的需要救助的自然人承诺提供救助,在合同履行之前,营利法人不能任意撤销赠与合同。依据《合同法》第186条的规定,只有构成公益捐赠的赠与,在赠与财产的权利转移之前才可以撤销赠与,而依据《公益事业捐赠法》第2条,向特定自然人的赠与不构成公益赠与。此时,法院完全可以依据营利法人社会责任规范,判决营利法人在赠与合同履行之前,不能任意撤销赠与。

三是对大公司和大企业的行为,可借鉴美国法上的"国家行为"理论,将其视为公法人,判决其承担公法上的义务。如对电网企业、电信企业,现行法规定了它们应承担普遍服务义务,即对所有自然人提供电力和电信服务的义务。这一义务亦可在个案中扩大以限制大公司的契约自由,如禁止其歧视劳动者。

第三,对社会和学界达成普遍共识但法律没有明确规定的公司义务(责任),法院可依据社会责任规范判决其承担。

比较典型的这类义务是环境侵权中的生态恢复义务。若法律没有明确将其作为一种民事责任方式时,法院可以在个案中裁量是否判令作为加害人的大公司、大企业在赔偿受害人的人身和财产损害外,承担恢复生态的义务。

目前,中国法院过重的司法负担使法院缺乏对不确定的规则进行解释的热情,加之法官缺乏商业经验和素养,无法对涉及诸如商业判断原则、公司社会责任等弹性极强的案件作出裁断。② 这种状况如果不改变,公司社会责任规

① 参见美国法律研究院:《公司治理原则:分析与建议(上)》,楼建波等译,法律出版社2006年版,第76页。

② 参见罗培新:《我国公司社会责任的司法裁判困境及若干解决思路》,载《法学》2007年第12期。

范只能沦为“睡美人条款”。

第四,法院适用营利法人社会责任规范时,应依据规模、公开性、行业等因素对营利法人进行区分。如大型公开公司的执行机构在做薪酬安排、并购重组决议时,应充分考虑利益相关者的利益,法律可对此进行强制性规范;对中小型公司则以授权性条款引入为宜,以使社会责任承担与尊重自治相平衡,而不致矫枉过正,影响公司经营目标的实现。① 如此,司法和立法协力,方可使营利法人的社会责任规范真正成为“有牙之虎”。

① 参见官欣荣:《我国〈公司法〉引入利益相关者条款的思考》,载《政治与法律》2010 年第 7 期。

第三节　非营利法人

第八十七条　【非营利法人的定义】

为公益目的或者其他非营利目的成立，不向出资人、设立人或者会员分配所取得利润的法人，为非营利法人。

非营利法人包括事业单位、社会团体、基金会、社会服务机构等。

一、历史由来

基于传统与文化，西方大陆法系主要将法人分为公法人与私法人、社团法人与财团法人，其中社团法人又分为营利性社团与非营利性社团。与西方大陆法系分类不同，1986 年《民法通则》将法人区分为企业法人与非企业法人（包括机关法人、事业单位法人与社会团体法人）。随着社会经济的发展，在《民法通则》规定的非企业法人之外，出现了大量其他类型的法人制度，如基金会、社会服务机构、民办非企业机构等，它们已经不能为《民法通则》所规定的非企业法人制度所涵盖。基于营利与否，《民法总则》将法人分为营利法人与非营利法人。在一定意义上，这种区分是对《民法通则》企业法人与非企业法人分类的延续，前者主要是指以公司为主的营利法人，后者则包括所有非以营利为目的的法人。

在我国，非营利法人一词最早出现在国务院 1988 年颁布的《基金会管理办法》中的第 2 条，其规定基金会是"非营利组织"，并将其界定为社会团体法人。1989 年制定的《外国商会管理暂行条例》（2013 年修订）明确规定，外国商会是"不从事任何商业性活动的非营利团体"。同年颁布的《社会团体登记管理条例》①规定，社会团体"不得从事以营利为目的的经营活动"。2003 年，

---

① 该条例于 1998 年被国务院通过的《社会团体登记管理条例》（2016 年修订）取代。

全国人大常务委员会通过的《民办教育促进法》(2016 年修正)明确民办学校等教育机构为公益性事业。不过,这些法律、法规尽管强调这些组织或团体的非营利性,但不合理地均将其定性为非营利性社会团体。到了 2004 年,国务院颁布了《基金会管理条例》,规定基金会系以捐赠财产为基础并以公益为目的的非营利法人,但不再认为其属于社会团体法人。可以说,自《民法通则》颁布后,基金会等非营利性法人成为我国民事立法中的重要制度,它们和《民法通则》中规定的企业法人、机关法人、事业单位法人与社会团体法人一起,成为中国法人制度的重要种类和内容。

不过,对于《民法通则》将法人分为企业法人与非企业法人,学界批评较多,特别是对于非企业法人,更是认为它不符合公法人与私法人的分类原理,其中的机关法人、事业单位法人与一些社会团体法人,应定位于公法人范畴或公法组织,而不应属于私法人范围。[①] 而且,可能纳入非企业法人的各类法人之间差异巨大,机关法人、事业单位法人、社会团体法人等在组织结构、设立依据、设立原则等方面都无法统一,难以形成统一的规则,所以,不宜以非企业法人这个并不统一的概念加以表述。[②] 同时也认为,对于西方传统上的社团法人与财团法人的分类,尽管学界赞誉有加,但这种分类并不能代表两个周延的法人群落,它很难将我国的机关、事业单位法人、社会团体法人与基金会法人等类型要么纳入社团法人,要么纳入财团法人之中。[③] 而且,鉴于我国立法迄今尚未采用"社团"与"财团"的概念,已被广泛使用的"社会团体"概念也与传统民法中的"社团"并非同一意义。所以,考虑到我国民法更注重法人在经济生活中的地位和作用,梁慧星建议将法人分类为营利法人与非营利法人,[④]并认为,这种区分符合民法立法与理论发展的趋势,且能够与《民法通则》的分类相

① 参见崔栓林:《论我国私法人分类理念的缺陷与修正——以公法人理论为主要视角》,载《法律科学》2011 年第 4 期。

② 参见罗昆:《我国民法典法人基本类型模式选择》,载《法学研究》2016 年第 4 期。

③ 参见张力:《财团、社团抑或其他——我国非营利法人主体构造模式的选择》,载《学术探索》2008 年第 6 期。

④ 参见梁慧星:《中国民法典草案建议稿附理由 · 总则编》,法律出版社 2013 年版,第 128 ~ 129 页。

互衔接，有利于保持法律制度的稳定。①

按照全国人大常委会法制工作委员会主任李适时所作的《民法总则（草案）》说明，《民法总则》既不依循《民法通则》所确立的企业法人与非企业法人之分，也不简单仿照欧洲大陆法系社团法人与财团法人之别，而径直分为以公司为主要形式的营利法人与以事业单位、社会团体、基金会和社会服务机构为主要形式的非营利法人两大种类，主要是考虑：一是营利性和非营利性能够反映法人之间的根本差异，传承了《民法通则》按照企业和非企业进行分类的基本思路，比较符合我国的立法习惯，实践意义也更为突出；二是将非营利性法人作为一类，既能涵盖事业单位法人、社会团体法人等传统法人形式，还能够涵盖基金会和社会服务机构等新法人形式，符合我国国情；三是适应改革社会组织管理制度、促进社会组织健康有序发展的要求，创设非营利性法人类别，有利于健全社会组织法人治理结构，有利于加强对这类组织的引导和规范，促进社会治理创新。②

从《民法总则（草案）》一审稿到三审稿，关于非营利法人含义的规定作了技术上的调整。一审稿第 81 条规定："为公益目的或者其他非营利目的成立的法人，为非营利性法人。""非营利性法人不得向其成员或者设立人分配利润。""为公益目的成立的非营利性法人终止时，不得向其成员或者设立人分配剩余财产；其剩余财产应当按照章程的规定或者权力机构的决议用于公益目的；不能按照法人章程规定或者权力机构的决议处理的，由主管机关主持转给宗旨相同或者相近的以公益为目的的法人，并向社会公告。"到了二审稿和三审稿则将其调整为两款，即"为公益目的或者其他非营利目的成立，不向其出资人或者设立人分配所取得利润的法人，为非营利法人。""非营利法人包括事业单位、社会团体、基金会、社会服务机构等。"一审稿中的第 3 款则调整为单独的一条。之所以如此处理，首先是因为一审稿中的前两款规定都是关于非营利法人的定义性规定，第 1 款为积极性表述，要求非营利法人须以公益或其

① 参见梁慧星：《〈中华人民共和国民法总则（草案）〉解读、评论和修改建议》，载《华东政法大学学报》2016 年第 5 期。

② 参见蒲晓磊：《民法总则提请审议：法人拟分为营利性与非营利性两类》，载《法制日报》2016 年 6 月 28 日，第 001 版。

他非营利为目的方能成立;第2款则为消极性表述,即以公益或非营利为目的的同时须不得向成员分配利润。二者的结合,构成了关于非营利法人的完整内涵。至于原一审稿的第3款,则完全是关于非营利法人的终止时的要求,并非非营利法人的内涵性规定,故需要单独成条。同时,二审稿和三审稿在将原一审稿中前两款合并在一起之外,增加了第2款"非营利法人包括事业单位、社会团体、基金会、社会服务机构等",该款是对于第1款的补充列举说明。到了全国人民代表大会审议中,则在原三审稿中"不向其出资人或者设立人分配所取得利润"中增加了"会员",即"不向其出资人、设立人或者会员分配所取得利润",从而使该款规定更为明确。

在学界,"社科院稿"[①]明确地将法人分为营利法人与非营利法人,其第70条和第73条分别规定了营利法人与非营利法人的定义。"人民大学稿"[②]沿袭《民法通则》,将法人分为企业法人与非企业法人(机关、事业单位和社会团体法人)。

二、规范目的与含义

(一)规范目的

本条的规范目的在于明确非营利法人的标准。

在我国,随着社会主义市场经济的深入发展,大量的非以营利为目的的基金会和其他社会组织不断出现,它们要么是为了慈善事业等公益目的,要么是为了其他非营利目的而存在。这些组织的非营利性使其与以营利为目的的公司等组织区分开来,从而使其可以成为法律上重要的法人种类。但对于如何判断非营利法人,需要立法作出明确的规定,故本条就如何判断非营利法人提供了基本标准。

根据该条第1款规定,判断某个法人的非营利性有两个标准:一是其成立目的须"为公益目的或者其他非营利目的";二是"不向其出资人、设立人或者

① 具体见梁慧星:《中国民法典草案建议稿附理由·总则编》,法律出版社2013年版。以下所称"社科院稿"均指本建议稿。

② 具体见王利明主编:《中国民法典学者建议稿及立法理由·总则编》,法律出版社2005年版。以下所称"人民大学稿"均指本建议稿。

会员分配所取得利润”。其中，第一个标准为积极标准，即其目的必须是为了公益或其他非营利目的；第二个标准为消极标准，即强调其不能向其出资人、设立人或者其会员分配所得的利润。在这两个标准中，前者回答了非营利法人的基本属性，使其与营利法人得以区分；后者则为判断非营利性提供了基本准则，使非营利性具有了外在标尺。根据两大法系普遍接受的法理，“非营利性”并非意味着这些组织不能进行经营活动而获得利润，而主要是指对获取利润的分配限制。[①] 所以，该条第1款将这两个标准前后衔接地规定在一起，成为判断非营利法人的基本准则。

就本条在《民法总则》“法人”部分的地位来看，其与第76条、96条一起构成关于非营利法人的判断标准。在一定意义上，第76条和第96条是从反面或其他方面对非营利法人进行判断的标准。

首先是非营利法人与营利法人的区分，即如果某个法人系以取得利润为目的并将利润分配给成员的话，即使其具有一定的为社会提供公共服务的职能，该法人仍为营利法人。例如，在“长乐自来水公司与工行五四支行借款担保纠纷二审案”（最高人民法院〔2004〕民二终字262号）中，长乐自来水公司辩称自己为公益性质的国有单位，因此不具备所谓的担保资格。最高人民法院则指出，自来水公司领取的是企业法人执照，属于以营利为目的的企业法人，其经营活动虽具有一定的公共服务性质，但不属于以公益为目的的事业单位，故本案保证合同应为有效。[②] 另外，如果某个法人尽管通过经营取得了收入，但并不将收入予以分配，而是用在了公益或其他目的，则该法人为非营利法人。再如，在“广东粤超体育发展股份有限公司与广东省足球协会、广州珠超联赛体育经营管理有限公司垄断纠纷申请再审民事裁定书”（最高人民法院〔2015〕民申字第2313号）中，最高人民法院指出，根据广东省足协章程第3条之规定，广东省足协是广东省境内从事足球运动的单位和个人自愿结成的全省性非营利性社团法人。但是，非营利性社团法人虽然不以营利为目的，并不意味着其不能从事一定的市场经营活动。广东省足协依章程可以从事与广东

① 参见税兵：《非营利法人解释》，载《法学研究》2007年第5期。

② 参见刘德权主编：《最高人民法院裁判意见精选》（下），人民法院出版社2011年版，第919页。

省足协职能有关的市场经营活动。事实上,广东省足协长期以来也实际参与或从事了各种与足球赛事有关的经营活动,并获得相应的收益。但是,广东省足协是非营利性社会团体法人,即使作为经营者从事经营行为也是以推广和发展五人制足球运动为目的,具有非营利性。①

其次是非营利法人与特别法人的区分,即机关法人、农村集体经济组织法人、城镇农村合作经济组织法人、基层群众性自治组织法人为特别法人,尽管这些法人也不以营利为目的,甚至有些法人连任何经营性活动也不能从事(如机关法人),但这些法人不仅在设立、组织与终止等方面都不同于非营利法人,而且,正如后边将要谈到的,这些法人依各自性质不同而各有特殊性,故不属于非营利法人。

(二)规范含义

首先,非营利法人系以公益或其他非营利目的而成立的法人。也就是说,非营利法人包括以公益为目的的法人和其他非营利目的法人。一般情况下,非营利法人主要指以公益为目的的法人,包括以教育、科学、文化、卫生等为主的事业单位法人等。对于何为公益,1999年《公益事业捐赠法》第3条规定:“本法所称公益事业是指非营利的下列事项:(一)救助灾害、救济贫困、扶助残疾人等困难的社会群体和个人的活动;(二)教育、科学、文化、卫生、体育事业;(三)环境保护、社会公共设施建设;(四)促进社会发展和进步的其他社会公共和福利事业。”也就是说,凡为了社会公共利益之事业,均为公益事业。除了公益法人,非营利法人还包括尽管不是为了公益,但其目的也非营利的法人组织,这主要是指那些互益性的非营利法人组织,也称公益组织,如具有中国特色的商会即是。在一定意义上,公益法人系向不特定多数人提供服务的社会组织,互益法人则是向特定的多数人提供服务的社会组织,换言之,以实现社会公共利益为主要目的的非营利法人为公益法人,以实现特定范围内特定人数的共同利益的非营利法人为互益法人。

其次,非营利法人不向出资人、设立人或者会员分配所取得利润。非营利法人是不以营利为目的,但并非禁止其从事经营活动而赚取利润。非营利法

① 参见刘贵祥:《中国体育反垄断第一案》,载《法制与经济》2016年第4期。

人是可以从事一些收益事业或附带的营利活动的，只不过须将其收益用于公益或共益目的，且禁止将收益分配。[①] 我国《基金会管理条例》（2004 年）第 28 条规定，基金会应当按照合法、安全、有效的原则实现基金的保值和增值。该条规定了作为公益法人的基金会为实现基金的保值和增值，也应当以获取收益为目的从事一定的收益事业。《社会团体登记管理条例》（2016 年）第 26 条第 2 款规定社会团体可以按照国家有关规定取得合法收入，但必须用于章程规定的业务活动，不得在会员中分配。也就是说，非营利法人是可以获得以合法途径得到的合法收入的，但不得分配。这种不得分配的对象包括非营利法人的出资人、设立人或者其会员。

最后，非营利法人包括事业单位、社会团体、基金会、社会服务机构等。在我国，非营利法人表现形态多样，既包括大量的从事教育、科技、文化、卫生等活动的事业单位法人，也包括众多的非以营利为目的而成立的社会团体法人，还有以捐助财产为基础的基金会和民办学校、医院、养老院等各种各样的社会服务机构。其中，事业单位法人与作为捐助法人的基金会与社会服务机构均为公益法人，社会团体法人既可以是公益法人，也可以是互益法人。

三、其他问题

关于非营利法人制度的立法，除了《民法总则》规定外，尚有《基金会管理条例》（2004 年）、《民办教育促进法》（2016 年修正）、《慈善法》（2016 年）。后者均为针对某个更为具体的非营利法人制度的规定，属于特别法，适用时遵循特别法优于一般法原则，只有在特别法没有规定或规定不清楚时，才适用《民法总则》有关规定。

需要注意的是，《民办教育促进法》第 19 条规定，除了不得设立实施义务教育的营利性民办学校外，民办学校的举办者可以自主选择设立非营利性或者营利性民办学校。其中，非营利性民办学校的举办者不得取得办学收益，学校的办学结余须全部用于办学。营利性民办学校的举办者则可以取得办学收益，学校的办学结余依照公司法等有关法律、行政法规的规定处理。也就是

① 参见尹田：《民事主体理论与立法研究》，法律出版社 2003 年版，第 168 页。

说,尽管《民办教育促进法》第3条强调“民办教育事业属于公益性事业,是社会主义教育事业的组成部分”,但民办学校可以是营利性的,也可以是非营利性的。而且专门强调,如果选择营利性的,则“学校的办学结余依照公司法等有关法律、行政法规的规定处理”。那么,如何看待营利性民办学校?其属于营利性法人抑或非营利性法人?如果按照《民法总则》第76条关于营利性法人和第87条关于非营利性法人的规定,则营利性民办学校为营利性法人当属无疑。但是,从整体而言,所谓营利性民办学校只是可以将办学结余用于分配,而并不强调其营利性,其仍属于“公益性事业”,是以公益为目的的。其可以将办学结余用于分配只是为了鼓励民间资本投资于“社会主义教育事业”,而并非强调其目的是营利。因此,《民办教育促进法》关于民办教育的有关规定,基本上是按照非营利性法人的要求设计的,民办学校的内部结构是根据学校的教育属性与规律进行规定的,其受到了远比真正的营利法人更多的约束和限制。从法解释角度,营利性民办学校处于非营利法人向营利法人的过渡状态,相应法律规范须以类型化加以解释和运用。

第八十八条 【事业单位法人】

具备法人条件，为适应经济社会发展需要，提供公益服务设立的事业单位，经依法登记成立，取得事业单位法人资格；依法不需要办理法人登记的，从成立之日起，具有事业单位法人资格。

一、历史由来

事业单位法人是我国特有的法律制度，其是随着新中国的成立逐渐形成和发展起来的。在1952年政务院所颁布的文件《关于全国各级人民政府、党派、团体所属事业单位的国家工作人员实行公费医疗预防的指示》中，第一次有了“事业单位”的名称。1965年国家编制委员会《关于划分国家机关、事业、企业编制界限的意见》提出：“凡是直接从事为工农业生产和人民生活等服务活动，产生的价值不能用货币表现，不属于全民所有制单位的编制，列为国家事业单位编制。”随着将非行政事务部门单列，事业单位制度正式成为我国特有的法律制度。改革开放后，为更好地规范事业单位，《民法通则》将事业单位列为与企业法人、机关法人和社会团体法人并列的非企业法人制度。

但对什么是事业单位，法律一直没有相应规定。1998年9月，国务院通过了《事业单位登记管理暂行条例》(2004年修订)。该条例第2条第1款规定：“本条例所称事业单位，是指国家为了社会公益目的，由国家机关举办或者其他组织利用国有资产举办的，从事教育、科技、文化、卫生等活动的社会服务组织。”也就是说，该条例所称事业单位主要指从事教育、科技、文化等活动的公益类事业单位。但现实中，我国的事业单位庞大而多样。它不仅表现在以公益为目的的教育、文化、卫生等需要政府支持的事业，也表现在需要政府支持而具有经营性的公用经营性事业，以及不宜由政府行政机关直接处理的监督管理性的事业。也就是说，我国的事业单位既有公益类事业单位，也有监督管理类事业单位和经营类事业单位。其中，监督管理类事业单位是指按照国家的法律、法规的明确授权对某行业行使行政监督管理或行政执法功能的事业单位。这类事业单位可以分为独立监督管理委员会制的事业单位和政府委托执法类事业单位两种。前者是指直接基于法律、法规的规定而独立行使某行业经济管理的事业单位,如中国证券监督管理委员会、中国银行业监督管理委员会、中国保险业监督管理委员会等。它们都是国家直属事业单位。作为监督管理类事业单位,与普通行政机关不同的是,它们不仅具有行政执法权,还有一定的立法权和司法权。后者是指基于法律、法规的明确规定或政府的授权委托行使行政执法权的事业单位,如1993年《船舶和海上设施检验条例》明确授权作为事业单位的船舶检验局为行政执法主体。这种监督管理类事业单位只具有行政执法权,具有明显的专业性与技术性。生产经营型的事业单位是指以营利为目的,主要从事具有公用性的生产、经营、流通业务的事业机构,其表现为大量的公用事业单位,如供水、供电、公共交通等。应该说,这种按照功能进行的分类比较全面地概括了我国事业单位的多样性现状。

我国的事业单位从产生到发展,一直是介于行政机关与企业之间的社会主体。这种介于"官"和"民"之间的社会组织形式使其具有惊人的弹性,既可以充当公益类事业组织形式,也可以充当政府直接行政不便做的监督管理类事业,又可以充当必须由政府支持的公用经营事业。换句话说,我国的事业单位既可能表现为具有行政管理功能,也可能表现为具有一定的经营性。但随着我国社会主义市场经济的深入发展,这种既可为"官"也可为"商"的做法已经明显不能适应社会经济发展的需要。正如《事业单位改革意见》指出的那样,"面对新形势新要求,我国社会事业发展相对滞后,一些事业单位功能定位不清,政事不分、事企不分,机制不活;公益服务供给总量不足,供给方式单一,资源配置不合理,质量和效率不高;支持公益服务的政策措施还不够完善,监督管理薄弱。这些问题影响了公益事业的健康发展,迫切需要通过分类推进事业单位改革加以解决。"根据《事业单位改革意见》,将在清理规范基础上,按照社会功能将原有的事业单位划分为承担行政职能、从事生产经营活动和从事公益服务三个类别。对承担行政职能的,逐步将其行政职能划归行政机构或转为行政机构;对从事生产经营活动的,逐步将其转为企业;对从事公益服务的,继续将其保留在事业单位序列,强化其公益属性。也就是说,事业单位法人将定位于公益事业。正是在该意见指导下,《民法总则》第88条规定了事业单位法人制度,从而在法律上厘清了事业单位法人的性质与定位。

不过,对于事业单位法人能否被列为民法上的非营利法人,学界争议较大。批评者认为,事业单位法人系公权力的产物,其无论从财产、责任及职能上都不具有独立性,徒具法人外表而无其实。① 而且认为,即使是按照《事业单位改革意见》的三分法,作为公益目的的事业单位法人也不能划入私法人范畴,因为它是由国家按照公共利益所缔造和所有的工具,其是公众的,而非公益的。② 因此认为,事业单位法人充其量是公法上的主体,而不能成为私法人。如果说从西方社团法人与财团法人区分角度观察,这些对事业单位法人制度的批评有其合理性。但如果从中国政治、经济、文化发展及现实观察,则这些批评难言正确。可以说,从《民法通则》开始,就将新中国成立以来特有的事业单位以法律的形式固定下来,保证了这种在我国社会生活事务中起巨大作用的事业单位的连续性。事业单位法人制度的确立,其直接的法律价值在于,通过非营利法人制度确立了我国事业单位独立的法律地位,这种独立性既表现在其与行政机关的不同,也表现在其与以营利为目的的企业的不同,因而在相应制度设计上不同于机关法人和企业法人,从而为事业单位法人制度的内部治理的完善打下坚实的基础。我国设置事业单位的目的是非常明确的,即承办私人和企业不能或不愿,而社会又离不开的以公益为目的的事业,而这种事业单位完全可以以私法人的面目出现。事业单位应该而且事实上也是一种开放式的组织形态,它适应了中国社会主义市场经济发展的需求。因此,所谓事业单位法人是指以实现社会公益为目的,由政府依法利用国有资产出资举办,拥有独立财产或经费,以自己的名义从事民事活动的社会组织。在一定意义上,事业单位法人制度结合了事业单位与法人二要素,前者决定了它与政府的关系,后者决定了它的独立性。所以,首先,事业单位是与国家或政府维系着一定关系的,它们具有公共性。从公法上看,有些甚至可以成为公法主体。因

---

① 参见方流芳:《从法律视角看中国事业单位改革——事业单位“法人化”批判》,载《比较法研究》2007年第3期。

② 参见任中秀:《“事业单位法人”概念存废论》,载《法学杂志》2011年第7期。

此,事业单位的行为须与政府保持协调一致,受政府的监督与约束。其次,事业单位法人具有完整的权利义务法律地位,其是独立的民事主体。

从《民法总则(草案)》一审稿到三审稿,其关于事业单位法人概念及成立的规定没有变化,即"具备法人条件,为实现公益目的设立的事业单位,经依法登记成立,取得事业单位法人资格;依法不需要办理法人登记的,从成立之日起,具有事业单位法人资格。"但经过全国人民代表大会审议,《民法总则》作了调整,即"具备法人条件,为适应经济社会发展需要,提供公益服务设立的事业单位,经依法登记成立,取得事业单位法人资格;依法不需要办理法人登记的,从成立之日起,具有事业单位法人资格。"

在学界,"社科院稿"与"人民大学稿"沿袭了《民法通则》关于事业单位法人的规定。

二、规范目的与含义

(一)规范目的

本条规范目的在于明确界定事业单位法人的公益属性,从而避免不当设立事业单位法人。

从本条规定上看,凡具备法人条件,为适应经济社会发展需要,提供公益服务设立的事业单位都可依法成为事业单位法人。亦即,从文义角度观察,有些事业单位可能并非是为了公益目的,也可能不具备法人条件。但从《事业单位登记管理暂行条例》(2004 年)第 2 条第 1 款及第 3 条第 2 款规定上来看,我国的事业单位必须是为公益目的成立且均须具备法人条件。那么,这一规定是解释《民法总则》第 88 条必须考虑的因素。首先,作为提供各种各样公共服务的事业单位,其显然必须是独立的,否则无法完成公共服务的使命。其次,从《民法总则》关于非营利法人制度法条设计及安排上看,事业单位法人先是在第 87 条第 2 款中以列举的方式作为非营利法人的一种出现,且作为第一种非营利法人的种类被列举出来,而该第 87 条首先表明非营利法人系以公益为目的或其他非营利目的而依法成立的法人。故可以判断,事业单位只能是以公益为目的且均应具备法人条件。该判断不仅符合《事业单位登记管理暂行条例》(2004 年)的规定,也符合《事业单位改革意见》对于事业单位改革的精神与要求。[①] 所以，从法条体系及目的角度，在我国成立事业单位法人，均须具备法人条件且以公益为目的，不具备法人条件的事业单位是不存在的，不以公益为目的的事业单位也是不能成立的。可以说，“为适应经济社会发展需要，提供公益服务设立的事业单位”的规定中的“提供公益服务设立”，是为了界定事业单位的公益性质，而非为了规定只有提供公益服务的事业单位才可以成为《民法总则》中所称的事业单位法人。

通过本条规定，就在法律上明确了我国的事业单位的公益法人属性，其以后不能够再成为一个既可包括公益，也可包括非公益的制度范畴，而只能是从事教育、科技、文化、卫生等公益活动的法人制度。特别是本条中强调“为适应经济社会发展需要，提供公益服务设立的事业单位”方可依法成为事业单位法人的规定，不仅是对于事业单位法人本身的要求，更是对国家机关举办所谓事业单位法人的一种限制。

（二）规范含义

首先，事业单位法人须是为适应经济社会发展需要，提供公益服务设立的事业单位。

按照《事业单位登记管理暂行条例》（2004 年）第 2 条第 1 款规定，事业单位是指“国家为了社会公益目的，由国家机关举办或者其他组织利用国有资产举办的，从事教育、科技、文化、卫生等活动的社会服务组织”。也就是说，首先，事业单位须是由国家机关或者其他组织利用国有资产举办的，非国家机关或者其他组织不能举办所谓的事业单位；同时，国家机关或者其他组织举办时必须以国有资产进行，其财产基础是国有资产。该条件决定了事业单位在我国法人制度中的特殊性，即举办人须是国家机关或其他组织并以国有资产举

① 按照《事业单位改革意见》，一是在清理规范基础上，按照社会功能将现有事业单位划分为承担行政职能、从事生产经营活动和从事公益服务三个类别。对承担行政职能的，逐步将其行政职能划归行政机构或转为行政机构；对从事生产经营活动的，逐步将其转为企业；对从事公益服务的，继续将其保留在事业单位序列、强化其公益属性。今后不再批准设立承担行政职能的事业单位和从事生产经营活动的事业单位。二是根据职责任务、服务对象和资源配置方式等情况，将从事公益服务的事业单位细分为两类：承担义务教育、基础性科研、公共文化、公共卫生及基层的基本医疗服务等基本公益服务，不能或不宜由市场配置资源的，划入公益一类；承担高等教育、非营利医疗等公益服务，可部分由市场配置资源的，划入公益二类。具体由各地结合实际研究确定。

办。其次,事业单位必须是为了适应经济社会发展需要,提供社会公益服务而举办。该条件不仅决定了事业单位的非营利性,也决定了这种单位的非行政管理性。易言之,国家机关或其他组织以国有资产举办事业单位既不能以营利为目的,也不能假借事业单位之名行行政管理之实。也正是事业单位的公益价值,决定了事业单位尽管是由国家机关或其他组织以国有资产举办,但其并非所谓公法人。在我国,之所以有学者认为事业单位法人不能成为民法上的法人,主要原因就在于其是由国家机关或其他组织以国有资产举办,因此认为其更多的属于公法人范畴,但这种认识只是简单地从举办人和财产来源而看待事业单位的,忽略了事业单位的本质——为了经济社会发展需要而提供公益服务的属性。从表面来看,事业单位似乎是为了满足国家机关或其他组织行政管理的需要,但事实上,大量的事业单位在解决了国家经济、社会管理需要之时,更多的是满足了社会公共利益的发展需求。我国的社会主义性质决定了事业单位必须由国家机关或其他组织以国有资产举办,这是我国的国情所在;同时,这并不妨碍事业单位公益价值的体现,它们同时促进了社会公共利益的发展。与其他营利主体、非营利主体一样,事业单位可以成为民法上的主体,遵循私法自治而实现公益目的。如果只是简单地从举办人和财产来源来认识的话,那么,大量的国有企业的私法人性质也是值得怀疑的。再次,事业单位具体“包括从事教育、科研、文化、卫生、体育、新闻出版、广播电视、社会福利、救助减灾、统计调查、技术推广与实验、公用设施管理、物资仓储、监测、勘探与勘察、测绘、检验检测与鉴定、法律服务、资源管理事务、质量技术监督事务、经济监督事务、知识产权事务、公证与认证、信息与咨询、人才交流、就业服务、机关后勤服务等活动的社会服务组织”。① 这些社会服务组织从不同方面实现着各方面的社会公益。

其次,事业单位法人须依法成立。

一般情况下,事业单位应依法登记而取得法人资格。按照《事业单位登记管理暂行条例》(2004 年)第二章“登记”规定,符合条件的事业单位应当向登记管理机关提交有关文件,经审查登记为事业单位法人,发给《事业单位法人

① 《事业单位登记管理暂行条例实施细则》(2014 年)第 4 条。

证书》。但鉴于事业单位系由国有资产并由主管机关或其他组织举办，且有些事业单位是直接按照有关法律、法规成立，或者有些事业单位系直属于政府而依行政命令成立，那么，这些事业单位可以不经登记而成立。《事业单位登记管理暂行条例》第11条规定："法律规定具备法人条件、自批准之日起，取得法人资格的事业单位或者法律、其他行政法规规定具备法人条件、经有关主管部门依法审核或者登记，已经取得相应的执业许可证书的事业单位，不再办理事业单位法人登记，由有关主管机关按照分级登记管理的规定向登记管理机关备案。""县级以上各级人民政府设立的直属事业单位直接向登记管理机关备案。"也就是说，这些事业单位可以不登记，但应当备案。所以，《民法总则》第88条规定："具备法人条件，为适应经济社会发展需要，提供公益服务设立的事业单位，经依法登记成立，取得事业单位法人资格；依法不需要办理法人登记的，从成立之日起，具有事业单位法人资格。"

三、其他问题

我国目前关于事业单位法人的法律规定主要是1998年制定、2004年修改的《事业单位登记管理暂行条例》，该条例是关于事业单位法人登记的管理规定。

另外，作为提供公益服务的事业单位法人，其尽管同时满足了国家机关或其他组织行政管理的需要，如救助减灾、统计调查、技术推广与实验、公用设施管理等，但这些服务同时满足了社会公共利益的需要。

第八十九条 【事业单位法人的组织机构】

事业单位法人设理事会的，除法律另有规定外，理事会为其决策机构。事业单位法人的法定代表人依照法律、行政法规或者法人章程的规定产生。

一、历史由来

不论是营利法人，还是非营利法人，现代法人的一个重要表现就是其应当建立完善的内部治理结构或机制。《民法通则》第41条原则性规定了企业法人应当有自己的章程和组织机构，但对于事业单位法人则无任何规定，只是规定事业单位可以成为法人（第50条第2款）。到了20世纪90年代，我国开始注意到公益法人的内部治理结构问题。1998年制定的《高等教育法》第30条规定："高等学校自批准设立之日起取得法人资格。高等学校的校长为高等学校的法定代表人"，但该条仅规定了高等学校法人资格问题与法定代表人制度。2000年，国务院办公厅转发了科技部等部门的《关于非营利性科研机构管理的若干意见（试行）》，要求非营利性科研机构积极探索实行理事会决策制。2009年，中共中央与国务院联合印发了《关于深化医药卫生体制改革的意见》，提出完善医院法人治理结构。接着，各个地方也开始了关于事业单位法人的治理结构试点工作。2011年3月，《事业单位改革意见》明确，将健全法人治理结构作为推进公益服务事业单位改革的重要内容。国务院办公厅为此还印发了《关于建立和完善事业单位法人治理结构的意见》，对建立事业单位法人治理结构的基本原则、总体要求、主要内容、组织实施等，作了具体的要求。各地也纷纷制定了相应的实施方案，如2012年，广东省制定了《广东省事业单位法人治理结构建设试点工作实施方案》。2013年，党的十八届三中全会通过的《中共中央关于全面深化改革若干重大问题的决定》提出，要"明确不同文化事业单位功能定位，建立法人治理结构，完善绩效考核机制。推动公共图书馆、博物馆、文化馆、科技馆等组建理事会，吸纳有关方面代表、专业人士、各界群众参与管理。”

关于公益法人的治理结构，一些国家和地区有成熟的做法。英国国会于1963年通过的《大英博物馆法》就明确规定大英博物馆设立理事会，由理事会对大英博物馆加以管理。在理事会组成上，其成员除了由首相任命的少数人选外，其他理事均为相关领域的社会人士。理事会主要职责有五项，一是选聘博物馆馆长，并报请首相批准；二是公布博物馆年度财政收支状况；三是制定博物馆管理政策；四是制定博物馆发展规划；五是监督博物馆长职能履行等。我国台湾地区的两厅院（类似于内地的国家大剧院）由董事会、艺术表演委员会、监事会组成。两厅院实行董事长负责制，董事会负责执行演出计划，具有决策权；艺术表演委员会由相关专家组成，主要是对每年演出计划进行审定；监事会是负责监督运行情况。①

正是在借鉴国外成熟的做法及总结我国关于事业单位改革实践的基础上，《民法总则》第89条明确规定了事业单位法人的治理结构框架。

在《民法总则（草案）》一审稿到三审稿中，关于事业单位法人的组织机构的规定有两款，即“事业单位法人设理事会的，理事会为其决策机构。事业单位法人的法定代表人按照法人章程的规定产生。”“法律对事业单位法人的组织机构、法定代表人另有规定的，依照其规定。”《民法总则》将其调整为一条，即“事业单位法人设理事会的，除法律另有规定外，理事会为其决策机构。事业单位法人的法定代表人依照法律、行政法规或者法人章程的规定产生。”调整后的条文表述更为简洁明了。

也许鉴于事业单位法人在我国的复杂情形，在学界，“社科院稿”于第79条将事业单位法人与机关法人放在同款之中，规定其主要负责人同时是其执行机关和法定代表人，但没有规定理事会或其他机构。“人民大学稿”中则没有关于事业单位法人的组织机构的规定。

---

① 参见祁述裕：《建立完善文化事业单位法人治理结构》，载《人民日报》2013年12月6日，第24版。

二、规范目的与含义

(一)规范目的

本条原则性地规定了事业单位法人须建立规范的法人治理结构。

事业单位法人尽管是由国家机关以国有资产出资而成立,但担负着以法人的形式实现各种不同社会公共利益的重任,因此,其须建立规范的法人治理结构。由于其系由政府或有关机关以国有资产出资设立,在很长一段时间,我国对事业单位的性质认识混乱,甚至将其当作“准机关”,实践中常常将其按照机关的模式进行管理。在明确事业单位法人的提供公益服务的属性后,本条原则性地规定了事业单位法人须建立规范的法人治理结构,从而有利于提升事业单位法人的治理水平。

对于事业单位法人应当建立什么样的治理结构,根据本条规定,其应当是多样的,即须根据事业单位法人公共服务领域的不同而有差异。

(二)规范含义

首先,事业单位法人设理事会的,除法律另有规定外,理事会为其决策机构。

尽管同为公益法人,但事业单位法人系我国特有的法人制度,其不能简单地与非营利性社团法人与财团法人相比。其一,事业单位法人是由国家机关或者其他组织利用国有资产举办的,亦即其举办人具有特殊性与单一性,不存在其他举办人问题。其二,事业单位法人是从事教育、科技、文化、卫生等活动的社会服务组织,即其从事的活动具有公共服务性。举办人与举办目的的特殊性,决定了事业单位法人的治理结构既不能简单地套用非营利社团法人模式(社员大会、理事或董事会、监事会等),也不能视其如基金会法人那样予以构造(理事会、监事会)。前者是一种典型的成员模式,成员的意志很重要;后者是一种典型的财产模式,财产如何应用很重要。对于事业单位而言,如何保证其公共服务目的的实现是核心。这种公共服务目的与其说是作为举办人的某个国家机关或其他组织的意愿,不如说是政府或社会的意愿。因此,事业单位法人的治理结构必须是能够保证实现公共服务目的的,而要保证实现公共服务目的,显然需要举办者、服务对象、行业领域专家等共同参与。亦即,通过设立具有广泛组成性的理事会加以管理就成为较好的选择。所以，本条规定，如果事业单位法人设立理事会的，理事会为其决策机构。一般情况下，理事会的筹建是由举办人牵头进行的。根据某个事业单位法人的实际情况，理事会可以由举办人、出资人、职工代表、行业专家、利益相关人等共同组成。

当然，如果法律对于事业单位法人的决策机构另有规定，则从其规定。在我国，事业单位表现多样，既有从事教育、科技活动的，也有从事文化、卫生事业的，尽管它们均为公益，但其各自具体目的及行为模式都有很大差异，因此，法律有必要对属于不同领域的事业单位进行专门立法，以更好地实现各自的公益目的。《事业单位改革意见》提出，面向社会提供公益服务的事业单位，可以探索建立理事会、董事会、管委会等多种形式的治理结构，健全决策、执行和监督机制，提高运行效率，确保公益目标实现。而对于那些不宜建立法人治理结构的事业单位，则要继续完善现行管理模式。该意见是符合我国事业单位实际情况的。实践中，一些地方的医疗机构实行了董事会制，很多事业单位，如监测、勘探与勘察、测绘、检验检测与鉴定单位等则不宜建立理事会或董事会制。所以，在有专门法律规范的前提下，法律常常要对该种事业单位法人的决策机构作出专门的规定，如有规定，则须按照该专门规定。

其次，事业单位法人的法定代表人按照法律、行政法规或法人章程的规定产生。

我国对所有的法人均实行法定代表人制度，一般情况下，基于私法自治原则，法定代表人应基于法人章程的规定产生。但考虑到事业单位法人的特殊性，我国有专门关于某类事业单位法人的法律规定，如《高等教育法》，这些法律常常会对该类事业单位法人的法定代表人制度作出明确规定。而且，从我国关于事业单位改革的发展上看，对于某类事业单位法人进行专门立法应当是一种趋势，因此，本条规定，事业单位法人的法定代表人可以按照法律、行政法规的规定而产生。如果没有专门的法律规定，或者法律规定比较笼统，则事业单位法人可以通过章程规定法定代表人的产生和罢免的条件、程序等。

本条原则性规定了事业单位法人的机构设置问题，它们尚需结合不同种类的事业单位情况具体化。不过，尽管本条为原则性规定，但意义重大：一是通过理事会的决策监督地位，将政府直接“办”事业单位的相关职能交给理事会。作为决策和监督机构,理事会负责本单位的发展规划、财务预决算、重大业务、章程拟订和修改等重大事项。二是通过吸收利益相关者等外部人员参加理事会,扩大参与单位决策和监督范围,进一步强化事业单位的公益属性。三是通过章程明确理事会和管理层的职责权限和运行规则,完善激励约束机制,提高运行效率。①

① 参见牛占华:《关于事业单位法人治理结构的几点认识》,载《中国机构改革与管理》2012年第3期。

第九十条 【社会团体法人】

具备法人条件，基于会员共同意愿，为公益目的或者会员共同利益等非营利目的设立的社会团体，经依法登记成立，取得社会团体法人资格；依法不需要办理法人登记的，从成立之日起，具有社会团体法人资格。

一、历史由来

社会团体是人们在各种社会活动中自愿结成的社会性组织，是社会进步特别是社会民主化的体现。新中国成立后，各种社会团体成为社会主义中国进行政治、经济、文化建设的重要力量。为了将已有的各种社会团体纳入社会主义建设的轨道，政务院于1950年10月颁布了《社会团体登记暂行办法》，规定了社会团体的类别、登记的范围、程序、原则等，并确定了社会团体的管理体制。1951年，内务部制定了《社会团体登记暂行办法实施细则》。不过，该两个法规主要目的在于清理已有的社会团体，对其进行甄选，以促进社会主义事业建设。在清理的同时，大量的群众性人民团体（如工会、农会等）、科技文化团体（如全国科联、文联、中国福利会、宗教界团体等）、工商界团体及对外友好团体等不断涌现。改革开放后，特别是1982年《宪法》第35条规定了公民的结社权后，各种新型的社会团体得以迅猛发展。《民法通则》第50条在规定机关法人与事业单位法人的同时，规定了社会团体法人，这为社会团体法人的内部治理结构、社会团体的财产性质及其设立、变更、解散等提供了基本法律依据。为保障公民的结社自由，保障社会团体的合法权益，加强对社会团体的管理，国务院于1989年颁布了《社会团体登记管理条例》，其第2条规定："在中华人民共和国境内组织的协会、学会、联合会、研究会、基金会、联谊会、促进会、商会等社会团体，均应依照本条例的规定申请登记。社会团体经核准登记后，方可进行活动。但是，法律、行政法规另有规定的除外。"国务院1998年颁布的《社会团体登记管理条例》第2条规定："本条例所称社会团体，是指中国公民自愿组成,为实现会员共同意愿,按照其章程开展活动的非营利性社会组织。”“国家机关以外的组织可以作为单位会员加入社会团体。”2016 年,国务院又对该条例进行了修订。

尽管《民法通则》第 50 条第 2 款基于国情规定了社会团体法人,但只是原则性地规定了具备法人条件的社会团体可以成为法人,而对于什么是社会团体法人并没有任何表达。1989 年《社会团体登记管理条例》也仅列举了协会、学会、联合会、研究会、基金会、联谊会、促进会、商会等均属于社会团体。1998 年《社会团体登记管理条例》才正式确定了社会团体的定义,但该定义的社会团体并不包括外国人在中国境内成立的商会等团体。《民法总则》第 90 条正式确立了社会团体法人的定义,其包括所有基于会员共同意愿,为实现公益目的或者会员共同利益等非营利目的而设立的具备法人条件的社会团体,从主体角度确立了社会团体法人的法律地位及内涵。而且,《民法总则》第 90 条不再强调社会团体系由中国公民自愿组成,而强调了会员的自愿性,从而为我国的社会团体会员组成的广泛性提供了基本法律依据,将外国商会等社会团体也纳入其中;同时,该条不仅强调了会员的共同意愿,也强调了会员的共同意愿既可以公益性的,也可以是会员共同利益性的。也就是说,《民法总则》第 90 条的规定具有开放性和更广泛的适应性。

相对于《民法通则》关于社会团体法人的设立程序规定,《民法总则》第 90 条作了调整,首先,具备法人条件的,经依法登记成立,取得社会团体法人资格;其次,依法不需要办理法人登记的,从成立之日起,具有社会团体法人资格。① 它表明,社会团体法人依法登记为常态,不需要登记的为例外。

从《民法总则(草案)》(一审稿)以来,关于社会团体法人的定义及成立的规定都是一致的。

在学界,“社科院稿”“人民大学稿”基本上沿袭了《民法通则》关于机关法人、事业单位法人、社会团体法人的简单规定,没有对这些法人的定义和成立做出进一步的规定。

---

① 《民法通则》第 50 条第 2 款:“具备法人条件的事业单位、社会团体,依法不需要办理法人登记的,从成立之日起,具有法人资格;依法需要办理法人登记的,经核准登记,取得法人资格。”

二、规范目的与含义

(一)规范目的

本条明确规定了社会团体法人的界定标准,即成立的自愿性与目的的非营利性。非营利性既包括公益性,也包括互益性或共益性。

成立的自愿性表明社会团体法人须尊重会员意志;目的的非营利性表明社会团体法人应以追求社会公共利益或会员的共同利益的实现为宗旨。前者决定社会团体法人的自治价值,后者决定社会团体法人必要的他治意义。

(二)规范含义

首先,社会团体法人是指基于会员共同意愿,为实现公益目的或者会员共同利益等非营利目的而依法成立的具有法人资格的社会组织。

它具有以下含义:(1)社会团体法人是基于会员共同意愿成立的社会团体,亦即,社会团体法人的成立基础是会员的共同意愿,即其自治性。从这个意义上说,社会团体法人很是接近大陆法系的社团法人制度,是人的集合。作为会员的自愿联合,社会团体法人首先必须有一定的会员。根据现行《社会团体登记管理条例》第10条规定,在我国成立社会团体,须有50个以上的个人会员或者30个以上的单位会员;个人会员、单位会员混合组成的,会员总数不得少于50个。同时,作为自治的团体,社会团体法人实行自我管理的原则,有自己的章程和规章制度,它以自律实现其任务与功能。(2)社会团体法人成立的目的是实现公益或会员共同利益等非营利性目的,即其目的的非营利性。社会团体在西方属于非政府组织,其以利他主义和人道主义为自己的意识形态和指导思想,一般的社会团体均公开宣称自己的使命和目标是公益性的。[①]《民法总则》第90条也规定我国的社会团体肩负公益或其他非营利的社会目标,不得以营利为目的。《社会团体登记管理条例》第2条规定社会团体系非营利性社会组织,第4条还特别强调社会团体不得从事营利性经营活动,并在“罚则”中第30条规定,如果从事营利性经营活动的,可以给予相应处罚直至承担刑事责任。(3)社会团体法人须依法成立。根据该条规定,具备法人条件

① 参见雷兴虎、陈虹:《社会团体的法律规制研究》,载《法商研究》2002年第2期。

的社会团体,应依法登记成立而取得社会团体法人资格;如果依法不需要办理法人登记的,则从成立之日起具有社会团体法人资格。法人须依法成立是各国法律对于法人的基本要求。但这里有一个问题,即那些不具备法人条件的社会团体如何处理?按照《社会团体登记管理条例》第3条规定,成立社会团体,除了要求应当经其业务主管单位审查同意并依照本条例的规定进行登记外,社会团体应当具备法人条件。也就是说,现行《社会团体登记管理条例》排除了非法人的社会团体的存在。但如果仅从《民法总则》第90条及第四章"非法人组织"规定来看,《民法总则》并未排除非法人的社会团体的存在可能,从而为我国未来允许非法人的社会团体的成立奠定了基础。

其次,社会团体法人须按照法定程序经登记或依法直接取得法人资格。

在一定意义上,社会团体是一种非常具有中国特色的主体制度,经过发展演变,其不仅获得了普遍的认可,也被赋予了特定的法律含义。这不仅体现在社会团体本身的含义上,也表现于社会团体法人的成立上。社会团体法人的成立,一般情况下须经依法登记。《社会团体登记管理条例》专门规定了社会团体的登记条件、管辖和程序。但同时,鉴于我国部分社会团体的特殊性,它们可以不经登记而成立后即具有法人资格。根据《社会团体登记管理条例》第3条规定,下列团体不属于登记的范围:参加中国人民政治协商会议的人民团体,主要有中华全国总工会、中国共产主义青年团、中华全国妇女联合会、中国科学技术协会、中华全国归国华侨联合会、中华全国台湾同胞联谊会、中华全国青年联合会、中华全国工商业联合会;由国务院机构编制管理机关核定,并经国务院批准免于登记的团体,包括中国文学艺术界联合会、中国作家协会、中华全国新闻工作者协会、中国人民对外友好协会、中国人民外交学会、中国国际贸易促进会、中国残疾人联合会、宋庆龄基金会、中国法学会、中国红十字总会、中国职工思想政治工作研究会、欧美同学会、黄埔军校同学会、中华职业教育社、中国计划生育协会等;机关、团体、企业事业单位内部经本单位批准成立,在本单位内部活动的团体。

三、其他问题

我国目前关于社会团体法人的法律规定主要是1998年制定、2016年修订的《社会团体登记管理条例》,该条例是关于社会团体登记的管理规定。除了该专门规定外,尚有一些专门的某个行业或方面的法律规定,其中也有相应的关于某种社会团体法人的规定,如1993年制定、2014年修订的《注册会计师法》第5章关于“注册会计师协会”的规定,1993年制定、2013年修订的《消费者权益保护法》中第5章关于“消费者协会”的规定等。

另外,需要指出的是,社会团体法人与社团法人并非简单地等同。后者与财团法人一起构成大陆法系国家和地区关于法人的基本分类,是西方经济文化的发展产物。社会团体法人则是具有中国特色的一种法人制度,是伴随中国经济文化建设而出现的。尽管二者成立的基础均是会员或成员,但社团法人可以是营利的,也可以是非营利的,而社会团体法人则仅是非营利的,且以公益为主。在一定意义上,社会团体法人更多强调其社会团体的价值,社团法人更多强调其是由社员组成的团体,因此,社会团体法人须依法成立,应经过核准或认可;社团法人则可以按照成员的意志而依准则成立。

在我国的日常经济文化生活中,除了社会团体一词外,还有人民团体、群众团体用语。后两者非法律用语,更多的是政治性表达。其中,人民团体属于群众团体,群众团体属于社会团体。① 在法律上,它们都属于社会团体法人。

① 参见康晓强:《群众团体与人民团体、社会团体》,载《社会主义研究》2016年第1期。

第九十一条 【社会团体法人的章程与组织机构】

设立社会团体法人应当依法制定法人章程。

社会团体法人应当设会员大会或者会员代表大会等权力机构。

社会团体法人应当设理事会等执行机构。理事长或者会长等负责人按照法人章程的规定担任法定代表人。

一、历史由来

作为法人,社会团体法人应当制定章程,建立相应的内部治理结构。《民法通则》第50条规定具备法人条件的社会团体,从依法成立之日起,即具有法人资格。结合《民法通则》第37条关于法人成立的条件要求及第38条提到的法人章程可知,社会团体法人应当制定章程并建立自己的组织机构。1989年《社会团体登记管理条例》也原则性规定了要求社会团体具有章程和组织机构,并特别强调"国家保护社会团体依照其登记的章程进行活动,其他任何组织和个人不得非法干涉"(第5条)。其他关于某社会团体的专门法律,如1993年制定的《注册会计师法》(2014年修订)第34条规定:"中国注册会计师协会的章程由全国会员代表大会制定,并报国务院财政部门备案;省、自治区、直辖市注册会计师协会的章程由省、自治区、直辖市会员代表大会制定,并报省、自治区、直辖市人民政府财政部门备案。"1998年《社会团体登记管理条例》(2016年修订)从登记条件方面原则性地要求须有章程和组织机构,并要求章程中须有民主的组织管理制度和执行机构的产生程序事项。可以说,《民法总则》第91条对于社会团体法人的章程的制定和内部机构的设置作出了明确的规定。

在《民法总则(草案)》(一审稿)中,关于社会团体法人的内部治理规定在第85条,并分为两个条款,即"社会团体法人应当制定章程,设会员大会或者会员代表大会等权力机构。""社会团体法人应当设理事会等执行机构。理事长或者会长等主要负责人依照法人章程的规定担任法定代表人。"二审稿则将其放在第 94 条,分为三个条款,即“设立社会团体法人应当依法制定章程。”“社会团体法人应当设会员大会或者会员代表大会等权力机构。”“社会团体法人应当设理事会等执行机构。理事长或者会长等负责人依照法人章程的规定担任法定代表人。”三审稿则放在第 91 条,内容没有变化,仍分为三个条款。

在学界的建议稿中,“社科院稿”第 78 条和第 79 条第 1 款对于社会团体法人的意思机关和执行机关、法定代表人作了明确的规定,即“社会团体法人的成员大会,是社会团体法人的意思机关,有权决定社会团体法人章程的变更、理事会的任免,并有权监督理事会职务的执行以及决定其他重大事项。”“社会团体法人应当设理事会并设理事长一人。理事会是社会团体法人的执行机关,理事长是社会团体法人的法定代表人。”“人民大学稿”第 98 条第 2 款规定了社会团体法人的组织机构:“社会团体法人的成员大会,是社会团体法人的权力机关。社会团体法人应设理事会并设理事长一人。理事会是社会团体法人的执行机关,理事长是社会团体法人的法定代表人。”

二、规范目的与含义

(一)规范目的

本条是关于社会团体法人内部治理的基本规定,即须建章立制。

社会团体法人系基于会员共同意愿,为实现公益目的或者会员共同利益等非营利目的而依法成立的社会组织。而为实现会员的意愿,必须首先制定章程,以会员大会或会员代表大会为权力机构。故本条第 1 款规定了章程,第 2 款则规定了会员大会或会员代表大会,第 3 款为执行机构。

(二)规范含义

首先,设立社会团体法人应当依法制定章程。社会团体法人系自律性组织,其组织和运作均依被称为目的的指导理念之下,并对此项理念做出具体的设计和安排,然后付诸会员的真实的行动。[①] 在被称作目的的指导理念之下所做的具体设计之中,主要体现为社会团体法人的章程。章程被称为社会团体

① 参见杜景林、卢谌:《德国民法典——全条文注释》(上册),中国政法大学出版社 2015 年版,第 25 页。

法人的自治大纲,具有基本法的价值,其一经依法制定,社会团体法人、管理者、会员等均须依此大纲行事。按照《社会团体登记管理条例》(2016 年)第 14 条规定,社会团体法人章程应当包括下列事项:名称、住所;宗旨、业务范围和活动地域;会员资格及其权利、义务;民主的组织管理制度、执行机构的产生程序;负责人的条件和产生、罢免的程序;资产管理和使用的原则;章程的修改程序;终止程序和终止后资产的处理;应当由章程规定的其他事项。

其次,社会团体法人应当设会员大会或者会员代表大会等权力机构。社会团体法人系以会员为基础而成立的团体法人,故其权力机构为会员大会或会员代表大会。与作为营利法人的公司的股东大会一样,会员大会或会员代表大会为必设机关。其中会员大会是由社会团体全体会员组成的机构;会员代表大会是在社会团体会员众多的情况下,不宜或不便全体会员均参加时,由全体会员选举代表组成的社会团体法人的权力机关,其地位与会员大会相同(如中国法学会的最高权力机关就是代表大会)。一般地,会员参加会员大会是社会团体法人所有会员的权利,体现了会员的平等性。作为社会团体法人的权力机关,社会团体法人的一切重要事务,均应由会员大会或会员代表大会通过决议作出。会员大会或会员代表大会是社会团体法人的最高机关,以事务不应当由其他的机关处理为限。其职责主要包括:选任和监督理事会及其他社会团体机关;审议理事会工作报告;讨论决定本社会团体的重大事项;修订章程;决定社会团体法人的解散等。当然,会员大会或会员代表大会权力的行使,均通过会议方式进行。至于会员大会或会员代表大会会议召开的程序及议事方式、决议等内容,则主要是由社会团体法人的章程规定的。会员大会或会员代表大会通过决议,须符合法律、行政法规及章程的规定,否则将导致决议无效或可撤销。决议无效的情形主要有决议内容违反法律、行政法规的禁止性规定、违反公序良俗等;决议可撤销情形主要有决议程序违反法律、行政法规、章程规定、决议内容违反章程规定等。

再次,社会团体法人应当设理事会等执行机构。理事会是社会团体法人的必设机构,系会员大会或会员代表大会的执行机关,负责社会团体活动的指挥与管理,并对会员大会或会员代表大会负责。除了法律和章程规定由会员大会或会员代表大会行使的权力外,其他事项均可由理事会决定。理事会由理事组成，理事须由会员大会或会员代表大会选举产生。关于理事的资格，法律仅规定消极资格，如根据《社会团体登记管理条例》（2016 年）第 13 条规定，正在或者曾经受到剥夺政治权利的刑事处罚，或者不具有完全民事行为能力的人是不能当选理事的。理事任期届满，可连选连任。一旦当选理事，所有理事具有同等权利，非依法定程序，理事资格和权力不得被剥夺或限制。不过，理事是通过理事会行使权力的，其个人不能行使属于理事会的任何权力。

最后，理事长或者会长等负责人依照法人章程的规定担任法定代表人。作为社会团体法人的必设机构，理事会应设理事长或会长。从本条文义上看，理事长或会长等负责人成为社会团体法人的法定代表人是依照章程的规定，而非法律的规定。也就是说，法律并不强制规定理事长或会长必然是法定代表人。但根据《社会团体登记管理条例》（2016 年）第 11 条第 4 项和第 14 条第 5 项规定，申请登记社会团体，发起人应当向登记管理机关提交发起人和拟任负责人的基本情况、身份证明；社会团体的章程应当包括负责人的条件和产生、罢免的程序。结合《民法总则》第 61 条第 1 款之“依照法律或者法人章程的规定，代表法人从事民事活动的负责人，为法人的法定代表人”的规定，本款规定应当指理事长或者会长等负责人是社会团体法人的法定代表人，只不过，其须通过章程加以明确。被章程规定为法定代表人的理事长或者会长的代表权并非理事会授予，而是法定和章定的，故其权力仅受到法律和章程的限制。但是，按照《民法总则》第 61 条第 3 款规定，法人章程或者权力机构对法定代表人的代表权范围的限制，不得对抗善意相对人。这是因为，作为法定代表人，理事长或者会长的行为，不是其为社会团体在行为，而是社会团体自身在行为。①

① 参见杜景林、卢谌：《德国民法典——全条文注释》（上册），中国政法大学出版社 2015 年版，第 27 页。

第九十二条 【捐助法人】

具备法人条件，为公益目的以捐助财产设立的基金会、社会服务机构等，经依法登记成立，取得捐助法人资格。

依法设立的宗教活动场所，具备法人条件的，可以申请法人登记，取得捐助法人资格。法律、行政法规对宗教活动场所有规定的，依照其规定。

一、历史由来

大陆法系民法法人的基本分类是社团法人与财团法人，前者以人为成立基础，后者以财产为成立基础。捐助法人就是大陆法系中的财团法人，因其系以捐赠人捐助的财产为集合体，故称捐助法人。改革开放以来，由捐赠人捐赠成立的各种慈善组织、科研基金大量增加，甚至出现由个人捐赠成立的学校、医院、福利院和文化馆等。随着我国社会主义事业的发展，因捐赠成立的基金会和其他社会服务机构已经成为社会的常态。在一定意义上，我国最早规定捐助法人的法律是《民法通则》中的社会团体法人，它将基金会也包括了进去。所以，1988 年《基金会管理办法》第 2 条规定："本办法所称的基金会，是指对国内外社会团体和其他组织以及个人自愿捐赠资金进行管理的民间非营利组织，是社会团体法人。"1989 年《社会团体登记管理条例》第 2 条界定的社会团体也将基金会包括进去。尽管这并不符合现代法学关于法人分类的基本认知，但在当时，它是符合我国社会团体管理体制的。[①] 尽管如此，1988 年《基金会管理办法》还是明确了基金会系以组织和个人自愿捐赠的财产为基础的。到了 1998 年新的《社会团体登记管理条例》中，就将基金会排除在外，而不再属于社会团体法人。同年国务院发布了《民办非企业单位登记管理暂行条

① 参见葛云松：《中国的财团法人制度展望》，载《北大法律评论》2002 年第 5 卷第 1 辑，法律出版社 2003 年版，第 174 页。

例》,第2条规定“民办非企业单位,是指企业事业单位、社会团体和其他社会力量以及公民个人利用非国有资产举办的,从事非营利性社会服务活动的社会组织。”该条例并未规定举办者为法人的成员,也没有规定举办者是其最高权力机关,它其实是按照章程独立运作的。2004年国务院颁布了新的《基金会管理条例》,其第2条规定“本条例所称基金会,是指利用自然人、法人或者其他组织捐赠的财产,以从事公益事业为目的,按照本条例的规定成立的非营利性法人”,更是明确其不再属于所谓社会团体法人。2016年,《慈善法》出台,该法第3条强调慈善活动是指自然人、法人和其他组织以捐赠财产或者提供服务等方式而自愿开展的公益活动。

从《民法通则》始,我国民法并不采大陆法系社团法人与财团法人之分,而是基于国情与文化,创造性地分为企业法人与非企业法人,前者以营利法人为主,后者以非营利法人为主。对于基金会等由捐赠人捐赠财产形成的法人如何认识,有很大争议。① 从法理上讲,基金会等毫无疑问属于财团法人,但我国立法既没有采社团法人概念,也没有采财团法人一词,故以财团法人表述就会产生立法上的不协调甚至民众的误解。如以基金会法人表述,将使那些也以捐赠财产为基础的救济院、医院等社会服务机构排除在外。这些法人均以捐助财产为基础,以通俗易懂的捐助法人概念表述,既符合这种法人的基本特征,也会符合民众特别是捐赠人的期待,从而更好地实现这种法人的公益慈善目的。所以,舍弃财团法人的语词,保留财团法人的实质,“捐助法人”之称可谓恰当选择。②

与《民法总则(草案)》一审稿相比,《民法总则(草案)》二审稿和三审稿中明确了社会服务机构也属于捐助法人,从而使捐助法人的外延更为清晰。

在学界,“社科院稿”明确提出以捐助法人概念表述传统上属于财团法人的法人类型。该建议稿第75条规定:“捐助法人,是指以慈善、社会福利以及教育、文化、科学研究、医疗等社会公益事业为目的并以捐助财产设立的法人。”“捐助法人经法定主管机关批准并经登记机关登记而成立。”“捐助法人

① 参见罗昆:《我国民法典法人基本类型模式选择》,载《法学研究》2016年第4期。
② 参见赵旭东:《论捐助法人在民法中的地位》,载《法学》1991年第6期。

在章程规定的范围内,可以从事经营性活动。"其他建议稿基本上是以财团法人表述有关概念的。"人民大学稿"是直接以基金会法人表述的,其第101条第1款规定:"基金会法人,是以慈善、社会福利以及教育、文化、科学研究、医疗等社会公益事业为目的并以基金设立的法人。"

二、规范目的与含义

(一)规范目的

本条明确规定了捐助法人的界定标准:一是要求其系以捐助财产为成立基础,二是须以公益为目的。同时,本条还规定了捐助法人的表现形式既可以是基金会,也可以是社会服务机构,以及依法成立的宗教场所等。

本条明确地排除了非以公益为目的的捐助法人的存在。

(二)规范含义

首先,捐助法人系以捐助财产为基础。捐助法人之为法人,其基础在于捐助人捐助的财产。所以,捐助法人须有捐助人的捐助行为。捐助行为可以是生前行为实施,该行为为单方法律行为,应以书面为之,且"必须包含捐助人具有拘束力的表示,即为履行自己所给定的目的而捐献一定的财产";[①]捐助行为也可以是死因行为,即通过遗嘱或继承的方式为之。根据捐助行为设立捐助法人的,该财产从捐助法人成立时开始归属于该法人;根据遗嘱设立捐助法人的,该财产从遗嘱生效时视为归属于该法人。捐助人既可以是自然人,也可以是企业或其他社会组织,也可以是政府。按照主流理论与实践,在捐助财产的数量与相关捐助法人的目的之间应存在适当的关系,即捐助的财产应达到一定的数量,如果捐助法人没有满足这个要求,则捐助法人是不能有效设立的。[②] 捐助财产是捐助法人的实质性特征,否则捐助目的将无法实现。与社会团体法人相比,捐助法人是捐助财产的集合,而非人的集合,没有社员或成员,

① 《德国民法典》第81条。

② 参见[瑞]贝蒂娜·许莉曼-高朴、耶尔格·施密特:《瑞士民法:基本原则与人法》(第二版),纪海龙译,中国政法大学出版社2015年版,第428页。按照我国2004年《基金会管理条例》第8条规定,全国性公募基金会的原始基金不低于800万元人民币,地方性公募基金会的原始基金不低于400万元人民币,非公募基金会的原始基金不低于200万元人民币;原始基金必须为到账货币资金。

其受益人既非捐助人也非机关。同时,捐助法人具有独立的法律人格,其与非独立的捐助财产是有质的区别的,后者既可以以特定目的向已存在的(大多数为)法人进行捐赠(如为了修建体育场而向市政府支付款项),也可以是为特定目的(如为失学儿童)通过募捐募集到的财产。且通常情况下,应认为所募集的款项属于募集人的财产,它们必须按照募集目的被使用。[①]

其次,捐助法人须以公益为目的。当事人捐助财产于基金会或其他社会服务机构,其主要是为了慈善或其他公益目的。早在古罗马,财团法人在罗马法上的主要表现形式是寺院、慈善团体和待继承的遗产。《德国民法典》第80条第2款规定,捐助目的须不危及公共利益,亦即须与公共利益相一致的财团才会受到法律的认可。因此,为捐助人的捐助或为捐助人设立的财团均不在考虑之内,也就是不构成法律上所谓的财团。[②] 从1988年我国首次制定《基金会管理办法》开始,基金会必须为了公益目的而设立。2004年《基金会管理条例》第3条就明确基金会须以公益事业为目的。关于什么是公益目的,按照《慈善法》第3条规定,主要包括扶贫、济困;扶老、救孤、恤病、助残、优抚;救助自然灾害、事故灾难和公共卫生事件等突发事件造成的损害;促进教育、科学、文化、卫生、体育等事业的发展;防治污染和其他公害,保护和改善生态环境;以及符合法律规定的其他公益活动。同时,捐助法人的公益目的必须是继续性的,或者说是持续性的。但这并不意味着捐助法人必须是不确定期限的,它可以是具有确定存在期限的法人,但要求在追求目的方面,能够满足法律上独立的要求。[③] 捐助者在捐助行为中所确定的意愿——尽管要求必须是公益性的——是应被捐助法人实现的目的。捐助法人必须根据该目的予以管理,所以与社会团体法人相反,捐助法人须遵循他人的意愿,即他治。如果捐助法人的设立不符合捐助目的,则主管部门可以要求限期整改,甚至将其财产移交其他设立目的最为相近的捐助法人。同样,如果捐助法人目的的完成成为不能,

---

① 参见[德]汉斯·布洛克斯、沃尔夫·迪特里希·瓦尔克:《德国民法总论》(第33版),张艳译,中国人民大学出版社2012年版,第433~434页。

② 参见杜景林、卢谌:《德国民法典——全条文注释》(上册),中国政法大学出版社2015年版,第62页。

③ 参见杜景林、卢谌:《德国民法典——全条文注释》(上册),中国政法大学出版社2015年版,第62页。

或者其完成将不符合公益目的,主管机关可以为其指定其他目的,甚至废止该捐助法人。当捐助法人需要变更其目的时,应当考虑捐助人的意思,特别是应当在考虑捐助人的意义上,将捐助法人的财产产生的收益归属于应当享受此种利益之人。①

最后,捐助法人须经依法登记。捐助法人系以公益为目的的他治法人,为保证该公益目的的实现,应当通过法律加以明确规范。关于捐助法人的设立,各国主要有两种做法,一是许可主义,即设立捐助法人须得到主管机关的许可;②二是准则主义,即只要符合一定的条件就可以经过登记设立,而无须先得到有关机关许可。③ 从德国1896年开始规范财团法人,就规定了财团法人设立的许可制。④ 但2002年德国修改其民法典,修法目的在于给予德国公民设立财团法人更大的可能空间,将许可制变为了认可制,即得到财团住所地所在邦的主管机关承认即可。⑤ 不过,这种认可,并非意味着基金会可以任意设立。我国目前对于捐助法人采许可制,根据2016年《慈善法》第10条规定,设立捐助法人,应当向县级以上人民政府民政部门申请登记,民政部门应当自受理申请之日起30日内作出决定。符合本法规定条件的,准予登记并向社会公告;不符合本法规定条件的,不予登记并书面说明理由。不过,《民法总则》第92条规定设立捐助法人须经依法登记成立,是一个开放的法条。随着我国社会主义市场经济的进一步完善与公民社会的成熟,完全可以在适当的时候改许可制为认可制。可以说,捐助行为与依法获得登记是捐助法人得以产生的两个独立条件,其中捐助行为构成捐助法人的基础,得到许可或认可则使该组织取得权利能力。在一定意义上,得以依法登记不涉及捐助行为,而涉及捐助团体本身。所以在德国,拒绝承认不妨碍捐助行为的法律行为上的有效性,以至于在

① 参见《德国民法典》第87条。

② 如《日本民法典》第33条第2款规定:"祭祀、宗教、慈善、学术、技艺及其他公益性不以营利为目的的社团或财团经主管机关许可,可以设立为法人。"

③ 如《瑞士民法典》第81条第1款规定:"财团以公证或遗嘱的方式设立。"

④ 根据修改前《德国民法典》第80条规定,"设立有权利能力的基金会,除捐赠行为外,需得到基金会住所所在地的邦的许可。如果基金会不在任何一个邦内有住所,则需得到联邦参议院的认可。"

⑤ 参见陈惠馨:《德国财团法人制度的发展——以德国〈民法典〉及柏林邦财团法为中心》,载《中国非营利评论》2011年第1期。

原初之拒绝事由不复存在，而在捐助人意欲重新承认的情形，无须重新实施捐助行为，除非捐助人通过单方面而无须受领的意思表示，已经撤回捐助行为。[①]

同时，本条规范明确指出捐助法人的表现形式不仅有基金会，也有社会服务机构等。

其中基金会为典型的捐助法人，按照2004年《基金会管理条例》第2条规定："本条例所称基金会，是指利用自然人、法人或者其他组织捐赠的财产，以从事公益事业为目的，按照本条例的规定成立的非营利性法人。"我国的基金会分为公募基金会与非公募基金会两类，实行分类管理，其区别在于基金的来源，前者可以向公众募集资金；后者则来源于特定个人或组织的捐赠，并不得向公众募集资金。除了基金会，我国还有许多其他形式的以捐助财产为基础的法人，[②]如以捐助财产为基础的民办学校、医院、养老院，以及其他大量的公益慈善类社会服务机构，如民办社会工作服务机构、民办法律援助机构、民办艾滋病防治机构、民办残疾人康复教育机构、民间灾害和紧急救援机构等。《慈善法》第8条第2款规定："慈善组织可以采取基金会、社会团体、社会服务机构等组织形式"，从而率先在法律上明确了这些社会服务机构的公益慈善性质，《民法总则》第92条则明确了社会服务机构的捐助法人性质，其与基金会一样，都以捐助财产为基础并从事公益事业。

另外，在我国有大量的依法成立的宗教活动场所，它们也主要以捐助财产为存在基础。因此，如果这些宗教活动场所具备法人条件，可以登记为捐助法人。

---

① 参见杜景林、卢谌：《德国民法典——全条文注释》（上册），中国政法大学出版社2015年版，第63页。

② 根据1998年10月国务院颁布的《民办非企业单位登记管理暂行条例》，它们原被称为民办非企业单位，即"企业事业单位、社会团体和其他社会力量以及公民个人利用非国有资产举办的，从事非营利性社会服务活动的社会组织"。2016年《慈善法》将它们统一称为社会服务机构。按照民政部介绍，《慈善法》将"民办非企业单位"修改为"社会服务机构"的主要原因是，"民办非企业单位"这一名称已经落后于这类社会组织发展的实际需要。一方面，"民办非企业单位"是一个否定式的命名，外延不清，从字面理解，容易涵盖其他组织，例如基金会、社会团体等组织也都是民办的，也都是"非企业"；另一方面，这一名称内涵不清，不能准确反映这类组织提供社会服务，从事公益事业等特征。同时，过于强调"民办"，不利于官办民营、民办公助，以及推进有条件的事业单位转为社会组织等新的发展趋势相适应。参见王亦君：《33万民办非企业单位或转型为社会服务机构》，载《北京日报》2016年5月8日，第2版。

但是,宗教团体与宗教活动场所完全是两个不同的概念,前者是社会团体,后者是活动场所。所以,2004年国务院颁布的《宗教事务条例》第6条规定:“宗教团体的成立、变更和注销,应当依照《社会团体登记管理条例》的规定办理登记。”而宗教活动场所是信教公民举行集体宗教活动的地方,包括寺院、宫观、清真寺、教堂以及其他固定宗教活动处所,宗教活动场所可以按照宗教习惯接受公民的捐献。[①] 因此,《民法总则》第92条第2款规定,依法设立的宗教活动场所,具备法人条件的,可以申请法人登记,取得捐助法人资格。

三、其他问题

我国目前关于捐助法人的法律规定主要是2004年制定的《基金会管理条例》,该条例对于基金会的设立、组织机构、财产管理等作了详细规定。另外,《慈善法》也对作为慈善组织的捐助法人,如基金会和社会服务机构等的设立和管理作了基本要求。

需要指出的是,同为公益法人的事业单位、社会团体与捐助法人尽管都可以获得捐助,但前两者并非因为捐助而成立,事业单位法人系由国家或其他机关因公益需要而以国有资产出资成立,其成立基础为国家或有关机关出资;社会团体法人则是基于会员意愿而成立的公益法人,其成立基础为会员;捐助法人则是基于捐助行为而依法成立的以捐助财产为基础的法人。三者的共性在于均以公益或其他非营利为目的,并因而都可以得到政府、企业或其他社会组织及个人的捐赠,但它们的根本区别在于成立基础的不同。

① 《宗教事务条例》(2004年)第12条和第20条。

第九十三条 【捐助法人的章程与组织机构】

设立捐助法人应当依法制定法人章程。

捐助法人应当设理事会、民主管理组织等决策机构，并设执行机构。理事长等负责人依照法人章程的规定担任法定代表人。

捐助法人应当设监事会等监督机构。

一、历史由来

捐助法人尽管没有会员而以财产为成立基础，但其内部仍须有相应的章程和组织机构。而且，在一定意义上，相对于社会团体法人，正是捐助法人没有社员而以捐助财产为基础，更须通过完善的治理机制来实现捐助人的意愿。1896 年《德国民法典》并没有对财团法人规定特别的内部治理机构，只是于第 85 条规定“除帝国或州法律另有规定外，财团法人的组织机构根据捐赠行为确定”，且于第 86 条规定财团法人可以准用于社团法人的有关规定。2002 年德国修改其民法典，在第 81 条中增加了关于财团法人章程的规定。根据《民法通则》关于法人的规定，我国 1988 年《基金会管理办法》原则性地要求基金会须有章程、组织机构及财力与人员（第 3 条第 3 项），并规定现职的政府工作人员不得担任基金会领导，须实行民主管理（第 5 条）。1998 年《民办非营利企业单位登记管理暂行条例》也仅原则性要求民办非企业单位须有章程和相应的组织机构（第 8、9 条）。2004 年《基金会管理条例》第三章明确规定了基金的“组织机构”，规定基金会应设理事会和监事，并强调基金会理事长、副理事长和秘书长不得由现职国家工作人员兼任。基金会的法定代表人，不得同时担任其他组织的法定代表人。2016 年《慈善法》第 11 条和第 12 条规定了慈善组织的章程和建立内部治理结构的要求。《民法总则》第 93 条的规定，使得以捐助财产为基础的捐助法人的内部机构得以统一，不论是基金会，还是社会服务机构，均应制定章程，建立理事会和监事会等机构。

在《民法总则(草案)》(一审稿)中,关于捐助法人的章程与决策机构、执行机构是放在同一款之中的,共两款;《民法总则(草案)》二审稿和三审稿则将捐助法人的章程单独列为第1款,理事会等列为第2款,共三款。

在学界,"社科院稿"第79条第2款规定:"捐助法人应当设理事或者理事会,理事或者理事会应当依照捐助行为设定的章程所确定的目的管理事务。捐助法人的理事或理事长是捐助法人的法定代表人。""人民大学稿"第101条第4、5款规定:"基金会法人应设理事或者理事会,理事或者理事会应当根据捐助基金行为设定的章程或捐助人的遗嘱所确定的目的管理事务。""基金会法人的理事或者理事长是基金会法人的法定代表人。"与《民法总则》第93条规定不同的是,两部建议稿均明确了捐助法人的章程应依照捐助行为设定,尊重捐助人的意愿。《民法总则》第93条仅规定"设立捐助法人应当依法制定章程",该"依法"应当包括尊重捐助人的意愿。

二、规范目的与含义

(一)规范目的

本条明确规定了捐助法人须制定章程,并建立完善的内部治理结构。

相对于社会团体法人,捐助法人捐助财产为成立基础的他治法人,更需要建立严格的内部治理机制。因此,本条第1款明确规定捐助法人须依法制定章程,表明捐助法人的行为均依章程规定而运行,从而实现捐助目的。同时,由于捐助法人没有如社会团体法人那样的成员大会或代表大会制度,即无权力机关,因此需要建立明确的决策机构、执行机构和监督机构,从而形成科学合理、相互制约的内部治理机制。

可以说,本条规范的目的非常明确,即将捐助法人的组织和运行在相当的程度上交由捐助人处理。只要法律和行政法规没有规定,捐助法人均可通过章程的规定决定其内部组织及运行。

(二)规范含义

首先,设立捐助法人应当依法制定法人章程。章程是任何种类法人的核心,在一定意义上,无章程,无组织。1896年《德国民法典》原来并没有专门规定财团法人的章程,2002年进行修改时于第81条中增加了生存的人捐助成立的财团必须有章程,且章程应该包括一定的内容,即财团的名称、住所、目的、财产和董事的组成。而且,如果章程欠缺这些内容,就会使捐助计划丧失承认能力,但捐助机关享有补充的权限与义务。①《民法总则》第93条第1款只是原则性规定了捐助法人应当依法制定法人章程,至于具体的章程内容要求则由专门的法律或行政法规确定。《基金会管理条例》(2004年)第10条规定:“基金会章程必须明确基金会的公益性质,不得规定使特定自然人、法人或者其他组织受益的内容。”“基金会章程应当载明下列事项:(一)名称和住所;(二)设立宗旨和公益活动的业务范围;(三)原始基金数额;(四)理事会的组成、职权和议事规则,理事的资格、产生程序和任期;(五)法定代表人的职责;(六)监事的职责、资格、产生程序和任期;(七)财务会计报告的编制、审定制度;(八)财产的管理、使用制度;(九)基金会的终止条件、程序和终止后财产的处理。”该条不仅规定了基金会章程的消极要求,且较为详细地规定了应当具备的内容。在一定意义上,《民法总则》第93条第1款关于捐助法人章程的规定尽管简单,但却是一种开放性的规定,具有很强的包容性,使我国捐助法人章程的有关内容可以随着社会经济的发展,而由专门的法律或法规适时调整。捐助法人章程由谁来制定,本条未予明确。不过,由于捐助法人系基于捐助行为而产生,故捐助法人的章程也是根据捐助行为产生的,即由发起人制定的。2004年《基金会管理条例》第11条规定,发起人申请登记时须提交章程。

其次,捐助法人应当设理事会、民主管理组织等决策机构,并设执行机构。捐助法人系捐助财产的集合,没有所谓的社员,所以,捐助法人不可能如社会团体法人那样建立会员大会的自治机关。同时,捐助法人系以捐助行为并以实现捐助目的为己任,其受益人既非捐助人也非其机关,故其须建立保证捐助目的得以实现的决策和执行、监督机关,正如2016年《慈善法》第12条规定,“慈善组织应当根据法律法规以及章程的规定,建立健全内部治理结构,明确决策、执行、监督等方面的职责权限,开展慈善活动。”由于捐助法人以实现捐

① 参见杜景林、卢谌:《德国民法典——全条文注释》(上册),中国政法大学出版社2015年版,第64页。

助目的为己任,故《德国民法典》第85条关于“财团的组织”规定,除非联邦财团法和州财团法另有规定,其内部机关可以由捐助行为确定。一般情况下,各国和地区关于财团法人内部机关均由理事或理事会及相应的执行机关和监督机关组成,因此,《民法总则》第93条第2款第一句规定,捐助法人应当设理事会、民主管理组织等决策机构,并设执行机构,其中理事会为决策机构。根据2004年《基金会管理条例》第三章关于基金会“组织机构”的规定,基金会设理事会。理事会是基金会的决策机构,根据法律、法规和章程开展活动,对基金会负责。除了理事会这种机关,实践中也有其他形式,如董事会或管理委员会,所以,本条第2款前一句规定捐助法人应当设理事会、民主管理组织等决策机构。捐助法人在设决策机构外,尚需设执行机构。按照财团法人理论,其没有意思机关,仅有决策机关和执行机关,而理事会同时兼决策与执行职能,按照捐助法人的章程规定的目的行使管理权。① 但从《基金会管理条例》第21条第1款和《民法总则》第93条规定来看,捐助法人的理事会为决策机构,其应当同时还有专门的执行机构。2004年《基金会管理条例》第20条关于“理事会”的规定,其中第4款规定了理事会的组成,即包括理事长、副理事长和秘书长。根据民政部2016年5月发布的《〈基金会管理条例〉(修订草案征求意见稿)》第301条关于“基金会设秘书处。秘书处在秘书长领导下工作,组织实施理事会决议和章程赋予的其他职权”规定上看,秘书处应当为基金会的执行机关,其中秘书长应当为专职,不能由理事长兼任。《民法总则》第93条要求将捐助法人的决策机构与执行机构分开来设,是考虑到我国捐助法人的实际情况的,有利于完善捐助法人的内部治理机制。

再次,理事长等负责人依照法人章程的规定担任法定代表人。捐助法人系以捐助财产为基础而成立的法人,故其如何设置理事会或其他决策机构,及由谁担任法定代表人,均可以由体现捐助人意愿的章程加以规定。从本条文义上看,理事长等负责人应依照章程的规定担任法定代表人,亦即,章程可以不规定其为法定代表人。但根据2004年《基金会管理条例》第20条第4款关

① 参见梁慧星主编:《中国民法典草案建议稿附理由·总则编》,法律出版社2013年版,第163页。

于“理事长是基金会的法定代表人”的规定，理事长等负责人应当是捐助法人的法定代表人，不过，这需要通过章程加以明确规定而已。

最后，捐助法人应当设监事会等监督机构。捐助法人系因捐助财产独立化而构成的独立法人，即其仅是具有自己人格的目的财产，没有意思机关，没有自我决定权。其运行完全取决于理事会等决策机构和执行机构，能否按照捐助法人创办人的意思和章程规定管理财产。因此在国外，一般情况下，捐助法人是由主管机关加以监督的。按照2004年《基金会管理条例》有关规定，我国成立和运营基金会既需要经过登记主管机关的登记与管理，也需要经过业务主管机关的同意与监督，即所谓的双重管理体制。也正因如此，国外少有关于要求捐助法人内部设监事会的，我国一般也认为基金会法人不必设监督机构，①有关学者建议稿中均没有关于基金会或捐助法人设置监事会的规定。不过，《荷兰民法典》第297a、297b条规定基金会章程可以规定监督机构；日本2008年《一般法人法》中，则明确规定了财团法人须设置监事。为了更好地保证捐助法人捐助目的的实现，我国《民法总则》第93条第3款明确规定捐助法人应当设监事会等监督机构。2004年《基金管理条例》对此规定地十分明确，即基金会应设立监事或者监事会(第22条)。监事由主要捐赠人、业务主管单位选派，也可以由登记管理机关选派。设置监事会等监督机构，可以从捐助法人内部强化监督，弥补了其外部监督的不足。而且，从本条第3款规定上看，捐助法人的监督机构可以多样，既可以根据法人规模大小设置监事或监事会，也可以如《日本一般法人法》规定那样设置会计监察人。

决策机构、执行机构、监督机构为我国捐助法人的必设机构，并须依法设立，符合法律规定。如果捐助法人没有依法设立这些机构，或者设立的机构不符合法律要求，业务主管机关可以要求改正，限期整改。②

① 王利明主编：《中国民法典学者建议稿及立法理由·总则编》，中国法制出版社2004年版，第190页。

② 《瑞士民法典》第83条第1款规定：“当财团文件规定的组织机构不健全，即财团没有按照规定设置全部机构，或任何机构的组成不符合规定的，政府监管部门采取必要措施，特别是：(1)让财团限期整改；(2)指定组建缺位的机构或者指派监察人员。”

第九十四条 【捐助人的权利】

捐助人有权向捐助法人查询捐助财产的使用、管理情况，并提出意见和建议，捐助法人应当及时、如实答复。

捐助法人的决策机构、执行机构或者法定代表人作出决定的程序违反法律、行政法规、法人章程，或者决定内容违反法人章程的，捐助人等利害关系人或者主管机关可以请求人民法院撤销该决定，但是捐助法人依据该决定与善意相对人形成的民事法律关系不受影响。

一、历史由来

捐助人一旦捐助财产，该财产就构成捐助法人的一部分，捐助人并不因捐助而对捐助财产享有任何财产方面的权利。捐助财产的使用、管理完全是交由捐助法人的管理人按照章程或捐赠协议处理的。但是，这并非说捐助人对其捐助财产的使用没有监督权利。1988 年《基金会管理办法》对此没有规定，但 1999 年《公益事业捐赠法》第 21 条则明确了捐赠人的查询权和受赠人的如实答复义务，即"捐赠人有权向受赠人查询捐赠财产的使用、管理情况，并提出意见和建议。对于捐赠人的查询，受赠人应当如实答复"。到了 2004 年《基金会管理条例》，其第 39 条正式确立了捐赠人的查询权与提出意见、建议的权利，即"捐赠人有权向基金会查询捐赠财产的使用、管理情况，并提出意见和建议。对于捐赠人的查询，基金会应当及时如实答复"。"基金会违反捐赠协议使用捐赠财产的，捐赠人有权要求基金会遵守捐赠协议或者向人民法院申请撤销捐赠行为、解除捐赠协议。"《慈善法》第 42 条也规定："捐赠人有权查询、复制其捐赠财产管理使用的有关资料，慈善组织应当及时主动向捐赠人反馈有关情况。""慈善组织违反捐赠协议约定的用途，滥用捐赠财产的，捐赠人有权要求其改正；拒不改正的，捐赠人可以向民政部门投诉、举报或者向人民法院提起诉讼。"为更好地鼓励公民、企业及其他组织积极捐赠，保证捐赠目的的实现,《民法总则》第 94 条第 1 款基本上沿袭了 2004 年《基金会管理条例》第 39 条的规定。

对于捐助人的监督权等权利,国外也有类似规定。如《意大利民法典》第 23 条规定,对于违反法律、设立行为或章程的大会的决议,得基于其团体的机关或者检察官的请求确认无效。

在《民法总则(草案)》(一审稿)中,该条第 2 款只是规定“捐助法人的决策机构、执行机构或者其法定代表人作出的决定违反捐助法人章程的,捐助人等利害关系人或者主管机关可以请求人民法院予以撤销”,但没有规定“捐助法人依据该决定与善意第三人形成的民事法律关系不受影响”问题,为保护善意的第三人,《民法总则(草案)》二审稿和三审稿增加了该规定。后来在法律委员会的再次审议中,该款被作了进一步的修改,即“捐助法人的决策机构、执行机构或者其法定代表人作出决定的程序违反法律、行政法规、法人章程,或者决定内容违反法人章程的,捐助人等利害关系人或者主管机关可以请求人民法院予以撤销,但是捐助法人依据该决定与善意相对人形成的民事法律关系不受影响”。

学者建议稿对于捐助人的权利基本上没有明确规定。“人民大学稿”第 102 条规定:“基金会法人的理事,有违反章程的行为时,人民法院可以因主管机关或利害关系人的请求,宣告其行为无效。”

二、规范目的与含义

(一)规范目的

本条是关于捐助人权利的规定。

捐助法人系基于捐助人的捐助财产成立,其公益目的也系捐助人的捐助行为的目的。尽管捐助人可以通过章程明确规定捐助财产的使用及管理,也可以通过外部监督机构,即捐助法人的管理机关进行监督,但捐助人一旦捐助财产,就彻底失去了对捐助财产的支配权。为更好地保障捐助目的的实现,法律有必要赋予捐助人对捐助财产使用的监督权。

(二)规范含义

首先,捐助人享有查询权与提出意见、建议权。作为公益法人,捐助法人应当将受捐财产用于资助符合其宗旨的活动和事业。对于接受的捐助财产,应当及时用于救助活动。作为捐助人,可以查询其捐助财产使用情况,如果认为基金会或其他社会服务组织没有或者不合理地使用了捐助财产,可以向捐助法人提出意见和建议。这里的查询,既包括通过有关捐助法人的信息平台查询,也包括其他方式,如通讯方式查询;也可以直接在捐助法人住所进行查询,并复制其捐赠财产管理使用的有关资料。①

其次,捐助法人负有及时、如实答复的义务。作为公益法人,捐助法人应当通过各种途径和方式公布捐助财产的使用信息,接受社会监督。对于捐助人的查询,捐助法人首先须积极配合。这种积极配合既包括通过方便简单的平台公布有关信息,也包括设置或指定专门部门或人员进行配合。能够立即答复的,须立即答复;不能立即答复的,须在合理时间内予以答复。无论什么样的答复,均须如实进行,不得隐瞒、遗漏和误导。

再次,捐助人和利害关系人、主管机关对捐助法人违反法律、行政法规和章定程序的决定,以及违反章程内容的决定享有撤销权。捐助法人系他治法人,其行为须符合法律、行政法规和章程的规定。其中,捐助法人的章程是核心,捐助人的意愿能否实现完全决定于捐助法人的章程的保证。所以,《慈善法》第72条第1款规定:"慈善组织应当向社会公开组织章程和决策、执行、监督机构成员信息以及国务院民政部门要求公开的其他信息。上述信息有重大变更的,慈善组织应当及时向社会公开。"捐助法人的决策机构、执行机构或者其法定代表人在作出有关决定时,必须符合章程。如果有关决定不符合章程规定,则捐助人等利害关系人或者主管机关可以请求人民法院予以撤销。这里的利害关系人包括受益人和捐助人的继承人。同时,之所以主管机关对此也具有撤销权,是因为捐助法人的公益性质。在西方,捐助法人是唯一(原则上)受公共机关监管的私法上的法人,②如《瑞士民法典》第84条明确规定:"财团应根据其设立目的接受其隶属的公立机构(联邦、州、市)的监管。""各州政府可以将市管辖范围财团的监管事务交由州政府监管部门检查。""政府

① 2016年《慈善法》第42条。

② 参见[瑞]贝蒂娜·许莉曼-高朴、耶尔格·施密特:《瑞士民法:基本原则与人法》(第二版),纪海龙译,中国政法大学出版社2015年版,第452页。

监管部门负责保障财团财产的使用符合其设立目的。”按照2004年《基金会管理条例》规定，我国的基金会受双重管理，即一方面受民政部门的登记管理，另一方面受业务主管单位的业务管理。从功能角度来看，民政部门负责登记管理，业务主管单位负责基金会的业务管理，故《民法总则》第94条规定的主管机关是指业务主管单位。① 如果某个依法成立的捐助法人没有业务主管单位，则可以考虑由作为登记管理机关的民政部门处理。② 同时，在一定意义上，程序决定结果。如果捐助法人的决策机构、执行机构或者其法定代表人作出决定的程序违反法律、行政法规、法人章程的规定，就会严重影响结果的合法性，因此，本款规定，对于违反法定和章定程序的决定，捐助人等利害关系人或者主管机关可以请求撤销。当然，如果决定的内容违反法人章程的，也自然可以请求撤销。

最后，捐助法人被依法撤销的决定与善意相对人形成的民事法律关系不受影响。如果法院依法撤销了有关决定，该撤销裁决仅对捐助法人内部产生影响，而不及于捐助法人依据该决定与善意相对人形成的民事法律关系，否则将影响善意相对人的合法权益，损及交易安全。如果相对人不为善意，则撤销决定的裁决将影响因此形成的法律关系。

三、举证责任分配

首先，如果捐助人等利害关系人或者主管机关请求人民法院撤销捐助法人的决策机构、执行机构或者其法定代表人作出的违法决定，须证明该决定的程序违反了法律、行政法规和法人章程，或证明该决定违反了法人章程的内容。其中违反程序的法律只能是全国人大及其常务委员会颁布的法律和国务院制定的行政法规，不包括地方法规和部门规章。其次，如果法院据此撤销了

① 对此，2004年《基金会管理条例》第34条规定了民政部门的对基金会的管理权力，第35条规定了业务主管单位对基金会的管理权力。依规定，业务主管单位负责监督、指导基金会遵守宪法、法律、法规、规章和国家有关政策，并依据其章程开展活动。

② 《慈善法》第十一章“法律责任”部分明确规定了民政管理部门的许多权力，这些权力不仅涉及登记方面，也包括其他管理方面，如第99条规定，如果慈善组织将不得用于投资的财产用于投资的或擅自改变捐赠财产用途的，民政部门可以予以警告、责令限期改正；逾期不改正的，责令限期停止活动并进行整改。

有关决定,捐助法人依据该决定与善意相对人形成的民事法律关系不因此无效或可撤销。但如果能够证明相对人为恶意,则可以要求宣布无效或可撤销。那么,这里还有一个问题,即谁有权提起无效或可撤销之诉。作为民事法律关系的相对人的捐助法人自然可以提起;但捐助人等利害关系人或者主管机关能否提起?从该条规范的目的上看,其是为了保证捐助法人目的的实现,防止捐助法人的不当行为。因此,作为捐助人等的利害关系人和有关主管机关应当有权提起相应之诉。但无论是捐助法人本身,还是捐助人等利害关系人,均须承担证明对方具有恶意的责任,但对方无须举证证明自己为善意。

四、其他问题

本条第1款规定了捐助人的监督权,也规定了捐助法人接受监督的义务,但没有规定如果捐助法人没有依法履行其接受监督的义务的法律后果。有权利必有救济,在捐助法人未履行其接受监督义务时,捐助人有权依此款规定向捐助法人的管理机关投诉,请求管理机关介入;也可以直接向人民法院起诉,要求捐助法人履行其义务。

第九十五条 【公益法人终止时剩余财产分配】

为公益目的成立的非营利法人终止时，不得向出资人、设立人或者会员分配剩余财产。剩余财产应当按照法人章程的规定或者权力机构的决议用于公益目的；无法按照法人章程的规定或者权力机构的决议处理的，由主管机关主持转给宗旨相同或者相近的法人，并向社会公告。

一、历史由来

在非营利法人中，有以公益为目的者，也有不以营利为目的但也不以公益为目的者，前者称为公益法人，后者称为私益法人。二者尽管相对应，但均不以营利为目的。一般情况下所谈的非营利法人均以公益法人为主，私益法人则主要表现为具有地区性质或者专门服务特定个人或团体的法人，如所谓专项基金会、医院定点扶持会等。

如为公益法人，其财产必以公益为目的而使用，因此，即使公益法人终止，也不存在向其出资人、设立人或其会员分配剩余财产的问题，而只能继续用于公益目的。在一定意义上，“不向其出资人、设立人或者会员分配所取得利润”和“不得向其出资人、设立人或者会员分配剩余财产”，共同构成公益法人的消极特征，使其与营利法人明确地区分开来。

关于公益法人终止时的财产分配或归属，我国最早的1988年《基金会管理办法》中没有任何规定。直到2004年的《基金会管理条例》第33条才要求，“基金会注销后的剩余财产应当按照章程的规定用于公益目的；无法按照章程规定处理的，由登记管理机关组织捐赠给与该基金会性质、宗旨相同的社会公益组织，并向社会公告”。《慈善法》第18条第2款也作了相应规定，即“慈善组织清算后的剩余财产，应当按照慈善组织章程的规定转给宗旨相同或者相近的慈善组织；章程未规定的，由民政部门主持转给宗旨相同或者相近的慈善组织，并向社会公告”。它们尽管没有明确规定“不得向其出资人、设立人或者会员分配剩余财产”,但其意旨非常清楚,要么依章程转给宗旨相同或者相近的慈善组织,要么由民政部门主持转给宗旨相同或者相近的慈善组织,但“不得向其出资人、设立人或者会员分配剩余财产”。

《民法总则(草案)》(一审稿)将该规定作为“非营利法人”节第1条第2款而置于“非营利法人的定义与成立”的条文之中,到了《民法总则(草案)》二审稿和三审稿时,则将其单独成条,并将其置于“非营利法人”节中第2条,这主要考虑到该规定的独立性。《民法总则》鉴于其系非营利法人终止时的法律问题,故将其调整到“非营利法人”节最后一条,该调整显得更为科学与合理。

在学界建议稿中,“社科院稿”对此没有明确规定,第90条只是规定:“法人经清算后剩余的财产,根据法人章程或者组织规章的规定处理。法律另有规定的,依照其规定。”亦即,对于公益法人的剩余财产,可以按照《基金会管理条例》《慈善法》等规定予以处理。“人民大学稿”对此相对清晰一些,其第74条规定:“法人终止后,其清偿债务后的剩余财产除法律另有规定外,应当根据章程的规定或法人权力机关的决议确定其归属。但以公益为目的的法人终止时,其剩余财产不得归属于自然人或者以营利为目的的团体。没有前款法律、章程的规定或者权力机关决议的,法人的剩余财产归国家所有。”

二、规范目的与含义

(一)规范目的

本条确立了公益法人终止时的财产分配的特殊规则。

本条适用于公益法人终止时的一切情形,即适用于《民法总则》第68条关于法人终止时的所有情况。只要公益法人终止,无论是何原因,其剩余财产的分配均须依此规定处理。

(二)规范含义

首先,为公益目的成立的非营利法人,其终止时不得向其出资人、设立人或者会员分配剩余财产。也就是说,终止时,不得向出资人、设立人或者会员分配剩余财产的非营利法人限于以公益为目的成立的法人,对于非以公益为目的的非营利法人,则是可以分配的。从比较法的角度来看,各国关于以公益为目的的非营利法人,其财产要么归属于国库,要么归属于公共团体,但对于非以公益为目的的非营利法人，则可以通过章程或社员大会决议归属于规定的人，或者归属于终止时存在的社员，亦可以分配给出资人、设立人或者会员。根据《德国民法典》第45条和第88条规定，[①]如果社团并非仅服务于自己成员的利益，则州之国库或者州法上指定的机构，具有归属权。[②]《瑞士民法典》与我国台湾地区"民法典"中也有类似规定。[③] 所以，《民法总则》第87条的规定并不适用于非以公益为目的而成立的非营利法人，即所谓的私益法人，后者更多地强调私法自治，如何去做，完全交由这些法人通过章程或决议为之。

其次，以公益为目的的非营利法人的剩余财产，应当按照法人章程的规定或者权力机构的决议用于公益目的。该条第一句以消极性的规定表明不得向其出资人或者设立人分配剩余财产，第二句则以积极性的规定表明如何分配。其分配根据有二：一是如果法人章程事先有规定，依章程；二是如果法人章程对此事先未规定，则法人的权力机构可以以决议的方式进行。根据规定，无论是通过法人章程的规定，还是以权力机构决议的方式，以公益为目的的非营利法人的剩余财产均须用于公益目的，而不能以章程或决议方式用于其他目的。如果章程规定与决议并非用于公益目的，则章程相关规定和决议无效。社会团体法人成员或捐赠人、相关利益人、主管机关可向法院提起无效或撤销之诉。

---

① 《德国民法典》第45条规定："(1)自社团解散或者被剥夺权利能力之时起，财产归属于章程中规定的人。(2)通过章程可以规定，归属权人由社员大会或者其他社团机关的决议决定。社团的目的不指向经济上的营业经营的，即使无此规定，社员大会仍然可以将财产归属于一个公法财团或者机构。(3)未指定归属权人的，在社团依章程仅为自己成员的利益服务时，财产按照相同的份额，归属于在解散或者被剥夺权利能力时存在的成员，在其他情形，归属于社团住所地所在州的国库。"第88条规定："自财团消灭之时起，财产归属于组织章程中所指定的人，未指定归属权人的，财产归属于财团住所地所在州的国库，或者归属于另外一个依该州法律指定的归属权人。"

② 参见杜景林、卢谌：《德国民法典——全条文注释》(上册)，中国政法大学出版社2015年版，第45页。

③ 《瑞士民法典》第57条规定："(1)法人被解散时，其财产归属于依法人设立之目的所隶属的公立机构(联邦、州、市)，但法律、章程、设立文件或主管机构另有规定的除外。(2)财产的使用，应尽可能与法人原设立目的相一致。(3)法人如因违反法律或违背道德的行为而被解散的，其财产归属于公立机构，其他规定一律无效。"我国台湾地区"民法典"第44条规定："法人解散后，除本法另有规定外，于清偿债务后，其剩余财产之归属，应依章程之规定，或总会之决议。但以公益为目的之法人解散的，其剩余财产不得归属于自然人或以营利为目的之团体。""如无前项法律或章程之规定或总会之决议时，其剩余财产归属于法人住所地之地方自治团体。"

最后,如果不能按照法人章程规定或者权力机构的决议处理的,则须由主管机关主持转给宗旨相同或者相近的以公益为目的的法人,并向社会公告。实践中,可能会出现既没有法人章程规定,也没有权力机构的决议,或者权力机构无法达成有效决议的情形。这时,公益法人的主管机关就可以根据“近似原则”,将剩余财产用于与法人宗旨相同或相近的公益法人。该原则是公益组织终止后剩余财产处理的一个国际上通行的原则,它强调公益组织剩余财产的使用,应与其最初的公益目的尽量相似,而不宜将其认定为国有或收归政府处理,更不能在公益组织成员之间进行分配。可以说,该原则致力于用于公益目的的财产能够在在现实情况发生变化时,仍然能留在广义的公益领域,也使得意思自治的私法原理获得更为深刻的内涵。① 但需要注意的是,如果主管机关所在地没有宗旨相同或者相近的以公益为目的的法人,则如何处理剩余财产。按照各国惯常做法,可以考虑将其归属于国库,如《日本特定非营利活动促进法》第 32 条规定:“(1)除合并和破产外,特定非营利活动法人解散后的剩余财产于清算完成或通知政府主管机关归属章程中指定的人。(2)章程中没有规定剩余财产的归属的,清算人可以在得到政府主管机关的批准后,把剩余财产转移给中央政府或者一个地方公共团体。(3)没有依照前两款的规定处分的财产,应当归属于国库。”

三、举证责任分配

如果社会团体法人成员或捐助人、相关利益人、主管机关因剩余财产分配而向法院提起无效或撤销之诉,其提供基本证明即可,如和章程规定不一致、决议将剩余财产作了不当分配等。然后,举证责任转移,即由公益法人或其机关举证,其须证明自己没有违反章程,或决议符合法律和章程规定;如果不能证明,则承担败诉后果。

四、其他问题

根据《民法总则》第 70 条规定,法人解散须成立清算组,由清算组执行剩

① 参见韦祎:《论基金会法人财产运用中的“近似原则”及其适用》,载《法商研究》2009 年第 3 期。

余财产的分配。由于基金会等非营利法人的公益性,我国有关法律对于公益法人清算组的成立有比较特殊的要求。如《基金会管理条例》(2004 年)第 18 条规定,基金会在办理注销登记前,应当在登记管理机关、业务主管单位的指导下成立清算组织,完成清算工作。

第四节　特别法人

第九十六条　【特别法人的类型】

本节规定的机关法人、农村集体经济组织法人、城镇农村的合作经济组织法人、基层群众性自治组织法人，为特别法人。

一、历史由来

在我国，除了营利法人与非营利法人之外，还有大量的无法归入营利法人与非营利法人之列的比较特殊的单位和组织。

对于机关法人，由于受苏联机关法人理论的影响，20 世纪 50 年代我国在考虑制定民法典时，就将国家机关也作为法人之一种。1955 年的《民法总则草稿》第 19 条规定："国家机关、群众团体、社会组织、合作社、企业、学校、医院等能以自己的名义取得民事权利和负担民事义务，并在法院起诉、应诉的公私组织都是法人。"1964 年拟定的《民法草案（试拟稿）》第 13 条确认了国家机关的法人主体地位。1982 年形成的民法典草案第四稿规定了国家机关的法人地位。虽然该草案并没有成为法律，但成为了《民法通则》的起草基础，其第 50 条第 1 款规定"有独立经费的机关从成立之日起，具有法人资格"，正式确立了国家机关的法人地位。

对于机关法人制度，理论上争议颇多。首先，当代法学都认为国家具有公法与私法的双重人格，而国家机关是国家的一部分，故国家机关本身不应当具有法人人格。① 尽管当代公共行政出现了多元化趋势，需要赋予行政机关一定的主体权限，如日本于 1999 年通过了《独立行政法人通则法》，但行政机关的

---

① 参见魏振赢主编：《民法》（第四版），北京大学出版社、高等教育出版社 2010 年版，第 89 页。

法人化并不普遍。其次,作为所谓法人的国家机关,并无我国法人理论和立法所要求的独立财产,也不能独立承担民事责任,因此国家机关法人制度是有悖于法人主体制度内涵的。而且,更重要的是,如果确立国家机关法人制度,将会导致国家机关的商业化追求。[①] 如果说要承认国家机关的法人地位的话,也仅是其公法人地位,而非私法人地位。[②] 但是,尽管对于机关法人的地位争论较大,我国主流理论对此还是完全认可的。无疑,国家机关是代表国家从事公权力活动的,直接体现的是国家的意志。在从事公权力活动时,他们是权力机关。但是,除了从事公权力活动,国家机关常常还会从事一些因公权力活动所必要的民事活动,如购置办公用品、租赁办公房屋等。而且,由我国的国情决定,一些国家机关特别是地方行政机关因其负有的公共服务职能,而需要向社会购买公共服务,从而与供给方产生民事法律关系。这些都需要赋予国家机关法人主体地位,以利于其以平等身份参与相应的社会活动或者说民事活动。所以,尽管国家机关没有独立的财产,不能独立承担民事责任,但需要通过赋予其法人地位以保证其民事交往。

农村集体经济组织是以土地所有权为基础并以生产队为单位的集体经济组织。其最初系由新中国成立后的合作化运动——农户将自己的生产资料(土地、较大型农具、耕畜)交出形成集体,从而组建成以生产队为单位的集体经济组织。在我国,除了国家土地所有权以外,农村集体经济组织是对土地拥有所有权的唯一的一种组织,所以一般意义上的农村集体经济组织都是指生产队或村民小组。改革开放以来,取消了人民公社、生产大队、生产队的建制,但是,农村集体经济组织仍是在其基础上改制而来,例如《广东省农村集体经济组织管理规定》(2006 年 7 月 14 日)第 3 条规定:"本规定所称农村集体经济组织,是指原人民公社、生产大队、生产队建制经过改革、改造、改组形成的合作经济组织。"

尽管经过改革,农村集体经济组织的土地已经由集体成员承包到户,但农

① 参见王春梅:《潮流与现实悖反:我国机关法人之定位与重构》,载《北京行政学院学院》2016 年第 3 期。

② 参见李永军:《以"社团法人与财团法人"的基本分类构建法人制度》,载《华东政法大学学报》2016 年第 5 期。

村集体经济组织仍在其中发挥着重要作用。目前,我国有关农村集体经济组织的法律规定涉及很多法律、法规,如宪法、农村土地承包法、土地管理法、民法通则、物权法等。现行《宪法》第8条第1款规定:"农村集体经济组织实行家庭承包经营为基础、统分结合的双层经营体制。农村中的生产、供销、信用、消费等各种形式的合作经济,是社会主义劳动群众集体所有制经济。"但整体而言,这些法律、法规均没有明确规定什么是农村集体经济组织。作为我国经济生活中的重要组织,《民法通则》仅在"个体工商户"中提到了农村集体经济组织的成员概念(第27条),而未规定其法人资格。但关于农村集体经济组织的主体地位,多个法律均有涉及,如1998年《村民委员会组织法》(2010年修订)第8条第3款规定村民委员会应当"尊重并支持集体经济组织依法独立进行经济活动的自主权";1999年新修订的《土地管理法》第10、14条等强调了农村集体经济组织的主体地位;2002年《农村土地承包法》明确规定发包方为农村集体经济组织;2007年《物权法》第60条规定了农村集体经济组织的所有权等。随着我国农业经济的发展,为更好地规范农村集体经济活动,一些地方开始通过地方立法明确农村集体经济组织的法律地位,如《广东省农村集体经济组织管理规定》(2006年公布、2013年修订)第4条规定"农村集体经济组织在乡(镇)、村中国共产党组织的领导下,依法享有独立进行经济活动的自主权,接受各级人民政府、村民委员会的监督。农村集体经济组织实行民主管理,依法选举和罢免管理人员,决定经营管理的重大事项"。可以看出,尽管《民法通则》未规定农村集体经济组织的法人资格,但其他法律已明确了其独立主体地位。对于农村集体经济组织应有的法人地位,学界几无争议,并认为其属于社团法人。[①] 随着我国农村社会、经济改革的发展深入,在2014年全国人大会议上,有代表提出议案,建议立法明确农村集体经济组织的法人地位。[②]

在学理上,农村集体经济组织不同于营利法人,也不同于非营利法人的合

① 参见裘石、吕军:《与村民小组相应的农村集体经济组织应是农村集体土地所有权的主体》,载《法学》1995年第12期。

② 参见王晓雁:《"农村集体经济组织"需法律界定》,载《法制日报》2014年3月12日,第6版。

作社或合作经济组织处于二者之间，其对外从事经营活动并营利，对内则追求社员的互助共益，故被称为中间法人。① 合作社历史悠久，早在1889年，德国就通过《合作社法》规定了合作社法人制度，以使其区别于以营利为目的的公司。1912年生效的《瑞士民法典》则于第59条规定以营利为目的的团体适用公司法，合作社及其类似团体适用各州的法律。新中国成立前，我国的各种合作经济组织也有一定程度的发展。早在1932年，中华苏维埃临时政府就颁布了《合作社暂行组织条例》。新中国成立后，各种合作经济组织获得更大的发展。尽管《民法通则》中没有明确规定合作社法人，但其企业法人制度其实是包含了合作社经济组织的，因为后者显然属于企业范畴。② 1993年《公司法》的颁布使得公司成为以营利为目的的企业法人；2006年《农民专业合作社法》则使得农民专业合作社成为以合作为目的的经济组织法人，亦即从法律上区分了农民专业合作社与公司性质的不同。但对于其他合作经济组织，则没有相应的法律依据。

1954年《城市居民委员会组织条例》第1条第2款明确规定居民委员会是群众性自治组织。1990年《城市居民委员会组织法》和1998年《村民委员会组织法》（2010年修订）均规定了居民委员会和村民委员会（以下简称“两委会”）的自治地位。在我国的日常经济生活中，作为基层群众性自治组织的“两委会”，为履行其职能常常需要从事一些民事活动，但以上法律并未明确规定这些群众性自治组织应有的主体地位。按照“民事诉讼法解释”，《民事诉讼法》第48条所规定的当事人中的“其他组织”并不包括“两委会”。不过，由于1998年《村民委员会组织法》（2010年修订）第8条第2款规定村民委会有权“管理本村属于村农民集体所有的土地和其他财产”，因此该《民事诉讼法解释》第68条规定：“村民委员会或者村民小组与他人发生民事纠纷的，村民委员会或者有独立财产的村民小组为当事人。”这在一定程度上规定了村民委员会的主体资格。但对于居委会，则一直未予明确。在《民法总则（草案）》一审稿和二审稿中，居委会和村委会这样的群众性自治组织的主体地位并未被

① 参见［日］我妻荣：《新订民法总则》，于敏译，中国法制出版社2008年版，第128页。

② 但也有学者不认为合作社为企业法人，参见谭启平：《论合作社的法律地位》，载《现代法学》2005年第4期。

提及,对此,一些地方部门和基层组织提出这样将不利于它们开展民事活动。①因此,《民法总则(草案)》(三审稿)将“两委会”等群众性自治组织增加为特别法人,从此正式确立了其民事主体地位。

在大陆法系传统法人分类中,首先分公法人与私法人,私法人再分社团法人与财团法人,其并无特别法人之说。在日本,由其文化决定,其有大量不同于民法法人的所谓特殊法人制度,但这种法人是政府和地方自治体(地方政府)所有或根据公法设立并受公法规则调节的公法人。②《民法通则》根据功能将法人分为企业法人与非企业法人,其中机关法人为非企业法人之列。2006年《农民专业合作社法》将农民专业合作社确定为不同于公司和基金会的一种法人制度,在一定意义表明了其作为合作社法人的特殊性。关于特别法人制度,我国学界也曾有探讨,但均是从公法意义上研究的,如建议按照日本特殊法人模式改造我国的事业单位法人。③ 我国的国情决定了不论是作为营利的法人(包括国有公司),还是作为非营利的事业单位、社会团体等,都是一般法人形态,它们并不因营利或非营利、国有或非国有,也不因从事活动的公益性与否而民事主体资格有异。但机关法人、农村集体经济组织、合作经济组织、居委会等群众性自治组织则因负有特殊的功能和表现,其从事的民事活动具有一定特殊性,它们既不能套用营利法人制度,也不宜照搬非营利法人制度。所以,三审稿作出重大调整,在营利法人与非营利法人之外,单独列“特别法人”节,并首条规定:“本节规定的机关法人、农村集体经济组织法人、合作经济组织法人、基层群众性自治组织法人为特别法人。”与三审稿不同的是,最终通过的《民法总则》中在本条中增加了“城镇农村的”词语。

学者建议稿均未区分特别法人。“人民大学稿”第98条关于“事业单位和社会团体法人”中提到了“群众性自治组织”,将其视为社会团体法人。“社科院稿”基本上沿袭了《民法通则》中关于机关法人的规定,而未涉及其他组织。

---

① 参见张璁:《全国人大常委会审议民法总则草案,法人一章增加特别法人类别》,载《人民日报》2016年12月20日,第4版。

② 参见陈小洪:《日本特殊法人制度的介绍及启示》,载《管理世界》1997年第4期。

③ 参见杜创国:《中国事业单位改革与日本特殊法人改革之比较》,载《经济社会体制比较》2008年第4期。

二、规范目的与含义

（一）规范目的

本条是关于特别法人类型的规定。

根据本条规定，特别法人仅包括机关法人、农村集体经济组织法人、城镇农村的合作经济组织法人、基层群众性自治组织法人四种类型。除此之外的法人，要么归入营利法人，要么归入非营利法人。

（二）规范含义

首先，特别法人是不同于前述营利法人与非营利法人的一种特别法人制度。

特别法人既包括传统大陆法系所谓的公法人，也包括具有中国特色的农村集体经济组织，同时还有传统上属于大陆法系的作为社团法人的合作社法人，以及也具有中国特色的居委会、村委会等群众自治性团体。在一定意义上，这些不同的法人各具特色，除了与前述营利法人与非营利法人不同外，它们各自之间并未有统一的标准而相同。因此，本条以列举的方式指明了特别法人的类型。

其次，特别法人也系《民法总则》中的法人一种，故其民事主体地位并不因"特别法人"之名而在民事活动中有什么特殊不同。

从一般文义上，特别法人应当是因其与相对的一般法人的特征不同而言的概念。按照此逻辑，前述营利法人与非营利法人当属一般法人，机关法人等当属一般法人例外的特别法人。但从《民法总则》关于"营利法人"、"非营利法人"、"特别法人"节的安排上看，特别法人主要是因其与营利法人、非营利法人在设立、终止等方面不同而难以纳入其中。按照全国人大法律委员会的看法，根据中国实践情况，将机关法人、基层群众性自治组织、农村集体经济组织以及合作经济组织法人归入特别法人类别，而单独设立一种法人类别，有利于其更好地参与民事生活，也有利于保护其成员和与其进行民事活动的相对人的合法权益。① 也就是说，将机关法人等单独列为一节并命名为"特别法人"并非其

① 参见张璁：《全国人大常委会审议民法总则草案，法人一章增加特别法人类别》，载《人民日报》2016年12月20日，第4版。

作为法人特别,而仅是其与前两节的“营利法人”和“非营利法人”在功能、设立、终止上不同而已。所以,无论是作为特别法人的机关法人、农村集体经济组织法人,还是城镇农村合作经济组织法人与群众自治性组织法人等,其民事主体地位与营利法人、非营利法人都是一样的,不存在特别之处。易言之,理解该条须将其置于《民法总则》关于法人的整体规定之中,即体系化于其中。总之,在理解该条时,须先将该条与前边规定的营利法人与非营利法人加以区分,即这些法人既非营利法人,也非非营利法人,故与它们不同而特别,但在民事活动中,其法律地位都是相同的。

最后,特别法人包括机关法人、农村集体经济组织法人、城镇农村的合作经济组织法人、基层群众性自治组织法人四种类型。

在一定意义上,本条以列举的方式概括了特别法人的含义,按照该条规定,特别法人仅包括所列举的四种。一般情况下,从学理和我国实践上看,营利法人与非营利法人的规定足以包含我国除了四种特别法人之外的所有法人类型,要么归入营利法人,要么归入非营利法人。随着我国社会主义政治、经济、文化的进一步发展和提高,也可能会出现一些新型的法人,但这些新型的法人将因其功能而类型化为营利法人、非营利法人,或者特别法人中的一种。

三、其他问题

尽管一般认为特别法人系因营利法人与非营利法人的内涵与外延无法涵盖而特别,但这种特别不仅是形式上的,也是实质上的。

从该条所列举的特别法人种类可以看出,这些特别的组织,包括机关、农村集体经济组织、合作经济组织、基层群众性自治组织本身具有很强的特殊性,而不仅仅是它们无法以所谓营利法人或非营利法人被加以归类。机关本身就是国家机关,其承担的职能是国家行政管理或司法,且很多行政机关之间具有上下级隶属关系。在它们行使行政或司法职能时,其并非是以所谓机关法人名义进行的,而是以国家机关的名义;如后述,也仅在机关从事因履行职能所需要的民事活动时,才存在机关法人的问题。农村集体经济组织是我国社会主义制度中重要的表现形式,其是在承载着社会主义政治属性的基础上而以某个村集体经济组织形式出现的。也正是如此,农村集体经济组织是一种十分复杂的组织，其既是一个农业劳动者的自愿联合体，也是一种按份共有与共同共有的所有制，同时也是农业统一经营与分散经营结合的双层经营体制，而且是按劳分配与按生产要素分配相结合的分配体制。[①] 所以，一般的法人制度是难以涵盖其应有的内涵的，须专门设计。城镇农村的合作经济组织确实是既非营利法人，也非非营利法人，而介于二者之间。但同时，我国的合作经济组织特别是农村合作经济组织是在农村集体经济之中的，其承担着发展并完善农村集体经济的功能，故其内部机制及外部支持很是特殊。[②] 在一定意义上，合作经济组织是弱者的联合，其社会功能更为突出。[③] 作为基层群众性自治组织的居委会与村委会，完全是居民和村民的自治体，其功能在于通过共同参与与民主管理而实现区自治，“两委会”的活动范围基本上限于自治体内的非民事活动。正如《民法总则》第 101 条规定的那样，其如果从事民事活动，限于因履行职能所需。因此，《民法总则》专节规定“特别法人”的特别含义不仅仅是形式上的，也是实质上的，相应法律制度的设计与法律条文的分析须体现这种特别的意义。

① 参见陈伯庚：《创建中国特色农村集体经济组织构想》，载《上海农村经济》2016 年第 4 期。

② 如 2014 年中央 1 号文件《关于全面深化农村改革加快推进农业现代化的若干意见》“关于发展新型农村合作金融组织”中明确提出：“在管理民主、运行规范、带动力强的农民合作社和供销合作社基础上，培育发展农村合作金融，不断丰富农村地区金融机构类型。坚持社员制、封闭性原则，在不对外吸储放贷、不支付固定回报的前提下，推动社区性农村资金互助组织发展。完善地方农村金融管理体制，明确地方政府对新型农村合作金融监管职责，鼓励地方建立风险补偿基金，有效防范金融风险。适时制定农村合作金融发展管理办法。”

③ 参见任大鹏：《法人分类应当体现农民合作社法人的特殊性》，载《中国农民合作社》2016 年第 10 期。

第九十七条 【机关法人】

有独立经费的机关和承担行政职能的法定机构从成立之日起，具有机关法人资格，可以从事为履行职能所需要的民事活动。

一、历史由来

机关法人最早系由《民法通则》明确规定的。该法第50条第一款规定："有独立经费的机关从成立之日起，具有法人资格。"也就是说，凡是有独立经费的机关均为机关法人。机关法人系因受苏联法学的影响而来，其自从被《民法通则》规定为法人以来，就备受争议。有人认为其并无关于法人的特殊要件、权利能力、机关、责任、变更与终止等方面的规定，也没有关于能否准用企业法人有关规定的要求。而且，对于什么是机关，并无任何界定，所以，还不如称为"组织"或"团体"会更好。[①] 如果按照大陆法系法人分类，机关法人既非社团法人，亦非财团法人，充其量相当于《德国民法典》第89条、《瑞士民法典》第52条上作为公法人的"机构"。[②] 所以，我国学界关于机关法人的理论研究很少，少见的个别研究，要么从公法角度而认其为公法人，要么简单套用民法关于法人的一般要求，而无法窥其真面目。在《民法总则》制定的过程中，学界大都从大陆法系关于法人基本分类着手，不建议在其中规定机关法人制度，[③]认为应以公法人概念代替。[④]

《民法总则(草案)》一审稿和二审稿将机关法人放在了"非营利法人"的最后部分，三审稿将机关法人与农村集体经济组织等法人单列为"特别法人"，

① 参见张俊浩主编：《民法学原理》，中国政法大学出版社1991年版，第181页。

② 参见朱庆育：《民法总论》，北京大学出版社2013年版，第421页。

③ 参见李永军：《以"社团法人与财团法人"的基本分类构建法人制度》，载《华东政法大学学报》2016年第5期。

④ 参见罗昆：《我国民法典法人基本类型模式选择》，载《法学研究》2016年第4期。

但相对于《民法通则》的规定,对其定义作了新的表述。

在学界建议稿中,“社科院稿”与“人民大学稿”都简单沿袭了《民法通则》关于机关法人的规定。

二、规范目的与含义

(一)规范目的

本条是关于机关法人的定义、成立及可以从事民事行为的范围。

在一定意义上,本条不仅规定了机关法人的经费要求、机关法人的范围及何时成立,更是限定了机关法人可以从事民事行为的范围。可以说,本条统领我国所有机关法人的民事行为。

(二)规范含义

第一,机关法人是指有独立经费的机关和承担行政职能的法定机构。

首先,机关法人是指国家机关。“机关”一词在我国已经成为法定用语,一般是指国家机关和承担行政职能的准机关。当然,何为机关,法律上并未予以明确,实务中应依一定时期国家机构设置体系为定。① 但需要注意的是,其不仅仅包括行政机关。根据 2001 年 8 月国家统计局发布的《第二次全国基本单位普查法人单位及产业活动单位划分规定》第 5 条,机关法人是指各级政党机关和国家机关,包括县级以上各级中国共产党委员会及其所属各工作部门;县级以上各级人民代表大会机关;县级以上各级人民政府及其所属各工作部门;县级以上各级政治协商会议机关;县级以上各级人民法院、检察院机关;县级以上各民主党派机关;乡、镇中国共产党委员会和人民政府,以及街道办事处。

其次,机关法人包括承担行政职能的法定机构。所谓承担行政职能的法定机构主要指在特定立法下设立的独立自主运作的公共管理机构,其业务性质属行政职能,具有法律法规赋予的行政职能或公共管理职能,并与政府部门保持较强的独立性。此类机构较类似于我国法律、行政法规授权由政府直管的承担行政职能的法定机构,如 1995 年《中国人民银行法》(2003 年修订)规定了中国人民银行相对独立的地位和职能;1995 年《保险法》(2014 年第二次

① 参见龙卫球:《民法总论》,中国法制出版社 2001 年版,第 382 页。

修订)规定了保险业监督管理委员会对保险业的监督管理职能;1998 年《证券法》(2014 年第三次修订)规定了中国证券监督管理会对证券市场行使监督管理职能;2003 年《银行业监督管理法》规定了中国银行业监督管理委员会对银行业的监督管理职能等。它们拥有独立的行政主体地位,直接代表政府独立承担某领域内行政职能,不向政府部门负责,而直接向行政首长负责。需要强调的是,承担行政职能的法定机构必须是法定的,即由特定立法专门规定的机构,其不能是行政机关或地方政府自行设置的。① 一般情况下,这种法定,既包括专门立法,也包括其他有关立法,如前述 1993 年《船舶和海上设施检验条例》明确授权船舶检验局为行政执法主体。可以说,《民法总则》第 97 条关于"承担行政职能的法定机构"的规定,不仅明确指出了哪些承担行政职能的机构可以成为机关法人,且明确规定了这些机构必须是法定的。该规定的意义在于,以私法的规定强调了有关机构成为法人的法定性,在一定程度上可以防范一些行政机关和地方政府随意设置行使行政职能的机构。

最后,成为法人的机关和法定机构须有独立的经费。机关法人尽管没有独立经营的财产,但应有独立的经费,这些经费是根据其工作需要,由国家和地方财政拨款形成的。② 一般情况下,国家机关为了完成国家规定的行政任务,按照批准的经费预算和规定的手续,由财政部门和主管会计单位请领预算经费,并向所属会计单位转拨预算经费。这些经费一旦划拨给机关,就由机关按照行政任务与职能进行支配。经费形成了国家机关法人从事民事行为的财

① "事业单位改革意见"第四部分"推进承担行政职能事业单位改革"中指出,首先,严格认定标准和范围。根据国家有关法律法规和中央有关政策规定,按照是否主要履行行政决策、行政执行、行政监督等职能,从严认定承担行政职能的事业单位。其次,区分不同情况实施改革。结合行政管理体制改革和政府机构改革,特别是探索实行职能有机统一的大部门体制,推进承担行政职能事业单位改革。涉及机构编制调整的,不得突破政府机构限额和编制总额,主要通过行政管理体制和政府机构改革中调剂出来的空额逐步解决。对部分承担行政职能的事业单位,要认真梳理职能,将属于政府的职能划归相关行政机构;职能调整后,要重新明确事业单位职责、划定类别,工作任务不足的予以撤销或并入其他事业单位。对完全承担行政职能的事业单位,可调整为相关行政机关的内设机构,确需单独设置行政机构的,要按照精简效能的原则设置。已认定为承担行政职能、但尚未调整到位的事业单位,在过渡期内继续按照现行法律法规和政策规定履行职责,适用事业编制且只减不增,人事、财务、社会保险等依照国家现行政策规定实施管理。

② 参见王利明主编:《中国民法典学者建议稿及立法理由 · 总则编》,中国法制出版社 2004 年版,第 183 页。

产基础。

第二,有独立经费的机关和承担行政职能的法定机构从成立之日起,具有机关法人资格。

在我国,各种机关的成立,首先直接依据的是宪法和国家机关组织法,如国务院组织法、地方各级人民代表大会和地方各级人民政府组织法、人民法院组织法、人民检察院组织法等。这些机关一经成立,国家有关部门就会根据预算法及编制规定划拨相应经费,从而一经成立即取得法人资格。其次是根据特定或专门法律而成立的承担行政职能的法定机关,也一经成立就取得法人资格。机关法人之所以一经成立即可获得法人资格,主要原因在于其本身是由法律直接规定或根据法律成立的,故其在进入民事领域从事民事活动前无须再行“依法”成立。有学者认为,政府直接设立机关法人,其财力、组织力及对于法律的了解,均极可靠,故除企业法人外,无须审查。[①] 这种认识是一种简单地比照民法对于法人的基本要求的看法,未看到机关法人在民事活动中的特殊性。

第三,机关法人可以从事为履行职能所需要的民事活动。

无论是有独立经费的机关,还是有独立经费的承担行政职能的法定机构,它们从事的活动是依其职责而产生的公权力活动。也就是说,其活动是因执行法律而导致的行政或司法活动。所以,作为机关,其与相对方并不处于平等地位,相对方具有服从的义务。只有相对方在认为机关不合理行政或司法裁判时,才可以依其公民权或其他权利而要求行政复议或诉讼。即使如此,相对方的这种权利也并非与机关平等。机关在行使法律赋予其权力时,不是以法人名义出现的,而是以权力机关身份进行的。易言之,这时不存在机关法人的问题。只有在机关进行为履行其职能所需要的民事活动时,如购买办公用品,租赁办公房屋或其他公务用品等时,才以机关法人的名义出现,亦即,这个时候它才是民法上的法人。在一定意义,正是其仅在从事为履行职能所需要的民事活动时才是民法上的法人,因此无须如其他法人般须经过法定程序而设立。

① 参见张俊浩主编:《民法学原理》,中国政法大学出版社 1991 年版,第 200 页。

《民法通则》第50条第1款仅规定“有独立经费的机关从成立之日起,具有法人资格”,而未进一步明确机关法人在民法中的意义,因此在理论上产生很大疑义。亦即,作为法人的国家机关是否能够因其法人地位而独立为民事活动。实践中,一些机关以各种理由或方式收取不该收取的费用,甚至直接投资办企业。这种现象的发生,不能不说与国家机关真的将自己当作与其他民事法人一样的法人有关。《民法总则》第97条最后一句明确规定,机关法人“可以从事为履行职能所需要的民事活动”,不仅意味着机关法人“可以从事为履行职能所需要的民事活动”,而且表明,它也只能从事为履行职能所需要的民事活动。“可以从事”是指机关并不因国家机关身份而仅能从事行政活动,因履行职能所需要的民事活动也是可以为之的,这时其身份是机关法人;除了因履行职能所需要的民事活动之外,国家机关只能以机关的名义,而非机关法人的名义从事相应活动,这时其身份是国家机关。可以这样认为,《民法总则》第97条最后一句的规定,使得本为公法身份的国家机关因该规定而进入私法领域,且仅限于为履行职能所需要的民事活动。当机关法人从事的活动超出“所需要的民事活动”时,其行为是无效的。如《担保法》第8条就明确规定,除经国务院批准为使用外国政府或者国际经济组织贷款进行转贷的外,国家机关不得为保证人。也正是因为机关仅在从事所需要的民事活动时才以法人身份出现,故不存在所谓机关法人章程及内部完善的组织机构问题。

需要注意的是,在政府和社会资本合作(PPP)项目①中,政府的身份究竟是什么;是以平等主体的身份还是管理者的身份;进而,政府通过特许经营或购买社会服务的方式与社会资本方签订合同的行为,是否属于其履行职能所需要的民事行为。如此等等,不论是政府通过特许经营方式,还是通过购买社会服务的方式,政府一方都是以平等主体的身份出现的,尽管政府一方在签订合同以后,具有对有关项目的监督和管理权,但这种监督和管理权主要是基于

① PPP的全称为Public-Private Partnership,是社会资本参与基础设施和公用事业项目投资运营的一种模式。在国际上,PPP分广义和狭义,前者泛指公共部门与私人部门为提供公共产品或服务而建立的各种合作关系;后者是指政府与私人部门组成特殊目的机构SPV(Special Purpose Vehicle),引入社会资本,共同设计开发,共同承担风险,全过程合作,期满后再移交给政府的公共服务开发运营方式。

其公共管理者的身份,而非基于 PPP 合同。换言之,在 PPP 合同中,政府一方与对方是平等的合同主体;在其行使监督管理权时,政府一方并非以 PPP 合同主体身份出现,而是以公共管理者的身份为之的。PPP 模式的实质是政府向社会融资以完成其政府职能,因而,在 PPP 项目中,政府是以机关法人的名义出现的,其所从事的行为系为履行其职能所需要的民事行为。那么,在这个意义上,PPP 合同本质属于民事合同,须遵守合同法。但由于 PPP 合同是政府向社会购买服务或通过特许经营模式履行其职能,故这种合同具有特殊性。①

整体而言,相比于《民法通则》,《民法总则》关于机关法人的规定更为科学与合理,且十分规范。它不仅规定了机关法人独立的经费与机关法人的范围,也明确了机关法人何时及在多大范围以法人身份参与民事活动。

三、其他问题

本条规定,机关法人可以从事为履行职能所需要的民事活动。其中的“可以”一方面指机关法人有权以法人身份从事所需要的民事活动,另一方面也强调机关法人也只能从事与其履行职能所需要的民事活动。也就是说,本条规定的“可以”并非民法中通常意义上的“自由为之”的意义,而更多的是一种限定用语,即用来限制机关法人从事民事行为的范围。

---

① 我国目前对于 PPP 合同的性质争议较大,很多学者认为其系行政合同;法院也认为相应纠纷适用行政诉讼法。参见《PPP 法治建设国际研讨会专题研讨系列一:PPP 项目合同法律属性及救济途径》,载《中国政府采购》2016 年第 3 期。

第九十八条 【机关法人终止后权利义务的承受】

机关法人被撤销的，法人终止，其民事权利和义务由继任的机关法人享有和承担；没有继任的机关法人的，由作出撤销决定的机关法人享有和承担。

一、历史由来

机关法人系因国家或政府机构依法成立而直接具有法人身份，故其终止情形仅限于被上级或其他有权机关予以撤销。机关法人被撤销后，其被撤销前形成的有关民事权利义务如何处理，《民法通则》没有规定。

1989年《行政诉讼法》(2014年修正)第26条第6款规定："行政机关被撤销或者职权变更的，继续行使其职权的行政机关是被告。"1999年《行政复议法》(2009年最新修正)第15条也有类似规定。特别是2013年《国家赔偿法》第7条第5款更加明确地规定："赔偿义务机关被撤销的，继续行使其职权的行政机关为赔偿义务机关；没有继续行使其职权的行政机关的，撤销该赔偿义务机关的行政机关为赔偿义务机关。"也就是说，在行政法和行政诉讼法领域，如果行政机关被撤销，相关主体资格由继承者担当，相关的裁决结果自然也由继承者承受。不过，这毕竟是行政法领域。

随着我国社会主义市场经济的发展，机关的撤销与整合也是改革的必然，为更好地处理涉及机关法人被撤销后权利义务的享有和承担问题，《民法总则》第98条作了明确的规定。

在《民法总则(草案)》一审稿和二审稿中，强调的是机关法人被撤销而终止后的民事责任的承担，表述为"机关法人被撤销的，法人终止，其民事责任由继续履行其职能的机关法人承担；没有继续履行其职能的机关法人的，由撤销该机关法人的机关法人承担"。但到了三审稿后，则以"民事权利义务的享有和承担"代替了"民事责任的承担"，意在强调相关行为的延续性，而不仅仅在于后果。应当说，以"民事权利义务的享有与承担"表述更为科学和规范。到了全国人民代表大会通过稿,则又作了新的表述,将三审稿中的“继续履行其职能的机关法人”简化为“继任的机关法人”。

在学界建议稿中,“人民大学稿”第100条关于“机关法人的民事责任能力”的规定第2款对此作了规定,即“机关法人被撤销的,其民事责任由继续行使其职权的机关法人承担;没有继续行使其职权的机关法人的,由撤销该机关法人的机关法人承担”。其他学者的建议稿对此没有规定。

二、规范目的与含义

(一)规范目的

本条是关于机关法人被撤销而终止后的民事权利义务的概括承受规定。

机关法人被依法撤销后,不存在破产清算问题,故相应民事权利义务由继任的机关法人享有和承担,如果没有继任机关法人的,则由撤销者享有和承担。

(二)规范含义

首先,机关法人被撤销的,法人终止,其民事权利和义务由继任的机关法人享有和承担。

机关系由国家和有关机构根据宪法、法律和法规因需要履行相应的行政、司法等职能而成立的。如果因机关成立的法律依据变化或者因社会发展而不需要某个机关,则可以撤销。与其他组织不同,一般情况下机关法人仅因撤销而终止;而且,因其经费系财政资金划拨,故也不存在清算问题。那么,如果机关法人被撤销而终止,其从事民事活动所产生的民事权利义务应由谁来承担?从法理上来讲,无论是任何形式的机关或组织,其变更或终止均为自然之事,相应权利义务也自然由变更后或继任的组织(如有)享有和承担。因此,本条规定,机关法人被撤销的,法人终止,其民事权利和义务由继任的机关法人享有和承担。

其次,没有继任的机关法人的,由撤销该机关法人的机关法人享有和承担。

对于一般法人,如果其被终止后没有继承者,则相应权利义务将依照清算法或破产法由清算人或破产管理人依法处理。但对于机关法人,其仅能从事因履行职能所需要的民事活动;且其必要的经费系由财政预算划拨,所以,如机关被撤销,则其经费应收回财政,不存在将该经费通过清算加以处理的问题。那么,在机关法人被撤销而终止后,如果没有继续履行其职能的机关法人,其民事权利义务就应由撤销该机关法人的机关法人享有和承担。在一定意义上,这是国库责任的体现。

实践中,由于《民法通则》没有对机关法人被撤销后民事权利义务如何承担做出规定,导致一些法院简单地按照法人清算予以处理。这是对机关法人特殊性认识不足引起的。机关法人除了无法简单地按照营利法人与非营利法人之分加以分类外,其特殊的意义还在于,机关法人一般并不以法人名义出现,而是以机关的名义执行法律;当其以法人名义出现时,仅能从事因履行职能所需要的一些民事活动。因此,机关被撤销,并非其主体资格的消灭,而是作为机关的行政或其他公权力被其他机关代行或权力被消灭。进而,机关法人被终止,不存在通过清算或破产还债的问题,原机关以法人名义享有的民事权利与义务自然由继续履行其职能的机关法人享有和承担,没有继续履行其职能的机关法人的,则由撤销该机关法人的机关法人享有和承担。

第九十九条 【农村集体经济组织的法人资格】

农村集体经济组织依法取得法人资格。

法律、行政法规对农村集体经济组织有规定的，依照其规定。

一、历史由来

农村集体经济组织是我国特有的经济组织形式。关于其主体地位，我国宪法和其他法律都作了规定。1982年《宪法》（2004年最新修正）第8条第1款规定，“农村集体经济组织实行家庭承包经营为基础、统分结合的双层经营体制”；第3款规定“国家保护城乡集体经济组织的合法的权利和利益，鼓励、指导和帮助集体经济的发展”，从而以基本法的形式规定了农村集体经济组织的主体地位。1986年《土地管理法》（2004年最新修正）第10条规定：“农民集体所有的土地依法属于村农民集体所有的，由村集体经济组织或者村民委员会经营、管理；已经分别属于村内两个以上农村集体经济组织的农民集体所有的，由村内各该农村集体经济组织或者村民小组经营、管理；已经属于乡（镇）农民集体所有的，由乡（镇）农村集体经济组织经营、管理。”在1993年《农业法》（2012年最新修正）第2条第2款，明确了农村集体经济组织的农业生产经营组织性质。该法第10条第3款则规定了农村集体经济组织对集体资产的管理权，即“农村集体经济组织应当在家庭承包经营的基础上，依法管理集体资产，为其成员提供生产、技术、信息等服务，组织合理开发、利用集体资源，壮大经济实力”。2002年《农村土地承包法》则明确了农村集体经济组织的发包主体地位。2007年《物权法》第60条规定了农村集体经济组织对于集体所有的土地和森林、山岭、草原、荒地、滩涂等的所有人地位。

从《宪法》和其他法律规定上看，作为我国特有的经济组织形式，农村集体经济组织是农村集体土地（包括森林、山岭、草原、荒地、滩涂等）、投资所办企业及其他财产的所有人、管理人、发包人、投资人，以及对农村集体的其他事务的管理人。亦即,农村集体经济组织的主体地位不仅明确,而且十分突出。但是,其能否成为民法上的法人,则一直未予明确。从《民法通则》所规定的法人制度来看,其既不能归类为企业法人,也不能归类为机关法人、事业单位法人或社会团体法人。因此,为推动农村社会经济发展,本条规定了农村集体经济组织依法取得法人资格,从而明确了其应有的法人地位。

农村集体经济组织系由农村成员组成,成员是集体的人格要素,但其与传统民法中的社团法人是不同的。传统的社团法人以人为基础,强调成员的意愿自治。而农村集体经济组织尽管也以广大农村成员为存在基础,但在农民集体这种形态下,农民作为成员与集体财产,特别是与集体土地有着更为特别的关系。可以说,相对于社团法人,农村集体经济组织成员与集体组织本身有更紧密的关系,①其法律关系非传统社团法人制度所能表述。而且,作为农村集体经济的组织形式,其除了经济组织功能外,还有一定的社会管理与服务职能。从这个意义上看,农村集体经济组织不仅仅是一种经济组织,还具有综合性组织的特点。该综合性特点,是与其从我国社会主义改造开始成立起就具有的政治、社会功能紧密相关的。因此,农村集体经济组织的法人形式及价值非一般法人制度所能涵盖,故《民法总则》将其放在"特别法人"部分。

《民法总则(草案)》(一审稿)没有规定农村集体经济组织的法人资格问题,但到了《民法总则(草案)》(二审稿),关于法人"一般规定"中的最后一条,增加了"农村集体经济组织具备法人条件的,依法取得法人资格"(第76条)的规定。《民法总则(草案)》(三审稿)则将其作为特别法人与机关法人、合作经济组织等放在一起,条文表述更为清晰与规范。

在学界的建议稿中,均未涉及农村集体经济组织的法人资格问题。

二、规范目的与含义

(一)规范目的

本条是关于农村集体经济组织可以依法取得法人资格的规定。

---

① 参见戴威、陈小君:《论农村集体经济组织成员权利的实现》,载《人民论坛》2012年第1期。

本条系关于农村集体经济组织可以依法取得法人资格的原则性规定，具体尚须专门的法律加以明确。

(二)规范含义

首先，农村集体经济组织依法取得法人资格。

我国的农村集体经济组织具有特殊性，其不仅是一种经济上的主体，且具有一定的政治性，是与社会主义制度紧密地结合在一起的。但在我国广大农村，除了一些发达地区建立有独立于村民委员会的村集体经济组织外，大部分是由村民委员会代表村民行使集体所有权与经营权。在一定意义，改革开放后的农村集体经济组织的法律地位尽管在法律上很明确，但在实践中并不清晰。2010年《村民委员会组织法》的出台，明确了村民委员会的法律地位，并在实践中使其获得加强。但由于没有专门关于农村集体经济组织的法律，因此本应处于基础地位的农村集体经济组织在一定程度上被虚化了，处于"宪法上有法律地位，民法上无法律人格"的境地。中共中央每年发布的一号文件都是关于农村、农业、农民发展的，而无论是农村、农业哪方面的发展，都离不开深深扎根于农村的集体经济组织。因此，本条第1款明确规定"农村集体经济组织依法取得法人资格"，其含义有二：一是农村集体经济组织可以取得法人资格，从而在民法上奠定了其扎实的民事主体资格，使其可以以法人名义拥有相应的土地所有权、发包权及有关农村财产经营权等；二是农村集体经济组织依法取得法人资格。农村集体经济组织目前在我国存在虚化现象，特别是其与村民委员会之间的关系如何，需要专门立法的明确规定。2015年中央一号文件明确提出，抓紧研究起草农村集体经济组织条例。2015年中共中央办公厅、国务院办公厅印发的《深化农村改革综合性实施方案》也明确将农村集体经济组织条例列在需要研究制定的法律法规之中。这将进一步厘清农村集体经济组织的含义及与村民委员会之间的关系，从而完善农村集体经济组织法人的内涵。

其次，我国的农村集体经济组织随着新中国的成立及改革开放而不断发展，并依不同地区而表现形式多样。

在经济发展程度不同的地区，集体产权的表现形式不同，农村集体经济组织的结构形式也不同。在较为发达的地区，有成立所谓股份合作公司的，有成立合作社甚至股份合作社的;在经济不发达地区,则很多地方农村集体经济组织都没有,只好以村民委员会代替。农村集体经济得以发展的一个条件,是在坚持农村基本经营制度的前提下,实现农村经济组织具体形态的多元化。对经济组织具体结构形式的选择,取决于其成员的合意而不是某种强制性规定,也不是根据其他组织的要求。① 因此,农村集体经济组织的形式,不必也不能整齐划一,多样化更有利实现农村集体经济的发展。正如中央 2012 年一号文件《关于加快发展现代农业,进一步增强农村发展活力的若干意见》强调,要"大力支持发展多种形式的新型农民合作组织"。当然,尽管形式多样,但其本质是相同的,是集体资产的增值和服务于成员利益的公平实现的经济活动。② 因此,本条第 2 款规定"法律、行政法规对农村集体经济组织有规定的,依照其规定"。

农村集体经济及其组织是我国社会主义制度的重要组成部分,因此宪法及其他法律均对其作出了明确的规定,特别是农村集体经济组织对土地的集体所有权更是为宪法所确定。也就是说,农村集体经济组织的地位及权利义务是由法律直接规定的。同时,农村集体经济组织是由广大农村成员组成,故成员的意志必须得到尊重。作为农村集体经济组织的成员,其权利既包括土地承包经营权等实体性权利,也包括在农村集体经济组织内部参加大会、表决、撤销、监督等程序性权利。作为广大成员组成的团体,其有权制定自治规范,也应有团体大纲——章程。其自治规范和章程应得到尊重,当然其前提须符合宪法和其他法律的规定。而这些重要事项,均须留待我国专门的农村集体经济组织法予以规定。

---

① 参见杨一介:《我们需要什么样的农村集体经济组织?》,载《中国农村观察》2015 年第 5 期。

② 参见韩松:《论农村集体经济内涵的法律界定》,载《暨南学报》(哲学社会科学版)2011 年第 5 期。

第一百条 【城镇农村合作经济组织的法人资格】

城镇农村的合作经济组织依法取得法人资格。

法律、行政法规对城镇农村的合作经济组织有规定的，依照其规定。

一、历史由来

城镇、农村合作经济组织在我国具有深厚的社会基础与多样的存在模式。尽管合作经济组织与营利法人有异，但也属于经济组织，故《民法通则》中所称的企业法人是包括合作经济组织法人的。随着我国社会经济的发展，特别是随着1993年《公司法》的出台，合作经济组织开始区别于以营利为目的的公司企业法人。2006年《农民专业合作社法》第4条规定："农民专业合作社依照本法登记，取得法人资格。农民专业合作社对由成员出资、公积金、国家财政直接补助、他人捐赠以及合法取得的其他资产所形成的财产，享有占有、使用和处分的权利，并以上述财产对债务承担责任。"该法确立了农民专业合作经济组织的法人地位。但是，该法仅仅是对于农民专业合作社的规定，即其是"在农村家庭承包经营基础上，同类农产品的生产经营者或者同类农业生产经营服务的提供者、利用者，自愿联合、民主管理的互助性经济组织"（第2条）。专业合作社在我国农村具有至关重要的地位，党的十七届三中全会审议通过的《关于推进农村改革发展若干重大问题的决定》中指出："支持供销合作社、农民专业合作社、专业服务公司、专业技术协会、农民经纪人、龙头企业等提供多种形式的生产经营服务。开拓农村市场，推进农村流通现代化。"除了农民专业合作经济组织，我国广大城镇还有许多其他形式的合作经济组织，如社区合作经济组织（包括消费合作社、医疗合作社等）、农村供销合作社等，它们在我国经济生活中的地位与作用是不言而喻的。

因此，本条明确规定"城镇农村的合作经济组织依法取得法人资格"，确立了所有城镇、农村的合作经济组织均可依法取得法人资格,从而为其发展打下了扎实的法律基础。

《民法总则(草案)》(一审稿)关于法人的"一般规定"最后一条规定了合作社法人,即第72条"法律对合作社法人有规定的,依照其规定"。到了《民法总则(草案)》(二审稿),其也被放在了关于法人的"一般规定"之中,即二审稿第75条"法律、行政法规对合作社法人有规定的,依照其规定"。一审稿和二审稿的规定考虑到了合作社法人的特殊性,将其放在了关于法人的"一般规定"之中。不过,它们均以"合作社"表达,显然难以涵盖尽管均以合作为主题,但形式多样的城镇、农村合作经济组织。故在《民法总则(草案)》(三审稿)中,以"城镇农村的合作经济组织"这个具有开放和包容性的概念予以表达。

二、规范目的与含义

(一)规范目的

本条是关于城镇农村的合作经济组织法人资格的规定。

本条统领我国所有有关城镇和农村的合作经济组织法人资格情况,强调它们须依法取得法人资格。

(二)规范含义

首先,城镇、农村的合作经济组织依法取得法人资格。

合作经济组织要成为法人,须依照法律规定登记。本条规定尽管简单,但却为我国广大城镇、农村的合作经济组织取得法人资格作了基本规定,从而使其即使在没有专门法律时,也可以通过有关登记部门登记而成为法人。

其次,法律、行政法规对城镇、农村的合作经济组织有规定的,依照其规定。

这是指其他法律、法规对于城镇、农村的合作经济组织有规定时,则按照这些规定处理。城镇和农村合作经济组织在我国一直发展良好,前景广阔,表现形式多样,并具有差异化的功能。既有体现营利性特征的以土地入股等方式集聚生产要素实现利益最大化的农民专业合作社,还有主要体现服务功能的农机作业合作社、植保合作社、农民用水合作社、沼气合作社等农民专业合作社，也有兼具营利功能和服务功能的农民专业合作社。同时，主要体现公益性的农产品消费者合作社也在一些地方不断发展。① 但截至目前，我国关于合作经济组织的专门法律是2006年《农民专业合作社法》，根据该法，成立农民专业合作社须符合相应条件并登记。对于其他类型合作经济组织如何取得法人资格，尚需要专门立法规定。

严格地讲，1991年《城镇集体所有企业条例》（2011年修订）中关于城镇集体所有企业的规定，在很大程度上是关于城镇具有合作性质的集体企业的规定，相关的城镇合作经济组织可以依此成立为法人。根据该条例第4条和第5条，可以对城镇集体所有制企业的性质予以法律确定。首先，城镇集体所有制企业是财产属于劳动群众集体所有、实行共同劳动、在分配方式上以按劳分配为主体的社会主义经济组织。其次，集体企业应当遵循的原则是自愿组合、自筹资金，独立核算、自负盈亏，自主经营、民主管理，集体积累、自主支配，按劳分配、入股分红。2012年《农业法》也涉及农民专业合作社，其第11条第3款规定："农民专业合作经济组织可以有多种形式，依法成立、依法登记。任何组织和个人不得侵犯农民专业合作经济组织的财产和经营自主权。"为适应城镇、农村合作经济组织的差异化需要，本条规定"法律、行政法规对城镇、农村的合作经济组织有规定的，依照其规定"。

本条关于城镇、农村的合作经济组织依法取得法人资格的规定，并未涉及合作经济组织的定义。之所以如此，主要在于城镇、农村的合作经济组织不仅表现形式较多，且其作为介于营利法人与非营利法人之间的一种组织形式，有时比较接近非营利法人，有时比较接近营利法人。例如，并不为我国法律所明确认可但实践中出现较多的所谓股份合作公司，其更多的是较为接近营利法人或者说公司的，其内部管理机构的设置基本上按照公司法人的模式构建，并可以分红；而很多合作经济组织，如农机作业合作社、植保合作社、农民用水合作社、沼气合作社等农民专业合作社，刚成立时，主要靠成员自己入资，并由政府适当投入或以其他方式予以支持，这时它们更多的是一种互助性的组织。

---

① 参见任大鹏：《法人分类应当体现农民合作社法人的特殊性》，载《中国农民合作社》2016年第10期。

当它们发展起来以后,则更多地对外从事营利性活动,并将多余的收入进行分配。所以,城镇、农村的合作经济组织表现多样,且其内涵也会随着其发展而变化。因此,本条并未对其作定义性要求,从而可以适应经济合作组织的多样化发展的需求。

第一百零一条 【居民委员会、村民委员会的法人资格】

居民委员会、村民委员会具有基层群众性自治组织法人资格，可以从事为履行职能所需要的民事活动。

未设立村集体经济组织的，村民委员会可以依法代行村集体经济组织的职能。

一、历史由来

关于居民委员会的规定最早源自1954年《城市居民委员会组织条例》，该条例第1条第2款规定，“居民委员会是群众自治性的居民组织”，从此确立了居民委员会的自治性地位。1982年《宪法》第111条第1款规定了居民委员会和村民委员会的法律地位：“城市和农村按居民居住地区设立的居民委员会或者村民委员会是基层群众性自治组织。居民委员会、村民委员会的主任、副主任和委员由居民选举。居民委员会、村民委员会同基层政权的相互关系由法律规定。”根据该宪法规定，我国于1987年和1990年分别出台了《村民委员会组织法（试行）》和《城市居民委员会组织法》，这两部法律进一步明确了村民委员会和居民委员会的法律地位。1987年《村民委员会组织法（试行）》第2条规定：“村民委员会是村民自我管理、自我教育、自我服务的基层群众性自治组织，办理本村的公共事务和公益事业，调解民间纠纷，协助维护社会治安，向人民政府反映村民的意见、要求和提出建议。”1990年《城市居民委员会组织法》第2条第1款规定：“居民委员会是居民自我管理、自我教育、自我服务的基层群众性自治组织。”1998年新的《村民委员会组织法》（2010年修订）第2条第1款的规定更加明确了村民委员会的自治性，除了继续规定“村民委员会是村民自我管理、自我教育、自我服务的基层群众性自治组织”外，还强调村民委员会须“实行民主选举、民主决策、民主管理、民主监督”。可以看出，我国关于居民委员会、村民委员会的法律规定不仅有一般法律，还有作为国家根本大法的宪法。这些法律主要是关于“两委会”如何自治与管理的,因此其同时也是它们作为自治主体与管理主体的规定。《城市居民委员会组织法》第 4 条规定:“居民委员会应当开展便民利民的社区服务活动,可以兴办有关的服务事业。”“居民委员会管理本居民委员会的财产,任何部门和单位不得侵犯居民委员会的财产所有权。”《村民委员会组织法》第 8 条第 3 款则规定:“村民委员会依照法律规定,管理本村属于村农民集体所有的土地和其他财产,引导村民合理利用自然资源,保护和改善生态环境。”

除了这些专门的法律,其他法律中也常常涉及村民委员会的法律地位问题。《土地管理法》第 10 条规定:“农民集体所有的土地依法属于村农民集体所有的,由村集体经济组织或者村民委员会经营、管理;已经分别属于村内两个以上农村集体经济组织的农民集体所有的,由村内各该农村集体经济组织或者村民小组经营、管理;已经属于乡(镇)农民集体所有的,由乡(镇)农村集体经济组织经营、管理。”《农村土地承包法》第 12 条规定:“农民集体所有的土地依法属于村农民集体所有的,由村集体经济组织或者村民委员会发包;已经分别属于村内两个以上农村集体经济组织的农民集体所有的,由村内各该农村集体经济组织或者村民小组发包。村集体经济组织或者村民委员会发包的,不得改变村内各集体经济组织农民集体所有的土地的所有权。”“国家所有依法由农民集体使用的农村土地,由使用该土地的农村集体经济组织、村民委员会或者村民小组发包。”

从以上可以看出,作为群众性自治组织的居民委员会和村民委员会的独立主体地位是非常明确的。而且在实践中,它们常常因履行其职能而从事一些必要的民事活动。但是,由于它们属于自治组织,其职能主要是组织本区居民或村民进行民主自治活动,没有独立的、必要的财产或者经费。如根据《城市居民委员会组织法》第 17 条规定,居民委员会的工作经费和来源,以及居民委员会成员的生活补贴费的范围、标准和来源,是由不设区的市、市辖区的人民政府或者上级人民政府规定并拨付的;经居民会议同意,也可以从居民委员会的经济收入中给予适当补助。其办公用房,则由当地人民政府统筹解决。《村民委员会组织法》第 6 条也规定,村民委员会成员,根据工作情况,可以给予适当补贴。所以，在理论上[①]与实践中，均有不认为居民委员会和村民委员会可以成为法人的观点或做法。2015 年实施的《民事诉讼法解释》中，没有明确居民委员会的诉讼主体；对于村民委员会，则视为既非法人，也非《民事诉讼法》第 48 条所规定的“其他组织”，而是一种特别的诉讼主体。[②]

在《民法总则(草案)》一审稿和二审稿中，也均未规定居民委员会和村民委员会的法人资格问题。在征求意见的过程中，有的部门、地方和一些基层干部群众代表提出，“两委会”是基层群众性自治组织，为履行其职能需要从事一些民事活动。由于现行法律没有规定其民事主体地位，致使其在一些情况下不能顺利从事民事活动。《民法总则》应明确赋予“两委会”法人资格。[③] 于是，《民法总则(草案)》(三审稿)规定了居民委员会和村民委员会的法人主体地位。

学界的建议稿均未涉及居民委员会和村民委员会的主体资格问题。

二、规范目的与含义

(一)规范目的

本条是关于居民委员会、村民委员会的法人资格的规定。

依本条，居民委员会和村民委员会直接具有法人资格，无须另行依法成立。

(二)规范含义

首先，居民委员会、村民委员会具有基层群众性自治组织法人资格。与其他条文表述不同，本条直接规定居民委员会和村民委员会本身就具有法人资格。其原因在于，居民委员会、村民委员会系由宪法直接规定、并由专门的法律加以规定的承担基层群众自治功能的民主组织，无须通过专门的法律规定

① 有学者认为，村民自治的主体应当是由全体村民组成的“自治体”，村民委员会仅是村民自治体的执行机关，故村民委员会不能成为所谓的主体，更不能成为法人。参见崔智友：《中国村民自治的法学思考》，载《中国社会科学》2001 年第 3 期。

② 《最高人民法院关于适用〈民事诉讼法〉的解释》第 68 条规定：“村民委员会或者村民小组与他人发生民事纠纷的，村民委员会或者有独立财产的村民小组为当事人。”

③ 参见张璁：《全国人大常委会审议民法总则草案，法人一章增加特别法人类别》，载《人民日报》2016 年 12 月 20 日，第 4 版。

其成立的条件和程序,因此在对外活动上,它们具有法人资格,可以法人身份直接从事相应的民事活动。

其次,居民委员会、村民委员会可以从事为履行职能所需要的民事活动。作为基层群众性自治组织,“两委会”的职能主要并非对外,而是对内,即组织本区或本村居民或村民进行自治活动,[①]而一般不能以自治体的名义对外从事各种各样的活动。但是,为履行职务需要,其可以从事相应的民事活动,如购买办公用品、租用办公房屋、为办理本居住地区居民的公共事务和公益事业而进行的必要活动等。在这一点上,其与机关法人的规定是很相似的,这里的“可以”,意味着其从事的民事活动的范围。超出该范围,其民事活动应为无效。之所以如此规定,与居民委员会以及村民委员会组织的性质有关。它们是我国社会的最基层、与群众直接联系的组织,其功能在于实现居民或村民自己组织起来管理自己事务,而不是代表居民或村民对外从事各种各样的活动。本条如此规定,可以防止作为基层群众性自治组织的“两委会”的不当行为。

最后,未设立村集体经济组织的,村民委员会可以依法代行村集体经济组织的职能。在我国,村民委员会与村集体经济组织是不同的村级组织,其功能定位也不同。前者的功能在于实现村民自治,后者的功能在于通过将生产资料归农村社区成员共同所有并采取不同的经营方式而实现集体经济发展。进一步说,村民委员会是一种社会组织,农村集体经济组织则是一种经济组织。所以,《村民委员会组织法》第 8 条第 1、2 款规定:“村民委员会应当支持和组织村民依法发展各种形式的合作经济和其他经济,承担本村生产的服务和协调工作,促进农村生产建设和社会主义市场经济的发展。”“村民委员会应当尊重集体经济组织依法独立进行经济活动的自主权,维护以家庭承包经营为基

---

① 《城市居民委员会组织法》第 3 条规定:“居民委员会的任务:(一)宣传宪法、法律、法规和国家的政策,维护居民的合法权益,教育居民履行依法应尽的义务,爱护公共财产,开展多种形式的社会主义精神文明建设活动;(二)办理本居住地区居民的公共事务和公益事业;(三)调解民间纠纷;(四)协助维护社会治安;(五)协助人民政府或者它的派出机关做好与居民利益有关的公共卫生、计划生育、优抚救济、青少年教育等项工作;(六)向人民政府或者它的派出机关反映居民的意见、要求和提出建议。”《村民委员会组织法》第 2 条第 2 款规定:“村民委员会办理本村的公共事务和公益事业,调解民间纠纷,协助维护社会治安,向人民政府反映村民的意见、要求和提出建议。”

础、统分结合的双层经营体制,保障集体经济组织和村民、承包经营户、联户或者合伙的合法的财产权和其他合法的权利和利益。”但在实践中,我国农村许多地方并未建立农村集体经济组织,而仅有村民委员会。为此,《村民委员会组织法》第 8 条第 2 款规定:“村民委员会依照法律规定,管理本村属于村农民集体所有的土地和其他财产,引导村民合理利用自然资源,保护和改善生态环境。”亦即在农村集体经济组织缺位的情况下,村民委员会可以行使属于农民集体所有的土地和其他财产的管理权。《民法总则》第 101 条第 2 款规定“未设立村集体经济组织的,村民委员会可以依法代行村集体经济组织的职能”,则进一步明确了村民委员会与农村集体经济组织之间的不同角色。根据该款规定,只有在未设立村集体经济组织的情况下,村民委员会才可以依法代行相应职能。

第四章　非法人组织

第一百零二条　【非法人组织的定义】

非法人组织是不具有法人资格,但是能够依法以自己的名义从事民事活动的组织。

非法人组织包括个人独资企业、合伙企业、不具有法人资格的专业服务机构等。

一、历史由来

1986 年制定的《民法通则》,有关民事主体的分类,采用的是大陆法系传统的二分法立法体例,即只承认存在自然人和法人两种主体,分别规定在第二章和第三章。立法时鉴于改革开放、我国市场经济的发展前景,考虑到现实生活中存在许多非法人组织,在法律上应有其地位,故《民法通则》将非法人组织分别纳入自然人或法人章节予以规范,在规定公民(自然人)的第二章增设第五节“个人合伙”,在规定法人的第三章增设第五节“联营”,[①]此种立法体例不承认第三主体的存在,对非法人组织没有规定。

但是这种二元分离式立法体例不能满足现实的需要,现实中存在大量的不具备法人资格的组织体,这类组织体无法被归入自然人和法人这两类中的任何一类,诸如个人独资企业、合伙企业、合作企业、律师事务所、会计师事务所、各种协会、各种俱乐部等。首先,这类组织体不是自然人的简单组合,它以组织自身

---

① 参见梁慧星主编:《中国民法典草案建议稿附理由 · 总则编》,法律出版社 2013 年版,第 183 页。

名义实施法律行为，同时它可以作为民事诉讼上独立的诉讼当事人，[①]具备一定的组织架构，类似法人，无法被归入自然人；但是非法人组织仅具备法人的部分特征，不具备法人的全部特征，[②]《民法通则》第37条规定了法人必须具备的四项条件，其中第四项规定"能够独立承担民事责任"，该项规定通常被理解为法人的无限责任和法人成员的有限责任，[③]而非法人组织则不满足该项条件。

关于非法人组织纳入民法典之后的体例选择问题，学界观点纷呈，"人民大学稿"认为，非法人团体的概念不准确、立法技术上也存在很多问题，不应当在民法典中规定，应以合伙独立为章，无合伙之外的其他非法人组织。[④] 在"社科院稿"中，法人、非法人团体合并设一章，其中"非法人团体"作为一个独立的一节存在，仅表示非法人团体能够以自己名义参加民事活动，而未涉及是否具有民事权利能力问题。[⑤] "法学会稿"将非法人组织命名为"其他组织"，予以单章规定，在其对非法人组织的定义中，也就是该建议稿的第91条中，充分肯定了"其他组织"的民事权利能力和民事行为能力，可以依法从事民事活动。[⑥]

《民法总则(草案)》一审稿、二审稿、三审稿均将这种界于法人和自然人之间的组织界定为"非法人组织"，采第三主体模式，关于非法人组织的定义，三稿中都没有任何的改变，均为"非法人组织不具有法人资格，但是依法能够以自己的名义从事民事活动的组织"。而在非法人组织的范围列举上，三次审议稿的内容则有较大的不同，一审稿中认为，非法人组织包括个人独资企业、合伙企业、营利性法人或者非营利性法人依法设立的分支机构等；在二审稿的

① 《民事诉讼法》第48条："公民、法人和其他组织可以作为民事诉讼的当事人。法人由其法定代表人进行诉讼。其他组织由其主要负责人进行诉讼。"《民事诉讼法解释》第52条。

② 参见江平：《共同经营体法律地位初探》，载《中国法学》1986年第1期。

③ 参见柳经纬：《"其他组织"及其主体地位问题——以民法总则的制定为视角》，载《法制与社会发展》2016年第4期。

④ 参见王利明主编：《中国民法典学者建议稿及立法理由·总则编》，法律出版社2005年版，第126页。

⑤ 参见梁慧星主编：《中国民法典草案建议稿附理由·总则编》，法律出版社2013年版，第184页。

⑥ 参见中国法学会民法典编纂领导小组、中国民法学研究会：《中华人民共和国民法典·民法总则专家建议稿》，载 http://www.civillaw.com.cn/zt/t/?id=30198#_Toc422258773，2017/1/23。

相关条文中,删除了“营利性法人或者非营利性法人设立的分支机构”这一种类;在三审稿中,又添加了“不具有法人资格的专业服务机构和其他组织”,删除了等字,取而代之以“其他组织”,此类主要指的是律师事务所、会计师事务所等。终稿中则将“和其他组织”替换为“等”字。最终公布的《民法总则》采纳了三审稿中的修改意见,但是对三审稿中“依法能够以自己的名义”的规定作出了修改,即以“能够依法”替代了它。

有学者认为,法人设立的分支机构问题,虽然其同样不具有独立的承担法律责任的能力,但是无需在非法人组织中予以具体规定,只要明确分支机构需依法设立、其责任由所属的法人承担即可。[①] 故即使在民法总则中没有对法人分支机构的法律主体类型予以说明,对法人分支机构正常进行商业活动也无碍,也不影响其交易相对人的利益。

至于不具有法人资格的专业服务组织,主要指会计师事务所和律师事务所,这两类机构具有自身的特殊性,履行一定的公共职能,同一般的合伙企业不同,为其在民法总则中找到一个合适的法律地位很有必要。

在过去的法律中,非法人组织多以“其他组织”的名称存在,然而在三审稿中对“非法人组织”的定义,却将其他组织纳入非法人组织的范围,这就使两个概念的外延发生冲突,若依新法优于旧法的规则,从整个法律体系来看,就会导致合伙企业、个人独资企业不能继续隐含在“其他组织”之下,出现问题,故换之以“等”字,可以继续保持该条款的灵活性。

关于以“能够依法”替代“依法能够”,涉及的是“依法”在前还是“能够”在前,这种语序上的变化也是立法意图的有效表达。“依法能够”中的“依法”在前,强调了法律对于人民是一种强制性规定,体现的是被动性地接受。而“能够依法”中的“能够”在前,则是强调了人民自愿选择法律来划定自己行为的界限,体现的是主动性地接受。体现了立法者对于将来我国良好法治前景的一种自信。

而在国外立法中,德国民法关于非法人组织的规定仅有一个条文(第54

① 参见柳经纬:《“其他组织”及其主体地位问题——以民法总则的制定为视角》,载《法制与社会发展》2016年第4期。

条),对无权利能力社团原则上适用关于合伙的规定。而德国民法中合伙不具有独立民事权利能力,非民事主体,这给非法人组织的民事活动带来了诸多的不便,故司法判决通过解释已将非法人组织类推适用《德国民法典》中关于有权利能力社团的规定。[①] 虽然《日本民法典》中没有对非法人团体作出规定,学者多认为应尽量类推适用社团法人之规定,但是不能将之与法人完全等同看待,兼具自然人合伙和社团法人的特点,判例中对其进行回应。[②] 中国台湾地区"民法典"中关于民事主体的规定只有两节,一节是自然人,另一节是法人,法条中没有对非法人团体进行规定,相关规定主要保留给判例学说,台湾地区"民法"承认中间财团之存在,而关于其工业工商同业工会等,俱已另定特别法,[③]非法人团体可以作为民事诉讼中独立的诉讼当事人。[④]

二、规范目的与含义

(一)规范目的

《民法总则》采非法人组织的概念,单设一章,打破了传统民法自然人、法人二元分立的结构,给非法人组织作为第三类主体提供了发展空间。本章采用了抽象的非法人组织的概念,将各种社会组织囊括进来,让各类组织在民法典中能够找到合法地位。本条旨在对非法人组织予以界定,通过抽象规定和具体列举结合的方式,明确非法人组织的范围,进而通过一般规则的规定对各类非法人组织予以统一规范。

(二)规范含义

本条是关于非法人组织定义的规定,从条文的文义看,非法人组织是一种社会组织,依法能够以自己的名义从事民事活动,如订立合同等,但是它没有取得法人资格,不是法人。

首先,要明确将民事组织划分为非法人组织和法人的分类标准之中。根

---

① 参见[德]卡尔·拉伦茨:《德国民法通论(上)》,王晓晔等译,法律出版社 2003 年版,第 235 页。

② 参见尹田:《论非法人团体的法律地位》,载《现代法学》2003 年第 5 期。

③ 参见史尚宽:《民法总论》,中国政法大学出版社 2000 年版。

④ 中国台湾地区"民事诉讼法"第 40 条第 3 款规定:"非法人团体,设有代表人或管理人者,有当事人能力。"

据《民法总则》中第57条的规定:“法人是具有民事权利能力和民事行为能力,依法独立享有民事权利和承担民事义务的组织。”与非法人组织不同的是,法人的概念定义从权利能力和行为能力出发,其可以“独立”享有民事权利、承担民事义务,而关于非法人组织,本条中仅承认非法人团体可以以自己的名义从事民事活动,没有提及非法人组织的权利能力问题,更不要说作为“独立”的个体承担法律后果。

可以从两个角度来看待这个问题。首先,之所以需要将非法人组织独立作为一类主体,是因为这是现代社会经济生活的需要。一方面法律简化程序和减少繁杂费用,使人们参加市场竞争更加便捷、减少成本,从而创设了多种社会组织体,另一方面需要将这种组织与法人区分开,这就体现在责任承担上,故可以从承担民事责任上,将自然人、法人、非法人组织予以区别,作为分类标准。① 即非法人组织能以自己的名义实施法律行为,但不能承受法律行为的后果,亦即非法人组织就自己行为所产生的后果不能独立承担民事责任,需由其全体成员或上级组织体承担民事责任。②

其次,既然非法人组织能够以自己的名义订立合同,是否就意味着其具有民事主体资格,是否意味着其具有权利能力和行为能力。对此,有学者认为,团体人格可以分为“形式人格”与“实质人格”,应当将非法人组织界定为不具有团体人格但具有“形式上的民事主体资格”的组织。③ 既然非法人组织不具有团体人格,就不具有权利能力和行为能力。有学者认为,现实社会的需要和大量既存事实决定了非法人组织可以成为民事主体,人格非独立,但是作为民事主体在存续期间具有相对独立性和一定的权利能力。④ 其实,权利能力与人格两个概念不应当发生混同,没有人格不等同于没有权利能力,有没有人格取

① 参见周贤日:《法人和非法人组织分类简论》,载《国家检察官学院学报》2004年第5期。

② 参见梁慧星主编:《中国民法典草案建议稿附理由·总则编》,法律出版社2013年版,第185页。

③ 参见尹田:《论非法人团体的法律地位》,载《现代法学》2003年第5期。

④ 参见肖海军:《民法典编纂中非法人组织主体定位的技术进路》,载《法学》2016年第5期。

决于能否独立承担责任，而有没有权利能力取决于能否作为法律关系的主体。[①] 根据《民法总则(草案)》(三审稿)第103条规定，[②]非法人组织不能独立承担责任，其行为效果归属于其背后的出资人或者设立人，他们需对非法人组织的债务承担无限连带责任，故非法人组织不具有人格；但其可以自己的名义从事民事活动，可以作为独立的民事诉讼参加人，可以成为法律关系的主体，比如可以以自己的名义签订合同。[③] 因此，其享有具体的权利能力、行为能力。

非法人组织同法人组织一样，种类繁多，不同种类的非法人组织具有自身的特殊性，完全由民法典予以规定并不现实。制定非法人组织法可以借鉴制定法人组织法的成功经验，对具体类型的非法人组织，通过制定多种单行法予以规定。故民法典应当同现有的单行法无缝衔接起来，防止出现立法冲突。

本条第2款对非法人组织作了列举性规定："非法人组织包括个人独资企业、合伙企业、不具有法人资格的专业服务机构等。"可以看出，本条没有对非法人组织概念进行二级分类(如将非法人组织分为非法人社团和非法人财团)、甚至是三级分类(如将非法人社团再分为营利性非法人社团和非营利性法人社团)，而是将非法人组织作为一个大概念，下面直接就是各类具体的组织，这些组织目前多由单行法予以具体规定。

该规定列举出非法人组织中最常见的三种：一是个人独资企业。该种非法人组织由《个人独资企业法》予以专门规定，其中关于个人独资企业的定义，是从民事责任的角度出发，规定投资人需以个人财产对企业承担无限责任。在定义中明确了个人独资企业由一个自然人投资，财产为投资人个人所有，[④]否定了个人独资企业可以享有财产所有权。二是合伙企业。合伙企业在《合

① [德]卡尔·拉伦茨：《德国民法通论(上)》，王晓晔等译，法律出版社2003年版，第119页。

② 《民法总则》第103条："非法人组织的出资人或者设立人对该组织的债务承担无限责任。法律另有规定的，依照其规定。"

③ 《合同法》第2条："本法所称合同是平等主体的自然人、法人、其他组织之间设立、变更、终止民事权利义务关系的协议。"

④ 《个人独资企业法》第2条："本法所称个人独资企业，是指依照本法在中国境内设立，由一个自然人投资，财产为投资人个人所有，投资人以其个人财产对企业债务承担无限责任的经营实体。"

伙企业法》中有具体规定,分为普通合伙企业和有限合伙企业,该法分别予以具体规定。[①] 在合伙企业中,各合伙人共同出资、共同经营、共担风险、共享利益,其财产虽具有一定程度的独立性,但普通合伙人仍然需以自身财产对企业债务担保,承担无限责任。因此,虽然合伙企业的合伙财产具有一定程度的独立性,但实质上合伙财产并没有与合伙人的财产完全分离,不能独立承担民事责任,属非法人组织。三是不具有法人资格的专业服务机构,如会计师事务所、律师事务所、审计师事务所、医疗诊所等。这类组织多采用合伙制,但是《合伙企业法》没有将其纳入调整范围,主要是由于这类组织同一般的合伙企业不同,具有一定的特殊性。它不需要到工商行政机关注册登记,多由国务院有关主管部门审批登记和进行管理,这类主体在日常生活中较为多见,应当在民事主体部分予以规定。

三、其他问题

在《民法总则》制定过程中,有很多意见坚持应当继续采用"其他组织"的概念,如在"法学会稿"中,将《民法总则》所指的"非法人组织"命名为"其他组织"。其理由是:其一,在我国诸多法律中均使用"其他组织"概念,实践中并未发现"其他组织"概念有何不妥;其二,理论界、实务界以及社会上已经普遍接受了"其他组织"概念;其三,如果不使用"其他组织"概念而使用"非法人组织"概念,将导致大量法律、行政法规的相应修改,并可能给法律适用造成困惑。坚持以"非法人组织"替代"其他组织"概念的观点认为:(1)"其他组织"这一词语不符合法律语言学的要求,因为"其他组织"作为概念使用必须与相关语境密切联系。脱离了相关语境,"其他组织"将不明所以。或者说,不知"他"所指为何,"其他"则无从确指。(2)虽然我国现行法律、行政法规中普遍使用"其他组织"一词,但这些"其他组织"并不是同一概念,其内涵与外延

① 《合伙企业法》第2条:"本法所称合伙企业,是指自然人、法人和其他组织依照本法在中国境内设立的普通合伙企业和有限合伙企业。普通合伙企业由普通合伙人组成,合伙人对合伙企业债务承担无限连带责任。本法对普通合伙人承担责任的形式有特别规定的,从其规定。有限合伙企业由普通合伙人和有限合伙人组成,普通合伙人对合伙企业债务承担无限连带责任,有限合伙人以其认缴的出资额为限对合伙企业债务承担责任。"

因特定法律、行政法规的适用范围而定,既有私法上的其他组织也有公法上的其他组织。或者说,“其他组织”一词在我国法律知识体系中的应用是十分混乱的。(3)虽然在我国社会的法律生活中“其他组织”一词已经耳熟能详,但必然是一个很不准确的概念词语。通过《民法总则》正确地使用“非法人组织”一词,是非常难得的梳理法律概念体系的机会。

使用“非法人组织”概念是非常适当的,但由于非法人组织这个概念是此次《民法总则》立法新引入的概念,在其他法律中还没有做到有序衔接。因此,今后一方面要通过立法活动逐步整理现行法律中的“其他组织”概念,另一方面可以在解释中对相关衔接问题予以明确。

第一百零三条 【非法人组织的登记】

非法人组织应当依照法律的规定登记。

设立非法人组织，法律、行政法规规定须经有关机关批准的，依照其规定。

一、历史由来

《民法通则》没有给非法人组织以明确的民事主体地位，本条是新增条款。关于非法人组织的设立，由于此前没有统摄各类非法人组织的一般条款，可以通过作为非法人组织典型代表的个人独资企业与合伙企业，对相关法律中非法人组织的设立以及登记进行简要的分析。

针对个人独资企业，《个人独资企业法》第 9 条对个人独资企业设立登记所需提交的文件进行了规定，同时对于从事须经审批的业务，在提交设立登记申请时需提交有关部门的批准文件。《个人独资企业法登记管理办法》中第 3 条明确表明，对个人独资企业的登记性质属核准登记，仅在经登记事项内才可从事活动。针对合伙企业，《合伙企业法》第 9 条规定了设立合伙企业需要提交的文件，同个人独资企业一样，对于经营范围中存在须经批准的项目时，需在企业设立登记前，获得批准。《合伙企业登记管理办法》第 3 条规定，合伙企业经依法登记之后，方可从事经营活动。至于外国企业或个人在境内设立合伙企业的设立申请需向国务院工商行政管理部门授权的地方工商行政管理部门登记。① 而在《民法总则》起草的过程中，虽然没有将个人独资企业等具体形式规定在内，但是代之以更大范围的“非法人组织”，就设立登记这一程序来看，充分延续了以上法律法规的立法思路。

① 《外国企业或者个人在中国境内设立合伙企业管理办法》第 5 条规定：“外国企业或者个人在中国境内设立合伙企业，应当由全体合伙人指定的代表或者共同委托的代理人向国务院工商行政管理部门授权的地方行政管理部门申请设立登记。”

但是,非法人组织作为一种新的民事主体,关于其设立是否应当经过登记,以及是否应当经过批准,学术界观点林立。

"社科院稿"第94条第1款规定:"非法人团体未经登记,不得成立。"即非法人团体的设立应当经过登记,其将登记视为非法人团体成立的必要条件,认为假使既不规定"依法设立",也不要求"应当登记",将难以发挥民法典规范人民行为、引导人民行为的功能,将使国家丧失对各种社会组织体进行必要管理的有力手段。①

"法学会稿"将非法人组织予以单章规定,命名为"其他组织",在第一节"一般规定"中没有提及登记以及许可的问题,在其中第92条规定:"其他法律对其他组织另有规定的,依照其规定。"②

在德国,"设立无权利能力社团,仅需一个不拘形式的设立行为和由设立人所制定的章程,它不需要有当局的参与,也不需要进行登记,此外也没有关于最低成员数目和章程内容的规定"。③ 至于中国台湾地区"民法典"中没有规定非法人组织,承认中间团体的存在,对于中间团体无须许可。④

我们先从《民法总则(草案)》三个审议稿的规定出发,进行比较。一审稿第92条规定"非法人组织应当依法登记。设立非法人组织,法律规定须经有关机关批准的,依照其规定"。二审稿在第101条中将措辞修改为,"非法人组织应当依照法律的规定登记,设立非法人组织,法律规定须经有关机关批准的,依照其规定"。在此次修改中,"依法登记"被更改为"依照法律的规定登记",可以看到立法者试图对"法"字的内涵进行说明。三审稿再次将该条文修订为,"非法人组织应当依照法律的规定登记。设立非法人组织,法律、行政法规规定须经有关机关批准的,依照其规定"。"法律规定"在此次修改中被

① 参见梁慧星主编:《中国民法典草案建议稿附理由·总则编》,法律出版社2013年版,第186页。

② 中国法学会民法典编纂项目领导小组:《中华人民共和国民法典·民法总则专家建议稿》,载 https://www.chinalaw.org.cn/Column/Column_View.aspx?ColumnID=81&InfoID=14364,2017/1/25。

③ 参见[德]卡尔·拉伦茨:《德国民法通论(上)》,王晓晔等译,法律出版社2003年版,第235页。

④ 参见史尚宽:《民法总论》,中国政法大学出版社2000年版,第148页。

修改为“法律、行政法规规定”,从修改后的整条来看,出现了法律、行政法规的字眼,故此处的法律外延中不应包含行政法规。因此,可以认为,本条中两个“法律”均应做狭义理解,仅指全国人大及其常委会颁布的法律,不包括行政法规、地方性法规等规范性法律文件。

三审稿中,从第1款可以看出非法人组织的设立以登记为原则,此种登记应当依照法律的规定,行政法规、地方性法规无权设定其他的登记;第2款中规定特殊的非法人组织的设立采许可主义,仅法律和行政法规有权设定此种许可。《民法总则》最终采纳了三审稿的立法意见。

二、规范目的与含义

(一)规范目的

本条第1款旨在对非法人组织的设立作出一般性规范,以起到总括性的作用。如若非法人组织的设立不要求登记,则将难以发挥民法典对公民行为的规范和指引作用,使国家丧失对各种社会组织体进行必要管理的有力手段;本条第2款旨在解决特别法与民法典在为非法人组织提供规范上的分工配置问题。作为“一般私法”的民法典在构建其对非法人组织的规范构架时,不必过多考虑那些已经有特别法明确界定的类型。但如若特别法对非法人组织的成立登记有特别规定的,则该非法人组织需要遵循特别法的规定。

(二)规范含义

本条是关于非法人组织设立程序的规定,主要是关于非法人组织的设立是否需要登记和批准的规定。本条第1款规定了非法人组织的设立以登记为原则,此种登记应当依照法律的规定,行政法规、地方性法规无权设定其他的登记;第2款规定特殊的非法人组织的设立采许可主义,仅法律和行政法规有权设定此种许可。

关于非法人组织是否一律应当登记,何种非法人组织应当采许可设立主义,学术界有不同看法。首先有学者认为,应当将非法人组织区分为营利性非法人组织和非营利性非法人组织;对于营利性非法人组织,其设立应当采备案登记主义；对于非营利性非法人组织采许可设立与强制登记主义。[①] 有学者认为，对于须经批准登记而设立与不经过批准登记而设立的非法人组织应该有一个区别，对于登记的非营利性非法人组织，可使其成员承担有限责任，否则仍应承担无限连带责任。[②] 有学者认为，关于营利性非法人组织，应当经工商行政管理机关登记；非营利性非法人组织，应当经法定主管机关批准并经登记机关登记。[③]

由于本章没有对非法人组织进行二级分类和三级分类，没有非法人社团和非法人财团的区分，也没有营利性非法人组织和非营利性非法人组织的区分，故所有非法人组织均应适用本条的规定，均应按照法律的规定登记；法律、行政法规规定须经有关机关批准的，依照其规定。另前已述及，此处的法律二字应当从狭义的角度来理解。

三、其他问题

由于登记需要申请、形式审查、注册等一系列的繁琐的程序，很多非法人组织会因此选择不登记，因此现实生活中存在大量未登记的非法人组织。那么未经登记的非法人组织的法律地位如何，便是很有意义的话题。我们认为，应当对须经批准登记的组织同无须经过批准登记设立的组织区分对待。对于无须经过批准的非法人组织，登记不是非法人组织成立的必要条件，非法人组织应当进行登记，登记是非法人组织的义务，但是即便非法人组织未登记，仍然可以作为民事主体从事民事活动，民法不否定其行为的法律效果，从而实现对善意相对人的保护。而针对须经批准的非法人组织，批准登记是非法人组织成立的必要条件，若未登记则非法人组织未成立，对于其以非法人组织的名义进行民事活动产生的债务承担问题，此类组织由于未经登记，自始不成立，行为效果应当归属于非法人组织的成员。

---

① 参见肖海军：《民法典编纂中非法人组织主体定位的技术进路》，载《法学》2016 年第 5 期。

② 参见李永军：《我国未来民法典中主体制度的设计思考》，载《法学论坛》2016 年第 3 期。

③ 参见梁慧星主编：《中国民法典草案建议稿附理由 · 总则编》，法律出版社 2013 年版，第 186 页。

同时,可以通过司法解释对未经登记的非法人组织的法律地位予以明确。从保护善意相对人的角度,由于不论是否肯定非法人组织,其行为效果都归属于其背后的设立人和出资人,其以自身的财产担保承担无限连带责任,故无论非法人组织成立与否,对善意相对人都不产生影响。但是根据我国现行法,对于须经批准登记的非法人组织,如若没有经过批准登记,我国多将其视为非法组织,采禁止、取缔的态度。[①] 既然非法人组织的行为对善意相对人的权益不产生影响,若非法人组织行为对公共利益影响较小,对社会秩序损害不大,则不如肯定其民事主体地位,适用非法人组织的规定。

① 参见肖海军:《民法典编纂中非法人组织主体定位的技术进路》,载《法学》2016 年第 5 期。

第一百零四条 【非法人组织的债务承担】

非法人组织的财产不足以清偿债务的，其出资人或者设立人承担无限责任。法律另有规定的，依照其规定。

一、历史由来

本条属于新增条款，是从既有的零散规定中抽象归纳出来的，主要针对的是确立非法人组织的债务承担问题。虽然非法人组织在我国现行的法律法规体系中缺乏统一明确的责任划分和调整规则，但针对一些特殊的非法人组织，既有规定亦有所涉及。如对于合伙组织的债务，《合伙企业法》中虽然规定了不同的合伙形式，但其债务承担却遵循一个共同的原则，即应当首先以合伙财产清偿，合伙财产不足以清偿债务的，应当由全体合伙人承担清偿责任（此时因为合伙形式的不同可能会导致合伙人承责的不同）。《个人独资企业法》第31条也规定："个人独资企业财产不足以清偿债务的，投资人应当以其个人的其他财产予以清偿。"法人的分支机构的债务，应首先由该分支机构的财产予以清偿，该分支机构的财产不足以清偿债务的，应由设立分支机构的法人承担清偿责任等。

对于非法人组织而言，民法上需要彻底解决的核心问题之一，为其存续期间所产生的债权债务关系应如何进行有效、彻底的清偿，从而能够在市场交易过程中充分保护善意相对人的利益，维护基本社会经济秩序和诚实信用。因此，要求其设立者、组织者、管理者或实际控制人对此类组织存续期间所生债务承担清偿责任，才可最大限度地保护善意相对人的利益，进而达到最大限度地强化此类组织设立者、组织者、管理者或实际控制人的责任意识。[1] 非法人

---

① 参见肖海军：《非法人组织在民法典中的主体定位及其实现》，载《法商研究》2016年第2期。

组织由于其并不具有独立的法人资格,因此其责任如何承担的核心是团体与其成员之间的责任关系。

就国外立法的相关规定而言,《德国民法典》第54条(无权利能力的社团)规定:对于无权利能力的社团,适用关于合伙的规定。以这种社团的名义向第三人采取的法律行为,由行为人负个人责任;行为人为数人时,全体行为人作为连带债务人负其责任。德国法虽然如此规定,但在其司法实践过程中,主要是通过判例的方式予以丰富和完善的。具体而言:在对外债务方面,对于无权利能力的社团,尤其是非经济性社团,不适用合伙法上的成员对于合伙债务承担无限连带责任的规定。[①] 因为,若一概要求无权利能力社团的成员对团体债务承担无限连带责任,就不会有任何人加入非经济性社团,这会成为这种社团在吸引成员扩大影响力方面的障碍。《瑞士民法典》第62条(无法人人格的社团)规定:无法人人格或尚未取得法人人格的社团,视为合伙。《意大利民法典》第38条(债务)规定:对于社团代表人向第三人承担的债务,第三人可以请求用共同基金偿还。以社团名义或为社团利益承担上述债务的人负连带责任。

关于非法人组织的责任承担问题,在我国学界亦有诸多不同观点。"社科院稿"第94条规定:"非法人团体首先以其享有处分权的财产承担民事责任,其享有处分权的财产不足以清偿债务的,由非法人团体的设立人或者开办人承担民事责任。"[②]梁慧星认为,非法人团体虽然能够以自己的名义实施法律行为,但非法人团体无民事责任能力,即不能对自己的行为所产生的债务独立承担清偿责任。因此,由其行为所产生的债务关系,非法人团体的财产能够清偿的,应以其享有处分权的财产予以清偿;不能清偿或者不能全部清偿的,应由非法人团体的设立人或者成员承担清偿责任。[③] 但这种债务承担方式并没有被《民法总则》所采纳,合伙企业之外的非法人组织并不能当然地首先以其

① 参见李永军:《我国未来民法典中主体制度的设计思考》,载《法学论坛》2016年第2期。

② 参见梁慧星主编:《中国民法典草案建议稿附理由·总则编》,法律出版社2013年版,第186页。

③ 参见梁慧星主编:《中国民法典草案建议稿附理由·总则编》,法律出版社2013年版,第186页。

享有处分权的财产清偿债务。根据本条的规定，只有在其他的法律另有规定的情况下，才有可能适用具有清偿顺序的民事责任承担方式。虽然从实际效果上来看，合伙企业无论采取的是何种立法模式，最终承担责任的方式均为合伙企业财产优先清偿，但是两者适用法律的路径是不同的：在前一种立法模式中，直接适用"社科院稿"第94条即可；在后一种立法模式中，应先适用本条前段规定，之后根据后段规定，适用《合伙企业法》第38条的规定。

全国人大法工委民法室在2015年8月28日起草的"民法总则民法室室内稿"第90条规定："其他组织的债务先以其财产进行清偿，不能清偿的，其成员或者设立人承担连带责任，法律另有规定的除外"。《民法总则（草案）》（一审稿）中，第93条规定："非法人组织的成员或者设立人对该组织的债务承担无限责任。法律另有规定的，依照其规定"。《民法总则（草案）》（二审稿）第102条规定："非法人组织的出资人或者设立人对该组织的债务承担无限责任。法律另有规定的，依照其规定。"《民法总则（草案）》（三审稿）对此问题都采纳了同样的规定，未再做任何变动。其后又对此规定进行了修订："非法人组织的债务先以其财产进行清偿，不能清偿的，其出资人或者设立人承担无限责任。法律另有规定的，依照其规定。"可以认为，这是在原先室内稿的基础上进行了修订，并未规定成员的责任，而是非法人组织的出资人或设立人的责任。而在如今公布的《民法总则》中，则又一次做出了调整和修改，"非法人组织的财产不足以清偿债务的，其出资人或者设立人承担无限责任。法律另有规定的，依照其规定"。与"室内稿"和最后一次修改稿相比较，其立法意图并没有改变，只是表述更加简练，其立法思路也还是基本采纳梁慧星的立法建议。

二、规范目的与含义

（一）规范目的

本条属于《民法总则》非法人组织的内容，主要规范的是非法人组织的债务承担问题，旨在明确非法人组织的行为效果的最终归属，从而确定其民事责任能力。

（二）规范含义

本条规定首先明确了非法人组织的债务承担，应以其自己的财产独立承担民事责任。非法人组织亦应有自己的财产或经费,只不过其财产或经费仅需团体可以独立支配,不要求必须与其成员的财产截然分开而由团体享有所有权。因此,非法人组织无法像法人那样独立承担民事责任,其不具有完全独立的财产和经费,当其对外进行经营业务活动而负债时,如其自身拥有财产和经费,则由自身承担,在其所拥有的财产和经费不足以清偿债务时,则由其出资人和设立人承担无限责任。

根据该条规定,非法人组织并不具有完全民事责任能力。由于非法人组织的财产、意志等并没有与组织的成员或者设立人完全分开,不具有如法人一样的完全独立性,不具有完全民事责任能力。非法人组织并不是仅以自己的财产为其债务承担责任的,出资人或者设立人对组织的债务并非仅以其投入或者认缴的财产为限承担责任,而要以自己在组织外的其他全部财产承担责任。是否具有完全民事责任能力,是法人与非法人组织的根本区别。特别是《民法总则》中明确规定非法人组织"依法能够以自己的名义从事民事活动",赋予了非法人组织民事行为能力,使其具备了作为民事主体独立从事民事活动的资格,能以自己的名义进行民事活动,通过自己的行为设定权利义务。在权利能力和行为能力上,非法人组织与法人已经不存在实质性的差别,而仅有的实质差别仅在于是否能独立地承担民事责任。

需要注意的是,本条所限定承担无限责任的范畴并非是非法人组织的全体成员,而将其仅限于"出资人"和"设立人"。其理由亦在于两个方面的考量,一是为了最大限度地保护善意相对人的利益,进而达到最大限度地强化此类组织设立者、组织者、管理者或实际控制人的责任意识。二是不应将无限连带责任扩大至全体成员,否则会严重损害相关成员加入非法人组织的积极性和意愿,造成其发展的障碍。

该条实际上确立了非法人组织的债权人在进行债务追偿时的顺序,应优先追偿非法人组织的财产,若是其财产不能完全清偿其债务,才能追究其出资人或者设立人的责任。而非依据三审稿中的规定,直接要求出资人或者设立人承担无限责任。

本条后一句"法律另有规定的,依照其规定",主要是指《合伙企业法》中的另外规定。《合伙企业法》确认了有限合伙的存在。有限合伙中的有限合伙人仅以其对合伙企业的出资为限对合伙债务承担有限责任。由于有限合伙中必须至少有1个普通合伙人，所以普通合伙人仍需对合伙债务承担无限责任。①

《合伙企业法》第38条与第39条对合伙企业清偿债务原则作出了规定，合伙企业对其债务，应先以其全部财产进行清偿。为了维持合伙企业的正常运转与经营，不可避免地会产生各种成本和费用，企业便会因此有可能对外负担债务。这种债务应当先以合伙企业的财产来偿付，如果产生的债务大于企业财产即属于资不抵债，还要溯及合伙人自身的其他财产。至于清偿债务的顺序，先以企业财产偿债的原则已经为世界各国法律较为普遍地采用。根据这一原则，在合伙企业债务发生后，债权人首先面对的不是各个合伙人，而是合伙企业本身。债权人应先就合伙企业所能处分的财产主张其债权，在这部分财产不足以清偿债务的情况下，债权人才可以直接要求合伙人以其合伙企业外的个人财产承担债务；在合伙企业财产偿还完毕前，债权人不得就其债权直接向合伙企业的任一或多个合伙人求偿。

这种做法实际上就是承认了合伙企业财产在一定程度上的独立性，符合合伙企业运营过程中的现实情况。合伙人在按照协议履行了出资义务之后，实际上就与这部分投资之间产生了一定的分离。各合伙人的财产集中起来形成合伙企业财产后，其实际控制人为合伙企业。在肯定合伙企业的权利能力和行为能力的前提下，应该认为其具备区别于各个合伙人之外的独立意志。因此，合伙人实际上丧失了对其投资的直接控制。在此情况下，也应该相应地将这部分财产产生的风险转移给企业，由企业以企业资产直接对债权人承担偿付债务的义务。除非出现了企业资不抵债的情况，合伙人对企业债务无须承担责任。另外，因为在交易中合伙企业具备民事权利能力和民事行为能力，所以与交易相对人交易的是合伙企业而不是合伙企业的某一个成员。在企业财产未发生资不抵债的情况下，合伙人承担无限连带责任只是确保债务履行的一种保证而并非债务本身。故而债权人只有在合伙企业不能清偿债务时，才能直接向合伙人追索，要求其承担连带责任。

---

① 参见郭明瑞：《民法总则中非法人组织的制度设计》，载《法学家》2016年第5期。

三、其他问题

根据德国法的判例,其司法判决和理论研究穷尽方法将非营利性团体的责任限制在社团财产的范围内,但对于营利性团体而言,其成员对团体债务承担无限连带责任。李永军也主张,经过登记与非登记的非法人团体应该有一个区别:只有对于登记的非营利性非法人团体,才可使其成员承担有限责任。否则,仍然应该是无限连带责任。[①] 那么,在我国的司法实践中,是否应就非法人组织的营利性问题作出界定,从而区别认定其不同的民事责任,值得进一步研究。

进一步而言,虽然现已颁布的《民法总则》规定,"非法人组织应当依照法律的规定登记",但尚未明确登记的内容等因素,不具有如公司等法人机构的明确登记内容。由于登记具有公示效力,那么此种公示效力是否会对责任的分配和承担造成影响,同样需要进一步研究。

在非法人组织责任承担的过程中,如何准确认定其"出资人"和"设立人",是未来司法实践中需要解决的问题。同时,其承担连带责任的人员,是否应仅限于"出资人"和"设立人",如实际控制人、实际管理人等是否应承担连带责任,亦需要更进一步的讨论和分析。

① 参见李永军:《我国未来民法典中主体制度的设计思考》,载《法学论坛》2016 年第 2 期。

第一百零五条 【非法人组织的代表】

非法人组织可以确定一人或者数人代表该组织从事民事活动。

一、历史由来

本条为新增的条款,非法人组织有存在的意义与价值。《民法通则》只规定了自然人和法人两类民事主体,采纳分别纳入自然人或法人章节予以规范的分离式立法方案来对非法人组织进行调整。① 但对于非法人组织的性质、内部关系、民事责任等一系列问题,却未形成统一明确之规定。因此在《民法通则》中,并未对非法人组织之代表问题作出专门的规定,仅在第 34 条规定:“合伙人可以推举负责人。合伙负责人和其他人员的经营活动,由全体合伙人承担民事责任。”除此之外,并无其他条款涉及对该问题之调整。合伙组织中的“负责人”,与此处非法人组织的“代表人”的实际意义是一样的。但在本法颁布之前,在司法实践过程中,由于非法人组织并不具有法人的独立民事行为能力,其从事民事活动的过程需依赖于其他民事主体实现,相关法律行为产生的责任分担及法律认定问题,未有明确之规则。

按照我国既有相关法律规定和司法实践,虽然允许非法人组织以自己的名义实施法律行为,但并不能由此得出其可以承担相关法律责任的结论。也就是说,非法人团体能以自己的名义实施法律行为,但不能承受法律行为的后果(其法律行为所创设的权利义务并不归属于非法人团体),因此,其不具有真正意义上的行为能力。② 因此,在《民法总则》第 102 条规定其“能够依法以自己的名义从事民事活动”的前提下,应认定法律已赋予非法人组织以民事行为

---

① 参见苏阳:《民法通则(草案)座谈中涉及的理论问题》,载《法学研究》1986 年第 1 期。

② 参见尹田:《论非法人团体的法律地位》,载《现代法学》2003 年第 5 期。

能力。但由于非法人团体为社会组织体,其行为须由法律为其确定代表人。① 同时,从非法人组织的性质而言,其可以形成独立于其成员个人意思之外的团体意思,通过代表人以团体的名义对外进行民事法律活动。由于非法人组织在一定的范围内具有权利能力,属于拟制人,那么此种组织更宜适用民法上的代表制度,而非代理制度,组织事务的执行人就不能再被认定是组织内其他成员的代理人,而只能认为是组织本身的代表人,其行为就是组织体自身的行为。

非法人组织的这一实现过程是否有必要引进法人的法定代表人的地位、权限和行为后果等规定,曾经存在一定的争议。在传统民法框架内,合伙组织等非法人组织的对外关系方面并不适用代表制度,仅通过代理制度来解决这方面的问题。比如,在德国、日本和瑞士的立法和传统理论上,都认为合伙的对外活动属于代理关系,与法人的法定代表人制度并不相同。在此框架内,全体合伙人之间互为代理关系,合伙组织等非法人组织之中也就不存在法定代表人。本条规定非法人组织可以确定一人或者数人代表该组织从事民事活动就是对传统理论框架的突破。

关于非法人组织的代表问题,在学界亦有诸多不同观点。"人民大学稿"认为非法人团体存在概念不清等问题,因此,仅涉及合伙的相关规定,对上述问题未涉及。"社科院稿"第 95 条规定:"非法人团体的主要负责人是非法人团体的法定代表人。非法人团体的法定代表人的行为,准用本法有关法人的法定代表人的规定。"②梁慧星认为,非法人团体的主要负责人是其法定代表人,有权以非法人团体的名义实施法律行为。非法人团体法定代表人的地位、权限、行为后果等,准用本法关于法人的法定代表人的地位、权限和行为后果等的规定。

由比较法看,《意大利民法典》第 36 条(非法人社团的组织和管理)第 2 款规定:"由上述社团的主席或领导人代表社团参加诉讼。"《民事诉讼法》第 46

① 参见梁慧星主编:《中国民法典草案建议稿附理由 · 总则编》,法律出版社 2013 年版,第 186 页。

② 参见梁慧星主编:《中国民法典草案建议稿附理由 · 总则编》,法律出版社 2013 年版,第 186 页。

条规定：非法人的社团或财团，设有代表人或管理人的，得以其名义起诉或应诉。我国台湾地区“民事诉讼法”第40条也规定：非法人团体，设有代表人或管理者，有当事人能力。在我国台湾地区的民法理论中，非常强调其与合伙的区别：社团性质上得设董事或其他机关，合伙只能选任合伙代理人；非法人团体的社员对于社团财产不应有直接或间接之经济的参与，在其内部关系，以社员总会为最高意思机关，在其外部关系，得由代表人以社团名义实施法律行为。[①]

全国人大法工委民法室在2015年8月28日起草的“民法总则民法室室内稿”第89条规定：“代表其他组织从事民事活动的人，是其他组织的主要负责人。”《民法总则(草案)》(一审稿)，则在第94条规定：“非法人组织可以确定一人或者数人代表该组织从事民事活动。”《民法总则(草案)》(二审稿)第103条、三审稿第104条以及最后通过的《民法总则》，都就该问题采用了同样的规定，未再做变动。由此可见，在《民法总则》的起草过程中，对非法人组织的代表问题，已形成了较为一致的意见。

二、规范目的与含义

(一)规范目的

本条旨在确立非法人组织对外从事民事法律活动的一般性规范。既然法律规定非法人组织能够以自己的名义实施法律行为，因为非法人组织为社会组织体，不能自为行为，所以需要由法律为其确定代表人。本条解决非法人组织对外活动中的代表问题，以起到发挥民法典对社会经济活动的指引和规范作用。

(二)规范含义

本条是关于非法人组织确认一人或数人代表其对外从事民事活动的规定，是对非法人组织予以授权的规范。

民事行为能力是任何民事主体独立从事相关民事法律活动的前提资格。民事主体只有在具有民事行为能力的情况下，才能积极参与社会经济活动，以自己的民事行为创设相关的权利和义务。《民法总则》第102条中已明确赋予了非法人组织以民事行为能力，则其行使民事行为能力时必然

① 参见史尚宽：《民法总论》，中国政法大学出版社2000年版，第149页。

受意思表示的支配。依据传统的民法理论,法人依靠自身内部机构的运作来进行独立意志的表达,并由法定代表人代表法人从事民事活动。非法人组织作为《民法总则》所确认的新兴民事主体和民事组织,也必然要以一定的形式表达其独立的意志——通过特定自然人的行为来代表该组织从事民事活动、实现其民事行为能力。因此,非法人组织代表人的确定规范也与法人组织一样重要。

除了法律有特殊规定的情况外,非法人组织的设立人或者成员都有权代表组织进行民事活动,因为每一个成员基于组织的性质和经营的共同事业的目的而当然地享有对组织事务的直接参与权,这种参与权可以具体表现为对组织事务平等享有的经营管理权、表决权、监督权以及代表权。但从效率的角度出发,组织事务并无必要由每个组织成员来进行管理,实际生产经营过程中,非法人组织往往根据需要,对组织内成员执行组织事务与对外代表非法人组织作出一些分工和限制,可以委托一名或数名组织成员执行组织事务。因此,基于组织成员的参与权,非法人组织代表从其设立人或者成员之中选任。比如《合伙企业法》第 26 条规定,按照合伙协议的约定或者经全体合伙人决定,可以委托一个或者数个合伙人对外代表合伙企业,执行合伙事务。那么组织成员或者设立人之外的第三人能否担任非法人组织的代表,这也必将是本条规范未来在实践中进行落实的难题之一。现代化的企业经营对企业管理者的专业要求越来越高,特别是当组织规模较大时,非法人企业组织的设立人或者成员往往没有足够的专业能力和精力对企业进行妥善的管理,需要聘请外部职业经理人来经营管理企业。我国《合伙企业法》承认了这一做法,第 31 条第 6 项以及第 35 条规定,经全体合伙人同意后,可聘任合伙人以外的人担任合伙企业的经营管理人员,被聘任的合伙企业的经营管理人员在合伙企业授权范围内履行职务。但此管理人能否当然地成为合伙企业的代表人,并未得到法律的确认。鉴于现代商业组织的管理需求,为了更加充分地发挥职业经理人的专业优势,应当允许外部聘任的管理人员出任非法人组织的代表人。本条并未对非法人组织代表人的选任范围有所限制,根据本条的文义,我们可以认为,非法人组织可以根据自己的实际需要,自由选择其设立人、成员或者外部第三人担任本组织的代表人。

对于该条的规范含义，主要应从以下几个方面予以理解：

本条所规定的是“代表”关系，不同于代理关系。在代表人代表非法人组织从事相关民事法律活动的过程中，相关代表人以该非法人组织名义实施的行为就是该组织的行为，其后果由该组织承受。

本条所使用的表述为“可以”，而非“应当”或者“必须”。因此，并非所有的非法人组织都需要确定代表人，是否确定代表人系非法人组织自主决定之权利，法律不予以干涉。

可确定代表人人数为一人或数人。法律规定并未对代表人的人数上限作出限定，亦未对相关代表人的资格、身份等因素作出限制。从文义解释的角度而言，非法人组织完全可自行决定由谁担任代表人及相关代表人的数量。

非法人组织一经确定代表人代表该组织从事民事活动，其他人可对代表人的行为实施监督并可提出异议，但不能以该组织的名义代表该组织从事民事活动。① 但从保护善意相对人和维护市场交易秩序及安全的角度而言，其他人的行为虽不可代表该组织，但若在相对人善意的情况下，不得以此作为抗辩之理由。

三、其他问题

本条关于非法人组织代表人的规定，显得略微有些单薄。如有观点认为，“非法人组织专章仅在第九十四条涉及代表人设置的内容，至于代表人的权利及权利限制、权利行使的法律后果以及职务侵权行为的责任分配规则等要素均没有提及”。② 在后续的司法实践中，若真出现与此相关的问题和争议时，应如何处理，尚存疑问。尽管学者们主张，非法人团体的代表人与法人的法定代表人类似，因此本条规定可准用本法有关法人法定代表人的规定，③并且《民法总则》第108条也明确规定了“非法人组织除适用本章规定外，参照适用本法第三章第一节的有关规定”，即法人的一般性规定。但是完全参照法人的相关规定处理，是否合理，尚待司法实践的进一步检验。

---

① 参见郭明瑞：《民法总则中非法人组织的制度设计》，载《法学家》2016年第5期。

② 参见曹兴权：《组织类民事主体制度的民法典表达》，载《河南社会科学》2016年第7期。

③ 参见梁慧星主编：《中国民法典草案建议稿附理由·总则编》，法律出版社2013年版，第187页。

第一百零六条 【非法人组织的解散】

有下列情形之一的，非法人组织解散：

（一）章程规定的存续期间届满或者章程规定的其他解散事由出现；

（二）出资人或者设立人决定解散；

（三）法律规定的其他情形。

一、历史由来

本条为本次立法新增条款，作为统摄各类非法人组织解散情形的一般性条款，虽然在之前的立法沿革中并没有发现该条的身影，但是我们可以在其他已经规定了关于非法人组织解散情形的法律规范中，找到一定的立法基础。《个人独资企业法》第26条规定的解散情形有："被依法吊销营业执照法律、法规规定的其他情形。"《合伙企业法》第85条也有零星规定。

《民法总则（草案）》的各个审议稿对于非法人组织解散的事由的规定并非完全一致。二审稿及三审稿对于非法人组织的解散相较于之前的版本，将"成员"换成了"出资人"，删掉了有权决定解散事由的"组织规章"，保留了最后的兜底条款。最终通过的《民法总则》也采纳了这一立法思路。相比以前，现在的立法条文更加符合商事领域的规范含义，使法官能够更加准确地理解条文含义，便于在实践中准确判断非法人组织的解散情形。

二、规范目的与含义

（一）规范目的

本条旨在确定非法人组织解散的几种具体情形。《民法总则》几次审议稿都采取了第三主体的立法模式，在自然人与法人之间规定了非法人组织，既然《民法总则》中规定了自然人的出生与死亡、法人的成立与解散，本条规定非法人组织的成立与解散，就体现了立法体系的协调。另外，非法人组织解散的规定,也从反面反映了非法人组织在存续期间的相对独立性。非法人组织除了没有独立的法律人格之外,在其发起成立至解散这一期间内,有其独立于设立人、内部成员的财产和内设机构,其组织形态具有高度的稳定性,其活动与行为有一定的持续性甚至长期性。① 也正是非法人组织的这些特性,保证了经济活动的安全与稳定,也增强了相对人与其展开经济贸易往来的信心,有利于我国市场经济的繁荣昌盛。

(二)规范含义

本稿该条中涉及解散的几种情形,针对这些情形作出以下解释:

章程规定的存续期间届满或章程规定的其他解散事由出现的。非法人组织的章程中会规定该组织的存续时间,只要期限届满,该组织即宣告解散。若该组织的成员不想在期限届满之日结束经营,则可以合意对章程规定的存续时间进行修改。若该章程并未规定存续时间,只是规定了该组织的成立目标或任务,则在该目标或者任务完成之后,也可以宣告解散。非法人组织中,除了个人独资企业之外,其余的非法人组织的成立都需要依靠组织成员间达成的协议。这完全属于私人自治的范畴,组织成员可以在协议中约定组织解散的事由,若在组织运行过程中出现了该情形,则无须再对该组织的去留进行合意表决,可直接宣告解散。②

出资人或者设立人决定解散的。非法人组织是由出资人或设立人自由设立的,其可以决定设立该组织,也可以决定解散该组织。但是成立或解散都是组织重大事项,需要经过特殊的决议程序。是否需要经组织全体人员的同意才能解散,还是实行重大事项多数决原则,本条对此语焉不详,有待以后的法律解释和司法实践加以说明。

法律规定的其他情形。这是法律的兜底条款,除在总则中规定的上述情形之外,若其他单行立法中规定了非法人组织解散的其他情形,遵循法律的规定,组织在符合相应情形时即告解散,例如从事非法经营活动而被行政机关强制解散。

① 肖海军:《民法典编纂中非法人组织主体定位的技术进路》,载《法学》2016 年第 5 期。

② 参见郭明瑞:《民法总则中非法人组织的制度设计》,载《法学家》2016 年第 5 期。

(三)体系地位

非法人组织解散情形的规定,体现了非法人组织成立、发展、延续、终结的一个过程,与传统的自然人、法人的立法模式与逻辑构思相一致,不至于与《民法总则》现有的立法体系相冲突。非法人组织整个的从成立至终结的一系列过程,体现了其作为一个民事主体所具有的相对独立性。该条文规定在《民法总则》中,在法律体系中对于非法人组织的解散起到了统领作用,照顾到了不同要素、不同功能、不同领域、不同类型、不同形式的非法人组织之间的重大差异。同时,也是为了处理好民法典中有关非法人组织的规定与既有民事基本法,民事主体单行法,其他涉及非法人组织内容的法律、行政法规、部门规章之间的关系,不至于因为规定的范围太小而与其他法律起冲突。当然,也是实事求是地考虑到了非法人组织自身灵活多变的风格,力求能够始终将其容纳在法律规制之中,保证了《民法总则》适用的稳定性。①

三、其他问题

《民法总则》第69条规定的法人解散事由,除了多出“因法人合并或者分立需要解散的”以及“法人依法被吊销营业执照、登记证书,被责令或者被撤销的”这两种情形之外,其他的解散情形与非法人组织的解散事由基本类似。从两者的组织运行与社会管理层面来看,公司等具有法人资格的组织与非法人组织两者解散的情形应当差不多。出于立法成本与将来实践成本的考虑,立法上最简洁的做法就是做统一处理,使其逻辑思维保持一致。②《民法总则》第106条遗漏了非法人组织依法被吊销营业执照、登记证书,责令关闭或者被撤销的情形,有些遗憾。并造成实践中面对非法人组织错综复杂的经营情形时,不能及时有效地制止其违法经营活动,不利于保护相对方的利益,保障交易安全。

针对以上情形,学界就目前规定的解散事由提出了相应的补充建议,非法人组织可以因下列情形解散:(1)章程规定的存续时间届满或者其他解散事由

① 肖海军:《民法典编纂中非法人组织主体定位的技术进路》,载《法学》2016年第5期。

② 参见曹兴权:《民法典编纂理论热点问题专题研究》,载《河南社会科学》2016年第7期。

出现；(2)出资人或设立人决定解散；(3)章程所规定的目的事业已经完成；(4)发生使该组织难以为继的事由；(5)因从事违反法律、行政法规或者有损社会公序良俗的活动被国家有关机关强制解散、取缔的；(6)法律规定的其他情形。

第一百零七条 【非法人组织清算】

非法人组织解散的,应当依法进行清算。

一、历史由来

本条是对非法人组织终止清算程序的规定,即非法人组织解散的,必须经过清算程序。

在《民法总则》制定前,我国已制定实施了《个人独资企业法》《合伙企业法》及《合伙律师事务所管理办法》等法律和行政规章,非法人组织的清算已有一些规定。但并没有一个统领各个单行法的总体性规定。

《个人独资企业法》第27条规定:"个人独资企业解散,由投资人自行清算或者由债权人申请人民法院指定清算人进行清算。"《合伙企业法》第86条规定:"合伙企业解散,应当由清算人进行清算。"因此,该两部法律已经明确规定了个人独资企业与合伙企业解散的,应当依法进行清算。

不具有法人资格的专业服务机构的解散也同样需要依法清算。以律师事务所为例,我国《合伙律师事务所管理办法》第五章专章规定了"解散清算"的内容,其中第38条明确规定,合伙律师事务所解散的,应当在15日内成立清算机构。此外,《合伙企业法》中亦明确,以专业知识和专业技能为客户提供有偿服务的专业服务机构,可作为特殊的普通合伙企业,其同样适用于该法第86条解散清算之规定。故本条是对已有立法的承袭与整合。

非法人组织的解散需进行清算的规定在国外立法中亦有迹可循。例如,非法人组织在德国指无权利能力社团,规定在《德国民法典》第54条中,属于法人章之下。[①] 而无权利能力的社团,依据《德国民法典》第54条的规定又适用于合伙的规定。其中,第703条便规定了合伙解散后,就合伙财产而言,发

① 《德国民法典》,杜景林、卢谌译,中国政法大学出版社2014年版,第11页。

生合伙人之间的清算。

在立法过程中,《民法总则(草案)》(一审稿)将非法人组织的清算规定于第97条:"非法人组织解散的,应当依法进行清算。清算终结,并完成注销登记时,非法人组织终止。"至二审稿时,该条变更至第105条,同时删去了后半段"清算终结,并完成注销登记时,非法人组织终止"的内容。至三审稿时,未对二审稿的这一内容作出修改,仅变更至第106条。本条对于三审稿的内容同样没有进行修改,仅变更至第107条。对于二审稿中删去的后半段内容,或是为与本法第103条第2款规定的"设立非法人组织,法律、行政法规规定须经有关机关批准的,依照其规定"相适应。例如,我国《律师法》第18条规定,设立律师事务所的,应当向司法行政部门提出申请,经审查准予设立的,颁发律师事务所执业许可证。而在律师事务所终止时,也仅注销该执业证书。与此同时,司法部曾先后发布《司法部关于律师事务所不应进行工商登记的通知》(司发〔1990〕056号)与《关于律师事务所不进行民政登记的批复》(司复〔2000〕4号),强调律师事务所不需要进行工商与民政的登记,律师事务所经批准,即可开展律师业务。故既无登记,自然无注销登记一说。但本法第103条第1款中需要登记的非法人组织,依据本法第108条的规定,仍可参照适用第三章的规定,清算终结,并完成注销登记时方才终止。

二、规范目的与含义

(一)规范目的

本条旨在解决非法人组织解散的法律要求的规定,即非法人组织的解散是否需要进行清算的问题。

自然人在法律上之地位因死亡而消灭,非法人组织的法律地位则因解散而消灭。与自然人不同,自然人一旦死亡,其民事权利能力即绝对终止,其民事权利义务即为继承人所继承;①而非法人组织既作为另一种民事主体,则与自然人、法人一样,享有民事权利能力和民事行为能力。其在解散时,涉及非法人组织原有法律关系的清算,在此过程中,非法人组织的民事权利能力有必

① 魏振瀛主编:《民法》,北京大学出版社2013年版,第99页。

要在一定范围内继续存在,以免损害相对人之合法利益。有学者认为,“非法人组织解散之后,其董事会、委员会、理事会应当及时对该组织的债权、债务进行清算。董事会、委员会、理事会未及时组织清算,由此给该组织的债权人造成损失的,董事会、委员会、理事会的成员应当承担连带清偿或赔偿责任,但有证据证明其极力主张组织清算但无效者除外”。[①] 因此本条规定非法人组织在解散之前,必须依法进行清算。

非法人组织解散涉及相对人利益,而在我国司法实务中,非法人组织未经清算即告解散的情况时有发生,导致利益相关人的利益遭受损害。例如,在宋某星与启东市气流纺纱厂、顾某等民间借贷纠纷一案中,[②]被告启东市气流纺纱厂因经营需要,于 2011 年 3 月 30 日向原告宋某星借款人民币 30,000 元。2012 年启东市气流纺纱厂倒闭,被告黄某斌、顾某未进行清算。后虽经原告宋某星多次催要,三被告仍未归还借款本息。本案经法院一审终审,判决被告顾某、黄某斌应对上述债务承担无限连带清偿责任。

针对以上实务问题,本条特别规定,非法人组织的解散,必须经过清算,以免非法人组织在清偿债务之前便将财产私分给各成员,造成利益相关人的损失。

(二)规范含义

非法人组织的清算,是指清理行将终止的非法人组织的财产,了结其作为当事人的法律关系,从而使非法人归于消灭的必经程序。

有关清算的程序、清算期间非法人组织可从事的活动以及清算后剩余财产的处理,依据本法第 108 条,可参照本法第三章第一节的第 70、71 与 72 条处理。故非法人组织清算期间续存,但不得从事与清算无关的活动。清算义务人未及时履行清算义务的,主管机关或者利害关系人可以申请人民法院指定有关人员组成清算组进行清算。在上述三条法人的一般规定中,亦存在准用性规定,以有关法律规定作为进行清算的依据。因此非法人组织的清算仍可

① 肖海军:《民法典编纂中非法人组织主体定位的技术进路》,载《法学》2016 年第 5 期。

② 江苏省启东市人民法院(2016)苏 0681 民初 1393 号民事判决书,载中国裁判文书网:http://wenshu.court.gov.cn/content/content?DocID=30d77bce-d40e-4dc1-aacf-9932fb4dbdd8,最后访问日期:2017 年 1 月 20 日。

依照前述《个人独资企业法》《合伙企业法》等法律规定进行处理。

（三）体系地位

本条文作为原则性规定，明确了非法人组织的解散必须经过清算，且没有例外规定。民法总则将民事法律主体划分为自然人、法人与非法人组织三大类。自然人有其出生与死亡，而法人亦有其成立、变更与终止，则作为民事法律主体的非法人组织，亦应有其完整的成立与解散的过程。本法第二章作出了自然人死亡与宣告死亡的规定，第 70 条则明确了法人的清算规定，故本条使本法中的三类主体都有了完整的成立与解散的规定。

三、其他问题

本条是否适用于法人的分支机构较为模糊。依据本法第 74 条之规定，法人的分支机构，无独立的法人地位，是法人组织体的一部分。在本法的三次修订中，一审稿将法人的分支机构纳入了非法人组织中，但二审稿便已将法人的分支机构排除在外，因此法人的分支机构亦不属于非法人组织。因此非法人组织一章关于非法人组织解散、清算的规定，不能对法人分支机构适用。但本法第 102 条并未对非法人组织予以穷尽列举，而前述章节中亦未体现出法人的分支机构不属于非法人组织，故易让人产生误解，误认为法人的分支机构属于非法人组织并适用规定。

第一百零八条 【非法人组织的参照适用规定】

非法人组织除适用本章规定外,参照适用本法第三章第一节的有关规定。

一、历史由来

本条规定了非法人组织可参照适用法人的一般规定。

《民法通则》将民事主体分为两类,分设自然人与法人两章。其中,个人合伙规定在"自然人"一章,将联营规定在"法人"一章。然而"个人合伙"与"联营"同属人合组织,因其为组织体,故区别于自然人,因其未取得法人资格,故区别于法人。[①] 但这同时也显示出非法人组织与法人之间存在相似与联系。另外,我国《企业法人登记管理条例施行细则》(2016 年)第 47 条亦有规定,经营单位终止经营活动,应当申请注销登记。注销登记程序和应当提交的文件、证件,参照企业法人注销登记的有关规定执行。故本条法律是对已有立法的承袭。

对于非法人组织的体例选择,国内外均有不同的学说。非法人组织在德国指无权利能力社团,规定在《德国民法典》第 54 条中,属于法人章之下。[②] 2002 年 12 月 23 日全国人大常委会法工委公布的《民法(草案)》,沿袭了《民法通则》的体例,将非法人组织分别纳入"自然人"或"法人"章中。另有学者建议我国民法典应该建构一个广义的"大法人"概念,使之囊括包括非法人组织在内的、自然人以外的所有民事主体。[③] 尽管学界对此观点众多,但其中均体现出非法人组织与法人之间的相似之处,故为简化条文,避免重复,本条规定可参照法人的有关规定。

---

① 参见梁慧星主编:《中国民法典草案建议稿附理由 · 总则编》,法律出版社 2013 年版,第 183 页。

② 《德国民法典》,杜景林、卢谌译,中国政法大学出版社 2014 年版,第 11 页。

③ 参见肖海军:《民法典编纂中非法人组织主体定位的技术进路》,载《法学》2016 年第 5 期。

在立法过程中，本条规定的内容仅因其他法条的增减而发生位置上的变化，由《民法总则(草案)》一审稿的第 98 条变更至二审稿的第 106 条，再变更至三审稿的第 107 条，最终规定于《民法总则》的第 108 条。其内容自一审稿以来并未发生变化。

二、规范目的与含义

对于本条，以解释论思维予以阐释，涉及如下要素。

(一)规范目的

本条旨在解决非法人组织法律适用上的问题。前文已述，非法人组织与法人之间存在相似之处。有学者认为，“应以不破坏民法典特别是民法典有关自然人、法人制度规范的逻辑体系为前提，凡自然人、法人制度有规定或有规则可适用的，应尽量不再在非法人组织章节中重复规定”。[①] 此乃出于简化条文、避免重复之目的而予以准用。

(二)规范含义

本条规定非法人组织适用的法律，除了本章的规定外，还可参照适用本稿有关法人的一般性规定。全国人大常委会法制委员会制定的《立法技术规范(一)》第 18 条指出：“‘参照’一般用于没有直接纳入法律调整范围，但是又属于该范围逻辑内涵自然延伸的事项。”

参照适用不是完全适用，这意味着，对本章已作出的规定，非法人组织应当适用。只有当本章中没有规定的内容，而非法人组织适用法人组织的一般规定较为适宜，且不破坏法律逻辑时，方可参照适用。

(三)体系地位

本条属于准用性规定，使相关章节不是简单的罗列，而是有逻辑的有机整体。同时，本条亦属于请求权基础，并据此条准用第三章的相关规定，如在清算义务人未及时履行清算义务时，利害关系人可以申请人民法院指定有关人员组成清算组进行清算，以保护自己的利益。[②]

① 参见肖海军：《民法典编纂中非法人组织主体定位的技术进路》，载《法学》2016 年第 5 期。

② 参见王泽鉴：《民法思维：请求权基础理论体系》，北京大学出版社 2009 年版，第 48 页。

中国社会科学院民法典工作项目组编著系列
总顾问　梁慧星　孙宪忠

民法总则评注

Commentary on General Principles of the Civil Code

（下册）

陈　甦　主　编
谢鸿飞　朱广新　副主编

法律出版社
LAW PRESS · CHINA

目　　录

下　　册

下　　册

第五章　民事权利

第一百零九条　【一般人格权】

自然人的人身自由、人格尊严受法律保护。

一、历史由来

《民法通则》第五章(民事权利)第四节(人身权)规定了具体的人身权利,该章节没有设一般人格权保护的独立条款,仅在第 101 条中规定:公民的人格尊严受法律保护。从法律体系上看,立法者的意思并不是在第 101 条中规定一般人格权,而是为了进一步强调对"名誉权"的保护。

《宪法》第 37 条规定,公民的人身自由不受侵犯;第 38 条规定,公民的人格尊严不受侵犯。

在学界建议稿中,"社科院稿"第 16 条第 1 款规定:"自然人的自由、安全和人格尊严受法律保护。""人民大学稿"第 292 条规定:"自然人的人格尊严、人格平等和人格自由受法律保护。""法学会稿"第 109 条以"人身利益"为标题规定:民事主体依法享有的人格利益受法律保护。

全国人大常委会法工委民法室 2015 年 8 月 28 日发布的"民法总则民法室室内稿"在第七章"民事权利"中没有关于一般人格权的相关条款。《民法总则(草案)》三个审议稿与《民法总则》关于一般人格权的规定,无论是体系安排上,还是具体内容上几乎没有变化,即都规定在“民事权利”章的首条。

二、规范目的和含义

(一)规范目的

《民法总则》第109条明确规定一般人格权受法律保护。一般人格权保护是现代私法体系的组成部分,是一项绝对权利。人格保护问题在现代社会受到越来越广泛的重视。人格被视为人的最高价值,人格利益被视为人的最高利益,人格之尊重为现代人权运动的目标和基本理念,以至于对人格的保护成为衡量一国民法先进与否的标志。① 一般人格权的伦理基础是,具体的人之所以为人,并作为实质上的人,必须有其固有的自身价值。对“人的存在”的这种理解,要求必须承认人对自身发展有自主决定的领域,在此基础上,也要求任何人都要尊重他人的人格空间。② 在现代法律体系中,一般人格权既是宪法权利,也是民法权利。《民法总则》通过一般人格权规范,使对人格的全面保护成为中国民法体系中的固有组成部分,赋予人格利益受私法保护的效果。

人格权的特点是边界不确定,很难从概念上对其进行一个具体的定义。人格权也是一个处于动态发展中的权力,是一个不断被“发现”的权利,人类社会越发展,法治国家越成熟,人们对于人格权的理解就越充分、丰富,人格权因此是一个永远开放,不能穷尽的观念与价值范畴。③ 现行法不可能通过只承认特定人格权的方式完成对人格权的有效保护,鉴于此,本法特别规定一般人格权属于民事权利范畴,人的尊严和自由是一切特定人格权保护最终追求的目标。

人的尊严和自由是一项基本人权,受宪法保护,比如我国《宪法》第37、38条规定了公民人身自由、人格尊严不受侵犯。再如《德国基本法》第1、2条同样规定,人格尊严和人格的自由发展是基本人权之一。尽管如此,宪法的基本人权规范的是国家与个人之间的关系,即国家不得侵犯个人的基本人权,而且有义务为个人实现基本人权提供有效保障。宪法并不能直接调整私人之间的关系,也没有设立“民事权利”。在我国,宪法不能在民事裁判中直接适用,我

① 梁慧星主编:《中国民法典草案建议附理由·总则编》,法律出版社2004年版,第29页。

② Vgl. Larenz/Wolf, Allgemeiner Teil des Buergerlichen Rechts. Muenchen 2004, § 2 Rn. 2 ff..

③ 邹海林:《再论人格权的民法表达》,载《比较法研究》2016年第4期。

们必须在民法中规定对人格权的保护，从而使宪法中人格尊严的规范通过民法适用得到落实。如果民法不对人格权作系统的规定，那人格权就只能停留在一个观念上，一种宪法上的宣示性条款，不可能成为一个实际的权利。① 因此，尽管宪法作为最高位阶法律已经规定人的尊严和自由不得侵犯，民法仍然有必要将其作为民事权利予以规范。将人格尊严转化为民法上的价值和民事权利，也意味着明确了国家的积极保护义务。②

（二）规范含义

鉴于一般人格权的特点——概念不确定性和范畴动态发展性，一般人格权法只能是一个框架法，其具体保护内容只能在具体情况中具体评价。触犯个人人格的行为是否能评价为具有违法性，进而引起人格权法的保护功能，需要考虑具体情况中的所有特殊因素，权衡法律上、特别是基本人权法上的矛盾利益，才能得出结论。

1. 权利主体

一般人格权保护的是个人对在私法交往中要求其人格和社会身份一致受到尊重，以及个人人格的成长（特别是对未成年人）和发展得到尊重的权利，其权利主体不限于“活着的”自然人。

（1）自然人

所有的自然人都享有一般人格权，或者说，一般人格权是自然人与生俱来、终生相伴的权利。

自然人从“出生”到“死亡”期间都是一般人格权的权利主体，而且除了“人”之外，人格权与其他任何因素都没有关联，如与行为能力无关，与自然人对人格是否有意识也无关。对于自然人，一般人格权保护的范围包括社会空间、个人空间和隐私空间。社会空间保护的是人在周边环境中的人格特性，以及在公共的、经济的和职业的影响关系中的人格特性。社会空间涉及的是与人格成长和发展联系密切的周边环境。个人空间保护的是物理空间上的特定生活领域，从一般的社会性视角看，这些生活空间在不经过相关自然人允许时

① 参见刘凯湘：《人格权立法中的争论与辨析》，载中国民商法律网：http://www.civillaw.com.cn/zt/t/?id=30240，最后访问日期：2017年3月9日。

② 参见王利明：《人格权法中的人格尊严价值及其实现》，载《清华法学》2013年第5期。

他人不得踏入。隐私空间保护的是自然人的内心思想、感情世界等。

在某些特殊情况下,死者的一般人格权也受保护。很显然,死者不可能享有所有的人格权,比如死者不能自主决定,不能自由表达。但是,社会或他人对人的评价可能在其死后被降低,此时死者享有的一般人格权保护,被称为"死后人格权"。死后人格权保护的是对死者的纪念,特别是人格形象,是和人的尊严有关的人格权,而不是和人的行为自由有关的人格权,①比如碾压尸体②或者破坏坟墓,③都构成侵犯死者的一般人格权。死后人格权的保护程度一般会随着死亡时间的推移而降低,并不一定要限于特定的时间。④ 人格权的经济利益在权利人死后仍然受保护。

在对胎儿利益保护比较充分的国家,胎儿的人格权也会受到保护,比如在提取胚胎细胞的情况下可能会涉及胎儿的尊严问题,⑤或者关于胎儿出身的不实传闻损害胎儿的人格。⑥ 德国联邦宪法法院在裁判中,承认胎儿有基本人权的权利能力。⑦ 胎儿的人格权表现比较明显的是生命权、健康权。根据《德国刑法》第218条和第219条,堕胎行为是受刑罚处罚的行为;堕胎在英美等其他国家也是犯罪行为。其他人同样不得侵犯胎儿的生命。胎儿也享有身体权和健康权,只不过损害赔偿请求权自完全出生且存活时才产生。⑧ 我国传统民法认为,胎儿是母体的一部分,出生前遭受侵害,不能作为民事主体享有相应的权利。法律对胎儿利益的保护有限,仅在《继承法》中规定,遗产分割时,应当保留胎儿的继承份额。为了加强对胎儿利益的保护,本法第16条明确规定了胎儿在继承遗产和接受赠与时的利益保护,但是以"胎儿娩出时是死体的"为条件。尽管本法第13条规定,自然人从出生时起到死亡时止,具有民事权

---

① Vgl. Fuchs/Pauker, Delikts-und Schadensersatzrecht. Springer Verlag 2012, S. 59.

② 中国裁判文书网(2014)大民一终字第447号。

③ 中国裁判文书网(2015)商民初字第632号。

④ Vgl. Palandt, Buergerliches Gesetzbuch. Muenchen 2015, § 823 Rn. 89.

⑤ Vgl. NJW 2002, 716.

⑥ Vgl. Larenz/Wolf, Allgemeiner Teil des Buergerlichen Rechts. Muenchen 2004, § 8 Rn. 45.

⑦ Vgl. BVerfGE 39, 1, 40.

⑧ Vgl. Palandt, Buergerliches Gesetzbuch. Muenchen 2015, § 823 Rn. 88.

利能力。但是并不妨碍特别规定对胎儿的权利进行保护。①

(2)法人和非法人组织

法人是否享有一般人格权,理论中存在争议。② 根据本法第 110 条第 2 款,法人和非法人组织享有特定人格权保护,享有名称权、名誉权、荣誉权,除此之外还应当享有信誉权等特定人格权。第 109 条没有规定法人和非法人组织是一般人格权的主体,强调的是“自然人”。本条款将一般人格权表达为“人身自由”和“人格尊严”,其中“人格尊严”属于自然人专有,法人不能享有。本条款中的另一个表达是“人身自由”,其含义包括身体的行动自由和一般行为自由。法人和团体享有一定的行为自由权,特别是经济上的行为自由权。人身自由和人格尊严只是一般人格权在民法总则中的表达方式,实际的意思是“通过人身自由和人格尊严表达的一般人格权受法律保护”。我国宪法领域有观点认为,人格尊严是人格权的基础,③据此,没有人格尊严就没有人格权。宪法保护的是基本人权,其权利主体限于自然人,法人等共同体不是基本人权的权利主体,将人格尊严解释为人格权之基础并无不可。民法以私人自治为中心,更重视行为自由,一般人格权确定的基础应当是行为自由,在解释过程中,必要时需要考虑人格尊严。④ 虽然本条的文本表达是“人身自由”,具体包括行动自由、行为自由、自主决定等。作为民事权利主体的法人和非法人组织有行为自由和决定自主等自由权利,它们的一般人格权就有了存在的基础。法人和非法人组织也有需要保护的商业秘密之外的“秘密”等,它们的“身份一致性”也可能被歪曲。⑤ 因此不能完全否定法人和非法人组织的一般人格权。法人和非法人组织享有的一般人格权的范围,受到它们的本质、符合章程的功能及社会价值影响的制约。⑥ 当然,对法人和非法人组织上述权利的保护

---

① 《德国民法典》第 1 条规定:“人的权利能力始于完全出生。”根据这个定义,胎儿并不具有权利能力,但是一系列特别规定都对胎儿的权利予以保护(参见 Palandt, Buergerliches Gesetzbuch. Muenchen 2015, § 1 Rn. 5 - 6)。

② 参见王利明:《人格权法研究》,中国人民大学出版社 2005 年版,第 164 ~ 164 页。

③ 转引自林来梵:《人的尊严与人格尊严》,载《浙江社会科学》2008 年第 3 期。

④ Vgl. Schmidt, Alpmann, Grundrechte. Muenster 2005, S. 100.

⑤ Vgl. Muenchener Kommentar/BGB Anhang zu § 12, Rn. 22.

⑥ Vgl. Palandt, Buergerliches Gesetzbuch. Muenchen 2015, § 823 Rn. 91.

并不涉及人的尊严,而是为了保护它们的存在和功能。即使法人的人格权受到侵犯,原则上也不能主张金钱赔偿,因为法人不享有人的尊严,而人格尊严是物质补偿的必要的基础。①

并不是任何"集体"都可以成为一般人格权的主体,比如家庭,对一个家庭形象的抨击侵犯的不是家庭的人格权,而是这个家庭中的每个成员的人格权。②

2. 权利表达

人格权在民法上的概念不确定,边界不清,其必要的特征无法准确概括,即使是抽象能力极强的德国法,也不能完成对人格权的抽象定义。一般人格权应当在民法典中怎样表达,各方的意见并不完全一致。"社科院稿"认为,一般人格权应当以"自由、安全和尊严"来表达;"人民大学稿"提出的表达示式是"尊严、平等、自由"。在德国法上,一般人格权是由《德国基本法》第 1 条和第 2 条派生的权利,其表达为"尊严(《德国基本法》第 1 条)和一般行为自由(《德国基本法》第 2 条第 1 款)",其中,自由是一般人格权具体化的主要基础,解释时可以引入尊严为判断依据。《民法总则》最终选择用"人身自由和人格尊严"表达一般人格权。

(1)人身自由

本项所称"人身自由"是一般人格权的表达方式,所指包括狭义的行动自由和一般行为自由。

第一,身体行动自由。狭义行动自由是指身体行动的自由,即不得违反相关人意志严重限制身体行动的自由,包括通过物理上的强制和强制威胁严重限制自由行动权和完全剥夺自由行动权。所谓剥夺行动自由的意思是,身体的行动自由非短时间地限制于狭小空间。至于时间的承受界限,要在具体情况中予以解释。限制自由是指不属于剥夺自由范围内的、短时间地约束身体的走动自由。

狭义的身体行动自由以违背被剥夺或者被限制自由人的意志为前提条

① Vgl. Muenchener Kommentar/BGB, Anhang zu § 12, Rn. 22.

② Vgl. Muenchener Kommentar/BGB, Anhang zu § 12, Rn. 20.

件，因此，如果对象无意识或者没有自由走动的意愿，则不能构成限制或剥夺自由。

身体行动自由只受法律的限制。比如，《治安处罚条例》第6条规定了行政拘留作为行政处罚；《刑事诉讼法》第80条规定了刑事拘留，第72条规定了监视居住；《民事诉讼法》在强制措施章节，也规定了拘留作为执行措施，第110条规定了司法拘留等。

第二，一般行为自由。关于一般行为自由保护的范围，各个理论提出了不同的界定标准。核心领域理论（Kernbereichtheorie）提出，只有那些为了发展精神人格必须的领域，才受一般行为自由的保护，依该理论，一般行为自由显然不利于对一般人格的保护。一般人格权的立法目的在于保护不能受特定人格权保护的人格领域，通常认为，不被特定人格权所规范的所有的行为和生活领域都受一般行为自由保护。① 一般行为自由同时包括精神活动自由，比如自主决定的自由。

（2）人格尊严

对于人格尊严的定义，我国民法学者少见地明确表态。我国宪法学界比较有影响力的观点认为，从道德上讲，人格尊严是指人的自尊心和自爱心，就是指作为一个正直、品质端正的人，都有他的自尊心和自爱心，不允许别人侮辱和诽谤。② 德国联邦宪法法院在早前的裁判中认为，在定义人格尊严时应当尽可能广泛地保障人格的发展。在社会共同体中，人有其社会价值，可以要求被尊重，一旦人沦为单纯的客体，其尊严便会受到侵犯。③ 晚近时期，德国联邦宪法法院放弃了“客体说”，转而采具体情况具体判断的做法，如果一个行为在具体情况中导致人的主体性质受到质疑，或者导致个人任意地不受尊重，④则存在侵犯人的尊严的行为。

3. 权利保护范围

人格权的概念模糊性以及人格权具体内容的发展变化性，使我们很难通

① Vgl. BVerfGE 6,32; NJW 1989,2528; JuS 1999,1139.

② 参见林来梵：《人的尊严与人格尊严》，载《浙江社会科学》2008年第3期。

③ Vgl. BVerfGE 5,85; 6,32.

④ Vgl. BVerfGE 30,1,25 ff.; DVBl 2004,557,559.

过立法的方式确定一般人格权的保护范围,甚至不能使一般人格权以统一的、具有涵摄能力的方式进行表达。一般人格权的要件不确定,内容的充实很大程度上依靠道德上的条件。[①] 基于这种情况,德国司法裁判和理论通过归纳判例,不完全地总结了一般人格权的保护范围,对这些具体的情况予以归类,[②]为法律的适用提供基础保障。以下分类所包括的范围会有部分重叠,它只是试图展示人们对一般人格权的理解及法律保护的现状。对于一般人格权的类型化,根据不同的标准会有不同的结果。

(1)侵犯私人空间

个人人格自由发展的基础条件之一,是他/她可以处分自己的生活空间。个人可以信赖,他人不能通过自力获悉这个私人空间内的事务。私人空间是为了保护生活领域不被公开,保护的内容广泛,主要表现是指个人和其共同生活者的物理上的空间(住宅等),以保障个人生活的安宁。人的行为方式以及物理的私人空间以外的其他事务,只要这样的事务被评价为不得从外部窥探,比如性生活、疾病的相关资料、日记的内容等,就可以认定为受私人空间保护。具体哪些事务可以归属为私人空间领域,需要具体评价。

(2)侵犯个人的公共表达

个人有权利决定,把他自己的"人"置于私人空间内,而不是置于公共视野中。在这个权利下,个人有权利自己决定哪些涉及人格的事务对外公布。该权利又被称为自主决定权,个人原则上可以自己决定,怎样通过公开有关人格的信息对第三人或者公众展示自己。

(3)侵犯身份一致

人是具有独立品质的个体,区别于他人。人格权保护人在社会中的身份一致性,即所传播的事实不得与个人的实际形象不符,与是否贬低名誉无关。换言之,传播不真实的事实,如果贬低个人社会评价、有损人格尊严的,同时也

---

① Vgl. Fuchs/Pauker, Delikts-und Schadensersatzrecht. Springer Verlag, 2012, S. 42.

② 一般人格的类型化依据分类标准的差异会出现不同的分类结果,比如李岩将一般人格权分为以下类型:对"生命周期仪式"破坏的行为、欺诈性抚养行为、严重侮辱他人行为、非法剥夺人身自由的行为、侵犯他人信用的行为。参见李岩:《一般人格权的类型化分析》,载《法学》2014年第4期。

属于侵犯个人的公共表达。如果不存在有损公众形象,则侵犯身份一致。构成侵犯身份一致性的情形,还包括技术合成或处理照片等。

(4)侵犯人格的经济利益——人格权的“两极”保护

现代民法中的一般人格权在保护人格的精神利益之外,还保护人格的财产性利益。

从人格权的肇始看,一般人格权的主要特点是它的非物质性。一般人格权是以康德为代表的唯心主义哲学的成果,人格权的目的是保护人的最高的、不可触犯的、不可转让的法益。随着科技以及多媒体的发展,现代民法所保护的一般人格权不再局限于对非物质利益的保护,也包括保护一般人格权的财产法上的利益。[①] 人的“标志”在商品社会中具有利用价值,是现代媒体市场发展的结果,人格特征的这种经济上的可利用性受法律保护。财产属性最明显的人格权是姓名权、肖像权,另外还包括人的声音等。人的声音作为声音上的身份标志也可以用于商业目的,从而使声音承载的一般人格权具有财产性利益。[②] 人的“生活史”同样是具有财产利益的人格权。[③] 人的特别的动作、典型的行为方式、笔迹等都有具经济价值。[④]

(5)死后人格权的保护

自然人死亡后某些特定的人格权仍然需要保护,包括精神人格权和财产人格权。

人格权的精神利益部分在权利人死后仍然可以受到保护。死后的一般人格权成立的基础仅有人格尊严,因为权利主体死后不需要人格的自由发展,也谈不上行为自由。死后的人格权保护针对的是降低人格评价的行为,如死后尸体被碾压,[⑤]死后人的形象被他人歪曲、身份被扭曲、一些敏感的个人状况被公布等,或者他人为了自己的利益将死者作为可处分的客体对待。死者的继

---

① 关于人格权的财产法性质, Vgl. Goetting, Horst-Peter, Persoenlichkeitsrechte als Vermoegensrechte. Tuebingen 1995。

② Vgl. Goetting, Horst-Peter, Persoenlichkeitsrechte als Vermoegensrechte. Tuebingen 1995. S. 134 ff..

③ Vgl. Muencher Kommentar/BGB, Anhang zu § 12 Rn. 3.

④ Vgl. Muencher Kommentar/BGB, Anhang zu § 12 Rn. 30.

⑤ 参见中国裁判文书网(2014)大民一终字第447号。

承人或者其他亲属虽然可以基于侵害死者的精神性人格权提出权利保护,但是他们并不是精神性死后人格权的真正权利人,只是感知权利人。因此德国司法认为,其请求权仅限于停止侵害或者消除影响,不能主张金钱的损害赔偿。[①] 我国司法裁判则肯定了感知权利人的精神损害赔偿。[②] 当然,对于精神利益的死后保护,应当有时间上的限制。

一般人格权的财产利益在权利人死后产生的财产性利益由继承人继承,典型的包括姓名权、肖像权等人格权的财产利益。[③] 继承人是人格权财产利益组成部分的权利人,这一点与上面的感知权利人不同。当第三人不经过允许使用死者的人格权财产利益时,继承人可以基于自己的权利主张停止侵害、消除影响,也可以主张对拟制许可费的可得利益予以赔偿。但是,对于这种可以继承的财产权性利益,不应当允许无限期地延续下去,一般应通过法律予以限制。比如德国《艺术著作权法》第 22 条规定,被临摹者(被成像者)的肖像权延续至本人死后 10 年,在这 10 年中肖像权的财产利益由继承人取得。当然,一般人格权在权利人死后的时间限制仅约束其财产性利益部分,不约束非物质利益的组成部分。承认一般人格权包括财产利益并不会排挤其精神利益方面的保护。一般人格权的财产利益组成部分除了可以继承,还可以进行转让。

4. 权利保护方式

一般人格权受到侵害时,权利主体可以有以下请求权:

(1)损害赔偿

损害赔偿包括物质损失赔偿和精神损失赔偿。

一般人格权受到侵害,可能引起物质方面的损害。比如,一般人格权的财产利益遭到侵害一起权利人财产收益减少,或者权利人为了对抗或防御侵害采取措施引起物质性损害,抑或权利人因为对外形象评价降低被解雇而引起的收入损失等。

---

① Vgl. BGH NJW 1974,1371;NJW 2006,606 ff..

② 在(2014)大民一终字第 447 号案中,碾压尸体构成了对死者人格权的侵犯,侵犯了死者的人格尊严,给死者的家属造成精神上的痛苦,要求其赔偿精神损害抚慰金,符合法律要求。(2016)桂 08 民终 1156 号案同样判决侵犯死后人格权的侵权人赔偿精神损害赔偿。相同结果的裁判还有很多,比如:(2014)蓬民初字第 2602 号;(2014)太民一初字第 00731 号等。

③ Vgl. Muenchener Kommentar/ BGB, § 823,Rn. 243,245.

侵害他人人格权财产利益，如不经过允许利用他人肖像、姓名，虽然没有给对方造成损失，也应当赔偿被侵害人或者继承人的可得特许费。计算方法根据无形财产法的相关规定。

一般人格权主要在于保护人的尊严和人格自由发展，满足特定条件时，权利人可以主张精神损害赔偿。

（2）停止侵害

如果对人格权的侵害尚未发生，权利人得知后，可以要求行为人不作出侵害行为，比如要求行为人不传播涉及人格权的信息、言论等。如果侵害人格权的行为仍然在继续，权利人可以要求停止侵害行为。

（3）消除影响、恢复名誉、赔礼道歉

这三种请求权是一般人格权权利主体的常用权利。权利人要求行为人采用适当的方式消除侵害行为带来的不利影响，使其名誉得以恢复；赔礼道歉，是权利人要求行为人通过口头、书面或者其他的方式，向受害人进行道歉。

（4）对抗描述请求权

对抗描述是为了保障权利人在现代媒体中的“武器对等权”。人格权遭受来自于他人借助现代媒体的行为的侵犯时，被侵犯人可以要求在媒体上进行对抗表达。对抗描述请求权被德国、瑞士等国家采用，但需要严格的程序及实体条件。

权利人的损害赔偿请求权以行为人的过错为成立要件；停止侵害、消除影响、恢复名誉、赔礼道歉等，不以行为人的过错为条件。

5. 利益衡量

无论是宪法上的人格尊严和自由，还是为了表达一般人格权的人身自由和人格尊严，都并非不受限制。即一般人格权的保护有一定限制，并不是所有的触犯他人人格的行为都足以引起民法上的权利保护。

他人在作出侵犯人格权的行为的同时，一般也是在行使自己的基本权利，此时存在权利冲突问题。比如，传播他人隐私的同时也涉及行为人的言论自由、表达自由，公布他人的照片同时涉及行为人的出版权等。德国侵权法认为，并不是任何侵犯人格权的行为都表明它的违法性，因此人格权被称为“框架法”，其含义为，因为侵犯人格权行为存在这种权利冲突，需要对侵害人和被害人两方面的利益进行全面的权衡,确定人格权是否应当得到保护。权衡两方面利益时,主要考虑的因素包括:(1)受害人方面:侵害的严重性,具体涉及哪个人格权领域,产生的后果,侵害行为的诱因、动机,受害人自己的行为等。(2)侵害人方面:侵害的手段和目的,方式和时间长短,涉及的侵害人方面的基本人权,其他具体合法化原因等。

三、其他问题

(一)关于人格权是否独立成编的论争

自《中共中央关于全面推进依法治国若干重大问题的决定》①提出“编纂民法典”后,学界争议的最大问题之一,就是如何安排“人格权”在中国民法典体系中的位置,该问题一时成为中国民法学的前沿问题。在民法典编纂工作的参与单位中,“法学会稿”提出“人格权”在民法典中应当独立成编。在该理念的支持下,民法典的编纂应当分三步走,第一步制定民法总则,第二步制定人格权法,第三步编纂民法典。“社科院稿”否定了人格权在民法典中独立成编的理念,提出在民法总则部分规定人格权的保护已足。鉴于此,中国民法典编纂工作分两步走:第一步制定民法总则,第二步编纂民法典,亦即在民法典中不应设立独立的人格权编。

就人格权在民法典中的体系位置问题,各专家学者在立法过程中展开了激烈的论战,并就各自观点进行了详细的论证。

支持人格权独立成编者主要鉴于以下原因:(1)有助于完善人格权法的体系,加强对人格权的保护力度,凸显民法所张扬的尊重人格的时代精神;(2)人格权独立成编可以完善民法典本身固有的体系,人格权应当在民事权利体系中占有重要位置,人格权只有独立成编才可以与财产法协调;(3)侵权法的保护不足以解释人格权的可支配性等规则。②

梁慧星首先旗帜鲜明地反对人格权独立成编,但是他强调,反对人格权独立成编并不否认人格权保护的重要性。人格权不宜独立成编是由人格权本身

① 2014 年 10 月 23 日中国共产党第十八届中共委员会第四次全体会议通过。

② 参见王利明:《人格权法研究》,中国人民大学出版社 2005 年版,第 114 ~ 115 页。

的特点决定的，总结而言：(1)人格权与人格相终始，不可须臾分离，人格不消灭，人格权不消灭。[①] (2)人格权是存在于主体自身的权利，不是存在于人与人之间的关系上的权利。只在人格权受侵害时，才涉及与他人的关系，但这种关系属于侵权责任关系。鉴于此，民法典中不能设置“人格权编”，与物权编、债权编、亲属编、继承编并立。(3)人格权不能依权利人的意思、行为而取得或处分，不适用总则编关于法律行为、代理、时效和期日期间的规定。如人格权单独设编而与物权、债权、亲属、继承编并列，不仅割裂了人格权与人格的本质联系，混淆了人格权与其他民事权利的区别，而且还会破坏民法典内部的逻辑关系。[②]

关于人格权不宜在民法典中独立成编的理由，并不限于上述梁慧星提出的几个原因。人格权作为诸多利益和权利的混合体，人们无法从中抽象出能够反映人格权本质且又能准确表达人格权边界的概念，因此人格权一开始就成为一个模糊的、内容不确定的概念。[③] 确定性的缺失导致立法者很难对人格权划定一个准确的边界，没有准确的概念，法典所规范的事项得以形成制度和体系的基础就不存在。人格权是一项不断发展的权利，在范围上具有持续的扩张性，它是人类社会进步，人类期望实现自身存在价值的产物。随着社会的发展和人类对自由的不断渴望，彰显人类尊严和自由的具体人格权利也将不断扩张。[④] 人格权独立成编与人格权固有本质不符，因为人格权独立成编将限制人格权的在民法中的保护范围。既然人格权的范畴不断扩容，那么用简单的概括性规范表达就更能适应这种流动性。除此之外，从人格权规范的行为规范属性上看，人格权规范缺乏类似于物权规范、债权规范那样的可操作性规定。从中国法学会提出的“人格权法专家建议稿”的内容上看，大部分规定属于确认性规范，即确认权利主体享有哪些具体的人格权，其真正价值是对人格权的宣示，宣示性规范置于总则部分更为恰当，[⑤]否则将导致以宣示为主的

---

① 梁慧星因此认为，人格权应当在规定在民法总则的自然人一章。

② 以上内容摘自梁慧星于 2015 年 10 月 15 日在四川大学法学院的讲座录音整理稿。

③ 参见邹海林：《再论人格权的民法表达》，载《比较法研究》2016 年第 4 期。

④ 参见尹田：《人格权独立成编的再批评》，载《比较法研究》2015 年第 6 期。

⑤ 参见窦海阳：《人格权保护的规范属性及表达方式》，载中国法学网：http://www.iolaw.org.cn/showArticle.aspx? id = 5096，最后访问日期：2017 年 3 月 1 日。

“人格权法”与具体可操作的债权规范、物权规范在体系上的不和谐。鉴于诸多方面的原因,包括但不限于上述原因,人格权无论是在《法国民法典》《德国民法典》等经典的成文民法典中,还是在新近立法的民法典中,比如《越南民法典》,都呈现出一种碎片化的表达。①

十二届全国人大四次会议新闻发言人傅莹在2016年3月4日谈到民法典编纂时提出:民法典编纂从做法上来讲分两步走:第一步是制定民法总则,第二步是全面整合民事法律。② 学界的争议至此告一段落。

(二)比较法上的立法体例

从比较法的视角看,对民法典对人格权保护的立法分为以下几种模式:

以《德国民法典》为代表的不单独设立人格权保护规范、在侵权责任法中规范人格权保护的立法例。《德国民法典》对人格权的保护没有特别构建法律条款,而是与其他权利或者法益一同规定在第823条。除了侵权法中的保护规范,《德国民法典》在总则部分将“姓名权/名称权”规定为特定人格权。

以《法国民法典》和《荷兰民法典》为代表的民法典,在总则部分或者人法部分规定人格权受保护。1994年修订的《法国民法典》在“人法”中的“民事权利”部分,规定了一系列的受保护的人格权。

以《瑞士民法典》和《意大利民法典》为代表的民法典,在总则部分规定人格权作为民事权利或者权利客体,同时在侵权部分规定侵害他人人格权的侵权责任的立法体例。

在目前可知的民法体系中,在民法典中单独设立人格权编的,仅有《乌克兰民法典》。

① 参见邹海林:《再论人格权的民法表达》,载《比较法研究》2016年第4期。

② 参见中国人大网:http://www.npc.gov.cn/npc/xinwen/2016-03/04/content_1968310.htm,最后访问日期:2017年3月3日。

第一百一十条 【具体人格权】

自然人享有生命权、身体权、健康权、姓名权、肖像权、名誉权、荣誉权、隐私权、婚姻自主权等权利。

法人、非法人组织享有名称权、名誉权、荣誉权等权利。

一、历史由来

《民法通则》在第五章(民事权利)第四节以"人身权"为标题用八个条款对"人身权"作了系统的规范。从第98条到第105条分别规定了以下"人身权":生命健康权;姓名权、名称权;肖像权;名誉权;荣誉权;婚姻自主权;婚姻、家庭、老人、母亲、儿童和残疾人合法权利;民事权利男女平等。

根据《侵权责任法》第2条第2款,生命权、健康权、姓名权、名誉权、荣誉权、肖像权、隐私权、婚姻自主权受保护。

"社科院稿"第18条至第26条规定了具体人格权。"人民大学稿"在第二编(人格权编)第2章至第6章,对特定人格权进行了规范。

全国人大常委会法工委民法室2015年8月28日起草的"民法总则民法室室内稿"没有规定人格权的保护。之后公开征求意见的《民法总则(草案)》三个审议稿与《民法总则》关于特定人格权的规定,在体系和内容上没有变化。

二、规范目的与含义

(一)第1款

本条第1款以列举的方式规定了自然人享有的九种特定人格权,借此加强对自然人最重要、最普遍的特定人格权的保护。

1.生命权

(1)规范目的

生命是自然人最根本的利益,是人之所以为人,并进而成为法律主体之根基。[①] 我国《宪法》虽然没有明确规定"人有生命权",但是对公民的基本人权予以明确规范,而生命是基本人权存在的基础,可见生命权当然受宪法保护。《民法通则》第98条、《侵权责任法》第2条规定了对生命权的保护。生命与尊严相同,在人的所有的基本权利中有最高价值。

生命权是自然人人格权中最为重要的权利之一,本条款将生命权置于特定人格权之首。

(2)规范含义

生命是身体的存在。自然人从出生到死亡之间的生命必然受法律保护。生命权应当受到绝对保护:人的生命受到保护,不考虑具体个人的生命能力、生命预期、生命利益,与权利主体的年龄、社会价值等无关,所谓"没有无价值之生命"。

胎儿(胚胎)受法律保护(《民法总则》第16条)。"胎儿"是一个医学上的概念,德国学界认为,在采取试管受胎的情况下,胚胎在植入母体之前不是法律上保护的生命。[②] 现代医学研究表明胚胎最晚在受胎14天后开始具有生命,即这个时间点是医学上生命开始的时间,德国联邦宪法法院认为,自这个时间起,"人"享有基本法中的基本人权。[③] 根据一些国家的刑法,随意终止妊娠是犯罪行为。我国刑法没有承认堕胎为犯罪行为,一方面原因是因为现有的生育政策,另一方面是为了保护父母的优生优育选择权。我国明确保护胎儿生命权的是《禁止非医学需要的胎儿性别鉴定和选择性别人工终止妊娠的规定》,其中第3条规定:"禁止非医学需要的胎儿性别鉴定和选择性别的人工终止妊娠。未经卫生行政部门或计划生育行政部门批准,任何机构和个人不得开展胎儿性别鉴定和人工终止妊娠手术。"该规定的颁布,使胎儿的生命权

---

① 参见梁慧星主编:《中国民法典草案建议附理由·总则编》,法律出版社2004年版,第32页。

② Muenchener Kommentar/BGB, § 823 Rn. 129.

③ BVerfGE 39,1,36 f..

在我国受到一定程度的保护。我国刑法学界无论是立法还是理论，都不支持胎儿的生命权，因为刑法关系的是侵犯胎儿生命是否入罪的问题，我国目前的家庭政策和社会伦理认识都不会将其入罪。民法承认胎儿生命权，旨在保护胎儿的生命受到平等主体的尊重，他人不得任意侵犯胎儿的生命。

对生命权的保护终止于“死亡”。“死亡”是一个需要借助医学科学界定的概念，随着现代医学技术的发展以及器官移植的需求，死亡的时间点认定也在发生变化。目前的通说认为，人的死亡以“脑死亡”的时间点为标准，这里的脑死亡是指脑功能的全部消灭。

生命作为法律保护的最高价值不具有处分性，作为权利主体的“人”不能处分自己的生命。任何人都没有放弃生命的权利，法律不保护所谓的“自杀权”，生命权人同意不能成为剥夺他人生命的合法事由。

生命权中的另一个问题是，患绝症或者在出现其他的生命异常痛苦的情况下，本人是否可以“要求”死亡，即法律是否应当保护人的“安乐死”的权利。在此类情况中要区分“积极安乐死”“间接安乐死”和“消极安乐死”。在国际范围内，有观点提出，在本人要求的情况下应当允许有条件地适用安乐死。这种观点在某些国家已经得到支持，比如荷兰、比利时等。我国目前并不允许积极安乐死合法化，人格权中的生命权不保护“人”积极主动地缩短生命的权利。间接安乐死是在指在人的死亡“进程”中，注射减轻痛苦或者降低意识的药物，但并不会缩短生命。间接安乐死并不是“反”生命的行为，而是在生命正在消灭的过程中继续服务于生命。①消极安乐死是指，在生命无法救治的情况下，放弃采取最后的救治措施，任人遵循死亡的自然过程死去，而不是“不惜一些代价”延长生命。比如，当没有生存希望的人表示出不想延长生命时，在他生命的最后昏迷阶段就不再采取药物或者器械暂时性地延长其生命。德国法学中认为，基本法保障的生命权包括人的自然死亡的权利，这也是人格尊严的要求，亦即，有尊严地死亡的权利与基本人权相符。② 作为人格权的生命权也应当保护死亡的尊严。因此，人的生命权应当保护间接安乐死和消极安乐死的

① Vgl. Wessels/Hettinger, Strafrecht Besonderer Teil/I. Heidelberg 2005, Rn. 32.

② Vgl. Wessels/Hettinger, Strafrecht Besonderer Teil/I. Heidelberg 2005, Rn. 35.

权利。在生命正在消灭的最后过程中,本人的要求不在痛苦中死去的权利,以及不得违背本人的意志采取延长生命的措施的权利受生命权的保护。

《刑法》规定死刑为合法刑罚,死刑的适用剥夺人的生命权,无论是在程序上还是在实体上都必须严格限制。

2. 健康权

(1)规范目的

《德国民法典》第823条将健康权规定为侵权法保护的法益。1946年《世界卫生组织章程》规定了人有健康权,之后健康权作为一项与生俱来的、绝对的基本人权,被写入国际和区域性人权公约与文件、国内宪法中,成为国际社会与许多国家致力于保护的基本权利之一。[①] 身体、健康和自由是一般人格的核心,根据《民法通则》第98条,公民享有健康权;根据《侵权责任法》第2条,侵害他人健康权应当承担侵权责任。《民法总则》同样将健康权作为特定人格权予以规范,不仅可以强调个人不得侵犯他人的健康,也可以促进国家通过作为或者不作为来保障个人的健康权。

(2)规范含义

健康权旨在保障生命运行的内部功能,与身体某一部分的完整性和器官的完整性没有必然联系。世界卫生组织将健康定义为“体格、精神和社会福利的完满状态,不仅仅是无疾病或非体弱”。健康实际是一个相对的概念,是否健康应当借助医学诊断确定。[②] 健康区分为身体健康、心理健康和精神健康。心理健康和精神健康对人格的全面健康发展至关重要,特别是现代社会,复杂的人际交往、高压的生活方式更容易引起心理疾病。健康权保护的是人体的生理机能正常运作和功能的正常发挥,很多情况下,心理疾病或精神疾病会引起身体组织机能的不正常运转,比如抑郁症患者会长期失眠。

健康权在很多情况下与身体权关联在一起,也存在不以身体的完整性受伤害为基础的体细胞受到伤害的独立的健康权受伤害的情况,比如中毒。健康遭受伤害不以是否产生疼痛或者心理状态受到深层次的改变为标准,比如

① 杜承铭、谢敏贤:《论健康权的宪法权利属性及实现》,载《河北法学》2007年第1期。

② 参见王利明:《人格权法研究》,中国人民大学出版社2005年版,第370页;Muenchener Kommentar/BGB § 823 Rn. 135.

亲人死亡引起的惊吓,噪声引起的精神伤害都可能损害健康,前提条件是干扰程度超过平均可以容忍的边界。精神痛苦如果只是一种暂时的消极情绪时,一般不应认定为健康权受到妨碍。

发生病毒传染时,有的情况下并没有引起相应的疾病,比如艾滋病毒传染,虽然将病毒传染给他人,但很多情况下并没有直接发展成为艾滋病;乙肝病毒传染等同样如此,但这时也存在损害健康行为。

健康权中的另一个问题是,惊吓损害是否可以认定为侵害健康。惊吓损害是指听到他人遭遇不幸消息或者看到他人遭遇不幸后,造成的心理损害。比如在德国联邦法院裁判的一个案件中,原告因为听到丈夫在交通事故中去世受到惊吓,她起诉肇事者要求对她的健康损害予以赔偿。① 不同的人对惊吓反映大不相同,可能是害怕、伤心、长时间的情绪低落,也可能是心脏病等。判断是否存在健康损害有两个依据:一个隐私惊吓是否达到疾病的阈值,另一个因素是遭遇不幸者与受惊吓者之间的亲密关系。比如,一个偶遇车祸现场的人,即使受到的惊吓超过疾病阈值,也不能认为肇事者侵害了他的健康。

3. 身体权

(1)规范目的

德国法学家 Hubmann 形象地描述道,人格权所保护的人格利益的一部分与躯干紧密关联。② 身体权保护的是人格的存在范围及确定范围,人格权需要在身体的感知状态中得以实现,因此将身体权作为特别人格权予以规定。

(2)规范含义

身体权要求身体的完整性和正常感知状态受到保护,任何人都不得通过作为或者不作为使他人身体的一般功能出现严重不正常的情况。③ 身体权体现的是人的身体组织的完整性,其具体保护的是身体器官和组织构造本身的完整性,以及身体器官的安全。④ 身体权与健康权关系紧密,但是两者并不相同,一般认为,身体权保护的是身体的外在完整性,但是可以从身体的内部伤

① Vgl. BGHZ 56,163.

② Vgl. Hubmann,Heinrich,Das Persoenlichkeitsrecht. Koeln 1967,S. 133.

③ Vgl. Palandt,Buergerliche Gesetzbuch. Muenchen 2015, § 823 Rn. 4.

④ 参见杨立新:《论公民的身体权及其民法保护》,载《法律科学》1994 年第 6 期。

害身体。健康权保护的是生命的内在运行正常且不受妨碍。对身体的外部完整性的伤害,在某些情况下可能引起生命的内在运行受到妨碍,这时身体权和健康权同时遭到伤害。也有孤立的侵犯身体的情况,比如手指割破,打耳光等。在实践中,区别两者意义不大。侵犯身体权不以被侵犯人有疼痛感为条件,如割须断发。

在身体权领域提出的一个问题是,身体器官或组织与身体分离后,是否享有人格权。我国学界观点一致认为,与身体分离的器官是"物"。[①] 在德国司法裁判和理论中,则区别对待自体移植和向他人捐献的情况。人体的部分组织与人体分离后,如果按照本人的意思之后还应当重新移植到本人人体上,即自体移植的情况,分离的器官仍然是身体的部分,受身体权保护。比如某人因为身体原因将自己的精子冷冻,目的是将来自己使用,医院因为过失将其损毁,德国联邦法院便认为侵犯的是身体权。[②] 此外,身体的器官或者组织与身体分离后,要移植给他人,或者用于科学研究等其他用途,虽然分离后的组织或者器官在分离期间已经成为民法上的"物",在某些情况下仍然有一般人格权,不得任意处理。[③] 需要注意,在此类情况中,分离的部分或者物质不再属于"身体",不受身体权保护。

身体权保护的是身体的完整性不受侵犯,通常是从外部侵害身体的完整性,也有可能从内部开始侵害身体完整性,比如将强酸灌入体内,对身体的侵蚀在内部进行。

4. 姓名权

(1)规范目的

自然人的姓名是个人区别于他人的用文字组成的语言上的标记,是人的

---

① 梁慧星主持的《中国民法典草案建议稿》第94条第3款规定:"自然人的器官、血液、骨髓、组织、精子、卵子等,以不违背公共秩序与善良风俗为限,可以成为民事权利的客体";王利明主持的《中国民法典草案建议稿》第128条第2款规定:"自然人的器官、血液、骨髓、组织、精子、卵子等,以不违背公共秩序与善良风俗为限,可以作为物。"持相同观点的还有其他学者,比如杨立新:《脱离人体的器官或组织的法律属性及其支配规则》,载《中国法学》2006年第1期。

② BGH NJW 1994,127.

③ Vgl. Muenchener Kommentar/BGB, § 823 Rn. 132,鉴于此,将分离的身体器官或其他组织用作他用时,应当取得器官或者组织所属的人的同意。

独特性的表现,其功能是有利于识别个人。姓名还有形成家庭秩序的功能,现代社会中姓名的这种功能越来越弱。作为社会中的人在与他人交往时,应当与他人区别开,因此将姓名规定为特定人格权。姓名权提供的保护被称为“两极”保护,既保护姓名持有人的精神利益,也保护财产利益,特别是公众人物的姓名,有很高的经济价值。正是由于这种双重利益属性,姓名权在教义学上很难严格定性,究竟其是无形财产权(如专利权、商标权)还是人格权。自然人的姓名权以保护自然人的人格权为主。

(2)规范含义

从定义上看,姓名应当由语言文字组成,但是应当作广义解释,不仅指身份证上记载的姓名,还包括曾用名、笔名、艺名、“字”、“号”;但是童年的乳名和曾用名是否受姓名权保护,学界有争议。[①] 学术头衔,职场称呼或者学历(博士学位)不受姓名权保护。姓名是绝对权利,当它涉及保护姓名持有人的私人空间时,就属于人格权。

根据《民法通则》第 99 条,自然人的姓名权包括姓名决定权、姓名使用权和姓名变更权。自然人自出生或者被收养时起,获得姓名权保护。[②]

自然人必须拥有自己的姓名,这不仅是权利,同时也应当是义务。根据《户口登记条例》第 7 条,婴儿出生后一个月以内,由户主、亲属、抚养人或者邻居向婴儿常住地户口登记机关申报出生登记。该条虽然没有明确规定同时登记姓名,但是根据该法第 4 条,户口登记簿和户口簿登记的事项,具有证明公民身份的效力,因此必须同时登记姓名。自然人此时因为行为能力的缺失,姓名决定权由其监护人行使。姓名的选择不能违反法律,《婚姻法》第 22 条规定,子女可以随父姓,也可以随母姓。在实践中也会出现将父姓和母姓组合起来的情况,因此“姓”从本质上看具有强制性。姓名不能违反公序良俗,也要符合习惯,比如不能用数字作为名。

自然人在进行各种社会活动时,使用自己姓名的权利受保护。他人不得

① 参见梁慧星主编:《中国民法典草案建议附理由书 · 总则编》,法律出版社 2004 年版,第 36 页;王利明:《人格权法研究》,中国人民大学出版社 2005 年版,第 407 页。

② 夫妻婚后是否有权持对方的“姓”,在我国,目前被忽略,从传统和国外的实际情况看,结婚应当设立持对方的“姓”的权利。

限制或者干涉自然人使用姓名,也不得盗用、冒用他人姓名。自然人的姓名长期被他人念错,存在《德国民法典》第12条意义上的姓名否定的情况;另一个常见的侵害姓名权的行为是,未经允许使用自然人姓名,造成身份归属上的混淆。在某些正式场合,为了保证身份一致性,自然人的姓名使用权受到限制,只能使用登记的正式姓名,不能使用艺名、笔名等非正式姓名。姓名可以产生财产利益,特别是公众人物的姓名往往有很高的经济价值。任何组织或个人未经许可,不得非法使用他人姓名的经济价值。

自然人变更姓名的权利应当得到保障。变更姓名包括监护人变更被监护人的姓名,也包括成年人变更自己的姓名。根据《户口登记条例》第18条的规定,公民变更姓名,依照下列规定办理:(1)未满十八周岁的人需要变更姓名的时候,由本人或者父母、收养人向户口登记机关申请变更登记;(2)十八周岁以上的人需要变更姓名的时候,由本人向户口登记机关申请变更登记。变更姓名应当按照法定程序,为了保证姓名连续性,变更姓名需要充分理由,不允许任意变更。

自然人的姓名具有人格属性,不得放弃,不得完全转让,亦即自然人不可以没有姓名。自然人可以允许他人使用自己的姓名,即设立姓名的特许权。姓名权的经济性利益可以继承。

5. 肖像权

(1)规范目的

肖像权是与人的躯干联系最密切的人格权,肖像作为人的外在形象与人不可分离。肖像权保护的是人对自己的外观形象的全面控制权,即人有权自己决定是否以及通过何种方式通过图像对外展示自己。

(2)规范含义

肖像是指通过绘画、摄影、雕刻、录像、电影等艺术手段,在物质载体上再现某一自然人的相貌综合特征。肖像必须具有可识别性,一般通过面部特征识别,但是不限于此,其他的外在形象特征也可以满足肖像的可识别性。读者通过肖像的配文可以识别肖像人,对可识别性已足。

自然人肖像权具体表现为肖像制作权、肖像使用权。自然人有权利自己决定是否制作肖像,以及以怎样的形式呈现自己的肖像。肖像制作是肖像权的基础,自然人的形象制作成肖像后,才能传播和展示。他人不经过允许制作自然人的肖像则会侵害自然人的人格权。制作的肖像丑化、歪曲自然人外在形象的,也侵害其人格权,比如名誉权、身份一致性等。肖像制作后,自然人的肖像使用权主要包括向外界传播肖像和展示肖像。肖像权是典型的既有精神利益又有财产利益的人格权,自然人使用肖像的目的可能是为了实现精神上的利益,也可能是为了实现财产上的利益。肖像权的上述内容要求,他人制作、传播、展示自然人的肖像需要经过肖像权人的同意。同意可以明确授予,也可以默示授予,但是必须明确、没有歧义,并且受特定目的约束。

肖像权具有财产性利益,可以用于商业目的,肖像权人死后产生的财产性利益转移给其继承人。这种可以继承的财产权性利益不应当允许无限期地延续下去,一般通过法律限制延续的时间。比如德国《艺术著作权法》第22条规定,被临摹者(被成像者)的肖像权延续至本人死后10年,在这10年中肖像权的财产利益由继承人取得。

肖像权的行使受到的限制比其他人格权受到的限制更明显。比如,人们对公众人物的形象展示利益的要求优先于公众人物的肖像权。为了新闻报道、舆论监督、公共利益等原因,可以限制自然人的肖像权,他人可以不经同意制作、传播、展示自然人的肖像,即为了所谓的时代史利益。

6. 名誉权

(1)规范目的

在很大程度上,自然人人格的发展是在人与周边社会环境中进行的。在社会关系网中,人格发展的可能性依赖于,自然人给社会或者给其他人留下怎样的印象,他拥有怎样的价值评价。法律应当有效保护自然人的人格在社会公开领域不受贬损性表达和歪曲性表达的侵犯。鉴于此,《民法总则》将名誉权规定为特定人格权。名誉权保护个人的社会承认度不被降低,或者社会评价不受贬损,维护自然人在社会交往中的尊严。名誉权是自然人最重要的人格权之一,其重要性随着社会进步、人的主体意识加强而不断增强。

(2)规范含义

名誉是一个抽象的概念,很难具体准确地定义。一般认为名誉是社会对自然人的综合评价,这种评价以人格尊严以及人的道德的、社会的行为为基础。名誉权不保护个人主观方面的名誉感,人的内在主观感受不能受法律保护,因为主观好恶与个人的价值观、道德标准密切关联,对于同一件事,不同的人产生的主观感受可能有天壤之别。

作为民法人格权的名誉权保护的范围广泛,《欧洲人权公约》第8条规定,自然人好的名声也受保护。侵害名誉权的行为主要是声明或传播不真实的、有损自然人社会评价的事实,以此引起他人对该自然人的轻视。通过语言、文字、行为等表示出对自然人的蔑视或无视,同样侵害名誉权,比如向他人竖中指;或者声称他人做了某些品质上客观应当受指责的行为,比如声称他人作出应当受刑罚处罚的行为或者道德上受谴责的行为。

名誉权对自然人名誉进行全面、广泛的保护,但是,不可能期待人把自己的言论置于天平上,时刻注意自己的言语不触犯他人名誉。这种要求实际触犯了另一方自然人的言语权,言语自由同样是受宪法保护的基本人权。名誉权在保护自然人的人格权的同时,也给自然人留有“自由冒犯空间”。该自由空间保障个人与自己信赖的人或者与自己关系密切的人可以表达贬低他人的言语,不必担心受到惩罚。“自由冒犯空间”限于特定的信赖或者关系密切人之间,比如夫妻间、家庭内部、朋友之间等。但是自然人在“自由冒犯空间”内的贬低他人的言词,不能是不真实的诽谤言词。

7. 荣誉权

(1)规范目的

本法将荣誉权规定为特别人格权予以保护。荣誉权是否属于人格权,一直存在争议。绝对反对观点提出,名誉权既非人格权也非身份权。① 也有观点认为,“荣誉权”只不过是我国在继受国外法律制度过程中出现的误解。② 折中观点认为,荣誉权是身份权。③ 肯定的观点认为,荣誉权是特殊的人格权,获得荣誉也获得良好的社会评价,甚至可以说,荣誉是特殊形式的名誉。④ 本条款将荣誉权与其他的特定人格权一并规定,从体系上看荣誉权应当具有人格权属性。

---

① 姚明斌:《褪去民法权利的外衣——荣誉权三思》,载《中国政法大学学报》2009年第6期。

② 满洪杰:《荣誉权,一个巴别塔式的谬误?》,载《法律科学》2012年第4期。

③ 王歌雅:《荣誉权的价值阐释与规则思考》,载《环球法律评论》2013年第3期。

④ 参见王利明:《人格权法研究》,中国人民大学出版社2005年版,第490页。

(2)规范含义

荣誉是国家、社会通过特定机关或组织给予公民的一种特殊的美名和称号,①是对特定对象的肯定的评价。荣誉权是指获得荣誉的主体保持、支配荣誉的权利。从荣誉权的定义看,荣誉在人格方面的体现是名誉,《现代汉语词典》将荣誉定义为“光荣的名誉”。② 荣誉的获得,不仅可以使民事主体增加荣誉感、道德感、尊严感、幸福感,而且可以增加民事主体的身份价值和名誉价值。③ 荣誉是对人的积极的社会评价,包含道德、尊严等方面的因素,荣誉也必然有人格方面的因素。

法律应当从多个方面保护人的荣誉权。首先,基于人格的平等性,任何人都有获得荣誉的权利,法律保护人获得荣誉的权利平等性。这种平等性是指在满足授予荣誉权的条件时,不得剥夺特定的人或者群体获得荣誉的机会,即自然人(和法人、非法人组织)有获得荣誉的权利。④ 荣誉权应当获得他人的尊重,《民法通则》第102条规定,禁止非法剥夺公民、法人的荣誉称号。授予的荣誉权受法律保护,权利人享有保持自己的荣誉称号不受非法剥夺的权利。⑤ 剥夺荣誉本身就降低了荣誉权人的社会评价,因此不得任意剥夺已经授予的荣誉。剥夺荣誉要经过有充分的理由,要依法定程序,也要保证被剥夺人的权利,比如要听取被剥夺人的意见等。荣誉权保护权利人对荣誉的支配权,主要表现为占有和利用,比如用某演员获得的各种国内、国际奖项为自己的新作品做宣传。荣誉权人可以在授予荣誉之前放弃荣誉权,但是已经获得的荣誉不能被抛弃。荣誉以及荣誉权主要表达的是精神利益,因此不能转让。荣誉权产生的经济利益也受保护。

本条第2款没有特别规定法人的荣誉权,法人和非法人组织也是荣誉权的主体,可以获得荣誉,利用获得的荣誉为自己宣传等。

---

① 《中华人民共和国民法通则(案例注释版)》,中国法制出版社2014年版,第115页[案例号:(2001)晋民三终字第29号]。

② 中国社会科学院语言研究所:《现代汉语词典》,商务印书馆2005年版,第1154页。

③ 王歌雅:《荣誉权的价值阐释与规则思考》,载《环球法律评论》2013年第3期。

④ 参见《中华人民共和国民法通则(案例注释版)》,中国法制出版社2014年版,第116页

⑤ 《中华人民共和国民法通则(案例注释版)》,中国法制出版社2014年版,第115页[案例号:(2001)晋民三终字第29号]。

8. 隐私权

(1)规范目的

无论是人的尊严还是人格的自由发展,都要求自然人享有一定的私人空间,在这个私人空间内只有自然人个人,其他任何人都被排除在外。自然人的这个专属的私人空间就是隐私空间。《民法通则》没有明确规定对隐私权的保护。《执行民法通则意见》第140条和《关于审理名誉权案件若干问题的解答》认为,未经他人同意,擅自公布他人的隐私材料或以书面、口头形式宣扬他人隐私、致他人名誉受到损害的,应当认定为侵害他人名誉权。隐私权在这里被归属于名誉权予以保护。事实上,并非所有的隐私都涉及名誉。

现代社会,个人面临来自于各个方面的压力,对公开个人事务变得敏感,对个人专属空间的要求日益提高,另外,科学技术的发展使个人私人空间的信息更容易被他人获取。因此,隐私权已经在世界范围内得到广泛承认,成为人格权法保护的当然领域。概括起来,保护隐私权的目的包括维护个人人格尊严;维护个人生活的安全感,建立和谐社会和良好的人际关系;维护社会公共秩序和社会公德等。

(2)规范含义

对于隐私,各方尝试从不同的视角对其定义,但是至今尚无统一的定义,隐私实际是一个不能清楚划定边界的概念。隐私权保护所保护的是个人生活的安宁,个人的私人空间不受他人窥探,借此个人可以在自由的空间内完整地发展人格。隐私权涵盖的范围十分广泛,至少包括如下内容:

个人住宅的安宁不受侵犯。住宅安宁保护的是,个人自由决定谁允许逗留在属于他的受保护的空间的权利,比如住宅,因为住宅是家庭生活和个人实现、发展自我的场所。他人不得违反权利人的意思踏入,也不得非法逗留在受保护的空间内。

自然人的不向公众公开的语言表达不受侵犯。简单的偷听别人说话不属于侵犯隐私权,一旦不经同意通过现代技术手段对个人私人范围内的语言进行录音,则可能侵犯个人隐私。侵犯隐私权还包括窃听他人电话等行为。言语不受侵犯保护的是个人可以本能地、自由地、不受约束地、不猜忌地谈话的权利。[1]

自然人的私人生活状况不受侵犯。侵犯私生活的行为多样，包括偷拍或者偷录个人私生活，偷窥以及观察个人的私生活。私生活是指在非公开场合的生活状态、生活方式等，比如在家里，或者其他不随意对他人开放的封闭空间。这里的偷窥、观察是指并非偶然的、短暂的视觉上的追踪。行为人是满足自己的偷窥欲，比如偷看女性洗澡，还是仅仅基于好奇，比如观察邻居每天的活动，对判断是否存在侵犯隐私行为并不重要。

自然人的秘密不受侵犯。所谓秘密是指仅在有限的范围公开的事实，并且个人有保守秘密的利益。该领域包括个人信件不受侵犯，这里的信件包括传统的信件，也包括 E-mail，还包括其他文书等，不得违法私拆他人信件。个人的其他秘密也受保护，某些从事特定职业的人有沉默义务，不公开他人秘密，比如医生、律师等，不能任意公开病人或者委托人属于隐私范围内的秘密。日记或者与日记类似的札记一般也受隐私权保护，日记一般涉及的是个人经历、情感、感受、希望等，属于个人不希望他人知道的事实。

不得向个人强加信息或者强加联系。该领域保护的是个人接受信息和联系的意愿。投递广告等行为属于商品经济的一种营销手段，对于个人人格而言一般是中立的，只要不强迫个人认识广告的内容，就不能认为私人生活空间受到干扰。一旦个人明确表达了不愿意接受此类信息的意思，比如在信箱上或者门上贴拒绝投递广告、谢绝推销的标示，投递广告或者推销行为就侵犯个人的人格权。[2] 电话推销同样如此，并非每个人都反对电话营销，在个人没有表示出反对的情况下，电话推销一般不构成侵犯私人空间，除非电话推销被滥用，超过一般的容忍边界。这里可能涉及对个人电话号码的保护问题。同样的，对于垃圾邮件是否构成侵犯人格权，也不能一概而论。

另外，偷拍他人照片、偷录他人也属于侵犯隐私的行为，受损害的人也受肖像权的特别保护。隐私如果构成个人信息，则受本法第 110 条的特别保护。

---

① Muenchener Kommentar/BGB Anhang zu § 12 Rn. 90.

② Muenchener Kommentar/BGB Anhang zu § 12 Rn. 105.

个人身体[①]和携带的手提包等不受任意搜查,同样属于隐私权保护的范围。

9. 婚姻自主权

(1)规范目的

婚姻自主权并非自古有之,是社会进步以及人格独立的必然结果。相比西方国家,我国对婚姻自主权承认的较晚。新中国成立以来,不断强化对婚姻自主权的法律保护。《婚姻法》第2条规定了婚姻自由;第3条规定禁止包办、买卖婚姻和其他干涉婚姻自由的行为;第5条规定结婚必须男女双方完全自愿,不许任何一方对他方加以强迫或任何第三者加以干涉。《宪法》第49条第3款规定,禁止破坏婚姻自由。《民法通则》第103条规定,公民享有婚姻自主权,禁止买卖、包办婚姻和其他干涉婚姻自由的行为。根据《侵权责任法》第2条,侵害婚姻自主权应当承担侵权责任。

关于婚姻自主权的性质理论中一直存在争议。自由权说提出,婚姻自主权是自由权,婚姻自主权即婚姻自由权。[②] 自由权属于人格权的范畴,自由权说实际上承认了婚姻自由权的人格权属性。但有不同观点认为,婚姻自主权是基本的身份权。[③] 人格权说认为,婚姻自主是自然人本身固有的、与权利人密不可分的利益,是特定人格权。[④]

本条款将婚姻自主权界定为特定人格权,保障自然人的结婚和离婚的自主决定权不受干涉。

(2)规范含义

我国目前不承认同性婚姻或者生活伴侣关系。婚姻被定义为男女之间为了建立长期的生活共同体的结合,在国家的协助下以自由决定为基础建立。婚姻自主权保证个人在自己的婚姻决定中处于主体的地位。婚姻自主权包括

① 不同观点认为,对于搜身,受身体权保护,保护的是身体的形式完整。参见杨立新:《论公民身体权及其民法保护》,载《法律科学》1994年第6期。

② 参见杨大文、王世贤:《婚姻自主权检讨》,载《河北大学学报》(哲学社会科学版)2006年第1期。

③ 参见杨大文、王世贤:《婚姻自主权检讨》,载《河北大学学报》(哲学社会科学版)2006年第1期。

④ 参见杨大文、王世贤:《婚姻自主权检讨》,载《河北大学学报》(哲学社会科学版)2006年第1期。

结婚自主权和离婚自主权两个方面。

结婚自主权是指在不违反法律规定的情况下，自然人应当自己决定是否结婚、什么时间结婚、和谁结婚。但是在我国社会实际生活中，特别是在经济或者文化落后区域，买卖婚姻、包办婚姻、骗婚或者通过其他方式干涉婚姻的情况时有发生。结婚自主权旨在保护自然人作出的结婚意思表示没有瑕疵，比如结婚意思表示是自主决定作出的，在作出结婚意思表示时，当事人的意思没有受到欺诈或者胁迫。结婚自主权包括再婚、复婚的权利，比如子女不得干涉父母再婚等。结婚自主权受到法律的一定限制，因为婚姻不仅仅涉及个人，还是维持和发展一个民族的基础，所以法律对结婚年龄、结婚对象等予以限制，比如《婚姻法》第7条规定，直系血亲和三代以内的旁系血亲禁止结婚；患有医学上认为不应当结婚的疾病，婚前尚未治愈的，禁止结婚。

离婚自主权同样保护自然人解除婚姻的自主决定权，任何他人不得阻挠或者干涉。《婚姻法》第31条规定，男女双方自愿离婚的，准予离婚。离婚自主同样受到一定限制，因为家庭的存续通常涉及子女的健康成长，个人的感情发展、特殊群体的保护等，还可能涉及社会的稳定。根据婚姻法，一方提出离婚时，法院要先调解；婚姻法对现役军人、孕期和哺乳期女性予以特别保护。

（二）第2款

本条第2款规定了法人与非法人组织享有的三种特定人格权。

1. 名称权

（1）规范目的

作为人格权的主体法人和非法人组织，首先享有名称权。名称是法人和非法人组织在社会活动中用以确定和代表自身并区别他人的文字符号或标志。从定义上看，名称的主要功能是区别名称持有人与其他主体，表明主体的身份，使名称持有主体与其他主体能够区分开。鉴于此，一切能够使持有主体在其影响范围内，或者在特定的行为中能够个体化的文字、标志、符号等都受名称权保护。

（2）规范含义

从本款文本上看，名称权的主体是本法第三章及第四章规定的法人或者非法人组织，实际不限于此，其他非民事权利主体的团体也可以享有名称权。名称权对名称持有人提供的是两级保护：一级是财产利益，另一级是精神利益。从精神利益方面看,关于名称权性质,到底是人格权还是无形财产权利,很难对其进行准确的界定,与自然人的姓名权不同,法人和非法人组织的名称权更倾向于无形财产权。

名称权自该名称第一次在交易中使用起获得保护,前提条件是该名称有区别力。换言之,名称能够使持有该名称的法人或非法人组织具有个体化的特征。没有区别力的名称,从在交际中取得效果后受保护,亦即,在名称持有者参与的社会活动范围内,交际能将名称与它的持有者对号入座。法人或非法人组织的名称权随着法人或非法人组织的终止而消灭。

名称权保护的内容包括名称的取得、变更、使用、许可他人使用、转让等。法人和非法人组织有权设立和变更名称,在我国企业名称设立和变更权受到《企业名称登记管理规定》和《企业名称登记管理规定实施办法》的限制。包括对名称内容、表达方式方面的限制,变更名称也需要严格按照法定程序。法人和非法人组织对名称有使用权。名称持有者可以自己在法律允许的范围内使用名称。名称权具有财产利益属性,名称持有者可以转让名称,也可以许可他人使用名称,即设立特许权,包括一般性特许权或者排他性特许权。对于包含业务性质的名称,一般认为名称的转让具有附属性,即必须随经营的业务转让。①

2. 名誉权和荣誉权

法人和非法人组织的名誉是维持其良好的社会形象的条件,他们的名誉权保护的是法人的社会评价不被任意降低,法人的信誉权也应当受保护,禁止基于不正当竞争等不法原因侵犯法人的名誉和信誉。

对法人和非法人组织的荣誉权保护与自然人的荣誉权保护相似(见上文自然人荣誉权)。

三、其他问题

(一)与名誉权相近的人格权

1. 信誉权

与名誉权相区别的是信誉权,本法没有将信誉权作为单独的特定人格权

① Vgl. Muenchener Kommentar/BGB, § 12 Rn. 82.

予以规定。信誉权保护的是他人对自然人（和法人）履行能力的信赖，同时保护自然人（和法人、非法人团体）经济上的价值评价。信誉权也被称为“交易名誉”。[①] 侵犯信誉权的行为包括声明或者传播不真实的事实、不完整的事实等，导致自然人（或者法人、非法人团体）经济上的评价降低。

2. 侵犯身份同一性

声明或者传播的不真实事件即使不包含贬损自然人、法人和非法人团体的社会评价的因素，也属于侵犯人格权的行为。因为此时，自然人、法人和非法人团体的社会同一性受到侵犯。微小的不真实性不构成对社会同一性的侵犯，比如经常发生在新闻报道中的不足以影响自然人本质的微小错误不构成侵犯人格权。[②]

（二）错误生命与错误出生

1. 娩出前侵害

产前侵害（或者称娩出前侵害）是指损害健康、身体的原因发生在出生前，导致婴儿出生时就不健康或者身体有缺陷。比如，母亲因感染梅毒不能怀孕，但是医院孕前检查失误没有诊断出，最后母亲怀孕生下携带梅毒的婴儿；医院过错，未检查出胎儿患有兔唇等缺陷或其他疾病；医院的其他过错，如用错药物或者引产失败，导致胎儿患上严重疾病或者身体受到损害等情况。侵害胎儿身体或健康的行为也可能是医院以外的第三人引起的，比如在因第三人过错发生交通事故时，胎儿也受到伤害，导致娩出时即是残疾。出生后的婴儿可以主张自己的损害赔偿请求权，因为娩出前的胎儿和出生后的婴儿有同一“本质”。在我国，其父母也可以主张自己的损害赔偿请求权，因为在目前的家庭政策下，父母的优生优育权利受到侵害。[③] 从比较法的视角看，德国的侵权法并没有保护父母的损害赔偿请求权，胎儿娩出后可以主张损害赔偿。尽管早期学界有人提出，根据《德国民法典》第 1 条，人的权利能力始于出生，但是德

---

① Vgl. Palandt, Buergerliches Gesetzbuch. Muenchen 2015, § 824 Rn. 1.

② Vgl. Muenchener Kommentar/BGB, Anhang zu § 12 Rn. 85 – 86。

③ 中国裁判文书网（2016）陕 01 民终 726 号、（2015）保中民一终字第 253 号、（2015）渝一中法民终字第 02769 号等裁判。

国联邦法院认为,第 1 条只是规定了人承担权利义务的时间点。[①]

2. 妨碍家庭计划

与上述情况不同的是,父母根本没有怀孕生子的意愿,由于医院的错误,比如采取避孕措施或绝育手术时出现失误,导致母亲怀孕。在堕胎不受禁止的情况下,母亲怀孕堕胎是对人格尊严以及身体、健康的损害,母亲可以主张损害赔偿,也可以根据合同关系主张赔偿。在禁止或限制堕胎的国家,一般母亲必须生下原本不在计划内的婴儿。德国联邦法院从违约责任方面,承认母亲的抚养费赔偿请求权。从一般人格权的视角,损害赔偿也成立,因为家庭计划也属于一般人格权的范畴;同时也侵犯了身体权,不仅是孕妇的躯体,违背女性意愿的怀孕还侵犯了女性的身体自决权。[②]

(三)利益衡量

侵犯特定人格权时同样涉及两个权利的冲突,必须全面衡量两方面的利益(参见第 109 条评注)。

---

① 德国法区别两种情况,一种情况是在受孕前父亲或者母亲有疾病,不适合怀孕;另一种情况是在孕期医生没有检查出胎儿不健康。在第一种情况中,尽管从教义学的定义上看,不存在侵害胎儿健康的行为,因为从来就不存在健康的胎儿,但是德国联邦法院仍然肯定了存在损害健康行为,出生后的婴儿有自己的损害赔偿请求权。在第二种情况中,联邦法院否定婴儿有损害赔偿请求权,因为损害赔偿的原因不能是"他的存在",但是在合同责任的范围内承认父母的抚养费赔偿请求权;联邦法院的观点遭到学界的批评,因为这样的话,在父母去世的情况下婴儿的权益将无法得到保障,因此德国学界普遍肯定婴儿应当有自己的损害赔偿请求权。

② Vgl. Muenchener Kommentar § 823,Rn. 151. 尽管各方对"孩子是否是损失"这一问题没有共识,但是德国联邦法院认为,对"错误出生"的孩子的抚养负担是一种财产上的损失,这种观点可以追溯至德国帝国法院(RGZ 108,86,87ff.)。

第一百一十一条 【个人信息保护】

自然人的个人信息受法律保护。任何组织和个人需要获取他人个人信息的，应当依法取得并确保信息安全，不得非法收集、使用、加工、传输他人个人信息，不得非法买卖、提供或者公开他人个人信息。

一、历史由来

本条属于新增规定。对个人信息的保护，传统民法主要通过保护个人隐私、设置隐私权的方式进行。2002 年 12 月《民法(草案)》第一编(总则)第 90 条规定中明确了自然人享有隐私权。“社科院稿”坚持传统民法的通过隐私权保护个人信息的做法，并未对个人信息保护作出单独的规定。其第 24 条规定：“自然人享有隐私权。禁止窃取、窃听、偷录、偷拍他人隐私。未经本人同意，不得披露或者利用他人私生活秘密，或者实施其他损害他人隐私的行为。但在为保护他人权利或者公共利益所必要的限度内，由法律规定可以披露或者利用他人隐私的，依照其规定。”①

但是，从严格意义上讲，“个人信息”是一个较为宽泛的概念，其中包括了涉及隐私或者涉及私生活的信息。而受到计算机和网络技术的影响，资讯发达、信息共享及虚拟网络空间生活等，使包括隐私在内的个人信息安全成为高度敏感的议题；与此伴生的，是与个人信息相关的人格利益受损现象日益严重。为此，在法学理论界和司法实务界，除了用“隐私”之外，与人格利益相关的自由、自决和自治等内容模糊、外延宽泛的概念，也被用来描述个人数据、数据处理或者个人信息数字化问题，并成为一种不确定性的法律救济途径。事实上，虽然涉及私生活的信息也是一种隐私，但个人信息的范围要大得多，通

---

① 梁慧星主编：《中国民法典草案建议稿附理由 · 总则编》，法律出版社 2013 年版，第 62 页。

过隐私权的保护,并不能完成对个人信息的完整保护。

为此,《民法总则》起草之初,人们想到了通过新增设知识产权的客体类型,相应地增加一类知识产权权利类型即“数据信息权”,加强对数据信息的保护。在《民法总则(草案)》(一审稿)中,第108条是关于知识产权的条款,其第2款第8项增设了“数据信息”这一客体,与著作权、专利权、商标权等权利所对应的客体(如作品、专利、商标等),并行列举。这种设计,旨在透过人格属性明确的隐私权和具有知识产权属性的“数据信息权”,达到保护个人信息的目的。

然而,“数据信息”能够成为一类知识产权的客体吗?相应地,“数据信息权”是一种独立的知识产权类型吗?数据库的保护、信息网络传播权等是基于传统著作权的延伸,注重的是数字化及其传播行为的保护与限制,虽有人格利益存在,但更侧重保护其财产性权利。这一点,与个人信息保护侧重于人格性质的权利有所不同。因此,《民法总则(草案)》二审稿、三审稿单设一条,规定了个人信息保护:“自然人的个人信息受法律保护。任何组织和个人不得非法收集、利用、加工、传输个人信息,不得非法提供、公开或者出售个人信息。”同时,对于知识产权属性尚不确定的“数据信息”也设专门条文,进行了授权立法规定:“法律对数据、网络虚拟财产的保护有规定的,依照其规定。”自此,《民法总则》开启了对个人信息专门保护模式的设计。事实上,这一模式,也是诸多学者建议所采取的一种模式。

“人民大学稿”设立了“私人信息”“个人资料收集”和“个人资料保护”三个条款,对个人信息加以保护。该建议稿第二编“人格权”设第五章第二节“隐私权”,其中第363条规定关于“私人信息”的,有四款规定。

第363条(私人信息)规定:

“自然人的私人信息受法律保护。

未经本人同意,禁止非法窥视、窃听、刺探、窃取、偷录、偷拍、披露他人的私人信息。但法律另有规定的除外。

私人信息可以向特定的人披露,并准许特定人利用,或向社会公众公开,视为放弃私人信息。

私人信息的公开和利用不得违反公序良俗。”①

关于“个人资料收集”，设专门条文（第369条），分三款规定。

第369条（个人资料收集）规定：

“禁止非法收集、储存、转让、传播和公开他人的个人资料。

收集、储存、披露、或超出收集目的而使用涉及自然人隐私的个人资料，须征得其本人的同意，若本人死亡或丧失民事行为能力，则必须得到其亲属同意，但法律另有规定的除外。

个人资料指自然人的姓名、性别、年龄、民族、婚姻、家庭、教育、职业、住址、健康、病历、个人经历、社会活动等足以识别该人的资料。”②

关于“个人资料保护”，设专门条文（第370条），分三款规定：

“个人资料的收集必须基于与收集者本身职能有关的合法目的，以合法、公平的方法实施，并保证所收集资料的真实性。

收集者应当采取合理的措施告知当事人：其是否有义务提供资料；收集该资料的目的；该资料可能转移和披露的范围；其查阅、修改资料的权利。

被收集人享有查阅、修改、更新其个人资料的权利，法律另有规定或者当事人特别约定的除外。”③

“人民大学稿”更加注重人格权，设立了人格权专编。不过，这三个条文都纳入了“隐私权”的范畴。拟定者认为，在范围上，隐私包括私人信息、私人活动和私人空间。其中，私人信息，也称为个人情报资料、个人资讯，包括所有的个人情况、资料。但事实上，对“私人活动”或者“私人空间”的刺探、了解和掌握等行为，也属于第369条“个人资料收集”的范围（特别是该条第四款所定义的“社会活动”部分），应该作为“私人信息”予以保护。不过，结合这一建议稿的立法理由，我们发现，拟定者在相同意义上使用了“私人信息”和“个人信息”的概念，并认为隐私权人对于个人信息享有支配权。而且，这种隐私权人

① 王利明主编：《中国民法典学者建议稿及立法理由·人格权编、婚姻家庭编、继承编》，法律出版社2005年版，第151页。

② 王利明主编：《中国民法典学者建议稿及立法理由·人格权编、婚姻家庭编、继承编》，法律出版社2005年版，第158页。

③ 王利明主编：《中国民法典学者建议稿及立法理由·人格权编、婚姻家庭编、继承编》，法律出版社2005年版，第160页。

的支配权被定义为:自然人对于自己的隐私有权按照自己的意愿进行支配,主要内容包括:一是公开部分隐私;二是准许对个人活动和个人领域进行察知;三是准许他人利用自己的隐私。① 从传统意义上讲,这种支配权的核心在于自然人对个人信息的不公开、不愿意为他人所知悉。但王利明主持这一建议稿,转而开始强调了对个人信息可利用性之掌控。

事实上,对于网络环境下个人信息的保护,我国已经有了相关立法。《关于加强网络信息保护的决定》(2012 年 12 月 28 日)对于能够识别公民个人身份和涉及公民个人隐私的电子信息如何收集、使用、传输和提供等,进行了专门规定。在司法实践中,《最高人民法院关于审理利用信息网络侵害人身权益民事纠纷案件适用法律若干问题的规定》(2014 年)第 12 条第 1 款规定:"网络用户或者网络服务提供者利用网络公开自然人基因信息、病历资料、健康检查资料、犯罪记录、家庭住址、私人活动等个人隐私和其他个人信息,造成他人损害,被侵权人请求其承担侵权责任的,人民法院应予支持。"不过,因为对权利主体享有个人信息的权利属性认识不一,司法实践中法院的做法也各不相同。有的法院认为个人信息权益属于隐私权,有的法院认为属于名誉权,有的法院则直接表述为个人信息权。

《网络安全法》(2017 年 6 月 1 日起施行)将《关于加强网络信息保护的决定》中涉及个人网络信息保护的内容,基本上纳入了该法的规范体系。《网络安全法》是《关于加强网络信息保护的决定》的具体化和规范化。《关于加强网络信息保护的决定》第 4 条规定了网络服务提供者及其他掌握个人信息主体的"确保信息安全"的责任,条文内容为:"网络服务提供者和其他企业事业单位应当采取技术措施和其他必要措施,确保信息安全,防止在业务活动中收集的公民个人电子信息泄露、毁损、丢失。在发生或者可能发生信息泄露、毁损、丢失的情况时,应当立即采取补救措施。"《网络安全法》第 42 条第 2 款规定承袭此条规定:"网络运营者应当采取技术措施和其他必要措施,确保其收集的个人信息安全,防止信息泄露、毁损、丢失。在发生或者可能发生个人信

① 参见王利明主编:《中国民法典学者建议稿及立法理由 · 人格权编、婚姻家庭编、继承编》,法律出版社 2005 年版,第 151 ~ 152 页。

息泄露、毁损、丢失的情况时，应当立即采取补救措施，按照规定及时告知用户并向有关主管部门报告。”2017 年 2 月 16 日，全国人大常委会法律委员会在《民法总则(草案)》提交给全国人民代表大会第五次全体会议最后审议前时，在原来三审稿基础上，增加了“任何组织和个人应当确保依法取得的个人信息安全”的规定，更加强调了在依法获取个人信息之后的民事主体所具有的积极义务，即确保个人信息的安全。此间尚作如此修改，可谓用心良苦也。由此形成的《民法总则(草案)》第 110 条规定：“自然人的个人信息受法律保护。任何组织和个人应当确保依法取得的个人信息安全，不得非法收集、使用、加工、传输个人信息，不得非法买卖、提供或者公开个人信息。”

在第十二届全国人民代表大会第五次全体会议审议中，本条顺序号被调整为第 111 条，基本内容没有什么实质性变化，但具体文字进行了调整，使表述更为精确。本条规定：“自然人的个人信息受法律保护。任何组织和个人需要获取他人个人信息的，应当依法取得并确保信息安全，不得非法收集、使用、加工、传输他人个人信息，不得非法买卖、提供或者公开他人个人信息。”

二、规范目的与含义

(一)规范目的

本条规定个人信息的保护。一方面，在隐私权之外，确立自然人对其个人信息享有的民事权利，一定程度上明确了“个人信息权”，透过权利设计保护个人信息的安全及其不可侵犯的特征；另一方面，因应信息社会之需求，定分止争，促进数据的自由流通和利用，即可以依法取得他人个人信息，但同时负有确保他人个人信息安全的义务。本条文虽然没有直接规定自然人享有“个人信息权”，但对自然人而言，本条既是其具有民事权利的宣示性规定，也是确权性规定。同时，本条规定实则赋予了相关机关或者组织进行特别立法或者规定的权力，又是一种授权性的规范。法律如何保护个人信息、如何确保依法取得的个人信息之安全以及如何“依法取得”而不是“非法”之收集、使用、加工、传输、买卖、提供或者公开等，都有待下一步的立法配套与司法适用。

随着互联网、智能手机、传感器等新科技的不断普及与发展，越来越多的个人数据被采集和存储下来，个人信息日渐数字化、网络化和透明化。在大数据时代,数据的价值更多的源自其二次利用。当这些数据被技术整合后,大数据能够把人的行为进行放大分析,并逐渐还原个人生活全貌,使个人隐私无所遁形。大数据的应用,在一定程度上使个人信息泄露现象更加严重。例如,2013年2月中国人寿保险股份有限公司80万名客户信息泄露事件,引起轩然大波。经调查,由于该公司合作网站存在漏洞,导致保险客户信息泄露,泄露的信息包括险种、手机号、身份证号、密码等,造成了严重的后果和不良影响。另外,由于大数据技术突飞猛进及其广泛应用,个人信息也逐渐与公共利益或者国家利益关联起来,保护个人信息已成为一种广泛的社会需要,并面临更为严峻的形势。

(二)规范含义

《民法总则》第111条并未直截了当地提出"个人信息权",也没有界定"个人信息"的范围。《网络安全法》第七章(附则)界定了该法背景下的"个人信息"的含义。《网络安全法》第76条规定:"个人信息,是指以电子或者其他方式记录的能够单独或者与其他信息结合识别自然人个人身份的各种信息,包括但不限于自然人的姓名、出生日期、身份证件号码、个人生物识别信息、住址、电话号码等。"

此前,国务院有关行政机关对个人信息也进行了定义。国家质量监督检验检疫总局、国家标准化管理委员会2012年发布的《信息安全技术公共及商用服务信息系统个人信息保护指南》第3.2条规定,个人信息指"可为信息系统所处理、与特定自然人相关、能够单独或通过与其他信息结合识别该特定自然人的计算机数据。个人信息可以分为个人敏感信息和个人一般信息"。国家工业与信息化部2013年发布的《电信和互联网用户个人信息保护规定》第4条指出,"本规定所称用户个人信息,是指电信业务经营者和互联网信息服务提供者在提供服务的过程中收集的用户姓名、出生日期、身份证件号码、住址、电话号码、账号和密码等能够单独或者与其他信息结合识别用户的信息以及用户使用服务的时间、地点等信息"。

综合来看,个人信息就是指那些能够识别自然人个人身份的信息。某些信息是否纳入个人信息法律保护框架,重点在于信息所具有的识别性及其与特定自然人的关联性。这些个人信息,既包括我们能够简单识别的有关自然人的姓名、性别、出生时间、民族、婚姻状况、家庭状况、教育背景、工作履历、健康信息、财务状况等信息，也包括需要借助一定技术手段才能识别的基因信息、电子指纹等信息。只要是任何单独或者与其他信息比对即可识别特定自然人个人的客观信息，都是受到法律保护的个人信息。

本条文规定的个人信息之权利主体，是指自然人，并不包括法人或者非法人组织。本条是宪法规定的古典基本权利在民法中确立之后，为适应现代社会发展所增设的人格利益延伸的基本条款。本条文也是旨在拓展作为自然人一般人格的人格尊严与自由，实现并维护作为自然人的“个人”所具有的独立人格和自由精神。与自然人不同，法人或者非法人组织是一种社会的组织形式，除自身商业秘密或者机密之外，还在于以登记、公示等公开形式参与商业活动或者社会活动。因此，在现代社会，法人或者非法人组织公开相关信息，才符合交易安全和公众利益。诚然，法人或者非法人组织也存在一定的人格利益如名誉、商誉等，但与此相关的客观信息只要存在，毁誉自存，实乃有利于大众识别与社会整体利益之提升。至于涉及法人或者非法人组织的名称、名誉、荣誉等受到损害的情形，则适用保护法人或者非法人组织的名称权、名誉权、荣誉权等相关规定。

本条文规定个人信息受法律保护，但没有从正面确立个人信息的民事权利内容，而是从权利相对方即任何组织和个人所负有的义务进行规定的。在面对他人的个人信息时，任何组织或者个人都负有三项主要的义务：第一，应当确保依法取得的个人信息安全；第二，不得非法收集、使用、加工、传输个人信息；第三，不得非法买卖、提供或者公开个人信息。这三项义务中，前者是积极义务，要求依法获取他人个人信息的特定义务主体积极作为，确保他人个人信息的安全；后两者是消极义务，是一种禁止性规定，即对他人的个人信息，任何组织或者其他任何人，只要不去收集、使用、加工、传输、买卖、提供或者公开，就可以了。

然而，客观上，尽管自然人对其个人信息所享有的权利是人格性质的，但也存在商业利用的现象。但是，个人信息商业利用的前提就是界定权利的边界，由此可以厘清具体的权利形态及其交易方式。因此，如何因应技术进步与时代发展去采集与利用他人的个人信息，《民法总则》在这方面并未关上禁止的大门,而是留给市场和司法去进一步探索。

三、举证责任分配

本条确立了自然人对其个人信息的民事权利,也确立了两种责任类型:侵害他人个人信息的侵权责任和违反合同义务的违约责任。对个人信息的侵害,主要有三种情形:一是侵权人利用技术手段,在他人不知情的情形下非法收集或者滥用他人个人信息的;二是侵权人采取欺骗或者引诱方式致使他人产生重大误解,让他人在重大误解的情形下向其提供个人信息的;三是个人信息的控制者违反法律、法规的规定或者合同的约定,在收集、使用、加工、传输他人个人信息过程中导致他人个人信息泄露,给他人造成损害的。这三种情形,前两种情形,都是针对不特定主体的侵权责任;第三种情形,则是特定主体违反合同义务的违约责任。

本条并未明确规定个人信息侵权纠纷中举证责任的分配。考察域外立法,此类侵权纠纷多采取过错推定、甚至无过错责任的归责原则。以德国法为例,德国《联邦资料保护法》第7条规定:"当公务机关在本法或其他资料保护规定下,由于未经许可或不正确的个人资料自动化处理对资料本人造成损害的,公务机关有责任赔偿本人的损失,而不论其是否有过错。"该法第8条又明确规定:"非公务机关违反本法或其他资料保护规定,进行不合法或不正确的自动化资料处理,资料本人对其主张损害赔偿请求权,而其损害的发生是否出自资料档案控制者的存在状况,发生争执的,个人资料档案控制者应负举证责任。"由此可见,在德国法中,个人资料侵权纠纷的举证责任分配因资料控制者的不同,而有所差异:对个人资料处理不当造成的损害,公务机关应承担无过错责任;非公务机关对其民事侵权行为,造成损害的,应承担过错责任,并实行举证责任倒置。① 建议我国《侵权责任法》和司法实践中进一步明确个人信息侵权纠纷案件中举证责任的分配问题。笔者认为,应该采用过错推定原则,并适用举证责任倒置的规则,从而降低权利人的证明责任和维权成本,切实加

① 参见齐爱民:《德国个人资料保护法简论》,载《武汉大学学报》(人文社科版)2004年第4期。

强对个人信息的法律保护。

在获取他人个人信息之后，个人信息的控制者对他人个人信息安全是一种严格的合同责任。这种严格责任的具体表述，就是"确保信息安全"之"确保"二字。因此，凡未尽到"确保"他人个人信息安全的合同义务，就要承担相应的合同责任。为确保他人个人信息的安全，个人信息的控制者应尽勤勉义务，任何未采取必要安全措施的行为，都将导致其承担合同责任。

四、其他问题

关于个人信息权的法律属性，主要有以下六种学说：(1)宪法人权说，即个人信息权是一种基本人权；(2)一般人格权说，即个人信息权属于一般人格权的范畴；(3)隐私权说，即通过隐私权囊括对个人信息的保护；(4)财产说，即将个人信息权归入无形财产权的范畴；(5)新型权利说，即主张个人信息权是一种新型的复合性权利，具有人格和财产的双重属性；(6)独立人格权说，即认为个人信息权应成为一项独立的具体人格权。① 各种学说中，核心问题就是个人信息权与隐私权的纠葛问题。在美国，隐私是一个相对宽泛的概念，个人信息权益已被纳入隐私权的范畴之中。但是，在我国，隐私权是一个相对狭窄的概念，《民法总则》更是将两者并行规定在前后两个不同的条款之中，表明了二者之间的区别。

从客观上讲，隐私权与个人信息权具有一定的相似性。这种相似性，主要体现在以下三个方面：第一，二者的权利主体都仅限于自然人，而不包括法人；第二，二者都体现了个人对其私人生活的自主决定；第三，二者在客体上具有交错性。具体而言，一方面，许多未公开的个人信息本身就属于隐私的范畴；另一方面，部分隐私权保护客体也属于个人信息的范畴。② 但是，个人信息权与隐私权之间，也存在较大的差异。具体而言，表现在以下几个方面：

第一，在保护客体的范围上，隐私权与个人信息权有交叉但并不重合。

① 参见张里安、韩旭至：《大数据时代下个人信息权的私法属性》，载《法学论坛》2016 年第 3 期。

② 参见王利明：《论个人信息权的法律保护——以个人信息权与隐私权的界分为中心》，载《现代法学》2013 年第 4 期。

“个人隐私与个人信息呈交叉关系,即有的个人隐私属于个人信息,而有的个人隐私则不属于个人信息;有的个人信息特别是涉及个人私生活的敏感信息属于个人隐私,但也有一些个人信息因高度公开而不属于隐私。”①例如,电话号码、工作单位、家庭住址等信息,出于交流的需要,人们常常在一定范围内予以公开。这些信息,难以纳入隐私权的范畴。

第二,隐私权一般被认为是一项精神性人格权,隐私权虽可被利用,但其财产价值并非十分突显,而个人信息权则兼具人格利益与财产利益。因此,隐私权无法适应人格权商品化的相关理论,而个人信息权则并不排除对个人信息的商业利用。

第三,隐私权难以涵盖个人信息权的全部权能。隐私权的设计,重点在于保密;而个人信息权的设计,重点则在于信息的控制与利用。隐私权是一种消极的防御性权利,在该权利遭受侵害之前,个人无法积极主动地行使权利,而只能在遭受侵害的情况下请求他人排除妨害、赔偿损失等。而个人信息权既有消极权能,也有积极权能,权利人除了被动防御第三人的侵害之外,还可以对其进行积极利用。又如,个人信息权通常包括对个人信息记载有误时个人所享有的修改权,而这无法被隐私权理论所囊括。

因此,遵循《民法总则》的思路,建议将个人信息的保护具体化,更加明确地界定为一项独立的人格权即“个人信息权”。至于个人信息权的权利边界、权利行使及法律责任,需要在制定民法典分编或者在制定相应的配套立法(如《个人信息保护法》)时,再加以配套和完善。这既是完善个人信息保护法律规范体系的需要,也是适应网络信息社会发展的时代需求。

① 张新宝:《从隐私到个人信息:利益再衡量的理论与制度安排》,载《中国法学》2015 年第 3 期。

第一百一十二条 【因婚姻、家庭关系产生的人身权】

自然人因婚姻、家庭关系等产生的人身权利受法律保护。

一、历史由来

(一)对原有法律规范的承继

在《民法通则》民事权利一章中,立法者通过第104条从宏观层面规定了婚姻、家庭受法律保护,其中自然包括对自然人因婚姻、家庭关系产生的人身权利的保护。根据现行法律规范,此类人身权利主要包括以下三类:

第一,以父母和未成年子女关系为基础的亲权。在我国现行法上,主要表现为《民法通则》中规定的父母对未成年子女的监护职责,以及《婚姻法》中规定的父母保护和教育未成年子女的权利和义务。

第二,以婚姻关系为基础的配偶权。根据我国《婚姻法》的相关规定,配偶权主要包括夫妻忠实义务、住所选定权、夫妻姓氏权、夫妻人身自由权、家事代理权等权利内容。

第三,以除配偶和未成年亲子关系之外的其他近亲属关系为基础的亲属权。在我国现行法上,主要包括无独立生活能力的成年子女对父母的抚养请求权、父母对子女的赡养请求权、其他近亲属之间的抚养、扶养或赡养请求权等。

此外,基于上述三类婚姻、家庭关系,还会产生多项共通性人身权利,适用于所有处于婚姻、家庭关系之中的自然人。主要包括:担任配偶或近亲属的监护人的资格、维护死者人格利益的权利以及其他一般人身权益(如祭奠的权利、认祖归宗的权利)等。

《民法总则》基本承袭了《民法通则》的立法模式,但更加强调以人身权利为依托,对自然人的婚姻、家庭给予法律上的保护。此种条文表述方式,一方面,进一步充实和完善了总则编的民事权利体系内容;另一方面,也为在民法分则婚姻家庭编中,对各类相关人身权利进行有效整合预留了必要的制度接口。

(二)《民法总则》的审议过程

自《民法总则(草案)征求意见稿》(2016年5月20日修改稿)开始,立法者就已经选择以专门条文,规定自然人因婚姻、家庭关系产生的人身权利受法律保护。在《民法总则(草案)》(一审稿)中,延续了征求意见稿的条文表述,具体规定如下:

"第一百零一条　自然人因婚姻、家庭关系产生的人身权利受法律保护。"

在《民法总则(草案)》(二审稿)中,立法者在"自然人因婚姻、家庭关系"后添加"等"字,为基于社会关系而产生的人身权利内容的进一步丰富和扩展,提供了必要的灵活空间。此种表述被《民法总则》所采纳。

二、规范目的与含义

(一)规范目的

以婚姻和血缘关系为纽带所形成的家庭关系,是维系整个社会组织结构的基础细胞。因此,和睦、文明、稳定的婚姻家庭关系,将是促进社会和谐稳定发展,树立良好道德风尚的重要保障。为实现上述目标,本条规定重点强调了自然人基于婚姻、家庭关系享有的人身权利受法律保护,希望能够通过对各项权利的合理界定和妥善保护,为和谐、稳定的婚姻家庭关系提供制度保障。此外,考虑到《民法总则》第五章在民法典规则体系中的主要作用,在于以列举方式对民事主体依法享有之各项法定权利进行宣示,本条并未对自然人在婚姻、家庭关系中所能享有之具体人身权利进行详细列举,而是通过为分则部分提供制度接口的方式,将该项任务留给分则完成。

(二)规范含义

所谓因婚姻、家庭关系等产生的人身权利,是指由具有特定亲属关系的自然人所享有的,与财产利益无关的法定权利,在实践中主要体现为身份权。此种权利的产生,有的基于法律事实,如自然血亲关系的形成;有的则基于法律行为，如婚姻关系的缔结和拟制血亲关系的形成等。[①] 需注意的是，与其他人身权利不同，因婚姻、家庭关系等产生的人身权利，往往同时包含权利和义务的双重面向，权利人享有之权利往往也是其承担之义务，是为“义务权”。具体来说，根据亲属关系类型的不同，可将此种人身权利分为如下三类：[②]

1. 因婚姻关系产生的身份权利：配偶权

(1)设立配偶权的必要性

所谓配偶权，是指婚姻关系中夫妻双方基于配偶身份而享有的权利义务。在《婚姻法》的制定和修改过程中，是否应该明确规定配偶权，始终是学界争议的焦点。笔者认为，在婚姻关系中明确承认配偶权的法律地位，并以其为核心构建夫妻双方之间的权利义务关系，是有其合理性和必要性基础的。具体理由如下：

第一，夫妻双方在人格上的平等与自由是配偶权的核心价值。应该承认，在人类社会的发展历史中，配偶权作为一种身份权，确实长期等同于以对妻子的人身进行支配为主要内容的夫权，其中蕴含着十分明显的男尊女卑观念。然而时移世易，随着现代社会的发展和人权观念的兴起，包括婚姻家庭法在内的所有民事法律规范，均经历了一个“从身份到契约”的转变，个人开始摆脱家族和身份的束缚和强制，平等和自由成为了民事主体相互交往的价值基础。[③] 在此种历史转变中，配偶权的内容也发生了根本性的改变，有关人身支配的内容已被完全剔除，夫妻双方相互尊重并平等享有内容相同的配偶权，已经成为现代婚姻制度的基本原则。配偶权不再是一项特权，而是一项真正的民事主体平等享有的民事权利。

第二，配偶权是社会公共秩序在婚姻关系中得到具体体现的制度依托。自婚姻制度诞生以来，夫妻双方之间人身和财产关系的构建，就从来不是一个简单的私人问题，其中包含了诸多社会公共秩序的考量。对此恩格斯曾有精

---

① 余延满：《亲属法原论》，法律出版社2007年版，第6页。

② 鉴于自然人基于不同类型亲属关系而享有的人格权，在内容和类型上基本相同，因此，本书将主要对因婚姻、家庭关系产生的身份权进行分类探讨，而后再对人格权相关内容进行集中分析。

③ 冉克平：《论配偶权之侵权法保护》，载《法学论坛》2010年第4期。

辟论述:“婚姻不能听从已婚者,相反地,已婚者的任性,应该服从婚姻的本质。”[①]因此,有必要通过配偶权的创设,以法定化的权利和义务将社会公共秩序的诉求融入到婚姻关系的塑造过程中来,并以此为基础,对夫妻双方的行为进行必要的约束和引导。

第三,配偶权法律制度的完善有助于促进良好的夫妻关系。虽然在现实生活中,夫妻双方选择以何种方式相处,通常是一个极为个性化的问题,不可能也不应该通过法律方式对其进行硬性规定。但是,对于那些在绝大多数婚姻关系中均发挥基石性作用的行为规范或道德观念,通过设置配偶权的方式对夫妻双方的权利义务关系以及相应的法律后果予以明确,无疑是有助于良好婚姻关系的形成和维护的。此外,配偶权的设置也为那些合法权益遭受损害的配偶方,提供了获得法律救济的制度依据。[②]

需要说明的是,尽管确立配偶权制度对于良性婚姻关系的构建具有上述必要性,但在最终的条文表述中,是否需要直接使用“配偶权”这一概念表述,却并非一个十分关键的问题。这是因为,配偶权作为一个集合性概念,本质上是由一系列以夫妻身份为前提条件而产生的各项权利、义务复合而成。[③] 在此种情况下,通过对配偶权概念的解构,以每一个具体的权利或义务为单位,对其内容进行实际规定,也不失为一种更为务实的立法选择。

(2)配偶权的内容

第一,忠实请求权。所谓忠实请求权,又称忠实义务,主要表现为夫妻双方对于贞操的持守。与其他人身关系相比,忠实义务是婚姻关系最为鲜明的制度特征,而配偶双方恪守忠实义务也是婚姻关系得以维系的基础保障。当然,在不同的历史阶段和文化背景下,法律对于夫妻双方忠实义务的规定也有所不同。例如,在我国古代,由于婚姻关系基本完全由夫对妻所享有的权利与妻对夫应尽的义务所构成,[④]因此,持守贞操的义务主要由妻子承担,丈夫则单

① 《马克思恩格斯全集》(第1卷),人民出版社1956年版,第183页。

② 刘引玲:《亲属身份权与救济制度研究》,中国检察出版社2011年版,第113页。

③ 张保华:《第三者侵犯配偶权的民事责任》,载杨立新主编:《侵权法热点问题法律应用》,人民法院出版社2000年版,第579页。

④ 钱泳宏:《〈大清律例〉“夫尊妻卑”对夫犯妻的影响——以“夫因生活琐事杀妻”案为考察中心》,载《北方法学》2014年第4期。

方面享有要求妻子守贞的权利。近代以来,随着人权特别是女权意识的不断觉醒和提升,要求夫妻双方平等互付忠实义务,已经成为世界各国婚姻法律制度的主流观点。在我国现行《婚姻法》中,虽然立法者没有在家庭关系一章中明确规定忠实义务,而仅在第 4 条的倡导性规范中提出了夫妻互相忠诚的要求,但从一系列具体制度安排中,仍然可以看出法律规定于夫妻双方互负忠实义务的要求。其中最为典型的,便是《婚姻法》第 46 条赋予无过错配偶要求违反忠实义务者承担离婚损害赔偿责任的规定。

第二,夫妻姓名权。所谓夫妻姓名权,是指夫妻双方均有决定和使用各自姓名的自由。需注意的是,与《民法总则》第 110 条中所规定的作为具体人格权之一的姓名权不同,由于姓名在夫妻关系中更多的体现为一种身份关系,如妻子出嫁后改随夫姓,就曾长期被作为婚姻关系中妻子对于丈夫处于从属性地位的象征,因此,夫妻姓名权在法律性质上应属于身份权范畴。具体来说,夫妻姓名权的内容主要包括以下几个方面:其一,夫妻双方平等享有在婚姻缔结后保持或更改自己姓名的自由,他方不得干涉。其二,夫妻双方可通过平等协商,约定对姓名(主要为姓氏)的修改方式,既可以约定妻随夫姓,也可以约定夫随妻姓。其三,在婚姻关系结束(离婚或配偶一方死亡)后,生存配偶有权继续保留其因缔结婚姻关系而更改的姓名,亦可恢复其原有姓名。①

第三,同居的权利和义务。所谓同居的权利和义务,在形式上主要表现为夫妻双方持续、稳定的共同居住,在实质内容上则主要表现为夫妻在生活中的相互扶助。与夫妻之间相互保持忠实相同,共同生活居住既是婚姻关系较之于其他人身关系最为显著的核心特征之一,同时也是婚姻制度的本质要求。②具体来说,同居的权利和义务主要包括以下几方面内容:其一,夫妻双方应在生活上相互照顾,在精神上相互理解与抚慰。其二,夫妻双方应在经济上承担相互抚养的义务,为对方提供必要的生活条件,不得恶意遗弃配偶。此外,在一方配偶丧失行为能力后,另一方配偶具有依法对其承担监护职责的资格。其三,夫妻双方有进行性生活的权利。需要注意的是,虽然性是婚姻关系的本

① 余延满:《亲属法原论》,法律出版社 2007 年版,第 221 页。

② 王利明:《中国民法典学者建议稿及立法理由·人格权编、婚姻家庭编、继承编》,法律出版社 2005 年版,第 246 页。

质属性之一,但在当今社会环境中,性的伦理道德观念已经发生重大转变,个人的自主意志取代夫妻身份,成为性行为合法性的唯一依据。因此,虽然夫妻双方有要求进行性生活的权利,但该权利的行使需要以对方的同意作为前提条件,而不能强制执行。当然,如果配偶一方长期拒绝性生活,可能在一定程度上造成夫妻感情破裂,从而达到离婚的法定条件。

第四,生育权。根据《人口与计划生育法》第17条之规定,公民有生育的权利。换言之,缔结婚姻关系并非是自然人生育子女的前置条件。因此,作为配偶权内容之一的生育权,主要强调的是夫妻平等地享受权利和承担义务,平等地行使生育权的各项具体权能,①其应在相互尊重、平等协商的基础上,共同决定是否、何时以及以何种方式生育子女。② 当然,如果夫妻双方无法就生育问题达成共识,此种分歧可以构成双方离婚的法定事由。此外,在夫妻双方行使生育权时,需注意以下两点:首先,夫妻双方的生育权需要受到我国计划生育政策的限制;其次,女性的生命健康权以及对自己身体的自主决定权,较之生育权应被置于更高位阶,配偶一方不得以女性擅自终止妊娠为由主张损害赔偿。对此,《婚姻法解释(三)》第9条也已有明确规定。

第五,住所商定权。所谓住所决定权,是指夫妻双方根据平等协商的结果确定其婚后的家庭住所的权利。住所商定权的行使,是夫妻双方行使同居权利的保障,在选定住所时,夫妻双方应本着相互尊重的原则平等协商,任何一方不得专权决定。

2. 因父母和子女关系产生的身份权利:亲权

所谓亲权,是指父母对未成年子女在人身和财产方面的管教和保护的权利义务。③ 由于我国《民法总则》未明确区分亲权与监护制度,且在第26条中规定了父母对于未成年子女的抚养、教育和保护义务,因此,大陆法系传统亲权理论中涉及的诸多权利内容,如抚养权、教育权、管教与保护的义务、子女交还请求权、法律行为补正权等,均已纳入监护制度之中进行规定。鉴于上述内

① 潘皞宇:《以生育权冲突理论为基础探寻夫妻间生育权的共有属性——兼评〈婚姻法解释(三)〉第九条》,载《法学评论》2012年第1期。

② 樊林:《生育权探析》,载《法学》2000年第9期。

③ 余延满:《亲属法原论》,法律出版社2007年版,第450页。

容前文监护一章已有提及，故此处仅对未包含于监护制度中的亲权内容予以介绍：

第一，姓名决定权。父母有权决定未成年子女的姓名，子女成年后方可自行选择姓名。需注意的是，根据全国人民代表大会常务委员会关于《民法通则》第99条第1款、《婚姻法》第22条的解释，由于姓氏体现着血缘传承、伦理秩序和文化传统，对于姓氏的选取涉及公序良俗，因此除法定情形外，子女原则上应随父姓或母姓。

第二，居所指定权。由于与父母共同居住，是父母对子女行使亲权并保障其身心健康发展的重要前提，因此，应赋予父母为未成年子女指定适于其生活的住所或居所的权利，子女不得随意离开父母指定的住所或居所。

第三，职业许可权。根据我国《劳动法》的相关规定，未满16周岁的未成年人不得从事职业劳动，文艺、体育和特种工艺单位，可在履行审批手续招用未满16周岁的未成年人。但是，未成年人能否从事此类特殊职业，还需要经过父母的同意。即使已经开始从业，父母也应享有撤销权。

第四，身份行为或身上事项的同意权及代理权。父母作为未成年人的法定代理人，有权对后者身份或人格上的行为，在法定范围内行使同意权、追认权和代理权。例如，子女被送养的，需要父母的同意；子女授权他人使用姓名、肖像等人格要素，亦需要以父母的同意为前提条件。

此外，根据我国《婚姻法》第25条之规定，非婚生子女与婚生子女享有同等权利，相应的，父母对于非婚生子女也应享有同等的亲权。但在实践中，由于非婚生子女大多缺少与亲生父母的亲子关系证明，故而，为实际行使对其的亲权，无婚姻关系的生父母需要通过法定程序声明其父母身份，该法定程序即为认领。① 因此，非婚生子女的生父母享有的请求通过认领确认其与该子女身份关系的权利，也应属于因父母子女关系产生的身份权范畴。

3. 因其他近亲属关系产生的身份权利：亲属权

鉴于上文以对因配偶和未成年子女的亲子关系产生的身份权利进行说

① 黄娟：《非婚生子女认领制度比较研究——兼及立法建议》，载《比较法研究》2006年第4期。

明,故此处采狭义的亲属权概念,即除上述两种关系以外的其他近亲属之间的基本身份权。[①] 具体来说,亲属权主要包括如下内容:

第一,尊重权,主要表现为卑亲属应对尊亲属负有尊敬的义务。尊敬长辈是我国优秀的传统文化和道德观念,也是增进亲属间感情和凝聚力的基本要求,不应随着社会环境的发展变化而产生改变。自然人除了对自己的父母应给予充分尊重外,对于其他长辈近亲属也应予以同等尊重,而尊重的对象主要是指长辈近亲属的人格尊严和人身自由。

第二,近亲属相互之间的监护资格,以及赡养、抚养和扶养义务。根据《民法总则》第27、28条之规定,近亲属之间具有相互承担监护职责的资格,有权根据法定、约定或指定等方式担任监护人。同时,根据《民法总则》第26条以及《婚姻法》第28、29条之规定,近亲属之间在特定情况下也会在相互之间形成抚养或扶养关系。

第三,祭奠离世亲属的权利。在我国传统文化中,对离世亲属进行祭奠是生者对死者寄托哀思的主要方式,对其具有无可替代的精神价值,此种合法权利理应得到法律保护。祭奠权的主体范围,包括死者的配偶、亲子以及除此之外的其他近亲属关系的自然人,对于祭奠权的行使,应尊重权利人所在地区的民间习惯。[②]

在司法实践中,亲属对于死者的祭奠权益已逐渐得到了人民法院的认可。例如,在张某贵、张某英与王某兰祭奠权纠纷案中,[③]人民法院认为:“祭奠权是死者近亲属对死者寄托哀思的一种权利,是合法的民事权利,理应受到保护。本案中,张某贵、张某英是死者张某勤的儿女,依法享有祭奠权,王某兰持有张某勤的骨灰存放证且张某贵、张某英与王某兰均承认骨灰存放证是前往殡仪馆祭奠张某勤的唯一凭证,故张某贵、张某英要求祭奠权的请求应予支持,王某兰应当配合张某贵、张某英对死者张某勤进行祭奠。”

---

① 刘引玲:《亲属身份权与救济制度研究》,中国检察出版社2011年版,第206页。

② 杨立新:《人身权法论》,人民法院出版社2006年版,第831页。

③ 河南省新乡市中级人民法院(2015)新中民四终字第295号民事判决书。

三、其他问题

我国目前正处于社会转型时期，人们的思想道德观念呈现出多元化倾向，特别是个人主义和性解放观念的快速普及，使传统的婚姻家庭秩序正经受着巨大冲击，背弃忠实义务的婚外情现象层出不穷。根据民政部门的统计，在我国夫妻离婚的各项原因中，"出轨"占据了半壁江山。在我国司法实践中，《婚姻法》第46条确立了离婚损害赔偿制度，但根据《婚姻法解释（一）》第29条第1款之规定，无过错配偶方仅得向有过错配偶主张损害赔偿，而不能向介入婚姻关系的第三者主张损害赔偿。此种断然否定第三人侵权责任的态度是否妥当，在理论界始终存在一定争议。

否定说观点认为，配偶关系是特定人之间的平等法律关系，配偶权在形式和效力上均与债权相似，其效力应局限在婚姻关系内部，以配偶另一方为相对人。[①] 即使承认配偶权兼具相对权和绝对权的双重属性，[②]其是否能够产生对抗不特定第三人的法律效力，也主要取决于立法政策的选择。而考虑到如果认为第三人介入婚姻构成侵权，可能会使以爱情和信任为基础的婚姻变为配偶双方的桎梏，对其人身自由构成限制；[③]以及要求有过错的配偶方承担损害赔偿责任，已经能够在一定程度上弥补无过错配偶方遭受的损害，[④]因此，配偶权应不属于侵权责任法的保护范围。

肯定说观点认为，配偶关系藉由婚姻登记制度已经具有一定的公示性，而此种公示性使配偶权在婚姻关系外部可以产生对世效力，并具有不可侵性。[⑤]第三人在明知对方负有忠实义务的情况下，仍然与其实施通奸、同居或重婚等行为，主观恶意明显，在法律性质上属于与有过错的配偶实施的共同侵权行

① 郭明瑞：《人身权立法之我见》，载《法律科学》（西北政法大学学报）2012年第4期。

② 杨遂全：《婚姻家庭法新论》，法律出版社2003年版，第29页。

③ 冉克平：《论配偶权之侵权法保护》，载《法学论坛》2010年第4期。

④ 周安平：《性爱与婚姻的困惑——"第三者"民事责任的理论与现实之探讨》，载《现代法学》2001年第1期。

⑤ 裴桦：《配偶权之权利属性探究》，载《法制与社会发展》2009年第6期；杨立新：《人身权法论》，人民法院出版社2006年版，第755页。

为,故应依法承担侵权责任。[①] 此外,从社会道德层面观之,对干扰婚姻关系行为以法律手段进行规制,并不属于法律过度介入道德的情形,而是法律对最低限度道德的保障。[②]

在比较法上,对此问题的态度也因不同国家的家庭伦理和社会道德观念不同而大相径庭。例如,德国联邦最高法院认为,干扰婚姻关系行为属于家庭内部事务,国家不宜过多干预,依据侵权法规则追究第三人责任,将打破家庭法的封闭性质,招致不可预测的负面效应。[③] 在法国法上,第三人的侵权责任经历了一场从有到无的转变历程,从传统的作为通奸共犯承担侵权责任,变为了如今的不再仅因单纯的通奸行为而承担侵权责任。[④] 日本最高法院则采取与德、法两国相反的态度,肯定无过错配偶在符合一定条件的情况下,有权对第三人依侵权法主张精神损害赔偿。[⑤] 我国台湾地区法院亦主要采取此种态度。

综上可以看出,关于是否允许无过错配偶方对介入婚姻的第三人追究侵权责任,与其说是一个法学问题,毋宁说是一个社会伦理和家庭道德问题,规范法学所做的更多是为法律政策的选择结果提供注解。虽然我国社会目前正处于转型期,人们的伦理道德和婚姻家庭观念经历着快速的变化和分化,个人主义观念的兴起,使个人基本权利和人格自由的价值愈发受到重视,但是,以忠实义务为核心的传统婚姻家庭观念仍然在全社会范围内被广泛认同。更为重要的是,婚姻作为一种被法律秩序化的身份关系,不仅包含着对于配偶双方权利义务的分配,更是整个社会公共秩序的组成部分,无论是配偶一方还是第三人,都应对此种秩序予以尊重,否则,婚姻将无法与普通的恋爱或同居关系有效界分。因此,一个相对妥当的做法是,在承认配偶权对世性效力的基础

---

① 贾静:《论第三者侵犯配偶权的法律责》,载《政法论丛》2013 年第 5 期。

② 张红:《道德义务法律化——非同居婚外关系所导致之侵权责任》,载《中外法学》2016 年第 1 期。

③ 庄加园:《德国法上干扰婚姻关系与抚养费追偿》,载《华东政法大学学报》2013 年第 3 期。

④ 叶名怡:《法国法上通奸第三者的侵权责任》,载《华东政法大学学报》2013 年第 3 期。

⑤ 解亘:《第三人干扰婚姻关系的民事责任——以日本法为素材》,载《华东政法大学学报》2013 年第 3 期。

上,对第三人过错和其行为造成之损害结果的判断标准作进一步细化,从而根据案件的具体情况对是否有必要对其作出法律上的否定性评价进行判断。考量要素具体包括:第三人是否明知相奸人已有配偶;第三人介入时配偶双方的婚姻关系状况;第三人的介入是否直接构成夫妻双方的离婚原因;第三人的介入是否具有持续性,以致达到同居或重婚的程度等。

此外,对于因欺诈抚养而遭受的精神和财产损害,应允许向第三人进行追偿,因为此类行为所侵害的并非是配偶权,而是因长期扶养非亲生子女而遭受的情感上的失落,属一般人格利益受损,以及无法定义务而支付抚养费的财产损失,而这两类权益理应属于侵权责任法的保护范围。①

① 孙维飞:《通奸与干扰婚姻关系之损害赔偿——以英美法为视角》,载《华东政法大学学报》2013 年第 3 期。

第一百一十三条 【财产权的平等保护】

民事主体的财产权利受法律平等保护。

一、历史由来

本条源自《物权法》第 4 条,并对其作出了一定调整。《物权法》第 4 条明确了对国家、集体和私人物权的平等保护原则,它规定:"国家、集体、私人的物权和其他权利人的物权受法律保护,任何单位和个人不得侵犯。"据此,在物权归属依法确定的前提下,无论物权主体的所有制形态是国家所有、集体所有还是私人所有,均给予平等保护。在《民法总则》的立法过程中,《民法总则(草案)》一审稿未规定物权的平等保护,二审稿第 114 条予以增设,三审稿第 116 条予以保留,它们规定:"民事主体的物权受法律平等保护,任何组织或者个人不得侵犯。"在《民法总则》通过时,本条将物权平等保护扩及财产权平等保护。

与《物权法》第 4 条相比,本条抛弃了以所有制为基础的民事主体类型划分,突出平等保护各类民事主体物权的立法意旨。之所以如此,在于《物权法》制定之时,关于国家、集体和私人物权的平等地位仍然存在争议,因而,《物权法》在形式上采取国家、集体、私人的"三分法",在实质上则对各类物权主体给予平等保护,这种也被认为是《物权法》的显著特色之一。① 但是,随着社会发展和观念革新,物权平等原则越来越深入人心,并逐渐成为社会的基本共识。而且,《物权法》采取的"三分法"在立法技术上存在一定缺陷,不仅国家、集体、私人和其他权利人的概念并不精确,作为所有制区分的标准与民法的教

---

① 参见王利明:《平等保护原则——中国物权法的鲜明特色》,载《法学家》2007 年第 1 期。

义学概念亦无法统一,且“三分法”本身就带有对私人物权的歧视色彩。[①] 本条规定抛弃了《物权法》第4条的“三分法”体例,不再以所有制为基础区分各类民事主体,而是用“民事主体”的概念统一涵盖各类市场主体,从而进一步明确和巩固了《物权法》的“一体承认、平等保护”的立法精神。

而且,本条不仅强调物权的平等保护,还带动其他财产权的平等保护,适用范围更加宽泛,与现时期的现实需要和政策发展完全匹配。为适应社会主义市场经济发展的需要,中国共产党十八届三中全会《关于全面深化改革若干重大问题的决定》提出了“坚持权利平等、机会平等、规则平等”的要求。《保护产权意见》进一步提出对市场主体各类财产权的“平等保护、全面保护、依法保护”。在此背景下,本条从民事基本法层面进一步强调对财产权平等的保护,以与上述的政策相互呼应,着力推动各类民事主体的财产权真正得以平等保护。

二、规范目的与含义

(一)规范目的

本条旨在明确财产权的平等保护,它是平等原则在民事财产权利制度中的具体化。在社会主义市场经济条件下,各类市场主体都在统一的市场上进行公平竞争,应当遵守相同的规则,享有与各自地位相一致的权利和义务。但是,由于历史和现实的因素,各类民事主体间在法律和事实上的不平等仍然存在,尤其体现为对非公有制经济主体财产权的歧视与侵犯,导致不同民事主体之间的财产权不能实现真正的平等。为了扭转这一现象,正如上文所述,在《物权法》以及相关政策已经有明确的针对性规定的情况下,本条再次予以重申。

(二)规范含义

首先,平等保护是指各类民事主体对相同或类似的财产权具有同等的权利,适用相同或类似的交易规则,承担相应的义务和责任。从动态角度来看,

---

① 参见孙宪忠:《再论我国物权法中的“一体承认、平等保护”原则》,载《法商研究》2014年第2期。

财产权的取得和行使均要贯彻平等保护原则,以避免不合理的歧视或限制,《物权法》第3条规定:“国家实行社会主义市场经济,保障一切市场主体的平等法律地位和发展权利。”因此,在市场经济的私法层面,无论主体的所有制属性是公有抑或私有,都应当保障其在市场交易层面的平等地位。

其次,平等保护是指各类民事主体的财产权受到侵害时,侵权人应当承担同等的民事责任,法律对被侵权人应当提供平等的救济途径。《宪法》第13条明确规定,“公民的合法的私有财产不受侵犯”,“国家依照法律规定保护公民的私有财产权和继承权”。因此,在财产的权属得到确认的前提下,无论是国家、集体还是私人,在其财产权受到侵害的情况下,法律都应当提供平等的救济。在我国当前的社会经济条件下,尤其需要强调的是私人财产与国家和集体财产的平等地位。既不能侵犯国有和集体的财产,也不能任意侵犯私人的财产。

当然,财产权平等保护针对的是已经形成的财产分配结果,提供的是私法层面的保护,这并不意味着各种所有制经济在国民经济中的地位和作用是相同的。《宪法》第6条规定:“国家在社会主义初级阶段,坚持公有制为主体、多种所有制经济共同发展的基本经济制度。”故而,在私法层面之外的宏观调控、公共资源配置和市场准入规制等方面,在关系国家安全和国民经济命脉的关键行业和领域,公有制经济仍应占据控制地位。

三、其他问题

(一)从启蒙到落实:财产权平等保护的新目标

全民所有制、集体所有制和私人所有制,是社会主义经济制度下对生产资料占有形式的基本划分。以此为基础,我国传统法学理论把财产权划分为国家财产权、集体财产权和个人财产权。在传统观念中,公有制的地位高于私有制,这导致国有财产权、集体财产权和个人财产权之间也存在高低位阶。《民法通则》就规定,国家财产“神圣不可侵犯”,而集体财产和个人财产则仅仅“受法律保护”。但这种区分产生了不少问题。例如,国有企业的财产被视为国家财产,国有企业往往受到优先照料和保护,这在很大程度上阻碍了市场配置资源的效率性与公平性。再如,无论是公有制经济财产权还是非公有制经济财产权，都是根据同一法律体系形成的，如果在法律保障上却有人为的差别待遇，意味着割裂我国法律体系的统一性，损害我国法律制度的权威性。这些问题的根源在于把所有制的区分与财产权的区分等而划之，经过思考和论争，实践界和理论界基本达成共识，就是打破所有制迷信，不再以所有制区分来为财产权划分出三六九等的地位，赋予财产权以平等地位和平等保护。《物权法》从基本法律层面确立了"一体承认、平等保护"的原则；《中共中央关于全面深化改革若干重大问题的决定》郑重宣示，"公有制经济财产权不可侵犯，非公有制经济财产权同样不可侵犯"；"保护产权意见"则从中央政策层面明确将"平等保护"作为财产权保护的核心原则。上述法律和政策有关平等保护的规定，旨在去除强加于财产权上的扭曲观念，具有启蒙财产权观念的价值宣示作用。故"平等保护"以原则和抽象见长，具体的操作规范还需通过具体的法律措施予以落实。

当前，我国已经进入经济社会转型的关键时期，需要充分保证各种所有制经济依法平等使用生产要素、公开公平公正参与市场竞争、同等受到法律保护，进一步深化改革，进一步优化资源配置，为社会平等和共同富裕打好基础。因此，在新形势下，必须关注实践需求，把财产权的平等保护落到实处，以促进财富更加充分地涌流，促进社会进步和经济发展，这可谓是财产权平等保护的新目标。

（二）地权平等：落实平等保护的焦点和关键

财产权包含了多种权利类型，主要包括不动产物权、动产物权、债权、股权等，其中，动产物权、债权、股权本身的流通性强，能在市场交易中获取平等地位，不会因所有制的不同而遭受不平等待遇。平等保护的主要领域，在于那些无法自由流通的不动产物权，在我国现行法律框架下，主要集中在与集体土地相关的财产权。可以说，实现地权平等是财产权平等保护以及物权平等保护的焦点和关键。

我国实行土地公有制，土地所有权不能作为交易对象。为了满足用地需要，在代表国家的政府主导下，国有土地通过权能分割，可生成具有流通性的建设用地使用权。集体土地就没有这样的自主性，法律限制集体土地所有权人的处分权，其无法像国家那样自由创设经营性的建设用地使用权。而且，除了个别试点地域,集体建设用地使用权、宅基地使用权也没有商品流通的市场机制。受制于土地的上述特性,导致集体建设用地、宅基地上的房屋也不能像国有土地上的商品房一样自由入市交易。

国有土地和集体土地之所以有上述的不平等地位,是因为在城乡二元结构下,集体土地被赋予过多的社会治理和控制功能。对于国家而言,一方面通过对集体土地的控制而间接实现对农村的控制,另一方面则通过垄断土地的一级市场而获得巨量的财政收入。对于农民而言,集体土地成为生产生活的基本保障,允许其像国有土地那样进行商品化运营,就无法实现农民的社会保障。

地权不平等意味着集体土地固有的财产属性和商品交换价值被压抑,在特殊的历史时期,为了满足工业建设的需要,保障农民的基本生活条件,这种做法有现实的合理性基础。但是,在市场经济日益发展、城乡二元结构逐渐走向破除的新时期,为了实现共同发展和共同富裕的目标,就必须释放集体土地固有的财产属性,使其像国有土地一样具有可商品化的契机,即允许集体土地所有权人自由处分土地,设置建设用地使用权,并使经营性建设用地使用权及其上房屋、宅基地使用权及其上房屋能自由入市交易,以达到积极意义上的平等保护。《保护产权意见》就明确提出,逐步实现各类市场主体按照市场规则和市场价格依法平等使用土地,落实承包地、宅基地、集体经营性建设用地的用益物权,赋予农民更多财产权利,增加农民财产收益。

释放土地的流通属性,实现地权平等,具有重要的现实意义。首先,土地和房屋本身就是重要的生产要素之一,释放土地的商品价值,使其能够作为生产要素正常地流入市场,可有效推动农村经济发展,缩小城乡差距。其次,不能自由交换的土地和房屋只能沦为农民的"死产",其价值局限于农村集体的狭小范围之内,把它变为能在市场中流动的"活产",会大幅提升农村的财富总量,这不仅有利于实现资源的优化配置,也有助于增加农民财产性收入。最后,土地财产权构造的改变,意味着要对农村的治理模式提出新的要求,如完善集体所有权人的代表机制,明确集体经济组织的法律地位等,这对于农村的现代化治理相当有益。

目前,无论是"三块地"改革,还是土地承包经营权的"三权分置",都体现出释放农村土地财产属性的动向，表达了地权平等的积极信号。当然，这种释放有其限度，根据《保护产权意见》的安排，在赋予农村土地可交易性的同时，必须坚持“土地公有制性质不改变、耕地红线不突破、粮食生产能力不减弱、农民利益不受损”的底线。只有这样，才能在促进资源有效流转，提高了农业生产经营效益的同时，保障个体农户和农民集体对土地的最终控制权，避免了农民的失地风险。

（三）配套改革：实现地权平等的制度保障

要想实现地权平等，必须改革农村土地制度，除了赋予农村土地更多更强的流通性，还必须进行配套的主体制度建设和交易制度建设，它们应协力为地权平等提供制度保障。

明确产权主体，是产权保护的前提条件。在现阶段，作为农村土地所有权主体的农民集体完全虚化，需要由代表主体代为行使权利，法律把农村集体经济组织作为最主要的代表主体，尽管《民法总则》第 99 条明确了其法人地位，但其基本权利、治理结构等基本架构点并不明确，应予完备。在此基础上，还要理顺农村集体经济组织、村民委员会、村民小组、村党组织和村民代表会议之间的关系，如作为经济单位的集体经济组织负责经济事务，作为自治组织的村民委员会负责公共事务，村党组织根据党章等承担相应的职责，村民代表会议依法事先决议或事后监督。

农村土地进入市场流传，必然要依托于稳定有序的土地交易市场，与此相应还必须有完备有效交易法律制度。首先，必须有土地交易规范，明确土地交易的条件、程序、当事人的权利义务等内容。其次，必须建立土地交易的价格控制机制，既要防止价格剥削对农民利益的损害，又要防止坐地起价对交易秩序的破坏。最后，要进一步完善土地交易的税收机制，在保障农民通过土地增值获得合理收益的同时，调控土地增值利益的合理分配。

第一百一十四条 【物权】

民事主体依法享有物权。

物权是权利人依法对特定的物享有直接支配和排他的权利,包括所有权、用益物权和担保物权。

一、历史由来

本条源自《物权法》第 2 条第 3 款:“本法所称物权,是指权利人依法对特定的物享有直接支配和排他的权利,包括所有权、用益物权和担保物权。”从比较法上的经验来看,大陆法主要民法典(除《奥地利民法典》等个别例外)均未明确界定物权的概念,《物权法》之所以未循通例,主要是便于理解和操作。《物权法》第 2 条第 3 款对物权的界定,综合了域内外学理和实践对物权的共识,实践运用情况表明,这种界定是富有成效的。在《民法总则》立法过程中,《民法总则(草案)》一审稿第 103 条、二审稿第 112 条、三审稿第 113 条以及本条有关物权的界定皆承袭《物权法》第 2 条第 3 款,未作调整和修改。

二、规范目的与含义

(一)规范目的

本条的规范目的旨在界定物权的概念以及基本类型。由于《民法总则》专门规定了民事权利,而物权是最基本的财产权类型,故有本条规定。

(二)规范含义

1. 物权的概念

作为法律术语的物权,最早出现在德国民法,德语表述为 Sachenrecht,Sache 的意思是“物”,Recht 的意思是“权利”,合起来就是“物权”。严格来说,物权是大陆法系的法律术语,英美法虽然没有这个术语,但存在表达物权实质内容的概念,如土地所有权、抵押权等。

根据本条对物权的界定,与债权相比,物权有直接支配性。在此所谓的支配,主要表现为权利人无须借助他人的意思,仅凭自己的意思就能享受特定物的利益,实现其目的和物的价值。比如,承包经营权人在法律规定以及承包合同约定的范围内,可以自行决定如何使用承包地;又如,对某特定房屋享有抵押权的债权人,在债务人不能按期偿还债务时,无须经过房屋所有权人的同意,就可以诉请法院拍卖该房屋。而债权就没有这种支配性,如根据房屋买卖合同,买受人不能实现对房屋的支配,只是有权按照约定请求出卖人交付房屋并办理所有权转移登记,这种请求权就属于债权,其实现必须借助特定相对人的意思。支配性是物权的核心属性,在一定程度上反映了人们正当的财富需求以及对财富的控制欲望。而且,权利人通过物权对特定物的直接支配所体现的利益,也具有最大的确定性。

此外,物权还有排他性。物权并非总是通过权利人享受其利益的圆满方式得以实现,为了确保物权的安全,权利人依据物权还能排除来自他人的妨害与干涉,这就是物权的排他性,即在确定某人对某物享有某种物权的同时,排除了其他任何人对该物享有同样的权利。比如,房屋出卖人在与买受人签订房屋买卖合同之后,就同一标的物,又与他人签订了买卖合同,只要买受人通过转移登记受让了所有权,他人就不能再取得所有权,此时尽管他人也享有有效的债权请求权,但买受人的房屋所有权排斥了该债权。这也说明,尽管从表面上看,物权强调的是人对物的支配,但其中隐含着因物发生的人与人的关系。

2. 物权的基本类型

物权包括所有权、用益物权和担保物权。根据《物权法》第 39 条,所有权表明权利人能取得物的完全价值,对物进行最充分的支配,包括占有、使用、收益和处分。在此基础上,用益物权和担保物权得以存在。根据《物权法》第 117 条,用益物权是权利人对他人之物进行占有、使用和收益的物权,着眼于物的使用价值。《物权法》规定和提及的用益物权包括土地承包经营权、建设用地使用权、宅基地使用权、地役权、海域使用权等。根据《物权法》第 170 条,担保物权是权利人支配他人之物的交换价值的物权,在债务人不能按期履行债务时,作为债权人的担保物权人有权依法对担保物进行变价,用以优先清偿其债权。《物权法》规定的担保物权有抵押权、质权和留置权。

需要注意的是,占有虽然也被列于《物权法》之中,但它表明的仅仅是特定人支配和控制特定物的事实,在性质上并非权利,故占有不是物权。

三、其他问题

除了所有权、用益物权和担保物权外,《物权法》没有规定其他的物权形态,本条也未有所拓展。从实践情况来看,上述基本类型能满足基本需求,但也有所欠缺。比如,优先购买权在实践中相当常见,涉及房屋出租、按份共有、合伙企业、有限责任公司等领域,而如何定性优先购买权,该权利行使能产生什么法律效果,在实践中争议颇大。为了减轻不必要的争议,也为了便于实践运用,完全可以借鉴德国的做法,根据不同情况,将优先购买权当成物权类型之一,但它的功能在于取得某项物权,属于取得权,无法被所有权、用益物权和担保物权的分类所含括。[①] 申言之,把所有权、用益物权和担保物权明定为物权的基本类型,固然有纲举目张的好处,但也可能会限制应有的物权类型,对此不可不察。

---

① 参见[德]鲍尔/施蒂尔纳:《德国物权法》,张双根译,法律出版社 2004 年版,第 44 ~ 48 页。

第一百一十五条 【物权的客体】

物包括不动产和动产。法律规定权利作为物权客体的，依照其规定。

一、历史由来

本条源自《物权法》第 2 条第 1 款："本法所称物，包括不动产和动产。法律规定权利作为物权客体的，依照其规定。"在《民法总则》立法过程中，《民法总则（草案）》一审稿第 104 条、二审稿第 113 条、三审稿第 114 条和本条都沿袭了《物权法》第 2 条第 2 款，未作调整和修改。不过，一审稿第 104 条后段还把"网络虚拟财产"作为物权客体，之后鉴于"网络虚拟财产"法律属性的模糊性，其后的审议稿将之从物权客体范围内去除，并另行作出了特别规定，即二审稿第 124 条、三审稿第 128 条、《民法总则》第 127 条规定："法律对数据、网络虚拟财产的保护有规定的，依照其规定。"

二、规范目的与含义

（一）规范目的

本条的规范目的旨在界定物权的客体，并由此界定物的形态。物权客体之所以出现在《民法总则》，主要是与物权的界定配套，以形成相对完整的物权基本规范框架。

（二）规范含义

1. 物的形态与特性

本条规定把物分为不动产和动产，它们均是有体物，即客观存在的、确定的、有一定体积或者占用一定空间的物，其物理形态可以是固态、液态或者气态。没有物理实体的无体物，如商誉、信用、商业秘密、思想等，不是物权的客体。据此也可以看出，物权不同于财产权，后者的范围更宽泛，既可以是存在于有体物之上的物权，还可以是依附于无体物的债权、知识产权等其他财产权。

此外,无论不动产还是动产,均具有可控制性,即为人所能控制,人力所不能或者没有必要控制的物不是物权的客体。需要注意的是,随着科技进步,人类征服和改造自然的能力越来越强,物的有体性和可控制性会产生冲突,这时,为了迎合人们的实际需要,应以可控制性为上,如电力、天然气、光波、磁波等没有特定形体但能为人力控制的物,也能成为物权的客体。

再者,根据上一条对物权的界定,作为物权客体的物具有特定性,即物独立存在并能与其他物相区别,沧海之一粟因不具有这种区别性,无从成为物权的客体。这个标准也使物权与债权相区分,作为债权标的的物可以不特定,而物权的客体必须能与他物所区别。

2. 不动产的具体形态

不动产是不可移动或移动会损及经济价值的物,与此相对的动产则是能移动或移动不会损及经济价值的物。根据《担保法》第 92 条,不动产包括土地以及房屋、林木等地上定着物;《不动产登记暂行条例》第 2 条第 2 款则进行了扩张,把海域扩展到不动产。这样一来,不动产包括土地、海域以及房屋、林木等定着物。上述任一形态的不动产要成为物权客体,必须具备特定性。

土地是不动产的核心所在。在法律中,土地被制式化,要通过地籍等特定技术手段显现出来。根据《物权法》第 136 条第 1 句,土地不仅指地表,还包括地表的上下空间。根据《土地管理法》第 4 条,我国对土地实施用途管制制度,土地根据用途分为农用地、建设用地和未利用地。需要特别注意的是,除了陆地地表,养殖水面也被归为农用地。

根据《海域使用管理法》第 2 条第 1 款,海域是指我国内水、领海的水面、水体、海床和底土。所谓内水,是指我国领海基线向陆地一侧至海岸线的海域(《海域使用管理法》第 2 条第 2 款)。根据 1958 年《领海及毗连区公约》第 1 条第 1 款,领海是指国家主权及于其陆地领土及其内水以外邻接其海岸的海域。

处于土地和海域之间的还有海岛。《海岛保护法》是保护海岛的专门法,根据该法第 2 条第 2 款,海岛是指四面环海水并在高潮时高于水面的自然形成的陆地区域。从物理形态来看,海岛与土地没有实质不同,能为后者所包含。但要看到,海岛与其周边海域共同构成生态系统,还涉及国家海洋权益,故其无论在功能上，还是在法律地位上，目前无法与土地混为一谈，如在开发、利用和管理方面，海岛与土地是两套系统，管理部门、规范依据、法律程序等各不相同。故而，要把海岛有机地纳入土地当中，需先针对海岛的特性设计不同于一般土地的保护规范，并消弭海岛管理和土地管理的系统差异。

根据《城市房地产管理法》第 2 条第 2 款，房屋是指土地上的房屋等建筑物及构筑物，而《物权法》混用了房屋和建筑物，《不动产登记暂行条例》第 5、19 条则表述为“房屋等建筑物、构筑物”。为了表述方便，完全能把房屋与建筑物、构筑物混用。在我国，依附于土地的房屋在法律上有独立性，不像德国法等欧陆法那样将房屋视为土地的组成部分。

林木是植物的一种，包括树木和竹子（《森林法实施条例》第 2 条第 3 款），它在根植于土地，未与土地分离时，属于不动产。与房屋一样，林木在我国也不是土地的组成部分，在法律上有其独立性。

3. 作为物权客体的权利

权利与物的差异在于，它是无体的财产，只有在法律有特别规定的情况下，权利才能成为物权的客体。比如，《物权法》第 180 条第 1 款把建设用地使用权、土地承包经营权等作为抵押权客体，第 223 条又规定了权利质权。这些以权利为客体的物权称为“权利物权”。由此可见，尽管《民法总则》第 114 条对物权的界定仅仅提及对物的支配，但其内含应扩及权利物权，作为物权客体的权利因此也应具有特定性。

三、其他问题

（一）物与权利对应的物权类型

物权在学理上分为所有权和限制物权两大类，后者在我国包括用益物权和担保物权。从逻辑上分析，限制物权以所有权为基础，取其部分内容，根据法定意旨或当事人的预期，再行组合而成。可以说，物权是以所有权为中心而建构起来的权利束，其中分散着不同形态和内容的具体权利，它们之所以能统一为物权，就因为与债权相比，它们均是支配权。故而，与其说物权与债权的区别，倒不如说是以所有权为模板而想象出来的物权与债权的区别。这在一定意义上显示出所有权的体系构建功能，其客体是有体物，《物权法》第 39 条有明确表达,从而使得所有权能与债权、知识产权等区分开来,建立了各有所指、各得其所的权利体系。

用益物权是受法律保护的对他人之物进行占有、使用和收益的限制物权,目的在于通过占有而取得标的孳生的利益。根据《物权法》第117条,用益物权的客体是不动产或动产。就此来看,用益物权的客体被限定为物。然而,从比较法的角度来观察,用益物权的客体不只是物,权利也能成为用益物权的客体,《德国民法典》中的权利用益权就是典型。

作为担保物权的客体既可以是房屋、汽车等有体物,也可以是建设用地使用权、股权等权利。由于担保物权以变价担保标的为手段实现债权的优先受偿,法律不允许转让的财产不能进入市场流通,不可能变价,故不得成为担保物权的客体。这就与用益物权有所不同,后者旨在获取客体本身孳生的利益,至于其可否流通,在所不问。

(二)自然资源的法律地位

在一般情况下,森林、草原等自然资源虽然与不动产有关,但它们是自然环境的一部分,融合了诸多自然要素,属于法律意义上的集合物概念,没有特定性,只宜成为宪法意义上的所有权之客体,而不能负载民法上的所有权。不过,随着国家保护生态环境的治理需要,国土资源部、中央编办、财政部、环境保护部、水利部、农业部、国家林业局印发《自然资源统一确权登记办法(试行)》,使得水流、森林、山岭、草原、荒地、滩涂以及探明储量的矿产资源等自然资源的所有权能统一进行确权登记。在此情况下,被特定化的自然资源具备不动产的特性,进而可作为物权客体。

第一百一十六条 【物权法定】

物权的种类和内容,由法律规定。

一、历史由来

本条源自《物权法》第5条:“物权的种类和内容,由法律规定。”物权法定是指能设立哪些种类的物权,各种物权有哪些基本内容,只能由法律规定,而不能由当事人自由创设。它既是物权与债权区分的逻辑结果,也是物权和债权得以区分的规范支撑。在《民法总则》的立法过程中,《民法总则(草案)》一审稿和二审稿均没有物权法定原则的条文,三审稿第115条增设该原则,本条予以保留。从域外立法经验来看,物权法定是物权法的基本原则,属于物权法的条文,《民法总则》的这条规定相当独特。

二、规范目的与含义

(一)规范目的

本条规范目的旨在明确物权法定原则。物权法定原则起源于罗马法,后世各地域的物权法广为继受,成为物权法的基本原则之一。之所以要采用物权法定原则,主要出于以下考虑:

第一,体现物权的绝对性,落实它与债权的区分。债权是相对权,在意思自治领域,债权种类和内容由当事人任意约定,与第三人无关。与此不同,物权是绝对权,能波及第三人的利益,这种强力会给第三人带来被排斥的风险,为了降低这种风险,物权种类和内容只能交由法律规定,而不能由当事人自由创设。

第二,配合物权公示,确保交易安全和便捷。具有绝对性的物权应通过公示机制对世公开,而要落实这些公示机制,物权法定原则不可或缺。具体而言,登记是最主要的公示机制,它能清晰展示物权种类和内容,当事人只要查阅就一目了然,从而既把物权排斥第三人的固有风险降到最低,第三人又无须支出额外的探知、检索和甄别成本。不过,审核并记载物权的实际操作需花费大量人力和物力,若允许当事人自创物权,审核和记载的成本就会大幅提高,而这些成本最终要转嫁到当事人身上,结果很不经济。为避免这种弱项,最简约的方式就是由法律规定物权种类和内容,使物权成为格式化产品,在登记时只需记载其名称和大致内容,更具体的信息由法律提供即可。也就是说,表现物权种类及其大致内容的登记是公开的,能提供更具体信息的法律也是公开的,借助这双重公开性,既能有效体现物权的绝对性,又能发挥登记的最大经济效用。在登记无法适用的地方,需用占有来公示动产物权。占有的公示效能很弱,无法展示多层次、多形态的物权信息,要确保物权信息的确定性,更需物权法定原则的配合,即先由法律确定占有可表征的物权种类及其内容,再让占有的移转成为这些物权变动的要件,最终使占有与具体物权协调一致。比如,《物权法》初始配置动产质权的内容,并把占有作为公示机制,占有质押财产就表明有相应的质权;与此不同,动产抵押权不以占有为公示机制,占有抵押财产无法表现相应的抵押权。

第三,保护所有权,防止过度限制。所有权是物权体系的基础和根本,他物权基本上是限制或分离所有权部分权能的产物,为防止因设立他物权而不合理地限制所有权,法律应先划定合理界限,结果就是由法律规定各类物权及其内容。在此方面,西欧近代物权法有明确表现。①

(二)规范含义

1. 物权种类法定

物权种类指向不同的物权,它们形态众多,面目各异,法律规制各有特点。物权种类法定是说物权的类别由法律规定,也即法律提供了物权清单,当事人只能从中挑选。要做到这一点,这份清单必须全面而明确。故而理解和适用物权种类法定的首要问题,是通过梳理和解释法律,来确定物权种类。

在本法和《物权法》中,物权种类分为以下三个层级:

---

① 参见申政武:《物权的本质论与物权法定原则》,载渠涛主编:《中日民商法研究》(第6卷),北京大学出版社2007年版,第94~96页。德国学理同样认可这一点,Vgl. Baur/Stuerner, Sachenrecht, 18. Aufl., Muenchen 2009, S. 4。

第一,上位物权种类。德国、日本、我国台湾地区等的物权法只列举规定地役权、抵押权等物权,作为它们上位概称的用益物权和担保物权只出现在学理中。与此不同,本法和《物权法》将用益物权和担保物权这两个上位概称为法定种类,不仅把它们与所有权并列,《物权法》第3编、第4编还对其作了一般规定,并在第117、170条分别对它们加以界定。据此,限制物权在《物权法》中被二分为用益物权和担保物权,此外别无其他,这两个上位种类因此是物权法定原则的适用对象。这意味着,我国大陆无论如何都无法像德国学理那样,把优先购买权和预告登记概括成取得权,以之为限制物权的第三种形态。①

第二,中位物权种类,如土地承包经营权、地役权等,这是学理通常所谓的物权种类。

第三,下位物权种类。某些中位物权种类也是概称,在其之下还有下位物权种类。以土地承包经营权为例,它分为家庭承包经营权和其他方式的承包经营权,前者为农民提供了基本生活保障,没有商品的完全流通性,后者则没有这样的约束,它们因此在主体、权能、期限等方面大不相同。《农村土地承包法》对此有明确体现,其第2章和第3章分别用以调整这两类土地承包经营权。针对承包纠纷进行个案判断时,只能在上述两类权利中择一而定,故下位物权种类也是物权法定原则的适用对象。

本法和《物权法》之外的其他法律也规定了物权,但它们要么未冠以某种物权的称谓,要么未明确为何类物权,在判断时应区分以下三种情形:

第一,其他法律有关物权的权利称谓与《物权法》的称谓相同,其类别和属性也一致,如《合同法》第264条等规定的留置权就是适例。根据《物权法》第8条,其他法律有关物权的规定属于特别法的,应优先适用。

第二,其他法律有关物权的权利称谓与《物权法》的称谓不同,但实质相同的,应遵循《物权法》的权利称谓。比如,《土地管理法》和《城市房地产管理法》均规定了土地使用权,但形态并不同,前者的客体包括建设用地和农用地,

---

① 参见[德]曼弗雷德·沃尔夫:《物权法》,吴越、李大雪译,法律出版社2002年版,第6~7页。

后者的客体仅为国有建设用地。《物权法》未采用土地使用权的称谓，而是根据客体的差异，分别规定了土地承包经营权、建设用地使用权和宅基地使用权，这实际是对《土地管理法》规定的土地使用权的分解，土地使用权由此不再是物权种类。

第三，其他法律有关物权的权利类型与《物权法》上的物权在称谓和实质上均不同的，除了参酌立法资料外，还应根据这些权利的主要权能，结合《物权法》对用益物权或担保物权的界定来综合判断。比如，根据《土地管理法》第4条第2款、第9条规定，国有农场、集体林场等对耕地、林地有占有、使用和收益的权利，它们未采用承包经营的方式，不是土地承包经营权，但其权能符合《物权法》第117条对用益物权的界定，根据《不动产登记暂行条例实施细则》第52条第1款，该权利在不动产登记实务中被称为国有农用地的使用权，属于用益物权下的中位种类的物权。

在上述物权种类中，居于最上位的所有权、用益物权和担保物权是第一层次的物权种类，《物权法》第39、117、170条是其规范。居于中位的土地承包经营权等是第二层次的物权种类，《物权法》第125条等定义性法条是其规范。居于下位的家庭承包经营权、其他方式的承包经营权等是第三层次的物权种类，其具体规范在形式上不明显，除了《物权法》第16章抵押权中的一般抵押权和最高额抵押权、第17章质权中的动产质权和权利质权，其他均需根据法条布局和表达来辨析。至于其他法律中规定的物权种类，如农用地使用权，需在《物权法》上位物权种类规范的支持下，把《土地管理法》第4条第2款、第9条等相应条文作为其规范。

2. 物权内容法定

把物权权能作为物权内容是学理共识，这在所有权中最为突出，物权法教科书中普遍把占有、使用、收益、处分等权能作为所有权内容。但在限制物权中，有的教科书把物权权能归为内容，有的归于效力，以对所有权内容的阐述为准，限制物权的权能无疑也是内容。为了避免不必要的理解偏差，即便把限制物权的权能放在效力的标题之下，也宜明确单列。① 从规范表达来看，法律对物权的界定中包含了主要权能，如《物权法》第 39 条规定了所有权的占有、使用、收益、处分权能，第 125 条规定了土地承包经营权的占有、使用和收益权能，第 170 条规定了一般抵押权的优先受偿权能，它们既是物权种类规范，也是物权内容的基本依据。然而，这些都是定义性规范，其提供的物权权能并不全面具体，还要用其他规范来落实其他权能。比如，依据《物权法》第 129、133 条，土地承包经营权还有处分权能，权利人能以转让、互换、抵押等方式处分该权利。又如，根据《物权法》第 197 条，一般抵押权也有收益权能，即在法院扣押抵押财产后，抵押权人有权收取该财产的孳息。

物权权能给物权人带来积极利益，但其只有在正当限度内才算合理，法律对物权的限制就是该正当限度，它们与权能密不可分，属于物权内容的有机部分。比如，土地承包经营权以农业生产为限，其权能不能背离该功能限度，这种限制往往在法律对物权种类的界定中体现出来，《物权法》第 125 条就是明证。此外，法律还会针对具体权能设置限制要素，比如，入股是家庭土地承包经营权处分权能的具体形态之一，《农村土地承包法》第 42 条把其目的限于从事农业合作生产；又如，根据《物权法》第 140 条，建设用地使用权人要合理使用土地，不得改变土地用途，这是对使用权能的限制。无论是哪种限制，权利人据此均有不作为的消极义务，它们不同于权能的积极利益形态。不过，这种消极义务是对积极利益的正当框定，两者实属同一硬币的两面，并不矛盾。再看物权法教科书中对物权人义务的表述，有部分义务实际就是权能限制，既然它们是对权能的天然制约，把它们归入物权内容，自然说得过去。这样一来，物权内容除了把权能作为重点，因限制而由物权人负担的消极义务也应归入其中。②

有不少教科书把物权人为某种行为的积极义务也纳入限制物权的内容或

① 在此方面，史尚宽对地上权效力的阐述可供参考，其将地上权的效力分为三部分，一是权能，二是地上权的让与性和担保性，三是支付地租的义务。参见史尚宽：《物权法论》，中国政法大学出版社 2000 年版，第 196 ~ 200 页。

② 参见韩松、赵俊劳、张翔、郭升选编：《物权法》，法律出版社 2008 年版，第 302 ~ 307 页、第 319 ~ 322 页。

效力,如地役权人支付土地使用费等。这种积极义务与地役权等限制物权同源自地役权合同等基础行为,它能否实现直接影响到限制物权的存续,如根据《物权法》第168条第2款,地役权人未按约定支付土地使用费,供役地人可解除合同来消灭物权。尽管上述积极义务与限制物权有紧密关联,但其显然不是物权内容,不仅因为物权是权利,内容不包括以积极义务形态出现的不利益,还因为物权是支配权,无须假借他人之力就能实现,其内容是物权人对特定客体的占有、使用、收益、处分等具体的支配利益,而上述积极义务对应着供役地人等相对人的请求权,体现了物权人与相对人之间的债的关系,与物权格格不入。

三、其他问题

(一)物权种类法定规范的法律适用

根据上述分析,本条的物权种类法定已具体化为物权种类规范,其指向不同层次的物权种类。在这样的多层次规范架构中,如何进行法律适用,必须予以关注。

1. 物权种类规范的适用

首先,在判断当事人约定的权利是何种物权时,物权种类规范能提供直接依据,鉴于具体规定优于一般规定,本条不应再被援引。

其次,下位物权种类规范在物权种类规范中最为具体,应先予适用。下位物权种类规范不足适用的,若同层级的其他物权种类规范相对更一般,可予直接适用。如根据《物权法》第207、229条,最高额抵押权适用一般抵押权的规定、权利质权适用动产质权的规定;或可参照适用,如根据《物权法》第222条第2款,最高额质权参照适用最高额抵押权的规定。没有下位物权种类规范或没有如上同层级规范的,适用中位物权种类规范。由此所得的适用结果,要么是把当事人约定的权利确定为下位种类的物权,要么是在没有下位物权种类的情况下,确定为中位种类的物权。

然而,有法院在案件裁判中并未遵循上述规律,而是直接把某项权利认定为上位种类的物权。如有法院在一起案件判决中即称,A对场地有用益物权,

B 未经 A 同意而占有使用该场地，侵害了 A 的用益物权。[①] 从形式上看，该判决既符合物权法定原则，也符合《侵权责任法》第 2 条第 2 款，即用益物权是该法所保护的民事权益。但在中、下位物权种类中，不同物权种类的差别不小，抛开这些具体规定而把某项权利归于上位物权种类，无法展现法官如何认定该权利、如何适用法律的思维和说理过程，无法有效地进行评价和监督，应不足取。

最后，基于上述规律，只要下位或中位的物权种类规范相当确定和完整，上位物权种类规范就存而不用，这表明其价值主要是引领规范体系的布局，而不在适用。但如前述，在判断其他法律规定的权利是何种物权时，应由上位物权种类规范作为指南，其在此有积极适用的空间。

2. 本条的适用

首先，只有在当事人约定的权利确定不是物权时，本条才可以作为法律根据。也就是说，对本条进行反面解释，法律未规定为物权的权利，不是物权；当事人约定的权利与法律规定的物权种类不符的，不是物权。比如，在用益物权范围内，若某项权利与下位或中位种类规范均不相符，则它确定不是用益物权。如有法院在一份裁定就指出，A 公司承包经营 B 公司的业务，对 B 公司的财物有承包经营权，而物权法规定的用益物权没有该类型，根据物权法定原则，该承包经营权不是用益物权。[②]

其次，物权种类法定强调物权种类应由法律规定，并不涉及其他。故而针对当事人约定的权利，若所有的物权种类规范均无法适用，根据本条，只能说明该权利不是物权。至于该约定有无效力，只能由合同的效力规范给予评判，而不能适用本条。在实践中，法院可依据本条来判定某项权利不是物权，至于产生该权利的合同有无效力，以及如何保护该权利，宜另案处理。[③] 换言之，物

① 参见湖南省常德市中级人民法院(2011)常民三终字第 59 号民事判决书。

② 参见广西壮族自治区高级人民法院(2011)桂执复字第 19 号民事裁定书。

③ 参见山东省青岛市中级人民法院(2011)青民二终字第 235 号民事裁定书。然而，有法院把物权法定原则当成否定合同约定效力的根据，如一份判决指出，让与担保的约定违反了法定原则，该约定无效[参见陕西省高级人民法院(2008)陕民一终字第 7 号民事判决书]。这种做法显然不当，因为法律未把让与担保作为物权，合同约定只是不能为物权设立提供基础，但它只要符合合同的生效要件，仍能发生债的效力。

权法定原则意在落实债权与物权的二分,物权种类法定只调整物权种类,在适用本条时,无须考虑合同之债的效力、债权如何实现等债的事项。

(二)物权内容法定的法律适用

首先,与物权种类法定一样,本条的物权内容法定也具体化为内容规范,在判断当事人的约定与物权内容是否相符时,物权内容规范能提供直接依据,无需适用本条;只有在当事人的约定与法律不符时,才把本条作为法律根据,约定内容因此不是物权内容。至于该约定有无效力、能否实现等债的事项,与本条无关。

其次,物权内容规范只是对物权内容的初始配置,当事人想在实践中获取实在的物权内容,通常要根据实际情况进行约定,这表明物权法定原则并不完全禁止意思自治,而是要求当事人的约定不能逾越法定界限。从既有的物权内容规范来看,它们大都只框定了物权权能的概貌,具体信息还需当事人加以细化。如建设用地使用权人只要不改变土地用途,只要规划许可,如何利用土地完全取决于自我决定。更有甚者,地役权人怎样使用供役地,《物权法》第156条除了要求提高需役地的效益,根本不框定其目的和大致范围,而完全交由当事人自治。而且有些物权内容规范还是任意规范,当事人的约定优于这些规范。如根据《物权法》第204、213条,最高额抵押权有无以转让形态表现的处分权能、质权人有无对质物孳息的收取权,均先由当事人约定。整体而言,物权内容规范为当事人的约定预留了不小的空间,这与物权种类的严格法定情形有所区别,从而在相当程度上缓和了物权法定原则,在法律适用时应体现这种特点。

最后,尽管物权内容法定的法定色彩被当事人的约定冲淡,但其主导方向还是法定原则,若严格受限于法律规定,否定新生物权的法律地位,本意在维护和促进交易的物权法定原则就会走向反面。为了减少这一副作用,从我国台湾地区的经验来看,妥当的方法是在不逾越或抵触物权核心的范围内,通过类推适用或扩张、缩限解释内容规范,使新生的权利能成为物权,①这值得我国借鉴。

---

① 参见谢在全:《民法物权论》(上册),作者2010年自版,第52页。

(三)物上债务的法定

既然物权人为某种行为的积极义务属于债务,并非物权内容,由此推论,它们不受内容法定的调整,有关这些义务的法律规定也就不是物权内容规范,当事人的约定与它们是否相符无关紧要。不过,这些债务的特性存在差异,其中有些债务与物权紧密相关,也要遵循物权法定原则,即这种债务要由法律规定,当事人的约定不能违背相应规定。

先看地役权人支付使用费这种普通债务,其特点是"认人而不认物",即它是对合同的特定相对人的义务负担,而不是特定客体上的负担,物权受让人不因受让物权而承担该债务。比如,A 在利用其土地时需经 B 的土地通行,A 按约定应每年支付 1 万元的使用费,这是 A 这个特定人所承受的债务,后 C 从 A 处受让土地,同时也受让了该通行地役权,但不经 B 同意,C 不同时承担上述债务,而要与 B 重新协商使用费。

与此不同,建设用地使用权人基于出让合同所承担的债务不仅约束合同当事人,根据《城市房地产管理法》第 42 条,还能约束建设用地使用权的受让人,它就不同于普通债务,有了"认物而不认人"的特点,即它不只是针对某特定人的义务,而是依附于特定客体的负担,无论谁是该客体的物权人,都要负担该债务。比如,D 市政府出让建设用地给 E,E 按约定除了建商品房,还应为所在地建配套市场,后 E 把该使用权转让给 F,F 同时要承担建配套市场的义务,若 F 再把该使用权转让 G,G 也因此承担该义务。E 的这种债务被称为物上债务,①以显示它对客体的依附性。除了出让合同的债务,《物权法》第 20 条规定的预告登记债务、第 92 条规定的相邻关系中的损害赔偿也是物上债务。

与地役权人支付使用费的普通债务一样,物上债务也有平衡当事人之间利益关系的功能,但它们无法等同并论,因为除了上述特性差别外,其还在于:(1)物上债务以特定客体的物权为基础,只要物权存在,物上债务就存在,诉讼

① 物上债务译自瑞士法律术语 Realobligation,是瑞士物权法教科书的必有知识。Vgl. Rey, Die Grundlagen des Sachenrechts und das Eigentum, 3. Aufl., Bern 2007, S. 66 ff.. 此方面的中文资料,参见苏永钦:《寻找新民法》,北京大学出版社 2012 年版,第 163 ~ 165 页;常鹏翱:《物上之债的构造、价值和借鉴》,载《环球法律评论》2016 年第 1 期。

时效制度在此通常不能适用,而普通债务的存续与物权存续无关,是诉讼时效制度的主要对象;(2)物上债务与物权一体存在和处分,物权转让必然导致物上债务的承担,而普通债务的承担除了当事人合意,还需债权人同意。既然物上债务以物权为基础,能约束受让物权的第三人,为了避免物权的负担过度,也避免给第三人带来不测风险,物上债务也受物权法定原则的调整,[①]当事人不得自创物上债务。

① Vgl. Rey, Die Grundlagen des Sachenrechts und das Eigentum, 3. Aufl., Bern 2007, S. 67.

第一百一十七条 【征收、征用】

为了公共利益的需要，依照法律规定的权限和程序征收、征用不动产或者动产的，应当给予公平、合理的补偿。

一、历史由来

本条对征收、征用作出了原则性规定，在《民法总则》的立法过程中，《民法总则(草案)》一审稿和二审稿均没有该规范，三审稿第117条首次增设该规范，原因在于，在经过两次审议后，有意见提出，应将民事权利的部分规定得更充实一些，建议对有关因征收、征用而获得补偿的权利作出原则性规定，最高立法机关采用了该意见。①

本条与《宪法》第10条和第13条的精神保持一致。《宪法》第10条规定："国家为了公共利益的需要，可以依照法律规定对土地实行征收或者征用并给予补偿"；第13条规定："国家为了公共利益的需要，可以依照法律规定对公民的私有财产实行征收或者征用并给予补偿。"本条是宪法规定在民事基本法的具体体现。

同时，本条也源自《物权法》第42、44、121条。其中，第42条规定了对集体所有的土地和民事主体房屋及其他不动产的征收，即"为了公共利益的需要，依照法律规定的权限和程序可以征收集体所有的土地和单位、个人的房屋及其他不动产。征收集体所有的土地，应当依法足额支付土地补偿费、安置补助费、地上附着物和青苗的补偿费等费用，安排被征地农民的社会保障费用，保障被征地农民的生活，维护被征地农民的合法权益。征收单位、个人的房屋

① 参见《中国民法总则草案三审 增加为公共利益征用不动产应给予合理补偿内容》，载人大新闻网：http://npc.people.com.cn/n1/2016/1219/c14576-28961406.html，最后访问日期：2017年2月8日。

及其他不动产,应当依法给予拆迁补偿,维护被征收人的合法权益;征收个人住宅的,还应当保障被征收人的居住条件。任何单位和个人不得贪污、挪用、私分、截留、拖欠征收补偿费等费用”。第44条规定了对民事主体的不动产或者动产的征用,即“因抢险、救灾等紧急需要,依照法律规定的权限和程序可以征用单位、个人的不动产或者动产。被征用的不动产或者动产使用后,应当返还被征用人。单位、个人的不动产或者动产被征用或者征用后毁损、灭失的,应当给予补偿”。第121条规定用益物权人因征收、征用能获得补偿,即“因不动产或者动产被征收、征用致使用益物权消灭或者影响用益物权行使的,用益物权人有权依照本法第42、44条的规定获得相应补偿”。

二、规范目的与含义

(一)规范目的

合法财产受法律保护,是任何法治国家均秉持的基本原则。但是,由于我国法治建设事业尚处于不断发展完善的阶段,因此在相当长的一段时间内,对于人民群众合法财产权的保护尚有欠缺,实践中不时发生行政机关通过征收、征用侵害其他主体合法财产权的现象。为了强化合法财产的保护力度,防止行政机关任意侵害其他主体财产权,本条规范特再次明确征收、征用的限制条件。

(二)规范含义

1. 征收和征用的区别

所谓征收,是指为了公共利益的需要,国家以补偿损失为条件,依法强制取得其他主体财产权的行为。所谓征用,是指国家在特定的紧急状态下,为了公共利益的需要,依法强制使用其他主体财产的行为。征收和征用都是国家的强制行为,都是对其他主体合法财产权的限制,但它们并不相同。其不同之处主要表现为:其一,前提有所不同。征收和征用的前提虽然都是为了公共利益的需要,但征收的前提范围相对宽泛,征用的前提范围主要限定抢险、救灾等突发的紧急状态。其二,对象有所不同。从理论上讲,其他主体的各类财产权均能成为征收的对象,但因为土地等不动产之外的其他财产权通常有可替代性,国家即便为了维护和实现公共利益,也完全可在市场上购买,无须借助强制性的征收手段，故征收的客体主要是不动产。从我国征收实践来看，征收的不动产权利主要包括集体土地所有权、集体建设用地使用权及建筑物、构筑物所有权、宅基地使用权及房屋所有权、国有土地上的房屋所有权。征用有所不同，在紧急状态下，不动产和动产均属于征用对象。其三，效果有所不同。征收导致财产权的变动，结果是国家从财产权人处直接取得财产权，而征用不导致财产权变动，只是国家出于应急需要，而强制使用其他主体的财产，在紧急状态结束后，被征用的财产应返还给权利人。其四，补偿有所不同。征收导致财产权的转移，被征收人因此丧失财产权，国家必须给予与财产权价值相当的补偿，而征用不导致财产权转移，只要征用的财产没有毁损灭失，国家给予的补偿限定为权利人因不能行使权利而遭受的损失。

2. 征收和征用的条件

根据本条的规定，征收、征用必须满足以下条件：

第一，必须为了公共利益的需要。征收、征用是国家对他人正当财产权的合法限制，而该限制之所以能受法律保护，就因为其目的是满足公共利益的需要，《国有土地上房屋征收与补偿条例》第 8 条对为了公共利益的需要进行了类型化列举，包括国防和外交的需要、由政府组织实施的能源等基础设施建设的需要、由政府组织实施的科技公共事业的需要、由政府组织实施的保障性安居工程建设的需要、由政府依照城乡规划法有关规定组织实施的对危房集中、基础设施落后等地段进行旧城区改建的需要等，可供参酌。为商业利益等非公共利益需要的，不得征收、征用。

第二，主体必须有法定权限。征收、征用直接发生在国家和被征收人、被征用人之间，其中，国家是征收权主体，实际上经过法律授权由相应的政府代表国家行使征收权、征用权。以征收为例，根据《土地管理法》第 45 条，代表国家行使土地征收权的主体是国务院或省级政府；根据《国有土地上房屋征收与补偿条例》第 4 条第 1 款，代表国家行使国有土地上房屋征收权的主体是土地及房屋所在行政区域的市、县级政府。在实践中，往往有地铁公司等涉及运营公共事业的主体请求国家行使征收权，以便更便利地实现运营公共事业的目的，但从法律上讲，它们只对国家享有相应的申请权，至于国家是否启动征收，并不受其控制，故这些主体并非征收的主体。

需要注意的是,上文所谓的征收权指向征收决定权,并不包括实施权,征收实施权被法律配置给其他行政机关,《土地管理法》第46条规定由县级以上地方政府公告征收决定并组织实施,《国有土地上房屋征收与补偿条例》第4条第2款规定由市、县级政府确定的房屋征收部门组织实施本行政区域的房屋征收与补偿工作。之所以会出现这种权力分置,是出于高效行政的考虑,即为了防止行政机关滥用征收权,以免不当侵夺其他主体的合法财产权,征收决定权要由地位相对超然的行政机关承担,但若仍由这些机关具体操作实施,不仅有违层级制的行政运作机制,还会因其不熟悉被征收不动产的具体信息而不便操作,从而加大管制成本。

无论如何,代为行使征收或征用决定权、实施权的主体均要有法律规定的权限;否则,征收、征用就属于违法行为,相应主体应承担法律责任。

第三,程序必须符合法律规定。征收、征用是国家对其他主体财产权的合法限制,要确保其正当性,就要求权力主体必须根据法定程序进行。以征收为例,根据《土地管理法》第45~46条,征收土地,应经国务院批准或经省级政府批准并报国务院备案,由县级以上地方政府予以公告并组织实施。根据《国有土地上房屋征收与补偿条例》第10~13条,征收国有土地上房屋包括以下环节:其一,征收补偿方案的拟订、论证、征求意见、修改及公布;其二,进行社会稳定风险评估或经政府常务会议讨论决定,且征收补偿费用足额到位、专户存储、专款专用;其三,市、县级政府作出房屋征收决定;其四,及时公告房屋征收决定。

第四,必须有公平、合理的补偿。征收、征用给财产权人带来了损失,国家应给予公平、合理的补偿。本条特别强调了征收、征用补偿的公平性与合理性,这是《民法总则》比既有征收、征用补偿制度更为完善的一个重要表现,因为对公平、合理补偿的判断因素是开放的、因时的,而如《物权法》第42条规定的补偿要素范围则是封闭的、僵硬的。其实,《国有土地上房屋征收与补偿条例》对此已有明确表现,该条例第2条就明确要求"公平补偿",并有不少条文对"公平补偿"进行了具体化。根据该条例第17条第1款,对被征收人的补偿包括:其一,被征收房屋价值的补偿;其二,因征收房屋造成的搬迁、临时安置的补偿;其三,因征收房屋造成的停产停业损失的补偿。该条例第19条第1

款规定，对被征收房屋价值的补偿，不得低于房屋征收决定公告之日被征收房屋类似房地产的市场价格；被征收房屋的价值，由具有相应资质的房地产价格评估机构按照房屋征收评估办法评估确定。该条例第22条规定，因征收房屋造成搬迁的，房屋征收部门应当向被征收人支付搬迁费；选择房屋产权调换的，产权调换房屋交付前，房屋征收部门应当向被征收人支付临时安置费或者提供周转用房。该条例第23条规定，对因征收房屋造成停产停业损失的补偿，根据房屋被征收前的效益、停产停业期限等因素确定。基于《国有土地上房屋征收与补偿条例》的上述规范经验，可以看出，补偿的公平、合理，不仅是说要基于市场价格来衡量征收、征用标的物的价值，进而给予足额补偿，还包括应足额补偿因征收、征用而给被征收人、被征用人带来的其他损失。

需强调的是，征收、征用是正当的合法行为，而非对被征收人、被征用人财产权的不当侵害，故公平、合理地给予足额补偿，旨在弥补被征收人、被征用人的损失，这与基于侵权行为的国家损害赔偿完全不同。

三、其他问题

（一）征收与补偿的关系

征收是国家对其他主体财产权的合法剥夺，补偿被征收人因此遭受的损失，成为必不可少的要素。从逻辑上讲，征收与补偿的关系会有多重构造，向被征收人实际补偿后，征收决定才能作出并生效，是可能的思路之一，德国就是这样。在德国，只有在支付确定的补偿款后，行政长官才发布征收命令，所有权因此转移。① 这种思路把补偿当成征收的内置环节，实际补偿是征收完成的标志。还有另一种思路，征收决定的作出不受实际补偿的影响，但实际补偿是征收决定生效的标志，所有权由此转移，我国台湾地区即是如此，也即补偿费发放完毕是征收完成的时点，所有权发生转移。② 这两种思路和做法的好处，是能有效提升被征收人在政府强势介入下的自我保护能力，能充分保护被征收人的利益。

---

① 参见[德]鲍尔/施蒂尔纳：《德国物权法》（上册），张双根译，法律出版社2004年版，第581页。

② 参见谢哲胜：《土地法》，作者2006年自版，第462页。

德国和我国台湾地区的经验是征收因补偿到位而完成,而我国大陆征收的法律结构有所不同,是先完成征收,后实际补偿,即先由政府取得财产,再通过发放补偿款、提供安置房等方式来实际补偿被征收人的损失。也就是说,在我国大陆,征收与补偿的关系虽然相当密切,如在征收决定前或在公告该决定前,政府必须考虑对被征收人的补偿标准、方式、数额等,但实际补偿并非征收决定能否作出或能否生效的约束条件。这样一来,被征收人是否获得实际补偿,不影响政府通过征收取得财产,故是否实际补偿不是征收决定生效的标志。有法院判决就指出:"无论该征收决定中是否包含诉争树木的补偿标准、补偿标准是否过低及补偿款是否足额支付,均不影响征收决定生效以及相应物权转移的法律效力。"①不过,鉴于征收补偿问题是我国大陆聚焦的突出社会问题,将来不妨通过修法,像德国、我国台湾地区一样,把实际补偿作为征收的内置环节,以影响征收决定的作出或效力。

(二)征收决定的生效

政府征收导致的物权变动,属于非依法律行为的物权变动,根据《物权法》第28条,征收决定生效是物权变动的标志,不动产登记与否对不动产物权变动没有影响,在此意义上,基于征收的登记是宣示登记,《物权法》第31条对此有明文。问题在于,征收决定生效的标志是什么,这对当事人的利益影响很大。

与征收决定相关的有三个重要节点,一是作出征收决定,二是公告征收决定,三是补偿款到位并完成分发。在征收与实际补偿分离的架构中,实际补偿与否不影响征收决定的效力,故实际补偿不是征收决定生效的标志。在剩下的两个节点中,作出征收决定,表明征收决定已现实发生,但只要不通知被征收人,它仍然完全受控于征收决定权主体,该主体有权根据实际情况撤回该决定,故而,征收决定不因作出而即时生效。在公告后,征收决定有了信息溢出效应,不仅对被征收人形成负担,还为其他社会公众所周知,为了维护政府信誉和保护社会预期,征收决定权主体必须受征收决定的约束,不得自由撤回。

① 参见江苏省高级人民法院(2014)苏审二民申字第264号民事裁定书。

就此而言,公告是征收决定生效的标志,这一点得到了我国司法实践的认可。[①]在公告后,即便被征收人对征收决定不服,在行政复议或行政诉讼期间,仍不改变该决定生效的事实。

① 参见江苏省高级人民法院(2013)苏审三民申字第104号民事裁定书、江苏省高级人民法院(2014)苏审二民申字第264号民事裁定书、重庆市高级人民法院(2014)渝高法民终字第00058号民事判决书。

第一百一十八条 【债权】

民事主体依法享有债权。

债权是因合同、侵权行为、无因管理、不当得利以及法律的其他规定，权利人请求特定义务人为或者不为一定行为的权利。

一、历史由来

本条源自《民法通则》第 84 条："债是按照合同的约定或者依照法律的规定，在当事人之间产生的特定的权利和义务关系，享有权利的人是债权人，负有义务的人是债务人。债权人有权要求债务人按照合同的约定或者依照法律的规定履行义务。"《民法通则》第 84 条指出了债的大致模样，为之后的立法和实践提供了指引，但其缺陷也很明显，如未明确债的相对性，未明确债的标的是给付，未明确列举法律之债的类型。[①] 着眼于这些缺陷，本条进行了必要的弥补。本条明确了侵权行为、无因管理和不当得利作为债发生的原因，取代了《民法通则》第 84 条"依照法律的规定"的概括表述。此外，本条明确了作为债之内容的"给付"的基本含义，即"权利人请求特定义务人为或者不为一定行为"。从形式上看，本条的表述相较于《民法通则》第 84 条更为简洁清晰，是立法技术上的提高。

在《民法总则》立法过程中，《民法总则（草案）》一审稿第 105 条规定："民事主体依法享有债权。债权是因合同、单方允诺、侵权行为、无因管理、不当得利以及法律的其他规定，权利人请求特定义务人为一定行为的权利。"该条规定突出了债权的相对性、债的标的为给付等债的重要特点，同时还列举了债的原因，弥补了《民法通则》第 84 条的缺陷。但一审稿第 105 条仍有不足，即作

① 参见梁慧星主编：《中国民法典草案建议稿附理由·债权编》，法律出版社 2004 年版，第 6 页；王利明主编：《中国民法典学者建议稿及立法理由·债权编》，法律出版社 2005 年版，第 12 页。

为债权标的的给付包括作为与不作为,该条表达疏漏了不作为。二审稿第 115 条进行了完善,它规定“民事主体依法享有债权。债权是因合同、侵权行为、无因管理、不当得利以及法律的其他规定,权利人请求特定义务人为或者不为一定行为的权利。”这两稿的规定均有“民事主体依法享有债权”,该规定不仅语焉不详,还画蛇添足,因为并非任一民事主体均有债权,只有在特定原因事实发生后,债权才能产生,故完全没有必要有这样的规定,故而,三审稿第 118 条和本条删去了该规定。

二、规范目的与含义

(一)规范目的

本条规范目的旨在界定债权的概念。与物权一样,债权也是高度抽象的概念,通过厘定其内涵和原因事实,有助于法律的正确理解和适用。本条是阐释基本概念的不完全法条,在适用时要与其他条文相结合。在本法中规定债权的概念,看上去很突兀,但若我国将来的民法典不设置债法总则编,就能解决债权概念不便规定在合同法部分的问题。

(二)规范含义

通过对比本条和第 114 条对物权的界定,可以看出本条有以下规范含义:

第一,从形态上看,债权是一种以地位平等的债权人和债务人的关系为中心的财产权,权利人基于债权的地位,可以请求债务人为或不为特定行为,至于这些行为是否涉及不动产或动产等标的物,在所不问。与此不同,物权一定是与特定的物或权利相关的财产权,没有这些客体,物权就无存身的空间,这样一来,物权往往被简化为人对物的权利。这些不同意味着,围绕债权设置的规则必须关照双方当事人的关系,如根据《合同法》第 80 条,债权转让时要通知债务人,而围绕物权所设置的规范,除非有特别考虑,否则只需凸显物权人的支配即可,无须再关注物权人与义务人的关系。

申言之,债权与债务构成的债的关系存于特定人之间,债权或债务因此除了有常说的相对性外,还有对人性,即在债的关系中,是债务人这个特定主体对债权人这个特定主体负担义务,债权仅针对该债务人,既不当然地约束其他人,也不直接负载在债务人的财产之上。总之,债权是指向债务人给付行为的财产权,债务人身外的财产虽然涉及债权实现,但与债权存续无关。债权的这种对人性意味着,只要特定主体愿受债务约束,或在法律的强制安排下,无须考虑财产要素,债权就能无中生有地发生,从而初始创设债权,这给债务人增添了义务,改变了当事人之间原有的关系。

第二,从效力上看,债权只及于特定的债务人,通常不约束此外的第三人,相对性的特点非常明显,属于相对权。物权则能波及权利人之外的第三人,属于绝对权。

第三,从内容上看,债权指向请求债务人为或不为一定行为,需要借助债务人才能实现,属于请求权。物权则属于支配权,权利人无须借助他人之力就能实现权利。

第四,从产生上看,债权的原因事实包括意定和法定两类,意定的原因事实主要是合同,法定的原因事实包括侵权行为、无因管理、不当得利等。需要注意的是,捐助等单方允诺虽然也是意思自治的表现,也能产生债权,但因为这种行为往往不利于允诺人,对相对人并无不利,为了照料允诺人的利益,不至于对其过于严苛,它要想成为债权的原因事实,需要法律予以明确,正基于此,可把单方允诺归为“法律的其他规定”。

需要注意的是,《民法总则(草案)》一审稿第105条将“单方允诺”作为债的发生的原因加以规定,但其后被删除,有观点认为,这是因为单方允诺主要表现为悬赏广告,而我国司法实践把悬赏广告当成要约,故不把“单方允诺”作为债发生原因可避免概念混乱。其实,只要明确产生债权的行为是意思自治的后果,即便实证法提供的标准范本不能涵盖现实中某一行为的实际样态,但只要该行为符合法律行为的构造,就仍应能产生债权。比如,《合同法解释(二)》第3条规定了悬赏广告,在“为了正确审理合同纠纷案件”的目的引导下,该司法解释显然把悬赏广告当成了合同,从这个基点往前推,它应与《合同法》第14条、21条规定的要约和承诺相配套,适用于相对人知道悬赏且完成特定行为的情形。至于相对人不知悬赏而完成特定行为的情形,当然无法适用上述规范,但只要悬赏广告未明确排除该情形下的相对人报酬请求权,就表明它是单方行为,仍能为相对人创设报酬请求权。

第一百一十九条 【合同的约束力】

依法成立的合同，对当事人具有法律约束力。

一、历史由来

本条源自《合同法》第8条:“依法成立的合同，对当事人具有法律约束力。当事人应当按照约定履行自己的义务，不得擅自变更或者解除合同。依法成立的合同，受法律保护。”从内容上看，本条与《合同法》第8条第1款第1句的表述完全一致，并删去了《合同法》第8条第1款第2句和第2款的内容，从而显得更简洁。《民法总则(草案)》二审稿第116条、三审稿第119条均规定了合同的约束力，本条未进行修改和调整。

二、规范目的与含义

(一)规范目的

本条规范旨在明确合同的约束力。在债权概念的统领下，本条与第120条、121条、122条一起，对最常见且重要的债权原因事实进行了界定，体现了规范框架的完整性。

(二)规范含义

1. 本条的合同是债权行为

根据《合同法》第2条第1款，合同是指作为平等主体的自然人、法人、其他组织之间设立、变更、终止民事权利义务关系的协议。在《合同法》第2条第2款的缩限下，第1款的“民事权利义务关系”指向财产权利义务关系。而民事财产权又有债权和物权之分，故有观点认为，《合同法》第2条第1款的合同既包括产生债权的债权行为，也包括导致物权变动的物权行为。本条与第118条衔接，把合同作为债权的原因事实，它就是债权行为，与物权行为无关。也就是说，当债权创设源自当事人协商一致的自我决定时，这种合同行为就是债权行为,受制于此,第118条及本条所称的合同专属于债法。

2. 合同依法成立

合同因当事人意思表示一致而成立,但并不因其成立就必然对当事人产生法律约束力,只有依法成立的合同才有这样的效果。在此所谓的“依法”无疑是一种限制,必须予以恰当理解,才能发挥其本有的规范功能,否则会过分干涉当事人的意思自治。

首先,“依法”的内涵是说合同还需符合法律的要求,如内容不违反法律、行政法规的效力性强制性规定,否则合同自始无效,没有法律意义。由此也能区分合同的成立要件和阻却生效的要件。意思自治是合同的生命线,只要意思表示一致,合同就实然成立,意思表示一致实际就是合同的成立要件。在此基础上,合同还不能违背制定法所框定的意思表示真实等有效要件,否则就可以说合同违背了法律规定,有了违法性,其结果是合同不能产生当事人预期的法律效果,由此成为无效、可撤销或效力待定的法律行为,就此而言,说法律行为违法,是在有效层面上说明法律行为的效力存在瑕疵。① 进言之,法律行为重在强调行为法律意义的归属,即判断行为人如何取得由其行为所形成的法律关系和权利,要实现这个目的,除了成立要件,有实质决定性的阻却生效的要件,一旦合同具备后者,就成为有效力瑕疵的法律行为,当然就没有法律约束力。

其次,“依法”不包括法律规定的特别生效要件,因为即便合同缺失这些特别要件,仍能在维持其已然成立的状态下,予以补救。比如,《合同法》第44条第2款规定:“依法成立的合同,自成立时生效。法律、行政法规规定应当办理批准、登记等手续生效的,依照其规定。”据此,在法律、行政法规有特别规定的前提下,批准或登记属于合同的特别生效要件,没有办理这些手续的合同未生效[《合同法解释(一)》第9条第1款]。这种已成立未生效的合同仍有法律约束力,根据最高人民法院《合同法解释(二)》第8条,有义务办理申请批准

① 德国学者Koehler在其教科书中明确区分了法律行为的构成要件(Tatbestandvoraussetzung)和有效要件(Wirksamkeitvoraussetzung),前者用以判断有无法律行为,后者用以判断已存在的法律行为能否产生相应的法律效果。Vgl. Koehler, BGB Allgemeiner Teil, 33. Aufl., Muenchen2009, S. 36.

或者申请登记等手续的一方当事人未按照法律规定或者合同约定办理申请批准或者未申请登记的，法院可以根据案件的具体情况和相对人的请求，判决相对人自己办理有关手续，即促成合同生效。这又进一步揭示了区分法律行为成立要件和特别生效要件的实用价值，即不符合前者的行为根本就不是法律行为，无法予以补救；不符合后者的行为还是法律行为，还有补救的可能。①

这也能显示出债权行为与物权行为的差异，在物权行为，尽管物权合意是物权变动的自治基础，但没有公示的配合，它也不能直接导致物权变动，故它不能像债权行为那样对当事人有约束力，即在不动产登记或动产交付前，物权合意可撤回。②

而且，债权的相对性使合同仅约束特定的相对方，不能随意波及之外的第三人，其存续与否、有何内容，与第三人的关联性不强，这使得面向社会公众开放的登记等公示机制在此无立足之地。故而，在中国大陆，除非法律、行政法规另有规定；否则，合同以形式自由为原则，登记等公示机制不能决定其成立或生效。

最后，“依法”必须是与合同特性匹配的法律要求，不能不当扩张其范围。债权通过债务人的给付才能实现，这种结果之所以发生，在意思自治的背景下，完全因为债务人的自我约束，是其相应的效果意思惹的祸，故在合同的阻却生效条件上，除了行为人的相应行为能力外，无须考虑有无处分权（《最高人民法院关于审理买卖合同纠纷案件适用法律问题的解释》第 3 条）。也就是说，债务人因合同而陷入给付义务，只要行为人的行为能力足以确保其认清自己行为的后果，基于意思自治的根本考量，法律就应认可相应的法律效果，无须再附加处分权的限制。

3. 合同的法律约束力

依法成立的合同对当事人具有法律约束力，强调了合同效力的相对性，即其只及于合同当事人，对之外的第三人没有约束力。在此约束力下，当事人应

---

① Vgl. Koehler, BGB Allgemeiner Teil, 33. Aufl., Muenchen2009, S. 36. 另参见苏永钦：《走入新世纪的私法自治》，中国政法大学出版社 2002 年版，第 25～27 页。

② Vgl. Baur/Stuerner, Sachenrecht, 18. Aufl., Muenchen 2009, S. 53 f.

按照约定履行债务,否则就要承担相应的责任。不仅如此,合同在当事人之间有相当于法律的效力,是法院判断当事人有无相应权利的依据,并能优于狭义法律的任意规范而适用,应属于法源。①

① 参见黄茂荣:《法学方法与现代民法》,中国政法大学出版社 2001 年版,第 8 页;苏永钦:《私法自治中的经济理性》,中国人民大学出版社 2004 年版,第 14 页。

第一百二十条 【侵权请求权】

民事权益受到侵害的，被侵权人有权请求侵权人承担侵权责任。

一、历史由来

本条源自《侵权责任法》第 2 条和第 3 条，其中第 2 条第 1 款规定，“侵害民事权益，应当依照本法承担侵权责任”；第 3 条规定，“被侵权人有权请求侵权人承担侵权责任。”因此，本条实际上是《侵权责任法》第 2 条和第 3 条的整合，是对侵权请求权的一般规定。在《民法总则》的立法过程中，《民法总则（草案）》一审稿没有相应的规定，二审稿第 117 条始有该规定，三审稿第 120 条和本条保留下来，未作出修改和调整。

二、规范目的

（一）规范目的

本条规范目的旨在明确侵权行为的一般规范。本条与第 118 条第 2 款的“侵权行为”对应，列明了实践中最常见的债权原因事实。本条内容极其抽象，无论是“侵害”还是“民事权益”，内涵均相当不确定，且其未明确侵权责任的要件和形态，并非能作为请求权基础的完全法条，就此而言，本条完全出于框架规范完整性的考虑，在适用时必须与《侵权责任法》相结合。

（二）规范含义

本条阐明了侵权行为的基本构成：其一，有侵害行为；其二，他人民事权益遭受损害；其三，侵害行为与民事权益损害之间有因果关系。在满足这些基本构成后，行为人和受害人就有侵权人和被侵权人之称，前者就有权请求后者承担侵权责任。当然，上述构成相当简化，必须结合《侵权责任法》的规定再予细化，才能准确理解和适用。

需要说明的是，本条所谓的“民事权益”与《侵权责任法》第 2 条第 1 款的

“民事权益”具有相同的内涵。根据《侵权责任法》第2条第2款,民事权益既包括生命权、健康权、姓名权、名誉权、荣誉权、肖像权、隐私权、婚姻自主权、监护权、所有权、用益物权、担保物权、著作权、专利权、商标专用权、发现权、股权、继承权等人身权、财产权,还包括其他人身、财产利益,如死者名誉、胎儿人身利益等,之所以采用这种宽泛表述,是考虑到民事权益多种多样,立法难以穷尽,而且随着社会、经济的发展,还会不断有新的民事权益被纳入侵权法的调整范围。①

三、其他问题

(一)违法性是侵权行为的构成要素

在德国和我国台湾地区,侵权行为的基本类型高度近似,表现为侵害他人的绝对权、违反保护他人的法律和违反善良风俗三种,无论哪一种,均包含违法性的要素,只不过,违法性的内涵因行为不同而有异。侵害他人绝对权的行为,只要满足行为、侵害权利和因果关系的基本要件后,就推定行为违法,《德国民法典》第823条第1款、我国台湾地区“民法典”第184条第1项之所以再明确规定违法性要素,还有排除紧急避难等抗辩事由的考虑。违反保护他人的法律的行为,正如其字面表达,违法性一目了然。至于违反善良风俗的行为,违法性体现为违背善良风俗。② 与这些基本侵权行为一样,特别侵权行为也有违法性要素。③

之所以要在侵权行为中设置违法性要素,根本目的是为行为人承担损害赔偿责任提供正当性支持。社会中的现实人都有自由行为的实际需要,难免会在自由行为时致他人损害,单凭该损害结果的客观发生就定行为人的责任,当然可补救受害人,但未顾及行为人理性有限的现实,未考虑行为人能否预料

① 参见王胜明主编:《中华人民共和国侵权责任法释义》,法律出版社2010年版,第23~26页。

② 参见[德]马克西米利安·福克斯:《侵权行为法》,齐晓琨译,法律出版社2006年版,第12~85页、第142~153页、第163~164页;王泽鉴:《侵权行为》,北京大学出版社2009年版,第217页、274页、287页。

③ 参见王千维:《由“民法”第一八四条到第一九一条之三》,载《民法七十年之回顾与展望纪念论文集》(第1册),中国政法大学出版社2002年版,第94~130页。

其行为致人损害的结果，最终会过度限制行为自由。也就是说，在设计侵权行为制度时，仅考虑救济损失，不考虑理性有限的行为人的行为自由，就与社会现实相悖，合理性值得怀疑。说到底，理性有限的行为人要为其加害行为负责，前提是明知或可知有不能为此行为的义务，只有这样，才能说其行为超越了合理界线，由行为人来承担该行为所制造的风险和损害，才算合理。由于绝对权、法律和善良风俗均有能为世人公知的对世性，它们为行为人划定了不可为的行为界限，逾越这些界限致人损害，是行为人承担侵权责任的前提，只有这样，才能有效地平衡行为自由和责任承担。① 故而，侵害绝对权、违反保护他人的法律、违背善良风俗，说明行为人超越了明知或可知的行为界限，应为其行为负责，违法性要素由此与损害赔偿责任之间建立了有机关联。

说违法性要素在侵权行为中占据突出地位，是源自对德国和我国台湾地区相关法律规范的认知，它们在表述上均有明确的体现，对此无须赘言。与此不同，本条并未表现出违法性要件，《侵权责任法》第 6 条第 1 款的要件也是"行为人因过错侵害他人民事权益"，其中未表现出违法性要素，学理因此多有争议。② 不过，套用德国和我国台湾地区的认知模式，本条和《侵权责任法》第 6 条第 1 款的要件可细分为两类，一是侵害绝对权的行为，二是侵害其他权益的行为。③ 与上述的道理相当，绝对权受他人侵害已内含违法性，故侵害绝对权的行为有违法性要素。至于侵害其他权益的行为，虽然本条和《侵权责任法》第 6 条第 1 款的字面没有"违反保护他人的法律"或"违背善良风俗"的表述，但正如学理探讨指出的，对此不妨通过解释来引入这两类违法性，如通过目的性缩限或扩张，把侵害其他权益细化为过错违反保护他人的法律、故意违背善良风俗致人损害。④ 此外，从我国大陆过往的法律规范和经验来看，把违法性作为侵权行为的要素，并不显得突兀。比如，《最高人民法院审理名誉权

---

① 参见苏永钦：《走入新世纪的私法自治》，中国政法大学出版社 2002 年版，第 304 ~ 307 页。

② 参见王利明、周友军、高圣平：《侵权责任法疑难问题研究》，中国法制出版社 2012 年版，第 178 ~ 204 页。

③ 参见李承亮：《侵权行为违法性的判断标准》，载《法学评论》2011 年第 2 期。

④ 参见葛云松：《〈侵权责任法〉保护的民事权益》，载《中国法学》2010 年第 3 期；于飞：《权利与利益区分保护的侵权法体系之研究》，法律出版社 2012 年版，第 248 ~ 257 页。

案件若干问题的解答》第7条把行为违法当成侵害名誉权的构成要素之一;又如,《最高人民法院关于确定民事侵权精神损害赔偿责任若干问题的解释》第1~3条在构成上均设置了"非法""违反社会公共利益、社会公德"等违法性要素。

其实,构成要件包容哪些要素,是学理解释的结果,在解释时固然要依托法律规范本身,但又不能完全受制于此,而是应超越规范文义,特别要结合规范目的和体系进行界定,这方面的典型例子有《日本民法典》第709条的过错侵权行为,其字面同样不包含违法性,但学理和实务均认可违法性要素的存在;[①]还有我国台湾地区"民法典"第184条第1项的要件,加害行为和损害之间的因果关系也被认为是从逻辑关联中得出的附加要素。[②] 对本条和《侵权责任法》第6条第1款的上述解释,不过是认识法律要件构成要素的另一个例子而已。若上述见解成立,就表明违法性同样是我国大陆侵权行为的构成要素。

(二)作为侵权责任的损害赔偿

在德国,作为债的发生原因,侵权行为的法律效果是行为人应赔偿受害人的损害,其特质是受害人可请求加害行为人给付。这种效果仅是行为人对受害人的损害赔偿债务,受害人对行为人没有债务,这种仅由行为人单向负担的债务突显了补救受害人的制度目的。由此可见,侵权行为的法律效果,是受害人可请求行为人损害赔偿,侵权行为因此是债权的原因事实。不过,本条以及《侵权责任法》均把侵权行为与侵权责任对应,而从字义上看,侵权责任显然不是债权,那么,应如何理解两者的关系,就值得探讨。

为了说明这个问题,在此先以债务不履行为例来展开,因为它与侵权行为是违法行为的主干,它们的法律效果具有同质性。正如其字义所显示的,债务不履行要先有债务存在,方能有不履行的行为,该债务主要是买卖合同、无因管理等原创的债务,在不履行后产生损害赔偿债务,由此可见,损害赔偿债务属于这些先前债务的衍生形态。

① 参见于敏:《日本侵权行为法》,法律出版社2006年版,第144~181页。

② 参见黄立:《民法总则》,作者2005年自版,第28~29页。

从债务和责任区分的角度来看，损害赔偿这种衍生的债务实际就是责任，而德国民法之所以仍称其为债务，是因为债务和责任未加区分，两者可同义使用。① 就损害赔偿仍适用债务不履行的规范而言，称其为责任的确不如称其为债务。但损害赔偿毕竟衍生于其他义务，除了补救损失外，还有制裁违背上述义务者的功能，与此对应，就需在要件中设置违法性等特别要素，而原创的债务并无该功能。② 这样一来，把损害赔偿归为衍生性的债务，或归为有制裁功能的责任，将它作为违法行为的法律效果特质，就能与原创债务的买卖合同、无因管理等合法行为区分开来。我国台湾地区与德国一样把损害赔偿归为债务，侵权行为与无因管理、买卖合同等同为债的发生原因，但民法学理早就注意到其中存有属性差异，因此区分了第一次义务和第二次义务，前者指向上述的原创债务，后者则指向损害赔偿责任。③ 基于这种区分，把责任或第二次义务作为违法行为的法律效果特质，同样能与产生第一次义务的合法行为区别开来。

与德国和我国台湾地区不同，我国大陆民法规范和学理均明确区分义务和责任，不仅民事责任、违约责任和侵权责任是明确的法律术语，责任还被当成违反义务的法律后果，其形态除了损害赔偿，还包括停止侵害等。④ 在这种现实中，把责任当成侵权行为、违约行为等违法行为的法律效果形态，以与合法行为相区别，根本不周折费力。

再看侵权的损害赔偿，这种单向债务之所以产生，是因为行为人违背了不得伤人、谋财之类的一般义务，⑤为了平复由此产生的利益亏空，遂有损害赔偿债务。从逻辑顺序来看，该一般义务无疑先在于损害赔偿债务，后者不过是该一般义务的衍生形态，也即责任，这与债务不履行的法律效果具有同质性。

---

① 参见[德]迪特尔·施瓦布：《民法导论》，郑冲译，法律出版社2006年版，第168～169页。

② Vgl. Esser/Schmidt, Schuldrecht, Bd. I, Teilband I, 8. Aufl., Heidelberg 2000, S. 114 ff.. 另参见[奥]凯尔森：《法与国家的一般理论》，沈宗灵译，中国大百科全书出版社1996年版，第54～55页。

③ 参见史尚宽：《民法总论》，中国政法大学出版社2000年版，第37页；黄茂荣：《债法总论》(第1册)，中国政法大学出版社2003年版，第64页。

④ 参见魏振瀛：《民事责任与债分离研究》，北京大学出版社2013年版，第25～26页。

⑤ Vgl. Medicus/Lorenz, Schuldrecht, Bd. I, 18. Aufl., Muenchen 2008, S. 1f..

第一百二十一条 【无因管理请求权】

没有法定的或者约定的义务，为避免他人利益受损失而进行管理的人，有权请求受益人偿还由此支出的必要费用。

一、历史由来

本条源自《民法通则》第93条："没有法定的或者约定的义务，为避免他人利益受损失进行管理或者服务的，有权要求受益人偿付由此而支付的必要费用。"在《民法总则》的立法过程中，《民法总则（草案）》一审稿第106条、二审稿第118条、三审稿第121条均采取了相同表述，本条未作实质修改和调整。

二、规范目的与含义

（一）规范目的

本条规范目的旨在明确无因管理的一般规范。本条与第118条第2款的"无因管理"对应，列明了实践中最常见的债权原因事实。

（二）规范含义

1. 构成要件和法律属性

在本条，进行管理或服务的人称为管理人，相对人称为本人。根据本条，无因管理包括以下构成要件：其一，管理人管理了本人的事务，即"进行管理或者服务"；其二，管理人没有义务管理本人的事务，即"没有法定的或者约定的义务"；其三，管理人有为他人利益而管理的管理意思，即"为避免他人利益受损失"。

在上述构成要件中，管理意思相当关键，即便某行为符合前两个要件，也未必是无因管理，只有具备管理意思，才是真正的无因管理；否则，即为名为不真正无因管理实为不当得利或者侵权行为的债（《德国民法典》第677、687条）。如此说来，管理意思决定了真正无因管理，管理意思的有无，是区分无因管理与不当得利、侵权行为的标志。

管理意思看上去与法律行为的效果意思相当，实则不然，因为管理意思旨在将管理他人事务所获事实上的利益归于本人，至于本人是谁乃至是否实际存在均非所问，也不要求有使本人对管理人负担义务的内容，①这与法律行为效果意思有天壤之别。可以说，管理意思只是判断某行为是否真正无因管理的要件之一，并非无因管理之债的最终决定因素，相关债权债务关系与它无关。既然如此，管理意思不是效果意思，无因管理也非法律行为。

不仅如此，管理意思也需表示，无因管理因此不是表示行为，从而与作为表示行为的准法律行为不同。与此相应，若管理人误把他人事务当成自己事务进行管理，就表明该行为因缺失管理意思而无法成立无因管理，意思表示错误的规范在此没有类推适用的空间。②

无因管理不是法律行为也不是准法律行为，在法律属性上是事实行为。由于管理意思的有无影响到无因管理的形态和后果，它可谓是塑造无因管理体系的基本要素。在加工、交付等事实行为中，意思要素要么根本不起作用，如加工根本不考虑加工人的意思；要么没有独立的法律地位，如交付的意思隐藏于占有移转行为当中。而管理意思有如此大的作用，实在为加工、交付等事实行为规范所难以比拟，故用混合事实行为来界定无因管理，③的确相当到位。

管理意思在无因管理的构成要件中有独立地位，无须附着于其他要素，无因管理因此被称为意思独立的事实行为。既然为事实行为，且管理意思又无须表示，管理人的识别能力也无特别要求。④

2. 法律效果

一旦成立无因管理，管理人与本人之间即发生债权债务关系。根据本条，管理人有权请求本人偿还支出的费用。此外，管理人还有权请求本人偿还费用的利息、清偿因管理而对第三人的负债、赔偿因管理而导致的损害。

---

① 参见史尚宽：《债法总论》，中国政法大学出版社2000年版，第61～63页。

② 参见［日］我妻荣：《债法各论》（下卷一），冷罗生等译，中国法制出版社2008年版，第8页；张广兴主编：《债法》，社会科学文献出版社2009年版，第377～378页。

③ 参见史尚宽：《债法总论》，中国政法大学出版社2000年版，第58页；孙森炎：《民法债编总论》（上册），法律出版社2006年版，第97页。

④ 参见黄茂荣：《债法各论》（第1册），中国政法大学出版社2004年版，第208页。

需要注意的是,无因管理除了产生管理人对本人的债权,管理人也负有债务,主要包括:其一,通知义务,即把管理或服务情况通知给本人;其二,继续义务,即在本人参与管理前,继续管理或服务;其三,善意管理义务,即管理人在管理或服务时,不违反本人明示或可推知的意思,根据管理或服务事项的性质进行妥善管理或服务;其四,报告和结算义务,即管理人完成管理或服务时,将有关情况向本人报告并进行结算。管理人违反这些义务的,要负相应的责任。

三、其他问题

(一)无因管理与委托合同的关系

无因管理以无委任为基本前提(《德国民法典》第677条),由此与委托合同在民法典中分列不同的单元,在法律适用上非此即彼。在此前提下,两者规范的主要差异表现为:(1)在主体方面,委任契约受行为能力规范的约束,无完全行为能力人订立的委任合同不当然有效,无因管理则无此限制,管理人可无完全行为能力。(2)在构造方面,委托合同是当事人双方就委托处理事务达成的一致的意思表示,而意思表示在无因管理中无实体意义。(3)在效力方面,委托合同受严格的法律控制和价值评判,在意思表示品质认定的基础上决定合同有无法律效力,无因管理无意思表示的控制机制,只有事实效果发生与否的客观事实判断,在此基础上定其类型,影响的是法律适用。

再往精细处探究,可以看出,委托合同和无因管理均有意思要素的存在和作用,但不同规范使意思有相当不同的功能,意思要素因此就成了进一步测度两者互斥关系的试金石。在委托合同中,当事人可基于意思表示来自由安排相关事项,如通过预先占有改定由委托人取得作为事务处理结果的权利,只要在法律框架内行事,均受保障。与此不同,作为事实行为的无因管理欠缺实现私法自治的功用,意思要素在其中所受羁绊以及功能减损,远在委托合同之上:(1)管理意思决定着无因管理是否真正,进而决定处理他人事务应适用的法律规范,但对法律效果没有意义,在功能上远逊于委托合同的效果意思。(2)符合本人意思是合法无因管理的标志之一,鉴于无因管理规范的救急功能,对是否符合在解释上要从严,以免过度扩张无因管理而压缩本人的缔约自由,[①]显然,本人意思难与缔约意思相比,当两者可能冲突时,前者要为后者让道。(3)本人的承认包含了意思,但受制于无因管理的属性而异于其本来面目,即在事实行为的底色和框架中,它不能直接适用作为法律行为承认的规范,也不能径直将无因管理变性为委任契约,[②]而且,承认必须明确指向管理事务;否则,即便本人承认管理人的无权代理或无权处分,也不能视为对管理事务的承认,但反过来,承认管理事务却包含对无权代理或无权处分的承认,[③]本人的承认在总体上远较法律行为受限,已相当清楚。(4)管理人和本人自始既无意思关联,当然无机会事先洽商管理事务结果归属的方式,故而,对于作为管理事务结果的权利,本人无从基于预先占有改定的方式取得。

(二)无因管理与侵权行为的关系

作为事实行为的无因管理尽管与侵权行为相差很远,但在特定当事人之间同样产生以给付为核心的债务关系。正因为这个共同特质,侵权行为和无因管理才同为法定之债。[④] 显然,从债务的共性上,很难看出侵权行为与无因管理的差异。

不过,从债务的具体内容来看,侵权行为与无因管理有明显差异。正如前述,侵权行为的法律效果是受害人对行为有相应的请求权,这是一种单向的债务。与此不同,无因管理意在为不任意涉足他人事务和褒扬助人善举的利益冲突寻找平衡点,其效果是当事人互负的双向债务,既有作为行为人的管理人进行善良管理,并把管理利益交给本人的债务,也有本人对管理人承担管理成本的债务。[⑤] 两相对比,对行为人不利的单向债务似乎就是侵权行为的法律效果特质,这同样适用于债务不履行。然而,这只是表面现象,不能由此出发,说对行为人不利的单向债务是违法行为的法律效果特质,因为法律行为中的单方行为、单务合同均有这种法律效果形态,如悬赏广告人有给付赏金的义务、

① Vgl. Werner Schubert, Der Tatbestand der Geshaeftsfuehrung ohne Auftrage, AcP 178 (1978),428 ff. 转引自黄茂荣:《债法各论》(第1册),中国政法大学出版社2004年版,第219页。

② 参见苏永钦:《私法自治中的经济理性》,中国人民大学出版社2004年版,第58~60页。

③ 参见孙森炎:《民法债编总论》(上册),法律出版社2006年版,第118页。

④ Vgl. Medicus/Lorenz, Schuldrecht, Bd. I, 18. Aufl., Muenchen 2008, S. 1f, 28f..

⑤ Vgl. Looschelders, Schuldrecht Besonderer Teil, 3. Aufl., Koeln2009, S. 262 ff..

赠与合同的赠与人有无偿给予财产的义务,故而,以对行为人不利的单向债务为区分标准,会违背互不相容的基本规则。

进言之,会发现侵权行为和无因管理虽然都是债的发生原因,但所产生的债务有实质差异。在无因管理中,管理人和本人之间的双向债务是无因管理行为的原创结果,正是该行为直接使当事人有了债务关系。与此类似地,还有买卖合同等产生债务关系的法律行为,只不过在此原创债务的是意思表示而已。换言之,无因管理、买卖合同本身成为债务关系的来源,当事人负担的其他义务与此无关。而正如前述,侵权责任属于第二次的义务。

还需注意,无因管理是合法行为,与正当防卫、紧急避险等一样有排除侵权行为违法性的功能,①即当某具体行为满足无因管理的构成时,就不应再适用侵权行为规范。

① 参见王泽鉴:《民法总则》,北京大学出版社 2009 年版,第 225 ~ 226 页;王成:《侵权责任法》,北京大学出版社 2011 年版,第 172 ~ 173 页。

第一百二十二条 【不当得利请求权】

因他人没有法律根据，取得不当利益，受损失的人有权请求其返还不当利益。

一、历史由来

本条源自《民法通则》第92条："没有合法根据，取得不当利益，造成他人损失的，应当将取得的不当利益返还受损失的人。"本条的表述与《民法通则》第92条基本一致，只是将后半段"应当将取得的不当利益返还受损失的人"改为"受损失的人有权请求其返还不当利益"，从而与无因管理的条文表述方式相对应，突出不当得利请求权的法律属性。也就是说，就规范表达的逻辑构成而言，《民法通则》第92条属于义务规范，本条则为权利规范。

二、规范目的与含义

（一）规范目的

本条规范目的旨在明确不当得利的一般规范。本条与第118条第2款的"不当得利"对应，列明了实践中最常见的债权原因事实。

（二）规范含义

根据本条，不当得利请求权的构成要件如下：其一，一方（本条中的"他人"）取得财产利益，即"取得不当利益"；其二，取得没有法律上的原因，即"没有法律根据"；其三，权利人财产遭受损失，即造成"受损失的人"的财产损失；其四，取得利益和遭受损失之间有因果关系。在满足上述要件后，就产生债权请求权，即"受损失的人有权请求其（不当得利的人）返还不当利益"。与此衔接，最高人民法院《关于贯彻执行〈中华人民共和国民法通则〉若干问题的意见（试行）》第131条规定："返还的不当利益，应当包括原物和原物所生的孳息。利用不当得利所取得的其他利益，扣除劳务管理费用后，应当予以收缴。"

三、其他问题

(一)构成要件的统一说与非统一说

针对不当得利的构成要件,学理上有统一说和非统一说之争。统一说认为,不当得利有其共同概念,所谓"无法律上的原因"也有其统一意义,即认为财产的变动违反公平或正义,抵触正法,欠缺权利或债权时,均为无法律上原因。非统一说认为,各种不当得利各有基础,没有统一的构成要件,应就各种不当得利分别判断,区别因给付而受利益和因给付外事由而受利益两种情形,即给付不当得利和非给付不当得利,分别探求财产变动是否有法律上的原因。①

从文义上看,本条体现了统一说。但两相对比,非统一说更胜一筹,因为它更细致地对不当得利进行了类型划分,在适用时更有针对性。具体来说,给付的不当得利在于调整欠缺给付目的的财产变动,其基本思想在于,凡依当事人意思而增益他人财产的,必有一定目的,若该给付目的自始不存在、目的不达或目的消灭的,财产变动即失其法律上原因,受领人就应负返还义务。至于非给付不当得利,其事由有行为、法律规定或特定事件,其中有无法律上原因,应依其事由分别判断。② 在非统一说下,不当得利的基本类型是给付不当得利和非给付不当得利,后者又分为权益侵害不当得利、求偿不当得利与支付费用不当得利。③

(二)不当得利返还的标的物和范围

根据本条以及《最高人民法院关于贯彻执行〈中华人民共和国民法通则〉若干问题的意见(试行)》第131条,不当得利返还请求权的标的物包括原物和原物所生的孳息。此外,根据《合同法》第58条、《最高人民法院关于审理建设工程施工合同纠纷案件适用法律问题的解释》第2条、《最高人民法院关于审理城镇房屋租赁合同纠纷案件具体应用法律若干问题的解释》第5条,参考我国台湾地区"民法典"第181条,标的物无法返还的,应当偿还其价额。

---

① 参见王泽鉴:《不当得利》,北京大学出版社2015年版,第30~31页。
② 参见王泽鉴:《不当得利》,北京大学出版社2015年版,第37页。
③ 参见王泽鉴:《不当得利》,北京大学出版社2015年版,第40~202页。

在返还时，因受益人取得利益时的主观状态不同，返还范围有所不同。参考我国台湾地区“民法典”第182条，受益人善意的，仅须返还现存的利益；受益人为恶意的，应返还受领时的利益；受益人在取得利益时为善意，嗣后为恶意的，应当返还其成为恶意时的既存利益。

（三）不当得利的属性

与合同、侵权行为、无因管理一样，不当得利被当成债权发生的原因事实，不少人认为它是一种独立的法律事实，且观点不一。比如，我国大陆地区有的法院判决把不当得利当成事实行为，如浙江省三门县人民法院（2015）台三浦民初字第40号民事判决书指出，“不当得利是一种事实行为”；还有的法院判决把不当得利之债看成“基于当事人之间的利益发生不当变动的法律事实（事件）而发生”，如海南省海口市中级人民法院（2014）海中法民一终字第1323号民事判决书提及的一审判决就持这种观点。其实，与不当得利返还请求权对应的法律事实是多样化的，它可以指向事件，如甲的羊钻进乙的羊圈；可以指向合同，如乙基于无效买卖合同占有甲出卖的羊；可以指向事实行为，如乙捡到甲的羊；可以指向侵权行为，如乙偷甲的羊。在这些情形中，甲均可主张不当得利返还请求权。故而，不当得利不是一种定型的法律事实，其属性要根据具体情况而定。

第一百二十三条 【知识产权】

民事主体民法享有知识产权。

知识产权是权利人依法就下列客体享有的专有的权利：

（一）作品；

（二）发明、实用新型、外观设计；

（三）商标；

（四）地理标志；

（五）商业秘密；

（六）集成电路布图设计；

（七）植物新品种；

（八）法律规定的其他客体。

一、历史由来

知识产权（英文“Intellectual Property”，或称“Intellectual Property Right”“Right of Intellectual Property”）是一种兼具人身性质和财产性质的私权，也是人权体系的组成部分。我国《宪法》第 33 条第 3 款规定，“国家尊重和保障人权。”其第 47 条进一步规定，“中华人民共和国公民有进行科学研究、文学艺术创作和其他文化活动的自由。国家对于从事教育、科学、技术、文学、艺术和其他文化事业的公民的有益于人民的创造性工作，给予鼓励和帮助。”宪法上的原则性规范，旨在表明国家促进科技、文艺等事业发展，促进人类共享文明的理念，但如何进行鼓励和帮助，需要进行具体的制度设计。

《民法通则》，首次使用“知识产权”的概念，将知识产权作为一种民事权利加以概括，并进行了系统性规定。不过，作为知识产权具体的权利类型，《商标法》（1982 年）和《专利法》（1984 年）先后制定，已经对商标专用权和专利权进行了详细规定。《民法通则》施行之后，随着《著作权法》（1990 年）、《反不正当竞争法》(1993 年)、《植物新品种保护条例》(1997 年)等颁布和施行,著作权、植物新品种权、商业秘密及其他知识产权法益的法律保护体系日渐完备,形成了较为完善的知识产权规范与保护体系。

2002 年《民法(草案)》保留《民法通则》设专章规定民事权利的做法,对设知识产权专门条文(第 89 条)进行了规范。专门条文对知识产权进行规范的模式,分两款进行:第 1 款,规定民事主体依法享有知识产权;第 2 款,规定知识产权的定义,并对知识产权权利类型或者权利客体加以列举。第 89 条第 1 款规定,"自然人、法人依法享有知识产权"。该条第 2 款规定,"本法所称知识产权,是指就下列内容所享有的权利:(一)文学、艺术、科学等作品及其传播;(二)专利;(三)商标及其他有关商业标识;(四)企业名称;(五)原产地标记;(六)商业秘密;(七)集成电路布图设计;(八)植物新品种;(九)发现、发明以及其他科技成果;(十)传统知识;(十一)生物多样化;(十二)法律规定的其他智力成果。"

《民法总则》关于知识产权的规定基本上沿袭了 2002 年《民法(草案)》第一编(总则)专设条文加以规范的做法;同时,专门条文又分两款加以具体规定,即第 1 款宣示性规定和第 2 款对知识产权定义的规定。在《民法总则(草案)》(一审稿)中,第 108 条第 1 款规定,"民事主体依法享有知识产权。"该条第 2 款规定,"知识产权是指权利人依法就下列客体所享有的权利:(一)作品;(二)专利;(三)商标;(四)地理标记;(五)商业秘密;(六)集成电路布图设计;(七)植物新品种;(八)数据信息;(九)法律、行政法规规定的其他内容"。这里,关于第 1 款宣示性规定出现了一点变化。2002 年《民法(草案)》关于知识产权宣示性规定,将民事主体进行"自然人"和"法人"两分,但《民法总则(草案)》(一审稿)关于知识产权的宣示性规定则笼统地规定权利主体为"民事主体"。这种做法,采取抽象概念的方式,回避了备受争议的民事主体两分法的分类模式之分歧,也为知识产权权利主体的多元化打开了一条通道。此后,《民法总则(草案)》二审稿、三审稿关于知识产权专门条文之第 1 款宣示性规定,都一直采取了这一规范模式。

相比于 2002 年《民法(草案)》关于知识产权的专门规定,《民法总则(草案)》(一审稿)有两个变化:第一,明确提出了"知识产权客体"的概念,改变了

《民法(草案)》第一编中模糊性的“内容”的提法;第二,缩小了知识产权客体的范围,从12项“内容”的具体列举,改为了9项“客体”的具体列举,但又扩张了最后兜底性列项的规定,即第(九)项“法律、行政法规规定的其他内容”。这一兜底性列项,在原有的其他“法律”规定的基础上,增加了“行政法规”规定的内容。所以,从这个角度来说,列项虽然缩小,但却留下了行政法规规定的立法空间。然而,有趣的是,这一兜底性列项,依然保留了模糊性概念“内容”的提法;但此后的二审稿和三审稿中均已更正为其他“客体”这一范畴。

在《民法总则(草案)》(一审稿)之后,关于知识产权专门规定的第二款的第一个变化,即明确提出“知识产权客体”范畴,没有引起太多争议,为此后的二审稿和三审稿所采纳。不过,关于第二款的第二个变化即对具体权利客体的具体列举,存在较大的分歧。在《民法总则(草案)》(二审稿)中,将是否能够作为知识产权客体的“数据信息”拆分出去,替代为“科学发现”这一权利客体。同时,对较为笼统的“专利”项,进一步分述为“发明、实用新型、外观设计”,以符合国内关于专利权的具体权利类型及其客体。另外,关于兜底性列项,又去掉了“行政法规”规定的其他项,仅保留了“法律”规定的其他项。兜底性列项的规定,表明全国人大及其常委会没有将知识产权权利类型及其客体规定的权力,授权给国家行政部门的立法,坚持了较为彻底的知识产权法定原则。但是,本次立法中就是否确立“科学发现”这一权利客体,后续审查中出现了分歧。二审稿加入了“科学发现”这一客体,但后来有些法律委员会委员在审议中提出,“科学发现”规定比较含糊,不宜作为知识产权的客体;如果国家需要鼓励,则可以按照国家科学技术奖励制度予以奖励。因此,《民法总则(草案)》(三审稿)干脆去掉了“科学发现”这一项权利客体。

另外,《民法总则(草案)》(三审稿)对知识产权定义时加上了“专属的和支配的”修辞,强调了知识产权权利人的权利具有绝对性。但是,这一表述又与物权定义表述相区别,物权权利也具有绝对性,但在物权的定义中,修辞用语是“直接支配和排他的”。2017年2月16日,全国人大常委会法律委员会对《民法总则(草案)》在提交第十二届全国人民代表大会第五次全体会议审议之前,进行最后审议;审议中,关于知识产权定义的表述,依然是权利人对知识产权客体享有的“专属的和支配的”的权利。最后审议通过的《民法总则》第

123 条，将修辞语改为了“专有的”一词，即知识产权是指权利人对知识产权客体享有的专有的权利。《民法通则》虽然列“知识产权”专节（第五章第四节），但是对知识产权这一概念没有进行概括性定义。不过，我们从《民法通则》将商标权表述为“商标专用权”（第 96 条）的用语中，能够感受到《民法总则》之“专有”对《民法通则》之“专用”在语意上的继承性。

二、规范目的与含义

（一）规范目的

本条将知识产权作为民事权利的主要类型，纳入《民法总则》之《民事权利》专章（第五章）中规定。本条文分两款规定，本条文第 1 款规定民事主体依法享有知识产权，是一种宣示性规范；第 2 款对知识产权进行定义，并列举了知识产权的权利客体，目的在于明确知识产权的权利属性和具体权利类型。

知识产权作为一种民事权利，虽然有时间性和地域性，但在一定时间期限和地域范围内具有绝对性和对世性。因此，它是一种具有专有性、支配性和排他性的民事权利。知识产权的具体权利类型包括著作权、专利权、商标权、地理标志权、商业秘密权、集成电路布图设计权、植物新品种权等；与这些具体权利类型对应的权利客体，就是作品、发明、实用新型、外观设计、商标、地理标志、商业秘密、集成电路布图设计、植物新品种等。本条文通过列举具体的权利客体，确认了知识产权的几种具体的权利类型。

在知识财产领域确认或者赋予知识创造者的产权，一方面是承认知识创造者的专有的权利，另一方面是通过产权激励机制，鼓励民事主体从事知识创造，以促进社会福祉、人类文明与进步。诚然，各种不同类型的知识产权客体及其具体的权利类型设计，有着不同的具体的规范目的。按照学理上的分类，大致可以分为三种：第一种，著作权及其相关权利（邻接权）、外观设计专利权等，旨在保护文艺创作；第二种，发明专利权、实用新型专利权、集成电路布图设计权、植物新品种权等，旨在保护科技创新；第三种，商标权、地理标志权、商业秘密权等，旨在维护市场竞争秩序。

（二）规范含义

自 20 世纪 50 年代开始，我国学习苏联法律理论，通常用“智力成果权”一词通称著作权、专利权、商标权等一类的民事权利。《民法通则》正式使用“知识产权”这一概念之后,“知识产权”一词开始取代“智力成果权”,并在中国法学界沿用至今。[①] 同时,《民法通则》第97条第2款出现了“其他科技成果”的说法,“科技成果”或者“技术成果”等词汇也经常出现在一些法律、法规和政策性文件中;相应地,“科技成果权”或者“技术成果权”等词汇,从不同的角度指代某些类型的知识产权。

知识产权是一种私权(民事权利)。从种属关系来讲,民事权利(私权)是属概念即上位观念,知识产权是种概念即下位概念。本条文第1款将知识产权纳入民事权利,意味着知识产权领域发生的民事法律关系,是民事法律关系的组成部分;相应地,民事法律关系的基本理论、规则、学说等,同样适用于知识产权领域。

知识产权是一类权利的集合,或者称是一组“权利束”。从种属关系上讲,知识产权是属概念,著作权、专利权、商标权、地理标志权、商业秘密权、集成电路布图设计权、植物新品种权等是种概念。本条文第2款规定了各种类型的知识产权权利形态,并在第2款最后一项(第8项)设立兜底性规定,从立法上为这些具体的权利类型扩张,提供了法律依据。

事实上,著作权、专利权、商标权、地理标志权、商业秘密权、集成电路布图设计权、植物新品种权等各种类型的知识产权,每一种具体类型的知识产权,都是某一类权利的集合(权利束)。例如,对作品所享有的著作权,兼具人身权与财产权双重性质;著作人身权包括发表权、署名权、修改权、保护作品完整权、追续权等,著作财产权包括复制权、发行权、出租权、展览权、表演权、放映权、广播权、信息网络传播权、摄制权、改编权、翻译权、汇编权等。当然,这些更加细化的权利分类,已经不属于《民法总则》的立法任务了。

本条文第2款第8项“法律规定的其他客体”一说,包含了知识产权权利类型和内容实行严格的法定原则。这一规定表明,除上列七种客体之外,其他客体的知识产权保护,必须由全国人大或者全国人大常委会制定的法律加以规定,才能作为知识产权加以保护。

---

① 刘春茂主编:《中国民法学·知识产权》,中国人民大学出版社1997年版,第1页。

三、其他问题

联合国世界知识产权组织(WIPO)与世界贸易组织(WTO)管理下的知识产权领域多边条约或者协定,是目前影响较大的世界性多边公约。1967 年斯德哥尔摩《成立世界知识产权组织公约》第 2 条第 9 项规定,知识产权主要包括以下权利:(1)文学、艺术和科学作品有关的权利;(2)表演艺术家、录音和广播节目有关的权利;(3)在人类一切活动领域中的发明有关的权利;(4)科学发现有关的权利;(5)工业品外观设计有关的权利;(6)商标、服务标记及商号名称和标志有关的权利;(7)反不正当竞争;(8)在工业、科学、文学或者艺术领域由于智力活动而产生的一切其他权利。世界知识产权组织框架下的知识产权定义笼统,权利类型比较宽泛,特别是最后第 8 项兜底条款,几乎可以囊括一切知识财产领域的权利。

相对而言,世界贸易组织框架下的知识产权定义明确,权利类型也狭窄一些。1994 年《与贸易有关的知识产权协定》(TRIPs 协定)规定,知识产权主要包括以下权利:(1)著作权及其相关权利(邻接权);(2)商标权;(3)地理标志权;(4)工业品外观设计权;(5)专利权;(6)集成电路布图设计权;(7)未公开的信息(商业秘密);(8)对许可合同中限制竞争行为的控制。缘何 TRIPs 协定所定义的知识产权权利类型相对狭窄呢?顾名思义,其所定义者,乃与贸易有关的知识产权,诸如科学发现权(或称发现权),因为缺乏可交易性,便不在其定义范围之内。

根据我国《民法通则》《著作权法》《专利法》《商标法》《反不正当竞争法》《集成电路布图设计保护条例》《植物新品种保护条例》《计算机软件保护条例》和《信息网络传播权保护条例》等规定,我国现行法律规范中关于知识产权的权利类型,大致包括以下几种:(1)专利权;(2)著作权(包括计算机软件);(3)商标权、厂商名称权、产品标记或者原产地名称权;(4)集成电路布图设计权;(5)植物新品种权;(6)发现权;(7)发明权;(8)反不正当竞争中的法益(包括商业秘密);(9)其他科技成果权。①

① 参见易继明:《知识产权的观念:类型化及法律适用》,载《法学研究》2005 年第 3 期。

从本条现有的规范来看,基本上遵循国际惯例,也吸收了我国现有的立法经验。不过,本条文最终没有将“科学发现”这一客体纳入知识产权权利客体,对应的“发现权”(或称“科学发现权”)没有在《民法总则》中确立,从一个侧面反映出我们更加重视 TRIPs 协定,具有较为浓厚的重商主义色彩。另外,由于对《反不正当竞争法》立法成果与司法经验缺乏总结,与知识产权有关的权利(如知名商品的“包装”“装潢”等)没有在这次立法中直接体现。诚然,本条文第 2 款第 8 项兜底条款,为后续立法或者法律修订留下了一定的空间。

但事实上,本条文实行了严格的知识产权法定原则,排除了行政法规、地方法规、司法判例等创设新的知识产权权利类型的可能性。下一步,如何对严格的知识产权法定原则加以缓和,以适应技术变迁和知识社会的突飞猛进,是立法留下的重大议题。一方面,解铃还须系铃人,需要透过法律的废、改、立,完善知识产权权利体系;另一方面,司法适用中强化知识产权私权观,利用现有的民事法律关系保护知识创造者的权利。诚如斯言:“民事制度中的相关学说、理论与规则,可以克服知识产权法定主义与类型化之不足的局限。对完善知识产权法律救济体系起到重要的补充作用。”①

从 1982 年《商标法》制定以来,我国知识产权立法主要以不同种类的知识产权单独立法形式出现,如《专利法》《著作权法》《集成电路布图设计保护条例》和《植物新品种保护条例》等。有些类型的知识产权保护,以附属性立法形式存在,如商业秘密保护规定在《反不正当竞争法》之中。国务院行政法规对知识产权保护也起到了重要的作用:一方面,它们是各种类型的知识产权单行法施行的配套性规范,如《专利法实施细则》《计算机软件保护条例》《信息网络传播权保护条例》等;另一方面,也起到了创设新的知识产权权利类型的作用,如《植物新品种保护条例》《集成电路布图设计保护条例》等。实行严格的知识产权法定原则之后,那些创设新型知识产权的行政法规(如《集成电路布图设计保护条例》和《植物新品种保护条例》)如何处理,是作为《民法总则》配套性的行政法规看待,还是需要将这些行政法规上升到全国人大或者全国人大常委会制定的法律层面,需要进一步探讨。特别是,关于地理标志的保

---

① 易继明:《知识产权的观念:类型化及法律适用》,载《法学研究》2005 年第 3 期。

护，除了包含地理名称元素的商标有商标法的间接保护之外，只有国家质检部门和农业部门分别对“地理标志产品”和“农产品地理标志”的产品质量认证进行校订，制定了相应的部门规章，关于地理标志的保护，事实上缺乏系统的法律规范，包括国务院行政立法规范也没有系统规定。一种较好的可行性方案是，在民法典编纂活动中，制定《民法总则》之后，及时制定知识产权分编，可以最大限度地完善现有的知识产权权利体系，并将知识产权法律规范全面融入现有的民事法律规范体系之中。诚然，如果一时间无法完成知识产权独立分编的编纂，那么知识产权未来立法中，要么尽快制定单独的知识产权法典，要么完善各类型的知识产权单行法，包括将国务院行政性法规《集成电路布图设计保护条例》和《植物新品种保护条例》及时上升为全国人大常委会的立法，制定《地理标志保护法》（或称《地理标志法》），尽快建立起完善的知识产权单行法的规范法律体系。

第一百二十四条 【继承权】

自然人依法享有继承权。

自然人合法的私有财产,可以依法继承。

一、历史由来

(一)对《民法通则》和《继承法》的修订

对比《民法通则》第76条和《继承法》的相关规定,本条在条文表述上进行了两处修订:

一是将"公民"修改为"自然人"。《民法通则》和《继承法》均制定于20世纪80年代,鉴于我国当时的民法研究尚处于起步阶段,且公法与私法之间的界分不甚清晰,因此在一些法律概念的选取上,往往存在不严谨之处,其中就包括民事主体的称谓问题。公民是一个典型的政治学概念,其自身带有较强的公法色彩,并与国籍以及基于国籍所享有的政治权利存在直接关联。此种概念内涵,显然与民法调整平等主体之间人身和财产关系的功能定位存在一定矛盾。相较之下,自然人的概念基于自然规律而产生,其对于民事主体的覆盖范围更为全面,与民法作为私法的功能定位也更为契合。事实上,立法者在《民法通则》中就已经意识到了这一问题,故而在"公民"后加注了"(自然人)"的表述。《民法总则》此次彻底以自然人替代公民,来划定依法享有继承权的主体范围,无疑是十分正确的选择。

二是将"财产继承权"修改为"继承权"。虽然根据《继承法》及我国现代社会的继承观念,继承人所能继承的仅为被继承人死亡时遗留的个人合法财产,而不包括身份权益,但出于条文表述一致性的考虑,此处删除了"财产"二字,直接表述为"继承权"。

三是增加了关于自然人合法的私有财产,可以依法继承的规定。该款规定是《民法总则》第3条保护民事主体财产权利基本原则在继承规则中的具体体现,其与第1款相互结合,共同构成了继承法律关系的制度基础。

(二)《民法总则》的审议过程

1.2015年8月28日全国人大常委会法制工作委员会"民法总则民法室室内稿"

在该稿中,立法者并未单独设立一章对民事主体所能享有的民事权利进行列举,只是对民事权利的行使和保护规则进行了规定。

2.《民法总则(草案)征求意见稿》(2016年5月20日修改稿)

自该稿起,立法者在民法总则中单独创设民事权利一章,对各类法定权利进行列举,其中就包括继承权。立法者将享有继承权的主体范围界定为"民事主体",此种表述存在不严谨之处。因为根据继承法的相关理论,继承权只能由法定继承人所享有,而法定继承人只可能为自然人,至于其他民事主体则至多可能享有受遗赠权。此外,该稿尚未对自然人的被继承权进行专门条款。该稿条文如下:

"第一百零四条　民事主体依法享有继承权。"

3.《民法总则(草案)》的三次审议稿

《民法总则(草案)》(一审稿)对上一稿中存在的问题进行了修订,将享有继承权的主体范围限定为自然人,在此后的各次审议稿中,一审稿的表述均得到了延续。此外,在三审稿中,立法者将自然人的被继承权纳入民事权利一章,并作专条规定。具体条文如下:

"第一百二十四条　自然人依法享有继承权。

第一百二十五条　自然人合法的私有财产,可以依法继承。"

在《民法总则》中,立法者选择将上述两个内容关联十分紧密的条文合二为一,使其在规则体系上更为完整,也节省了一个条文资源。

二、规范目的与含义

(一)规范目的

孟子云:"有恒产者有恒心,无恒产者无恒心。"所谓恒产,不仅体现在对民事主体在世期间的私有财产给予确认和保护,还体现在当其过世后,私有财产能够得到合理、有序的继承。这就需要通过财产继承规则的设立,对逝者私有财产在代际传承过程中的分配和归属规则予以明确,以期一方面,避免因遗产分配不明而引发法律纠纷,造成财产资源的浪费;另一方面,通过遗产分配规则使社会普遍认可的伦理道德和家庭观念得到落实,维护社会组织结构的整体稳定。而上述目标得以实现的制度基础,正是对自然人继承权与被继承权的承认和保护,这也是本条规定的核心规范目的。

(二)规范含义

1. 继承权人的范围

继承权作为一项基于身份关系而取得的民事权利,为且仅为一切自然人所享有,从理论上说,也根本不存在不曾享有继承权的自然人。

对于继承权人范围如何划定,由于与一国之历史文化传统和生活习惯具有十分密切的关联,因此,不同国家和地区的立法对此问题的规定大多不尽相同。例如,《日本民法典》采亲属继承限制主义做法,法定继承人范围仅包括被继承人的:配偶、子女、直系尊亲属、兄弟姐妹。[①] 相较之下,《俄罗斯民法典》规定的继承人范围就广泛得多,共包括了五等亲,分别为被继承人的:子女、配偶、父母、兄弟姐妹、祖父母、外祖父母、父亲的兄弟姐妹、曾祖父母、外曾祖父母、侄子(女)、外甥(女)、祖父母和外祖父母的兄弟姐妹、堂(表)孙子女的子女、堂(表)祖父母和外祖父母的子女、被继承人前妻或前夫的子女和继父母,以及被继承人抚养的丧失劳动能力的人。[②]

我现行《继承法》主要根据血缘、婚姻以及抚养关系,将法定继承人的范围限定为两等亲为:被继承人的配偶、子女(包括婚生子女、非婚生子女、养子女和有抚养关系的继子女)、父母(包括养父母和有扶养关系的继父母)、兄弟姐妹(包括同父母的兄弟姐妹、同父异母或者同母异父的兄弟姐妹、养兄弟姐妹、有扶养关系的继兄弟姐妹)、祖父母、外祖父母,以及尽了主要赡养义务的丧偶儿媳和丧偶女婿。同时,以特留份方式对胎儿的继承利益予以保护。需注意的是,根据《民法总则》第16条规定,胎儿在涉及继承事务时被视为具有民事权利能力,因此自本法施行之日起,胎儿将正式享有继承权,而无须再以特留

① 参见《日本民法典》第889条。

② 参见王蜀黔:《中俄继承法若干问题比较》,载《时代法学》2004年第2期。

份方式对其给予保护。

对于《继承法》中规定的继承权人范围,学界主要有如下调整意见:

第一,将继承权人范围扩张至三等亲。此种观点认为,考虑到我国实行计划生育政策以来,家庭少子化现象已十分普遍,失独家庭更是屡见不鲜,为了最大程度保护自然人财产权益,尽量避免出现财产无人继承的情况,可将继承权人范围扩张至三等亲以内的其他亲属,包括兄弟姐妹的子女、伯、叔、姑、姨和曾(外)祖父母,以及堂兄弟姐妹和表兄弟姐妹。① 笔者认为上述观点颇为可取,但本着权利义务对等的基本价值取向,在扩大继承权主体范围的同时,也应同步调整抚养义务人的范围。

第二,取消继子女的继承权。主张取消继子女继承权的主要理由在于:首先,赋予形成抚养关系的继子女继承权,虽有利于保护其利益,但却忽略了血缘关系在亲属间关系的重要性,可能会人为造成家庭矛盾,导致带有未成年子女的父、母再婚困难;②其次,抚养关系是否已经形成,在司法实践中往往难以认定,也很难形成统一标准。如果再婚父、母希望能够抚养继子女,可以为其办理收养手续,从而形成关系更为稳定的拟制血亲。笔者认为,上述观点具有一定的合理性,但仍有待商榷。一方面,在多数再婚家庭中,继子女的生父、母仍会对其承担抚养义务,与继父母形成抚养关系并非常态,即使形成抚养关系,继子女与继父母之间相互享有继承权和抚养权的规定,也是符合权利义务对等原则的,并不会造成继父、母一方利益的失衡;③另一方面,一项规则的调整往往需要其他配套制度的同步跟进,方可达到其预期效果。我国《收养法》关于收养条件的规定颇为严格,仅凭继子女继承权规则的调整,是否足以撬动对《收养法》基础规则的修改,不无疑问。

第三,取消丧偶儿媳(女婿)的继承权。主张取消丧偶儿媳(女婿)继承权的主要理由在于:首先,丧偶儿媳(女婿)对于公婆或岳父母没有法定抚养义务,其主动赡养公婆或岳父母的行为系出于道德和情感因素,因此也应从道德

① 参见杨立新、杨震等:《〈中华人民共和国继承法〉修正草案建议稿》,载《河南财经政法大学学报》2012 年第 5 期。

② 张玉敏:《法定继承人范围和顺序的确定》,载《法学》2012 年第 8 期。

③ 参见郭明瑞:《完善法定继承制度三题》,载《法学家》2013 年第 4 期。

层面对其给予褒奖,可通过酌定遗产制度对其给予补偿,而不宜赋予其法定继承权;其次,赋予丧偶儿媳(女婿)法定继承权,与我国按支继承的传统不符,并造成遗产分配不公。① 笔者认为,上述两方面理由均有其合理之处,但是否足以达到彻底取消丧偶儿媳(女婿)法定继承权的地步,则有商榷余地。在现实生活中,丧偶儿媳(女婿)在配偶去世后继续赡养对方父母,往往是因为后者没有法定抚养义务人或义务人不履行其抚养义务,而丧偶儿媳(女婿)在长期赡养公婆(岳父母)的过程中,已经与其形成了实质上的家庭成员关系,赋予其法定继承权从某种意义上来说,正是履行抚养义务的"对价"。更何况,丧偶儿媳(女婿)被赋予的法定继承权只是一种客观意义上的继承权,公婆(岳父母)仍然可以通过遗嘱方式将其排除。

2. 遗产的范围

根据本条第2款之规定,自然人合法的私有财产,均可依法继承。对此可从如下两方面进行解读:

(1)遗产应为私有。在自然人的日常工作和生活中,往往会实际占有或控制一定数量的他人财产。这些财产既可能是其他自然人、法人或非法人组织所有的私有财产,也可能是国家、集体所有的公有财产,上述财产显然不能纳入自然人的遗产范围。此外,除了与"他有"相对应外,私有的另一层含义在于,作为遗产的财产应已为被继承人所实际享有,或为可确定的期待利益,尚无取得且是否取得不具确定性的财产不属于遗产范围。

(2)遗产应为财产权益。首先,人身权益不得继承。自我国最后一个封建王朝清朝结束以来,对于身份的继承在我国就已彻底消失;同时,由于人格权的专属性特征,人格权本身以及专属被继承人的人身损害赔偿请求权亦不得继承,但该项请求权已经转化为金钱给付之债,或已向法院提起诉讼的,则不在此限。在此需要说明,在自然人因侵权行为而死亡时,受害人是基于自己享有的损害赔偿请求权向侵权人提起诉讼的,而并不涉及对死者损害赔偿请求

① 参见陈苇、冉启玉:《完善我国法定继承人范围和顺序立法的思考》,载《法学论坛》2013年第2期。

权的继承。[①]

其次,可继承财产的范围。在现行《继承法》第3条中,立法者采取概括加列举的立法模式,在概括规定被继承人死亡时遗留的个人合法财产均属遗产的同时,通过列举六种遗产类型和一个兜底条款,对遗产的范围进行解释。此种正面规定遗产范围的模式,符合立法当时我国的法治环境,有利于使自然人快速建立起对于遗产继承的概念和意识。但是,随着我国社会的不断发展以及法律制度的持续建构,该条规定的不足之处也逐渐显现,具体表现为如下几个方面:

第一,以财产外在特征为分类标准的列举方式,与我国现行民事法律规范以权利为中心构建起的自然人财产体系严重脱节,导致遗产的概念外延难以有效廓清。此外,对于某些特殊财产,如承包经营权、宅基地使用权等是否可被纳入遗产范围,未作明确规定,导致在理论和实践中发生颇多争议。

第二,未明确排除被继承人的专属性财产。[②]

第三,未明确将消极财产纳入遗产范围。

鉴于此,在未来民法典分则继承编中,应针对上述三方面问题,在延续概括加列举的条文表述模式的同时,对遗产范围的界定规则作出以下有针对性的修改:

第一,以《民法总则》第五章中规定的自然人所能享有的财产权利为依据,用统一的规范概念对遗产类型进行重新列举,从而适度延展遗产的范围。同时,对存在争议的特殊财产是否纳入遗产范围予以明确回应。[③]

第二,明确将被继承人的专属性财产和法律规定不得继承的财产排除在外。

第三,明确规定遗产既包含被继承人的积极财产,也包括其消极财产。

(3)私有财产合法性的界定

通观《民法总则》全文可以发现,在涉及民事主体权益的相关规定中,"合

---

① 参见《侵权责任法》第18条、《最高人民法院关于审理人身损害赔偿案件适用法律若干问题的解释》第1条。

② 参见王利明:《继承法修改的若干问题》,载《社会科学战线》2013年第7期。

③ 参见王歌雅:《〈继承法〉修正:体系建构与制度选择》,载《求是学刊》2013年第2期。

法”二字始终如影随形。特别是在第1条中,立法者开篇即表明本法的立法目的在于保护民事主体的合法权益,而至于其持有的不法利益或滥用权利之行为,则予以了较为明确的否定性评价。因此,在界定遗产范围时,合法性理应是其中必不可少的一项标准。

笔者认为,此处所说的合法,主要是指被继承人对特定财产的持有不违反法律规定即可,而限制流通物和禁止流通物应可以通过继承的方式转移其财产归属。此外还需注意的是,由于被继承人所持有的某些私有财产是否属于合法,需要由执法机关或司法机关依法进行判断,继承人自己或其他个人、组织对其合法性作出的判断并无实际意义。① 因此,在继承开始时,只要未被有权机关依法认定为违法的私有财产,均应属于遗产范围,只有当其被认定为违法后,继承人才应依法对其进行处理,或返还或上缴。

三、其他问题

在《民法总则》颁布之前,由于网络虚拟财产的财产地位未定,因此就其是否应属于遗产范围曾在学界引起讨论。如今,随着《民法总则》第127条正式承认网络虚拟财产的法律地位,上述问题已经迎刃而解。但是,在对上述问题研究过程中所产生的一个附带问题,仍然有进一步讨论的价值,那就是如何处理遗产继承与被继承人隐私保护之间的关系。

针对这一问题,学界有观点认为,本着对被继承人隐私利益的保护及对死者尊重的原则,不应该将涉及隐私的网络虚拟财产列入遗产范围,②而涉及共同隐私的虚拟财产,则应在共同隐私中的群体性成员范围内进行继承,不再单纯考虑法定继承顺位。③ 此外,还有学者认为,不应将具有完全的人格属性和身份属性的网络虚拟财产纳入被继承的范围之内,法律可以规定由网络服务提供商依特定程序予以删除。④

---

① 参见麻昌华:《遗产范围的界定及其立法模式选择》,载《法学》2012年第8期。

② 参见王歌雅:《〈继承法〉修正:体系建构与制度选择》,载《求是学刊》2013年第2期。王国强:《我国数字遗产继承现状研究》,载《情报科学》2012年第1期。杨立新、杨震等:《〈中华人民共和国继承法〉修正草案建议稿》,载《河南财经政法大学学报》2012年第5期。

③ 参见李岩:《虚拟财产继承立法问题》,载《法学》2013年第4期。

④ 参见马一德:《网络虚拟财产继承问题探析》,载《法商研究》2013年第5期。

然而,在笔者看来,对于死者的隐私利益给予充分保护固然有其必要性,但财产继承规则与死者人格利益保护之间,在制度目标和规制对象等方面均存在着较大差异,若强行将两者拉上关系,将可能造成与社会常理相悖的反效果。

具体来说,虽然在我国学界和司法实践中,对于死者人格利益的保护模式,存在着直接保护与间接保护的争议。① 但是,逝者如斯夫,即便死者在理论上能够如直接保护说所主张的那样在身后依然保留部分权利能力,但其在客观上已然神形俱灭,并不会感受到任何实际痛苦,却也是一个不争的事实。侵害死者人格利益所造成的损害后果,只可能反射到其在世近亲属身上。因此,所谓不同保护模式,其本质上只是对于保护方法和手段的争议,而两者的最终目标却是殊途同归的,即对死者近亲属(而非死者)所遭受的精神痛苦和财产损失进行救济,在某些情况下,还涉及对社会公共利益的保护。②

在此种制度目标统辖下,死者隐私利益的保护规则与生者隐私权的保护规则,必然存在较大差异。对于生者隐私权的保护范围,通常是围绕隐私权人自己的主观感受进行划定的,因此凡是对权利人私生活的侵入、私事的公开以及信息自主的妨碍行为,都有可能构成侵权。③ 但对于死者隐私利益的保护来说,由于隐私指向的主体已经死亡,因此只有当行为人对死者隐私的侵害,足以造成死者近亲属的精神痛苦或财产损失,或有损于社会公德和社会公共利益时,其行为才有可能构成侵权。例如,根据《侵权精神损害赔偿解释》第3条第2项规定,只有以非法披露、利用死者隐私,或者以违反社会公共利益、社会公德的其他方式侵害死者隐私,造成其近亲属遭受精神痛苦的,近亲属方可向人民法院起诉请求精神损害赔偿。

根据上述判断标准,无论是继承人还是受遗赠人,继承死者隐私载体这一行为本身,均不足以构成对死者人格利益的侵犯。一方面,当死者隐私载体由

---

① 参见张红:《死者人格精神利益保护:案例比较与法官造法》,载《法商研究》2010年第4期。刘召成:《死者人格保护的比较与选择:直接保护理论的确立》,载《河北法学》2013年第10期。

② 参见王利明:《人格权法研究》(第二版),中国人民大学出版社2012年版,第189页。

③ 参见王泽鉴:《人格权的具体化及其保护范围·隐私权篇(下)》,载《比较法研究》2009年第2期。

继承人进行继承时,隐私信息的控制者将与死者人格利益的保护对象发生重合,故不会产生任何侵权后果;另一方面,即使是在受遗赠人对死者隐私的载体进行继承时,其对死者隐私的控制也是符合死者意愿的,因此该继承行为并不构成对死者隐私的非法披露,也不会对死者近亲属造成严重精神痛苦。近亲属不得以隐私利益受损为由,在继承环节对受遗赠人的继承权利提出抗辩。此外,即便我们超出法律规范的范畴来考虑死者人格利益的保护,也很难想象出有比其继承人或受遗赠人更为合适的人选了。更何况,当被继承人去世后,记载着其生活点滴的隐私信息将成为生者对其缅怀和纪念的珍贵材料,而由与死者具有密切血缘和情感联系的继承人或受遗赠人来保管这些信息,无疑也是对生者莫大的安慰。①

综上所述,由于财产继承与死者人格利益保护之间并无直接关联,因此,主张以保护死者隐私为由对现有继承规则进行修改,否定被继承人隐私信息载体的可继承性的观点,在法律规范层面上是缺乏合理性基础的。换言之,网络虚拟财产是否属于遗产,以及应适用何种继承规则,与其是否涉及死者隐私并无关联,不可将两者混为一谈。事实上,哪怕是从常识角度出发,将隐私保护嫁接到遗产继承规则中来也是极为荒谬的,我们很难想象,继承人会接受以保护死者隐私为由,否定其对死者日记、书信等物品的继承权。

---

① 参见梅夏英、许可:《虚拟财产继承的理论与立法问题》,载《法学家》2013 年第 6 期。

第一百二十五条 【股权与其他投资性权利】

民事主体依法享有股权和其他投资性权利。

一、历史由来

(一)本条来源

《民法通则》制定于计划经济体制时期,当时私人投资缺乏,因此它未规定民事主体的股权或其他投资性权利。本条源于《物权法》第 65 条第 1 款,即“私人合法的储蓄、投资及其收益受法律保护”。此外,《侵权责任法》第 2 条第 2 款明确规定,股权是侵权法保护的客体,“其他投资性权利”也可能被纳入侵权法规定的“合法民事权益”的范围中。

与《物权法》相比,本条表述为“股权和其他投资性权利”,原因是随着市场经济的发展,我国的资本市场逐步建立,私人投资的方式日益增多,除了股权投资之外,还有债权投资和股权债权融合的投资方式。有关股权保护的法律,主要是《公司法》和《证券法》;有关投资性权利的保护,则基于投资类型的不同,散见于《证券投资基金法》《证券法》等特别法和金融业监管机构。

(二)条文演化

有关民事主体依法享有股权及其他投资性权利的规定,在《民法总则(草案)》一审稿、二审稿、三审稿中均被写入,且与本条完全相同。仅在 审稿中表述略有差异,后半段概括表述为“其他民事权利”。修改为“其他投资性权利”后,权利的类型更为明确,体系的安排也更加恰当。各学者建议稿基本没有涉及本条规定。

二、规范目的与含义

(一)规范目的

本条保护两种民事权利:一是股权;二是投资性权利。其整体目的可以从法政策和法技术两个方面来阐述。

1. 法政策

本条的法政策考量是为了丰富民事权利的类型,强化对民事权利的保护。改革开放以来尤其是1992年市场经济体制的确立,资本的逐利性和民间的创造性使中国民间投资日益风起云涌,投资规模、人数不断增加,投资方式也日益多元化,如私人股权投资(如成立营利法人)、信托、基金、理财金、资管计划等投资方式不断翻新。早在2007年制定《物权法》时,立法者就认识到,传统物权的保护固然重要,新型的各种基于投资产生的权益保护也必不可少,因此,《物权法》纳入了并不属于传统物权类型的基于投资产生的权益。《民法总则》本条规范的目的,就是通过保护股权和投资性权利,激发私人的逐利动机和创新动力,促进民间投资,实现财产在流动中的增值,裨益社会经济发展、社会条件的改善和社会整体的进步。本条规范显然是立法者从私权保护的价值理念出发,顺应社会和经济双重变迁结果,回应了社会对保护财产投资的呼声,契合《中共中央国务院关于完善产权保护制度依法保护产权的意见》的基本精神,它也体现了《民法总则》与《民法通则》的社会土壤之间的巨大差异。

2. 法技术

民商分立的民法典通常不调整股权,[①]股权一般由商法调整;民商合一的民法典则通过公司法的有关内容调整股权。《民法总则》的立法思路是尽可能民商合一,妥善协调民商关系。股权和投资性权利均系商事领域拓展的结果,但其性质依然是一种民事财产性权利。传统民法采人身权与财产权二分体系,财产权的基本类型是物权和债权,并不涉及股权、其他投资性权利和知识产权。本条规范不仅将股权纳入民事权利,而且还创设"投资性权利"这一新的法律概念妥当地处理了民法典与特别民法的关系。因为它一方面承认并保护主体与投资活动有关的权益,将其类型化,体例上将投资性权利与其他类型的民事权利并列,使民事权利体系内容完整且逻辑自洽;另一方面又只设置一个一般条款,具体内容依然由特别法调整。这样,民法典既保留了私法领域基

---

① 传统民法理论对团体法中的成员权关注相当少,基尔克(Gierke)就指出社团中个人的权利被私法体系忽视了,但他主张成员权是一种人身权。Vgl. Gierke. Otto, Deutsches Privatrecht. Bd. I, Allgemeiner Teil and Personenrecht, 1895, S. 262, Fn. 16.

本法的品格，彰显了民商合一和统一私法的理念，又使民法典分则和商法具有很大的弹性空间，可对这些内容进行细致调整。民法典总则统领分编，民法典统率特别法，《民法总则》仅需宣示主体享有投资性权利，具体周详的保护则留待法典分编与特别民法去落实。这种使《民法总则》既保持了私法基本法地位，又使民法典外接其他法律的立法技术，见于《民法总则》民事权利的多个规范。

（二）规范含义

本条规定民事主体依法享有的投资性权利，具体包括：(1)股权；(2)其他投资性权利。

1. 股权

股权是在社会“商化”过程中诞生的新型权利。在中国，股权作为一种独立的民事权利类型，其建立并非朝夕之功。股权涉及如下主要法律问题。

(1)股权的性质

学界有关股权性质的主要学说，主要分为所有权说、债权说、社员权说和独立民事权利说。

中国学界很长一段时间将股权作为一种物权，这主要是源于传统上国有企业的“两权分离”理论和实践，即认为国家对国有企业的财产享有所有权，国有企业仅享有经营权。但在法理上，股权人在履行出资后，就丧失了对其出资的所有权或其他权利，也未获得对营利法人全部或部分财产的共有人权利，相反，法人根据《物权法》第68条行使其不动产和动产的占有、使用、收益与处分权能，与所有权人地位无异。物权与股权之间的区别体现为：第一，社会关系不同。物权主要体现个人法上的关系，即权利人对财产的排他性支配；股权主要体现团体法上的关系，即法人与其成员之间的内部关系。第二，权利的实现方式不同。物权是一种支配权，权利人无须依赖他人意思表示或行为即可使用或处分其物；股权虽然也是支配权，但也有很多权须依赖公司的意思表示才能实现，如分红权。第三，义务主体不同。物权的义务主体是权利人以外的所有其他人，属于对世权，股权的义务主体还包括公司和其他股东。第四，内容不同。物权仅包括财产利益，是一种财产权；股权兼具财产利益与人身利益，不能直接纳入划分财产权与人身权的二元体系。第五，效力不同。物权具有优先效力，但股东的股利分配请求权与剩余财产分配请求权行使劣后于债权。

第六,效用不同。前者主要在于保护财富,预防或救济标的物被他人侵夺或损害;后者主要在于增加和创造社会财富。① 因此,若将股权定性为物权,股东对公司的出资属于所有者对财物的暂时处分,这显然与法人对其财产享有独立财产权的现行法不合。②

社员权说是德国、日本法学界的通说。中国学界通说也认为,股权是一种社员权,是股东基于其社员资格而享有的权利,包括若干种财产性质的请求权和共同管理公司的若干种子权利;③它是股东权利义务的抽象概况,是基于股东地位产生的一系列权利义务的集合体。④ 不过,这一社员权属于单一权利还是集合权利,学说内部似有争议。⑤ 但也有观点赞成独立民事权利说,反对社员权说,认为社员权说深受公益社团和合作社的社员权理论的影响,但股权的取得却是由于出资,并非基于社员资格,与公益社团与合作社成员的社员权有别,因此不能直接适用社员权说。⑥ 然而在持社员权说的学者看来,股东权与非营利法人中的社员权的目的与内容确有不同,如前者的目的是营利,后者则是非营利,前者具有较高的流通性,后者一般缺乏可转让性,不过无碍将股权与非营利法人社员权均纳入社员权的范畴。⑦

股权是否是社员权之所以会引起争议,主要是因为传统民法中的民事权利是以个人权利为基础的,而股权是一种团体法上的权利。在法人已经成为和自然人同等重要的民事主体的今天,承认股权是一种有别于传统个人主义权利的社员权,有其特殊的内容和行使逻辑,殊有必要。

(2)股权的内容

本条并没有规定股权的内容。在比较法上,各国公司法中通常不设专门条款,明确列举股东享有的各项具体权利,而是将权利内容零散地规定在整部

① 参见刘俊海:《现代公司法》,法律出版社 2011 年版,第 194 ~ 196 页。

② 参见李彤:《近代中国公司法中股东权制度研究:以法律与社会的互动为中心》,法律出版社 2010 年版,第 19 页。

③ 参见葛云松:《股权、公司财产权性质问题研究(上)》,载中国民商法律网:http://old.civillaw.com.cn/article/default.asp?id=14558,最后访问日期:2017 年 3 月 22 日。

④ 参见雷兴虎主编:《公司法新论》,中国法制出版社 2001 年版,第 82 页。

⑤ 参见冯果:《公司法》,武汉大学出版社 2007 年版,第 144 页。

⑥ 参见冯果:《公司法》,武汉大学出版社 2007 年版,第 145 ~ 146 页。

⑦ 参见刘俊海:《现代公司法》,法律出版社 2011 年版,第 187 页。

公司法里，并允许公司章程加以补充。[1] 中国《公司法》第4条也仅仅举示了股东的资产收益、参与重大决策和选择管理者等重要权利，股东权利的具体内容及其行使条件、行使方式等仍须结合《公司法》理解。

股权的内容通常包括：

第一，股利分配请求权。通过分配公司的盈余资金获得股利，是股东向公司投资的主要目的。《公司法》第34、166条规定了股利分配的条件、程序及比例等，且第74条规定在公司连续五年盈利又不分配利润时，股东可以请求公司回购其股权。

第二，公司剩余财产分配请求权。指公司出现法定原因导致解散，股东享有依法取得公司剩余财产的权利。《公司法》第186条肯定股东具有分得剩余财产的权利及其分配比例，但须在以公司财产支付相关费用和清偿债权后进行。

第三，优先购买权和新股认购权。前者指有限公司股东转让股份时，其他股东有法定的优先购买权；后者指公司新增资本时，公司股东有权优先认购。《公司法》第71条与第72条赋予有限责任公司股东优先受让权，第34条赋予其新股认购权。但股份有限公司股东不享有这一权利。

第四，出席股东会的权利和表决权。这是股东最重要的共益权，体现了经济民主的基本要求。《公司法》第36～43条调整有限责任公司股东会的运作，第98～107条调整股份有限公司股东大会的运作，都涉及该项权利的行使。

第五，选举权与被选举权。股东可直接或间接地参与公司经营，前者指参加股东（大）会并就经营管理事项表决，后者指选举或更换公司董事、监事。《公司法》第37条与第99条分别明确有限责任公司与股份有限公司股东的这一权利。

第六，知情权。即知悉有关公司经营状况的重要信息的权利，且要求被提供信息的真实、完整、准确和及时。《公司法》第33条与第97条规定了这一权利。

第七，质询权和建议权。前者指股东对公司行为存在疑问或异议的，有权

---

① 参见冯果：《公司法》，武汉大学出版社2007年版，第139页。

以口头或书面形式向负有责任的机构和人员提出,并要求予以解答;后者指股东有权对公司的经营决策提出合理建议。《公司法》第97条规定了股份有限公司股东的质询权和建议权。

第八,与股东会程序和议事规则有关的权利。包括:其一,提案权,即指股东向股东(大)会提出议题或议案的权利,《公司法》第102条规定了股份有限公司股东的临时提案权,包括该权利行使的人数限制、时间限制、内容限制及权利行使方式。其二,临时股东(大)会会议召集建议权。持股比例达到10%的股东,享有临时股东(大)会的召集权,此外,《公司法》第40条和第101条的规定,董事会与监事会不召集和主持股东(大)会的,符合法定比例的股东可自行召集和主持。

第九,股东诉权。即股东有权向法院提起诉讼,从而保障其实体性权利与利益的实现。根据股东行使其诉权是基于自身或者公司合法利益所受侵害,可分为股东直接诉讼和股东派生诉讼。《公司法》同时赋予股东提起两种诉讼的权利,第151条关于股东派生诉讼的规定具有重要意义。①

(3)股权权能的类型

依据不同的分类标准,股权权能可划分为各种类型:

第一,根据股东行使权利的目的,分为自益权与共益权。这是股权内容最基本的分类。前者是以参与公司的管理、营运为目的享有的权利,如召集股东会的权利、表决权等。后者指为股东个人利益行使的权利,如股利分配请求权、剩余财产分配请求权等。

第二,根据股东行使权利的方法,分为单独股东权和少数股东权。前者指每一股东可以单独行使的权利,包括表决权、诉请撤销股东会议决议等。后者指各股东股份(出资)总和达到法定比例才能行使的权利,如临时股东会召集权、解散公司的诉权,其目的在于防止该权利被滥用。

第三,根据股东权利能否被剥夺,分为固有权与非固有权。前者不得通过公司章程或股东会决议予以剥夺或限制,后者则不然。通常共益权属固有权,多数自益权属非固有权,股份转让权、股份收买请求权及新股认购权等属于少

① 参见冯果:《公司法》,武汉大学出版社2007年版,第139~142页。

数例外。固有权设置的目的是防止股东权利受到公司多数决机制的不当侵害。

第四,根据作为客体的股份类别,分为优先股权与劣后股权,前者是在表决、分红或剩余财产分配方面具有优先权的股权;后者则相反。[①]

2. 其他投资性权利

"投资性权利"具有开放性与扩张性,理论上包括两种:一是股权以外的其他成员权,即自然人投资成立的非公司类营利法人和非法人组织,如合伙企业、独资企业等。投资人对这些组织同样享有成员权,"成员权不仅存在于社团法人,也存在于合伙以及普通的权利共同体",[②]合伙企业等非法人组织中的成员权和法人组织中的成员权并没有多少差异。[③] 二是新型投资,如银行的理财金、基金、信托产品等。这些产品可能被设计为相当复杂的结构,难以用股权或债权概括。

3. 股权和其他投资性权利的保护

本条并未规定股权和其他投资性权利的保护方式,综合现行法看,股权和其他投资性权利的保护方式包括《公司法》规定的各种诉权,也包括《合同法》规定的合同解除、违约责任以及《侵权责任法》规定的侵权责任等。

---

① 参见程合红、刘智慧、王洪亮:《国有股权研究》,中国政法大学出版社 2000 年版,第 11 ~ 12 页。

② [德]卡尔·拉伦茨:《德国民法通论》(上),王晓晔、邵建东等译,法律出版社 2003 年版,第 222 页。

③ Vgl. Flume Werner, Die juristische Person, Berlin: Springer, 1983, S. 258; Schmidt Karsten, Gesellschaltsrecht 2. Aufl, Koln: Carl Heymanns 1991, S. 444ff..

第一百二十六条 【其他民事权益】

民事主体享有法律规定的其他民事权利和利益。

一、历史由来

(一)本条来源

《民法通则》规定了自然人的财产权和人身权,建构了民事权利的基本体系。在《民法通则》制定时期,中国已有《婚姻法》和《继承法》,但《民法通则》同时也规定了婚姻家庭中的民事权利和继承权,因此它并没有规定自然人享有其他法律规定的民事权利和利益。本条是《民法总则》新增加的规定。

(二)条文演化

《民法总则(草案)征求意见稿》(2016 年 5 月 20 日修改稿)和《民法总则(草案)》(一审稿)中均没有关于本条的规定。《民法总则(草案)》(二审稿)中首次做出了规定:“民事主体享有法律规定的其他民事权利。”在《民法总则(草案)》(三审稿)中,增添了民事主体享有法律规定的其他“利益”。各学者建议稿基本没有涉及本条规范。

二、规范目的与含义

(一)规范目的

本条规范的目的涉及法政策和法技术上两个层面。

在法政策上,本条规范的目的在于扩大对民事权益的保护范围。民法典是稳定性极强的法律,这就决定了它相对于流变的社会生活而言,具有较强的滞后性。经济和社会的双重发展必然会催生新的权利类型,对这些民法典没有规定的权利,单行法可予以规定。《民法总则》本条规范可以将新型民事权利纳入民法典予以保护。

在法技术上,本条可以发挥三种基本功能:一是为单行法规定新的民事权利类型预留了法律空间;二是可以使《民法总则》外接其他法律有关的民事权利的规范,使民事权利更为体系化、更为完整;三是对其他法律规定的民事权利适用《民法总则》的相关条文予以保护。

(二)规范含义

本条所称的"其他民事权利与利益"是指其他法律规定的民事权利和尚未上升为民事权利、但受到法律一定程度保护的利益。

《民法总则》基本囊括了现行法上的民事权利类型,其他单行法可能规定了民事权利的某个具体类型,但因为《民法总则》是对民事权利体系最基本和最概括性的规定,完全可以涵摄其他法律规定的民事权利。如《民法总则》虽然未规定《矿产资源法》规定的探矿权和采矿权,但可以将它们纳入"物权"的范畴。但是,随着社会的发展,其他法律也可能规定无法纳入《民法总则》的民事权利,如环境权、声音权、信用权等。

其他法律可能对某些民事主体的民事权利做了特殊规定,如《消费者权益保护法》规定,对经营者采用网络、电视、电话、邮购等方式销售的商品,消费者有权自收到商品之日起七日内退货,且无须说明理由。这种退货权即为消费者所独有。但是,这种退货权是法律对消费者的特殊保护,并不构成一种基本的权利类型。对这类权利,应适用《民法总则》第 128 条的规定,即"法律对未成年人、老年人、残疾人、妇女、消费者等的民事权利保护有特别规定的,依照其规定"。

第一百二十七条 【数据与网络虚拟财产保护】

法律对数据、网络虚拟财产的保护有规定的,依照其规定。

一、历史由来

(一)对原有法律规范的制度创新

受限于立法当时的技术和经济发展水平,包括《民法通则》《物权法》以及《知识产权法》等在内的现行法律法规,均未从财产权利客体的层面对数据和网络虚拟财产进行明确规定。但随着数字技术和网络技术的快速发展,数据和网络虚拟财产的经济价值和社会价值正逐渐显现,并在全社会范围内得到了愈发广泛的认同。一方面,随着网络技术对人们日常生活渗透程度的不断加深,几乎所有网络用户都或多或少地拥有了一定数量和类型的网络虚拟财产,在众多网络用户的财产观念中,网络虚拟财产也早已走出了互联网这一“虚拟世界”,而与现实生活中的其他财产别无二致了。另一方面,大数据技术的广泛应用,也使数据在现代信息社会中的地位,一如同石油之于工业社会一般不可或缺。

在此种背景下,《民法总则》明确赋予数据和网络虚拟财产民事权利客体的地位,无疑具有十分重要的制度创新意义,也是我国民法典时代特性的具体体现。虽然在现阶段,本条规定只是一个引致条款而并无实际规范内容,但却为后续制度的衔接奠定了坚实的制度基础,其具有的意义不容忽视。

(二)《民法总则》的审议过程

1.2015 年 8 月 28 日全国人大常委会法制工作委员会“民法总则民法室室内稿”

在该稿中,立法者并未单独设立一章对民事主体所能享有的民事权利进行列举,只是对民事权利的行使和保护规则进行了规定。

2.《民法总则(草案)征求意见稿》(2016 年 5 月 20 日修改稿)

自该稿起，立法者在民法总则中单独创设民事权利一章，对各类法定权利进行列举。其中，在列举知识产权的权利客体时，新增加了数据信息一项，但未提及网络虚拟财产。具体条文如下：

“第一百零三条　民事主体依法享有知识产权。

知识产权是指权利人依法就下列客体所享有的权利：

（一）作品；（二）专利；（三）商标；（四）地理标记；（五）商业秘密；（六）集成电路布图设计；（七）植物新品种；（八）发现；（九）数据信息；（十）法律、行政法规规定的其他内容。”

3.《民法总则（草案）》的三次审议稿

《民法总则（草案）》（一审稿）对于数据信息的规定，延续了征求意见稿的做法，继续将其纳入知识产权客体范畴。同时，立法者在该稿中首次加入了对于网络虚拟财产的规定，并选择将其与物权客体的规定置于同一条款之中。

在一审稿公开征求意见后，上述两项规定均收到了诸多不同意见。对于前者的意见主要集中于，数据信息乃是智力成果的载体和基本元素，其自身不具有创新性，因此不宜被纳入知识产权客体范畴；①对于后者的意见则主要集中于，学界对于网络虚拟财产的法律性质尚存较大争议，不宜通过立法硬性将其纳入物权客体范畴。

充分考虑上述意见后，立法者在《民法总则（草案）》（二审稿）中对前一稿进行了较大幅度的调整，分别将数据信息和网络虚拟财产从知识产权客体和物权客体的条文中移出，并单独设置一条对二者进行规定。同时，还通过采用引致规则的立法技术，为这两类财产具体制度规范的构建预留了充分的空间。这一表述在三审稿和最终版中均得到沿用。具体条文如下：

“第一百二十四条　法律对数据、网络虚拟财产的保护有规定的，依照其规定。”

二、规范目的与含义

（一）规范目的

随着计算机和网络技术的快速发展和普及，针对数据和网络虚拟财产实

① 参见何敏：《知识产权客体新论》，载《中国法学》2014年第6期。

施的侵害行为已不鲜见,相关法律诉讼也呈现逐渐增多的趋势。然而由于相关法律制度的缺失,数据和网络虚拟财产的财产权客体地位始终有待确定,因此人民法院在处理此类案件时,往往本着司法实用主义的态度,从维护个案实质公平的角度出发,在既有法律规范中寻找裁判依据。此种务实的审理思路固然值得肯定的,在现阶段也确实取得了较好的社会效果。但从长远来看,缺乏统一和确定的法律规范,显然不利于此类财产在社会生活和经济活动中得到更为有效的利用和保护。而且,随着相关法律纠纷的数量和复杂程度的不断提高,裁判规则的模糊和分歧,也将导致"同案不同判"的情况日趋严重。

在此种背景下,本条中明确承认了数据和网络虚拟财产的权利客体地位,无疑为相关权利人合法权益的保护以及这两类财产的有效利用奠定了坚实的制度基础。但是考虑到在现阶段,理论界和实务界对于数据和网络虚拟财产的法律概念、权利属性、权利内容和行使方式等问题的研究尚不充分,因此,本条选择以引致条款的方式,为后续具体法律规范的建构提供了一个兼容度极高的制度接口。

固然,此种规范方式使得本条规定的可操作性相对较弱,但这并不妨碍人民法院以本条为依据,对那些明显的侵害其他民事主体享有之数据或网络虚拟财产的行为作出否定性评价,从而为被侵权人的合法权益提供必要救济。

(二)规范含义

1.财产的界定规则

如前所述,本条规定最重要的意义在于,正式承认了数据和网络虚拟财产的财产权客体地位。然而如何界定财产,也许是民法理论中历史最为悠久、观点较为多样、争议也较为激烈的问题之一,在不同历史阶段,来自不同法域、不同学派的学者,从不同的维度和视角对这一问题给出了自己的答案。随着时代的发展,被制定法所正式认可的财产权客体类型,也从最初的有形物,逐渐扩张至无形物(权利)、义务人的行为、智力成果,乃至某种特殊的法律关系。尽管如此,通过归纳总结各方观点,我们依然可以从中发现如下几项作为财产权客体所必须具备的共通性特征,而这也为数据和网络虚拟财产的财产权客体地位提供了理论依据:

第一,具有使用价值。能够满足人类的某种需要,无疑是人们将某项客体视为财产的前提条件。在人类发展历程中，随着科学技术和社会环境的不断发展变化，人们对于使用价值的判断标准也随之不断改变，财产权客体的范围也因此呈现出越发扩大的趋势。

第二，具有稀缺性。法律设置财产权的首要目的在于确定财产的归属，而只有稀缺性资源，才会产生通过法律手段进行定分止争的客观要求。因此，稀缺性理应成为财产客体所必须具备的特征之一。需要注意的是，此种稀缺性既可能是自然规律使然，也可能是因人为手段而刻意创造而成。

第三，具有可控制性。如前所述，财产存在之目的在于满足人的需要，因此，只有当人能够对特定客体实现有效控制，并使其使用价值得以有效发挥时，该项客体才有进入财产权领域进行规制的必要，否则将产生大量无效的财产权规则。

第四，具有排他性。如果说可控制性，是从主体与客体关系的宏观视角对财产权客体的特性进行考量的话，那么所谓排他性，则主要表现于权利人与其他主体之间的法律关系之中，即权利人应能够以其享有之财产权对抗其他主体。需要说明的是，一项财产权所具有的排他性效力，主要取决于义务人的数量和义务人的确定性这两个变量。因此，此处所说的排他性，并非仅指对抗不特定多数人这一种情形，还包括对抗某一特定他人、对抗特定多数人以及对抗某一不特定人等多种情形。①

第五，具有可让与性。与人身权的客体不同，财产权客体通常具有可让与性，特别是在现代市场经济环境下，财产的交易价值往往超越了其使用价值，而成为权利人实现自身利益的最主要手段。相应地，限制私有财产最为常见的方法也就是限制其可转让性。②

2. 作为财产权客体的数据

随着信息社会的全面到来以及大数据技术的快速发展，数据在现代社会中的重要性正不断凸显，特别是经济价值的水涨船高，直接催生了对数据进行

① Thomas W. Merrill, and Henry E. Smith. The property/contract interface, *Columbia Law Review*(2001): 773 - 852.

② 参见高富平：《信息财产——数字内容产业的法律基础》，法律出版社 2009 年版，第 179 页。

周延法律保护的客观需求。然而,数据作为现代计算机数字技术的产物,天然具有可复制性和非竞争性的特点,并非所有数据均可被纳入财产权客体的范畴之中。因此,在构建数据财产法律制度时,首先需要解决的问题,就是对数据财产的范围进行界定。

由于在现实生活中,信息与数据往往紧密相连,并且共享一个权利外观,因此在理论研究甚至立法领域中,"数据"与"信息"混用的情况较为常见,其中最为典型的,就是"个人数据"(personal data)和"个人信息"(personal information)的交叉使用。然而,从财产权客体资格的确认角度来说,仍有必要对信息和数据予以合理区分,并藉此明确数据在财产法上的法律地位。

第一,数据是信息的载体和传播的媒介。信息作为一种对于不特定的受众具有一定含义的内容,①来自人对于主客观世界的认识和反应,而信息若想外化于人的意念而成为独立的权利客体,则必须依附于特定的载体之上。随着人类科学技术的发展,载体的范围和类型不断扩大,而数据正是现代信息技术创造出的最新载体。通过数字化技术的处理,大量信息得以转化为特定数据存储于各类物理介质(如硬盘、光盘)之中。同时,数据这种新型载体的出现,也极大地拓展了人类所能记录信息的范围和数量,并造就了诸多只能以数据形式呈现的信息。质言之,在数字技术领域中,"信息秩序的建立无法脱离数据媒介而独立完成,信息的分享、交易通过数据分享、交易来完成,对信息的侵害和保护亦是通过数据操作行为来实施或实现。"②

第二,脱离信息的数据并非财产权的客体。虽然信息与数据之间具有天然的密切联系,但二者在物理属性上仍然是可分的,而一旦数据与信息发生了分离,前者将不再可能成为财产权的客体。具体原因在于,首先,数据存在的意义是为了记录信息,当其不再承载或承载的信息无法被还原为有意义的内容时,单纯的数据将不再具有使用价值,而只是计算机系统中的冗余。换言之,只有在被人们赋予有意义的内容后,数据才能找到自己在财产权领域中的定位。其次,脱离了信息的数据,只是一段无意义的数字编码,而此段数据与

① 参见高富平:《信息财产——数字内容产业的法律基础》,法律出版社 2009 年版,第 179 页。

② 梅夏英:《数据的法律属性及其民法定位》,载《中国社会科学》2016 年第 9 期。

彼段数据之间也将丧失实质性差异，这就使得单纯的数据将不再具有稀缺性，也无特定性和独立性可言。

综上所述，法律之所以对数据给予财产权上的保护，其目的并非是为了保护数据本身，而是通过对数据这一载体的确权，使权利人享有对其上承载之信息的控制权。换言之，权利人对于数据享有的权利，本质上是其对特定信息享有之利益的投射，因此，数据权利的具体内容和行使方式，也应围绕特定信息的自身特点进行建构。例如，对于承载着智力成果的数据，法律可通过对数据复制行为的限制实现对权利人的保护；而对于承载着商业秘密的数据，则可通过对数据可访问性的限制，为权利人的权利边界进行划定。

3. 网络虚拟财产的民法定位

相较于数据这种较为抽象的财产形态，网络虚拟财产的表现形式更为具体和确定，学界和实务界对其财产属性的探讨，也随着权利人主体范围的快速扩张而逐渐形成共识。在制度构建上所面临的主要问题，在于如何更为准确界定的网络虚拟财产的法律概念，以及其法律属性究竟为何。

(1)网络虚拟财产的法律概念

由于网络虚拟财产并非是作为一个法律概念而诞生的，因此，在其进入法学研究领域后，学者普遍表现出了较为明显的“定义偏好”，往往习惯于先对网络虚拟财产给出自己的概念界定，再在此“定义的脊背”上开展后续问题研究。[①] 例如，杨立新认为，网络虚拟财产是虚拟的网络本身以及存在于网络上的具有财产性的电磁记录，是现实世界中人类劳动和财富的数字化形态，且其在价值上能够用现有的度量标准来衡量。[②] 赵秉志和阴建峰认为，网络虚拟财产是指网民、游戏玩家在网络空间中所拥有、支配的必须利用网络服务器的虚拟存储空间才能存在的财物。[③] 林旭霞认为，应将广义的网络虚拟财产界定为在网络环境下，模拟现实事物，并以数字化形式存在的、既相对独立又具排他

① 参见王轶：《对中国民法学学术路向的初步思考》，载《法制与社会发展》2006 年第 1 期。

② 参见杨立新、王中合：《论网络虚拟财产的物权属性及其基本规则》，载《国家检察官学院学报》2004 年第 6 期。

③ 参见赵秉志、阴建峰：《侵犯虚拟财产的刑法规制研究》，载《法律科学》（西北政法大学学报）2008 年第 4 期。

性的信息资源;与之相对应的狭义的网络虚拟财产,则是指对因模拟现实环境中有形的物质财富而产生的虚拟物。①刘明祥认为,网络虚拟财产,是指一切存在于特定网络虚拟空间的专属性的虚拟物,包括ID、虚拟货币、虚拟装备等。②

在此种情况下,若仍然仅从形而上的角度出发,以抽象的方式对网络虚拟财产的法律概念进行界定,恐难以实现超越各方争议达成理论共识的良好效果。鉴于此,笔者认为不妨反其道而行之,选择从特殊到一般的分析进路,以某一项或几项公认的典型网络虚拟财产作为研究对象,通过对"小前提"的主要法律特征进行白描式的归纳和总结,最终推导出网络虚拟财产法律概念这一"大前提"的具体内容。限于篇幅,笔者仅以淘宝网店作为分析对象,对其核心法律特征进行如下归纳总结:

第一,淘宝网店只能开设于淘宝网(阿里巴巴公司)自己搭建的电子商务平台之上,不能脱离淘宝网而独立存在。相应地,淘宝网店也只有在淘宝网的电子商务平台之上进行运营,才能够使用后者提供的一系列配套服务,并正常营业。

第二,权利人(店主)创建淘宝网店时,需要与淘宝网订立服务协议,而该服务协议中约定的权利义务内容,涉及淘宝网店设立、经营、转让直至关闭这一过程中的诸多事项。换言之,权利人对于淘宝网店的经营和使用行为,应始终遵循其与淘宝网订立之服务协议,而该协议内容也将对双方当事人产生持续性的法律效力。

第三,权利人对于淘宝网店的所有使用行为,均是以淘宝网向权利人提供的一系列具体服务为基础的。例如,权利人在网店上登载和发布商品信息,是以淘宝网提供的信息存储和信息发布服务为基础的;权利人能够在网店上表彰自己的信用,则是以淘宝网对于消费者评价信息的统计服务为基础的。

第四,权利人对于淘宝网店享有的财产权不容他人侵犯,任何盗取篡改店铺账号、恶意损害店铺信誉、破坏网店正常经营秩序的行为,均应属于违法行

① 参见林旭霞:《虚拟财产权性质论》,载《中国法学》2009年第1期。
② 参见刘明祥:《窃取网络虚拟财产行为定性探究》,载《法学》2016年第1期。

为,权利人可直接要求违法行为人承担损害赔偿等法律责任。

基于上述分析,笔者认为,可将网络虚拟财产的法律概念界定为,网络服务提供者向权利人提供的具有专属性质的服务行为。具体包括如下几层含义:

第一,网络虚拟财产是网络服务提供者向权利人给付的服务行为,而非某种可以脱离主体行为而独立存在的特殊物。换言之,网络虚拟财产的存在与否,并不取决于据以形成其权利外观的数字代码,而是通过这些数字代码所反映出的法律和经济意义,一旦脱离了此种特定的法律和经济意义,代码本身就不再具有任何价值性可言了。

第二,网络虚拟财产是网络服务提供者根据合同约定提供的服务行为本身,而并非是因提供服务行为所产生的结果。也正是基于此种原因,网络服务提供者不可能对由其提供的网络虚拟财产享有任何权利,毕竟,民事主体是不可能对自己的给付行为主张权利的。

第三,网络虚拟财产是网络服务提供者向权利人提供的一系列完整的、相互关联的服务行为,而非某项在外观上具有独立性的权利表征。据以构成网络虚拟财产的网络服务提供者向网络用户提供的一系列完整的、相互关联的服务,而那些具有较强独立性的视觉外观,则只是这些服务的组成部分和其权利表征。

第四,网络虚拟财产是网络服务提供者向权利人提供的专属性服务行为,而非向不特定多数人提供的标准化服务行为。① 所谓专属性服务,是指与特定权利人之间存在一一对应关系的网络服务,而与之相对应地,就是那些向不特定多数人提供的标准化网络服务,如新闻、数据传输、信息搜索等服务即属此类。

(2)网络虚拟财产的法律属性

在我国学界对于网络虚拟财产的研究中,对其法律属性的探讨占据了半壁江山,学者们希望通过该问题的解决,将网络虚拟财产权纳入到一套业已成

① Joshua Fairfield, Virtual Property, *Boston University Law Review* (85), 2005, pp. 1047 - 1050.

型的财产权制度体系中去,从而获得一套完整的解决方案。但时至今日,学界依然存在较大分歧,并形成了物权说与债权说分庭抗礼的局面。

物权说观点认为,网络虚拟财产应被视为一种特殊的物,[①]权利人可以支配性方式对其进行使用和处分,而以其作为客体的网络虚拟财产权,也因此具有了排他性、对世性和特定性的特征,故此应将其纳入《物权法》规范体系进行调整。[②]

债权说观点认为,应从网络服务提供者与权利人之间的服务合同关系出发,将网络虚拟财产权的取得、转让、灭失等视为一种债的关系。[③] 以网络游戏为例,在玩家未接受网络游戏服务之前,游戏运营商对网络游戏中的网络虚拟财产享有所有权,而在运营商开放经营后,运营商就在这些网络虚拟财产上设置了诸多许可使用权,并通过将这些使用权能许可给玩家使用,形成网络虚拟财产权。[④]

基于前文对于网络虚拟财产法律概念的界定,笔者认为,网络虚拟财产权并非是一种仅具单一法律属性的财产权利,而是由分别对应着网络虚拟财产权内部的相对性债权和对应着外部法律关系的绝对性财产权共同组成的权利束。

第一,所谓网络虚拟财产权的内部法律关系,是指网络服务提供者与网络用户(网络虚拟财产权人)之间的相对性法律关系。网络虚拟财产对于网络服务提供者的技术依赖性,决定了在网络用户与网络服务提供者之间,形成了一种贯穿于网络虚拟财产从产生到消灭始终的持续性法律关系。在此种持续性法律关系之中,网络用户享有之网络虚拟财产权,在法律属性上应被视为一种以网络服务提供者为相对方的债权,网络虚拟财产权的权利内容,以及网络服务提供者和网络用户之间的权利义务安排,均是以双方当事人达成的用户服务协议为制度基础的。

---

① 参见杨立新、王中合:《论网络虚拟财产的物权属性及其基本规则》,载《国家检察官学院学报》2004 年第 6 期。

② 参见林旭霞:《虚拟财产权性质论》,载《中国法学》2009 年第 1 期。

③ 参见刘慧荣、尚志龙:《虚拟财产权的法律性质探析》,载《法学论坛》2006 年第 1 期;陈旭琴、戈壁泉:《论网络虚拟财产的法律属性》,载《浙江学刊》2004 年第 5 期。

④ 参见余俊生:《网络虚拟财产法律问题研究》,中国政法大学 2008 年博士学位论文。

第二，所谓网络虚拟财产权的外部法律关系，是指网络虚拟财产权人与除网络服务提供者以外的其他第三人之间形成的法律关系。与内部法律关系不同，网络虚拟财产权的外部法律关系的产生基础，是网络虚拟财产权人在与第三人的社会交往过程中，所产生的关于保护网络虚拟财产权不受侵害，以及维护网络虚拟财产交易安全的制度需求，而决定其法律属性的关键要素，则是网络虚拟财产籍由各种在外观上具有较强独立性的权利表征（如账号密码）而获得的对世性效力。质言之，在与第三人的法律关系中，权利人可依据物权规则对其网络虚拟财产实施占有、使用、收益和处分行为，并获得相应的法律保护。

笔者认为，相较于非此即彼的权利属性之争，以此种"一权两制"的思路确定网络虚拟财产权的权利属性，能够更为全面地反映和涵盖网络虚拟财产权的全部法律特征，并使相关各方主体的利益得到均衡兼顾。一方面，在外部法律关系中赋予网络虚拟财产权对世性效力，可以为权利人的合法权益提供充分的制度保护；另一方面，在合同关系项下处理权利人与网络服务提供者之间的权利义务关系，则是一个符合网络产业自身发展规律的制度安排。以网络游戏为例，在游戏运营过程中，网络服务提供者通常会根据市场经营情况对游戏中的部分参数进行调整，以确保游戏保持良好的用户体验。在此种情况下，如果此项调整对玩家拥有之某项道具的市场价值产生了直接影响，那么，权利人是否有权要求网络服务提供者停止此种调整或承担损害赔偿责任呢？若根据物权说的观点，答案理应是肯定的，但从实践效果来看，此种过于强势的权利效力，却会给网络服务提供者的经营自由带来较大限制，这与网络产业自身的发展规律也有所矛盾。① 相较之下，以合同规则处理网络用户与网络服务提供者之间的关系，无疑有利于双方主体更为灵活的安排其权利义务关系，并通过市场竞争和必要的外部监管实现双方利益的动态平衡。

三、其他问题

网络技术的全球化特性，让人们的行为得以首次突破时间与空间的束缚，

① Dan E. Lawrence, Note, It Really Is Just a Game: The Impracticability of Common Law Property Rights in Virtual Property, 47 WASHBURN L. J. 518 – 519 (2008).

从而获得了更为广泛的自由,[①]然而与之相伴随的,则是行为人所处之物理位置与其行为结果之间的关联性日趋减弱。[②] 在此种情况下,当权利人所有之网络虚拟财产遭到其他网络用户侵害时,其往往难以向直接侵权人主张救济。因此在司法实践中,即使受害人明确地知道其财产损失是由第三人原因造成的,其也很可能转而选择以网络服务提供者为对象进行追责,而其寻求救济的请求权基础,便是网络服务提供者对于安全保障义务的违反。

例如,在被称为网络虚拟财产第一案的李某晨诉北极冰科技公司服务合同纠纷案中,[③]原告李某晨系被告运营的"红月"网络游戏的玩家,在游戏过程中,其网游道具被另一名玩家盗走,后因要求被告为其恢复游戏道具未果,故向法院提起诉讼。法院经审理认为,被告作为网络游戏的经营者,了解玩家活动情况,并可控制服务器数据,因此应对玩家的财产安全承担较为严格的保障义务,并应对其系统的安全性,以及网络服务提供者自身没有侵害玩家财产权承担举证责任。在本案中,被告运营的服务器上有外挂使用的情形,在一定程度上证实了被告服务器有被侵犯的可能,同时,被告亦没有证据表明原告网游道具的丢失,系因第三人窃取其密码所致,故法院最终判决,被告应恢复原告丢失的网游道具,并赔偿其他相关损失。

客观来说,本案判决不仅开创了我国网络虚拟财产司法保护的先河,正式在司法实践中上确立了网络虚拟财产的财产法律地位,而且从实际效果看,也较为妥善地处理了网络用户与网络服务提供者之间的利益关系。然而,在本案判决中,仍然有一个十分重要的理论问题需要厘清,即网络服务提供者对于网络虚拟财产承担的此种安全保障义务,究竟是来源于合同约定还是法律直接规定?毕竟,法律在违约责任与侵权责任的构成、诉讼时效、责任内容、免责条件、责任范围等方面,均有不同的规定,而对该问题给出一个准确的答案,将可以提高司法实践中法律适用的准确性,并有助于网络虚拟财产各方主体利益得到更为均衡的保护。对此有观点认为,网络服务提供者作为网络虚拟财

① 参见胡泳:《众声喧哗:网络时代的个人表达与公共讨论》,广西师范大学出版社 2008 年版,第 77 页。

② 参见曹诗权:《论网络侵权》,载《云南大学学报》(法学版)2003 年第 1 期。

③ 参见北京市第二中级人民法院(2004)二中民终字第 02877 号民事判决书。

产据以存在的空间的创造者和控制者，对于网络虚拟财产安全的保障，较之普通网络用户，具有较为明显的技术和成本优势，[①]因此，无论是根据获利报偿理论、危险控制理论，还是网络用户与网络服务提供者之间的基础信赖关系，网络服务提供者均应对网络用户之网络虚拟财产，承担侵权法上的安全保障义务。[②]

笔者认为，上述观点具有一定道理，特别是从结果角度出发，要求网络服务提供者对网络用户能够正常使用其网络虚拟财产承担一定的保障义务，与前者在网络服务中所处之位置也是相契合的。然而，若从理论层面深入思考便可发现，要求网络服务提供者对于网络虚拟财产承担侵权法上的安全保障义务，实际上仍然是拟物化思维模式的产物，即研究者先验地将网络虚拟财产视为一项绝对权，而对其所处之法律关系性质为何则未作更多关注。事实上，由于对于网络服务提供者来说，所谓网络虚拟财产，只不过是其向网络用户提供的一系列服务行为而已，因此，在当网络用户因网络虚拟财产受损而向其主张权利时，前者所主张的，实际上是要求网络服务提供者继续履行合同义务，而非侵权法上的安全保障义务。

以李某晨案为例，当其网游道具被第三人窃取时，其所丧失的只是网络虚拟财产权的权利表征，而非权利本身，因此，只要权利人依然能够通过其他方式，证明其对被盗网络虚拟财产享有合法权利，那么，网络服务提供者就必须依据合同约定向其履行合同义务并恢复其对于权利表征的占有，否则其将构成违约，而非是对安全保障义务的违反。反之，如果李某晨丧失权利表征是由其自己的原因所造成时，那么，网络服务提供者将有权以权利表征缺失为由，拒绝向其继续提供该表征项下的网络服务，而无须承担任何违约责任。

当然，从保护消费者利益的角度出发，立法者是有理由要求网络服务提供者应对其用户承担法定的安全保障义务的，然而，此种义务所保护的对象，应

① 参见谢晓专：《ISP 的信息治理责任及其理论依据：基于对我国信息网络安全法律法规的内容分析》，载《科技与法律》2009 年第 6 期。

② 参见陈芳：《虚拟空间之安全保障义务研究——以互联网服务提供商的视角》，载《武汉大学学报》（哲学社会科学版）2014 年第 1 期；林旭霞、杨垠红：《论运营商对虚拟财产的安全保障义务》，《福建师范大学学报》（哲学社会科学版）2008 年第 5 期。

是网络用户在使用网络服务过程中的其他合法权益,而非据以形成网络虚拟财产的服务本身能够得到完全履行。而此种安全保障义务的法律性质,则是基于合同所产生的附随义务。

第一百二十八条 【特殊民事主体的权利保护】

法律对未成年人、老年人、残疾人、妇女、消费者等的民事权利保护有特别规定的，依照其规定。

一、历史由来

(一)本条来源

本条源于《民法通则》第104条:“婚姻、家庭、老人、母亲和儿童受法律保护。残疾人的合法权益受法律保护。”但两者的规范方式与目的都有所不同。《民法通则》属于宣示性规定，内容是直接规定法律保护婚姻、家庭、老人、母亲和儿童，目的是申明对这些主体权益的保护，显然不可能直接作为裁判规范；本条规范则采用了转致规范，即未成年人、老年人、残疾人、妇女、消费者等民事主体，其民事权利除了适用《民法总则》的规定外，如果法律有特别规定的，也应适用特别规定。导致这一差异的原因在于，《民法通则》在制定时，除《婚姻法》外，并不存在专门保护老人、母亲和儿童的法律；而目前中国已有了对上述主体进行特殊保护的法律。

本条与《民法通则》在表述和内容上亦存在差异：本条以“妇女”取代“母亲”及以“未成年人”取代“儿童”，是用法律概念代替生活语言，表达更为规范。此外，它删除了对婚姻和家庭的规定，因为它们并非民事主体，婚姻和家庭中产生的是自然人的身份权，《民法总则》已有规定，无须重申。同时，本条增加了对残疾人和消费者的规定，在《民法总则》制定过程中，有关未成年人、老年人、残疾人、妇女、消费者的单行法都相对比较完备，因此本条增加此类主体颇为适时。由此可见，尽管两者的目的都在于强调对特殊民事主体的法律保护，体现法律关注实质平等的精神，但《民法总则》的规定在立法技术上更为先进。

(二)条文演化

有关未成年人、老年人、残疾人、妇女和消费者等特殊民事主体的权利保护,应优先适用特别法这一规定,首次出现在《民法总则(草案)征求意见稿》(2016年5月20日修改稿)中,之后在《民法总则》的起草过程中均产生争议。各学者建议稿基本没有涉及本条规定。

二、规范目的与含义

(一)规范目的

本条的制定具有法政策与法技术的双重目的。

1. 法政策

在法政策上,本条的立法目的在于对立法者假定的、法律上的弱势群体进行特殊保护。本条规定的特殊民事主体包括两种:

(1)立法者认为值得保护的某些自然人,即未成年人、老年人、残疾人和妇女。他们或者具有某种生理缺陷,难以像自然人一样完全正常生活,如残疾人;或者是自然人必经的某个阶段,即未成年人和老年人;或者是基于性别特征应受保护的群体,即妇女。民法上的人实际上是以健康的成年人为模型的。因此,未成年人、老年人和残疾人历来被视为弱势群体,中国固有文化也将悯老、扶幼、助残视为国家治理伦理的重要内容,如《管子·入国》中的"五行九惠之教":"一曰老老,二曰慈幼,三曰恤孤,四曰养疾,五曰合独,六曰问疾,七曰通穷,八曰振困,九曰接绝。所谓老老者,凡国、都皆有掌老,年七十已上,一子无征,三月有馈肉;八十已上,二子无征,月有馈肉;九十已上,尽家无征,日有酒肉。死,上共棺椁。劝子弟:精膳食,问所欲,求所嗜。此之谓老老。所谓慈幼者,凡国、都皆有掌幼,士民有子,子有幼弱不胜养为累者,有三幼者无妇征,四幼者尽家无征,五幼又予之葆,受二人之食,能事而后止。此之谓慈幼。""存耄耋,恤幼孤"(汉明帝语)也被认为是国家义务的一部分。《民法总则》本条规范的立法目的也在于弘扬法律的人文关怀,倡导社会守望相助的连带观念。

(2)某种特定的交易角色,即消费者、劳动者等。近代民法最重要的社会假定是人与人在交易中地位的互换性,[1]确切地说,是交易双方的相似性和地位的实质平等。但在自由交易与自由竞争成为支配性的资源配置方式后,其结果必然将导致社会达尔文主义的弱肉强食。[2] 因其只关心客观的权利能力,而不顾及个体实现自由的能力,于是便催生了各种政策型特别民法,以追求"作为公平的平等。"如果继续沿袭传统民法"平等对待不平等的人"(布坎南语)的精神,当事人之间因为交易能力、经济力量、信息能力等方面产生的实质不平等将越来越成为不可逾越的鸿沟。现代民法的重要发展之一,正是通过特别民法或民法典本身保护弱势群体,即保护该条提及的未成年人、老年人、妇女等。[3]《民法总则》的这一规定反映出现代民法的发展趋势,虽不直接对特殊民事主体的权利安排作例外规定,但通过引致的方式将特别民法的保护条款纳入其中。它的理论基础源自马克斯·韦伯揭示并经维阿克尔发展的"私法实质化"概念,指私法超越个人自决及自治的目标,致力于实现实质正义。传统民法上抽象的、相同的"法律人",在一定程度上被真实的"生活人"具体化,"戴面具的人"(抽象人格)逐渐在某种程度上演化为"穿衣服的人"(具体人格)。[4] 如20世纪的消费者福利运动逐渐使本条列举的消费者成为法律上的弱势群体,其核心原因是消费者与经营者在交易过程中的实质不平等。

对上述两类主体的保护,立法者的任务其实并不相同:对第一类主体,国家承担的是"二战"后新兴的人权或社会权保障义务,立法是国家承担这一义务的第一步。《民法总则》作为民事基本法,其核心是保障民事主体的基本权利,它通过本条规范纳入特别法对弱势群体的保护,彰显了民法典的人文精神。对第二类主体,国家的任务是矫正因为法律的形式平等造成的实质不公平,它将立法者关注的交易角色具体化,赋予他们某些交易中的特权,实现事实上的平等。

---

① 参见梁慧星主编:《从近代民法到现代民法》,中国法制出版社2000年版,第171页以下。

② 参见谢鸿飞:《民法典与特别民法关系的建构》,载《中国社会科学》2013年第2期。

③ 参见谢鸿飞:《中国民法典的生活世界、价值体系与立法表达》,载《清华法学》2014年第6期。

④ 参见谢鸿飞:《现代民法中的"人"》,载《北大法律评论》(第3卷第2辑),法律出版社2000年版,第131页。

2. 法技术

在法技术上,民法典是否应纳入对上述特殊主体特别保护的规范,主要体现为是否纳入消费者等特殊交易角色的法律规范。比较法上有两种做法:一是坚持民法典应以私法自治为灵魂、以形式平等为根本,不应纳入对社会政策的考量。这最早可以追溯至萨维尼的观点:“法律原则根本不考虑权利行使是否道德,故,富人可以拒绝救助穷人,或铁石心肠地对穷人行使债权,任其陷入窘境。救助即使有,其土壤也不是私法,而是公法。”①二是纳入对上述第二类主体的特殊保护。如德国债法改革的首要目标就是在国内法中纳入欧盟的消费品买卖及担保指令、支付迟延指令与欧盟电子商务指令,以达到欧盟最低限度的标准(德国最后超过了欧盟标准)。为此,《德国民法典》总则首次界定了消费者(第13条)与经营者(第14条),有关消费者保护的规定则散见于债编各处。

从技术层面看,《民法总则》本条规范选择了中间路线:既没有纳入对上述主体的特殊保护(未来民法典的婚姻家庭编也会涉及妇女和儿童的某些特殊保护),也没有全然维持传统民法典不纳入这些规范的做法,而是做了简单的引致性规范。一方面是为了保持民法典的体制中立性,将民法典的内容限于形式平等的主体之间的法律关系;另一方面是为了引入公法、社会法领域的特殊规范,表明民法典对这些规范的容让。

(二)规范含义

本条规定,法律对未成年人、老年人、残疾人、妇女、消费者等的民事权利保护有特别规定的,依照其规定。它确立的主要是民事权利领域内特殊民事主体或交易角色的法律适用规则,其涉及的问题主要是:

1. 特殊主体或交易角色的范围

本条使用了“未成年人、老年人、残疾人、妇女、消费者等”的表述,这里的“等”是列举未完成的含义,即除了这些主体以外,法律对民事主体的民事权利有特殊规定的,也适用本条规范,如法律规定的劳动者权利、患者权利等。

2. 法律适用规则

《民法总则》对民事权利的规范,适用于所有自然人或法人。现行法有关

① K. F. C. Savigny, System des heutigen römischen Rechts, Bd. I., Berlin, 1840, S. 371.

未成年人、老年人、残疾人、妇女与消费者等弱势群体或交易角色的特殊民事权利保护，见于《未成年人保护法》《老年人权益保障法》《残疾人保障法》《妇女权益保障法》《消费者权益保护法》等，按照特别法优先于一般法的原则，其他法律有关民事权利保护的特别规定优先于民事权利保护的一般规定适用。本条与《宪法》第48条规定的妇女的权利保护，第49条规定的未成年人、老年人和妇女的保护，第45条规定的老年人与残疾人的社会保障与救济等规定相互呼应，贯彻和落实了对弱势群体的民事权利保护。

关于上述主体民事权利的特别法，也可分为两类。

(1)弱势群体特殊民事权利的法律

这类法律规定的弱势群体的权利包括两类：

一是弱势群体对国家的权利，对应于国家的行政给付义务。如《未成年人保护法》第3条规定，未成年人享有生存权、发展权、受保护权、参与权等权利，国家根据未成年人身心发展特点给予特殊、优先保护，保障未成年人的合法权益不受侵犯。《残疾人保障法》第48条规定，国家和社会对生活确有困难的残疾人，通过多种渠道给予救济、补助。国家和社会对无劳动能力、无法定扶养人、无生活来源的残疾人，按照规定予以供养、救济。《老年人权益保障法》第31条规定，城市的老年人，无劳动能力、无生活来源、无赡养人和扶养人的，或者其赡养人或扶养人确无赡养能力和扶养能力的，由当地人民政府给予救济。农村的老年人，无劳动能力、无生活来源、无赡养人和扶养人的或者其赡养人或抚养人确无赡养能力和扶养能力的，由农村集体经济组织负担"保吃、保穿、保住、保医、保葬"的五保供养，乡、民族乡、镇人民政府负责组织实施。《妇女权益保障法》规定了妇女的政治权利、文化教育权益、劳动和社会保障权益等。这些规范的目的在于确认国家对这些弱势群体承担的人权积极保障义务，弱势群体对国家享有公法上的行政给付请求权。当然这些权利的保障程度受国家经济和社会发展条件的制约。

二是特殊的民事权利。这类民事权利主要体现为特殊的请求权。例如，《未成年人保护法》第36条规定，中小学校园周边不得设置营业性歌舞娱乐场所、互联网上网服务营业场所等不适宜未成年人活动的场所。据此，违反这一义务造成中小学生损害的，受害人可以请求停止侵害。又如，《残疾人保障法》

第55条规定,公共服务机构应当为残疾人提供优先服务和辅助性服务。残疾人搭乘公共交通工具,应当给予方便和照顾;其随身必备的辅助器具,准予免费携带。盲人可以免费乘坐市内公共汽车、电车、地铁、渡船。盲人读物邮件免费寄递。这些规定赋予了残疾人缔约方面的某些民事特权,同时为交易相对人课以相应的义务。

(2)特殊交易角色的特殊民事权利

现行中国法上主要体现为消费者和劳动者的特殊民事权利。如《消费者权益保护法》第55条规定,经营者提供商品或者服务有欺诈行为的,应当按照消费者的要求增加赔偿其受到的损失,增加赔偿的金额为消费者购买商品的价款或者接受服务费用的三倍;增加赔偿的金额不足五百元的,为五百元。经营者明知商品或者服务存在缺陷,仍然向消费者提供,造成消费者或者其他受害人死亡或者健康严重损害的,受害人有权要求所受损失两倍以下的惩罚性赔偿。这就赋予了消费者请求惩罚性赔偿的特殊民事权利。

第一百二十九条 【民事权利的取得】

民事权利可以依据民事法律行为、事实行为、法律规定的事件或者法律规定的其他方式取得。

一、历史由来

在《民法总则》立法过程中,《民法总则(草案)》一审稿和二审稿均没有民事权利取得规范,三审稿第130条首次增设该规范,原因在于,在经过两次审议后,有意见提出,应将民事权利的部分规定得更充实一些,建议对民事权利的取得作出原则性规定,最高立法机关采用了该意见。[①] 本条概括列举法律行为、事实行为等法律事实,域外立法例并无这种规范,应属《民法总则》的独创。

二、规范目的与含义

(一)规范目的

本条规范目的旨在概括性地阐明民事权利的取得。在学理上,民事权利的取得归为民事权利得丧变更,而引起民事权利得丧变更的原因称为法律事实,故对民事权利取得概括性的法律调整,就是列举相应的法律事实。法律事实是学理概念,明确各类法律事实的内涵,有助于准确理解和把握具体的民法规范,进而也便于民法学习和司法适用。本条概括列举相应的法律事实,可与民事法律行为、事实行为等规范相互呼应,体现了民法规范的体系化。

---

① 参见《中国民法总则草案三审 增加为公共利益征用不动产应给予合理补偿内容》,载人大新闻网:http://npc.people.com.cn/n1/2016/1219/c14576-28961406.html,最后访问日期:2017年2月8日。

(二)规范含义

1. 在事实层面上理解法律事实

法律事实迻译自德文词 juristische Thatsache/Tatsache,[①]在萨维尼看来,它指向产生或终止某项法律关系的所有事情,这为后世对法律事实的界定提供了认知基础。[②] 我国民法学理对法律事实的理解基点放在“事实”,它被限定为拾得遗失物、医疗事故等为法律所调整的客观现象,它们依法引起民事法律关系的产生、变更和消灭。[③] 这种认识相当贴近人们的直观感知,无须假手太多的抽象思维,且与法律反映并服务于现实的朴素唯物主义观念高度吻合,因此相当流行,堪称汉语民法学的主流认识。我国大陆地区法院受这种学说的影响很深,有法院的下述认识就相当典型:“民事法律关系的产生、变更或消灭,须以出现某种可以导致民事后果的客观情况为要件,这些能够依法引起民事后果的客观情况,在法律上被称之为民事法律事实,根据民事法律事实是否具有直接的人的意志性,可以将其分为事件与行为,前者如不可抗力、时间的经过、人的出生和死亡,后者包含事实行为、民事行为、违法行为等。”[④]本条也是在此层面意义上来运用民事法律行为、事实行为、事件等具体法律事实的。

2. 经由民事法律行为的权利取得

民事法律行为以意思表示为基本工具,基于内心意思——行为意思、表示意思和效果意思——的方向定位,借助表示行为的外部表达,导致特定法律关系或权利的得丧变更,在此结构中,是行为人的意愿而非法律引导出法律效果。[⑤] 在不同领域中用以具体化法律行为的债权契约、物权合意、身份行为等无不如此,无须赘言。在德国法系的学理中,在意思表示之外,法律行为还有意思实现的方式,即不是通过行为人表达法律行为意思的方式来产生法律后

---

① 法律事实在德文中也表述为 rechtserhebliche Tatsache 或 rechtswirksame Tatsache。

② Vgl. Schmoeckel/Rueckert/Zimmermann (Hrsg.), Historisch-kritischer Kommentar zum BGB, Bd. I, Tuebingen 2003, S. 357 ff..

③ 参见黄茂荣:《法学方法与现代民法》,中国政法大学出版社 2001 年版,第 199 页;魏振瀛主编:《民法》,北京大学出版社、高等教育出版社 2010 年版,第 33 页。

④ 江苏省扬州市中级人民法院(2014)扬民终字第 01344 号民事判决书。

⑤ 参见[德]汉斯·布洛克斯、沃尔夫·迪特里希·瓦尔克:《德国民法总论》,张艳译,中国人民大学出版社 2012 年版,第 69 ~ 71 页、第 75 ~ 76 页。

果，而是以创设相应状态的方式实现行为人希冀的法律后果。不过，意思表示和意思实现的并列存在，只表明意思对外表现存在不同的方式，实质并无差异，因为尽管意思实现缺乏表示行为，但法律效果仍源自行为人意愿，与意思表示殊途同归，承诺行为即为适例(《德国民法典》第 151 条)。①

从内容上看，可把民事权利分为人身权和财产权，民事权利的取得由此可具体化为人身权的取得和财产权的取得。取得人身权的民事法律行为可简称为人身行为，如通过结婚、离婚、收养等表现出的意思表示；取得财产权的民事法律行为可简称为财产行为，如买卖合同、遗嘱等。人身行为和财产行为的分界是民事法律行为体系化的根基，其区分相当清晰，但它们只是最基本的框架，具体板块还需进一步填充，本法以及其他法律涉及人身权和财产权的规范就起到这样的作用。

3. 经由事实行为的权利取得

我国大陆地区民法学对事实行为的认识差异较大。有学理把事实行为作为合法行为的一类，注重其非表示行为的特性，如将其称为行为人主观上不一定具有发生、变更或消灭民事法律关系的意思，但客观上能引起同样后果的行为，包括如先占、加工、遗失物的拾得、埋藏物和隐藏物的发现等。② 有学理把事实行为与法律行为、准法律行为相对，注重其效果法定的特性，如将其称为行为人实施一定的行为时在主观上没有确立、变更或消灭某一民事法律关系的意识，但由于法律的规定，同样会引起一定的民事法律后果的行为，并进一步认定它有合法和非法之分，前者如从事智力创造活动、拾得遗失物等，后者如侵害国家、集体的财产或他人的人身、财产的行为等。③ 还有学理不明确事实行为是否是合法行为，而是突出其非表示行为和效果法定的特性，如将其称为行为人没有产生一定民事法律后果的意思表示，根据法律规定发生一定民

---

① 参见[德]卡尔·拉伦茨：《德国民法通论》(下册)，王晓晔等译，法律出版社 2003 年版，第 429 ~ 431 页、第 739 ~ 744 页。

② 参见孙宪忠主编：《民法总论》，社会科学文献出版社 2004 年版，第 86 页；韩松主编：《民法总论》，法律出版社 2014 年版，第 226 页。

③ 参见佟柔主编：《中国民法》，法律出版社 1990 年版，第 37 ~ 38 页；王利明：《民法总则研究》，中国人民大学出版社 2012 年版，第 183 页。

事法律后果的行为。[①] 很明显,我国大陆地区民法学认可事实行为的非表示行为、效果法定的特性,但就它是否是合法行为方面,未取得共识。

虽然我国大陆地区民法学理存在上述争议,但其共识相当明显,与此相比,我国大陆地区法院对事实行为的认知没有定规可循,观点则纷繁多样,差异相当大,主要表现为:

第一,以有无法律意义为标准,把不具有法律意义的行为作为事实行为,如鉴于要约邀请本身没有法律意义,认为它是事实行为;[②]又如,无偿搭乘他人汽车的行为属于好意施惠,没有法律意义,被归为事实行为。[③]

第二,与上述认识不同,不少法院把事实行为看成有法律意义的行为,并以是否实际发生为标准,把实际发生的行为看成事实行为。这种层面上的事实行为包含了诸多形态,举其要者,主要包括不动产登记行为、[④]签订合同的行为、[⑤]订立和履行合同的交易过程、[⑥]没有义务而为的正当行为、[⑦]侵害他人权益的不当行为。[⑧]

第三,有些法院在法律文书的说理中,未表露出把事实行为看成实际发生的行为的意思,而是认为事实行为有合法和违法之分,如在一起不当得利纠纷案中,一审法院认为,侵权行为之债因不法行为而发生,无因管理之债因合法的事实行为而发生。[⑨] 又如,在一起物权保护纠纷案中,一审法院认为,侵权行为是侵害他人合法民事权益的事实行为,本案原告享有土地使用权和建筑施

① 参见魏振瀛主编:《民法》,北京大学出版社、高等教育出版社2010年版,第34页。

② 参见江苏省高级人民法院(2014)苏审二民申字第127号民事裁定书、广西壮族自治区乐业县人民法院(2014)乐民一初字第25号民事判决书。

③ 参见重庆市酉阳土家族苗族自治县人民法院(2014)酉法民初字第00674号民事判决书、金昌市金川区人民法院(2012)金民一初字第519号民事判决书。

④ 参见云南省高级人民法院(2014)云高民申字第699号民事裁定书。

⑤ 参见山东省德州市中级人民法院(2014)德中民终字第778号民事判决书、浙江省绍兴市中级人民法院(2007)绍中民一终字第742号民事判决书。

⑥ 参见贵州省仁怀市人民法院(2014)仁民初字第2560号民事判决书、上海市第二中级人民法院(2012)沪二中民二(民)终字第891号民事判决书、河南省商丘市中级人民法院(2014)商民再终字第39号民事判决书。

⑦ 参见四川省乐山市市中区人民法院(2014)乐中民初字第2139号民事判决书。

⑧ 参见修武县人民法院(2014)修民云初字第14号民事判决书、广东省高州市人民法院(2014)茂高法新民初字第114号民事判决书。

⑨ 参见海南省海口市中级人民法院(2014)海中法民一终字第1323号民事判决书。

工权,被告对原告施工活动进行阻挠,对原告依法享有的物权实施妨碍,属侵权行为,应当承担相应民事责任。①

第四,有些法院则以是否产生法律效果为标准,把与法律行为相对,也即不是通过意思表示产生法律效果的行为作为事实行为。比如,在一起合同纠纷中,一审法院认为,王某持有借款协议和接受李某偿还 1 万元钱,只是将李某还款作为张某支付欠款的资金来源,并未同意张某以转让债权方式抵偿欠款,也未作出免除张某还款的意思表示,因此,王某的行为是事实行为,不是民事法律行为,不能证明张某主张王某追认张某委托李某交易的事实。② 又如,在一起民间借贷纠纷中,二审法院认为:“房屋交付仅为事实行为,其本身并不包含意思表示,而本案买卖合同中并无以房屋抵债的约定内容,无法直接产生清偿 60 万元借款的法律效果。”③

第五,有些法院在法律行为范畴中理解事实行为,即以是否表示内心的意思为标准,把不表示内心意思但已实际做出的行为作为事实行为,它实际上就是意思表示的默示形式。④

第六,《物权法》第 30 条规定:“因合法建造、拆除房屋等事实行为设立或者消灭物权的,自事实行为成就时发生效力。”有些法院据此把合法建造、拆除等行为作为事实行为来看待。⑤

要想统一认识,应基于学理的基本共识,把本身不是表示行为,且效果法定的行为作为事实行为,它包括建造、加工等具体形态,它们均能导致权利取得。

---

① 参见福建省福安市人民法院(2013)安民初字第 4047 号民事判决书。

② 参见湖北省武汉市中级人民法院(2014)鄂武汉中民商终字第 00347 号民事判决书、贵州省桐梓县人民法院(2014)桐法民初字第 1375 号民事判决书。

③ 重庆市第五中级人民法院(2014)渝五中法民终字第 477 号民事判决书。

④ 参见衡阳市中级人民法院(2011)衡中法民一终字第 258 号民事判决书、北京市石景山区人民法院(2014)石民初字第 9869 号民事判决书、吉林省洮南市人民法院(2014)洮万民初字第 250 号民事判决书、山东省文登市人民法院(2013)文宋民一初字第 52 号民事判决书、江苏省睢宁县人民法院(2013)睢民初字第 02409 号民事判决书、四川省成都市中级人民法院(2013)成民初字第 349 号民事判决书。

⑤ 参见阿克苏地区中级人民法院(2014)阿中民一终字第 764 号民事判决书、北京市第三中级人民法院(2015)三中民终字第 08753 号民事判决书。

4. 经由事件的权利取得

事件是行为之外的法律事实,它是外界实存的客观事件或状态,是立法决定法律效果的唯一考虑要素。比如,附合就是典型的事件,只要有数物不可分的事实,就足以导致权利重新界定(《德国民法典》第946~947条);同样,孳息分离引起孳息的取得也是事件(《德国民法典》第953~957条)。[①] 一言以蔽之,事件仅注重客观状态或事件,即便此等事实效果起因于人的行为,该行为的意义也完全被事实结果所遮蔽,在法律上没有独立的价值。

5. 经由其他原因事实的权利取得

本条在列举民事法律行为、事实行为和事件后,用"法律规定的其他方式"来兜底,这些"其他方式"也即其他法律事实。

首先是准法律行为。准法律行为是一种表示行为,但该表示行为的目的对法律效果没有意义,它包括意思通知、观念通知和感情表示三类。[②] 在我国大陆的法律用语上,"催告"是意思通知的常见标志,它表现出催告人希望对方为特定行为的意思,但法律效果不受限于该意思,而是由法律规定,包括行使权利的催告、履行债务的催告、保全或处分物的催告。此外,"拒绝"也是意思通知的标志,它表明行为人不同意别人的行为或自己不为某种行为的意思,如拒绝要约、拒绝受领。观念通知在法律用语上的常见标志是"通知",主要包括保护行为人的通知、保护相对人的通知等。感情表示在我国大陆相当少见,主要是被继承人对继承人的宽恕(《最高人民法院关于贯彻执行〈中华人民共和国继承法〉若干问题的意见》第13条)。

需要注意的是,准法律行为的法律效果通常不能导致权利取得,充其量是为权利取得提供条件或诱因,如相对人对法定代理人的催告,导致法定代理人追认期限的起算,至于限制行为能力人订立的合同效力,取决于法定代理人追认与否的进一步行为。在有些情形,准法律行为甚至与权利得失变动无关,如买受人把标的物不符合约定的情况通知出卖人,结果使出卖人知道标的物存有瑕疵,这种结果只是让相对人了解相关信息的事实后果。但并非绝对如此,

---

① Vgl. Siedler, Zurechnung von Realakten im Buergerlichen Recht, Hamburg 1999, S. 11 f.

② 参见梁慧星:《民法总论》,法律出版社2011年版,第64页;王利明:《民法总则研究》,中国人民大学出版社2012年版,第519~520页。

在个别情形,准法律行为也会导致权利取得,如根据《合同法》第 94 条第 2 项和第 108 条,拒绝履行合同,会导致债权人取得解除权,并请求债务人承担违约责任的效果。

其次,在把事实行为归为合法行为的前提下,侵权行为产生债权,受害人可对加害人取得相应的债权请求权,自不待言。

三、其他问题

(一)从法律规范层面来理解法律事实

有学理认为,法律事实是法律所描述的事实模型,它包括了具体情况的一般特征,自身并不是每个单一的具体情况。① 在这种认识中,法律事实与法律规范的构成要件意义相同,如"因故意或过失,不法侵害他人之权利者"是法律事实,它产生了"负损害赔偿责任"的法律效果(我国台湾地区"民法典"第 184 条第 1 项前段)。② 这种见解是从法律规范的层面来理解法律事实的。在这种见解中,法律事实并非具体的事情,而是具体的法律规范。

为了加深对这一点的理解,在此再以动产与土地的附合规范(《德国民法典》第 946 条)为例。根据该规范,动产成为土地的重要成分的,无论这种状态出自人为还是自然力,土地所有权均扩及该动产,这种构造是"客观事实 + 效果法定",属于事件。③ 根据该规范,只要 A 的种子长在 B 的地里,即便起因是 B 偷种 A 的种子,也不妨 B 取得种子所有权,与该规范的属性相应,A 的种子长在 B 的地里的客观情况也可称为事件。

这表明,尽管在事件所指向的具体个案中,客观实存的起因可细分为自然

---

① 参见[日]古田裕清:《日本的法律用语与德语》,崔延花译,载《比较法研究》2004 年第 1 期。

② 梅仲协先生把"juristische Tatsache"与"Tatbestand"等同为"法律事实",说后者是前者的简称,参见梅仲协:《民法要义》,中国政法大学出版社 1998 年版,第 4 页、40 页。还有学者认为,法律事实是组成构成要件的事实要素,参见史尚宽:《民法总论》,中国政法大学出版社 2000 年版,第 297 ~ 298 页;[日]我妻荣:《新订民法总则》,于敏译,中国法制出版社 2008 年版,第 218 页。这两种见解只是形式上的差异,前者着眼于构成要件的整体,后者着眼于构成要件的局部,实质没有不同。德国民法学也把法律事实当成构成要件的主要组成要素。Vgl. Enneccerus/Nipperdey, Allgemeiner Teil des Buergerlichen Rechts, Bd. II, 15. Aufl., Tubingen1960, S. 860.

③ Vgl. Flume, Das Rechtgeschaeft, 4. Aufl., Berlin u. a. 1992, S. 109.

力和人的行为,如涨水或人为而致两池塘的鱼混合,但这种区分对混合这一事件规范的法律效果没有意义,因为只要有物的混合,所有权界分的效果就必然发生。当然,在此意义范畴之外,分析起因有法律价值,如涨水所致混合可能被归为不可抗力而无损害赔偿责任,人为的混合可能会因过错侵权而引致损害赔偿。还要注意,只要把法律事实的分类基点放在法律规范的不同构造,同一具体情况会对应不同的规范。比如,在附合规范的作用下,B 偷种 A 的种子种在地中这一事件,就是事件;而《侵权责任法》第 6 条第 1 款过错侵权行为规范的调整下,B 偷种 A 的种子是侵权行为。

(二)导致权利取得的法律行为具体类型

法律行为大体上包括负担行为、处分行为、授权行为和形成行为,它们是否均能导致权利取得,需要逐一辨析。

负担行为译自德语词 Verpflichtungsgeschaefte,字译应为“义务行为”,这里所谓的义务专指债务,故而,从债权人的角度讲,负担行为就是由债权人取得债权行为。负担行为是对买卖合同、悬赏广告等初始创设债权行为的学理概括,只要具备创设债权的核心特质,无论行为的实际样态怎样,也不管相应的法律规范如何表达,都能冠以负担行为的名称。以实证法规定的买卖合同规范为例。买卖合同是导致双方互负债务——卖方移转标的物所有权、买方交付价款——的合同,凡有这种核心特质的行为均为买卖合同,与此不完全吻合的法律规范也能朝此方向解释。比如,《合同法》第 130 条界定了买卖合同,即“买卖合同是出卖人转移标的物的所有权于买受人,买受人支付价款的合同”,看上去它把约定义务和所有权移转融为一体,不被认为是德国式的负担行为。[①] 不过,结合《合同法》第 135、159 条予以整体理解,仍能看出该法表述的买卖合同导致卖方负担移转所有权的义务,买方负担交付价款的义务,这仍是典型的负担行为结构。

处分行为译自德语词 Verfuegungsgeschaefte,要准确理解该术语,核心应在于减损既有权利,即减少实存权利的权能,其典型形态是权利转让,如权利

---

① 参见[德]罗尔夫·施蒂尔纳:《德国视角下的中国新物权法》,王洪亮译,载《中德私法研究》(第 5 卷),北京大学出版社 2009 年版,第 111 页;苏永钦:《寻找新民法》,北京大学出版社 2012 年版,第 53 页。

人在转让物权或债权后，就不再享有权利，受让人由此取得权利。此外，在债权与物权二分的民事财产权框架中，与所有权不同，他物权有支撑其存续的基础权利，如建设用地使用权以土地所有权为基础，当他物权的初始创设采用意思自治机制时，它实际就是剥离基础权利部分权能的结果，如建设用地使用权是土地所有权的占有、使用、收益权能让与给使用权人的结果，就此而言，他物权的初始创设导致基础权利的权能减损。概括而言，处分行为是减损既有权利的法律行为，在权利为物权时，处分行为可具体化为物权行为；在权利为债权等其他财产权时，处分行为就是准物权行为。

授权行为是指引致授权人介入表意人权利范围的行为，如瑞士法中的代理权授予、允许他方占有使用己方物品的临时让与等。[①] 授权行为的形态不一，最典型的是旨在延展本人自治能力的代理权授予，这一由本人向代理人或第三人所为的意思表示，使代理人据此享有代理权。但代理权不是本人既有的权利，代理人对它也无利益，代理权授予因此不发生权利取得的法律效果。处分权人事先同意他人处分自己财产权的处分权授予是授权行为的另一典型，由于处分权也不是权利，故处分授予也不导致权利取得。由此看来，授权行为引致表意人取得代理权或处分权的法律效果，不过是一种修辞说法，其实质是为他人所为行为提供效果归属依据。

形成行为是表意人行使形成权的行为，在表意人行使优先购买权之类的成立法律关系的形成权时，形成行为可成为权利取得原因事实，如房屋承租人行使优先购买权，从而与出租人建立房屋买卖合同关系。

---

① Vgl. Gauch/Schluep/Schmid, Schweizerisches Obligationenrecht Allgemeiner Teil, Bd. I, 9. Aufl., Zuerich 2008, S. 30.

第一百三十条 【民事权利的自愿行使】

民事主体按照自己的意愿依法行使民事权利，不受干涉。

一、历史由来

在《民法总则》立法过程中，《民法总则(草案)》一审稿和二审稿均没有自愿行使民事权利规范，三审稿第131条首次增设该规范，原因在于，在经过两次审议后，有意见提出，应将民事权利的部分规定得更充实一些，建议对权利人如何行使民事权利作出原则性规定，最高立法机关采用了该意见。[①] 本条与自愿原则以及民事法律行为的意思自治相协调，强调民事权利应由权利人自愿行使，域外立法例并无这种规范，应属《民法总则》的独创。

二、规范目的与含义

(一)规范目的

本条规范目的旨在明确民事主体自愿行使权利，意在宣示权利行使的自主性。

(二)规范含义

根据本条，民事主体有行使权利的自由，是否行使权利或如何行使权利，由权利主体根据实际情况自主决定，其他任何主体都不能擅自干涉。比如，在出租人出卖房屋时，承租人是否主张优先购买权，完全由自己决定。又如，房屋所有权人对于自己的房屋行使所有权，是出租给他人使用，还是自己居住，完全自主决定。不过，权利主体在行使权利时，必须遵循相应的法律规范，如房屋承租人行使优先购买权时，必须遵循同等条件等法律要件；否则，就无从产生相应的法律效果。

---

① 参见《中国民法总则草案三审 增加为公共利益征用不动产应给予合理补偿内容》，载人大新闻网：http://npc.people.com.cn/n1/2016/1219/c14576-28961406.html，最后访问日期：2017年2月8日。

第一百三十一条 【行使权利与履行义务的牵连性】

民事主体行使权利时,应当履行法律规定的和当事人约定的义务。

一、历史由来

在《民法总则》立法过程中,《民法总则(草案)》(一审稿)第 9 条规定:“民事主体合法的人身、财产权益受法律保护,任何组织或者个人不得侵犯。民事主体行使权利的同时,应当履行法律规定的或者当事人约定的义务,承担相应责任。”《民法总则(草案)》(二审稿)第 9 条基本保持了上述规定内容,第 2 款规定为“民事主体行使权利的同时,应当履行法律规定的或者当事人约定的义务,承担相应责任”。《民法总则(草案)》(三审稿)第 8 条第 2 款删除了二审稿第 9 条第 2 款的“承担相应责任”。本条承接了三审稿第 8 条第 2 款的规范内容,但将其独立出来,从第一章“基本规定”移至第五章“民事权利”部分,作为民事权利行使的基本规范之一。

二、规范目的与含义

(一)规范目的

本条规范目的旨在强调民事主体在行使权利的同时,还须履行相应的义务,两者不可偏废。

(二)规范含义

享有权利的民事主体即权利主体,依据这种法律地位,其有权自主决定权利的行使。不过,在民事法律关系中,权利往往与义务联系在一起,且只有适当履行相应的义务,才能通过行使权利来实现本有的目的。比如,在双务合同关系中,当事人一方固然对另一方享有债权请求权,但其同时负担相应义务,在该义务构成主给付义务的情形,一旦债权人不履行该义务,其债权也会因《合同法》第 66 ~ 68 条规定的抗辩权的发生而无法行使和实现。又如,《执行民法通则意见》第100条规定:“一方必须在相邻一方使用的土地上通行的,应当予以准许;因此造成损失的,应当给予适当补偿。”据此,相邻权利人欲对相对人行使补偿请求权,必须履行容忍相对人在自己土地上通行的义务。

也就是说,从权利的角度衡量,民事主体是权利主体,但其往往同时又是义务主体,其权利和义务就有协调统一的特性,两者不可偏废,与此相应,民事主体行使权利,也要履行法律规定或当事人约定的义务,从而凸显民事主体完整的法律地位。除此之外,这种规定也有警示作用,避免权利主体误认为民法中仅有权利行使,而无义务履行,从而既能确保权利的正当行使,也能确保义务的适当履行。

第一百三十二条 【权利不得滥用】

民事主体不得滥用民事权利损害国家利益、社会公共利益或者他人合法权益。

一、历史由来

本条是对“权利不得滥用”的规定，在《民法总则》立法过程中，《民法总则（草案）》一审稿和二审稿均没有该规范，三审稿第132条首次增设该规范，原因在于，在经过两次审议后，有意见提出，应将民事权利的部分规定得更充实一些，建议对权利人如何行使民事权利作出原则性规定，最高立法机关采用了该意见。①

本条体现了《宪法》第51条的精神。《宪法》第51条规定：“中华人民共和国公民在行使自由和权利的时候，不得损害国家的、社会的、集体的利益和其他公民的合法的自由和权利。”此外，本条与《民法通则》第7条也有相通之处，后者规定：“民事活动应当尊重社会公德，不得损害社会公共利益，扰乱社会经济秩序。”从比较法上看，大陆法系诸多国家和地区的民法都规定了“权利不得滥用”的原则，如《德国民法典》第226条规定，“权利的行使不得专以损害于他人为目的”；《瑞士民法典》第2条第2项规定，“权利之明显滥用，不受法律保护”；《日本民法典》第1条第3项规定，“禁止滥用权利”；我国台湾地区“民法典”第148条第1项规定，“权利之行使，不得违反公共利益，或以损害他人为主要目的”。本条是在充分借鉴域外立法经验的基础上，进一步延续和发展《宪法》第51条、《民法通则》第7条的立法精神，对权利不得滥用作出了

① 参见《中国民法总则草案三审 增加为公共利益征用不动产应给予合理补偿内容》，载人大新闻网：http://npc.people.com.cn/n1/2016/1219/c14576-28961406.html，最后访问日期：2017年2月8日。

明确规定。

二、规范目的与含义

(一)规范目的

民事主体有行使自己权利的自由,但为了避免因此对国家利益、社会公共利益或其他主体合法权益造成损害,法律又要对权利的自由行使进行合理限制,权利不得滥用原则就是这样的限制。本条规范目的在于明确权利不得滥用原则,以与自愿行使权利的原则呼应。

(二)规范含义

在学理中,权利不得滥用原则通常被认为是诚实信用原则的具体化表现之一,在衡量权利是否滥用时,应围绕诚实信用原则来展开。不过,诚实信用是内涵高度抽象的法律原则,在适用时需要法官根据具体情况加以判断,为了避免可能的恣意,本条将因权利行使损害国家利益、社会公共利益或他人合法权益当成权利滥用的判断标准。行使权利损害国家利益或社会公共利益的情形相对容易判断,而损害他人合法权益的情形则较难判断,从实践情况和比较法经验来看,以下情形属于权利滥用损害他人合法权益:

第一,行使权利对自己无实益,却给他人带来了不利益的。如父亲不让儿子进家门吊唁去世的母亲,作为房屋所有权人的父亲有权阻止儿子进入房屋,这是其行使所有权的表现,但这对他没有任何益处,同时又妨碍儿子吊唁,显然不当。

第二,行使权利对自己有实益,但其远小于给他人带来的不利益的。如甲在盖房时,不知房屋越过与邻居乙的土地边界,乙能请求甲拆除越界建筑,拆除甲越界建筑会导致建筑物整体丧失效用或导致巨额的改造费用,这种损失远大于乙不能使用被甲占用的土地的损失的,就要限制乙的请求权。

第三,权利行使违背权利人此前透过意思表示或其他行为而显示的意愿的。比如,在瑞士民法,若合同具有形式瑕疵,会因为违背有关形式的强制规范而无效,在此情形,瑞士联邦法院认为,基于特别情境的考量,形式瑕疵的运用违背诚信的,即为滥用权利。在判断主张合同的形式无效是否滥用权利时,要考虑形式瑕疵合同变更的方式。[①] 在实践中,最主要的滥用权利的情形是双方履行了合同,大致包括:(1)在合同完全履行的情形,主张形式瑕疵者基于自由意思且无错误地,如其明知形式瑕疵及其后果履行了合同,且对其他所有情况的评价不会导致相反的结论,该主张即为滥用权利;(2)在合同没有完全履行的情形,如果履行接近完全履行,如履行了主要义务,在存在其他既有事实配合的情况下,主张形式瑕疵也为滥用权利。这两种情形可以导出这样的结论,即不知形式瑕疵或其后果者订立合同并履行的,主张形式瑕疵不为滥用权利,否则就是滥用权利。

第四,权利人在取得或行使权利时,以损害他人为主要目的的。以瑞士民法为例,在双方履行了合同的情形,主张形式瑕疵者在成立合同时有意引致该瑕疵的,或者明知该瑕疵但出于得利目的而将就的,或者希望从瑕疵本身得利的,就违背了法定形式的规范目的,也是滥用权利;[②]在形式瑕疵的合同未履行的情形,若当事人一方故意订立形式瑕疵的合同,或在缔约时利用其优势地位阻止对方主张形式障碍,而其事后又拒绝履行的,则其主张形式瑕疵仍适用权利不得滥用的规范。[③]

---

① Vgl. Gauch/Aepli/Stoeckli, Praejudizienbuch zum OR, Rechtsprechung des Bundesgerichts, 6. Aufl., Zuerich 2006, S. 37.

② Vgl. Gauch/Schluep/Schmid, Schweizerisches Obligationenrecht Allgemeiner Teil, Band I, 8. Aufl., Zuerich 2003, S. 104.

③ Vgl. Gauch/Schluep/Schmid, Schweizerisches Obligationenrecht Allgemeiner Teil, Band I, 8. Aufl., Zuerich 2003, S. 104 f.

第六章　民事法律行为

第一节　一般规定

第一百三十三条　【民事法律行为的定义】

民事法律行为是民事主体通过意思表示设立、变更、终止民事法律关系的行为。

一、历史由来

（一）民事法律行为概念的历史演变

1. 德国民法上的法律行为与意思表示

法律行为源于德国民法，并广泛地散布于大陆法系国家。《德国民法典》的立法者将法律行为与意思表示相提并论，其第一草案的立法理由书指出："法律行为是旨在产生特定法律效果的私人意思表示，该法律效果之所以依法律制度而产生，是因为人们希望产生这一法律效果。"①德国民法学理上一般将法律行为定义为旨在实现某种私法上效果的意思表示。②

---

① 《德国民法典立法理由书》（第1卷），第126页。转引自[德]维尔纳·弗卢梅：《法律行为论》，迟颖译，法律出版社2013年版，第26页。

② Vgl. Larenz/Wolf, Allgemeiner Teil des Bürgerlichen Rechts, 9. Aufl., C. H. Beck 2004, S. 394. Köhler, BGB Allgemeiner Teil, 35. Aufl., C. H. Beck 2011, S. 39.

法律行为概念最早可追溯至德国 18 ~ 19 世纪学说汇纂法学。18 世纪末法律行为概念出现在一些法学家包括内特尔布拉德(Nettelbladt)、古斯塔夫·胡果(Gustav Hugo)等人的作品中,但并没有形成统一的内涵。19 世纪初德国法学家阿诺尔德·海塞(Arnold Heise)在其名著《供学说汇纂讲授之用的普通民法体系纲要》正式将法律行为与不法行为对比论述,并在法律行为之下讨论意思决定和意思表示这对概念。此后 19 世纪德国学说汇纂法学家诸如萨维尼、普赫塔、温德沙伊德等,都普遍承认和阐述法律行为的概念。立法上首次采用意思表示概念的是 1794 年《普鲁士一般邦法》,其第一部分第四节第 1 条规定:"意思表示是由表意人作出的,按照其意思应该发生或者不该发生某事的表述。"19 世纪法律行为理论发展成熟以后,1863 年《萨克森王国民法典》第 88 条规定法律行为的定义是:"某一意旨依据法律形成、消灭或变更法律关系的行为即为法律行为。"《德国民法典》尽管没有法律行为或意思表示的法定定义,但其以上述概念作为立法基础毋庸置疑。①

针对法律行为与意思表示的具体关系,《德国民法典》立法者指出,"意思表示与法律行为为同义之表达方式。使用意思表示者,乃侧重于意思表达之本身过程,或者乃由于某项意思表示仅是某项法律行为事实构成之组成部分而已"。② 德国民法学理上将意思表示理解为法律行为的本质要素,但二者并不完全等同。法律行为由双方一致的意思表示构成,为双方法律行为,即合同;由单方的意思表示构成单方法律行为;由多方的意思表示构成决议。③ 此外,某些法律行为的成立,除意思表示之外,尚须其他的构成要件,例如法律要求的特定形式(如书面或公证);第三人之参与,如婚姻缔结须于登记部门进行意思表示;一定行为的实施,如动产物权变动的物权行为须有物之交付。概言之,法律行为至少包含了一个意思表示,意思表示单独或者结合其他的要件引

① 关于法律行为和意思表示发生史的概略,参见[德]维尔纳·弗卢梅:《法律行为论》,迟颖译,法律出版社 2013 年版,第 32 页以下;朱庆育:《法律行为概念疏证》,载《中外法学》2008 年第 3 期;顾祝轩:《民法概念史·总则》,法律出版社 2014 年版,第 117 页以下。

② 《立法理由书》(第 1 卷),第 125 页。转引自[德]迪特尔·梅迪库斯:《德国民法总论》,邵建东译,法律出版社 2000 年版,第 190 页。

③ Vgl. Larenz/Wolf, Allgemeiner Teil des Bürgerlichen Rechts, 9. Aufl., C. H. Beck 2004, S. 394.

起法律效果的发生。①

关于意思表示的含义,一般认为是旨在达到某个法律后果的私人的意思表达。② 其具体的结构分析,参见本条“意思表示”的解释部分。

2. 法律行为概念在中国民法上的演变

在《民法通则》颁布之前,我国民法学理上已存在“法律行为”这一术语。首先,1949 年之后我国大举翻译和移植苏联民法理论,关于法律行为的概念,苏联民法教材中一般将法律行为界定为“旨在发生、变更或消灭法权关系的意思表示”,③或“预期达到法律后果的意思表示”。④ 由此可见,苏联民法学理上还保留着德国法律行为概念的意思表示的内涵特征。但《苏俄民法典》第 26 条规定:“法律行为,即设定、变更或废止民事权利关系之行为,得为单方者及双务者(契约)。”⑤这一定义在字面上已失去意思表示的含义。

1958 年中央政法干部学校编著的《中华人民共和国民法基本问题》中采用《苏俄民法典》第 26 条的定义,将法律行为界定为:“公民或法人自觉地以发生、变更、消灭一定民事法律关系为目的的行为。”⑥此外,在 20 世纪 50 年代我国第一次民法典起草过程中,历次草案均有法律行为或民事行为的规定。例如 1955 年《民法总则草稿》第 37 条规定:“法律行为是设立、变更、消灭民事权利义务关系的行为;可以是单方的,也可以是双方的。”⑦在 1956 年《民法典(第二次草稿)》的讨论过程中,有建议者提出应将“法律行为”与“民事行为”

---

① Vgl. Larenz/Wolf, Allgemeiner Teil des Bürgerlichen Rechts, 9. Aufl., C. H. Beck 2004, S. 394 – 395. 洪逊欣先生从法律事实角度区分意思表示与法律行为:意思表示仅系构成法律行为要件之一个法律事实;而法律行为乃指得发生法律效果之事实全部。参见洪逊欣:《民法总则》(洪满惠修订),1992 年自版,第 246 页。

② 参见[德]布洛克斯·瓦尔克:《德国民法总论》,张艳译,中国人民大学出版社 2012 年版,第 68 页。

③ [苏联]布拉都西主编:《苏维埃民法》(上册),中国人民大学民法教研室译,中国人民大学 1954 年版,第 51 页。

④ [苏联]坚金:《苏维埃民法》(第 1 册),中国人民大学民法教研室译,法律出版社 1956 年版,第 134 页。

⑤ 《苏俄民法典》,王增润译,新华书店 1950 年版,第 14 页。

⑥ 中央政法干部学校编:《中华人民共和国民法基本问题》,法律出版社 1958 年版,第 56 页。

⑦ 参见何勤华、李秀清、陈颐编:《新中国民法典草案总览》(上册),法律出版社 2003 年版,第 8 页。

区别开来，并以后者代替前者，主要理由在于：(1)所有民事主体引起民事法律后果的行为，包括合法与不合法的，法典都应规定；(2)如果像《苏俄民法典》那样规定“法律行为”，“没有办法解决法律行为是指合法的，但又产生法律行为无效的矛盾问题，而按照‘民事行为’来规定则不发生这一矛盾”；(3)在名称上来说，将“法律行为”改为“民事行为”更加通俗易懂。据此，所有能够引起民事法律关系及其他法律后果的行为，包括合法(有效)行为和不合法(无效)行为，也包括引起法律后果的侵权(违法)行为，合称为“民事行为”。[①] 这一观点被该草案的第三次草稿吸收。[②] 由此可见，新中国民法学上法律行为概念的内涵从一开始未能与意思表示直接关联起来，并混入法律行为究竟为“合法”或“非法”的问题争议，引发“民事行为”这一上位概念的出现，从而使法律行为在中国民法上的发展命运多舛。

20 世纪 60 年代数次中国民法的草案，在民法总则部分“法律行为”根本消失不见。在 20 世纪 80 年代中国民法的草案中，前两次草案仍有法律行为的规定，而第三、四次草案中则删除了法律行为部分。[③]

1986 年《民法通则》同时采用“民事法律行为”和“民事行为”的概念，以便化解法律行为“合法性”的难题。具体言之，第 54 条规定民事法律行为是“公民或者法人设立、变更、终止民事权利和民事义务的合法行为”。与此相对，第 58 ~ 61 条规定无效、可撤销的行为，因其具有效力瑕疵而未获法律认可，但也属于意思表示行为之类，故而仍可称为民事行为。根据顾昂然先生的解释，“既然叫民事法律行为，就应当具有法律约束力，法律就要予以保护，但又说有些民事法律行为无效，这就矛盾了。因此，我们把民事行为和民事法律行为加以区别，概念就准确了”。[④] 而佟柔的理解是：“在民法通则的民事法律

① 参见何勤华、李秀清、陈颐编：《新中国民法典草案总览》(上册)，法律出版社 2003 年版，第 23 页。

② 参见何勤华、李秀清、陈颐编：《新中国民法典草案总览》(上册)，法律出版社 2003 年版，第 30 页。第三次草稿第四章“民事行为”的首条规定“民事主体的行为，不论是单方的或双方的，凡能引起民事关系的发生，变更消灭及其他民事法律后果的，都是民事行为”。

③ 参见何勤华、李秀清、陈颐编：《新中国民法典草案总览》(下册)，法律出版社 2003 年版，第 371 页以下。

④ 顾昂然：《〈民法通则〉的制定情况和主要问题》，载顾昂然：《新中国民事法律概述》，法律出版社 2000 年版，第 35 页。

行为概念体系中,如果要在本来的意义上使用'法律行为'概念,可将其称为'民事法律行为'……如果要在扩大的意义上使用'法律行为'的概念,则可将其称之为'民事行为',这样,民事行为概念就成为统率民法中所有行为的总概念。"①朱庆育对此评价道,"民事行为和民事法律行为配套使用,在维持法律行为合法性特征的前提下,'无效法律行为'之类的概念得以回避,法律行为的'合法性'矛盾得到解决,《民法通则》的这一创举是重大的学术贡献"。②

由此可见,与德国传统的法律行为概念不同,《民法通则》有两点创造:一是将法律行为界定为合法行为,二是采用"民事行为"作为合法的法律行为与违法行为的上位概念,且二者互相依存。朱广新谓之"民事行为概念是民事法律行为概念在法律行为制度规范体系上的必要衍生品"。③

此外,我国部分法理学家将法律行为定义为"具有法律意义的行为"或者"能够导致法律关系发生的行为",它既包括宪法行为、民事法律行为、行政法律行为、诉讼法律行为这些一般的法律行为,还包括各类别的法律行为如合法行为、违法行为、犯罪行为等,因此法律行为是这些行为的上位法学概念。④ 这已远远脱离法律行为的本意。⑤

总之,中国民法在继受大陆法系法律行为概念的过程中,因理论来源的复杂多元,加上本土改造的随意性和法理学家混乱使用术语,使法律行为的概念内涵纠结不清,引起了诸多理论争议。

(二)中国民法典总则的制定与法律行为的争议问题

1.法律行为(Rechtsgeschäft)术语翻译之争

19世纪日本在制定民法典过程中,首先用中文"法律行为"一词翻译德国民法上的Rechtsgeschäft。⑥ 中华民国时期制定民法典时,历次草案都采用"法

① 佟柔主编:《民法总则》,中国公安大学出版社1990年版,第208页。

② 朱庆育:《民法总论》(第二版),北京大学出版社2016年版,第92页。

③ 朱广新:《民事法律行为制度的反思与完善》,载《政治与法律》2015年第10期。

④ 参见张文显主编:《法理学》,高等教育出版社、北京大学出版社1999年版,第101页。

⑤ 参见孙宪忠:《民法典总则编"法律行为"一章学者建议稿的编写说明》,载《法学研究》2015年第6期。

⑥ [日]平井宜雄:《法律行为论在日本的形成》,柯伟才译,载《比较法研究》2007年第6期。

律行为"的术语,并延续至今。[①] 如前所述,1949 年新中国成立后,民法学理和立法上也采用"法律行为"或"民事法律行为"的术语。

但是,近期我国学者通过对法律行为术语在欧洲的起源和发展的考察,反思法律行为翻译 Rechtsgeschäft 的正当性。或许是因为 Rechtsgeschäft 原文的词根 Geschäft 本意有交易、生意、事务的含义,米健认为 Rechtsgeschäft 应该翻译为"法律交易",可反映其商品交易的含义,相对而言,"法律行为"对应德文的"Rechtshandlung",是指法律交易以外的、其他能够引起民事法律后果的行为。[②] 薛军也从私法史的角度考察指出,近代早期的欧洲法学家常常用拉丁文 negotium iuridicum 来指称那些"产生行为人的意志所欲求的法律后果的行为",即法律行为,而该词中的 negotium 正有交易、协商的含义,德文中的"Geschäft"一词是拉丁文中 negotium 的一个非常精确的对译,二者具有完全相同的语义内涵。[③] 田士永在认可法律行为中 Geschäft 有"交易"的意思的基础上,进一步解读 Recht 应指"权利"的意思,因此将 Rechtsgeschäft 直译为"权利交易"。[④]

是否有必要替换现有的"法律行为"这一术语值得商榷。首先,确定语言的含义应该根据社会历史语境以及约定俗成的用法。即使 Geschäft 本意有交易的意思,但法律行为是我国自近代以来就继受德国、日本和苏联的法律术语,并已明确其特定内涵,并遍布于各种法律规定和学术文献,如再强行人为改变,社会成本过于高昂。其次,"交易"一词的商品经济色彩浓厚,在财产法中尚可勉强称法律交易,但如果身份法中的身份行为,称为"身份法律交易",或者单方行为,称为"单方法律交易",那么这些词语构造都会令人费解。[⑤] 最后,德文"Rechtshandlung"意义过宽,泛指民法上一切能引起法律效果的行为,包括事实行为甚至违法行为,将其对应翻译为"法律行为",无助于理解其确切

① 参见胡长清:《中国民法总论》,中国政法大学出版社 1997 年版,第 184 页。

② 参见米健:《法律交易论》,载《中国法学》2004 年第 2 期。

③ 参见薛军:《法律行为理论在欧洲私法史上的产生及术语表达问题研究》,载《环球法律评论》2007 年第 1 期。

④ 参见田士永:《物权行为理论研究——以中国法和德国法中所有权变动的比较为中心》,中国政法大学出版社 2002 年版,第 20 页。

⑤ 参见朱庆育:《民法总论》(第二版),北京大学出版社 2016 年版,第 110 页;薛军:《法律行为理论在欧洲私法史上的产生及术语表达问题研究》,载《环球法律评论》2007 年第 1 期。

意义,反而破坏了中文"法律行为"的固有含义。①

在《民法总则》制定的过程中,2015 年 8 月 28 日"民法总则民法室室内稿"第五章采用"法律行为"的标题;自《民法总则(草案)》(一审稿)开始,一直沿用"民事法律行为"的表述,不再改换术语。

2."合法性"之争

在法律行为理论的来源地德国,民法学理上侧重从私法自治与意思表示界定法律行为的内涵,不太关注无效法律行为是否为法律行为,即合法性问题。我国台湾民法理论上,将法律行为与事实行为合称为"适法行为",与"违法行为"相对而言。所谓适法行为是指适合于法律精神,法律认许其得发生法律上效果之行为。② 一般也无质疑无效法律行为不合逻辑之类的论调。

如前所述,《民法通则》第 54 条将法律行为定义为"合法行为",且为避免"无效法律行为""可撤销法律行为"这样逻辑矛盾的表述,创制"民事行为"作为上位概念。我国的法律行为"合法性"观念可以追溯至 20 世纪 50 年代。前苏联法学家诺维茨基在《法律行为・诉讼时效》一书中指出"法律行为是合法行为,这一点乃是法律行为所特有的本质的要素之一。换句话说,构成法律行为内容的行为,应经受得起国家的检查和评定,国家应该认定这种行为是与国家的利益相符合的,或至少不与这种利益相抵触的。法律行为正是在这种意义上作为被认可的行为,即不被禁止的行为"。③ 与此同时,1956 年《民法典(第二次草稿)》的讨论中确立了法律行为系合法行为的观点。

《民法通则》颁布之初,我国民法理论界关于第 54 条的"合法行为"的界

① 参见朱庆育:《民法总论》(第二版),北京大学出版社 2016 年版,第 109 页。"Rechtshandlung"翻译为"法律上之行为"较为妥当,内涵包括法律行为、事实行为与违法行为。

② 洪逊欣:《民法总则》(洪满惠修订),1992 年自版,第 136 页。另参见史尚宽:《民法总论》,中国政法大学出版社 2000 年版,第 303 页。

③ [苏联]诺维茨基:《法律行为・诉讼时效》,康宝田译,中国人民大学出版社 1956 年版,第 9 页。

定均持赞同意见。① 但自20世纪90年代以后，关于法律行为的合法性问题呈现如下几种反思性观点：

其一，反对将民事法律行为界定为合法行为。代表性看法是董安生在《民事法律行为》一书中提出的如下几点批判理由：(1)如果法律行为中包含合法有效的内容会造成："某一具体表意行为可能不属于合法有效的法律行为，但在诉讼判断这一行为有效与否以及是否属于法律行为时，又须首先根据法律行为有效成立的规则和法律行为的解释规则。"此外，在法律行为绝对无效和有效之间，还存在可撤销和效力不确定行为，这些处于中间状态的行为是否属于法律行为存在疑问；(2)民法一般规则只认可合法的法律行为，而特别法具体规则上却存在无效合同、无效婚姻之类的概念，发生矛盾；(3)大陆法系国家的民法理论和实践将法律行为泛指一切意思表示行为，我国的法律行为是合法行为概念障碍对外的民法交流；(4)苏联和我国学者对传统民法的法律行为概念作出改造没有充分的根据和必要性。② 此外，薛军激烈地批评法律行为合法性观点，认为其是"压制私人意思自治的空间，强调法律对社会生活进行直接的、全面的干预"，以公法的调整模式对待私法，应予摒弃。薛军提出解决法律行为合法性矛盾的办法是：合法性判断是一种事实性质的陈述，而有效性判断是规范性质的陈述，这两者所针对的对象并不相同。法律行为效力评价的后果，不能归入"合法"或"不合法"的范畴。从尊重私人意思自治的角度出发，对法律行为应采规范性的视角，分为有效、无效、可撤销、效力待定，而放弃合法性的前提要求。③

① 参见柴发邦：《民事法律行为》，载最高人民法院《民法通则》培训班编辑组：《民法通则讲座》，北京市文化局出版处1986年版，第144页；刘岐山：《民法通则读本》，中国人民公安大学出版社1987年版，第97页；王利明、郭明瑞、方流芳：《民法新论》(上册)，中国政法大学出版社1988年版，第361页；佟柔主编：《民法总则》，中国公安大学出版社1990年版，第215页；顾昂然：《〈民法通则〉的制定情况和主要问题》，载顾昂然：《新中国民事法律概述》，法律出版社2000年版，第35页。

② 参见董安生：《民事法律行为》，中国人民大学出版社2002年版，第73～78页。类似批判观点参见龙卫球：《民法总论》(第二版)，中国法制出版社2002年版，第427页。

③ 参见薛军：《法律行为"合法性"迷局之破解》，载《法商研究》2008年第2期。迟颖提出类似的解决方案如下：应将判断某一行为是否属于法律行为与法律行为是否生效问题区分开来，超出法律规定框架的法律行为是无效法律行为，但无效法律行为仍然是法律行为。因此，无效法律行为并不存在矛盾。参见迟颖：《法律行为之精髓——私法自治》，载《河北法学》2011年第1期。

其二,态度比较模糊的批评。例如,梁慧星在其编著的教材中虽未对法律行为的合法性进行批判,但其界定法律行为仅注重私法自治与意思表示,丝毫未提及合法行为,[①]可谓暗自抛弃合法性学说,且观点始终保持一致,难能可贵。此外,我国部分原先主张法律行为合法性的学者最近也放弃了之前的观点,转而认为法律行为不限于合法行为,非法的行为也可引起民事法律效果。[②]

其三,重申法律行为的合法性,并试图调和法律行为合法性的矛盾。例如,朱庆育通过研究德国民法学说发现,许多德国学者也将法律行为置于"合法行为"(rechtmäßiges Verhalten, erlaubtes Verhalten)之下,与不法行为(unerlaubte Handlungen, rechtswidrige Handlungen)相对而言。只是德国法学家在阐述法律行为时突出其私法自治工具之意义,淡化或搁置合法性问题,但不能否认德国民法学将法律行为归入合法行为之列。[③] 朱庆育认为解决法律行为合法性矛盾的办法是从定义入手:法律行为的定义是抽象的共相(集合概念),而无效法律行为是指具体法律行为(非集合概念),并引齐特尔曼的观点:"概念定义,乃是针对正常的法律行为而论,各种非正常状态对之不构成影响。"[④]

总体而言,《民法通则》以来关于法律行为合法性的讨论倾向于否定。与此同时,《民法通则》创制的"民事行为"概念也受到连带批判。因为如果法律行为与合法性无关,"无效法律行为"并非矛盾的表述,则根本无须创造一个"合法"与"违法"法律行为的上位概念。[⑤]

在立法过程中,《民法总则(草案)》(一审稿)出台前夕,民法学界学者再

---

① 参见梁慧星:《民法》,四川人民出版社 1988 年版,第 121 页以下;梁慧星:《民法总论》(第一版),法律出版社 1996 年版,第 151 页以下;梁慧星:《民法总论》,法律出版社 2001 年版,第 175 页以下;梁慧星:《民法总论》(第三版),法律出版社 2007 年版,第 158 页以下。

② 参见王利明:《民法总论》(第二版),中国人民大学出版社 2015 年版,第 226 页。

③ 参见朱庆育:《民法总论》(第二版),北京大学出版社 2016 年版,第 95 页以下。朱庆育:《法律行为概念疏证》,载《中外法学》2008 年第 3 期。此外,近期支持朱庆育的观点参见,胡东海:《论法律行为的规范性》,载《中外法学》2012 年第 6 期。

④ Zitelmann, Das Recht des Bügerlichen Gesetzbuchs: Allgemeiner Teil, 1900, S. 87. 转引自朱庆育:《民法总论》(第二版),北京大学出版社 2016 年版,第 103 页。

⑤ 参见迟颖:《法律行为之精髓——私法自治》,载《河北法学》2011 年第 1 期。

次呼吁废除《民法通则》第54条关于法律行为合法性的界定。① 人大法工委“民法总则民法室内稿”第93条规定:“法律行为是自然人、法人或者其他组织通过意思表示设立、变更和终止民事权利义务关系的行为。”一审稿第112条规定:“民事法律行为是指自然人、法人或者非法人组织通过意思表示设立、变更、终止民事权利和民事义务的行为。”根据2016年6月第十二届全国人大常委会“关于《中华人民共和国民法总则(草案)》的说明”,立法机关在此有意调整《民法通则》“民事法律行为”的内涵,并采纳如下意见:“民法通则规定的‘民事法律行为’和‘民事行为’都是有法律意义的行为,建议将二者统一规定为‘民事法律行为’,使其既包括合法行为,也包括无效行为、可撤销行为和效力待定行为。”此后,《民法总则(草案)》(二审稿)、《民法总则(草案)》(三审稿)除了将“自然人、法人或者非法人组织”更改为“民事主体”,均保持了一审稿的表述。

由此可见,我国立法机关已废除法律行为合法性的观念,并不认为无效法律行为存在逻辑矛盾。对此,我国民法学者普遍表示赞同,认为《民法总则(草案)》一审稿取消法律行为之合法性要件,正本清源,使法律行为的本质回归到按意思表示发生相应法律效果的正轨。②

3.“民事”之争

《民法通则》创制的“民事法律行为”与“民事行为”这对概念不仅为了解决所谓合法性矛盾,而且也显示了“民事”与其他法域的区别。按佟柔的解释“民事法律行为就同其他具有法律意义的行为(如行政行为、刑事行为等)区分开来了”。③ 但源自德国民法的法律行为概念就是实现私法自治工具的意思表示,专属于私法领域,其他法域根本没必要使用这一概念,所以民法学者

---

① 参见朱广新:《民事法律行为制度的反思与完善》,载《政治与法律》2015年第10期;柳经纬:《论民法典总则的基本构造——以〈中华人民共和国民法通则〉为基础》,载《法商研究》2015年第4期;董彪、李建华:《我国民法典总则中法律行为构成要素的立法设计——以权利本位为视角》,载《当代法学》2015年第5期。

② 参见尹田:《〈民法总则(草案)〉中法律行为制度的创新点之评价》,载《法学杂志》2016年第11期;王洪亮:《法律行为与私人自治》,载《华东政法大学学报》2016年第5期。

③ 佟柔主编:《民法总则》,中国公安大学出版社1990年版,第208页。

提出应删除法律行为之前“民事”二字。①

这种回归法律行为本意的观点,得到了民法学术界的普遍认可。梁慧星在其《民法总论》2001年版中还认为民事法律行为与大陆法系的“法律行为”并无任何差异。② 但是在《民法总论》第三版中改变了观点:“法律行为是大陆法系民法普遍采用的概念,在比较法上有坚实的立法基础和理论基础,采用法律行为概念有助于国际间的交流,且民法通则生造所谓‘民事行为’和‘民事法律行为’,存在逻辑矛盾,所以本书采用‘法律行为’这一术语。”③而王利明在其最近的《民法总论》第二版中也直接采用“法律行为”的表述。④

在制定《民法总则》的过程中,关于是否沿用“民事法律行为”的表达,发生过激烈争执。人大法工委“民法总则民法室室内稿”第五章名为“法律行为”,具体条文中也只使用“法律行为”,而无“民事法律行为”或“民事行为”的表述。但是2015年9月14~16日法工委召开专家讨论会讨论“民法总则民法室室内稿”的过程中,虽然多数学者认为《民法通则》发明的“民事行为”“民事法律行为”是不适当的,但也有学者认为是正确的。而且,民法学界之外其他法学专业的学者指出,民事立法直接采用“法律行为”概念,那别的法律部门叫什么“行为”呢?换言之,“法律行为”这一术语不能为民法部门独占。对此,梁慧星认为:“其他部门法上的行为,并不存在于平等主体之间,而是存在于不平等主体之间,属于公权力的行使行为。即使称为‘某某法律行为’,也不至于与民法特有的‘法律行为’概念发生混淆。因此,民法总则应当坚持采用‘法律行为’概念。”⑤

鉴于存在反对意见,立法机关为避免在个别概念上陷入纠缠,在《民法总则(草案)》第六章改用“民事法律行为”的术语表达。但根据梁慧星的理解,

---

① 参见朱庆育:《民法总论》(第二版),北京大学出版社2016年版,第103页以下;迟颖:《法律行为之精髓——私法自治》,载《河北法学》2011年第1期;薛军:《法律行为理论在欧洲私法史上的产生及术语表达问题研究》,载《环球法律评论》2007年第1期。

② 参见梁慧星:《民法总论》,法律出版社2001年版,第176页。

③ 参见梁慧星:《民法总论》(第三版),法律出版社2007年版,第159页。

④ 王利明:《民法总论》(第二版),中国人民大学出版社2015年版,第225页以下。

⑤ 梁慧星:《民法总则立法的若干理论问题》,载《暨南学报》(哲学社会科学版)2016年第1期。

其内涵已完全等同大陆法系民法通用的"法律行为"概念,别无二致。在废弃"民事行为"概念之后,"民事法律行为"已经抛弃《民法通则》起草人赋予的特别含义,与大陆法系民法"法律行为"(Rechtsgeschäft)概念,已毫无区别。[①] 这种妥协的方案,也得到部分学者的认可。[②]

二、规范目的与规范含义

(一)民事法律行为制度的功能和价值

1. 私法自治与法律行为

民法以私法自治为根本原则。根据德国法学家维尔纳·弗卢梅的定义,"私法自治指个体基于自己的意思为自己形成法律关系的原则"。[③] 据此,私法上的每一主体均可根据自己的意愿为自己创设各种民事权利义务关系,借此追求和塑造自己的生活,发展自己的人格。在诸多可以导致民事权利义务发生得丧变更的法律事实中,法律行为以自愿的意思表示为要素,体现了民事主体极大的自由度,从而被称为"私法自治的工具"。[④] 相对而言,"事实行为"和"自然事实"尽管同为民事权利变动的依据,但后者显然较少体现民事主体的自由意志(如先占、无因管理),或者说根本无论权利义务主体是否自愿(如果实落地、人之死亡)。

我国1986年制定的《民法通则》第四章"民事法律行为和代理"首次在新中国立法上确立了法律行为制度。《民法通则》第54条规定:"民事法律行为是公民或者法人设立、变更、终止民事权利和民事义务的合法行为。"与德国民法学理上"法律行为是旨在实现私法自治,依当事人之意愿而发生一定私法上效果的意思表示行为"定义相比,第54条未能直接体现法律行为的自由意志

① 参见梁慧星:《〈中华人民共和国民法总则(草案)〉:解读、评论和修改建议》,载《华东政法大学学报》2016年第5期。

② 参见尹田指出,尽管根据法理学等基础理论学科的学者建议保留了"民事法律行为"的用语(以避免与该学科中已经习惯使用的"法律行为"概念相混淆),但已无伤大雅。尹田:《〈民法总则(草案)〉中法律行为制度的创新点之评价》,载《法学杂志》2016年第11期。

③ [德]维尔纳·弗卢梅:《法律行为论》,迟颖译,法律出版社2013年版,第1页。

④ 参见[德]迪特尔·梅迪库斯:《德国民法总论》,邵建东译,法律出版社2000年版,第142页。

内涵,因此有学者认为中国民法上的法律行为概念被抽出“意志决定论”和私法自治理念。[①] 但其实我国民法学理上还是一直认可法律行为的私法自治内涵。根据参加《民法通则》起草和制定工作的已故民法学家佟柔的观点:“民法奉行自愿原则,民法规范大多为任意性规范,作为引起民事法律关系变动的最重要和最典型的法律事实,即民事法律行为,也具有自愿性。”[②]“民事法律行为制度集中地反映了商品经济关系的客观要求……民事法律行为正式以确认主体的平等权利为前提,以保证主体在法定范围自由地以意思表示为目的。”[③]由此可见,《民法通则》所确立的法律行为制度,与私法自治原则具有紧密的内在价值关联,有学者深刻地指出私人自治是法律行为制度的价值基础和伦理基础。[④] 正是在《民法通则》法律行为制度技术的基础上,我国民法中合同、婚姻、遗嘱、决议等一系列体现意思自治的各项民法制度才得以逐步确立和展开,我国社会主义市场经济建设才具有了根本的法治保障。总之,自《民法通则》四十余年以来的中国民法发展成就,与法律行为须臾不可分离。

《民法总则》第六章命名为“民事法律行为”,并将民事法律行为定义为,“民事主体通过意思表示设立、变更、终止民事法律关系的行为”,凸显了意思表示的核心地位,意志决定论的色彩浓厚,再一次重申法律行为的私法自治原则,具有重大的历史意义。

尽管私法自治是法律行为的内在灵魂,但现代社会任何一个国家的私法制度都不可能赋予民事主体绝对的自由。一方面,在民法的内部,通过法律行为效力制度,尤其是规定因违反强制性法律规定以及公序良俗原则的法律行为无效,实现国家政策或社会公共利益对于法律行为内容的控制。《民法总则》第153条对此有规定。此外,民法基于公平思想,对于当事人利用格式条

① 参见朱庆育:《民法总论》(第二版),北京大学出版社2016年版,第105页;孙宪忠:《民法典总则编“法律行为”一章学者建议稿的编写说明》,载《法学研究》2015年第6期。

② 佟柔主编:《民法总则》,中国公安大学出版社1990年版,第213页。

③ 佟柔主编:《民法总则》,中国公安大学出版社1990年版,第215页。

④ 参见易军:《法律行为制度的伦理基础》,载《中国社会科学》2004年第6期。近期关于法律行为与私人自治的专门讨论,参见王洪亮:《法律行为与私人自治》,载《华东政法大学学报》2016年第5期;窦海洋:《法律行为概念的再思考》,载《比较法研究》2016年第1期;易军:《法律行为制度的私人自治根基》,载《暨南大学学报》2012年第4期;迟颖:《法律行为之精髓——私法自治》,载《河北法学》2011年第1期。

款订立合同,也做出诸多限制(参见《合同法》第39~41条)。由此可见,法律行为所体现的私法自治是在国家法律和社会道德一定制约之下的自由。另一方面,自20世纪以来,民法外部的其他法律,尤其是公法对于私法的渗透,产生劳动法、经济法、社会法等公、私法融合的新兴法域,极大地限缩了这些领域中私法自治的空间。总之,法律行为所体现的私法自治总是在法律秩序的约束下的自由。①

2.《民法总则》与法律行为

《民法总则》对民法分则各部分内容的共通性规则作出了一般规定,主要包括权利主体、权利客体、法律行为、代理、诉讼时效以及权利行使等。其中,法律行为占据了《民法总则》的大量条文,是其规范的重点内容。如弗卢梅所说:"学说汇纂的主要特点是将总则置于最前面,总则部分的核心内容是法律行为理论。"②

1895年颁布的《德国民法典》在立法上首次将"法律行为"规定于总则之中。法律行为是对于各种因意思表示发生法律效果的行为的概括,民法分则中的债务合同、债权让与、物权行为、婚姻、遗嘱、社团决议等均属之。这种提炼概括各类意思表示法律事实的立法技术,体现了德国民法抽象化的立法技术。③ 这种立法模式的优点是节约法律条文数量,避免同样内容的条文重复,使民法典简约美观。但缺点在于,民法总则中法律行为的一般规定总是会被民法分则中的特别规定修正,这样导致查阅法典时经常是按"从后向前"的顺序进行。④ 而且,由于法律行为和意思表示概念的高度抽象性,对于初学者常常会产生理解上的困难,增加法律适用的难度。这一困难应尽量通过专业化的法学教育来克服和解决。

(二)规范目的

《民法总则》第133条是关于民事法律行为的定义,属于说明性的法条。

---

① 参见[德]维尔纳·弗卢梅:《法律行为论》,迟颖译,法律出版社2013年版,第19页。

② [德]维尔纳·弗卢梅:《法律行为论》,迟颖译,法律出版社2013年版,第32~33页。

③ 参见[德]卡纳利斯:《民法典总则的功能及其作用的限度》,载《中德私法研究》(第10卷),北京大学出版社2014年版,第93页以下。

④ 参见[德]迪特尔·梅迪库斯:《德国民法总论》,邵建东译,法律出版社2000年版,第34页。

民事法律行为是民事主体通过意思表示设定自身权利义务的法律工具,在民法总则中处于核心的地位。大陆法系中规定法律行为制度的民法典,一般不采用法律行为的定义规定,而通常是规定意思表示或者合同(如《德国民法典》第116条以下、《日本民法典》第90条以下)。我国民事立法中规定法律行为的定义,可能与苏联的立法模式有关。早在1955年《民法总则草稿》第37条就规定:"法律行为是设立、变更、消灭民事权利义务关系的行为;可以是单方的,也可以是双方的。"其字面表述与《苏俄民法典》第26条规定的"法律行为,即设定、变更或废止民事权利关系之行为"几乎完全一致。1994年《俄罗斯联邦民法典》第153条仍采上述定义。1986年《民法通则》第54条也对民事法律行为作出定义。由上可见,本条延续了苏联至我国民事立法传统的法律行为定义模式。

自体系言之,该条是《民法总则》第六章"民事法律行为"第一节"一般规定"的首条,具有提纲挈领的作用,此条以下所规范的法律行为(第133~163条)都是指意思表示行为。

(三)规范含义

本条即属定义性规范,可通过分析该条中的术语来厘清民事法律行为的含义。本条的核心术语有二:意思表示和设立、变更、终止民事权利义务。

1. 意思表示

意思表示是法律行为的核心要素,在近代私法史上与法律行为同生同源。① 现代大陆法系的民法典一般不在民法典中定义意思表示,而是将该任务交给学说。德国民法学上将意思表示定义为"旨在达到法律效果的私人的意思表达"。② 我国民法通说则认为意思表示是"将欲发生私法上效果之意思表达于外部之行为"。③ 无论定义如何,民法学理上通常将意思表示分为内部和外部两个层面的要素,前者又称主观要素,后者又称客观要素。

① 参见[德]维尔纳·弗卢梅:《法律行为论》,迟颖译,法律出版社2013年版,第32页以下。顾祝轩:《民法概念史·总则》,法律出版社2014年版,第137页以下。

② [德]布洛克斯、瓦尔克:《德国民法总论》,张艳译,中国人民大学出版社2012年版,第68页。

③ 梁慧星:《民法总论》(第三版),法律出版社2007年版,第170页;朱庆育:《民法总论》(第二版),北京大学出版社2016年版,第188页以下。

(1)内部要素

19 世纪的德国法学家借鉴心理学理论探讨意思表示的内在意思构造。1919 年海因里希·雷曼在其《民法总则概要》中首次全面区分内心意思的三层构造:行为意思、表示意思和效果意思,此后德国民法学基本沿用这一构造来解释意思表示的内部要素。① 分析言之:

第一,行为意思指向实施外部行为的、有意识的意志行动。② 内心意思可以通过语言、手势、点头或摇头,乃至沉默表现出来。如果在睡眠中或在催眠状态下进行的行为,或反射性的动作,或身体受直接强制,就缺少行为意思。③

第二,表示意思(或表示意识)是行为人意识到其参与法律行为性质的交往,而且通过其行为发出某种法律行为意义上的表示。④ 表示意思无须行为人明确知道自己所从事的究竟是哪一具体的法律行为及特定法律后果,而只需意识到表示具有法律意义即可。例如,某人在处理公函时,误将要约以为是通知终止的函件而签署,但仍有表示意思;如果在拍卖场所举手向朋友示意而并无要约的意思,则缺少表示意思。⑤

第三,效果意思(或法效意思)是希望表示引起特定的法律后果的意思。与表示意思不同,效果意思要求明确具体的法律后果。⑥ 例如,出卖人向买受人发出要约以 500 元出卖一块手表,但其内心真意是以 5000 元价格出售,只是书写错误,因此缺少以 500 元出售手表的效果意思。

---

① 参见[德]穆谢拉克:《论“意思”与“表示”的关系——关于意思表示构成要件的探讨》,王剑一译,载《中德私法研究》(第 10 卷),北京大学出版社 2014 年版,第 111 页;杨代雄:《意思表示中的意思与意义》,载《两岸民商法前沿:民法典编纂与创制发展》,中国法制出版社 2016 年版,第 263 页以下。

② Vgl. Heinz Hübner, Allgemeiner Teil des Bürgerlichen Gesetzbuches, Walter de Gruyter 1985, S. 284.

③ 参见[德]布洛克斯、瓦尔克:《德国民法总论》,张艳译,中国人民大学出版社 2012 年版,第 69 页;Heinz Hübner, Allgemeiner Teil des Bürgerlichen Gesetzbuches, Walter de Gruyter 1985, S. 288. Larenz/Wolf, Allgemeiner Teil des Bürgerlichen Rechts, 9. Aufl., C. H. Beck 2004, S. 436 f。

④ Larenz/Wolf, Allgemeiner Teil des Bürgerlichen Rechts, 9. Aufl., C. H. Beck 2004, S. 437.

⑤ 参见[德]布洛克斯、瓦尔克:《德国民法总论》,张艳译,中国人民大学出版社 2012 年版,第 69 页。

⑥ 参见[德]布洛克斯、瓦尔克:《德国民法总论》,张艳译,中国人民大学出版社 2012 年版,第 69 ~ 70 页。

一个完整的、正常的意思表示应同时具备上述三个主观要素。但行为人往往因为这样或那样的故障,发生意思表示瑕疵的问题。民法典对此应作出规范,理论上也须系统地阐释。

通说认为,如果缺少行为意思,则意思表示根本没有发生或不成立。原因在于行为人要对意思表示负责,前提是存在可归责的行为,而且在法律行为交往中,缺少行为意思的状况通常也较容易辨认,因而也无保护之必要。①

有疑问的是,如果表示意思或效果意思发生瑕疵,意思表示是否成立呢?于此涉及两种理论的对立,即"意思说"和"表示说"。19 世纪的德国法学家(萨维尼、温德沙伊德、齐特尔曼)多主张"意思说"。据此,意思表示的效力起决定作用的是内心意思,与表意人内心真意不符合的表示不发生法律效果。这种观点有利于表意人,而不利于表示的受领人。与此相对,"表示说"基于交易安全和信赖保护的理由,从意思表示受领人的角度出发,认为即使表意人缺少相应的真意,也应坚持其所表达出来的意义。这种观点有利于表示受领人,而不利于表意人。② 以上二说均过于极端,20 世纪的民法学理上相继出现"折中说""效力说",以调和这种对立。③

实际上,大陆法系民法典的具体规则通常不拘泥于上述任一理论,而是权衡表意人和表示受领人之间的利益状况,分别不同类型问题找寻公正的解决方法。具体而言,根据表示意思瑕疵的情形,其法律效果认定如下:

①有效。如果表意人单方内心缺乏真意(真意保留),应采表示理论,保护相对人的合理信赖,意思表示有效。《德国民法典》第 116 条第一句、我国台湾地区"民法典"第 86 条前句,均为真意保留有效的规则。可惜我国《民法总则》制定过程中,虽有学术界民法总则建议稿规定了真意保留,④且学者展形

---

① Vgl. Larenz/Wolf, Allgemeiner Teil des Bürgerlichen Rechts, 9. Aufl., C. H. Beck 2004, S. 436.

② 参见[德]布洛克斯、瓦尔克:《德国民法总论》,张艳译,中国人民大学出版社 2012 年版,第 234 页。Heinz Hübner, Allgemeiner Teil des Bürgerlichen Gesetzbuches, Walter de Gruyter 1985, S. 289.

③ Vgl. Heinz Hübner, Allgemeiner Teil des Bürgerlichen Gesetzbuches, Walter de Gruyter 1985, S. 289. Larenz/Wolf, Allgemeiner Teil des Bürgerlichen Rechts, 9. Aufl., C. H. Beck 2004, S. 442 – 443;王泽鉴:《民法总则》,北京大学出版社 2014 年版,第 334 页。

④ 参见"法学会稿"第 133 条的规定。

详细说理认为应增加此项规定,[①]但全国人大法工委的民法总则草案一直未采纳该规则。

②无效。如果当事人各方均内心缺乏真意(通谋虚伪表示,《德国民法典》第 117 条第 1 款),或预期对方不致产生误解而非作出真意的表示(戏谑表示,《德国民法典》第 118 条),因意思表示受领人明知或同意对方的虚伪表示,所以没有保护之必要,故而无效。我国《民法总则》第 147 条第 1 款规定通谋虚伪表示无效。

③可撤销。如果表意人缺乏表示意思(如误为举手要约)或效果意思(如误写价格),尽管并非其内心完全的真意,但已使意思表示受领人有理由信赖其表示的内容,因此意思表示应成立并生效。同时,为平衡表意人的利益,允许其撤销意思表示,但须赔偿受领人的信赖利益损失,且撤销权有除斥期间限制。这种因错误可撤销意思表示的规则已普遍被认可。我国《民法通则》第 59 条、61 条,《合同法》第 54 条、55 条、58 条均有规定。2017 年新颁布的《民法总则》第 147 条、152 条、157 条作出同样规定。

总之,意思表示的主观要素出现障碍,或缺乏某些主观要素,并不必然导致意思表示的不成立或无效,而且还有成立并生效,或可撤销的后果。如果反向思考这个命题,就会发现,其实并非所有的主观要素都要具备,才能构成一个有效的意思表示。

(2)外部要素

意思表示的外部要素就是表示行为,也即引起特定法律后果的意思表示出来。只有人们能够从行为推断出其所表达的效果意思时,才存在表示行为。[②]表示行为有明示和默示方式之分。所谓明示的意思表示,通常是以口头或书面的语言文字形式明确表达之行为。而默示的意思表示包括如下几种情形:①可推断的意思表示(点头或摇头,硬币投入自动售货机);②须补充解释

---

① 参见陈华彬:《论我国民法总则法律行为制度的构建——兼议〈民法总则草案〉(征求意见稿)的相关规定》,载《政治与法律》2016 年第 7 期;冉克平:《真意保留与戏谑行为的反思与构建》,载《比较法研究》2016 年第 6 期;潘运华:《心意保留意思表示的效力———兼评三部〈民法总则专家建议稿〉的相关规定》,载《现代法学》2016 年第 4 期。

② 参见[德]布洛克斯、瓦尔克:《德国民法总论》,张艳译,中国人民大学出版社 2012 年版,第 71 页;史尚宽:《民法总论》,中国政法大学出版社 2000 年版,第 350 页。

的意思表示;③完全的沉默,只有在法律规定或当事人约定时才能被认为意思表示。① 关于意思表示的明示和默示形式详细阐述,参见本书《民法总则》第140条的评注。

(3)传统的意思表示构造之反思

尽管意思表示的理论构造层次清楚,解释力强,但晚近的民法学对主观要素的存在必要性提出了质疑。

首先,如果欠缺效果意思,即表示错误,各国民法典一般应采表示主义,先使错误的意思表示生效,然后允许撤销。除了传统的意思表示受领人信赖利益保护的理由之外,还因为意思表示错误发生在表意人的风险领域内,表意人应对此负责。②

其次,如果欠缺表示意思,为保护意思表示受领人的合理信赖,应与欠缺效果意思等同处理。③ 就理论基础而言,民法学说上有认为欠缺表示意思也成立意思表示,是因为表意人对此具有过失(表示过失),表意人尽到交往中的必要注意本可以避免。④ 近期学理上又从风险归责原则,即缺少表示意思引起的后果属于表意人控制的风险范围,进一步论证其效果为成立意思表示但可撤销。⑤

最后,意思表示须有行为意思,此为绝对的通说,理由是如果没有表意人的行为,根本谈不上意思表示。但反对者,如迪特尔夫·莱嫩认为,传统上被归入欠缺行为意思的情形(如无意识或反射性动作),或者依《德国民法典》第105条第2款无意识或精神错乱状态下的意思表示无效,或者按欠缺表示意思

① 参见[德]迪特尔·梅迪库斯:《德国民法总论》,邵建东译,法律出版社2000年版,第252页以下。

② 参见纪海龙:《走下神坛的“意思”——论意思表示与风险归责》,载《中外法学》2016年第3期。

③ Vgl. Detlef Leenen, BGB Allgemeiner Teil: Rechtsgeschäftslehre, De Gruyter 2011, S. 61.[德]布洛克斯、瓦尔克:《德国民法总论》,张艳译,中国人民大学出版社2012年版,第98~99页。

④ 参见[德]穆谢拉克:《论“意思”与“表示”的关系——关于意思表示构成要件的探讨》,王剑一译,载《中德私法研究》(第10卷),北京大学出版社2014年版,第115页以下。

⑤ 参见纪海龙:《走下神坛的“意思”——论意思表示与风险归责》,载《中外法学》2016年第3期。

处理使之可撤销。[①] 而诺伊尔认为,行为意思本质上是表意人的行动能力问题,即私主体自由形成意思的能力。因为《德国民法典》第105条第2款的存在,讨论行为意思根本就是多余的,但意思表示因此而无效可发生缔约过失责任。[②] 更激进的观点认为,缺乏行为意思也适用风险归责原则,使之成为可撤销的意思表示。[③]

总之,按晚近的学术观点,意思表示中没有不可或缺的主观要素(无论效果意思、表示意思或行为意思)。[④] 如不存在上述意思,但表示人具有可归责性(尤其是风险归责)时,亦可能成立意思表示。

2. 设立、变更、终止民事法律关系

德国民法上的法律行为概念紧扣意思表示和私人自治。但我国民法上民事法律行为概念受苏联立法和法学影响较重,尤其是借鉴《苏俄民法典》第26条"法律行为,即设定、变更或废止民事权利关系之行为",在1955年《民法总则(草稿)》第37条规定"法律行为是设立、变更、消灭民事权利义务关系的行为"。这一观念一直延续至《民法通则》第54条。《民法总则》第133条增加了"意思表示"因素,并通过"设立、变更、终止民事法律关系"表达了法律行为所追求的一般后果。

民事法律关系是经民法调整而形成的人与人之间的社会关系。按《民法通则》第2条的说法,就是指平等主体之间的财产关系和人身关系。民事法律关系的主要内容是民事权利,对应着的是民事义务,因此我国台湾地区学者多从民事权利的得丧变更视角,讨论法律事实(主要是法律行为)所带来的法律

---

① Vgl. Detlef Leenen, BGB Allgemeiner Teil: Rechtsgeschäftslehre, De Gruyter 2011, S. 62.

② 参见[德]诺伊尔:《何为意思表示?》,载《华东政法大学学报》2014年第5期。

③ 参见纪海龙:《走下神坛的"意思"——论意思表示与风险归责》,载《中外法学》2016年第3期。行为意思是否为意思表示的必备主观要素,肯定说和否定说各执理由,参见杨代雄:《意思表示中的意思与意义》,载《两岸民商法前沿:民法典编纂与创制发展》,中国法制出版社2016年版,第271页以下。

④ 参见杨代雄:《意思表示中的意思与意义》,载《两岸民商法前沿:民法典编纂与创制发展》,中国法制出版社2016年版,第276页。

后果。[①] 我国大陆民法学者一般从民事法律关系的变动讨论法律事实的后果。[②] 德国民法学者也多从法律关系逐步进入主观私权的论述。[③] 客观地说,民事法律关系是一个总括性概念,其中,权利包括:主观权利(如物权、债权),权能(占有、使用、处分、形成权能等),取得权利的期待等,而法律关系中的各项负担包括:法律义务(如给付义务、损害赔偿等),法律上之拘束(如形成权的相对人之服从),不真正义务,以及民事程序上的主张和证明负担。[④] 由此可见,民事法律关系是一个综合的有机体,《民法总则》第133条规定法律行为是"设立、变更、终止民事法律关系"的行为,具有较高的概括性。当然,如不过分纠缠概念,仅从权利的得丧变更角度考察法律行为之后果,则更为简洁明快。

导致民事法律关系发生、变更和消灭的事由大致可分两类,一者为法律行为,二者为法律规定,前者是当事人根据自己的意思设定法律关系,如单方行为、合同、遗嘱等;后者是直接依据法律规定而生,如因添附发生财产取得和不当得利,所有权人依法取得自然孳息,自然人死亡导致法定继承等。民法本为意思自治之法,因法律行为而发生、变更和消灭的民事法律关系更能体现民法之精神,因此大陆法系各国民事立法均将其作为重点规范对象。

在具体分析法律行为导致民事法律关系的发生、变更和消灭时,须注意是个别权利或义务之变动,抑或是法律关系整体之变动。

(1)个别权利或义务之变动

如果个别权利或义务可与法律关系分离,则通过民事法律行为可以使个别权利或义务发生、变更或消灭。就权利变动而言:

第一,权利之发生。民法学理上区分权利之绝对发生和相对发生,前者是

① 参见史尚宽:《民法总论》,中国政法大学出版社2000年版,第298页以下;王泽鉴:《民法总则》,北京大学出版社2014年版,第221页以下。

② 参见梁慧星:《民法总论》(第三版),法律出版社2007年版,第56页以下;王利明:《民法总论》(第二版),中国人民大学出版社2015年版,第83页以下;崔建远等:《民法总论》,清华大学出版社2010年版,第222页以下。

③ Vgl. Larenz/Wolf, Allgemeiner Teil des Bürgerlichen Rechts, 9. Aufl., C. H. Beck 2004, §13;[德]迪特尔·梅迪库斯:《德国民法总论》,邵建东译,法律出版社2000年版,第九章;[德]布洛克斯、瓦尔克:《德国民法总论》,张艳译,中国人民大学出版社2012年版,第28页。

④ Larenz/Wolf, Allgemeiner Teil des Bürgerlichen Rechts, 9. Aufl., C. H. Beck 2004, S. 233 ff..

权利之原始取得，如先占无主物、天然孳息之取得、添附取得权利、取得时效而取得等；后者为权利之继受取得或传来取得，系承继他人之权利而取得，如权利之让与、继承等。[①] 因法律行为导致的权利义务之发生，常见为继受取得，例如所有权让与，担保物权之设定，但不可误认法律行为仅导致继受取得，而不适用原始取得。例如，通过订立合同取得（原先未有之）债权、通过创立或加入社团取得成员权，均为法律行为方式的原始取得。[②]

第二，权利之变更。权利之变更是指权利不丧失其存在而发生改变。通过法律行为发生：(1)主体变更，即权利发生转移，如债权让与；(2)客体变更，如债务因一部分免除而债权缩小范围，选择之债因行使选择权而债权之内容固定为一个给付；(3)效力变更，例如抛弃诉讼时效抗辩权，使债权回复请求力。

第三，权利之消灭。权利消灭分为绝对消灭和相对消灭，前者是指权利本身客观失其存在，如抛弃所有物，免除全部债务，解除或终止合同等；[③]后者是指权利主体之变更，已如前述。

个别义务之发生、变更和消灭，得由权利变动之对应面获得解释，于此不予赘述。

(2)民事法律关系整体之变动

与个别权利或义务的变动不同，民事法律关系整体变动是全部的权利、权能或义务、负担等一起发生变动。就民事法律关系的产生和消灭而言，如缔结租赁合同或终止租赁合同，导致租赁合同当事人的债权和债务之产生或消灭，与所谓租赁合同法律关系整体的产生或消灭并无二致，不作详述。民法中常见的法律关系整体变动是主体的变更（转移）。

民事法律关系的转移有法定和意定两种原因。前者例如继承人概括继受

---

① 参见史尚宽：《民法总论》，中国政法大学出版社 2000 年版，第 298 页。善意取得究为原始取得或继受取得有争议，参见朱庆育：《民法总论》（第二版），北京大学出版社 2016 年版，第 504 页。

② Vgl. Larenz/Wolf, Allgemeiner Teil des Bürgerlichen Rechts, 9. Aufl., C. H. Beck 2004, S. 245；朱庆育：《民法总论》（第二版），北京大学出版社 2016 年版，第 504 页。

③ Vgl. Larenz/Wolf, Allgemeiner Teil des Bürgerlichen Rechts, 9. Aufl., C. H. Beck 2004, S. 248.

被继承人之财产,不仅被继承人的权利和义务,而且伴随法律关系的取得期待、受领权限(如要约之受领)、法律上之拘束、不真正义务等一并由继承人承受。① 再如,出租人在租赁期间将出租的房屋转让给他人,则买受人承受原租赁合同中的权利义务(买卖不破租赁,《合同法》第229条)。后者是基于法律行为发生之民事法律关系转移,如合同概括转让(《合同法》第88条),不仅是单个权利和义务的结合转移,而是合同整体地位的转移。②

3. 处分行为及其无因性问题

负担行为与处分行为之区分乃德国民法上法律行为之基本分类。是否采纳这对基本概念的区分,以及《合同法》第51条规定无权处分的"合同效力待定",究竟是"债权合同效力待定"还是"处分行为效力待定",在我国的争议由来已久。③ 在我国《民法总则(草案)》的起草和审议的过程中,再次就是否应规定处分行为以及无权处分合同效力问题产生了争议。④ 尽管《民法总则》第六章并未明确规定"处分行为",但面临以往司法实践提出的问题(典型的是《最高人民法院关于审理买卖合同纠纷案件适用法律问题的解释》第3条),以及《民法总则》第133条规定法律行为"设立、变更、终止民事法律关系"在外延上包括处分行为的可能性,都需要在法律行为的概念层面,予以融贯地解

① Vgl. Larenz/Wolf, Allgemeiner Teil des Bürgerlichen Rechts, 9. Aufl., C. H. Beck 2004, S. 237;崔建远等:《民法总论》,清华大学出版社2010年版,第266页。

② Vgl. Larenz/Wolf, Allgemeiner Teil des Bürgerlichen Rechts, 9. Aufl., C. H. Beck 2004, S. 238;崔建远等:《民法总论》,清华大学出版社2010年版,第266页。

③ 参见《合同法》颁布后,关于处分行为和无权处分的争议观点,主要参见梁慧星:《如何理解合同法第51条》,载《人民法院报》2000年1月8日;王利明:《论无权处分》,载《中国法学》2001年第3期;崔建远:《无权处分辨——合同法第51条规定的解释与适用》,载《法学研究》2003年第1期;孙宪忠:《物权变动的原因与结果的区分原则》,载《法学研究》1999年第5期;张谷:《略论合同行为的效力——兼评〈合同法〉第三章》,载《中外法学》2000年第2期;孙鹏:《论无权处分行为——兼析合同法第51条》,载《现代法学》2000年第8期;韩世远:《无权处分与合同效力》,载《人民法院报》1999年11月23日;王轶:《论无权处分行为的效力——以物权变动模式的立法选择为背景》,载《中外法学》2001年第5期;葛云松:《论无权处分》,载《民商法论丛》2001年第4期,金桥文化出版(香港)有限公司,第185~257页。

④ 参见主要参见崔建远:《处分行为理论真的那么美妙吗?——〈民法总则〉(草案)不宜采取负担行为与处分行为相区分的设计》,载《中国政法大学学报》2016年第5期;梁慧星:《民法总则立法的若干理论问题》,载《暨南学报》(哲学社会科学版)2016年第1期;孙宪忠:《民法典总则编"法律行为"一章学者建议稿的编写说明》,载《法学研究》2015年第6期。

释和澄清,以便指导民法总则的理解与适用。

(1)德国民法上的区分原则与无因原则

德国民法根据债权与物权的区分安排学理和民法典的框架,进而也将法律行为分为负担行为和处分行为。简单地说,负担行为是使当事人承担给付义务的法律行为,①因为大部分的负担行为规定在债法编,因此有时又称为"债权行为"。负担行为主要是双方行为,如买卖合同,但也有单方的负担行为,如悬赏广告。而处分行为是使既有的权利转移、设定负担、变更或消灭的法律行为。② 针对物权的处分就是"物权行为",包括双方的物权合意,单方的抛弃行为等。此外,债法编中也有大量的处分行为,如债权让与、债务免除等。

负担行为与处分行为的划分不是非此即彼,因为民法上还存在一些同时包含负担行为和负担行为的混合行为,如免责的债务承担、债务变更、和解合同等。③

通说一般将负担行为与处分行为作如下比较:①处分行为须处分人具备处分权才能生效,而负担行为则不须义务人有此权利。②处分行为适用优先原则,即处分人实施数次处分行为,那么时间上最早的行为有效,而此后的处分行为不生效力。例如,债权人将一个债权处分数次,则第一次处分有效,其余的不生效力。反之,针对不同人的数个负担行为不论时间先后,都是有效的。③处分行为适用确定原则,即最迟在处分行为生效时,处分的客体必须予以确定,否则无法确定处分行为变动的那一项客体的权利状态。而负担行为(如种类之债)在债务特定化之前已然生效。④物权法上的处分行为还适用公示原则(Publizitätsprinzip),即处分行为须通过交付或登记的方式予以公示。④

---

① 参见[德]布洛克斯、瓦尔克:《德国民法总论》,张艳译,中国人民大学出版社2012年版,第77页。

② Vgl. Staudinger Kommentar zum BGB/ Karl-Heinz / Gursky,2009, § 185,Rn.4.

③ Vgl. Larenz/Wolf, Allgemeiner Teil des Bürgerlichen Rechts,9. Aufl.,C. H. Beck 2004,S. 417.

④ 参见[德]布洛克斯、瓦尔克:《德国民法总论》,张艳译,中国人民大学出版社2012年版,第80~81页;[德]迪特尔·梅迪库斯:《德国民法总论》,邵建东译,法律出版社2000年版,第168~169页。

负担行为和处分行为原本包含在同一交易之中,甚至可能在同一时间一起发生,但德国法学将二者从概念逻辑上严格区分开来:负担行为仅导致债权债务发生,并未直接使权利发生变动,而处分行为是对负担行为的履行,由此发生权利的变动。这一原则被称为"区分原则"或"分离原则"。据此,负担行为和处分行为的有效要件和无效事由都要各自分别考虑和判断,其法律效果也不相同。①

无论负担行为或处分行为都能使相对方获得财产价值,称为给予(Zuwendung),如所有权让与或取得一项合同的债权。通常发生财产上的给予需要法律上的原因,即证明给予合理性的原因。罗马法上将原因分为赠与原因、信用原因和清偿原因。对于绝大多数负担行为而言,法律原因是法律行为的组成部分,因此称为"原因行为"或"要因行为",如果当事人未对法律原因达成合意,则不存在有效的法律行为。而所有的处分行为②(所有权让与、质权设定、债权让与)和少量的负担行为(如无因债务承认或票据债务的行为),都不需要法律原因作为法律行为的内容,因此称为"抽象行为"或"无因行为"。其实抽象行为并非完全没有原因,只是其原因通常存在于作为基础行为的原因行为中。当然有些处分行为基于纯粹的原因约定(如即时赠与),乃至根本不需要原因(如抛弃所有权)。③

负担行为与处分行为区分原则延伸出无因原则(或译抽象原则),即处分行为的效力判断不受负担行为效力的影响,作为原因的负担行为不成立或无效,不会导致处分行为的无效。《德国民法典》的立法目的在于通过无因原则确保交易的安全性。但无因原则也有缺点:①将统一的交易过程分为原因行为和抽象行为,有悖于大众观念;②无因原则保护交易安宁的功能可以被善意取得制度所代替;③以买卖为例,如果原因行为无效,不导致处分行为无效,则

---

① Vgl. Larenz/Wolf, Allgemeiner Teil des Bürgerlichen Rechts, 9. Aufl., C. H. Beck 2004, S. 421.

② 所有的处分行为以无因性为原则。Vgl. Maximilian Haedicke, Der bürgerlich-rechtliche Verfügungsbegriff, JuS 2001, 966.

③ 参见[德]布洛克斯、瓦尔克:《德国民法总论》,张艳译,中国人民大学出版社 2012 年版,第 83 ~ 84 页;[德]迪特尔 · 梅迪库斯:《德国民法总论》,邵建东译,法律出版社 2000 年版,第 169 ~ 170 页。

出卖人彻底丧失所有权，而仅享有不当得利请求权，如果买受人陷入破产或被其他债权人强制执行时，出卖人利益得不到充分保护。尽管存在上述批评意见，但未对德国民法的无因原则形成根本冲击或否定。①

当然，法律行为的区分原则，并不一定必须伴随无因原则。② 例如，同为德国法系的瑞士和奥地利，就物权法上的物权变动采用负担行为和处分行为区分原则，但立法和通说并不承认无因原则，而采有因原则，即处分行为的效力受负担行为的影响。债法上的债权让与和个别无因债务契约，则仍采无因原则。③

负担行为与处分行为的区分，对于解决"无权处分"的法律构造问题，具有逻辑清晰的优点。④ 处分行为是独立的法律行为，须以处分人具有处分权为必要，故处分人没有处分权或超出处分权限范围，所实施的处分行为不生效力（效力待定）。倘若无权处分人得到权利人的事先允许或者事后追认，以及处分人事后取得处分权，则处分行为确定发生效力（参见《德国民法典》第185条）。如果处分行为不符合上述要求，从而确定不生效力，但不影响负担行为的效力。例如，出卖人出卖他人之物并为处分行为，权利人最终拒绝同意处分，只是发生债务的履行不能，即原初实际履行的给付义务消灭。⑤ 但买受人仍可向无权处分人主张债务不履行的违约责任。⑥

（2）我国民法上的区分原则和无因原则的理论与实践

我国民法上关于负担行为和处分行为的问题，可以1999年《合同法》和

---

① 参见［德］布洛克斯、瓦尔克：《德国民法总论》，张艳译，中国人民大学出版社2012年版，第84页以下；［德］迪特尔·梅迪库斯：《德国民法总论》，邵建东译，法律出版社2000年版，第176页以下。

② 反之成立，即无因原则必然包含区分原则。Vgl. Larenz/Wolf, Allgemeiner Teil des Bürgerlichen Rechts, 9. Aufl., C. H. Beck 2004, S. 421.

③ Vgl. Astrid Stadler, Gestaltungsfreiheit und Verkehrsschutz durch Abstraktion, Mohr Siebeck, 1996, S. 24 ff.. 关于瑞士民法上物权行为有因性的述评，参见常鹏翱：《另一种物权行为理论——以瑞士法为考察对象》，载《环球法律评论》2010年第2期。

④ 关于德国民法上无权处分制度的中文介绍参见章正璋：《德国民法上无权处分之概念及规范体系》，载《私法研究》（第11卷），法律出版社2011年版，第3～23页。

⑤ Vgl. Medicus/Lorenz, Schuldrecht AT, 21. Aufl., Rn. 408. Staudinger Kommentar zum BGB/Löwisch / Caspers, 2009, § 275, Rn. 70.

⑥ 参见陈自强：《契约违反与履行请求》，元照出版公司2015年版，第212～213页。

2007 年《物权法》作为分水岭。

首先,第一阶段是 1999 年《合同法》颁布之前,我国民法学者主要是从物权变动的角度探讨中国民法是否应采用物权行为理论,尚未从法律行为总则的高度讨论负担行为和处分行为的区分。由于这一时期物权行为理论刚刚被引入中国民法讨论,所以否定论占据优势地位,而否定物权行为独立性的学者,通常也会否定物权行为的无因性。① 承认物权行为独立性者,既有坚持物权行为无因性者,②也有不承认无因性者。③

这一时期我国的立法和司法实践,未意识到处分行为的独立存在。例如,1984 年《最高人民法院关于贯彻执行民事政策法律若干问题的意见》第 55 条曾规定"非所有权人出卖他人房屋的,应废除其买卖关系。部分共有人未取得其他共有人同意,擅自出卖共有房屋的,应宣布买卖关系无效。"可见,无权出卖他人之物的买卖交易,不分买卖合同与处分行为,其法律效果统统为"买卖关系无效"。1990 年《最高人民法院关于公房买卖的成立一般应以产权转移登记为准的复函》指出"房管二所与哈铁办事处签订房屋买卖协议后,提出解除买卖协议,未办理产权转移登记手续,应认为该民事法律行为依法尚未成立,一方翻悔是允许的"。据此推断,法院认为房屋买卖合同须以登记作为成立要件,混淆了买卖合同与所有权转移登记。1995 年颁布的《担保法》第 41 条规定:"当事人以本法第四十二条规定的财产抵押的,应当办理抵押物登记,抵押合同自登记之日起生效。"由此可见,立法者也未能彻底区分抵押合同和抵押权的设立登记。以上司法实践的结果往往使无辜的买受人、债权人遭受损害而得不到救济。④

其次,第二阶段是自 1999 年《合同法》颁布至 2007 年《物权法》颁布。《合同法》第 51 条首次规定无权处分的"合同"效力待定,此处"合同"究竟是

---

① 代表性观点参见梁慧星:《我国民法是否承认物权行为》,载《法学研究》1989 年第 6 期;王利明:《物权行为若干问题探讨》,载《中国法学》1997 年第 3 期。

② 参见孙宪忠:《物权行为理论探源及其意义》,载《法学研究》1996 年第 3 期。

③ 参见陈华彬:《基于法律行为的物权变动》,载梁慧星主编:《民商法论丛》(第 6 卷),法律出版社 1997 年版,第 149 页;李永军:《我国民法上真的不存在物权行为吗?》,载《法律科学》1998 年第 4 期。

④ 参见梁慧星:《制定中国物权法的若干问题》,载《法学研究》2000 年第 4 期。

“债权合同”抑或“处分行为”引发众多争议,由此可以透视这一时期关于区分原则的状况。对此主要有三种观点:

①债权行为效力待定说。梁慧星尽管在物权变动问题上认可原因行为与物权变动本身应区分开来,[①]但他并不承认负担行为与处分行为的区分,而是认为处分行为、物权变动的效果意思应纳入债权行为中一体把握。据此,《合同法》第51条中的“合同”就是指债权合同效力待定。[②] 由于梁慧星是《合同法》的主要起草人,该说在《合同法》颁布后较长时期内被奉为通说,也被我国司法实践遵从。从实证的案件来看,我国法院的裁判并不区分负担行为与处分行为,仍然是一体把握,并将“处分权”作为判断合同效力的要件,对于未经权利人追认,也未取得处分权的无权处分合同,通常按照合同无效处理。[③]

②区分原则与处分行为效力待定说。此说的主要代表为孙宪忠、韩世远、张谷等。[④] 该说以负担行为与处分行为的区分为基础,认为在无权处分中,处分行为效力待定,而出卖他人之物的买卖合同效力应按合同效力的一般规则判断。其最具说服力的理由是:如果出卖他人之物的债权合同因欠缺处分权,且未获得同意或事后取得处分权,则买卖合同不生效力,出卖人亦不用承担违约责任,仅须承担缔约过失责任,赔偿相对方的信赖利益损失,由此不利于保护合同当事人的履行利益。

③债权形式主义与债权合同有效说。尹田认为,我国物权法不承认物权行为理论,物权变动采债权形式主义模式,即债权合同加上形式要件(交付或登记)导致物权变动。由于债权合同不包含权利变动的意思,并不发生无权处分的问题,因此出卖他人之物的买卖合同是有效的。但他又认为交付或登记所体现的处分行为并非法律行为,而是事实行为。《合同法》第51条应理解为

① 参见梁慧星:《制定中国物权法的若干问题》,载《法学研究》2000年第4期。

② 参见梁慧星:《如何理解合同法第51条》,载《人民法院报》2000年1月8日。

③ 参见黄泷一:《无权处分——理论实务总结与民法总则制订》,载《东方法学》2016年第6期。

④ 参见孙宪忠:《物权变动的原因与结果的区分原则》,载《法学研究》1999年第5期;张谷:《略论合同行为的效力——兼评〈合同法〉第三章》,载《中外法学》2000年第2期;韩世远:《无权处分与合同效力》,载《人民法院报》1999年11月23日。

无权处分的事实行为效力待定。[①] 因为事实行为并不涉及合同效力问题,所以该理论并不符合基本的概念逻辑。

此外,还有些学者采取变通的解释,将《合同法》第 51 条效力待定的法律效果限缩为处分人“无处分能力”,[②]或仅限于当事人约定动产物权自债权合同成立即发生变动(意思主义)的情形,[③]或将无权处分合同效力与第三人的善意联系起来具体认定。[④] 这些理解显然都未直面问题且略显牵强。

综上,从《合同法》第 51 条的问题可以看出《合同法》颁布后一段时期,我国民法理论和实务上对于负担行为与处分行为的态度。概言之,否定区分原则,一般会否定《合同法》第 51 条处分行为的效力待定;肯定区分原则,通常会认定无权处分中的债权合同有效,而处分行为的效力待定。

与此同时,原先坚持物权行为理论的学者,仍继续主张中国民法上应认可物权行为。[⑤] 而否定物权行为理论者,继续否定之。[⑥]

最后,2007 年《物权法》颁布后,关于区分原则的理论和司法实务进入一个新发展阶段。《物权法》第 15 条规定“当事人之间订立有关设立、变更、转让和消灭不动产物权的合同,除法律另有规定或者合同另有约定外,自合同成立时生效;未办理物权登记的,不影响合同效力”。根据立法机关的解释,本条确立了物权变动和基础关系即原因行为的区分原则,通过规定“有关设立、变更、转让和消灭不动产物权的合同”有效,有利于解决合同成立后没有办理登记或

---

① 参见尹田:《法律行为分类理论之探讨》,载《法商研究》2007 年第 1 期。

② 参见崔建远:《无权处分辨——合同法第 51 条规定的解释与适用》,载《法学研究》2003 年第 1 期。

③ 参见王轶:《论无权处分行为的效力——以物权变动模式的立法选择为背景》,载《中外法学》2001 年第 5 期。

④ 王利明:《论无权处分》,载《中国法学》2001 年第 3 期。

⑤ 孙宪忠:《再谈物权行为理论》,载《中国社会科学》2001 年第 5 期;谢怀栻、程啸:《物权行为理论辨析》,载《法学研究》2002 年第 4 期;徐涤宇:《物权行为无因性理论之目的论解释》,载《中国法学》2005 年第 2 期;田士永:《物权行为理论研究》,中国政法大学出版社 2002 年版。

⑥ 参见米健:《物权抽象原则的法理探源与现实斟酌》,载《比较法研究》2001 年第 2 期;崔建远:《从立法论看物权行为与中国民法》,载《政治与法律》2004 年第 2 期;崔建远:《从解释论看物权行为与中国民法》,载《比较法研究》2004 年第 2 期。

拒绝登记的违约问题。[①] 但需注意，根据通说，我国《物权法》采债权形式主义的物权变动模式，不承认独立的物权行为及无因性，所以立法机关所称的“区分原则”并非负担行为与处分行为的区分，而是“合同”与“物权变动”的区分，交付或登记等物权变动事实并非指物权行为。据此，梁慧星坚持认为，处分行为被纳入债权行为之中，物权变动是债权行为直接发生的效力。[②]

但《物权法》的新规则给法律解释带来更大的空间。一些学者从《物权法》第15条及有关物权变动的规定解读认为，《物权法》中存在大量的通过物权行为独立性和无因性来理解的规定。[③]

司法实践也逐渐向区分原则的方向发展。2009年《合同法解释（二）》第15条规定出卖人订立的多重买卖合同，如没有《合同法》第52条的无效情形，则买受人因不能按照合同约定取得标的物所有权的，可以请求追究出卖人的违约责任。据最高人民法院的解释，该条的基础正在于债权合同与物权变动区分原则，因为债权合同的效力是独立的，是否登记或交付是影响物权变动的效果，而对于债权合同效力的判断依据是《合同法》第52条。并且，如果多重买卖的其中一个买受人取得所有权后，出卖人仍继续出卖标的物，实际上构成无权处分，而依据区分原则，物权不能发生变动，不影响债权合同的效力。[④]

2012年《买卖合同解释》第3条规定：“当事人一方以出卖人在缔约时对标的物没有所有权或者处分权为由主张合同无效的，人民法院不予支持。”“出卖人因未取得所有权或者处分权致使标的物所有权不能转移，买受人要求出卖人承担违约责任或者要求解除合同并主张损害赔偿的，人民法院应予支持。”据最高人民法院的解释，该条的理论基础是：根据“物权变动的原因与结果区分原则”，出卖人缔结合同时没有所有权或处分权，并不影响作为原因行

① 参见全国人大委员会法制工作委员会民法室编：《中华人民共和国物权法条文说明、立法理由及相关规定》，北京大学出版社2007年版，第22～24页。

② 参见梁慧星：《民法总论》（第三版），法律出版社2007年版，第165页。

③ 参见葛云松：《物权行为：传说中的不死鸟——〈物权法〉上的物权变动模式研究》，载《华东政法大学学报》2007年第6期；田士永：《〈物权法〉中物权行为理论之辨析》，载《法学》2008年第12期。

④ 参见最高人民法院研究室编：《最高人民法院关于合同法司法解释（二）理解与适用》，人民法院出版社2009年版，第114～115页。

为的买卖合同效力,买受人是否取得标的物所有权取决于出卖人嗣后能否取得处分权,因此《合同法》第51条的无权处分“合同”应限缩理解为处分行为,而不包括负担行为。无权处分中的负担行为确定有效,而处分行为效力待定。①

从法院的裁判情况来看,区分原则和处分行为概念逐渐获得法院的认可。兹按法院解决的不同纠纷问题,举例如下:

①未经抵押权人同意不得转让抵押物,该限制仅针对物权变动。例如,最高人民法院(2008)民一终字第122号民事判决书中指出:因抵押人转让抵押物未通知抵押权人,当事人主张抵押物转让合同无效。最高人民法院的裁判理由是:“根据《物权法》第十五条的规定,当事人之间订立有关设立、变更、转让和消灭不动产物权的合同,除法律另有规定或者合同另有约定外,自合同成立时生效;未办理物权登记的,不影响合同效力。该规定确定了不动产物权变动的原因与结果相区分的原则。物权转让行为不能成就,并不必然导致物权转让的原因即债权合同无效。当事人双方签订的物权转让合同作为物权转让的原因行为,是一种债权形成行为,并非该物权转让的物权变动行为。相关法律关于未经通知抵押权人而导致物权转让行为无效的规定,其效力不应及于物权变动行为的原因行为。”②

②明确某些强制性法律规定仅约束物权行为。例如,江苏省南京市中级人民法院(2013)宁民终字第2559号民事判决书:房屋买卖合同签订时,出卖人尚未取得房屋所有权,其援引《房地产管理法》第38条第6项之规定,即“未依法登记领取权属证书的,不得转让”,主张合同无效。对此一审法院认为:当事人签订的房屋买卖合同,合法有效。买受方在买卖时尚未取得产权证书,不影响合同效力。出卖人朱卫国援引的《房地产管理法》第38条第6项之规定,即“未依法登记领取权属证书的,不得转让”,系管理性规范,主要约束物权行为,不影响合同效力。据此判决出卖人毁约在先,无权解除合同,也无权要求

① 参见最高人民法院民事审判第二庭:《最高人民法院关于买卖合同司法解释理解与适用》,人民法院出版社2012年版,第69~87页。

② 最高人民法院(2008)民一终字第122号民事判决书,载《最高人民法院公报》2009年第4期。类似案件裁判理由参见山东省威海市中级人民法院(2013)威商终字第123号民事判决书。

返还定金。二审法院维持原判。①

③转让尚未取得的股权，股权转让合同有效。例如，最高人民法院(2010)民提字第153号民事判决：本案的焦点问题是，中岱公司与达宝公司签订股权转让合同，约定将其持有的部分中珊公司股权转让给达宝公司，但在转让合同签订时，中岱公司未持有中珊公司的股权，该股权转让合同是否有效。最高人民法院审理后认为，“股权转让合同中，即使双方约定转让的股权系合同外的第三人所有，但只要双方的约定只是使一方负有向对方转让股权的义务，而没有实际导致股权所有人的权利发生变化，就不能以出让人对股权无处分权为由认定股权转让合同系无权处分合同进而无效”。可见，股权转让合同仅为负担义务行为，不因出让人欠缺处分权而无效。②

④合同解除并非对物的处分，当事人是应遵守合同约定。最高人民法院(2013)民提字第90号民事判决的裁判理由指出，“根据《物权法》第十五条规定之精神，处分行为有别于负担行为，解除合同并非对物进行处分的方式，合同的解除与否不涉及物之所有权的变动，而只与当事人是否继续承担合同所约定的义务有关。本案中，蜀都实业公司确实仍然对该房屋享有所有权，但这并不意味着其可在不符合当事人约定或者法律规定的情形下随意解除双方之间的合同关系。在双方房屋买卖法律关系成立并生效后，蜀都实业公司虽系该房屋的所有权人，但其应当依约全面、实际履行其在房屋买卖法律关系项下的义务。”③

⑤无权处分中的“处分”不包括负担行为。例如，江苏省扬州市中级人民法院(2014)扬民终字第0145号民事判决中指出：当事人薛某要求确认无权出卖他人的房屋买卖合同无效。法院认为：首先，确认合同是否无效，应当以《合同法》第52条为依据，而薛某主张的无权处分显然并非上述法定合同无效的情形之一。其次，《合同法》第51条规定：无权处分人处分他人财产，经权利人追认或者无处分权的人订立合同后取得处分权的合同有效。这里的“处分”和

① 江苏省南京市中级人民法院(2013)宁民终字第2559号民事判决书。

② 最高人民法院(2010)民提字第153号民事判决书，载《最高人民法院公报》2012年第5期。

③ 最高人民法院(2013)民提字第90号民事判决书。

"合同",仅指处分行为即标的物之物权的转移变更,而不包括负担行为及处分合同在内。在出卖他人之物的情形,处分合同的效力并非未定,而是确定有效的。本案中,虽房屋出卖人薛某系无权处分,但并不因此而导致本案所涉房屋买卖协议无效。最后,《买卖合同解释》第3条已明确规定:当事人一方以出卖人在缔约时对标的物没有所有权或者处分权为由主张合同无效的,人民法院不予支持。综上,薛某以其系无权处分为由要求确认涉案房屋买卖合同无效的诉求依法不能支持。①

综上所述,我国目前关于物权变动的区分原则已获得通说地位,但关于区分原则的含义,民法理论上仍有不同认识:

①坚持债权形式主义者,主张区分原则是"债权合同"与"物权变动"的区分,物权变动的要件包括交付和登记属于事实行为,而非法律行为(物权行为)。无权处分情形下,债权合同仍然有效,但未经权利人同意不发生物权变动。这种观点仍是否定物权行为的独立性。②

②坚持物权行为论者(物权形式主义),主张区分原则是"债权合同"与"物权合同"的区分,对应二者的上位概念"负担行为—处分行为"。无权处分情形下,债权合同有效,物权合同(处分行为)效力待定。③ 从前述所引案件的裁判文书看,近期法院更倾向于采纳"负担行为—处分行为"区分的表述。

就物权变动的无因性问题,坚持债权形式主义者,当然不认可物权行为的无因性。而主张物权行为论者,多数进一步主张无因原则。也有学者提出瑞士民法上物权行为无因性也是一种理论构造方向。④

① 江苏省扬州市中级人民法院(2014)扬民终字第0145号民事判决书。类似案件裁判理由参见:重庆市第四中级人民法院(2014)渝四中法民终字第00146号民事判决书。上海市第一中级人民法院(2013)沪一中民二(民)终字第3506号民事判决书。

② 参见梁慧星、王利明坚持这种观点。此外,最近观点参见杨明宇:《物权法第15条的涵义与负担行为、处分行为的区分——兼评最高人民法院买卖合同司法解释第3条》,载《暨南学报》2013年第9期;吴光荣:《再谈无权处分行为的效力——兼论法释〔2012〕8号第3条的理论基础》,载《法学家》2015年第3期。

③ 除前文引注的相关研究者外,近期观点参见黄泷一:《负担行为与处分行为区分的实务继受——以最高法院的司法判决和裁判文书为分析对象》,载《河北法学》2015年第5期。

④ 参见常鹏翱:《另一种物权行为理论——以瑞士法为考察对象》,载《环球法律评论》2010年第2期。

关于债法上的处分行为及其无因性问题,也有分歧。就债权让与而言,有认为具有独立性和无因性;[①]有认为债权让与是债权让与合同的当然效果,债权让与是事实行为,因而没有独立性和无因性;[②]有认为债权让与具有独立性,但不具有无因性,原因行为无效或被撤销,债权让与不生效力。[③] 但票据法上的债权让与或证券化的债权让与,都认可无因性。[④] 关于债务免除,主流观点认为是处分行为和无因行为。[⑤]

归纳而言,负担行为与处分行为是法律行为的基本分类,在我国物权法上,二者的区分原则基本获得认可,但无因原则尚有争议。负担行为和处分行为的区分原则和无因原则,在我国债法上分歧较大,未形成稳定的通说。

此外,关于票据法上的无因债务行为,通说认为具有独立性和无因性。[⑥]

(3)处分行为与民法典总则的制定和解读

在制定中国民法典民法总则的过程中,就是否应规定处分行为、无权处分以及负担行为和处分行为的区分原则,仍延续此前鲜明对立的观点:

①肯定说。2014 年我国民法典制订计划启动以后,许多学者发表文章,主张在《民法总则》中应规定处分行为的概念以及区分原则。孙宪忠提出《民法总则》的法律行为制度应采纳负担行为与处分行为的区分原则,其理由为:在权利的设立、变更、转让和处分上均贯彻意思自治原则;民商事交易中普遍存在先成立请求权,然后发生权利变动的过程,区分原则对于民商事包括知识产权交易的案件,具有普遍的指导价值和贯穿的作用;不承认区分原则,造成民事裁判规则的混乱,最典型者为无权处分规则;近期最高人民法院的司法解释

① 参见张广兴:《债法总论》,法律出版社 1997 年版,第 234 页。

② 参见崔建远:《合同法》(第二版),北京大学出版社 2013 年版,第 238 ~ 239 页。

③ 参见韩世远:《合同法总论》(第二版),法律出版社 2008 年版,第 410 ~ 412 页;朱广新:《合同法总则》(第二版),中国人民大学出版社 2012 年版,第 404 页。

④ 参见崔建远:《合同法》(第二版),北京大学出版社 2013 年版,第 239 页;韩世远:《合同法总论》(第二版),法律出版社 2008 年版,第 412 页。

⑤ 参见胡康生主编:《中华人民共和国合同法释义》(第二版),法律出版社 2009 年版,第 175 页;韩世远:《合同法总论》(第二版),法律出版社 2008 年版,第 513 ~ 514 页。

⑥ 参见谢怀栻:《票据法概论》,法律出版社 2006 年版,第 45 页;朱庆育:《民法总论》(第二版),北京大学出版社 2016 年版,第 175 ~ 176 页;陈华彬:《罗马法的 traditio、stipulatio 与私法上无因性概念的形成》,载《中国法学》2009 年第 5 期。

逐步采纳区分原则的思路。[①] 陈卫佐提出,在制定民法典的过程中,应以处分行为概念代替物权行为概念,因为后者不够精确、不够概括。他希望通过澄清处分行为的概念,解决《合同法》第51条、《物权法》第15条中的无权处分和区分原则的本意。[②] 在《民法总则(草案)》(一审稿)出台后,金可可撰文指出法律行为章若不规定处分行为,必致重大的法律漏洞,姑且勿论物权行为的独立性和无因性,物权法之外仍有大量的处分行为现象,如债权让与、债务免除、免责的债务承担等,因此建议增设"处分行为之生效,以处分人有处分权为要件"作为处分行为的一般规定。[③] 此外,还有学者提出《民法总则》应直接规定负担行为与处分行为的区分以及无权处分的效力待定的条文。[④] 但上述学者对于是否采用处分行为的无因性,未做肯定的表态。

②否定说。在制定民法典总则的过程中,梁慧星首先反对采纳负担行为与处分行为的区分原则,他认为民法典应延续《物权法》的债权形式主义物权变动模式,不采纳德国的物权行为的独立性和无因性;至于无权处分规则,应交由民法典的合同编来规定,不宜放在民法总则。[⑤] 崔建远也明确反对负担行为与处分行为的区分原则,而其理由亦未超出否定论者此前的观点。[⑥]

从立法起草过程来看,自2015年8月28日人大法工委民法室发布的"民法总则民法室室内稿"开始,在法律行为章一直未规定处分行为或处分权。但是否意味着《民法总则》中的法律行为一定排除处分行为呢?《民法总则》未直接规定处分行为,未必就是反对处分行为以及区分原则。更有可能的理解是:鉴于我国民法学界在该问题上一直存在重大争论,为稳妥起见,立法机关将此问题留给学术讨论,而避免在民法典中采取一锤定音式的规定。

---

① 参见孙宪忠:《民法典总则编"法律行为"一章学者建议稿的编写说明》,载《法学研究》2015年第6期。

② 参见陈卫佐:《处分行为理论之正本清源》,载《政治与法律》2015年第7期。

③ 参见金可可:《对草案体系等若干重大问题的修改意见》,载《东方法学》2016年第5期。

④ 参见黄泷一:《无权处分——理论实务总结与民法总则制订》,载《东方法学》2016年第6期。

⑤ 参见梁慧星:《民法总则立法的若干理论问题》,载《暨南学报》(哲学社会科学版)2016年第1期。

⑥ 参见崔建远:《处分行为理论真的那么美妙吗?——〈民法总则〉(草案)不宜采取负担行为与处分行为相区分的设计》,载《中国政法大学学报》2016年第5期。

基于民法学说的立场,笔者认为,我国《民法总则》第 133 条规定的法律行为概念应包括处分行为。除其他支持者作出的论证之外,笔者补充数端理由如下:

首先,按文义解释方法,《民法总则》第 133 条规定法律行为是“民事主体通过意思表示设立、变更、终止民事法律关系的行为”,此处的民事法律关系,应作广义理解,包括债权、物权、身份权、知识产权等民事法律关系。就其中的财产权而言,“设立”债权债务关系,可以通过债权合同,或单方法律行为(如悬赏广告)这样的负担行为发生。但是通过法律行为“设立”其他的财产权,或变更、终止财产权,必定是对既有的物权、债权、知识产权等进行直接变动,如所有权让与、用益物权或担保物权的创设、抛弃物权、变更物权内容、债权让与、债务免除、知识产权转让、知识产权质押等,这些法律行为正符合“既有的权利转移、设定负担、变更或消灭”的处分行为特征,不能否认这些客观存在的意思表示。

其次,以体系方法考察,处分行为是对既有民事权利或民事法律关系的变动,不限于物权行为,也不限于必须有原因行为(负担行为)的情形(如抛弃、解除)。即使我国部分学者基于对物权行为独立性或无因性的疑虑,反对其上位概念处分行为,但如何理解物权行为以外的、变动民事法律关系的意思表示就成为难题。处分行为的对象可以是个别权利,也可以是整体的民事法律关系,除物权法上的处分行为之外,债法上还有大量的处分行为:我国《合同法》规定的第 77 条合同变更、第 79 条债权让与、第 84 条免责的债务承担、第 88 条合同权利义务概括承受、第 105 条债务免除等;以及各种形成权的行使,①如《合同法》第 54 条的撤销权或变更权,第 93、94 的解除权,第 99 条的抵销权,第 47、48、51 条的追认权等。此外,知识产权法和商法上也涉及诸多民商事权利义务关系变动的法律行为。如果否认处分行为概念,从民法的外部体系看,上述法律行为将无处安放。作为总则性的规定,第 133 条的民事法律行为理

① 形成权的行使是处分行为,并不是因为它的行使而自身消灭,而是作为权利对象的法律关系受到影响而发生变动。形成权因行使而消灭只是权利行使的附带后果。Vgl. Maximilian Haedicke, Der bürgerlich-rechtliche Verfügungsbegriff, JuS 2001, 966; Larenz/Wolf, Allgemeiner Teil des Bürgerlichen Rechts, 9. Aufl., C. H. Beck 2004, S. 412.

当包括处分行为。

最后,从我国司法实践发展趋势看,《合同法解释(二)》第15条、《买卖合同解释》第3条基于区分原则思想,认可出卖他人之物的买卖合同,并不以处分权为必要,债权合同有效。尽管区分原则有两种理解:债权合同——物权变动的区分;负担行为——处分行为的区分,但从上文所引案例的裁判理由可见,我国法院的法官越来越倾向于采用后一对概念来理解当事人的民事法律关系。

总之,尽管《民法总则》第六章"法律行为"未作规定,但我们可以从第133条解读出处分行为的内涵。我国今后的民法学说应继续完善处分行为和区分原则的理论体系,司法实践中也可采用处分行为理论作为裁判依据。

至于处分行为与原因行为的有因、无因问题,涉及立法上的重大价值判断,《民法总则》未显示端倪,且我国通说物权变动采有因原则,暂可维持有因原则。

第一百三十四条 【民事法律行为的成立】

民事法律行为可以基于双方或者多方的意思表示一致成立，也可以基于单方的意思表示成立。

法人、非法人组织依照法律或者章程规定的议事方式和表决程序作出决议的，该决议行为成立。

一、历史由来

本条规定了民事法律行为的成立。我国现行民事法律法规没有类似规定。1955 年的"民法草案"曾模仿《苏俄民法典》第 26 条规定"法律行为是设定、变更、消灭民事权利义务关系的行为；可以是单方的，也可以是双方的。"[①] 20 世纪 80 年代的"民法草案"也曾有类似的规定。[②] 在《民法总则》制定过程中，"社科院稿"未有类似规定。"法学会稿"第 117 条规定"单方法律行为可因单方的意思表示成立。双方法律行为可因双方意思表示一致成立。共同行为可因多方意思表示相同成立。决议行为可依照法律或者章程规定的召集程序和表决方式成立"。并且第 146 条还规定决议行为的效力瑕疵。也有学者特别建议应在民事法律行为部分规定"决议"。[③]

2015 年 8 月 28 日人大法工委"民法总则民法室室内稿"第 94 条第 1 款规定："法律行为可以基于单方的意思表示成立，也可以基于双方或者多方的意思表示一致成立。"第 2 款规定："决议行为应当依照法律或者章程规定的召集

---

① 何勤华、李秀清、陈颐编：《新中国民法典草案总览》（上册），法律出版社 2003 年版，第 8、18 页。

② 参见何勤华、李秀清、陈颐编：《新中国民法典草案总览》（下册），法律出版社 2003 年版，第 377、441 页。

③ 参见王雷：《论民法中的决议行为——从农民集体决议、业主管理规约到公司决议》，载《中外法学》2015 年第 1 期；薛波：《〈民法总则〉对商事关系的包容性及表现——兼论决议行为立法问题》，载《中南大学学报》（社会科学版）2016 年第 1 期。

程序和表决规则成立。”《民法总则(草案)》(一审稿)第 113 条仅将第 2 款改为“法人、非法人组织的决议行为应当依照法律或者章程规定的程序和表决规则成立”。二审稿把第 127 条第 2 款修改为:“法人、非法人组织依照法律或者章程规定的议事方式和表决程序作出决议的,该决议行为成立。”三审稿完全接受了二审稿。

二、规范目的和规范含义

(一)规范目的

本条的立法目的有二:其一,以意思表示为标准对民事法律行为进行了分类;其二,各类民事法律行为的成立要件。

《民法总则》第 134 条采取法定方式将民事法律行为分为单方的、双方的、多方的和决议行为。大陆法系民法典总则规定民事法律行为的国家或地区,如德国、日本以及我国台湾地区等,没有集中规定民事法律行为的分类,而是分散规定单方行为、合同与决议。例如,《德国民法典》第 111、180 条关于单方行为的特殊规定,第 145 ~ 157 条规定合同,第 28、32 条规定社团法人董事会和社员大会决议。但是,《阿根廷共和国民法典》第 946 条规定单方和双方法律行为的分类。无论是否集中规定,各国民法学理上一般都会总结民事法律行为的分类。

本条一方面有利于人们对于民事法律行为的理解和认识,另一方面明确各类民事法律行为的成立要件不同。

第一,单方民事法律行为基于一方的意思表示即可成立。该意思表示可能没有相对的受领人,例如抛弃动产所有权;也可能有相对的受领人,例如解除。抛弃不动产所有权则是对于不动产登记机关的单方意思表示。①

第二,双方民事法律行为即合同或契约,须有双方一致的意思表示(要约和承诺)才能成立民事法律行为。

第三,多方民事法律行为是多项意思表示成立的民事法律行为,如两个以

① Harry Westermann/Peter Westermann/Gursky/Eickmann, Sachenrecht, 7. Aufl., C. F. Müller, 1998, S. 667.

上合伙人订立的合伙合同。[①] 多方民事法律行为是否具有独立性存在争议，下文详述。

第四，决议行为是社团的成员平行地作出内容一致的意思表示，借此形成其内在的意思或决定。[②]

（二）规范含义

1. 民事法律行为的分类理论

本条根据意思表示的主体数量对民事法律行为进行分类。关于单方行为和双方行为（合同或契约）的区分理论上没有争议。但对于多方法律行为和决议行为存在不同认识。

梅迪库斯认为多方法律行为是基于多项意思表示成立的法律行为，如两个以上合伙人订立的合伙合同或一方当事人为多数的合同，例如出租人将房屋出租给一对夫妇（两个承租人）。[③] 布洛克斯将法律行为分为单方法律行为与多方法律行为，后者包括合同、共同行为（Gesamtakt）和决议。[④]

梁慧星将法律行为分为单方、双方、多方行为和决议，多方行为是同一内容的多个意思表示一致成立的行为，且意思表示平行，如社团法人的设立行为，传统民法术语又称“合同行为”。[⑤] 决议与多方行为的区别在于，其对未表示同意的当事人也发生拘束力。[⑥] 韩世远也采同样分类，但将决议行为也包括在多方行为之中。[⑦]

---

① 参见［德］迪特尔·梅迪库斯：《德国民法总论》，邵建东译，法律出版社 2000 年版，第 166 页。

② 参见［德］迪特尔·梅迪库斯：《德国民法总论》，邵建东译，法律出版社 2000 年版，第 167 页。

③ 参见［德］迪特尔·梅迪库斯：《德国民法总论》，邵建东译，法律出版社 2000 年版，第 166 页。

④ 参见［德］布洛克斯、瓦尔克：《德国民法总论》，张艳译，中国人民大学出版社 2012 年版，第 76 页。相同分类观点参见朱庆育：《民法总论》（第二版），北京大学出版社 2016 年版，第 136 ~ 137 页。

⑤ 须注意，史尚宽和我国台湾民法学者一般将“共同行为”称为“合同行为”（参见史尚宽：《民法总论》，中国政法大学出版社 2000 年版，第 310 页）。不可望文生义，将其与我国大陆民法上的合同行为等同。

⑥ 参见梁慧星：《民法总论》（第四版），法律出版社 2011 年版，第 163 页。

⑦ 参见崔建远等：《民法总论》，清华大学出版社 2010 年版，韩世远执笔部分，第 34 页。

王利明将法律行为分为单方、双方和共同法律行为。共同法律行为是指基于两个或两个以上共同的意思表示而成立的法律行为,例如设立公司的章程行为、合伙合同、决议。共同行为与双方行为的区别在于,其一,共同行为的当事人追求的利益是共同的,而双方行为的当事人利益对立;其二,共同行为须遵循一定的程序如公司章程。①

由以上引述可知,广义上的“多方法律行为”可作为合同、共同行为、决议等多数人参加的法律行为的上位概念,与单方行为相对而言。但其外延广泛,需进一步考察具体所指为何。而本条所称“多方的意思表示一致成立”法律行为,与单方、双方、决议行为并列,既非决议,亦非合同,似乎仅剩“共同行为”。

德国民法学理上定义的共同行为是指至少两人作出的一致的、具有相同指向的意思表示。合同中的意思表示是相互作出的、交换的意思表示,而共同行为是并行作出的意思表示,例如夫妻二人共同终止房屋租赁合同。② 如此意义上的共同行为本质上是多人作出的内容相同、平行的单方意思表示,因此还是属于单方法律行为,再如,父母对于未成年人子女实施的法律行为共同作出同意的表示,属于遗产的债权仅得由全体继承人共同处分(如抵销)。③ 可见,此种意义上的共同行为只是单方行为的一种特殊形态,没有独立存在的价值。

我国学者所说的共同行为包括设立公司的行为、合伙合同、决议、业主规约、婚姻缔结行为、共同遗嘱等,过于宽泛。本条第 2 款已将决议作为独立的法律行为种类,不应包括在共同行为之下。因此须讨论的是,除决议之外的其他共同行为究竟如何理解。

首先,就身份法上的法律行为,韩长印认为“结婚行为乃是男女双方以创设一个婚姻共同体,并共同生活为目的而实施的法律行为,其意思表示内容相同,方向相同且平行,基本符合共同行为的特征”。④ 但我国婚姻法学界一般

① 参见王利明:《民法总论》(第二版),中国人民大学出版社 2015 年版,第 229 页。

② 参见[德]布洛克斯、瓦尔克:《德国民法总论》,张艳译,中国人民大学出版社 2012 年版,第 76 页。

③ Larenz/Wolf, Allgemeiner Teil des Bürgerlichen Rechts, 9. Aufl., C. H. Beck, 2004, S. 404.

④ 参见韩长印:《共同法律行为理论的初步构建——以公司设立为分析对象》,载《中国法学》2009 年第 3 期。

认为,大陆法系各国都将结婚行为视为一种契约行为。[①]《合同法》第2条第2款规定"婚姻、收养、监护等有关身份关系的协议,适用其他法律的规定"。可见,婚姻是合同,只不过不适用《合同法》而已。至于共同遗嘱,我国立法上未有明确规定,参考德国民法学理通说,共同遗嘱不是合同,而是一种特殊的遗嘱形式,且是一种(例如夫妻)二人"重叠的单方终意处分行为"。[②] 换言之,遗嘱本身是单方处分行为,而夫妻共同遗嘱只不过意思表示的行为人是两人。

其次,合伙协议、设立公司的协议、制定公司章程,我国学者有认为是共同行为,有认为是决议行为。[③] 但是大陆法系国家民法典一般将合伙规定在债法分则(各种合同)之中。笔者认为这些协议仍属于合同。合同一般是双方意思表示的内容完全合致,即当事人的合意。合同至少有两人参加,但也可以有两个以上的数人参加缔结合同。拉伦茨称之为"多人参加的合同",例如合伙合同、设立公司的合同(包括制定章程行为[④])、夫妻双方共同签订的租赁房屋合同或借款合同、多方当事人签订的债务承担合同等。尽管这些合同的参与人数增加,但合同的"合意"本质并未改变。[⑤] 由上可见,"多人参加的合同"既维持了合伙或设立公司协议的合同本质,又能解释多人参加到合同一方的现象,具有更强的解释力,而且也无须再增加法律行为的分类(多方行为或共同行为)。

因此,本条规定多方法律行为完全没有必要,学者们认为属于多方行为或共同行为所包括的具体情形可作如下分解:(1)数人实施的单方行为仍是单方行为(狭义共同行为);(2)两人以上实施的合同行为,仍以合意为本质,不改变其合同性质;(3)身份法上的结婚行为是合同,共同遗嘱是单方处分行为;(4)社团决议、业主规约等属于决议行为。

---

① 参见余延满:《亲属法原论》,法律出版社2007年版,第135页。

② Staudinger Kommentar zum BGB/ Rainer Kanzleiter, 2014, Vorbemerkungen zu §§ 2265 ff., Rn. 12.

③ 关于设立公司行为是共同行为(除一人公司外)的观点,参见施天涛:《公司法论》(第二版),法律出版社2011年版,第82页。关于设立公司公司制定章程的决议行为说,参见吴飞飞:《论公司章程的决议属性及其效力认定规则》,载《法制与社会发展》2016年第1期。

④ Vgl. Detlef Leenen, BGB Allgemeiner Teil: Rechtsgeschäftslehre, De Gruyter 2011, S. 32.

⑤ Vgl. Larenz/Wolf, Allgemeiner Teil des Bürgerlichen Rechts, 9. Aufl., C. H. Beck, 2004, S. 406.

本条第2款规定的决议行为的性质也有争议,可归纳观点如下:

首先,决议行为是多方行为。① 如上所述,多方法律行为本身所指宽泛,没有独立存在的必要,且说明不了决议的本质特征。

其次,决议行为是共同行为。② 韩长印认为"共同行为是由同一方向平行的两个以上意思表示一致而成立的行为"。据此,股东会的决议行为是股东在股东大会上遵循表决程序而实施的行为,股东的表决行为是公司法上最典型的共同行为。③ 但何为"共同行为"本身理解不同,如德国法上狭义的共同行为只是单方行为之一种,显然不符合决议行为的特点;而"广义的共同行为说"包含内容太杂,完全可以被分解为其他种类的法律行为,没有独立的价值。因此,决议行为不应属于共同行为。④

再次,决议非法律行为,而是社团意思的形成行为。陈醇认为:"决议是意思形成的制度,而法律行为应当是意思表示制度,二者之间存在重大区别,决议不应当适用法律行为理论。"⑤徐银波博士认为,决议行为根本就不是法律行为,系社团依赖其意思机关形成社团意思的行为。其理由略为:决议行为并不能依当事人意思直接产生权利义务关系,社团并不能依据决议诉请参与表决者履行义务,更不能据此与相对人形成权利义务关系。当社团意欲对外作出交易或选聘机关成员等时,作出决议仅系法律行为之效果意思形成阶段,尚需通过执行机关的表示行为表示于外,方构成意思表示。⑥ 上述论者,主要引用德国民法学者的著述作为观点出处,但有断章取义之嫌。事实上,在德国民法文献中,决议导致社团意思的内部形成只是被作为决议的功能,但不能否定

① 参见崔建远等:《民法总论》,清华大学出版社2010年版,韩世远执笔部分,第34页。

② 参见谢怀栻阐述共同行为时,仅举决议的示例,可见其基本赞同此说。谢怀栻:《民法总则讲要》,北京大学出版社2007年版,第131页。

③ 参见韩长印:《共同法律行为理论的初步构建——以公司设立为分析对象》,载《中国法学》2009年第3期。

④ 其他关于共同行为和决议的对比分析,参见朱庆育:《民法总论》(第二版),北京大学出版社2016年版,第137页;王雷:《论民法中的决议行为——从农民集体决议、业主管理规约到公司决议》,载《中外法学》2015年第1期;吴飞飞:《决议行为归属与团体法"私法评价体系"构建研究》,载《政治与法律》2016年第6期。

⑤ 陈醇:《意思形成与意思表示的区别:决议的独立性初探》,载《比较法研究》2008年第6期。

⑥ 参见徐银波:《决议行为效力规则之构造》,载《法学研究》2015年第4期。

决议本身是成员作出的意思表示。[①] 此外,叶林认为公司的决议行为是“多种行为的结合体,既有股东意思和表示,也有公司意思的形成,是个体股东在决议事项上形成的偶然结合”,因此不能用法律行为来理解公司决议。[②] 但他同时以股东向公司或董事会进行的意思表示来理解决议,因而还是脱离不了法律行为的观念。

最后,民法学的通说认为决议是一类独立的法律行为。与数人实施的单方行为(狭义共同行为)相比,团体的成员即使有反对意见,但通过多数决仍然能够达成决议约束全体成员,而共同行为则必须是行为人一致同意才能进行。[③] 与合同相比,合同双方的意思表示虽然追求同一法律效果,但内容并不相同,例如一方说“我想买”,另一方说“我想卖”;而决议的意思表示内容则是完全相同,例如就收益分配方案或解聘董事,参与投票成员就“是”或“否”进行投票。[④] 此外,决议的特点还有:意思表示是向团体或其机关(如董事会)作出,法律效果是形成团体的内部意思,而不是与团体外的第三人达成合意。[⑤]

综上,关于法律行为的分类,应采取简明而透彻的方式分为:单方行为、合同和决议。其中,单方行为与合同行为允许数人参加,但不改变其行为本质。

2. 单方法律行为

单方法律行为是行为人一方的意思表示即可发生法律效果的行为。单方法律行为区分为有相对受领人和无相对受领人的意思表示。在前者需要意思表示到达相对人才能生效,例如代理权授予、同意处分,以及解除、撤销、抵销等形成权的行使行为。《民法总则》第 137 条第 2 款规定非对话方式作出的意思表示到达相对人生效,该规则适用于单方行为。而在后者,无须意思表示到达即可生效,例如动产所有权抛弃、遗嘱等。

---

① Vgl. Larenz/Wolf, Allgemeiner Teil des Bürgerlichen Rechts, 9. Aufl., C. H. Beck, 2004, S. 407. Heinz Hübner, Allgemeiner Teil des Bürgerlichen Gesetzbuches, Walter de Gruyter 1985, S. 268.

② 参见叶林:《股东会会议决议形成制度》,载《法学杂志》2011 年第 10 期。

③ Vgl. Larenz/Wolf, Allgemeiner Teil des Bürgerlichen Rechts, 9. Aufl., C. H. Beck, 2004, S. 408. 朱庆育:《民法总论》(第二版),北京大学出版社 2016 年版,第 137 页。

④ Vgl. Larenz/Wolf, Allgemeiner Teil des Bürgerlichen Rechts, 9. Aufl., C. H. Beck, 2004, S. 407.

⑤ Vgl. Larenz/Wolf, Allgemeiner Teil des Bürgerlichen Rechts, 9. Aufl., C. H. Beck, 2004, S. 407 f..

单方法律行为可以作为辅助行为。例如,《民法总则》第171条第1款规定本人对于无权代理人实施的法律行为进行“追认”可使代理行为有效(《合同法》第48条)。《民法总则》第19、22、145条规定限制行为能力人不能独立实施的法律行为,由法定代理人“同意”或“追认”(《合同法》第47条),以及《合同法》第51条权利人对于他人所为之无权处分行为的“追认”,都是补足基本法律行为的效力。

悬赏广告是否属于单方法律行为存在争议。契约说认为悬赏广告是对于不特定人之要约,相对人依指定行为之完成额有承诺之意思实现,因而成立契约,相对人享有报酬请求权。契约说要求行为人须知有悬赏广告之存在,而且对此有承诺之意思,完成指定行为。单方行为说认为,悬赏广告是对于不特定之人的债务允诺,相对人只要完成指定行为,广告人即负有支付报酬义务,不须相对人承诺。[①] 德国民法通说认为悬赏广告为单方的意思表示,无需达到和承诺即发生效力,采单方行为说。[②] 日本民法以及我国台湾地区“民法典”将其规定在契约通则。《合同法解释(二)》第3条第一句规定:“悬赏人以公开方式声明对完成一定行为的人支付报酬,完成特定行为的人请求悬赏人支付报酬的,人民法院依法予以支持。”据司法解释起草人解释,此处规定采契约说。具体而言,悬赏人发布广告是对不特定人的要约,行为人完成指定行为是承诺且不以行为人知道有悬赏广告为必要。对于无行为能力人完成行为的,可以由法定代理人追认其承诺。[③] 此外,按契约说,承诺成立前,要约可以撤回,我国《合同法》已有规定,因此悬赏广告在指定行为完成前可以撤回。但如果行为已经完成,悬赏广告已生效,不得撤回。如果欲撤销悬赏广告,将构成

① 参见史尚宽:《债法总论》,中国政法大学出版社2000年版,第33页。

② Vgl. Palandt Bürgerliches Gesetzbuch Kommentar/Sprau, 70. Aufl., C. H. Beck, 2011, § 657, Rn. 1.

③ 参见最高人民法院研究室编:《最高人民法院关于合同司法解释(二)理解与适用》,人民法院出版社2009年版,第43~44页。

违约行为。[①] 实际上,我国法院司法实务中也早已采纳契约说作为裁判依据。[②] 近期又有学者主张悬赏广告为单方法律行为。[③] 但制定民法典《民法总则》的过程中梁慧星也主张契约说。[④]

其实,无论悬赏广告采何种性质学说,均须考虑其不同于一般的要约和承诺之特性,即要约向不特定人发出、完成指定行为视为承诺、承诺人可能不知悬赏广告、无行为能力人可否独自完成行为而承诺、悬赏广告何时可撤回等。因此,立法者应根据这些特性具体设计悬赏广告制度,而性质之争是次要问题。

债务免除是否为单方行为也有争议。大陆法系许多国家民法典将债务免除规定为契约。对《合同法》第 105 条进行文义解释和立法目的解释可知,我国采单方行为说。[⑤] 民法学者一般也认为免除系债权人自由处分(抛弃)债权的行为,无需债务人的同意。[⑥] 但张谷认为,有些债权不得抛弃,如亲属间对于未来生活费请求权、工人的工资请求权都不可放弃,亦不得单方免除;再者,若允许单方免除债务,则债权人可独自改变债务人的利益状态,债务人即使不愿受领此利益,也得被迫接受。因此,基于债务人的人格尊严考虑,对于债务免除应采契约说。[⑦] 后说可供参考。

《民法总则》没有设置关于单方法律行为法律效果的特殊规定,对其应适用法律行为和意思表示的一般规定。据此,《民法总则》关于意思表示生效、形式、解释的规定,法律行为的效力、行为能力以及意思瑕疵等规则均可适用于

---

① 参见最高人民法院研究室编:《最高人民法院关于合同司法解释(二)理解与适用》,人民法院出版社 2009 年版,第 44 页。

② 参见李珉诉朱晋华、李绍华悬赏广告酬金纠纷上诉案,载《中华人民共和国最高人民法院公报》1995 年第 2 期,第 68 页。另参见葛云松:《李珉诉朱晋华、李绍华悬赏广告酬金纠纷案评析》,载《北大法律评论》(第 1 辑),法律出版社 1998 年版,第 251～279 页。

③ 参见许中缘:《论民法中单方法律行为的体系化调整》,载《法学》2014 年第 7 期。

④ 参见梁慧星:《〈中华人民共和国民法总则(草案)〉:解读、评论和修改建议》,载《华东政法大学学报》2016 年第 5 期。

⑤ 参见胡康生主编:《中华人民共和国合同法释义》(第二版),法律出版社 2009 年版,第 175 页。

⑥ 参见崔建远:《合同法》(第二版),北京大学出版社 2013 年版,第 313 页;韩世远:《合同法总论》(第二版),法律出版社 2008 年版,第 512 页。

⑦ 参见张谷:《论债务免除的性质》,载《法律科学》2003 年第 2 期。

单方法律行为。

3. 合同

合同又称契约,在大陆法系一般是从意思表示角度进行定义,即两个以上对立的意思表示合致。与其他法律行为相比,合同的特点如下:其一,合同是两个以上的意思表示一致,区别于单方行为,后者仅有一个意思表示;其二,两个以上的意思表示须对立的合致,①即意思表示相互的交换,这与数人并行地作出意思表示不同,后者乃共同行为,如夫妻二人共同终止租赁合同;其三,合同当事人相对立,在于彼此利害相反之地位而为意思表示。②

因合同经常由双方当事人订立,人们在习惯上又称合同为双方法律行为。《民法总则》第134条也规定双方法律行为,而未采用“合同”。实际上,合同完全有可能是多方订立,例如,合伙合同、设立公司合同,合伙人或投资人可能两人以上;此外,还有可能是合同一方出现多数当事人,例如夫妻共同签订借款合同,从而产生多数人之债问题。我国《合同法》第2条将合同定义为“平等主体的自然人、法人、其他组织之间设立、变更、终止民事权利义务关系的协议”。订立“协议”者并不限于两人或双方。总之,合同也可能是本条所称“多方法律行为”,由此再次印证,多方法律行为内涵并不确定,没有必要独立规定。

我国民法上的合同是否限于债权债务合同存在争议。根据《民法通则》第85条定义,“合同是当事人之间设立、变更、终止民事关系的协议”。《合同法》(草案)第2条曾规定合同是“设立、变更、终止债权债务关系的协议”,但鉴于草案审议过程中对于“债权债务关系”有不同意见,容易引起不同理解,于是修改为合同是“设立、变更、终止民事权利义务关系的协议”。③ 同时第2条增加第2款“婚姻、收养、监护等身份关系适用其他法律”。

由以上立法过程以及《合同法》第2条的文义可以有两点推论:其一,我国民法区分财产法和身份法上的合同,二者适用不同法律;其二,财产法上的合

① 参见郑玉波、陈荣隆:《民法债编总论》,中国政法大学出版社2004年版,第23页。

② 参见史尚宽:《民法总论》,中国政法大学出版社2000年版,第310页。

③ 全国人大常委会法制工作委员会民法室编:《〈中华人民共和国合同法〉及其重要草稿介绍》,法律出版社2000年版,第224页。

同概念不限于“债权债务合同”,物权法上存在直接导致物权变动的合意,即为“物权合同”,属于处分行为的一种。至于其他财产法领域,如知识产权、商法上存在意思表示一致的法律行为,都可称为“合同”,如果是直接导致既有权利得丧变更的合同就是处分行为。

本条规定的“双方”法律行为是指合同,“多方”法律行为里包括合同。因其处于总则的位置,故而此处的合同包括财产法上和身份法上的合同,以及作为负担行为的合同和处分行为的合同。其意义在于,如果各该合同领域没有特别规定,《民法总则》第六章民事法律行为和意思表示的规则,都可适用于这些合同之上。

《民法总则》未在第六章“民事法律行为”设置合同的一般规定。关于合同的订立(要约—承诺)、合同的形式、合同的履行、合同的变更和转让、合同的消灭以及具体债权合同类型,均须参考《合同法》的规定。

《合同法》关于合同效力的规定,与《民法总则》第六章第三节“民事法律行为的效力”有大量重合或相互补充,这给我国的司法实务部门具体适用法律,以及立法机关制定中国民法典的“债法编”都提出了问题和挑战。

4. 决议

本条第 2 款规定:“法人、非法人组织依照法律或者章程规定的议事方式和表决程序作出决议的,该决议行为成立。”据此分析决议行为的特点和具体内容如下:

第一,法律规定“法人、非法人组织”表明决议多存在于团体法上,与个人法上的单方行为或合同调整个人主体之间的关系不同,决议调整的是团体内部关系,它确立各个参与人的行为规则,并向依据章程作出决议之人发出指令等。[①] 决议的功能在于形成团体的内部意思或作出某项决定。团体或全体参与人可能基于决议而决定与第三人发生法律关系,例如有限责任公司股东会决议某项投资计划(《公司法》第 37 条),或按份共有人决议处分共有财产(《物权法》第 97 条),但该团体或全体参与人与第三人发生的法律行为,不属

① Vgl. Larenz/Wolf, Allgemeiner Teil des Bürgerlichen Rechts, 9. Aufl., C. H. Beck, 2004, S. 407.

于决议行为本身。①

第二,决议一般发生于"法人、非法人组织"等团体中。关于法人的决议行为,如无特别规定,应适用《民法总则》的一般性规定,包括《民法总则》第69条第2项规定法人的权力机构可决议法人解散;第80、81条规定营利法人的权力机构和执行机构的权力范围包括可决议的事项;第85条规定营利法人机关决议可撤销事由;第106条规定出资人或者设立人可决定解散非法人组织。

调整各类法人和非法人组织的特别法律法规,关于决议行为有具体规定者,应优先适用,例如《物权法》第59、63条第2款规定集体经济组织或村民委员会的决议,第76、78条规定建筑物区分所有权的业主大会或业主委员会的决议;《公司法》第22条一般规定公司股东会或股东大会、董事会决议违法而无效,第37、43、46、48条规定有限责任公司的股东会和董事会决议,第90、99、103、104、111条规定股份有限公司创设大会、股东大会和董事会的决议,第121条规定上市公司股东大会特别决议事项,第180条规定公司因股东会或股东大会决议解散;《合伙企业法》第30、31条规定合伙人的决议,第49条规定全体决议除名合伙人,第85条规定全体合伙人决议解散合伙;《基金会管理条例》第21条规定理事会的决议程序和事项;等等。

此外,在非组织形态的物权共有关系中,共有人的内部关系也适用决议,如《物权法》第97条。就其他财产形成准共有关系(如债权共有、知识产权共有)的共有财产管理和处分,也应类推适用上述规定,按决议处理。

第三,决议的作出必须依据依照法律或者章程规定的议事方式和表决程序。议事方式是法人或非法人组织的全体成员或有表决权的成员讨论表决事项的方式(如会议或书面);表决程序包括出席会议人数、表决人投票方式、多数决的计算、表决权的代理或信托、会议记录、表决人签名等。法律一般就较为重要的事项特别规定议事方式和表决程序,例如,《物权法》第76条第2款规定建筑物区分所有权业主决定重要事项,"应当经专有部分占建筑物总面积

① 《民法总则》第85条规定营利法人的决议可被撤销,但是营利法人依据该决议与善意相对人形成的民事法律关系不受影响。由此可见,立法者把决议与法人依据决议的外部行为区分开来。

三分之二以上的业主且占总人数三分之二以上的业主同意”。《公司法》第 43 条第 2 款规定有限责任公司股东会修改章程、增加或减少注册资本、公司合并、分立、解散或变更公司形式等决议，须经代表三分之二以上表决权的股东通过。《基金会管理条例》第 21 条规定理事会是基金会的决策机构，重要事项的决议，须经出席理事表决，三分之二以上通过方为有效。此外，章程是法人或非法人组织的自治规范，在不违反法律的前提下，议事方式和表决程序可依章程的规定。

第四，决议的瑕疵及法律效果。决议是一种法律行为，法律行为的瑕疵和效力形态一般也可以适用于决议，但由于决议的团体法特性，其瑕疵原因和法律效果与一般法律行为不完全一样。例如，合同的成立和生效必需全体合同当事人的意思表示一致且真实，但决议的表决人部分不同意，表决股东没有签字或缺席，甚至部分表决人的签名被造假，只要不影响通过决议的人数比例，就不影响决议的整体有效性。①

《民法总则》只在第 85 条规定营利法人的权力机构、执行机构的决议因程序违法或违反章程，或决议内容违反章程，出资人可以请求人民法院予以撤销。相比而言，《公司法》第 22 条较为完善，规定公司股东会或者股东大会、董事会的决议内容违反法律、行政法规的无效；以及会议召集程序、表决方式违反法律、行政法规或者公司章程，或者决议内容违反公司章程的，股东可以请求人民法院撤销。此外，《物权法》第 63 条第 2 款、第 78 条第 2 款规定集体经济组织、业主大会或业主委员会的决议侵害其成员利益的，可请求撤销。由上可见，我国现行法上将决议瑕疵的效力分为可撤销和无效两种情形（即所谓“二分法”）。从法律思想上来看，如果决议瑕疵只涉及成员的个人利益，可由其自由决定是否撤销；如果决议瑕疵超出章程自治及个人权利，决议内容违反法律法规，损及债权人利益或公共利益，则应宣告其无效。②

---

① 我国司法实务界和理论界均有支持的观点。参见林燕贞：《有瑕疵的股东会决议也可以有效》，载《人民司法》2015 年第 12 期；王雷：《公司决议行为瑕疵制度的解释与完善——兼评公司法司法解释四（征求意见稿）第 4—9 条规定》，载《清华法学》2016 年第 5 期。

② 参见丁勇：《公司决议瑕疵诉讼制度若干问题反思及立法完善》，载《证券法苑》2014 年第 11 卷。

上述决议瑕疵效力的“二分法”是建立在决议已经成立的基础上的,但理论界和实务界均质疑:如果决议根本不存在,例如未经召开会议作出“决议”、出席人员不足法定要求、伪造成员签名且未被追认等情形,根本没有决议成立。因此建议以决议的不成立、可撤销、无效“三分法”代替“二分法”。① 实际上我国司法实践中,早已有公司决议不成立的判决。② 在民法总则制定过程中,也有学者建议对于所有的决议行为的瑕疵采用法律效果的“三分法”。③

第五,有效的决议约束全部团体成员或表决人。合同的约束力只能对于同意订立合同的当事人发生效果,但决议只要符合议事规则和表决程序合法地作出,就能够约束全体成员,甚至反对决议的成员,或未参加作出表决的成员,只要其人数不影响“多数决”原则即可。对于决议的这种效力,学者们从团体自治、决议的公共管理属性、民主决策、正当程序原则等来论证其合理性。④ 但无论如何这种“少多服从多数”的结果,必须以司法审查作为确保公正的底线。因此,如果决议的内容侵害部分成员或表决人的权利,则可以请求法院予以撤销(《物权法》第 63 条第 2 款、第 78 条第 2 款),同时法律也赋予成员退出权(如退伙、股份回购、分割共有物),以平衡团体法对于个人过度的干预。

---

① 参见钱玉林:《股东大会决议瑕疵的救济》,载《现代法学》2005 年第 3 期;李建伟:《论公司决议可撤销的适用事由——基于司法适用立场的立法解释》,载《浙江社会科学》2009 年第 8 期;丁勇:《公司决议瑕疵诉讼制度若干问题反思及立法完善》,载《证券法苑》2014 年第 11 期;徐银波:《决议行为效力规则之构造》,载《法学研究》2015 年第 4 期;李春鹏:《伪造股东签名对股东会决议影响的法理分析》,载《人民司法》2012 年第 18 期。

② 《张艳娟诉江苏万华工贸发展有限公司、万华、吴亮亮、毛建伟股东权纠纷案》,载《中华人民共和国最高人民法院公报》2007 年第 9 期。

③ 薛波:《〈民法总则〉对商事关系的包容性及表现——兼论决议行为立法问题》,载《中南大学学报》(社会科学版)2016 年第 1 期。

④ 参见陈醇:《意思形成与意思表示的区别:决议的独立性初探》,载《比较法研究》2008 年第 6 期;徐银波:《决议行为效力规则之构造》,载《法学研究》2015 年第 4 期;王雷:《我国民法典编纂中的团体法思维》,载《政治与法律》2015 年第 4 期。

第一百三十五条 【民事法律行为的形式】

民事法律行为可以采用书面形式、口头形式或者其他形式；法律、行政法规规定或者当事人约定采用特定形式的，应当采用特定形式。

一、历史由来

《民法通则》第56条规定："民事法律行为可以采用书面形式、口头形式或者其他形式。法律规定用特定形式的，应当依照法律规定。"

《合同法》第10条规定："当事人订立合同，有书面形式、口头形式和其他形式。""法律、行政法规规定采用书面形式的，应当采用书面形式。当事人约定采用书面形式的，应当采用书面形式。"与《民法通则》保持一致，采取形式自由原则。[①] 此外，《合同法》第32、33、36条还对合同书形式、确认书形式，以及未采取书面形式而实际履行合同义务的后果作出了规定。

本条延续上述形式自由的规定，全国人大法工委民法室2015年8月28日发布的"民法总则民法室室内稿"第95条即提出了本条的规定。《民法总则（草案）》一审稿、二审稿、三审稿均未有变化。但该规定与之前的法律均有一个重大不同，即法律行为未采用法定或约定的特定形式的，法律效果如何不明确（法律行为不成立，抑或无效）。

在制定《民法总则》的过程中，"法学会稿"第120条规定法律行为未采取法定或约定的形式，"推定法律行为未成立"。它明确了法律行为未采取特定形式的效果，可惜立法机关未能采纳。

① 参见张谷、王爽：《〈合同法〉：合同和合同书》，载《北京科技大学学报》（社会科学版）1999年第4期；韩世远：《合同法总论》（第二版），法律出版社2008年版，第100页。

二、规范目的和规范含义

(一)规范目的

本条的规范目的有二:其一,本条前句明确了民事法律行为的形式包括书面、口头和其他形式,言下之意,我国民法采取形式自由原则;其二,本条后句明确了法律对于民事法律行为如有形式要求,应采取特定形式;此外,当事人也可约定采取特定形式。但遗憾的是,后句对于违反法定形式和约定形式不作区分,且违反的后果都不明确。只能结合《合同法》的规定,以及相关的民法原理进行理解。

(二)法律行为形式的种类

基于私法自治的精神,本条规定法律行为采形式自由原则,例外地依法律或约定采用特定形式。根据本条前句,民事法律行为的主要形式包括书面形式、口头形式或者其他形式。

1. 书面形式

(1)书面形式的意义和种类

书面形式是指以文字表现为内容而成立的法律行为。书面形式的功能在于:其一,确保法律行为当事人的意思表示清楚而无疑义,避免将来可能的争议;其二,书面文书具有证明效力,可以推定其内容的正确性和完整性;其三,通过书面可以慎重考虑法律行为,避免仓促决定。①

我国《合同法》第11条关于书面形式有法定解释:“书面形式是指合同书、信件和数据电文(包括电报、电传、传真、电子数据交换和电子邮件)等可以有形地表现所载内容的形式。”

合同书是指记载有当事人合意的合同内容并被签名盖章的文书。合同书中的文字记载须符合如下要求:其一,须有文字表现出的凭据,可以手写、打印或印刷的;其二,文字凭据载有合同的权利义务;其三,须有当事人或代理人的签字或盖章,或有其他证明文字凭据真实性的标记。②

① Larenz/Wolf, Allgemeiner Teil des Bürgerlichen Rechts, 9. Aufl., C. H. Beck, 2004, S. 491.

② 参见韩世远:《合同法总论》(第二版),法律出版社2008年版,第101页。

信件是当事人缔约过程中的书信往来，虽然当事人未签订合同书，但信件就合同内容达成合意，仍可认定合同成立。[①] 信件虽然本身是纸质的书面文字载体，但严格来说并非合同的书面形式，只是其内容记载合同双方的权利义务关系，可作为合同或法律行为证明的依据。

数据电文是以电子、光学、磁或者类似手段生成、发送、接收或者储存的信息，这些手段包括但不限于电子数据交换(EDI)、电子邮件、电报、电传或传真(参见《电子签名法》第2条，联合国国际贸易法委员会《电子商务示范法》第2条)。数据电文被我国法律认可为一种特殊的书面形式，《电子签名法》第4条规定"数据电文能够有形地表现所载内容，并可以随时调取查用的数据电文，视为符合法律、法规要求的书面形式"。《合同法》第16条和第26条分别对数据电文形式的要约和承诺作出了规定。[②] 我国司法实践也认可电子合同。[③]

传统的数据电文形式是电报、电传和传真，随着信息技术革命和网络时代的到来，电子邮件和电子数据交换成为主要的数据电文。电子邮件是通过电子计算机系统以及国际互联网传递的电子信息。电子数据交换是指电子计算机之间使用某种商定标准来规定信息结构的信息电子传输(参见《电子商务示范法》第2条)。电子邮件和电子数据交换使现代社会的办公实现无纸化，具有快捷、经济、高效等优点。但也存在电子数据的发出和到达等方面的证明困难。对此，各国一般通过电子签名和认证技术来解决。我国《电子签名法》第2条第一款定义电子签名"是指数据电文中以电子形式所含、所附用于识别签名人身份并表明签名人认可其中内容的数据"。电子签名技术使数据电文的来源得到确认，《电子签名法》第14条规定："可靠的电子签名与手写签名或者盖章具有同等的法律效力。"

---

① 参见韩世远：《合同法总论》(第二版)，法律出版社2008年版，第101页。

② 关于网络中电子意思表示的分析参见周洪政：《网络时代电子要约和承诺的特殊法律问题研究》，载《清华法学》2012年第4期。

③ 例如航空客运合同以电子客票形式成立无需纸质书面合同形式。在上海市第一中级人民法院(2009)沪一中民一(民)终字第3175号民事判决书中，法院认为"电子客票作为传统纸质客票的电子替代产品，其特点在于仅以电子数据形式体现，并无物质载体。电子客票的出票于网络数字环境下完成，旅客购票后只需提供电子客票记载的个人信息即可在机场办理登机手续，无需出示实体机票"。

数据电文形式是否应属于书面形式,理论上存在争议。有学者指出,传统的意思表示形式分为三类:书面、口头和行为形式。在书面形式中,文字信息符号(包括文字、字母、数字、图形等文本符号)由纸张等有形载体承载;在口头形式中,口头语言信息符号由声音承载;在行为形式中,行为语言信息符号由积极的或消极的肢体动作承载(如点头或摇头)。三种传统载体基于不同物理属性,分别承载三种信息符号。数据电文是对信息的代码化描述,由数字进位制符号组成,人不能直接感知,而只能借助计算设备将数字进位制符号转换为人读符号后感知,这些符号包括文字、口头语言、行为语言以及视频多类型信息符号。由此,信息符号与其载体(电子信息)不是一一对应的关系。换言之,文字、语音和行为都可以数据电文承载,因此,数据电文意思表示不属于上述任何一种形式,应构成独立的意思表示形式,与书面形式并列。[①] 因此,《合同法》第 11 条将数据电文归入书面形式在逻辑上并不合理。我国其他部门法已经将数据电文与书面形式并列,例如《商标法》第 22 条第 3 款规定商标注册申请文件可以书面方式或数据电文方式提出;《民事诉讼法》第 63 条将书证与电子证据并列。鉴于法律统一化的需要,以及数据电文的特殊性,可以考虑将来规定数据电文是一种独立形态的意思表示或法律行为形式。

(2)合同书的签字或盖章

《合同法》第 32 条规定,以合同书形式订立合同须由当事人签字或盖章才能成立。签字或盖章也是书面形式的内容,其意义在于确定合同的成立、识别当事人(包括本人或代理人)、明确合同签订地(《合同法》第 35 条、《合同法解释(二)》第 4 条)等。我国现行民法对于签章并无具体规定要求。从证据的角度考虑,签名的一般要求是:应由当事人本人亲手签名;签名应在合同文书的最后,如在签名之后补充的文书内容,则应在补充内容之后重新签名;代理人应当同时签写自己和被代理人的名字;[②]应当签写全名、真实姓名。此外,根据我国司法实践认可的习惯,当事人在合同书上捺手印,具有与签字或者盖章同等的法律效力(《合同法解释(二)》第 5 条)。

---

① 参见于海防:《论数据电文意思表示形式问题的体系化解决》,载《法学》2014 年第 11 期。

② Larenz/Wolf, Allgemeiner Teil des Bürgerlichen Rechts, 9. Aufl., C. H. Beck, 2004, S. 493 f..

如果是法人或非法人组织订立合同，是否需要代表人签字和单位盖章同时具备呢？《合同法》第 32 条的表述是“签字或盖章”，按文义解释，“或”的意思是择一即可，因此，合同应自代表人签字，或者单位盖章时即可成立。我国司法实践中也认可如果仅有法定代表人签字，但因代表人代表单位订立合同，所以不影响合同的效力。① 但如果当事人约定合同“自双方签字、盖章之日起生效”，此处顿号表明“签字”和“盖章”是并列关系，如果未加盖公章，则合同不生效。②

法人或非法人组织的印章有很多种类，我国司法实践中一般认可加盖行政公章或合同章作为合同订立的证明。加盖财务章、技术专用章或单位部门章之类的其他印章不能认定合同成立，但如得到法人或其他组织的授权，或符合表见代理的构成要件，则仍可认定合同成立。③

2. 口头形式

口头形式是指当事人以语言交谈或手势对话而表达意思表示而成立法律行为。口头形式的优点是简便易行，迅速方便，但缺点也显而易见，即缺乏证据，一旦发生纠纷则难以举证。因此，口头形式的法律行为常用于日常生活中标的价值较小的法律行为。

但口头形式并不意味着不产生任何文字的凭证，例如口头购物要求开具的发票等其他购物凭证，可以作为合同成立的证明。④ 与此类似，《最高人民法院关于审理买卖合同纠纷案件适用法律问题的解释》（以下简称《买卖合同司法解释》）第 1 条规定当事人之间没有书面合同，送货单、收货单、结算单、发票、对账确认函、债权确认书等单据、函件结合其他证据，也可证明合同的成立。

---

① 参见黄松有主编：《民事审判实务问答》，法律出版社 2008 年版，第 7 ~ 8 页。

② 参见浙江顺风交通集团有限公司与深圳发展银行宁波分行借款合同纠纷上诉案，最高人民法院（2005）民一终字第 116 号民事判决书，载《民事审判指导与参考》（总第 27 辑），人民法院出版社 2006 年版，第 221 ~ 227 页。

③ 参见江必新等：《最高人民法院指导性案例裁判规则理解与适用（合同卷二）》，中国法制出版社 2012 年版，第 93 页。相关案例可参见田朗亮编：《买卖合同纠纷裁判规则与案例适用》，中国法制出版社 2013 年版，第 141 页以下。

④ 参见韩世远：《合同法总论》（第二版），法律出版社 2008 年版，第 103 页。

3. 其他形式

(1)公证

公证是当事人将法律行为的书面形式先向公证机关申请公证,使法律行为的真实性与合法性得到确认。法律行为是否有必要进行公证,应由当事人自由决定,而我国现行民法也只是赋予公证的法律行为某些特殊效力。例如,我国《合同法》第186条规定经公证的赠与合同不可撤销;第188条规定经公证的合同,赠与人不交付赠与的财产的,受赠人可以要求交付。《继承法》第20条第3款规定“自书、代书、录音、口头遗嘱,不得撤销、变更公证遗嘱”。《民事诉讼法》第238规定公证机关依法赋予强制执行效力的债权文书可申请执行。

(2)录音、录像

《执行民法通则意见》第65条规定:“当事人以录音、录像等视听资料形式实施的民事行为,如有两个以上无利害关系人作为证人或者有其他证据证明该民事行为符合民法通则第五十五条的规定,可以认定有效。”《继承法》第17条也承认录音遗嘱的形式。

(3)登记作为法律行为的形式

“登记”在我国民法上具有多重意义,除物权变动的公示方法,有时也被作为合同的形式要求。登记作为买卖合同的形式始于20世纪80年代。1983年《城市私有房屋管理条例》第9条第1款规定:“买卖城市私有房屋,卖方须持房屋所有权证和身份证明,买方须持购买房屋证明信和身份证明,到房屋所在地房管机关办理手续。”当时民法学理上也认为城市房屋买卖须经房产管理机关登记,并办理过户手续。[①] 由于20世纪80年代早期,物权行为以及负担行为和处分行为的区分原则尚未引入我国民法中进行讨论,因此,此时登记是房屋买卖的形式要件,就是指买卖合同。换言之,房屋买卖合同不进行登记是不成立或不生效力的。这一观念影响持续至20世纪90年代。《担保法》第41条规定以可登记的财产进行抵押,“应当办理抵押物登记,抵押合同自登记之日起生效”。立法者在此并不区分使抵押权设立的合同(原因行为)和抵押权

① 参见王作堂等:《民法教程》,北京大学出版社1983年版,第91页。

设定本身(物权变动),从而导致即使当事人订立了抵押合同,但如未登记,抵押合同和抵押权都不成立生效,如抵押人违背诚信拒绝办理抵押登记,而债权人要求抵押人承担违约责任都不可能。① 为矫正上述偏差,《最高人民法院担保法司法解释》第56条第2款规定:"法律规定登记生效的抵押合同签订后,抵押人违背诚实信用原则拒绝办理抵押登记致使债权人受到损失的,抵押人应当承担赔偿责任。"虽然该条对于抵押人的背信行为有法律后果,但这里的损害赔偿并非合同履行利益的损害赔偿,而是缔约过失责任,仍不能完全保护债权人的利益。由上可见,作为债权合同成立意义上的登记,并非合理的制度设计,尤其是在提倡法律行为私法自治的今天,早已不合时宜。鉴于此,2007年《物权法》将彻底导致物权变动的债权合同与物权变动登记区分开来(即"区分原则"),明确了债权合同自成立时即生效。立法机关解释道:"登记并不是针对合同行为,而是针对物权的变动所采取的一种公示方法,如果当事人之间仅就物权的变动达成合意,而没有办理登记,合同仍然有效。"房屋买卖没有办理登记,房屋所有权不发生移转,但买受人基于有效合同享有占有权,且违约的合同当事人应承担违约责任。②

根据《物权法》第6、9条,登记是不动产物权变动的公示方法,未经登记物权不发生变动。因此,在一般的不动产物权交易领域,登记不是债权合同的形式要件,不能混淆合同的形式和物权公示。③ 即使主张我国物权法上也采物权行为理论,登记也既是物权变动的公示方法,又可是物权行为的生效要件而非物权行为的成立要件。④ 无论如何,登记系行政机关的公法行为,不应作为物权变动中债权合同或物权行为的成立要件或法律行为的形式。

我国民法中还有"登记备案"作为法律行为的形式要求。我国《城市房地产管理法》第45条第2款规定商品房预售,预售人应当将预售合同报县级以上人民政府房产管理部门和土地管理部门登记备案。但此处"登记备案"系行

① 参见孙鹏:《合同法热点问题研究》,群众出版社2001年版,第271页。

② 参见全国人大委员会法制工作委员会民法室编:《中华人民共和国物权法条文说明、立法理由及相关规定》,北京大学出版社2007年版,第23页。

③ 参见孙鹏:《合同法热点问题研究》,群众出版社2001年版,第218页。

④ 参见王泽鉴:《民法物权》,北京大学出版社2009年版,第60页;刘家安:《物权法论》,中国政法大学出版社2015年版,第74页。

政机关为管理房地产市场交易而要求的合同备案,并非权利登记。《商品房买卖合同解释》第6条第1款规定:“当事人以商品房预售合同未按照法律、行政法规规定办理登记备案手续为由,请求确认合同无效的,不予支持。”由此可见,商品房预售合同登记备案对于合同的成立或生效并不发生任何影响。

在亲属法上,登记被认为身份行为的成立要件。例如,《婚姻法》第8条规定:“要求结婚的男女双方必须亲自到婚姻登记机关进行结婚登记。”因此,婚姻登记是结婚的成立要件。第31条规定:“男女双方自愿离婚的,准予离婚。双方必须到婚姻登记机关申请离婚。婚姻登记机关查明双方确实是自愿并对子女和财产问题已有适当处理时,发给离婚证。”学理上认为该条规定的是登记离婚或行政离婚。① 《收养法》第15条规定:“收养应当向县级以上人民政府民政部门登记。收养关系自登记之日起成立。”第28条规定:“当事人协议解除收养关系的,应当到民政部门办理解除收养关系的登记。”据此,收养和协议解除收养也须以登记为成立要件。但身份法上的法律行为也应符合私法自治精神,登记机关(行政管理机关)的公法行为不应作为法律行为的内容。自民法原理言之,登记应被理解为须在登记机关之类公共机关面前作出的意思表示,以达到警示和避免轻率的目的,并在行政机关处作出,但登记本身并非身份行为的必备构成要素。所以德国民法上将此类行为称为“在行政机关面前或对行政机关作出的意思表示”。②

总之,亲属法上的“登记”应被理解为在登记机关面前作出的法律行为,而我国民法上其他的“登记”不宜作为法律行为的形式要求,但可作为法律行为的生效要件(参见《合同法》第44条第2款③)。

(4)行政批准或审批

我国民法上最早出现法律行为须批准的是《民法通则》第91条,其规定合同权利义务转让时,依照法律规定应当由国家批准的合同,需经原批准机关批

---

① 参见余延满:《亲属法原论》,法律出版社2007年版,第311~312页。

② Larenz/Wolf, Allgemeiner Teil des Bürgerlichen Rechts, 9. Aufl., C. H. Beck, 2004, S. 501.

③ 根据《合同法解释(一)》第9条后段“法律、行政法规规定合同应当办理登记手续,但未规定登记后生效的,当事人未办理登记手续不影响合同的效力,合同标的物所有权及其他物权不能转移”。可见,最高人民法院理解的登记只是物权变动的要件,而非合同的成立或生效要件,登记不是合同的形式。

准，但并不明确批准是法律行为的法定形式，还是成立或生效要件。而我国早期民法理论上认为行政机关的审核批准是一种特殊的书面形式。①

《合同法》第44条第2款规定："法律、行政法规规定应当办理批准、登记等手续生效的，依照其规定。"从字义理解，法定须办理批准、登记的合同，批准是合同的生效要件；反面推论，未经批准，则合同不生效力。从体系解释看，第44条位于《合同法》第三章"合同的效力"，应属于合同效力问题。从司法实践看，《合同法解释（一）》第9条进一步规定，依法应当办理批准手续而未办理批准手续的合同，人民法院应当认定该合同未生效。

此外，我国一些特别民法和商法、经济法，要求法律行为须经批准的情形大量存在，主要涉及国有土地使用权的出让和转让、对外担保、向外国人转让专利、中外合资经营、探矿权采矿权的转让、设立特殊公司或金融机构等领域，相关的法律法规对于批准之于法律行为的效果表述各有不同，但通常是经批准生效，或未经批准无效等。

我国民法理论上对于须批准的合同效力存在不同认识，②主流学说认为其属于效力待定的法律行为，批准前，合同未生效；批准后，合同有效；不予批准的，合同确定不生效。③

总之，法律规定法律行为须经行政批准或审批，只是法律行为的生效要件，不是合同或法律行为的法定形式。④ 在我国民法典的制定过程中，也有学

① 参见佟柔主编：《民法总则》，中国公安大学出版社1990年版，第250页；王利明、郭明瑞、方流芳：《民法新论》（上册），中国政法大学出版社1988年版，第372页。

② 合同有效说认为债权合同效力与行政审批应区别开来，如未获审批不能履行，不影响合同的效力，参见蔡立东：《行政审批与权利转让合同的效力》，载《中国法学》2013年第1期。也有学者认为批准前的合同不是无效合同，其虽未生效，但也有拘束力，尤其是产生当事人的报批义务，参见刘贵祥：《论行政审批与合同效力——以外商投资企业股权转让为线索》，载《中国法学》2011年第2期。

③ 参见杨永清：《批准生效合同若干问题探讨》，载《中国法学》2013年第6期；汤文平：《德国法上的批准生效合同研究》，载《清华法学》2010年第6期。

④ 参见韩世远：《合同法总论》（第二版），法律出版社2008年版，第103页；崔建远：《合同法》（第二版），北京大学出版社2013年版，第77页；赵旭东：《论合同的法律约束力与效力及合同的成立与生效》，载《中国法学》2000年第1期。

者主张应将审批或批准排除在民事法律行为的形式之外。①

(三)法定形式(形式强制)

1. 形式强制的意义

法律规定法律行为须采用特定形式,其立法目的大致有如下数端:②

第一,警示功能。法定形式可以防止当事人过于草率地缔结重要的或有风险的法律行为。例如,保证合同、抵押合同均为债务提供担保,可能会承担较重责任,因此须以书面方式为之。

第二,证据功能。法定形式可以明确记载法律行为内容,使其权利义务关系更为清晰,如发生争议,可以证明其存在。民事诉讼中,书面证据具有较强的证明力,例如《最高人民法院关于民事诉讼证据的若干规定》第 77 条规定,"(一)国家机关、社会团体依职权制作的公文书证的证明力一般大于其他书证;(二)物证、档案、鉴定结论、勘验笔录或者经过公证、登记的书证其证明力一般大于其他书证、视听资料和证人证言"。

第三,信息—公示功能。书面证据有助于当事人认知其权利义务,尤其是对于大量重复的或长期的法律行为,书面形式可以存储信息和确保当事人随时查知细节。此外,特定形式还可以使当事人的法律行为得到公示,例如《房地产管理法》第 45 条商品房预售合同登记备案、第 54 条房屋租赁合同登记备案,即使房屋物权并未发生变动,但可使合同交易在房屋产权登记系统中体现出来,可供当事人查询,避免发生涉及不动产的多重交易。

第四,维护公共利益或公共管理功能。法定形式有利于档案管理或审批程序的监控,有利于征收税金。③

某种法定形式达到何种目的,应结合各个具体法律规定予以考察,有时某

---

① 参见马新彦:《法律行为形式要件的反思与未来民法典的完善》,载《政法论丛》2016 年第 3 期。

② Vgl. Larenz/Wolf, Allgemeiner Teil des Bürgerlichen Rechts, 9. Aufl., C. H. Beck, 2004, S. 484 ff.;[德]布洛克斯、瓦尔克:《德国民法总论》,张艳译,中国人民大学出版社 2012 年版,第 195 页;杨代雄:《民法总论专题》,清华大学出版社 2011 年,第 138 页。民法学理上也有检讨形式强制是否有必要的学说,参见朱庆育:《民法总论》(第二版),北京大学出版社 2016 年版,第 306 ~ 309 页。

③ 参见[德]迪特尔·梅迪库斯:《德国民法总论》,邵建东译,法律出版社 2000 年版,第 462 页。

种法定形式可能是为了实现上述的多重功能。

2. 我国民法上法律行为的法定形式

我国现行民法上对于法律行为的法定形式要求一般以书面形式为主。例如,《民法通则》规定个人合伙协议(第31条);《合同法》上的借款合同(第197条第1款,自然人之间借款除外)、租期6个月以上的租赁合同(第215条)、融资租赁合同(第238条第2款)、建设工程合同(第270条)、技术开发合同(第330条第3款)、技术转让合同(第342条第2款);《物权法》上的建设用地使用权出让合同(第138条)、建设用地使用权流转合同(第144条)、地役权合同(第157条)、抵押合同(第185条)、质押合同(第210条、224条、226条、227条、228条);《担保法》规定的保证合同(第13条)、定金合同(第90条);《农村土地承包法》上的土地承包合同(第21条)、土地承包经营权流转合同(第37条第1款);《城市房地产管理法》规定的房地产转让合同(第41条)、房屋租赁合同(第54条);《海商法》上的船舶所有权转让合同(第9条第2款)、定期租船合同和光船租赁合同(第128条)。此外,其他特别民商法上的专利权或专利申请权转让合同、著作财产权的转让合同、合伙企业的合伙协议、合伙企业的入伙协议、中外合资中外合作经营合同、物业服务合同等,均以书面合同为法定形式。

亲属法上的结婚、离婚行为和收养行为,法律规定采取登记形式。此外,《婚姻法》第19条规定夫妻财产协议应采用书面形式。

继承法上的遗嘱行为本身形式多样,对于公证、自书、代书、录音、口头遗嘱,《继承法》第17条也分别规定了不同的形式要求。此外,《继承法司法解释》第47条规定继承人放弃继承应当以书面形式向其他继承人表示。

关于准法律行为,也有规定特定形式的,例如民法学理上认为患者对于医生治疗方案的“同意”不是法律行为,而是准法律行为。[①]《侵权责任法》第55条规定医务人员对于需要实施手术、特殊检查、特殊治疗的病人,应当向患者说明医疗风险、替代医疗方案等情况,并取得其书面同意;不宜向患者说明的,

---

① 参见[德]迪特尔·梅迪库斯:《德国民法总论》,邵建东译,法律出版社2000年版,第162页。

应当向患者的近亲属说明,并取得其书面同意。

3. 违反形式强制的后果及补正

本条后句规定:“法律、行政法规规定或者当事人约定采用特定形式的,应当采用特定形式。”该条出现“应当”的用语,但对于未采取特定形式的法律行为后果如何,并不明确。该问题只好参考相关法律规定,最主要的是《合同法》第36条的规定:“法律、行政法规规定或者当事人约定采用书面形式订立合同,当事人未采用书面形式但一方已经履行主要义务,对方接受的,该合同成立。”

(1)形式强制的含义及违反的后果

虽然《民法总则》第135条、《合同法》第36条将法定的形式强制和约定的形式相提并论,但在理论解释上,二者规范思想基础不同,违反形式要求的后果也不同。法定的形式强制体现警示、证据、信息—公示、公共管理等功能。因此,法定形式是基于立法政策,保护当事人或确保交易秩序而强加给当事人的,体现了国家意志,所以落实法定形式要求,才能使法律的权威与安定性得到充分尊重。因此,违反法定形式的后果较为严重,如德国、瑞士和我国台湾“民法典”都规定为无效。与此不同,约定形式是当事人为慎重起见而给自己额外设置的交易条件,体现的是当事人的自由意志。基于意思自治原则,当事人有权以后来的意思取代先前的意思,如果当事人未按约定采取特定形式,而以其他形式订立合同,则应尊重其意思自治,一般不宜直接认定无效。[①] 由此可见,所谓形式强制本质上是指法定的特别形式要求,而约定的形式不构成“强制”。于此,我们先讨论法定形式问题。

从大陆法系各国民法典来看,一般是将违反形式强制的后果规定为无效,如《德国民法典》第125条第1句规定:“法律行为欠缺法律规定之方式者,无效。”尽管无效的后果较为严苛,但还是有诸多使之变通、软化的方式。首先,按德国民法通说,只有依据法律的目的或意义,将法定形式视为生效要件的情形下,才能将违反法定形式法律行为认为无效,但不适用于法定形式是“应为

① 参见杨代雄:《合同的形式瑕疵及其补正——〈合同法〉第36条的解释与完善》,载《上海财经大学学报》2011年第6期;朱广新:《论违背形式强制的法律后果》,载《华东政法大学学报》2009年第5期。

规定”(倡导性规定①)或“管理性规定”。② 其次,应优先适用特别规定,如《德国民法典》第550条规定租期超过1年的房屋租赁合同必须采用书面形式,但违反之并非无效,而是视为不定期租赁合同。再次,德国民法判例和学说对《德国民法典》第125条第1句无效的后果作出很大限制,主要在于:当事人悖于诚实信用而主张法律行为因违反法定形式而无效,法院并不支持无效;如果法定形式仅以保护一方当事人为目的,则另一方当事人不得主张欠缺法定形式的法律行为无效。③ 最后,民法典还特别规定,法定形式的欠缺可以通过履行行为而补正,例如《德国民法典》第311b条第1款规定,转让或取得土地所有权的合同必须做成公证证书,但如未遵守该形式而土地所有权转移的合意已经达成,且已登记于土地登记簿的,其内容有效;第518条第2款规定通过履行赠与允诺而使赠与的公证形式得到补正;第766条规定保证合同书面形式因履行而补正。上述效力补正的规则,都是因为法律规定采取特别形式的规范目的因履行行为而已经实现或达到。④

由上可见,在德国民法上,法律行为因违反法定形式而无效是原则,但立法、判例和学说对无效的后果作出诸多限制或补正,以缓解其负面效果。

相比而言,我国《民法总则》第135条后句,以及《合同法》第10条第2款虽然有形式强制的要求,但违反的后果并不清楚。只有借助《合同法》第36条来理解这一问题。

围绕《合同法》第36条的第一个争议焦点问题是,通过该条规定,应如何理解法定形式对于合同的意义,即法定的书面形式是合同的成立要件,还是生效要件。⑤

①特别成立要件说。持该说者认为,对于《合同法》第36条“一方已经履

① 根据德国法律词典解释,Soll-vorschrift是法律规定通常情况下应为或不为一定行为,但并非强制,违反该规定并不导致无效或可撤销。与此相对而言的是:当为规定(Muss-vorschrift)和能为规定(Kann-vorschrift)。Vgl. Creifelds, Rechtswörterbuch, C. H. Beck 2007, S. 1053.

② Larenz/Wolf, Allgemeiner Teil des Bürgerlichen Rechts, 9. Aufl., C. H. Beck, 2004, S. 501.

③ 参见杨代雄:《民法总论专题》,清华大学出版社2011年,第141页。

④ 参见杨代雄:《民法总论专题》,清华大学出版社2011年,第148页。

⑤ 关于欠缺书面形式要件的法律效果,还有学者主张欠缺书面形式要件既非不成立,也非无效,而是合同不具有可诉性,或不具有强制执行的效力。参见马新彦:《法律行为形式要件的反思与未来民法典的完善》,载《政法论丛》2016年第3期。但该说是较少数观点,本书不予分析。

行主要义务,对方接受的,该合同成立”进行反面推论可知,如当事人未采用法定形式的,合同不成立。例外的情况是因当事人履行而使合同成立。从体系解释看,该条位置处于《合同法》第二章“合同的订立”,尚未涉及“合同的效力”,因此法定书面形式是合同成立要件问题。①

②特别生效要件说。有学者通过考证《合同法》立法过程中的草案,指出立法者本意是将法定形式作为合同生效要件。例如,《合同法(征求意见稿)》第28条第1款规定“法律规定应当采用书面形式的合同,当事人未采用书面形式但已经履行义务的,视为合同有效”。《合同法(草案)》第45条表述为“法律规定应当采用书面形式的合同,当事人未采用书面形式但已经履行主要义务或者能够证明当事人对合同的内容协商一致的,该合同有效”。在正式的《合同法》第36条却将无效改为“成立”。合同的法定形式要求反映立法者的价值判断,无论合理与否,为保证价值目标的实现,违反法定形式的合同即应无效。因此,参考国外民法典的立法例,应将欠缺法定形式的合同效果理解为无效。②

本书作者认为,违反法定形式的合同应“不成立”,而非“无效”。因为法律的字面含义划定了法律解释的范围,尽管“无效说”有诸多理由,但显然脱离《合同法》第36条“成立”的字面含义,不足为取。况且,我国司法实务中一般也将欠缺法定书面形式的合同认定为不成立,③若于实践中推行不同观点,理论改造和制度实施的成本过高。

(2)违反形式强制后果的补正

《合同法》第36条规定当事人未采用法定或约定的书面形式“但一方已经履行主要义务,对方接受的,该合同成立”。民法通说认为该条是以履行行为

---

① 参见顾昂然:《中华人民共和国合同法讲话》,法律出版社1999年版,第21页;胡康生主编:《中华人民共和国合同法释义》(第二版),法律出版社2009年版,第68页;谢怀栻等:《合同法原理》,法律出版社2000年版,第29页;朱广新:《论违背形式强制的法律后果》,载《华东政法大学学报》2009年第5期。

② 参见程啸、柳尧杰:《论我国合同法中合同违反法定形式之法律效果》,载《中国人民大学学报》2002年第1期。主张无效说的观点,另参见王洪:《合同形式欠缺与履行治愈论——兼评〈合同法〉第36条之规定》,载《现代法学》2005年第3期;鲁春雅:《论法律行为补正制度的建构》,载《清华法学》2011年第4期。

③ 参见杨代雄:《民法总论专题》,清华大学出版社2011年,第155页。

对违反形式强制后果的补正。支持第36条的学者认为,虽然合同欠缺法定形式,但一方履行主要义务,对方接受了,表明双方都承认合同的效力,如果拘泥于合同形式而否定合同的效力,既不符合双方的意思,也对双方都不利,按实事求是原则,承认合同成立是最好的办法。① 第36条体现了合同法鼓励交易、尊重意思自治的法律原则。

但对于《合同法》第36条也有批评意见:其一,比较德国等大陆法系国家民法典上关于法律行为违反法定形式的效力补正,仅限于个别的规定。法定形式要求毕竟承载着立法者的价值判断,因此否定违反法定形式的法律行为效力是原则。如我国《合同法》第36条一般性规定通过履行行为补正其效力,将会使立法者所追求的价值目标大面积落空,而当事人越发不重视法定形式,法律的权威性受损。因此该条是立法政策上的错误决策。②

其二,根据第36条的通说理解,如当事人违反法定形式,合同不成立。倘若合同不成立,也就无所谓当事人的权利义务,因而"一方已经履行主要义务"便无从说起,由此产生的疑问是:没有成立合同,何来履行"合同的主要义务",何来"对方接受"履行?因为在没有书面合同形式的前提下,履行与接受仅作为一种现象,不能据以推断出双方有合意,更不能推断出一方有履行义务,另一方有受领权。③

《合同法》第36条的确存在以上弊端,在立法改进之前,应在学理上和实践中对其理解与适用进行完善。如杨代雄指出,违反法定形式的法律行为不成立,但在符合如下条件时可认定其成立:即有充分证据证明双方当事人已经就法律行为内容达成合意,一方履行主给付义务,对方接受;或者双方都已履行大部分主给付义务,则法律行为自接受履行时成立。④ 本书作者赞同对《合同法》第36条进行这种改造完善,其意义在于,明确了形式欠缺的补正是建立在当事人合意的基础上的,且自接受履行时成立法律行为,这就类似"现物要

---

① 参见谢怀栻等:《合同法原理》,法律出版社2000年版,第61页。

② 参见王洪:《合同形式欠缺与履行治愈论——兼评〈合同法〉第36条之规定》,载《现代法学》2005年第3期。

③ 参见张谷、王爽:《〈合同法〉:合同和合同书》,载《北京科技大学学报》(社会科学版)1999年第4期。

④ 参见杨代雄:《民法总论专题》,清华大学出版社2011年版,第155页。

约”的情形,提供商品一方为要约,而对方受领和使用即意味着无须表示之承诺,从而合同成立,[①]由此解决履行合同义务的来源问题。

4. 约定形式

如前所述,民法原理上应将法定的形式强制和约定的形式要求区别开来。前者较多地体现了国家意志,违反形式强制的后果是法律行为无效或不成立;后者体现当事人的自由意志,当事人未遵照约定的形式,可认为改变了原先的法律行为形式,而不应无效或不成立。

《合同法》第10条第2款将法定形式和约定形式分两句规定:“法律、行政法规规定采用书面形式的,应当采用书面形式。当事人约定采用书面形式的,应当采用书面形式。”该规定看似重复啰唆,但其实立法机关隐约意识到,尽管都是书面形式要求,但违反法定形式与违反约定形式的后果应有所不同,可惜立法者未能进行深究,明确违反二者的不同后果。本条后句则将法定形式和约定形式并列规定,且不分句,说明立法机关意图将二者等同对待。好在《民法总则》没有将违反二者的法律效果作统一的明确规定,由此可以给法律解释提供发展空间。

从比较法观察,《德国民法典》第125条第2句规定:“欠缺依法律行为所确定的方式,在有疑义时,同样无效。”学说上解释该句中的“有疑义”就是给欠缺约定形式的法律行为的有效性留下余地。因为其效果首先取决于当事人的意思表示解释。如果当事人约定的形式只是为了证明法律行为或使其内容更清晰,则形式仅具有宣示意义,其欠缺并不导致无效。如果当事人的意思是采取特定形式作为法律行为的生效前提,则该形式具有创设意义,其欠缺将导致无效。究竟何者,应根据个案情事、交易习惯、法律行为性质以及当事人的利益状况等因素予以判断。[②] 此外,当事人达成法律行为的形式约定随时可被废除,且废除形式约定是不要式的,不须遵循当初约定的法律行为形式,甚至可以通过行为推断废除形式约定,只要当事人事后的改变是有意识地背离此前的形式约定即可。[③]

① 参见王泽鉴:《债法原理》,北京大学出版社2009年版,第125页、142页。

② Larenz/Wolf, Allgemeiner Teil des Bürgerlichen Rechts, 9. Aufl., C. H. Beck, 2004, S. 505.

③ 参见杨代雄:《民法总论专题》,清华大学出版社2011年版,第151页。

我国民法学者认为《合同法》上不区分欠缺法定形式与欠缺约定形式，在第36条对二者统一处理，忽略违反约定形式的独特性，规范设计过于粗糙。[①] 总之，有必要将当事人违反约定形式的法律效果独立认识。

如上所述，当事人约定的形式要求是基于意思自治，如果事后明示或默示地改变约定的形式，应尊重其意思，法律行为的内容和效力以改变后的为准。《合同法》第36条规定当事人未采用约定书面形式，但一方履行主要义务，对方接受的，就可以理解为当事人以行为默示地废除了约定的书面形式，履行义务和接受的行为是重新订立合同的行为，合同自"对方接受"时成立。

此外，法律行为的公证形式在我国民法上属于约定形式，由当事人自由决定采用。例如，《收养法》第15条第4款规定，"收养关系当事人各方或者一方要求办理收养公证的，应当办理收养公证"，可见收养公证也仅在当事人要求下才办理。其他涉及公证的规定，例如《合同法》第186条规定经公证的赠与合同不可撤销；第188条规定经公证的合同，赠与人不交付赠与的财产的，受赠人可以要求交付；《继承法》第20条第3款规定"自书、代书、录音、口头遗嘱，不得撤销、变更公证遗嘱"；《民事诉讼法》第238条规定公证机关依法赋予强制执行效力的债权文书可申请执行，以上均非法律规定必须采用的法定形式，而只是在当事人采用公证后，法律赋予其特殊效力而已。

---

① 参见杨代雄：《民法总论专题》，清华大学出版社2011年版，第156页；朱广新：《论违背形式强制的法律后果》，载《华东政法大学学报》2009年第5期。

第一百三十六条 【民事法律行为的生效与拘束力】

民事法律行为自成立时生效,但是法律另有规定或者当事人另有约定的除外。

行为人非依法律规定或者未经对方同意,不得擅自变更或者解除民事法律行为。

一、历史由来

本条承继了《民法通则》与《合同法》的有关规定。《民法通则》第57条规定“民事法律行为从成立时起具有法律约束力。行为人非依法律规定或者取得对方同意,不得擅自变更或者解除”。《合同法》第8条第1款规定“依法成立的合同,对当事人具有法律约束力。当事人应当按照约定履行自己的义务,不得擅自变更或者解除合同”。第44条第1款规定“依法成立的合同,自成立时生效”。

从本条文字表述的历史看,全国人大法工委民法室2015年8月28日发布的“民法总则民法室室内稿”第96条本来未分款,《民法总则(草案)》(一审稿)(第115条)亦如是。自《民法总则(草案)》(二审稿)(第129条)开始分为两款。

二、规范目的和规范含义

(一)规范目的

民事法律行为的拘束力本为法律行为的应有之义,本条规范旨在明确这一点,具有宣示意义。其宣示如下两点内容:

其一,民事法律行为,一般情形下,自成立时生效,但法律另有规定或当事人另有约定的除外。由此引申,本条还做了一项推定,即如果没有其他法定或约定事由,推定已成立的民事法律行为一般都会生效,如若主张其效力有瑕疵,应承担举证责任。

其二,民事法律行为在存续期之内,其权利义务内容始终拘束当事人,如果没有特别事由,当事人不得擅自变更或者解除民事法律行为。

(二)规范含义

1. 本条第1款

(1)民事法律行为的成立与生效

根据我国民法理论,民事法律行为的成立与生效是两个不同的问题。所谓法律行为的成立是指法律行为客观上存在,而已经成立的法律行为在一般情况下便会产生效力,但生效问题涉及法律的价值评判,法律可能对于已经存在的法律行为作出否定判断,因而某些情况下已成立之法律行为未必生效。总之,有必要区分成立与生效。①

根据本条第1款,民事法律行为的生效时间取决于成立时间。而法律行为的成立要件有一般和特别之分。虽然多数学者将一般生效要件列举为:当事人、意思表示、标的三项,但胡长清先生认为,意思表示本身已包含当事人和标的两项要素,因此法律行为的一般成立要件仅须意思表示足矣。② 从《民法总则》第134条的规定来看,单方、双方、多方意思表示和决议即可成立法律行为。因此,只要有生效的意思表示,法律行为即告成立。至于法律行为的特别成立要件则须采用特定形式(《民法总则》第135条)或物之交付(保管、质押)等。

(2)民事法律行为的生效要件

民事法律行为的生效要件也有一般与特殊之分。民法学理上一般将生效要件概括为:当事人须有行为能力;标的须可能、确定、适法、妥当;意思表示须健全。③《民法通则》第55条则将其转化为:(一)行为人具有相应的民事行为能力;(二)意思表示真实;(三)不违反法律或社会公共利益。《民法总则》第143条再次重复上述规定。在我国《民法总则》制定过程中,王轶曾提出不应

---

① 参见王利明:《民法总论》(第二版),中国人民大学出版社2015年版,第248页;朱庆育:《民法总论》(第二版),北京大学出版社2016年版,第117页。

② 参见胡长清:《中国民法总论》,中国政法大学出版社1997年版,第193页。

③ 参见王泽鉴:《民法总则》,北京大学出版社2014年版,第235页。

按上述模式规定法律行为的一般生效要件,而应采取“负面清单”模式规定法律行为的效力瑕疵事由即可,否则容易造成司法实践中裁判者将案件中法律行为的实施逐一对照生效要件,凡对照不上的即轻易认定为无效。[①] 但目前《民法总则》第 143 条既已如此规定,则应采取适当方法,化解该条带来的负面效果。根据本条第 1 款,已成立之法律行为即推定生效。[②] 尽管《民法总则》第 143 条规定了一般生效要件,但这些要件不需要由法律行为当事人举证证明其成立,而应由主张法律行为无效之当事人证明不符合生效要件或效力瑕疵事由,才能否定法律行为的效力。[③] 换言之,借力本条第 1 款的生效推定作用,将法律行为生效要件的举证责任确定为主张无效者,或可缓解第 143 条的负面影响。

本条第 1 款后半句“但是法律另有规定或者当事人另有约定的除外”实质上是将法律行为的特别生效要件作为限制性规定。根据文义,特别生效要件可分为两类:法定和约定。

法定的特别生效要件需要根据各个特殊的法律行为相关法律规定来进行判断。例如,被继承人死亡是遗嘱的生效要件(《继承法》第 2 条)、处分行为须以行为人有处分权才能生效(《合同法》第 51 条)、限制行为能力人不能独立实施的法律行为须由法定代理人同意或追认才生效(《民法总则》第 145 条)、自己代理和双方代理行为须本人的同意或追认才生效(《民法总则》第 168 条)。此外还有一般性的规则,如《合同法》第 44 条第 2 款“法律、行政法

---

① 王轶:《民法总则法律行为效力制度立法建议》,载《比较法研究》2016 年第 2 期。但梁慧星建议保留法律行为的一般生效要件规则,参见梁慧星:《民法总则立法的若干理论问题》,载《暨南学报》(哲学社会科学版)2016 年第 1 期。

② 《最高人民法院关于民事诉讼证据的若干规定》第 5 条第 1 款规定:“在合同纠纷案件中,主张合同关系成立并生效的一方当事人对合同订立和生效的事实承担举证责任。”尽管该条规定合同生效的举证责任在主张合同成立和生效的一方当事人,但其实当事人只要举证合同成立,再结合《合同法》第 44 条第 1 款,即可推定合同生效。

③ 易军认为由主张法律行为效力者对成立要件事实举证,由否认法律行为效力者对有效要件事实举证,为各国通例。参见易军:《法律行为生效要件体系的重构》,载《中国法学》2012 年第 3 期。从程序法理论来看,有建议民事诉讼证据规则中应确立合同生效的举证规则如下:主张已经成立的合同欠缺有效要件的当事人,对合同所欠缺的有效要件承担证明责任。参见王国征:《合同成立、合同有效和合同生效的证明责任分配——兼评〈关于民事诉讼证据的若干规定〉第 5 条第 1 款第 1 句》,载《湘潭大学学报》(哲学社会科学版)2013 年第 2 期。

规规定应当办理批准、登记等手续才生效的，应依照其规定”。此处的批准、登记即合同特别生效要件。

约定的特别生效要件一般称为法律行为的附款，包括附生效条件和附生效期限。《民法总则》第158条第2句规定：“附生效条件的民事法律行为，自条件成就时生效。”第160条第2句规定：“附生效期限的民事法律行为，自期限届至时生效。”

2. 本条第2款

古罗马法上就有契约是当事人之间的“法锁”的比喻。现代民法学理上认为，法律行为是当事人私人自治的设权行为，只要获得法律秩序的充分认可，就会产生类似“造法”的效力。① 本条第2款再次强调民事法律行为对于行为人具有法律约束力，非依法律规定或者未经对方同意，不得擅自变更或者解除。

(1)适用范围

本条第2款的规范重点是哪些民事法律行为不得擅自变更或者解除。首先考虑的是涉及多数人的法律行为，包括合同或决议行为。合同是两个以上意思表示的一致，通过合同产生的权利义务，不能随便变更或解除。决议是法人或非法人组织的成员或机关作出的共同意志决定，任何表决人都不可独自变更或使之废除。

单方法律行为的行为人是否可以独自变更或解除，须具体分析。如果有意思表示相对受领人的单方行为，例如代理权授予、同意或追认，以及解除、撤销、抵销等形成权的行使行为，虽然行为人可作出单方行为，但其生效的后果涉及对方，甚至第三人的利益（如追认），为确保法律上权利义务的安定性，保障当事人的合理预期，不允许行为人擅自变更或撤回、撤销。

单方法律行为如无意思表示的相对受领人，也应具体分析。例如，抛弃动产所有权，在法律行为生效后，行为人的所有权即消灭，为确保法律的安定性，不应准许其随意变更或撤回、撤销，否则会造成标的物的权属状态不明。在遗嘱行为中，遗嘱人死亡之前，随时可以变更或废除遗嘱，但这是因为遗嘱在遗

① 参见［德］维尔纳·弗卢梅：《法律行为论》，迟颖译，法律出版社2013年版，第6页。

嘱人死亡之前并未生效,故而可变更或废止,并非因其为单方法律行为。

总之,民事法律行为的效果不仅涉及对方、他人或个人的利益,而且关乎一般意义上的法律和权利义务的安定性,在其生效后,原则上不准许行为人变更或解除。

(2)法律规定的变更或解除

法律规定民事法律行为可以变更或解除的情形常见于合同行为或双方法律行为中意思表示瑕疵或违约情形。

就变更而言,首先,行使法定形成权的行为,是典型的法律行为法定变更情形。例如,《合同法》第54条规定重大误解、显失公平、欺诈、胁迫、乘人之危订立的合同,可以请求法院予以撤销或变更。《民法总则》第147~152条也作了类似规定,但将这些效力瑕疵法律行为的后果仅规定为“可撤销”,删除了《合同法》中“可变更”的后果。[①] 但本条第2款中的“变更”涵义宽泛,并不限于合同瑕疵后果的“可变更”,泛指法律行为所生权利义务关系状态的变化,因此依据《民法总则》第147~152条进行撤销,也是法定的变更事由。此外,《合同法解释(二)》第26条规定发生情势变更时,当事人可变更或解除合同。

此外,民事法律行为可能依法而直接发生变更,例如《合同法》第90条规定,合同当事人订立合同后发生合并或分立的,由合并后或分立后的法人或者其他组织承受原合同的权利义务。《消费者权益保护法》第41条规定消费者合法权益受到损害,原企业分立、合并的,可以向变更后承受其权利义务的企业要求赔偿。以上均为民事法律行为因法律规定而直接发生主体变更。

就解除而言,最典型的是《合同法》第94条规定发生不可抗力或违约行为时的法定解除权;《合同法》第111、155条规定的买卖合同瑕疵担保违约责任的“退货”也是一种法定解除权;以及《合同法》分则中各种有名合同也规定大量法定解除权或终止权。《物权法》第168条规定了地役权合同的法定解除权。

民事特别法上基于立法政策规定了当事人一方的法定解除权,如《消费者

---

① 自2016年2月,法工委向有关单位发送的《民法总则草案(征求意见稿)》即删除法律行为因瑕疵而“可变更”的规定,理由参见梁慧星:《〈中华人民共和国民法总则(草案)〉:解读、评论和修改建议》,载《华东政法大学学报》2016年第5期。

权益保护法》第25条规定经营者采用网络、电视、电话、邮购等方式销售商品，消费者有权自收到商品之日起七日内退货，且无须说明理由。

此外，在亲属法上，也有一些法定的民事法律行为废止的情形。例如，我国实行离婚自由原则，婚姻一方要求离婚实际上是一项法定的废止婚姻关系的权利。《收养法》第26条第2款规定："收养人不履行抚养义务，有虐待、遗弃等侵害未成年养子女合法权益行为的，送养人有权要求解除养父母与养子女间的收养关系。"这是送养人的法定解除权。

决议行为的法定变更是"撤销决议"。《物权法》第63条第2款规定，集体经济组织、村民委员会作出的决定侵害集体成员合法权益的，可以请求法院撤销。第78条第2款规定，业主大会或者业主委员会作出的决定侵害业主合法权益的，可以请求法院撤销。《公司法》第22条第2款规定，股东会或股东大会、董事会的决议程序违法或违反章程，或决议内容违反章程，股东可请求法院撤销。

(3)对方同意的变更或解除

本条第2款规定第二种可以变更或解除法律行为的情形是经对方同意。对方同意的变更或解除，一般适用于合同，即合同的约定变更或解除。

约定变更是法律行为意思自治的体现，基本法律依据是《合同法》第77条第1款规定的"当事人协商一致，可以变更合同"。原则上，变更的方式和内容都由当事人决定。

约定解除的法律依据是《合同法》第93条第1款规定的协商解除，可以在合同成立生效后的任何时间进行；第2款规定的是约定解除权，即实现约定在某种条件下，当事人享有解除权。此外，附解除条件的法律行为也是约定解除的一种形式(参见《民法总则》第158条第3句，《合同法》第45条第1款第2句)。

第二节　意思表示

第一百三十七条　【有相对人意思表示的生效时间】

以对话方式作出的意思表示，相对人知道其内容时生效。

以非对话方式作出的意思表示，到达相对人时生效。以非对话方式作出的采用数据电文形式的意思表示，相对人指定特定系统接收数据电文的，该数据电文进入该特定系统时生效；未指定特定系统的，相对人知道或者应当知道该数据电文进入其系统时生效。当事人对采用数据电文形式的意思表示的生效时间另有约定的，按照其约定。

一、历史由来

关于意思表示，《合同法》对于要约和承诺作出了全面规定。理论上也多以要约和承诺为原型，阐述意思表示的发出、到达和生效的理论。

关于意思表示的生效，《合同法》采达到主义，即第 16 条第 1 款规定："要约到达受要约人时生效。"第 26 条第 1 款第 1 句规定："承诺通知到达要约人时生效。"第 99 条第 2 款规定抵销通知到达对方时生效。

关于意思表示的形式，《合同法》第 23 条第 2 款规定要约的两种形式，即对话和非对话方式。但该条规定只是根据要约形式，对承诺期限作出不同的要求。此外，第 26 条第 1 款第 2 句还规定了"无须意思表示的承诺"，即默示的承诺。

关于数据电文形式的意思表示，《合同法》第 16 条第 2 款规定："采用数据电文形式订立合同，收件人指定特定系统接收数据电文的，该数据电文进入该特定系统的时间，视为到达时间；未指定特定系统的，该数据电文进入收件人的任何系统的首次时间，视为到达时间。"第 26 条第 2 款也有类似规定。

在《民法总则》制定过程中，全国人大法工委民法室 2015 年 8 月 28 日发布的“民法总则民法室室内稿”第97条曾经分四款分别规定“无相对人意思表示”、“对话方式和非对话方式意思表示”、公告方式、数据电文形式的意思表示。《民法总则(草案)》(一审稿)将上述意思表示形式进行了分开规定,二审稿规定在第130～132条,三审稿规定在第138～140条。

从建议稿来看,“法学会稿”第122条和第123条针对不同情形对意思表示生效分别进行了规定,与《民法总则(草案)》二审稿和三审稿最为接近。

二、规范目的和规范含义

(一)规范目的

本条规定的是意思表示生效。民事法律行为确定的权利义务内容要生效,须以法律行为成立为前提,而意思表示是法律行为的核心要素,意思表示生效才使法律行为成立。因此,《民法总则》第六章第二节从意思表示开始规定法律行为符合大陆法系典型民法典总则的规范模式。

从体系上看,本条和第138条是关于意思表示的基本区分,即分为有相对人的意思表示和无相对人的意思表示。区分效果在于,无相对人的意思表示在作出时即发生效力,而有相对人的意思表示须以对方了解或到达对方时才能生效。本条将有相对人的意思表示再分为两种情形:对话方式的意思表示以对方了解为生效条件;非对话方式的意思表示以达到为生效条件。

此外,在现代社会信息化和网络化兴起后,电子商务交易应用广泛,本条第2款进一步就数据电文形式的意思表示生效作出规范,使电子商务交易中的法律行为具有基本法律依据。

(二)意思表示的发出

1.发出的意义

本条尽管未规定意思表示的发出,但发出问题是意思表示生效不言自明的前提。因此有必要对此进行分析阐述。

所谓意思表示发出是指表意人将其内心意思明确地表示于外的行为。[①]发出是意思表示的生效前提,但也同时关联其他的民法问题,其意义体现在如

① 参见王泽鉴:《民法总则》,北京大学出版社2014年版,第323页。

下方面：

第一，表意人是否具有权利能力和行为能力，应以意思表示发出时为准。

第二，意思表示发出后，表意人死亡、丧失行为能力或行为能力受限制，其意思表示不失其效力。

第三，意思表示有无瑕疵，诸如错误、受欺诈、受胁迫，均以发出的时点为准。

第四，意思表示的生效，以发出为前提要件，例如，对于未经发出的要约，不可进行承诺。①

2. 发出的时点和效果

判断意思表示发出的时点和效果，根据有无相对人而不同：

其一，无相对人的意思表示，表意人完成其表示过程，意思表示即发出。例如，遗嘱人自书遗嘱(《继承法》第17条第2款)，在其亲笔书写，签名，注明年、月、日后即为发出。再如，悬赏广告在贴出时即为发出。通常此类意思表示发出后就生效。②

其二，有相对人的意思表示，为了发出表示，表意人应当使表示向受领人的方向运动，并且应当能够预期在正常情况下表示将到达受领人处。③ 于此根据意思表示的形式不同而又区分：

第一，口头表示。向在场的对方当事人，以使其可理解的方式说出表示，即为发出；以电话方式的交谈，亦视同在场。④ 对于不在场的相对人进行口头表示，则可以通过传达人传达。⑤

第二，书面表示。向在场的相对人作出书面表示在递交给该人时，即发出

---

① 参见王泽鉴：《民法总则》，北京大学出版社2014年版，第323页；朱庆育：《民法总论》(第二版)，北京大学出版社2016年版，第203页。

② 参见[德]布洛克斯、瓦尔克：《德国民法总论》，张艳译，中国人民大学出版社2012年版，第107页。

③ 参见[德]布洛克斯、瓦尔克：《德国民法总论》，张艳译，中国人民大学出版社2012年版，第107页。

④ Vgl. Larenz/Wolf, Allgemeiner Teil des Bürgerlichen Rechts, 9. Aufl., C. H. Beck, 2004, S. 469.

⑤ 参见[德]布洛克斯、瓦尔克：《德国民法总论》，张艳译，中国人民大学出版社2012年版，第107页。

意思表示。但如果表意人仅书写文件而未交给对方，则并非发出。向不在场的相对人作出书面表示，表意人将完成的表示送上通向受领人的道路，且通常可以预期该表示能够到达受领人处，即为发出。例如，将书信投入邮筒或委托他人寄出。①

有相对人的意思表示发出后，并非立即生效，是否生效仍需结合其他条件判断。

3. 特殊问题：非表意人发出意思表示

意思表示通常由表意人自己发出，但可能存在一种情况，即表意人虽作成意思，但尚未发出，而他人误代为发出，典型实例是：某人将书写好的内容为承诺的信件贴上邮票置于书桌上，但尚未决定是否寄出，而其家人看见，便代为投寄出去。学说上称为"脱手的意思表示"或"发出的表见"。依意思表示原理，须有"行为才能"，如非表意人的行为，根本不应构成意思表示。但民法学说上认为，表意人对意思表示之进入交易过程，依其支配及管理范畴有可归责的事由时（将贴好邮票的信件放在桌上），应视为意思表示已发出，但可撤销，并赔偿相对方的信赖利益损失；反之，表意人无可归责事由时（如信件被偷窃后发出），应认为意思表示未发出，虽不必撤销，但仍应赔偿相对方的信赖利益损失。总之，表意人须为处于其风险范围内的"脱手意思表示"负责。②

（三）意思表示的生效

1. 概述

一般而言，意思表示生效将导致法律行为成立，是判断法律行为产生约束力的时点。例如，《民法总则》第 152 条规定撤销权须在知道或者应当知道撤销事由之日起 1 年或 3 个月内行使，判断是否在除斥期间内作出撤销，应以撤销意思表示生效时间为准。再如，《合同法》第 23 条规定承诺应在承诺期间内到达要约人，承诺的生效也应以到达时间为准。

---

① 参见[德]布洛克斯、瓦尔克：《德国民法总论》，张艳译，中国人民大学出版社 2012 年版，第 108 页。

② Vgl. Larenz/Wolf, Allgemeiner Teil des Bürgerlichen Rechts, 9. Aufl., C. H. Beck, 2004, S. 469 – 470；[德]迪特尔·梅迪库斯：《德国民法总论》，邵建东译，法律出版社 2000 年版，第 207 页。王泽鉴：《民法总则》，北京大学出版社 2014 年版，第 324 页；朱庆育：《民法总论》（第二版），北京大学出版社 2016 年版，第 202 页。

就术语使用而言,本条将意思表示分为“对话方式”和“非对话方式”,其本意在对话者之间可直接交流表达,而非对话者之间须借助媒介而间接表达。由其术语来源看,在德国民法上,对话方式对应翻译“在场”,而非对话方式对应翻译“不在场”。原则上,对话是在场者之间的当面交谈,但如果通过电话、视频、网络即时通信工具等实时交谈,虽远隔千里,却近在咫尺,可归入对话形式中;反之,当事人虽同时在场,但面对面以纸条或书面传达信息,仍应适用非对话方式的意思表示规则。[①] 我国台湾地区“民法典”第94、95条就将德国法上的在场与不在场意思表示,翻译为对话与非对话意思表示,并无大碍。[②]

意思表示生效时间的确定,按意思表示的发展过程,理论上有四种方案:[③]

一是表达主义,即表意人的意思决定一旦具备外在形态(如信件写完),意思表示就生效。其缺点很明显,如果此时生效,则表意人无法再对其意思表示进行控制,而表意人可能需要修改,甚至根本不想使其产生效力。

二是发出主义,即意思表示发出后即生效。其缺点是意思表示在途中的风险(如信件丢失)由相对人承担,例如终止租赁合同的信件并未到达,但终止也会生效,而相对人可能对此一无所知。

三是受领主义(或到达主义),即意思表示到达相对人处生效。据此表意人承担在途风险,相对人仅承担意思表示虽已到达但对此不知情的风险。

四是了解主义,即相对人必须感知了解意思表示,意思表示才生效。由此相对人承担的风险最轻,他只需承担错误理解意思表示的风险。但表意人此时比较被动,因为何时生效完全取决于受领人的了解。

对于有相对人的意思表示,对话方式的意思表示采了解主义;非对话方式采受领主义(到达)。

2. 对话方式的意思表示:了解生效(本条第1款)

我国《合同法》第16条第1款仅规定要约到达生效,未考虑到对话方式的

---

① 参见王泽鉴:《民法总则》,北京大学出版社2014年版,第326页。

② 参见朱庆育认为应坚持德国民法的表达方式,并提出若干理由。对此参见朱庆育:《民法总论》(第二版),北京大学出版社2016年版,第200页。

③ 参见[德]迪特尔·梅迪库斯:《德国民法总论》,邵建东译,法律出版社2000年版,第209页;朱庆育:《民法总论》(第二版),北京大学出版社2016年版,第210页。

要约，但理论上认为对话方式要约，因要约的发出与到达是同时，原则上即生效。① 而本条第1款明确了“以对话方式作出的意思表示，相对人知道其内容时生效”。本款自人大法工委“民法总则民法室室内稿”以来，直至三审稿都规定为相对人“了解”其内容时生效。但是立法者在《民法总则》被通过之前，将“了解”修改为“知道”，但意思一样。根据学理，此处所谓“知道”是指相对人实际知悉意思表示。②

通常情况下，表意人说出的意思表示受领人可以了解，但受领人可能没有注意或者听力有问题，而未听清楚，意思表示是否生效就成为问题。理论上采取“修正的了解主义”来应对，即表意人原则上须使受领人知悉意思表示，如果意思表示明显有疑问，表意人则应尽力使受领人获悉意思表示。如果表意人未尽努力，则意思表示并未到达。如果表意人以合理方式作出了意思表示，且他可以信赖意思表示实际上是可被理解的，意思表示即为到达，除非受领人即时表达并未听悉，或者受领人存在听力障碍而表意人置之不顾。③

了解主义不仅适用于在场当事人之间的即时谈话，而且通过电话、视频、网络聊天工具（包括文字和语音）进行的即时语言交流，也可构成对话方式作出的意思表示，适用了解主义。我国司法实践认可，以短信息进行要约的，属于对话方式的意思表示，如果未即时承诺，则要约失效。④

3. 非对话方式的意思表示：到达生效（本条第2款第1句）

我国《合同法》对于要约和承诺早已采纳到达生效原则（第16条第1款、第26条第1款），这也符合国际条约的通行惯例。⑤ 本条第2款第1句规定“以非对话方式作出的意思表示，到达相对人时生效”。延续了到达主义。

意思表示的“到达”按民法通说理解包含两层含义：一是意思表示已进入受领人的支配范围；二是置于受领人通常情况下可以了解的状态。例如，解除

① 参见韩世远：《合同法总论》（第二版），法律出版社2008年版，第71页。

② 参见［德］迪特尔·梅迪库斯：《德国民法总论》，邵建东译，法律出版社2000年版，第218页。朱庆育：《民法总论》（第二版），北京大学出版社2016年版，第210页。

③ Larenz/Wolf, Allgemeiner Teil des Bürgerlichen Rechts, 9. Aufl., C. H. Beck, 2004, S. 478. 朱庆育：《民法总论》（第二版），北京大学出版社2016年版，第204页。

④ 参见北京市第三中级人民法院（2014）三中民终字第04751号民事判决书。

⑤ 参见梁慧星：《民法总论》（第四版），法律出版社2011年版，第176～177页。

的通知信函于工作时间投入相对人的信箱可认为到达;如果解除的通知于夜间 11 点投入信箱,则不可期待受领人半夜开箱取信,应认为于次日到达。[①]

意思表示的到达,依一般举证原则应由表意人就其到达和时点负举证责任。仅发出的证明不足以证明到达。因此,表意人应选择适当的方式进行意思表示,以减轻举证责任。[②]

意思表示可经由中间人转达。此时,到达之判断应区分不同的中间人形态:一是受领代理人。因代理行为之效果直接归属于被代理人,意思表示达到受领代理人即到达本人。二是受领传达人,是指有权接受意思表示之人,如家庭成员、办公室职员,相当于受领人的"活信箱"。三是表示传达人,意思表示交与传达人或向其说出由其传达,直至传达到表示受领人才算是到达。[③]

4. 数据电文形式意思表示(本条第 2 款第 2 句、第 3 句)

《合同法》第 16 条第 2 款"采用数据电文形式订立合同,收件人指定特定系统接收数据电文的,该数据电文进入该特定系统的时间,视为到达时间;未指定特定系统的,该数据电文进入收件人的任何系统的首次时间,视为到达时间"。第 26 条第 2 款规定承诺亦同。这是模仿 1995 年联合国《电子商务示范法》第 15 条第 2 款进行的规定。[④] 本条第 2 款与此略有区别,其一,增加"当事人另有约定的从其约定";其二,关于"未指定特定系统的",相对人知道或者应当知道该数据电文进入其系统时生效,而非《合同法》中"数据电文进入收件人的任何系统的首次时间"。

关于"数据电文",根据《电子签名法》第 2 条第 2 款"是指以电子、光学、磁或者类似手段生成、发送、接收或者储存的信息"。这一定义来自《联合国电子商务示范法》。而数据电文的意思表示,《合同法》第 11 条界定的范围包括电报、电传、传真、电子数据交换和电子邮件等可以有形地表现所载内容的形式。在现代电子商务交易中,电子邮件和电子数据交换成为运用最多的数据

---

① 参见王泽鉴:《民法总则》,北京大学出版社 2014 年版,第 327 页。

② 参见王泽鉴:《民法总则》,北京大学出版社 2014 年版,第 328 页。

③ 参见[德]布洛克斯、瓦尔克:《德国民法总论》,张艳译,中国人民大学出版社 2012 年版,第 112 ~ 113 页;朱庆育:《民法总论》(第二版),北京大学出版社 2016 年版,第 206 页。

④ 参见胡康生主编:《中华人民共和国合同法释义》(第二版),法律出版社 2009 年版,第 40 页。

电文通信形式。电子邮件是通过电子计算机系统以及国际互联网传递的电子信息。电子数据交换是指电子计算机之间使用某种商定标准来规定信息结构的信息电子传输(《联合国电子商务示范法》第2条)。数据电文侧重的是信息的存储形式,而最近的《联合国国际合同使用电子通信公约》(UECIC)则采用"电子通信"表达数据电文方式发出的任何通信(第2条),侧重数据电文的通信使用目的。因此,"电子通信"这一术语更适合运用在电子商务领域。①但"数据电文"在法律行为或《合同法》的语境中,自然和意思表示联系起来,所以术语使用问题不大。

数据电文意思表示的生效时间,根据《民法总则》第137条第2款原则上也是到达生效,但应进一步区分:一是相对人指定特定系统接收数据电文的,该数据电文进入该特定系统时生效;二是未指定特定系统的,相对人知道或者应当知道该数据电文进入其系统时生效。

关于"未指定特定系统"的要约或承诺,《合同法》采对于受领人较为严格的客观到达方式,即数据电文进入收件人的任何系统的首次时间,视为到达时间。这种彻底客观的到达主义意味着,在受领人可能完全不知情的状况下,或者没有查询检索过自己收件系统的情况下,意思表示已经生效。但是,身处网络社会之中,民事主体可能有不止一个电子邮件地址或其他数据接收系统,因此有人认为,期望人们在其拥有的所有电子邮件地址随时都可以检索和收到生效的意思表示信息是不合理的。而且,随着整个社会对信息和通信安全的关注,为了阻挡垃圾邮件或防止病毒扩散,人们越来越多地使用过滤器或防火墙等安全措施,这类安全措施可能会使电子通信丢失或无法抵达收件人。相比而言,2005年《联合国国际合同使用电子通信公约》(UECIC)第10条第2款规定"电子通信在收件人的另一电子地址的收到时间是其能够由该收件人在该地址检索并且该收件人了解到该电子通信已发送到该地址的时间",据此,收件人未指定特定系统时,不得以数据电文进入其任何信息系统时视为收件人已收到,而是在收件人检索并了解到电子通信的时间为到达时间,这样的

① 相关比较参见刘万啸:《〈联合国国际合同使用电子通信公约〉关于电子通信收发时间规则评析及对我国相关立法的影响》,载《兰州学刊》2011年第6期。

规则更为合理。①

在《民法总则》制定的过程中,《民法总则(草案)》(一审稿)第117条规定:“未指定特定系统的,相对人知道或者应当知道该数据电文进入其系统时生效。”有学者表示支持,因为这样保证了数据电文意思表示在相对人实际收到并可期待其知悉时才发生法律效力,使得风险分配规则趋向公平。② 由此看来,本条第2款规定“未指定特定系统”以收件人知道或应当知道数据电文进入其系统时生效,是比较先进的、符合国际潮流的立法模式。

5. 到达的障碍

意思表示可能因为受领人的行为而不能到达或延迟到达,此时发生到达障碍问题。具体可分为如下情形:③

第一,受领拒绝。对于意思表示到达构成何种情形,应视受领人是否有权拒绝而定。如果受领人有权拒绝,例如表意人出言不逊而受领人离开房间或挂断电话,则意思表示未到达。如果受领人无权拒绝,将构造到达的破坏,意思表示即使未进入受领人的控制范围,也被视为在它本该到达是时间生效。此处应用的理论是类推法律行为所附条件成就或不成就之拟制(《合同法》第45条第2款,《民法总则》第159条)。

第二,受领设置瑕疵或欠缺,是指受领人受领设置缺乏或有瑕疵,如未提供通信地址、传真机出现故障、电子邮箱已满等。理论上采取较有弹性的方式处理这些情况,一方面,受领设置有瑕疵时,不可合理期待受领人知悉,表意人除非继续以可能的方式尝试送达,否则意思表示不发生达到的效力。另一方面,表意人有较大的选择空间:如果他选择继续以恰当方式送达,无论何时将意思表示送入受领人支配领域并可合理期待受领人知悉,则拟制该意思表示适时到达,不构成迟延;如果表意人反悔,则可以停止继续送达,不必拟制意思

① 参见孙占利:《电子要约若干法律问题探析——以UECIC为基础》,载《华东政法大学学报》2008年第5期;何其生:《〈国际合同使用电子通信公约〉评析——兼与〈联合国国际货物销售合同公约〉和〈电子商务示范法〉比较》,载《暨南学报》(哲学社会科学版)2007年第1期;贺琼琼:《试论电子合同数据电文的生效》,载《武汉大学学报》(哲学社会科学版)2007年第6期。

② 参见温世扬:《民法总则应如何规定法律行为》,载《法学家》2016年第5期。

③ 参见[德]布洛克斯、瓦尔克:《德国民法总论》,张艳译,中国人民大学出版社2012年版,第115~116页;朱庆育:《民法总论》(第二版),北京大学出版社2016年版,第207~209页。

表示已到达并受其拘束。

6. 向无行为能力或限制行为能力人的意思表示到达

如果意思表示到达无行为能力人的法定代理人处，则向无行为能力人的意思表示有效。因为无行为能力人不具有必要的知悉能力，因此须由其法定代理人受领。[①]《德国民法典》第 131 条第 1 款有明文规定。我国《民法总则》虽然没有直接规定，但第 20 条、21 条规定，无民事行为能力人，由其法定代理人代理实施民事法律行为，应解释为包括代理受领意思表示。

如果意思表示到达限制行为能力人，原则上也要由法定代理人受领，但如果意思表示给限制行为能力人带来纯粹的法律上利益，或法定代理人已经同意或追认（《民法总则》第 19、22 条），那么对限制行为能力人的意思表示到达时生效。[②] 例如，向限制行为能力人进行合同要约，仅使其取得法律上承诺的资格，属于纯获法律上利益，意思表示可以生效。

---

① 参见［德］布洛克斯、瓦尔克：《德国民法总论》，张艳译，中国人民大学出版社 2012 年版，第 117 页。

② 参见［德］布洛克斯、瓦尔克：《德国民法总论》，张艳译，中国人民大学出版社 2012 年版，第 118 页。

第一百三十八条 【无相对人意思表示的生效时间】

无相对人的意思表示，表示完成时生效。法律另有规定的，依照其规定。

一、历史由来

本条属于新增规定。全国人大法工委民法室 2015 年 8 月 28 日发布的"民法总则民法室室内稿"第 97 条曾经分四款分别规定"无相对人意思表示""对话方式和非对话方式意思表示""公告方式""数据电文形式的意思表示"。《民法总则(草案)》(一审稿)将上述意思表示形式进行分开规定。关于无相对人意思表示的生效规则，一审稿规定在第 117 条第 3 款，二审稿规定在第 131 条，三审稿规定在第 139 条。

从建议稿来看，"法学会稿"第 122 条第 1 款规定："无需受领的意思表示一旦作出，即发生效力。"与《民法总则(草案)》较为接近。

从比较法上看，大陆法系国家的民法典一般并不集中规定"无相对人(或无需受领)的意思表示"，而是在不同情况下作具体规定，例如遗嘱、捐助设立财团法人、动产所有权抛弃等，可能是因为这类意思表示较少见的缘故，没有提炼规定在总则的必要。

二、规范目的和规范含义

本条规定无相对人的意思表示自表示完成时生效。尽管各国民法典中并不明文规定其生效问题，但理论上都认可这一规则。① 其理由有二：(1)在这类意思表示中，不存在合适的相对人，例如动产所有权抛弃不需要针对特定人进行；(2)遗嘱根本没必要让继承人知道，因此以告知其他人为生效要件没有

---

① 参见[德]迪特尔·梅迪库斯：《德国民法总论》，邵建东译，法律出版社 2000 年版，第 204 页；王泽鉴：《民法总则》，北京大学出版社 2014 年版，第 326 页。

意义。[1]

悬赏广告是否为无相对人之意思表示,存在争议。如采单方行为说,则为无相对人意思表示,如采契约说,则悬赏广告为要约。[2] 根据《合同法解释(二)》第3条及其起草人解读,我国立法和司法实务中采契约说。[3] 尽管如此,关于悬赏广告的意思表示生效,不宜适用要约规则,因广告人在作出广告时,并无具体的相对人,也无所谓"到达"。应适用本条,悬赏广告发布时即生效。

不动产所有权或他物权的抛弃,德国民法理论上认为是针对登记机关的意思表示,属于特殊的向相对人的意思表示。[4] 但按我国通说,《物权法》仅将登记作为物权变动的生效要件,并非意思表示(物权行为)的生效要件,所以,抛弃不动产物权的登记,与意思表示并无关联,是否有相对人也无从谈起。

另须澄清的是,虽然无相对人的意思表示都存在于单方法律行为,但并非所有的单方意思表示都是无相对人的或无须受领的,例如解除、撤销、追认、催告等均为单方行为,但意思表示却都需要相对人受领,对此应适用《民法总则》第137条,以了解或到达为生效时点。

本条第2句"法律另有规定的,依照其规定",是针对某些特殊的无相对人意思表示,例如,遗嘱是死因处分行为,只在被继承人死亡时才生效。

---

① 参见[德]迪特尔·梅迪库斯:《德国民法总论》,邵建东译,法律出版社2000年版,第205页。

② 参见朱庆育:《民法总论》(第二版),北京大学出版社2016年版,第200页。

③ 参见最高人民法院研究室编:《最高人民法院关于合同司法解释(二)理解与适用》,人民法院出版社2009年版,第43~44页。

④ 参见[德]迪特尔·梅迪库斯:《德国民法总论》,邵建东译,法律出版社2000年版,第205页。

第一百三十九条 【公告方式意思表示的生效时间】

以公告方式作出的意思表示,公告发布时生效。

一、历史由来

本条属于新增规定。我国民法上,关于“公告”的运用大致有如下几类:

(1)民事主体的变动事项公告。《民法通则》第44、第46条规定,企业法人分立、合并或者重要事项变更,以及终止,应当向登记机关办理登记并公告。《合伙企业法》第58条规定,合伙企业解散后应当进行清算,并通知和公告债权人。《公司法》第174、176、178、188条涉及公司重要事项变动或清算终止的公告。

(2)与意思表示有关的公告。《合同法》第15条规定,拍卖公告、招标公告、招股说明书等为要约邀请。《公司法》第86条规定,发起人向社会公开募集股份,必须公告招股说明书;第155条第1款规定,发行公司债券应当公告公司债券募集办法。但以上公告均为要约邀请,并非要约(意思表示)。最高人民法院《诉讼时效若干规定》第10条规定“当事人一方提出要求”产生诉讼时效中断的效力,其中包括“(四)当事人一方下落不明,对方当事人在国家级或者下落不明的当事人一方住所地的省级有影响的媒体上刊登具有主张权利内容的公告”。该公告其实是催告债务人履行债务,性质上属于准法律行为。

(3)与权利变动有关的公告。例如,《专利法实施细则》第90条规定国务院专利行政部门定期出版专利公报,公布或公告有关专利权的授予、驳回、撤回、无效、转让、终止、质押、强制许可等各类事项。《商标法》第42条第4款规定,转让注册商标经核准后,予以公告。受让人自公告之日起享有商标专用权。

(4)财产招领公告。《物权法》第110条规定,有关部门收到遗失物,不知道权利人的,应当及时发布招领公告。《民事诉讼法》第192条规定在无主财产认定案件中，人民法院应当发出财产认领公告。公告满一年无人认领的，判决认定财产无主，收归国家或者集体所有。

(5)民事诉讼程序中，公告作为程序事项。例如《民法通则若干意见》第34条、《民事诉讼法》第185条规定，宣告失踪案件中人民法院应当发出寻找失踪人的公告，公告期间届满，人民法院作出宣告失踪的判决。《民事诉讼法》第92条规定，受送达人下落不明，或用其他方式无法送达的，公告送达。自发出公告之日起，经过六十日，即视为送达；第219条规定公示催告程序中公告催促利害关系人主张权利。

由上可见，我国民法上"公告"是广泛应用的方式，与意思表示有关的情形，仅限于公告催告履行债务，而且还是观念通知，属于准法律行为。但作为典型的意思表示方式，本条是首创。

在立法过程中，"法学会稿"第123条规定，"以公告送达方式作出的意思表示"；"社科院稿"第127条规定，"新闻媒体及其他公告方式的意思表示的生效。"将公告作为一种意思表示的方式，在立法过程中得到普遍认可。自2015年8月全国人大法工委的"民法总则民法室定内稿"第97条第3款确立本规则后，历经数次审议，本条款均保留原貌。

二、规范目的和规范含义

非对话的意思表示虽以到达为原则，但如果相对人下落不明或表意人不知确切的相对人，可以通过本条规定的公告送达代替意思表示的到达。

因我国民事实体法上历来未有"公告方式"的意思表示，参酌立法过程和比较法上的经验，可推测其应是德国法系民法典中意思表示的"公示送达"之意。

公告送达或公示送达本是民事程序中诉讼法律文书的送达方式。考察《德国民法典》《日本民法典》以及我国台湾地区"民法典"规定，公示送达意思表示均须依民事程序进行。如自行进行公告意思表示，并不发生相应效力。

本条并未明确"公告"究竟是实体法抑或程序法上的方式。据前述对我国民事法律的整理，"公告"在实体法上缺少意思表示的规则，再结合比较法的考察，国外民法典中"公示送达意思表示"均依民事诉讼程序进行，因此，可以认定第139条的"公告方式意思表示"是以民事诉讼程序中的公告送达方式进行。

公告方式意思表达的生效时点,如从比较法上考察,《德国民法典》第132条第2款的公示送达,明确依据民事诉讼法进行,而依据《德国民事诉讼法》第188条,公告张贴至少一个月后才发生送达的效力。① 而《日本民法典》第98条第3款,公示必须自官报或报纸上最后一次登载之日起,或代替登载的揭示之日起,经过两周,视为到达相对人。我国《民事诉讼法》第92条第1款也规定:"受送达人下落不明,或者用本节规定的其他方式无法送达的,公告送达。自发出公告之日起,经过六十日,即视为送达。"但是本条却规定意思表示"公告发布时生效"。二者之间发生抵牾。

那么,《民法总则》是否存在另一种可能性,即与公告送达民事诉讼程序无关的、一种独立的意思表示,例如悬赏广告的公告。"社科院稿"第127条规定:"以电视、广播、报刊及其他公告方式为意思表示的,于电视台、电台播放时,或者报刊出版、公告发布时发生效力。"由其文义可见,在新闻媒体上发布公告,属于私人行为,并非民事诉讼程序中的公告。较为常见的就是悬赏广告。由此推论,如果《民法总则》第139条规定的仅是悬赏广告之类的公告,因其并无确定的相对人,自发布之日起生效,亦无不可。但问题是,如果悬赏广告采单方行为说,《民法总则》第138条已经规定"无相对人的意思表示自完成时生效";如果悬赏广告采契约说,则适用第137条有相对人的意思表示规则。因此,如果本条再次规范悬赏广告之类的意思表示到达,全无意义。

而"法学会稿"第123条(以公告送达方式作出的意思表示)规定:"行为人非因自己的过失不知道相对人姓名、名称、住所的,可以参照民事诉讼法中关于公告送达的规定作出意思表示。"其完全参照了《德国民法典》第132条第2款,且将民事诉讼程序纳入考量范围,值得赞同。

因此,本条或许是立法机关误读外国法或各个草案建议稿所致,是法律移植借鉴中的一个败笔。它既未能完全尊重和参考该制度原初的本意,也未能创造在逻辑上能够自洽的本土性规范。其遗留的问题,只能有待我国民法学说与司法实务的发展来解决。

---

① 参见[德]罗森贝克、施瓦布、戈特瓦尔德:《德国民事诉讼法》(上),李大雪译,中国法制出版社2007年版,第514页。

第一百四十条 【意思表示的明示或默示形式】

行为人可以明示或者默示作出意思表示。

沉默只有在有法律规定、当事人约定或者符合当事人之间的交易习惯时，才可以视为意思表示。

一、历史由来

《民法总则》之前的民事立法对于意思表示的形式并无统一的规定，明示或默示的意思表示形式分散见于各种具体规定。

《执行民法通则意见》第 66 条规定："一方当事人向对方当事人提出民事权利的要求，对方未用语言或者文字明确表示意见，但其行为表明已接受的，可以认定为默示。不作为的默示只有在法律有规定或者当事人双方有约定的情况下，才可以视为意思表示。"该条规定默示的意思表示，区分两种情形：第 1 句是"以行为接受"，为默示；第 2 句是"不作为的默示"应指没有人的行为动作，属于完全沉默，只在法定或约定例外情况下构成意思表示。

《合同法》第 14 条对于要约的形式并无限制，口头或书面均可；其第 22 条规定："承诺应当以通知的方式作出，但根据交易习惯或者要约表明可以通过行为作出承诺的除外。"据此，承诺首先可以"通知"方式作出，但无形式限制，口头或书面均可，只要能够明确表达同意接受要约的意思即可。且无须与要约的形式对应。[①] 其次，第 22 条后段所称"通过行为作出承诺"属于意思实现，广义上也可作为默示意思表示。[②]

《合同法解释(二)》第 2 条规定，当事人未以书面形式或者口头形式订立合同，但从双方从事的民事行为能够推定双方有订立合同意愿的，人民法院可

---

① 参见韩世远:《合同法总论》(第二版)，法律出版社 2008 年版，第 87 页。

② 参见韩世远:《合同法总论》(第二版)，法律出版社 2008 年版，第 92 页。

以认定是以合同法第 10 条第 1 款中的“其他形式”订立的合同。此处“从事的民事行为能够推定”究竟是事实上契约还是默示意思表示存在争议。理论上应以后者为是。①

在《民法总则》制定过程中,全国人大法工委民法室 2015 年 8 月 28 日发布的“民法总则民法室室内稿”第 98 条已经有该规定,内容为:“意思表示可以明示或默示作出。以不作为的默示作出意思表示,应当根据法律规定、当事人约定或习惯。”《民法总则(草案)》(一审稿)第 118 条将其分为两款:“行为人可以明示或者默示作出意思表示。沉默只有在有法律规定、当事人约定或者习惯时,方可以视为意思表示。”对比“民法总则民法室室内稿”的表述,《民法总则(草案)》(一审稿)第 2 款将“不作为的默示”改为“沉默”。因为第 1 款中的“默示”已是意思表示,而沉默与默示不同,须有法定、约定或习惯的前提下才能构成意思表示,因此《民法总则(草案)》(一审稿)的修改更为科学。此后,《民法总则(草案)》(二审稿)第 133 条、《民法总则(草案)》(三审稿)第 141 条均沿用一审稿的表述。有民法学者对于《民法总则(草案)》(一审稿)区分“默示”与“沉默”的做法表示支持赞同。②

“法学会稿”第 124 条(意思表示的形式)对于意思表示的明示、默示和沉默区分得比较清楚,接近《民法总则(草案)》(一审稿)的表述。“社科院稿”第 124 条则简单地规定:“意思表示,可以采用表意人认为适当的形式,但法律有特别规定的除外。”

二、规范目的和规范含义

(一)规范目的

本条规定的是意思表示的明示或默示形式,也即意思表示中表示行为的形态。表示行为是表意人的内心意思表达于外部,是基于行为意思的动作,确立了效果意思,并使其表示意思能够为他人辨认。③ 通过表示行为,才能使意思表示显示出来。

---

① 参见朱庆育:《民法总论》(第二版),北京大学出版社 2016 年版,第 192 页。

② 参见温世扬:《民法总则应如何规定法律行为》,载《法学家》2016 年第 5 期。

③ Larenz/Wolf, Allgemeiner Teil des Bürgerlichen Rechts, 9. Aufl., C. H. Beck 2004, S. 439.

与本条对比,《民法总则》第135条规定的法律行为形式,是从行为意义的载体区分书面形式、口头形式或者其他形式。尽管意思表示是法律行为的构成要素,但二者规范目的不同。法律行为形式,尤其是法定形式,实现警示、举证、信息公开、公共管理等功能(参见第135条的评注)。而意思表示的形式主要侧重如何辨识法律行为的问题。

(二)规范含义

1. 概述

明示的意思表示是通过语言或文字直接表现表意人的效果意思。广义上默示的意思表示含义包含两层意思:一是由行为推断的意思表示,是根据具体情事,由行为人的行为动作推断其意思表示,有时又称"默示意思表示",例如对于要约点头进行承诺,在超市内将商品放入购物篮并在结账柜台提交可认为是购买的意思;二是单纯的沉默,或完全的不作为,只有法定或约定情况下才能构成意思表示。①《民法总则》第140条第2款规定的是单纯沉默,从文义脉络看,第1款中的"默示"应指可推断的行为构成的意思表示,后者笔者称为"狭义的默示意思表示"。我国法院在实务中也认可默示意思表示应区分上述两种情况。②

此外,可构成法律行为的作为或不作为,还有如下两种情形:(1)意思实现。《合同法》第26条第2句规定:"承诺不需要通知的,根据交易习惯或者要约的要求作出承诺的行为时生效。"理论上称为意思实现,其可成立法律行为(合同),但并非意思表示,因为行为人并未表示什么,也无法辨识其想表示什么。③(2)作为法律拟制的规范化沉默。例如,根据《民法总则》第145条第2款,限制行为能力人实施的法律行为,相对人催告法定代理人追认的,"法定代

---

① Vgl. Larenz/Wolf, Allgemeiner Teil des Bürgerlichen Rechts, 9. Aufl., C. H. Beck 2004, S. 439 f.

② 例如北京市第一中级人民法院在一起民事判决中指出:"所谓'默示',分为作为的默示和不作为的默示。作为的默示即当事人实施某种积极的行为,以此推定该当事人的某种意思表示;不作为的默示即有法律规定或者双方当事人明确约定的情况下以'沉默'的形式表达某种意思表示。"参见北京市第一中级人民法院(2012)一中民终字第05298号民事判决书。

③ Vgl. Larenz/Wolf, Allgemeiner Teil des Bürgerlichen Rechts, 9. Aufl., C. H. Beck 2004, S. 441.

理人未作表示的,视为拒绝追认”。此处的“视为”即为法律拟制行为人在沉默情况下发生某种法律后果,而非意思表示。[①]

区分上述各种情形下的意思表示形式或代替意思表示的行为,意义在于各种情形适用的法律不同。原则上,如为意思表示,应适用行为能力、意思瑕疵等一般规则;如非意思表示,则不适用。再者,有时法律明确规定须采某种形式,例如根据《合同法》第 19 条要约不可撤销须以“明示”方式进行。

明示意思表示较为简单,不予赘述。以下就广义上的默示意思表示分述之。

2. 由行为推断的意思表示(默示意思表示)

表意人在进行意思表示时,不使用言语或文字,而以某种特定的、法律行为意义上的符号,由此可推断其行为的意思表示。可推断的意思表示产生于约定或交易习惯。例如,将硬币投入自动售货机,登上收费的公共汽车等。[②]理论上被称为“事实上合同关系”(或社会典型行为)的现象(如登上汽车,在收费停车场内停车),都可通过可推断的意思表示来解释为法律行为。[③]

可推断的意思表示与通常话语表达的意思表示具有相同的效果,如果表意人对其所使用的符号发生错误,有权根据意思表示错误的规则撤销其意思表示。[④] 但是在法律明确要求,行为人须以“明示”方式作出意思表示时,则默示意思表示不足以构成法律行为。例如《担保法》第 13 条规定保证合同必须以书面形式订立,则不可想象如何以默示方式订立。

3. 单纯的沉默

可推断的意思表示至少还有行为人积极的行为,而单纯的沉默是消极不作为或任何事情都不做,后者原则上不构成意思表示。但是根据本法第 140

① Vgl. Larenz/Wolf, Allgemeiner Teil des Bürgerlichen Rechts, 9. Aufl. , C. H. Beck 2004, S. 530.

② 参见[德]迪特尔・梅迪库斯:《德国民法总论》,邵建东译,法律出版社 2000 年版,第 252~253 页。

③ 参见[德]布洛克斯、瓦尔克:《德国民法总论》,张艳译,中国人民大学出版社 2012 年版,第 135 页。

④ 参见[德]迪特尔・梅迪库斯:《德国民法总论》,邵建东译,法律出版社 2000 年版,第 253 页。

条第2款,在有法律规定或当事人约定,以及符合根据当事人之间的交易习惯时,单纯沉默才可以视为意思表示。实际上,沉默具有法律行为上的效果可分为两种情况:意思表示和法律拟制。

(1)沉默作为意思表示

首先,当事人可以约定沉默作为某种法律行为意义上的表示。例如,甲乙二人约定,如果甲向乙发出书面的要约,乙在一定时间内不拒绝要约,其沉默就视为同意该要约,前提是乙已经同意自己的沉默被认为是同意。但是,单方面地表达对方沉默就是认可要约,例如将未经订购的商品送上门,并说明未拒绝就是同意购买,则不能发生同意要约的效果。[①]

其次,法律规定当事人的沉默作为某种意思表示。例如,德国商法上的商人之间的意思表示即为著例。根据《德国商法典》第362条,对订立事务处理合同的要约的沉默,视为同意该要约,只要该商人与要约人之间存在交易关系或提出请求处理事务。[②] 再如,我国《执行民法通则意见》第66条第2句规定:"不作为的默示只有在法律有规定或者当事人双方有约定的情况下,才可以视为意思表示。"民法学理上认为此处"不作为的默示",就是指单纯沉默。[③]

再次,根据交易习惯,沉默可被认为是意思表示。典型的例子是德国商法上的"商人确认函"。根据德国的司法判决形成的习惯法,如果商人确认函的受领人没有毫不迟延地表示异议,则与确认函有关的合同,依照确认函的内容即告成立。[④]

最后,根据诚实信用原则,为保护相对人合理信赖,单纯沉默可以认定为意思表示。例如,我国《合同法》第23条第2款第2项规定,要约没有确定承诺期间的,非对话方式的承诺应当在合理期限内到达。否则,逾期的承诺表示

① Vgl. Larenz/Wolf, Allgemeiner Teil des Bürgerlichen Rechts, 9. Aufl., C. H. Beck 2004, S. 529.

② 参见[德]卡纳利斯:《德国商法》,杨继译,法律出版社2006年版,第567页。

③ 参见朱庆育:《民法总论》(第二版),北京大学出版社2016年版,第195页;崔建远等:《民法总论》,清华大学出版社2010年版,第42页。

④ 参见[德]卡纳利斯:《德国商法》,杨继译,法律出版社2006年版,第570页;另参见[德]扬·冯·海因、莉迪亚·贝伊:《要约通知与单纯沉默》,王蒙译,载《华东政法大学学报》2016年第2期。

构成一项新要约。实践中,如果承诺只是稍微超出合理期限到达,则受要约人可能存在值得保护的信赖。因为合理期限本身就具有弹性,受要约人既可能相信承诺表示在合理期限内到达,也可能相信要约人对于承诺表示的稍微迟延并不介意。为避免受要约人产生错误信赖,要约人理应及时发出通知予以澄清。否则,其沉默应当被解释为对构成新要约之承诺表示的同意。① 在《民法总则》制定过程中,杨代雄建议本条应该增加基于诚实信用原则和信赖保护原则可以将沉默视为意思表示的情形。②

沉默作为意思表示,适用意思表示的一般规则。例如,发生意思表示错误可以撤销,意思表示解释应从受领人的角度理解,等等。③

(2)拟制的意思表示

法律有时基于交往确定性的需要,直接将当事人的沉默拟制为意思表示,赋予其某种法律效果,而无论当事人是否追求这种效果。由于其不需要行为人的(意思)表示意识,法律效果直接与沉默的事实挂钩,理论上又称之为"规范化的沉默",或"代替表示的沉默"。④

法律拟制是常见的立法技术,它是指立法者"有意地将明知为不同者,等同视之",拟制的目的是将针对某一构成要件所作的规定,适用于另一构成要件。⑤ 法律拟制应用很广,例如,已满16周岁的未成年人以劳动收入作为生活来源,拟制其具有完全行为能力(《民法总则》第18条第2款),或法律概念的界定,例如《合同法》第15条第2款:"商业广告的内容符合要约规定的,视为要约"。就意思表示的拟制而言,如果当事人本应就某些事项为明确的意思表示而未为表示者,法律为结束不确定的关系状态、稳定法律秩序,推定当事人作出某种意思表示,赋予其确定的法律效力。⑥

---

① 参见杨代雄:《意思表示理论中的沉默与拟制》,载《比较法研究》2016年第6期。

② 参见杨代雄:《意思表示理论中的沉默与拟制》,载《比较法研究》2016年第6期。

③ Vgl. Larenz/Wolf, Allgemeiner Teil des Bürgerlichen Rechts, 9. Aufl., C. H. Beck 2004, S. 530.

④ Vgl. Köhler, BGB Allgemeiner Teil, 35. Aufl., C. H. Beck 2011, S. 52. Larenz/Wolf, Allgemeiner Teil des Bürgerlichen Rechts, 9. Aufl., C. H. Beck 2004, S. 530.

⑤ 参见拉伦茨:《法学方法论》,陈爱娥译,商务印书馆2003年版,第142页;另参见王泽鉴:《法律思维与民法实例——请求权基础理论体系》,中国政法大学出版社2001年版,第60页。

⑥ 参见黄茂荣:《法学方法与现代民法》,中国政法大学出版社2001年版,第160页。

我国民法上，可认为构成拟制意思表示的有如下规定：《民法总则》第145条第2款规定，限制行为能力人订立的合同，相对人催告法定代理人追认的，“法定代理人未作表示的，视为拒绝追认”；第171条第2款规定，无权代理人的相对人催告本人追认的，“被代理人未作表示的，视为拒绝追认”。[①]《合同法》第171条规定的试用买卖，“试用期间届满，买受人对是否购买标的物未作表示的，视为购买”；第236条规定，“租赁期间届满，承租人继续使用租赁物，出租人没有提出异议的，原租赁合同继续有效，但租赁期限为不定期”。[②]《继承法》第25条第2款规定：“受遗赠人应当在知道受遗赠后两个月内，作出接受或者放弃受赠的表示，到期没有表示的，视为放弃受遗赠。”

从原理上说，拟制是不可推翻的推定，且由法律直接赋予效果，因此拟制的意思表示与由沉默推断的意思表示不同，诸如意思表示解释、错误撤销等规则一般不适用。[③] 但关于无行为能力人和未成年人的保护规则，可以类推适用。[④]

4. 意思实现

意思实现也包含着指向引起某种法律效果的意思，但与意思表示不同的是，它没有表示行为，而纯粹是实施行为。[⑤] 由我国《合同法》第22条后半句规定“但根据交易习惯或者要约表明可以通过行为作出承诺的除外”，结合

---

① 上述两种情形，拉伦茨、沃尔夫认为属于拟制意思表示，Vgl. Larenz/Wolf, Allgemeiner Teil des Bürgerlichen Rechts, 9. Aufl., C. H. Beck 2004, S. 530. 杨代雄持不同意该观点，认为“视为拒绝追认”纯属多余，本应表述为不作表示的，“合同不生效”即可，而相对人催告的一个月，就是追认权的除斥期间。参见杨代雄：《意思表示理论中的沉默与拟制》，载《比较法研究》2016年第6期。

② 关于试用买卖、租赁届期后的续期，梅迪库斯认为是沉默推断的意思表示，参见［德］迪特尔·梅迪库斯：《德国民法总论》，邵建东译，法律出版社2000年版，第262页。）拉伦茨、沃尔夫、科勒认为属于拟制意思表示。Vgl. Larenz/Wolf, Allgemeiner Teil des Bürgerlichen Rechts, 9. Aufl., C. H. Beck 2004, S. 530. Köhler, BGB Allgemeiner Teil, 35. Aufl., C. H. Beck 2011, S. 52.

③ 关于拟制意思表示是否得因错误而撤销，参见［德］扬·冯·海因、莉迪亚·贝伊：《要约通知与单纯沉默》，王蒙译，载《华东政法大学学报》2016年第2期；杜景林：《民商事往来中沉默的法律责任》，载《法学》2014年第2期。

④ Vgl. Larenz/Wolf, Allgemeiner Teil des Bürgerlichen Rechts, 9. Aufl., C. H. Beck 2004, S. 531.

⑤ Vgl. Larenz/Wolf, Allgemeiner Teil des Bürgerlichen Rechts, 9. Aufl., C. H. Beck 2004, S. 440.

《合同法》第26条第2句中“承诺不需要通知”的表述可见,受要约人以行为作出承诺,即构成意思实现。①

意思实现须以当事人约定或有交易习惯作为前提。例如,要约人在要约中表示受要约人不需要作出承诺(放弃承诺),只要进行某种行为(如发货)即可成立合同。②

意思实现与默示意思表示的区别在于:意思实现只要行为作出即生效,而无需意思表示到达对方;而默示意思表示欲发生效力,还须到达对方才生效。③由此可见,如是无须通知的承诺,可以使合同尽早地成立,当事人之间的权利义务关系较早地建立。

虽然意思实现不是意思表示,但意思实现毕竟建立起法律关系,因此理论上认为意思实现须具备成立法律行为的“意思”(如承诺意思),而且也适用行为能力的规则。④ 但意思实现不可以表示错误为由而撤销。⑤

① 参见韩世远:《合同法总论》(第二版),法律出版社2008年版,第92页。

② 参见[德]迪特尔·梅迪库斯:《德国民法总论》,邵建东译,法律出版社2000年版,第281页。

③ Vgl. Larenz/Wolf, Allgemeiner Teil des Bürgerlichen Rechts, 9. Aufl., C. H. Beck 2004, S. 441;韩世远:《合同法总论》(第二版),法律出版社2008年版,第94页。

④ 参见韩世远:《合同法总论》(第二版),法律出版社2008年版,第95页。

⑤ Vgl. Larenz/Wolf, Allgemeiner Teil des Bürgerlichen Rechts, 9. Aufl., C. H. Beck 2004, S. 441.

第一百四十一条 【意思表示的撤回】

行为人可以撤回意思表示。撤回意思表示的通知应当在意思表示到达相对人前或者与意思表示同时到达相对人。

一、历史由来

本条是新增规定。在此之前,《合同法》第 17 条和第 27 条规定了要约或承诺的撤回。

“法学会稿”第 125 条(意思表示的撤回)规定:“行为人可以撤回意思表示,但撤回意思表示的通知须先于意思表示到达相对人或者与意思表示同时到达相对人。”“社科院稿”没有意思表示撤回的规定。

全国人大法工委民法室 2015 年 8 月 28 日发布的“民法总则民法室室内稿”第 99 条就已有该条文的表述,此后的各《民法总则(草案)》均保留该规定。

从比较法上看,大陆法系民法典中规定了法律行为和意思表示制度的,一般都会规定意思表示的撤回。例如,《德国民法典》第 130 条第 1 款第 2 句,《荷兰民法典》第 37 条第 5 款,我国台湾地区“民法典”第 95 条第 1 款第 2 句。

二、规范目的和规范含义

(一)规范目的

法律行为以私人自治为原则,在不影响对方利益的前提下,表意人应该可以使未生效的意思表示根本不发生效力,这是对表意人内心意愿的尊重。但对于有相对人的意思表示,一旦生效后,将会给相对人造成信赖,认为该意思表示具有效力。为避免此种信赖被破坏,在意思表示生效后即不可撤回。总之,表意人的意志和受领人的信赖是该规范要考虑的两个评价要点。① 基于此,本条规定撤回意思表示的通知应在意思表示到达相对人前或者与意思表示同时到达相对人。

(二)规范含义

本条的适用范围,可作如下理解:

首先,本条适用于有相对人的意思表示。因为在无相对人的意思表示情形,无须对相对人为表示,也无撤回之必要。②

其次,本条适用于非对话方式的意思表示。因为在对话方式的意思表示情形,在对谈交流过程中,意思表示的发出和达到几乎瞬间一致,表意人作出意思表示的同时,受领人同时就理解其意思,因而撤回意思表示是不可能的。当然,在表意人说完话之前,应当允许其更正自己的话语。③

最后,从本条第 2 句中撤回应在意思表示“到达相对人前”和“同时到达相对人”可知,采到达生效主义的,正是第 137 条第 2 款的有相对人的非对话意思表示。因为意思表示的发出和到达之间有时间差,所以才有撤回的可能性。

就撤回的“通知”性质而言,它不是表示某事之观念的通知(如承认债务、债权让与通知等),或表示某种欲望的意思通知(如催告债务),二者都属于准法律行为。④ 撤回的通知是表意人追求使已发出的意思表示不生效力的法律效果表达于外部的行为,属于意思表示。

撤回的意思表示没有任何形式限制。即使撤回与被撤回的意思表示的外在形式不同,也不会影响撤回的效力。即使法律规定被撤回的意思表示必须具备一定形式(如公证),但撤回本身也不需要任何形式。⑤

---

① Staudinger Kommentar zum BGB/ Reinhard Singer,2011, § 130,Rn. 101.

② 参见[德]迪特尔·梅迪库斯:《德国民法总论》,邵建东译,法律出版社 2000 年版,第 226 页。

③ 参见[德]迪特尔·梅迪库斯:《德国民法总论》,邵建东译,法律出版社 2000 年版,第 226 页。

④ 观念通知和意思通知的界定,参见史尚宽:《民法总论》,中国政法大学出版社 2000 年,第 303 页。

⑤ 参见[德]迪特尔·梅迪库斯:《德国民法总论》,邵建东译,法律出版社 2000 年版,第 225 页。

撤回必须及时,本条第 2 句规定撤回的通知必须在意思表示到达相对人前或者与意思表示同时到达相对人。据此,撤回是否及时,仅以撤回通知的到达为准,而不问相对人是否已经知悉。假如被撤回的意思表示在到达时,受领人已经提前获悉表意人的撤回,但该撤回实际上较迟才到达,则撤回并不发生作用。[①]

撤回的效力,是使尚未发生效力的意思表示不生效力。例如,要约撤回就是在要约发生效力之前,使之不生效力。[②] 撤回解除的通知,就是使解除意思表示不发生效力。

撤回的后果与使已经生效的意思表示失去效力的"撤销"不一样。除意思表示瑕疵的表意人享有意思表示的撤销权之外,我国《合同法》第 18 条还规定要约人原则上享有撤销权,即在受要约人发出承诺通知之前,要约人可以撤销已到达的要约。这一问题也被称为"要约的形式拘束力"。[③] 德国法系一般认可要约到达后不可撤销,具有形式约束力(《德国民法典》第 145 条)。但英美法系一般认为在受要约人承诺之前,因为要约没有对价,所以没有拘束力,可以撤销。国际公约(CISG、PICC)调和两大法系的不同做法,原则上要约可以撤销,但有限制条件。我国《合同法》借鉴国际条约的方法,在第 18 条规定要约可以撤销,但第 19 条限制要约不得撤销的情形:(一)要约人确定了承诺期限或者以其他形式明示要约不可撤销;(二)受要约人有理由认为要约是不可撤销的,并已经为履行合同作了准备工作。[④] 无论如何,撤销仅限于要约,承诺不可撤销,因为根据《合同法》第 25 条"承诺生效时合同成立",无从撤销承诺。

---

① Palandt Bürgerliches Gesetzbuch Kommentar/Ellenberger, 70. Aufl., C. H. Beck, 2011, § 130, Rn. 11. 朱庆育:《民法总论》(第二版),北京大学出版社 2016 年版,第 212 页。

② 参见韩世远:《合同法总论》(第二版),法律出版社 2008 年版,第 76 页。

③ 韩世远:《合同法总论》(第二版),法律出版社 2008 年版,第 77 页。关于要约形式拘束力的比较法和利弊的详细分析,参见耿林:《论意思表示的到达效力》,载《东南大学学报》(哲学社会科学版)2016 年第 5 期。

④ 参见胡康生主编:《中华人民共和国合同法释义》(第二版),法律出版社 2009 年版,第 43 ~ 45 页。

第一百四十二条 【意思表示的解释】

有相对人的意思表示的解释，应当按照所使用的词句，结合相关条款、行为的性质和目的、习惯以及诚信原则，确定意思表示的含义。

无相对人的意思表示的解释，不能完全拘泥于所使用的词句，而应当结合相关条款、行为的性质和目的、习惯以及诚信原则，确定行为人的真实意思。

一、历史由来

本条是在《合同法》第 125 条第 1 款的基础上作出的一般性规定。《合同法》第 125 条第 1 款规定："当事人对合同条款的理解有争议的，应当按照合同所使用的词句、合同的有关条款、合同的目的、交易习惯以及诚实信用原则，确定该条款的真实意思。"学理上认为，该条提供了如下几种合同解释方法：按照合同使用的词句解释，即文义解释；按照合同的有关条款解释，即整体解释；按照合同的目的解释，即目的解释；按照交易习惯解释，即习惯解释；按照诚实信用原则解释，即诚信解释。[①] 此外，《合同法》关于格式条款的解释设置了特别的解释规则，即第 41 条："对格式条款的理解发生争议的，应当按通常理解予以解释。对格式条款有两种以上解释的，应当作出不利于提供格式条款一方的解释。格式条款和非格式条款不一致的，应当采用非格式条款。"

中国民法典是否需要采用意思表示或法律行为解释的一般性规定，早有讨论。韩世远认为，合同和单方行为（如遗嘱）的意思表示解释的方法和标准具有相当的差异，不宜作统一规定。而且，如《德国民法典》第 133 条规定意思表示解释规则，又在第 157 条规定合同解释规则，而实践中往往是结合在一起运用。因此，意思表示解释规则不宜在《民法总则》中做统一规定，而适合在民

① 参见梁慧星：《民法总论》（第四版），法律出版社 2011 年版，第 191 页。

法各编根据不同法律行为作分别规定。[1] 但张驰从我国采民事法律行为的立法体例出发，认为应在《民法总则》中统一规定意思表示解释规则。[2]

全国人大法工委民法室 2015 年 8 月 28 日发布的“民法总则民法室室内稿”第 101 条规定：“对意思表示的解释，应当按照所使用的词句，结合有关条款、行为的目的、交易习惯以及诚实信用原则，确定行为人的真实意思。”其条文表述和用语，与《合同法》第 125 条第 1 款几乎完全一致。

《民法总则（草案）》（一审稿）第 120 条则区分有相对人意思表示和无相对人意思表示，主要区别在于前者“应当按照所使用的词句”，后者“不能拘泥于所使用的词句”进行意思表示解释。二审稿第 134 条将本条分为两款，三审稿亦同。

“法学会稿”第 126 条和第 127 条分别规定了“无需受领意思表示的解释”和“需受领意思表示的解释”。在内容上与《民法总则（草案）》（一审稿）基本一致。2016 年 2 月，全国人大法工委向有关单位发送的《民法总则（草案）征求意见稿》第 99 条与“法学会稿”基本一致，也有“受领人的合理信赖”的表述，但梁慧星提出应删除之，其理由在于：依民法原理及法学方法论，意思表示的解释，非依据任何一方的理解和信赖，而是按照具有理性之人处于同等情形应有之理解和信赖，以确定其意义。且所谓“受领人的合理信赖”，亦应按照意思表示“所使用的词句，结合相关条款、行为的性质和目的、习惯以及诚信原则”综合判断，不可能存在独立于“所使用的词句，相关条款、行为的性质和目的、习惯以及诚信原则”之外的“受领人的合理信赖”。特此建议删去，以免导致当事人缠讼及法官滥用自由裁量之虞。[3]

“社科院稿”第 152－157 条规定的是“法律行为的解释”，具体包括文义解释、整体解释、目的解释、习惯解释、公平解释、诚实信用解释。但遗憾的是，上述建议草案的部分内容未能反映在全国人大法工委的正式草案中。

---

① 参见韩世远：《民事法律行为解释的立法问题》，载《法学》2003 年第 12 期。

② 参见张驰：《论意思表示解释》，载《东方法学》2012 年第 6 期。

③ 参见梁慧星：《〈中华人民共和国民法总则（草案）〉：解读、评论和修改建议》，载《华东政法大学学报》2016 年第 5 期。

二、规范目的和规范含义

(一)规范目的

意思表示是表意人以明示或默示的方式将内心意愿表示出来,他所使用的词语、文字或行为动作都是语言形式,而人际交往中,因具体环境背景和外在条件的不同,存在多重理解的可能性。由此造成,表意人与受领人可能对于表示的意义会理解不一致。由此就需要对于意思表示进行解释,以确定表示的具体含义。明确表意人思想表达的意义就是意思表示的基本任务。

本条分两款,区分有相对人的和无相对人的意思表示,规定在确定意思表示的含义时,应考量的因素包括:所使用的词句、相关条款、行为的性质和目的、习惯以及诚实信用原则。这些因素同时也提供了意思表示解释的方法指引。但从本条规定,并不能得出这些因素或方法之间严格的优先顺序或思考顺序,还是依赖当事人和裁判者结合具体情事进行运用和判断。

此外,当事人所表达的意思表示对于他们想要追求的行为目标而言,有时可能存在不周延之处,例如合同当事人对于某些必要条款缺乏具体约定,因此存在所谓"合同漏洞",这就需要通过解释确定假如当事人意识到漏洞存在,其应会如何进行规定和调整,于此,解释的任务在于发现当事人"假设的规范意思"。[①] 这是意思表示解释中的"补充解释"问题。尽管本条并未就补充解释作出规定,但从解释学的哲学原理上说,"解释"包括意义的延伸和创造,补充解释属于解释的范畴。而且,大陆法系各国民法学说上一般也都将补充解释作为意思表示解释的一个环节。[②] 因此,在本条的理解与适用中,需要考虑补充解释问题。

---

① Larenz/Wolf, Allgemeiner Teil des Bürgerlichen Rechts, 9. Aufl., C. H. Beck 2004, S. 540. Köhler, BGB Allgemeiner Teil, 35. Aufl., C. H. Beck 2011, S. 135.

② 参见[德]维尔纳·弗卢梅:《法律行为论》,迟颖译,法律出版社 2013 年版,第 377 页以下;[日]山本敬三:《民法讲义 I:总则》(第三版),解亘译,北京大学出版社 2012 年,第 109 页以下;王泽鉴:《民法总则》,北京大学出版社 2014 年版,第 390 页以下;韩世远:《合同法总论》(第二版),法律出版社 2008 年版,第 632 页以下。

(二)规范含义

1. 概述

(1)意思表示解释与法律解释、合同解释

意思表示与法律行为解释一般是同义的。与法律解释也具有一定的相似性。例如,所解释的是立法者或表意人的意志,从立法者或表意人所表示的内容出发来确定意思,此外,法律或法律行为都可能存在漏洞需要通过补充性解释进行填补。① 陈自强也认为法律解释方法与契约解释方法具有相似性。②但二者还是有明显的区别:

第一,法律和意思表示的相对人不同。抽象的法律是针对不特定的大多数人适用,而意思表示只针对特定相对人。因此,意思表示解释须顾及意思表示受领人的独特理解,而解释法律则不能类似考虑,否则法律因不同人的理解可能性而赋予不同的意义。③

第二,法律目的是最重要的解释标准(目的解释),而在多方法律行为(合同、决议等)中,将目的作为解释标准须十分谨慎,因为一方所追求的目的,未必是另一方所追求的目的,所以目的并不能直接决定法律行为的内容。④ 正如弗卢梅所说,历史解释因素在法律行为解释中,不像在法律解释中发挥核心作用。⑤

第三,个别法律规范是整个法律制度的组成部分,因此法律解释需要置于整体法律制度的脉络之中,与其他部分的联系起来考虑,从而体系解释是重要的解释方法。而法律行为中的意思表示并不一定需要与其他法律行为联系起来解释,取而代之的是作出意思表示时的事实情形。⑥ 这些事实情形构成理解意思表示的意义背景。当然,意思表示也有需要考虑体系解释的情形:例如具体的合同条款放在合同的整体关系中才能适当理解;⑦表意人的行为如给对方

---

① 参见[德]布洛克斯、瓦尔克:《德国民法总论》,张艳译,中国人民大学出版社 2012 年版,第 91 页。

② 参见陈自强:《民法讲义 II:契约之内容与消灭》,法律出版社 2004 年版,第 60 页。

③ 参见[德]迪特尔·梅迪库斯:《德国民法总论》,邵建东译,法律出版社 2000 年版,第 233 页。

④ 参见[德]迪特尔·梅迪库斯:《德国民法总论》,邵建东译,法律出版社 2000 年版,第 233 页。

⑤ 参见[德]维尔纳·弗卢梅:《法律行为论》,迟颖译,法律出版社 2013 年版,第 362 页。

⑥ 参见[德]维尔纳·弗卢梅:《法律行为论》,迟颖译,法律出版社 2013 年版,第 363 页。

⑦ 参见[德]迪特尔·梅迪库斯:《德国民法总论》,邵建东译,法律出版社 2000 年版,第 233 页。

形成值得保护的信赖,表意人破坏信赖的背离行为就构成自相矛盾,违反诚实信用;[①]以及关联合同之间,同时考虑全部的合同关系,更容易确定个别合同的意义。

意思表示解释与合同解释的关系比较密切。意思表示(要约、承诺)是构成合同的要素,要约、承诺的解释是个别意思表示的解释,属于合同成立与生效阶段的解释作业,对于合同成立和生效的判断具有意义;而合同解释是要认定合同关系内容,合同内容将是当事人的行为规范,也成为法院的裁判规范,具有规范意义。[②] 尽管《德国民法典》第133条和第157条分别规定意思表示解释与契约解释,前者重点在于探求当事人真意,后者强调诚实信用和交易习惯,但德国民法的理论和实践中都是将二者结合起来解释所有类型的法律行为,包括单方行为、契约和决议等,并非将二者严格区别运用。[③] 从根本上说,意思表示是法律行为的最主要要素,意思表示解释的规则也可以运用在合同解释,因此本书对二者不作严格区分,一体化对待。

此外,在单方法律行为,如遗嘱,意思表示解释就等同于该法律行为的解释,更不用区分意思表示解释或法律行为解释。

(2)意思表示解释的目标

意思表示是为了满足法律行为的要求,达到当事人追求的效果和目的。因此解释的一般性目标包括:(1)是否存在意思表示?借此区分法律行为与其他行为。(2)意思表示或法律行为的内容如何?尤其是涉及合同权利义务的确定。(3)意思表示或法律行为是否存在漏洞,以便进行补充解释。[④]

尽管如此,但各种具体情形下的意思表示解释的目标并不全然一致,应根据意思表示的理解需要而定,分述如下:

第一,探求表意人的主观真实意思。意思表示解释可能仅仅是为了探求表意人的表示行为究竟是什么意图。主观意思是内心情况,他人不能立即知晓,但可以亲自询问表意人,或借助外部情事推断出表意人的意思。这种单纯

---

① 参见朱庆育:《民法总论》(第二版),北京大学出版社2016年版,第220页。

② 参见陈自强:《民法讲义Ⅱ:契约之内容与消灭》,法律出版社2004年版,第60页;韩世远:《合同法总论》(第二版),法律出版社2008年版,第620页。

③ Vgl. Staudinger Kommentar zum BGB/ Reinhard Singer, 2011, § 133, Rn. 3.

④ 参见王泽鉴:《民法总则》,北京大学出版社2014年版,第381页;Larenz/Wolf, Allgemeiner Teil des Bürgerlichen Rechts, 9. Aufl., C. H. Beck 2004, S. 511.

的目的追求一般发生在单方法律行为或无相对人意思表示情形,例如遗嘱的含义仅取决于遗嘱人的意愿,其他人(如遗产继承人)的信赖没有保护之必要,因为后者仅取得财产而不需要提供给付。动产所有权的抛弃亦同。[①]《民法总则》第 142 条第 2 款规定"无相对人的意思表示的解释,……确定行为人的真实意思",正是确定了这一目标。

第二,查知受领人理解的意思。绝大多数的法律行为是有相对人的意思表示构成。意思表示须从受领人的视角解释和查明其含义,意思表示的内容应从受领人在意思表示到达之时所具备的理解可能性来予以确定。自受领人方面而言,他也必须作出努力,去识别表意人意思表示的意义。总之,解释的目的不是确定表意人的真实意思,而是查知相对人可以理解的意思,学理上称之为"规范性的意思"。[②] 此类典型的情形包括:缔结合同的要约和承诺,行使形成权的意思表示,如撤销、解除、抵销等。《民法总则》第 142 条第 1 款规定"有相对人的意思表示的解释,……确定意思表示的含义",对比第 2 款,第 1 款并不要求确定真实意思,而是意思表示的规范性意思。

第三,查知交易典型的表示意义。在并非特定相对人受领的意思表示,而是对一般人或一定范围内的不特定人作出的意思表示,例如悬赏广告(单方行为说)、设立财团的捐赠行为,股份或债券的募集或发行行为等。于此,无法从某个特定受领人的视角确定意思表示的意义,而是根据一般的参与交往之人的理解可能性,查明该行为的交易典型意义。[③] 此外,根据一般人的理解来确定意思表示的含义,还运用在格式条款的解释上,即格式条款首先应按"通常理解"予以解释(参见《合同法》第 41 条第 1 句、《保险法》第 30 条第 1 句)。

下文的评注着重讨论有相对人和无相对人的意思表示解释,这是《民法总则》第 142 条规范的重点。而对于不特定人的意思表示(上述第三种情形),相

---

① Vgl. Larenz/Wolf, Allgemeiner Teil des Bürgerlichen Rechts, 9. Aufl., C. H. Beck 2004, S. 509.

② Vgl. Larenz/Wolf, Allgemeiner Teil des Bürgerlichen Rechts, 9. Aufl., C. H. Beck 2004, S. 510. [德]迪特尔·梅迪库斯:《德国民法总论》,邵建东译,法律出版社 2000 年版,第 238 页。

③ Vgl. Larenz/Wolf, Allgemeiner Teil des Bürgerlichen Rechts, 9. Aufl., C. H. Beck 2004, S. 510, S. 531. Köhler, BGB Allgemeiner Teil, 35. Aufl., C. H. Beck 2011, S. 131. Staudinger Kommentar zum BGB/ Reinhard Singer, 2011, § 133, Rn. 72.

应法律规定较为分散,可根据各个行为的法理来解释。

(3)意思表示解释的客体

意思表示由内心意思和外部表示两部分组成。但作为意思表示解释的客观,只能是表示行为,即外在可辨识的行为事实,而不是内心意思。进一步而言,解释的客观只能是表示行为本身,而不是为说明表示行为的意义而围绕表示行为的全部相关情况。所有需要考虑的相关情事不是意思表示解释的对象,而是解释的线索和辅助手段。① 此处所谓相关情况,诸如当事人的先前谈判、特殊的语言用法、交易惯例、时间和地点等,它们构成理解意思表示含义的背景和环境,但本身并不是意思表示解释的对象。

意思表示如以明示方式作出,包括口头、书面或数据电文方式等,如果这些明示表示的语言文字含义存在不明确、多重理解或自相矛盾的情况,就需要进行意思表示解释。

意思表示如以可推断的积极行为作出,例如默示意思表示,则解释的对象就是人的具有表示意识的行为,如向自动售货机投币、登上公共汽车、拍卖时举手等。在有相对人受领的、由行为推断出的意思表示,必须向相对人作出行为,例如债权人当着债务人的面撕毁债权凭证,可推断其免除债务的意思。但如果债务人不在场而如此这般行为,则推断不出免除的意思。②

在单纯的沉默或不作为情形,首先要考虑的是,是否能认定为意思表示。民法学理通说认为单纯沉默一般不宜认为意思表示。《民法总则》第 140 第 2 款规定"沉默只有在有法律规定、当事人约定或者符合当事人之间的交易习惯时,才可以视为意思表示。"如果沉默构成意思表示,在出现不明确、歧义或自相矛盾时,也需要解释。

2. 有相对人的意思表示解释步骤和方法(本条第 1 款)

(1)解释的出发点:自我决定与信赖保护

意思表示的意义查明,究竟是要探寻主观意思,还是确定其客观表示意

① Vgl. Larenz/Wolf, Allgemeiner Teil des Bürgerlichen Rechts, 9. Aufl., C. H. Beck 2004, S. 515.

② Vgl. Larenz/Wolf, Allgemeiner Teil des Bürgerlichen Rechts, 9. Aufl., C. H. Beck 2004, S. 516.

义，反映两种对立的价值追求，即前者突出表意人的自我决定，而后者突出表示受领人的信赖保护。[①] 如将这一问题置于意思表示理论的整体框架下看，上述对立就是“意思主义”和“表示主义”的理论之争。如将意思表示不被理解或误解视作一种风险，按意思主义应由相对人承担风险，按表示主义则应由表意人承担风险。[②]

事实上，《民法总则》上关于意思表示法则，并非仅仅彻底遵从上述任一理论，而是在权衡表意人和受领人的利益基础上，对于不同的案型，作出相应的合理安排。例如，在单方的真意保留情形，一般认为表意人并无值得保护的必要，因而不影响意思表示的效力，但如果相对人知道时，则意思表示无效（参见《德国民法典》第116条、我国台湾地区“民法典”第86条），因为在后者情况，相对人也无信赖保护之必要。如果当事人双方以虚假的意思表示实施民事法律行为，则法律行为无效（我国《民法总则》第146条第1款），这一结果也是由于意思表示受领人并无值得保护的必要。[③] 而在表意人欠缺表示意识的情况下作出的客观上具有法律意义的表示（如拍卖场所举手），则相对人有值得保护的信赖利益，意思表示不因之立即无效。但如果行为人确实没打算作出意思表示，得以错误为由撤销意思表示。[④]

本条确立的意思表示的解释规则，显然区分不同的情形，赋予自我决定和信赖保护不同的价值权重。第2款规定无相对人的意思表示应查知行为人的真实意思，尊重表意人的意思自治，而第1款规定有相对人的意思表示则“按照所使用的词句”确定其客观的规范意思，更侧重相对人的信赖保护。因此，本条反映了一种平衡表意人和相对人利益的立法思想。

当然须澄清，在有相对人的意思表示，虽然解释目标是查知表示的客观含义，但绝非不考虑表意人的内心意思。如果理解失误的原因并不处于表意人

---

① Vgl. Larenz/Wolf, Allgemeiner Teil des Bürgerlichen Rechts, 9. Aufl., C. H. Beck 2004, S. 511.

② 参见朱庆育：《民法总论》（第二版），北京大学出版社2016年版，第220页以下。

③ 参见［德］布洛克斯、瓦尔克：《德国民法总论》，张艳译，中国人民大学出版社2012年版，第235页。

④ 参见［德］布洛克斯、瓦尔克：《德国民法总论》，张艳译，中国人民大学出版社2012年版，第98～99页。

的控制范围之内,或者表意人根本无法知道,或处于受领人领域中的情事,则不可将这些风险归由表意人承担,使意思表示按其客观意义理解。再者,如通过意思表示解释查明的结果,确与表意人内心意思相背,则表意人可以通过意思表示错误规定而撤销意思表示,①借此可适当维护表意人的自我决定。但如表意人有过错的,应承担缔约过失的损害赔偿责任(参见《民法总则》第157条第2句)。

(2)实际理解一致的优先性

弗卢梅指出,只有无法获知当事人对表示的实际理解,或合同当事人是否就表示达成一致理解时,才有必要进行规范性解释。② 拉伦茨也认为,有相对人的意思表示从受领人的角度理解,查知其规范性含义,前提是受领人并未准确理解表意人的意思。但如果受领人事实上已经正确地认识到表意人的真实意思,则应按该意思表示的真意进行理解。换言之,如果受领人就表示与表意人理解上发生一致,在审查意思表示的成立和内容时,应优先考虑。③

体现上述原则的首先有法谚所云"误载无害真意"。例如,表意人的表示存在多种理解,而受领人正确地将其理解为其中之一;或者表意人表示的是一种意思,但相对人将其理解为另一意思,而这正是前者所想表达的意思。例如,出卖人在要约中将"卖"说成"买",相对人将之理解为"卖",则该要约仍是一项出卖的要约。"误载无害真意"按表意人真意确定意思,本质上也是遵循作为私人自治基础的"自我决定原则"。④

在订立合同订立时,受领人尽管理解表意人使用的(错误)表示方式所代表的真实意思,但如果受领人并不同意该意思表示,则对此并不存在意思表示一致。合同不按表意人的意思成立,而是应按照错误表示的客观表示意义而成立。当然,如果表意人认为自己表示错误,则可以撤销合同,但须负损害赔

① 参见[德]迪特尔·梅迪库斯:《德国民法总论》,邵建东译,法律出版社2000年版,第239页。

② 参见[德]维尔纳·弗卢梅:《法律行为论》,迟颖译,法律出版社2013年版,第353页。

③ Vgl. Larenz/Wolf, Allgemeiner Teil des Bürgerlichen Rechts, 9. Aufl., C. H. Beck 2004, S. 517.

④ Vgl. Staudinger Kommentar zum BGB/ Reinhard Singer, 2011, § 133, Rn. 13.

偿责任。①

与意思表示因错误而撤销相比,如果当事人事实上对意思表示理解一致,即使使用了错误的表示,也不允许表意人撤销。② 这被称为"解释先于错误"的原则。

总之,如果存在表意人和受领人理解上的一致,表意人的真实意思不仅优先于文句或其他的表示形式,而且也有优先于其他形式的解释方法。③ 换言之,如果实际上的理解一致,根本不需要考虑意思表示的解释或错误撤销制度。

(3)意思表示解释的考量因素

为查知意思表示的规范性含义,须借助各种解释方法,或者说解释中须考量各种因素,主要包括文义、体系、目的,以及习惯和诚实信用原则等因素。这些解释方法有时被立法者作为解释准则直接规定在法典之中,例如《法国民法典》第1156~1164条,《意大利民法典》第1362~1371条对于合同解释规定详细的解释方法。但是比较法学家认为这样的规定并不成功:以缺乏实质内容的技术规则去指导法官如何运用法律、哪些在实践中是合理的,并非立法者的任务。法官在解释合同时,应注重案件的具体情境,而如果抽象地受一般的解释规则拘束进行解释,将会误入歧途。因此,应留给法官和学者去发展适当的解释规则。④ 正是基于这种考虑,《德国民法典》有意地不规定意思表示解释的严格规则。⑤

有相对人的意思表示解释的任务是查知表示的规范性意义,各种方法或

---

① Vgl. Larenz/Wolf, Allgemeiner Teil des Bürgerlichen Rechts, 9. Aufl., C. H. Beck 2004, S. 518.

② 参见[德]布洛克斯、瓦尔克:《德国民法总论》,张艳译,中国人民大学出版社2012年版,第248页。

③ 参见[德]迪特尔·梅迪库斯:《德国民法总论》,邵建东译,法律出版社2000年版,第244页。

④ Vgl. Zweigert/Kötz, Introduction to comparative law, translated by Tony Weir, Clarendon Press 1998, p. 401.

⑤ [德]维尔纳·弗卢梅:《法律行为论》,迟颖译,法律出版社2013年版,第367页。我国有学者建议中国民法典《民法总则》应详细规定解释的方法准则,多达12种,参见崔建远:《意思表示的解释规则论》,载《法学家》2016年第5期。由本书所述理由看,这种立法建议并不合理。

因素的考量,均应服务于这一目的。为达到这一目的,解释者所选择的解释方法并不重要,忽略某一解释规则也并非适用法律的错误。换言之,法官并不受法典规定的解释规则的强制约束。[①] 基于此,本条规定的意思表示解释时须借助的词句、相关条款、行为性质和目的、习惯和诚实信用原则,都不是解释的强制标准或规则,而是解释者为查知表示的意义所考量的各种因素。兹分述如下:

第一,文义因素。文义是意思表示解释的出发点。本条第1款要求有相对人的意思表示解释,"应当按照所使用的词句",对比第2款"不能拘泥于所使用的词句"可知,第1款强调的是词句的客观意义,也就是应从受领人的视角客观地确定词句的表示意义。

语言文字有一般用法和特别用法(尤其是专业语言)的区别。在通常的法律交往中,首先应考虑语言的一般用法,如《合同法》第41条规定:"对格式条款的理解发生争议的,应当按通常理解予以解释。"而在某一领域的专业人员之间,原则上应该适用语言特别用法或专业语言的意义来理解。

此外,如果合同文本同时使用两种以上语言文字的,《合同法》第125条第2款规定:"合同文本采用两种以上文字订立并约定具有同等效力的,对各文本使用的词句推定具有相同含义。各文本使用的词句不一致的,应当根据合同的目的予以解释。"

第二,体系因素。在法律解释中又称为体系解释或整体解释。意思表示虽然不像个别法条处于整体法律制度中位置一样,与其他法律部分之间密切地相互牵涉和联系,但位于合同文书或其他具有法律行为意义的法律文件之中的个别条款或约定,应结合合同或法律行为的整体进行解释。《民法总则》第142条第1款要求"结合相关条款"即为此意。

第三,行为的性质和目的。在法律解释中也称目的解释,在法律行为解释中是指如果法律行为所使用的文字或某个条款可能作多种理解时,应采取最适合于法律行为目的解释。[②] 此处所谓"目的"应指各方当事人的共同目的,

① 参见朱庆育:《民法总论》(第二版),北京大学出版社2016年版,第231页。
② 参见梁慧星:《民法总论》(第四版),法律出版社2011年版,第192页。

或至少相对人已知或应知的一方当事人的目的。

当事人成立法律行为必有其目的,解释法律行为须符合当事人所欲达成之目的。如果意思表示内容前后矛盾或暧昧不明,应通过解释使之明确,以符合当事人目的。如果意思表示有两种以上的解释,一者使法律行为无效,另一者使法律行为有效,则应采取使之有效的解释,因为有效更符合当事人的目的。[①]

有时法律行为的目的难以确证,可以从法律行为产生的历史,尤其是缔约过程中当事人进行的谈判、商讨的情况,发现行为目的的线索。

从各国立法上看,《法国民法典》第 1158 条规定契约的用语可作两种解释,应采取最合于契约的实际内容的解释;第 1157 条规定一项条款可作两种解释,宁取其可以产生某种效果的解释,而舍弃不能产生任何效果的解释。《欧洲民法典草案》第 2 - 8:102 条第 1 款规定,解释契约尤应考虑契约的性质和目的;第 8:106 条规定,使契约合法或有效的解释,优先于无此效果的解释。《民法总则》第 142 条第 1 款"行为的性质和目的"符合世界立法潮流。

第四,习惯因素。习惯是在交易中占统治地位的现实惯例,它不是法律规范,但作为事实要素,对意思表示的解释起到决定性作用。[②] 习惯不是解释的方法或标准,而是一种解释的事实参考因素。因此"习惯解释"[③]不是一个妥当的术语表达。

《合同法解释(二)》第 7 条第 1 款界定《合同法》上的"交易习惯"是:"(一)在交易行为当地或者某一领域、某一行业通常采用并为交易对方订立合同时所知道或者应当知道的做法;(二)当事人双方经常使用的习惯做法。"据此可知,习惯有两类,其一是某一地方、领域或行业的一般性做法,其二是合同双方经常使用的做法。它们的共同特点是:相关范围内的群体都一致认同或双方认同。如习惯超出特定领域范围之外,或仅为一方认可,则不可据此进行意思表示解释。

---

① 参见梁慧星:《民法总论》(第四版),法律出版社 2011 年版,第 193 页。

② 参见[德]维尔纳·弗卢梅:《法律行为论》,迟颖译,法律出版社 2013 年版,第 365 页。

③ 参见梁慧星:《民法总论》(第四版),法律出版社 2011 年版,第 193 页;韩世远:《合同法总论》(第二版),法律出版社 2008 年版,第 630 页。

按交易习惯理解意思表示,前提是表意人和受领人属于同一个“交往圈”。[①] 如果不属于同一交易习惯范围内的主体,例如行业之外的人涉足陌生领域从事交易,是否应将习惯作为解释的因素呢? 对此,民法理论上存在争议。弗卢梅认为,交易习惯不得对不属于该行业领域的当事人产生不利;而拉伦茨·沃尔夫认为,行业之外的人涉足该行业,应了解行业惯例,对方视其为行业成员并在此基础上理解其意思表示,该人须承担相应后果。朱庆育赞同弗卢梅的观点,认为每踏入一个陌生领域都必须了解行业习惯,要求难免苛刻,不可期待普通人都如此做到。但如果是商人之间的交易,则有理由期待商人对于行业惯例已作了解。[②]

交易习惯属于事实因素,因此对于交易习惯,应由提出主张的一方当事人承担举证责任(《合同法解释(二)》第7条第2款)。

第五,诚实信用原则。诚信原则被称为民法上的帝王原则,是指导一切民事活动的最高准则。《德国民法典》第157条、《欧洲民法草案》第2-8:102条第1款、我国《民法总则》第142条均将诚实信用作为解释法律行为的参考标准。在诚信原则指导下,参与法律交往的当事人,被期待其行为均能符合诚信思考的标准,尤其是合同当事人彼此间,应期待对方如同诚信思考般行为之人。[③] 诚信原则要求意思表示解释时,要考虑各方当事人而非一方的利益。[④] 据此,法律行为所使用的文字词句有疑义时,应以诚信原则确定其正确意思;法律行为内容有漏洞不能妥善规定当事人权利义务时,应依诚信原则补充漏洞。[⑤]

此外,在以行为推断意思表示的情形,如表意人的行为所代表的意思表示意义清晰,并且给受领人已造成信赖,则表意人不得自相矛盾再进行相反的解

① Vgl. Larenz/Wolf, Allgemeiner Teil des Bürgerlichen Rechts, 9. Aufl., C. H. Beck 2004, S. 523.

② 参见朱庆育:《民法总论》(第二版),北京大学出版社2016年版,第229页。

③ 参见陈自强:《民法讲义Ⅱ:契约之内容与消灭》,法律出版社2004年版,第64页。

④ Vgl. Köhler, BGB Allgemeiner Teil, 35. Aufl., C. H. Beck 2011, S. 132.

⑤ 参见梁慧星:《民法总论》(第四版),法律出版社2011年版,第195页。

释。否则，与表意人的行为推断出的客观意义相矛盾的表示，不予考虑。[①] 这种“矛盾的行为不予考虑”法谚的法理基础也是诚实信用原则。

(4) 规范性意思表示解释的后果

正如在有相对人意思表示解释的任务中所说，解释的目的是查知表示的客观含义。规范性解释的后果首先是得出这种客观的含义，即使其并不完全符合表意人的内心意思。在这种客观意义的基础上成立的法律行为，其权利义务内容就对当事人产生法律约束力。

如果在考虑过所有的解释因素之后，表示的内容仍然具有多重的含义，从而因欠缺足够的明确性而不生效力。随着表示的不生效力，也不会发生当事人所追求的法律效果。[②]

上述效果延伸在合同方面而言，当事人对于合同的必要内容(常素)欠缺合意而不成立；对于合同的非必要内(偶素)欠缺合意，则可以通过任意法或补充性解释来代替而使合同成立。[③]

3. 无相对人的意思表示解释(本条第 2 款)

无相对人的意思表示不需他人受领，在作出表示时即可生效，其意义也不取决于他人如何理解。因此，意思表示的解释应按照表意人的个人理解。[④] 但无相对人意思表示毕竟需要公开，否则作为内在的心理现象并不为他人所知。为探求表意人的真实意思，仍需要意思表示的解释。[⑤]《民法总则》第 142 条第 2 款规定无相对人意思表示解释“不能拘泥于所使用的词句，而应当结合相关条款、行为的性质和目的、习惯以及诚实信用原则，确定行为人的真实意思”。可见，其具体解释考量因素，包括结合相关条款、行为的性质和目的、习惯以及诚实信用原则，与第 1 款无异。但不同的是，该款的整体表述结构是

---

① Vgl. Larenz/Wolf, Allgemeiner Teil des Bürgerlichen Rechts, 9. Aufl., C. H. Beck 2004, S. 520.

② Vgl. Larenz/Wolf, Allgemeiner Teil des Bürgerlichen Rechts, 9. Aufl., C. H. Beck 2004, S. 528. [德]维尔纳·弗卢梅：《法律行为论》，迟颖译，法律出版社 2013 年版，第 367 页。

③ 参见[德]布洛克斯、瓦尔克：《德国民法总论》，张艳译，中国人民大学出版社 2012 年版，第 168 ~ 169 页。

④ Vgl. Staudinger Kommentar zum BGB/ Reinhard Singer, 2011, § 133, Rn. 15.

⑤ Vgl. Larenz/Wolf, Allgemeiner Teil des Bürgerlichen Rechts, 9. Aufl., C. H. Beck 2004, S. 535.

"不能拘泥于所使用的词句……确定行为人的真实意思。"由此可见,在无相对人的意思表示解释的目的是利用一切相关因素,确定表意人的真实意思。

至于解释时的具体考量因素,在上文"有相对人的意思表示解释"中已有详细阐述,不再赘述,但须注意应从追求表意人的真意角度稍作调整。例如,在有相对人的意思表示中,表示的词句首先按"通常的语言理解"进行文义解释,但在无相对人意思表示中并非如此。例如,遗嘱人所使用的词语与语言的一般用法不同,即使继承人并不清楚该词语的确切含义,但仍以遗嘱人的真实意思为准。举个教材中的例子:遗嘱人在遗嘱中说将"图书馆"给他的侄子继承,但按遗嘱人自己的习惯说法,"图书馆"其实是指他的"酒窖",因此他给侄子继承的是葡萄酒,而非书籍。①

无相对人意思表示在民法中是少数现象。典型实例是遗嘱、②动产所有权的抛弃以及意思实现。

4. 补充性解释

意思表示或法律行为的解释广义上包括简单解释和补充性解释。前者是以既存的意思表示为解释对象,后者则是意思表示或法律行为的漏洞填补。③就解释目的而言,前者在于发现表意人的真意或受领人理解的客观意义;后者则以假设的当事人意思为准据。④

补充性解释于法律行为出现漏洞时适用。法律行为的漏洞就是依当事人的规整计划应规定而未规定的要点,⑤或简称"违反计划的不完满性"⑥。法律行为的漏洞常见于合同(称为"合同漏洞"),但并不限于合同,在单方行为(例如遗嘱)也存在漏洞,需要补充解释。⑦ 但合同漏洞较为典型,如未作特别说

---

① Vgl. Köhler, BGB Allgemeiner Teil, 35. Aufl., C. H. Beck 2011, S. 130.

② 关于遗嘱解释的特殊问题,参见郭明瑞、张平华:《遗嘱解释的三个问题》,载《法学研究》2004 年第 4 期。

③ 参见朱庆育:《民法总论》(第二版),北京大学出版社 2016 年版,第 231 页。

④ 参见王泽鉴:《民法总则》,北京大学出版社 2014 年版,第 399 页。

⑤ Vgl. Larenz/Wolf, Allgemeiner Teil des Bürgerlichen Rechts, 9. Aufl., C. H. Beck 2004, S. 542. 王泽鉴:《民法总则》,北京大学出版社 2014 年版,第 389 页。

⑥ Vgl. Köhler, BGB Allgemeiner Teil, 35. Aufl., C. H. Beck 2011, S. 135.

⑦ Vgl. Larenz/Wolf, Allgemeiner Teil des Bürgerlichen Rechts, 9. Aufl., C. H. Beck 2004, S. 540.

明,下文着重以合同为中心进行阐述。

关于法律行为的补充性解释我国欠缺一般性规定。《合同法》第61、62条规定了合同当事人就质量、价款或者报酬、履行地点等内容没有约定或者约定不明确时的处理方法,包括补充协议、按照合同有关条款或者交易习惯确定(第61条)以及根据任意性法律规定(第62条)。

(1)补充性解释与任意法

任意性法律规定可就大量的典型漏洞情形作出同等的规整,以提高法律的确定性。《合同法》第62条就合同的质量、价款或者报酬、履行地点、履行期限、履行方式、履行费用负担等未作明确约定的,规定了法定的标准。因此,任意性规定也具有漏洞填补的功能。

就任意法与补充性法律解释之间的关系而言,它们没有一般性的适用顺序。[①] 尽管任意法是法律规定,但作为解释对象的法律行为是当事人意思自治的产物,根据其意义和目的,完全可以将任意法规定抛在一边。而且,现实生活缔结的各种合同并不完全符合法律规定的典型情况,可能包含偏离法律规定的情形,而这些恰恰是需要补充性解释发挥作用之处。具体而言,二者之间的关系须根据法律规定来判断:

第一,任意法从属性较强,明确在后适用。《合同法》第62条规定"当事人就有关合同内容约定不明确,依照本法第61条的规定仍不能确定的",适用本条补充的规定。而第61条确定相关条款方式包括协议补充,以及补充性解释("按照合同有关条款或者交易习惯确定")。由此可见,第61条的补充性解释优先于第62条的任意法规定。[②] 例如,《合同法》第141条关于买卖合同的交付地点,第156条关于包装方式,第232条关于租赁合同期限,均属此类任意规定。

第二,如果当事人约定的合同类型属于法律规定的典型合同,则有关典型合同的任意性规定应作为填补合同漏洞的规则适用,因为这些规定一般代表

① Vgl. Larenz/Wolf, Allgemeiner Teil des Bürgerlichen Rechts, 9. Aufl., C. H. Beck 2004, S. 540.

② 参见韩世远:《合同法总论》(第二版),法律出版社2008年版,第634页。

着公正的利益平衡,符合当事人的利益。[①] 因此,诸如买卖、租赁、赠与、保管等典型合同的相关法律应优先作为补充规定适用。

第三,如果当事人约定的合同不属法律调整的类型(如无名合同),或当事人约定的合同具有特殊性,并不希望法律调整,则应运用补充性解释。[②] 但关于典型合同的任意法规定所蕴含的利益评价,在相似的案型中,可以作为补充性解释的类推适用基础。[③]

(2)补充性解释的目标和方法

法律行为补充性解释的目标是查知当事人“假设的规范性意思”。查明这种意思,并非假设每一方当事人如果考虑漏洞的问题时,应如何顾及自身的利益,而是假设双方当事人经诚实信用地思考,以其追求和能够接受的公正的利益平衡的结果,去考虑漏洞的问题。这种思考方式得出的解释目标,并非是围绕经济或效率的考虑,而是兼顾当事人的意思自治和合同正义的追求。[④]

补充性解释本为法官自由裁量权的范畴,由法官填补法律漏洞,并无具体可循的方法。但我国《合同法》第 61 条规定合同约定不明确,且不能达成补充协议的,则“按照合同有关条款或者交易习惯确定”。理论上将此处确定合同条款的方法,概括为“整体解释补充”和“依交易习惯补充”两种方法,其具体内涵而言,与意思表示解释中的“体系因素”和“习惯因素”基本一致,[⑤]此处不赘。

(3)补充性解释的界限

尽管补充性解释具有填补法律行为漏洞的功能,促进了合同交易,但它未必是当事人自愿追求的后果。在进行补充性解释时,须遵循如下限制性的要求:

---

① Vgl. Larenz/Wolf, Allgemeiner Teil des Bürgerlichen Rechts, 9. Aufl., C. H. Beck 2004, S. 541. 王泽鉴:《债法原理》,北京大学出版社 2009 年版,第 172 页。

② Vgl. Larenz/Wolf, Allgemeiner Teil des Bürgerlichen Rechts, 9. Aufl., C. H. Beck 2004, S. 541. Köhler, BGB Allgemeiner Teil, 35. Aufl., C. H. Beck 2011, S. 135. 王泽鉴:《债法原理》,北京大学出版社 2009 年版,第 172 页。

③ Vgl. Larenz/Wolf, Allgemeiner Teil des Bürgerlichen Rechts, 9. Aufl., C. H. Beck 2004, S. 541.

④ Vgl. Larenz/Wolf, Allgemeiner Teil des Bürgerlichen Rechts, 9. Aufl., C. H. Beck 2004, S. 542.

⑤ 参见韩世远:《合同法总论》(第二版),法律出版社 2008 年版,第 634 ~ 635 页。

首先,应尽量以任意法的规定对当事人不完整的法律行为进行补充,如果排除任意法的适用,必须说明具体法律行为的特殊性和不适用的理由。

其次,补充性解释常用于已经成立的合同欠缺必要或非必要的条款时。但它不可替代缔结合同,或在根本没有合同时适用。①

再次,补充性解释仅运用于当事人未作意思表示的情形,从而代之以假设的规范性意思。但如果存在意思表示,只是其表示的意义不完整或不清晰,则应属于意思表示简单解释的任务。

最后,补充性解释不得对法律行为的内容进行改变或扩张,且解释的结果不可违背当事人的意思。② 否则,宁愿承认法律行为存在缺漏,甚至不生效。

① Larenz/Wolf, Allgemeiner Teil des Bürgerlichen Rechts, 9. Aufl., C. H. Beck 2004, S. 545.

② Köhler, BGB Allgemeiner Teil, 35. Aufl., C. H. Beck 2011, S. 135.

第三节　民事法律行为的效力

第一百四十三条　【一般有效要件】

具备下列条件的民事法律行为有效：

（一）行为人具有相应的民事行为能力；

（二）意思表示真实；

（三）不违反法律、行政法规的强制规定，不违背公序良俗。

一、历史由来

本条来源于《民法通则》第55条，并有所改造。

立法例上明文规定法律行为生效要件的并不占多数。德国民法等未明文规定法律行为的生效要件，仅规定了各种瑕疵法律行为的种类及其效力。学者对此意见不一。有的持否定意见。不过，因本条明文规定法律行为的生效要件，在裁判实务中，遇法律对待决案件无特别规定时，法庭可以引用本条作为裁判依据。法律行为的生效要件体现了民法对私法自治内容的控制，体现现代民法本身的要求，较好地处理了国家强制与私法自治的关系，经长期实践有其适用价值。[①]

二、规范目的与含义

（一）规范目的

本条是关于民事法律行为的一般有效要件的规定。通过规定一般民法法律行为有效的积极要件，可以给行为人及裁判者以明确的观念，更好地发挥行为规范及裁判规范的指引功能。

（二）规范含义

法律行为通常是由一些法律事实构成的复合体，由这些法律事实的性质，

---

① 参见梁慧星：《读条文　学民法》，人民法院出版社2014年版，第27页。

在理论上可区分与法律行为的成立相关的事项,以及成立后与行为的有效、无效等相关的事项,前者为成立要件(参照本法第 134 条及第 135 条),后者为有效要件。如欲法律行为完全发生相应的法律效果,则须具备这些要件。

(1)成立要件

法律行为的成立要件可以分为一般成立要件与特别成立要件。

一般成立要件,指一切法律行为的成立所共通的要件。其一为当事人,其二为意思表示。有的学说还要求"标的"为第三项要件,①有的则不要求。② 此所谓法律行为的"标的",其实就是法律行为的内容。有了"意思表示"作为成立要件,其实已经包含了法律行为的内容,因为任何意思表示,均不可能脱离具体的内容而抽象地存在。此处不再特别以之为第三项要件。

《合同法解释(二)》第 1 条第 1 款规定:"当事人对合同是否成立存在争议,人民法院能够确定当事人名称或者姓名、标的和数量的,一般应当认定合同成立。但法律另有规定或者当事人另有约定的除外。"其中"标的和数量"应理解为意思表示的内容,属于成立合同的要约所应具有的最低限度的内容,并具有辅助判断意思表示是否符合要约"内容具体确定"(《合同法》第 14 条第 1 项)的功能。

特别成立要件,指对于特定的法律行为的成立要求的要件。比如票据行为之类要式行为,须采取特定的方式;又如保管合同(《合同法》第 367 条)之类要物合同,须交付标的物,合同方始成立。

(2)有效要件

法律行为的有效要件亦可分为一般有效要件与特别有效要件。

一般有效要件,是一般法律行为所共通的有效要件,本条即是关于一般有

① 参见郑玉波:《民法总则》,中国政法大学出版社 2003 年版,第 306 页;王泽鉴:《民法总则》,北京大学出版社 2009 年版,第 201 页;施启扬:《民法总则》,作者自版 2001 年版,第 198 页;梁慧星:《民法总论》(第四版),法律出版社 2007 年版,168 页;寇志新:《民法总论》,中国政法大学出版社 2000 年版,第 203 页;黄立:《民法总则》,中国政法大学出版社 2002 年版,第 195 页。

② 参见王伯琦:《民法总则》,国立编译馆 1979 年版,129 页;[日]北川善太郎:《民法总则》,有斐阁 2001 年版,第 119 页;[日]四宫和夫、能见善久:《民法总则》(第五版增补版),弘文堂 2000 年版,第 219 页;[日]川井健:《民法概论 1 · 民法总则》,有斐阁 2006 年版,第 128 ~ 129 页;[日]安井宏、后藤元伸、中田邦博、鹿野菜穗子:《民法入门 · 总则》,法律文化社 2008 年版,第 124 页。

效要件的基本规定,包括三项基本要件。第三项要件包括了两个方面,不违反法律、行政法规的强制规定(又可称为“行为的合法性”),不违背公序良俗(又可称为“行为的社会妥当性”)。一个民事行为如果有效,须同时具备行为的合法性及社会妥当性。

特别有效要件,是对于特定的法律行为的生效要求的要件。特别有效要件又可区别为两类:一类是法定条件,比如被继承人死亡(《继承法》第 2 条)是遗嘱的生效要件(《继承法》第 5 条)。限制行为能力人订立的合同,经法定代理人追认后有效(《合同法》第 47 条第 1 款前段)。以代理方式实施的法律行为,如欲对被代理人发生效力,代理人须有代理权限①(本法第 162 条)或者被追认(本法第 171 条第 1 款;《合同法》第 48 条第 1 款)。法律行为为处分行为时,当事人须有处分权②(参照《合同法》第 132 条第 1 款)。另一类是法律行为的附款,是依当事人的特别约定施加的生效要件,包括附条件和附期限两种情形。③ “民事法律行为可以附条件,但是按照其性质不得附条件的除外。附生效条件的民事法律行为,自条件成就时生效。附解除条件的民事法律行

① 或称此为“效果归属要件”,参见[日]北川善太郎:《民法总则》,有斐阁 2001 年版,119 页。

② 参见王泽鉴:《民法总则》,北京大学出版社 2009 年版,第 201 页。

③ 有学者以附条件或附期限法律行为为例,提出法律行为成立、有效后,尚有一个生效的层面。法律行为成立,具备有效要件,即具有受法律保护,并对当事人发生约束力的法律效力。同时承认其所谓一般法律行为的生效要件,实际上就是法律行为的一般有效要件;条件成就或者期限到来的要件,是特别生效要件。寇志新:《民法总论》,中国政法大学出版社 2000 年版,第 204 ~ 206 页。查《合同法》规定,有时使用“生效”概念(比如第 44、45、46 条),有时使用“有效”概念(比如第 47、49、50、51 条)。同时应注意,“生效”概念之前往往有“……时”字样,而“有效”概念之前没有这样的限定。由此可以看出,立法者使用“生效”概念往往用以强调法律行为效力的发生时点;立法者使用“有效”概念则是为了表示法律行为的效力状态。《合同法》第 47、51 条中的“有效”若换成“生效”,就会产生问题,因为依学者通说,诸此效力未定行为效力的发生并非始于“追认”之时,而是具有溯及效力,一般溯及自合同成立时生效。详见韩世远:《合同法总论》(第三版),法律出版社 2011 年版,第 206 ~ 207 页。最高人民法院《关于适用〈中华人民共和国合同法〉若干问题的解释(二)》第 11 条亦有相关规定。而第 44、45 和 46 条中的“生效”换成“有效”,则不生任何问题。“生效”强调效力发生的起始时点(点状),“有效”侧重效力存在的持续状态(线状)。如此看来,“有效”概念的包容性更强(线的起始便是点)。此外,还应意识到,此处的“生效”与“有效”中的“效”字,指的均是法律行为(基于意思表示)的效果;而寇志新教授所说的“有效”的“效”字,依其界定是指“具有受法律保护,并对当事人发生约束力的法律效力”。这种效力,并非基于当事人的意思表示,而是来自法律的直接规定(比如《合同法》第 8 条第 1 款),又称合同的约束力,与《合同法》上述“有效”概念,内涵自有差异。此点不予说明,径称一切法律行为都存在“成立、有效、生效”三个层面,难免让人产生“若未生效、何来有效”的疑问。

为,自条件成就时失效。”(本法第158条)

三、举证责任分配

关于法律行为的一般有效要件,无须主张者积极举证证明,主张者只要证明法律行为的成立即可,其余即可推定其有效。相对人如认为法律行为不具备有效要件,则需要举证证明。

第一百四十四条 【无民事行为能力人实施的民事法律行为无效】

无民事行为能力人实施的民事法律行为无效。

一、历史由来

本条沿用了《民法通则》第58条第1款第1项。比较法可参考我国台湾地区“民法典”第75条等。

本条在《民法总则(草案)》审议阶段,关于无行为能力人纯获利益的行为不被承认和保护的规定,曾有建议修改为:无行为能力人纯获利益的行为有效。修改理由:(1)纯获利益对无行为能力人完全无害,完全无责任;(2)比照草案关于胎儿利益保护的规定,胎儿都可以接受赠与,反而无行为能力人的纯获利益行为被法律禁止,这就完全讲不过去了。① 该建议最终未获采纳。

二、规范目的与含义

(一)规范目的

此条规定系以保护无民事行为能力人的利益为目的。

(二)规范含义

1. 无民事行为能力人

关于“无民事行为能力人”,本法有具体规定,即不满八周岁的未成年人(本法第20条)、不能辨认自己行为的成年人(本法第21条第1款)以及不能辨认自己行为的八周岁以上未成年人(本法第21条第2款)。基于上述规定可知,本条规定的适用范围以自然人为限,并不及于法人及非法人组织。有观点将“没有法人资格而使用法人的名义,或者虽然有法人资格但超越其权限”

① 参见全国人大代表孙宪忠研究员《关于〈民法总则〉(草案)的修改建议》(2017年3月8日)。

的情形解释为“无民事行为能力人”,[①]并不妥当。

虽非无行为能力人,而其行为系在无意识或精神错乱中(例如睡梦中、泥醉中、疾病昏沉中、偶发的精神病人在心神丧失中等),依我国台湾地区“民法典”第75条,亦同于无行为能力人的情形。然在本法中,并未如此规定,故并非当然无效。此类情形,只能依其他途径寻求救济,比如偶发的精神病人在心神丧失中所为行为,宜先行依法认定其为限制民事行为能力人,再确定其行为的效力。

2. 法律效果

本法坚持《民法通则》第58条第1款第1项的立场,对于无民事行为能力人所为的民事法律行为,一律规定为无效。故即便是纯获利益的民事法律行为,亦不可由无民事行为能力人单独实施,无类推适用本法第145条的余地。

无民事行为能力人的民事活动要完全由法定代理人代理,法律没有给他们留下单独活动的空间。这样,是否过于严格?能否存在例外?就此,学说上有不同方案。一种方案是,严格坚持适用《民法通则》第58条第1项的立场,无民事行为能力人实施的民事行为无效。另一种方案是,类推适用《合同法》第47条的规定,作为效力未定的合同处理,为此类合同留有存活的可能性。[②]

本法第20条与第21条应属强制性规定,本条亦属强制性规定,对于无民事行为能力人未设例外规定,这样,仍以严格适用为宜。但同时应当注意到,《民法通则》的规定不无僵硬,特别是8~9岁的未成年人已上小学,已有一定的事理辨识能力,仍被归入无民事行为能力人,完全不为其活动留有余地,与

① 李士伟、杜西川:《〈中华人民共和国民法通则〉实用简释》,光明日报出版社1987年版,第74页。

② 比如崔建远教授认为,按利益衡量方法,无民事行为能力人订立的合同在得到其法定代理人的追认时,仍然无效并无益处,莫不如使之生效。况且,无民事行为能力人与限制民事行为能力人在订立某些日常生活和学习所必需的合同方面,并无实质的不同,二者发生相同的效力更为妥当。在《合同法》的解释适用上,可采用类推方法解决无民事行为能力人订立合同问题。崔建远主编:《合同法》(第四版),法律出版社2007年版,第112~113页。主张归入效力未定合同者,还有王利明、崔建远:《合同法新论·总则》(修订版),中国政法大学出版社2000年版,第296页;余延满:《合同法原论》,武汉大学出版社1999年版,第236页以下。

现实生活不无脱节。[1] 故本法第19条已将限制民事行为能力人的起算年龄降至8周岁。虽然在司法解释上,无民事行为能力、限制民事行为能力人接受奖励、赠与、报酬,他人不得以行为人无民事行为能力、限制民事行为能力为由,主张以上行为无效(《最高人民法院关于贯彻执行〈中华人民共和国民法通则〉若干问题的意见》第6条)。对于无行为能力人纯获利益的行为已作相当程度的补救。另外,对于一些购买生活必需品或服务的合同,最高人民法院也应当通过司法解释,允许缔结,尤其是已经定型化的合同。除此之外的无民事能力人缔结的合同,纵不类推适用本法第145条、《合同法》第47条的规定,而依本条规定使之无效,并不会发生太大问题,既可保护未成年人的利益不受损害,又可保障其必要的民事行为自由。

① 《德国民法典》第104条将无行为能力限定于未满7周岁的人,第106条规定,已满7周岁的为限制行为能力人,第107条规定,限制行为能力人对于非纯获法律上利益的行为,需要得到法定代理人的允许。

第一百四十五条 【限制民事行为能力人实施的民事法律行为】

限制民事行为能力人实施的纯获利益的民事法律行为或者与其年龄、智力、精神健康状况相适应的民事法律行为有效；实施的其他民事法律行为经法定代理人同意或者追认后有效。

相对人可以催告法定代理人自收到通知之日起一个月内予以追认。法定代理人未作表示的，视为拒绝追认。民事法律行为被追认前，善意相对人有撤销的权利。撤销应当以通知的方式作出。

一、历史由来

本条承继了《合同法》第 47 条，并有所修正，比如将“合同”改为“民事法律行为”，将《合同法》第 47 条第 1 款但书改为正面规定，并在第 2 款明确了 1 个月追认期间的起算时间点。

二、规范目的与含义

（一）规范目的

本条立法目的，首先在于保护限制民事行为能力人的利益，同时兼顾行为相对人的利益，而求二者的折中调和。

（二）规范含义

1. 概要

限制民事行为能力人（本法第 19 条和第 22 条），可以独立实施纯获利益的民事法律行为或者与其年龄、智力相适应的民事法律行为；其他民事法律行为由其法定代理人代理或者经其法定代理人同意、追认。需要追认的民事法律行为，被追认之前，尚未生效（未决的不生效）；将来能否生效，尚不确定（仅在此意义上称“效力未定”）。经追认的，民事法律行为生效；未经追认的，民事法律行为无效。

2. 限制行为能力人得独立从事的行为

限制民事行为能力人,非不能独立从事任何民事行为,因而,各国法律多设特别规定,允许限制民事行为能力人从事特定类型的民事行为,无须法定代理人追认。在我国,限制行为能力人可以独立从事的行为,无须法定代理人追认,属自始有效的行为,并非效力未定,故应先予明确。依本法第 19 条以及第 21 条的列举,不必经法定代理人追认的情形包括两种,其一为纯获利益的民事法律行为;其二为与其年龄、智力、精神健康状况相适应的民事法律行为。

(1)纯获利益的民事法律行为

本条所称"纯获利益",在比较法上称为"纯获法律上之利益",[①]虽然在字面上看来,"纯获'利益'与纯获'法律上之利益',究非一事",[②]然二者宜作相同的解释。[③]

以"利益"的有无来判断限制行为能力人民事行为的效力,在不同的国家有不同的做法,计有两种标准,其一为"实质判断标准",另一为"形式判断标准"。前者指就个案依经济的观点,判断限制行为能力人所为法律行为是否具有利益,以决定其效力(《法国民法典》第 1305 条,英国普通法);后者指不就具体案件,依经济观点,审究是否有利于未成年人,而是纯从法律上效果加以判断(《奥地利民法》第 85 条、《瑞士债务法》第 19 条第 2 款、《德国民法典》第 107 条及我国台湾地区"民法典"第 77 条,《日本民法典》第 4 条第 1 款基本上亦采此标准)。[④]

本条以及《合同法》第 47 条中的"纯获利益的合同",既系仿自《德国民法典》及我国台湾地区"民法典",也应作相同解释,采"形式判断标准"。这一判断标准要求限制行为能力人既不负担义务,又不发生权利丧失之结果,而可以

① 比如我国台湾地区"民法典"第 77 条。

② 张谷:《略论合同行为的效力》,载《中外法学》2000 年第 2 期,第 188 页。

③ 参见依梁慧星先生的解释,《合同法》第 47 条中的"纯获利益"实即德国民法与我国台湾地区"民法典"上的"纯获法律上利益"。韩世远:《合同法总论》(第三版),法律出版社 2011 年版,第 208 页。

④ 参见王泽鉴:《纯获法律上之利益》,载王泽鉴:《民法学说与判例研究》(第 4 册),作者自版 1991 年第 6 版,第 38 ~40 页。

获取利益，[1]仅以取得经济上利益为未足。[2] 此种纯获法律上利益的合同，以无负担之赠与合同为其典型。[3]

(2)其他与其年龄、智力、精神健康状况相适应的民事法律行为

严格以言，纯获利益的行为，自然属于与限制行为能力人的年龄、智力、精神健康状况相适应的行为，除此之外，尚包括哪些行为，法律并未明确指出，基本上属事实认定问题。依司法解释，法院被要求从行为与本人生活相关联的程度、本人的智力能否理解其行为，并预见相应的行为后果，以及行为标的数额等方面认定(《执行民法通则意见》第3、4条)。学者解释上亦多将此类法律行为解释为"日常生活必需的合同"或"必需品合同"。[4] 此种认识有其合理性。当然，何种行为属日常生活所必需，实际上往往难以认定，且其认定正确与否，对于调节行为能力人自由生活及其财产逸散的防止，关系甚巨，故具体适用时，须慎重斟酌事宜决定。唯应当注意的是，在不违反限制行为能力制度目的的范围内，宜从宽解释，使限制行为能力人能扩大其合理的自由生活的范围，以谋个性的自由发展。[5] 一般说来，购买书本、搭乘公共交通工具、购买生活日用品、利用自动贩卖机、进入游园场所等，均可归入此类合同，加之此类行为多已定型化，并不因主体不同而有所差异，基本上能够保障行为的公平。

3. 须经法定代理人追认的民事行为

除上述限制民事行为能力人得独立从事的行为外，限制民事行为能力人签订的合同，原则上只有经过法定代理人的追认才有效。需要追认(同意)的原因在于，限制民事行为能力人的法定代理人同时也是其监护人，负有按照最有利于被监护人的原则施行监护的职责，保护被监护人的人身权利、财产权利

---

① 参见梅仲协:《民法要义》，中国政法大学出版社1998年版，第99页；另参见洪逊欣:《中国民法总则》(第三版)，自版1964年版，第277页。

② 参见史尚宽:《民法总论》，自版1954年版，第369页。

③ 赠与附有负担者，因使受赠人负一定给付义务，则非属纯获法律上之利益，例如甲赠与限制行为能力之某乙一栋房屋，但约定须扶养丙时，纵使该赠与房屋的价值超过扶养费用，经济上具有利益，仍非纯获法律上利益，须经法定代理人承认，始生效力。王泽鉴:《民法学说与判例研究》(第4册)，自版1991年版，第43页。

④ 参见张谷:《略论合同行为的效力》，载《中外法学》2000年第2期。

⑤ 参见洪逊欣:《中国民法总则》(第三版)，自版1964年版，第278页。

以及其他合法权益等(本法第 34 条第 1 款),最终是为了限制行为能力人的利益。

4. 效力未定场合对相对人的保护:催告权与撤销权

本法为了保护法律行为相对人,于本条第 2 款赋予了相对人两项权利,即催告权与撤销权。

(1)相对人的"催告权"

相对人可以催告法定代理人自收到通知之日起一个月内予以追认,是为相对人的催告权。对此种催告权,法律并没有限定仅由善意相对人享有,故应解释认为,不论善意相对人,抑或恶意相对人,均可享有。此处"一个月"之期间,应解释为任意规定(法条用语为"可以"),旨在弥补相对人意思之不备,如相对人在催告通知中已有明确的期间限制,无论其所定期间之长短,但属合理期间,即可有效地排除此"一个月"的法定期间,总之,此时应有意思自治的空间。法定代理人收到催告通知后,如在意定期间或者法定期间内未作表示,即视为拒绝追认,民事法律行为确定地归于无效。

(2)善意相对人的"撤销权"

民事法律行为被追认前,善意相对人有撤销的权利。撤销应当以通知的方式作出(本条第 2 款后段)。对此,有以下诸点须予说明。

第一,相对人"撤销权"的客体:缔约的意思表示抑或已经成立的民事法律行为?

善意相对人"撤销权"的客体,究竟是其缔结合同的意思表示,抑或是已经成立的民事法律行为,多有不察或混淆,宜先予解明。本书认为,其客体应当是已经成立的民事法律行为。首先,自文义分析,"民事法律行为被追认之前,善意相对人有撤销的权利",民事法律行为是追认的客体,在追认前,则可成为撤销的客体,自属当然;其次,自比较法而言,我国台湾地区"民法典"第 82 条"相对人之撤回权"规定:限制行为能力人所订立之契约,未经承认前,相对人得撤回之。但订立契约时,知其未得有允许者,不在此限。[①] 其规定与本法及《合同法》的规定非常相似,虽没有直接资料反映《合同法》的规定就是我国台湾地区"民法典"第82条的翻版,而自我国台湾地区"民法典"第82条的规定,则可非常明显地反映出来,撤回权的客体就是"限制行为能力人所订立之契约",对于本法及《合同法》也应当作这样的解释。

第二,"撤销权"的用语:撤销抑或撤回?

本条以及《合同法》第47条第2款及第48条第2款均使用"撤销"一词,对此已有学者提出批评意见,主张使用"撤回"而不应是"撤销"。[②] 台湾地区"民法典"第82条的用语是"撤回";《德国民法典》第109条也是使用"撤回"。究竟应该使用哪一个用语呢?要得出一个答案,须明确两个前提。其一,民法上"撤回"与"撤销"各自的语义;其二,所谓"撤销权"的客体或对象。

首先,撤回是指意思表示或法律行为在发生效力之前,予以追回的行为;撤销则是指意思表示或法律行为在发生效力之后,再予以追回的行为。这种区别已经被《合同法》(第17、18、27条)及本法(第141条)所采用。

其次,此所谓善意相对人所要追回的客体或对象,前已解明,当指已经成立的民事法律行为,而不是缔约的意思表示。如果认为相对人要追回的客体是其缔约的意思表示(无论其为要约抑或承诺),由于相对人缔结合同的意思表示业已因到达对方而生效,不存在"撤回"的问题,只能是"撤销"。然而事情并非如此,相对人所要追回的既为业已成立的合同,由于该合同尚未真正生效,而是处于效力未定状态,因而不应当是合同的"撤销",而应当是合同的"撤回"。个别学者认为此处的撤销权就是撤回权,[③]试图以模糊概念的方式调和此处的不协调,似不足取。本条及《合同法》第47条第2款与第48条第2

① 我国台湾地区"民法典"第82条应系仿自《德国民法典》第109条,该条规定:"(1)在合同得到承认前,另一方有权撤回。撤回也可以向未成年人表示。(2)另一方已知未成年的,只有在未成年人违背实情声言已经得到代理人允许时,才可以撤回;另一方在订立合同时明知没有得到允许的,即使在此种情形,仍不得撤回。"

② 北京大学法律学系民商法研究中心:《关于统一合同法草案的修改建议》,载《中外法学》1999年第1期;崔建远主编:《新合同法原理与案例评释》(上册),吉林大学出版社1999年版,第159页;张谷:《略论合同行为的效力》,载《中外法学》2000年第2期,认为《合同法》第47条第2款及第48条第2款中之"撤销",应系"撤回"之误。

③ 参见余延满:《合同法原论》,武汉大学出版社1999年版,第239页。

款存在用语不当,不可否认。严格以言,善意相对人所拥有的是“撤回权”而非“撤销权”。不过,以下表述中,仍依本条及《合同法》条文用语,称“撤销权”。

第三,何人撤销?

本条明确规定,仅“善意相对人”有撤销权;自反面解释,如相对人为恶意,明知对方是限制民事行为能力人而与之进行其不能独立进行的民事行为,自然不能享有此种撤销权。这是因为,恶意之人,不值得保护,没有必要使之享有撤销权。《德国民法典》第109条第2款以及我国台湾地区“民法典”第82条均是如此。

第四,何时撤销?

依本条第2款,撤销的时间被限定在“民事法律行为被追认前”,如果追认权人已经追认了民事法律行为,则不再允许相对人撤销民事法律行为。

在相对人行使催告权指定了追认期间(意定期间)场合,应当限制相对人行使撤销权,理由在于,立法应当保护法定代理人的合理信赖;此时可以类推适用《合同法》第19条第1项。另外,如果法定代理人有理由认为相对人不会行使撤销权,并且法定代理人或者限制民事行为能力人已经为履行义务作了准备工作,亦应当类推适用《合同法》第19条第2项,不再允许相对人撤销民事法律行为。

追认期间的起算点是“收到通知之日起”。

第五,如何撤销?

善意相对人行使其撤销权,不同于可撤销民事法律行为场合撤销权的行使,其行使无须通过法院或仲裁机构,依本条第2款后段的规定,“撤销应当以通知的方式作出”。换言之,只要向对方表达了撤销的意思,即为已足,且对其意思表示没有特定的方式要求。行使了撤销权之后,民事法律行为视为自始未成立。

第一百四十六条 【虚假意思表示与隐藏行为】

行为人与相对人以虚假的意思表示实施的民事法律行为无效。

以虚假的意思表示隐藏的民事法律行为的效力,依照有关法律规定处理。

一、历史由来

本条是关于虚假意思表示与隐藏行为的规定。虚假表示,学说上又称虚伪表示,在《民法通则》《合同法》等原有立法中并无与此相同的规定。有学者建议稿草案指出,“恶意串通”非法律概念,且以所谓“恶意”及“损害国家、集体或者第三人利益”为构成要件,也与虚假表示的构成要件不符。①

从比较法来看,与之相似者有《德国民法典》第 117 条、《日本民法典》第 94 条、《韩国民法典》第 108 条、我国台湾地区“民法典”第 87 条等。

本条在起草过程中经历了一些变化。《民法总则(草案)》(一审稿)第 124 条第 1 款规定:“行为人与相对人串通,以虚假的意思表示实施的民事法律行为无效,但是双方均不得以此对抗善意第三人。”《民法总则(草案)》三审稿第 147 条第 1 款也还是如此表述。本条规定删除了但书。

二、规范目的与含义

(一)规范目的

本条第 1 款规定一方面明确双方基于虚假的意思表示所为的民事法律行为无效。

本条第 2 款明确隐藏行为的效力。

---

① 参见梁慧星主编:《中国民法典草案建议稿附理由·总则编》,法律出版社 2013 年版,第 247 页。

(二)规范含义

1. 虚假表示

(1)语义及适用范围

虚假表示,即虚假的意思表示,指表意人明知其所表示的内容与其内心的真实意思不一致而作出的意思表示。由虚假的意思表示而成立民事法律行为,可有不同情形:

其一,仅基于单一的虚假表示而成立民事法律行为(又可分为无须受领的意思表示与需要受领的意思表示,前者如抛弃动产的行为,后者如解除合同的行为),学说上通常称此为真意保留或者单独虚假意思表示。

其二,基于双方的意思表示成立法律行为,其中一方为虚假意思表示,另一方则为真实的意思表示。此种情形亦属于所谓真意保留或者单独虚假意思表示。

其三,基于双方的意思表示成立法律行为,其中一方为虚假意思表示,另一方对此明知或者双方串通,学说上称此为通谋虚假意思表示。

本条规定是否一并涵盖上述三种情形?抑或仅针对上述第三种情形?这属于本条的适用范围问题,有必要先行明确。就结论而言,本条宜解释为因通谋虚假意思表示而成立的民事法律行为无效。理由在于,法条的解释,不仅要以文字可能的语义为出发点,而且要以统一的内在精神为归趋。通谋虚假意思表示在比较法上之所以为无效,是由于双方均没有受其意思表示拘束的意旨。而真意保留之所以以有效为原则,是出于保护善意相对人的合理信赖。此二者内在精神不同,不宜统合在一个条文之下。

通谋虚假意思表示适用于债权行为、物权行为及身份行为(如假结婚或假离婚)。对于有相对人的单独行为(如虚假为合同解除),亦得适用;但对于无相对人的单独行为(如遗嘱、抛弃动产物权),则不适用。①

(2)是否以“串通”为要件

本条在起草过程中曾明确要求行为人与相对人“串通”(如三次审议稿2017年1月3日修改稿第147条第1款),此后修改时去掉了“串通”二字,是

① 参见陈聪富:《民法总则》(第二版),元照出版公司2016年版,第258页。

否意味着不再要求“串通”要件，成为问题的焦点。从上文对于本条适用范围的辨析可知，本条仅规范基于双方虚假意思表示成立的法律行为（一方为虚假意思表示，另一方对此明知或者双方串通），并不规范仅一方为虚假意思表示的情形。

虚假表示通常基于不良动机，例如债务人为逃避债务，与友人通谋，制造假债权或虚伪让与财产。所谓通谋，不仅双方当事人皆欠缺内心的效果意思（非真意），且表意人此项非真意的意思表示为对方所“明知”，并进一步相互故意为非真意的“合意”表示，始构成通谋的虚假表示。①

（3）与诈害债权行为的区别

应与通谋虚假表示相区别的是诈害债权行为。关于诈害债权行为，《合同法》第 74 条（债权人的撤销权）有规定。二者的区别有二：（1）在通谋虚假表示，双方当事人并无作成法律行为的真意，而无受合同拘束之意；反之，在诈害债权，双方当事人具有缔结合同的真意，而愿意受合同拘束。（2）在通谋虚假表示，法律行为为无效；在诈害行为，债权人仅得诉请法院撤销债务人的行为。②

2. 基于虚假表示的民事法律行为的法律效果

行为人与相对人以虚假的意思表示实施的民事法律行为无效。此种“无效”的效果，是绝对无效，抑或是相对无效，值得分析探讨。原来的草案有“但书”，即“但是双方均不得以此对抗善意第三人”。如今，本条规定删除了上述“但书”，究竟是有意而为（本条无效是绝对无效，不存在例外），抑或是无意而为（仍应在解释上承认“但书”中的例外），难免产生分歧。

本条之所以在沿革上有上述转变，是因为在 2017 年 3 月全国人民代表大会期间，有代表提出，本条关于善意保护的规定，和《物权法》第 106 条的规定矛盾。《物权法》第 106 条规定善意保护有三个条件，除了当事人的主观善意之外，还要有客观标准比如不动产登记等，这样就把善意保护仅仅限制在依据法律行为取得物权的环节。而本条草案的规定，仅仅只有当事人主观善意一

① 参见施启扬：《民法总则》，三民书局 2001 年版，第 246 页。

② 参见陈聪富：《民法总则》（第二版），元照出版公司 2016 年版，第 260 页。

个条件,这样就会产生当事人依据合同也来主张善意保护的缺陷。故建议本条第一款修改为:"行为人与相对人以虚假的意思表示实施的民事法律行为无效。在此情形,法律对保护善意第三人另有规定的,依其规定。"①

从比较法来看,规定不得对抗善意第三人"但书"的立法例有《日本民法典》第94条第2项、《韩国民法典》第108条第2项、我国台湾地区"民法典"第87条第1款后段等。不规定该"但书"规则的代表为《德国民法典》第117条第1款。

综上,就结论而言,在理解适用本条规定时,理应否定"但书"规则(不得对抗善意第三人)。这样理解符合立法者对本条文字改动的原意。

在虚假行为场合,是否应当以及如何才能保护因虚假行为而受到欺诈的第三人的利益,是一个难题。② 依本条第1款规定,以虚假的意思表示实施的民事法律行为无效。此种无效应解释为绝对无效,任何第三人都可以主张虚假行为无效。如果债务人为了达到使债权人无法执行其财产的目的,而虚假地转让财产与他人,那么,只要债权人能够证明该转让行为的虚假性,债权人仍然可以请求就该财产进行执行。如果甲通过法律行为,从乙处取得某物,而乙则是虚假取得该物的,亦即乙根据本条第1款规定,实际上没有取得该物的所有权,那么,为了维护第三取得人(甲)的利益,适用善意取得的规定(《物权法》第106条)。③ 如此,保护善意第三人的问题,要依其他法规则解决。本条并没有给善意第三人提供一般性的保护。这种保护也被认为"大概也是不必要的"。④

3. 隐藏行为

本条第2款规定:"以虚假的意思表示隐藏的民事法律行为的效力,依照

① 参见见全国人大代表孙宪忠研究员《关于〈民法总则(草案)〉的修改建议》(2017年3月8日)。

② 参见[德]迪特尔·梅迪库斯:《德国民法总论》,邵建东译,法律出版社2001年版,第446页。

③ 参见[德]卡尔·拉伦茨:《德国民法通论》(下册),王晓晔等译,法律出版社2003年版,第500页。

④ [德]卡尔·拉伦茨:《德国民法通论》(下册),王晓晔等译,法律出版社2003年版,第501页。

有关法律规定处理。”这是关于隐藏行为的规定。隐藏行为，指隐藏于虚假表示中依其真意所欲发生的法律行为。

隐藏行为是否有效，应适用关于该行为的规定。例如，房屋买卖为规避税法而作赠与之虚伪表示，则赠与为虚伪表示，应无效，而买卖是否有效，应依关于房屋买卖的规定判断。[①] 又如，甲隐瞒已婚身份与乙交往后，造成乙受有损害，为弥补其损害，双方订立“借贷合同书”，约定：“甲承认积欠乙 30 万元，应于半年内清偿完毕。”此项借贷合同约定，属通谋虚假表示而无效。但双方具有受此债务拘束之意，而隐藏成立无因的债务承认，应适用债务承认的规定，甲应履行债务。[②]

三、举证责任分配

第三人主张表意人与相对人串通而为虚假意思表示的，该第三人应负举证责任。在赠与或买卖合同，不能仅因合同当事人间有特殊亲宜关系，或价款的交付不实，即谓该赠与或买卖系成立串通虚假表示。[③]

关于串通为虚假意思表示，负举证责任的一方，如能证明间接事实并据此推认要件事实，虽无不可，并不以直接证明为必要，唯此经证明的间接事实与待证的要件事实之间，须依经验法则或逻辑法则足以推认其关联性存在，且综合各该间接事实，已可使法院确信待证的要件事实为真实的，方可引以为据。[④]

---

① 参见梁慧星：《民法总论》（第四版），法律出版社 2011 年版，第 177 页。

② 参见我国台湾地区 92 年台上 2061 号。转引自陈聪富：《民法总则》（第二版），元照出版公司 2016 年版，第 264 页。

③ 参见我国台湾地区 86 年台上 3865 号；96 年台上 201 号裁定。转引自陈聪富：《民法总则》（第二版），元照出版公司 2016 年版，第 260 页。

④ 参见我国台湾地区 102 台上 505 号。转引自陈聪富：《民法总则》（第二版），元照出版公司 2016 年版，第 260 页。

第一百四十七条 【重大误解】

基于重大误解实施的民事法律行为，行为人有权请求人民法院或者仲裁机构予以撤销。

一、历史由来

《民法通则》第59条第1款第1项规定："下列民事行为，一方有权请求人民法院或者仲裁机关予以变更或者撤销：（一）行为人对行为内容有重大误解的；……"

《合同法》第54条第1项规定："下列合同，当事人一方有权请求人民法院或者仲裁机构变更或者撤销：（一）因重大误解订立的；……"

与以上立法规定有所不同的是，本条规定未再出现"变更"，而仅有"撤销"。就此变化，学说见解存在分歧，后文将另行分析评论。

二、规范目的与含义

（一）规范目的

本条以意思主义为出发点，同时兼顾相对人合理信赖之保护，有条件地赋予因错误而实施法律行为的当事人以请求人民法院或者仲裁机构予以撤销的权利。

（二）规范含义

1. 重大误解

重大误解是中国法上的概念，欲了解这一概念，有必要先说明"错误"这个概念。

当人们使用"错误"一词时，语境不同，其语义可能不同，故需要辨别。一方面，可以用"错误"泛指对任何事情、过程或联系具有不正确的认识，亦即其所设想的或认为的东西不符合现实。[1] 在现代模范法中,错误是指订立合同时关于事实或者法律的不正确的假定。这显然是一种宽泛的界定。另一方面,“错误”被界定为意思表示瑕疵的一种情形,指表示与表意人内心效果意思之间无意的不一致。[2] 错误是可以影响法律行为或者合同的效力(无效或者可撤销)的事由。

人非圣贤,孰能无过?在社会生活当中,发生错误,在所难免。由人的错误而发生意思表示,形成法律行为,签订合同,在法律上便带出一项问题:这种意思表示、法律行为或者合同算不算数?因而,任何合同法都应当兼顾双方当事人的利益,在“私的自治”与“自负其责”之间找到一个平衡点。换言之,应在“如果意思存在瑕疵便不能有效形成法律关系”与“自由决定者应负责相应的不利后果”之间找到一个平衡点。[3] 那么,在中国法上,这个平衡点在哪里呢?

原《经济合同法》(1981 年)尚未规定该问题(尽管该法第 7 条规定了采取欺诈、胁迫等手段所签订的合同无效),是《民法通则》(1986 年)第 59 条第 1 款规定,“行为人对行为内容有重大误解的”,一方有权请求人民法院或者仲裁机关予以变更或者撤销。最高人民法院《最高人民法院关于贯彻执行〈中华人民共和国民法通则〉若干问题的意见》(1988 年)第 71 条规定:“行为人因对行为的性质、对方当事人、标的物的品种、质量、规格和数量等的错误认识,使行为的后果与自己的意思相悖,并造成较大损失的,可以认定为重大误解。”《合同法》(1999 年)第 54 条第 1 款规定,“因重大误解订立的”合同,当事人一方有权请求人民法院或者仲裁机构变更或者撤销。

“重大误解”这一概念在我国立法中的使用虽然始自《民法通则》,作为一

---

① 参见[德]卡尔·拉伦茨:《德国民法通论》(下册),王晓晔等译,法律出版社 2003 年版,第 502 页。在美国合同法理论中,“错误”(mistake)是指不正确的认识(an erroneous perception),在《第二次法律重述》中称为“一种与事实不符的看法(a belief that is not in accord with the facts. Restatement Second §151)”。

② 参见梁慧星:《民法总论》(第二版),法律出版社 2004 年版,第 174 页;[日]加藤雅信:《新民法大系Ⅰ 民法总则》(第二版),有斐阁 2005 年版,第 251 页。

③ Vgl. Dieter Medicus, Allgemeiner Teil des BGB, 9. Auflage, C. F. Müller Verlag Heidelberg 2006, S. 293.

个法学概念,它在此之前中国内地的民法学著述中便已存在和使用。[①] 今天虽然不易查清何以放弃“错误”而代之以“重大误解”,[②]虽然也有学者指出“错误”与“误解”在汉语中的差异,但从“重大误解”被使用之初,它便没有被局限在对于表意人所表示意思的不正确理解这一狭小情形,而是包括了对于当事人的误解、对于法律行为性质的误解以及对于标的物等的误解(错误认识),因而,在解释论上,“重大误解”,作为一个表意符号,与“错误”在语义及功能上宜等量齐观,不宜人为地刻意区分。

学说上有观点认为,错误,指表意人非故意的表示与意思不一致;误解,指相对人对意思表示内容了解的错误,[③]如受要约人误将出租房屋之要约理解为出卖而为承诺。就其用语,虽然可以指出上述差异,不过,仍有需要辨析之处。

在缔结合同这种双方法律行为场合,一如上例,受要约人虽然对于要约的内容了解有误而为承诺,可以说是基于误解而为承诺(单方行为),但就合意的达成及合同的成立(双方法律行为)来说,仍然是非故意的表示与意思的不一致,是一种错误。[④] 当人们说法律行为“错误”时,该用语所参照的是法律行

---

① 比如,中央政法干部学校民法教研室编:《中华人民共和国民法基本问题》,法律出版社1958年版,第82～83页;佟柔、赵中孚、郑立主编:《民法概论》,中国人民大学出版社1982年版,第68页;梁慧星:《经济合同的法律效力》,载《法学评论》1984年第3期。

② 我们今天只能猜测,或许当初以“错误”具有鲜明的对错评价色彩,而“误解”较之柔和,带有可宽恕性;另外,在新国家、新社会,使用与此前旧时代的法言法语不同的词汇成为新时代的潜台词。

③ 比如,“误解是指当事人一方对另一方的意思表示理解得不正确,一般来说,当事人内在的意思和外部的表现应该是一致的。但有时也会发生由于一方的意思表示得不清楚(内在的意思和外部的表现不一致),而致使对方理解得不正确,或者一方当事人的意思表示很清楚而另一方当事人作了错误理解的情况”。参见李铸国:《无效合同刍议》,载陶希晋主编:《民法文集》,山西人民出版社1985年版,第238页。

④ 与上述设例相似,人们可以从罗马法中找到典型的“错误”事例,比如,D. 12,1,18pr乌尔比安:《争论》第7编:“如果我为赠予目的而给了你一笔钱,而你却把它当作一项消费借贷而接受,尤里安认为不存在赠与。但必须弄清楚是否存在消费借贷。笔者认为,金钱的接受人接受金钱时有不同的看法,则并不存在消费借贷,而且更为重要的是,金钱并不转归接受人所有。”[意]桑德罗·斯奇巴尼选编:《契约之债与准契约之债》,丁玫译,中国政法大学出版社1998年版,第3页。又如,D. 12,1,18,1乌尔比安:《争论》第7编:“如果我为寄托而交给你一笔款项,而你却以为是作为消费借贷给你的,那么,既不产生寄托的效力,也不产生消费借贷的效力。同样,如果你是作为消费借贷交给我一笔钱,而我以为是使用借贷,同样不产生任何效力。但要是让在上述任何一种情况下使用了金钱,那么,出借人就享有不包括欺诈之抗辩在内的返还之诉的保护。”参见[意]桑德罗·斯奇巴尼选编:《契约之债》,丁玫译,中国政法大学出版社1992年版,第47～48页。

为;而学者所说“误解”,以上例分析,所参照的并非是法律行为,而是错误理解要约而为承诺行为,所参照的是构成双方法律行为的“两轮”中之“一轮”的意思表示。明白这层意思,就可以理解,“错误”与“误解”原来并不是在同一层次上的用语。这种“误解”本身传达的词意也是有限的,它是意思表示的受领人的错误,无法涵盖表意人所犯的错误(如将价格表示错误而发出要约),更无法表达单方法律行为的错误,无助于我们对于现行法的理解和适用。有鉴于此,对于“重大误解”的理解应回归其本意,使之与传统“错误”用语内涵一致。

我国法上的“重大误解”制度,与其他国家和地区民法上的“错误”制度相比,在规范功能上是相似的。

法律行为的错误,在意思与表示不一致方面,与非真意表示及虚伪表示没有什么差别,就表意人不知其不一致而言,则又与真意保留及虚假表示不同,因此学说上称为偶然的(无意的)不一致。因此,错误被定义为,表意人之意识的表示,偶然与表意人的意思不一致的事实。[①] 或者说表意人因误认或不知致其表示与意思不一致。[②]

是否因重大误解而订立合同进而发生撤销权,本身需要对意思表示及法律行为进行解释,因而,有谓“解释优先于撤销”。[③] 就合同而言,一方所作意思表示(如要约),是否存在错误,本身需要解释。对该意思表示的解释,原则上是自意思表示受领人的视角,采表示主义;而非自表意人视角,不采意思主义。对意思表示进行解释,是要探究意思表示的“规范性意思”,或称客观意思。如果该规范性意思与表意人的内心效果意思一致,便不存在错误,当然无须撤销合同;反之,则存在错误,进而需要分析是否属于重大误解、是否发生撤销权。内心效果意思与表示于外的规范性意思(客观意思)不一致,虽原则上可开启因错误而撤销合同的大门,但存在一项例外。如果表意人使用错误的表达方式,而意思表示受领人领会了表意人的真实意思,则此时法律行为依然可有效成立,不得再以错误为由主张撤销,是为“误载无害真意”的解释规则。如何确定表意人的内心效果意思呢?这需要借助于一定的证明手段,原则上

① 参见胡长清:《中国民法总论》,中国政法大学出版社1997年版,第239页。

② 参见梁慧星:《民法总论》(第三版),法律出版社2007年版,第176页。

③ Vgl. Hans Brox/Wolf-D. Walker, Allgemeiner Teil des BGB, 30. Aufl., Carl Heymanns Verlag 2006, S. 210.

由表意人证明;如果意思表示受领人承认,则可使表意人免去证明的麻烦。

将目光转至本条规定,它属于完全性法条,在外在形式上,构成要件和法律后果,一应俱全。其中,基于重大误解实施的民事法律行为,行为人有权请求人民法院或者仲裁机构撤销。但是,"重大误解"本身是一项不确定概念,就其内涵及外延,需要裁判者在司法实务中作价值补充。[①]《最高人民法院关于贯彻执行〈中华人民共和国民法通则〉若干问题的意见》第71条对于"重大误解"的认定,提供了一些参照标准,但何为"重大误解"?就此不确定概念的内涵及外延,仍需进一步探索。以下参考比较法,并结合我国司法实践案例,进行梳理,并说明作为撤销事由的重大误解的构成要件。

在学理上,通过拆解合同成立的过程,分析错误发生在哪个阶段,提炼出相应的错误概念,作为类型,有助于人们深入认识错误现象。以德国学理为典型代表,从意思形成开始,进而将意思外化,将意思发出,到达对方并为对方所理解等,相应地将错误区分为如下类型:动机错误、内容错误、表示错误、传达错误及受领人错误。[②]

《民法通则》第59条第1款第1项的措辞来看,"行为人对行为内容有重大误解的"应该是指内容错误。换言之,在《民法通则》中,作为变更或者撤销民事行为(合同)事由的"重大误解",指的是内容错误。本条规定未再体现类似的限定,那么,其他几种前述错误类型,在我国法上处于什么体系位置呢?以下依次分析说明。

动机错误,乃意思表示缘由的错误,即表意人在其意思表示形成的过程中,对其决定为某特定内容意思表示具有重要性的事实,认识不正确,例如误认遗失某书而另购之;不知女友已与他人结婚而购买订婚钻戒。动机存于内心,非他人所得窥知,自不许表意人主张撤销,而害及交易安全。此项意思形成上错误的风险应由表意人自己承担,自我负责。[③] 换言之,动机错误,通说均认为不发生效果意思与表示行为不一致问题。因为动机存在于内部,非他人

① 参见梁慧星:《民法解释学》,中国政法大学出版社1995年版,第292页以下。

② Vgl. Dieter Medicus, Allgemeiner Teil des BGB, 9. Auflage, C. F. Müller Verlag Heidelberg 2006, S. 293 ff..

③ 参见王泽鉴:《民法总则》,中国政法大学出版社2001年版,第372~373页。

所得而知，且同一种类的法律行为，表意人的动机常千差万别，如使动机足以影响意思表示的效力，则会严重损及交易安全。[①] 我国民法理论在解释因重大误解撤销民事行为时，通常将动机错误排除在外。[②] 裁判实务一般持相同立场。[③] 从民事法律行为理论来说，由于动机不是意思表示的构成因素，只不过是存在于意思表示之外的事实，故不应因动机错误影响意思表示的效力。仅当动机表示于外，成为意思表示的内容时，可因其错误影响相应法律行为的效力。[④] 严格地讲，这时的动机错误已经转化成为法律行为内容错误。若非如此，单纯的动机错误，在我国法框架下，原则上无法作为重大误解并成为撤销民事法律行为的事由。

不过，双方动机错误应当算是个特例，比如，甲为观赏阅兵典礼，向乙承租房屋，不料因大地震取消阅兵典礼；又如，甲乙双方均误以为市政府将于近期迁往东郊，甲以高价向乙购买房屋。此类案型，在德国法系作为主观的法律行为基础问题，而由《德国民法典》第 313 条（行为基础的障碍）所规范。在我国台湾地区，王泽鉴先生亦持相似见解，认为双方当事人系以一定事实的发生或存在作为法律行为的基础，此项法律行为基础不存在的风险，应由双方共同承担，从而不能径认此系“动机错误”，不影响法律行为的效力，使一方

---

① 参见胡长清：《中国民法总论》，中国政法大学出版社 1997 年版，第 239 页。

② 参见佟柔、赵中孚、郑立主编：《民法概论》，中国人民大学出版社 1982 年版，第 68 页；江平等编：《中华人民共和国民法通则讲话》，中国政法大学出版社 1986 年版，第 107 页；龙斯荣，龙翼飞：《中华人民共和国民法通则释义》，吉林人民出版社 1987 年版，第 139 ~ 140 页；梁慧星：《民法总论》（第二版），法律出版社 2004 年版，第 175 页；王利明：《合同法研究》（第 1 卷），中国人民大学出版社 2002 年版，第 686 页。

③ 参见“杨甲磊与毛永房屋租赁合同纠纷上诉案”，江苏省徐州市中级人民法院民事判决书（2012）徐民终字第 0691 号（二审法院认为：“如使动机错误产生‘重大误解’法律效力，则会严重损害交易安全。故上诉人误将动机错误认为系重大误解是对法律的错误理解，对其这一主张，本院不予支持。”）。另参见“广州天河高新技术产业开发区致力科技工程公司诉广州市硕果信息咨询有限公司债权转让合同纠纷案”，广东省广州市中级人民法院民事判决书（2006）穗中法民二初字第 106 号（法院认为，“王昕明误认为，如果与君华公司或硕果公司签订债权转让协议，则可以立即取保候审，并免于被追究刑事责任，属于对缔约动机的错误认识，不属于《最高人民法院关于贯彻执行〈中华人民共和国民法通则〉若干问题的意见》第 71 条规定的重大误解。对缔约动机的错误认识，并不为缔约相对方所知，亦无明确有效的公示、披露方式，为保护善意之缔约相对方的利益，对基于动机错误而做出的意思表示，法律不允许误解方诉请撤销”。）。

④ 参见梁慧星：《民法总论》（第二版），法律出版社 2004 年版，第 175 页；崔建远主编：《合同法》（第五版），法律出版社 2010 年版，第 113 页。

当事人受合同拘束,须支付租金或高额的价款。纵使赋予受有不利的一方当事人撤销权,亦非合理,因其须对相对人负信赖利益的赔偿责任。其较能兼顾双方当事人利益的解决方法,系依诚实信用原则调整当事人的法律关系,就租屋观赏阅兵之例,承租人于必要时得解除其租赁合同;就买卖房屋之例,如双方当事人欲维持其买卖合同时,得依补充合同解释,调整其价格。[①] 就观赏阅兵事例而言,如果大地震是发生在双方订立租赁合同之后,便可以直接作为情事变更的问题,而不必作为双方动机错误。如果被双方误认的事实发生在订立合同之前,或者根本就不存在(如上述市政府东迁事例),便可以作为双方动机错误,在符合错误的重大性等要件场合,理应予以救济。不过,我国现行法虽未明确规定此一问题,可以通过对"重大误解"作扩张解释,使之涵盖双方动机错误,允许当事人请求法律或者仲裁机构对合同进行变更或者撤销。[②] 在处理结果上,与上述德国法及王泽鉴先生所提倡的处理方案,异曲同工。

表示错误,或称表示行为错误,是否包括在作为撤销民事法律行为事由的"重大误解"范畴之内,值得探讨。表示行为错误,即表意人误为表示其所意欲者,如误言(欲赠 A 书,误说 B 书),误写(某书售价 320 元,误书为 230 元),或误取(欲赠乞妇10 元,误给 100 元大钞)。[③] 从司法实务观察,有的表示行为错误是作为行为人对行为内容有重大误解,适用《民法通则》第 59 条第 1 款第 1 项等规定处理。比如,X 向 Y 银行存款,两次在存款凭条上写明要求存款均为 1400 元(其中一张被 X 作废并撕碎);Y 银行记账员在电脑上误输入存款金额为 14000 元,并将记载 14000 元的存单交给 X。事后 Y 发现错误,找 X 交涉未

---

① 参见王泽鉴:《民法总则》,中国政法大学出版社 2001 年版,第 374 ~ 375 页。

② 实务中双方动机错误的事例较为少见,不过,在前文提及的一个案例中,被告承租人(Y)将其合同地位"转让"给原告(X),收取"转让费"3 万元,并由 X 与房屋所有人 Z 直接签订了租赁合同。在 X 搬入之前,得知房屋内曾发生过死人事件,便拒绝再租赁该房屋,并与 Z 解除了租赁合同。事实上 Y 虽承租房屋一两年,亦不知上述特别事情。X 以重大误解为由主张撤销其与 Y 之间的"转让协议"。一审法院虽未认定构成双方动机错误,但综合考虑后,依据公平原则,对原告主张的撤销双方间转让合同的主张不予支持,但对双方间约定的转让费数额酌情予以变更。"杨甲磊与毛永房屋租赁合同纠纷上诉案",江苏省徐州市中级人民法院民事判决书(2012)徐民终字第 0691 号。

③ 参见王泽鉴:《民法总则》,中国政法大学出版社 2001 年版,第 375 ~ 376 页。

果。X起诉请求确认存单效力；Y则请求法院确认存单实际存款数为1400元。一审法院在查明事实的基础上，认为X向Y银行提出存款的要约，Y向X出具存单后，双方的存款合同即成立。由于X先后两次填写的存款凭条，均系要求存款1400元，Y出具给X的存单金额为14000元，显属行为人对行为内容的重大误解。故对X要求判决确认该存单的存款金额为14000元的诉讼请求不予支持。判决确认存单存款金额为1400元。① 表示行为错误与法律行为内容错误虽有相近之处，或者有交叉之处，二者毕竟属于两种不同类型。《合同法》第54条第1款第1项未再像《民法通则》第59条第1款第1项那样将重大误解界定于“行为内容”，可以说为将表示行为错误包括在“重大误解”预留了解释的空间。值得注意的是，PICC第3.2.3条一方面明确承认了“表示错误”作为独立的错误类型的存在，另一方面明定表示错误视为表意人的错误。换言之，将表示错误等同于表意人的通常错误，在符合重大错误撤销要件的前提下，可适用撤销的相关具体规则。因表示错误而使行为的后果与自己的意思相悖，时常与内容错误互为表里，难以明确区分；②在法政策上，宜同样对待，这也是众多比较法的共同立场。就我国法而言，结合重大误解而允许撤销民事法律行为的规范目的，理应将表示错误作为一种典型类型，纳入“重大误解”。对于表示错误，在符合后述重大误解作为撤销事由的构成要件场合，可以直接适用本条或者《合同法》第54条第1款第1项。

传达错误（或称“误传”），指因传达人或传达机构的原因，造成的表示与意思不符。比如，由于电报收发人错译电文，造成表示与意思不符。由此带来

① 参见“郑明香诉中国工商银行仪征市支行存单案”，江苏省仪征市人民法院民事判决书（1999）仪真民初字第253号。该案二审改判，江苏省扬州市中级人民法院民事判决书（2000）扬民终字第20号。后经检察院抗诉，提起再审，撤销二审判决，维持一审判决。另参见江苏省扬州市中级人民法院民事判决书（2001）扬民再终字第25号。该案貌似确认之诉，实为形成之诉。法院实际上是支持了银行的请求，基于重大误解将法律行为的内容予以变更（而非撤销）。

② 学说上为区分动机错误、内容错误和表示错误，以动机错误发生在法律行为之前的阶段，表示错误发生在法律行为的最后阶段，而内容错误相对而言则处于中间阶段。参见［日］加藤雅信《新民法大系Ⅰ　民法总则》（第二版），有斐閣2005年版，第253页。这种区分在观念虽可理解，但在实践中的表现往往并不明确。或许因此缘故，有学说上有将“表示上的错误”与“内容错误”（对表示行为的意味的错误）合称为“表示行为的错误”。内田贵：《民法Ⅰ总则·物权总论》（第四版），东京大学出版会2008年版，第66页，近江幸治：《民法讲义Ⅰ民法总则》（第四版），成文堂2003年版，第184～185页。

的问题是,合同是否成立?如果成立,可否请求变更或者撤销?

由于传达错误是因传达人或传达机构传达意思表示过程中发生的错误,看似与表意人自己造成的错误不同,但传达人和传达机构在法律上相当于表意人的喉舌,因此,传达错误的效力理应与表示错误相同。换言之,依误传的内容成立合同,同时允许意思被误传的一方基于错误撤销。① 在现代模范法及新的立法动向上,传达错误系与表示错误一并规定,②均得作为表意人的错误。如此,将传达错误与表示错误作相同处理,亦不乏比较法基础。结合重大误解而允许变更或者撤销合同的制度目的,理应将传达错误作为一种典型类型,纳入"重大误解"。对于传达错误,在符合后述重大误解作为撤销事由的构成要件场合,可以直接适用本条规定。

另外,须注意区别传达错误与故意误传。故意误传,指传达人故意违背表意人的指示,擅自变更意思表示的内容。德国学者认为,故意误传不能归由表意人负责,而对其发生效力无须撤销,唯传达人故意误传表意人的意思,其情形与无权代理的利益状态相类似,应类推适用无权代理的规定,对于善意相对人负损害赔偿责任。最近若干学者主张,表意人使用他人传达其意思表示,造成传达人故意误传的危险性,而表意人又较相对人易于控制此项危险,则此传达失实的危险理应由表意人承担。此说亦有所据,可供参考。③

受领人错误,指意思表示的受领人对于意思表示发生错误理解(误解)。比如,受要约人错误理解要约内容,如因此而为承诺,在符合后述重大误解作为撤销事由的构成要件场合,可直接适用本条规定。

---

① 另有学者认为,"因第三人的原因造成的误解,不是我国《合同法》所说的重大误解,不应按可撤销的合同处理。以发电报误译电报稿为例,甲方发电要约,其意思表示与其真实意愿是一致的,乙方表示承诺是因为看了内容错误的电文,应以意思表示不一致认定合同未成立(甲方对乙方的承诺不表示反对时除外)。"隋彭生:《关于合同法中"重大误解"的探讨》,载《中国法学》1999年第3期。此种认识显然是以其对意思表示采"意思主义"为出发点,其不足之处在于不利于保护交易安全,这也是目前通说多采"表示主义"的重要原因。

② PICC Art. 3.2.3 (Error in expression or transmission); PECL Art. 4:104 (ex art. 6.104) (Inaccuracy in communication); DCFR Art. II. – 7:202 (Inaccuracy in communication may be treated as mistake); CESL Article 48 (3) (Mistake).

③ 参见王泽鉴:《民法总则》,中国政法大学出版社2001年版,第380页注1;梁慧星:《民法总论》(第三版),法律出版社2007年版,第177页。

2. 重大误解的构成要件

重大误解，作为撤销合同的理由，在我国立法及司法解释中的规定颇为简要，以下在我国既有规定的基础上，结合比较法（特别是模范法），就重大误解的构成要件作学理阐释，具体要件如下：

（1）民事法律行为业已成立

错误有时会妨碍合意的达成。比如，当事人约定货物由一艘名为 Peerless 的船运输，但双方各有所指，是两艘均名为 Peerless 的船。这样的误解妨碍合同成立。

（2）须有一方或者双方对于情况的重大误解（误解的重大性）

误解须是重大的，细小的误解不足以作为影响合同效力的理由。就误解的重大性，在比较法上具有共通性，只是表达用语有差异。比如，《法国民法典》第 1110 条受罗马法的影响，规定错误仅涉及合同标的物的本质时，始构成无效的原因。如错误仅涉及当事人一方愿与之订约的他方当事人个人时，不成为无效原因；但他方当事人个人被认为是合同的主要原因时，不在此限。时至今日，不论哪个法域，重要的是当事人是就物的根本特征或者人的主要资质发生错误。比如，购买的钻石竟是"血钻"；二手车居然是个破烂；一方当事人错误地以为其即将上岗的雇员会获得劳动许可；签约的职业自行车赛手居然服用过兴奋剂。①

在我国，内容的错误，并非总能导致民事法律行为的撤销。这是因为，误解是意思表示人自己的过错造成的，而对因误解所致的民事行为的撤销制度主要是为保护误解者而设，这样，若不问误解的程度而一律允许撤销，势必使对方陷于极为不利的境地，也不公平。鉴于此，法律只允许对内容有重大误解的民事行为可以撤销。②

为了给司法裁判提供参考标准，《执行民法通则意见》第 71 条对"重大误解"的内涵作了补充，一方面要求错误认识发生的对象，另一方面强调了结果的严重性（造成较大损失）。具体而言，可以包括：

---

① See Jan M. Smits, *Contract Law: A Comparative Introduction* 162 - 163 (2014).

② 参见陈国柱主编：《民法学》（第二版），吉林大学出版社 1987 年版，第 90 页。

第一,对行为性质的错误,比如误借用为赠与,或者误租赁为买卖。

第二,对对方当事人的错误,即误甲为乙,另外,也应包括当事人的资格(如性别、职业、健康状况、刑罚前科、信誉等特征)。就此问题,不能一概而论,必须区别情形。结合法律行为的典型交易目的,诸如赠与、承揽、委托、雇用、借款等注重当事人其人的合同场合,可构成重大误解。关于当事人资格的错误,有的立法例及学说以之为动机错误,本不影响意思表示的效力,唯例外地承认交易上认为重要者,其错误视为意思表示内容的错误,比如台湾地区"民法典"第88条第2项。[①] 相比之下,上述司法解释立场与之不同,不以之为动机错误,而是作为内容错误。[②]

第三,对标的物的错误,比如误英汉辞典为汉英辞典(品种),误赝品为真迹(质量),误裤长为腰围(规格),误一百为一千(数量)等,可以构成重大误解。《执行民法通则意见》第71条的立场与我国台湾地区"民法典"第88条第2项不同,不以所谓"物之性质"为动机范畴,而是直接作为行为内容,因其错误认识,使行为的后果与行为人的意思相悖,并造成较大损失的,可以认定为重大误解。

在租赁标的物存在瑕疵场合,存在依意思表示瑕疵,无论是基于出租人欺诈还是基于承租人重大误解,进而请求人民法院或者仲裁机构撤销合同的可能(依本条或《合同法》第54条第2款或第1款)。又由于《合同法》买卖合同一章有关于买卖瑕疵担保的规定,可准用于租赁(参照《合同法》第174条),便产生了如何理解两处规定的适用关系问题。作为不同的救济路径,实际上是存在选择可能的。这是由于,在我国法上,无论是基于重大误解还是基于欺诈,原则上其法律效果是撤销或者变更。如果权利人没有主张撤销或者变更,法院或者仲裁机构无权主动审查并进而撤销合同。因而,权利人具有选择权。[③]

---

① 参见史尚宽:《民法总论》,自版1980年版,第364页;王泽鉴:《民法总则》,中国政法大学出版社2001年版,第376页。

② 参见关于当事人资格或物之性质的错误,究竟是动机错误,抑或是内容错误,甚有争论,参见陈自强:《意思表示错误之基本问题》,载《政大法律评论》第52期。

③ 参见韩世远:《租赁标的瑕疵与合同救济》,载《中国法学》2011年第5期。

《执行民法通则意见》第71条的列举属示范性列举，而非封闭性列举，这从该条文使用的“等”字便可以看出。那么，除了上述三类错误对象之外，仍有一些问题，滋生困扰，需要探讨。比如，是否承认“法律错误”或者“法律效果错误”？换言之，由于对法律的无知或者认识不足，而致法律行为的后果与自己的意思相悖，可否作为重大误解而主张变更或者撤销法律行为呢？

比如，王某的丈夫李某在为张某送驾照途中罹于交通事故，张某误以为自己对李某的死应承担侵权责任，于是与王某签订了金额为20万元的经济补偿协议。张某履行了部分给付后经咨询发现自己对法律存在误解，其实自己对于李某的死无须承担任何法律责任，故不同意履行给付义务。二审法院认为，张某与王某间的协议有效，且张某对法律的理解错误不属于重大误解，据此判决驳回了张某的上诉请求。①

我国民法理论界多倾向于将法律错误归入动机错误，不以之为可撤销合同的事由。② 不过，目前也有学者对此提出质疑，主张引进德国法上的法律效果错误概念，用以解释我国法上的行为后果的错误；行为后果的错误既包括内容错误，也包括法律效果错误。在我国法的框架下，法律效果错误原则上应准予撤销。③

在观念上虽可依错误对象的不同而将错误区分事实错误与法律错误，是否因此而要在法律上将二者区别对待，则值得探讨。罗马法谚有谓：“不知法不成其为抗辩”。如严守此训条，则每个人都被推定为知法，对于法便不应产生错误，故不应以“法律错误”为由主张撤销合同。④ 前文所举我国案例，裁判者显然也是循此思路。不过，现代的观点认为，在缔约时存在的法也是当时事实状态的一部分，因而，多数法院对于法律错误会像对待其他事实错误那样，

---

① 案件详情参见北京市高级人民法院民一庭编：《北京民事审判疑难案例与问题解析》（第1卷），法律出版社2007年版，第425页。由法官亲自执笔的案例评释，参见胡建永：《意思表示“错误”之范围分析》，载《人民法院报》2006年6月27日，第C03版。转引自班天可：《论民法上的法律错误：对德国法和日本法的比较研究》，载《中外法学》2011年第5期。

② 参见李永军：《民法总论》，法律出版社2006年版，第551～553页。

③ 参见班天可：《论民法上的法律错误：对德国法和日本法的比较研究》，载《中外法学》2011年第5期。

④ 作为遵循此训条的美国判例，Webb v. Webb, 301 S. E. 2d 570（W. Va. 1983）。

给予救济。[①] 这在美国、[②]德国及日本[③]等的判例中均不乏其例。现代模范法也一并承认事实错误及法律错误,肯定法律错误可像事实错误一样,在符合条件时构成撤销合同的事由。[④] 参考诸此比较法的发展,回归到中国法的解释论,对于《执行民法通则意见》第 71 条中的"等"字,宜理解为可以包括"法律错误"。如此解释,"法律错误"在定性上依然是作为"对行为内容"的错误,而不是所谓"行为后果错误"项下与内容错误并列的"法律效果错误"。[⑤] 同时,在解释上,或者至少在观念上,也可区别于动机错误。[⑥]

至此,再回看前述案例,法院之所以不支持当事人以法律错误为由主张构成重大误解并撤销合同,不排除有对于如下情节的考虑,即"李某在为张某送驾照途中罹于交通事故",而依《执行民法通则意见》第 157 条,当事人对造成

① See E. Allan Farnsworth, *Contracts* 601 – 602 (4th ed. 2004).

② 美国的典型判例为 Dover Pool & Racquet Club v. Brooking, 322 N. E. 2d 168 (Mass. 1975)。

③ 对于德国及日本判例的梳理及比较,参见班天可:《论民法上的法律错误:对德国法和日本法的比较研究》,载《中外法学》2011 年第 5 期。

④ PICC Art. 3. 2. 1; PECL Article 4:103 (ex art. 6. 103); DCFR Art. II. – 7:201; CESL Article 48.

⑤ 班天可博士以《最高人民法院关于贯彻执行〈中华人民共和国民法通则〉若干问题的意见》第 71 条为据提出"行为后果错误"概念,并以之涵盖内容错误及法律效果错误。详见班天可:《论民法上的法律错误:对德国法和日本法的比较研究》,载《中外法学》2011 年第 5 期。笔者对于"行为后果错误"概念持保留意见,理由在于,《最高人民法院关于贯彻执行〈中华人民共和国民法通则〉若干问题的意见》第 71 条是在解释什么情形"可以认定为重大误解",对于该情形的界定,采取了表述因果的句式,"行为的后果"一语出现在作为"果"的中段,而没有出现在作为"因"的前段,若以"行为的后果"来扩张《民法通则》第 59 条第 1 款第 1 项,或者以之涵盖后者,并容纳"法律效果错误",有倒果为因之嫌,存在逻辑问题。另外,"法律效果错误"与"内容错误"是什么关系,亦不清楚。一方面,班天可博士将法律效果错误界定为"意思与法律的冲突",显然有别于通常将错误(无论是内容错误还是表示错误)是"意思与表示的冲突"不一样,二者之间不是一者包含另一者的关系,更像是并列关系。另一方面,《最高人民法院关于贯彻执行〈中华人民共和国民法通则〉若干问题的意见》第 71 条中对行为的性质的错误认识,在班天可博士看来,本身也可解读为一种法律错误,果如此,法律错误与内容错误就不是简单的并列关系。有鉴于此,对解释的基础,恐怕不应在表现为"果"的中段,而应在表现为"因"的前段探求,应从前段的"等"字上下功夫。

⑥ 学者有指出,法律后果错误不易清晰地归列于内容错误或者动机错误等类型,人们既可以将其作为一种内容错误,因为表意人不知其法律后果,故对其表示的内容(意义)陷于错误,因而可依法撤销;人们也可以认为它只是一种动机错误(故不得撤销),因为对于法律状态的不正确判断是表示的动机。Vgl. *Dieter Medicus*, Allgemeiner Teil des BGB, 9. Auflage, C. F. Müller Verlag Heidelberg 2006, S. 297 – 298.

损害均无过错,但一方是在为对方的利益或者共同的利益进行活动的过程中受到损害的,可以责令对方或者受益人给予一定的经济补偿。有此类规则存在,可能在某种程度上强化了法官对其判断的确信。假如案情有所变化,比如李某在为张某的儿子送驾照途中,与张某的儿子一起罹于交通事故,张某不知《继承法》第 33 条第 2 款规定的“继承人放弃继承的,对被继承人依法应当缴纳的税款和债务可以不负偿还责任”。基于“子债父还”的意识,张某与王某签订 20 万元的经济补偿协议。后张某咨询律师,得知《继承法》第 33 条第 2 款规则,随即明确表示放弃继承,并请求法院撤销经济补偿协议。这时,法院又该如何裁判呢? 由于放弃继承,子债(假如成立的话)只是子债,不成其为父债,这样一来,由张某偿还子债,便属于非债清偿;为偿债而签订经济补偿协议,亦因失其前提,而构成一种内容错误。

法律错误也可以呈现为表示错误。拉伦茨教授在分析法律后果错误时将法律后果分为直接的法律后果和其他法律后果。前者指表示依其内容意在直接引起的法律后果,后者则是法律为某种已经订立的法律行为所规定的法律后果,而不问表意人具有何种意思。他主张对直接的法律后果发生的错误才属表示错误。例如,饭店店主将饭店“连同从物”一起出售给他人;店主以为,“从物”仅包括固定建筑在饭店里的东西,如壁柜、厨房设备等,但不包括其他的动产。在这种情况下,店主的错误就是一种表示错误;他对其表示之为受领人所理解的意义发生了错误,亦即他实际表示的并不是他所想表示的内容。①

另外,《执行民法通则意见》第 71 条同时要求“并造成较大损失的”,可以认定为重大误解。此项要求,在比较法上不太常见,对其理解,宜作为认定误解重大性的辅助因素,故此处不以之为一项独立的构成要件,而将其整合在误解的“重大性”项下。在理解适用时,也需要结合具体个案,灵活认定。应当注意,这里所说的“造成较大损失”,不同于《合同法》第 107 条及第 113 条第 1 款等所要求赔偿的“损失”,规范目的显著不同,因而,在理解适用上也不宜要求按同样的标准操作。

---

① 参见[德]卡尔·拉伦茨:《德国民法通论》(下册),王晓晔等译,法律出版社 2003 年版,第 512 页。

对于误解的重大性,宜采取主客观结合的标准加以评判:一位理性人处在误解方同样的场合,如果了解真实情况,会怎么做?如果该理性人根本不会签订合同,或者只会以显著不同的条款签订合同,如此,且仅当如此,误解(错误)才能被认定为是重大的。①

(3)因重大误解而成立民事法律行为(因果关系)

《合同法》第54条第1款第1项明确使用了"因"字,即表明重大误解与订立合同之间存在因果关系。《执行民法通则意见》第71条也出现了"因"字。《民法总则》第147条"基于重大误解实施的民事法律行为"中虽未再出现"因"字,解释时也应作同样的理解。如无此种误解或者错误认识,当事人不可能订立合同,或者只会以其他内容订立合同。因而,由于是一册明内府抄本《孟子》,才会有人愿意花78.2万元人民币购买。② 如果换成是后世抄本或者影印本,自然不值这个价钱。

(4)相对人的参与

重大误解是保护误解人的制度,允许其基于重大误解撤销合同。合同毕竟是双方当事人合意的产物,③在立法政策上作价值判断及利益衡量,单纯的"意思主义"在现代难以证成保护误解人而忽视相对人的做法具有正当性。我国现行法及司法解释似乎没有顾及任何相对人方面的因素,但仅以此为据,仍没有回答在重大误解场合何以要偏爱误解人。我国民法理论原本兼顾双方的因素,比如,20世纪50年代的理论表述为:"由于一方的过失而引起对方的错误认识,民法上便叫作'误解'。"④这里便提到了相对人的过失。进入20世纪80年代,中国内地的理论便不再像50年代那样提相对人的过失。⑤ 这种转变

① PICC Art. 3. 2. 2 Comment 1. Serious mistake.

② 北京保利2015年春季拍卖会成交记录。

③ 关于错误(重大误解)的法律规范,或置重于意思表示(比如《德国民法典》第119条、我国台湾地区"民法典"第88条和《日本民法》第95条等),或置重于民事行为或者合同(如《民法通则》第59条和《合同法》第54条,另外《荷兰民法典》第6:228条、PICC第3.2.2条、PECL第4:103条、DCFR第II. - 7:201条和CESL第48条等)。我国法既属后者,而合同是双方合意的产物,在确定得否以错误为由撤销合同时,考虑相对人方面的相关因素,在法律逻辑上,理所当然。

④ 中央政法干部学校民法教研室编:《中华人民共和国民法基本问题》,法律出版社1958年版,第82~83页。

⑤ 参见佟柔、赵中孚、郑立主编:《民法概论》,中国人民大学出版社1982年版,第68页。

影响到了《民法通则》,而该法颁布后,民法理论更是普遍地单方面强调误解人方面的误解,绝口不提相对人的参与;并以误解与欺诈相比较,强调“这种误解不是对方采取欺诈手段造成的,而是行为人由于自己的过失所造成的。”①理论上甚至明确强调,“至于对方当事人,不论他是否知道误解人对法律行为要件有误解,都不影响在误解人请求后,该民事行为的变更或撤销,但仅限于重大的误解。”②

围绕《民法通则》中的重大误解所作的上述解读,自然将重大误解的主要构成要件落在了误解的“重大性”上。但从实务经验来看,裁判者往往对重大误解的判断持十分慎重的态度,以至于当事人很难成功主张重大误解撤销合同。“重大误解”作为不确定概念,要在实践层面增强其可操作性,就有必要在解释论上细化重大误解的构成要件,引入更多的考量指标,而考虑相对人对于误解人重大误解的参与因素,与其说是对于我国 20 世纪 80 年代以来民法理论的一种“突破”,毋宁说是对于更早理论的某种回归,以及对于现代比较法共识的接续。此所谓现代比较法,包括 PICC 第 3.2.2 条、PECL 第 4:103 条、DCFR 第 2-7:201 条、CESL 第 48 条以及《荷兰民法典》第 6:228 条,综合其共性,可以从以下三个方面,细化重大误解的构成要件。换言之,构成重大误解,尚应符合如下三者之一,③而这三者具有的共同之处在于,相对人不值得保护,因为其以这样或者那样的方式参与了错误方的错误。④

第一,错误是由相对人方面的不正确信息所引起。

不正确信息的提供,如果是由相对人故意提供,则可能构成欺诈。⑤ 此处重点考虑非属相对人故意的情形。比如,错误可以追踪至相对人所作的某些表示,无论是明示的或者默示的,过失的或者无过失的,甚或沉默也可能造成错误。

---

① 江平主编:《民法通则 100 问》,陕西师范大学出版社 1986 年版,第 76 页。

② 徐开墅等编:《民法通则概论》,群众出版社 1988 年版,第 116~117 页。

③ See Jan M. Smits, *Contract Law: A Comparative Introduction* 163-166 (2014).

④ PICC Art. 3.2.2 Comment 2. Conditions concerning the party other than the mistaken party.

⑤ 如当事人认识错误是因对方欺诈所致,则会出现一种“二重效果”现象,欺诈也好,重大误解也罢,都是法律对于同一行为的评价,依《合同法》第 54 条二者效果均为可变更或可撤销,原则上允许当事人根据举证的难易以及二者法律后果的差异(基于重大误解主张撤销,可能赔偿对方;基于受欺诈而主张撤销,则可能向对方主张赔偿),自由选择其主张;不过在可适用第 52 条第 1 项时,欺诈的效果则为无效,应优先按无效处理,否则有使该条立法目的落空之虞。

当事人也不应相信所有的信息。出卖人卖东西时可能会吹牛,声称其东西是“独一无二的”、“最好的”和“最便宜的”,这类话语通常并不具有赋予权利的功能。不过,若是更为具体的表述,则有可能构成合同的组成部分,比如,出卖人说其商品适合特定用途(“该辆吊车允许在公路上开”),或者具有特定品质(“金”戒指),这时可以成立错误与违约救济的竞合。

第二,相对人知道或者应当知道该错误而悖于诚信地未告知错误方。

相对人知道或者应当知道错误方的错误,按照诚信原则应当告知错误方,却没有告知错误方,使之仍陷于错误之中,这时相对人便不值得保护。何为相对人应当知道,对此可依理性人标准加以判断。于此场合,错误方如欲撤销合同,还应证明相对人负有告知义务,提醒其错误。①

我国法承认在缔约过程中当事人之间具有告知义务,违反此种告知义务,可以引起缔约上的过失责任(《合同法》第42条)。当然,负有告知义务的缔约主体如果故意不告知,可能构成欺诈。此处重点关注非属故意的情形。

第三,共同错误。

在共同错误场合,双方当事人对于事实有同样错误的认识。比如,买卖双方均认为作为买卖标的物的国画是齐白石所作;房东及房客均认为房屋是允许作办公用途的;广告主与电视台均认为东方红三号卫星能定点投入使用;②甲与乙缔结某辆赛车买卖合同时并不知道也不可能知道该车已经被他人偷走(主观不能)或者已经灭失(客观不能),等等。在这种场合,双方当事人均有撤销权。

(5)不存在消极要件

PICC第3.2.2条第2款规定:“但有下列情形之一的,当事人不得撤销合同:(a)其陷于错误时具有重大过失;(b)错误系关于某事情,就此事情发生错误的风险已经由错误方承担,或者依具体情事,应当由错误方承担。”另外,在

① PICC Art. 3.2.2 Comment 2. Conditions concerning the party other than the mistaken party.

② “南昌航宇实业集团公司诉江西电视台不按合同约定播出上星广告违约赔偿纠纷案”,参见最高人民法院中国应用法学研究所编:《人民法院案例选》(总第19辑),人民法院出版社1997年版,第164页以下。

PECL 第 4:104 条、[①]DCFR 第 2 - 7:201 条第 2 款以及 CESL 第 48 第 2 款,[②]亦有相似规定。

如果误解(错误)是由于误解人的重大过失所致,再允许误解人撤销合同,对于相对人便不公平,故有上述(a)项例外。而对于投机性的合同,承担错误的风险则是其通常的特点。一方当事人,可能抱有某些事实存在的假定并认为其认识正确,从而订立合同,这样他便承担了事实并非如此的风险。在这类场合,该当事人也无权以其误解为由撤销合同。例如,A 将一幅"号称"某不太有名的画家 C 的画作以合理的价格卖给 B,事后发现,该画其实是由有名的艺术家 D 的作品。A 不得以其错误为由主张撤销其与 B 的合同,因为该画被"号称"为 C 的作品的事实,已隐含着它可能是由更有名气艺术家所作的风险。[③]

在德国法上,尽管立法中没有规定,仍旧承认一点,当错误发生在所承担风险领域时,排除因错误而撤销。作为此类有风险行为的事例,比如,待建地块的买受人承担了该地不能真正成为建设用地的风险;新式超声波治疗仪的买受人须能考虑该仪器不完全具有所期望的疗效。特别是主债务人的履行能力通常属于保证人的风险,债权人对于此点所具有的不确定性正是需要由保证人予以消除的,故对此亦不许因错误而撤销。[④] 不过,《德国民法典》第 119 条及以下条文根本未顾及表意人过错,即使最重大的过失,亦无妨撤销。只有故意场合,自然不许撤销,盖因此时不成其为错误。[⑤]

---

① 该条第 2 款规定了两项例外,不许撤销合同:其一,在该具体情事中,其错误是不可原谅的;其二,此种错误的风险已由其承担,或在该具体情事中应由其承担。DCFR 第 2 - 7:201 条第 2 款与此相同。

② CESL 第 48 条第 2 款只规定了一种例外情形,即"如果错误的风险已由当事人承担,或依具体情事应由其承担,则该当事人不得因该错误而撤销合同"。

③ PICC Art. 3. 2. 2 Comment 3. Conditions concerning the mistaken party. 此种情形,在我国法上,亦不宜允许依"显失公平"为由主张撤销合同。当然,对此会有不同意见,比如,有观点主张,某古董收购商下乡以极不合理的低价收购古董的行为,即属显失公平的民事行为。魏振瀛主编:《民法》,北京大学出版社、高等教育出版社 2000 年版,第 164 页。

④ Vgl. *Dieter Medicus*, Allgemeiner Teil des BGB, 9. Auflage, C. F. Müller Verlag Heidelberg 2006, S. 307.

⑤ Vgl. *Dieter Medicus*, Allgemeiner Teil des BGB, 9. Auflage, C. F. Müller Verlag Heidelberg 2006, S. 293.

关于因重大误解而撤销,我国法虽然没有明确规定消极要件,参考上述比较法,理论上应否承认及如何承认消极要件的存在,颇有探讨的余地。

首先,对于因自己重大过失而陷于错误的情形,是否排除因重大误解而撤销,在合同法学者建议稿最初的草稿"重大误解"条第 2 款有涉及,该款表述为:"因重大误解而订立的合同,误解方当事人可以请求撤销。但是,如果由其重大过失所造成,则仅可请求变更合同。"此处"但书"中的"仅可"请求变更合同,表明排除了因重大误解而撤销合同。此项基本的价值判断,殊值重视。《合同法》有多处条文将重大过失与故意并列规定(第 53 条第 2 项、第 189 条、第 302 条第 1 款以及第 406 条第 1 款),表明立法者在价值判断上,以重大过失相当于故意。如果循此判断,因重大过失而陷于错误,便相当于故意陷于错误,其错误本身不可原谅,如果允许撤销,对于相对人有失公允。

其次,对于既已承担错误风险的情形,不允许该方当事人因该错误而撤销合同,更是众多比较法的通例,我国法虽未明文规定,实无理由特立独行与众不同,而承认此种消极要件,亦符合"广泛参考借鉴市场经济发达国家和地区立法的成功经验和判例学说,尽量采用反映现代市场经济客观规律的共同规则,并与国际公约和国际惯例协调一致"的立法指导思想。①

3. 法律效果

本条规定与以往的立法有所不同,仅规定行为人有权请求人民法院或者仲裁机构予以撤销,没有再提及"变更",对此应如何理解,是一重要问题。有的学者对此持积极肯定意见,如认为《民法总则(草案)》剔除了《民法通则》有关当事人就相对无效行为享有变更权的规定,实实在在是纠正了我国民法理论上的一个重大失误。② 另外,也有学者认为,对于可撤销的法律行为,在撤销权之外再赋予当事人一方一种变更法律行为的权利,不会直接产生权力意志妨害私人自治之弊,因为法院能否介入法律行为之中,完全取决于当事人一方是否行使变更权的自主意思。域外关于法律行为的最新立法也普遍承认可撤

---

① 参见梁慧星:《民法学说判例与立法研究》(第 2 册),国家行政学院出版社 1999 年版,第 121 页。

② 参见尹田:《〈民法总则(草案)〉中法律行为制度的创新点之评价》,载《法学杂志》2016 年第 11 期。

销法律行为于个别情形下可予以变更。我国法院也不乏合理适用可变更法律行为规定的判决。总体而言,完全沿袭与全部废弃我国现行法关于可变更法律行为规定的极端做法皆不可取,部分保留可变更法律行为制度并对其加以补充完善的做法比较可行。①

从实务情况来看,比如前文提及的表示错误案例,Y 银行记账员在电脑上将存款金额 1400 元误输入为 14000 元,并将记载 14000 元的存单交给 X。法院最终支持 Y 的反诉请求,确认存款金额为 1400 元。这种处理结果自然有其合理性,而无须撤销整个民事法律行为。法院判决貌似确认之诉,实际上则是在发挥形成效果,是在变更合同,将错误更正过来。

类似的事例,在实务中并非不少见,因而,继续承认当事人可以根据需要请求变更,并无坏处。如此,在解释本法以及《合同法》时,宜综合考虑,在体系上不作引起冲突和矛盾的解释,不应简单地根据"新法优于旧法"处理。

三、举证责任分配

主张重大误解的一方对于重大误解的构成负有举证责任。

① 参见朱广新:《论可撤销法律行为的变更问题》,载《法学》2017 年第 2 期。

第一百四十八条　【欺诈】

一方以欺诈手段，使对方在违背真实意思的情况下实施的民事法律行为，受欺诈方有权请求人民法院或者仲裁机构予以撤销。

一、历史由来

本条规定来自《合同法》第54条第2款。与既有立法相比，其进步之处体现在，坚持以欺诈作为民事法律行为可撤销的事由，放弃《民法通则》第58条以之为民事行为无效事由的立场，并且，与《合同法》将欺诈事由分裂规定为无效事由（第52条第1项）和可变更、可撤销事由（第54条第2款）相比，更进一步，统一以欺诈为民事法律行为可撤销的事由。

二、规范目的与含义

（一）规范目的

本条以意思主义为出发点，统一规定欺诈为撤销民事法律行为的事由。

（二）规范含义

1. 欺诈概念

在民法上，欺诈是指以使他人陷于错误并因而为意思表示为目的，故意陈述虚伪事实或隐瞒真实情况的行为。

在民法中，可以在两个领域讲到“欺诈”：一是在法律行为领域；二是在侵权行为领域。本条即以欺诈为影响民事法律行为效力的事由。除此之外，欺诈是否可以构成侵权行为，尤其是能否构成侵害自由权，向来是一项有重大争议的问题。在英国法上，自1789年的Pasley v. Freeman案以来，欺诈是一种侵权行为,[①]在德国法上欺诈通常也会引发侵权责任(《德国民法典》第826条)。[②]持肯定说的学者,多是将民法上所谓的自由区分为身体的自由与精神的自由,诈欺以及胁迫是构成对精神自由(或意思决定自由权)之侵害的典型。[③] 我侵权法学者持此种见解者亦不乏其人。[④]

刑法上的"欺诈",即指诈骗罪而言,《中华人民共和国刑法》第266条等专门作有规定。[⑤]

在法律上常见到同一行为符合数个法律效果的要件事实,由此引发法律效果(或责任)的竞合或聚合。同一欺诈行为,一方面可以成为撤销合同的事由,另一方面也可能符合侵权行为法上侵害自由权的构成要件。由于撤销权与侵权行为损害赔偿请求权的性质、功能、构成要件以及法律效果均有不同,因而可以并存,发生竞合关系。依学者见解,此时侵权行为损害赔偿请求权的存在与行使,与受欺诈法律行为的撤销与否,不生关系。因此,被害人于撤销其受诈欺而为的意思表示前,固得依侵权行为法的规定请求损害赔偿,在意思表示经撤销后,亦得主张之。[⑥] 同一欺诈行为,如果同时符合刑法上诈骗罪的构成要件,即要承担相应的刑事责任,此时并不妨碍民事责任或民事法律后果的承担。因为刑法以维护社会秩序为目的,而民法以保护被欺诈人利益为目的。总之,对于欺诈,合同撤销、侵权赔偿及刑事责任,此三者相辅相成,始可预防及压制欺诈,保护受欺诈人,而不必相互排斥,当然亦并非必然相伴而生。

---

① See W. V. H. Rogers, *Windfield & Jolowicz on Tort* 369 (16th ed. 2002).

② See B. S. Markesinis, W. Lorenz & G. Dannemann, *The German Law of Obligations* Vol. 1 207 (1997).

③ 参见胡长清:《中国民法债篇总论》,商务印书馆1947年版,第131页;史尚宽:《债法总论》,作者自版1954年版,第143页;[日]加藤一郎:《不法行为》,有斐阁1975年版,第130页;[日]吉村良一:《不法行为法》,有斐阁2000年版,第39页。

④ 参见王利明主编:《民法・侵权行为法》,中国人民大学出版社1993年版,第307页;杨立新:《自由权之侵害及其民法救济》,载《法学研究》1994年第4期;张新宝:《中国侵权行为法》,中国社会科学出版社1998年版,第407页。

⑤ 刑法上诈骗罪的构成,要求财产上的损害,参见张明楷:《刑法学》(下册),法律出版社1997年版,第779~780页。而民法中欺诈的构成,并不以被欺诈人因该行为而遭受财产损害为条件,这一点有别于刑法中的诈骗行为,民法的相关规定被认为并不是为了保护财产,而是为了保护当事人的决定自由(Entschliessungsfreiheit)。Vgl. *Larenz/Wolf*, Allgemeiner Teil des Bürgerlichen Rechts, 9. Aufl., 2004, § 37 Rn. 12.

⑥ 参见王泽鉴:《民法学说与判例研究》(第2册),作者自版1991年版,第211页以下。

2. 构成要件

在民法上,欺诈的构成通常需要以下要件:

(1)欺诈行为

本法所称"欺诈手段"即指一方当事人的欺诈行为。一方当事人故意告知对方虚假情况,或者故意隐瞒真实情况,诱使对方当事人作出错误意思表示的,可以认定为欺诈行为。① 对此,应当注意的有以下数点。

第一,欺诈行为非法律行为,故无行为能力人也可以为欺诈。②

第二,欺诈行为通常表现为积极的作为,如故意告知对方虚假情况,将赝品说成真品、将低劣产品说成优质产品等。至于消极的不作为(沉默)能否构成欺诈,历来存有争论。③ 在我国司法解释上,故意隐瞒真实情况,诱使对方作出错误意思表示的,可以认定为欺诈行为(《执行民法通则意见》第 68 条)。《合同法》第 42 条第 2 项前段"故意隐瞒与订立合同有关的重要事实",可因此发生损害赔偿责任,实际上也肯定了消极的不作为可以构成欺诈。因而,原则上讲当事人并没有普遍的揭示义务(或告知义务),但是根据特别的法律规定、诚实信用原则或者交易习惯的要求,可以认为有这种告知义务(作为一种先合同义务)时,单纯的沉默也可构成欺诈。

第三,在我国学说及司法解释上,欺诈被认为是对事实的故意的虚伪陈述或者隐瞒,对主观意见的陈述能否构成欺诈,则鲜有讨论。国外学说上存有争论,有谓意见的陈述不构成欺诈;有谓意见的陈述是否构成欺诈,应当与沉默依同一标准以为决定,以后一见解为当。④

第四,欺诈行为也有可能是当事人之外的第三人作出,就其法律效果,本法第 150 条作了专门规定。

(2)欺诈的故意

欺诈的构成以欺诈人欺诈的故意为必要,是大陆法系历来通说见解,《合

① 《最高人民法院关于贯彻执行〈中华人民共和国民法通则〉若干问题的意见(试行)》第 68 条。

② 参见胡长清:《中国民法总论》,中国政法大学出版社 1997 年版,第 247 页。

③ 参见韩世远:《合同法总论》(第三版),法律出版社 2011 年版,第 137 页以下。

④ 参见胡长清:《中国民法总论》,中国政法大学出版社 1997 年版,第 248 页。

同法》第 42 条第 2 项以及此前的司法解释亦以欺诈人的故意为要件。所谓欺诈的故意,其涵义有二:其一,须有使相对人陷于错误的故意;其二,须有使相对人因其错误而为一定意思表示的故意(双重故意)。[①] 例如,仅因夸耀富有,伪称其所藏伪画为真迹,虽使相对人陷于错误,但并没有使之基于该错误而为一定意思表示的意思,故不构成民法上的欺诈。

如一方当事人对于陈述虚伪事实或者没有告知真实情况只是出于过失,并不构成故意欺诈。在德国,对于所谓"过失欺诈"可得依《德国民法典》第 311 条第 2 款发生缔约过失责任;另外,也可以作为物的或者权利瑕疵问题处理。[②] 在日本,不承认所谓"过失欺诈",它可以作为因违反说明义务或者情报提供义务的损害赔偿请求权问题,依据缔约过失或者侵权行为的法理处理。[③] 在我国,首先,相对人可依重大误解主张撤销合同。其次,如果相对人不选择撤销合同,如果符合条件,物的瑕疵担保的规定也是可以援用的。最后,相对人可否主张对方依据缔约上过失承担赔偿责任,值得探讨,《合同法》第 42 条第 2 项限定于故意,为此设置了障碍。本书主张,依第 3 项作为"其他违背诚实信用原则的行为",令其承担赔偿责任。

(3)因果关系

本条规定"一方以欺诈手段,使对方在违背真实意思的情况下实施的民事法律行为",实包含有两层因果关系:相对人因欺诈行为而陷于错误,并且因该错误而作出意思表示。民法上欺诈的构成以这么两层因果关系为必要,且该因果关系以对于被欺诈人自己存在为已足,不必考虑通情达理之第三人会是如何。[④]

第一,相对人因欺诈而陷于错误。

欺诈人虽有故意欺诈行为,倘若相对人未因此而陷于错误,则并不构成民

---

① 参见胡长清:《中国民法总论》,中国政法大学出版社 1997 年版,第 248 页;[日]我妻荣:《新订民法总则》,岩波书店 1965 年版,第 308 页;[日]三和一博、平井一雄编:《民法总则要说》,青林书院 1990 年版,第 116 页;[日]潮见佳男:《民法总则讲义》,有斐阁 2005 年版,第 175 页。

② Vgl. *Larenz/Wolf*, Allgemeiner Teil des Bürgerlichen Rechts, 9. Aufl., 2004, S. 689 – 690.

③ 参见[日]潮见佳男:《民法总则讲义》,有斐阁 2005 年版,第 175 页。

④ 参见[日]须永醇:《民法总则要论》,劲草书房 1988 年版,第 199 ~ 200 页;[日]三和一博、平井一雄编:《民法总则要说》,青林书院 1990 年版,第 116 页;潮见佳男:《民法总则讲义》,有斐阁 2005 年版,第 175 页。

法上的欺诈,不发生欺诈的法律后果。另外,错误虽然不是由于欺诈而来,但因欺诈的缘故,使错误的程度加深或继续保持,仍然构成欺诈。① 此所谓错误,是指对合同内容及其他重要情况的认识缺陷。例如,误以劣质品为优质品,误以有重大瑕疵的标的物为无瑕疵的标的物,不知当事人无履行能力等。不以法律行为的内容有错误为必要,即法律行为的动机有错误,亦应解为因被欺诈之意思表示,民法于错误意思表示以外,复设被欺诈之意思表示,其实益即在于此。②

第二,相对人因错误而为意思表示。

虽然最高人民法院司法解释上并未作此要求(《执行民法通则意见》第68条),但学说解释上多以受欺诈人因错误而为意思表示为要件,要求错误判断与意思表示之间有因果关系。③ 故此,如相对人的意思表示,非由于错误而生,则无适用本条之余地。例如,出卖人虽用种种手段隐蔽货物的瑕疵,然买受人并不调查其货物如何,径自买受其货物。于此场合,出卖人的行为,固不免于道德上的非难,然买受人的判断,并未受欺诈行为的影响,从而错误与意思表示之间,自无因果关系之可言。④ 另外,受欺诈人虽然陷于错误,但并未因此而为意思表示,也不构成欺诈,不发生撤销权。

(4)欺诈的违法性

欺诈须违反法律、违反诚实信用原则,如果一方是为了对方的利益而作欺骗性的陈述,则不成立欺诈。⑤ 在判断欺诈是否具有违法性时,欺诈行为的程度是一重要考虑因素。欺诈行为的成立要以达到违反交易上要求的诚信为必要,⑥必须是达到了社会生活上不能容许的程度,叫卖香蕉场合的信口开河,在一般社会观念是容许的,由于不具有违法性,并不构成此处的欺诈。⑦

---

① 参见王家福主编:《中国民法学·民法债权》,法律出版社1991年版,第350页。
② 参见胡长清:《中国民法总论》,中国政法大学出版社1997年版,第249页。
③ 参见梁慧星:《民法总论》(第三版),法律出版社2007年版,第178~179页。
④ 参见胡长清:《中国民法总论》,中国政法大学出版社1997年版,第249页。
⑤ 参见王家福主编:《中国民法学·民法债权》,中国政法大学出版社1991年版,第350页。
⑥ 参见[日]内田贵:《民法I总则·物权总论》,东京大学出版会1996年版,第69页。
⑦ 参见[日]三和一博、平井一雄编:《民法总则要说》,青林书院1990年版,第116页。

3. 法律效果

(1) 对于当事人的效力

欺诈人为当事人之一方，表意人得撤销其意思表示。

欺诈人非当事人之一方，在无相对人之意思表示，表意人得撤销其意思表示；如为有相对人之意思表示，依本法第 149 条，则仅以对方知道或者应当知道该欺诈行为为限，表意人得撤销其意思表示。[①]

(2) 对于第三人的效力

因欺诈而撤销意思表示，不得对抗善意第三人。[②]

《民法通则》规定欺诈的法律效果为无效(第 58 条第 1 款第 3 项)。《合同法》对此有所修正，以欺诈手段订立合同，损害国家利益的，该合同无效(第 52 条)；其他以欺诈手段订立的合同，受损害方有权请求撤销(第 54 条第 2 款)。《民法总则》更进一步，统一规定欺诈为撤销民事法律行为的事由。

三、举证责任分配

受欺诈方依据本条规定主张撤销民事法律行为场合，应就欺诈行为、欺诈的故意、双重因果关系进行举证，这些均属于具体的事实问题。而欺诈的违法性，属于规范性要件，一旦能够对前述具体的事实要件加以证明，即可以构成评价违法性的根据。

---

① 参见梁慧星：《民法总论》(第三版)，法律出版社 2007 年版，第 179 页；寇志新：《民法总论》，中国政法大学出版社 2000 年版，第 219 ~ 220 页。

② 参见梁慧星：《民法总论》(第三版)，法律出版社 2007 年版，第 179 页；寇志新：《民法总论》，中国政法大学出版社 2000 年版，第 220 页。

第一百四十九条 【第三人欺诈】

第三人实施欺诈行为,使一方在违背真实意思的情况下实施的民事法律行为,对方知道或者应当知道该欺诈行为的,受欺诈方有权请求人民法院或者仲裁机构予以撤销。

一、历史由来

关于第三人欺诈,我国《民法通则》《合同法》等法律、法规并没有具体规定,仅《担保法解释》第 40 条有所体现,故本条属于法律新增规则。上述司法解释第 40 条规定:"主合同债务人采取欺诈、胁迫等手段,使保证人在违背真实意思的情况下提供保证的,债权人知道或者应当知道欺诈、胁迫事实的,按照《担保法》第 30 条的规定处理。"即保证人不承担民事责任。

作为比较立法例,有《德国民法典》第 123 条第 2 款、《日本民法典》第 96 条第 2 项、我国台湾地区"民法典"第 92 条第 1 项等。

二、规范目的与含义

(一)规范目的

本条针对第三人实施欺诈行为的特殊情形,在保护表意人与保护相对人之间寻求平衡,以相对人恶意为限,始许表意人撤销法律行为。

(二)规范含义

1. 概要

欺诈行为如果是当事人之外的第三人作出,法律行为的效力能否因此而受有影响？我国原有法律对此未作明确规定，学说对此有所探讨。[①] 从国外立法例来看，欺诈系由第三人所为的，对于一方所作的意思表示，只有当另一方明知或者可知欺诈事实时，始得撤销（如《德国民法典》第123条第2款、《日本民法典》第96条第2项）。如果由于甲的欺诈，乙与丙缔结了合同，则只有当丙知道或者应当知道欺诈事实时，乙才可以撤销合同。法律这样规定的理由是：在这些情形下，表意人决定其意思的自由已不复存在，而自由地决定意思是私法自治的原则条件。[②]

2. 第三人欺诈

本条规定对于"第三人"并未作出特别限定，然基于本条规范目的，对于"第三人"仍有必要作进一步的类型区分，并对本条"第三人"作出必要的限缩。

(1)一般第三人

指与法律行为当事人无关的其他人。其所实施的欺诈行为，使一方在违背真实意思的情况下实施的民事法律行为，对方知道或者应当知道该欺诈行为的，受欺诈方有权请求人民法院或者仲裁机构予以撤销。比如，甲为向乙银行借款而请求其友人丙为其担当保证人，并声称自己名下的企业经营状况良好，还款绝无问题，其实该企业早已负债累累、难以偿还。丙不明真相，便为甲充当了保证人。对于保证合同而言，其当事人为乙（债权人）和丙（保证人），甲是外在于此合同的第三人。如乙对此并不知情，则保证合同仍旧有效，不得撤销。

(2)代理人或使用人

如果甲向乙公司购买二手车，乙的销售人员丙故意不告知该车为泡水车，而缔结买卖合同，纵乙不知其事，甲仍得以被欺诈为由，请求撤销买卖合同。

---

① 参见姜宇：《因第三人欺诈而为意思表示的法律效力》，载《现代法学》1996年第3期；韩世远：《合同法总论》，法律出版社2004年版，第210页；张淳：《第三人欺诈与民事行为效力瑕疵——来自比较法角度的观察与评析》，载《江苏行政学院学报》2005年第5期；薛军：《第三人欺诈与第三人胁迫》，载《法学研究》2011年第1期；冉克平：《论因第三人欺诈或胁迫而订立合同的效力》，载《法学论坛》2012年第4期。

② 参见［德］卡尔·拉伦茨：《德国民法通论》（下册），王晓晔等译，法律出版社2003年版，第542页。

此时,丙是乙公司的使用人,并非本条规定的第三人。[①] 之所以如此,是因为当事人应为其代理人或者使用人(缔约辅助人)的行为负责,如此,他们的行为即相当于当事人的行为,不宜再作为外在于当事人的第三人。

综上,对本条中的第三人应当作狭义解释,一方当事人的代理人、使用人(缔约辅助人)等均应排除在外,仅限于与该当事人毫无关系的纯粹的第三人。这种处理方法,实际上是调和相对人利益的结果。不过,受欺诈人仍有对作出欺诈行为的第三人追究侵权行为责任的余地。[②] 另外,受欺诈人仍可根据本法第 147 条或者《合同法》第 54 条规定的重大误解而请求法院或仲裁机构撤销其合同。

3. 对方知道或者应当知道第三人欺诈行为

依本条规定,在第三人欺诈场合,受欺诈方如欲主张撤销,仍须符合"对方知道或者应当知道第三人欺诈行为"的要件。该要件是为了平衡法律行为双方当事人的利益而确定的重要标准。

对方知道或者应当知道第三人欺诈行为,采纳的是"已知"或者"应知"标准。在对方应知而不知场合,并没有额外要求对方对其"不知"具有过失,是否有过失,在所不问。

三、举证责任分配

主张因受第三人欺诈而撤销民事法律行为的当事人,除了应就欺诈的事实承担举证责任之外,还应就本条规定的"对方知道或者应当知道该欺诈行为"的事实进行举证。当然,如果主张撤销的当事人能够证明实施欺诈行为的"第三人"实为对方的代理人或者使用人,则可依一般欺诈的规则处理,无须再另外证明对方当事人知情。

---

① 参见王泽鉴:《民法总则》,北京大学出版社 2009 年版,第 309 页;陈聪富:《民法总则》(第二版),元照出版公司 2016 年版,第 294 页。

② 参见[日]远藤浩等编:《民法(1)·总则》(第四版),有斐阁 1999 年版,第 169 页。

第一百五十条　【胁迫】

一方或者第三人以胁迫手段，使对方在违背真实意思的情况下实施的民事法律行为，受胁迫方有权请求人民法院或者仲裁机构予以撤销。

一、历史由来

本条规定来自《合同法》第 54 条第 2 款。与既有立法相比，其进步之处体现在，坚持以胁迫作为民事法律行为可撤销的事由，放弃《民法通则》第 58 条以之为民事行为无效事由的立场，并且，与《合同法》将胁迫事由分裂规定为无效事由（第 52 条第 1 项）和可变更、可撤销事由（第 54 条第 2 款）相比，更进一步，统一以胁迫为民事法律行为可撤销的事由。另外，明确了第三人胁迫问题。

二、规范目的与含义

（一）规范目的

本条规定意在明确，无论一方当事人或者第三人，只要是通过胁迫使对方违背真实意思作出的民事法律行为，受胁迫方均可请求人民法院或者仲裁机构予以撤销。

（二）规范含义

1. 胁迫的概念

胁迫，是指不法地向相对人施加压力，使之恐惧，并且基于此种恐惧而为一定意思表示的行为。

2. 构成要件

胁迫的构成应具备如下要件：

(1) 胁迫行为

胁迫行为，是指胁迫人对于受胁迫人表示施加危害的行为。其内涵在法制史上有着一个不断扩张的演变过程。[①] 在我国司法解释上,以给公民及其亲友的生命健康、荣誉、名誉、财产等造成损害或者以给法人的荣誉、名誉、财产等造成损害为要挟,迫使对方作出违背真实的意思表示的,可以认定为胁迫行为(《执行民法通则意见》第69条)。学说通常认为,不问危害是否属于重大,只要使受胁迫人达到发生恐惧的程度就够了。[②]

我国原有法律只是规定了一方当事人所作的胁迫行为,并未涉及第三人的胁迫行为。本条规定明确了第三人胁迫亦得成为撤销民事法律行为的事由。如此,对于第三人的胁迫行为,不论受胁迫人的合同相对人是否知道或应否知道,均可以构成撤销权的原因。[③] 之所以与第三人欺诈场合有所不同,乃是因为与欺诈相比,胁迫的危害性更为剧烈,有必要对受胁迫人予以特别保护。正如拉伦茨先生所指出的:"法律坚决反对采取胁迫行为对表意人意志施加非法影响的做法;因此,即使相对人对胁迫既一无所知,亦无法知道,他也不应受到保护。"[④]

从学理上可将胁迫行为区分如下类型:

第一,身体胁迫与精神胁迫。

这是源于罗马法的分类,将胁迫区分为身体胁迫和精神胁迫。前者场合表意人根本无意思的存在,如甲以强力执乙之手强使其在契约上签字,乙并无

---

① 在罗马法上要求危害必须是重大的,是对人的身体、生命、自由、贞操、名誉等的威胁。另外,在英国早期的普通法上,胁迫(duress)的概念是非常狭窄的,仅限于对缔约当事人之一方的人身现实的或者威胁性的施暴或者非法强制。此一概念不断遭到批判并为后来的判例所修正,将胁迫的概念一再地扩张,目前胁迫之检验已相当灵活,端视是否存在"损及同意的意思压迫(coercion of the will, which vitiates consent)",甚至在个别场合有条件地承认了"经济胁迫(economic duress)"。See G. H. Treitel, *The Law of Contract* 310 - 1 (6th ed. 1983); A. G. Guest ed., *Anson's Law of Contract* 240 - 1 (26th ed. 1984).

② 参见王家福主编:《中国民法学·民法债权》,法律出版社1991年版,第347页;王利明:《合同法研究》(第一卷),中国人民大学出版社2002年版,第645页。

③ 可参考《法国民法典》第1111条、《意大利民法典》第1434条。值得注意的是,与此不同,在英国普通法上,第三者施加的压力,若为合同对方所知,亦可起作用。何美欢:《香港合同法》(上册),北京大学出版社1995年版,第323页。换言之,第三人的胁迫非为合同对方所知时,则不能够成为撤销合同的事由。

④ [德]卡尔·拉伦茨:《德国民法通论》(下册),谢怀栻等译,法律出版社2003年版,第542页。我国学者与此相左的见解,参见王利明:《合同法研究》(第一卷),中国人民大学出版社2002年版,第645页。

摆脱的余地,只是作为甲的工具签了字,自不发生意思表示瑕疵的问题,其签字当然不能发生任何效力,故亦称绝对胁迫或者暴行。在后者场合,受胁迫人则有为法律行为的意思,不过其行为的内容非其所愿,其行为纯系为避免某种危害而已,如果受害人在受恐吓后精神错乱,丧失辨别能力,其所为自亦绝对无效。只有精神胁迫者构成意思表示的瑕疵,简称为胁迫,以示与暴行的区别。① 法国法继受罗马法,相应地将胁迫区分为肉体上的胁迫与精神上的胁迫。肉体的胁迫之场合,当然欠缺合意,合同被作为绝对无效处理。精神上的胁迫在法律上的效果,是合同相对无效的原因(《法国民法典》第1111~1115条,第1117条)。② 在我国,立法并未区分身体胁迫与精神胁迫,更没有相应地赋予不同的法律效果,而是将两类胁迫一并规制。故此种分类,在我国仅有学理意义。

第二,当事人所为的胁迫与第三人所为的胁迫。

这是依胁迫行为的主体不同所作的分类,本条规定呈现出了这种分类,只不过就二者的法律效果并没有区别对待,故统一规定,③唯对于其构成要件要求可能存在差异。

第三,经济胁迫。

在现代经济社会,出现了所谓"经济胁迫",并引发了普遍的关注和讨论。这一问题尤其以英美法为典型代表,但又不局限于英美法有其存在。④ 依《布莱克法律词典》所作之定义,"'经济胁迫'或商业压迫之抗辩,产生于某个人,通过作用于另一人对将会发生的经济损害的担忧,不法地迫使后者在其自由意志之作用受到妨碍的情况下作出某种行为。比如,以买方不同意另外一份生产合同便不再继续完成某合同中特别关键部分的履行相威胁。"⑤经济胁

---

① 参见周枏:《罗马法原论》(下册),商务印书馆1994年版,第592~593页。另可参见[意]彼德罗·彭梵得:《罗马法教科书》,黄风译,中国政法大学出版社1992年版,第74~76页。

② 参见[日]山口俊夫:《法国债权法》,东京大学出版会1986年版,第30页。

③ 根据《法国民法典》第1111条的规定,无论胁迫行为系合同当事人实施抑或第三人实施,其引起的法律后果完全相同,都是相对无效,可以由受胁迫人请求撤销。

④ 比如在法国,对于该问题便有不少的讨论。参见尹田:《法国现代合同法》,法律出版社1995年版,第96~97页。

⑤ See *Black's Law Dictionary* 354 (Abridged Sixth Edition 1991). 关于这一问题的重要论文有 John P Dawson, *Economic Duress*, 45 Mich L Rev 253 (1947)。

迫,在英国法律乃是20世纪后期之产物,意指一方对另一方经济损失上的恐吓而言。[①] 我国法律没有承认经济胁迫的概念,胁迫仅限于一方当事人对另一方当事人的以财产或人身安全相威胁的行为,至于交易中的经济强制一般不认为构成胁迫。学说上对于应否引入“经济胁迫”概念,见仁见智。

(2)胁迫人的故意

胁迫人的故意,即胁迫意思。胁迫意思由两个意思构成:使被胁迫人产生恐惧心理的意思,及使被胁迫人基于该恐惧心理而为意思表示的意思。[②] 从另一角度说,即应当要求胁迫的目的在于使被胁迫人基于恐惧而为意思表示。

(3)胁迫的违法性

胁迫的构成须符合“违法性”要件,这点自罗马法以来素为大陆法系所接受。[③] 在我国,台湾地区的民法学说认为,以违法为构成胁迫的要件太严格,只要所表示施加危害属于不当即可构成胁迫。大陆的学者亦有赞同见解。[④] 唯对何为不当,未展开说明。此处仍坚持“违法性”要件。通常,以违法性作为胁迫的构成要件,只需胁迫的目的或手段之一为违法即可。[⑤] 目的或手段分别而言均属合法,但二者的结合有悖于公序良俗的,同样可以构成违法,例如以告发他人犯罪为威胁强迫他人签订合同。[⑥]

(4)因果关系

相对人因胁迫而发生恐惧心理,并且因该恐惧心理而作出意思表示。民

---

① 参见杨桢:《英美契约法论》,北京大学出版社1997年版,第239页。

② 参见梁慧星:《民法总论》(第三版),法律出版社2007年版,第179~180页;[日]我妻荣:《新订民法总则》,岩波书店1965年版,第313页;[日]须永醇:《民法总则要论》,劲草书房1988年版,第200页;[日]三和一博、平井一雄编:《民法总则要说》,青林书院1990年版,第119页;胡长清:《中国民法总论》,中国政法大学出版社1997年版,第253页;王泽鉴:《民法总则》(增订版),中国政法大学出版社2001年版,第398页;王利明:《合同法研究》(第一卷),中国人民大学出版社2002年版,第644页。

③ 在罗马法上,胁迫的构成要求危害须不法。合法行为虽使相对人感到恐惧,亦不能构成胁迫。例如,债权人对债务人声言若30日内不归还贷款,即将依法起诉;又如承审员责令致害人的家长承担赔偿原告的损失,否则便将其家属判交原告处理等,这些均在其有权范围之内,就不得谓之胁迫。但如以揭发犯罪相恫吓而索取财物,则属胁迫,因人们都有权揭发犯罪,但无权迫令犯人交付财物。周枏:《罗马法原论》(下册),商务印书馆1994年版,第593~594页。

④ 参见王家福主编:《中国民法学·民法债权》,法律出版社1991年版,第347页。

⑤ 可参照国际统一私法协会《国际商事合同通则》(2010年版)第3.2.6条后段。

⑥ 参见梁慧星:《民法总论》(第三版),法律出版社2007年版,第180页。

法上胁迫的构成以这么两层因果关系为必要。① 如果受胁迫人并未因胁迫而发生恐惧,或者虽然发生了恐惧,但并非因胁迫行为所致,或者虽有恐惧心理,但并未因此作出意思表示,则均不构成民法上的胁迫。另外,此种因果关系的构成,只要求具备事实上的因果关系即为已足,无须要求具备相当因果关系。换言之,只需要受胁迫人在主观上发生恐惧并基于恐惧而为意思表示就够了,不必探究通情达理第三人若在此场合会是如何。就恐惧的程度而言,并不以表意人完全丧失选择的自由为必要。

3. 法律效果

因胁迫的违法性较欺诈更严重,不论胁迫人是否为对方当事人,表意人均得撤销其意思表示,并且此撤销得对抗善意第三人。②

《民法通则》规定胁迫的法律效果为无效(第58条第1款第3项)。《合同法》对此有所修正,以胁迫手段订立合同,损害国家利益的,该合同无效(第52条);其他以胁迫手段订立的合同,受损害方有权请求撤销(第54条第2款)。另外,《婚姻法》第11条规定,因胁迫结婚的,受胁迫的一方可以向婚姻登记机关或人民法院请求撤销该婚姻。受胁迫的一方撤销婚姻的请求,应当自结婚登记之日起一年内提出。被非法限制人身自由的当事人请求撤销婚姻的,应当自恢复人身自由之日起一年内提出。作为民事法律的一般规则,《民法总则》第150条明确以胁迫为民事法律行为的撤销事由。

三、举证责任分配

受胁迫方依据本条规定主张撤销民事法律行为场合,应就胁迫行为、胁迫的故意、双重因果关系进行举证,这些均属于具体的事实问题。而胁迫的违法性,属于规范性要件,一旦能够对前述具体的事实要件加以证明,即可以构成评价违法性的根据。

---

① 参见[日]我妻荣:《新订民法总则》,岩波书店1965年版,第314页。

② 参见梁慧星:《民法总论》(第三版),法律出版社2007年版,第180页。

第一百五十一条 【显失公平】

一方利用对方处于危困状态、缺乏判断能力等情形，致使民事法律行为成立时显失公平的，受损害方有权请求人民法院或者仲裁机构予以撤销。

一、历史由来

本条规定系延续《民法通则》《执行民法通则意见》《合同法》而来，但作出了一定的修改。《民法通则》第58条第1款第3项规定“乘人之危”所为的民事行为无效，第59条第1款第2项规定“显失公平”民事行为可变更或撤销。与此相应，《执行民法通则意见》第70条对“乘人之危”如何认定作出了规定，《执行民法通则意见》第72条对“显失公平”如何认定作出了规定。[①]《合同法》改变了“乘人之危”和“显失公平”法律效果二分模式，采合一模式，将“乘人之危”和“显失公平”之效果统一规定为可变更或撤销，其第54条第1款第2项和第2款分别规定了“订立时显失公平”的合同和“乘人之危”订立的合同为可变更或撤销合同。《民法总则》则是将“乘人之危”和“显失公平”整合为一条，法律效果统一规定为可撤销，可变更之效果被删除。

在《民法总则》制定过程中，本条规定演变过程如下：全国人大法工委民法室2015年8月28日发布的“民法总则民法室室内稿”第111条规定了显失公

---

① 《关于贯彻执行〈中华人民共和国民法通则〉若干问题的意见》第70条规定：“一方当事人乘对方处于危难之机，为牟取不正当利益，迫使对方作出不真实的意思表示，严重损害对方利益的，可以认定为乘人之危。”第72条规定：“一方当事人利用优势或者利用对方没有经验，致使双方的权利与义务明显违反公平、等价有偿原则的，可以认定为显失公平。”

平法律行为的可撤销,第112条规定了乘人之危的法律行为的可撤销。[①] 其第111条将《执行民法通则意见》第72条作为其第2款,第112条将《执行民法通则意见》第70条作为其第2款。《民法总则(草案)》(一审稿)将“乘人之危”和“显失公平”整合到一个条文之中,其第129条规定:“一方利用对方处于困境、缺乏判断能力或者对自己信赖等情形,致使民事法律行为成立时显失公平的,受损害方有权请求人民法院或者仲裁机构予以撤销。”《民法总则(草案)》(二审稿)在一审稿的基础上,删除了其中的“对自己的信赖”之内容,其第144条规定:“一方利用对方处于困境、缺乏判断能力等情形,致使民事法律行为成立时显失公平的,受损害方有权请求人民法院或者仲裁机构予以撤销。”《民法总则(草案)》(三审稿)第152条维持了二审稿的规定。最终通过的文本将“困境”改为“危困状态”,这主要是表述上的变化,应没有实质性差异。

比较法上,《德国民法典》第138条第2款规定:一方利用对方之困境、无经验、缺乏判断能力或显著的意志薄弱,使对方对自己或第三人许诺给予或已实际给予一定财产利益,而该财产利益与其自己的给付显著失衡的,法律行为无效。《瑞士债务法》第21条规定:一方利用对方之困境、无经验或轻率而导致所订立合同之给付与对待给付显著失衡的,受损害方可于一年内主张合同无效并请求已履行部分之返还。我国台湾地区“民法典”第74条规定:法律行为,系乘他人之急迫、轻率或无经验,使其为财产上之给付或为给付之约定,依当时情形显失公平者,法院得因利害关系人之声请,撤销其法律行为或减轻其给付。这里,与德国法不同,瑞士法在法效果上已改采可撤销模式,我国台湾地区法也放弃了德国法无效之安排,并在可撤销的基础上,同时规定了减轻给付请求权。

在《民法通则》之前,我国民法理论是把乘人之危与显失公平联系在一起,称为乘人之危而显失公平的民事行为,即把乘人之危作为显失公平的原因,把

---

① “民法总则室内稿”第111条规定:“显失公平的法律行为,受损害方有权请求人民法院或者仲裁机构撤销。一方利用优势或者利用对方没有经验,致使双方的权利与义务明显违反公平原则的,可以构成显失公平。”第112条规定:“乘人之危的法律行为,受损害方有权请求人民法院或者仲裁机构撤销。一方乘对方处于危难之机,为牟取不正当利益,迫使对方作出违背真实意思的意思表示,严重损害对方利益的,可以构成乘人之危。”

两者结合起来共同作为影响合同效力的原因;[①]但我国《民法通则》创造性地将“乘人之危”和“显失公平”两分,分置于不同的条文并赋予不同的法律效果。究其原因,有学者指出,《民法通则》起草者认为,乘人之危性质恶劣,民国时代制定的民法典规定该行为为得撤销行为,其“处理”太过轻纵,而应定其效果为“无效”,故而在《民法通则》第58条规定乘人之危行为无效,单纯的显失公平行为方为得撤销行为。[②]《民法通则》的规定,受到学界的批判,通说认为,我国《民法通则》是将德国法“暴利行为”两分了。[③] 有学者认为:乘人之危而不导致显失公平的,法律无须多管,而无条件讨论公平与不公平问题,与竞争市场和价值规律的观念难以协调。[④] 在法效果上,有学者指出,暴利因素难改法律关系仅关乎当事人利益之实质,故不必纳入公共秩序调整,交由当事人自决应较符合自治理念。[⑤] 现在的《民法总则》的规定,可视为回归民法传统,与瑞士民法、我国台湾地区“民法典”十分接近了。

二、规范目的与含义

本条规定旨在为因身处危困状态或缺乏判断力等而为有瑕疵之意思表示的当事人,提供摆脱约束的可能性。规则背后的支撑包括两个原理:自治原理和给付均衡原理。法律行为之结果的显失公平,与给付均衡原理相冲突,该原理指向于法律行为效力之否定;而自治原理涉及三个方面:一是一方对对方不利因素的“利用”,涉及其归责性,指向于法律行为效力的否定,表现了私的自治之中的自己责任;二是“对方”意思表示之瑕疵,指向的也是法律行为效力的否定;三是一方成立法律行为之意思,指向于法律行为效力的肯定,表现了私的自治之中的自主选择。这里涉及两个原理的四个方面,经综合考量,导出了

① 参见王家福主编:《民法债权》,法律出版社1991年版,第351页。

② 参见张俊浩主编:《民法学原理》(修订第三版上册),中国政法大学出版社2000年版,第290页。

③ 参见崔建远:《合同法总论》(上卷),中国人民大学出版社2008年版,第299页;梁慧星:《民法总论》(第四版),法律出版社2011年版,第202页。

④ 参见张俊浩主编:《民法学原理》(修订第三版上册),中国政法大学出版社2000年版,第290页。

⑤ 参见朱庆育:《民法总论》,北京大学出版社2013年版,第284页。

法律效果上的撤销权之发生。

《民法总则》之前，因乘人之危与显失公平分置于不同的条文加以规范，故解释论上也是分别为之。乘人之危的构成争议不大，显失公平的构成则存有较大争议。单一要件说认为：客观上双方权利、义务明显不对等而致其利益严重不均衡，就足以构成显失公平；单一要件说免除了受害人就显失公平原因进行举证的负担，可充分保护受害人；[①]可以将《执行民法通则意见》第72条之规定视为显失公平类型的列举而非定义，显失公平的构成不要求主观因素，但不妨碍具体的显失公平案件存在主观因素。[②] 双重要件说认为，显失公平的构成需要具备双重要件，一是客观要件，即客观上存在当事人之间的利益不平衡；二是主观要件，即一方故意利用其优势或另一方的轻率、无经验等从事显失公平的民事行为，主观要件利于维护交易安全的经济秩序的稳定，符合《执行民法通则意见》第72条的本意。[③]

司法实践中，法院多采双重要件说，例如，郑学诚与花旗银行贷款合同纠纷上诉案中，法院认为，银行可自行调整利率之约定，是否显失公平，应通过客观上利益是否明显不平衡，主观上银行是否滥用己方优势和对方的毫无经验判定。[④] 在吴其傅与渣打银行委托理财合同纠纷上诉案中，法院认为合同是否构成显失公平的问题，应根据合同签订时的客观要件和主观要件进行判断，并且强调商事主体负有较一般民事主体更高的审慎注意义务，不能基于重大误解和显失公平随意解除合同。[⑤]

现行规则解释上，其法律效果为撤销权的发生，该撤销权虽为形成权，但需要通过提起诉讼或仲裁的方式行使，其已受到了法院或仲裁机构的约束。原有的变更权被删除，考虑的因素可能包括：变更权实践中极少被行使、变更权本身又过于弹性。规则在构成上，应包括三个要件：归责性要件、意思瑕疵要件、结果失衡要件。归责性要件系指主观上对对方不利状态的利用，例如，

---

① 参见韩世远：《合同法总论》(第三版)，法律出版社2011年版，第200页。

② 参见崔建远主编：《合同法》(第五版)，法律出版社2010年版，第115页。

③ 参见冉克平：《显失公平与乘人之危的现实困境与制度重构》，载《比较法研究》2015年第5期。

④ 参见上海市第一中级人民法院(2010)沪一中民六(商)终字第36号判决书。

⑤ 参见上海市第二中级人民法院(2008)沪一中民三(商)终字第509号判决书。

明知对方处于危困状态而借机提出苛刻的交易条件;“利用”以知道或应当知道对方不利状态为前提,不知也不应知对方身处困境等情形的,不能构成“利用”。意思瑕疵要件系指对方因不利状态的存在,所作出的意思表示不完全自由,故其不能为法律行为之效力提供完满的支持,例如,身处危困状态,选择自由几近丧失,非常地勉强作出表示时,其意思表示将缺乏健全之意思表示可经由私的自治原则而获得的支撑力。结果失衡要件系指法律行为效果确立的给付与对待给付之间的不均衡,是否均衡之判断通常需要借助于市场价格来加以考察,是一个相对客观的判断。

值得注意的是,上述三个要件均存在满足度的问题,归责性有程度高低之别,例如,利用对方危困状态的归责性之程度,显然要比利用对方缺乏判断力的归责性之程度要高许多;而在相同类型的不同案件中,归责性程度又会有差别。意思瑕疵要件的度的问题,表现为对合意支撑度的强弱,形成合意度的差异,意思瑕疵程度越高,法律行为的合意度越低。结果失衡要件的度的问题,表现为失衡度的差异,市场价格为10元的物品,合意价格为50元和100元,其失衡度就不同,后者失衡度更高;此外,失衡度的判断应以法律行为成立时为时间基准。由于各个要件均有满足度的问题,故在构成的判断上需要结合个案情境,在综合考虑各要件满足度的基础上,得出结论。失衡度极高时,合意度、归责性程度低一些,也可发生撤销权;合意度极低时,失衡度、归责性程度低一些也不影响撤销权的发生;而归责性程度影响力要弱一些,带有辅助性,失衡度较低、合意度较高时,即使归责性程度较高,也可不发生撤销权。

旧法乘人之危构成上,上述三要件均是存在的,乘人之危之“乘”即指向于归责性,而危难被乘之中则含有意思瑕疵,“牟取不正当利益”之中隐含着失衡的问题,只是对失衡度的要求可能较低。显失公平之构成,如上所述有单一要件说和双重要件说之分,二说均未涉及归责性要件。但新法明确规定“一方利用对方处于危困状态、缺乏判断能力……”,这样,归责性要件和意思瑕疵要件在解释论上均可以确立。此外,条文中的“等情形”,使规则保持了开放性,其他可能存在的发生意思瑕疵的类型,也可纳入调整。尽管如此,新法已大幅度缩限了原显失公平规则的适用空间,《合同法》第54条第1款第2项的兜底功能被削弱。当然,现行规则中的“等情形”之规定,也有一定的兜底功能。

三、其他问题

就规则适用之中举证责任负担而言，撤销权人主张撤销相应的法律行为，应担负举证证明相关事实的责任。在归责性要件方面，主张撤销者需证明对方明知自己的不利状态，或者证明可以推断出对方“应当知道”的相关事实，对方“明知或应知”的结论可得出时，便可认定“利用”的存在。意思瑕疵要件方面，主张撤销之人需证明自己相应的不利状态的存在，而这样的状态足以影响意思表示的品质。结果失衡要件方面，主张撤销者需证明用于比对的相关市场等状况。

由于新法将“利用”写入法条，实践中可能会出现失衡度极高而又无法确认存在“利用”的案型，依照原单一要件说，应可发生撤销权，但现行法下，即使同时具备意思瑕疵要件，撤销权的发生仍然有困难。能否在合意度很低、失衡度很高的情况下，直接认可撤销权的发生，可能存在争议。实践中该问题的解决，一方面在综合判断框架中，其他要件满足度甚高时可降低归责性要件满足度的要求，利用归责性判断的弹性，确认各要件均已具备、可发生撤销权；另一方面可根据案情考虑其他规则适用的可能性。

第一百五十二条 【撤销权的消灭】

有下列情形之一的，撤销权消灭：

（一）当事人自知道或者应当知道撤销事由之日起一年内、重大误解的当事人自知道或者应当知道撤销事由之日起三个月内没有行使撤销权；

（二）当事人受胁迫，自胁迫行为终止之日起一年内没有行使撤销权；

（三）当事人知道撤销事由后明确表示或者以自己的行为表明放弃撤销权。

当事人自民事法律行为发生之日起五年内没有行使撤销权，撤销权消灭。

一、历史由来

本条规定是在《执行民法通则意见》与《合同法》的规定基础上加以修正而来，《民法通则》没有规定撤销权的除斥期间和放弃规则，《执行民法通则意见》则为撤销权设立了一年的行使期限撤销权，其第73条规定：可变更或者可撤销的民事行为，自行为成立时起超过一年当事人才请求变更或者撤销的，人民法院不予保护。《合同法》规定了撤销权消灭的规则，其第55条规定：有下列情形之一的，撤销权消灭：（一）具有撤销权的当事人自知道或者应当知道撤销事由之日起一年内没有行使撤销权；（二）具有撤销权的当事人知道撤销事由后明确表示或者以自己的行为放弃撤销权。司法实践中，针对原有规则多有批判的是，其没有就胁迫处于持续状态的情形作出规定。[①]

在《民法总则》制定过程中，全国人大法工委民法室2015年8月28日发布的“民法总则民法室室内稿”第113条规定：有下列情形之一的，撤销权消灭：（一）当事人自知道或者应当知道撤销事由之日起一年内没有行使撤销权的；（二）当事人受胁迫，自胁迫行为终止之日起一年内没有行使撤销权的；

① 参见韩世远：《合同法总论》（第三版），法律出版社2011年版，第204页。

(三)当事人知道撤销事由后明确表示或者以自己的行为放弃撤销权的。《民法总则(草案)》(一审稿)第131条规定:有下列情形之一的,撤销权消灭:(一)当事人自知道或者应当知道撤销事由之日起一年内没有行使撤销权的;(二)当事人受胁迫,自胁迫行为终止之日起一年内没有行使撤销权的;(三)当事人知道撤销事由后明确表示或者以自己的行为表明放弃撤销权的;(四)当事人自民事法律行为发生之日起五年内没有行使撤销权的。《民法总则(草案)》(二审稿)第146条规定:有下列情形之一的,撤销权消灭:(一)当事人自知道或者应当知道撤销事由之日起一年内、重大误解的当事人自知道或者应当知道撤销事由之日起三个月内没有行使撤销权的;(二)当事人受胁迫,自胁迫行为终止之日起一年内没有行使撤销权的;(三)当事人知道撤销事由后明确表示或者以自己的行为表明放弃撤销权的;(四)当事人自民事法律行为发生之日起五年内没有行使撤销权的。《民法总则(草案)》(三审稿)第154条维持了二审稿的规定。最终通过的文本将本条分为两款,并删除了第1款中的三个"的"字。删除三个"的"字,语言表达上更好一些,分为两款也有其合理基础。

比较法上,《德国民法典》第124条规定撤销权的除斥期间为一年;欺诈情形下,期间自欺诈被发现时起算,胁迫情形下,期间自紧迫状态停止时起算;自意思表示作出时起十年,撤销权消灭。第144条规定可撤销行为被撤销权人确认的,即不再可撤销。《法国民法典》第1304条规定,除特别法规定有较短期限的外,撤销权行使期间应为5年。我国台湾地区"民法典"第74条规定显失公平行为之撤销需在法律行为后一年内为之,第90条规定错误行为之撤销权自意思表示后经过一年而消灭,第93条规定诈欺和胁迫行为之撤销,应于发现诈欺或胁迫终止后一年内为之,但自意思表示后,经过10年,不得撤销。

二、规范目的与含义

本条规定了撤销权的除斥期间和放弃规则。撤销权作为形成权,权利人可单方主张撤销相应的法律行为,改变双方法律关系的状态,该权利若无时间限制,不利于法律关系的稳定,对相对一方也有失公允。撤销权作为一项民事权利,权利人应可处分,故从私的自治角度考虑,若撤销权人放弃撤销权,自应认可撤销权消灭的效力。

撤销权的除斥期间为撤销权的存续期间,为绝对、不变期间,没有发生诸如中止、中断的可能。因欺诈、显失公平而成立的行为,除斥期间为一年,自撤销权人知道或应当知道撤销事由之日起开始计算,“知道”为一事实,需要相应的证据加以证明,“应当知道”则是从相关事实推断出的结论,①在可得出应当知道之结论的场合,撤销权人事实上的不知,不影响撤销权的消灭。因胁迫而成立的行为,除斥期间也为一年,所不同的是起算点为胁迫行为终止之日,修正了旧法的缺陷,避免了因持续性胁迫致撤销权也因期间经过而消灭的不当结果。重大误解行为的撤销权除斥期间为三个月,此一特别规定,可能是考虑到重大误解情形下撤销权人的归责性较高。以上期间的规定,因个案中具体起算点不确定,同样可能出现法律关系长期处于可撤销状态,为此,本条第2款规定了五年的最长期间,期间自法律行为发生之日起算。这样,在法律行为发生之后的五年内,法律行为的效力必然可以确定下来。“法律行为发生之日”,单方行为情形之下,应指意思表示作出之日,双方或多方行为情形下,应指合意达成之日。

本条第1款第3项规定了撤销权人对撤销权的放弃,依私法自治原则可发生撤销权消灭的效果。放弃可明示为之,也可以默示为之。默示是从撤销权人的行为中推断出放弃撤销权的意思,这里的行为应当是积极的作为,不包括沉默,并且,行为需发生在撤销权人知道撤销事由之后,撤销权人不知道撤销事由存在,不可能有放弃撤销权的意思。此外,知道撤销事由的存在,但不知道该事由可发生撤销权的,就严格意义上而言,不能从撤销权人行为中推断出其有放弃其所不知晓的撤销权之意思,但不影响撤销权的消灭。司法实践中,“以自己的行为表明放弃撤销权”中的行为,通常为开始履行或继续履行合同的行为,从此类行为中可观察到撤销权人有接受合同的意思,在知道可撤销事由后仍然接受合同约束,那么就应是放弃撤销权。

① 例如,在陆某诉镇江新房房地产开发有限公司商品房销售合同纠纷案中,法院认为从撤销权人委托他人代收争议房屋以及去现场察看房屋的事实,可推断出其应当知道房屋楼层欺诈的事实,其在之后一年内没有行使撤销权的,撤销权也应消灭。参见江苏省高级人民法院(2015)苏审三民申字第01176号裁定书。

三、其他问题

本条适用中，主张撤销权消灭的当事人应当证明撤销权人知道撤销事由的事实或者证明可推断出知道撤销事由的相关事实，胁迫情形下需证明在某时点胁迫终止的事实。

本条将重大误解情形下撤销权的除斥期间设定为三个月，从撤销权人的归责性的角度来看，似有一定道理；但是，当事人归责性的差异对法律效果的影响，应主要体现在撤销权发生与否，以及撤销之后的责任安排之上，[①]没有必要再在撤销权的除斥期间上作区别对待。将除斥期间缩短九个月，意义不大，反而使规则复杂化了，增加了立法、法律适用以及法律学习的成本。

① 因重大误解而撤销法律行为者，应赔偿对方的相应损失；而在欺诈、胁迫的场合下，是撤销法律行为者可请求为欺诈、胁迫行为之人赔偿相应损失。

第一百五十三条 【违反强制性规定与违背公序良俗的民事法律行为】

违反法律、行政法规的强制性规定的民事法律行为无效,但是该强制性规定不导致该民事法律行为无效的除外。

违背公序良俗的民事法律行为无效。

一、历史由来

本条规定系延续《民法通则》《合同法》的规定而来,《民法通则》第 58 条第 1 款第 5 项规定,违反法律或者社会公共利益的民事行为无效。《合同法》第 52 条第 4 项规定,损害社会公共利益的合同无效;第 5 项规定,违反法律、行政法规的强制性规定的合同无效。《合同法》已对《民法通则》的规定进行了缩限,将可确定合同无效的规则限定于全国人大和国务院制定的强制性规范。《合同法解释(二)》第 14 条进一步加以限定,规定《合同法》第 52 条第 5 项规定的"强制性规定",是指效力性强制性规定。

在《民法总则》制定过程中,从全国人大法工委民法室 2015 年 8 月 28 日发布的"民法总则民法室室内稿"到《民法总则(草案)》一审稿、二审稿、三审稿,均将二者合并为一条,并吸纳了司法解释的规定,将强制性规范限定于效力性强制性规范,将"社会公共利益"之表达更改为"公序良俗",具体表述为,违反法律、行政法规的效力性强制规定或者违背公序良俗的法律行为无效。最终通过的文本对此做出了重大的修正:一方面放弃了司法解释中确立的效力性强制规定与管理性强制规定之区分,另一方面将不法和背俗分置于两款之中。此项修正,当属《民法总则》制定最后阶段取得的最为重大的进步。①

比较法上,违反强制性规定和违反公序良俗将导致法律行为无效,系通行

---

① 将不法与背俗分置于两款之中,将便于法条援引适用;而放弃"效力性强制规定"之标准,则可彻底否定了司法解释的错误。

规则。《德国民法典》第134条规定，除法律另有规定之外，违反法定禁令的法律行为无效；第138第1款规定，违反善良风俗的法律行为无效。《日本民法典》第90条规定，以违反公共秩序或善良风俗事项为目的的法律行为无效。《瑞士债法》第20条第1款规定，含有不能履行、违反法律之内容或者违反公序良俗的合同无效。我国台湾地区“民法典”第71条规定：法律行为，违反强制或禁止之规定者，无效。但其规定并不以之为无效者，不在此限；第72条规定，法律行为，有悖于公共秩序或善良风俗者，无效。

二、规范目的与含义

（一）违反强制性规定

本条第1款规定体现的是法律行为合法性要件，为私的自治的外在约束，为私人自治设定了边界。本条第1款为转介条款，可将包括刑法、行政法等法律中的规定引入民法，其主要功能在于调和国家管制和私法自治，[①]担负着沟通公法与私法的桥梁作用，其适用需要参引相应的强制性规范，故为不完全法条。

可用于判定法律行为效力的规范，限于法律和行政法规中的强制性规范。全国人民代表大会及其常务委员会制定的法律，以及国务院制定的行政法规之外，其他国家机构制定的规范性文件之中的强制性规范，不属于这里所说的强制性规定，不得直接作为合同效力判定的依据。不过，与其他国家机构制定的强制性规范相悖的法律行为，若与公共秩序相冲突的，则可依据公序良俗条款否定其效力。

强制性规定有别于任意性规定，当事人不得排除适用。原司法解释将强制性规定限定于“效力性”强制规定，意味着“非效力性”强制规定不影响法律行为效力，[②]但什么样的强制性规范是效力性的、什么样的是非效力性的，却标

① 参见苏永钦：《以公法规范控制私法契约》，载《人大法律评论》2010年第1期。

② 《审理合同纠纷意见》第15条规定，注意区分效力性强制规定和管理性强制规定，违反效力性强制规定的，人民法院应当认定合同无效；违反管理性强制规定的，人民法院应当根据具体情形认定其效力。这样，效力性强制规定之外仍然有可影响法律行为效力的强制规定，其逻辑混乱，不足为据。

准不详。[①] 司法实践中,各级法院裁判尺度并不统一,并时有相互冲突的判决出现。有学者梳理了实务中的类型,概括出私权限制型、生效管制型、纯粹秩序型、刑民交叉刑等司法案型。[②]

司法解释的规定设定了看似简明的规则,却在面对纷繁复杂的现实生活时完全无能为力。究其原因,管制与自治的协调绝非可简单“一刀切”清晰解决的问题,并不存在单一的压倒性影响因素,[③]可独掌乾坤,试图将问题简化为规范属性之判断,根本不可行。导致的结果是,个案中,法官认为应当否定合同效力时,就说违反的规范是效力性强制规定,应肯定合同效力时,就说违反的是非效力性强制规定。这样,公式化讨论背后,遮蔽了实质性判断理路,可限制私的自治的实质理由,反而隐而不显。

新法废弃了司法解释设立的规则,以但书的方式肯定了违反任何法律、行政法规中的强制性规定,并非均导致合同无效。然而,但书之内容却很难提供实质性的指引。“该强制性规定不导致该民事法律行为无效的除外”,意义模糊,该表述似参考了我国台湾地区“民法典”第71条但书的表达,即“其规定并不以之为无效者,不在此限”,但不及我国台湾地区“民法典”严谨。[④] “不导致该民事法律行为无效”本来是效果,却被表述为设定例外的原因。解释论上,若强制性规定之法条,明确规定违反者无效的,则法律行为无效;若未明确规定违反者无效的,则应结合个案情境,综合考量规范目的、单方违反还是双方

① 对此,《最高人民法院关于当前形势下审理民商事合同纠纷案件若干问题的指导意见》第16条规定:“人民法院应当综合法律法规的意旨,权衡相互冲突的权益,诸如权益的种类、交易安全以及其所规制的对象等,综合认定强制性规定的类型。如果强制性规定规制的是合同行为本身即只要该合同行为发生即绝对地损害国家利益或者社会公共利益的,人民法院应当认定合同无效。如果强制性规定规制的是当事人的‘市场准入’资格而非某种类型的合同行为,或者规制的是某种合同的履行行为而非某类合同行为,人民法院对于此类合同效力的认定,应当慎重把握,必要时应当征求相关立法部门的意见或者请示上级人民法院。”

② 参见朱庆育:《〈合同法〉第52条第5项评注》,载《法学家》2016年第5期。

③ 相关的讨论可参见:解亘:《论违反强制性规定契约之效力》,载《中外法学》2003年第1期;孙鹏:《论违反强制性规定行为之效力》,载《法商研究》2006年第5期;谢鸿飞:《论法律行为生效的“适法规范”》,载《中国社会科学》2007年第6期;刘凯湘、夏小雄:《论违反强制性规范的合同效力》,载《中国法学》2011年第1期。

④ 关于我国台湾地区“民法典”第71条但书之解释,梅仲协教授认为,法律未明文规定行为无效时,应依法条之用语,或法规之立法旨趣,以定其是否无效。参见梅仲协:《民法要义》,中国政法大学出版社1998年版,第118页。

违反强制性规定、合同是否履行完毕等因素,得出法律行为是否无效的结论。

有学者在观察我国台湾地区及大陆强制性规范司法实践的基础上,指出:我国台湾和大陆虽已有多年的实践,但,没有跳脱只能基于某种无法言传的经验法则的窘境;①为此,其抽取出八项可衡酌的因素,包括管制法益、管制取向、管制领域、管制重心、管制性质、管制强度、管制工具、管制本益,倡导案例法方法,并列举了可供选择的不同效果安排。② 此种要素列举的方案,标示着本款但书解释的方向。但书解释上,切不可退回到单纯由规范性质来确定行为效力的歧途,而应以开放的弹性架构为核心,在综合考量各项要素的基础上得出行为效力的判断。

(二)违反公序良俗

本条第2款规定体现的是法律行为的妥当性要件,为私的自治的外在约束,设定了私人自治的边界。公序良俗条款为概括条款,授权法官在个案中确定相应法律行为是否与当下的公共秩序和善良风俗相违背。该规定成为沟通法律与社会的管道,是法律保持与社会同步的工具。

公共秩序,是指国家、社会的一般秩序,善良风俗是指社会的一般道德观念。有学者指出:公共秩序为存在于法律本身的价值体系,善良风俗则是法律外的伦理秩序;公序良俗条款意在使违反法律本身价值体系或违反伦理的法律行为,不具有法律强制性。③ 违背公序良俗无效的规定,旨在阻止法律行为为实施不道德行为提供服务,法律秩序拒绝给不道德行为提供履行强制。④ 此外,公序良俗条款具有实践宪法基本人权的功能,基本权利不仅是个别、主观的权利,更是一种客观的价值体系,宪法基本权利的价值体系经由民法上的概括条款实现。⑤

公序良俗条款极具弹性,作为概括条款需要经由案型而具体化,有学者归纳出十种违反公序良俗的行为类型:危害国家公序的行为,例如订立以从事犯

---

① 参见苏永钦:《以公法规范控制私法契约》,载《人大法律评论》2010年第1期。

② 参见苏永钦:《以公法规范控制私法契约》,载《人大法律评论》2010年第1期。

③ 参见王泽鉴:《民法总论》,北京大学出版社2015年版,第277页。

④ 参见[德]迪特尔·梅迪库斯:《德国民法总论》,邵建东译,法律出版社1997年版,第511页。

⑤ 参见王泽鉴:《民法总论》,北京大学出版社2015年版,第278页。

罪为内容的契约;危害家庭公序的行为,例如断绝亲子关系的契约;违反性道德的行为,例如以继续姘居关系为条件的财产转移行为;射幸行为,例如赌博行为;违反人权和人格尊重的行为,例如过分限制人身自由的劳动契约;限制经济自由的行为,例如限制职业自由的条款;违反公平竞争的行为,例如招标中的围标行为;违反消费者保护的行为,例如不当劝诱消费者行为;违反劳动者保护的行为,例如"工伤概不负责"约款;暴利行为。① 以上这些类型整理,对司法实践有一定的指导价值。各级法院在裁判实践中,也有许多具体的案型可供参考。例如,委托事务包括"为受托人找关系解决就业""找关系打赢官司""调查婚外不正当关系"的委托合同无效;存在婚外同居或不正当性关系当事人之间的赠与合同、欠条、承诺书等无效。②

法律行为是否违反公序良俗的判断时点,通常为行为作出时,并且,不因之后的公序良俗观念的变化而影响行为效力的判断,但有学说认为,遗嘱行为较为特殊,考虑到立遗嘱人可随时变更其遗嘱,而遗嘱系于立遗嘱人死亡时发生效力,应以其生效时作为判断时点。③ 被继承人立其情妇为唯一继承人的行为,在行为时是违反善良风俗的,但如果二人后结婚了,则所立遗嘱有效。④

三、其他问题

违反强制性规定的场合,由主张无效的一方当事人证明相关的事实,其需证明相应强制性规定所否定的因素存在于争议的法律行为之中;违反公序良俗的场合,也是由主张无效一方当事人,来证明与公共秩序或善良风俗相抵触的事实存在。

就立法技术角度而言,本条第 1 款但书犯了一个与第 156 条类似的错误,即均将拟设定的效果列为决定效果的原因,"不导致""不影响"本是效果上的安排,却被确定为"有效"或"部分有效"的原因,犯下了"不导致"就"不导致"

---

① 参见梁慧星:《民法总论》(第四版),法律出版社 2011 年版,第 200 ~ 202 页。

② 参见蔡唱:《公序良俗在我国的司法适用研究》,载《中国法学》2016 年第 6 期。

③ 参见王泽鉴:《民法总论》,北京大学出版社 2015 年版,第 279 页。

④ 参见[德]迪特尔·梅迪库斯:《德国民法总论》,邵建东译,法律出版社 1997 年版,第 519 页。

“不影响”就“不影响”的逻辑错误。就本款但书而言,直接以列举要素的方式,构建动态的体系来解决何种情况下违法强制性规定的法律行为仍然有效的问题,才是合理的选择。

第一百五十四条 【恶意串通损害他人的民事法律行为】

行为人与相对人恶意串通，损害他人合法权益的民事法律行为无效。

一、历史由来

本条规定系延续《民法通则》《合同法》的规定而来，比较法上，未见相应的立法例。《民法通则》第58条第1款第4项规定，恶意串通，损害国家、集体或者第三人利益的民事行为无效。《合同法》第52条第2项规定：恶意串通，损害国家、集体或者第三人利益的合同无效。在《民法总则》制定过程中，全国人大法工委民法室2015年8月28日发布的“民法总则民法室室内稿”第105条规定，双方恶意串通，实施损害国家、集体或者第三人利益的法律行为的，该法律行为无效。《民法总则（草案）》一审稿、二审稿、三审稿，统一表述为，行为人与相对人恶意串通，损害他人合法权益的民事法律行为无效。值得注意的是，《民法总则》第147条规定了通谋虚伪行为规则，即行为人与相对人串通，以虚假的意思表示实施的民事法律行为无效，但是双方均不得以此对抗善意第三人；该条规定对本条的解释有一定影响。

二、规范目的与含义

本条规定旨在通过法律行为效力的否定，来体现对恶意通谋损害他人合法权益行为的负面评价。在构成上，首先，需要有双方的通谋，所谓通谋是指在共同的信息基础上，对所为行为及其目的指向的一致意思，基本信息之共享是其前提。此外，这里的通谋事项不包括为虚伪行为，通谋虚伪行为已有第146条另作规定了。其次，双方应为恶意，恶意是指均有损害他人合法权益之意，此处的恶意不同于信赖保护规范中的对特定信息的知或应知，而更多的是一种目的指向，有通过行为来损害他人利益之意图。最后，是损害他人合法权益之要件，他人是指当事人之外的第三人，可以是自然人也可以是法人。损害方面则只要有导致损害的现实可能性即可,不需要已实际导致损害。通常情况下,是合同的履行会导致他人的损害,而无效的安排可以使所为履行缺乏法律行为效力支持,并通过返还等方式维护他人的合法权益。此外,损害的需是合法权益,利益合法性的判断较有弹性,许多场合下需综合判断。

旧法的实践中,学者归纳出适用恶意串通规定的类型主要有:代理人或代表人与相对人恶意串通实施对被代理人或所代表法人不利的法律行为,双方代理中的恶意串通,恶意串通逃避债务,恶意串通实施无权处分,恶意串通实施共同欺诈等。[①] 这些类型实际上多可以通过其他规定来进行调整,所以,可适用于本条规定的案型,尚需进一步研究。

三、其他问题

对于恶意串通无效的规则,学者多持否定态度。有学者认为,应删除该规则,对确实会导致他人利益受损的恶意串通行为,可分别加以规定;[②]另有学者指出,司法实践对恶意串通行为这一概念的认识极其混乱,法律适用比较随意,把恶意串通当作认定法律行为无效的万能钥匙,成为民法上的一个最不确定的概念。[③]

因已有第146之规定,通谋虚伪行为已不在本条的辐射范围之内。这样,规定恶意串通损害他人合法权益行为无效的必要性,确实值得怀疑。通过一个双方法律行为,能否损害他人合法权益,本身即可能存在问题。诈害债权的行为,债权人撤销权制度已可应对,若行为本身与强制性规范或公序良俗相违背,那么其无效之判定已有依据,而恶意致他人损害本身则有可能充分侵权之要件,这样受害人可获得侵权法上的救济。

---

① 参见杨代雄:《恶意串通行为的立法取舍》,载《比较法研究》2014年第4期。
② 参见朱建农:《论民法上恶意串通行为的效力》,载《当代法学》2007年第6期。
③ 参见杨代雄:《恶意串通行为的立法取舍》,载《比较法研究》2014年第4期。

第一百五十五条 【无效与撤销的法律效力】

无效的或者被撤销的民事法律行为自始没有法律约束力。

一、历史由来

本条整合了《民法通则》与《合同法》的规定。《民法通则》第 58 条第 2 款规定,无效的民事行为,从行为开始起就没有法律约束力;《民法通则》第 59 条第 2 款规定,被撤销的民事行为从行为开始起无效。《合同法》第 56 条规定,无效的合同或者被撤销的合同自始没有法律约束力。在《民法总则》制定过程中,该规定直至《民法总则(草案)》(三审稿)一直被表达为:无效的或者被撤销的民事法律行为,从民事法律行为开始时起就没有法律约束力。但是,在《民法总则(草案)》被交付数次通过前,它被修改为本条这样的规定。

比较法上,《德国民法典》没有对无效性进行定义,无效是法律行为自始、对任何人都不生效力;①对于法律行为的撤销,其第 142 条规定,可撤销的法律行为被撤销的,视为自始无效。《日本民法典》第 121 条规定,撤销的行为,视为自始无效。我国台湾地区"民法典"第 114 条第 1 项同样规定,法律行为经撤销者,视为自始无效。

二、规范目的与含义

本条系对无效或被撤销行为效力的界定,二者均为自始无效。自始无效系指,法律行为自成立时即不能依当事人所表示出的意思而发生法律效力,但根据第 157 条之规定,行为的自始无效,可发生其他非当事人所意图发生的法律效果,诸如赔偿损失等效果。这里,单纯考虑效果层面,无法对规则作出评

---

① 参见[德]迪特尔·梅迪库斯:《德国民法总论》,邵建东译,法律出版社 1997 年版,第 372 页。

价。自始无效的效力安排需要相应的要件来正当化，而具体类型之下，系考量了相应的类型要素与效果之匹配。法律行为无效是自始、当然、确定地无效，私人通过意思来建构法律关系的可能性被否定，无效原因之设定自然要考虑什么样的情事可以正当化这样的效果状态。可撤销行为，则是赋予撤销权人单方使行为溯及地不发生法律行为所预期之效力，以摆脱行为的约束。这样的权利授予，在具体类型中自然会考虑授予的正当基础。

无效的或者被撤销的民事法律行为，是自始地绝对无效；由于《民法总则》法律行为的规定应可适用于身份行为，但对于身份行为的撤销若可溯及至行为发生时，可能会破坏已形成的身份秩序。为此，我国台湾地区"民法典"第998条规定，结婚撤销之效力，不溯及既往；《日本民法典》第748条第1款规定，婚姻的撤销，其效力不溯及既往，第807条通过准用婚姻撤销的规定，使收养的撤销也不溯及既往。但是，我国《婚姻法》第12条规定，无效或被撤销的婚姻，自始无效。当事人不具有夫妻的权利和义务。该规定未关注到身份关系的特殊性，有待检讨。

第一百五十六条 【部分无效】

民事法律行为部分无效，不影响其他部分效力的，其他部分仍然有效。

一、历史由来

本条是延续《民法通则》与《合同法》之规定而来，《民法通则》第 60 条规定，民事行为部分无效，不影响其他部分的效力的，其他部分仍然有效。《合同法》第 56 条第 2 款也规定：合同部分无效，不影响其他部分的效力的，其他部分仍然有效。在《民法总则》制定过程中，从全国人大法工委民法室 2015 年 8 月 28 日发布的“民法总则民法室室内稿”到《民法总则（草案）》一审稿、二审稿、三审稿，均规定了法律行为的部分无效，并且条文表述一致。

比较法上，法律行为可部分无效、部分有效，此为通行规则。罗马法上即有“有效之部分不因无效之部分，而受影响”之原则。《德国民法典》第 139 条规定，法律行为一部分无效，则法律行为整体无效，除非可认为，除去无效部分法律行为仍可被实施。《瑞士债务法》第 20 条第 2 款规定，合同部分条款存在瑕疵的，则仅这一部分无效，除非有理由推断出，若去除无效的部分合同根本不会被缔结。我国台湾地区“民法典”第 111 条规定，法律行为之一部分无效者，全部皆为无效，但除去该部分亦可成立者，则其他部分，仍为有效。《国际商事合同通则》第 3.16 条规定，无效原因仅影响合同个别条款时，无效的效果仅限于这些条款，除非考虑到具体情境，维持其余部分的效力是不合理的。这里，《德国民法典》和我国台湾地区“民法典”采取的是原则上整体无效，例外部分无效，瑞士民法则及《国际商事合同通则》采取原则上部分无效，日本学说上认为，法律行为的部分无效，原则上并不引起全部的无效。①

① 参见［日］我妻荣：《新订民法总则》，于敏译，中国法制出版社 2008 年版，第 365 页。

二、规范目的与含义

本条之规定，意在尊重当事人的私的自治，在没有必要让法律行为整体无效的情况下，可让法律行为部分有效，以部分实现当事人的选择。我国台湾地区“民法典”认为其规定部分无效的第 111 条，系属于推定当事人意思的解释性规定。[①] 从这些观点中，不难看出立于规则背后的私法自治精神。

本条规定认可了法律行为可部分无效、部分有效，但决定法律行为是整体无效还是部分无效的标准，在本条中并没有涉及。条文中“部分无效，不影响其他部分效力的”的表达，意义极其模糊，解释不出任何标准。而从规范目的出发，应可以寻得基本的线索。部分无效的规则旨在尊重当事人私的自治，那么首要的标准应在当事人的意思之中探寻。法律行为无效之规范，体现私的自治的外在约束，故无效规范的规范意旨，应对法律行为是否需要整体性无效有着实质影响。这样，法律行为是不是仅部分无效，主要于考量这两项因素基础上确定。

比较法上的通说认为，规则适用的前提是存在统一、可分之法律行为，并且该法律行为之一部分无效。[②] 是否为单一或统一的法律行为，主要依当事人的意思来确定。法律行为的可分性则体现在将无效部分分离出去之后，其余部分仍可作为独立的法律行为存在，[③]法律行为的各个部分可以单独方式被人实施，即具有可分性。[④] 我国法上，就论理逻辑而言，上述前提条件也需存在。

在上述前提下，法律行为是否部分有效，首先需根据当事人的意思进行判断。《国际商事合同通则》第 3.16 条的官方评论中确立的标准是：合同当事人预想到合同相关条款会受到无效原因的影响时，他是否还会订立合同。德国法上，

---

① 参见王泽鉴：《民法总论》，北京大学出版社 2015 年版，第 466 页。

② 参见王泽鉴：《民法总论》，北京大学出版社 2015 年版，第 466 ~ 467 页；[德]汉斯·布洛克斯、[德]沃尔夫·迪特里希·瓦尔克：《德国民法总论》，张艳译，中国人民大学出版社 2012 年版，第 225 ~ 227 页。

③ 参见[德]汉斯·布洛克斯、[德]沃尔夫·迪特里希·瓦尔克：《德国民法总论》，张艳译，中国人民大学出版社 2012 年版，第 226 页。

④ 参见[德]迪特尔·梅迪库斯：《德国民法总论》，邵建东译，法律出版社 1997 年版，第 384 页。

强调是根据可推测的当事人意思,涉及对当事人具有重要意义的利益的调查和权衡。[①] 我国台湾地区"最高法院"则认为,须综合法律行为的全部之旨趣,当事人订约时之真意、交易之习惯、其他具体情事,并本于诚实信用原则予以斟酌后,其他部分发生效力并不违反双方当事人之目的者,始足当之。[②] 可见,当事人意思之推断涉及复杂的利益权衡,虽有一定的客观性,但个案中当事人主观的缔约目的、具体需求状况、个案特殊的背景等,均需纳入加以考量,最终形成这样的判断:像当事人这样的理性人,在个案情境下是否会接受一份去除无效部分的法律行为?

当事人意思之推断之外,需考虑导致法律行为部分无效之规范的规范目的,部分无效是否会妨碍规范目的之实现,部分无效对规范保护的一方当事人是否有利,部分无效会不会导致当事人之间利益失衡等。利益均衡考量,需要关注无效部分在交易中的重要性,以及其是否实质性影响到交易条件的确定,例如,一方当事人因预想到无效部分的有效存在,而在交易条件上作出了重大让步。

司法实践中,免责条款无效的场合,通常均认可去除免责条款后的法律行为继续有效,这里,免责条款无效之规范本来即意在防止试图免责的一方获取不当利益,免责条款无效后,交易条款反而走向均衡。适用数量、时间控制规范的场合,通常也认可部分无效,例如,《担保法》第 91 条规定,定金的数额由当事人约定,但不得超过主合同标的额的百分之二十。这样,当事人约定的定金数额超过主合同标的额的百分之二十的,则是超过部分不能发生定金的效力。

《民法总则》的规定,文字表达上是以"部分无效,不影响其他部分效力的"为前提,认可部分有效,这样,似应是以整体无效为原则,部分无效为例外。但从规范目的出发,较为妥当的是,得出部分无效为原则、整体无效为例外的结论。虽然这里的原则与例外的安排,未必有实质性的意义。此外,当事人约定合同某一部分无效,其他部分仍然有效的,则其他部分当然可以有效,此乃当事人明示意思的效果,并且,此种情形不需要适用第本条之规定。同时,如果当事人明确约定合同某一部分无效,则整体无效的,也应尊重当事人意思,直接认定法律行为整体无效。

---

① 参见[德]卡尔·拉伦茨:《德国民法通论》(下),王晓晔、邵建东、程建英、谢怀栻译,法律出版社 2003 年版,第 639 页。

② 参见王泽鉴:《民法总论》,北京大学出版社 2015 年版,第 467 页。

第一百五十七条 【民事法律行为无效与被撤销的法律后果】

民事法律行为无效、被撤销或者确定不发生效力后，行为人因该行为取得的财产，应当予以返还；不能返还或者没有必要返还的，应当折价补偿。有过错的一方应当赔偿对方由此所受到的损失；各方都有过错的，应当各自承担相应的责任。法律另有规定的，依照其规定。

一、历史由来

本条规定系延续《民法通则》《合同法》而来，但作了一些修正。《民法通则》第61条第1款规定，民事行为被确认为无效或者被撤销后，当事人因该行为取得的财产，应当返还给受损失的一方。有过错的一方应当赔偿对方因此所受的损失，双方都有过错的，应当各自承担相应的责任。《合同法》第58条规定，合同无效或者被撤销后，因该合同取得的财产，应当予以返还；不能返还或者没有必要返还的，应当折价补偿。有过错的一方应当赔偿对方因此所受到的损失，双方都有过错的，应当各自承担相应的责任。本条规定基本上采取了《合同法》中的表达方式，但是，未沿袭《民法通则》第61条第2款与《合同法》第59条关于恶意串通损害国家、集体、第三人利益的特别规定。[①]《民法总则》制定过程中，从全国人大法工委民法室2015年8月28日发布的"民法总则民法室室内稿"到《民法总则（草案）》一审稿、二审稿、三审稿，均作出了与最终通过的文本基本相同的规定。比较法上，鲜见对此作出专门规定的立

---

① 《民法通则》第61条第2款规定，双方恶意串通，实施民事行为损害国家的、集体的或者第三人的利益的，应当追缴双方取得的财产，收归国家、集体所有或者返还第三人。《合同法》第59条规定，当事人恶意串通，损害国家、集体或者第三人利益的，因此取得的财产收归国家所有或者返还集体、第三人。

法例,多是直接依据其他规定,在充分相应要件时发生相应的法律效果。①

二、规范目的与含义

本条规定的是法律行为无效、被撤销或者确定不发生效力后,法律行为法之外的法律效果。自始确定无效的无效法律行为、经撤销后溯及地无效可撤销法律行为、已确定地不发生法律效力效力待定行为,均因缺乏可由法律行为效力提供的支撑,而无法为已为给付等提供正当化基础。此时,法律行为法的效力虽不发生,但可根据其他的法律规定发生相应的效果。鉴于此种情形下,主要涉及原以法律行为为基础的给付的返还,以及行为过程中产生的损害的分担,故本条规定了返还及损害赔偿方面的效果。

已为给付的返还,可基于不当得利的规则,展开上应依循不当得利的具体规定,鉴于我国不当得利制度过于简化,解释论上依学理而形成的补充,也可以引入。在已为给付涉及物权变动的场合,因我国现行法采物权变动有因规则,故在缺乏有效法律行为支撑时,物权变动效果不能发生。此时,返还的请求权基础可以是物权请求权。在物灭失或第三人依法取得相应物权时,物权请求权消灭,权利人可依不当得利规则请求返还相应利益。

民事法律行为无效、被撤销或者确定不发生效力的情况下,如果当事人因此发生了损失的,在合同行为场合,可依缔约过失责任规则主张损害赔偿;在合同之外的场合,可依侵权行为法请求赔偿。本条规定的“有过错的一方应当赔偿对方由此所受到的损失;各方都有过错的,应当各自承担相应的责任”,与缔约过失的规则一致,即因缔约过错而导致对方损失的,应赔偿对方的损失,损失赔偿范围上通常不包括履行利益;该规定同时也与侵权规则一致,过错侵权构成的情况下,将依侵权法规则确定损害赔偿范围。而双方均具有过错的情形下,无论是缔约过失责任还是侵权责任,均存在过失相抵的问题,从而“各自承担相应的责任”。

① 参见[日]我妻荣:《新订民法总则》,于敏译,中国法制出版社2008年版,第364页;王泽鉴:《民法总论》,北京大学出版社2015年版,第460页。

三、其他问题

本条规定删除了《民法通则》第61条第2款、《合同法》第59条之规定，应当给予积极的评价。原"收归国有或者返还集体、第三人"的规定，请求权基础不明，解释为私法上的责任也存有困难。有学者认为：其涉及合同之外第三人的保护，属于行政或刑事责任范畴，在国家机关、集体、第三人不主张的情况下，裁判机关如何追缴收缴，程序上很难或不可能设计出合理的机制。①

另有学者批评本条规定，是直接以简易规定大事化了，我国已有的学说及判例也远没有完整揭露其中的问题，司法实务就返还清算的处理仍在规范残缺和问题意识缺位中空转，须作大规模充实与重构。② 对此，解释论上可作什么样的尝试，值得探讨。

本条规定的最后一句"法律另有规定的，依照其规定"，其意图指向于什么样的"规定"，并不清晰。正如上文所述，本条规定需要接驳于缔约过失责任或侵权法规则，这本即是其他规定了，那么，这些规则之外还可能有什么样的"另有规定"，确实颇费思量。

---

① 参见许德风：《论合同违法无效后的获益返还》，载《清华法学》2016年第2期。

② 参见汤文平：《法律行为解消清算规则之体系统合》，载《中国法学》2016年第5期。

第四节　民事法律行为的附条件和附期限

第一百五十八条　【附条件的民事法律行为】

民事法律行为可以附条件,但是依照其性质不得附条件的除外。附生效条件的民事法律行为,自条件成就时生效。附解除条件的民事法律行为,自条件成就时失效。

一、历史由来

《民法通则》第62条规定了"附条件的民事行为",从条文表达上看,第62条只包括附生效条件的民事行为,即"附条件的民事行为在符合所附条件时生效"。《执行民法通则意见》没有对《民法通则》的不完善进行补充解释。

《合同法》第45条第1款规定,合同可以附条件(第1句),包括生效条件(第2句)和解除条件(第3句)。

在立法过程中,各建议稿均对附条件的民事法律行为予以了规定,差别仅在细节。"社科院稿"附加规定了"依其性质不得附条件或者附条件将违背公共秩序或者善良风俗的除外"。"法学会稿"规定"法律行为及其部分条款"可以附条件。

《民法总则(草案)》的几个审议稿与《民法总则》在内容没有什么不同。首先规定民事法律行为原则可以附条件,进而作出例外规定,即"依照其性质不得附条件的(法律行为)除外"(第1句),实际是将理论和实践中已经承认的不得附条件的法律行为法条化。民事法律行为的条件包括生效条件(第2句)和解除条件(第3句)。

二、规范目的和含义

本条规定的是附条件的法律行为:除了依其性质不得附条件的,法律行为原则上可以附条件(第1句)。法律行为的条件区分为生效条件(第2句)和解除条件(第3句)。

(一)规范目的

从教义学上看,法律行为附条件的意义在于,它打破了法律行为成立与权利产生或者转让原则上应当同时发生这一基本原则,尝试使某些情况下对法律行为的正确性具有重要意义的时间因素具有可控制性。[①] 实践中,条件的意义主要体现在合同领域,通过给合同附条件,调整那些未来可能、但不确定发生的因素对计划事件进程的影响。当事人进行法律行为时,多是基于对现状的认识以及对其将来发展的预期,但是事物的发展往往不能准确预见,通过对法律行为附条件,可以使法律行为的后果与实际因素相适应,从而实现条件的风险管控功能。[②]

民法传统通常将条件和期限[③]对立而置,条件与期限共同之处在于,法律行为的效力通过这两个附款于未来的某个时间点发生或者解除。

(二)规范含义

1. 条件依附之对象

根据本条的条文,可以附条件的是“民事法律行为”。这里的“民事法律行为”的涵义与传统民法上的“法律行为”一致。依《德国民法典》第158条的文本表述,可以附条件的是法律行为;根据《瑞士债法典》第151条的规定,可以附条件的是合同。

另有观点提出,整个法律行为附条件的情况固然存在,但实践中大量情形却是整个法律行为已经生效,所附条件仅仅限制着法律行为项下的某项义务或某几项义务的履行效力。换言之,某项义务或某几项义务的履行效力附加了条件,也可以说是法律行为的某个或某些条款也可以附条件。[④] “法学会稿”支持这种观点,其第150条第1款第1句规定,法律行为及其部分条款可以附条件。

---

① 参见 Muenchener Kommentar/BGB, § 158 Rn. 1。

② 参见王泽鉴:《民法总论》,北京大学出版社2009年版,第395页。

③ 关于期限的具体解释见第160条。

④ 参见崔建远:《论法律行为或其条款附条件》,载《法商研究》2015年第4期。

法律行为理论中的条件限制的是当事人追求的法律后果的产生或者解除,限制义务履行效力的并不能被认为是本条款意义上的条件。

可以附条件的包括负担行为,也包括处分行为。

2. 条件的定义

《民法总则》没有对条件进行定义。传统民法法律行为理论中对条件的定义是,通过当事人的意思附加于法律行为内容中的约定,通过该约定,法律行为的效力取决于将来的未知事件。从上述概念来看,法律行为的条件具有以下特点:

(1)当事人的意思

条件(和期限)是私人自治的具体体现。条件必须通过当事人的意思一致("通过法律行为")[①]成为法律行为的内容的一部分。如果只是一方当事人的承诺,而对方当事人没有接受,则不存在本条意义上的条件。[②] 法定条件则不属于本条意义上的"条件",而是非真正条件。

另外需要注意的是,并非所有通过当事人约定、冠以"条件"之名的附加条款都是法律行为理论中的条件。比如,当事人之间约定了"付款条件",这种所谓的条件不是本条意义上的"条件",因为所谓的"付款条件"并没有影响法律行为的效力,毋宁说是履行的前提条件。

(2)将来性

条件是将来之事件,亦言之,当事人在进行法律行为时,法律后果所依赖的事件的发生与否应当在将来确定,如果事件在法律行为完成时客观已经发生或者确定不发生,则是既成条件,是非真正的条件。判断事件是否是将来之事件,出发点是客观视角,如果事件客观已经发生或确定不能发生,只是当事人主观对此不知情,此时的条件被称为表见条件,属于非真正条件。

(3)不确定性

条件是不确定之事件,判断的视角同样是客观视角,主观认为尚不确定,客观已经确定的事件,根据具体情况,如果不具有将来性,则是既成条件,属于

① Vgl. Flume, Werner, Das Rechtsgeschaeft. Springer - Verlag, 1992, S. 677.

② 参见中国裁判文书网(2015)民申字第3109号。

非真正条件，如果是将来确定之事件，则是第160条意义上的“期限”。“真正”的条件要求，无论是在客观上，还是在当事人的主观上，事件都应当具有不确定性。

有关观点认为，当事人之间约定的条件虽然是将来的，但是不具有不确定性，则是“必成条件”。若该“必成条件”为生效条件，视为无条件；若为解除条件，法律行为不生效。[①] 但是这种界定，从本质上混淆了“条件”和“期限”的区别。

(4)约束力

条件限制了法律行为的法律后果的产生或者消灭，并没有限制法律行为本身，法律行为本身已经有约束力，当事人不得任意单方撤回。

3. 不允许附条件的法律行为

约定对法律行为附条件属于私法自治的范畴，因此法律行为以允许附条件为原则，以不允许附条件为例外，[②]例外的这类情况被称为不得附条件之法律行为。法律可以对不得附条件的法律行为进行明确的法律规定，法律规定之外，通常由法律行为的性质决定。

(1)不允许附条件的法律行为主要包括以下类型：

第一，保障权利安定性

法律行为的性质要求权利的安定性必须得到保障。换言之，法律行为的完成和条件成就之间的待定状态对某些法律行为而言是不允的，因为这种待定状态对当事人或者交易而言意味着过大的不安定性。这类情况包括单方即可产生形成效力的法律行为，比如抵销、撤销、解除、追认、撤回、选择权的行使、优先购买权的行使等，在此类法律行为中，待定状态会损害相对人的利益，意思表示的相对人必须明确自己的法律状态，因此原则上不得附条件。除此之外，还包括对多数人发生效力的法律行为，如果法律行为的效力依赖于未来事件，将引起不能承受的不安定，比如接受或者抛弃遗产或遗赠。

第二，违背公序良俗

法律行为的性质决定了附条件则违背公共秩序和善良风俗。这样的法律

① 参见朱庆育：《民法总论》，北京大学出版社2013年版，第125页。

② 参见梁慧星：《民法总论》，法律出版社2011年版，第187页。

行为主要是涉及身份关系和家事法律关系,鉴于此类法律行为的特殊性,相对人要求肯定的“是”或者“否”的回答,法律关系的设立和终止不能附条件。比如结婚和离婚不得附条件、收养和解除收养关系不得附条件等。

第三,例外情况

原则上不允许附条件的法律行为在具体情况下也可能允许附条件。对于单方产生形成效力的法律行为,例外情况概括而言包括附加条件经相对人同意,或者条件成就与否纯由相对人决定。① 实践中常见的还有所谓的“可能之撤销”和“可能之抵销”。这类情况是指,当事人在诉讼中主要想确认对自己有利的法律状况,借助设置的条件,想在当法院做出不利于他的裁判时多一个附加的对抗手段,通常的表达是“在法院做出不利的裁判时主张撤销权或抵销权”。

第四,附条件的法律后果

对不允许附条件的法律行为附加条件,法律后果在理论中存在不同的观点之争。有观点认为,法律行为原则上无效,在需要特别保护信赖的情况下,法律行为视为未附条件。② 另有观点认为,不允许的条件是生效条件的,整个法律行为无效;不允许的条件是解除条件的,法律行为可能部分无效。③

4. 不真正条件

有些所谓的“条件”,仅具条件之外观,并不具有条件之实质,这样的“条件”被称为不真正条件,或者非条件。

(1)法定条件

法定条件即法律行为所附的条件是法律规定的法律行为的生效条件或消灭条件。当事人一方为限制行为能力人,双方约定买卖合同是否有效取决于法定代理人的事后同意。尽管当事人约定了“条件”,但是此类条件实际与当事人的意思无关,即使当事人不约定,《民法总则》第 18 条第 1 款也进行了相同的规定,未成年人实施其他民事法律行为……经其法定代理人同意、追认。

---

① 参见王泽鉴:《民法总则》,北京大学出版社 2009 年版,第 402 页。

② 参见梁慧星:《民法总论》,法律出版社 2011 年版,第 187 页;王泽鉴:《民法总则》,北京大学出版社 2009 年版,第 402 页。

③ Vgl. Muenchener Kommentar /BGB, § 158 Rn. 37.

(2)既成条件

第158条意义上条件是未来之事件,如果与法律行为效力关联的因素存在于当下或者过去,只是当事人主观并不知情,这种“条件”也被称为“表见条件”、“既成条件”或者“前提条件”等。对当事人而言,此时关乎的并不是事件未来的发展,而是对当下关系的澄清。本节所规定的条件是未来客观不确定的事件,如果当事人约定的“条件”客观已经发生,虽然不能直接适用本条款,但是可以类推适用,[①]主要是根据法律逻辑处理。与真正的条件不同,在既成条件中不会形成待定状态。[②] 也有观点认为,此类条件与未附条件的情况相同。[③] 另有观点提出,如果条件为解除条件,可以认为法律行为无效,[④]这种结论其实是法律逻辑的必然结果。

(3)瑕疵条件

第一,不法条件

违法或者违背公序良俗的条件,是不法条件。根据《执行民法通则意见》第75条的规定,所附条件违反法律规定,民事法律行为无效。该意见应当类推适用于违反公序良俗的条件,这样的话,附不法条件的法律行为原则上无效,比如约定以杀人为赠与条件,约定以维持婚外感情为赠与条件等。例外的情况下,如果当事人约定的不法条件并不构成法律行为的核心内容,那么法律行为除去该不法条件的部分仍然有效。[⑤] 比如,劳动合同以员工怀孕为解除条件,劳动合同仍然有效,视为不附条件。

不法条件中的一类特殊情形是《日本民法典》第132条第2句的规定,以不为不法条件者,视为不法条件。比如,约定“若不赌博,则赠与某物”(附生效条件),或者在租赁合同中约定“若用于赌博,则解除合同”(附解除条件)。对于此类规定,我国台湾地区部分学者持支持态度,认为此类条件可能助长不法

① Muenchener Kommentar/BGB, § 158 Rn. 52.

② Muenchener Kommantar, § 158 Rn. 52.

③ 参见梁慧星:《民法总论》,法律出版社2011年版,第186页。

④ 参见王泽鉴:《民法总论》,北京大学出版社2009年版,第401页。

⑤ 参见梁慧星:《民法总论》,法律出版社2011年版,第185页。

行为。[①] 大陆学者认为,一般情况此类条件具有抑制不法行为之功能,应当有效;[②]除非经过解释得出,此类条件可能助长反社会行为。[③]

第二,不能条件

法律行为所附的条件如果在客观上不能实现,此类条件被称为不能条件。《执行民法通则意见》第75条规定,附不能条件的法律行为无效。该观点已被学界扬弃,有学者认为此时的法律行为相当于未附条件;[④]也有观点提出应当区别对待,如果不能实现之事件为生效条件,则法律行为无效;如果不能实现之事件为解除条件,则法律行为视为不附条件,最终有效。[⑤] 在不能条件中,要求所附条件在法律行为成立时就已经不能实现。

第三,矛盾条件

所附条件与法律行为的内容出现矛盾时,即存在矛盾条件。矛盾条件令法律行为内容自相矛盾,无论所附条件是停止条件还是生效条件,法律行为都不能有效成立。

5. 生效条件和解除条件

(1)概念

法律行为所附条件可以依当事人的意思附生效条件或解除条件。在生效条件中,法律行为效力的产生依赖于将来的事件;在解除条件中,法律行为的续存与将来的事件相关联。当事人约定了生效条件,条件成就前法律行为处于待定状态。事人约定解除条件的情况下,法律行为完成立即发生效力,条件限制的是效力持续的时间,在法律行为完成和解除条件成就的期间内,法律行为依其内容发生完全效力。

生效条件和解除条件从定义上看很容易区别,具体情况中,依然会出现当事人的意思不能一目了然的情况。此时,到底是存在生效条件还是解除条件,需要通过解释来查明。比如,K想从V处购买一栋活动板房,前提是K能从E

① 参见郑玉波:《民法总则》,三民书局2011年版,第310页。

② 参见梁慧星:《民法总论》,法律出版社2011年版,第185页。

③ 参见朱庆育:《民法总论》,北京大学出版社2013年版,第129页。

④ 参见梁慧星:《民法总论》,法律出版社2011年版,第186页。

⑤ 参见王泽鉴:《民法总论》,北京大学出版社2009年版,第401页;朱庆育:《民法总论》,北京大学出版社2013年版,第129页。

处购买到合适的安放活动房用地。于是，K 和 V 在合同中约定，只有当 K 从 E 处购买到合适的用地，K 才有义务接受活动房并支付价款。K 与 V 的这个约定就处于一种不明确的状态：K 与 V 之间的约定可能是生效条件，即 K 从 E 处取得合适的土地，K 与 V 之间的买卖合同生效；K 与 V 的约定也可能是解除条件，即 K 不能从 E 处取得合适的土地时，K 与 V 之间的买卖合同解除。鉴于 K 的利益所在，他内心的意思并不想使自己首先承担义务，一般认为这种情况下当事人之间约定的是生效条件。[①]

生效条件和解除条件也可以结合起来，被称为联合条件。联合条件的情况可能是，一个事件是一个法律后果的生效条件，同时是另一个法律后果消灭的条件。比如，赠与方式的借贷债务的免除以债务人比债权人活得长久为条件，[②]"债权人活得比债务人长久"对借贷关系而言是解除条件，对债务免除是生效条件。还可能出现的情况是，在组合合同中，对部分合同附生效条件，对部分合同附解除条件。

(2)条件未定前的法律状态

附生效条件的法律行为在要件上已经完成，只是其法律效力在条件成就或者不成就前处于待定状态，权利人此时取得期待权。[③] 期待权可以继承、转让、甚至质押。当事人已经受法律行为的约束，在当事人没有约定保留撤回权的情况下，不得单方解除法律行为的约束力。权利人取得期待权，还意味着产生条件成就的"先效力"，当事人负有忠实义务或注意义务，也就是说，应当在待定期间内考虑或者注意对方当事人的利益，不得有损害相对人利益的行为。未履行忠实义务或注意义务的一方给对方造成损失的，根据损害赔偿法的相关规定，在条件成就时承当损害赔偿责任。但是当事人一般情况下并没有引起条件成就的作为义务，作为义务通常需要约定。

附解除条件的法律行为，在条件成就或者确定不成就前有法律效力，可以

---

① 本案例及分析源自 Alpmann Schmidt, BGB AT I. Muenster, 2002. S. 93。

② Vgl. Muenchener Kommentar/BGB § 158 Rn. 15.

③ 对于期待权的属性存在争议，有观点认为，它是完整权利的"前置阶段"，德国联邦法院认为，对完整权利而言，期待权不是"aliud"，而是"wesensgleiches minus"；也有观点认为，期待权是特殊类型的取得权。

要求给付债权,并产生履行的法律效力。解除条件成就后,给付的原因消灭,在继续性法律关系中不必再继续提供给付。

(3)效力待定期间对受限制的权利人的保护

从法律行为成立至条件成就时,受条件限制的当事人的权利有受到妨碍或者侵害的危险。因此,法律应当对处于上述期间内的权利人的权利予以充分保障。

第一,对交易相对人的损害赔偿请求权①

当依赖于条件的权利在未决期间受到妨碍或者侵害时,产生损害赔偿义务。妨碍或者侵害权利的行为包括毁坏标的物,处分标的物等。比如,甲和乙订立关于一辆二手限量版跑车的买卖合同,约定合同于甲考出驾照时生效。后乙将跑车撞毁,或者将跑车转让给他人。在满足损害赔偿的其他要件的情况下,乙应当承担损害赔偿责任。损害赔偿责任以行为人的故意或者过失为条件。另一个要件是约定的条件必须成就,因为如果条件不成就,受条件限制的权利人最终不能取得权利,也就谈不上受到损害。

在附解除条件的法律行为中,受保护的是债务人在条件成就时的返还请求权。该请求权如果被交易相对人妨碍或者损害,交易相对人同样应当承担损害赔偿义务。

第二,限制处分

附生效条件的法律行为,权利持有人(期待权义务人)在未决期间对权利进行了处分,比如将标的物转让给他人,或者把权利让与给他人,之后如果条件成就,处分绝对无效;第三人根据善意取得制度获得保护。附解除条件的法律行为同样适用。

(4)条件成就和不成就

条件成就指约定成为条件的事实成为现实。在生效条件中,条件成就则

① 我国台湾地区"民法典"第100条规定,附条件之法律行为的当事人,于条件成否未定之前,若有损害相对人因条件成就所应得利益之行为者,负赔偿损害之责任。《德国民法典》第160条规定,在条件成否未定期间,另一方基于过错妨碍或者侵害受条件限制的权利的,在条件成就的情况下,附停止条件的权利人可以向另一方请求赔偿损失。附解除条件的法律行为被实施,因原来的法律状态被恢复而受益一方,在相同条件下有同样的请求权。

待定状态终止,法律行为向未来产生效力,当事人可以约定溯及既往。条件成就不需要当事人做出任何意思表示或行为。约定的条件不成就,是指法律行为效力依赖的事件确定不发生,待定状态同样终止,法律行为最终确定不产生效力。

解除条件成就,则法律行为向未来失去效力,同样不需要当事人的任何意思表示或行为。当事人之间可以约定,成就的解除条件自过去的某一时间点发生效力(溯及既往)。如果确定解除条件不能成就,则法律行为最终有效。

(5)条件的放弃

放弃条件是对法律行为的变更。从条件的成就获得利益一方可以单方面放弃条件,无须对方当事人表示接受。比如,保留所有权买卖中的卖方可以单方面放弃所有权保留,因为所附条件仅仅是为了担保卖方的利益;附条件的法律行为是为了保障双方的利益,这种情况下不得允许单方面放弃所有权。条件被放弃的,附生效条件的法律行为向未来发生效力,附解除条件的法律行为发生最终效力。

6. 特别情况

(1)随意条件

其成就与否依赖于一方当事人的意志的条件是随意条件,随意条件又区分为纯粹随意条件和非纯粹随意条件。

纯粹随意条件,是指法律行为的效力完全取决于一方当事人的意思表达,不需要其他任何因素,如约定:"某物赠您,如果需要,随时来取"。附纯粹随意条件的法律行为的效力如何,有争议。有观点认为,纯粹随意条件取决于债权人一方的意思,无论为停止条件,抑或解除条件,均属有效;纯粹随意条件如果取决于债务人一方的意思,如果是解除条件,其法律行为有效,如果是生效条件,则法律行为无效。[①] 也有观点提出,纯粹随意条件很难构成"条件",其效力如何,属于意思表示的解释问题。[②] 法律行为附纯粹随意条件时,另一方当事人是否有完成法律行为的意思并不确定,因此是否已经成立法律行为存在

① 参见王泽鉴:《民法总则》,北京大学出版社2009年版,第399页。

② 参见朱庆育:《民法总论》,北京大学出版社2013年版,第126页。

很大争议,这一问题在德国民法中也有争议,晚近理论中越来越多的观点认为此时并不存在已经完成的法律行为,当然也就不存在附条件的法律行为,试用买卖是例外情况。[①] 也有观点认为要区分解除条件和生效条件,前者可能,后者不可能。[②]

非纯粹随意条件是指条件成就除了要求当事人的意志,还需要其他的积极条件,即受当事人意志支配的作为或者不作为。换言之,作为条件的事件,没有当事人意志支配的行为就不能发生,比如约定:“你如果取得驾照,我就赠你一辆汽车”;另一个实践中常见的是所有权保留买卖,买受人是否取得所有权完全取决于他是否全额支付买卖价款。非纯粹随意条件所指向的当事人的作为或者不作为具有客观不确定性,附此类条件的法律行为有效。

(2)所有权保留买卖

所有权保留买卖是附条件之法律行为,存在争议的是,附条件的到底是买卖合同,还是物权行为,抑或是所有权转让本身。

有观点提出,在所有权保留买卖中附条件的是买卖合同。根据这种观点,不仅所有权要等到买卖价款全额支付后才发生转让,而且买卖合同的生效也取决于价款的全额支付。在这种情况下,买卖合同订立时并没有发生法律效力,买受人支付价款实际是基于并没有效力的买卖合同,履行成为债权合同的生效条件,实际上这种合同制度不存在,而且不符合利益的公正性。如果认为实际附条件的是所有权之转让,[③]这意味着动产所有权转让过程应当是法律行为,因为如果“交付”只是一个事实行为,它就不能附条件,条件仅能附加于法律行为。也有观点提出,可以将所有权保留买卖合同视为附解除条件的合同,即买卖合同有效成立时买受人取得所有权,但是如果买卖价款没有按期全额支付,买受人自动失去所有权。[④] 在这种制度的构建中,买受人既然已经取得了完全所有权,即使没有支付全部价款时,他可以毫无障碍地处分标的物,出

---

① Vgl. Reinhard Bork, Allgemeiner Teil des Buergerlichen Gesetzbuches. Tuebingen, 2016. Rn. 1261.

② Vgl. Muenchener Kommentar/BGB, § 158 Rn. 21.

③ 参见梁慧星:《民法总论》,法律出版社 2011 年版,第 183 页。

④ 转引自 Astrid Stadler Gestaltungsfreiheit und Verkehrsschutz durch Abstraktion. Tuebingen, 1996, S. 280 – 281。

卖人则要承担因此产生的不利。如果不承认所有权转让是一个独立的法律行为，仅仅认为所有权保留是买卖合同的组成部分，买卖合同不附条件，附条件的是约定了所有权转让的相关合同条款，[①]会引起一个学理上的难题，我们很难从法律理论上界定，这里的“所有权取得附条件”到底是什么，因为法律行为的组成部分不是条件限制的对象。从传统民法通说以及比较法的视角来看，如《瑞士债权法》第151条，附条件的应当是法律行为。

(3)所有权保留买卖中对物权期待权的保护

第一，侵权责任

所有权保留买卖中，买受人取得物权期待权。如果第三人对标的物进行了侵权行为，侵害了买受人的物权期待权，物权期待权受侵权责任法保护，买受人可以根据侵权法主张损害赔偿。此时，保留所有权的出卖人可以基于所有权请求侵权责任法的保护。有争议的问题是，在待定状态终止前，谁是侵权损害赔偿请求权的权利人。一种观点认为，此时只有买受人作为物权期待权的权利人可以主张赔偿；另一种观点认为，买受人和出卖人是共同债权人。

第二，处分限制

所有权保留买卖中，买受人全额支付买卖价款之前，出卖人是所有权人，他对买卖标的物的处分，原则上属于有权处分。但是这种情况对买受人非常不利，我国台湾地区的观点认为，如果具备公示方法而得对抗第三人，有害于期待权的处分行为应当无效。[②] 出卖人在待定期间对标的物进行处分，当买受人全额支付买卖价款后，条件成就，按照所有权保留买卖合同，买受人应当取得所有权，出卖人的中间处分行为侵害了买受人的权利，即绝对无效。此时，应当适用善意取得的相关制度。

三、举证责任分配

如果当事人对是否约定了法律行为附生效条件有争议，从法律行为中取得权利方(通常是原告)，承担证明法律行为并不是附生效条件的法律行为的

① 参见王轶:《论所有权转让的法律构成》,载《当代法学》2010年第2期。

② 参见王泽鉴:《民法总则》,北京大学出版社2009年版,第408页。

证明责任;如果对约定条件没有争议,或者已经得以证明,则承担条件已经成就的证明责任的仍然是取得权利方。如果承担义务方主张双方嗣后约定生效协议变更了法律行为,则他要对此承担证明责任;双方约定了解除条件以及解除条件成就的证明责任由承担义务方承担。

四、其他问题

在附条件的法律行为中,确定法律行为能力、处分权、善意取得中的善意,以及其他的法律行为有效条件的时间点是法律行为完成时,不是所附条件成就的时刻。

附生效条件的法律行为中的请求权的消灭时效自条件成就时开始;附解除条件的法律行为中的请求权的时效开始时间不受特殊限制。

本条将条件区分为生效条件和解除条件,根据内容,还可以将条件区分为:偶成条件、混合条件、积极条件和消极条件等。

第一百五十九条 【条件成就的拟制】

附条件的民事法律行为，当事人为自己的利益不正当地阻止条件成就的，视为条件已成就；不正当地促成条件成就的，视为条件不成就。

一、历史由来

《民法通则》没有对条件成就的拟制做出具体规定，《执行民法通则意见》没有对此进行补充完善。《合同法》第 45 条第 2 款规定了合同中条件成就的拟制，其核心内容与本条的核心内容一致。“社科院稿”没有类似本条的规定。“法学会稿”第 151 条以“恶意阻止或促成条件成就的后果”为标题进行了类似规定。

全国人大常委会法工委民法室起草的“民法总则民法室室内稿”和几个《民法总则（草案）》审议稿与《民法总则》内容完全相同。

二、规范目的与含义

（一）规范目的

本条的立法目的是对处于待定状态中的权利人进行保护。本条款是“诚实信用”原则的具体化。根据诚实信用原则的基本理念，任何人不得从自己违反诚实信用的行为中获取利益。在法律行为附条件的情况下，是否发生法律效力取决于未来的不确定事件，实践中，当事件自然的发展趋势不符合期待时，即事件的自然发展会给某一方当事人带来不利时，失望的一方当事人很可能通过影响事件的实际进展试图挽回自己的利益。这种违背诚实信用从中获取利益的行为应当通过法律予以纠正，本条的另一个立法目的恰恰在于此。

在附条件的法律行为中，当事人可以对条件是否成就有所期待，但是不能对事件的发展作出违反诚实信用的干涉。另外，当事人没有引起条件成就的积极作为义务，但是有配合义务。

附条件的法律行为是私法自治的体现,但是根据第159条的法律条文,被当事人不当阻止成就的条件,视为成就;不当促成的条件,视为不成就。对条文的理解应当是,“视为”说明本条款中的条件成就与不成就属于法律拟制,法律后果不依赖于当事人的意思,具有强制性。本条款对附条件法律行为中当事人受条件限制的法律地位进行了有效的保护。

(二)规范含义

1.适用范围

本条款仅适用于真正的条件,对于法定条件、既成条件等非真正条件不适用,同样不适用于纯粹随意条件。法定条件是对法律规定的法律行为的有效条件的重复,法律行为的效力实际并不取决于当事人的意思,即使当事人为自己利益不当阻止或者促成其发生,也不得视为生效要件已经存在或者视为不成就。既成条件已经确定成就或者不成就,不存在当事人不当阻碍或者促成其发生的情况。在非纯粹随意条件中,如果法律行为的效力仅仅取决于交易之外的第三人的意思,在当事人不当引导第三人做出对自己有利的意思时,本条款可以适用。

2.客观要件

(1)当事人的不当行为

当事人“行为不当”要求行为违反诚实信用原则。为了评价阻碍条件成就(前半句)以及促成条件成就(后半句)的行为在什么情况下违反诚实信用,需要对法律行为进行解释。并不能对行为违反诚实信用作出一个抽象的判断标准,只能在具体情况中从诚信的相对人所期待的视角予以确定。一般需要通过解释法律行为,确定当事人的行为在与相对人的利益关系中是否符合交易中所期待的诚实信用。

违反诚实信用的行为并不要求侵害了可诉性的合同义务,只要从客观视角观察,从诱因、目的、动机、特别是法律行为的内容等方面进行评价,当事人的行为应当被认为是违反诚实信用的就足矣。

当事人的不当行为也可以是不作为。判断当事人的不作为是否违反诚实信用时,要求当事人必须有进行某个行为的义务,可以是合同义务,也可以是具体情况中的诚信义务。

(2)因果关系

本条另一个客观要件是,条件的不成就或者成就与当事人的不当行为之间具有因果关系。当事人的不当行为将条件向与其自然发展相反的方向操纵,即条件本应成就,因为当事人的阻碍而没有成就,或者条件本应不成就,当事人通过违反诚实信用的行为使其成就。当事人的不当行为必须与条件实际的成就或者不成就有直接因果关系。当事人虽然实施了不当的行为,试图将条件向与自然发展相反方向操纵,条件最终的成就与否也符合当事人的主观预期,但是并不是由当事人的行为直接导致,而是基于其他原因,则不能发生第 159 条的法律后果。

(3)当事人必须是为自己的利益

当事人促成条件成就或者阻碍条件成就必须是为自己的利益。

该要件在客观方面的具体要求是,在促成条件成就的情况中,按照事件的自然发展规律,条件将不成就,这种情况不利于行为当事人;反之,条件成就会为当事人带来利益。在阻碍条件成就的情况中,按事件的自然发展规律条件将成就,条件成就会使当事人遭受不利;反之,阻碍条件成就则对当事人有利。

关于行为的主体,本条条文的表达是"当事人",除了法律行为的当事人,还包括那些依法律行为的规范在某个条件下受到不利或者获得利益的其他人,比如受遗赠人或者附条件的继承人等。①

第 159 条要求当事人为自己的"利益",这里的利益是指法律上的利益,因为经济上的利益具有不确定性。

3. 主观要件

对于不当行为人主观要件的要求,在德国存在不同的观点之争。 种观点认为,不需要"技术意义"上的过错,只要行为在客观上违反诚实信用已足。判断的标准应当是,阻碍条件成就或者促成条件成就的动机在客观上是否不能容忍。② 德国法院早期要求,当事人应当有故意,之后放弃了这种观点,认为过失行为足矣,关键的是,当事人是否出于道德上不能容忍的原因而作出妨碍

① Vgl. Flume, Werner, Das Rechtsgeschaeft. Springer-Verlag, 1992. S. 717.

② Vgl. Muenchener Kommentar/BGB § 162 Rn. 10.

或者促进条件成就的行为。①

4. 法律后果

本条的立法目的是阻止违反诚实信用的当事人从其行为中获得利益,在法律后果方面,条件成就与否的应然利益应当与行为当事人期待的利益相反。

根据本法第158条,生效条件成就,法律行为发生效力,条件不成就时则不发生法律效力;解除条件成就则法律行为失去效力,不成就则继续有效力。在出现本条规定的情形时,不发生第158条的法律后果:条件的成就是一方当事人为了自己的利益不当引起的,说明当事人的利益在于条件成就,此时条件视为不成就;一方当事人为了自己的利益不当阻止条件成就,则条件不成就符合他的利益,那么条件视为成就。比如,保留所有权的出卖人没有正当理由拒绝接受买方支付的剩余价款,则视为买卖价款全部支付,所有权转让给买受人。再比如,在"蒋为珍和史加超买卖合同纠纷案"②中,双方约定"土地租赁合同变更给被告后,被告才支付价款",此为附条件之法律行为,但是被告私自改变养殖场的用途,导致土地租赁合同不能变更。上海市嘉定区法院认为,被告为了自己的利益阻碍条件成就,应视为条件已经成就,被告应当支付价款。

本条款不排除其他请求权,比如当事人违反诚实信用阻碍或者促进条件成就为法律行为相对人造成损失的,在其他条件满足时,受损害人可以依据相关法律主张损害赔偿。

条件视为成就或者不成就的时间点,在本条中没有予以具体规定。依一般的逻辑思维,当事人不当阻碍条件成就的,条件成就的效力的时间点是按照事物一般发展规律条件应当成就的时刻。

5. 具体情况

直接适用本条款的情况是那些对条件成就或不成就进行直接干预的行为。比如,双方约定对某设施的安装合同以安装验收合格为生效条件,当事人阻碍对方进行验收。另一个直接适用本条的情况是,应当配合的一方当事人拒绝配合,导致本应成就的条件未成就,本应不成就的条件成就。比如,在"株

① 转引自 Flume, Werner, Das Rechtsgeschaeft. Springer-Verlag, 1992. S. 716。

② 参见中国裁判文书网(2014)嘉民三(民)初字第696号。

洲市世纪城房地产开发公司、株洲市神农果业有限公司与周光辉等质押合同纠纷案”[1]中，被告以水电等过户手续未予办理而不配合办理股权质押注销手续。法院认为，这种情况是被告为了自己的利益不当阻碍条件成就，视为股权质押注销条件成就。在这类情况中，关键的问题是确定，导致条件成就或者不成就的行为从诚实信用的视角看，是否属于当事人合理期待的范畴。

本条款的基本理念在于，违反诚实信用者不应当从其不当行为中获利，因此通过法律拟制使法律后果更公正。同时也是为了实现在法律行为中的当事人的意思自治。在出现相似利益状况的情况下，本条款类推适用。比如，劳动合同关系中，雇主为了不支付年底的奖金，违反诚实信用原则地提前解除劳动合同，这种情况下，雇主应当继续支付年终奖。

三、举证责任分配

主张条件成就或者不成就的一方当事人承担证明责任。需要注意的是，仅凭当事人的违反诚实信用原则的行为，不能推定行为与条件成就与否有因果关系。本条款的立法目的是保障事物的一般发展规律不受违反规范的行为侵犯，不是为了惩罚不当行为，因此即使已经确定当事人有违反诚实信用的不当行为，也不能假定当事人阻碍或促成了条件的成就，必须要证明两者之间有关联性。

四、其他问题

实践中出现的另外一种情况是，当事人的行为仅仅是导致条件的成就难度增加、迟延发生、或者提前发生，这类情况理论中存在争议，有的观点提出，上述情况一般不属于本条款调整的范围，可以考虑的是损害赔偿责任。也有见解认为，当事人的不当行为仅仅使条件迟延发生时，或者提前发生时，类推适用，但是在法律后果上要就时间差进行平衡。此时要求条件确定发生。

本法没有规定条件拟制成就的时间点。当事人不当阻碍条件成就的，条件拟制成就的时间点应当是，在不存在当事人不当行为的情况下按照事物的一般发展规律条件应当成就的时间点。

---

① 参见中国裁判文书网(2014)株中法知民初字第115号。

第一百六十条 【附期限的民事法律行为】

民事法律行为可以附期限，但是按照其性质不得附期限的除外。附生效期限的民事法律行为，自期限届至时生效。附终止期限的民事法律行为，自期限届满时失效。

一、历史由来

《民法通则》没有对附期限的法律行为做出具体规定。《民通意见》第76条对这一法律漏洞进行了补充，规定民事法律行为可以附生效期限和终止期限。《合同法》第46条规定，当事人可以就合同的效力约定生效期限和终止期限，但是没有明确规定依性质不得附期限的法律行为的除外情况。

“社科院稿”附加规定了“但其性质不宜附期限的除外”。“法学会稿”规定“法律行为及其部分条款”可以附期限，对于例外情况也没有明确规定。

全国人大常委会法工委民法室起草的“民法总则民法室室内稿”和几个《民法总则(草案)》审议稿与《民法总则》内容没有变化。

二、规范目的与含义

(一)规范目的

与附条件的法律行为相同，附期限的法律行为在法律效力方面体现了私人自治，即法律行为的效力的始期或终期与当事人约定的期限相关。通过约定解除期限，当事人可以限制法律行为的效力时间；通过约定生效期限，当事人可以将法律后果推迟至符合自己的利益的时间点发生。

(二)规范含义

1. 期限的定义

期限是一个与本法第158条的条件相对的法律制度。根据法律行为的内容，如果其效力依赖于未来确定发生的事件，法律行为附期限。法律行为的期限通常是一个具体的日历日期(比如,2017年10月1日),或者是一个具体的时间段(比如,三个月),当然也可以是其他的在将来确定发生的事件,比如人的死亡,这样的事件虽然发生的时间不确定,但是一定会发生。

期限主要就有以下特点:

第一,期限具有未来性,即作为期限的时间客观上必须发生在未来。如果当事人之间约定的事件实际已经发生,只是当事人主观不知情,此时不存在本条款意义上的期限。从法律逻辑上来看,如果该事件是始期,则法律行为视为没有附期限;如果是终期,则法律行为无效。

第二,期限具有确定性,未来事件是否确定发生,是区别期限和条件的关键所在。当事人之间的具体约定是"条件"还是"期限",在某些情况下需要通过解释来确定。

未来事件的发生可以区别为"是否发生"和"何时发生"。经解释后得出的结果是,当事人无论对事件的"是否",还是对"何时"发生都存怀疑态度,则约定的"附款"极有可能是条件。如果当事人认为,他们约定的事件的发生"只是时间的问题",则约定的"附款"是期限,比如,以承租人活着为期限的租赁合同是附期限的租赁合同。也会出现条件和期限结合的情况,比如当事人之间约定生效条件,同时又为条件成就前的待定状态设置了最晚的时间:父亲和儿子之间约定,如果儿子在28岁之前结婚,就赠与儿子一辆跑车,在这里结婚是不确定事件,是条件,这种不确定状态最晚持续到儿子满28岁。

当事人之间的某些约定到底是期限还是条件,不以当事人所用的表达是"条件"还是"期限"为准,同样需要对约定的附款内容具体分析解释,比如约定"你结婚之日我给你个大红包",如果已经确定结婚,甚至婚期已经确定,"结婚之日"是期限;还可能的情况是,是否结婚并不确定,那么该约定就是条件。①

2. 不得附期限的法律行为

鉴于私人自治原则,法律行为原则上允许附期限,例外的情况下不得附期限,此类情况以及法律后果与不得附条件的法律行为可以类比,通常因为法律

---

① 参见朱庆育:《民法总论》,北京大学出版社2013年版,第130页。

行为的性质,或者因为违反公序良俗而不得附条件。不得附条件的法律行为一般也不能附期限,也有例外的情况,比如票据行为不得附条件,但是可以附期限。①

除了不得附期限的情况,还存在特殊的"期限禁止"的法律行为。最常见的是劳动合同,为了保护特殊的劳动者群体,比如为了保护孕妇,劳动合同应当禁止以某些的未来确定发生的事件作为终期,以怀孕为解除条件的劳动合同应当视为未附条件。

3. 期限的分类

法律行为所附期限包括生效期限和解除期限。生效期限规定的是法律行为发生效力的开始日期,也称"始期"。解除期限是法律行为效力的终止依赖于将来确定之事件,也称"终期"。

期限的形式多样:期限可以在"是否发生"和"何时发生"两方面都确定,比如约定"合同2017年5月1日生效";也可以是"是否发生"确定,但是对"何时发生"不确定,比如前文提及的"人的死亡",任何人必定会死亡,但是一般情况下死亡时间不能确定;还有一种情况是,"是否发生"不确定,"何时发生"则确定,比如"成年"。发生的时间确定的期限被称为确定期限;发生时间不确定的是不确定期限。

4. 法律后果

附始期的法律行为在期限截止前,法律行为已经产生约束性,事件成就时法律行为产生效力;在此之前,存在的是待定状态,效力待定期间,对权利人的保护与附条件的法律行为相同。附终期的法律行为在期满前有效力,期满后失去效力。

如果期限确定在某一特定时间发生,亦即存在确定期间,不存在阻碍或者促成其成就的情况,对于这类期限不需要类似第159条的法律拟制。但是,在期限虽然确定发生,但是发生的时间不确定的情况下(不确定期限),第159条的拟制规定有类推适用的空间。比如,以人的死亡为法律行为的生效期限的,人的死亡具体日期并不确定,为了使期限尽快到来,受益人可能为了自己的利

① 参见梁慧星:《民法总论》,法律出版社2011年版,第190页。

益通过违反诚实信用的行为促成死亡提前发生，这种情况发生时，第159条类推适用，可能涉及的刑事法律问题在这里不予以讨论。

三、举证责任分配

附期限的法律行为中的举证责任适用第158条的相关规定。即使被告主张生效期限时，承担证明责任的是原告；主张解除期限时，承当证明责任的是原告。①

四、其他问题

应注意期限与“履行期”（“清偿期”）的区别。对债权而言，理论上需要对“生效期限”和“履行期”进行区别。在法律行为附生效期限的情况下，法律行为在期限到来前尚未取得法律效力，债权形成于未来。附履行期的债权，当下已经有效成立，但尚未到履行期。当事人之间约定的起始日期是“期限”还是“履行期”，需要对约定进行解释。比如当事人在租赁合同中约定“合同于某年某月某日生效”，则是生效期限；如果当事人约定“月租金于每月5号之前支付”，则该约定是履行期。

债权附期限和附履行期，债务人在实践中可能没有明显的感受，但是两者的法律后果还是有区别的。德国民法认为，附期限的债权和附履行期的债权主要的区别是在不当得利返还方面，根据《德国民法典》第813条第2款，附履行期的债务提前履行的，不得要求返还；基于附期限的债权而进行提前给付的债务人，则可能要求返还给付。

① 参见 Munchener Kommentar, § 163 Rn. 5。

第七章　代　　理

第一节　一般规定

第一百六十一条　【代理事项的范围】

民事主体可以通过代理人实施民事法律行为。

依照法律规定、当事人约定或者民事法律行为的性质，应当由本人亲自实施的民事法律行为，不得代理。

一、历史由来

本条是对《民法通则》第63条的改造。《民法通则》第63条共分为3款，本条将其中第2款关于“代理行为的法律效力”的内容移出，从而将规范内容限定在“代理事项的范围”上，这在立法技术上是个进步。因为一个条文原则上只能规定一个事项及其例外。同时，在第1款的文字表述上，本条用“民事主体”替换了原先“公民、法人”的列举性表述；在第2款中则增加了“或者民事法律行为的性质”的表述。

全国人大法工委民法室2015年8月28日发布的“民法总则民法室室内稿”已经开始出现对《民法通则》第63条的改造，其第120条将第63条第1款删除，保留第2款和第3款。《民法总则（草案）征求意见稿》（2016年5月20日修改稿）将第63条的第1款分离出来作为一个单独的条文，将第2款和第3

款合并在一起作为另一个独立的条文。在文字表述上,《民法总则(草案)征求意见稿》用“自然人、法人和非法人组织”替换“公民、法人”的表述,同时在代理范围的限制中,已经出现“或者民事法律行为的性质”的表述。《民法总则(草案)》(一审稿)和《民法总则(草案)征求意见稿》保持了一致,但是,《民法总则(草案)》(二审稿)进行了进一步的改造,即将《民法通则》第63条第1款和第3款合并组成一个条文,将第63条第2款分离出来单独组成一个条文,同时用“民事主体”替换“自然人、法人和非法人组织”的表述。《民法总则(草案)》(三审稿)对此未做任何改动,《民法总则》的条文和《民法总则(草案)》(二审稿)的条文完全一致。从“公民、法人”到“自然人、法人和非法人组织”,再到“民事主体”的表述替换,同样是一种立法技术的进步。首先,公民是公法上的概念,私法上应该运用自然人的表述;其次,《民法总则》第2条已经将民事主体列举为“自然人、法人和非法人组织”,在随后的条文中没有重复列举的必要。

二、规范目的与含义

(一)规范目的

1. 本条第1款

本款的立法目的是表明立法者对代理制度的肯认。在立法例上,很少有国家的民法典作出和本款相似的规定。但是,《德国民法典立法理由书》在“代理与意定代理”一章的开篇写道:“原则上允许由代理人实施法律行为,这是当下毋庸置疑的交易需要。”这句话是人们对代理的历史进行考察之后写下的。[①]

如果从历史的角度进行观察,代理制度经历了从无到有,从不被承认到法律上的认可,并最终广泛深入地影响社会经济生活的过程。罗马法上并不存在现代意义上的代理制度,主要原因是:第一,早期的社会经济生活相对简单,还不足以刺激代理制度的产生。尽管罗马的家父在很多时候也需要通过家子或者奴隶进行法律行为,但是根据罗马法的规定,家子和奴隶在私法上并不是

① 参见[德]维尔纳·弗卢梅:《法律行为》,迟颖译,法律出版社2013年版,第896页。

独立的主体,他们进行法律行为的后果当然归属于家父,无须通过代理制度的中介。第二,在罗马帝国晚期,确实出现了通过家子和奴隶以外的其他人进行法律行为的必要,而且法律上也认可这种法律行为的效力。但是,基于严格的合同相对性的限制,这种法律行为的效力仅存在于实际缔约人之间,即代理人和第三人[①]之间,法律效果并不能直接归属于本人。直到公元十一世纪西欧社会出现商业复兴,迫于商业实践的压力,注释法学家和评注法学家们通过对罗马法的解释和改造,一点一点地发展出现代代理的理论。

代理制度在现代社会的广泛运用,主要是因为其与私法自治的密切联系。委托代理的功能在于扩张私法自治,而法定代理的功能在于补充私法自治。现代社会的生活节奏越来越快、社会分工也越来越细,几乎每一个人都面临着空间上分身乏术、能力上专业知识不足的困境。委托代理是克服上述困境的有效制度工具。尽管在形式上每一个人都是具有平等权利能力的主体,但是基于自然原因或者是突发事件,总有一部分人无法通过自己的意思能力参与社会生活,通过代理则能够有效地弥补意思能力不足的问题。上述功能的价值是现代社会在立法上普遍承认和接受代理制度的原因,中国也不例外。

2. 本条第 2 款

本款的立法目的是从反面列举不得代理的类型,这是一种“排除器”式的立法技术,因为从正面完全列举可以代理的类型在立法技术上无法实现。本款和第 1 款之间构成例外和一般的关系,这使本条对代理范围的规定在逻辑上具有周延性。尽管代理制度和私法自治之间存在天然的亲和关系,但是私法自治本身也存在限度,立法者可以基于公共利益或者社会伦理观念对其进行必要的限制,本款就是这种限制的表现。

同样,在立法例上很少有国家作出与本款相似的规定。但是,《德国民法典第一草案》第 115 条曾经规定:“只要不违背法律或法律行为的性质,法律行为也可以由代理人实施或相对于代理人实施。”在正式文本中该条被删除,理由是:“这一规定仅仅具有回顾往昔的意义,即它重申了早已完成的先期法律

---

① 在传统的代理制度和理论的表述中,“第三人”是指直接与代理人进行民事法律行为的民事主体,而《民法总则》对此角色则以“相对人”指称。在表述传统代理制度或理论时,为延续表述习惯,仍使用代理关系“第三人”这一概念。

发展。”①但是从随后引发的法律解释的问题来看，在立法上明确不得代理的类型有其特有的规范意义。

（二）规范含义

1. 本条第1款

本款在法律性质上属于授权性规范，因为模态逻辑词“可以”表明立法者允许民事主体进行自由选择。

尽管本款没有对“民事主体”的类型进行列举，但是基于体系解释，根据《民法总则》第2条的规定，民事主体当然包括自然人、法人和非法人组织。只要法律没有特别的排除，上述主体均可以通过代理人进行民事法律行为。

本款在解释论上的难点是对“民事法律行为”的界定。尽管《民法总则》和《民法通则》一样都使用了“民事法律行为”的概念，但是两者的含义已经发生了重大变化。根据《民法通则》第54条的规定，“民事法律行为”只能是合法行为，无效和可撤销的属于“民事行为”。根据《民法总则》第133条的规定，“民事法律行为”不再被限定为合法行为，无效和可撤销的也属于“民事法律行为”，“民事行为”的概念在立法文本中彻底消失。因此，根据《民法总则》第161条第1款的规定，可以通过代理人实施的民事法律行为既包括产生合法效力的民事法律行为，也包括无效、可撤销和效力待定的民事法律行为。

《民法总则》的规定更加合理，否则根据《民法通则》的规定，无效、可撤销和效力待定的民事法律行为均属于不可以代理的事项。无效的民事法律行为尽管自始无效，但这是一种结果判断，此时代理行为一般已经完成。无效的代理行为只是不产生代理效果的归属问题，这并不代表这种行为不产生其他法律效果，否则第167条的规定就失去了体系依据。根据第155条的规定，可撤销的民事法律行为一旦被撤销也是自始无效，但这同样只是不产生代理效果的归属问题。代理人和被代理人是否应承担其他法律责任，应根据第157条的规定予以判定。可撤销的民事法律行为最终还存在不被撤销的可能，此时代理行为的法律效果当然归属于被代理人。效力待定的民事法律行为同样如此，无权代理就属于效力待定的民事法律行为的一种。如果该民事法律行为

① 参见［德］维尔纳·弗卢梅：《法律行为》，迟颖译，法律出版社2013年版，第909页。

最终有效,当然产生代理行为的法律效果归属;如果最终无效,则要根据第171条的规定最终判定无权代理人是否应承担相应的法律责任。

本款将代理事项的范围限定为民事法律行为,这当然就将事实行为排除在代理事项的范围之外。因为事实行为的法律效果根据法律规定直接产生,与行为人的意志无关。尽管在法律上也存在将行为人进行事实行为的法律后果归属于他人的现象,例如雇员在雇主的工厂中进行加工,该加工物的所有权属于雇主,但是这种法律效果上的归属并不是基于代理制度。① 有学者认为,事实行为应区分为无相对人的事实行为和有相对人的事实行为。前者当然不属于代理事项的范围,但是后者与法律行为的代理并不存在本质区别,因此可以准用代理的有关规定。有相对人的事实行为的典型例子,是运输合同中代为交付货物、买卖合同中代为交付动产或者是代为办理产权过户登记等。上述区分是以立法中不区分物权行为和债权行为为前提,一旦不承认物权行为,那么上述列举的行为确实只能被确定为事实行为;如果承认物权行为,那么上述列举的行为属于物权行为,其当然可以适用代理的规则。② 尽管从《合同法》第51条到《物权法》第15条,再到《买卖合同解释》第3条,中国的司法实践已经明确承认负担行为和处分行为的区分,但是立法中是否承认物权行为,还有待民法典各分则条文的制定再做判断。准法律行为可以准用有关代理的规则。准法律行为,无论是意思通知,还是事实通知,均属于无法效意思的表示行为。其与法律行为的区别在于,行为的法律效果直接由法律规定,与行为人的意思无关;其与事实行为的区别在于,后者不需要意思表达或宣告要件。两相比较,准法律行为更加类似于法律行为,因此称为"准法律行为",而不是"准事实行为"。因此,准法律行为可以类推适用法律行为的规范,有关代理的规定当然可以准用之。③

有学者认为,民事诉讼代理、行政及其他法律活动中的代理不是民法上的代理,因此民法上的代理规范不能适用于上述代理。理由是应当区分委托合同和委托代理,在上述代理类型中,当事人之间只存在委托合同,而不存在委

① 参见[德]维尔纳·弗卢梅:《法律行为》,迟颖译,法律出版社2013年版,第895页。
② 参见尹田:《民法典总则之理论与立法研究》,法律出版社2010年版,第654~655页。
③ 参见朱庆育:《民法总论》,北京大学出版社2016年版,第86~87页。

托代理。在上述代理中不存在第三人,法院和行政机关不是民事主体,因此也不可能产生代理的三方关系。① 这种观点值得商榷,对委托合同和代理权的授予进行区分确有必要,但是在上述代理中并非不存在代理权授予的情形。无论是诉讼代理中的概括授权,还是行政活动中的特别授权(如授予申请专利的代理权),代理权的授予非常明确,具有特殊性的是第三人是国家机关,但是国家机关的行为会产生特定的民事法律效果。而且在上述代理活动中,代理人的意思表示是以发生一定民事法律效果为目的。因此,上述代理活动应该可以准用民法上的代理规则,但是其他法律有特别规定的,优先适用这些特别规定。这种解释在逻辑上更加自洽,律师代理既包括诉讼代理,也包括非讼代理,诉讼代理中既包括参加法院的诉讼活动,也包括在法院的主持下和对方当事人的和解,如果不承认诉讼代理可以适用民法代理的规则,会导致人为地分解律师代理活动,徒增纷扰。根据该学者的解释,有相对人的事实行为(例如向房地产管理部门申请房屋变更登记)可以准用有关代理的规则。既然如此,那么申请专利的代理行为亦应准用代理的有关规定。可见,正是通过对"民事法律行为"的解释,表面上是不完全规范的本款显现出特有的规范意涵。

2. 本条第2款

本款在法律性质上属于禁止性规范,模态逻辑词"不得"表明了立法者的否定性评价。

依照法律规定应当由本人亲自实施的民事法律行为,不得代理。在立法技术上可以通过两种方式表明"不得代理"的意涵,第一种是明确表述某类法律行为不得代理;第二种是规定某类法律行为只能由当事人本人亲自实施。第一种在立法条文中比较少见,常见的是第二种表述。本款中的"法律"不但包括私法规范,而且也包括公法规范。因为现代的法律体系已经成为私法和公法相互交融的体系,对于同一个法律问题,私法和公法可能从不同角度进行了规范,因此在对法律条文进行解释时,不能偏废一方。

在目前生效的法律中,属于本款规定"法律"的主要有如下条款:(1)《婚姻法》第8、31条,但是这两个条文有一个差别。第8条明确规定:"要求结婚

① 参见尹田:《民法典总则之理论与立法研究》,法律出版社2010年版,第653~654页。

的男女双方必须亲自到婚姻登记机关进行结婚登记。"第 31 条只是规定双方自愿离婚的,必须到婚姻登记机关申请离婚,并没有"亲自"两个字。第 8 条规定的结婚行为属于不得代理的行为无疑,第 31 条规定的自愿离婚行为通过解释也可以得出同样的结论。第一,尽管第 8 条有"亲自"两个字,而第 31 条中没有,但是在《婚姻登记条例》的第 4 条和第 10 条中,均规定"应当共同"到婚姻登记机关办理相关登记,都没有"亲自"两个字。这只能说明,第 31 条中没有"亲自"两个字可能是立法技术上的缺漏,因此可以对第 31 条作限缩解释,即"必须"就是"必须亲自"的意思。第二,即便不作上述限缩解释,离婚行为和结婚行为均属身份行为,两者在法律性质上没有实质性差异,离婚行为可以类推有关结婚行为的法律规定。(2)《收养法》第 15 条、《中国公民收养子女登记办法》第 4 条。这两个条文也存在一个差别,《收养法》第 15 条只是规定:"收养应当向县级以上人民政府民政部门登记。"《中国公民收养子女登记办法》第 4 条则规定,收养关系当事人应当亲自办理相关登记手续。因此,有关收养的法律行为不得代理。这从另一个角度也说明,在中国的立法中文字表述不统一、不严谨是普遍存在的现象。同时,结婚、离婚和收养的法律行为不得代理,只是在相关国家机关办理法定手续时,最终表达自己意思的行为不得代理,结婚、离婚和收养过程中的其他法律行为仍然属于可以代理的事项。(3)《继承法》第 17 条。根据该条的规定,自书遗嘱由遗嘱人亲笔书写,因此不得代理。尽管存在代书遗嘱,但是代书只是代为书写,真实的意思表示只能由遗嘱人本人作出,因此需要两个以上见证人在场见证。以此类推,公证遗嘱、口头遗嘱、录音遗嘱等均需由本人亲自作出,上述法律行为均不得代理。

依照当事人的约定,应当由本人亲自实施的民事法律行为,不得代理。现实生活中可能存在法律没有明确规定不得代理的法律行为,但是当事人认为某类行为必须由本人亲自实施有特殊意义,因此约定该类行为不得代理。这同样是意思自治的表现,只要不存在无效或者可撤销的情形,这种约定当然具有法律效力。需要注意的是,这种约定可能是由本人和相对人进行约定,此时约定不得代理的法律行为当然不得代理;如果是由本人和代理人约定不得代理的行为,则要看相对人是否知晓,否则有可能构成《民法总则》第 172 条规定的表见代理。

依照民事法律行为的性质,应当由本人亲自实施的民事法律行为,不得代理。该项规定构成一个兜底性的规定,在法律没有明确规定,当事人又没有特别约定的情况下,法官可以通过对该项规定的解释,将某些法律行为排除在代理事项的范围之外。通说认为,代理主要是财产法上的制度,具有高度人身性质的法律行为不得代理。[①] 但是,有学者认为《民法总则(草案)》第141条第2款,即目前的《民法总则》第161条第2款,增加"民事法律行为的性质"纯属多余,不如将该款改为列举式规定:"设立遗嘱、结婚、收养等民事法律行为应由本人实施。"这种观点值得商榷,第一,法律规定不得代理的事项可能存在缺漏;第二,当事人可能没有约定不能代理的事项;第三,根据法律行为的性质不得代理的事项并不只是局限于结婚、收养和遗嘱等法律行为。第161条第2款的规定在逻辑上具有周延性,同时也给法官留下了一定的解释空间。

依据民事法律行为的性质不得代理的事项主要包括如下类别:第一,身份行为。这类行为中的绝大多数在立法中已经被排除在代理事项的范围之外,如果立法表述不明确的,可以通过法律行为的性质解释出来;第二,与人格权或者人格利益相关的民事法律行为。例如,遗体或者人体器官的捐赠,原则上该类民事法律行为只能由本人作出,不得代理。中国很多省市的地方性法规规定,如果本人在生前没有明确的反对表示的,其直系血亲可以在其死后共同决定是否捐赠。这是基于公共利益考虑的立法例外,而且直系血亲的上述法律行为已经不能被认为是代理,因为自然人已经死亡,此时只是一个特殊遗产的处理问题。同时,隐私权、姓名权、肖像权等人格权的许可使用,也必须由本人亲自作出,不得代理。但是在法定代理中,法定代理人为了被代理人的利益可以就上述法律行为作出代理。第三,既不是身份行为,也不是和人格权或者人格利益相关的民事法律行为,但是该类民事法律行为依据其性质必须由本人作出才能实现其目的。这类行为具有高度的人身信任因素,即便当事人没有明确约定排除代理,但是根据该法律行为的性质可以解释出不得代理的结论。

在法律规定不得代理的情形中,代理人的行为一概不产生代理的法律效

① 参见[德]维尔纳·弗卢梅:《法律行为》,迟颖译,法律出版社2013年版,第909页。

力,代理人所实施的法律行为也不能由被代理人予以追认或确认,而只能重新实施。[①] 在当事人约定不得代理的情形中,如果相对人对代理人的行为不提出抗辩,或者在事实上接受代理人的法律行为,则产生代理的法律效果。在根据法律行为的性质不得代理的情形中,如果是身份行为,或者是与人格权或人格利益相关的法律行为,其法律效果与法律规定不得代理的相同;如果和身份利益、人格利益无关,只是具有高度人身信任因素的法律行为,当事人不提出抗辩或者在事实上接受代理人的行为产生代理的法律效力。

三、其他问题

事实行为不得代理,其法律效果由法律直接规定。因此民法典的编纂过程中应充分考虑体系的协调,例如占有是一种法律事实,不得代理。为他人占有的法律效果需要占有辅助和间接占有的规定予以补足,这在《德国民法典》中表现为第855条和第868条,而在我国《物权法》中没有相应的法律规定,应该在未来的立法中予以补足。

对于法律规定不得代理的情形,我国《婚姻法》《继承法》《收养法》中的相关法律规定在文字表述上不够清晰,也不够统一。对此,在民法典分则的编纂中应该予以完善,从而最大限度地减轻法官的解释负担。

① 参见[德]维尔纳·弗卢梅:《法律行为》,迟颖译,法律出版社2013年版,第910页。

第一百六十二条 【代理的法律效果】

代理人在代理权限内，以被代理人名义实施的民事法律行为，对被代理人发生效力。

一、历史由来

本条是对《民法通则》第63条第2款的改造，将“被代理人对代理人的代理行为，承担民事责任”修改为“对被代理人发生效力”。因为代理人的行为有可能给被代理人带来权利，也可能带来义务，只有在义务不履行时才可能产生责任问题。尽管在民法中可能存在没有义务的责任，但是将被代理人对代理人的行为仅仅限定为承担民事责任，明显不当。而法律效力则包括产生权利、负担义务、承担责任等各种法律效力。

在全国人大法工委民法室2015年8月28日发布的“民法总则民法室室内稿”中上述改动已经存在，但是其第120条将第63条第2款和第3款合并在一起，《民法总则(草案)》(一审稿)和全国人大法工委民法室2015年8月28日发布的“民法总则民法室室内稿”保持一致。自《民法总则(草案)》(二审稿)始第63条第3款被移出，《民法总则(草案)》(三审稿)中未作任何改动，最终体现为本条。

二、规范目的与含义

(一)规范目的

本条在整个代理制度中居于核心地位，其不但具有一般的规范意义，而且具有非常重要的体系说明意义。

在规范的意义上，本条规定了代理人在代理权限范围内进行法律行为的法律效力归属，即对被代理人发生法律效力。代理法律关系涉及三方当事人，被代理人、代理人和相对人[①](有效的自己代理除外)。根据法律行为的一般原理,进行法律行为所产生的法律效力,原则上由作出该法律行为的主体承受。但是在代理法律关系中,代理人进行法律行为的法律效力却由没有直接进行法律行为的被代理人承受,关键原因是代理人基于意定或者法定享有代理权。

在体系的意义上,本条的规定可以说明为什么要在《民法总则》中规定代理制度,以及代理制度和合同法分则中的委托合同、行纪合同之间的关系。同时,本条还为整个代理制度的具体条文设计定了基调。

根据本条的规定,在被代理人、代理人和相对人的关系中,代理制度规范的是代理人和相对人之间进行法律行为的法律效力归属问题,被代理人和代理人之间的关系不属于代理制度的调整范围。这实际上就隐含了委托合同和代理权授予的区分理论。德国学者拉班德在被赞誉为"法学上发现"的论文中指出,委任和代理权的授予并不是同一法律关系的两面,它们根本就是不同的法律关系,可能存在仅有委任没有代理权,也可能存在有代理权而没有委任。因此,委任关系只是被代理人和代理人之间的内部关系,而代理权的授予则涉及代理人和第三人[②]进行法律行为的正当性依据,同时也是将该法律行为的效力归属于被代理人的法律依据。[③] 被代理人、代理人、相对人的法律关系可以被进一步区分为委托关系、代理权的授予、代理权的施行行为、代理权施行行为的法律效力归属。

拉班德的上述区分理论对大陆法系民法典的体系结构产生了重大影响。在不区分委任和代理权授予的国家,代理权的授予被认为是委任合同的外部效力,因此有关代理的内容被规定在委任合同中,这以法国为代表。一旦区分委任和代理权的授予,则涉及代理权授予的体系定位问题,由于代理权授予被认为是单方法律行为,其并不是债的发生原因。因此,有关代理的内容被认为是法律行为制度的特殊方面,被规定在民法总则中。这种立法例以德国为代

① 传统代理制度和理论表述为"第三人"。

② 为保持相关引文的表达原状,对于引文中有关代理关系"第三人"的表述不作更改。

③ 参见陈自强:《代理权与经理权之间——民商合一与民商分立》,北京大学出版社 2008 年版,第 56 ~ 57 页。

表。我国自《大清民律草案》以来一直遵循这种立法例,《民法总则》也不例外。《欧洲示范民法典草案》第2—6:101条明确规定,有关代理的规定仅适用于因代理行为而发生的外部关系,即被代理人和第三人之间的关系、代理人和第三人之间的关系,而不适用于代理人和被代理人之间的内部关系。[①] 我国《民法总则》并没有作出上述表述,但是基于体系解释可以得出上述结论。

从上述区分理论中可以进一步推导出代理的显名主义原则,即代理人原则上应当以被代理人的名义进行法律行为,由此产生的法律效力才能归属于被代理人。这使代理和行纪明确区分开来,甲委托乙实施一项法律行为,乙可以通过两种方式实施该行为。第一种是乙以甲的名义和相对人进行法律行为;第二种是乙为了甲的利益以自己的名义和相对人进行法律行为。前者是代理,后者是行纪,两者在规范内容和法律效果上存在重大差异。

(二)规范含义

根据本条的规定,代理的构成要件包括:1. 代理权;2. 代理人的主体要件;3. 以被代理人的名义;4. 实施民事法律行为。符合上述构成要件的代理行为的法律效力,归属于被代理人。

1. 代理权

将代理权的存在作为代理的要件,目的是保护被代理人的利益,避免他人任意干预其事务。代理人只有在代理权限内进行的法律行为,由此产生的法律效力才有可能归属于被代理人。因此代理人是否拥有代理权是问题的关键,该代理权有可能源自当事人的意定,也可能源自法律的直接规定。需要注意的是,意定代理权并非只有被代理人基于单方行为授予代理权这一种,基于决议行为授予代理权也是意定代理权的重要类别。例如,根据《合伙企业法》第26条的规定,按照合伙协议的约定或者经全体合伙人决定,可以委托一个或者数个合伙人对外代表合伙企业,执行合伙事务。根据《公司法》第13、47、50、68、69、109、114、185条等的规定,公司的法定代表人、董事、经理、清算组都有可能基于决议行为被授予代理权。

① 参见欧洲民法典研究组、欧盟现行私法研究组:《欧洲私法的原则、定义与示范规范:欧洲示范民法典草案》(第一、二、三卷),高圣平等译,法律出版社2014年版,第364页。

关于代理权的法律性质,学说理论上存在不同的看法。通说认为,代理权是使代理人以被代理人的名义进行法律行为,其法律效力可以归属于被代理人的法律上的资格或地位。尽管代理权也名为“权”,但其本质上不是一种权利,而是一种私法上的权限。因为权利以利益为依归,代理权的行使对代理人没有利益可言,代理的法律效果归属于被代理人;而且行使代理权并不是代理人的权利,而是代理人的义务或职责。尽管代理人通过完成代理行为可以从被代理人处取得利益,但这是基于代理人和被代理人之间的内部关系,是作为代理人履行代理权职责的对价而获得的利益。代理权也不是一种能力,因为代理权的行使不是让代理人取得某种权利或义务,而是被代理人的行为能力在特定交易范围内的延伸。①

关于代理权的范围,当然应该根据代理权的授予行为或者法律的具体规定予以确定,但是以下几个问题值得特别关注:第一,被代理人可能针对特定行为授予代理权、针对某种类的行为授予代理权、不加限制地概括授予代理权。概括授予代理权并不意味着代理人可以为任何法律行为,《日本民法典》第 103 条规定:“未规定权限的代理人,只拥有实施以下行为的权限。(1)保存行为;(2)在不改变代理标的物或权利的性质的范围内,以对其进行利用或改良为目的的行为。”尽管我国《民法总则》没有上述规定,但是基于诚实信用原则进行目的解释可以得出上述结论。

第二,在代理权的授予行为中没有明确列明在代理权的范围中,但是对于实现授权行为所必要的附属行为,代理人有权实施。例如,被代理人授权代理人购买马匹,代理人可以实施未列入代理权范围的运输事务和草料购买事务,以使马匹能够顺利地运达被代理人的住所。《欧洲示范民法典草案》第2—6:104 条第 2 款对此有明确的规定。② 在我国的代理制度中,基于目的解释,仍然可以得出上述结论。

---

① 参见王泽鉴:《民法总则》,北京大学出版社 2009 年版,第 355 ~ 356 页;郑玉波:《民法总则》,中国政法大学出版社 2003 年版,第 401 页;[德]卡尔·拉伦茨:《德国民法通论》(下册),王晓晔等译,法律出版社 2003 年版,第 827 ~ 828 页;[日]近江幸治:《民法讲义 I—民法总则》,北京大学出版社 2015 年版,第 222 ~ 223 页。

② 参见欧洲民法典研究组、欧盟现行私法研究组:《欧洲私法的原则、定义与示范规范:欧洲示范民法典草案》(第一、二、三卷),高圣平等译,法律出版社 2014 年版,第 373 ~ 375 页。

第三，由于代理权的授予行为和基础关系之间是分离的，无论是内部授权，还是外部授权，都有可能出现在代理权授予行为中确立的代理权范围和基础关系中的约定不一致的情况。此时基础关系中的内部约定不得对抗外部的第三人，而代理人和相对人（外部关系的第三人）之间法律关系的效力和内容，仍然应该根据代理权授予行为中的代理权范围予以确定。尽管《民法总则》对此没有明文规定，但是基于体系解释可以得出上述结论。因为代理规定在《民法总则》中，委托合同规定在合同法分则中，这已经表明我国接受了代理权授予行为和基础关系的分离理论。《合同法解释（一）》第 10 条规定："当事人超越经营范围订立合同，人民法院不因此认定合同无效。"《民法总则》第 61 条第 3 款规定："法人章程或者法人权力机构对法定代表人代表权的限制，不得对抗善意相对人。"上述法律规定和司法解释也隐含了区分理论。因为公司的经营范围是全体股东基于决议行为在公司章程中确立的公司权利能力和行为能力的最大范围，但是根据《公司法》第 11 条的规定，公司章程只具有内部效力，即对公司、股东、董事、监事、高级管理人员具有约束力，其并不当然具有对抗外部第三人的效力。以此类推，在公司章程中对法定代表人、董事、经理等的代理权范围的限定，或者在特别的决议行为中就特定代理人的代理权范围的限定，原则上都不得对抗外部的第三人。同样，在合伙协议中或者经全体合伙人共同决定，委托一个或者数个合伙人对外代表合伙企业时，上述区分理论仍然应该坚持。

第四，代理权的授予行为中确立的代理权范围和基础关系中的约定没有差异，但是基础关系存在无效或者可撤销的事由，此时代理权的授予行为是否一并无效或者可撤销。关于这个问题，存在如下不同观点：（1）无因说认为，代理权的授予行为和基础关系是相互分离的，因此，基础关系的无效或可撤销并不必然导致代理权授予行为的无效或可撤销。这类似于物权行为的无因性理论，目的是保护动态的交易安全。[①]（2）有因说认为，尽管代理权的授予行为和基础关系是相互分离的，但这并不必然能够推出代理权授予具有无因性。这类似于物权行为和债权行为的区分并不必然能够推出物权行为具有无因

① 参见王泽鉴：《民法总则》，北京大学出版社 2009 年版，第 368 ~ 369 页。

性,因为前者是个逻辑问题,后者是个价值判断问题。尽管涉及第三人的动态交易安全非常重要,但是可以通过表见代理制度予以解决。如果承认代理权授予行为的无因性,可能无法将恶意或者有过失的第三人排除在代理制度的保护范围之外。[①] (3)类型区分说认为,对于代理权授予行为是否具有无因性不能一概而论。如果代理权是基于内部授权而产生,那么致使形成基础关系法律行为无效或可撤销的原因也同样影响意定代理权的授予;如果代理权是基于外部授权而产生,那么基础关系的无效或可撤销原则上不影响代理权的授予。目前,在我国有因说越来越居于强势地位,但是无因说在解释论上的合理性仍然应该坚持。其理由如下:(1)有因说认为,无因性并不符合授权人可推断的意思,因为基础关系无效或可撤销,被代理人通常不会愿意维持授权行为的有效性。实际情况未必如此,例如甲委托限制民事行为能力人乙处理特定事务,并授予其代理权,后因委托合同未得到乙的法定代理人的同意而无效,依据无因性原则,甲的授权行为不受影响,乙和相对人进行代理行为的法律效力当然归属于甲。此时,甲可能明知乙是限制民事行为能力人,而且乙实施法律行为所产生的法律后果可能也是甲期望的。针对上述案例,采类型区分说也未尽合理。因为甲既可能采内部授权的方式,也可能采外部授权的方式,仅仅因为授权方式的不同,而对同样的案件做不同的处理,理由并不充分。(2)有因说自身也承认,如果代理人实施的行为是负担行为,采有因说问题不大;如果代理人实施的行为是处分行为,无因性原则可以切断基础关系对授权行为效力的影响,相对人得依有效的代理行为取得标的物所有权,当标的物被再次转让时,次相对人所受让的所有权不受被代理人追夺,交易安全得以保障。[②] (3)采有因性原则,无权代理的范围将会扩大,为了保护交易安全,表见代理的范围也必将扩张,这在解释论上并不会减少法官的认知负担。采无因性原则,尽管基础关系的效力不影响代理权授予行为的效力,但是被代理人不愿意承受代理效果的,其仍然可以采取撤回或者撤销的方式保护自身的利益。在基础关系无效或者可撤销,而代理权授予行为自身不存在瑕疵的情况下,被

---

① 参见叶金强:《论代理权授予行为的有因性构造》,载《政法论坛》2010 年第 1 期;朱庆育:《民法总论》,北京大学出版社 2016 年版,第 344 ~ 346 页。

② 参见朱庆育:《民法总论》,北京大学出版社 2016 年版,第 345 ~ 346 页。

代理人比相对人处在防止损害发生的更有利地位。

2. 代理人的主体要件

原则上只要是民事主体,同时法律也没有排除性的规定,都可以成为代理人。但是最终代理行为还是要通过自然人来实现,因为代理行为在本质上仍然是以意思表示为要素的法律行为。关于代理人的权利能力,一般认为代理行为的法律效力并不归属于代理人,因此权利能力的欠缺并不构成代理行为的障碍。例如,一个外国人根据国内法,其权利能力可能受到限制,但是这并不妨碍他作为代理人为被代理人取得特定权利。关于代理人的行为能力,大陆法系和英美法系存在差异。在大陆法系,一般认为无民事行为能力人不得成为代理人,但是限制民事行为能力人可以成为代理人。[①] 在英美法系,无行为能力人和限制行为能力人均可以成为代理人。但是无行为能力人进行的代理行为仍然无效,只是被代理人应当承担相应的损害赔偿责任。[②]

在中国通说认为,限制民事行为能力人可以成为代理人,而无民事行为能力人不能成为代理人。[③] 根据《民法总则》第 19 条的规定,限制民事行为能力人进行与其年龄和智力相适应的代理行为当然有效。尽管代理人实施与其年龄和智力不相适应的代理行为,被代理人可以主张无效,但是被代理人仍然应该承担由此给相对人带来的损害。被代理人选择无民事行为能力人为代理人的,尽管代理行为无效,但是被代理人如果明知代理人无民事行为能力的事实,其仍然应该对相对人由此造成的损害承担赔偿责任。全国人大法工委民法室 2015 年 8 月 28 日发布的“民法总则民法室室内稿”第 124 条原先规定:“代理人欠缺相应的民事行为能力,不影响代理行为的效力,法律另有规定的除外。”该条自《民法总则(草案)》始被删除。但是在解释论上仍然应该坚持这种理解。需要注意的是,在法定代理中,只有完全民事行为能力人才能担任代理人。

① 参见王泽鉴:《民法总则》,北京大学出版社 2009 年版,第 358 页;[德]维尔纳·弗卢梅:《法律行为》,迟颖译,法律出版社 2013 年版,第 947 页。

② See Bowstead and Reynolds on Agency. London. Sweet & Maxwell Ltd. 2001. p. 34;徐海燕:《英美代理法》,法律出版社 2000 年版,第 21 页。

③ 参见汪渊智:《比较法视野下的代理法律制度》,法律出版社 2012 年版,第 128 ~ 129 页。

3. 以被代理人的名义

这是代理"显名主义"的要求。原则上,只有当代理人以被代理人的名义和相对人进行法律行为,该法律行为的后果才由被代理人承受。因此,代理人是否有代理权,是产生代理归属效力的内在实质要件;代理人是否以被代理人的名义进行法律行为,是产生代理归属效力的外在形式要件。内在实质要件事关被代理人的保护,外在形式要件则事关相对人的保护。"显名主义"是让代理人将代理意旨以相对人明确可知的方式表现出来,从而使相对人明了代理行为的真实目的,并据此决定自己的意思表示。尽管"显名主义"是原则,但是仍然存在一些特殊问题需要解决。

第一,代理人在和相对人进行法律行为时,表明自身的代理人身份,但是不告知被代理人的姓名。如果相对人嗣后不要求代理人披露被代理人姓名,该法律行为的后果归属于隐名的被代理人。如果相对人嗣后要求代理人在合理期限内披露被代理人姓名,代理人未能披露或者拒绝披露的,代理人的行为应被视为无权代理。相对人可以根据《民法总则》第 171 条的规定,要求代理人自己履行或者撤销合同并要求损害赔偿。①

第二,代理人在进行法律行为时未表明被代理人的姓名,但是根据实施法律行为的场合、法律行为的性质,可以推断出是为被代理人实施的,产生代理的效力。这类代理人的典型例子是商场里的营业员、银行里的收银员等。

第三,在双方即时清结的现金交易中,即时代理人没有以被代理人的名义进行法律行为,原则上仍然产生代理的法律效力。但是存在以下几个前提:(1)对相对人而言,行为人究竟是为自己或为他人缔结合同没有任何意义;②(2)这种即时清结的现金交易应该限定在日常生活中,在此之外仍然应该坚持

① 《欧洲示范民法典草案》第 II—6:108 条规定,未披露被代理人的,代理人被视为以个人身份实施代理行为。该规定未尽合理,因为在被代理人未知的情况下,第三人可能也不愿意和代理人本人进行法律行为。在德国,在合理期限未披露被代理人的视为无权代理,根据《德国民法典》第 179 条的规定,第三人可以选择选择代理人履行,也可以选择让代理人承担损害赔偿责任。参见欧洲民法典研究组、欧盟现行私法研究组:《欧洲私法的原则、定义与示范规范:欧洲示范民法典草案》(第一、二、三卷),高圣平等译,法律出版社 2014 年版,第 384 ~ 385 页;[德]维尔纳·弗卢梅:《法律行为》,迟颖译,法律出版社 2013 年版,第 914 页。

② 参见[德]卡尔·拉伦茨:《德国民法通论》(下册),王晓晔等译,法律出版社 2003 年版,第 840 ~ 842 页。

显名主义。因为在代理人破产时，是否产生代理的效力，对被代理人和代理人的债权人的利益影响甚大。

第四，在考虑上述情况之后，如果代理人是否已被代理人的名义进行法律行为无法准确判断的，视为代理人以自己的名义进行法律行为。因为显名主义仍然是原则。

第五，直接以他人姓名进行法律行为。这类行为与代理的区别在于，没有代理意旨的表述。甲直接以乙的名义和相对人进行法律行为，甲本人的姓名在具体法律行为中没有出现；而在代理中，甲以乙的名义和相对人进行法律行为，同时表明自己的代理人身份。如果甲拥有乙授予的代理权，同时乙没有明确排除甲的代签行为，甲的行为产生代理的效力。如果甲不拥有乙授予的代理权，相对人既可以根据《民法总则》第147、148条的规定撤销该民事法律行为，也可以根据第171条的规定催告乙予以追认，乙不追认的，相对人可以选择要求甲本人履行或者承担损害赔偿责任。

4. 实施民事法律行为

被代理人授予代理权的目的，最终要通过代理人和相对人之间实施的具体民事法律行为来实现，这也是为什么要求代理人至少是限制民事行为能力人的原因。对于代理权授予行为是否存在意思表示的瑕疵，要根据被代理人进行判断；对于代理人实施的具体民事法律行为是否存在意思表示的瑕疵，要根据代理人进行判断。但是，对于代理人实施民事法律行为的前提条件要根据被代理人进行判断，因为是由被代理人最终承受代理的法律后果。例如，甲委托乙在某市购买一套房屋，房屋买卖合同是否存在意思表示的瑕疵，要根据乙的具体状况进行判断。如果某市对房屋购买的主体资格有限制，则要根据甲是否符合购买条件进行判断。如果被代理人基于相对人的欺诈或胁迫对代理人授予代理权，尽管代理人在和相对人进行法律行为时不存在任何意思表示的瑕疵，但是被代理人可以基于相对人的欺诈行为主张代理行为的无效，因为代理人的意思表示实际上是基于被代理人的交易意愿而为的。[①] 如果被代

① 参见[德]卡尔·拉伦茨：《德国民法通论》(下册)，王晓晔等译，法律出版社2003年版，第848页。

理人是基于相对人以外的其他人(《民法总则》第149、150条中的第三人)的欺诈或胁迫而对代理人授予代理权,并进而与相对人进行法律行为的。该法律行为是否可撤销,应根据《民法总则》第149、150条予以判断。

三、举证责任分配

在代理人和相对人实施具体的民事法律行为之后,如果被代理人不愿承受代理行为的法律后果,被代理人应当举证证明代理人不拥有代理权、超越代理权或者代理权已经终止,或者举证证明代理人是以自己的名义和相对人进行法律行为,或者举证证明代理人和相对人之间的法律行为在法律效力上存在瑕疵,或者举证证明代理人在进行代理行为时是无民事行为能力人、限制民事行为能力人。相对人认为被代理人应当承受代理行为的法律后果,应当提出针对性的反证。相对人可以证明代理人拥有代理权且无瑕疵,即便证明不了这一点,相对人仍然可以证明自己有理由相信代理人拥有代理权,从而使被代理人承受代理行为的法律后果。相对人可以证明尽管代理人没有以被代理人的名义进行法律行为,但是根据行为的场合或者行为的性质,可以推断出代理人是为被代理人实施法律行为的。如果代理人是否以被代理人的名义进行法律行为无法得到确切证明的,应该认为代理人是以自己的名义和相对人进行法律行为。相对人可以证明,尽管代理人是限制民事行为能力人,但是被代理人在授予代理权时明知该事实的,即便代理行为和代理人的年龄、智力不相适应,被代理人仍然应当承受代理的法律后果。

如果相对人不愿意和被代理人产生法律关系的,相对人应该举证证明代理构成要件中至少有一个不成立。相对人证明代理人是以自己的名义和其进行法律行为,可以排除代理的效力归属,但是该法律行为在相对人和代理人之间仍然产生法律效力。如果相对人不愿意和代理人产生上述法律关系的,则要证明该法律行为在法律效力上的瑕疵,或者代理人在主体要件上的瑕疵。

四、其他问题

《民法总则(草案)》(三审稿)第166条规定:“代理人在代理权限内以自己的名义与第三人实施民事法律行为,第三人知道代理人与被代理人之间的代理关系的,该民事法律行为直接约束被代理人和第三人,但是有确切证据证明该民事法律行为只约束代理人和第三人的除外。”该条在《民法总则》中被删除。从《民法总则(草案)征求意见稿》开始,上述条文一直被规定在“代理”一章,历经《民法总则(草案)》(一审稿)、《民法总则(草案)》(二审稿)、《民法总则(草案)》(三审稿),相关条文的文字表述没有任何改动。

上述被删除的条文源自《合同法》第402条,而第402条则受到《国际货物销售代理公约》第12条的影响,该条规定:“代理人在授权范围内代表委托人行事,而且第三人知道或者应当知道该代理人是以代理身份活动时,代理人的行为直接对委托人与第三人产生约束力。除非出现例外情况,如根据行纪合同的规定,代理人允诺仅对其本身具有约束力。”该条规定是大陆法系和英美法系在代理制度上相互妥协的产物。由于《合同法》第402条的目的是为了解决当时存在的外贸代理问题,在规范内容上该条更加偏向于英美法的制度。与《国际货物销售代理公约》第12条要求代理人必须以代理身份活动不同,《合同法》第402条规定代理人即便以自己的名义与第三人进行法律行为,也可能产生代理效力归属于被代理人的后果。对《民法总则(草案)》(三审稿)第166条的删除,表明立法者选择回归大陆法系的传统代理理论。

大陆法系将委托合同和代理权授予行为进行区分的理论,“强调的是事物的外部趋向,把代理人以谁的名义与第三人交易视为重要的问题,”①它更为关注的是对第三人利益的保护。大陆法系在学理上以“名义”为标准将代理区分为直接代理与间接代理,但是在实际的立法中,大陆法系将“以被代理人的名义”所进行的民事法律行为称为代理,而将“以自己的名义为他人的利益”所进行的民事法律行为称为行纪。在代理法律关系中,代理人在代理权限范围内所进行的法律行为,其法律后果由被代理人承担;而在行纪法律关系中,二个合同(行纪合同与行纪实行合同)、三方当事人(委托人、行纪人、第三人)的结构是固定不变的,行纪人以自己的名义进行的法律行为,其结果只能由自己承担,原则上委托人与第三人之间不发生法律关系。

---

① [英]施米托夫:《国际贸易法文选》,赵秀文选译,中国大百科全书出版社1993年版,第385页。

英美法把本人与代理人的等同论作为代理的理论基础。这个理论可以用“通过他人去做的行为视同自己亲自做的一样”[①]的短语来表述。等同论更多地关注的是事物的内在特征,即代理人是否有委托人的授权。关于代理人究竟以被代理人的名义还是以自己的名义签订合同则不予以考虑,英美法所关心的是“谁对与第三人签订的主合同承担责任”。因此,英美法上并没有按“名义”的标准将代理区分为直接代理与间接代理,而是按“责任”的标准将代理分为“代表公开姓名的本人”“代表不公开姓名的本人”和“代表不公开身份的本人”三种情况。

关于“代表公开姓名的本人”的代理,两大法系没有差异,属于直接代理的典型,代理的法律效果直接归属于被代理人。

关于“代表不公开姓名的本人”的代理,两大法系的规制存在差异。在这种代理中,代理人表明自身的代理人身份,但是不披露被代理人的姓名。在英美法系,这种代理仍然属于直接代理,代理的法律效果直接归属于被代理人。在大陆法系,各国的规制方式存在差异。根据《意大利民法典》第1401、1402、1405条的规定,在缔结合同时,一方可以保留合同成立后对应当享有合同权利和承担义务的人的指定权。如果在法律规定或者当事人约定的期间内未行使上述指定权的,合同在原当事人之间产生效力。在德国,民法典对这种代理形式没有明文规定,解释论上认为在合理期限未披露被代理人的视为无权代理,根据《德国民法典》第179条的规定第三人可以选择选择代理人履行,也可以选择让代理人承担损害赔偿责任。尽管存在上述差异,但是有一点是共同的,即隐名代理不能直接产生代理的归属效力。意大利的立法例产生了非常大的影响力,《葡萄牙民法典》第455条、《荷兰民法典》第3:67条、《欧洲示范民法典草案》第II—6:108条、《欧洲合同法原则》第3:203条均予采纳。我国《民法总则》没有对此作出明文规定,但是在解释论上应该作如下解释:如果代理人表明自己的代理人身份,但是没有告知相对人被代理人姓名的,相对人可以催告代理人在合理期限内告知被代理人姓名。相对人未告知的,适用《民法总

① [英]施米托夫:《国际贸易法文选》,赵秀文选译,中国大百科全书出版社1993年版,第381页。

则》第171条关于无权代理的规定。

关于“代表不公开身份的本人”的代理，两大法系存在根本性的差异。在这种代理中，尽管代理人拥有代理权，但是其不表明自身的代理人身份，而是直接以自己的名义和第三人进行法律行为。在大陆法系，除极少数的例外（即时清结的现金交易、雇员交易），这种理论上的间接代理就是行纪，不能产生代理的直接归属效力。在英美法系，只要代理人拥有代理权，即便其是以自己的名义和第三人进行法律行为，仍然属于代理。被代理人可以通过行使介入权，第三人可以通过行使选择权，从而使被代理人和第三人之间直接产生法律关系。我国《合同法》第403条采纳了上述英美法系的理论。

在随后的民法典编纂过程中，应充分考虑《合同法》第402、403条的取舍问题。上述条文是对传统大陆法系代理显名主义的重大冲击，在《合同法》生效以后，上述条文在司法实践中已经引起了非常多的混乱，建议删除。[①] 理由是：第一，上述条文主要是为了应对当时普遍存在的外贸代理问题，目前外贸代理已经放开，立法背景已经产生重大变化。[②] 第二，上述条文调整被代理人和第三人之间的外部关系，规定在委托合同中显属不当。在《民法总则》生效以后，第402条和第403条已经无处安放。第三，规定在委托合同中的第403条和随后的行纪合同的内容存在重大的体系违反，在具体案件中，法官对究竟适用第403条还是类推适用行纪合同的规定无所适从。因为不同的适用选择对当事人的利益有重大影响。

---

① 但是也有学者建议在合同法中仍然保留第403条。参见尹飞：《代理：体系整合与概念梳理——以公开原则为中心》，载《法学家》2011年第2期。

② 上述条文在司法实践中引起的混乱可参见方新军：《货运代理转委托行为的类型区分和法律效力》，载《法学研究》2015年第1期。

第一百六十三条 【代理的类别】

代理包括委托代理和法定代理。

委托代理人按照被代理人的委托行使代理权。法定代理人依照法律的规定行使代理权。

一、历史由来

本条是对《民法通则》第64条的修改和完善。《民法通则》第64条将代理区分为委托代理、法定代理和指定代理三个类别，但是在传统大陆法系，代理一直被区分为委托代理和法定代理两个类别。在《民法通则》颁布之前，中国学界就一直存在“三分说”和“两分说”的争论，但是“三分说”逐渐成为通说并体现在立法中。① 在《民法通则》生效之后，上述争论仍然存在，“两分说”认为：第一，《民法通则》存在体系违反，因为根据第14条的规定监护人是无民事行为能力人和限制民事行为能力人的法定代理人，根据第16条和第17条的规定在担任监护人有争议时，有关机关和部门可以在近亲属中指定。而根据第64条的规定，此时指定的监护人又不是法定代理人。② 第二，我国民法将指定代理与法定代理、意定代理并列，只是照搬了法定监护和指定监护的划分。实际上，即使是指定监护，指定机关也并不指定应代理的事项、范围和权限等，指定代理人的代理权内容仍然是由法律直接规定的。③ 德国学者也明确指出，法定代理人既可以基于法律规定而产生，也可以基于特别指定而产生，两者并无不同。④ 本条的规定是对“两分说”的采纳。

---

① 参见《法学研究》编辑部：《新中国民法学研究综述》，中国社会科学出版社1990年版，第164页。

② 参见张俊浩：《民法学原理》，中国政法大学出版社1991年版，第277页。

③ 参见刘心稳主编：《中国民法学研究述评》，中国政法大学出版社1996年版，第259页。

④ 参见[德]维尔纳·弗卢梅：《法律行为》，迟颖译，法律出版社2013年版，第931页。

全国人大法工委民法室2015年8月28日发布的"民法总则民法室室内稿"仍然遵循《民法通则》第64条的规定，但是自《民法总则(草案)征求意见稿》(2016年5月20日修改稿)开始，上述修改已经完成，历经《民法总则(草案)》(一审稿)、《民法总则(草案)》(二审稿)、《民法总则(草案)》(三审稿)，相关条文的表述没有出现任何变化。但是本条最终将《民法总则(草案)》(三审稿)第167条第3款"法定代理，本章没有规定的，适用本法和其他法律的有关规定"删除。因为《民法总则》第11条规定："其他法律对民事关系有特别规定的，依照其规定。"在本条中没有重复规定的必要。

二、规范目的与含义

(一)规范目的

本条分为两款。第1款属于说明性规范，其目的是说明代理的类别；第2款第一句属于命令性规范，尽管没有出现"应当"这个模态逻辑词，但是该条隐含的意义是委托代理人应当按照被代理人的委托行使代理权。法定代理人应当依照法律的规定行使代理权。同时该款又属于不完全规范，因为委托代理人和法定代理人究竟如何行使代理权，不当行使代理权在法律上究竟有何不利后果等问题，仍然要通过其他具体条文进行判断。

第2款第二句属于引用性规范，因为《民法总则》"代理"一章主要是围绕委托代理进行规范设计的，只有个别条文是直接针对法定代理的，法定代理的具体规定多散见在《民法总则》的其他部分或者是民法典之外的其他法律规定中。这种引用性规范一方面可以避免立法的重复，另一方面也对法官在具体案件中寻找法律规范提供指引。

(二)规范含义

本条第1款只是说明代理的类别，没有明确的规范含义。但是需要注意本条所称的委托代理实际上是大陆法系中的意定代理，委托代理只是意定代理的一种。本条第2款只是在抽象的意义上说明代理人行使代理权的方式，其具体的规范含义要通过其他规范予以补充。

本条尽管删除了"法定代理，本章没有规定的，适用本法和其他法律的有关规定"的表述，但是根据《民法总则》第11条的规定，除本章的规定外，其他法律规定仍然可能成为法定代理的规范依据。

在《民法总则》“代理”一章,直接涉及法定代理的条文只有第 167 条和第 179 条,但是该章第一节“一般规定”的其余 4 个条文(第 164、165、166、168 条)当然可以适用于法定代理。该章第二节尽管是专门针对委托代理的规定,但是只要法律没有明确排除,或者另有特别规定,或者根据法定代理的性质不能适用的以外,仍然可以类推适用于法定代理。

《民法总则》中涉及法定代理的其他规定,主要包括:(1)第二章“自然人”中的第 19、20、21、22、23、24、26、28、29、30、31、32、33、34、35、36、37、38、42、43、44、45 条。(2)第三章“法人”中的第 70、71 条。

《民法总则》以外涉及法定代理的其他规定,可以如下例举:(1)《公司法》中涉及清算组的第 184、185、190 条。(2)《破产法》中涉及管理人的第 22、23、24、25、26、27、28、29、34、39、111 条等。

三、其他问题

在随后的民法典编纂中,应增加“夫妻日常家事代理权”的规定。我国现行《婚姻法》第 17 条规定:“夫或妻对夫妻共同所有的财产,有平等的处理权。”最高人民法院《婚姻法解释(一)》第 17 条通过对《婚姻法》第 17 条的解释原则上确立了“夫妻日常家事代理权”,即“夫或妻在处理夫妻共同财产上的权利是平等的。因日常生活需要而处理夫妻共同财产的,任何一方均有权决定。夫或妻非因日常生活需要对夫妻共同财产做重要处理决定,夫妻双方应当平等协商,取得一致意见。他人有理由相信其为夫妻双方共同意思表示的,另一方不得以不同意或不知道为由对抗善意第三人。”但是最高院的解释仍然过于原则,对于“夫妻日常家事代理权”的行使主体、行使的名义标准、行使的范围、行使的限制、代理权的终止、对第三人的影响等问题,仍然缺乏明确的规定。①

在随后的民法典编纂中,应增加“遗嘱执行人代理权”的相关规定。随着社会经济生活的发展,普通民众的财富日益增多,财产的种类日益多元化,这

① 参见王歌雅:《家事代理权的属性与规制》,载《学术交流》2009 年第 9 期。

必将导致遗产继承的复杂化。我国现行《继承法》只是在第23条提到“遗嘱执行人”,对于“遗嘱执行人”的产生方式、权利、义务的范围、权利的行使方式、对继承人、第三人的影响等问题,则没有任何规定。反观《德国民法典》关于“遗嘱执行人”专设一节,共32个条文。

第一百六十四条 【代理人的民事责任】

代理人不履行或者不完全履行职责，造成被代理人损害的，应当承担民事责任。

代理人和相对人恶意串通，损害被代理人合法权益的，代理人和相对人应当承担连带责任。

一、历史由来

本条源自《民法通则》第66条第2、3款。之所以要将这两款单独抽出来作为一个独立的条文，是因为《民法通则》第66条规定的事项过于庞杂，其第1款和第4款是关于无权代理的内容，而第2款和第3款规定的代理人责任并不必然和无权代理有关。

本条第1款和《民法通则》第66条第2款相比，增加了“或者不完全履行职责”的表述，在全国人大法工委民法室2015年8月28日发布的“民法总则民法室室内稿”、《民法总则（草案）征求意见稿》（2016年5月20日修改稿）和《民法总则（草案）》（一审稿）中上述增加没有出现，在《民法总则（草案）》（二审稿）中出现了上述增加，《民法总则（草案）》（三审稿）未做改动，最终成为本款。立法者可能是考虑到，只规定代理人不履行职责，其规范范围过窄，代理人不完全履行也可能给被代理人造成损害。

本条第2款和《民法通则》第66条第3款相比，将“串通”修改为“恶意串通”，将“第三人”替换为“相对人”。将“串通”修改为“恶意串通”在全国人大法工委民法室2015年8月28日发布的“民法总则民法室室内稿”中已经出现，《民法总则（草案）》（一审稿）、《民法总则（草案）》（二审稿）和《民法总则（草案）》（三审稿）维持不变，最终形成本款。立法者可能是考虑到《民法通则》第66条第3款和第58条第1款第4项在文字表述上的不一致，后者规定“恶意串通，损害国家、集体或者第三人利益的”民事行为无效。第66条第3

款只是第58条第1款第4项的一个类别,没有任何理由说明在代理的情况下可以排除"恶意"这个主观要件。本款中"第三人"的表述自"民法总则民法室室内稿"起一直到《民法总则(草案)》(三审稿)止没有任何变化,但是最终通过的《民法总则》将其替换为"相对人"。这种替换的理由是,"第三人"是对处于代理人和被代理人之外的一种客观描述,"相对人"是对代理人实施法律行为对象的描述,后者的规范意义更为明显。

二、规范目的与含义

(一)规范目的

本条第1款的规范目的是对因代理人个人行为导致被代理人损害的,让代理人承担损害赔偿责任。本条第2款的规范目的是对代理人和相对人的共同行为导致被代理人损害的,让代理人和相对人共同承担连带责任。

本条极具中国特色,在大陆法系国家民法典的代理部分很少看到相似的条文。因为本条第1款实际上规范的是代理人和被代理人之间的内部关系,在对委托合同和代理权授予行为进行区分的国家,该款应该规定在委托合同中。因为代理权的授予作为一种单方行为,其本身不是债的发生原因,代理人并没有必须行使代理权的义务,但是代理人有可能违反委托合同中约定的义务而构成违约。在不对委托合同和代理权授予行为进行区分的国家,该款更是只能规定在委托合同中。本条第2款涉及被代理人和相对人之间的外部关系,但是该款只是无效民事法律行为的一个类别,在《民法总则》第154条已经做出明文规定的情况下,似乎没有重复的必要。

(二)规范含义

1.本条第1款

本款只是在抽象的意义上说明,代理人不履行或者不完全履行职责,给被代理人造成损害的,应当承担民事责任。其本身不能成为一个独立的请求权基础规范。如果对本款进行文义解释,本款并没有要求代理人是基于过失不履行或者不完全履行,代理人似乎应当承担无过错责任。但是代理制度既包括委托代理,也包括法定代理,而法定代理的类型有多种,委托代理人的义务也有多种,并不存在一个统一的让代理人承担无过错责任的理由。代理人不履行或者不完全履行职责是否应当承担民事责任,仍然应该具体情况具体分析。

(1)作为法定代理人的监护人的责任

根据《民法总则》第23条的规定:“无民事行为能力人、限制民事行为能力人的监护人是其法定代理人。”第34条第3款规定:“监护人不履行职责或者侵害被监护人合法权益的,应当承担责任。”该款同样没有对监护人的主观要件进行规定,但是这并不意味着监护人承担的是无过错责任。第一,根据民法的一般原理,基于无偿的民事主体在进行法律行为时的注意义务要比基于有偿的民事主体的注意义务低。绝大多数的有偿行为都以过失为要件,要求无偿履行监护义务的监护人承担无过错责任,显然出现了价值判断的倒错。《德国民法典》第1833条第1款就明确规定,监护人有过错的,对因义务之违反而发生的损害向监护人承担责任。第二,该款同样不是一个独立的请求权基础规范,其实际上只是表明,当监护人不履行职责给被监护人造成的损害时,是能够受到法律救济的。

由于监护人和被监护人之间在绝大多数情况下都是基于法律的直接规定产生法律关系,因此在监护人不履行职责给被监护人造成损害时,是否应当承担责任,要通过适用《侵权责任法》第6条第1款予以解决。例外,是根据《民法总则》第33条的规定,完全民事行为能力人可以与他人事先协商,以书面形式确定自己的监护人。此时可能产生违约责任和侵权责任的竞合,被监护人主张违约责任应该类推适用有关委托合同的规定。

根据《执行民法通则意见》第10条的规定,代理人代理被监护人进行民事活动、在被监护人合法权益受到侵害或者与人发生争议时,代理其进行诉讼,只是监护人的监护职责的一部分内容。其余监护职责,监护人一般通过事实行为就能够履行。对于事实行为,法定义务的违反就可以推定监护人存在过错;对于监护人通过代理实施法律行为时是否存在过错,要通过理性人的标准进行判断。此时《民法总则》第35条的规定:“监护人应当按照最有利于被监护人的原则履行监护职责,保护被监护人的人身、财产权利及其他合法权益;除为被监护人利益外,不得处分被监护人的财产。”这对判断监护人是否存在过错,有重要的参考意义。

(2)作为法定代理人的财产代管人的责任

根据《民法总则》第43条第3款的规定:“财产代管人因故意或者重大过失造成失踪人财产损失的,应当承担赔偿责任。”该款属于独立的请求权基础规范,它是《侵权责任法》之外的特殊侵权类型。该款在《民法通则》中并不存在,立法者将财产代管人侵权责任的主观要件限定为故意或者重大过失,体现了立法者独立的价值判断,因为财产代管人履行职责是无偿的。

(3)作为法定代理人的清算人的责任

根据《公司法》第190条第3款的规定:“清算组成员因故意或者重大过失给公司或者债权人造成损失的,应当承担赔偿责任。”该款同样属于独立的请求权基础规范,是《侵权责任法》之外的特殊侵权类型。根据《公司法》第184条的规定,有限责任公司的清算组由股东组成,股份有限责任公司的清算组由董事或者股东大会确定的人员组成,他们履行职责原则上都是无偿的,因此在主观要件上必须是故意或者重大过失才承担赔偿责任。

(4)作为法定代理人的破产管理人的责任

根据《企业破产法》第27条的规定:“管理人应当勤勉尽责,忠实执行职务。”第130条规定:“管理人未依照本法规定勤勉尽责,忠实执行职务的,人民法院可以依法处以罚款;给债权人、债务人或者第三人造成损失的,依法承担赔偿责任。”第130条属于独立的请求权基础规范,法院只要认定管理人没有勤勉尽责,忠实执行职务,债权人、债务人或者第三人存在损失,该损失和管理人没有勤勉尽责、忠实执行职务存在因果关系,管理人就应当承担赔偿责任。法院对管理人是否勤勉尽责、忠实执行职务的认定,就是对管理人是否存在过错的认定。中国法的规定和德国法的规定非常相似,根据《德国破产法》第60条第1款第1句的规定,如果管理人过错违反破产法规定的义务,就要对全体参与人负赔偿责任。根据该款第2句的规定,过错的判断标准是一个正常、严谨的破产管理人的注意义务。[①] 根据《企业破产法》第24条的规定,破产管理人一般都是由专业机构的人员担任,按照该类人员的一般标准甚至是严谨的

① 参见[德]莱茵哈德·波克:《德国破产法导论》,王艳柯译,北京大学出版社2014年版,第27~28页。

标准来判断管理人是否存在过错,其注意义务的要求显然比一般理性人的标准要高。因此在一个普通人可能没有过错的情况下,一个破产管理人可能仍然存在过错。

《企业破产法解释(二)》第9条第2款规定:"管理人因过错未依法行使撤销权导致债务人财产不当减损,债权人提起诉讼主张管理人对其损失承担相应赔偿责任的,人民法院应予支持。"该款中的"过错"原本应该包括故意和过失,但是最高人民法院在对该条进行解释时,未做任何说明就认为此处的过错就是"管理人存在故意或者重大过失。"[①]《企业破产法解释(二)》第33条进一步规定:"管理人或者相关人员在执行职务过程中,因故意或者重大过失不当转让他人财产或者造成他人财产毁损、灭失,导致他人损害产生的债务作为公益债务,由债务人财产随时清偿不足弥补损失,权利人向管理人或者相关人员主张承担补充赔偿责任的,人民法院应予支持。"最高人民法院在对该条进行解释时认为:"大陆法系和英美法系在破产管理人民事责任领域都不约而同地采取了过错责任的归责原则。破产管理人的过错,实际上就是破产管理人在管理破产财产时没有达到法律要求的民事义务标准。过错实际上包括两种形式,即故意和过失。"[②]但是最高人民法院认为,法律不能无视破产管理人执业风险过高的事实,因此只有在故意和重大过失的前提下,破产管理人才应该承担损害赔偿责任。这无疑间接提高了破产管理人的注意水平。[③] 这种推论完全错误,破产管理人只有存在故意和重大过失才承担损害赔偿责任,实际上大大降低了破产管理人的注意水平,因为存在一般过失破产管理人就不应当承担责任。从破产管理人实际取得的报酬以及其应该具有的专业水平,其应该承担一般的过错责任。最高人民法院的司法解释实际上僭越了立法权,最高人民法院应该对什么是勤勉尽责和忠实执行职务进行具体解释或者是类型化分析,而不是将其改变为故意或重大过失的主观要件。

---

① 最高人民法院民事审判第二庭编:《最高人民法院关于企业破产法司法解释理解与适用——破产法解释(一)·破产法解释(二)》,人民法院出版社2013年版,第193页。

② 最高人民法院民事审判第二庭编:《最高人民法院关于企业破产法司法解释理解与适用——破产法解释(一)·破产法解释(二)》,人民法院出版社2013年版,第381页。

③ 最高人民法院民事审判第二庭编:《最高人民法院关于企业破产法司法解释理解与适用——破产法解释(一)·破产法解释(二)》,人民法院出版社2013年版,第382~383页。

(5)委托代理人的责任

根据本款的规定,委托代理人似乎承担的是无过错责任,而且这与《合同法》第107条关于一般违约责任是无过错责任的规定相互协调,实际不然。因为根据《合同法》第406条的规定:“有偿的委托合同,因受托人的过错给委托人造成损失的,委托人可以要求赔偿。无偿的委托合同,因受托人的故意或者重大过失给委托人造成损失的,委托人可以要求赔偿损失。受托人超越权限给委托人造成损失的,应当赔偿损失。”该条基于委托合同的有偿和无偿的区分,对受托人承担损害赔偿责任的主观要件进行区分非常合理。但是以下几个问题仍然需要进一步分析。

第一,受托人超越权限给委托人造成损失的,是否一定要承担损害赔偿的责任。一般而言,受托人超越权限肯定属于明知,但是明知超越权限不等同于故意造成损害,有可能超越权限的目的是为了给委托人减少损害。从比较法的角度进行观察,不允许受托人超越权限是一项原则,否则受托人应当承担违约责任,但是某些国家承认某些例外。《德国民法典》第665条规定:“受委托人得依情事认为委托人在知道事情的状况时会同意偏离指示的,受委托人有权偏离委托人的指示。如延缓不会引起危险,则受委托人必须在偏离指示前通知委托人,并等待委托人的决定。”《欧洲示范民法典草案》第4. D—3:201条在充分参考比较法资料的基础上做出了如下规定:“代理人可以按照委托中未规定的方式行为,如果(a)代理人有合理理由代表被代理人如此行为;(b)代理人没有合理时机去发现在特定环境下被代理人的意愿;和(c)代理人不知道且不能合理地被期望知道在特定环境下所为之行为违背了被代理人的意愿。”我国《合同法》第399条可以做同样的解释,即原则上“需要变更委托人指示的,应当经委托人同意”,但是“因情况紧急,难以和委托人取得联系的,受托人应当妥善处理委托事务,但事后应当将该情况及时报告委托人。”因此,如果在此种情况下,受托人尽了最大的注意义务妥善处理委托事务,但是委托人仍然有损失的,受托人不应承担赔偿责任。这种解释方法符合委托人和受让人之间的利益平衡,因为受托人超越权限给委托人带来利益的,委托人可以通过事后的追认获得利益。如果受托人为了委托人的利益超越权限,同时尽了最大的注意义务,一旦产生损失就让受托人承担赔偿责任,与民法的公平原则不符。

第二,受托人过失的判断标准。受托人是否有过失一般应通过理性人的标准进行判断,但是《欧洲示范民法典草案》第4. D—3:103条第1款规定:"代理人有义务由被代理人在特定情势下有权期待的注意和技能来履行委托合同下之义务。"如果说理性人标准是从受托人角度判断是否存在过失的标准,那么《欧洲示范民法典草案》的规定就增加了委托人的角度。在大多数场合,这两种判断标准最终得出的结论不会有差异,但是持续性的交往中,委托人可能能够证明在先前的合同履行中受托人已经表现出比一般人更高的认识水平和技能,此时受托人可能会被认定有过失。

同时,在民商合一的背景下,民法典的规定不但要考虑对一般民事交往的规制,也要考虑商事活动的特殊性。《欧洲示范民法典草案》的相关规定非常值得中国在解释论上予以借鉴。该草案第4. D—3:103条第2款规定:"如若代理人宣称具有更高标准的注意和技能,则代理人有义务尽该更高注意和技能职责。"在商业竞争日趋激烈的情况下,代理人为了获得订立合同的机会经常宣称自己拥有更高的技能,只要不存在无效和可撤销的理由,代理人应该对自己的允诺承担责任。该草案第4. D—3:103条第3款规定:"如若代理人是,或宣称是,一职业代理人团体成员,对于该职业代理人团体存在由相关权威部门设定的或者该团体自己设定的标准规格,则代理人必须在这些标准规格内尽注意和技能职责。"[①]例如,中国商务部就货运代理行业制定了如下国家标准:GB/T22151国际货运代理作业规范、GB/T22154国际货运代理服务质量要求、GB/T26319国际货运代理单证标识符编码规则、GB/T26320国际货运代理信息交换规范、GB/T26321国际货运代理业务数据元、GB/T28530国际货运代理系列单证数据项、GB/T28831国际货运单证缮制规范、GB/T28832国际货运单证缮制质量要求、GB/T28833国际物流责任保险投保、索赔规则、GB/T28839进出境货物木质包装申报规范、GB/T30055国际货运代理报关服务质量要求、GB/T30056国际货运代理拼箱服务质量要求、GB/T30349集装

① 参见欧洲民法典研究组、欧盟现行私法研究组:《欧洲私法的原则、定义与示范规范:欧洲示范民法典草案》(第四卷),于庆生等译,法律出版社2014年版,第789页。

箱货运代理服务规范等。在产生纠纷时,上述标准都是法院判断货运代理人是否存在过失的重要依据。

第三,受托人和相对人进行法律行为时的名义标准。如果委托人和受托人订立委托合同,但是委托人并没有授予受托人代理权,受托人只能以自己的名义和相对人进行法律行为,否则构成无权代理。如果委托人授予受托人代理权的,受托人以自己的名义和相对人进行法律行为是否构成违约?如果委托人在授予代理权时明确约定,受托人只能以委托人的名义和相对人进行法律行为,受托人以自己名义和相对人进行法律行为则构成违约。如果委托人在授予代理权时,对受托人究竟以谁的名义进行法律行为没有明确约定的,比较法上有不同的做法。在德国、瑞典、丹麦、希腊、爱沙尼亚,代理人可以自由决定如何行为;在法国、保加利亚,代理人不得自由决定如何行为,其必须征求被代理人的明确指示;在比利时,则区分民事代理和商事代理,在民事代理中代理人被推定已被指示以被代理人的名义进行法律行为,在商事代理中佣金代理人(行纪人)被推定为被指示以代理人自己的名义行为。[①]

就我国而言,如果受托人是行纪人的,可以推定受托人以自己的名义进行法律行为;在其他情况下,代理人可以自由选择。因为在中国,即便是作为商业代理人的货运代理人、外贸代理人,都是可以选择以自己的名义或者被代理人的名义进行法律行为。如果委托人觉得名义标准对其有特别的意义,可以在委托合同中,或者在授予代理权时明确予以约定,受托人违反的构成违约。

2. 本条第 2 款

本款是可以适用《侵权责任法》第 8 条的一个具体情形,代理人和相对人恶意串通,损害被代理人合法权益的,也属于共同侵权的一个类别。但是被代理人就代理人和相对人恶意串通损害其合法权益的行为,仍然存在请求权的竞合。

被代理人可以根据《合同法》第 52 条第 2 项的规定,主张代理人和相对人之间的合同无效,然后再根据《合同法》第 59 条的规定,请求返还代理人和相

① 参见欧洲民法典研究组、欧盟现行私法研究组:《欧洲私法的原则、定义与示范规范:欧洲示范民法典草案》(第四卷),于庆生等译,法律出版社 2014 年版,第 776 ~ 777 页。

对人因恶意串通取得的财产。如果被代理人在《合同法》的层面主张代理人和相对人进行损害赔偿,只能分别主张代理人承担违约责任、相对人承担缔约过失责任。因为根据《合同法》第42条的规定,当事人在订立合同过程中,给对方造成损失的,应当承担损害赔偿责任。在代理人和相对人订立的合同中,代理人和被代理人之间不是相对方的关系,只有在委托合同中双方才处于相对方的关系。代理人和相对人恶意串通是对委托合同义务的违反。但是在代理人和相对人的合同中,被代理人和相对人处于相对方的关系,如果在缔约过程中代理人存在过失给相对人造成损害的,被代理人应当对相对人承担缔约过失责任。反过来,相对人在缔约过程中存在过失的,被代理人也可以主张相对人承担缔约过失责任。但是这种分别主张对被代理人而言并没有明显的益处,因此,只有在代理人和相对人恶意串通给被代理人造成损害,被代理人对自身损害的证明比较困难,或者自身损害比代理人和相对人恶意串通取得的财产小,被代理人基于《合同法》主张合同无效才更为有利。除此之外,被代理人根据本款主张代理人和相对人承担连带责任,对其更为有利。

本款的构成要件包括:第一,代理人和相对人存在恶意串通。对于《侵权责任法》第8条中“共同”一词的含义,一直存在“共同故意说”、“共同过错说”、“共同行为说”、“折中说”的争议,但是在本款中代理人和相对人必须存在故意,这是承担连带责任的前提。第二,被代理人的合法权益存在损害。被代理人遭受的损害很多时候表现为纯粹经济损失,即某人的整体经济状况的变坏,但不是直接基于某人人身伤害或某一特定财产损害发生的后果。[①] 尽管对于纯粹经济损失是否应该得到赔偿一直存在争论,但是对于行为人基于故意造成的纯粹经济损失应该得到赔偿一直不存在争议,本款就是这种观点的体现。第三,被代理人遭受的损害和代理人、相对人的恶意串通行为之间存在因果关系。第四,代理人和相对人对被代理人承担连带责任。这种连带责任包括对外效力和对内效力。所谓外部效力,是指债权人有权向连带债务人中的一人、数人或者全体请求履行,也有权向连带债务人中的一人或数人请求履

① 参见[意]毛罗·布萨尼、[美]弗农·瓦伦丁·帕尔默主编:《欧洲法中的纯粹经济损失》,张小义等译,法律出版社2005年版,第5~6页。

行全部债务或者履行一部债务。所谓内部效力,是指连带债务中的一人履行债务超过自己应当承担份额的,可以向其他连带债务人进行追偿。

三、举证责任的分配

被代理人主张损害赔偿,应当证明代理人不履行或者不完全履行职责的事实、自己受有损害、损害和代理人不履行或者不完全履行职责之间存在因果关系、代理人存在过失;法律要求故意或者重大过失要件的,被代理人应当证明代理人存在故意或者重大过失。

被代理人主张代理人和相对人承担连带责任的,应当证明代理人和相对人恶意串通的事实、自己遭受损害、损害和恶意串通行为之间存在因果关系。

第二节　委托代理

第一百六十五条　【委托代理的授权委托书】

委托代理授权采用书面形式的，授权委托书应当载明代理人的姓名或者名称、代理事项、权限和期间，并由被代理人签名或者盖章。

一、历史由来

本条是对《民法通则》第 65 条的改造，第 65 条包括 3 款，本条删掉了第 1 款和第 3 款，保留了第 2 款，并做了一点文字改动。主要是将第 65 条第 2 款中的“由委托人签名或者盖章”改为“由被代理人签名或者盖章”，这个改动非常合理，因为委托人的表述应该出现在基础关系中，在代理关系中应该使用被代理人的表述。

《民法通则》第 65 条第 1 款原先规定：“民事法律行为的委托代理，可以用书面形式，也可以用口头形式。法律规定用书面形式的，应当用书面形式。”该款在全国人大法工委民法室 2015 年 8 月 28 日发布的“民法总则民法室室内稿”、《民法总则（草案）征求意见稿》（2016 年 5 月 20 日修改稿）、《民法总则（草案）》（一审稿）、《民法总则（草案）》（二审稿）中一直被保留，但是在《民法总则（草案）》（三审稿）中被删除。原因是《民法总则》第 136 条对法律行为的形式已经做了一般规定，代理中的规定构成重复。

《民法通则》第 65 条第 3 款原先规定：“委托书授权不明的，被代理人应当向第三人承担民事责任，代理人负连带责任。”自“民法总则民法室室内稿”始，该款就一直没有再出现。原因是该款自生效以来遭到学术界的严厉批评，而且事实证明这种批评是有道理的。因为委托授权不明一般在产生纠纷时才会显露出来，此时法官的任务就是通过意思表示的解释使这种“不明”变得“明确”。解释的结果无非有两种情况，一种是有权代理，另一种是无权代理。

在有权代理的情况下，代理的法律效果归属于被代理人，其中既包括权利，也包括义务，在义务被违反之前不存在责任的问题；在无权代理的情况下，如果构成表见代理，则产生和有权代理的同样效果；如果是单纯的无权代理，本人仍然可以通过追认使其变成有权代理。本人不追认的，应该由代理人对第三人承担实际履行或者损害赔偿责任。因此该款只是中国民法的鼻子上一个有特色的"又红又大的瘤"，还是切除为宜。[①]

二、规范目的与含义

（一）规范目的

在委托代理中，代理权的授予是核心问题，它是随后产生的一切问题的分析前提。根据《民法总则》第 135 条的规定："民事法律行为可以采用书面形式、口头形式或者其他形式；法律、行政法规规定或者当事人约定采用特定形式的，应当采用特定形式。"而代理权授予行为属于民事法律行为之一种，因此原则上授予行为的形式也是自由的。但是代理权的授予行为实在重要，在具体实践中，当事人以书面的形式授予代理权并不少见。本条的目的是对书面授权应该包括的内容进行列举说明，从而对当事人的书面授权方式进行指引。这样一方面可以最大限度地减少纠纷的发生，另一方面在纠纷发生时也可以减轻法官的解释负担。

（二）规范含义

本条属于倡导性规范，即提倡和诱导当事人采用特定行为模式的法律规范。[②] 尽管本条使用了模态逻辑词"应当"，但是"应当"并不必然就是"必须"的意思。"应当"究竟体现的是倡导的意思，还是命令的意思，要根据条文的规范目的进行解释。如果将本条中的"应当"解释为必须的意思，那么本条规定的委托书应当载明的列举事项就缺一不可，如果缺少其中一项，书面授权行为就无效。但是这种解释显然不符合本条的规范意旨。首先从体系解释的角度分析，根据《民法总则》第 135 条的规定："民事法律行为可以采用书面形式、口

① 参见葛云松：《过渡时代的民法问题研究》，北京大学出版社 2008 年版，第 282 ~ 294 页。

② 参见王轶：《论倡导性规范——以合同法为背景的分析》，载《清华法学》2007 年第 1 期。

头形式或者其他形式;法律、行政法规规定或者当事人约定采用特定形式的,应当采用特定形式。”该条属于授权性规范,代理权授予行为属于法律行为之一种,其形式当然也采自由主义。本条只是规定,如果当事人采取书面形式进行代理权授予的,最好包括本条中列举的事项。如果将本条解释为命令性规范,则与第135条的立法意旨相违背,因为原本被代理人可以自由选择代理权的授予形式,可是一旦选择书面形式,只要稍不留意,就可能导致代理权授予行为无效的法律后果。其次,从本条的实际法律效果分析,欠缺列举事项中的一项也不能简单地认定书面代理权授予行为无效。例如,被代理人没有签名或者盖章,但是代理人或者相对人有确凿证据证明该书面授权委托书是由被代理人亲笔撰写的;委托书没有载明代理人的姓名,但是持有委托书的是被代理人的雇员,而且有确凿证据证明该委托书是由被代理人亲自交给代理人的;委托书中没有列举代理权限,可以推定被代理人是对代理人的概括授权等。因此本条只是对被代理人在进行书面授权时应该包括的事项进行指引和倡导,至于代理权授予行为是否有效、其具体内容如何,仍然要通过对意思表示的解释予以解决。这种解释应当以对代理权授予行为的整体理解为前提。

第一,代理权的授予行为属于被代理人的单方法律行为,不需要代理人的承诺。如果就代理权授予行为的内容产生争议,根据意思表示的一般理论,应该通过对表意人的意思进行解释予以确定,但是在单方法律行为中,则应该根据相对方对表意人所作陈述或行为的合理理解予以确定。理由是在单方法律行为中,相对人没有参与意思表示的形成,没有合理的理由使得一方主观意思的效力凌驾于相对方的合理理解之上。①

第二,代理权的授予既可以采取明示的方式,也可以采取默示的方式。尽管在《民法总则》代理一章没有上述规定,但是根据《民法总则》第140条的规定可以做出这种解释。明示既包括书面方式,也包括口头方式。根据本条第2款的规定,沉默只有在有法律规定、当事人约定或者习惯时,方可视为意思表示。例如,被代理人雇佣代理人为雇员,尽管没有明示的授权,但是在商店的

① 参见欧洲民法典研究组、欧盟现行私法研究组:《欧洲私法的原则、定义与示范规范:欧洲示范民法典草案》(第一、二、三卷),高圣平等译,法律出版社2014年版,第313页。

营业范围内,代理人根据习惯应该被视为有代理权。

第三,代理权的授予既可以采取内部授权的方式,也可以采取外部授权的方式。前者是被代理人以意思表示向代理人授予代理权,后者是被代理人以意思表示向第三人表达授予某一代理人代理权。以公告的方式向不特定的人告知授予某一代理人代理权的,属于外部授权。

第四,代理权授予的方式不同,其生效的时间也不同。根据《民法总则》第138条的规定,以口头形式授予代理权的,内部授权以代理人了解意思表示的内容时生效,外部授权以相对人了解意思表示的内容时生效。以书面形式授予代理权的,意思表示到达相对人时生效。根据第139条的规定,以公告方式授予代理权的,公告发布时生效。

第五,很多国家的民法典都规定了代理权授予的撤回问题,《德国民法典》第168条第2句规定:"在该法律关系存续的情形下,以该法律关系不另有规定为限,意定代理权也是可以撤回的。"同时撤回的方式准用意定代理权授予的方式。我国《民法总则》在代理一章对此未做规定,但是根据《民法总则》第141条的规定:"行为人可以撤回意思表示。撤回意思表示的通知应当在意思表示到达相对人前或者与意思表示同时到达相对人。"代理权的授予属于意思表示的一种,当然可以适用该条的规定。代理权的撤回一般没有什么限制,原因是撤回以先前的意思表示未到达,或者撤回的意思表示和先前的意思表示同时到达为前提,此时相对人还未收到授权的意思表示,因此也不产生信赖利益的问题。代理权的撤回原则上只在书面授权时有意义,以口头方式授权的,意思表示一旦做出,相对人已经了解其内容,只存在撤销问题;相对人不了解其内容的,也无须撤回。以公告方式授权的,公告一旦发布也只存在撤销的问题。公告没有发布,也只存在被代理人和公告发布主体之间可能存在的合同关系问题。同时,代理权的撤回对基础关系不产生影响,被代理人撤回代理权有时只是为了不让受托人以被代理人的名义进行法律行为,受托人仍然可以以自己的名义完成委托事务。

第六,关于代理权的撤销,不但《民法总则》代理一章没有规定,法律行为一章也没有规定意思表示的撤销问题。关于已经生效的意思表示是否可以撤销,比较法上一直存在重大争论。我国《合同法》第18条规定:"要约可以撤销。撤销要约的通知应当在受要约人发出承诺通知之前到达受要约人。”第19条规定:“有下列情形之一的,要约不得撤销:(一)要约人确定了承诺期限或者以其他形式明示要约不得撤销;(二)受要约人有理由认为要约是不可撤销的,并已经为履行合同作了准备工作。”代理权的授予行为属于意思表示的一种,因此可以类推适用《合同法》的上述规定,但是也有自身的特殊性。

原则上代理权均可以撤销。因为代理具有非常强的人身信任因素,在代理权授予以后被代理人可能基于某种原因不再信任代理人。同时,授予代理权本身不是目的,目的是让代理人为被代理人的利益和相对人完成某类法律行为,有可能在授予代理权之后,原本希望实现的法律行为已经没有意义。《合同法》第410条规定:“委托人或者受托人可以随时解除委托合同。”尽管委托合同和代理权的授予是分离的,但是两者在价值理念上是统一的。

撤销代理权的通知,内部授权的到达代理人时生效;外部授权的到达相对人时生效。以公告方式授予代理权的,仍然应该以公告方式撤销。因为代理权授予属于单方行为,没有相对人的承诺问题。

有下列情形之一的,代理权不得撤销:(1)在代理权授予时明确说明不得撤销的,当然不得撤销。由于代理权授予属于单方行为,因此不存在确定承诺期限问题。如果被代理人在授予代理权时明确约定了代理权的行使期限,被代理人仍然可以撤销。因为在授予代理权时一般都会明确行使期限,一概解释为不得撤销对被代理人限制过重。同时在双方法律行为中,确定承诺期限涉及对方当事人的合理期待。在代理权授予中,代理人本人并没有利益,他只是拥有了为被代理人的利益和相对人进行磋商的资格,因此即使确定了代理权的行使期限,仍然不影响被代理人的撤销权。(2)对于《合同法》第19条第2款类推适用于代理权的撤销,需要进一步的解释。《欧洲示范民法典草案》第2—4:202条关于要约的撤销的规定几乎和我国《合同法》第19条是一样的,但是第4. D—1:105条就“不可撤销的委托”作了一个非常复杂的规定。该条第1款规定:“作为前款的例外(可以撤销的例外),代理人的委托不得由被代理人撤销,如果委托被给定:a. 以便保障代理人的除获得支付价金利益之外的合法利益;b. 为了在另一法律关系中的当事人的共同利益,不论这些当事人是否均为委托合同的当事人,代理人委托的不可撤销意味着适当保障这些当事人中一方或多方的利益。”①而且第3款规定:“当委托的撤销在本条下不被允许时,撤销通知无效。”该条似乎受到英美法很大的影响,我国没有类似规定,只能在类推适用《合同法》第19条时进行解释。在被代理人授予代理权以后,如果代理人和相对人已经完成了相关法律行为,那么被代理人就不存在撤销代理权的可能,只能承受代理行为的法律后果,除非相关法律行为本身存在瑕疵。如果代理人还没有和相对人进行法律行为,或者只是进入磋商阶段,被代理人仍然可以撤销代理权。问题的关键是,在何种情况下构成“代理人或者相对人有理由认为代理权是不可撤销的。”《欧洲示范民法典草案》就第4. D—1:105条第1款第1项中不得撤销的委托举了一个例子:银行愿意与消费者签订信贷合同,只要以消费者的房产做抵押。在信贷合同中,消费者同意给予银行不可撤销委托建立抵押。在这个例子中,消费者已经同意给予银行不可撤销的委托,当然不得撤销,似乎并不能构成该项规定的例外。如果消费者没有给予银行不可撤销的委托,消费者仍然可以撤销。因为消费者可能能够提供第三人的担保,或者是有把握获取足够的清偿资金,甚至是消费者已经不需要从银行贷款这笔资金。如果银行不接受第三人担保,也只是附条件的法律行为中条件不能成就,从而信贷合同也不能生效。《欧洲示范民法典草案》就第4. D—1:105条第1款第2项中不得撤销的委托也举了一个例子:一群音乐作曲家(被代理人)同意,为了他们的共同利益,对于他们知识产权的开发,委托一音乐作曲家组织(代理人)代表其行为。② 这个例子似乎也不能构成可以撤销的例外,如果这群音乐作曲家的作品是各自独立的,他们的授权就是集合授权,其中一人撤销代理权的并不影响其他作曲家的利益;如果音乐作品是集体创作的,则是一群音乐作曲家的共同授权,撤销代理权也必须以共同行为的方式撤销,单个人的撤销不产生撤销代理权的效力。《执行民法通则意见》第79条第2款的规定,在共同授予代理权能否撤销的问题上和《欧洲示范

---

① 参见欧洲民法典研究组、欧盟现行私法研究组:《欧洲私法的原则、定义与示范规范:欧洲示范民法典草案》(第四卷),于庆生等译,法律出版社2014年版,第736页。尽管《欧洲示范民法典草案》在整体上将代理权授予和委托合同进行区分规定,但是在本条中是将委托撤销和代理权撤销混杂在一起考虑的。

② 参见欧洲民法典研究组、欧盟现行私法研究组:《欧洲私法的原则、定义与示范规范:欧洲示范民法典草案》(第四卷),于庆生等译,法律出版社2014年版,第737页。

民法典草案》就第4. D—1:105条第1款第2项的规定相反,“被代理人为数人时,其中一人或者数人未经其他被代理人同意而提出解除代理关系,因此造成损害的,由提出解除代理关系的被代理人承担。”即在共同授予代理权时,每个被代理人原则上都可以撤销代理权,但是要承担由此带来的可能损害的排除责任。如果结合上面的例子进行分析,最高人民法院的司法解释也需要进一步解释。如果是集合授权,其中一人或者数人撤销代理权不需要其他人的同意,同时也不会给其他被代理人造成损害,但是有可能给代理人造成信赖利益的损害;如果是共同授权,必须由全体被代理人共同撤销代理权,单个人的撤销不产生法律效力。但是有可能产生表见撤销代理权的问题,即代理人有足够的理由相信某一个代理人有撤销的权利,此时该被代理人对其他被代理人可能承担侵权责任。

因此,尽管代理权的撤销可以类推适用要约撤销的相关规定,但是基于其单方法律行为的特征,仍然有其自身的特点。原则上委托代理权均可以撤销;授权时明确说明不得撤销的,当然不得撤销;代理人和相对人之间的法律行为已经完成的,不得撤销。代理人或者相对人的合理信赖只是产生缔约过失责任的可能条件,但是不是限制代理权撤销的条件。

有一点需要特别注意,无论是代理权的撤回,还是代理权的撤销,原则上都不影响委托合同的效力。委托合同无效、被撤销或者被解除,如果是内部授权,代理权也消灭,但是仍然存在表见代理的可能;如果是外部授权,必须以相同的方式通知相对人,否则代理权不消灭。

第七,委托代理授权采用书面形式的,授权委托书原则上应当载明代理人的姓名或者名称、代理事项、权限和期间,并由被代理人签名或者盖章,但是缺少其中一个,并不必然导致授权行为无效。如果书面授权书中没有注明代理人的姓名或者名称,但是根据习惯或者法律规定,可以推定持有书面授权书的人拥有代理权。例如,根据《民法总则》第170条的规定,执行法人或者非法人组织工作任务的人员。如果书面授权书没有载明代理事项,可以推定持有该授权书的代理人有权和相对人进行任何合法行为。即便在委托合同中对代理事项有明确的规定,也不能对抗善意相对人。如果书面授权书中没有载明代理权限,可以推定为概括授权,但是处分行为除外。如果书面授权书中没有载明代理权的期间，可以推定是不定期的代理，但是被代理人可以随时撤销，代理人也可以随时辞去代理人的资格。如果书面授权书中没有被代理人签名或者盖章，原则上代理权授予行为无效，因为代理行为的效力将无从归属。但是有确凿证据证明该授权书就是由被代理人书面撰写并交给代理人或者相对人的，仍然应该认为代理权有效。被代理人的签名一般应该是本人合法身份证件上的姓名，但是如果有其他证据能够证明其他签名能代表被代理人的，这种签名仍然应该认为有效。因为根据举重明轻的原理，被代理人不签名都有可能被认定为代理权授予行为有效，被代理人签署其他姓名（如笔名、艺名等）更有可能被认定为有效。

三、举证责任分配

如果代理人和相对人的法律行为已经完成，被代理人基于书面委托书的原因不愿承担代理行为的法律后果，他应当证明：委托书中载明的代理人和进行代理行为的代理人不是同一个人，或者委托书中未载明代理人，进行代理行为的代理人属于无权代理。相对人则需证明委托书中载明的代理人和进行代理行为的代理人是同一个人，或者是证明自己有足够的理由相信该代理人就是委托书中载明的代理人，从而构成第 176 条规定的表见代理。委托书中未载明代理人的，相对人应该证明根据习惯或者法律规定，持有该授权书的人属于有权代理的人。被代理人不能通过证明授权书中没有载明代理事项，或者虽然载明了，但是基础关系中对代理事项有特别的限制，从而拒绝代理效力的归属。被代理人应该证明代理人和相对人进行的法律行为和授权书中载明的代理事项不一致。或者，尽管授权书中没有载明代理事项，但是相对人知道或者应当知道被代理人在基础法律关系中对代理事项的约定和限制。被代理人同样不能通过证明授权书中没有载明代理权限，或者虽然载明了，但是基础关系中对代理权限有特别的限制，从而拒绝代理效力的归属。被代理人应该证明代理人和相对人进行的法律行为和授权书中载明的代理权限不一致。或者，尽管授权书中没有载明代理权限，但是相对人知道或者应当知道被代理人在基础法律关系中对代理权限的约定和限制。被代理人应该证明其在授权书上未签名，或者虽然有签名，但不是其本人的签名，从而拒绝代理效力的归属。

相对人应该证明尽管被代理人没有在授权书上签名,但是该授权书确实是被代理人本人签发的;或者授权书上的签名尽管不是被代理人合法身份证件上的姓名,但是该签名和被代理人具有同一性。

第一百六十六条 【共同代理】

数人为同一代理事项的代理人的,应当共同行使代理权,但是当事人另有约定的除外。

一、历史由来

相对于《民法通则》,本条属于新增条文。在《民法通则》中没有关于共同代理的规定,但是在民法教科书中,共同代理一直作为代理的一个类别进行阐述,司法实践中因共同代理产生的纠纷也不少见。因此,《执行民法通则意见》第79条第1款规定:"数个委托代理人共同行使代理权的,如果其中一人或者数人未与其他委托代理人协商,所实施的行为侵害被代理人权益的,由实施行为的委托代理人承担民事责任。"在传统大陆法系国家的民法典中,也一直存在关于共同代理的规定。以上这些是《民法总则》新增本条的原因。

本条的文字表述自全国人大法工委民法室2015年8月28日发布的"民法总则民法室室内稿"起一直到《民法总则(草案)》(三审稿)一直没有变化,但是《民法总则》将"法律另有规定或者当事人另有约定的除外"修改为"但是当事人另有约定的除外",即删除了"法律另有规定"的表述,同时将隐但书改变为明确的但书规定。

二、规范目的与含义

(一)规范目的

根据代理人的人数多少,代理可以区分为单独代理和共同代理。在共同代理中,代理人的人数在两人以上,这使得在代理权的行使方式、不当代理产生的责任等问题上和单独代理存在重大差异。本条的目的就是对共同代理权的行使方式进行特别规定。

（二）规范含义

本条属于命令性规范，同时也是不完全规范。因为本条只是规定了共同代理权的行使方式，对于未按照这种方式行使代理权给被代理人造成的损害是否应当承担相应的责任，则没有规定，需要进一步的解释。

第一，本条中的“数人”是指两人以上，如果只有一人就是单独代理。有学者认为，代理人为两人以上的，应该再区分为集合代理和共同代理。这种区分的目的是，在集合代理中，代理人可以单独实施代理行为；在共同代理中，代理人原则上应当共同实施代理行为。区分的标准是，集合代理是数个代理人同时为同一被代理人利益而分别行使同一代理权的代理。例如，甲分别授权乙、丙、丁分别从三个城市为其购买10吨同一规格和型号的钢材。共同代理是数个代理人共同行使一个代理权的代理。例如，甲授权乙、丙、丁共同为其购买某规格和型号的钢材。[①] 这种区分存在问题，在上述集合代理的事例中，甲是分别授予了乙、丙、丁三个独立的代理权，而不是一个共同的代理权。被代理人只是为了授权的便利才集合授予。这种代理权的实现结果是，甲将承受三个10吨钢材买卖合同的效力归属。如果甲明确告知只需要10吨钢材，但是分别授予乙、丙、丁代理权，此时仍然是单独代理的问题。甲有可能最终因为这种授权对第三人承担违约责任或者缔约过失责任。因此，所谓的集合代理仍然是单独代理的问题，没有在法律上另行规定的必要。

第二，被代理人必须是为同一委托事项授权两个以上的代理人。因此，被代理人就两个委托事项分别授权两个以上代理人的，当然不属于共同代理。但是被代理人就两个委托事项共同授予两个以上代理人的，仍然属于共同代理。例如，甲将购买10吨钢材和10吨水泥的代理权共同授予给乙、丙，而不是将其分开分别授予乙和丙。当然，此时存在两个共同代理。因此共同代理的关键是被代理人同时授予两个以上代理人一个代理权。

第三，共同代理人应当共同行使代理权。关于共同代理人行使代理权的

---

① 参见梁慧星主编：《中国民法典草案建议稿附理由·总则编》，法律出版社2013年版，第339页。

方式，比较法上有不同的规定。第一种是只要法律没有特别规定，当事人也没有特别约定的，数个代理人均可以单独行使代理权。例如，《意大利民法典》第1716条第2款、《欧洲示范民法典草案》第II—6:110条等。第二种是只要法律没有规定，当事人也没有特别约定的，数个代理人应当共同行使代理权。例如《奥地利民法典》第1011条、《瑞士债法典》第403条第2款。有学者认为，在立法论上第一种立法例更为合理，因为"共同代理既系代理权之限制，如果法律强行规定为共同代理，可能会违背本人的意愿。"①实际上这两种立法例没有绝对的好坏之分，第一种立法例对相对人比较有利，因为相对人无须考察是否存在其他共同代理人。但是这种立法例对被代理人可能不利，因为共同代理人可能会签订两个以上不同的合同，而被代理人必须承受。第二种立法例对被代理人比较有利，因为代理人单独实施的行为，被代理人可以拒绝承受；如果其愿意承受，可以追认。而相对人则必须考察是否有其他共同被代理人。《执行民法通则意见》第79条第1款的规定属于第二种立法例，本条可以认为是对我国长期以来的司法实践的遵循。

本条中的"共同行使代理权"应该这样理解：数个代理人应当同时行使代理权，否则代理人和相对人进行的法律行为处于效力待定状态，因为被代理人仍然有追认的可能。数个代理人中只要有一个人的意思表示存在瑕疵，整个代理行为也存在瑕疵。② 数个代理人事先形成共同的意思，然后由其中一位代理人和相对人进行法律行为属于共同行使代理权。③ 数个代理人共同行使代理权并不要求同时行使，先后行使也无不可，其代理行为与最后一个为意思表示时，发生效力。④ 但是，数个代理人先后表达的意思表示存在不一致的，不产生代理行为的效力。有学者认为，关于数个代理人共同行使代理权应该区分积极代理和消极代理，前者是表示意思，后者是受领意思。共同代理的宗旨是要求数个代理人积极地为意思表示，以防止专擅，所以共同代理应当止于积极

① 参见汪渊智：《比较法视野下的代理法律制度》，法律出版社2012年版，第86页。

② 参见[日]我妻荣：《新订民法总则》，于敏译，中国法制出版社2008年版，第318页。

③ 参见王泽鉴：《债法原理》，北京大学出版社2009年版，第232页。

④ 参见王泽鉴：《债法原理》，北京大学出版社2009年版，第232页。

代理,如果消极地受领意思表示也要求是共同受领,未免产生许多不便。[1] 这种区分具有合理性,如在共同代理人和相对人的法律行为中,如果是共同代理人向相对人发出要约,必须共同行使代理权;如果是接受相对人的承诺,则该承诺到达任一代理人处即产生法律效力。如果是共同代理人向相对人发出要约邀请,随后相对人向共同代理人发出要约的,数个代理人必须共同作出是否承诺的决定。尽管本条中没有上述规定,但是在解释论上,可以通过目的论的限缩解释得出该结论。

第四,法律另有规定或者当事人另有约定的,共同代理人可以单独行使代理权。如果当事人之间特别约定,数个代理人可以单独行使代理权,自然从其约定。尽管本条最终删除了"法律另有规定"的表述,但是其他法律明确规定共同代理权行使方式的,当事人当然应该予以遵守。初步归纳共有如下情形:

根据《民法总则》第22条和第26条的规定,父母是未成年人的监护人,因此也是未成年人的法定代理人。这种代理属于共同代理,但是《民法总则》并没有就父母行使代理权的方式作明文规定。因此应该类推适用本条的规定,父母应该共同行使代理权。但是在父母一方不能行使代理权时,则由他方单独行使。

根据《企业破产法》第24条的规定,管理人可以由有关部门、机构的人员组成的清算组或者依法设立的律师事务所、会计师事务所、破产清算事务所等社会中介结构担任。很多时候也会存在两个以上法定代理人的情形,《企业破产法》对该代理权的行使方式没有明确规定。因此也应该类推适用本条的规定,破产管理人应该共同行使代理权。

根据《公司法》第50条和第114条的规定,有限责任公司和股份有限责任公司都可以设经理。当经理为两人以上时,也可能形成共同代理。《公司法》对此没有规定,因此也应类推适用本条的规定。

关于合伙中的共同代理问题比较复杂。原先《民法通则》第34条规定:"个人合伙的经营活动,由合伙人共同决定,合伙人有执行和监督的权利。"但

① 参见汪渊智:《比较法视野下的代理法律制度》,法律出版社2012年版,第84页;[日]我妻荣:《新订民法总则》,于敏译,中国法制出版社2008年版,第319页。

是在《民法总则》中该条被删去,第 105 条只是规定:“非法人组织可以确定一人或者数人代表该组织从事民事活动。”如果没有确定一人或者数人作为代表的,根据第 107 条的规定,应该参照适用《民法总则》第三章“法人”第一节“一般规定”的有关规定。但是个人合伙和法人之间存在本质差异,尤其是在合伙事务的执行上,第三章第一节的规定基本没有参照适用的余地。因此基于事物本质的相似性,个人合伙事务的执行应该参照适用《合伙企业法》的规定。根据该法第 26 条的规定:“合伙人对执行合伙事务享有同等的权利。按照合伙协议的约定或者经全体合伙人决定,可以委托一个或者数个合伙人对外代表合伙企业,执行合伙事务。”如果委托数个合伙人对外代表合伙企业就形成共同代理的问题,该共同代理是基于委托的共同代理,应该准用本条的规定,即共同行使代理权。如果全体合伙人没有委托一个或者数个合伙人对外代表合伙企业,那么根据第 26 条第 1 款的规定,全体合伙人可以分别执行合伙事务,即单独行使代理权。《合伙企业法》第 29 条则规定:“合伙人分别执行合伙事务的,执行事务合伙人可以对其他合伙人执行的事务提出异议。提出异议时,应当暂停该项事务的执行。如果发生争议,依照本法第 30 条规定作出决定。”该条进一步表明合伙人可以单独行使代理权,该条只是对合伙人单独行使代理权引起的争议提供解决方案。但是,如果不存在争议,或者在合伙人和相对人的法律行为已经完成才发现争议的,均不影响代理人单独行使代理权的法律效力。

第五,共同代理人不当行使代理权应当承担的责任。《执行民法通则意见》第 79 条第 1 款规定:“数个委托代理人共同行使代理权的,如果其中一人或者数人未与其他委托代理人协商,所实施的行为侵害被代理人权益的,由实施行为的委托代理人承担民事责任。”该规定过于简单,未能虑及共同代理人不当行使代理权涉及问题的复杂性。

根据本条的规定,如果不存在法律另有规定或者当事人另有约定的情形,共同代理人中的一人单独行使代理权的属于《民法总则》第 171 条规定的“超越代理权”的类型,构成无权代理。相对人可以催告,被代理人可以追认。一旦被代理人追认的,即产生有权代理的效力。此时不存在单独行使代理权的代理人承担民事责任的问题。

如果被代理人不追认,但是相对人根据《民法总则》第 172 条的规定能够证明自己有理由相信行为人可以单独行使代理权的,构成表见代理。此时代理效力仍然归属于被代理人,如果被代理人有损害的,代理人对被代理人承担违约责任或者侵权责任。

如果被代理人不追认,同时也不构成表见代理的。根据《民法总则》第 171 条第 3 款的规定,善意相对人有权请求无权代理人履行债务或者就其受到的损害请求无权代理人赔偿,但是赔偿的范围不得超过被代理人追认时所能获得的利益。

在构成无权代理的前提下,如果相对人知道或者应当知道代理人没有资格单独实施代理权的,代理人和相对之间的法律行为不成立。根据《民法总则》第 171 条第 4 款的规定,相对人和代理人按照各自过错承担责任。如果符合《民法总则》第 164 条第 2 款规定的恶意串通要件,损害被代理人合法权益的,代理人和相对人应当承担连带责任。

三、举证责任分配

如果被代理人不愿承受代理人单独行使代理权的法律后果,被代理人应当证明其授予的代理权是共同代理权,代理人单独行使代理权属于无权代理。被代理人没有义务证明相对人知道或者应当知道代理人无权单独代理。同时,被代理人不能通过证明基础关系中存在共同代理权的约定,从而主张代理人的单独代理行为属于无权代理。相对人可以提出如下反证予以抗辩:根据法律规定或者被代理人和代理人之间的约定,与其进行法律行为的代理人可以单独行使代理权。本条第 2 句的除外规定属于隐但书,[①]其证明责任应该由相对人或者代理人承担。相对人可以证明自己有合理的理由相信代理人有单独的代理权。此时被代理人可以通过证明相对人知道或者应当知道代理人无单独的代理权,从而不构成善意相对人。

如果被代理人主张代理人应当承担损害赔偿责任,其应该证明授予的是共同代理权,代理人没有单独行使代理权的资格。代理人可以通过证明根据

① 参见罗传贤:《立法程序与技术》,五南图书出版公司 2003 年版,第 217 页。

法律规定或者被代理人和代理人之间的约定,其有单独行使代理权的资格进行反证。

如果被代理人主张相对人和代理人应当承担连带赔偿责任,其必须证明相对人和代理人之间存在恶意串通。如果被代理人单独主张相对人承担损害赔偿责任(缔约过失责任),其应当证明相对人存在过失。相对人应当自己没有过失而免责,或者证明被代理人、代理人与有过失而减轻赔偿责任。

第一百六十七条 【违法代理的连带责任】

代理人知道或者应当知道代理的事项违法仍然实施代理行为，或者被代理人知道或者应当知道代理人的代理行为违法未作反对表示的，被代理人和代理人应当承担连带责任。

一、历史由来

本条源自《民法通则》第67条，但是在文字表述上作了一些微调。《民法通则》第67条规定的主观要件是"知道"，本条改为"知道或者应当知道"。在全国人大法工委民法室2015年8月28日发布的"民法总则民法室室内稿"中上述改动已经完成，历经《民法总则(草案)征求意见稿》(2016年5月20日修改稿)、《民法总则(草案)》(一审稿)、《民法总则(草案)》(二审稿)、《民法总则(草案)》(三审稿)未作改动，最终成为本条。

二、规范目的与含义

(一)规范目的

代理行为只有合法才能起到弥补被代理人的行为能力不足，拓展私法自治的功能。如果代理行为违法，不但不能起到上述功能，还可能加倍影响社会经济秩序，给当事人带来损害。代理行为违法可能由多种原因造成，本条的目的是区分代理行为违法的不同类型，并施以相应的民事责任。

(二)规范含义

本条是命令性规范，同时也是独立的请求权基础规范。但是本条的表述不完善，完整的表述应该是："代理人知道或者应当知道代理的事项违法仍然实施代理行为，或者被代理人知道或者应当知道代理人的代理行为违法未作反对表示，因此给相对人造成损害的，被代理人和代理人对该相对人应当承担连带责任。"本条规定了两种违法代理行为的类型。第一种是代理人知道或者应当知道代理的事项违法仍然实施代理行为，因此给相对人造成损害的，被代理人和代理人对该相对人应当承担连带责任。第二种是被代理人知道或者应当知道代理人的代理行为违法未作反对表示，因此给相对人造成损害的，被代理人和代理人对该相对人应当承担连带责任。相对人的请求权基础既可能是侵权，也可能是违约，或者是缔约过失。

代理人知道或者应当知道代理的事项违法仍然实施代理行为，因此给相对人造成损害的，被代理人和代理人对该相对人应当承担连带责任。这种违法代理的原因源自被代理人。根据《民法总则》第153条的规定，违反法律、行政法规的强制性规定的民事法律行为无效。如果代理事项违法，不但代理权授予行为无效，而且代理人和相对人之间的法律行为也无效。如果代理人不知道，也不应当知道代理事项违法的，应当由被代理人对相对人承担缔约过失责任。如果代理人知道，或者应当知道代理事项违法的，代理人和被代理人应当承担连带责任。"应当知道"是一种客观标准。《德国民法典》第122条第2款将"应当知道"定义为"因过失而不知道"，第276条第2款则将过失定义为"疏于尽交易上必要注意的人，即系有过失地实施行为"。因此，当事人虽不知道某一情况，但其不知道是由于过失（哪怕是轻微过失），就是"应当知道"。①

如果代理事项违法，代理人知道或者应当知道代理事项违法，但是有确凿证据证明相对人也知道代理事项违法的，代理人和被代理人是否仍然应该承担连带责任？例如，甲授权乙销售走私汽车，乙和相对人均知道该车是走私车辆。此时，不但代理权授予行为无效，而且代理人和相对人之间的买卖合同也无效，但是被代理人和代理人无须对相对人承担连带责任。如果甲授权乙销售假冒伪劣的食品和药品，乙知道该假冒伪劣商品的事实，根据《最高人民法院关于审理食品药品纠纷案件适用法律若干问题的规定》（法释〔2013〕28号）第3条的规定，生产者和销售者不得以购买者明知食品药品存在质量问题为由进行抗辩。因此即使购买者明知，甲和乙仍然应该承担连带赔偿责任。但是此处的购买者只能是消费者，如果购买者的目的是转售盈利，而不是为了生活消费，甲和乙无须承担连带责任。

① 参见《德国民法典》，陈卫佐译注，法律出版社2015年版，第42页。

如果代理事项本身不违法,但是代理事项服务的目的违法,代理人和被代理人是否应当对相对人承担连带责任,值得分析。例如,甲为制造毒品,授权乙到丙处购买一批化学原料;或者甲为开设地下赌场,授权乙到丙处购买一批座椅板凳。如果乙不知道,也不应当知道,同时丙不知道,也不应当知道的,上述法律行为有效,甲应当承受代理的法律后果。因为单方面的动机或者目的不法,原则上不影响法律行为的效力,否则对相对人不公平。如果乙知道,或者应当知道代理事项服务的目的违法,但是相对人不知道,而且也不应当知道,上述法律行为仍然有效,甲应当承受代理的法律后果。如果甲最终不履行或者不能履行的,根据本条规定,乙承担连带的损害赔偿责任,这是一种特殊的基于违约的连带责任。如果乙知道,或者应当知道代理事项服务的目的违法,同时相对人也知道,或者应当知道。在德国,上述目的此时属于法律行为的组成部分,代理人和相对人的法律行为根据《德国民法典》第 138 条因违反公序良俗而无效。[①] 在我国,上述行为根据《民法总则》第 153 条的规定因违反公序良俗而无效。此时在甲、乙、丙之间不存在民事责任的问题,但是刑事责任和行政责任仍然可能存在。

被代理人知道或者应当知道代理人的代理行为违法未作反对表示,因此给相对人造成损害的,被代理人和代理人对该相对人应当承担连带责任。

这种违法代理的原因源自代理人。其构成要件包括:(1)被代理人的委托事项不违法;(2)代理人的代理行为违法;(3)被代理人知道或者应当知道代理人的代理行为违法未作反对表示;(4)相对人遭受损害;(5)相对人的损害和代理人的违法代理行为之间存在因果关系;(6)被代理人和代理人对该相对人承担连带赔偿责任。尽管构成要件明晰,但是仍然有一些特殊问题需要进一步解释。

被代理人不知道或者不应当知道代理人的代理行为违法,是否就一定不承担损害赔偿责任?例如,甲授权乙将一批钢材销售给丙,在乙和丙签订买卖合同的过程中,乙故意隐瞒与订立合同有关的重要事实或者提供虚假情况,或者乙以胁迫的手段,或者乘人之危,使丙在违背真实意思的情况下订立合同,

---

① 参见[德]维尔纳·弗卢梅:《法律行为》,迟颖译,法律出版社 2013 年版,第 443 页。

但是甲不知道,也不应当知道。在德国,被代理人应当按照《德国民法典》第278条的规定对其所指定的或为其所指定的代理人的缔约过失像自己的过错那样承担缔约过失责任。因为,当合同谈判开始时,被代理人与相对人之间形成债的关系,被代理人因此负有照顾和说明的义务。"如果人们普遍认可第278条(有关为履行辅助人承担责任的规定)可以适用于缔约过失的情形,那么,令人费解的是,为何在履行辅助人被指定为代理人的情况下应当排除该责任。就被代理人按照第278条的规定为代理人的缔约过失承担责任的问题而言,当下不应存有任何争议。"[①]在中国的解释论上应当借鉴德国的做法。因此,即使被代理人不知道,也不应当知道代理人的代理行为违法,根据《合同法》第42条的规定,被代理人应当对相对人承担缔约过失责任。被代理人在承担损害赔偿责任之后,可以基于基础关系的违约责任向代理人进行追偿。但是根据本条的规定,在被代理人知道或者应当知道的情形,被代理人和代理人对相对人承担连带责任。这种规定在比较法上比较特殊,但是对相对人而言仍然比较有利。

被代理人知道或者应当知道代理人的代理行为违法,是否一定要和代理人一起向相对人承担连带责任?例如,甲授权乙从丙处购买一辆新汽车,乙和丙恶意串通签订一份买卖二手事故车的合同。如果甲不知道,而且不应当知道的,根据《民法总则》第164条第2款的规定乙和丙应当对甲承担连带责任。如果甲知道,或者应当知道但是未作反对表示的,可以视为对代理人行为的默认,甲应该承受该代理行为的效力,只有在不履行合同时,才对丙承担违约责任。上述分析有一个前提,即乙和丙之间的合同本身是一个合法的合同,如果该合同违法而无效,如乙从丙处购买一辆走私汽车,甲不知道或者不应当知道的,乙和丙应当对甲承担连带责任。即使甲知道或者应当知道,也不会产生代理效力的归属问题,只是乙和丙也无须向甲承担连带责任。但是刑事责任和行政责任仍然有可能产生。

三、举证责任分配

在第一种违法代理类型中,相对人主张被代理人和代理人承担连带责任

---

① 参见[德]维尔纳·弗卢梅:《法律行为》,迟颖译,法律出版社2013年版,第950~951页。

的,应当证明:(1)代理事项违法;(2)代理人知道或者应当知道代理事项违法;(3)自己遭受损害;(4)损害和代理事项违法之间有因果关系。被代理人和代理人除可以对上述四项进行反证以外,也可以通过证明相对人知道或者应当知道代理事项违法而免责。

在第二种违法代理类型中,相对人主张被代理人和代理人承担连带责任的,应当证明:(1)代理人的代理行为违法;(2)被代理人知道或者应当知道代理人的代理行为违法;(3)自己遭受损害;(4)损害和代理人的违法代理行为之间具有因果关系。如果相对人只主张被代理人承担缔约过失责任的,无须证明第二项。被代理人和代理人除了可以对上述四项进行反证以外,被代理人还可以通过证明代理人和相对人之间的合同本身违法,或者相对人知道或者应当知道代理人的代理行为违法,来主张合同无效并要求其承担相应民事责任。如果被代理人能够证明代理人和相对人恶意串通,甚至可以提起反诉。

第一百六十八条 【自己代理与双方代理】

代理人不得以被代理人的名义与自己实施民事法律行为，但是被代理人同意或者追认的除外。

代理人不得以被代理人的名义与自己同时代理的其他人实施民事法律行为，但是被代理的双方同意或者追认的除外。

一、历史由来

本条属于新增条文，但是并非没有历史由来。1981 年制定的《经济合同法》第 7 条第 1 款第 3 项规定："代理人超越代理权限签订的合同或者以被代理人的名义同自己或者同自己所代理的其他人签订的合同无效。"在随后的《民法通则》中，没有规定自己代理和双方代理的问题，但是《经济合同法》仍然生效。在制定统一的《合同法》时，学界明确指出《经济合同法》第 7 条的规定没有考虑法律所保护的被代理人的意思，未免过于绝对，缺乏灵活性。民法学者受委托起草的合同法草案第 37 条规定双方代理的效果为无效，并设"但书"规定："但符合法律规定或者商业惯例的，或者经过双方当事人许可或追认的，不在此限。"第 38 条规定自己代理的效果为无效，并设"但书"规定："但合同纯使被代理人一方获得利益的，不在此限。"但该建议条款未被立法机关采纳，导致《合同法》没有关于自己代理和双方代理的相关规定，此时《经济合同法》也已经失效。[①] 尽管在此之后中国的立法中没有关于自己代理和双方代理的相关规定，但是在教科书中讨论上述两种制度仍然是一种惯例。在学者起草的民法典建议草案中，自己代理和双方代理也一直被纳入其中，尽管在制度设计上存在一定的差异。

---

① 参见梁慧星主编：《中国民法典草案建议稿附理由 · 总则编》，法律出版社 2013 年版，第 325 页。

为弥补这一法律漏洞,自全国人大法工委民法室2015年8月28日发布的“民法总则民法室室内稿”起,本条就一直存在,而且历经《民法总则(草案)征求意见稿》(2016年5月20日修改稿)、《民法总则(草案)》(一审稿)、《民法总则(草案)》(二审稿)、《民法总则(草案)》(三审稿),其文字表述基本没有变化。但是《民法总则》将《民法总则(草案)》(三审稿)中第172条第1款中的“法律另有规定或者被代理人同意、追认的除外”,修改为“但是被代理人同意或者追认的除外”,将第172条第2款中的“法律另有规定或者被代理的双方同意或者追认的除外”,即删除其中“法律另有规定”的表述。

上述删除和修改有一定道理,因为在中国现行有效的立法中,几乎看不到直接规定自己代理的法律行为有效的规定。《公司法》第148条第4项规定,董事、高级管理人员不得违反公司章程的规定或者未经股东会、股东大会同意,与本公司订立合同或者进行交易。根据《公司法》第13条的规定,董事、高级管理人员(包括经理)都有成为法定代表人的可能,因此第148条第4项包括了对自己代理行为的禁止。由于该条中使用了并列连词“或者”,如果对该条规定进行反面解释,只要符合公司章程中的规定或者经股东会、股东大会同意,自己代理的行为有效。但是这仍然不是法律直接规定的自己代理行为有效,因为公司章程的规定或者股东会的同意属于基于决议行为的同意,不是基于法律的直接规定。如果公司章程中没有关于自己代理行为效力规定的,应该对该条进行目的性限缩解释,仍然要通过股东会的同意或者时候的追认才能够有效。《合伙企业法》第32条第2款规定:“除合伙协议另有约定或者经全体合伙人一致同意外,合伙人不得同本合伙企业进行交易。”该规定同样是对自己代理行为的原则禁止,并没有直接规定自己代理的法律行为有效。但是不排除今后立法者基于特殊的价值考虑,对某些特殊类型的自己代理行为直接规定有效。此时直接适用《民法总则》第11条的规定即可。

二、规范目的与含义

(一)规范目的

代理制度之所以从不被承认到最终被承认,是因为代理制度能够极大地拓展被代理人的行为能力,从而促进社会经济生活交往。如果不加限制地允许代理人进行自己代理和双方代理，代理制度的功能将会受到极大地损害。因为基于经济人的假定，每一个人都是追求自己利益最大化的人，在自己代理的行为中，很难避免代理人不为了自己的利益损害被代理人的利益；在双方代理中，也很难保证代理人能一碗水端平。因为无论是自己代理，还是双方代理，真正进行意思表示的只有代理人一个人，因此，原则上禁止自己代理和双方代理的行为。但是经济人的假设也有例外，不排除代理人在自己代理和双方代理行为中能够很好地平衡自己和被代理人，或者自己同时代理的双方被代理人的利益。同时，也不能一概将被代理人的意思排除在外，因为被代理人有可能愿意接受代理人的自己代理或者双方代理行为。因此，本条在原则禁止自己代理和双方代理的前提下，并设但书规定一些例外情形，以免法律适用的僵化。

（二）规范含义

本条是命令性规范，同时也是独立的请求权基础规范。本条分为两款，第1款规定自己代理的法律效力问题；第2款规定双方代理的法律效力问题。

1. 本条第1款

本款原则上禁止代理人以被代理人的名义和自己实施民事法律行为，同时并设但书的规定以示例外。

关于自己代理的法律效力，学说理论上一直存在争议，立法例上也有不同的做法。无效说认为，只要法律没有例外规定，自己代理的行为一概无效。我国《经济合同法》第7条第1款第3项的规定就是著例。《德国民法典》第181条只是规定了代理人“不得”的字样，在但书中只列举了“法律行为系专为履行债务者，不在此限”。目前的德国通说认为，自己代理只是代理人欠缺实施代理行为的代理权，因此属于无权代理的问题。但是有学者认为，在《德国民法典》起草时，立法者认为自己代理的法律后果是绝对无效。尽管在《德国民法典》生效之后，相关司法解释甚至认为使被代理人纯粹获得法律上利益的自己代理有效，但是该学者坚持认为，在个案中不应以利益冲突的存在为必要，甚至不以代理人违背被代理人的利益而实施行为为必要。如果不存在法律所规定的例外情形，自己代理的行为普遍无效。虽然普遍禁止自我行为的做法在特定情形中会引起麻烦,但是与法律交往的不确定性相比危害较小。[①]

无权代理说认为,无论是双方代理,还是自己代理,其本质都不是为了保护公共利益,如有违反,其法律行为并非无效,经本人事后承认,仍生效力。我国台湾地区"民法典"第106条完全沿自《德国民法典》第181条,但是在解释论上仍然坚持无权代理说。[②]

可撤销说认为,代理人的自己代理行为,只要被代理人事后不行使撤销权,即属有效。这种立法例以《意大利民法典》第1394条、《欧洲示范民法典草案》第2—6:109条为代表。该说和无权代理说的区别在于,无权代理说是以代理权中不包括自己代理的权力为前提,可撤销说是以代理权中包括自己代理的权力为前提。

本款原则上禁止自己代理的行为,但是由于但书的存在,自己代理行为的法律效力不能一概而论,而是应该区分不同的类型。

被代理人同意的,自己代理的法律行为有效。与追认不同,被代理人同意只能是事先的同意,因此一旦同意,代理人的行为自始属于有权代理。这种规定是对被代理人意思自治的尊重,同时也是对代理人经济人假设的例外考虑。尽管每个人在本质上都是自私的,但是不排除代理人的自己代理行为充分考虑了被代理人的利益,不但无害,甚至可能有益。如果代理人将自己代理的相关情况告知被代理人,并征求其同意,被代理人明确同意的,自己代理行为自始有效自不待言。如果被代理人沉默,是否应该视为同意?《欧洲示范民法典草案》第2—6:109条第3款第2项规定,被代理人未在合理期限内表示反对的,被代理人不得撤销代理人的自己代理行为。该项规定实际上就是将被代理人的沉默视为同意。但是根据我国《民法总则》第140条第2款的规定:"沉默只有在有法律规定、当事人约定或者习惯时,方可视为意思表示。"只要不存在上述情形,被代理人沉默只能被认为是不同意。

被代理人追认的,自己代理的法律行为有效。在被代理人追认前,代理人的自己代理行为处于效力未定状态。至于追认的具体方式,则准用《民法总

① 参见[德]维尔纳·弗卢梅:《法律行为》,迟颖译,法律出版社2013年版,第968~969页。
② 参见王泽鉴:《民法总则》,北京大学出版社2009年版,第361页。

则》第171条的规定。

除本款但书中的上述规定以外,以下几个问题需要进一步分析。

法律没有另行规定、被代理人也没有事先同意、事后也没有追认,但是代理人的自己代理行为对被代理人单纯有益的,是否有效?德国学者弗卢梅认为,只有法律没有明确规定,即使代理人的自己代理行为对被代理人单纯有利的,仍然无效。因为法律的确定性更重要。[①] 其他学者则认为,法律禁止自己代理是为避免利益冲突,防范代理人"厚己薄彼",失其公正立场,以保护被代理人的利益。但是在被代理人单纯受益的场合,并不存在利益冲突,因此,应该对自己代理行为原则上无效的条款进行目的论的限缩解释,从而使这种情况下的自己代理行为有效。[②] 这种观点在大多数国家都已经成为通说,我国在解释论上也应该接受。但是,这种限缩解释仍然有其限度:(1)在使被代理人单纯受益的自己代理场合,被代理人必须是无民事行为能力人或者限制民事行为能力人,完全民事行为能力人仍然应尊重其自己的意愿,其可能不愿受人恩惠。因此仍然应该适用本款的规定。(2)即使在被代理人单纯受益的场合自己代理被认为有效,《合同法》第186条的规定仍然有适用的余地。

代理人为自己设立一个代理人,然后以被代理人的名义与该代理人进行法律行为,是否属于自己代理?在这种法律行为中,表面上看起来有两个独立的民事主体,但是代理人的代理人仍然在其控制之下,因此这类行为仍然属于自己代理的行为。

代理人为被代理人设立一个复代理人,然后和该复代理人进行法律行为,是否属于自己代理?在德国,联邦最高法院和学界通说一致认为,这种行为和代理人为自己设立代理人一样,仍然属于自己代理。在中国不能一概而论,因为根据《民法总则》第169条第2款的规定:"转委托代理经被代理人同意或者追认的,被代理人可以就代理事务直接指示转委托的第三人。"如果代理人自己和复代理人进行法律行为,复代理人直接接受被代理人指示的,不构成自己代理。如果该复代理人接受代理人指示的,构成自己代理。

---

① 参见[德]维尔纳·弗卢梅:《法律行为》,迟颖译,法律出版社2013年版,第968~969页。

② 参见王泽鉴:《民法总则》,北京大学出版社2009年版,第361页。

《德国民法典》第181条但书规定,自己代理的行为如果是专为债务履行的除外。因为债务已届清偿期,代理人虽然一方面代理给付,另一方面又代理受领,但并未发生新的权利义务,且不影响被代理人的利益,法律没有必要加以禁止。但这仅限于单纯的清偿行为,并不及于代物清偿。因为代物清偿是以债权人受领他种给付,以代原定给付,在代理人和被代理人之间可能存在利益冲突。[1] 本款没有关于这方面的规定,但是可以通过目的论的限缩解释达至上述结论。

2. 本条第2款的规范含义

本款原则上禁止代理人不得以被代理人的名义与自己同时代理的其他人实施民事法律行为,同时并设但书的规定以示例外。

禁止双方代理的理论基础和禁止自己代理是一样的,即双方代理中实际上只有一个人的意思表示。学说理论中一般都将自己代理和双方代理合并在自我行为这个概念下面进行讨论,关于两者的效力和例外没有本质的不同。唯一的例外是双方代理涉及两个被代理人,因此被代理人同意,需要两个被代理人同时同意;被代理人追认,需要两个被代理人同时追认。

三、举证责任分配

被代理人不愿承受代理人自己代理的法律效力,只需证明代理人是以被代理人的名义和代理人自己进行法律行为即可。在代理人为被代理人指定复代理人,并和该复代理人进行法律行为时,被代理人应该证明自己没有对该复代理人进行直接指示。而代理人则需通过对但书事项中至少一项的证明,主张自己代理的法律行为有效。

被代理人不愿承受双方代理的结果,只需证明代理人一个人同时以两个被代理人的名义进行法律行为即可。代理人主张双方代理行为有效的,需要对但书事项中至少一项进行证明。

① 参见王泽鉴:《民法总则》,北京大学出版社2009年版,第361页。

第一百六十九条 【复代理】

代理人需要转委托第三人代理的，应当取得被代理人的同意或者追认。

转委托代理经被代理人同意或者追认的，被代理人可以就代理事务直接指示转委托的第三人，代理人仅就第三人的选任以及对第三人的指示承担责任。

转委托代理未经被代理人同意或者追认的，代理人应当对转委托的第三人的行为承担责任，但是在紧急情况下代理人为了维护被代理人的利益需要转委托第三人代理的除外。

一、历史由来

本条源自《民法通则》第 68 条。该第 68 条分为两句，分别成为本条的第 1 款和第 3 款。本条的第 2 款属于新增条款。本条第 1 款和《民法通则》第 68 条第 1 句相比存在如下变化：删掉"为被代理人的利益需要"，增加"或者追认"；本条第 3 款和《民法通则》第 68 条第 2 句相比存在如下核心变化：删掉"事先没有取得被代理人同意的，应当在事后及时告诉被代理人"，将"如果被代理人不同意"修改为"转委托代理未经被代理人同意或者追认的"，其他做了一点文字的微调。上述修改和文字调整在全国人大法工委民法室 2015 年 8 月 28 日发布的"民法总则民法室室内稿"中已经完成，历经《民法总则（草案）征求意见稿》（2016 年 5 月 20 日修改稿）、《民法总则（草案）》（一审稿）、《民法总则（草案）》（二审稿）、《民法总则（草案）》（三审稿）没有任何变化，最终成为本条。

关于代理人能否选任复代理人去完成本应由自己完成的代理行为，在法学史上有个变迁的过程。对于法定代理人能够选任复代理人争论不大，理由是：第一，法定代理人是基于法律的直接规定产生，代理人和被代理人之间没有人身信任因素；第二，法定代理人没有特殊原因不得辞去代理人的地位，而法定代理属于概括代理,代理范围非常广泛。法定代理人基于时间和能力的限制,有时无法完成全部代理事务。因此原则上均允许法定代理人选任复代理人。“民法总则民法室室内稿”第129条规定:“法定代理人或者指定代理人可以转委托第三人代理,并就第三人的行为向被代理人承担责任。”自《民法总则(草案)》(一审稿)始,该条被删除。

关于意定代理人能否选任复代理人则经历了如下三个阶段的发展:(1)一般性的禁止;(2)特定情形下承认;(3)默示授予代理人选任复代理人的权利。在代理权授予行为和基础关系分离之前,有关复代理的问题是作为转委托在委托合同中规定。基于对委托合同人身信任因素的假定,原则上不允许受托人转委托。我国《合同法》第400条的规定:“受托人应当亲自处理委托事务。”就是上述观点的体现。尽管后来出现了基础关系和代理权授予行为的分离,但是人身信任因素的假定没有改变。因此在早期大陆法系国家的民法典中,复代理仍然被一般性的禁止。但是这种一般性的禁止一方面没有充分考虑被代理人的意思自治问题;另一方面也没有考虑一些突发情况对代理人亲自履行代理行为的影响。因此,在大陆法系的民法典中开始出现列举代理人可以选任复代理人的特定情形的立法例。再往后,由于受到商业实践的影响,尤其是受到人类社会日趋陌生人化趋势的影响,代理关系的人身信任因素开始减弱。因此,对复代理的限制进一步放宽,立法中开始出现默示授权的规定。尽管这种默示授权仍然是在特定情形下的默示授权,但是代理人选任复代理人的自由度还是被大大地拓展了。这种趋势在英美法中表现得很明显,并且开始影响到多部国际公约和示范文本。本条的规定处于复代理发展的第二个阶段。

二、规范目的与含义

(一)规范目的

被代理人在授予代理人代理权之后,因为种种原因代理人可能无法亲自完成代理行为,此时代理人需要选任一个复代理人来完成代理行为。原先的代理关系主要涉及被代理人、代理人、相对人之间的关系,在选任复代理人之后就变成了四方主体之间的关系,法律关系更加复杂。在复代理关系中,一方面要考虑代理关系的人身信任因素，对代理人选任复代理人进行限制；另一方面又要考虑代理人选任复代理人的合理性和必要性，以及对被代理人意思自治的尊重。在代理人选任复代理人之后，被代理人、代理人、复代理人之间的权利义务关系需要明确，复代理人进行法律行为的效力归属问题也需要明确。这是本条的规范目的所在。

（二）规范含义

1. 本条第1款

本款属于命令性规范。本款规定："代理人需要转委托第三人代理的，应当取得被代理人的同意或者追认。"这是对代理人选任复代理人的前提限定，即"应当取得被代理人的同意或者追认"。

本款的表述容易产生混淆。转委托和复代理是两种不同的法律关系，转委托已经规定在《合同法》的委托合同中，此处规定的是复代理问题。基于基础关系和代理权授予行为的区分理论，有委托关系的未必授予代理权，有代理权的未必有委托关系。复代理以代理人拥有代理权为前提。因此甲委托乙处理某项事务，乙再选任丙完成该事项的，有如下几种类型：(1)甲委托乙，但是未授予代理权，乙选任丙也未授予代理权。这是标准的转委托问题。(2)甲委托乙，但是未授予代理权，乙选任丙授予代理权。如果乙以甲的名义授予丙代理权，属于无权代理的问题；如果乙以自己的名义授予丙代理权，则是单纯的代理权授予问题。(3)甲委托乙，同时授予乙代理权，乙以甲的名义授予丙代理权以完成委托事务，这是标准的复代理问题。(4)甲委托乙，同时授予乙代理权，但是乙在选任丙时没有授予代理权，这仍然是转委托的问题。(5)甲委托乙，同时授予乙代理权，乙以自己的名义授予丙代理权以完成委托事务。这究竟属于复代理，还是单纯的代理权授予，学说理论上存在争论。

根据本款的文义，我国立法对复代理的控制是比较严的，因为前提条件是"应当取得被代理人的同意或者追认"。这种前提条件的限定实际上是将代理人授予复代理人代理权在原则上作为无权代理处理，这种假定有失偏颇。因为被代理人在授予代理权时，可能在代理权限内已经包含了允许代理人选任复代理人的权限。如果没有包括选任复代理人的权限，但是代理人在选任复代理人时征得被代理人同意的，仍然属于有权代理。被代理人的同意原则上应该以明示的方式作出,但是符合第140条第2款规定的,沉默视为同意。如果被代理人既未事先授权,也未事先同意,代理人选任复代理人的原则上构成无权代理。此时应该准用第171条的规定予以解决。除了上述三种情形外,根据本条第3款的规定,在紧急情况下代理人为了被代理人的利益可以选任复代理人。现在的问题是,除了上述四种情形外,代理人选任复代理人的行为究竟具有何种法律效力?

从比较法的层面观察,有些国家对代理人选任复代理人的限制明显比我国的立法宽松。在英国法上,代理人和被代理人之间被认为具有高度的人身信任性,因此原则上代理人无权再委托他人代为代理,除非有本人明示或默示的授权。但是在下列情形默示授权存在:(1)在授予代理权的时候,本人知道并接受代理人进行复代理的意图;(2)使用复代理人符合委托事务的本质和需要;(3)使用复代理人符合特定行业的惯例;(4)出现无法预计的情况必须使用复代理人;(5)从本人的行为或者本人和代理人之间的行为可以合理地推断出代理人可以使用复代理人。① 这种默示授权意味着不需要被代理人的事先授权、同意,或者事后追认,代理人选任复代理人也是有效的。问题是,在我国立法没有明文规定的情况下,如果我们认为上述事项中的某些类型是合理的,我们应该采取何种方法将其解释出来。

在英国法列举的上述五种类型中,在我国,第一种可以通过对被代理人授予代理权时的意思表示的解释予以实现。第四种和本条第3款中的紧急情况是同样的。第五种通过对同意和追认的具体解释也可以实现。因此关键是第二种和第三种类型,首先是我们有没有必要接受这两种类型的复代理;其次是如果我们接受,如何在解释论上实现。

英国法中承认默示授权的第二种和第三种类型主要是受到商业实践的影响,这种商业实践的动因是试图突破对代理关系中人身信任因素的过度迷信。在民商合一的背景下,我国对代理制度,包括其中的复代理制度的解释,一定要考虑中国的商业实践。仍然以货运代理行业为例,上海海事法院的法官通

① See FMB Reynolds, Bowstead and Reynolds on Agency. Seventeenth Edition. Sweet & Maxwell. London. 2001. p. 137.

过对货运代理行业的调研发现,货运代理作为一种商事代理其人身属性呈现弱化趋势,商业成本考虑是占据重要地位的影响因素,货主更关心事务完成的结果,并不在意货运代理人是否亲力亲为。①《德国民法典》对复代理未作规定,但是通说同样认为,如果本人对由代理人亲自履行并无明显利益,则复代理权存在。②《国际统一私法协会国际商事合同通则》第 2.2.8 条和《欧洲合同法原则》第 3:206 条均规定,代理人有默示的授权指定复代理人完成不具有人身性质的并且非合理预期代理人亲自完成的任务。③ 英国法中关于默示授权的第 2 种类型实际上针对的就是上述内容。在我国,可以通过诚实信用原则对本款进行目的性的扩张解释,从而将这种类型的复代理囊括进来。

不具有人身性质的事务可以进行复代理既涵盖了民事领域,也涵盖了商事领域,英国法中的第三项类型"使用复代理人符合特定行业的惯例"则主要是针对商业领域的。由于集装箱带来的标准化和互联网技术带来的整体运输体系的建立,专业的物流行业开始出现,中国很多大型的国际货运代理公司纷纷改变名称成为国际物流公司,这甚至成为货运代理行业未来发展的趋势。④现代物流的本质特征就是外包和虚拟经营,由于企业核心能力的差异,为了达到降低成本、充分发挥自身核心竞争力的目的,现代企业纷纷将一些非核心的、辅助性的业务外包给企业外部的专业机构,利用他们的专长来提高企业整体的竞争力,这也是社会分工日趋细化的结果。现代的货物运输已经成为一个复杂的体系,运输方式、承运人的选择、运输线路的设计均涉及大量的专业知识和行业信息,一旦货物的销售方寻找货运代理人安排货物运输的各项事务,货运代理人实际上就承担了"第三方物流经营人"的角色。但是,货运代理人之间仍然存在核心能力的差异和信息不对称的情况,实务中货运代理人经常将自己承接的业务再转包或分包给其他货运代理人处理,此时的其他货运

① 参见汪洋、杨雯:《货运代理转委托法律问题实证分析》,载《中国海商法研究》2013 年第 4 期,第 9 页。

② 参见[德]汉斯·布洛克斯、沃尔夫·迪特里希·瓦尔克:《德国民法总论》,张艳译,中国人民大学出版社 2012 年版,第 331 页。

③ 参见张玉卿主编:《国际商事合同通则 2004》,中国商务出版社 2005 年版,第 799 页。

④ 参见中国国际货运代理协会:《中国国际货运代理行业发展报告》,中国商务出版社 2009 年版,第 82 页。

代理人实际上承担了"第四方物流经营人"的角色。① 在上述货运代理人的转包和分包中,可能既存在转委托的类型,也存在复代理的类型,甚至可能是单纯代理的类型。在我国的解释论上,可以通过《民法总则》第9条对本款进行目的论的扩张解释予以实现。

如果代理人可以选任复代理人,那么代理人究竟是以被代理人的名义,还是以自己的名义选任复代理人?本款对此没有说明。我国的通说认为,所谓复代理,是代理人以自己的名义授权他人代理之代理,复代理人在自己和代理人代理权范围内所为行为,直接拘束本人和相对人。② 如果从比较法的角度观察,中国法只考虑代理人以自己的名义选任复代理人是远远不足的。《德国民法典》对复代理问题未作任何规定,但是德国联邦最高法院将复代理区分为两种情形:第一种是代理人以被代理人的名义授予复代理人直接代理被代理人的代理权(直接复代理)。如果复代理人以被代理人的名义出现,则法律行为的后果归属于本人。第二种是代理人以自己的名义授予复代理人代理自己的权利(间接复代理)。如果复代理人以代理人的名义出现,则法律行为的效力"通过代理人"间接地作用于本人。③

因此,尽管本款对复代理行为中是否应该区分行为人的名义标准未作任何规定,但是在解释论上,我们仍然应该对行为人的名义标准进行区分。因为复代理权的授予本质上属于代理权授予之一种,在法律没有明确规定的情况下,应该参照适用有关代理权授予的规定。同时,在解释论上我们不但要区分代理人授予复代理权时的名义标准,而且还要考虑复代理人在和相对人进行

① 在空运代理业务中存在航空销售代理(俗称一代)和空运货物代理(俗称二代)的区分。根据《中国民用航空运输销售代理资格认定办法》的规定一代必须经过中国航空运输协会的认证,并根据业务范围再划分为一类销售代理(经营国际航线)和二类销售代理(经营国内航线),该类代理人注册资本较高,而且要向航空公司缴纳保证金,经营国际航线的还要向国际航空运输协会(IATA)缴纳保证金。与一代相比,二代无法向航空公司领取运单,没有定舱权,也无法向海关申请监管仓库。因此二代必须通过一代完成货运代理业务,即便二代能够升格为一代,他可能也会基于资金的考虑不申请。在海运代理业务中同样存在船舶代理和货运代理的区分。参见孙家庆主编:《国际货运代理》,东北财经大学出版社2008年版,第160页。

② 参见梁慧星:《民法总论》,法律出版社2011年版,第231页;王泽鉴:《民法总则》,北京大学出版社2009年版,第356页。

③ 参见[德]汉斯·布洛克斯、沃尔夫·迪特里希·瓦尔克:《德国民法总论》,张艳译,中国人民大学出版社2012年版,第331~332页。

法律行为时的名义标准，只有这样我们才能清晰地界定被代理人、代理人、复代理人和相对人之间的权利义务关系，而且也符合体系解释的原理。

在代理人拥有明示或默示的权利授予复代理权的前提下，代理人可能以被代理人的名义授予复代理人代理权，也可能以自己的名义授予复代理人代理权。如果按照中国的通说，第一种情况只能是单纯的代理，而不是复代理，此时的复代理人只是被代理人的代理人，复代理人只能以被代理人的名义和相对人进行法律行为，由此产生的法律后果由被代理人承担。但是这种解释显然存在问题，因为代理人在选任复代理人以后，自己并没有退出代理关系，他仍然要对复代理人的选任和监督承担可能的责任。而这正是复代理制度需要解决的问题。因此，代理人以被代理人的名义授予复代理人代理权的，属于复代理，而不是单纯的代理。

第二种情况根据中国的通说属于复代理，但是中国的通说只考虑了代理人授予复代理权的名义标准，而没有考虑复代理人和相对人进行法律行为时的名义标准，因此仍然有进一步区分的必要：(1)如果代理人以自己的名义授予复代理人代理权，同时并没有告知其代理权源自被代理人的，复代理人只能以代理人的名义进行法律行为，此时所谓的复代理人是代理人的代理人。根据代理权的归属理论，复代理人和相对人进行法律行为的法律后果只能归属于代理人，然后再根据代理人和被代理人之间的代理关系将该法律后果归属于被代理人，但是在复代理人和被代理人之间不存在直接的法律关系。(2)如果代理人以自己的名义授予复代理人代理权，同时告知复代理人其代理权源自被代理人的，复代理人以被代理人的名义进行法律行为，此时复代理人是被代理人的代理人，复代理人和相对人进行法律行为的法律后果直接归属于被代理人。

上述区分的意义在于，一旦原代理权存在瑕疵，被代理人、代理人和复代理人对相对人承担的责任是不同的。如果能够认定复代理人是代理人的代理人，而原代理权存在瑕疵，此时应由代理人对相对人承担责任，复代理人只有在知道代理人的代理权存在瑕疵的前提下，才和代理人对相对人承担连带责任。如果复代理人只是被代理人的代理人，而原代理权存在瑕疵，此时应由被代理人对相对人承担责任，复代理人只有在知道代理权有瑕疵的情况下，才和被代理人对相对人承担连带责任。正是在这种责任区分上,拉伦茨认为,德国联邦最高法院对复代理的类型区分是有意义的,而不是像有些学者认为的那样是不实际和混乱的。但是拉伦茨同时指出,由于复代理权人是代理作为交易之主的被代理人(而不是代理人)与第三人进行法律行为,所以他必须以被代理人而不是原代理人的名义进行代理活动。[①] 这种观点反而弱化了德国联邦最高法院对复代理进行类型区分的意义,同时也不符合复代理的实际复杂状况。

2. 本条第2款

本款属于授权性规范。规范意旨是为了解决在代理人征得被代理人的同意或者追认后选任复代理人的,被代理人、代理人和复代理人之间的法律关系。

根据本款的文义,在代理人有效选任复代理人之后,被代理人可以就代理事务直接指示复代理人。“可以”意味着选择,被代理人就代理事务当然可以不直接指示复代理人,而让代理人直接指示。在代理人以自己的名义选任复代理人,并且不告知原代理权存在的,被代理人没有直接指示复代理人的可能。如果代理人以被代理人的名义选任复代理人,或者虽然以自己的名义选任复代理人,但是告知原代理存在的,被代理人才存在选择直接指示复代理人,还是让代理人直接指示复代理人的可能性。

被代理人是否选择直接指示复代理人,对代理人的义务和责任会产生影响。如果被代理人直接指示复代理人的,代理人只就对复代理人的选任对被代理人承担责任;如果被代理人不直接指示复代理人的,代理人不但就复代理人选任,而且应当就复代理人的指示对被代理人承担责任。在上述两种责任中,代理人承担的都是过错责任,只是在涉及商事代理时,应充分考虑行业特征对代理人过错判断的影响。

3. 本条第3款

本款属于命令性规范。与第2款相对,本款主要规范复代理未经被代理

① 参见[德]卡尔·拉伦茨:《德国民法通论》(下册),王晓晔等译,法律出版社2003年版,第859页、第880~882页。

人同意或者追认的责任承担问题,同时并设但书以示例外。根据本款文义,转委托代理未经被代理人同意或者追认的,代理人应当对转委托的第三人的行为承担责任。但是这种表述过于笼统,需要进一步解释。

复代理未经被代理人同意或者追认的,属于无权代理。根据《民法总则》第 171 条的规定,无权代理行为无效。本款只是规定了在此种情况下,代理人应当对转委托的第三人的行为承担责任,显然并不完备。首先,复代理未经被代理人同意或者追认的,所谓的复代理人在和第三人的行为中给被代理人造成了损害,此时代理人对被代理人承担无过错责任,还是过错责任?本款对代理人的主观要件没有说明,但是根据《合同法》第 406 条的规定,在有偿的委托合同中需要委托人主观上有过失,在无偿的委托合同中需要委托人主观上有故意或者重大过失。根据本条的规定,代理人选任复代理人应当经被代理人同意或者追认,代理人违反该法定义务的,可以推定为有过失。但是故意或者重大过失仍然应该单独证明。其次,如果所谓的复代理人知道代理人的授权未经被代理人同意或者追认,仍然和代理人恶意串通损害被代理人利益的,根据《民法总则》第 164 条第 2 款的规定,代理人和复代理人应当对被代理人承担连带责任。

复代理未经被代理人同意或者追认的,所谓的复代理人和他人进行的法律行为的效力如何?此时复代理人的行为属于无权代理,应该准用《民法总则》第 171 条的规定予以解决。如果未经被代理人的同意或者追认,复代理人和他人之间的法律行为无效。但是,如果他人能够证明该复代理人的行为符合《民法总则》第 172 条关于表见代理的构成要件,复代理人和他人之间的法律行为有效。

本款中的但书规定是为代理人选任复代理人设置一个例外规定,即紧急情况下代理人为了维护被代理人的利益需要转委托第三人代理的除外。在解释论上,何种状态属于紧急情况是核心问题。根据最高人民法院《执行民法通则意见》第 80 条的规定:“由于急病、通讯联络中断等特殊原因,委托代理人自己不能办理代理事项,又不能与被代理人及时取得联系,如不及时转托他人代理,会给被代理人的利益造成损失或者扩大损失的,属于民法通则第 68 条中的‘紧急情况’。”该项司法解释是在将近 30 年前做出,当时通信手段落后,随着科技的迅猛发展,单纯因为通信联络中断而导致的复代理的产生已不多见。

三、举证责任分配

如果被代理人不愿承受复代理人进行法律行为的后果,他只需证明自己事先没有授予代理人选任复代理人的权利即可。如果代理人能够证明自己事先曾经征求被代理人的同意,被代理人需要对自己不同意的事实进行证明;如果代理人能够证明被代理人追认的,被代理人需要对自己不追认的事实进行证明。如果代理人不能证明被代理人事先授予选任复代理人的权利、被代理人事先同意或者事后追认,代理人可以举证证明自己是在紧急情况下为了被代理人的利益选任复代理人,被代理人可以反证。如果不存在紧急情况,代理人可以证明自己选任复代理人完成的是不具有人身性质的并且非合理预期代理人亲自完成的任务,这符合民法的诚信原则。被代理人对此可以反证。代理人还可以证明自己选任复代理人符合行业惯例,被代理人对此可以反证。

如果代理人选任复代理人没有效力瑕疵,被代理人因复代理人的行为遭受损害的,被代理人既可以向代理人主张损害赔偿,也可以向复代理人主张损害赔偿。被代理人向代理人主张损害赔偿的,应当证明自己受有损害、损害和复代理人的行为之间有因果关系,同时也和代理人的选任行为有因果关系、代理人有过错。对代理人过错的证明,则要区分被代理人是否直接指示复代理人。直接指示的,被代理人应当证明代理人对复代理人的选任有过失;不直接指示的,被代理人还可以证明代理人在对复代理人的指示有过失。如果代理人的行为是无偿的,被代理人应当证明代理人主观上存在故意或者重大过失。代理人可以对上述事实进行反证,但是代理人不能通过单纯证明复代理人在进行复代理行为时没有过失而免责。被代理人向复代理人主张损害赔偿的,应当证明自己受有损害、损害和复代理人的行为之间有因果关系、复代理人有过错。对复代理人过错的证明,仍然要区分有偿和无偿,有偿的单纯证明过失,无偿的则要证明复代理存在故意或者重大过失。

如果代理人选任复代理人有效力瑕疵,被代理人受有损害,向代理人主张损害赔偿的,应当证明自己受有损害,损害和代理人选任复代理人的行为之间存在因果关系,代理人有过错。关于代理人过错,被代理人只需证明代理人没有事先征求其同意，事后也未要求其追认，代理人的过错即被推定。代理人可以进行反证。如果被代理人向复代理人主张损害赔偿的，则需证明复代理人的行为满足侵权的构成要件。被代理人主张代理人和复代理人承担连带责任的，则需证明两者之间存在恶意串通。

第一百七十条 【职务代理】

执行法人或者非法人组织工作任务的人员,就其职权范围内的事项,以法人或者非法人组织的名义实施民事法律行为,对法人或者非法人组织发生效力。

法人或者非法人组织对执行其工作任务的人员职权范围的限制,不得对抗善意相对人。

一、历史由来

本条属于新增条文,但是并非没有历史渊源。《民法通则》第三章"法人"第二节"企业法人"中的第 43 条规定:"企业法人对它的法定代表人和其他工作人员的经营活动,承担民事责任。"第二章"公民"第五节"个人合伙"中的第 34 条第 2 款规定:"合伙负责人和其他人员的经营活动,由全体合伙人承担民事责任。"最高人民法院《执行民法通则意见》在"法人"部分的第 58 条规定对第 43 条进行了进一步的解释,即"企业法人的法定代表人和其他工作人员,以法人名义从事的经营活动,给他人造成经济损失的,企业法人应当承担民事责任。"该解释强调了"以法人名义从事经营活动"的构成要件。上述两个条文有一个共同点,就是将"法定代表人和其他工作人员"并列放在一起规定。

随后在中国产生关于法人本质的讨论,观点截然分成两派。"拟制说"认为法人并不是真正意义上的人,只是基于法技术上的需要将其拟制为人。"实在说"认为法人是独立存在的实体,并非是法律的拟制。该说又分为"有机体说"和"组织体说"。目前在中国居于通说地位的是法人实在说中的组织体说。[①] 在上述争论中,法定代表人对外实施法律行为的法律性质也成为焦点。

---

① 参见梁慧星:《民法总论》,法律出版社 2011 年版,第 118 ~ 119 页。

“拟制说”认为法人具有权利能力，但是没有行为能力。因此法定代表人的行为就类似于为无民事行为能力人的代理。“实在说”认为法人既具有权利能力，也具有行为能力。因此法定代表人的行为就是法人的行为，无须套用代理理论解决。但是法人对外进行法律行为，并非全部能够由法定代表人完成，法人还需要委派其他工作人员完成特定事务，此时仍然要运用代理理论予以解决。但是在法人实在说占据通说地位以后，学说理论的讨论重点开始转向法人的经营范围对法定代表人的限制问题。

在很长一段时间里，学说理论和司法实践均认为，法定代表人超越经营范围的法律行为一概无效。后来逐渐放宽，1999 年制定的《合同法》第 50 条规定：“法人或者其他组织的法定代表人、负责人超越权限订立的合同，除相对人知道或者应当知道其超越权限的以外，该代表行为有效。”这被认为是一个重大的理论突破，但是随之而来的问题是，法定代表人超越权限行为的法律性质是什么？该条规定的理论基础是什么？此时，即便是持法人实在说的学者也认为，“关于法定代表人越权行为，准用表见代理规则。”[①]《合同法解释（一）》第 10 条继续沿着表见代理的思路规定：“当事人超越经营范围订立合同，人民法院不因此认定合同无效。但违反国家限制经营、特许经营以及法律、行政法规禁止经营规定的除外。”该司法解释用“当事人”的表述替换“法定代表人、负责人”的表述，因为法人的工作人员同样存在超越权限订立合同的问题。同时《合伙企业法》第 37 条的规定：“合伙企业对合伙人执行合伙事务以及对外代表合伙企业权利的限制，不得对抗善意第三人。”该条同样遵循的是表见代理的思路。

因此，有学者基于比较法的考察和对中国实证法的分析认为，无论采法人拟制说，还是采法人实在说，法定代表人的越权行为的效力，均应比照代理规则确定。[②] 实际上，无论法定代表人是否越权，其行为均应比照代理规则确定。否则会导致法律体系的人为割裂和重复规定。如果按照目前中国通说的观点，法定代表人在经营范围内的行为不适用代理理论，而超越经营范围的行为

① 梁慧星：《民法总论》，法律出版社 2011 年版，第 129 页。

② 参见朱庆育：《民法总论》，北京大学出版社 2016 年版，第 472 页。

则是无权代理的问题(表见代理属于无权代理之一种),理论上并不融洽。非法人组织不是法人,其事务执行人的行为属于代理无疑,但是该事务执行人和法定代表人在本质上并没有区别。同时,法人不但通过法定代表人进行法律行为,而且也通过其他工作人员进行法律行为。为什么前者不是代理,而后者属于代理,这种区分有什么实际意义?但是法人实在说对中国的影响太大,以至于在《民法总则》中对法定代表人的行为和法人工作人员的行为进行了区分规定。前者表现为《民法总则》第3章第1节的第61条,后者则表现为本条。从规范内容看,两者并不存在差别,原本可以合并。但是自全国人大法工委民法室2015年8月28日发布的"民法总则民法室室内稿"起,历经《民法总则(草案)征求意见稿》(2016年5月20日修改稿)、《民法总则(草案)》(一审稿)、《民法总则(草案)》(二审稿)、《民法总则(草案)》(三审稿),该条的内容一直维持原状,最终成为本条。

二、规范目的与含义

(一)规范目的

法人或者非法人组织授权自己的工作人员对外进行法律行为,实属多见。这种授权在本质上属于意定代理的范畴,似乎没有另行规定的必要。但是法人在指示或者委托工作人员对外进行法律行为时,可能并不像一般意定代理那样进行外部授权,其内部授权更多地体现为公司章程中对各类工作人员职权范围的列举和限定,或者是通过内部的决议行为对各类工作人员的职权范围进行决定。这使得法人工作人员对外进行法律行为和一般委托代理之间存在一些差异。这是本条的规范目的所在。

(二)规范含义

1. 本条第1款

本款属于命令性规范。以下问题需要进一步说明:

执行法人工作任务的人员,是除法定代表人以外的工作人员。因为法定代表人的行为对法人的效力问题已经在《民法总则》第61条中规定。执行非法人组织工作任务的人员,是否应该像法人一样进行区分?根据《民法总则》第105条的规定:"非法人组织可以确定一人或者数人代表该组织从事民事活动。”但是对该事务执行人进行法律行为的效力归属问题,则没有规定。根据《民法总则》第 108 条的规定:“非法人组织除适用本章规定外,参照适用本法第三章第一节的有关规定。”第 61 条位于第三章第一节,非法人组织的事务执行人的行为似乎应该参照该条的规定。但是第 61 条是法人实在说的产物,非法人组织不具有主体地位,非法人组织委托事务执行人和委托其他工作人员在法律性质上不存在差别。因此应该准用本条的规定。尽管参照适用第 61 条,还是参照适用本条在法律效果上没有差别,但是基于体系解释仍然应该坚持这个结论。

法人或者非法人组织工作人员的职权范围。如果法人或者非法人组织在委派工作人员对外进行法律行为时,对其代理权限进行了明确说明,自然以此来判断该工作人员的职权范围。如果没有说明,法人工作人员的职权应该根据公司章程或者具体的内部决议行为进行判断;非法人组织工作人员的职权应该根据合伙协议或者具体的内部决议行为进行判断。如果不存在上述判断标准的,可以根据习惯进行判断,如商店里的营业员,即使没有任何明确的授权,也可以认为其对商店里的商品有代理销售的权利。

以法人或者非法人组织的名义实施民事法律行为。这不是法人或者非法人组织工作人员实施法律行为产生归属效力的必备要件。因为在特定情况下,根据代理行为的具体场合,或者代理行为的性质,代理人未表明被代理人姓名或名称的并不影响代理行为的效力归属。以法人或者非法人组织的名义实施民事法律行为,是判断是否构成表见代理的必备要件。

符合上述要件的,执行工作任务的行为对法人或者非法人组织发生效力。不符合上述要件的,原则上属于无权代理问题。但是应考虑构成表见代理的可能性。

2. 本条第 2 款

本款实际上遵循了代理权授予行为和基础关系的分离原则。法人和非法人组织的工作人员在执行职务时,很多时候都表现为一种默示授权,其代理权范围的大小,主要通过公司章程、内部决议行为或者合伙协议、合伙人的共同决定来明确。即便是明示授权,也会存在外部授权和内部限制不一致的问题。因此善意相对人的利益保护需要特别考虑。本款在解释论上的难点就是如何判断相对人是善意?

我国立法对什么是善意并没有明确的界定,学说理论一般在分析善意取得的构成要件时,讨论善意的认定标准问题。通说认为,对于善意应该采纳《德国民法典》第932条第2款的规定:“取得人知道或因重大过失而不知道该物不属于让与人的,非为善意。”[①]这种观点最终影响了司法实践,《物权法解释(一)》第15条规定:“受让人受让不动产或者动产时,不知道转让人无处分权,且无重大过失的,应当认定受让人为善意。”如果没有特别的利益考量,在解释论上对于善意的认定应该保持一致。因此,对于本款中的善意的判断标准,可以参照适用该司法解释的规定,只要相对人在主观上不存在故意或者重大过失,即构成善意。相对人基于一般过失不知道法人或非法人组织对工作人员职权限定的,不影响对其善意的认定。

相对人具有故意的认定标准。如果相对人明知法人或者非法人组织对工作人员的职权限定,当然属于故意。问题在于,上述职权限定记载于公司登记簿中,相对人未查阅,是否属于明知?有学者认为:“除非有足够证据证明,相对人有合理理由怀疑甚至明知交易超越目的范围,否则,受登记簿保护的相对人不应因其未查阅登记簿而受责难。这意味着,仅仅是相对人未查阅登记簿本身不足以构成过失,唯在相对人未查阅登记簿系因过失所致,善意才被推翻。”[②]这种观点值得商榷,因为登记簿的目的就是让不特定的相对人知悉其应该知悉的信息,从而维护交易安全。尤其是随着网络技术的进步,相对人查阅登记簿的成本已经大为降低,如果登记簿上对工作人员的职权有明确限定,相对人没有查阅的,应当推定为相对人明知。如果登记簿上对工作人员的职权有记载,但是内容非常模糊、笼统,以至于无法一目了然地判断工作人员执行的事务是否属于该职权范围之内,则要通过重大过失的标准判断相对人是否属于善意。

最高人民法院在对《物权法解释(一)》进行解说时指出:“由于善意系一种内在心理活动状况,它并不直接显露于外部,因而难以度测,但是作为一个

① 梁慧星、陈华彬:《物权法》,法律出版社2010年版,第214页。

② 朱庆育:《民法总论》,北京大学出版社2016年版,第474页。

法律概念,在司法实践中,需要明确认定善意的裁量标准,从而准确地适用法律。"①但是《物权法解释(一)》的第16条却规定:"真实权利人有证据证明不动产受让人应当知道转让人无处分权的,应当认定受让人具有重大过失。"这种理解显然有误,"应当知道"是一种客观标准。《德国民法典》第122条第2款将"应当知道"定义为"因过失而不知道",第276条第2款则将"过失"定义为"疏于尽交易上必要注意的人,即系有过失地实施行为"。因此,当事人虽不知道某一情况,但其不知道是由于过失(哪怕是轻微过失),就是"应当知道"。② 因此,关于重大过失的认定标准需要进一步探究。

根据罗马法学家乌尔比安的定义,重大过失是指一种严重的疏忽,即不明了所有的人都明了的事。③ 冯·巴尔认为:"如果行为人在极不合理的程度上疏忽了交往中应有之谨慎,未采取任何人在特定情形下都会采取的措施,体现出严重的不以为然(漠不关心),即对极其简单和思之即然的问题亦未加以考虑,出现超常的错误,未施加一个漫不经心的人在通常情况下也会施加的注意力,以伦理上可指责的方式明显和实质性地偏离了有效注意标准,则都构成重大过失。"④

关于重大过失的判断方法存在"主观说"和"客观说"的争论。"主观说"认为,应当以行为人的主观预见程度的高低决定其是否是重大过失。重大过失并不是行为人已经预见到行为的后果,而是意味着行为人只要尽到些微的注意,就可以很容易地预见结果的发生,然而由于其严重的懈怠而没有注意或预见,以致发生损坏结果,就是重大过失。⑤

"客观说"认为,重大过失是行为人的行为表现出来的过失形态,并不是在主观的心理状态上对行为可能产生的后果能否预见以及预见的范围问题。重大过失是特别严重地未尽到特定环境所要求的谨慎义务。⑥

---

① 最高人民法院民事审判第一庭:《最高人民法院物权法司法解释(一)理解适用与案例指导》,法律出版社2016年版,第19页。

② 参见《德国民法典》,陈卫佐译注,法律出版社2015年版,第42页。

③ 参见[意]桑德罗·斯奇巴尼选编:《契约之债与准契约之债》,中国政法大学出版社1998年版,第463页。

④ [德]克雷斯蒂安·冯·巴尔:《欧洲比较侵权行为法》(下卷),焦美华译,法律出版社2001年版,第319~320页。

⑤ 参见杨立新:《侵权法论》,人民法院出版社2004年版,第184页。

⑥ 参见叶名怡:《重大过失理论的构建》,载《法学研究》2009年第6期。

本质上,任何过错类型都表现为行为人的主观心理状态,只是在判断方法上存在差异。由于故意是行为人明知自己行为可能造成的后果,而在主观上追求或放任该结果的发生,因此故意只能通过单纯的主观标准进行判断。一般过失则基于大多数人都是在本质上无根本差异的普通人的假设,为了简化对过失认定的程序,从而拟制出一个普通理性人的标准作为过失的判断方法。重大过失在本质上属于过失而不是故意,因此,不能通过纯粹的主观标准来判断行为人是否存在重大过失。一般过失是以一般理性人的认识能力为标准进行判断,如果重大过失也以一般理性人的认识能力为标准,那么重大过失和一般过失就不存在差别。同时一般过失尽管在原则上以一般理性人的认识能力为标准进行判断,但是在特定情况下仍然要考虑行为人的主观因素。因此,关于重大过失的判断方法只能处在故意和一般过失的判断方法之间,即一方面仍然要考虑客观的判断标准,同时也要充分考虑行为人的主观因素。

在客观标准上,应该根据行为人本身的主观因素进行区分。如果行为人本人只是一个普通的人,那么客观的判断标准就是一个心智有缺陷的人。如果一个心智有缺陷的人在行为人所处的场合都能够预见到损害的发生,并能够采取一定的措施予以避免,而作为一个一般理性人的行为却没有做到,那么他就具有重大过失。例如,哈特就认为:“如果所要采取的预防措施是非常简单的,譬如连一个身体和精神力量十分脆弱的人都能轻易采取的措施,那么,过失就是严重的。”①

如果行为人本人属于认识能力较高的人,一个一般理性人在行为人所处的场合能够预见到损害的发生,并能够采取一定的措施予以避免,而行为人却没有做到,那么他就具有重大过失。因此专家的过失可能存在两种状态,如果一般人都能够预见到损害的发生,并能够采取措施予以避免的,而专家却没有预见到,同时根据专家拥有的专业知识其本能够轻易预见的,那么他就存在重大过失。如果一般人无法预见,但是根据专家拥有的专业知识其应该能够预见的,即以同类型专家中的一般专家的认识为标准作为判断方法,那么行为人

① [英]哈特:《惩罚与责任》,王勇等译,华夏出版社 1989 年版,第 142 页。

存在的就是一般过失。①

善意的判断时点。在法人或者非法人组织的工作人员超越职权和相对人完成法律行为以后，到法人或非法人组织实际履行该法律行为有一个时间段。在这一段时间里，相对人应该持续地处于善意状态。

如果法人或者非法人组织的工作人员在和相对人进行法律行为时超越了职权范围，同时相对人也不构成善意的，原则上构成无权代理，应通过适用第171条的规定予以解决。如果工作人员和相对人恶意串通损害法人或者非法人利益的，则可以适用第164条第2款。

三、举证责任分配

如果法人或者非法人组织不愿承受其工作人员超越职权和相对人进行法律行为的后果，它应当证明该工作人员超越职权的事实。相对人可以举证证明其不知道该超越权限的事实予以反证。此时法人或者非法人组织应当举证证明相对人的不知，并非基于善意。

如果相对人主张法人或者非法人组织承受其工作人员与其进行法律行为后果的，其应当证明该人是法人或者非法人组织的工作人员，该人以法人或者非法人组织名义和其进行法律行为。法人或者非法人组织则应该举证证明该工作人员的行为超越职权范围，相对人并非基于善意而不知。

在最高人民法院起草《物权法解释（一）》的时候，关于应该由哪一方来证明“善意”存在争论。有人认为，受让人受让动产时“不构成善意”属于消极事实，因而难以由主张者予以证明。但是最高人民法院认为，这种观点实际上混淆了“消极事实”和“消极评价”的概念。对于受让人“不构成善意”，是一种法律的消极评价，但要对此予以证明，则是可以通过积极事实的举证实现的，因而不应因此排除主张对方非善意者的举证证明责任。② 因此《物权法解释（一）》第15条第2款规定：“真实权利人主张受让人不构成善意的，应当承担举证证明责任。”对本条举证责任的分配，也应遵循这种思路。

---

① 参见方新军：《侵权责任法学》，北京大学出版社2013年版，第126页。

② 参见最高人民法院民事审判第一庭：《最高人民法院物权法司法解释（一）理解适用与案例指导》，法律出版社2016年版，第20页。

第一百七十一条 【无权代理】

行为人没有代理权、超越代理权或者代理权终止后，仍然实施代理行为，未经被代理人追认的，对被代理人不发生效力。

相对人可以催告被代理人自收到通知之日起一个月内予以追认。被代理人未作表示的，视为拒绝追认。行为人实施的行为被追认前，善意相对人有撤销的权利。撤销应当以通知的方式作出。

行为人实施的行为未被追认的，善意相对人有权请求行为人履行债务或者就其受到的损害请求行为人赔偿，但是赔偿的范围不得超过被代理人追认时相对人所能获得的利益。

相对人知道或者应当知道行为人无权代理的，相对人和行为人按照各自的过错承担责任。

一、历史由来

本条主要源自《合同法》第48、58条和《民法通则》第66条，同时也结合中国的司法实践和比较法上的最新立法动态，进行了完善和补充。

本条第1款源自《民法通则》第66条第1款第1句和《合同法》第48条第1款。与《合同法》第48条第1款不同，本条第1款将“以被代理人名义订立合同”改为“仍然实施代理行为”，因为本条位于《民法总则》，其适用的范围并非只针对合同。同时将“由行为人承担责任”删除，因为代理行为无效后的责任承担问题由本条第3款单独规定。

本条第2款几乎是对《合同法》第48条第2款的原文照搬，只是将“合同”改为“实施的行为”。而《合同法》第48条第2款是对《民法通则》第66条第1款进行重大修改和补充的产物。《民法通则》第66条第1款第3句规定：“本人知道他人以本人名义实施民事行为而不作否认表示的，视为同意。”其缺点在于,忽略了相对人的催告权,有剥夺被代理人意思自治之虞。[①] 因此《合同法》第48条增加了相对人的催告方式和被代理人撤销权的规定。同时将被代理人的沉默改为“视为拒绝承认”,因为“视为同意”实际上不恰当地增加了被代理人积极作为的义务,显属不当。

本条第3款是对《民法通则》第66条第1款第2句和《合同法》第48条第1款第1句末段的细化和完善。在上述条文中只是规定了无权代理未经被代理人追认的,由行为人承担民事责任。但是对于这种民事责任的承担方式和赔偿范围没有任何规定。本款予以补充完善。

本条第4款是对《民法通则》第66条第4款的改造。《民法通则》第66条第4款规定:“第三人知道行为人没有代理权、超越代理权或者代理权已终止还与行为人实施民事行为给他人造成损害的,由第三人和行为人负连带责任。”该款规范的内容实际上与《民法通则》第66条第3款的内容重叠,在《民法总则》中,可以通过适用第164条第2款予以解决。但是对于相对人知道或者应当知道代理人无权代理的情况下,相对人和代理人之间的责任承担问题,我国立法没有规定。本款实际上受到《合同法》第58条第2句的影响,在合同无效或者被撤销后,“有过错的一方应当赔偿对方因此所受到的损失,双方都有过错的,应当各自承担相应的责任。”因为无权代理在没有被追认的情况下,代理行为无效很多时候体现为合同无效问题。

本条自全国人大法工委民法室2015年8月28日发布的“民法总则民法室室内稿”起一直存在,文字上略微有点调整。“民法总则民法室室内稿”第131条第1款的表述是“对被代理人不发生效力”,自《民法总则(草案)征求意见稿》(2016年5月20日修改稿)起改为“代理行为无效”,其后一直未作改动。但是《民法总则》对《民法总则(草案)》(三审稿)作了改动,在原先的条文中出现“行为人”、“无权代理人”、“代理人”的不同表述,本条统一用“行为人”的表述。这种改动有其合理性,因为行为人没有代理权,被代理人追认的属于有权代理,不追认的属于无权代理,用“行为人”这个中性词表述更加合理。

---

① 参见梁慧星主编:《中国民法典草案建议稿附理由·总则编》,法律出版社2013年版,第347~348页。

二、规范目的与含义

(一)规范目的

行为人没有代理权仍然以被代理人的名义和相对人进行民事法律行为,现实生活中实属多见。无权代理的原因复杂多样,当事人的心理态度和利益追求各有不同。立法者必须在充分考虑当事人各方利益的基础上,就无权代理的法律效力以及各方当事人的责任承担进行妥善规制。本条的规范目的即在于此。

(二)规范含义

1. 本条第1款

本款属于命令性规范。其强调行为人无代理权和相对人进行法律行为,被代理人不追认的,法律效果是“代理行为无效”。

(1)被代理人的追认

对本款进行反面解释,则是无权代理只要经过被代理人追认的,代理行为有效。因为无权代理行为并非一概对被代理人不利,被代理人愿意承受无权代理的法律后果的,可以通过追认使无权代理变为有权代理。这也是对被代理人意思自治的尊重。但是这种追认有两个前提:第一,行为人和相对人的行为,除了没有代理权,其行为本身是合法的。如果行为本身不法,被代理人的追认也不产生任何法律效力。第二,上述追认应该在善意相对人行使撤销权之前,否则不产生相应的法律效力。

追认属于需受领的意思表示,根据《合同法解释(二)》第11条的规定:“追认的意思表示自到达相对人时生效。”追认不必以明示的方式为之,可推知的行为亦无不可。同时根据该司法解释第12条的规定:“无权代理人以被代理人的名义订立合同,被代理人已经开始履行合同义务的,视为对合同的追认。”该条文中的“视为”表述未尽合理,因为在立法技术上,视为属于拟制,而拟制是不能通过反证予以推翻的。如果被代理人能够证明自己的履行是基于重大误解、被欺诈、被胁迫等事由而实施的,其可以主张撤销该法律行为。因此,上述条文中的“视为”应被扩张解释为“推定”,当事人可以通过反证予以推翻。

追认属于被代理人的单方法律行为，不以行为人和相对人的同意为必要。被代理人的追认既可以向行为人表示，也可以向相对人表示。如果是向行为人表示，相对人不知晓而行使撤销权的，该撤销有效。追认一旦到达相对人或者相对人已经知晓该追认，追认溯及至合同缔结时发生法律效力。

《日本民法典》第116条规定，被代理人追认不得侵害第三人的权利。日本通说认为，此处第三人的权利必须具有对抗外部的效力，即不动产已经登记、动产已经交付。例如，甲无权代理将被代理人乙的动产转让给丙，乙自己和丁签订该动产的转让协议，因为甲无权代理行为的价金更高，乙对甲的无权代理行为进行追认。如果丁已经实际占有该动产，甲的追认行为无效；如果甲未交付该动产，则甲的追认行为有效。[①] 这种追认的结果实际上导致的是一物二卖，在日本登记和交付只具有对抗效力尚且可以作这种解释，在我国登记和交付是生效要件，当然可以作这种解释。如果追认有效，上述事例中丙和丁的权利实现顺序应该按照《买卖合同解释》第9条的规定予以解决。

《德国民法典》第180条对被代理人的追认进行了一项限制，即单方法律行为不允许无代理权的代理，其自始无效，不允许被代理人追认。例如，行为人以出租人的名义向承租人表示终止租赁关系。因为在单方法律行为中，相对人毫无抵御能力。如果是有权代理，代理人的意思表示一旦到达相对人即发生法律效力；如果是无权代理，仍然让相对人处于效力未定的状态，实属不公。但是《德国民法典》也规定了三种例外情形：代理行为相对人未对代理人所声称的代理权表示异议、代理行为相对人对无代理权的代理行为表示认可及无权代理行为是受领意思表示的消极代理。在上述三种情况中，准用关于双方法律行为的规定，被代理人可以追认。理由是前两种情况属于相对人自甘冒险，法律无须特别保护；第三种情况对相对人并不必然不利，而且相对人有自己的脱困方式。例如，出租人的终止表示是向承租人的律师（该律师不具有受领终止表示的授权）发出，该律师同意接受该意思表示，那么承租人可以进行追认。[②] 上述规定有其合理性，如果中国试图在解释论上予以接受，可以

---

① 参见［日］山本敬三：《民法讲义Ⅰ：总则》，解亘译，北京大学出版社2012年版，第300页。

② 参见［德］迪特尔·梅迪库斯：《德国民法总论》，邵建东译，法律出版社2013年版，第741～742页。

基于公平原则对本款进行目的论的限缩解释。

(2)无权代理的类型

本款对无权代理的类型进行了列举,这在比较法上并不多见。大多数国家都将无权代理的类型化分析留给教义学。但是,立法者在有充分把握的情况下,对无权代理的类型进行列举也未尝不可,这对法官判断无权代理产生的原因也有助益,同时也能够对行为人的行为方式进行具体指引。

根据本款的规定,无权代理包括自始无代理权的无权代理、超越代理权的无权代理和代理权消灭后的无权代理。德国教义学对无权代理类型的划分和本款的规定无异。①

在法律效果上,三种无权代理没有差别,被代理人未追认的,都将导致代理行为无效。但是在判断无权代理的构成时各有不同:①如果主张自始无权代理,须证明被代理人从未授予代理权或授权行为自始无效。②如果主张超越代理权,须证明行为人超越了代理权的授权范围。需要注意的是,在代理权的授予行为中,没有明确列明在代理权的范围中,但是对于实现授权行为所必要的附属行为,代理人有权实施,不属于超越代理权的行为。③如果主张代理权消灭后的无权代理,须证明代理权期限届满、代理事务完成、基础关系消灭或代理权被撤回或撤销。与之相应,三种无权代理导致表见代理的可能性及构成要件也各不相同。②

在德国法上曾经讨论过这样一个问题。在代理人作出需受领的意思表示场合,如果代理人在作出意思表示的时候有代理权,但是在相对人作出的意思表示到达之前,代理人的代理权已经消灭。此时相对人的意思表示有何效力?德国的通说认为,原则上,在作出意思表示时享有代理权的代理人所作出的意思表示对被代理人生效。反对意见认为,此时应该是由代理人承担责任。但是,如果在相对人的意思表达之前,被代理人或代理人已经告知相对人代理权消灭的事实,或者根据《德国民法典》第173条的规定“第三人在法律行为实施时知道或应当知道代理权的消灭的”,类似于意思表示的撤回。代理人不承担

① 参见[德]维尔纳·弗卢梅:《法律行为》,迟颖译,法律出版社2013年版,第953页。

② 参见朱庆育:《民法总论》,北京大学出版社2016年版,第359页。

责任。[①] 在中国的解释论上，上述问题应该这样解决。基于体系解释，我国立法承认基础关系和代理权授予的分离，基础关系的消灭导致代理权消灭的不得对抗善意相对人。因此，只要相对人不是基于故意或者重大过失而不知，相对人作出的意思表示对被代理人产生法律效力。至于被代理人因此遭受损害的，能否向代理人追偿，则要根据代理人是否有过错而定。根据《合同法》第92条的规定："合同的权利义务终止后，当事人应当遵循诚实信用原则，根据交易习惯履行通知、协助、保密等义务。"因此在基础关系消灭导致代理权消灭后，代理人应告知被代理人其已经向相对人发出需受领的意思表示。被代理人不愿和相对人产生法律关系的，可以根据《合同法》第18条的规定撤销代理人曾经发出的意思表示，但是符合其第19条的要约仍然不得撤销。代理人未及时告知的，应对被代理人承担违约责任。

2. 本条第2款

本款主要规范如下情形：在无权代理行为发生以后，被代理人可能对此一无所知，或者被代理人知道行为人的无权代理行为以后，对是否追认仍然处于犹豫状态。此时让相对人，尤其是善意相对人一直处于等待状态，显属不公。因此特设相对人的催告权和撤销权，以示平衡。

(1)相对人的催告权

如果相对人希望自己和无权代理人进行的法律行为发生法律效力，又不愿意处于苦苦等待被代理人追认的状态。而且此时被代理人很可能还不知晓无权代理的事实。相对人可以催告被代理人就行为人的无权代理行为表明态度，从而使法律关系尽快确定下来。相对人的催告属于准法律行为中的意思通知，不必有法效意思，只需表明自己催促被代理人就无权代理行为进行表态即可。

催告的法律效力是，自催告到达被代理人处开始起算被代理人追认的除斥期间。依据本款，催告人可以在催告通知中确定短于或者等于一个月的除斥期间。如果催告通知没有确定被代理人追认的期间，根据本款的规定，被代理人应在一个月内予以追认。期间经过，被代理人未作出任何意思表示的，视

① 参见[德]维尔纳·弗卢梅：《法律行为》，迟颖译，法律出版社2013年版，第953页。

为拒绝追认。问题是在被代理人拒绝追认之后,被代理人基于新的考虑能否再进行追认。日本的判例认为此时被代理人不得再进行追认。① 笔者的看法是,被代理人仍然可以追认,只是不产生单方意思表示的效力,此时被代理人的追认类似于要约,只有在相对人同意的情况下才发生法律效力。

(2)善意相对人的撤销权

如果相对人在知晓代理人的行为属于无权代理以后,不愿意自己和行为人进行的法律行为发生法律效力,相对人可以撤销自己的意思表示。

相对人的撤销应当以通知的方式作出,书面和口头均可。本款对于相对人撤销权的行使对象没有明确限定,因此该撤销权既可以针对被代理人行使,也可以针对行为人行使。如果针对行为人行使撤销权,被代理人在不知晓的情况下又行使追认权的,其效力如何?此时仍然应该维持相对人撤销权的效力。因为无权代理行为本身存在瑕疵,而且法律已经对相对人行使撤销权的条件进行了限制(要求相对人善意),在相对人和被代理人的意思表示产生冲突的情况下,应首先考虑尊重相对人的意思表示。

根据本款的规定,相对人行使撤销权有两个前提条件:第一,必须是在被代理人追认无权代理行为之前。但是,当被代理人向行为人进行追认,如果相对人不知其追认而行使撤销权的,该撤销仍为有效。第二,相对人必须是善意。该善意仍然应该和第 170 条第 2 款中的善意作同样理解,即相对人不是基于故意或者重大过失而不知。

相对人行使撤销权以后,能否继续向行为人主张损害赔偿?日本的通说认为,相对人既然行使撤销权,就已经表明其不再期望法律行为效力的实现,因此没有必要给予履行或者替代履行的损害赔偿。② 笔者认为,此时相对人只是不能主张合同的履行效力,他仍然可以主张行为人承担缔约过失责任,但是以行为人有过失为前提。

3. 本条第 3 款

本款属于命令性规范,同时也是独立的请求权基础规范。本款的目的是

---

① 参见[日]山本敬三:《民法讲义 I:总则》,解亘译,北京大学出版社 2012 年版,第 301 页。

② 参见[日]山本敬三:《民法讲义 I:总则》,解亘译,北京大学出版社 2012 年版,第 307 页。

为了解决被代理人没有追认无权代理行为,或者相对人已经行使撤销权的情况下,行为人应该对相对人承担何种法律责任的问题。至于行为人对被代理人造成的损害,则应根据侵权责任予以解决。根据本款的规定,行为人对相对人承担相应的法律责任应符合如下构成要件:

第一,无权代理行为必须没有被追认(实际上还包括相对人已经撤销自己的意思表示)。这是相对人主张行为人承担法律责任的前提条件,如果无权代理行为已经被追认的,自始变为有权代理,相对人应向被代理人主张相应的权利。

第二,只有善意的相对人才可以向行为人主张本款规定的法律责任。相对人不是善意情形下的责任承担问题,由本条第 4 款解决。本款中的善意仍然应该和第 170 条第 2 款中的善意作同样理解,即相对人不是基于故意或者重大过失而不知。

第三,善意相对人有权选择请求行为人履行债务或者就其受到的损害请求行为人赔偿,但是赔偿的范围不得超过被代理人追认时相对人所能获得的利益。这是本款的核心内容,因为明确了行为人承担责任的方式和具体的赔偿范围。

根据本款的规定,行为人承担上述责任并不以其有过错为前提,因此行为人承担的是无过错责任。在《民法总则》起草之前,有学者认为,《合同法》第 48 条第 1 款笼统规定无权代理情况下"由行为人承担责任"在司法实务中很难操作,行为人承担的责任应当参照《德国民法典》第 179 条的规定,区分行为人是否知道自己没有代理权而作不同处理。如果行为人不知道自己没有代理权的,仅对信其有代理权而受损害的相对人承担赔偿责任。但其赔偿额不得超过相对人在合同有效时可以得到的利益,即只赔偿信赖利益的损失。如果行为人知道自己无代理权,则应该根据相对人的选择履行或者赔偿损害。①

自《民法总则(草案)》起,本款开始出现,同样没有区分无权代理人的过错。尽管从条文内容上看更加细化了,但是引发的问题似乎更加严重了。有学者指出,《民法总则(草案)》中的本款将行为人的责任界定为无过错责任符

① 参见朱庆育:《民法总论》,北京大学出版社 2016 年版,第 361 页。

合最新的立法趋势,因为无权代理的风险是由行为人自己引发的。但是本款将《德国民法典》第179条的两款内容简单地杂糅在一起,反而对善意的相对人不利。因为无论选择何种责任形式,其最终的赔偿额都是不超过信赖利益。而这原先是不知道自己无代理权的行为人的责任形式。因此应该将“但是赔偿的范围不得超过代理行为有效时所能获得的利益”删掉,只保留相对人可以选择“请求无权代理人履行债务或者就其受到的损害请求无权代理人赔偿”的内容。这样对相对人的保护更加有利,因为无论行为人是否有过错,其赔偿的都是履行利益。同时也可以避免表见代理规定适用负担过重的问题,因为在无权代理中能够获得充分的赔偿,相对人没有必要动辄寻求表见代理制度的保护。[①] 但是上述意见并没有被立法接受。

因此在解释论上,可以对本款做如下两种解释。第一种解释是本款的但书可以被理解为是对相对人选择损害赔偿的限制。如果相对人选择行为人履行,行为人实际履行的,相对人的履行利益当然得到满足。如果行为人拒绝履行,或者履行不能的,此时其应当承担违约责任,赔偿的范围仍然是履行利益。当然这种解释的结果是,相对人都会选择行为人履行,而不选择让行为人损害赔偿,从而规避本款但书规定对自己的不利。这种解释最终将使得选择损害赔偿和但书条款成为具文。

第二种解释是本款存在一个自始的、立法者未意识到的隐藏漏洞。因为乍看之下本款的规定并未欠缺可资适用的规则,事实构成和法律效果是完整的,但是依其目的和意义对于特定类型的案件并不适宜,漏洞存在于限制的欠缺。因为相对人选择行为人履行,行为人最终实际履行的,相对人获得完整的履行利益;如果相对人选择损害赔偿,或者选择履行,但是行为人未能履行的,此时存在信赖利益的赔偿限制。只是因为相对人的选择,或者行为人的履行能力,相对人获得损害赔偿就出现实质性的差异,显属不公。同时无论行为人知道还是不知道其无代理权,最终的损害赔偿责任是一样的,显然对不知道自己无代理权的行为人过于严苛。因此在方法论上,应该通过目的论的限缩对

---

① 参见谢鸿飞:《代理部分立法的基本理念和重要制度》,载《华东政法大学学报》2016年第5期。

该法律漏洞进行填补，即依据法律规整目的或其意义脉络添加限制，从而使得该款仅适用于宜于适用的范围。[①] 因为本款是立法者未加反思地对《德国民法典》第 179 条第 1 款和第 2 款的杂糅，而这两款是以行为人是否知道其无代理权的事实进行区分的。因此本款应该解释为，行为人知道无权代理事实的，善意相对人有权请求无权代理人履行债务或者就其受到的损害请求无权代理人赔偿；如果行为人不知道无权代理事实的，其赔偿的范围不得超过被代理人追认时相对人所能获得的利益。在解释论上，我国应该采纳第二种解释方法。

4. 本条第 4 款

本款深具中国特色，在比较法上几乎看不到在代理制度中规定本款内容的先例。

比较法上，大多数国家的民法典均规定，相对人明知或者可得而知行为人无代理权时，行为人不负责任。这以《德国民法典》第 179 条第 3 款和《日本民法典》第 117 条第 2 款为代表。有学者曾建议将《民法总则（草案）》中的相关条文修改为："相对人因过失不知代理人无权代理的，相对人和代理人按照各自的过错承担责任。"[②]该意见最终没有被接受。

本款实际上受到《合同法》第 58 条第 2 句的影响，在合同无效或者被撤销后，"有过错的一方应当赔偿对方因此所受到的损失，双方都有过错的，应当各自承担相应的责任。"因为无权代理在没有被追认的情况下，代理行为无效很多时候体现为合同无效问题。但是在解释论上仍然要考虑不同的情形。

如果相对人知道行为人无权代理，而行为人不知道自己无权代理的，相对人属于自甘冒险，法律无保护的必要。如果被代理人因此受有损害的，可以基于侵权向相对人主张损害赔偿。

如果相对人知道行为人无权代理，行为人也知道自己无权代理的，根据《民法总则》第 154 条的规定两者之间的法律行为无效。因此给被代理人造成损害的，应根据《民法总则》第 164 条第 2 款的规定由相对人和行为人承担连带责任。

---

① 参见［德］卡尔·拉伦茨：《法学方法论》，陈爱娥译，商务印书馆 2003 年版，第 267 页。

② 参见谢鸿飞：《代理部分立法的基本理念和重要制度》，载《华东政法大学学报》2016 年第 5 期。

如果相对人不知道,但是根据具体情形相对人应当知道行为人无权代理,而行为人不知道自己无权代理的,相对人仍然属于自甘冒险,法律无保护的必要。如果被代理人因此受有损害的,可以基于侵权向相对人主张损害赔偿。但是此处相对人的应当知道应被解释为具有重大过失,如果是一般过失,相对人可以根据本条第 3 款的规定向无权代理人主张实际履行或者损害赔偿。

如果相对人应当知道行为人无权代理,行为人知道自己无权代理的,此时相对人具有重大过失,行为人具有故意。根据《民法总则》第 146 条的规定两者之间的法律行为仍然无效。因此给被代理人造成损害的,相对人和行为人应分别承担相应的侵权责任,而不是连带责任,因为两者之间不存在恶意串通。至于两者之间的损害赔偿责任,应考虑相对人具有重大过失,行为人具有故意的情形进行具体考量。

如果相对人应当知道行为人无权代理,行为人不知道,但是根据具体情形应当知道自己无权代理的,根据《民法总则》第 146 条的规定两者之间的行为仍然无效。因此给被代理人造成损害的,相对人和行为人应分别承担相应的侵权责任,而不是连带责任,因为两者之间不存在恶意串通。至于两者之间的损害赔偿责任,应考虑相对人具有重大过失,行为人可能具有重大过失,也可能具有一般过失的情形进行具体考量。

三、举证责任分配

如果被代理人不愿承受行为人和相对人之间进行的法律行为的后果的,应当证明行为人没有代理权、超越代理权和代理权已经消灭的事实。如果被代理人愿意承受行为人和相对人之间进行的法律行为的后果的,应当证明自己已经追认的事实。

相对人主张被代理人已经追认的,应当对被代理人追认的事实进行证明。相对人主张自己已经行使撤销权的,应当对自己行使撤销权的事实进行证明。如果被代理人主张相对人非属善意的,其应当对相对人非属善意的事实进行证明。

相对人主张损害赔偿的,应当证明自己遭受损害的事实、行为人无权代理的事实,以及损害和无权代理行为之间存在因果关系。

行为人主张自己不应该承担无权代理责任的，应当证明自己有代理权、本人已经追认；行为人主张相对人非属善意的，行为人应当证明相对人非属善意的事实。

四、其他问题

本条只是规定了无权代理情况下，行为人对相对人的责任承担问题。对于行为人、相对人和被代理人之间可能的责任承担问题没有规定。

如果行为人和相对人恶意串通损害被代理人合法权益的，应根据第 164 条第 2 款的规定对被代理人承担连带责任。

如果被代理人对无权代理行为不予追认，但是无权代理行为并未导致被代理人合法权益的损害，同时符合无因管理的构成要件的，行为人可以根据《民法总则》第 121 条的规定，向被代理人主张必要费用的返还请求权。

第一百七十二条 【表见代理】

行为人没有代理权、超越代理权或者代理权终止后，仍然实施代理行为，相对人有理由相信行为人有代理权的，代理行为有效。

一、历史由来

本条主要源自《合同法》第49条和《适用经济合同法解答》。

关于《民法通则》中是否规定了表见代理，学说理论一直存在争议。肯定说认为，《民法通则》第65条第3款和第66条第1款第3句是关于表见代理的规定，或者说对于表见代理至少有所触及。① 否定说则认为，上述两个条文的"立法本意仅在于，因被代理人有过错，故使其与代理人承担连带责任，实际上并非采纳表见代理制度"。② 尽管有学者不同意上述否定说的分析方法，但是基于比较法对《民法通则》第66条第1款第3句的详细逻辑分析，同样得出否定说的结论。③

尽管存在上述争论，但是司法实务中表见代理的案件仍不鲜见。《适用经济合同法解答》明确规定，如果合同签订人持有被代理人的介绍信，或用被代理人的合同专用章或盖有印章的空白合同书签订合同，应视为被代理人授予合同签订人代理权。这是关于表见代理一种类型的规定。在随后的司法实践中，法官援引《民法通则》中的上述两个条文解决表见代理案件的判决并不少见，但是在说理上总是存在缺陷。

为弥补这一法律漏洞，《合同法》第49条对表见代理进行了明确的规定："行为人没有代理权、超越代理权或者代理权终止后以被代理人名义订立合

---

① 参见张俊浩：《民法学原理》，中国政法大学出版社1991年版，第289～230页；龙卫球：《民法总论》，中国法制出版社2002年版，第589页。

② 梁慧星：《民法总论》，法律出版社2011年版，第241页。

③ 参见朱庆育：《民法总论》，北京大学出版社2016年版，第365～366页。

同,相对人有理由相信行为人有代理权的,该代理行为有效。”本条源自该第 49 条,只是将“以被代理人名义订立合同”改为“仍然实施代理行为”。

本条与《民法总则(草案)》(三审稿)相比有一个重大变化,即删除了《民法总则(草案)》(三审稿)第 176 条的但书条款:“但是有下列情形之一的除外:(一)行为人伪造他人的公章、合同书或者授权委托书等,假冒他人的名义实施民事法律行为的;(二)被代理人的公章、合同书或者授权委托书等遗失、被盗,或者与行为人特定的职务关系已经终止,并且已经以合理方式公告或者通知,相对人应当知悉的;(三)法律规定的其他情形。”自全国人大法工委民法室 2015 年 8 月 28 日发布的“民法总则民法室室内稿”起,该但书条款已经存在。《民法总则(草案)征求意见稿》(2016 年 5 月 20 日修改稿)将但书条款删除,同时将“以被代理人的名义”的表述改为“仍然实施代理行为”;《民法总则(草案)》(一审稿)恢复了但书条款,但是将“民法总则民法室室内稿”在但书条款中列举的“营业执照”删除。《民法总则(草案)》(一审稿)的上述改动在随后的文本中一直被接受,但是本条仍然将但书条款删除。在讨论《民法总则(草案)》的过程中有学者认为,基于《民法总则》的抽象原则法地位,不宜规定排除表见代理适用的具体情形,而应交由诸学说和判例予以类型化。[①] 这种观点最终占据上风。

二、规范目的与含义

(一)规范目的

代理制度的目的是对私法自治的扩张和补充,被代理人正是通过代理制度拓展自己的活动空间。但是代埋制度的运用有一个根本性的前提,即必须是被代理人基于自己的自由意志选定代理人,并对该代理人进行授权,由此产生的法律后果才能够由被代理人承受。

表见代理在本质上属于无权代理,在无权代理情形,只要被代理人不予追认,无权代理人的行为原则上不对被代理人产生任何法律效力。但是在代理

---

① 参见谢鸿飞:《代理部分立法的基本理念和重要制度》,载《华东政法大学学报》2016 年第 5 期。

行为中,即便是在无权代理行为中也涉及被代理人、代理人和相对人三方主体。基于私法的相关关系理论,①在无权代理场合,一概认定无权代理行为无效,在特殊情况下对相对人非常不公平。相对人可能有充分的理由相信无权代理人有代理权,而无权代理人之所以能够让相对人相信其有代理权,被代理人的行为在其中也发挥了某种程度的作用。因此在无权代理场合,不能只考虑对被代理人的保护,善意相对人的利益也必须进行考量。尤其是随着社会生活节奏的加快,人类社会越来越趋向于陌生人化,法律的外观性原理越来越受到重视,否则社会经济生活无法正常运转。② 这是大陆法系国家普遍规定表见代理制度的原因。表见代理制度的目的,就是在无权代理中基于特定的价值考量,将其中一些类别直接认定为有权代理,从而达到被代理人和相对人之间的利益平衡。但是,表见代理毕竟在本质上属于无权代理,如果表见代理的适用范围过大,显然构成和意思自治原则的根本性冲突。因此,立法者必须对表见代理的构成要件和例外情况进行详细的规定,从而避免表见代理过度扩大化的弊端。这也是本条的规范目的所在。

(二)规范含义

本条属于命令性规范,同时也是独立的请求权基础规范。本条的目的是对表见代理的构成要件进行明确的界定。

关于表见代理的类型。根据本条的规定,按照表述的顺序排列,表见代理的类别共有三种:(1)没有代理权的表见代理;(2)超越代理权的表见代理;(3)代理权消灭后的表见代理。这种排列和《日本民法典》关于表见代理类别的排列顺序相同,但是,在《日本民法典》总则修正案中,有学者认为关于表见代理类别的更合理的排列顺序是:(1)超越代理权的表见代理;(2)代理权消灭后的表见代理;(3)代理权授予表示的表见代理。这种排列顺序是根据各种表见代理类型和普通有权代理的远近排列的。《日本民法典》总则修正案之所

① 参见[加拿大]欧内斯特·J.温里布:《私法的理念》,徐爱国译,北京大学出版社2007年版,第120页。

② 在日本民法典总则修正案中,有学者甚至提出增加外观法理的一般条款,即"故意制造有悖于事实的权利外观之人,不得以该权利不存在而对抗善意第三人。承认他人制造的有悖于事实的权利外观之人亦同"。参见[日]加藤雅信:《日本民法典修正案:第一编总则》,朱晔、张挺译,元照出版公司2016年版,第128页。

以要对表见代理进行上述排序，是因为在上述三种表见代理类型中被代理人可归责性、抗辩事由，以及各方当事人的证明责任都存在差异。[①]

本条中的“没有代理权的表见代理”的表述容易让人产生如下误解：没有代理权，为何还要认定为表见代理？超越代理权、代理权消灭后也属于没有代理权，后两种类型应该包括在第一个类型中。实际上，本款中的“没有代理权的表见代理”属于自始没有代理权的类型，后两种属于曾经有代理权的类型。在“没有代理权的表见代理”类型中，一般都存在被代理人授予代理权的表象。因此，还是日本法上的分类更加合理。但《民法总则》的分类也有司法实践经验的基础，在适用上自无障碍。

如何判断相对人有理由相信行为人有代理权？这是认定是否构成表见代理的核心要件，同时也是本款在解释论上面临的最困难问题。

(1)表见代理的构成除了相对人有理由相信行为人有代理权外，是否还需要被代理人的过错要件？

在《合同法》的起草过程中，上述问题已经引起充分的关注和讨论。有学者认为，传统的表见代理只考虑相对人的利益，忽视被代理人的利益，不符合公平原则，因此应当增加被代理人有过错的要件。反对者认为，表见代理侧重于保护相对人，也并不是不考虑被代理人的利益。被代理人如果没有过错可以向代理人追偿，其利益也可以得到保护。如果以被代理人的过错作为其承担责任的条件，就必须对被代理人是否有过错进行调查取证，费时费事，不利于交易的安全和民事活动的顺利进行。[②] 最终反对者的观点占据上风，《合同法》第49条只规定了“相对人有理由相信行为人有代理权”这一个要件。在《合同法》颁布之后，上述争论仍然没有停歇，甚至出现了更加激烈的趋势。同时在各级法院的判决中，对于表见代理的构成是否需要被代理人的过错要件

① 参见[日]加藤雅信：《日本民法典修正案：第一编总则》，朱晔、张挺译，元照出版公司2016年版，第557~559页。

② 参见全国人大法制工作委员会民法室：《中华人民共和国合同法立法资料选》，法律出版社1999年版，第154页。

在认识上也不一致。①

随着讨论的深入,有些问题开始逐渐明朗:在表见代理的认定中完全不考虑被代理人的因素,只从相对人是否有理由相信无权代理人有代理权这一个角度进行考量,确实不符合民法的公平原则。尽管被代理人承受表见代理的法律后果以后,存在向无权代理人追偿的可能,但是无权代理人可能无从寻找,也可能完全没有资信,所有的风险都让被代理人承担没有充分的正当理由。同时意思自治原则始终是民法的核心原则,表见代理只是立法者基于交易安全的考虑作出的一个让步。如果被代理人对无权代理的产生没有任何过错,仍然让其承担责任,是对私法自治原则的极大冲击。而且从比较法的层面看,虽然很多国家在具体的法律条文中也没有规定被代理人的过错要件,但是在教义学的分析以及法院的判决中考虑被代理人的过错仍属常态。但是有学者举出了反例,在被代理人于内部撤回外部授权时,如果被代理人未通知相对人,撤回效力固然不受影响,相对人也不得以此为由请求被代理人损害赔偿。此时,被代理人所负担的是对己性质的不真正义务,对该义务的违反并不构成过失。但是不通知相对人会造成授权的法律外观,被代理人仍然有可能承受表见代理的法律后果。② 如果将被代理人的过错认定为是表见代理的构成要件,在上述情况中似乎对相对人不公。

于是,有学者开始引入德国法上的被代理人的"可归责性"理论。根据这种理论,被代理人的可归责性和被代理人的过错并不等同,被代理人的过错只是可归责性的一个方面的因素,被代理人没有过错的并不必然意味着其没有可归责性。被代理人的可归责性具有程度之维,这种程度的确定不可能达到数学般精确,其从弱到强呈现出"关联性——危险的引起或强化——过错"的顺序。同时相对人的合理信赖也具有程度之维,信赖合理性之判断,不是或有或无的问题,而是程度的问题。个案中相对人信赖的合理性,必然是以一定的程度表现出来。对于信赖的评价,可以有合理性程度较高或较低的判断,但却

① 参见王浩:《表见代理中的本人可归责性问题研究》,载《华东政法大学学报》2014年第3期。孙鹏:《表见代理构成要件新论——以被代理人的过错问题为中心》,载《云南大学学报法学版》2004年第1期。

② 参见朱庆育:《民法总论》,北京大学出版社2016年版,第370页。

不可以简单地得出信赖合理性或者具有或者不具有的结论，这样的简单处理方式，遮蔽了信赖合理性的程度之维，也必将破坏价值实现的妥当程度。但在司法判断过程中，被代理人的可归责性和相对人的合理信赖乃一体两面，都只能在个案中具体判断：被代理人的归责因素包括过错，也包括本人引发无权代理的危险等。即使被代理人的可归责性较小，只要相对人善意无过失且足以产生积极信赖，也可以成立表见代理。① 有学者以被代理人的可归责性为基础提出了“被代理人风险控制说”，主张以风险原则为基础构造表见代理的特别构成要件，只要代理权表象是由被代理人可以控制的风险范围内的因素造成即可，被代理人的过错并不是必备要件。②

但是，有学者认为，以被代理人的可归责性作为表见代理独立构成要件的“双重要件说”，系以德国的权利外观责任为基础，我国《合同法》第49条及相关司法解释的文义并不包括被代理人的归责性，司法实践也不以本人归责性作为表见代理的独立构成要件。因此应该借鉴法国法上的表见理论，将被代理人与外观事实之间的关联性内置于相对人“合理信赖”的因素，以由此形成的“新单一要件说”来阐释我国现行表见代理的规范，更符合立法目的以及司法现状。③ 这种观点和被代理人的可归责性理论没有本质差异，因为都强调在认定表见代理时必须考量被代理人的因素，同时被代理人的过错不是认定表见代理的必备要件。这种观点只是将被代理人的可归责性纳入相对人是否构成合理信赖中进行判断，因此也可以称为“隐藏的双重要件说”。由于本款未对《合同法》第49条进行实质性的改动，因此在解释论上，这种“隐藏的双重要件说”更值得采纳。

如果从比较法的角度进行观察，在日本也发生了和中国几乎一样的争论，目前“正当理由归责性考虑说”居于通说地位，即在对相对人是否有正当理由进行判断时，应将被代理人一方的可归责性考虑进去。④ 该说和我国的“隐藏

---

① 参见叶金强：《表见代理构成中的本人归责性要件——方法论角度的再思考》，载《法律科学》2010年第5期。

② 参见杨代雄：《表见代理的特别构成要件》，载《法学》2013年第2期。

③ 参见冉克平：《表见代理本人归责性要件的反思与重构》，载《法律科学》2016年第1期。

④ 参见[日]近江幸治：《民法讲义Ⅰ：民法总则》，渠涛等译，北京大学出版社2015年版，第267～268页。

的双重要件说”在本质上是一样的。如果从我国的司法实践进行观察,最高人民法院在《审理合同纠纷意见》中指出:“人民法院在判断合同相对人主观上是否属于善意且无过失时,应当结合合同缔结与履行过程中的各种因素综合判断合同相对人是否尽到合理注意义务,此外还要考虑合同的缔结时间、以谁的名义签字、是否盖有相关印章及印章真伪、标的物的交付方式与地点、购买的材料、租赁的器材、所借款项的用途、建筑单位是否知道项目经理的行为、是否参与合同履行等各种因素,作出综合分析判断。”像这种综合分析判断,在很多时候都要结合被代理人的因素来进行。

(2)如何判断相对人有理由相信行为人有代理权?

尽管学说理论已经接受在判断相对人是否有理由相信行为人有代理权时,应该同时考虑被代理人的因素,但是具体判断起来仍然是个难题。《审理合同纠纷意见》指出,表见代理制度不仅要求代理人的无权代理行为在客观上形成具有代理权的表象,而且要求相对人在主观上善意且无过失地相信行为人有代理权。“客观上形成具有代理权的表象”主要是由被代理人的因素造成,而“善意且无过失”就是对合理信赖的主观要求。但是这种主观要求和客观要求不能进行截然分离的判断,两者处于一体两面的状况。正如有学者所指出的,相对人的合理信赖和被代理人的可归责性都具有程度之维,两者都不是非此即彼的断定,而是或多或少的可能性判断。这种程度之维永远无法达到数学般的精确,因为其在本质上属于价值判断。

这种观点实际上就是一种动态体系论的思维方式。其核心是,法律后果不应仅基于一个统一的理念来确定,而是应该基于多个方面的相互作用,这些方面可以用要素和动态力量来表述,但是这些要素并非缺一不可,法官可以在具体案件中予以权衡。该理论的目的就是在立法者无法给予法官明确答案时,为了避免仅仅指引法官参酌毫无内容的衡平、正义感等抽象概念,尽最大可能给法官提供进行价值判断的各类要素。[①] 最高人民法院在《审理合同纠纷意见》中指出要兼顾各类综合分析因素,也是这种思维方式的体现。

---

① 参见[奥]瓦尔特·维尔伯格:《私法领域内动态体系的发展》,李昊译,载《苏州大学学报》(法学版)2015年第4期。

尽管没有最终的标准答案，但是在学说理论和司法实践中归纳出来的各种行之有效的判断要素，在处理此类案件中仍然值得参考。《审理合同纠纷意见》认为，判断相对人合理信赖的主观要件是“善意且无过失”，这是一个无意义的重复。如果我们将善意理解为非基于故意或者重大过失的不知，基于一般过失的不知仍然构成善意。但是并列连词“且”又将过失作为主观要件，如果相对人有过失就不构成合理信赖，那么举轻明重，非善意就不用讨论了。但是最高人民法院对判断相对人合理信赖的主观要件并不一致，最高人民法院研究室在对《合同法解释（二）》的说明中指出，“相对人有理由相信行为人有代理权，主观上属于善意”，此“善意”就是不存在故意或者重大过失。①

因此，只要相对人存在过失，表见代理就不能构成。这和《民法总则》第171条关于无权代理中相对人的主观要件相比，本条对相对人主观要件的要求明显偏严。因为在无权代理中，基于一般过失不知道无权代理的事实，相对人仍然可以向无权代理人主张损害赔偿或实际履行。这种区分有其合理性，因为表见代理是让没有授予代理权的被代理人对无权代理人的法律行为承担法律后果。根据民法的一般理论，相对人的过失应按照一般理性人的标准进行判断。但是这种标准仍然过于抽象，很多时候，相对人是否有过错应根据无权代理人拥有代理权表象的确定程度来判断，而这种代理权表象的确定程度很多时候和被代理人的因素紧密相关。

表见代理的不同类型对判断相对人合理信赖的影响。前文已经介绍，日本学者根据各种表见代理类型和普通有权代理的远近进行排序：（1）超越代理权的表见代理；（2）代理权消灭后的表见代理；（3）代理权授予表示的表见代理。学理上将第（1）、（2）种合称为“代理权存续型的表见代理”，将第（3）种称为“授权表见型的表见代理”。②

“代理权存续型的表见代理”和普通有权代理的距离更近，更容易被认定为表见代理。因为无权代理人拥有或者曾经拥有代理权，而且无权代理人是被代理人自己选任的，被代理人自己处在防止风险的更有利的地位。

---

① 参见最高人民法院研究室编：《最高人民法院关于合同法司法解释（二）理解与适用》，人民法院出版社2009年版，第99页。

② 参见朱庆育：《民法总论》，北京大学出版社2016年版，第369页。

"授权表见型的表见代理"和普通有权代理的距离相对较远,因为被代理人未曾授予过无权代理人代理权,同时被代理人和无权代理人之间很多时候没有任何先前的关联。如果无权代理人拥有代理权的表象不在被代理人的风险控制范围之内,表见代理当然不能构成。① 有学者认为,应该将"授权表见型的表见代理"进一步区分为"故意型"和"过失型"。如果被代理人存在故意,那么保护的平衡应该向相对人大幅倾斜,只有在相对人也存在恶意的情况下,才不构成表见代理。例如,被代理人明知无权代理人以其名义和相对人进行法律行为,不作反对表示的;或者被代理人以通知的方式告知特定相对人其授予代理权的事实,但是实际上没有授予代理权。②

关于表见代理的法律效力。根据本条规定,表见代理一旦成立,代理行为有效。但是以下问题仍然需要进一步阐明。

(1)代理行为有效,只是表明无权代理人的代理权不再存在瑕疵。但是代理人和相对人的具体法律行为的法律效力仍然要单独判断,如果存在无效或者可撤销的原因,被代理人仍然无须承受该法律行为的后果。

(2)相对人是否可以选择适用无权代理和表见代理?表见代理本质上属于无权代理,在起诉时,相对人当然可以选择诉因。因为表见代理最终是由被代理人承担责任,无权代理是由无权代理人承担,两者的资信可能存在差异。同时在无权代理场合,即使相对人存在一般过失,仍然可以向无权代理人主张损害赔偿;但是在表见代理中,相对人有过失的,则不构成表见代理。

如果相对人选择适用表见代理,法院已经判决表见代理成立。此时相对人没有再主张无权代理的可能,因为生效判决已经确认无权代理人的行为属于有权代理。

如果相对人选择适用无权代理,法院已经判决无权代理人对相对人承担履行或者损害赔偿的责任。即使因无权代理人的资信问题,相对人的权利最终不能实现,相对人也不能再主张表见代理。因为生效判决已经确认无权代

① 参见[日]加藤雅信:《日本民法典修正案:第一编总则》,朱晔、张挺译,元照出版公司2016年版,第558页。

② 参见[日]加藤雅信:《日本民法典修正案:第一编总则》,朱晔、张挺译,元照出版公司2016年版,第574页。

理人的行为属于无权代理，不再有转变为有权代理的可能。

如果相对人选择适用无权代理，无权代理人能否主张构成表见代理？有学者认为，此时人民法院应该将被代理人列为被告型无独立请求权第三人，在证明构成表见代理后，进而请求法院直接判令被代理人承担责任。其实，这种理解有误。如果相对人选择适用无权代理，那么无权代理人只能通过证明自己属于有权代理进行抗辩，而不能通过证明相对人对自己的无权代理行为合理信赖为有权代理进行抗辩。如果抗辩成立，被代理人承担的是有权代理的责任，而不是表见代理的责任。因为表见代理制度的目的是保护无过失的相对人，而不是代理人，相对人不提起表见代理之诉的，无权代理人不得主动提起。

被代理人在承担表见代理的法律后果以后，如果有损失的，可以向代理人进行追偿。请求权基础或者存在于双方的基础关系，或者存在于侵权法。但是仍然要以代理人存在过失为前提。尽管表见代理在本质上属于无权代理，代理人无权代理的事实本身即可推定代理人有过错，但是代理人仍然可以证明自己对无权代理行为无过失而免责。

三、举证责任分配

司法实务中，相对人直接主张表见代理的比较少见，相对人一般首先通过主张有权代理让被代理人承担代理行为的法律后果，此时，相对人应当证明代理人是以被代理人的名义进行法律行为（代理人明确地以自己的名义和相对人进行的法律行为不构成表见代理）、自己和代理人的意思表示已经达成一致、代理人拥有代理权的客观外部表征。被代埋人抗辩的，可以对上述三项事实进行反证。如果被代理人能够证明代理人属于无权代理的，相对人应当证明自己对代理人拥有代理权的外部表征产生了信赖，被代理人则应当证明相对人不构成合理信赖的事实。最高人民法院的法官认为，“相对人有理由相信行为人有代理权的”，不适用善意推定的方法，相对人实际负担着证明信赖行为人有代理权且信赖是有理由的举证责任。[①] 这种观点未尽合理,表见代理中相对人的合理信赖和善意取得中相对人的合理信赖没有本质差别,无论是对相对人合理信赖的主观要件采善意说,还是采过失说,相对人都只对自己信赖代理权的外部表征承担举证责任,被代理人则需证明相对人的信赖存在过失。

四、其他问题

尽管本条将《民法总则(草案)》(三审稿)中的但书条款删除,但是在司法实践中,该但书条款一直是法官判断是否构成表见代理的主要类型,因此仍然应该在解释论上予以充分注意。

1.行为人伪造他人的公章、合同书或者授权委托书等不构成表见代理的情形。最高人民法院《关于在审理经济纠纷案件中涉及经济犯罪嫌疑若干问题的规定》(法释〔1998〕7号)第5条规定,使用私刻公章签订经济合同,骗取财物构成犯罪的,单位对行为人该犯罪行为所造成的经济损失不承担民事责任。单位有明显过错,且该过错行为与被害人的经济损失之间具有因果关系的,单位对该犯罪行为所造成的经济损失,依法应当承担赔偿责任。《审理合同纠纷意见》在"正确把握法律构成要件、稳妥认定表见代理行为"中指出,人民法院在判断合同相对人主观上是否属于善意且无过失时,应当充分考虑是否盖有相关印章及印章真伪。上述司法解释符合举轻明重的原理,因为在印章被盗或遗失的场合,印章本身是真的;在伪造的场合,印章本身是假的。如果前者不构成表见代理,那么后者更不应该成立表见代理。

但是上述例外仍然有再例外的可能性存在。例如,法人的工作人员伪造法人公章,在法人的住所或者工作场所和善意的相对人签订合同,此时不能一概认定不成立表见代理。因为法人对其工作人员的风险防范处在更加有利的地位。最高人民法院在"陈文清与汕头市达濠建筑总公司买卖合同纠纷审判监督民事判决书"[(2015)民抗字第2号]、"武汉雪花秀产业园投资有限公司与赵勇州等债权转让合同纠纷申请再审民事裁定书"[(2016)最高法民申917

---

① 参见最高人民法院研究室编:《最高人民法院关于合同法司法解释(二)理解与适用》,人民法院出版社2009年版,第99页。

号]等判决中,均根据案件的具体情况认定在伪造公章的场合,表见代理仍然成立。

此外,实务中还存在一个法人刻制数个公章的情况,此时不能认定这些公章系伪造,因为法人以自己意思而刻制的数个公章,均有用来确认自己的书面意思表示的意图,因此这些公章都属于真公章。在伪造合同书或者授权委托书的场合,一般需要加盖被代理人的公章,如果公章系盗用,则属于《民法总则(草案)》(三审稿)第176条的但书第2项的问题。

2. 被代理人的公章、合同书或者授权委托书等遗失、被盗,或者与行为人特定的职务关系已经终止等不构成表见代理的情形。

但是,上述例外仍然有再例外的可能性存在。例如,法人的工作人员盗用法人的公章,在法人的住所或者工作场所和善意的相对人签订合同,表见代理更有可能成立。因为与伪造公章相比,盗用的授权表象程度更高,因为公章本身是真的。而且对于公章的管理风险,被代理人显然比善意的相对人处在更有利的地位。如果公章是被借用的,和遗失、被盗是非基于被代理人意志的丧失占有不同,此时是基于被代理人意志的移转占有,而且借用公章本身就具有授予代理权的意图和外观,构成表见代理的可能性更大。同时,在出现被代理人的公章、合同书或者授权委托书等遗失、被盗等情形以后,被代理人应当以合理的方式公告或者通知,相对人应当知悉的不构成表见代理。在"长春市易地建筑材料有限公司与长春市勇峰实业有限公司买卖合同纠纷二审民事判决书"[(2015)长民四终字第243号]中,法院结合案件的具体事实,认为即使登报声明公章遗失,相对人合理信赖无权代理人有代理权的,仍然构成表见代理。

第三节 代 理 终 止

第一百七十三条 【委托代理的终止】

有下列情形之一的，委托代理终止：

（一）代理期间届满或者代理事务完成；

（二）被代理人取消委托或者代理人辞去委托；

（三）代理人丧失民事行为能力；

（四）代理人或者被代理人死亡；

（五）作为代理人或者被代理人的法人、非法人组织终止。

一、历史由来

本条属于对《民法通则》的修改完善。《民法通则》第 69 条规定了“委托代理终止”，从条文内容上看，第 69 条没有明确规定“被代理人死亡”属于委托代理终止的情况，也没有规定作为代理人或者被代理人的非法人组织终止属于委托代理终止的情形。《执行民法通则意见》第 82 条规定了被代理人死亡，但是代理人实施的法律行为有效的几种情况。一般认为，从该意见可以反向推知，按照最高人民法院的观点，除了《执行民法通则意见》中规定的情况之外，一般情况下被代理人死亡，意定代理关系应当终止。

《合同法》在代理部分没有对委托代理的终止进行规定。

在建议稿中，“社科院稿”规定的委托代理终止的情形与《民法通则》规定的情形相同，但是在“被代理人取消委托或者代理人辞去委托”的情况中作出例外规定，“法律另有规定或者依代理权授予的性质不得撤回的除外”。“法学会稿”的规定与第 173 条的内容一致，但是第(5)项中的表达是“法人、其他组织终止”。

《民法总则(草案)》的几个审议稿与《民法总则》的规定仅有少许的文字改动。

二、规范目的与含义

(一)规范目的

第173条文本表述是“委托代理”,其本质是指意定代理的情况,以区别于第175条规定的法定代理终止的情况。意定代理权的消灭,涉及代理人、被代理人和第三人的利益,应当通过法律予以规范。传统民法中,意定代理权的消灭的原因可以归纳为以下几个方面:授权行为本身的原因;基础法律关系的原因;被代理人方面的原因;代理人方面的原因。本条款从这几个方面规定了可能引起意定代理终止的主要情形,但是没有穷尽所有可能导致代理终止的情况。①

本节的表述是“代理终止”,这里的“代理”是指“代理权”。

(二)规范含义

1. 代理期间届满或者代理事务完成

如果代理权的存续有时间上的限制,期间届满时,代理权应当终止;如果是为了一项或者几项特定的事务授予代理权,事务完成时,代理权应当终止。

(1)代理期间届满

被代理人在授予代理权的时候,可以确定代理权的有效时间,借此从时间上对代理权予以限制。代理期间既可以从授权行为中得出,也可以从基础法律关系中得出。在区分原则下,代理权授予行为和基础法律关系是两个不同的法律行为,代理权授予是单方法律行为,而代理的基础法律关系是双方法律行为,典型的基础关系包括委托合同、劳动合同、雇佣合同等。无论是授权行为,还是基础法律关系,都可以附期限或者附条件,以附起始日期和终止日期为常见。

第一,授权行为附期限。

授权人在授予代理权时,可以同时使代理权附开始期限和终止期限,通常是根据日历确定的时间,当然也可以是其他形式的期限。② 在附终止期限的情

① 参见孙宪忠主编:《民法总论》,社会科学文献出版社2010年版,第274页。

② Vgl. Muenchener Kommentar/BGB, § 168 Rn. 3.

况下,时间经过后,代理权必然终止。还有一种情况是同时附始期和终期,时间届满,代理权终止。

第二,基础法律关系附期限。

授权行为的基础关系可能是委托合同,也可能是劳动合同等其他合同。如果当事人在基础性法律关系中约定了基础关系的存续期间,即对基础关系附生效期限和解除期限。在没有独立的授权行为时,亦即,基础关系同时包括授权行为时,应当认为约定的期限同时约束代理权。生效期限到来,基础法律关系有效,代理权产生;解除期限到来,基础关系终止,代理权也随之终止。比如,商店店主和店员之间的劳动合同是短期劳动合同,一般情况下合同期间就是代理权期间,合同的始期和终期同时也约束代理权。

基于授权行为和基础法律关系之间的区分原则,比如委托合同和授权行为是两个不同的法律行为,实践中可能出现的情况是,授权行为中的代理权期间与基础法律行为中约定的期间不同。此时代理权的期间应当以授权行为中的期间为准。

授权行为和基础法律行为也可以附条件,具体见下文。

(2)代理事务完成

为了实施特定的一个或者几个法律行为而授予代理权,当该授权被"使用"后,即特定的法律行为完成后,授予代理权的目的就已经达到,代理权此时变得"无的放矢",代理关系应当终止。还有一种情况是,代理事务虽然没有完成,但是已经确定,代理事务不可能实施乃至完成,此时也视为代理事务完成。[①] 另一种情况是,因为情势变更,或者因为严重的目的干扰,代理事务的完成变得毫无意义,在此情况下代理权应当终止。

2. 被代理人取消委托或者代理人辞去委托

从本条款的文本表述上看,仅明确规定,在被代理人取消或代理人辞去"委托"的情况下代理权应当终止,如果基础法律关系是其他法律关系,比如劳动合同关系、雇佣关系等,则准用本条款。

在委托合同中,一般情况下当事人任何一方都有任意"解除权",原因是委

① Vgl. Muenchener Kommentar/BGB, § 168 Rn. 4.

托合同以当事人之间的信赖为基础,其信赖关系动摇时,应允许当事人随时解除合同。[①] 另有观点认为,从委托人的视角看,委托关系是一种特别的信赖关系,信赖人可以随时终止;从受托人的视角看并不具有当然性,在无偿委托中受委托人可以随时解除委托。[②] 具体而言,受托人(代理人)辞去委托时行使的是(向未来的)解除权,委托人(被代理人)取消委托时行使的是撤回权。尽管术语不同,但本质相同,解除和撤回同为单方的法律行为,向未来发生效力。虽然单方法律行为原则上不得附条件,鉴于受托人(代理人)需保护程度低,委托人(被代理人)可以在撤回时附生效条件。受托人(代理人)在行使解除权时是否可以附生效条件有争议。

关于代理制度中的基础法律行为和代理权之间的关系,我国学界一直存在有因原则和抽象原则的争议,学者个人的观点亦有变动。[③] 支持抽象原则的观点认为,代理权授予不依赖于基础法律关系有利于保护交易安全;[④]支持有因说的观点认为,交易安全可以通过表见代理制度完成,代理制度中不必采用抽象原则。[⑤] 本评注认为,表见代理需要满足一定条件,对交易安全的保护不充分,因此采抽象原则为宜。对于本项所规定的内容,有观点认为是立法对有因原则的承认,基础法律关系消灭必然引起代理权的消灭。[⑥] 法律条款从性质上看并不必然是规范性条款,某些情况下可能是解释规则,[⑦]本项所规定的即是解释规则。被代理人"取消"委托和代理人"辞去"委托时,如果基础法律关系同时包含授权,并且在基础法律关系中没有不同的约定,双方应当毫无疑问地得出,当事人同时撤回或放弃代理权,不需要特别的撤回行为或放弃声明,代理权消灭。这符合交易中的通常观念,比如在劳动合同关系中,雇主解除劳动合同,同时也意味着他撤回了代理权。当事人之间可以有其他约定,比如约

---

① 参见崔建远:《合同法》,法律出版社 2010 年版,第 517 页。

② Vgl. Muenchener Kommentar/BGB, § 671 Rn. 1.

③ 参见梁慧星:《民法总论》,法律出版社 2011 年版,第 227 ~ 228 页。

④ 参见王泽鉴:《民法总则》,北京大学出版社 2009 年版,第 437 页。

⑤ 参见梁慧星:《民法总论》,法律出版社 2011 年版,第 228 页;朱庆育:《民法总论》,北京大学出版社 2013 年版,第 335 ~ 336 页。

⑥ 参见朱庆育:《民法总论》,北京大学出版社 2013 年版,第 347 页。

⑦ Vgl. Palandt, Buergerliches Gesetzbuch. Muenchen 2015, § 133 Rn. 22.

定基础法律关系消灭或者终止时代理权仍然继续存在,或者在授权中设置一个比基础法律关系更长的授权期间,这时超过基础法律关系的代理权是“孤立代理权”。如果双方在基础法律关系中进行了其他约定,或者授权行为包括了不同内容,在意思表示不明确的情况下,需要对当事人的意思表示进行解释,解释结果存疑时,代理权终止。

3. 代理人丧失民事行为能力

代理人丧失民事行为能力时,代理权消灭的原因并不是基础法律行为和授权行为本身受影响,因为判断法律行为的有效性的时间点是法律行为作出时。代理权消灭的原因是,代理制度的目的在于为被代理人进行法律行为,如果代理人失去民事行为能力,就不能行使代理权进行法律行为,民事行为能力的缺失对代理关系的影响,应当区分暂时失去抑或长期丧失民事行为能力。只有代理人长期丧失行为能力的,代理关系才终止;代理人暂时丧失,在可预见的时间内可以恢复,并且不影响代理事务的进行,待恢复民事行为能力后,可以继续行使代理权。

在意定代理关系中,“丧失民事行为能力”是指代理人变成“无行为能力人”,代理人成为限制行为能力的情况不适用本条款。原因在于,代理人进行的法律行为之法律后果直接归属于被代理人,对代理人并不产生义务,不引起权利的丧失。换言之,代理行为对代理人而言是中性行为,不会带来法律上的不利。尽管本法第 19 条的条文规定的是,限制行为能力人可以独立实施纯获利益的民事法律行为,各方观点几乎一致,限制行为能力人可以独立进行“中性”法律行为。

如果被代理人丧失法律行为能力,原则上不影响代理权。他的法定代理人如果对代理权授予持反对意见,则可以撤回代理权,抑或解除基础法律关系。如果没有有效地撤回或解除,被代理人的法定代理人的反对意见仍然不能导致代理终止,因为代理权的授予有效。

4. 代理人或者被代理人死亡

(1)代理人死亡

意定代理关系以代理人和被代理人之间的信赖为基础,主要是被代理人对代理人的信任,代理人死亡,信赖对象消灭,在没有特别规定或约定的情况下,代理权消灭。并且,代理权不属于财产上的权利,因此在代理人死亡后,其继承人不能继承代理权。代理人死亡,原则上代理权应当消灭,代理关系终止。代理人死亡,极为例外的情况时,[①]被代理人为了代理人自己的利益而向他授予代理权时,特别是为了履行目的,比如在德国民法中认为,出让人向不动产买受人授予订立土地契约的代理权,代理人死亡,代理权并不消灭,[②]由代理人的继承人继续订立土地契约,因为订立土地契约的目的是履行代理人(买受人)和被代理人(出让人)之间有效成立的买卖合同,这种情况中认为代理权继续存在具有合理性。

(2)被代理人死亡

本条规定了"被代理人死亡代理关系终止"的情况,是对《执行民法通则意见》第82条所表明的观点的继受。因为《执行民法通则意见》第82条规定了被代理人死亡后,委托代理人实施的代理行为有效的几种情况,从该规定中可以推测,在实践中,法院在某些情况下会认定,被代理人死亡导致代理权终止,进而认定代理人实施的代理行为无效。

《民法通则》没有规定被代理人死亡导致代理关系终止,至少说明立法者当时对这种情况是否属于代理关系终止并不确定。《执行民法通则意见》由最高人民法院发布,说明在司法实务中被代理人死亡经常被认为代理关系终止,但又规定了几种例外的情况。本法在本条中吸收了《执行民法通则意见》的观点,规定原则上被代理人死亡代理关系应当终止,同时又在第174条规定了在五种特殊情况下代理人实施的代理行为有效,这说明,被代理人死亡并不必然导致代理权终止。根据我国台湾地区"民法典"的相关规定,被代理人死亡时,除了法律规定和委任事务的性质不适宜的情况,代理权消灭,因为台湾民法学界认为,被代理人死亡后被代理之对象既失。[③] 也有观点提出,委托关系不因代理人死亡而消灭时,基于委托授予的代理权原则上不消灭,但继承人可以撤

① 根据《德国民法典》第673条第2句,受委托人死亡,迟延可能带来危险的情况下,受委托人的继承人必须继续处理委托事务,此时代理权也暂时转移给代理人的继承人。

② Vgl. Muenchener Kommentar, § 168 Rn. 6.

③ 郑玉波:《民法总论》,中国政法大学出版社2003年版,第429页。

回代理权。[1] 由此可见,在我国台湾的"民法典"中并不认为被代理人死亡,代理权当然终止。

被代理人死亡,代理权是否消灭,需要对授权行为或者委托等基础法律关系进行具体的解释。尽管代理人已经有效取得代理权,在有基础法律关系时,理论上看有效的基础法律关系形成的权利义务应当由继承人继承。但是,代理关系是以代理人和被代理人之间的信赖为基础,被代理人死亡后,继承人与代理人之间是否有信赖,并不确定,因此代理权不应该完全不受影响。从比较法的视角看,代理事务的性质对判断代理权在被代理人死亡时是否终止至关重要。代理关系通常涉及财产性利益,保护被继承人和继承人财产利益的连续性应置于首要位置,基于这种观点,大多数情况下代理权应当仍然存续。该代理权对继承人仍有效力,代理行为仅得涉及遗产,通常表现为代理行为产生的债务仅由遗产负担,产生的财产性权利属于遗产。如果继承人无意于代理权继续存在,可以直接撤回代理权。只在极其少数的情况下,基础法律关系与代理权都消灭,比如委托事务涉及被代理人个人,或者委托事务是为被代理人量身定制。[2]

鉴于上述原因,本项规定宜理解为解释规则:在对授权行为和基础法律关系进行解释后,得出的结论如果是,被代理人死亡对代理权的影响不确定,即存疑,此时应当认为代理权终止。不能简单地认为,只要被代理人死亡,代理权就终止。解释时,应当综合考虑各方面的因素,除了代理事务的性质,还包括交易相对人是否知情,被代理人授予代理权和订立基础法律关系时的意思,继承人的意思等。我国《合同法》第 411 条规定:委托人或者受托人死亡、丧失民事行为能力或者破产的,委托合同终止,但当事人另有约定或者根据委托事务的性质不宜终止的除外。该条款也支持这样的解释规则,据此,当事人约定不明或者根据委托事务性质不能明确判断委托关系是否适合终止时,委托合同应当终止。

代理人和被代理人也可以在基础法律关系约定,或者授权行为中包括特

---

① 参见王泽鉴:《民法总则》,北京大学出版社 2009 年版,第 439 页。

② Vgl. MuenchKomm, § 168 Rn. 17.

别条款,使代理人在被代理人死亡的情况下继续有代理权;也可以约定或确定,在被代理人死后才产生代理权。此类特殊代理权并不说明,被代理人死亡代理权应当终止,只是为了排除疑问情况。

5. 作为代理人或者被代理人的法人或者非法人组织终止

代理人或被代理人是法人的情况下,法人终止原则上将引起代理权的终止,原因在于,法人终止意味着没有继承人,一切法律关系都消灭,代理亦不例外。根据本法第 68 条的规定,法人基于破产宣告、解散或者其他法律规定的原因终止。代理权的终止不必等到法人完全终止,所谓的完全终止是指根据本法第 68 条完成清算和注销登记程序才完全终止。解散程序开启后,等到法人依法定程序进行清算时,代理权就随之终止,因为根据本法第 72 条,虽然清算期间法人并没有完全终止,但是不得进行与清算无关的活动。

本法第 69 条规定了法人解散的原因,包括法人章程规定的存续期间届满或者法人章程规定的其他解散事由出现;法人的权力机构决议解散;因法人合并或者分立需要解散;法人依法被吊销营业执照、登记证书,被责令关闭或者被撤销;法律规定的其他情形。虽然根据本法第 68 条与第 69 条,法人分立或者合并可能引起原法人解散,进而导致法人终止,但是因为合并或分立而解散原法人时,并不能必然引起代理关系的终止。法人分立或合并时,原法人虽然终止,根据本法第 67 条权利义务由合并或者分立后的法人继受。法人出现类型转换,比如从有限责任公司转变成股份公司,代理关系一般应当继续存在,由转型后的法人继受。比如原法人订立的劳动合同对合并或分立后的法人继续有效,劳动者仍然有代理权。

《民法总则》规定非法人组织是民事法律行为的主体,可以依法从事民事活动,这样非法人组织既可以是代理人,也可以是被代理人,非法人组织最终终止的,与法人情况类似,一般没有"继承人",一切法律关系消灭,包括代理关系。非法人组织也可能出现类似于法人合并、分立、变更形式的情况,此时参照法人的相关规则。

三、证明责任分配

诉讼中如果主张意定代理权终止,由从中得到权利的一方当事人承担证明责任。如果一方主张代理的法律行为对被代理人有效,他必须证明该法律行为在代理权终止时间点前就已经有效成立。

四、其他问题

(一)代理权终止的其他情况

本条款并没有穷尽所有代理关系消灭的原因,还存在其他引起代理权终止的原因。

1. 代理人放弃代理权

代理人可以通过单方的意思表示放弃代理权,此时代理关系终止。即使根据内部关系(委托关系),代理人有义务完成委托事务,也不影响代理人放弃。因为代理权是"权利",没有人可以将他人不愿意接受的权利强加于他人。[①] 通常情况下,内部授权时(授权行为对代理人做出),放弃的意思表示应当对被代理人做出;外部授权中(授权行为对交易相对人做出),放弃代理权的意思要对交易相对人表示,这样可以保证放弃代理权完全有效。[②]

2. 授权人撤回代理权

意定代理权原则上允许授权人随时撤回,撤回代理权通过单方意思表示完成,授权人可以对代理人做出撤回的意思表示,也可以对交易相对人行使撤回权。撤回的意思表示可以明确作出,也可以默示做出。以公示的方式授予的代理权可以通过公示的方式撤回,也可以向代理人作出撤回的意思表示。代理权的撤回以授权人有撤回能力为条件,当授权人完全失去行为能力、死亡时,他不能撤回代理权。

代理人和授权人可以约定代理权不得撤回;授权人在授予代理权的时候也可以同时声明放弃撤回权;授权人也可以与交易人约定不得撤回代理权。

(二)授权行为和基础法律关系附条件

代理权和基础法律关系都可以附条件,包括附生效条件和解除条件。[③] 授权附条件的,生效条件成就,代理权产生;解除条件成就,则代理权终止。基础

① Vgl. Muenchener Kommentar, § 168 Rn. 8.

② Vgl. Flume, Werner, Das Rechtsgeschaeft. Springer-Verlag, 1992, S. 846.

③ Vgl. Munchener Kommentar § 168 Rn. 3.

法律关系附生效条件时，条件成就，基础法律关系产生效力，在没有或者不需要有单独的授权行为的情况下，此时一般也产生代理权。附解除条件的，解除条件成就时，基础法律关系消灭，没有进行特别授权的，代理权也消灭。比如在雇佣合同中，生效条件成就，合同生效，同时也产生代理权，解除条件成就，合同失去效力，代理权也消灭。

（三）商事领域中的特殊性

问题是，代理事务完成在商事领域是否能直接导致代理权终止。我国学界有观点认为，商事代理终止的原因与民事代理终止的原因相同。① 根据《德国商法典》第 50 条，在商事全权代理中，对代理权的时间、范围等方面的限制对第三人无效，这样，代理期间届满和代理事务完成并不能引起代理权的终止。

① 参见施天涛：《商法学》，法律出版社 2009 年版，第 114 页。

第一百七十四条 【被代理人死亡后的代理行为】

被代理人死亡后，有下列情形之一的，委托代理人实施的代理行为有效：

（一）代理人不知道并且不应当知道被代理人死亡；

（二）被代理人的继承人均予以承认；

（三）授权中明确代理权在代理事务完成时终止；

（四）在被代理人死亡前已经实施，为了被代理人的继承人的利益继续代理。

作为被代理人的法人、非法人组织终止的，参照适用前款规定。

一、历史由来

《民法通则》没有规定被代理人死亡代理权继续有效的情况，很大程度上是因为第69条没有明确规定“被代理人死亡”引起委托代理终止。《执行民法通则意见》第82条规定了被代理人死亡，代理人实施的法律行为仍然有效的情况，内容与本法第174条第1款相同。“社科院稿”没有相关规定，“法学会稿”的规定与本条第1款内容相同。

《民法总则（草案）》的几个审议稿关于本条款内容的规定与《民法总则》第174条的内容基本上一致。

二、规范目的与含义

（一）规范目的

根据本法第173条第4项的规定，被代理人死亡，可能出现代理权终止的情况。本条款是第173条第4项的例外情况，明确规定几种代理权虽基于被代理人死亡而终止、但是代理人实施的代理行为有效的情况，实际本条规定的情况从代理制度的本旨及诚实信用原则得出的正确推论，[1]法律对此进行了明

---

[1] 参见梁慧星主编：《中国民法典草案建议稿附理由·总则编》，法律出版社2004年版，第206页。

确的规定。

(二)规范含义

代理人在没有代理权的情况下实施了代理行为,根据《民法总则》第171条第1款,未经被代理人追认的,代理行为对被代理人不发生效力。这时由行为人(代理人)自己承担责任。由此可见,法律行为不会因为代理权终止而不产生法律效力,只是不会对被代理人产生法律效力。第174条的“代理行为有效”是指代理人作出的法律行为直接对被代理人的继承人发生效力,“代理行为有效”这样的表述并不准确。在《民法总则(草案)》的三个审议稿中,关于无权代理时的法律行为效力的表述是“未经被代理人追认的,代理行为无效”,立法者之后认识到这种表述的错误,更正为“未经被代理人追认的,对被代理人不发生效力”。遗憾的是,立法者未对第174条的条文表述作出精确修正。

被代理人死亡,原则上并不必然引起代理权的终止,一般而言,需要对授权行为及基础法律关系进行解释,确认代理权是否继续存在。在出现本条款规定的情形时,则可以不必解释授权行为和基础法律关系,直接确定代理行为对被代理人的继承人发生效力。

1. 第1款

(1)代理人不知道并且不应当知道被代理人死亡

虽然代理制度是建立在代理人和被代理人之间的信任的基础上,但是代理人和被代理人之间可能并不相熟,特别是现代交易社会,两人甚至可能未曾谋面。代理人不可能随时得知被代理人方面的情况。在被代理人死亡后,代理人对此不知情,而实施了法律行为,此情况下代理人信赖代理关系存在,这种信赖值得法律保护,因此代理人实施的代理行为直接对被代理人的继承人有效。否则导致的后果是,在不发生其他三项的情况下,代理关系终止,代理人属于无权代理,必须自己承担责任。代理人必须时刻关注被代理人的生死,这种情况将严重限制代理人进行代理行为,妨碍代理制度的发展,也不利于商品经济的发展,与代理制度的本旨相违背。

本款对代理人主观方面的要求分为两个层次:其一,要求代理人对被代理人死亡这一事实“不知道”;其二,要求代理人不知道被代理人死亡并非出于自己的疏忽大意(不应当知道),换言之,代理人不是因为自己的过失而不知道被代理人死亡。判断代理人是否“不应当知道”的根据是过错中的过失标准。如果代理人不知道被代理人死亡,要满足本款的“不应当知道”,必须确定代理人是否因为没有尽到交易中的谨慎注意义务而没有认识到这一事件。判断的标准是客观过失标准:从同一群体交易参与人(可以考虑的因素包括年龄、职业等)的视角看,在当时的具体情况中代理人是否应当认识到被代理人死亡。如果代理人对被代理人死亡这一事实应当知道,但是因为疏忽大意而不知道,则不适用本项规定。在不存在本条款的其他项规定的情况时,代理行为应当认定对被代理人的继承人不发生效力。

(2)被代理人的继承人予以承认

如果经解释认为,被代理人死亡后,代理权消灭,那么代理人进行代理就是无权代理,已经实施的法律行为效力待定。问题是,应当如何从学理上界定继承人的“承认”行为的本质。对此可以从以下几个方面考虑:①代理人在被代理人死亡后进行的是无权代理,经被代理人的继承人共同追认的,对被代理人的继承人发生效力;不追认,则由代理人承担责任。②考虑到交易相对人是否愿意与被代理人的继承人进行交易,被代理人的继承人对代理人进行的法律行为均予以承认的,相当于另行授予代理权,如果交易的相对人不反对,则代理人已经进行的法律行为有效。③也可以从权利义务整体转让、债务承认等视角理解,代理人进行的法律行为首先约束代理人和交易相对人,被代理人的继承人承认代理行为即承认债务,同时接受债权。

这里的承认包括明确的承认,也包括默示承认,比如被代理人的继承人都准备履行代理行为产生的义务。被代理人的继承人承认代理行为的意思表示可以对交易相对人作出,也可以对代理人作出。

(3)授权中明确代理权在代理事务完成时终止

如果被代理人在授权时明确说明“代理权在代理事务完成时终止”,代理权就被附解除期限,因为代理事务的完成是未来确定发生的事件,只是什么时间发生不确定。授权行为中明确代理权存续至代理事务完成时,在对内授权中,使代理人产生信赖,在对外授权中,对交易相对人产生信赖。可能出现的情况是,授权行为中没有此项规定,但是基础法律关系中包括本项的规定,同样适用本项。如果代理事项确定不能完成,此时本项规定不再适用,属于“视为代理事务完成”的情况，代理权终止。

没有独立的授权行为，即基础法律关系同时包括授权时，当事人在基础法律关系中约定，基础关系在“委托”事务完成时终止的，准用本项。

我国民法因为没有严格区别“委托”和“授权”这两个概念，实践中“授权书”经常被表达为“委托书”。重庆市第五中级人民法院裁判的“李诗宇与杨必芳、李代平等确认合同有效纠纷案”，就属于本项所规定的情况。被代理人与代理人在委托书中载明“委托期限至办完委托事宜为止”，这里的“委托期限”即为代理权期限。法院在判决书中援用《执行民法通则意见》第 82 条第 3 项，认为代理关系没有因为被代理人死亡而终止。① 大连市沙河口区人民法院的(2014)沙民初字第 859 号判决书的情况相同。

(4)被代理人死亡前已经实施，为了被代理人的继承人的利益继续代理

本项规定的情况首先要求被代理人死亡时代理行为尚未成立，如果已经有效成立则不适用本条款；其次，要求代理人已经实施，这里的已经实施应当理解为开始为代理行为做了充分准备，特别是已经耗费大量时间或已经投入资金的情况。

本项成立的另一个要件是，该代理行为是为了被代理人之利益。本条款与本法第 22 条相同，没有明确表示是为了被代理人的经济利益还是法律利益，因此在这里我们仍然需要解释，为了被代理人之“利益”是指“经济利益”还是“法律利益”。如果以经济为标准，则以收益减除成本的财务标准为最直接有效的方法，但是在这种计算方法中，无论是收益还是成本通常在交易过程中都处于一种不确定的状态。法律不应当以不确定的经济利益作为判断标准，②因此法条文本表达是“纯获利益”，实际应当理解为“纯获法律之利益”，并不能以经济利益为依据。

2. 第 2 款

本款的问题在于，在作为被代理人的法人或者非法人组织终止的情况中，本条第 1 款是否有参考适用的空间。

---

① 参见(2015)渝五中法民终字第 02392 号判决书。

② 参见朱庆育：《民法总论》，北京大学出版社 2013 年版，第 246 页。

在本款中,应当区别法人或非法人组织最终终止,还是仅仅变更形式、进行合并或者分立的情况。作为被代理人的法人或非法人组织最终终止时,没有“继承者”,一切法律关系都消灭,财产进行清算,这种情况下,代理人进行的代理行为不能对任何“继承者”发生效力,并没有参考适用本条第 1 款的余地。

法人或者非法人组织因为变更形式、分立或合并需要终止,原法人或非法人组织的权利义务由之后的主体继受,授予的代理权有可能继续存在。代理人进行的代理人行为可以对变更、分立或合并后的主体有效。从权利义务的承担的视角看,本款有参考适用的空间。出现可以参照适用本条第 1 款的情况时,代理行为对法人或非法人组织的“继承者”继续有效。

三、证明责任分配

诉讼中主张存在本条款的情况的,由从中获得权利一方承担证明责任。

四、其他问题

代理人实施的法律行为对被代理人的继承人发生效力,产生的权利和义务都归属于被代理人的继承人,但是涉及的只是遗产,即权利归属于遗产范围,义务同样由遗产负担。

第一百七十五条 【法定代理的终止】

有下列情形之一的,法定代理终止:

(一)被代理人取得或者恢复完全民事行为能力;

(二)代理人丧失民事行为能力;

(三)代理人或者被代理人死亡;

(四)法律规定的其他情形。

一、历史由来

《民法通则》第70条规定了法定代理或指定代理终止的情况。部分专家建议稿沿袭《民法通则》的核心内容,将指定代理和法定代理一并进行了规定。《民法总则(草案)》的三个审议稿对法定代理终止情况的规定与本条大致一致。

《民法总则》在代理终止部分仅规定了法定代理的终止,没有一并规定指定代理。指定代理发生在存在多个法定代理人情况下,指定代理人的代理权也来自于法律规定,是特殊形式的法定代理,不应当将指定代理规定为独立类型的代理。"其他原因引起的代理人和被代理人之间的监护关系消灭"也没有在本条款中继续予以明确规定,该项内容的核心规定在本法第39条"监护关系终止"中。

二、规范目的与含义

(一)规范目的

本条款是关于法定代理终止的情况的规定。所谓法定代理是指代理权的发生由法律规定。法定代理和意定代理终止的原因部分相同,比如代理人丧失行为能力的情况,但是也有不同的终止原因,比如被代理人恢复完全民事行为能力等。另外,法定代理主要关系被代理人利益和代理人的义务、责任,有必要对法定代理终止的原因进行规定。

(二)规范含义

1. 被代理人取得或者恢复完全民事行为能力

尽管我国民法中没有类似于我国台湾地区“民法典”第1086条第1款、第1098条第1款和第1003条第1款的明确规定,从学理上可以认为民法中的法定代理主要包括三种情况:父母为未成年子女的法定代理人;监护人为被监护人的法定代理人;夫妻在日常事务中互为法定代理人。根据《民法总则》第2章第2节的规定,父母与未成年子女形成的也是监护关系。这样,在我国民法中,法定代理的基础可以总结为两种情况:监护关系和夫妻关系。在监护关系中,法定代理主要是为无民事行为能力人和限制民事行为能力人的利益而设立的法律制度。

(1)被代理人为未成年人

最重要的法定代理关系是父母或其他监护人对未成年人的法定代理。代理是指代理人为被代理人进行法律行为,具体而言,是代理人为被代理人作出意思表示和接受意思表示。为保护意思能力不足之人,民法设有行为能力制度,当事人进行法律行为,或者作出和接受意思表示时,要求当事人具有民事行为能力。未成年人缺乏行为能力,法定代理制度的设立则使未成年人可以参与社会活动。

未成年人是典型的意思能力不足之人,包括属于无行为能力人(未满八周岁)和限制行为能力人(未满十八周岁)的未成年人。无行为能力人完全不能自己作出意思表示,其本人作出的意思表示无效,不需要考虑是否仅有法律上之利益,无民事行为能力人被完全排除在交易之外。限制行为能力人在大多数情况下作出的意思表示效力待定,除了纯获利益的民事法律行为或者与其年龄、智力、精神健康状况相适应的民事法律行为有效之外,需要法定代理人的同意或者追认。未成年人接受意思表示也需要法定代理人。如前所述,为未成年人设立法定代理制度的原因是他们不具有意思表示的能力,或者意思表示的能力受到限制,当未成年人成年后,自己立即取得完全民事行为能力,其意思表示的能力原则上不再受到限制,法定代理设定的基础消灭,法定代理关系当然终止。

(2)被代理人为成年人

《民法总则》第 18 条规定,成年人为完全民事行为能力人。但是在例外的情况下,成年人因为精神疾病的干扰处于不能作出自由的意思决定的状态,并且这种状态从本质上看不是暂时性的,此时成年人是无行为能力人。无行为能力的成年人因为精神疾病长期不能作出自由的意思表示,即根据经验不能在可预见的时间内恢复自由作出意思表示的能力。成年人也可能因为精神疾病暂时性地失去自由作出意思表示能力,在这种状态下同样是无行为能力人。成年人也可以是限制行为能力人。这种情况主要发生在成年人因为精神疾病,或者因为身体上的、精神上的障碍,独立地自己管理自己的事务的能力受到一定限制。

根据《民法总则》第 28 条的规定,无行为能力和限制行为能力的成年人应当有监护人。根据本法第 23 条,监护人于其监护权限内是被监护人的法定代理人。成年人是无行为能力人或者是限制行为能力人的情况下,不能自由地形成自己的意思,必须通过法定代理人进行法律行为或者作出意思表示。如果成年人治愈疾病,则可以取得或者恢复完全行为能力,此时法定代理制度设立的原因消灭,法定代理关系终止。

需要强调的是,本项要求的是取得或恢复"完全"民事行为能力,如果无民事行为能力人仅仅成为限制行为能力人,法定代理关系不能终止,因为限制行为能力人仍然需要法定代理人。

2. 代理人丧失民事行为能力

法定代理制度的设立旨在全面管理行为能力欠缺之人的法律利益,因此要求代理人必须是完全行为能力人,这一点与意定代理权不同,限制行为能力人即可以是意定代理人。鉴于此,这里的"丧失民事行为能力"应当作扩张解释,无论代理人是全部丧失行为能力,还是部分丧失行为能力,法定代理关系都应当终止,换言之,只要法定代理人变成限制行为能力人,法定代理关系即终止。①

3. 代理人或者被代理人死亡

在未成年人和无行为能力以及限制行为能力的成年人的法定代理关系

① 参见朱庆育:《民法总论》,北京大学出版社 2013 年版,第 348 页。

中,代理权是基于监护人的资格而产生;夫妻在日常事务中的相互法定代理关系是基于共同生活关系而产生。换言之,法定代理以人与人之间的特别关系为基础。代理人死亡,监护关系和共同生活关系都消灭,并且代理人和被代理人之间特别关系不可以继承,法定代理权也不可以继承,此时代理权消灭。

法定代理关系设置的基础是被代理人的利益需要管理,关键在于被代理人的"人",被代理人死亡的,法定代理失去存在的基础,代理关系消灭。

4. 法律规定的其他情形

本项是兜底条款。本条前3项没有穷尽所有的法定代理的终止事由,法律可以规定其他的法定代理终止的情况。比如,夫妻关系终止,一般情况下日常家务中的互为法定代理关系终止。

三、证明责任分配

诉讼中如果主张法定代理权终止,由从中得到权利的一方当事人承担证明责任。

四、其他问题

《民法总则》取消了《民法通则》第70条第5项"由其他原因引起的被代理人和代理人之间的监护关系消灭"而导致法定代理关系终止的情况的规定。监护关系是形成法定代理关系的最重要的基础,但是并不是唯一的基础,监护关系消灭,法定代理关系还可能基于其他关系产生,比如夫妻在日常事务中的互为法定代理关系。

法定代理终止后,原法定代理人进行的法律行为是无权代理行为,对被代理人的效力处于待定状态。如果被代理人追认,则对被代理人有效;不追认,由代理人自己承担责任。

第八章　民 事 责 任

第一百七十六条　【民事义务与民事责任】

民事主体依照法律规定和当事人约定，履行民事义务，承担民事责任。

一、历史由来

《民法总则》第八章专门规定了民事责任，采用将民事责任独立于民事义务并集中规定的立法模式，这是对我国既有立法和司法经验的承继。就民事权利的保护而言，作为大陆法系民法典的代表之一，《德国民法典》采用“绝对请求权和损害赔偿”的立法模式，绝对权依靠自身固有的请求权，恢复和保持自身的圆满状态，民事责任形式仅为损害赔偿，并被归属于损害赔偿之债。《民法总则》关于民事责任的规范完全不同于《德国民法典》的立法模式，是一种新的立法模式。

本条是对《民法通则》第106、111条及《合同法》《侵权责任法》相关条款的承继，《民法通则》第106条规定：“公民、法人违反合同或者不履行其他义务的，应当承担民事责任。公民、法人由于过错侵害国家的、集体的财产，侵害他人财产、人身的应当承担民事责任。没有过错，但法律规定应当承担民事责任的，应当承担民事责任。”第111条规定：“当事人一方不履行合同义务或者履行合同义务不符合约定条件的，另一方有权要求履行或者采取补救措施，并有权要求赔偿损失。”《合同法》第107条规定：“当事人一方不履行合同义务或者履行合同义务不符合约定的，应当承担继续履行、采取补救措施或者赔偿损失等违约责任。”《侵权责任法》第6条规定：“行为人因过错侵害他人民事权益,应当承担侵权责任。根据法律规定推定行为人有过错,行为人不能证明自己没有过错的,应当承担侵权责任。"第7条规定:"行为人损害他人民事权益,不论行为人有无过错,法律规定应当承担侵权责任的,依照其规定。"第24条规定:"受害人和行为人对损害的发生都没有过错的,可以根据实际情况,由双方分担损失。"

本条对前述各法相关规定进行了调整。首先,明确了民事义务的必为性以及民事义务与民事责任的逻辑关系,将义务之违反作为责任之发生的逻辑前提。这意味着立法在民事责任构成论上,采纳了"义务违反说",义务之违反成为所有民事责任类型归责的必要条件,证立违约责任、侵权责任、缔约过失责任及违反其他义务责任等民事责任,不再需要考虑权益侵害的维度,形成了统摄性的"义务——责任"的立法格局。这不仅有利于引导民事主体强化自觉履行法定或者约定义务的意识,预防并制裁违反民事义务的行为,也不影响对权利人民事权益的切实保护。其次,申明了违反义务的民事主体应当依法承担民事责任。本条虽然不再具体规定过错责任原则等民事责任的归责原则,但这并不意味着具体责任类型的配置不需要考虑归责原则的问题。"依法承担民事责任"所依之法必然包括《合同法》与《侵权责任法》,也当然包括民法典的合同法编和侵权责任法编,这就为合同法编和侵权责任法编预留了确立相关民事责任类型归责原则的空间。因此,就民事责任构成论而言,本条在"权益之侵害"与"义务之违反"上的这种选择,只是基于民法典体系化的诉求,为了统一民事责任归责要件,而在立法技术上的调整,不会对司法实践中关于民事责任构成的法律论证产生实质性的影响。

《民法总则(草案)》的历次审议稿均包含本条的相关内容,只不过表述略有不同。2015年8月28日发布的"民法总则民法室室内稿"第7章(民事权利的行使和保护)第138条规定:"义务人应当履行民事义务。义务人不履行或者不完全履行民事义务的,应当依法承担民事责任。"《民法总则(草案)》(一审稿)第156条规定:"民事主体应当依照法律规定或者当事人约定履行民事义务。民事主体不履行或者不完全履行民事义务的,应当依法承担民事责任。"《民法总则(草案)》(二审稿)第171条和《民法总则(草案)》(三审稿)第

180 条规定:“民事主体应当依照法律规定或者当事人约定履行民事义务。民事主体不履行或者不完全履行民事义务的,应当依法承担民事责任。”较历次审议稿,本条的表述更为简洁、抽象,具有更大的解释空间。

二、规范目的与含义

(一)规范目的

本条遵循了严格区分民事责任和民事义务的民法理论,在贯彻这种民法理论的民事立法中,民事责任并非某一分则项下的具体制度,而是存在于分则的各个部分。即使侵权责任法独立成编,成为民法典的分则之一,民事责任仍具有一般性的特点。在侵权责任法独立成编的体例下,本条实际上对民事责任进行了两步抽象,第一步是将分则中的侵权责任抽象出来,归为侵权责任编;第二步是再将侵权责任、债务不履行民事责任的共通事项抽象出来规定于《民法总则》。从《民法总则》的内容结构上看,民事责任应为本法的当然内容。民法的各项制度是具体民事关系展开构建的规范集合,《民法总则》的内容正是从各种法律关系的共同事项中抽象出来的。按照现代大陆法系民法思想,民事责任为民事法律关系之构成要素。民事法律关系由民事权利、民事义务和民事责任三者结合而成。权利义务为法律关系之内容,责任则是义务履行、权利实现的法律保障。民事权利、民事义务唯有与民事责任结合,民事义务的履行才能得到切实保障,民事权利才受到责任关系的保护。[①] 本条基于上述选择,实现了责任法的统一。首先正面规定民事主体应当履行义务,确立主体必须遵守的行为模式,其次规定违反法定行为模式的责任,以义务之违反为归责的必要条件,统摄侵权责任、违约责任、缔约过失责任等民事责任,形成了“义务—责任”的立法格局。

① 参见梁慧星:《民法总论》,法律出版社 2011 年版,第 85 页。

不同于传统大陆法系国家将损害赔偿责任作为债(义务)的模式,[1]继《民法通则》[2]之后,我国民事立法一直实行严格区分义务与责任的立法模式,这体现了立法向民事责任之法律属性的回归。民事义务是民事主体按照合同约定和依照法律规定应当为或不为一定行为以满足权利人利益的约束手段。民事责任则是民事主体不履行或不完全履行约定或法定义务而引发的、由国家专门机关认定并归结于有责主体的带有强制性的义务,即由于违反第一性义务而招致的第二性义务。[3] 法律责任的认定和归结依赖于国家权力的运行,是国家对责任主体财产或人身自由的强制限制或剥夺。民事责任作为第二性义务,是第一性义务的转化形态,二者在这个意义上具有同一性。但民事义务不包含任何对民事主体的强制,当义务人不履行第一性义务时,则需要通过民事责任的配置,强制其承担一定的第二性义务。现代社会既不同于《法国民法典》颁布时的风车水磨时代,也不同于《德国民法典》未给予人格权充分重视的时期。《德国民法典》以调整财产关系为中心,对人格权的保护不够,根本不涉及知识产权,损害赔偿的责任形式足以适应当时的需要。我们在21世纪的今天制定民法典,需要加强对人格权的保护,作为民事基本法的民法典不能不考虑对知识产权的保护,不能忽视环境污染对民事权益的侵害。在这种情况

① 《法国民法典》第1382条规定:"任何行为致他人受到损害时,因其过错致行为发生之人,应该对该他人负赔偿之责。"第1383条规定:"任何人不仅对因其行为造成的损害负赔偿责任,而且还对因其懈怠或疏忽大意造成的损害负赔偿责任。"《法国民法典》,罗结珍译,中国法制出版社1999年版,第330页。《德国民法典》第823条规定:"故意或过失地不法侵害他人的生命、身体、健康、自由、所有权或其他权利的人,有义务向该他人赔偿因此而发生的损害。以违反以保护他人为目的的法律的人,担负同样的义务。依法律的内容,无过错也可能违反法律的,仅在有过错的情形下,才发生赔偿义务。"《德国民法典》,陈卫佐译注,法律出版社2015年版,第317页。第826条规定:"以违反善良风俗的方式故意加害于他人的人,有义务向该他人赔偿损害。"《德国民法典》,陈卫佐译注,法律出版社2015年版,第318页。《日本民法典》第709条规定:"因故意或过失侵害他人权利或者受法律保护的利益的人,对于因此所发生的损害负赔偿责任。"《日本民法典》,渠涛译,法律出版社2006年版,第151页。

② 《民法通则》第84条规定:"债是按照合同的约定或者依照法律的规定,在当事人之间产生的特定的权利和义务关系,享有权利的人是债权人,负有义务的人是债务人。"第106条规定:"公民、法人违反合同或者不履行其他义务的,应当承担民事责任。公民、法人由于过错侵害国家的、集体的财产,侵害他人财产、人身的应当承担民事责任。没有过错,但法律规定应当承担民事责任的,应当承担民事责任。"

③ 参见张文显:《法哲学范畴研究》,中国政法大学出版社2001年版,第122页。

下,仅仅规定损害赔偿一种责任形式远远不能适应保护民事权益的需要。消除影响、恢复名誉、赔礼道歉等责任形式是不能用损害赔偿替代的,也不应对这些责任形式称之为损害赔偿。① 具体言之,区分责任与债,是民法理论的又一次完善。责任于债,个性大于共性。债是特定当事人的关系,但侵权责任是侵犯绝对权的结果,与债的相对性不同。责任与债,在德国法混同,将责任作为一种债规定于债编。但将责任作为债,只是着眼于责任关系也是特定当事人之间的关系。特定当事人之间的关系,并非责任关系之本质。责任的本质是国家强制履行,是受到国家公权力的直接干预的关系,而非国家公权力不干预的民事关系。就合同关系,合同生效后国家公权力也不首先干预,只有违约并经当事人请求,国家公权力才干预。② 不仅如此,民事权利作为技术手段,就是国家赋予当事人权力,推动制裁,所谓相对权、绝对权都一样。侵权、合同的国家干预都需要经当事人起诉才能启动。

(二)规范含义

在现代法治社会,“不侵害他人”是任何一个民事主体所应遵守的普遍性义务,没有合法依据或者法律授权,任何人不得侵害他人的民事权益,否则就需要承担相应的民事责任。③ 以下两种具体的义务类型都是这一普遍性义务的表现形式。从来源上看,民事主体的具体义务包括:第一,约定义务。民事主体通过依法设立的合同设定相对性义务,如《合同法》第 8 条规定:“依法成立的合同,对当事人具有法律约束力。当事人应当按照约定履行自己的义务,不得擅自变更或者解除合同。”第二,法定义务。首先,包括由法律、行政法规直接确定的义务。如《婚姻法》第 21 条规定:“父母对子女有抚养教育的义务;子女对父母有赡养扶助的义务。”其次,没有法律、行政法规明确规定的场合,民事主体还应承担理性人的注意义务,即理性人在民事主体所处具体、特定情形下应当达到的注意程度。注意义务的来源是多元化的,可以是来自法律和

---

① 参见魏振瀛:《〈民法通则〉规定的民事责任——从物权法到民法典的规定》,载《现代法学》2006 年第 3 期。

② 参见刘士国:《论民法总则之民事责任规定》,载《法学家》2016 年第 5 期。

③ B. S. Marksinis, A Comparative Introduction to the German Law of Torts, Clarendon Press Oxford(led 1994), p. 69;王胜明主编:《中华人民共和国侵权责任法释义》,法律出版社 2013 年版,第 43 页。

行政法规等,也可以是技术规则等,还可以是法律的基本精神。[①] 法律是社会的规范,理性人是一个确定注意义务标准的技术性概念,应以满足法秩序的期待为判准厘定其内涵,这意味着不能以超人的品性为判断标准,只能以理性的一般人为制度安排的背景。判断行为人是否违反该义务,主要是讨论理性人在民事主体所处情形下如何行为,原则上不考虑行为人的个体特殊性,不论其性格、年龄、身体状况,也不管其智商、经验和能力,均适用统一的标准。基于当时的客观情况,理性人别无选择,只能实施特定行为时,不构成违反注意义务,也就不能追究行为人的责任。但对于医生、律师、会计师等特殊行业的专业人士,不仅基于其特定的专业知识和技能,而且基于相对人对其的信赖和依赖,其注意义务应以其所从事领域公认的行为标准厘定,在此场合,理性人注意义务应为作为专家的理性人的注意义务。

违反义务则应依法承担责任,首先意味着民事责任主体必须是违反义务者,不履行或不完全履行义务,妨碍了相对方权利实现的人,都是违反义务者,都可能是责任主体。但同时意味着违反义务者不必然是责任主体,法律可以就违反义务者是否承担责任另行作出规定。第一,关于替代责任的规定。尽管现代民主社会通行责任自负原则,但违反义务者却未必是责任主体,其应否或能否承担民事责任,则需要通过确认其是否为法律责任主体来最终确定,替代责任有其存在价值,如雇员在从事雇佣活动中致人损害的,雇主应当承担赔偿责任。[②] 无民事行为能力人、限制民事行为能力人造成他人损害的,由监护人承担侵权责任。监护人尽到监护责任的,可以减轻其侵权责任。[③] 第二,关于归责原则的规定。尽管确认民事主体是否是违反义务者,不必考察其主观心态,故意或过失不是违反义务的要素,唯须注意的是,依照其他法律,故意和过失依然可以成为确定民事责任的要素,本条也为这种认定预留了空间。如根据《侵权责任法》第6条,行为人的过错就是其承担侵权责任的前提。第三,关于免责事由的规定。"法律不强人所难。"[④]通常情况下,法律向行为人归责

---

① 参见王利明:《我国〈侵权责任法〉采纳了违法性要件吗?》,载《中外法学》2012年第1期。

② 最高人民法院《关于审理人身损害赔偿案件适用法律若干问题的解释》第9条。

③ 《中华人民共和国侵权责任法》第32条。

④ 张明楷:《刑法格言的展开》,北京大学出版社2013年版,第396页。

以行为人自己能够控制不实施违反规范的行为为前提。“一个人为了能够对自己的行为承担道德责任，他就必须（在到达那个行为的某个相关点上）具有某种类型的可供取舍的可能性，这是一个基本的、广泛的假设。这个基本观念被概括在‘可供取舍的可能性原则’中，它的各种版本都要求道德责任要伴随着可供取舍的可能性的出现。”[①]责任非难，以行为人在行为当时具有适法行为的期待可能性（他行为可能性）为基础。亦即缺乏期待可能性，就没有非难可能性。[②] 在社会生活中的特定情形下，具有行为能力的行为人即使能够或应该认识到其行为不适法，构成民事义务的不履行或不完全履行，却依然不能期待其履行义务，此时就不应向行为人归责。基于此，《民法总则》规定了不可抗力、紧急避险等免责事由，以阻却行为人可能承担的责任。

三、举证责任分配

本条的证明责任分配应当遵循“谁主张，谁举证”的原则，主张责任主体应承担责任者，应当证明责任主体未履行或未完全履行义务。在特殊情况下，还要依举证责任倒置等特别法或特殊规定确定的举证责任分配规则，证明责任主体的行为符合法律规定的具体责任类型和形式的构成要件。

四、其他问题

本条采用“义务之违反”作为归责的前置条件，与《合同法》的归责模式一致，但形式上与《侵权责任法》的“权益侵害”归责模式有所龃龉。[③] 但如前所述，行为人侵害他人合法权益构成对普遍性义务的违反，因此，本条确定的归责模式，可以涵摄《侵权责任法》确立的归责模式。本条虽然没有关于归责原则的规定，但也不排斥法律就具体类型和形式的民事责任的构成规定特定的归责原则，过错责任原则、无过错责任原则在特别法中亦有其存在空间。本条

---

① ［美］约翰·马丁·费尔希：《法兰克福式例子与半相容论》，载徐向东编：《自由意志与道德责任》，江苏人民出版社2006年版，第359页。

② 参见张明楷：《刑法格言的展开》，北京大学出版社2013年版，第402页。

③ 《中华人民共和国侵权责任法》第2条规定：“侵害民事权益，应当依照本法承担侵权责任。”第3条规定：“被侵权人有权请求侵权人承担侵权责任。”

预示和体现了过错认定的客观化,认定过错不再需要分析行为人对自己的行为及其后果的认识、理解、判断、控制等主观因素,而是采用“义务之违反”这一客观标准,认定过错之有无。行为人尽到了合理注意义务,就没有过错;反之则有过错。

本条没有明确责任承担的请求主体,必须结合特别法才能完成关于请求主体的认定。就违约责任而言,请求主体应为守约方;就侵权责任而言,请求主体应为权益受到侵害者。其他类型责任的请求主体,应为因违反义务而权益受影响者。

第一百七十七条 【按份责任】

二人以上依法承担按份责任,能够确定责任大小的,各自承担相应的责任;难以确定责任大小的,平均承担责任。

一、历史由来

本条是关于按份责任的规定,来源于《侵权责任法》第12条。尽管《民法通则》无关于按份责任的规则,但《人身损害赔偿解释》颁布之后,形成了以过错或原因力大小为依据来确定责任分担比例的规则,其第3条第2款规定:"二人以上没有共同故意或者共同过失,但其分别实施的数个行为间接结合发生同一损害后果的,应当根据过失大小或者原因力比例各自承担相应的赔偿责任。"《侵权责任法》第12条放弃了"直接结合"与"间接结合"的区分方式,采用"共同实施"和"分别实施"的区分方式,再在分别侵权场合,区分"累积型分别侵权"和"非累积型分别侵权"。只在非累积型分别侵权的数个侵权人之间成立按份责任,由此,确立了典型的按份责任形态。

本条在《民法总则(草案)》的历次审议稿中均有规定,只是表述方式不同。《民法总则(草案)》(一审稿)第158条规定:"二人以上依法承担按份责任的,责任人按照各自责任份额向权利人承担民事责任。"《民法总则(草案)》(二审稿)第172条规定:"二人以上依法承担按份责任,能够确定责任大小的,各自承担相应的责任;难以确定责任大小的,平均承担责任。"《民法总则(草案)》(三审稿)延续《民法总则(草案)》(二审稿)第172条的表述。其他建议稿,诸如"法学会稿"等,均没有关于按份责任的专门规定。

二、规范目的与含义

(一)规范目的

本条的目的是在《民法总则》层面肯定按份责任是两个以上主体间的责任

分配方式。按份责任的来源很多,在合同法领域包括但不限于数个债务人之间约定债务承担比例的情形,在担保法领域包括数个保证人之间约定按份承担保证责任的情形,在侵权责任法领域包括《侵权责任法》第12条规定的数人分别实施侵权行为承担按份责任的规定。“各自承担相应的责任”中的“各自”是指需要承担民事责任的各方。“相应”则有两层含义:首先,合同法领域的按份责任来源于合同双方的约定,所以在合同法领域此处的“相应”应理解为责任承担主体之间对应承担民事责任的事先约定;其次,侵权责任法领域,二人以上分别实施侵权行为,没有共同故意或共同过失,但其分别实施的数个侵权行为间接结合发生同一损害后果,应当根据过失大小或原因力比例各自承担相应的赔偿责任。

(二)规范含义

本条在法律效果上规定了两个层次。第一层次:如果“能够确定责任大小的”,则“各自承担相应的责任”;第二层次:如果“难以确定责任大小的”,则“平均承担责任”。对于“责任大小”的确定,我国司法实务就一直践行责任份额与过错/原因力正相关的法则。《最高人民法院关于贯彻执行民事政策法律若干问题的意见》第73条规定:“两个以上致害人共同造成损害的,应根据各个致害人的过错和责任的大小,分别承担各自相应的赔偿责任。”《最高人民法院关于审理触电人身损害赔偿案件若干问题的解释》(因与《侵权责任法》冲突,现已被废止)第一次以司法解释的形式明确采纳了原因力理论。《医疗事故处理条例》第49条第1款也大致体现了同一思想。《人身损害赔偿解释》第3条第2款也明确规定:“应当根据过失大小或者原因力比例”各自承担相应的赔偿责任。结合该解释第5条第1款关于共同侵权行为人内部责任份额的划分依据,依原因力理论及过错大小划分责任份额已经成为我国司法实践的确定思路。例如,在最高人民法院公报案例“吴文景、张恺逸、吴彩娟诉厦门市康健旅行社有限公司、福建省永春牛姆林旅游发展服务有限公司案”中,法院认为,导游的错误行为客观上为马尾松折断致张渊受伤死亡损害后果的发生创造了条件,事件发生后牛姆林公司未尽最大救助努力导致损害后果进一步扩大,这两个侵权行为的间接结合,导致了张渊死亡后果的发生。这种情形属于按份之债,应按原因力比例承担相应的赔偿责任。牛姆林公司管理的马尾松折断致人损害、救助不力的行为系导致死亡后果的主要原因，两个因素的原因力酌定为80%；导游的行为是导致死亡后果的次要原因，其原因力酌定为20%。[①] 作为对这种司法实践做法的学理阐释，我国学术界虽然在数人侵权行为的外部责任与内部责任划分时究竟是以过错大小为主，抑或是以原因力比例为主，存在争论，但在考虑因素应为过错及原因力之间，却形成了较为一致的见解。[②] 可以看出，无论是我国既往的司法实践，还是既有的理论学说，以过错与原因力的权重来综合分配责任，经受住了实践与时间的检验，应予坚持。

"平均承担责任"原因在于"难以确定责任大小"。在合同法领域中，由于合同责任源自当事方的约定，所以责任大小可能在合同订立之时即已分配清楚。而在侵权责任法领域，基于技术可行性的考虑，立法者秉承的是单独侵权的逻辑：如果能够举证或认定"责任大小"，则可以确定各行为与"同一损害"的某部分之间的法律上的因果关系，在此场合不过是数个单独侵权的集合，因损害具有同一性而体现为按份责任；如果不能举证或认定"责任大小"，则由法律推定各行为与"同一损害"的每个均等份额间具有法律上的因果关系。由此可以看出，侵权责任法的立法者采纳了平均责任说，[③]"责任分配的尺度很难有一个可以数量化的标准，在某些情形下，由于案情复杂，很难分清每个侵权行为对损害后果的作用力究竟有多大。我们可以借鉴其他国家和地区在确定各个连带责任人内部份额时的做法……推定所有人的责任相同。"[④]根据本条，在原告或被告的立场上，平均责任为（原告或被告）举证不能（或不能举证）的底线；非平均责任的按份责任的承担，只有（原告或被告）举证完成时方能适用。[⑤]

---

① 参见厦门市中级人民法院(2005)夏民终字第2405号判决。

② 参见杨振山主编：《民商法实务研究 · 侵权行为卷》，山西经济出版社1993年版，第31页；杨立新、梁清：《原因力的因果关系理论基础及其具体应用》，载《法学家》2006年第6期；王利明：《侵权行为法归责原则研究》，中国政法大学出版社2003年版，第395页。

③ 参见[美]米歇尔 · 格林、杨垠红：《论比例责任》，王竹、张晶译，载金福海主编：《侵权法的比较与发展》，北京大学出版社2013年版，第181页。

④ 王胜明主编：《中华人民共和国侵权责任法释义》，法律出版社2013年版，第76页以下。

⑤ 参见曹险峰：《〈侵权责任法〉第12条之按份责任正当性论证——兼论第12条与第37条第2款的关系》，载《苏州大学学报》（哲学社会科学版）2014年第2期。

三、举证责任分配

合同当事人对责任的事先约定具有居先适用的效力,在此之外,这种按份责任与举证责任的关联体现在如下方面:[①]首先,从受害人(或合同债权人,下同)角度而言,如果不考虑责任人的赔偿能力,受害人可不承担从过错或原因力维度证明各加害行为与损害部分之间的因果关系的负担,直接承受第二层次的结果安排。"中国太平洋财产保险股份有限公司营口市经济技术开发区支公司与大连隆丰船务有限公司、大连港股份有限公司港口作业纠纷申请再审民事裁定书"中,法院认为,涉案船舶倾覆沉没事故系因船方隆丰公司和港方大连港公司各自在货物装卸作业不同环节中的不同过失竞合所致,本案并无证据证明该两公司对此存在共同故意或者共同过失,一、二审判决根据《侵权责任法》第 12 条关于多人分别侵权的按份责任之规定,认定隆丰公司和大连港公司对涉案货物损失各承担 50% 的按份赔偿责任,并无不当。[②] 其次,如果受害人考虑不同加害人的赔偿能力,认为均等分担责任对其不利,此时则可由受害人举证各责任人的"责任大小",从而可能实现让有赔偿能力的人负担份额较大的按份责任。再次,从加害人立场考量,如果某一加害人主张不应平均承担责任,则应由其举证自己的"责任大小",否则其将承担均等的责任。最后,"责任大小"除可由原告或被告举证外,在有些情况下,法官也可径行予以认定。美国《侵权法(第二次)重述》第 433 条 A 的评述指出,在不同损害与连续性损害等之外,尚存在可分割的损害,虽然不能很清晰地将损害分为不同的部分,但仍然能够在合理的、理性的基础上对全部损害进行区分。由此,如果分属于两个或两个以上主人的牛群闯入原告的土地并毁坏了他的庄稼,原告遭受的全部损害是庄稼的损失,但是可以依据每个侵权人拥有的牛的数量来分配该损失,并且可以合理地假设损害与牛的数量成一定比例。

① 参见曹险峰:《〈侵权责任法〉第 12 条之按份责任正当性论证——兼论第 12 条与第 37 条第 2 款的关系》,载《苏州大学学报》(哲学社会科学版)2014 年第 2 期。

② 参见最高人民法院(2015)民申字第 2735 号裁定。

四、其他问题

从民事责任的体系来看,《民法总则》中并没有直接规定补充责任,本条的文义明确,也很难从扩张解释本条的路径为补充责任提供本法意义上的法律依据。因而若认可补充责任,需通过对《侵权责任法》第 12 条的解释实现。能否成为一种独立的民事责任是《民法总则》是否将补充责任纳入民事责任部分的一个重要考量因素。如果补充责任仅存在于侵权责任法领域,则在侵权责任编规定即可。同时,对于补充责任的性质,学界亦有不同的理解。我们认为,补充责任也是一种特殊的按份责任,且适用补充责任应有明确法律依据。相较于直接规定补充责任,依靠对《侵权责任法》第 12 条或侵权责任编相应条款的解释涵摄所有领域补充责任的立法选择做法有待商榷。

第一百七十八条 【连带责任】

二人以上依法承担连带责任的，权利人有权请求部分或者全部连带责任人承担责任。

连带责任人的责任份额根据各自责任大小确定；难以确定责任大小的，平均承担责任。实际承担责任超过自己责任份额的连带责任人，有权向其他连带责任人追偿。

连带责任，由法律规定或者当事人约定。

一、历史由来

本条是关于连带责任的规定，延续了《民法通则》、《担保法》、《合同法》和《侵权责任法》的相关规定。《民法通则》第87条规定："债权人或者债务人一方人数为二人以上的，依照法律的规定或者当事人的约定，享有连带权利的每个债权人，都有权要求债务人履行义务；负有连带义务的每个债务人，都负有清偿全部债务的义务，履行了义务的人，有权要求其他负有连带义务的人偿付他应当承担的份额。"这实质上是确立了合同领域连带责任的基本法则，连带债务人对外承担连带清偿义务，对内应当按份分担责任。《担保法》第12条规定："同一债务有两个以上保证人的，保证人应当按照保证合同约定的保证份额，承担保证责任。没有约定保证份额的，保证人承担连带责任，债权人可以要求任何一个保证人承担全部保证责任，保证人都负有担保全部债权实现的义务。已经承担保证责任的保证人，有权向债务人追偿，或者要求承担连带责任的其他保证人清偿其应当承担的份额。"保证责任实际上也是一种基于合同关系建立的连带责任。根据《担保法》，债权人可以向承担连带责任的任意一方请求承担全部责任。保证合同以成立连带责任保证为原则。保证人可以在与债权人订立保证合同时约定保证份额，从而排除连带责任的承担。《合同法》规定了共同承揽人之间的连带责任、承包人与分包人对发包人的连带责任、两个以上委托人对受托人的连带责任、相继运输的主承运人与区段承运人对托运人的连带责任。《民法通则》第130条确立了多数人共同侵权的情况下应承担连带责任的基本规则，其规定："二人以上共同侵权造成他人损害的，应当承担连带责任。"《侵权责任法》第13条规定："法律规定承担连带责任的，被侵权人有权请求部分或者全部连带责任人承担责任。"第14条规定："连带责任人根据各自责任大小确定相应的赔偿数额；难以确定责任大小的，平均承担赔偿责任。支付超出自己赔偿数额的连带责任人，有权向其他连带责任人追偿。"本条与《侵权责任法》的规定大致相同。

《民法总则（草案）》的历次审议稿均有连带责任的内容，但是相关表述不同。《民法总则（草案）》（一审稿）第159条规定："二人以上依法承担连带责任的，每一个责任人应当向权利人承担全部民事责任。责任人实际承担责任超过其应当承担份额的，可以向其他连带责任人追偿。"此规定的逻辑是将承担连带责任的数人作为独立的个体，体现其与权利人之间的权利义务关系，存在诸多弊端：首先，不明确权利主体的请求权指向为承担连带责任一方数人，而非一人，制度安排也就偏离了连带责任的立法宗旨。其次，"每一责任人应当向权利人承担全部民事责任"的表述存在歧义，背离了连带责任的基本原理。连带责任的基本原理是承担连带责任各方之中的"一人"或"部分人"替"全体"连带责任人承担责任，而非每一人都需承担全部责任。这种表述实际上是混淆了"每一人都需承担全部责任"和"每一人都有可能承担全部责任"。故而《民法总则（草案）》（二审稿）第173条和《民法总则（草案）》（三审稿）第182条将其修正为："二人以上依法承担连带责任的，权利人有权请求部分或者全部连带责任人承担责任。连带责任人根据各自责任大小确定责任份额；难以确定责任大小的，平均承担责任。实际承担责任超过自己责任份额的连带责任人，有权向其他连带责任人追偿。"本条对《民法总则（草案）》（三审稿）第182条的有关表述作了语序上的调整。

二、规范目的与含义

（一）规范目的

本条是对民事责任中连带责任的规定，其目的是承认作为责任承担方式的连带责任。连带责任可能基于合同关系产生,也可能基于侵权关系产生。因合同而承担连带责任的典型是连带责任保证,此外还有共同承揽人之间的连带责任、承包人与分包人对发包人承担连带责任、两个以上委托人对受托人承担连带责任、相继运输的主承运人与区段承运人对托运人承担连带责任以及代理中的连带责任。关于因侵权而承担连带责任的规定,主要见于《侵权责任法》第8、9、10、11、13、14条,《人身损害赔偿解释》第3条第1款、第4条以及《民法通则》第130条和《执行民法通则意见》第148条。连带责任是民法领域广泛适用的责任承担方式,因此,《民法总则》需要规定关于连带责任的基本规则。无论是基于合同关系,还是侵权关系,连带责任都是一种法定责任,连带责任人不能约定改变责任的性质,对于内部责任份额的约定对外不发生效力。①

(二)规范含义

本条第1款是民事责任人与权利人之间权利义务的规定。"二人以上依法承担连带责任的"是本条确定的要件事实。首先,本条暗含一个前设,即有两个或两个以上的应负连带责任的主体。其次,数个责任主体之间是连带关系。这种连带关系可能基于约定产生,如连带保证责任;也可能基于法定产生,如共同危险行为。无论基于哪种民事法律事实,只要是数个民事责任人承担的是连带责任,就满足本条适用的前提条件。最后,连带责任本身的逻辑前提是数个连带责任主体实施的行为违反了民事义务,共同导致了权利人的损害。"权利人有权请求部分或者全部连带责任人承担责任"是本条的法律后果。连带责任人对外承担整体责任,这种责任承担方式突破了以过错大小或原因力确定责任范围的规则。连带责任的每个责任主体对外都需要对权利人承担全部责任。被请求承担全部责任的连带责任主体,不得以自己的过错程度及对致害原因力的作用等为由,抗辩权利人的责任承担请求。连带责任对权利人一方的保护更为充分。连带责任赋予了权利人选择权,可以请求一个或者数个连带责任人承担全部或者部分的赔偿责任。

本条第2款是对民事责任人之间内部责任分担的规定。此又分为三个层

① 参见王胜明主编:《中华人民共和国侵权责任法释义》,法律出版社2013年版,第80页。

次：首先，连带责任人内部之间依然按照过错大小或原因力比例等分担责任；其次，难以判定责任的情况下平均分担责任；最后，重申了连带责任基本原理的同时，明确了连带责任主体内部的追偿关系。

在连带责任主体内部，确定各自的责任。连带责任主体各自的责任份额应当根据其责任大小确定。如前文所述，在合同关系中，责任的大小一般来源于合同约定。在侵权关系中，责任的大小一般依据以下原则来确定：一是根据各自的过错。大多数侵权责任以过错为构成要件，将过错程度作为确定连带责任人之间责任分配的标准，能够体现公平原则，也是我国司法实践的通常做法。确定赔偿数额时，应当对每个责任主体在实施侵权行为时的过错进行比较，有故意或者重大过失等较大过错的，承担的赔偿数额较大；过错较小的，比如只有轻微过失的，可以承担较少的赔偿数额。二是对原因力进行比较。原因力是指在构成损害结果的多个原因中，每一个原因对于损害结果发生或者扩大所起的作用。原因力也是确定连带责任人赔偿数额的一个方面，特别是在无过错责任的情况下，需要对各责任主体在实施侵权行为时所起作用进行比较，所起的作用较大的，应当承担较大的赔偿数额；所起的作用较小的，可以分担较小的赔偿数额。[①] 在难以确定责任大小场合，责任主体平均承担责任。具体言之，合同关系中，如果数个连带责任人之间没有约定分担责任的比例，则平均分担赔偿数额。侵权关系中，如果根据过错和原因力难以确定连带责任人责任大小的，可以视为各连带责任人的过错程度和原因力大小相当，由连带责任人平均承担赔偿责任。

连带责任只是一种对外的责任承担方式，而不是独立的责任类型或形式。在连带责任人内部，根据责任自负法则，实际承担责任超过自己责任份额的连带责任人，有权向其他连带责任人追偿，这是规范连带责任之法则的公共选择。《民法通则》第 87 条规定："债权人或者债务人一方人数为二人以上的，依照法律的规定或者当事人的约定，享有连带权利的每个债权人，都有权要求债务人履行义务；负有连带义务的每个债务人，都负有清偿全部债务的义务，履行了义务的人，有权要求其他负有连带义务的人偿付他应当承担的份额。"连

---

① 参见王胜明主编：《中华人民共和国侵权责任法释义》，法律出版社 2013 年版，第 84 页。

带债务人内部可以通过约定确定责任份额,某一债务人负担全部债务后,可以向其他同负连带债务人要求承担其应当承担的责任。《侵权责任法》第 14 条规定:"连带责任人根据各自责任大小确定相应的赔偿数额;难以确定责任大小的,平均承担赔偿责任。支付超出自己赔偿数额的连带责任人,有权向其他连带责任人追偿。"只是合同关系中最终承担责任的债务人向其他连带债务人求偿的依据是债务人内部的约定,而侵权关系中最终责任承担人向其他连带责任人求偿的依据是法定的。

三、举证责任分配

鉴于某一连带责任人有可能最终承担求偿不能的风险,有违自己责任原则,故法谚有云:"连带责任必须法定。"因此,权利人欲寻求救济,应举证或是基于合同约定,或是基于法律明文规定,责任人间存在连带责任关系。权利人无须举证各连带责任人的内部责任份额,即可向全体连带责任人或部分连带责任人主张部分或全部责任。在责任的内部分担上,连带责任人的举证责任对于最终的责任内部分担、追偿权的行使具有重要意义。如能够根据合同约定,或举证自己原因力或过错较小,则在责任的内部分担上,某一连带责任人承担较小的份额,并可以就其超额赔偿部分向其他连带责任人追偿。

第一百七十九条 【承担民事责任的方式】

承担民事责任的方式主要有：

（一）停止侵害；

（二）排除妨碍；

（三）消除危险；

（四）返还财产；

（五）恢复原状；

（六）修理、重作、更换；

（七）继续履行；

（八）赔偿损失；

（九）支付违约金；

（十）消除影响、恢复名誉；

（十一）赔礼道歉。

法律规定惩罚性赔偿的，依照其规定。

本条规定的承担民事责任的方式，可以单独适用，也可以合并适用。

一、历史由来

本条是关于民事责任的种类及其适用方式的规定，民事主体的行为违反了法律规定或者当事人约定的义务，就应该承担相应的法律后果。这些法律后果具体体现为本条所称的民事责任承担方式。

本条承继于《民法通则》第134条，该条共有3款：第1款规定了民事责任的10个种类，主要包括停止侵害、排除妨碍等；第2款规定了民事责任方式的适用规则，10个种类的民事责任可以单独适用，也可以合并适用；第3款规定了民事制裁措施，主要包括训诫、责令具结悔过、收缴进行非法活动的财物和非法所得等。《侵权责任法》第15条与本条规定大致相同，但没有包括本条中的第1款第6项、第7项、第9项等违约责任的承担方式。

在立法技术上,本条沿用了《民法通则》第134条的立法模式,集中规定民事责任的种类及其适用方式,这是对我国既有民事立法经验和司法经验的承继。就民事权利的保护而言,大陆法系民法典的代表《德国民法典》采用“绝对请求权和损害赔偿”的立法模式。《德国民法典》对以所有权为中心的物权及姓名权的保护,采用绝对请求权的保护方式,其主要包含:因占有侵夺发生的请求权、因占有妨害而发生的请求权、返还请求权、妨害除去请求权和妨害防止请求权。这些请求权是物权、人格权及知识产权等绝对权所固有的,用以恢复或保持自身权利的圆满状态,并不属于“民事责任”的范畴。《德国民法典》中并没有“民事责任”的概念,德国民法上的责任形式是“损害赔偿”,并且将损害赔偿规定于各编的条文中,归属于损害赔偿之债,不履行损害赔偿债务的,承担损害赔偿责任。① 我国有的学者也主张《民法总则》应采纳“绝对请求权+损害赔偿”的立法模式。② “法学会稿”在第9章“民事权利的行使和保护”中,以第209条专门规定民事责任的承担方式。其他专家建议稿,一般沿袭《德国民法典》的立法模式。应当明确的是,制定当代中国的民法典,不能带着对《德国民法典》的先期忠诚,评价我国民事责任制度安排的合理性。我国民事责任有形式多样性,开放性的特点,有其自身的优势,其不仅强调了对财产权的保护,也强调对人身权的保护,满足了现阶段人们对权利保护的需求。而且作为我国立法模式的理论支撑“权利—义务—责任”体系,也得到学界的认可,在司法实践中亦未见不良的后果。因此,本条沿用了《民法通则》第134条的立法模式,具有进步意义。

在立法内容上,本条对《民法通则》第134条的内容和《民法总则(草案)》(一审稿)第160条的内容进行了增删。

第一,增加了“继续履行”的内容。民事责任实际上分为三大类型:一是债

---

① 参见魏振瀛:《〈民法通则〉规定的民事责任——从物权法到民法典的规定》,载《现代法学》2006年第5期。

② 第8章“民事责任”之规定,或因无法律适用价值、或因他处已有规定而应删除,或因体系错误而应移至债法部分,故本章应整体取消。金可可:《〈民法总则(草案)〉若干问题研究——对草案体系等若干重大问题的修改意见》,载《东方法学》2016年第5期。

务不履行责任，二是侵权责任，三是缔约过失责任。其中债务不履行责任又分为违约责任和其他类型的债务不履行责任，[①]《合同法》第 107 条规定："当事人一方不履行合同义务或者履行合同义务不符合约定的，应当承担继续履行、采取补救措施或者赔偿损失等违约责任。"这说明"继续履行"是违约责任的重要类型，本条将"继续履行"纳入民事责任体系中，进一步吸纳了违约责任的内容。本条也对违约责任的一些承担方式进行了"舍弃"。例如，《合同法》第 111 条规定了退货、减少价款或报酬的违约责任方式，但这种规定并不科学，[②]故而，本条并没有将其纳入民事责任体系中。

第二，增加了"惩罚性赔偿"的内容。惩罚性赔偿也称为惩戒性赔偿，是加害人给付受害人超过其实际损害数额的一种金钱赔偿，是一种集补偿、惩罚、遏制等功能于一身的赔偿制度。[③]《食品安全法》第 148 条第 2 款、《合同法》第 113 条第 2 款以及《侵权责任法》第 47 条均规定了惩罚性赔偿的内容。本条规定了"惩罚性赔偿"，提取了违约责任和侵权责任的共通规则，更有利于遏制恶意侵权行为。

第三，删除了民事制裁的措施。本条没有关于民事制裁的规定，主要考虑的是，民事责任是民事主体违反义务应承担的法律后果，目的是对特定民事主体的权益进行救济，弥补特定主体的财产损失，而民事制裁措施则是法院对不法行为的处罚，目的是制裁和惩罚不法行为。从严格意义上来说，民事制裁措施并不属于民事责任的范畴。

第四，没有"修复生态环境"的责任种类。《民法总则（草案）》（一审稿）针对污染环境、破坏生态的环境侵权行为，规定了"修复生态环境"的责任形式。有的学者认为，21 世纪的今天制定民法典，不能够忽视环境污染对民事权益的损害。[④] 有的学者认为，《民法总则（草案）》增加规定"修复生态环境"责任方式，以区别于"恢复原状"，从环境司法实践经验中提取以适应环境民事救

① 参见崔建远：《民法总则应如何设计民事责任制度》，载《法学杂志》2016 年第 11 期。

② 具体论证参见崔建远：《民法总则应如何设计民事责任制度》，载《法学杂志》2016 年第 11 期。

③ 参见王胜明主编：《中华人民共和国侵权责任法释义》，法律出版社 2013 年版，第 268 页。

④ 参见魏振瀛：《〈民法通则〉规定的民事责任——从物权法到民法典的规定》，载《现代法学》2006 年第 3 期。

济的需要。[①] 但是《民法总则(草案)》(二审稿)中删除了“修复生态环境”的责任方式,本条延续了这一修改,主要是考虑到民事责任中“恢复原状”可以扩展适用于污染环境、破坏生态以及荒废地域的复原。司法实践中,法院也遵循了“恢复原状”涵盖“治理污染和恢复生态”的司法立场,例如最高人民检察院指导性案例“江苏省常州市人民检察院诉许某惠、许某仙民事公益诉讼案”中,法院认为,“恢复原状”应当是在有恢复原状的可能和必要的前提下,要求损害者承担治理污染和修复生态的责任。无法完全恢复或恢复成本远远大于其收益的,既可以准许采用替代性修复方式,也可以要求被告承担生态环境修复费用。故而,没有必要将“修复生态环境”责任方式独立出来,造成立法杂糅,浪费立法资源。[②]

二、规范目的和含义

(一)规范目的

本条严格贯彻了民事责任和民事义务区分的民事理论,在总则层面对承担民事责任的方式进行了列举。从类型上看,本条是将侵权责任、债务不履行责任、缔约上过失责任的共同事项抽象出来规定于《民法总则》。从《民法总则》的内容结构来看,民事责任的承担方式为民事责任之当然内容,关于民事责任承担方式的规定,契合了“义务—责任”的立法格局。

(二)规范含义

根据本条规定,民事责任的种类主要有:

1. 停止侵害。停止侵害是指行为人实施了侵权行为,并且侵权行为正在继续,当事人可以请求法院责令行为人停止侵害。停止侵害实际上是要求侵害人不实施某种侵害行为,即不作为。[③] 停止侵害适用的对象涵盖人身权、财产权、知识产权等绝对权利。例如,最高人民法院公报案例“广东伟雄集团有限公司、佛山市高明区正野电器实业有限公司、广东正野电器有限公司与佛山市顺德区正野电器有限公司、佛山市顺德区光大企业集团有限公司不正当竞

---

① 参见刘士国:《论民法总则之民事责任规定》,载《法学家》2016年第5期。

② 参见最高人民检察院指导性案例第28号。

③ 参见王利明、杨立新编:《侵权行为法》,法律出版社1996年版,第100页。

争纠纷案”中，法院认为，原告伟雄集团等不间断地使用和宣传“正野GENUIN”商标，相应的产品也具有了较高知名度，为公众所知悉，而被告顺德公司其后注册了相似的“正野ZHENGYE”商标，并在其商品上突出使用“正野”字样，引起消费者误认和混淆，有“搭便车”的故意，违反了诚实信用和基本商业伦理，构成不正当竞争行为，应停止侵害，停止侵害的具体内容是停止使用侵犯高明正野公司“正野”字号权益的“正野ZHENGYE”商标。[①] 现在占主导地位的观点是扩张停止侵害的外延，将其适用于对未发生之侵权行为的预防，[②]以此理解，停止侵害可适用的场合主要包含：(1)正在进行的侵害；(2)已经发生过侵害，有继续侵害之虞；(3)未曾发生侵害，但有可能发生侵害。[③]

2. 排除妨碍。排除妨碍是指当事人实施的行为使他人人身权利和财产权利无法行使或者不能行使，当事人可以要求行为人排除权利行使的障碍。例如最高人民法院公报案例“南京雪中彩影公司诉上海雪中彩影公司及其分公司商标侵权、不正当竞争纠纷二审案”中，法院认为，根据《民法通则》第134条规定，“实施不正当竞争行为的侵权人，应当承担停止侵害、排除妨碍、消除影响、返还财产、赔偿损失等民事责任。……被告上海雪中彩影公司、江宁雪中彩影分公司自本判决生效之日起，立即停止使用含有‘雪中彩影’字号的企业名称”。[④] 停止侵害和排除妨碍的关系不易厘清，本案中，法院在说理部分认为承担责任方式包含停止侵害和排除妨碍，但是裁判结果只有立即停止使用“雪中彩影”字号企业名称的内容。前述“正野商标侵权案”一审判决的裁判依据也包括《民法通则》第134条第1款第1项、2项，但是裁判结果为停止使

① 参见最高人民法院(2008)民提字第36号判决。

② 参见丁海俊：《预防型民事责任》，载《政法论坛》2005年第4期。

③ 参见魏振瀛：《〈民法通则〉规定的民事责任——从物权法到民法典的规定》，载《现代法学》2006年第3期。

④ 参见南京市中级人民法院(2004)宁民三初字第312号判决。

用产生混淆名称。[①] 可以参照英美法系禁止性禁令和命令性禁令,对这两者进行明确区分:停止侵害相当于禁止性禁令,实际上是要求责任人不作为,即通过不作为来停止其侵害;而排除妨碍则相当于命令性禁令,实际上是要求责任人作为,即通过作为来停止其侵害。[②]

3. 消除危险。消除危险是指行为人实施的行为,导致他人的人身权益和财产权益面临现实的危险时,当事人可以要求采取有效的措施消除这一现实的危险,这本身也体现了对未来侵害的预防。司法实践中,适用这种责任方式以现实危险的存在为前提,如最高人民法院公报案例"株式会社岛野与宁波市日骋工贸有限公司专利侵权再审案"中,法院认为,由于本案被诉侵权产品落入本案专利保护范围,日骋公司生产和销售被诉侵权产品的行为构成侵犯本案专利权,应当承担停止侵害、消除危险、赔偿损失的民事责任。关于具体民事责任的承担方式,结合株式会社岛野的诉讼请求……销毁尚未售出的剩余侵权产品是消除危险的必要措施之一,可以防止侵权产品进入销售渠道,若日骋公司存在尚未售出的侵权产品,应当予以销毁。[③]

4. 返还财产。返还财产是指行为人没有法律或者合同依据占有他人财产,侵害了他人的财产权益,当事人可以要求其返还该财产。《民法通则》第117 条规定:"侵占国家的、集体的财产或者他人财产的,应当返还财产。"返还财产责任的适用前提是该财产依然存在,如果该财产已经灭失,则只能够要求行为人赔偿损失。例如,最高人民法院公报案例"茅德贤、成县茨坝须弥山实业有限公司、甘肃有色地质勘查局 106 队、成县恒兴矿业有限公司与白银有色金属公司采矿权纠纷案"中,法院认为,该三方当事人就联合探矿与联合采矿存在共同的意思联络与风险共担的合意,在本案中存在共同的侵权行为,该共

---

① "广东伟雄集团有限公司、佛山市高明区正野电器实业有限公司、广东正野电器有限公司与佛山市顺德区正野电器有限公司、佛山市顺德区光大集团有限公司不正当竞争纠纷案"一审法院认为,依照《反不正当竞争法》第 1、2、20 条,《民法通则》第 134 条第 1 款第 1、2、10 项的规定,于 2002 年 11 月 28 日作出(2001)佛中法知初字第 84 号判决,判决:"一、顺德光大集团公司、顺德正野公司在判决生效之日起立即停止使用'正野'两字;二、顺德正野公司在判决生效之日起立即停止在其企业名称中使用'正野'字号,并向顺德市工商行政管理局申请变更企业字号。逾期不变更可由法院强制变更……"

② 参见丁海俊:《预防型民事责任》,载《政法论坛》2005 年第 4 期。

③ 参见最高人民法院(2012)民提字第 1 号判决。

同侵权行为与白银公司合法采矿权的损失之间存在直接的因果关系。根据《民法通则》第117条关于"侵占国家、集体的财产或者他人财产的,应当返还财产,不能返还财产的,应折价赔偿"……须弥山公司、黄渚选矿厂与106队应对本案侵权造成的损失承担连带赔偿责任。[①]

5. 恢复原状。恢复原状,是指有体物被破坏之后,行为人通过修理等手段使受到损害的财产恢复到被破坏前状态的一种责任方式,恢复原状也并非仅指物理形态,还包含恢复财物原来的经济价值。例如,在最高人民法院公报案例"陈书豪与南京武宁房地产开发有限公司、南京青和物业管理有限公司财产损害赔偿纠纷案"中,[②]法院认为,根据违约责任的理论,合同一方当事人在违约时,首先考虑应当承担的责任是恢复原状,而对于财物来说,恢复原状显然不是仅指恢复财物的原来物理上的形状,肯定包括恢复财物原来的价值,故青和公司应当赔偿陈书豪车辆价值贬损的损失。鉴于《民法总则》没有吸纳《民法总则(草案)》(一审稿)中的"修复生态环境"责任,恢复原状的适用范围应扩展到环境领域,对于受到破坏、被污染的环境,在可以恢复的前提下,要求行为人治理污染,恢复生态。例如,在最高人民检察院指导性案例"江苏省常州市人民检察院诉许某惠、许某仙民事公益诉讼案"中,法院认为,"恢复原状"应当是在有恢复原状的可能和必要的前提下,要求损害者承担治理污染和修复生态的责任。[③]

6. 修理、重作、更换。修理、重作和更换是指当事人交付的标的物存在质量瑕疵,当事人承担对标的物进行修理、重作和更换的责任。例如,在最高人民法院公报案例"杨某诉东台市东盛房地产开发有限公司商品房销售合同纠纷二审案"中,法院认为,被告东盛房地产公司应当对房屋质量缺陷承担修复责任。在本案中,被告交付给原告杨珺的房屋因出现裂缝渗漏质量问题严重影响居住使用,原告选择要求被告承担根治修复房屋裂缝渗漏的民事责任,依法应予支持,被告应当按照南京东南建设工程安全鉴定有限公司作出的第

① 参见最高人民法院(2011)民二终字第22号判决。

② 参见南京市中级人民法院(2011)江宁民初字第4404号判决。

③ 参见最高人民检察院指导性案例第28号。

SF207078－1号鉴定报告中所明确的整改修复方案履行修复义务。①

7.继续履行。继续履行是指一方违反约定的义务,另一方可以要求其按照约定继续履行该义务。继续履行作为违约后的补救方式,规定在《合同法》第107条②。继续履行尽管并未增加债务人的债务,但是其目的是通过法律的强制手段,迫使债务人履行义务,具有救济权利和惩罚违约行为的功能,不失为违约责任的一种形式。现行法律对继续履行责任的适用范围进行限制,在以下场合,当事人不得请求继续履行:一是法律或事实上不能够履行;二是标的物的性质不适合履行,或履行费用过高;三是债务人在合理期间内没有要求实际履行。

8.赔偿损失。赔偿损失是指行为人向受害人支付一定数额的金钱,弥补后者损失的责任承担方式。赔偿损失是民事领域应用最为广泛的责任形式,其目的是补偿损害,使受损害的权利得到相应救济,既包括对财产损失的赔偿,也包括对精神损害的赔偿。相较于其他责任方式,赔偿损失需要以损失的实际存在为构成要件。例如,在最高人民法院公报案例"陆某东诉永达公司环境污染损害赔偿纠纷一审案"中,法院认为,《中华人民共和国环境保护法》(已修改)第41条规定:"造成环境污染危害的,有责任排除危害,并对直接受到损害的单位或者个人赔偿损失。"被告永达公司开启的涉案路灯灯光,已对原告陆某东的正常居住环境和健康生活造成了损害,构成环境污染。尽管陆某东只主张永达公司赔偿其损失1元,但因陆某东不能举证证明光污染对其造成的实际损失数额,故对该项诉讼请求亦不予支持。③ 至于实际损失的金钱数额,司法实践中一般采用如下标准判定:一是受害人举证证明的实际损失;二是行为人侵权行为所获得利润;三是法院根据侵权行为的性质、后果以及受害人的合理支出酌定。例如,在最高人民法院公报案例"广东唱金影音有限公司与中国文联音像出版社、天津天宝文化发展有限公司、天津天宝光碟有限公

① 《杨珺诉东台市东盛房地产开发有限公司商品房销售合同纠纷案》,载《最高人民法院公报》2010年第11期。

② 《合同法》第107条规定:"当事人一方不履行合同义务或者履行合同义务不符合约定的,应当承担继续履行、采取补救措施或者赔偿损失等违约责任。"

③ 《陆耀东诉永达公司环境污染损害赔偿纠纷案》,载《最高人民法院公报》2005年第5期。

司、河北省河北梆子剧院、河北音像人音像制品批销有限公司著作权纠纷上诉案”中，法院认为，文联音像出版社、天宝文化公司、天宝光碟公司提出原审判决其赔偿唱金公司30万元的数额过高。但因唱金公司未能举证证明其实际损失，文联音像出版社等至今亦未举证证明其出版、发行涉案剧目光盘所获利润，在此基础上，考虑到本案涉及5个剧目、双方光盘发行时间、侵权行为的性质等因素，并考虑到唱金公司为此支出的合理费用，原审判决30万元的赔偿数额并无明显不当。①

9. 支付违约金。违约金是指一方违反义务，另一方按照合同约定的金额或计算方式给予另一方违约金，以弥补另一方所遭受的损失。支付违约金规定在《合同法》第114条，②从性质上看，属于违约责任的承担方式。应该根据不同的违约情况和后果，确定违约金数额。违约金责任应结合其他补救方式，共同发挥作用，共同救济合同债权。这里的违约金属于赔偿性违约金，性质为损害赔偿额的约定，但这并不等于完全否定惩罚性违约金的合法性，当事人仍可自行约定惩罚性违约金，只要此种约定不违反效力性强制规定，即为有效。

10. 消除影响、恢复名誉。消除影响、恢复名誉是指行为人的行为侵害了他人人格权利，当事人可以请求法院责令行为人采用适当的方式消除侵害行为带来的不利影响，使其名誉得以恢复。司法实践中，消除影响和恢复名誉是单独适用的独立责任形式，消除影响的适用不限于侵害名誉权场合，还扩展到其他人格权甚至著作权受到侵害场合。例如，在最高人民法院公报案例“吴冠中诉上海朵云轩、香港永成古玩有限公司出售假冒其署名的美术作品纠纷案”中，一审法院认为，上海朵云轩和拍卖有限公司不听劝阻，执意联合拍卖假冒吴冠中署名的美术作品《毛泽东肖像》画的行为，共同严重侵犯了吴冠中的著作权，造成其物质和精神损害，依照《民法通则》第134条第1、7、9、10项的规定，应当承担停止侵害、消除影响、公开赔礼道歉、赔偿损失的

---

① 参见最高人民法院（2008）民三终字第5号判决。

② 《合同法》第114条规定：“当事人可以约定一方违约时应当根据违约情况向对方支付一定数额的违约金，也可以约定因违约产生的损失赔偿额的计算方法。约定的违约金低于造成的损失的，当事人可以请求人民法院或者仲裁机构予以增加；约定的违约金过分高于造成的损失的，当事人可以请求人民法院或者仲裁机构予以适当减少。当事人就迟延履行约定违约金的，违约方支付违约金后，还应当履行债务。”

连带民事责任。①

11.赔礼道歉。赔礼道歉是指行为人通过口头、书面或者其他方式向受害人进行道歉,以取得谅解的一种责任承担方式。赔礼道歉既适用于自然人,也适用于法人。例如,最高人民法院公报案例“天津狗不理包子饮食(集团)公司诉哈尔滨天龙阁饭店、高渊侵犯商标专用权纠纷再审案”就是被告(法人和自然人)侵害了狗不理公司的商标专用权,法院判定被告向天津狗不理饮食(集团)公司赔礼道歉,②这主要是考虑到赔礼道歉在救济法人财产损害赔偿方面的独特功能,以此给予法人充分的救济。③ 赔礼道歉主要适用于侵害名誉权、隐私权、姓名权、肖像权等人格利益。同时,赔礼道歉的方式,既可以公开,也可以私下;既可以书面,也可以口头。司法实践中一般以公开和书面方式为主。

本条还肯定了惩罚性赔偿。惩罚性赔偿是指行为人实施侵害行为,给受害人造成损失,行为人给付受害人超过其实际损失数额的金钱赔偿。美国《谢尔曼法案》中关于惩罚性赔偿制度的规定即为典型代表。《食品安全法》《侵权责任法》吸纳了惩罚性损害赔偿制度,其目的是制裁、遏制产品质量、食品安全等恶性侵权行为,保护消费者的合法权益。由于惩罚性赔偿一定程度上背离了损害赔偿的填平原则,故而在构成要件上更为严格:第一,行为人具有侵权的故意;第二,要有损害事实,该事实具有相当严重性;第三,损害事实和行为之间要有因果关系。

本条规定的民事责任的承担方式,可以单独适用也可以合并适用。民事责任的承担方式各有其适用界限,而行为人的一个行为可能给多种法益造成损害。例如,侵害著作权,即同时侵害了权利人的财产性权益与人格性权益,

① 《吴冠中诉上海朵云轩、香港永成古玩有限公司出售假冒其署名的美术作品纠纷案》,载《最高人民法院公报》1996 年第 2 期。

② “天津狗不理包子饮食(集团)公司诉哈尔滨天龙阁饭店、高渊侵犯商标专用权纠纷再审案”中,法院认为,构成对狗不理包子饮食公司的商标专用权的侵害。依照《民法通则》第 134 条第 1 款第 1、7、10 项的规定,天龙阁饭店和高渊应当停止侵害,赔礼道歉,并赔偿因此给狗不理包子饮食公司造成的损失。《天津狗不理包子饮食(集团)公司诉哈尔滨天龙阁饭店、高渊侵犯商标专用权纠纷再审案》,载《最高人民法院公报》1995 年第 1 期。

③ 参见蔡立东、杨晔:《赔礼道歉责任与法人名誉权的救济》,载《广东社会科学》2016 年第 1 期。

在此场合，法院需要结合具体实际情况，对单一财产损失，采用赔偿损失的方式进行救济即可，而对侵害人格权，则需要多种责任方式相互配合，以实现完整救济当事人权利的目标。

第一百八十条 【不可抗力】

因不可抗力不能履行民事义务的，不承担民事责任。法律另有规定的，依照其规定。

不可抗力是指不能预见、不能避免且不能克服的客观情况。

一、历史由来

本条将《民法通则》第107条与第153条进行了整合改造。《民法通则》第107条规定："因不可抗力不能履行合同或者造成他人损害的，不承担民事责任，法律另有规定的除外。"第153条规定："本法所称的'不可抗力'是指不能预见、不能避免并不能克服的客观情况。"本条做出了两点改进。第一，将《民法通则》第107条中的"不能履行合同或者造成他人损害"调整为"不能履行民事义务"，既精简了语义，又增加了法律的融贯性，体现了《民法总则》在民法典中的统率与纲领作用。第二，将《民法通则》附则中关于不可抗力定义的规定，一并在"民事责任"一章中加以规定，标志着立法技术的提升。在司法实践中，对不可抗力的适用，法院都会同时援引《民法通则》第107条与第153条。例如，在"昭通市晟烽汽车有限责任公司与明顺乾、昭通市农业机械有限责任公司服务合同纠纷再审民事判决书"中，法院认为，《民法通则》第107条规定："因不可抗力不能履行合同或者造成他人损害的，不承担民事责任，法律另有规定的除外。"第153条规定："本法所称的'不可抗力'，是指不能预见、不能避免并不能克服的客观情况。"①本条改进统摄了《合同法》与《侵权责任法》中不可抗力的概念，充分体现了《民法总则》的整体性与体系性。

《民法总则(草案)》的历次审议稿均包含本条的相关内容，只是在表述上略有差异。《民法总则(草案)》(一审稿)第161条规定："因不可抗力不能履

① 参见云南省高级人民法院(2015)云高民再终字第28号判决。

行民事义务的,不承担民事责任,法律另有规定的除外。不可抗力是指不能预见、不能避免并不能克服的客观情况。"《民法总则(草案)》(二审稿)第175条规定:"因不可抗力不能履行民事义务的,不承担民事责任。法律另有规定的,依照其规定。不可抗力是指不能预见、不能避免并不能克服的客观情况。"《民法总则(草案)》(三审稿)第184条规定:"因不可抗力不能履行民事义务的,不承担民事责任。法律另有规定的,依照其规定。不可抗力是指不能预见、不能避免并不能克服的客观情况。"相较而言,"法学会稿"第208条将不可抗力作为一般免责事由,但是并未规定不可抗力的定义。

二、规范目的与含义

(一)规范目的

不可抗力是指不受当事人意思所支配的现象,是人力所不能抗拒的力量。将不可抗力作为免责事由,一方面,有利于保护无过错当事人的利益,维护过错原则作为民事责任制度中基本归责原则,体现民法的意思自治理念;另一方面,可以促使人们在从事交易时,充分预测未来可能发生的风险,并在风险发生后合理地解决风险损失的分担问题,从而达到合理规避风险、鼓励交易的目的。① 如果完全因为不可抗力这一阻断因果关系的外来原因,导致行为人不能履行民事义务,则其行为与结果之间没有法律上的因果关系,同时也表明了行为人不履行义务没有过错。相反,如果行为人因主观上无法预见,客观上又不能避免和不能克服的事件所造成之损害而承担责任,不仅无法与过错责任原则保持逻辑上的一致,无助于发挥法律对主体行为的导向作用,而且达不到民事责任制度保护民事主体的合法权益、补救其所受到的非法损害的目的,也不符合民法的公平原则。因此,将不可抗力作为免责事由是许多国家民事立法的共同选择。

(二)规范含义

关于不可抗力的含义主要有三种学说。"主观说"认为,应以被告的预见能力和抗御能力作为判断标准,如果被告已尽了最高的注意,仍然不能防止该

① 参见刘凯湘、张海峡:《论不可抗力》,载《法学研究》2000年第6期。

客观情况所致损害后果的发生,即认定该客观情况为不可抗力。但这种学说没有提供判断不可抗力的客观标准,解释时弹性过大,难以把握,有可能导致该制度的滥用。“客观说”认为,以事件的性质及外部特征为标准,凡属于一般理性人无法抗御的重大外来力量为不可抗力。这一学说强调了不可抗力事件在当事人意志的预见和控制之外,抛弃了当事人主观上是否尽到了合理注意这一主观要素。其忽略对主观因素的考量,在合同法领域容易导致人们对相关客观事件的预知和合理趋避义务的关注,进而影响交易的安全和效率;在侵权责任法领域,则可能助长人们对他人权利和利益的漠不关心。① 另外,也为一些具有专业技能或经验丰富而预见能力较强者逃避责任提供借口。② “折中说”兼采主、客观标准,既承认不可抗力是一种客观的外在因素,也强调当事人以最大的注意预见,以最大的努力避免和克服不可抗力。本条采取了“折中说”的理论,不可抗力的特征在于:

第一,不可预见性。不可预见性强调的是注意标准方面超出了行为人的预期,③是指以现有的科技水平对事件的发生没有预知能力。另外,人们对某件事的预知能力因人而异,应该以一般理性人的预知能力为标准。对于律师、医生等负有特殊义务和责任的人,则应以具有专业知识和能力的人的认识标准来判断。

第二,不能避免并不能克服性。不能避免性与不能克服性关注的重点是行为人的行为标准而非注意标准,其强调的是人力面对不可抗力的无助性,即表明事件的发生和事件造成损害具有必然性,④是指当事人已经尽到最大的努力,采取一切合理的措施,仍不能避免某事件的发生并克服事件所造成的损害。在司法实践中,如果行为人对某事件的发生具有管控能力,其没有尽到应有的合理的注意义务和谨慎义务,或者当损失发生后没有采取合理的补救措

---

① 参见刘凯湘、张海峡:《论不可抗力》,载《法学研究》2000 年第 6 期。

② 参见刘保玉、孙超:《论侵权责任法中的不可抗力抗辩及其适用》,载《民商法评论》(第 2 卷),郑州大学出版社 2010 年版。

③ 参见曹险峰、孔凡学:《论不可抗力在环境污染责任中的法规范适用——兼评〈侵权责任法〉第 29 条》,载《当代法学》2013 年第 5 期。

④ 参见曹险峰、孔凡学:《论不可抗力在环境污染责任中的法规范适用——兼评〈侵权责任法〉第 29 条》,载《当代法学》2013 年第 5 期。

施，则应被认定为可以避免并可以克服。

客观情况是指独立于当事人意志以外的客观现象，不包括第三人的个人行为，也就是说，不可抗力应是独立于行为人之外的外部客观现象。[①]“不能预见、不能避免、不能克服”的对象究竟是客观情况本身还是客观情况给权利人造成的损害殊值探讨。不可抗力作为义务不履行的免责事由，本条规定的“三个不能”的对象应该是客观情况给义务履行造成的影响及其由此给权利人造成的损害，而不是客观情况本身，否则将使不可抗力的范围不当泛化，因为客观情况基本上都是不能预见、不能避免、不能克服的。

本条中“不能履行民事义务”的含义包括不履行合同上的义务，也包括在《侵权责任法》意义上造成他人损害。《合同法》第117条规定：“因不可抗力不能履行合同的，根据不可抗力的影响，部分或者全部免除责任，但法律另有规定的除外。当事人迟延履行后发生不可抗力的，不能免除责任。”《侵权责任法》第29条规定：“因不可抗力造成他人损害的，不承担责任。法律另有规定的，依照其规定。”此处的“损害”应作广泛的理解，既包括财产上的损害也包括人身损害。

本条“不承担民事责任”中的民事责任也应作广义理解，“不承担民事责任”不限于不承担支付违约金、赔偿损失等救济实质性损害后果的责任承担方式，而是包括了不承担《民法总则》第179条规定的停止侵害、排除妨碍、消除危险、返还财产、恢复原状、修理、重作、更换、继续履行、消除影响、恢复名誉、赔礼道歉等民事责任的承担方式。

本条“法律另有规定的，依照其规定”是指不可抗力作为免责事由的例外情形。此处的“法律”应当指《宪法》和《立法法》中所规定的“法律”范围，即全国人大及其常委会通过的规范性文件，不应作宽泛的理解。除了法律特别规定外，不可抗力这一免责事由适用于过错责任、过错推定责任和无过错责任。不可抗力作为过错责任和过错推定责任的免责事由通常没有例外规定，

① 有学者认为，“《中华人民共和国民法总则》界定不可抗力时不宜再强求不可抗力同时具备不能预见、不能避免和不能克服三项因素，宜视个案变通处理，如在有的情况下仅仅具备两项要素即可构成不可抗力。”崔建远：《民法总则应如何设计民事责任制度》，载《法学杂志》2016年第11期。

法律的排除适用主要针对的是部分无过错责任。主要包括:

第一,《侵权责任法》第70条规定:“民用核设施发生核事故造成他人损害的,民用核设施的经营者应当承担侵权责任,但能够证明损害是因战争等情形或者受害人故意造成的,不承担责任。”《国务院关于核事故损害赔偿责任问题的批复》第6条规定,“民用核设施的经营人在发生核事故的情况下造成他人损害的,只有能够证明损害是因为战争、武装冲突、敌对行动或暴乱所引起,或是因受害人故意造成的,才能免除责任。自然灾害等客观情况即使构成不可抗力,由此造成他人损害,也不能免除核设施经营人的责任”。

第二,《侵权责任法》第71条规定:“民用航空器造成他人损害的,民用航空器的经营者应当承担侵权责任,但能够证明损害是因受害人故意造成的,不承担责任。”《民用航空法》第160、161条规定,民用航空器造成他人损害的,只有致害原因是武装冲突、骚乱,或者是受害人故意,民用航空器的经营人才免除责任。自然灾害等客观情况即使构成不可抗力,由此给他人造成损害,也不能免除民用航空器经营人的责任。《民用航空法》第124条规定:“因发生在民用航空器上或者在旅客上、下民用航空器过程中的事件,造成旅客人身伤亡,承运人应当承担责任;但是,旅客的人身伤亡完全是由于旅客本人的健康状况造成的,承运人不承担责任。”据此,只有旅客本人的健康状况才是承运人对旅客人身伤亡的免责事由,不可抗力不具有使承运人对旅客人身伤亡免责的法律效力。

第三,根据《邮政法》第48条的规定,不可抗力构成邮政企业对一般给据邮件[①]损失的免责事由,但不构成对保价的给据邮件的损失的免责事由。汇款和保价邮件即使由于不可抗力造成的损害,邮政企业也需对收件人承担赔偿责任。

本条没有明确界定不可抗力的具体构成因素,《民法通则》与《侵权责任法》也没有相关规定。实践中,不可抗力可以分为以下三类:

其一,自然原因的不可抗力。自然原因的不可抗力是指达到一定强度的

---

① 给据邮件是指挂号信件、邮包、保价邮件等邮政企业及其分支机构在收寄时出具收据,投递时要求收件人签收的邮件。

自然现象，如地震、台风、洪水、海啸、海浪、蝗灾、风暴、冰雹、沙尘暴、火山爆发、山体滑坡、雪崩、泥石流等。但是并非一切自然灾害都构成不可抗力而成为免责事由，必须符合不可预见性、不可避免和克服以及客观性等要件。

其二，社会原因的不可抗力。社会原因的不可抗力是指由于社会矛盾激化而构成的不能预见、不能避免并不能克服的客观情况，如战争、武装冲突等。① 但如果法律将战争、暴乱、罢工等与不可抗力并列规定，同时作为免责事由，则此等社会原因引发的客观现象虽具有不可抗力的性质，但不再属于法律意义上的不可抗力，而可被解释为与不可抗力具有同等效力的免责事由。例如，《荷兰民法典》第178条规定："如果有下列情况之一，不依第175条、176条或第177条承担责任：a. 损害是由于军事冲突、内战、暴动、国内骚乱、暴乱或兵变引起的；b. 损害是由具有不可预见、不可避免和不可抗拒性质的自然事件造成的。"我国《海洋环境保护法》第91条规定："完全属于下列情形之一，经过及时采取合理措施，仍然不能避免对海洋环境造成污染损害的，造成污染损害的有关责任者免于承担责任：（一）战争；（二）不可抗拒的自然灾害……"

其三，国家因素的不可抗力。国家权力的行使及其后果，有时也是人们不可预见、不能避免并不能克服的。有些学者认为政府命令或者政府行为属于不可抗力的范围，因为产生这一事件的原因来自国家依法行使行政或司法权力，而不是由于当事人过错、第三人过错或自然现象。行政机关的抽象行政行为符合不可抗力的标准，即普通民众对行政机关制定颁布的法规规章的行为无法预见，而且没有能力事前预防或者事后避免，加之行政行为具有强制性，因此，也不能克服。而对于具体行政行为，则难以一概而论，应该具体情况具体分析。② 有些学者认为政府行为不能列入不可抗力的范围，因为政府行为出现的次数过于频繁，容易导致对不可抗力制度的滥用，从而影响经济秩序；另外，部分政府行为是可以预见和可以克服的，因此，不满足不可抗力的构成要件。③

① 参见张新宝：《侵权责任法》，中国人民大学出版社2006年版，第66页。

② 参见李虎：《导致合同不能履行的政府抽象行政行为可视为不可抗力》，载《人民司法（案例）》2009年第20期。

③ 参见刘凯湘、张海峡：《论不可抗力》，载《法学研究》2000年第6期。

不可抗力作为一种免责事由，被告以不可抗力进行抗辩，可以达到不承担或者减轻承担民事责任的后果。不可抗力对于不能履行民事义务之后果的原因力不同，对于不同类型民事责任的抗辩效果不同：

(1)不可抗力对违约责任的抗辩效果。不可抗力在合同法领域的法律效果可以概述为四个方面：一是不可抗力的发生可能导致违约责任的免除，此种责任包括实际履行、支付违约金和损害赔偿的责任；二是不可抗力的发生可能导致违约责任部分免除，或推迟合同履行；三是迟延履行后发生不可抗力的，债务人仍应承担责任；四是发生不可抗力后债务人应履行通知义务和举证义务。① 也就是说，除了全部免除或部分免除责任的效果外，受不可抗力影响不能履行合同的一方应采取措施防止损失的扩大；另外，对方也要依诚实信用原则，积极履行不真正义务，如将易变质货物及时降价销售等来防止损失扩大。同时，当不可抗力不是导致合同不能履行的唯一原因时，根据不可抗力的原因力的大小，可以部分或全部免除当事人责任。在司法实践中，因不可抗力导致合同不能履行，如行为人存在没有尽到足够注意义务的过错，法院可以判决行为人承担部分责任。例如"中国人民财产保险股份有限公司广东省分公司与宝供物流企业集团有限公司保险人代位求偿权纠纷上诉案"中，法院综合考量不可抗力因素以及被上诉人的过错，酌情判定被上诉人对涉案货物损失承担20%的赔偿责任。②

(2)不可抗力对过错侵权责任的抗辩效果。在侵权责任中，以过错责任为归责原则的侵权案件中，以不可抗力作为抗辩，由于不可抗力对损害发生和扩大的原因力不同，所达到的抗辩效果也不同。如果不可抗力是损害发生和扩大的唯一原因，当事人不承担民事责任，不可抗力成为免责的抗辩事由。如果不可抗力不是损害发生和扩大的唯一原因，而只是部分原因，则当事人主张不可抗力只能免除部分民事责任，对于剩余的部分，可按照相关当事人的过错进行分配。③

(3)不可抗力对无过错侵权责任的抗辩效果。在以无过错责任为归责原

① 参见王利明：《违约责任论》，中国政法大学出版社2000年版，第342页以下。

② 参见广州市中级人民法院(2014)穗中法金民终字第66号判决。

③ 参见张新宝：《侵权责任法》，中国人民大学出版社2006年版，第67页。

则的侵权案件中，对被告的责任要求更为严格。首先，有些情形下，不可抗力不具有免责效力。如上文所述，出现《侵权责任法》第70、71条，《民用航空法》第124、160、161条，《邮政法》第48条规定的情形，原则上不能以不可抗力作为抗辩事由。其次，限制不可抗力的范围。虽然允许被告以不可抗力作为抗辩事由主张不承担责任或者减轻责任，但是对不可抗力的范围进行限制。例如，《环境保护法》第41条第3款将不可抗力的范围限制在自然灾害，而不包括社会原因和国家原因的不可抗力。再次，规定当事人的特别义务。不可抗力可以作为主张不承担责任的抗辩事由，但是要求主张方履行特别义务，尤其是在避免和减少损失方面的义务。例如，《环境保护法》第41条第3款要求当事人及时采取合理措施。最后，不可抗力作为部分原因。当不可抗力构成损害发生和扩大的部分原因时，一般根据其原因力的大小适当减轻被告的责任。①

三、举证责任分配

不可抗力这一抗辩事由应由主张方承担举证责任。在举证内容上，行为人不仅应证明不可抗力的发生，还必须证明不可抗力的发生与损害的发生之间有因果关系，同时其自身已经尽到了合理义务，即及时采取了必要的、合理的措施，但仍不能阻止损害的发生，于此方能免责。② 为确保不可抗力的证明效力，法律应明确不可抗力证明的法定出证机关与出证程序。根据不可抗力的种类不同，出证机关也有不同。如对于自然灾害，出证机关可以是不可抗力事件发生地的气象部门、地震管理部门以及专司防灾救灾职能的部门等。另外公证机关也可以对不可抗力出证。对于社会事件如战争罢工等，应由政府出证。③

四、其他问题

在司法实践中，对于不可抗力的适用仍存在一些问题。

---

① 参见张新宝：《侵权责任法》，中国人民大学出版社2006年版，第67页。

② 参见袁文全：《不可抗力作为侵权免责事由规定的理解与适用》，载《法商研究》2015年第1期。

③ 参见刘凯湘、张海峡：《论不可抗力》，载《法学研究》2000年第6期。

首先,本条第1款中的"法律另有规定"是指法律的积极规定还是消极规定存在争议。质言之,是要求法律明确指出不可抗力不能作为某类侵权责任的免责事由才算是"另有规定",还是法律对某类特殊侵权行为免责事由的列举未包括不可抗力即算是"另有规定"?[①] 如《侵权责任法》第70、71条与第72、73条规范模式不同,后两条明确了不可抗力的免责效力,而前两条规定特定类型的免责事由具有免责效力,没有明确不可抗力的法律效果。如果采用前一种理解,前两条没有就不可抗力作出特别规定,不属于本条第2款"另有规定"的情况,则不可抗力免责,这显然有违相关法律的规范意旨,从而造成了法律适用上的冲突。因此,应将本条第1款后半段修改为"法律未将不可抗力作为免责事由的,从其规定",以免造成文字上的歧义和理解上的冲突。[②]

其次,未能准确把握适用不可抗力应满足的条件,导致法律适用上的偏差。[③] 例如,在一些案件中,本应适用过错责任原则,但被告以不可抗力进行抗辩而非以自身无过错进行抗辩。法院回避了被告以不可抗力免责的抗辩,认为被告是受益人而应承担70%的责任。这种从公平角度考量责任的分配无疑是以无过错责任原则为归责原则的,则法律适用存在明显的矛盾。

最后,在司法实践中,还存在将情势变更、商业风险混同于不可抗力而加以适用的情况。根据《合同法解释(二)》第26条,情势变更是指合同成立以后客观情况发生了当事人在订立合同时无法预见、非不可抗力造成的不属于商业风险的重大变化。发生情势变更,继续履行合同对于一方当事人明显不公平或者不能实现合同目的。情势变更与不可抗力都具有外在性、客观性与不可预见性,都可以引起变更或解除合同的后果,都可以免除当事人未按原合同履行的违约责任。但二者也存在明显的区别:(1)不可抗力既表现为自然灾害,也表现为社会异常行为;而情势变更只能表现为社会经济形势的巨变,如国家经济政策的变化、物价暴涨或暴跌或货币贬值。(2)不可抗力既可以影响

---

① 参见陈本寒、艾围利:《侵权责任法不可抗力适用规则研究》,载《现代法学》2011年第1期。

② 参见陈本寒、艾围利:《侵权责任法不可抗力适用规则研究》,载《现代法学》2011年第1期。

③ 参见袁文全:《不可抗力作为侵权免责事由规定的理解与适用》,载《法商研究》2015年第1期。

绝对法律关系而导致侵权责任免责，又可以影响相对法律关系即债权关系；而情势变更只影响相对法律关系中的合同关系。① (3)不可抗力一般已经造成他人人身和财产的损害或合同的不能履行；而情势变更一般只能造成合同履行显失公平。(4)不可抗力发生后当事人提供证据并履行法定有关义务即可免责，而当事人适用情势变更必须请求法院作出裁判。

商业风险与不可抗力一样虽然也都具有客观性、损失性和不确定性，但二者仍存在以下区别：(1)当事人可以因不可抗力所造成的风险而免责，而商业风险为订立合同双方当事人达成合意所自愿承担的风险，当事人不得以商业风险给自己带来损失为由不履行合同，并要求免责。(2)不可抗力一般为有形的风险，而商业风险一般以市场需求和价格变化为主要特征，如银行汇率、外汇汇率等无形的风险。(3)不可抗力造成的风险所引起的损失一般由保险来加以避免，如国际海上货物运输中的水渍险、平安险，而商业风险一般不能投保，由双方当事人自愿承受。

① 参见刘凯湘、张海峡：《论不可抗力》，载《法学研究》2000 年第 6 期。

第一百八十一条 【正当防卫】

因正当防卫造成损害的，不承担民事责任。

正当防卫超过必要的限度，造成不应有的损害的，正当防卫人应当承担适当的民事责任。

一、历史由来

本条承继了《民法通则》第128条。该条规定："因正当防卫造成损害的，不承担民事责任。正当防卫超过必要的限度，造成不应有的损害的，应当承担适当的民事责任。"类似地，《中华人民共和国侵权责任法》第30条规定："因正当防卫造成损害的，不承担责任。正当防卫超过必要的限度，造成不应有的损害的，正当防卫人应当承担适当的责任。"不同之处在于，本条融合了《民法通则》和《侵权责任法》的规定，仍采《民法通则》"民事责任"的表述，但是限定了"应当承担适当的民事责任"的主体，即"正当防卫人"（以下简称"防卫人"）。

尽管缔约过失责任、违约责任、侵权责任等各有特性，但不能否认它们在责任形式、免责事由等方面存在共性，将这些共通性规定在总则中，以统合分则中的各种责任，也符合总则需"提取公因式"的基本要求。①《民法总则（草案）》（征求意见稿2016年5月20日修改稿）第八章"民事责任"没有关于正当防卫的规定，但是《民法总则》的历次审议稿均作出了与《民法通则》基本一致的规定。

二、规范目的与含义

（一）规范目的

正当防卫是民事主体负有的制止不法侵害的一种义务，也是从民事权利

---

① 参见谢哲胜、常鹏翱、吴春岐：《中国民法典立法研究》，北京大学出版社2006年版，第50页。

中派生出来的一种权利。本人或他人的人身和财产权是原权，当这些权利受到侵犯时，就产生了正当防卫权。从这个意义上来说，正当防卫权是一种救济权。[①] 正当防卫是私力救济的一种方式。尽管洛克的《政府论》论证公力救济优越于私力救济，但这样的结论仅在公力救济与私力救济同时存在时才谈得上。而在现实中，人们往往无法得到及时的公力救济，因此私力救济在特定的情况下就是必要的。唯须注意的是，私力救济是公力救济的例外形式，发生于公力救济不能及时发挥作用的情形之下。法律基于权利保护效率的考虑，对私人行为持宽容态度。[②]

正当防卫案件案由主要为生命权、身体权、健康权纠纷，案件当事人以自然人为主，多为自然人之间因琐事发生肢体冲突，在一方当事人因对方行为遭受损害时诉请赔偿，另一方当事人以正当防卫进行抗辩，法院判断是否构成正当防卫、是否超过限度，并以此确定损害赔偿责任的分配。

正当防卫规定于《民法总则》民事责任一章，与正当职务行为、自助行为、紧急避险、受害人同意共同构成违法性阻却事由。[③] 在《民法通则》中，正当防卫规定于第六章第三节的“侵权的民事责任”中，而《民法总则》不再区分一般规定、违反合同的民事责任、侵权的民事责任，强调了正当防卫是一种共通性的违法性阻却事由，体现了私力救济在权利保护中的地位和作用。正当防卫的效果是排除了行为的违法性，从而责任不能成立。

正当防卫是指本人或他人的人身权利、财产权利遭受不法侵害时，防卫人所采取的一种防卫措施。[④] 按照本条规定，防卫人在合理限度内的正当防卫，即使导致损害，也不承担责任；防卫人的防卫超过必要限度造成不应有损害的，应当承担适当的民事责任。所谓“适当的民事责任”，在有的论述中被称为“相应的民事责任”，是指对超出必要限度的损害部分承担责任，而不是承担全

---

① 参见陈兴良：《正当防卫论》，中国人民大学出版社 1987 年版，第 36 页。

② 参见于敏、李昊等：《中国民法典侵权行为编规则》，社会科学文献出版社 2012 年版，第 77 页。

③ 所谓违法性阻却事由，在民法上是指对那些本来导致他人损害的行为，因特殊情况被认为没有违法性，从而不承认损害赔偿责任的事由。于敏、李昊等：《中国民法典侵权行为编规则》，社会科学文献出版社 2012 年版，第 77 页。

④ 参见王胜明主编：《中华人民共和国侵权责任法释义》，法律出版社 2013 年版，第 165 页。

部损害赔偿责任。[①] 例如,在《孙平、达震宇与孙平、达震宇生命权、健康权、身体权纠纷再审复查与审判监督民事裁定书》中,法院认为,达震宇随拆迁公司到孙智慧房屋处拆迁,孙平到场与拆迁人员发生纠纷后到二楼向楼下扔燃烧的汽油瓶,将达震宇等人烧伤。孙平故意伤害他人身体的行为是在其合法财产权受到侵害、人身权受到威胁的情况下为之,系防卫行为,但该防卫行为明显超过必要的限度,属防卫过当。……判决由孙平承担30%的赔偿责任,并无不当。[②]

(二)规范含义

本条基本承继了《民法通则》的规定,没有明确规定正当防卫的构成,即没有明确规定是为了谁的利益而采取防卫行为。有些国家或地区的民法典明确规定,正当防卫的内容,即将正当防卫界定为使本人或者他人的人身权利、财产权利免受正在进行的不法侵犯。[③] 如《德国民法典》第227条规定:"(1)为正当防卫所必要的行为不是不法的。(2)正当防卫,是指为使自己或他人免于遭受现时的不法攻击而有必要进行的防卫。"我国台湾地区"民法典"第149条规定,"对于现时不法之侵害,为防止自己或他人之权利所为之行为,不负损害赔偿之责。但已逾越必要程度者,仍应负相当赔偿之责。"《欧洲侵权法基本原则》将正当防卫的内容界定为"保护其自身利益",该法第7:101条(1)规定:"行为人在以下情况下的正当行为可被免责:(a)为保护其自身利益免受非法攻击(自卫),(b)在迫不得已的情况下,(c)因不能及时获得公权力机关救济(私力救济),(d)经受害人承诺,或者受害人接受被损害的风险,或者(e)根据合法授权,如许可证。"

学者关于正当防卫构成要件的归纳,基本相同但略有差异。有的学者将正当防卫的构成要件归纳如下:(1)须防卫现时不法之侵害;(2)须为防卫自己或他人权利或公共利益;(3)须不超过必要限度。[④] 有的学者认为正当防卫

---

① 参见中国民法典立法研究课题组:《中国民法典草案建议稿附理由:侵权行为编·继承编》,法律出版社2004年版,第22页。

② 参见江苏省高级人民法院(2015)苏审二民申字第686号裁定。

③ 参见王胜明主编:《中华人民共和国侵权责任法释义》,法律出版社2013年版,第165页。

④ 参见中国民法典立法研究课题组:《中国民法典草案建议稿附理由:侵权行为编·继承编》,法律出版社2004年版,第22页。

的构成要件包括:(1)侵害;(2)违法性,即侵害行为必须是违法的;(3)侵害行为的现实性;(4)防卫的必要性;(5)正当防卫的适度性。① 还有的学者认为,正当防卫的构成要件包括:(1)侵害事实(已经着手、正在进行、尚未结束);(2)侵害须为不法;(3)须以合法防卫为目的;(4)防卫须对加害人本人实行;(5)防卫不能超过必要的限度。② 正当防卫的构成要件为:

第一,须有防卫目的,即防卫是为了使本人、他人的人身、财产权利免受不法侵害。防卫人在防卫时,不仅应当意识到不法侵害的现实存在,而且须意识到防卫行为的目的。以防卫为借口而施以报复行为或防卫挑拨行为,或者互相斗殴,都是违法行为。③ 例如《马文华与吴凤红生命权、健康权、身体权纠纷再审审查民事裁定书》中,法院认为,马文华和吴凤红厮打在一起,以互相伤害对方身体为目的,都具有主动攻击性,且在厮打过程中被他人拉开,不存在互相斗殴中不法侵害转化为正当防卫的情形。原审法院根据马文华与吴凤红厮打造成的后果和过错程度,判决马文华承担80%赔偿责任,认定事实清楚,适用法律正确,裁量幅度适当。④

第二,有不法侵害行为。"不法侵害"指对某种权利或利益的侵害为法律所明文禁止,既包括犯罪行为,也包括其他违法的侵害行为。对于执行职务等合法行为,不能进行正当防卫。

第三,不法侵害正在进行。正当防卫的目的在于制止不法侵害,避免危害结果发生,因此,不法侵害必须正在进行。对尚未开始或者已经实施完毕,或者实施者已经自动停止的行为,不得实施防卫。

第四,本人、他人的人身权利、财产权利遭受不法侵害,来不及请求有关国家机关公力救济的情况下,才能实施防卫行为。这一要件体现了正当防卫的私力救济的性质。

第五,针对不法侵害者本人实行。正当防卫不能对没有实施不法侵害行

---

① 参见[德]迪特尔·梅迪库斯:《德国民法总论》,邵建东译,法律出版社2000年版,第124页以下。

② 参见杨立新:《侵权损害赔偿》,法律出版社2010年版,第123页。

③ 参见杨立新:《侵权责任法》,法律出版社2012年版,第212页。

④ 参见吉林省高级人民法院(2016)吉民申1520号裁定。

为的人造成损害。

第六,不超过必要的限度。[①] 必要的限度是指防卫行为为制止不法侵害所必要,以有效制止侵害行为为限度。防卫是否超过必要限度,应综合考量防卫人和不法侵害人双方具体情形及当时客观条件确定。防卫行为须具备两项条件:一是必要性。即以达到制止不法侵害之防卫目的为已足。例如,用威吓足以制止侵害者,不必加以实害;用腕力足以防卫者,不必用器械。二是相当性。即考量因进行正当防卫所生的损害与所欲避免的侵害,是否大体相当。[②]

正当防卫行为虽使不法侵害人受有损害,但防卫人依法不承担损害赔偿责任。防卫行为超过必要限度,属于防卫过当,防卫人对于所造成的不应有的损害,应当承担适当的民事责任。"不应有的损害"是指超出限度造成的损害。"适当的民事责任"是指部分赔偿责任而不是全部赔偿责任。[③] 这种"适当的民事责任"包括以下三层意思:

第一,防卫过当不能免除民事责任。民事责任是一种财产责任,赔偿具有补偿和制裁的双重性质,不像刑罚那样,是人身的而且没有补偿性质的责任。承担"适当的民事责任"的含义是承担责任,而不是免责。

第二,对于防卫过当造成的损害,一般应当减轻责任。理由在于:一是防卫的前提是侵害人的不法侵害,没有不法侵害就不会造成这种过当的后果;二是行为人在防卫过程中,特别是在情况较危急的情况下,对防卫行为的节制以及对后果的预见是受到限制的,不应对防卫行为要求过高、过苛。[④] 如在《季一亚与秦振钢健康权纠纷上诉案》中,法院认为,甲晚上到乙的建材店换装修用钉子,因乙不愿晚上开门换钉与甲发生口角,甲遂推乙的下巴,乙还手,乙之子见到自己的父亲被甲掐住脖子推向墙角,遂上前拉架,做出将甲摔倒在地的行为,此乃为人子女的正常反应,实属人之常情,其并未实施其他伤害甲的行

① 参见王胜明主编:《中华人民共和国侵权责任法释义》,法律出版社 2013 年版,第 165 页以下。

② 参见中国民法典立法研究课题组:《中国民法典草案建议稿附理由:侵权行为编·继承编》,法律出版社 2004 年版,第 22 页。

③ 参见吴高盛主编:《〈中华人民共和国侵权责任法〉释义及实用指南》,中国民主法制出版社 2014 年版,第 107 页。

④ 参见杨立新:《侵权责任法》,法律出版社 2012 年版,第 213 页。

为,可以推定其并不存在伤害甲的主观恶意,系为了保护自己的父亲免受他人正在实施的不法侵害,符合正当防卫的构成要件,但乙之子在防卫过程中造成了甲十级伤残的后果,与甲对其父亲实施的侵害行为相比,超过了必要的限度,存在一定的过错,对该损害事实的发生负次要责任。法院根据纠纷的起因、结合事发经过等因素综合认定,甲对其自身损失自担60%的责任,乙之子对甲的损失承担40%的赔偿责任。①

第三,以防卫为借口实施报复行为或者故意加害的,防卫人对超出必要限度的损害应当承担全部赔偿责任。②

此条规定中的“损害”,包括对本人或他人的人身权利和财产权利的损害。

三、举证责任分配

首先由主张民事责任成立的当事人对举证证明被告行为具备民事责任的构成要件,然后由被告举证其行为符合正当防卫的构成要件,如果能够证明存在正当防卫的违法性阻却事由并且未超过必要限度,则被告不承担责任。

四、其他问题

正当防卫应否纳入《民法总则》民事责任一章中?如果纳入总则,分则部分是否还有必要规定?赞成论认为,在总则部分作为专章设置的“民事责任”,应当包括正当防卫、紧急避险、自力救济等事由,这就吸收了我国台湾地区“民法典”第149条至第152条的规定。这样,在“一般规定”中的基本原则和“民事责任”中的免责事由的配合下,总则部分就无必要专章规定“权利之行使”。③ 与之相对,反对论认为,民法的本质是确认和保护权利,使不法行为人承担民事责任不是目的而是手段,目的是保护权利人的权利。因此,应将“民事责任”改为“权利的行使与救济”,增加关于权利行使的规范,如禁止权利滥用原则,赋予正当防卫和紧急避险以合法性地位,增加关于自助行为的规定,

① 参见南京市中级人民法院(2015)宁民终字第6166号判决。

② 参见杨立新:《侵权责任法》,法律出版社2012年版,第213页。

③ 参见谢哲胜、常鹏翱、吴春岐:《中国民法典立法研究》,北京大学出版社2006年版,第50页。

健全权利救济制度。[①] 与此类似,亦有观点认为关于正当防卫、紧急避险之规定,性质上属于自力救济,体系上应归入“权利之行使与保护”而非“民事责任”部分,从而,将正当防卫、紧急避险之规定移至第五章“民事权利”部分并适度修改与扩充,将第五章名称修改为“民事权利之行使与保护”。[②] 还有一种观点认同将正当防卫纳入第五章,即第五章应设三节:第一节“(民事权利的)一般规定”、第二节“民事权利的内容和行使的限制”、第三节“民事权利的私力救济”。其中,第三节“民事权利的私力救济”规定私力救济的三种方法:正当防卫、紧急避险、自助行为。这三种私力救济行为中,前两者为自卫行为,后者为自力救助。[③]

关于《民法总则》与《侵权责任法》的关系问题,有的观点认为,关于正当防卫、紧急避险,《侵权责任法》第30、31条已有完全相同之规定,为避免重复,两者必去其一;因自力救济涉及一切权利,且其主要意义在于阻却违法,亦得据此阻却违约以及其他债务不履行责任,另亦涉及牺牲请求权等,可知其意义不限于侵权责任,故应保留其为总则部分的规定,删除《侵权责任法》中相应规定。[④]

本书认为,正当防卫、紧急避险保留在《民法总则》有其正当性,有利于体现违法性阻却事由的完整性和理论的统一性,体现民法典体系的科学性。同时,将正当防卫、紧急避险设置在民事责任一章,更能体现出违法性阻却事由能够导致免除责任或者减轻责任的效力。正当防卫、紧急避险的内容更加侧重赋予正当防卫人、紧急避险人以对抗承担责任的请求,而不是针对赋予权利或者如何为行为人行使权利提供救济。因此,《民法总则》将这两项制度安排在民事责任一章是合理的。

---

① 参见柳经纬:《民法总则不应是〈民法通则〉的“修订版”》,载《法学》2016年第10期。

② 参见金可可:《〈民法总则(草案)〉若干问题研究——对草案体系等若干重大问题的修改意见》,载《东方法学》2016年第5期。

③ 参见陈华彬:《论民事权利的内容与行使的限制——兼议我国〈民法总则(草案)〉相关规定的完善》,载《法学杂志》2016年第11期。

④ 参见金可可:《〈民法总则(草案)〉若干问题研究——对草案体系等若干重大问题的修改意见》,载《东方法学》2016年第5期。

第一百八十二条 【紧急避险】

因紧急避险造成损害的，由引起险情发生的人承担民事责任。

危险由自然原因引起的，紧急避险人不承担民事责任，可以给予适当补偿。

紧急避险采取措施不当或者超过必要的限度，造成不应有的损害的，紧急避险人应当承担适当的民事责任。

一、历史由来

本条承继了《民法通则》第129条，该条规定："因紧急避险造成损害的，由引起险情发生的人承担民事责任。如果危险是由自然原因引起的，紧急避险人不承担民事责任或者承担适当的民事责任。因紧急避险采取措施不当或者超过必要的限度，造成不应有的损害的，紧急避险人应当承担适当的民事责任。"《执行民法通则意见》第156条对《民法通则》作了补充规定，"因紧急避险造成他人损失的，如果险情是由自然原因引起，行为人采取的措施又无不当，则行为人不承担民事责任。受害人要求补偿的，可以责令受益人适当补偿。"《侵权责任法》第31条规定："因紧急避险造成损害的，由引起险情发生的人承担责任。如果危险是由自然原因引起的，紧急避险人不承担责任或者给予适当补偿。紧急避险采取措施不当或者超过必要的限度，造成不应有的损害的，紧急避险人应当承担适当的责任。"本条除了将《民法通则》中的"承担适当的民事责任"改为"给予适当补偿"，使表述更为规范，基本沿用了《民法通则》第129条关于紧急避险之规定。

"社科院稿"第273条规定："为使本人或者他人的人身或财产免受正在发生的危险，民事主体可以采取紧急避险的方法保护其权利。紧急避险采取措施不当或者超过必要的限度，造成不应有的损害的，紧急避险人应当承担适当的责任。因紧急避险造成损害的，由引起险情发生的人承担责任，或由受益人给予适当补偿。”

在《民法总则(草案)征求意见稿》(2016 年 5 月 20 日修改稿)中,第八章民事责任一章没有关于紧急避险的规定,但是《民法总则(草案)》的历次审议稿对紧急避险均作出了规定,只是相关表述略有不同。《民法总则》(一审稿)第 163 条规定:“因紧急避险造成损害的,由引起险情发生的人承担责任。如果危险是由自然原因引起的,紧急避险人不承担责任或者给予适当补偿。紧急避险采取措施不当或者超过必要的限度,造成不应有的损害的,紧急避险人应当承担适当的责任。”《民法总则》关于紧急避险之规定将《民法总则》(一审稿)中“责任”变更为“民事责任”,将第 2 款中“紧急避险人不承担责任或者给予适当补偿”改为“紧急避险人不承担民事责任,可以给予适当补偿”。

二、规范目的与含义

(一)规范目的

紧急避险也是私力救济的一种方式,是在公力不能及时对私人权利进行保护时的一种例外的权利救济形式。就其本质而言,紧急避险行为是通过牺牲一个较小的利益来保护一个较大的利益。与正当防卫一样,这种行为具有普遍的正当性。这种正当性不仅为人们的一般价值观所认可,而且具有经济上的合理性。①

紧急避险案件案由主要有生命权、身体权、健康权纠纷,机动车交通事故纠纷,财产损害赔偿纠纷。案件当事人以自然人为主,多为一方当事人在紧急状态下为避免危险发生或损害扩大采取措施造成他人或自己人身或财产损害,受害方诉请赔偿,紧急避险人(以下简称“避险人”)以紧急避险进行抗辩,法院判断是否构成紧急避险、是否超过限度,并以此确定损害赔偿责任的分配。

紧急避险规定于《民法总则》中的民事责任一章。在《民法通则》中,紧急避险规定于第六章第三节侵权的民事责任中,《民法总则》没有区分一般规定、

① 中国民法典立法研究课题组:《中国民法典草案建议稿附理由:侵权行为编·继承编》,法律出版社 2004 年版,第 24 页。

违反合同的民事责任、侵权的民事责任，而是统一规定在第八章民事责任中，强调了紧急避险属于违法性阻却事由，体现了私力救济在权利保护中的地位和作用。

紧急避险是为了避免自己或他人人身、财产上的急迫危险，不得已采取加害行为，[①]是避险人于紧急危险的情况下，无法寻求公力救济以排除危险，在两种合法利益不可能同时都得到保护的情况下，不得已而采用牺牲其中较轻的利益，保全较重大的利益的行为，[②]避险人牺牲较轻的利益，不得已所为的避险行为不具有违法性。

（二）规范含义

同正当防卫相似，本条基本沿袭了《民法通则》的规定，没有明确规定避险行为的构成。有些国家或地区的民法典明确规定了紧急避险的内容，即将紧急避险界定为使本人或者他人的人身权利、财产权利免受正在发生的危险。[③]如《德国民法典》第228条规定："为使自己或他人免于遭受他人的物所引起的急迫危险而毁损或破坏他人的物的人，如毁损或破坏为避开危险所必要，且损害并非与危险不相当，则不是不法地实施行为。危险系因行为人的过错而引起危险的，行为人有义务赔偿损害。"该法典第904条规定："为避开现时的危险，他人有必要干涉物，且将要发生的损害与因该干涉而对所有人发生的损害相比过于巨大的，物的所有人无权禁止该他人干涉物。所有人可以请求赔偿给自己造成的损害。"因此德国民法理论将第228条规定称之为"防御性紧急避险"，将第904条规定称之为"攻击性紧急避险"。[④] 我国台湾地区"民法典"第150条规定："因避免自己或他人生命、身体、自由或财产上急迫之危险所为之行为，不负损害赔偿之责。但以避免危险所必要，并未逾越危险所能致之损害程度者为限。前项情形，其危险之发生，如行为人有责任者，应负损害赔偿之责。"我国并未效法传统民法将紧急避险区分为防御型紧急避险和攻击型紧急避险并分别确立不同的受害人损失分配规则，规则设计的着眼点仍然在引

---

① 参见朱庆育：《民法总论》，北京大学出版社2013年版，第556页。

② 参见杨立新：《侵权损害赔偿》，法律出版社2010年版，第125页。

③ 参见王胜明主编：《中华人民共和国侵权责任法释义》，法律出版社2013年版，第170页。

④ ［德］迪特尔·梅迪库斯：《德国民法总论》，邵建东译，法律出版社2000年版，第130页。

发险情的原因,而与避险方法并无关联。[①]

学者关于紧急避险构成要件的归纳,基本相同但略有差异。有的学者将紧急避险的构成要件归纳如下:(1)须有急迫危险;(2)须为避免自己或他人生命、身体、自由、财产或公共财产上急迫危险而为避险行为;(3)须避险行为不超过必要限度。其中,避险行为须符合两项要求:一是必要性,二是相当性。[②] 有的学者认为,紧急避险须具备以下要件:(1)危险正在发生,并威胁着公共利益、本人或者他人的利益;(2)采取避险措施须为不得已;(3)避险行为不得超过必要的限度。[③] 有的学者认为,紧急避险的构成要件包括:(1)危险正在发生,并威胁着公共利益、本人或者他人的合法利益;(2)采取避险措施须为不得已;(3)避险行为不得超过必要的限度。[④] 还有的学者归纳紧急避险的要件为:(1)危险的现时性;(2)危险的急迫性;(3)旨在避免侵害;(4)不逾越必要限度。[⑤] 紧急避险的构成要件为:

第一,须有避险目的。紧急避险是为了使本人、他人的人身、财产权利免受正在发生的危险。

第二,须危险正在发生。若危险已经消除或者尚未发生,则不得采取避险措施。

第三,须采取避险措施系为不得已。所谓不得已,是指避险确有必要,避险人面对急迫危险,无法及时寻求公力救济,不得不采取紧急避险措施,以保全更大的、法律所保护的利益。

第四,须不超过必要的限度。此处不超过必要的限度,是指在面临紧急危险时,避险人采取的措施所造成的损害应小于危险可能给被保全利益带来的损害,牺牲更小的利益以保全更大的法益。[⑥] 例如,在《王纪军与张文明等健康权纠纷上诉案》中,王甲与张某系同村村民,因王甲与张某对于榆树枝的权

① 参见王轶:《作为债之独立类型的法定补偿义务》,载《法学研究》2014 年第 2 期。

② 参见中国民法典立法研究课题组:《中国民法典草案建议稿附理由:侵权行为编 · 继承编》,法律出版社 2004 年版,第 24 页。

③ 参见王利明主编:《民法》,中国人民大学出版社 2005 年版,第 800 页。

④ 参见杨立新:《侵权损害赔偿》,法律出版社 2010 年版,第 125 页。

⑤ 参见朱庆育:《民法总论》,北京大学出版社 2013 年版,第 556 页。

⑥ 参见王胜明主编:《中华人民共和国侵权责任法释义》,法律出版社 2013 年版,第 170 页。

属发生争议，双方发生厮打。后王甲的弟弟王乙到张某家中理论，在附近盖房的同村村民前来劝解，王乙不听劝解并与村民发生肢体冲突，其中一位村民伤到王乙右眼球，王乙主张损害赔偿。法院判决认为：同村村民在涉案纠纷现场附近盖房，知道纠纷正在发生，本是旁观者，无意介入邻居之间的纠纷，但接到求助后，同去劝解，阻止了已经受伤的张某再受到王乙等伤害，同村村民劝阻行为正义，符合紧急避险的情形，应当予以肯定。村民对王乙的眼球受伤无故意、无过失，不应承担赔偿责任。①

关于紧急避险的法律效果，第一种配置路径是以引起危险的原因为线索，分为如下情形：

（1）因紧急避险造成损害的，由引起险情发生的人承担民事责任。如果危险是由人的行为引起的，那么应该由引起危险的人承担民事责任。如在《董孟君与张永波财产损害赔偿纠纷上诉案》中，董某拥有所有权的房屋发生火灾，在灭火过程中，因大量消防水涌入隔壁张某的住宅，导致张某住宅内的装修等严重受损，张某要求损害赔偿。董某主张张某的房屋损失系消防水漏下造成而非烧损，故不应承担全部责任。法院认定，消防队对董某所有的房屋进行救火导致张某房屋受损系紧急避险行为，紧急避险导致第三人财产损失，应当由引起险情发生的人承担。② 险情是由避险人、受害人、第三人引起，那么应该分别由避险人、受害人、第三人对自己的过错负责。他们对自己过错负责的范围，应以紧急避险必要限度或避险措施得当所造成的损失为标准，超过部分不应由后两种人负担。③

（2）危险是由自然原因引起的，紧急避险人不承担民事责任，可以给予适当补偿。如果危险是由自然原因引起的，避险人承担此种补偿义务，并不是因为存在可归责的事由，并不是承担具有负面价值判断的侵权责任，而是基于公平责任进行的损害分担。公平责任调整的范围仅仅为加害人与受害人之间，

---

① 参见平凉市中级人民法院（2015）平中民一终字第312号判决。

② 参见宁波市中级人民法院（2016）浙02民终119号判决。

③ 参见杨立新：《侵权损害赔偿》，法律出版社2010年版，第126页。

不涉及受益人,[1]《民法总则》第182条是其可能适用的具体情形之一。在此情形下,承担民事责任有两种情况:一是避险人是为了他人的利益而采取了避险行为,造成第三人利益损害的,不存在避险不当的情形,避险人免予对第三人承担责任,由受益人给予适当补偿。二是避险人是为了本人的利益采取了避险行为,造成第三人利益损害的,避险人本人作为受益人,应当对第三人的损害给予补偿。[2]

对于紧急避险采取措施不当或者超过必要限度的责任承担,可以结合上述危险发生的不同原因进行分析:

首先需要指出的是,避险人负有地对他人的"给予适当补偿"责任与"应当承担适当的民事责任"属于两种不同性质的责任。前者属于公平责任,后者属于过错责任。也就是说,避险人采取措施不当或者超过必要限度而造成不应有的损害表明其没有对他人财产尽到必要的注意义务,主观上有一定过错,应承担相应的过错责任。[3] 只是该过错责任并不对该不应有的损害给予全额赔偿,而是部分赔偿,应比照全部赔偿责任进行减轻。[4] 此处的采取措施不当和超过必要限度是不同的,前者的基本思路和方法是错误的,即采取有关措施不能或不适合处理当时当地的险情。后者的基本思路和方法是正确的,只是未能正确把握"度"的要求。[5]

危险是由避险人引起的,避险人应对避险行为所造成的一切损害后果承担民事责任。危险是由受害人引起的,避险人应对超过必要限度部分的损害承担适当的民事责任,由受害人对自己在紧急避险必要限度内的损失承担责任。险情是由第三人引起的,避险人应对超过必要限度的部分的损害承担适当的民事责任,第三人应对受害人的在紧急避险的必要限度内的损失承担全

---

① 参见曹险峰:《论公平责任的适用——以对〈侵权责任法〉第24条的解释论研读为中心》,载《法律科学》2012年第2期。

② 参见王胜明主编:《中华人民共和国侵权责任法释义》,法律出版社2013年版,第173页。

③ 参见王利明、周友军、高圣平:《中国侵权责任法教程》,人民法院出版社2010年版,第292页。

④ 参见陈本寒、艾围利:《侵权责任法不可抗力适用规则研究——兼评〈侵权责任法〉第29条》,载《现代法学》2011年第1期。

⑤ 参见张新宝:《侵权责任法》,中国人民大学出版社2013年版,第63页。

部赔偿责任。危情是由自然原因引起的,避险人只是对超过必要限度部分的损害(大于其所保护的合法利益的部分或者不应有的损害部分)承担适当的民事责任,而受益人应对受害人在紧急避险的必要限度内的损失给予适当补偿。①

关于紧急避险的法律效果,第二种配置路径是以避险行为所影响的法益线索,分为如下情形:

以危险来源(他人引起或自然原因引起)作为规范设置的标准,这一进路掩盖了紧急避险的实质,因为影响避险行为之正当性及其法律效果的,不是危险来源,而是避险行为所影响的法益。紧急避险宜应根据避险对象作出区分:如果避险行为针对引发危险者作出,此等防御行为在避险的必要限度内即具正当性;如果避险行为针对无辜的第三人,在危险的严重程度明显高于避险行为时,基于唇齿相依的社会生活之互助要求,第三人固然不得因其财产遭到侵害而实施防卫,但为公平起见,避险人应对第三人的牺牲作出赔偿。尤应注意的是,由于引起险情之人与作出牺牲之人间无直接法律关系,故不可规定由该第三人直接向引起险情之人请求赔偿。另外,避险人与受益人非属一人时,鉴于牺牲人与受益人之间亦无直接法律关系,因而,避险人应为赔偿义务人。②

关于紧急避险的法律效果,第三种配置路径是以危险的引起主体是否为避险人为线索,分为如下情形:

如果危险是由避险人引起的,则避险人应对国家或其他公民财产遭受的损害承担民事责任;如果危险不是避险人引起的,而是由他人(包括受害人)或者自然原因引起的,则避险人不承担责任(如受害人引起险情)或者承担适当的民事责任(如受害人以外的人或者自然原因引起险情)。③

三、举证责任分配

首先由主张民事责任成立的当事人举证证明被告行为具备民事责任的构成要件,然后由被告举证其行为符合紧急避险的构成要件,如果能够证明存在

---

① 参见张新宝:《侵权责任法》,中国人民大学出版社 2006 年版,第 64 页。

② 参见朱庆育:《民法总论》,北京大学出版社 2013 年版,第 558 页。

③ 参见王轶:《作为债之独立类型的法定补偿义务》,载《法学研究》2014 年第 2 期。

紧急避险的违法性阻却事由,并且未超过必要限度,则不承担责任或给予适当补偿。

四、其他问题

关于紧急避险应否纳入《民法总则》民事责任一章中的问题,学理上通常与正当防卫一并探讨。此处值得探讨的是,在受益人与避险人重合的情形,由避险人承担适当的补偿义务,符合公平责任的精神。在受益人与避险人为不同主体的情形,也即避险人是为了使他人(包括国家、集体)的利益免遭正在发生的、实际存在的危险而实施紧急避险行为,此种危险因自然原因引起,避险人又不存在避险不当的情形,避险行为给他人或者自身造成了损害,避险人免予对第三人承担责任,理论上应由受益人给予适当补偿。但从本条的文义上,无法得出受益人的补偿义务。避险人"可以"给予适当补偿,适用本条规定的结果是,应由受害人自行承担损害后果,或者由避险人给予受害人适当补偿,受益人则无须分担损失,这种结果显然对受害人或者避险人有失公允。因此,有的学者认为,《侵权责任法》第 31 条"紧急避险人不承担责任或者给予适当补偿"的规定,改为"由受益人给予适当补偿"更为妥当,从而成为无第三人侵权行为介入时的受益人补偿条款,与《侵权责任法》第 23 条相呼应。[①] 回归到《民法总则》中,本书认为,可按照这种方式对"如果危险是由自然原因引起的,紧急避险人不承担民事责任,可以给予适当补偿"这一规定进行完善,从而更有利于维护避险人的利益,同时对受害人的损害进行一定的填补。

---

① 参见张新宝、宋志红:《论〈侵权责任法〉中的补偿》,载《暨南学报》(哲学社会科学版)2010 年第 3 期。

第一百八十三条 【保护他人民事权益的损害分担】

因保护他人民事权益使自己受到损害的，由侵权人承担民事责任，受益人可以给予适当补偿。没有侵权人、侵权人逃逸或者无力承担民事责任，受害人请求补偿的，受益人应当给予适当补偿。

一、历史由来

本条是对《民法通则》第 109 条的承继，该条规定，“因防止、制止国家的、集体的财产或者他人的财产、人身遭受侵害而使自己受到损害的，由侵害人承担赔偿责任，受益人也可以给予适当的补偿。”《民法总则(草案)》(一审稿)第 164 条即对该本条的内容作出了修改，更改为：“为保护他人民事权益而使自己受到损害的，由侵权人承担责任，受益人可以给予适当补偿。没有侵权人、侵权人逃逸或者无力承担责任，受害人请求补偿的，受益人应当给予适当补偿”。明确赋予了因保护他人民事权益而使自身受到损害的人对于受益人的补偿请求权，希望借此保护因见义勇为受到损害的人，从而鼓励见义勇为的义行。《民法总则(草案)》(二审稿)第 178 条将“由侵权人承担责任”改为“由侵权人承担民事责任”，以便更加切合其在民事责任一章的体系地位。《民法总则(草案)》(三审稿)第 188 条的表述方式与《民法总则(草案)》(二审稿)完全一致，《民法总则》第 183 条也沿用了这一表述。在此之前，虽然《民法通则》第 109 条并未赋予为保护他人民事权益而遭受损害的受害人对受益人的补偿请求权，但根据《侵权责任法》第 23 条、《执行民法通则意见》第 142 条以及《人身损害赔偿解释》第 15 条，仍然可以得出受害人享有向受益人请求补偿的权利的结论。本条规定可以视为对上述几个相关规定的整合与修改，不仅有利于促进我国民事立法在立法精神与内容上的不断融合，也为法官掌握和适用法律提供了便利。

二、规范目的与含义

1. 规范目的

本条是对因见义勇为而受到损害的人所享有的损害赔偿请求权与补偿请求权的规定。首次在民法中明确赋予为保护他人民事权益而遭受损害的受害人对受益人的补偿请求权,具有十分重要的意义。这一规定是对受益人与受害人权益的合理平衡,符合民法所倡导的公平正义理念。一方面,受害人乃是为了保护受益人的权益才遭受到损害,这种舍己为人的精神值得倡导和鼓励,受益人也因其义行而避免了损失的产生。从常理上看,在这种场合受益人往往自愿主动对受害人进行一定的补偿,以免让"英雄流血又流泪",因此,要求其承担适当的补偿义务并不强人所难。另一方面,受益人本身毕竟不是侵权责任人,其对受害人遭受的损失并无过错可言。而且,在许多场合下受益人事先并未主动表现出期望受害人牺牲自身利益来保护其合法权益的意愿,如果要求其必须对于受害人的损失承担完全补偿的责任,难免有违其意志自由,不符合民法尊重意思自治的精神。因此,第 183 条仅规定了在"没有侵权人、侵权人逃逸或者无力承担民事责任"且"受害人请求补偿"的条件下,受益人才应当给予适当而非全部的补偿,以免对受益人造成过度的干预和负担。

2. 规范含义

本条的主要变化是将《民法通则》第 109 条中"防止、制止国家的、集体的财产或者他人的财产、人身遭受侵害而使自己受到损害"的表述方式改为"为保护他人民事权益而使自己受到损害"。本条以"保护他人民事权益"的概念取代了"防止、制止国家的、集体的财产或者他人的财产、人身遭受损害"这一略显复杂的表述,实现了用词的精简,更符合立法的语言要求。"保护他人民事权益"泛指保护他人生命权、健康权、姓名权、名誉权、肖像权、隐私权、所有权、用益物权、担保物权、著作权、专利权、股权、继承权等一切人身、财产权益的行为,无须区分保护的对象是国家、集体或者个人而分别对待,因此在表述上也不必延续此前复杂的方式。

确定受益人应当给予的补偿数额,应当根据"受益人受益的多少及其经济状况"决定。如果受益人相对于受害人来说,明显具有较强的经济优势,那么,应当可以要求其适当给予相对多的补偿,但此种补偿必须是在受害人遭受的损失范围之内。另一方面,法官还应考虑受害人所遭受的损失的种类和程度。一般来说,见义勇为往往是出自助人精神所实施的自愿奉献行为。因此,在这一过程中即使遭受到轻微损失也会被接受。只有当这种损失较大,给受害人造成了经济上的负担时,才应当构成其要求受益人给予补偿的正当理由。如果受害人仅仅遭受了轻微损失,比如在救火的过程中衣服被烧坏,也允许其因此而起诉要求补偿,那么势必有悖于鼓励见义勇为和帮助他人的目标,也会造成司法诉讼资源的浪费。法院在确定受益人应当给予的补偿数额时,应当区别受害人遭受损失的种类和程度作出不同的处理。当受害人为保护他人权益而遭受到人身损害时,考虑到其所遭受的身体上痛苦以及由此产生的治疗费用,在其请求受益人予以补偿时,应当判定由受益人在所避免的损失范围内给予适当的补偿。而当受害人遭受的是财产上的损失时,只有当此种损失超出一定的数量,对受害人形成了经济上的负担,才应当判定由受益人承担补偿的责任。因此,“受益人应当给予适当补偿”并不意味着受益人必须给予补偿,在受害人的损失显著轻微时,并不满足受益人应当负有补偿义务的条件。应当通过对本条进行合理的解释,从而平衡受害人与受益人间的利益关系,最终实现公平的效果。

三、举证责任分配

在司法实践中,受害人负有证明其损害是为了保护受益人的民事权益而造成的举证责任。但是,受害人无须举证他人的民事权益确实因其努力而免于遭受损失,受害人请求权的成立不以其行为产生了积极的后果为必要条件。只要受害人为了保护他人的民事权益进行了合理的努力,即使最终未能避免损害的发生,亦不妨碍其要求赔偿或补偿的权利。在受害人诉请受益人给予适当补偿的场合下,受害人还负有证明侵权人不存在、逃逸或无力承担民事责任的举证责任。否则,受益人有权拒绝给予补偿。法官不能出于维护公平正义的目的,强制受益人给予补偿。在受害人完成上述举证责任的情况下,法官应当对受益人承担的补偿范围进行裁判。

四、其他问题

本条在适用过程中所面对的最大问题乃是其与无因管理的关系问题。无因管理的规定主要体现于《民法总则》第121条:“没有法定的或者约定的义务,为避免他人利益受损失而进行管理的人,有权请求受益人偿还由此支出的必要费用。”该条源自《民法通则》第93条,赋予了管理人请求受益人偿还其为进行管理而支付必要费用的权利。此外,《执行民法通则意见》第132条关于“必要费用”一词的解释可知,此处的必要费用不仅包括管理人为管理进行的支出,还包括其在管理活动中所遭受的实际损失。也就是说,根据上述两条关于无因管理的规定可以得出管理人享有请求受益人补偿其损失的结论。因此,从法律效果上看,本条与第121条似乎都可以作为因保护他人民事权益而使自身遭受损失的当事人向受益人主张赔偿请求权的规范基础。司法实践中,针对见义勇为的受害人请求受益人给予补偿的情况,有些法院以《民法通则》第109条为裁判依据,有些法院则以《民法通则》第93条对无因管理的规定为裁判依据。可见,司法实践对本条所调整的见义勇为行为与第121条所调整的无因管理行为间的关系尚未有明确统一的认识。

学界针对见义勇为与无因管理的关系主要几种观点:

(1)见义勇为是无因管理的类型之一。无论是实质性构成要件,还是立法的价值取向,无因管理行为与防止损害行为均无本质区别。[①] 受益人是无因管理中的本人,见义勇为行为人是管理人。受益人所给予的补偿,可能只是见义勇为行为人所支出的费用(管理费用),也可能是见义勇为行为人的其他损失,还可能是两者之和。[②]

(2)见义勇为属于广义上的无因管理。广义无因管理的管理行为通常是防止、制止不法侵害的维护行为,即见义勇为,而狭义的无因管理行为通常包括管理及服务行为;广义无因管理在管理人与本人之间不产生无因管理之债的法律关系,管理人遭受的损失不由受益人偿付,但可以产生民事责任关系,

---

① 参见徐同远:《见义勇为受益人与行为人之间法律关系的调整——以我国规则为中心的探讨》,载《法治研究》2012年第12期。

② 参见王家福主编:《中国民法学·民法债权》,法律出版社1991年版,第587页。

而狭义的无因管理产生无因管理之债，受益人应偿付管理人支出的必要费用，但不一定产生民事责任关系。[①]

(3)见义勇为不属于无因管理。现行《民法通则》第109条的规定是基于救助行为而发生的救助行为之债，救助行为之债与不当得利之债、无因管理之债属于《民法通则》中并列的三种法定之债。[②]

而从各国的立法例上看，也存在以无因管理统摄见义勇为行为的一元立法模式与为见义勇为单独设置规则的二元立法模式。前者如《日本民法典》第650条之规定，后者则主要体现于《苏俄民法典》中关于公民因抢救社会主义财产而遭受人身或财产损失的，有权要求赔偿的规定。无论采取何种立法模式，从法理的角度看，见义勇为都属于一种无因管理行为。但在见义勇为的场合，往往存在着实施不法行为、对他人民事权益造成危害的侵权人，因此，在行为人遭受损害时，应当先由侵权人承担损害赔偿责任。而在无因管理的场合，一般仅涉及本人与管理人两方之间的关系，不存在应当承担责任的第三人。虽然根据《执行民法通则意见》第132条，可以得出管理人有权请求受益人补偿其实际损失的结论，然而这种损失往往仅限于财产损失。而根据《人身损害赔偿解释》第15条，见义勇为的受害人可以向受益人请求补偿其财产损失和人身损失。普通的无因管理一般不涉及人身受到损害的情形，而且，要求本人承担管理人人身受到损害产生的损失，往往会超出其可预期的范围，也有违"必要费用"关于必要性的要求。而在见义勇为的场合，经常伴有人身受到损害的危险性，因此不存在超出可预期性的情况。从《民法总则》的内容来看，我国采取的是在无因管理之外单独对见义勇为行为进行规定的二元立法模式。针对见义勇为所具有的特殊之处作出了有针对性的规定。因此，第183条相对于第121条属于特别规定。在见义勇为的场合，不应再继续援引第121条作为判决之依据，否则将构成向一般规定的逃逸。

---

① 参见杨振山主编:《债事法典》，中华工商联合出版社1994年版，第499页。

② 参见宁金城、田土城:《民法上之损害研究》，载《中国法学》2002年第2期。

第一百八十四条 【紧急救助行为】

因自愿实施紧急救助行为造成受助人损害的，救助人不承担民事责任。

一、历史由来

本条是新增条款。在审议《民法总则（草案）》过程中，部分常委委员和全国人大代表提出，为匡正社会风气，鼓励和保护见义勇为行为，应在《民法总则》中明确规定为保护他人而实施救助行为，造成受助人损害的，救助人应免于承担民事责任。全国人民代表大会法律委员会经研究决定在《民法总则（草案）》（三审稿）中增加关于紧急救助行为的规定，第 187 条规定了“实施紧急救助行为造成受助人损害的，除有重大过失外，救助人不承担民事责任”。《民法总则》第 184 条则调整为“因自愿实施紧急救助行为造成受助人损害的，救助人不承担民事责任”。

本条规定是针对“见义勇为”行为中所产生的民法上的权利义务的规定。此前，《民法通则》以及《民法总则（草案）》历次审议稿的修改过程中，均只有关于见义勇为造成行为人自身损害时所产生的损害补偿请求权的规定，本条则主要是针对行为人造成损害时的免责事由的规定。

二、规范目的与含义

1. 规范目的

设置本条规定的目的乃是为了实现对见义勇为行为的倡导和保护。近年来，我国出现了一些让“英雄流血又流泪”的事件，并引发了广泛的关注，我国目前的法律对于见义勇为者缺乏足够保护是其中重要的原因。如果放任其不断重演，必将严重影响到我国的社会风气和道德水平。随着地方政府和立法机构在这一领域问题意识的觉醒，部分地区已经以地方性法规或政府规章的形式，对见义勇为者作出了保护和奖励的规定，如《北京市见义勇为人员奖励和保护条例》《福建省奖励和保护见义勇为人员条例》《广东省见义勇为人员奖励和保障规定》等。由此可见，对见义勇为行为保护和鼓励，匡正社会风气，维护我国优良风俗传统的合理性与必要性已经得到了普遍的认同。而由《民法总则》对相关问题作出明确规定，更是有利于进一步发挥民法所倡导的公平精神，使见义勇为者在“路见不平拔刀相助”之后能够得到应有的公平对待。中华人民共和国公安部公告的《见义勇为人员奖励和保障条例（草案公开征求意见稿）》第22条规定：“见义勇为人员的医疗费、康复费等因见义勇为引起的合理费用，由加害人、责任人、受益人依法承担；无加害人、责任人、受益人的，参保见义勇为人员的医疗费用由基本医疗保险按规定支付；加害人、责任人、受益人逃避或者无力承担的，参保见义勇为人员的医疗费用由基本医疗保险按规定先行支付，并有权依法追偿；其余部分由见义勇为行为发生地的县级人民政府解决。”这首次确立了加害人、责任人、受益人承担见义勇为人员因见义勇为引起的合理费用的承担机制。其中，加害人主要指对见义勇为场合的受害人施加伤害的人，责任人主要指对于引发见义勇为的事故、灾难的发生负有安全保障、防范义务的人。鼓励见义勇为的义行，最为首要的就是建立适当的补偿、赔偿机制，使人们在施行见义勇为的义行时可以无后顾之忧。

本条也可以在一定程度上对我国社会近来愈演愈烈的“碰瓷”现象形成一定的约束。明确因实施见义勇为行为造成受助人损害的，无须承担民事责任，可以防止社会上部分以“碰瓷”为谋财之道的人的不良图谋的实现，降低人们对处于困境中的弱者施以援手时的信息甄别成本，鼓励人们发挥中华民族“助人为乐”的优良传统，缓解社会个体间关系的冷漠和僵化。因此，本条规定对维护社会和谐，增强社会个体间的黏合程度具有重要的价值。然而，本条取消了之前《民法总则（草案）》（三审稿）第187条中关于紧急救助行为人对损害的发生没有重大过失的要求，似乎又走得太远。见义勇为的义行虽然值得鼓励，但这并不意味着行为人在见义勇为的过程中可以免除对自己行为的注意义务。如对突发心脏病的病人进行紧急救助，就需要一定的医学常识，贸然移动发病中的心脏病人可能造成不可挽回的后果。在这种情况下，如果不对紧急救助行为人配置任何的注意义务，必将导致较为严重的后果。相较于正当防卫和紧急避险，二者均规定了正当防卫人、紧急避险人在造成不应有的损害时,应当承担适当的民事责任。本条缺乏关于行为人注意义务的规定,有欠允当。

2. 规范含义

本条的规范意旨在于免除因见义勇为行为可能招致的民事责任。"见义勇为"作为一个具有较为浓厚的伦理性色彩和道德性评价的概念,从民法的视角上看,其属于广义的无因管理行为。目前,我国诸多的中央及地方立法文件中并未形成关于"见义勇为"概念的统一性定义,对于"见义勇为"的界定主要采纳"单纯定义"、"定义加种类列举"或"附加兜底性条款的列举"这几种方式。如《河北省奖励和保护见义勇为条例》中,将"见义勇为"定义为"在法定职责、法定义务之外,为保护国家利益、社会公共利益和他人的人身、财产安全,不顾个人安危,挺身而出的行为"。可以看到,"不顾个人安危""挺身而出"都是具有较强的价值评判色彩的非规范性概念。而《云南省保护和奖励见义勇为人员条例》第 3 条则采取了定义加种类列举的方式,规定"见义勇为"是指"非因法定职责或者特定义务,为保护国家、集体利益和他人人身财产安全,不顾个人安危,挺身而出,所实施的下列行为:(一)同正在实施的违法犯罪行为作斗争的;(二)在发生自然灾害或者安全事故时,抢险、救灾、救人的"。《甘肃省奖励和保护见义勇为人员条例》第 6 条采纳的是附加兜底性条款的列举方式,规定了"具有下列行为之一,事迹突出的,应当确认为见义勇为人员:(一)同正在进行的侵犯国家、集体、个人财产和公民人身权利或者危害国家安全和社会公共秩序的违法犯罪分子进行斗争,使之减轻、免遭损害或者制止违法犯罪行为的;(二)协助公安、司法机关追捕犯罪嫌疑人,侦破重大案件的;(三)在抢险救灾、救人活动中不顾个人安危,保护国家、集体和他人人身、财产安全的;(四)其他见义勇为行为"。

所谓的"见义勇为"行为,无论是挺身而出制止正在发生的犯罪或侵权活动,还是在灾情、险情等紧迫情境下保护、挽救遇到危险的人,抑或是抢救国家、集体和他人的财产,都符合无因管理的构成要件,即属于在没有约定或法定的义务的情况下,为他人之利益所进行的管理他人事务的行为。只不过这种无因管理行为因其发生的场合具有一定的特殊性,需要以特殊的规范进行调整。对于这种行为,各国民法典多将其规定于"无因管理"一章。如《意大利民法典》第2030条规定,“管理人负有与受托人相同的义务;但是,鉴于导致管理人进行管理的情况,法官得降低管理人因其过失所承担的损害赔偿责任。”①正是针对特殊情况下的无因管理行为所设置的规定。《法国民法典》第1374条亦规定,“管理人应当对该事务之管理给予善良管理人应有的注意。但对因管理人的过错或懈怠所引起的损害赔偿,法官得视致使管理人负责管理事务的具体情形,酌情减轻之。”②《德国民法典》第680条则将此种行为称为“为避开危险而管理事务”,从而进行特殊的调整。③ 与之类似的还有《日本民法典》第698条中的“紧急无因管理”概念。④

本条以“紧急救助行为”的概念指涉此类行为。一方面,以“紧急”一词作为修饰,能够突显此类行为通常具有的特点;另一方面,鉴于见义勇为一词因其所蕴含的强烈道德色彩而掩盖了行为本身的特质,紧急救助行为的概念更着重于突出此类行为在私法视角上所具有的意义以及其中含有的权利义务关系,是更为严谨的法律概念。但是,“紧急救助行为”与“见义勇为”的概念一样,都存在一个重要缺陷——难以涵盖本条所欲针对的行为的前提要件,即实施该行为的人首先必须是并不负有法定或约定的实施救助义务的人。也就是说,履行法定或者约定的救助义务不应构成本条所称的“紧急救助行为”,从而可以免于其对受助人造成损害所应当承担的民事责任。如《合同法》第301条规定了“承运人在运输过程中,应当尽力救助患有急病、分娩、遇险的旅客”,否则应当“对运输过程中旅客的伤亡承担损害赔偿责任”。承运人在旅客突发疾病、分娩或遭遇险情的紧急情况下,负有法定的救助义务。因此,不得引用本条规定作为其未尽到合理义务时的免责事由。同样的情形还可见于《海商法》第174条关于“船长在不严重危及本船和船上人员安全的情况下,有义务尽力救助海上人命”;以及《人民警察法》关于“人民警察遇到公民人身、财产安全受到侵犯或者处于其他危险情形,应当立即救助”的规定中。在以上场合,由于承运人、人民警察等具有特殊技能,负有相关职责,当然要承担对相关人士

① 《意大利民法典》,费安玲、丁玫译,中国政法大学出版社1997年版,第506页。

② 《法国民法典》,罗结珍译,中国法制出版社1999年版,第329页。

③ 参见《德国民法典》,陈卫佐译,法律出版社2015年版,第287页。

④ 参见《日本民法典》,渠涛编译,法律出版社2006年版,第149页。

提供救助的义务。而且在履行此种义务的过程中,应当符合该行业领域的一般注意水平,避免对受助人造成不应有的损害。相较于普通人来说,他们在实施救助行为时也具有更强的专业和技术优势,对其过失的认定应当综合其所处行业的平均水平来确定,只要其行为存在一般的过失,就应当对损害负有相应的责任。因此,那些履行约定或法定义务的紧急救助行为,并不属于本条的调整范畴。

三、其他问题

从现行立法和司法判决的角度进行观察,“紧急救助”一词往往被用于指涉负有特定义务之人在紧急情况下所应实施的行为。比如,《旅游法》是我国目前唯一内容中出现有“紧急救助”字眼的相关立法,其第31条规定,“旅行社应当按照规定交纳旅游服务质量保证金,用于旅游者权益损害赔偿和垫付旅游者人身安全遇有危险时紧急救助的费用。”其中,赔偿旅游者权益所受的损害以及支付救助人身安全遇到危险的旅行者所需的费用,都是旅行社的法定义务。此外,《国务院批转发展改革委电监会关于加强电力系统抗灾能力建设若干意见的通知》第29项规定,“各地区、各部门要打破区域、行业等限制,对受灾地区无条件实施紧急救助和支援,尽快恢复受灾地区的电力供应。”其中,对受灾地区实施紧急救助和恢复电力供应都是相关部门的法定职责。由此可见,紧急救助往往用于指涉负有相关法定或约定义务之人所负之特定义务。因此,将“紧急救助行为”一词用于《民法总则》第184条的场合难免产生误解,并不符合第184条所调整的行为特征。对此,建议以“紧急无因管理”取代“紧急救助行为”的概念,一方面可以明晰其所调整的对象具有的特点,另一方面,使用“无因管理”作为规范的法律概念,可以确保法律适用的统一。

从体系地位上看,紧急无因管理作为无因管理的一种特殊类型,各国民法典多将其置于“无因管理”一章进行规定。而《民法总则》将其置于民事责任部分,作为与“不可抗力”“正当防卫”“紧急避险”并列的抗辩事由,亦有其逻辑上的合理性考量。然而,将紧急无因管理置于民事责任部分,难免在一定程度上掩盖其无因管理的本质,加之采取“紧急救助行为”的用语方式,更容易模糊其所调整的对象,使法官在适用本条规定时缺乏明确的指引。因此,以“紧急无因管理”指代此种行为，在适用本条时，通过判断具体行为是否符合无法定或约定义务、为他人谋取利益以及管理他人事务的构成要件，从而决定是否符合免责之条件，方能够实现本条的规范目的，并与无因管理制度相衔接。

关于本条适用的另一个问题，就是其与第183条的关系问题。从《民法总则(草案)》的修改过程中可以看出，在《民法总则(草案)》(三审稿)确定之前，曾有通过第183条的规定来解决见义勇为问题的动议。但是，第183条并不能彻底涵盖本条的内容。

首先，从具体内容上看，第183条所调整的对象主要是民法上的无因管理行为。虽然具体到见义勇为的场合，由于见义勇为者与受助人之间并无法定或约定的救助义务，见义勇为者往往是出于为受助人的利益的考量而自愿挺身而出为其提供帮助，因此其完全符合无因管理的构成要件。第183条对实施紧急无因管理当然有其运用的余地，但其主要是关于如何补偿“为保护他人民事权益而使自己受到损害”的行为人的规定。而本条则是对于实施紧急无因管理的行为人之免责事由的规定。

其次，从体系地位的角度看，本条与第180、181和182条都是关于违法性阻却事由的规定，具有逻辑上的一贯性。本条将“紧急救助行为”作为与“正当防卫”和“紧急避险”并列的一种独立的违法性阻却事由，是对《民法通则》中关于违法性阻却事由体系之规定的补充。其内容不能被第183条所涵盖。虽然紧急无因管理属于无因管理的一种，但是其的确具有需要法律所特别规范的不同于无因管理的“个性”。按照学界之通说，在无因管理的场合，管理人在对他人事务进行管理时，负有适当管理之义务。由于管理人采取的管理方法、措施不当，给本人造成损害时，管理人应承担相应的损害赔偿责任。若管理人对损害的产生只有一般或轻微的过失，可以考虑减轻甚至免除其责任。也就是说，无因管理的管理人在管理他人事务时，仍然负有较高的注意义务。而在实施紧急无因管理的场合，由于当时的情况往往十分危急，而且管理人往往需要承担较高的自身安全风险，如果在这种情况下仍课以较高的注意义务，不仅不切合实际，也会对救助人的救助热情造成阻碍，有违鼓励公民见义勇为、帮助他人的政策目标之实现。因此，降低紧急无因管理的注意义务，规定只要管理人无造成损害的故意或重大过失即可免于承担民事责任，有助于解除管理人的后顾之忧,亦能在一定程度上避免“碰瓷”现象的得逞,对于扭转我国社会上不断蔓延的“普遍冷漠化”趋势以及缓解公民在面对需要帮助的他人时的防备心理,均具有积极作用。

此外,本条仅仅是关于实施紧急无因管理造成受助人损害的情形下的违法性阻却事由的规定,其无法解决当实施紧急无因管理造成第三人损害时,应当如何处理的问题。这一点与第 181 条和第 182 条关于“正当防卫”和“紧急避险”的规定方式有所不同。第 181 条规定了防卫人超过必要限度进行防卫从而造成不应有的损害时,由其承担适当的民事责任。第 182 条也规定了紧急避险人采取措施不当或者超过必要的限度,造成不应有的损害的,应当承担适当的民事责任。而第 184 条却无此类规定。事实上,在实施紧急无因管理的过程中造成第三方受到损害的案件并不罕见。比如,在《嘉兴市诚兴水产养殖服务有限公司等诉俞文华等道路交通事故人身损害赔偿纠纷案》中,俞文华在见义勇为追击犯罪分子的过程中违反交通规则翻越护栏,进入最高时速 80 公里每小时的全线禁停机动车道,从而造成了与叶晓红驾驶的车辆相撞的事故。在这种场合,俞文华是否应当对其造成的损失承担相应的民事责任,从本条的规定中我们无法得出结论。[①] 这又引发了关于如何看待本条关于紧急无因管理的规定与第 182 条关于紧急避险的规定间的关系的问题。从概念上看,紧急避险是指“为了使本人或者第三人的人身或财产或者公共利益免遭正在发生的、实际存在的危险而不得已采取的一种加害于他人人身或财产的损害行为”。[②] 由此可以看出,紧急避险人对于紧急避险所造成的对于他人人身或财产的损害往往有意识的,是在不得已的情况下,权衡利弊而做出的主动选择。此种损害的发生往往具有一定的必然性。而在实施紧急无因管理的场合下,管理人往往并未意识到其行为对于第三方的人身或财产可能造成的损害。如在俞文华一案中,俞文华实施追击小偷的行为,并不以牺牲被侵权人的合法权益为条件,只是因为他采取了错误的方式才造成了损害的发生。将其行为解释为“紧急避险”,恐怕有过于扩大紧急避险的涵盖范围之嫌,不符合普通群

① 参见嘉兴市中级人民法院(2011)浙嘉民终第 244 号判决。

② 张新宝:《侵权责任法》,中国人民大学出版社 2010 年版,第 70 页。

众对于"紧急避险"概念的理性认知。因此,如何处理在实施紧急无因管理过程中造成的第三方损害,是一个十分考验立法者智慧的问题。见义勇为无疑值得鼓励,但是,相较于因见义勇为而受益的受助人来说,因见义勇为行为而遭受损害的第三方似乎更为无辜。因此,建议在本条中增加关于实施紧急无因管理的管理人在造成对第三方不应有的损害时,应当承担适当的民事责任的规定,以鼓励人们在见义勇为的同时,避免对社会秩序或他人安全等公共利益造成意外影响。

第一百八十五条 【英雄烈士人格利益的保护】

侵害英雄烈士等的姓名、肖像、名誉、荣誉，损害社会公共利益的，应当承担民事责任。

一、历史由来

《民法通则》并未涉及死者生前人格利益的保护，但现实生活中侵害死者的姓名、名誉等生前人格利益的现象屡屡发生，并产生较大社会影响。比较典型的如"荷花女案"、"范某莲诉敬某祥侵害海灯名誉案"①等，如何对死者的人格利益进行保护，成为司法实践中极为现实的问题。1989 年，最高人民法院就"荷花女案"做出《关于死亡人的名誉权应受法律保护的函》，通过赋予死者名誉权的方式，首次明确了死者生前的人格利益应受法律保护，并且赋予死者近亲属就此提起诉讼的权利。2001 年，《侵权精神损害赔偿解释》第 3 条规定："自然人死亡后，其近亲属因下列侵权行为遭受精神痛苦，向人民法院起诉请求赔偿精神损害的，人民法院应当依法予以受理：（一）以侮辱、诽谤、贬损、丑化或者违反社会公共利益、社会公德的其他方式，侵害死者姓名、肖像、名誉、荣誉；（二）非法披露、利用死者隐私，或者以违反社会公共利益、社会公德的其他方式侵害死者隐私；（三）非法利用、损害遗体、遗骨，或者以违反社会公共利益、社会公德的其他方式侵害遗体、遗骨。"对死者生前人格利益的法律保护作出了细致的规定，也为判断是否构成侵害死者生前人格利益提供了认定标准。该司法解释是以对近亲属权益的保护为载体，实现死者生前人格利益的保护，借由这一机制，也可以实现对英雄烈士姓名、肖像、名誉、荣誉的保护。

《民法总则（草案）》各次审议稿均不含有本条，草案提交第十二届全国人民代表大会第五次会议审议后，有代表提出党的十八大以来，习近平总书记多

---

① 参见四川省高级人民法院（1993）川民终字第 6 号判决。

次向人民英雄敬献花篮、缅怀先烈，强调“实现我们的目标，需要英雄，需要英雄精神。我们要铭记一切为中华民族和中国人民作出贡献的英雄们，崇尚英雄，捍卫英雄，学习英雄，关爱英雄”。而最近一段时期以来，一些人故意歪曲历史事实、恶意诋毁英烈名誉，为尊重英烈，弘扬社会主义核心价值观，建议在《民法总则》中加入保护英烈名誉等的规定。[①] 全国人民代表大会法律委员会采纳了这个建议，因此，在《民法总则》表决通过的最后时刻形成了本条规定。

二、规范目的与含义

（一）规范目的

英雄烈士是中华民族的共同记忆，是民族和国家自豪感的重要来源。缅怀先烈，弘扬先烈精神，在历史中汲取精神力量，可以为实现中华民族伟大复兴提供强大精神动力。习近平总书记指出：“中华民族历来就是高度重视历史的民族，这是我们一种非常重要的文化传统。清代龚自珍《定庵续集》里说：‘欲知大道，必先为史。灭人之国，必先去其史。’了解历史，就了解了世间大道；把握史学，才把握住社会规律。而要一个民族灭亡，首要方法是让它的史观消亡——践踏民族历史，解构民族文化，涤荡民族自信，破坏民族认同。”[②] 凡是重视文化传承的国家，都有关于英雄权益保护的法律实践。如俄罗斯《卫国烈士纪念法》确认了保卫祖国烈士的范围、明确了纪念卫国烈士的方式，并在最后强调，损毁烈士墓地、纪念碑和其他纪念设施，侮辱英雄声誉的人将受到行政和刑事处罚。美国《尊重美国阵亡英雄法案》明确规定，在葬礼举行前后一小时内，禁止在国家公墓管理局管理的任何墓地入口 90 米内举行游行示威活动，违反者处 10 万美元罚款和一年监禁。[③] 各国都通过对英雄权益的保护及英雄形象的宣传，弘扬民族精神，增强国家的凝聚力，为国强民富提供精神动力。

---

① 参见李红：《关爱英雄，〈民法总则〉（草案）有了回应》，http://mt. sohu. com/20170313/n483174807. shtml，最后访问日期：2017 年 3 月 17 日。

② 曹雅欣：《习近平：灭人之国，必先去其史》，http://news. xinhuanet. com/politics/2015 - 08/06/c_128100786. htm，最后访问日期：2017 年 3 月 17 日。

③ 参见吕景胜：《俄罗斯、美国如何立法保护英雄权益?》，http://sanwen. net/a/pdcgjpo. html，最后访问日期：2017 年 3 月 18 日。

近年来,一些侮辱英雄烈士名誉的案件引发了社会大众的广泛关注,如"邱少云烈士被辱案"①"侵犯'狼牙山五壮士'名誉案"②等。"英雄是一般人期欲做或欲获得的一切的雕塑者,模范,从更广大的意义而言,是创造者。"③英雄烈士名誉、荣誉铸成了共和国的辉煌历史,是中华民族屹立于世界和实现伟大复兴的精神动力之源。侮辱、诽谤英雄烈士名誉、荣誉,不仅伤害了大众的民族情感,更是对共和国光荣历史的消解。本条规定有利于凝聚民族精神,弘扬社会主义核心价值观,是抵制和回击历史虚无主义的利器。

本条揭示了英雄烈士的姓名、肖像、荣誉、名誉与社会公共利益之间的关系,这也是英雄烈士生前人格利益的保护不同于一般死者生前人格利益之处。在英雄烈士没有在世近亲属或近亲属不愿或无能力就其生前人格利益受侵害而提起诉讼的情况下,若对英雄烈士生前人格利益的侵害,同时损害了社会公共利益,负责维护社会公共利益的有关国家机关就有权提起公益诉讼,以制裁侵权行为,保护社会公共利益。④

(二)规范含义

1."英雄烈士"的主体范围

本条所称的英雄烈士,意指具有英雄品格的烈士。《辞源》中,"英雄"被解释为"识见、才能或作为非凡的人"。⑤ 英雄本身并不必然包含牺牲之意,与烈士为交叉关系。但英雄的概念意指模糊,具有较强的主观色彩,难以在法律上为之定性,只宜作为烈士的定语。本条旨在保护英雄烈士的生前人格利益,尚且在世之英雄的人格权,自可以受到法律保护,应无疑义。对烈士的认定,可以参照《烈士褒扬条例》第8条:"公民牺牲符合下列情形之一的,评定为烈

---

① 《邱少华与孙杰等一般人格权纠纷一审民事判决书》,北京市大兴区人民法院(2015)大民初字第10012号判决。

② 《洪振快上诉宋福保名誉权纠纷一案》,北京市第二中级人民法院(2016)京02民终6271号判决;《洪振快上诉葛长生名誉权纠纷一案》,北京市第二中级人民法院(2016)京02民终6272号判决。

③ [英]卡莱尔:《英雄与英雄崇拜》,何欣译,辽宁教育出版社1998年版,第1页。

④ 参见杨立新:《对民法总则草案规定第185条的看法》,http://www.chinanotary.org/content/2017-03/16/content_7055561.htm?node=82573,最后访问日期:2017年3月17日。

⑤ 广东、广西、湖南、河南辞源修订组等编:《辞源》(第四册),商务印书馆1983年版,第2638页。

士:(一)在依法查处违法犯罪行为、执行国家安全工作任务、执行反恐怖任务和处置突发事件中牺牲的;(二)抢险救灾或者其他为了抢救、保护国家财产、集体财产、公民生命财产牺牲的;(三)在执行外交任务或者国家派遣的对外援助、维持国际和平任务中牺牲的;(四)在执行武器装备科研试验任务中牺牲的;(五)其他牺牲情节特别突出,堪为楷模的。现役军人牺牲,预备役人员、民兵、民工以及其他人员因参战、参加军事演习和军事训练、执行军事勤务牺牲应当评定烈士的,依照《军人抚恤优待条例》的有关规定评定。"

本书认为,本条的规范意旨在于回击种种试图瓦解中华民族精神支柱的历史虚无主义言论,因此,应对"英雄烈士"的范围作目的性扩张解释。正如人民英雄纪念碑铭记的,"由此上溯到一千八百四十年,从那时起,为了反对内外敌人,争取民族独立和人民自由幸福,在历次斗争中牺牲的人民英雄们永垂不朽!"中华民族历史上的英雄,无论党派,不分民族,只要是为了国家和民族的独立自由和利益做出了杰出贡献及牺牲的人,都可称之为英雄烈士,应受到法律平等的保护,并受到我们平等的尊重。本条使用"英雄烈士等"的表述,其文义也为这种扩张解释提供了基础,凡是为国家和民族事业的发展做出了杰出贡献,且已经作为民族精神的象征、成为中华民族的精神支柱、可以唤起国人对国家和民族、文化认同的人,无论是历史上,还是近现代的已逝英雄,都应纳入"英雄烈士等"的范围。

2. 损害社会公共利益与承担民事责任的关系

本条中的"损害社会公共利益",并非侵害英雄烈士生前人格利益而承担民事责任的必要构成要件。对一般死者生前人格利益的保护,是通过救济生者权利的方式实现的。只要侵权人的侵权行为造成英雄烈士近亲属权利受到侵害的,其近亲属即可依据对一般死者生前人格利益保护的规定提起诉讼,无需同时满足损害社会公共利益的要件。

强调损害社会公共利益,一方面是为了突出侵害英雄烈士等生前人格利益这一行为的特质,以便提醒广大社会成员谴责这种行为,并追究行为人的民事责任。英雄烈士的人格和精神已经汇聚为民族精神的一部分,社会公众可以在缅怀先烈的过程中体会到民族精神的感染力,从中汲取民族自尊感和精神力量。另一方面,公共利益的特征正是在于这种利益的不可分性和公共性,[①]英雄烈士的名誉和荣誉等无疑属于社会公共利益的范畴。当侵害英雄烈士等的人格权益已经严重到损害社会公共利益时,国家公权机关和其他公益诉讼主体为了维护社会公共利益,可以也应当提起民事公益诉讼。[②] 此时,对英雄烈士等生前人格利益的保护,同时具有保护近亲属人格权利和保护公共利益的双重属性,因此,近亲属和公益诉讼主体都可以作为适格原告提起诉讼。

由此看来,本条中确定的"损害社会公共利益"的行为属性,与其说是为了对侵害英雄烈士生前人格利益的行为施以民事责任,不如说是为了保护英雄烈士生前人格利益而扩大了请求权人的范围。这是因为,对于侵害任何民事主体生前人格利益的行为都可追求民事责任,只是在一般情况下,形式请求权的原告范围限于死者的近亲属。但是在发生侵害英雄烈士生前人格利益的侵权行为时,如果英雄烈士没有近亲属,或者虽有近亲属但却不愿意出面追究行为人民事责任以维护英雄烈士生前人格利益,就需要其近亲属以外的机构或个人出于维护公益而充任行使请求权的原告。在传统的民法理念与民事责任制度结构中,民事责任作为纯粹私益的维护机制,很难为此提供必要的法律根据与诉讼途径。《民法总则》在本条中通过"社会公共利益"这一性质界定,就为英雄烈士近亲属以外的机构和个人向侵权行为人追究民事责任,提供了一个既符合通常法理又体现社会主义核心价值的民法连接点,即维护社会公共利益,人人得而依法为之。可以说,本条是《民法总则》融入社会主义核心价值观的法律创新,在社会主义法治体系建设上具有重大意义。

3. 侵害英雄烈士等生前人格利益的诉讼构造

在侵权人侵害了英雄烈士等的生前人格利益,但并未构成对社会公共利益的损害时,其诉讼构造与侵害一般死者生前人格利益的侵权之诉诉讼构造相同,即由英雄烈士等的近亲属作为原告提起诉讼,在此场合,诉讼救济的是

---

① 参见[美]约翰·罗尔斯:《正义论》,何怀宏等译,中国社会科学出版社1988年版,第266页。

② 参见张新宝:《〈民法总则〉关于侵害英雄烈士人格权益应当承担侵权责任的规定解读》,http://opinion.china.com.cn/opinion_20_160320.html,最后访问日期:2017年3月17日。

在世的近亲属权利，英雄烈士等的近亲属需举证证明自身的名誉权、荣誉权、人格尊严等权利因为英雄烈士等的生前人格利益受损而遭受侵害。

在侵权人侵害了英雄烈士等的生前人格利益，同时构成了对社会公共利益的损害时，如上文所述，英雄烈士等的近亲属和公益诉讼主体都可以作为原告提起诉讼。与公益诉讼主体相比，英雄烈士等的近亲属一般对英烈前辈保有更强烈的人格认同和情感维系，更具有提起诉讼、维护其人格利益的动力；同时，毕竟其行使权利附有保护社会公共利益的功能，国家可以对英雄烈士等的近亲属优先提供法律援助。对于同一侵害英雄烈士生前人格利益的侵权行为，若近亲属已就此提起诉讼，法院所作出的裁判就具有既判力，基于一事不再理的原则，公益诉讼主体不能就此再次提起公益诉讼。反之亦然。

三、举证责任分配

英雄烈士等的近亲属作为原告，就英雄烈士等的生前人格利益受损提起侵权之诉时，在侵权行为未侵害社会公共利益场合，其所负举证责任与一般死者生前人格利益受损时近亲属所负的举证责任相同，即须证明：侵权人实施了侵犯英雄烈士生前人格利益的加害行为；侵权人具有过错；英雄烈士等的生前人格利益受到损害，并且由于损害死者生前人格利益导致自己的名誉或者人格尊严等权益受到损害；[①]最后，还需证明侵权人的加害行为与英雄烈士等生前人格利益受损及自身的名誉或人格尊严等权益受到损害具有因果关系。

在侵权行为侵害社会公共利益场合，基于对公共利益的保护，近亲属不需就自身名誉或人格尊严因此受损承担举证责任，但需要证明侵害英雄烈士等的生前人格利益同时侵害了社会公共利益。公益诉讼主体就此类侵权行为提起公益诉讼，也需证明侵害英雄烈士等的生前人格利益损害了社会公共利益。

四、其他问题

对英雄烈士生前人格利益的倾斜保护，是否有违法律面前人人平等原

① 参见葛云松：《死者生前人格利益的民法保护》，载《比较法研究》2002 年第 4 期。

则。[1] 对英雄烈士生前人格利益的保护,并不妨碍对一般死者生前人格利益的保护,他们的近亲属仍可以依据上述相关法律规定获得救济。因此,无论是英雄烈士,还是一般死者,其在生前人格利益受保护的面向上是平等的。不同的只是,英雄烈士等因其生前突出的表现和对国家、民族的杰出贡献,其人格和精神已经凝聚为民族精神,成为国家和民族认同的基本元素,社会公众可以从其人格中汲取精神力量,因此,其生前人格利益可能已上升为社会公共利益,具有双重法益,在此场合,对"英雄烈士等的姓名、肖像、名誉、荣誉"实施倾斜保护,并未违反民事主体法律地位平等原则。

是否会因对英雄烈士生前人格利益的保护,而不当限制言论自由。[2] 正如卢梭所言,"人是生而自由的,但却无往不在枷锁之中。"[3]民事主体享有言论自由,但不能以侵犯他人合法权益和社会公共利益的方式行使权利。单纯的历史考证、学术研究等得出的对英雄烈士的不同评价,与对英烈的恶意抹黑行为并非同一性质。比如"邱少云烈士被辱案"中,名为"作业本"的微博竟然放言,"由于邱少云趴在火堆里一动不动,最终食客们拒绝为半面熟埋单,他们纷纷表示还是赖宁的烤肉好。"这明显具有侵害死者生前人格利益的恶意,且伤害了公众对于英烈所怀有的深厚民族情感。法律在判断是否构成对英雄烈士等生前人格利益的侵犯时,应综合考量侵权人的主观恶意、相关行为的影响范围等,保护英雄烈士的生前人格利益,并不会影响正当的言论自由。因此,本条并不构成对言论自由的不当限制。

---

① 参见叶消沉:《民法总则185条是不是对法律面前人人平等原则的公然违背?》,https://www.zhihu.com/question/57184327/answer/152229774,最后访问日期:2017年3月18日。

② 参见贺卫方:《关于民法总则中新增第185条即"英烈条款"》,http://weibo.com/p/23041816e3745c60102x6pi,最后访问日期:2017年3月18日。

③ [法]卢梭:《社会契约论》,何兆武译,商务印书馆2005年版,第4页。

第一百八十六条 【违约责任与侵权责任竞合】

因当事人一方的违约行为，损害对方人身权益、财产权益的，受损害方有权选择请求其承担违约责任或者侵权责任。

一、历史由来

本条是关于违约责任与侵权责任竞合的规定，系对《合同法》第122条的承继，该条规定："因当事人一方的违约行为，侵害对方人身、财产权益的，受损害方有权选择依照本法要求其承担违约责任或者依照其他法律要求其承担侵权责任。"与此相对，本条因应总则体系定位的需要，删除了"依照本法要求"、"依照其他法律要求"，改为"请求"。[①] 除将"要求"一词改为"请求"，以体现债权为请求权之意旨的改动之外，本条与《合同法》第122条相比，没有实质性变化。[②]《民法总则(草案)》历次审议稿均包含本条，除编排位置有所变动外，内容保持高度一致。

二、规范目的和含义

(一)规范目的

"竞合的根源在于立法者的有限理性与社会生活复杂性这一永远无法克服的冲突。"[③]语言之于意义表达的有限性也在一定程度上铸成了这一冲突的不可避免性。立法者基于不同的理念作出不同的制度安排，以完成对于规范典型生活事实之规则的提炼与抽象：《合同法》不同于《侵权责任法》的特点在

---

① 《中华人民共和国民法总则(草案)》(一审稿)与《合同法》第122条相同，均使用了"要求"一词，但在《中华人民共和国民法总则(草案)》(二审稿)之后，就将"要求"改为"请求"。

② 关于本条的评注分析，主要参考了理论界与实务界对《合同法》第122条的研究成果。

③ 谢鸿飞：《违约责任与侵权责任竞合理论的再构成》，载《环球法律评论》2014年第6期。

于,其贯彻了私法自治原则,[①]当事人通过合同来有效分配未来的风险自应得到尊重;而私法自治原则在侵权责任法中的适用空间非常狭窄,侵权责任法贯彻的价值理念主要是人文关怀。[②] 由此,违约责任与侵权责任在归责原则、管辖地、免责事由、责任形式、赔偿范围、诉讼时效等方面产生了区别。[③] 法律体系的理想状态是,依循以上逻辑线索,经由立法者的归纳、抽象与提炼,违约责任与侵权责任应该各司其职,互不干扰。但无论在大陆法系,还是在英美法系,竞合问题都是大量存在的,且无法消除。"由于不同构成要件对应于不同的法律效力,竞合必然弱化法律的形式理性功能,冲淡其可预见性,遑论它引发的诸多法律适用难题。"[④]因此,需要通过特定规则应对竞合的客观存在,本条即是我国法对于责任竞合问题的应对。

同一生活事实成就数个请求权规范的构成要件时,便涉及受害人权利行使的路径选择问题。若承认存在数个请求权,则为请求权竞合。从责任角度而观之,即为责任竞合。就此问题的处理,形成了法条竞合说、请求权竞合说(请求权自由竞合说与请求权相互影响说)、请求权规范竞合说以及全规范统合说等主要学说。[⑤] 就《合同法》第122条而言,通说认为我国法采请求权竞合说(请求权自由竞合说)。[⑥] 这种解释论理解与法院的立场一致,在《合同法解释(一)》第30条中,赋予了债权人在一审开庭前变更诉讼请求的权利。这就意味着存在两个请求权,债权人应择一行使。这实质采纳了请求权竞合说。[⑦] 这意味着立法者将法律救济与不同的请求权基础或法律规则对应起来,贯彻了合同法与侵权法作为独立且对立规则体系的思想,也意味着经由《合同

① See London L Fuller, *Consideration and Form*, 41 Column. L. Rev. 799(1941).

② 参见王利明:《侵权责任法与合同法的界分——以侵权责任法的扩张为视野》,载《中国法学》2011年第3期。

③ 此为通说。但亦有观点认为,违约责任与侵权责任差异不大,故竞合的实益不大。参见叶名怡:《违约与侵权竞合实益之反思》,载《法学家》2015年第3期。

④ 谢鸿飞:《违约责任与侵权责任竞合理论的再构成》,载《环球法律评论》2014年第6期。

⑤ 各种学说区别请参见张家勇:《合同法与侵权法中间领域调整模式研究——以制度互动的实证分析为中心》,北京大学出版社2016年版,第294页以下。

⑥ 参见张家勇:《合同法与侵权法中间领域调整模式研究——以制度互动的实证分析为中心》,北京大学出版社2016年版,第309页;谢鸿飞:《违约责任与侵权责任竞合理论的再构成》,载《环球法律评论》2014年第6期。

⑦ 但请求权竞合说一个广受诟病之处就在于,其无法为受害人提供全面的救济。

法》第 122 条适用的检验，立法者再次坚持了法律形式主义立场，坚持在不同规则体系中以规则体的逻辑分别对待同一损害的救济。[①] 具体来看，我国法律仍然坚持违约责任与侵权责任的诸多区分，并只允许受害人择一行使请求权，但不允许当事人就同一事实分别依照不同请求权主张权利。[②]

（二）规范含义

本条的要件事实构成为"因当事人一方的违约行为，损害对方人身、财产权益的"，法律效果为"受损害方有权选择请求其承担违约责任或者侵权责任"。

就要件事实构成而言，通说认为责任竞合均应以同一行为满足两种以上责任构成要件为前提。[③] "合同法因贯彻了私法自治，决定了它以实现当事人的意志为中心，因而保护合同债权构成了其利益保护的核心。而侵权责任法以救济合同外的私权为目的，由此决定了其必然以绝对权为主要保护对象。"[④]即侵权责任因应行动自由与权益保障之间的平衡，以具有社会典型公开性的且具有公示手段的绝对权为主要保护对象。[⑤] 由此履行利益主要归属合同法规范；固有利益主要归属侵权法规范。但主要保护对象毕竟不是各自法保护的全部，违约责任以当事人约定的给付利益为核心，对固有利益的保护程度取决于合同法保护功能的范围与强度。[⑥] 当违约行为侵害固有利益时，违约责任与侵权责任就可能会发生竞合。因此，关于"对方人身、财产权益"的理解决定了违约责任与侵权责任竞合的范围，亦构成了责任竞合构成中的核心问题。

违约行为侵害固有利益情形大致有三种类型：一是仅侵害固有利益，如违

---

① 参见张家勇：《合同法与侵权法中间领域调整模式研究——以制度互动的实证分析为中心》，北京大学出版社 2016 年版，第 295 页。

② 如《王忠安与威海嘉诚工贸有限公司侵犯专利权纠纷上诉案》，山东省高级人民法院（2006）鲁民三终字第 81 号判决。

③ 参见韩世远：《合同法总论》，法律出版社 2011 年版，第 715 页。

④ 王利明：《侵权责任法与合同法的界分——以侵权责任法的扩张为视野》，载《中国法学》2011 年第 3 期。

⑤ 参见于飞：《侵权法中权利与利益的区分方法》，载《法学研究》2011 年第 4 期。

⑥ 参见谢鸿飞：《违约责任与侵权责任竞合理论的再构成》，载《环球法律评论》2014 年第 6 期。

反合同保护义务致合同对方当事人绝对权受损;二是同时侵害固有利益与履行利益,且两者范围完全重叠,从合同法视角来看,属于侵害履行利益(固有利益),从侵权法视角来看,属于侵害固有利益,例如保管人故意毁损保管物;三是同时侵害固有利益与履行利益,但两者范围并不重叠。例如,购买产品在发生自损的同时,导致合同对方当事人人身或其他财产损害。通说认为,上述三种情形皆构成违约责任与侵权责任的竞合。① 但聚合说仅认可前两种情形,认为第三种情形构成责任聚合。② 我们认为,对本条的解释应持通说立场。在法律坚守各自规则体系内在逻辑统一性的前提下,解释论的方向只能是忽略全面救济的不足,坚守法律形式主义。③ 聚合说的观点从立法论角度立论,主张如认可此种情形为竞合,则对于受害人全面救济过于不利,④这显然与我国法坚持违约责任与侵权责任之界分的整体逻辑不符。

就法律效果而言,本条中"受损害方有权选择请求其承担违约责任或者侵权责任"涉及如下四个问题:一是本条仅能调控违约责任与侵权责任竞合,还

---

① 参见王利明:《合同法新问题研究》,中国社会科学出版社2003年版,第751页;谢鸿飞:《违约责任与侵权责任竞合理论的再构成》,载《环球法律评论》2014年第6期;张家勇:《合同法与侵权法中间领域调整模式研究——以制度互动的实证分析为中心》,北京大学出版社2016年版,第310页以下。

② 参见崔建远:《民法总则应如何设计民事责任制度》,载《法学杂志》2016年第11期;李永军:《合同法》,法律出版社2010年版,第722页。

③ 另有反驳聚合说的理由,请参见谢鸿飞:《违约责任与侵权责任竞合理论的再构成》,载《环球法律评论》2014年第6期;张家勇:《合同法与侵权法中间领域调整模式研究——以制度互动的实证分析为中心》,北京大学出版社2016年版,第310页以下。

④ 值得注意的是,司法实践中有判决突破了《合同法》第122条的规定,从全面救济受害人角度出发,采立法论角度,认可了侵权责任与违约责任竞合情形下的合并适用。在《周明佳与马莉等摄影摄像服务合同纠纷上诉案》,衢州市中级人民法院(2008)衢中民一终字第14号判决中,被告丢失了为原告摄制的婚礼摄像材料。一审法院认为,"虽然根据合同法责任竞合的规定,原告只能择一而诉,但由于婚庆摄像服务违约赔偿具有精神损害赔偿的特殊性,如果只允许消费者提出一种请求权,则明显不利于保护消费者的合法权益,而允许本案原告同时行使违约与侵权请求权,才更符合完全赔偿和公平合理的基本原则,也更符合诉讼便利和经济的基本要求。"二审法院也认为,"本案上诉人提出的请求中,关于解除合同和退还费用是基于合同关系所产生的请求权,关于赔偿精神损害是基于侵权责任产生的请求权,三项请求权合并审理有利于方便当事人诉讼,减少诉累,且只有三项请求同时获得支持才能弥补被上诉人的损失,三项请求的合并审理不存在双倍赔偿问题,不违反法律规定。"有学者将其评价为法院实为采纳了"请求权规范竞合说"。参见张家勇:《合同法与侵权法中间领域调整模式研究——以制度互动的实证分析为中心》,北京大学出版社2016年版,第318页。

是可以拓展调整范围；二是竞合选择的违约责任或者侵权责任方式的范围；三是何为“有权选择”；四是何时选择。

首先，在《合同法》语境下，仅谈及违约责任与侵权责任的竞合是恰当的，但本条属于《民法总则》中的规范，仅规定违约责任与侵权责任的竞合，则明显失于过窄。因为尚存在侵权责任与缔约过失责任、单方允诺场合所生责任、不当得利返还之间的竞合等情形。因此，有学者曾建议将本条修改为“债务不履行责任与侵权责任”的竞合规范基础。① 从立法论上来看，本书赞同该种观点。但鉴于条文的内容无法如此解释，故从解释论视角来看，弥补此缺陷的方式可为参照适用，即将违约责任与侵权责任的竞合作为竞合的样本，其他类型的竞合可以参照适用。

其次，究竟是违约损害赔偿责任与侵权损害赔偿责任的竞合，还是包括但不限于损害赔偿责任在内的违约责任方式与侵权责任方式的竞合？通说认为，本条中所谓违约责任与侵权责任的竞合应仅指损害赔偿的竞合；②但亦有观点主张扩展至全部责任承担方式。③ 我们认为，一方面，违约责任或侵权责任都有特有的责任承担方式，发生竞合的可能性不大；另一方面，责任择一适用的主要情形即在于在合同当事人基于合同对未来风险的预先分配与全部损害之间的选择，故应遵循通说观点，在解释论上应认为本条中的责任竞合仅指损害赔偿的竞合。

再次，既然“有权”而做出“选择”，所以是否可以不选择就成为一个问题。对此，有观点认为，在受害人没有做出选择的情况下，也应当通过充分认识合同法与侵权法的不同价值和功能，依据个案的具体情况，来确定最有利于保护

① 参见崔建远：《民法总则应如何设计民事责任制度》，载《法学杂志》2016 年第 11 期。

② 参见崔建远：《民法总则应如何设计民事责任制度》，载《法学杂志》2016 年第 11 期；张家勇：《合同法与侵权法中间领域调整模式研究——以制度互动的实证分析为中心》，北京大学出版社 2016 年版，第 294 页；张俊岩：《违约责任与侵权责任竞合问题研究》，中国人民大学 2004 年博士学位论文，第 32 页。

③ 参见谢鸿飞：《违约责任与侵权责任竞合理论的再构成》，载《环球法律评论》2014 年第 6 期。

受害人的责任形式。[①] 我国司法实践中亦有判决支持了这种观点。[②] 但亦有观点指出,该种做法有违法官中立地位,有违辩论原则。[③] 本书认为,在受损害方能选择而不选择的情况下,为避免诉讼僵局,从全面保护受害人角度出发,可以由法官进行选择,这也不存在脱离规范目的的问题。

最后,《合同法解释(一)》第 30 条赋予了请求权人在一审开庭前变更诉讼请求的权利,但有学说主张可以在一审辩论终结前提出。[④] 两相对比,本书赞同司法解释的做法。这是因为:一方面,在《民法总则》实施后,《合同法》及相关司法解释并不能马上废止,故应遵从实定法之规定;另一方面,"一审辩论终结前"这一时点已经基本代表着审判程序的完结,选择责任变更就意味着此时要将法庭调查、辩论程序推倒重来,这不仅是无效率的,且这种突然袭击式的选择也对被告方极度不公平。

三、其他问题

从受害人中心主义立场上来看,我国法采纳请求权竞合说未必不可反思。但无论是对《合同法》第 122 条持大体支持论者,抑或对《合同法》第 122 条持彻底批判论、改良论者,最起码在一点上都达成了共识:《合同法》第 122 条关于责任竞合的规定过于粗犷,应有限制的必要。对此,解释论的方案有多种,有主张合同责任优先,侵权责任例外者;[⑤]有主张在现有条款之外增加"但法

① 参见王利明:《侵权责任法与合同法的界分——以侵权责任法的扩张为视野》,载《中国法学》2011 年第 3 期。

② 参见《王利毅、张丽霞诉上海银河宾馆赔偿纠纷案》,载《最高人民法院公报》2001 年第 2 期;《李萍、龚念诉五月花公司人身伤害赔偿纠纷案》,载《最高人民法院公报》2002 年第 2 期;《陆红诉美国联合航空公司国际航空旅客运输损害赔偿纠纷案》,载《最高人民法院公报》2002 年第 5 期。

③ 参见谢鸿飞:《违约责任与侵权责任竞合理论的再构成》,载《环球法律评论》2014 年第 6 期;另可参见张家勇:《合同法与侵权法中间领域调整模式研究——以制度互动的实证分析为中心》,北京大学出版社 2016 年版,第 313 页。

④ 参见张家勇:《合同法与侵权法中间领域调整模式研究——以制度互动的实证分析为中心》,北京大学出版社 2016 年版,第 313 页。

⑤ 参见谢鸿飞:《违约责任与侵权责任竞合理论的再构成》,载《环球法律评论》2014 年第 6 期;另可参见张家勇:《合同法与侵权法中间领域调整模式研究——以制度互动的实证分析为中心》,北京大学出版社 2016 年版,第 331 页。

律明文排除责任竞合或竞合违背规范意旨的除外”者;[1]有主张在充分尊重当事人选择权的基础上,只有在受害人选择合同责任或侵权责任明显对其不利时,法律上才有必要对此种选择做出限制,[2]另如上文所列聚合论观点,等等。充分尊重受损害方的选择权,是私法自治原则的需要,但尊重合同当事人对于风险的分配,亦是私法自治的重中之重。从此基点出发,在解释论上,因坚持违约责任的优先地位,同时应在个案中衡量法规范目的,审慎认定例外及彼此间的规范影响。

① 参见崔建远:《民法总则应如何设计民事责任制度》,载《法学杂志》2016 年第 11 期。

② 王利明:《侵权责任法与合同法的界分——以侵权责任法的扩张为视野》,载《中国法学》2011 年第 3 期。

第一百八十七条 【民事责任的并行与优先承担】

民事主体因同一行为应当承担民事责任、行政责任和刑事责任的，承担行政责任或者刑事责任不影响承担民事责任；民事主体的财产不足以支付的，优先用于承担民事责任。

一、历史由来

本条规定是对《刑法》第36条第2款、《公司法》第215条、《证券法》第232条、《食品安全法》第97条、《合伙企业法》第106条、《产品质量法》第64条、《证券投资基金法》第99条、《个人独资企业法》第43条和《侵权责任法》第4条的承继，前述各法均采纳了民事责任优先原则。如《刑法》第36条第2款规定："承担民事赔偿责任的犯罪分子，同时被判处罚金，其财产不足以全部支付的，或者被判处没收财产的，应当先承担对被害人的民事赔偿责任。"《公司法》第215条规定："公司违反本法规定，应当承担民事赔偿责任和缴纳罚款、罚金的，其财产不足以支付时，先承担民事赔偿责任。"《证券法》第232条、《食品安全法》第97条、《合伙企业法》第106条、《产品质量法》第64条、《证券投资基金法》第99条完全沿用了《公司法》的前述规定。《个人独资企业法》第43条规定，"投资人违反本法规定，应当承担民事赔偿责任和缴纳罚款、罚金，其财产不足以支付时，或者被判处没收财产的，应当先承担民事赔偿责任。"《侵权责任法》第4条规定："侵权人因同一行为应当承担行政责任或者刑事责任的，不影响依法承担侵权责任。因同一行为应当承担侵权责任和行政责任、刑事责任，侵权人的财产不足以支付的，先承担侵权责任。"本条系对前述各法相关规定的总结和提升，扩大了涵摄范围。民事责任优先原则适用的主体不限于公司，扩及至自然人、法人和其他组织；适用的责任类型也不限于侵权责任，而延展至违约责任、侵权责任以及缔约上过失责任；适用的责任方式则不限于民事赔偿责任，而包含本法第177条所列举的11种方式。本条不再以责任主体“财产不足以支付”作为民事责任优先原则适用的前置条件，不但突出了民事责任的优先地位，夯实了这一法则的原则地位，而且只有在责任主体“财产不足以支付”场合，该法则才有适用之可能，不再沿用“财产不足以支付”的表述不影响意义表达，从而本条的表述更为简练、准确，体现了立法技术的进步。

《民法总则（草案）》的历次审议稿均包含本条的相关内容，只不过表述略有不同。2015 年 8 月 28 日“民法总则民法室室内稿”第 141 条规定：“因同一行为应当承担行政责任或者刑事责任的，不影响依法承担民事责任。民事主体应当同时承担民事责任和行政责任、刑事责任，财产不足以支付的，先承担民事责任，法律另有规定的除外。”《民法总则（草案）》（一审稿）第 166 条规定：“民事主体因同一行为应当承担民事责任、行政责任和刑事责任的，承担行政责任或者刑事责任不影响依法承担民事责任；民事主体的财产不足以支付的，先承担民事责任。”《民法总则（草案）》（二审稿）第 180 条规定：“民事主体因同一行为应当承担民事责任、行政责任和刑事责任的，承担行政责任或者刑事责任不影响承担民事责任；民事主体的财产不足以支付的，先承担民事责任。”《民法总则（草案）》（三审稿）第 190 条形成了现在的表述。

二、规范目的与含义

（一）规范目的

本条确立民事责任优先原则的目的在于：首先，体现对民事主体权益的保护。尽管通常情况下行政责任、刑事责任、民事责任相互独立，分别发挥作用，但三者在保护民事主体合法权益方面具有一致性。尽管行政责任、刑事责任是责任主体对政府和国家的责任，但基于国家和政府的宗旨，就其终极意义而言，两种责任都在于保护民事主体的合法权益。而对于保护民事主体权益目的的实现，民事责任更具有直接性。在三者竞存场合，采取民事责任优先的立法选择，体现了保护民事主体权益的当然要求。不仅如此，民事主体承受财产损失的能力也远逊于国家或政府，国家或政府不会因不能收缴罚款、罚金或被没收的财产而影响其正常运行，但民事主体却极有可能因民事权益得不到民事责任的救济而陷入困境。因此，民事责任优先可以有效保障法律的运行取得良好的效果。

其次,体现对市场机制的维护。我国确立了社会主义市场经济体制,要保障市场机制在资源配置中发挥决定性作用。这需要鼓励交易,保障交易的效率和安全。与此相应,需要法律尽量降低交易成本,为民事主体提供稳定的预期,优先保护和救济民事主体在民事活动中取得的合法权益。由于民事主体通常无法判断相对方可能要承担的行政责任、刑事责任,也无法通过预先的安排防范此种风险,必须通过制度为民事主体隔离风险,以鼓励交易、节约交易成本,在行政责任、刑事责任与民事责任聚合场合,坚持民事责任优先原则。只有这样,相对方即使需要承担行政责任、刑事责任,也不会影响其承担民事责任的能力,才能有效减少民事主体从事民事活动所需虑及的因素,充分保障民事主体的合法权益,从而有效激励民事主体利用市场机制实现其合法权益。

最后,体现法律责任制度功能的合理配置。民事责任主要为财产性责任,一旦责任主体的财产不能满足责任的承担,该责任的功能就会落空。罚款、罚金等财产性责任之于国家或政府的重要性显然不能与民事责任对于民事主体的意义同日而语。民事责任、特别是损害赔偿责任是救济民事主体权益的主要手段,而与其聚合的罚款、罚金等却不是行政责任、刑事责任的主要形式,对责任主体课以罚金或罚款的目的也不是为国家或政府获取财产,而在于惩戒违法行为人、维护社会秩序。行政责任、刑事责任是兼具人身性和财产性的复合责任,即使因民事责任的优先适用导致罚金、没收财产或罚款等难以实施,责任主体还要承担人身性的行政责任、刑事责任,依然可以达成制裁责任主体的目的。因此,在责任竞存场合,民事责任优先有利于充分发挥各种责任形式的功能,实现法律责任制度的目的。

(二)规范含义

民事责任、行政责任和刑事责任性质和功能不同,各有其发生依据和适用范围,本应并行不悖,独立发挥机能。但由于不同法律部门法条竞合的客观存在,民事主体的同一行为却可能同时引发民事责任、行政责任和刑事责任,产生责任聚合。如民事主体实施了操纵证券市场的行为,根据《证券法》第 77 条规定,如给投资者造成损失,应当依法承担赔偿责任;根据《证券法》第 203 条规定,同时应承担没收违法所得和违法所得一倍以上或五倍以下的罚款等行政责任;根据《刑法》第 182 条规定,情节严重的,还要被处以五年以下有期徒刑或者拘役,并处或者单处违法所得一倍以上五倍以下罚金。

首先,在责任聚合场合,行为人承担行政责任或刑事责任,不影响其承担民事责任。也即不能因为行政责任或刑事责任的承担,而豁免行为人的民事责任。如在《陈江鹏与陕西中能煤田有限公司财产损害赔偿纠纷申诉、申请民事裁定书》中,最高人民法院认定,“侵权人因同一行为应当承担行政责任或者刑事责任的,不影响依法承担侵权责任。中能公司缴纳环境治理补偿费的行为属于承担行政责任的行为,并不能据此免除中能公司因采矿行为导致陈江鹏苗木死亡的民事赔偿责任。”[①]不仅如此,有时民事责任的认定甚至需要以行政责任或刑事责任的承担为前置条件。根据《最高人民法院关于审理证券市场因虚假陈述引发的民事赔偿案件的若干规定》第 6 条,“投资人对虚假陈述行为人提起的民事赔偿诉讼,须依据有关机关的行政处罚决定或者人民法院的刑事裁判文书。对行为人的行政处罚或刑事裁决是人民法院受理民事赔偿请求的前置条件”。

其次,在民事责任、行政责任和刑事责任竞存场合,责任主体的财产应优先用于承担民事责任。责任聚合有时会引发责任竞存,即责任主体无法同时承担性质不同的法律责任,由此产生责任承担的顺位问题。三种责任聚合的主要诱因是责任主体的财产不足以同时承担民事赔偿责任和承担罚款、罚金及没收违法所得等行政责任或刑事责任,在责任竞存现实发生之际,则应以民事责任优先原则确认责任承担的顺位,即因同一行为应当承担民事责任和行政责任、刑事责任,责任主体的财产不足以支付场合,先承担民事责任。如操纵证券市场的行为人不仅不能以其受到了证券监督管理机构的行政处罚,甚至被依法判处了刑罚对抗投资者的民事赔偿请求,而且其财产应优先用于满足投资者的民事赔偿请求。

三、其他问题

在刑事犯罪的受害人可否请求精神损害赔偿的问题上,我国的民事立法

---

① 参见最高人民法院(2015)民申字第 3423 号裁定。

和刑事立法存在直接的冲突,由此可能引发精神损害赔偿是否优先于行政责任、刑事责任的争议。

《侵权责任法》承继了《民法通则》第120条及《侵权精神损害赔偿解释》、《人身损害赔偿解释》有关精神损害赔偿的立法成果,在第22条规定,"侵害他人人身权益,造成他人严重精神损害的,被侵权人可以请求精神损害赔偿。"首次在民事立法中明确肯定了精神损害赔偿,建立了我国民事领域内的精神损害赔偿制度。① 而《刑事诉讼法》第99条第1款规定,"被害人由于被告人的犯罪行为而遭受物质损失的,在刑事诉讼过程中,有权提起附带民事诉讼。"《刑法》第36条第1款规定,"由于犯罪行为而使被害人遭受经济损失的,对犯罪分子除依法给予刑事处罚外,并应根据情况判处经济损失。"自文义解释,这里的"物质损失"和"经济损失"仅指物质财产损失,不包括精神损失。最高人民法院的倾向性司法立场是:附带民事诉讼被告人依法只应赔偿直接物质损失,即按照犯罪行为给被害人造成的实际损害赔偿,一般不包括死亡赔偿金和残疾赔偿金,但经过调解,被告人有赔偿能力且愿意赔偿更大数额的,人民法院应当支持;调解不成,被告人确实不具备赔偿能力,而被害人或者其近亲属坚持在物质损失赔偿之外要求赔偿金的,人民法院不予支持;对于确有困难的被害人,给予必要的国家救助。②

对此,精神损害赔偿亦应优先于行政责任和刑事责任,除上文关于本条规范目的的讨论外,尚有以下理由:

首先,刑事附带民事诉讼也是民事诉讼,其解决的是被害人的民事权益保

---

① 参见王胜明主编:《中华人民共和国侵权责任法释义》,法律出版社2013年版,第119页以下。

② 尽管最高人民法院《关于执行〈中华人民共和国刑事诉讼法〉若干问题的解释》第100条规定:"人民法院审判附带民事诉讼案件,除适用刑法、刑事诉讼法外,还应当适用民法通则、民事诉讼法有关规定。"但最高人民法院《关于刑事附带民事诉讼范围问题的规定》第1条第2款规定,"对于被害人因犯罪行为遭受精神损失而提起附带民事诉讼的,人民法院不予受理。"最高人民法院《关于人民法院是否受理刑事案件被害人提起精神损害赔偿民事诉讼问题的批复》中明确规定,"对于刑事案件被害人由于被告人的犯罪行为而遭受精神损失提起的附带民事诉讼,或者在该刑事案件审结以后,被害人另行提起精神损害赔偿民事诉讼的,人民法院不予受理。"最高人民法院《关于适用〈中华人民共和国刑事诉讼法〉的解释》第164条规定,"被害人或者其法定代理人、近亲属在刑事诉讼过程中未提起附带民事诉讼,另行提起民事诉讼的,人民法院可以进行调解,或者根据物质损失情况作出判决。"

障问题，而不是被告人的刑事责任问题。法院在审理有关精神损害赔偿案件时，无论是普通民事诉讼中的精神损害赔偿，还是刑事附带民事诉讼中的精神损害赔偿，都应遵守《民法总则》、《侵权责任法》的相关规定，以保障法制的统一。

其次，刑事立法并未直接否定被害人的精神损害赔偿请求。《刑法》第36条第1款和《刑事诉讼法》第99条正面明确了被害人就遭受的“经济损失”“物质损失”有权提起附带民事诉讼。但并未明确将犯罪行为给受害人造成的精神损失排除在受害人的请求范围之外。立法上，就刑事犯罪的受害人可否请求精神损害赔偿存在解释空间。最高人民法院明确将精神损害赔偿排除在刑事附带民事诉讼的请求范围之外，受害人另行提起民事诉讼精神损害赔偿亦不予支持，显然不是对我国相关刑事立法的唯一正确解释。

最后，将精神损害赔偿排除在犯罪行为被害人的民事赔偿请求之外，有违法律的正义追求。在法治国家，民事主体的权益应当受到法律的平等保护。就精神损害而言，依照民法的相关规定，一般侵权行为造成的精神损害，加害人应当予以赔偿，受害人所获得赔偿与伤害的程度呈正相关关系。但致害原因由一般侵权行为上升为严重的刑事犯罪行为时，按照刑事法律的相关规定，受害人遭受同样、往往是更为严重的精神损害，却因制度的原因不能请求精神损害赔偿。同等情况却得到了完全不同的对待，这样的立法及其解释显然是违背法律的正义诉求的。

第九章　诉 讼 时 效

第一百八十八条　【诉讼时效期间、起算与延长】

向人民法院请求保护民事权利的诉讼时效期间为三年。法律另有规定的，依照其规定。

诉讼时效期间自权利人知道或者应当知道权利受到损害以及义务人之日起计算。法律另有规定的，依照其规定。但是自权利受到损害之日起超过二十年的，人民法院不予保护；有特殊情况的，人民法院可以根据权利人的申请决定延长。

一、普通诉讼时效期间

（一）历史由来

民法所谓时效，指一定事实状态经过一定的期间后即产生与该期间经过相应的法律效果的法律制度。时效属于法律事实之一种。我国古代虽有受理田宅之诉等的时限规定，[①]但多认为现代民法的时效制度起源于罗马法。后世界各国各地区多将其分为取得时效与消灭时效。《民法通则》未涉及取得时效，2007 年《物权法》中亦未规定取得时效。虽然学者建议应当规定取得时效，但《民法总则》对此未作出规定。是否规定，有待民法典编纂完善民法分则物权编时决定。

诉讼时效，比较法上多称之为“消灭时效”，但《民法通则》仿效苏联民法

---

① 参见张晋藩等主编：《中国法制通史》（第五卷），法律出版社 1999 年版，第 600 ~ 601 页。

典，沿用了“诉讼时效”的称谓。包括《民法通则》《担保法》《产品质量法》《海商法》等，均不称“消灭时效”，而代之以“诉讼时效”。对此，我国民法学界对采用何种称谓，也有争议。有建议采用“消灭时效”概念，①也有建议采用“抗辩时效”概念。② 但考虑到“诉讼时效”的概念已被立法机关、民法学界及普通民众普遍接受，为保持法律的延续性和稳定性，多认为没有重大理由不宜予以抛弃。③ 本法维持了这一概念。

本条第 1 款规定的普通诉讼时效期间，源于《民法通则》第 135 条。较之《民法通则》，该条主要在两方面作出了修改。一是将普通诉讼时效期间延长为三年；二是结合《民法通则》第 141 条的规定，将《民法通则》规定的“法律另有规定的除外”，修改为“法律另有规定的，依照其规定”。后者主要是语言表述风格的变化，从草案二审稿开始，将其修改为上述表述方式，采用了对于普通民众更为通俗易懂的表述方式。普通诉讼时效期间的延长，主要是考虑到近年来，社会生活发生深刻变化，交易方式与类型也不断创新，权利义务关系更趋复杂，要求权利人在两年诉讼时效期间内行使权利显得过于仓促，为有利于建设诚信社会，更好地保护债权人合法权益，有必要适当延长。④ 在各学者草案中，为避免歧义，多放弃《民法通则》规定的“向人民法院请求保护民事权利”的用语；在普通诉讼时效期间上，也多规定为三年。⑤ 全国人大法工委民

① 参见柳经纬：《关于时效制度的若干理论问题》，载《比较法研究》2004 年第 5 期；徐国栋主编：《绿色民法典草案》，社会科学文献出版社 2004 年版，第 38 页；许中缘、曲茂辉：《民法总则原理》，中国人民大学出版社 2012 年版，第 479 页。

② 参见朱岩：《诉讼时效制度基本问题研究》，载王利明主编：《中国民法年刊（2005）》，法律出版社 2006 年版，第 186 页。

③ 参见尹田：《民法典总则之理论与立法研究》，法律出版社 2010 年版，第 795 页；王利明：《民法总则研究》（第二版），中国人民大学出版社 2012 年版，第 725 页；梁慧星：《中国民法典草案建议稿附理由 · 总则编》，法律出版社 2013 年版，第 380 页；杨巍：《民法时效制度的理论反思与案例研究》，北京大学出版社 2015 年版，第 46 页；魏振瀛：《民法》（第六版），北京大学出版社 2016 年版，第 195 页。

④ 《关于〈中华人民共和国民法总则（草案）〉的说明》（2016 年 7 月 10 日）；《关于〈中华人民共和国民法总则（草案）〉的说明》（2017 年 3 月 8 日在第十二届全国人民代表大会第五次会议上的说明）。

⑤ 参见王利明主编：《中国民法典学者建议稿及立法理由 · 总则编》，法律出版社 2005 年版，第 397 页以下；徐国栋：《绿色民法典草案》，社会科学文献出版社 2004 年版，第 36 页以下；梁慧星：《中国民法典草案建议稿附理由 · 总则编》，法律出版社 2013 年版，第 382 页以下。

法室2015年8月28日发布的“民法总则民法室室内稿”曾放弃使用“向人民法院请求保护民事权利”的用语，并建议五年或三年两个方案，但从《民法总则（草案）征求意见稿》开始，则延续了《民法通则》的表述，并将期间定为三年。从新近的世界立法趋势看，《德国民法典》第195条，《欧洲示范民法典草案》第3—7:201条、《国际商事合同通则2010》第10.2条，均规定三年的普通时效期间并采主观主义的起算方式。因此，《民法总则》规定三年期间是较为合理的立法决策。①

不仅如此，关于《民法通则》第136条规定的短期诉讼时效，因其期间过短，学者建议稿多未作规定，甚至就人身伤害等规定十年的长期诉讼时效。②《民法总则》并未沿用《民法通则》第136条的规定，自全国人大法工委民法室2015年8月28日发布的“民法总则民法室室内稿”开始，对一年的短期诉讼时效期间就不作规定。立法者根本没有短期诉讼时效期间的立法计划，是立法者有意的沉默。依《关于〈中华人民共和国民法总则（草案）〉的说明》民法总则草案通过后暂不废止民法通则。“《民法总则》与《民法通则》的规定不一致的，根据新法优于旧法的原则，适用《民法总则》的规定。”③因此，本条规定已实质上修改了《民法通则》的规定，除非法律有特别规定，均适用三年的诉讼时效期间。因此，《民法通则》第136条规定的身体受到伤害要求赔偿、出售质量不合格商品未作声明、延付或拒付租金以及寄存财物被丢失或毁损四种情形，除非特别法有专门规定，将适用本款规定的三年的普通诉讼时效期间。

但是，从司法实践来说，《民法通则》原定的较短的诉讼时效期间（第136条的一年或第135条规定的2年）在新法背景下被延长，法律的稳定性问题将

---

① 参见朱晓喆：《诉讼时效制度的立法评论》，载《东方法学》2016年第5期。

② 参见王利明主编：《中国民法典学者建议稿及立法理由·总则编》，法律出版社2005年版，第397页以下；梁慧星主编：《中国民法典草案建议稿附理由·总则编》，法律出版社2013年版，第393页以下。但徐国栋主编的绿色民法典草案第260条规定了1年的短期时效，主要适用于隐蔽瑕疵、荣誉、私生活侵害等，参见徐国栋：《绿色民法典草案》，社会科学文献出版社2004年版，第39页。

③ 《关于〈中华人民共和国民法总则（草案）〉的说明》（2017年3月8日在第十二届全国人民代表大会第五次会议上的说明）。

不可避免。例如,(1)依《民法通则》,《民法总则》实施前权利人行使权利的诉讼时效期间已经届满,但依本条规定,并未届满,《民法总则》实施后是否允许义务人援引时效届满予以抗辩?(2)知道或应当知道权利受到损害及义务人在《民法总则》实施前,但《民法总则》生效后依《民法通则》其时效期间届满、依《民法总则》时效期间并未届满,此时当适用延长后的三年诉讼时效期间抑或《民法通则》的一年或两年的诉讼时效期间?因义务人对于诉讼时效期间的经过享有诉讼时效利益,其利益并不能因新法的实施而被剥夺;但与此同时,新法延长了诉讼时效期间,也会令权利人对新法的期间产生合理信赖。因此,对于前者,应当允许义务人援引《民法通则》的时效期间予以抗辩;对于后者,应当使用最新的诉讼时效期间。①

关于这点,从我国的司法实践习惯做法中也可以得到印证。《最高人民法院对在审判工作中有关适用民法通则时效的几个问题的批复》中曾规定:"民法通则施行前民事权利被侵害尚未处理的,无论被侵害人知道与否,向人民法院请求保护民事权利的诉讼时效期间,分别为《民法通则》第 135 条规定的二年或第 136 条规定的一年。诉讼时效期间自《民法通则》施行之日起计算。"《执行民法通则意见》第 165 条重申了这一精神:"在民法通则实施前,权利人知道或者应当知道其民事权利被侵害,《民法通则》实施后,向人民法院请求保护的诉讼时效期间,应当适用民法通则第一百三十五条和第一百三十六条的规定,从 1987 年 1 月 1 日起算。"从这两份司法解释的精神来看,似乎应该从《民法总则》实施之日起开始起算,且适用三年的诉讼时效期间。但如此一来,诉讼时效期间被实质性大幅延长,并不合理。原因在于,《民法通则》时代之所以作出如此司法解释,乃是因《民法通则》之前并无诉讼时效的完整规定,社会生活中多秉持"欠债还钱、天经地义"之理念,诉讼时效的适用也并未成为司法实践的常态,诉讼时效期间因法律的出台而统一适用新法并以新法实施为起算点有其合理性。但《民法总则》实施之时,《民法通则》为代表的诉讼时效制度的运用状态与当年不可同日而语,当年司法解释的精神,并不应参照。事实

① 有学者草案建议稿针对时效期间的改定对于"正在进行的时效"的效力作出了规定,参见徐国栋:《绿色民法典草案》,社会科学文献出版社 2004 年版,第 40 页。

上,随着《合同法》的出台,《技术合同法》同时废止。被废止的《技术合同法》第52条曾规定技术合同争议的诉讼时效和申请仲裁的期限为一年,但《合同法》第129条规定技术进出口合同的诉讼时效期限为四年,其他技术合同的诉讼时效则适用《民法通则》两年的普通诉讼时效期间。因此,因《合同法》的实施,技术合同的诉讼时效期间也被延长,与本法出台而导致的诉讼时效期间延长具有类似的地方。因此,《合同法解释(一)》第6、7条的精神,在《民法总则》的背景下更具有参照意义。该司法解释第6条规定:"技术合同争议当事人的权利受到侵害的事实发生在《合同法》实施之前,自当事人知道或者应当知道其权利受到侵害之日起至《合同法》实施之日超过一年的,人民法院不予保护;尚未超过一年的,其提起诉讼的时效期间为二年。"第7条规定,"技术进出口合同争议当事人的权利受到侵害的事实发生在《合同法》实施之前,自当事人知道或者应当知道其权利受到侵害之日起至《合同法》施行之日超过两年的,人民法院不予保护;尚未超过两年的,其提起诉讼的时效期间为四年"。最高人民法院关于技术合同及技术进出口合同的诉讼时效适用问题,正是以义务人时效利益与权利人对新法的制度信赖的平衡为基点所做的适当平衡,可以为《民法总则》实施后的诉讼时效制度衔接问题提供参考。

(二)规范目的与含义

1.规范目的

从条文文义来看,本条第1款旨在确立时间的经过对民事权利所产生的影响,是对权利人行使权利的期间作出限制。《关于〈中华人民共和国民法总则(草案)〉的说明》(2016年7月10日)指出:"诉讼时效是权利人在法定期间内不行使权利,该期间届满后,权利不受保护的法律制度。该制度有利于促使权利人及时行使权利,维护交易秩序和安全。"虽然2017年3月8日全国人民代表大会上的草案说明并未说明"该制度有利于促使权利人及时行使权利,维护交易秩序和安全",但全国人民代表大会常务委员会的说明同样构成本条的立法目的。

对于诉讼时效制度的功能或价值,存在综合说和单一说之别。学说上多主张"三目的说",认为诉讼时效的正当理由有三:其一,稳定社会关系;其二,促使权利人行使权利;其三,避免债务人举证不便,减轻债务人的负担。[①] 也有学者认为,因请求权长期不行使,法律关系因此会持续处于久悬未决的状态,义务人包袱沉重,因此让罹于时效的请求权人承受不利益,起到促其及时行使权利的作用。[②] 有学者进一步指出,诉讼时效制度的价值,主要在于以下几点:其一,诉讼时效制度的基本价值是合理配置、有效利用有限的司法资源;其二,诉讼时效制度的另一重要价值是确立公权力对私权利提供救济的界限;其三,诉讼时效制度的又一价值是平衡权利人与义务人之间的权益关系。[③] 但上述学说中主张的任何一者,都无法充分证成对权利行使的期间限制问题,[④]诉讼时效制度只能是上述多重目的综合的结果。从上述草案说明的立法理由来看,我国《民法总则》中的时效制度设计,更多地强调了"三目的说"中的前两者,并未提及诉讼时效减缓证明责任的功能。

单一说的主张,其侧重点各有不同。或认为,时效制度的正当性仅在于维护社会秩序。[⑤] 或认为,时效制度的主要目的在于财富利用的合理化。[⑥] 或认为,其正当化的理由就是诉讼时效制度具有尊重社会交往现状,维持既定社会秩序稳定,维护社会公共利益的功能。[⑦] 如果没有诉讼时效制度,不特定第三人的信赖利益即裸露在法律的保护之外,从而动摇民事主体进行民事交往的基础和前提。[⑧] 而在此基础上,又有学者认为,第三人信赖保护是时效制度最

---

① 参见梁慧星:《民法总论》(第四版),法律出版社2011年版,第244页;孙鹏:《去除时效制度的反道德性——时效制度存在理由论》,载《现代法学》2010年第5期;魏振瀛:《民法》(第六版),北京大学出版社2016年版,第193~194页;龙卫球:《民法总论》(第二版),中国法制出版社2002年版,第612~614页;等等。

② 参见朱庆育:《民法总论》(第二版),北京大学出版社2016年版,第535页。

③ 参见杨巍:《民法时效制度的理论反思与案例研究》,北京大学出版社2015年版,第138页以下。

④ 关于诉讼时效制度正当性传统理由的批判,参见柳经纬:《关于时效制度的若干理论问题》,载《比较法研究》2004年第5期;孙鹏:《去除时效制度的反道德性——时效制度存在理由论》,载《现代法学》2010年第5期;杨巍:《民法时效制度的理论反思与案例研究》,北京大学出版社2015年版,第130页以下;王轶:《民法总则之期间立法研究》,载《法学家》2016年第5期;等等。

⑤ 参见柳经纬:《关于时效制度的若干理论问题》,载《比较法研究》2004年第5期。

⑥ 参见李永军:《民法总论》(第三版),中国政法大学出版社2015年版,第278页。

⑦ 参见王轶:《民法总则之期间立法研究》,载《法学家》2016年第5期。

⑧ 参见王轶:《物权请求权与诉讼时效制度的适用》,载《当代法学》2006年第1期。

重要的理由,同时应当兼顾权利人与义务人利益的平衡。① 类似的观点则认为,时效是对权利和平与安全的保护,其得以作为时效制度的正当理由。② 有学者认为,时效制度的本质在于将人们从维持事实关系清晰的负担和危险中解放出来,而时效障碍事由则是防止事实关系暧昧化的措施。③ 该观点更多的是强调"三目的说"中的第三个目的。

当然,从司法实践来看,上述关于诉讼时效制度存在的正当化理由的争论,并未影响到司法实践对诉讼时效制度的适用。但时效制度目的或本质的认识,会影响到相应的时效进程障碍事由及其规则的设计问题。

2. 规范含义

首先,"向人民法院请求保护民事权利的……期间"并不意味着该期间的经过导致权利的消灭或不受人民法院保护。

诉讼时效,指权利人不行使权利的事实状态持续经过法定期间,其权利的行使受到阻碍的制度。本条将其界定为"向人民法院请求保护民事权利的……期间",延续了《民法通则》第 135 条的表述,并未结合本法第 192 条等作出相应的修改。若依其文义,诉讼时效是权利人向人民法院请求保护其权利的期间,若诉讼时效期间经过,不得向人民法院请求保护民事权利。与该文义相应,加之受苏联民法学说的影响,我国民法学说及实践长期以来采取胜诉权消灭说,但自从《适用诉讼时效制度规定》以来,我国学说和实践逐渐转向抗辩权发生说。④ 本法第 192、193 条也采纳了抗辩权发生说。据此,应当对"向人民法院请求保护民事权利"作限缩解释,诉讼时效期间的经过,并不妨碍当事人向人民法院提起诉讼以保护自己的权利,除非对方当事人援引时效予以抗辩始得阻碍权利的行使。

其次,本条规定的"权利",并不等同于本法第五章规定的所有民事权利,其指的是请求权。对该"权利"含义的理解,涉及诉讼时效的适用对象,其具体

---

① 参见朱虎:《返还原物请求权适用诉讼时效问题研究》,载《法商研究》2012 年第 6 期。

② 参见朱岩:《消灭时效中的基本问题》,载《中外法学》2005 年第 2 期。

③ 参见解亘:《〈民法总则(草案)〉中时效制度的不足》,载《交大法学》2016 年第 4 期。

④ 关于胜诉权消灭说到抗辩权发生说的转变,参见朱晓喆:《诉讼时效完成后债权效力的体系重构——以最高人民法院〈诉讼时效规定〉第 22 条规定为切入点》,载《中国法学》2010 年第 6 期。

范围如何,学说及司法实务中历来存在争议。比较法上有限定为请求权,如《德国民法典》第 194 条;亦有将其限定在财产权的立法例,如《日本民法典》第 167 条(民法修改政府草案第 166 条)。《民法通则》第 135 条将其限定为"民事权利",而《适用诉讼时效制度规定》第 1 条将其限定为债权请求权。学说上则多认为,依诉讼时效制度的立法目的,应解释为诉讼时效仅适用于请求权。[①] 本法虽然未明确将其限定为请求权,但依本法第 194、195 条及第 199 条等规定的体系性解释,应将本款规定的"权利"限缩为请求权。根据这些规定,无论是诉讼时效的中止还是诉讼时效规定的排除适用,均围绕请求权而展开,因此,只有请求权才会面临诉讼时效期间的限制。同时,本法第 192 条规定,"诉讼时效期间届满的,义务人可以提出不履行义务的抗辩"。请求权以外的权利,如支配权、形成权、抗辩权并不存在"履行义务"的问题,因此也就不会面临诉讼时效届满的抗辩。而本法第 190、191 条也明确将其适用对象限于请求权。

当然,并不是所有的请求权均适用诉讼时效的规定。除了本法第 196 条规定的以外,还存在《适用诉讼时效制度规定》第 1 条"但书"规定的债权请求权以及其他依其性质不适用诉讼时效规定的请求权(具体参见第 196 条的评注)。

因本法实质上修改了《民法通则》的诉讼时效制度,因此并不包括《民法通则》规定的诉讼时效期间,《民法通则》的规定并非这里的"法律另有规定"。而且,此处的"法律",仅指狭义的法律,并不包括行政法规及部门规章等。因此,《水路货物运输合同实施细则》第 30 条[②]以及《铁路货物运输合同实施细则》第 22 条[③]的规定,并非此处的"法律另有规定"。

"法律另有规定的,依照其规定",主要指的是本法及特别法上的规定的最长时效期间和特殊时效期间,以区别于本款规定的三年期间。前者如本条第 2

① 参见梁慧星:《民法总论》(第四版),法律出版社 2011 年版,第 252 页。

② 该条规定:"承运人与托运人或收货人彼此之间要求赔偿的时效,从货运记录交给托运人或收货人的次日起算不超过 180 日。赔偿要求应以书面形式提出,对方应在收到书面赔偿要求的次日起 60 日内处理。"

③ 该条规定:"承运人同托运人或收货人相互间要求赔偿或退补费用的时效期限为 180 日(要求铁路支付运到期限违约金为 60 日)。"

款规定的20年的最长诉讼时效期间。后者主要散见于特别法的规定,归纳整理如下:

(1)一年的诉讼时效期间。《海商法》第257条第1款规定的海上货物运输赔偿时效、第260条规定的海上拖航合同请求权、第263条规定的共同海损分摊请求权;《拍卖法》第61条规定的因拍卖标的存在瑕疵未声明而请求赔偿的诉讼时效期间;《保险法》第26条规定的人寿保险以外的其他保险的保险金赔付请求。

(2)两年的诉讼时效期间。《民用航空法》第135条规定的航空运输诉讼时效期间,第171条规定的对地面第三人损害赔偿的诉讼时效期间;《国家赔偿法》第39条规定的国家赔偿请求权;《产品质量法》第45条规定的产品缺陷损害赔偿请求;《专利法》第68条规定的专利权侵权诉讼时效;《继承法》第8条规定继承权纠纷提起诉讼的期间;《海商法》第257条第2款规定的航次租船合同请求权、第258条规定的海上旅客运输赔偿时效、第259条规定的船舶租用合同请求权、第261条规定的船舶碰撞请求权、第262条规定的海难救助请求权、第264条规定的海上保险合同赔偿时效。

此外,《合同法解释(一)》第6条、《融资租赁合同解释》第25条、《商标民事纠纷解释》第18条、《工会法解释》第7条、《虚假陈述规定》第5条、《人民调解协议规定》第9条、《婚姻法解释(一)》第31条等,均规定了两年的诉讼时效期间。此等时效期间,乃是在《民法通则》第135条规定的两年普通诉讼时效期间的基础上制定的。况且,诉讼时效制度涉及当事人权利的保护,依本款规定,只有法律得以对其作出特别规定,司法解释并不能在《民法总则》及其他法律之外缩短诉讼时效期间。随着《民法总则》的出台,即使《民法通则》暂不废止,亦有必要结合新法适当延长普通诉讼时效期间的精神,对上述司法解释作出清理和修改。

(3)三年的诉讼时效期间。例如,《环境保护法》第66条规定,提起环境损害赔偿诉讼的时效期间为三年;《海商法》第265条规定的油污损害请求权时效;《民用航空器法》第171条规定的地面第三人损害赔偿最长诉讼时效。

(4)四年的诉讼时效期间。例如,《合同法》第129条规定的国际货物买卖合同、技术进出口合同纠纷的诉讼时效期间。

(5)五年的诉讼时效期间。例如,《保险法》第26条规定的人寿保险保险金赔付请求。

(6)六年的诉讼时效期间。例如,《海商法》第265条但书规定的油污损害请求权的最长诉讼时效。

除了上述特殊诉讼时效期间,《海商法》第257条还规定了90日的诉讼时效期间。

最后,该条规定虽然从正面对权利行使的期间限制作出了规定,但这不表明权利人在向法院请求保护其权利时应当证明诉讼时效期间未届满。原因在于,依本法第192条的规定,应当由义务人援引抗辩始得阻碍权利的行使,义务人应当主张证明诉讼时效期间已届满。

二、诉讼时效期间的起算

本条第2款第1句和第2句是关于诉讼时效期间起算的规定。

(一)历史由来

该规定源于《民法通则》第137条,并将《民法通则》规定的"知道或者应当知道权利被侵害之时起",调整为"知道或者应当知道权利受到损害以及义务人之日起"。自全国人大法工委民法室2015年8月28日发布的"民法总则民法室室内稿"开始,《民法总则》各草案均将《民法通则》的"侵害"改为"损害",同时增加"义务人"的规定。该规定吸收了学说中关于"权利人知道或者应当知道其权利遭受侵害还应当包括知道具体的侵权人"的主张,[1]增加了"……以及义务人",进一步明确了自权利得以行使时开始起算普通诉讼时效期间。另外,与《民法通则》第137条相比,《民法总则》的规定增加了"法律另有规定的,依照其规定"。这是考虑到各特别法对诉讼时效期间起算作出了不少特别规定,《民法总则》对此作出了完善。

诉讼时效期间的起算,存在主观标准和客观标准两种立法模式。主观标准,多从权利人得以行使其请求权时起算,以权利人是否已经知悉或应当知悉

① 参见王利明:《民法总则研究》(第二版),中国人民大学出版社2012年版,第746页。

为准。客观标准,多从权利客观成立时起算。[①] 我国《民法通则》采取了主观标准与较短期间相结合的普通诉讼时效制度,[②]《民法总则》维持了这一基本原则。在《民法总则》出台前,虽有学者建议进一步规定为"权利得以行使时"或"可以行使诉权时",[③]《民法总则》增加知道或应当知道"义务人",也部分体现了这一思想,[④]但仍然与《民法通则》保持了延续性,以"知道或者应当知道权利受到损害以及义务人之日起"来界定普通诉讼时效期间的起算标准。另外,也有学者建议应当区分合同请求权和侵权请求权规定诉讼时效期间,[⑤]但《民法总则》并未采纳这一意见,而是将其统一规定。

(二)规范目的与含义

1. 规范目的

本规定旨在解决普通诉讼时效期间的起算点问题。前款规定的三年期间,从何时开始计算,需要有统一的标准。权利人要行使其权利,首先得有权利受到侵害的认识,并知道向谁行使权利。当具有这种认识可能性时,可以期待一个合理的权利人会积极地行使其权利。若不知义务人,权利人无从行使

---

① 参见杨巍:《民法时效制度的理论反思与案例研究》,北京大学出版社 2015 年版,第 306 页以下;朱岩:《消灭时效制度中的基本问题》,载《中外法学》2005 年第 2 期,第 170 ~ 171 页;朱庆育:《民法总论》(第二版),北京大学出版社 2016 年版,第 552 页;王利明:《民法总则研究》(第二版),中国人民大学出版社 2012 年版,第 744 页;等等。

② 参见高圣平:《诉讼时效立法中的几个问题》,载《法学论坛》2015 年第 3 期;朱晓喆:《诉讼时效制度的立法评论》,载《东方法学》2016 年第 5 期;但也有学者认为,我国民法通则是采纳了主客观标准,参见王利明:《民法总则研究》(第二版),中国人民大学出版社 2012 年版,第 745 页。

③ 参见孙学致:《论诉讼时效期间的起算》,载《法制与社会发展》2002 年第 5 期;徐国栋主编:《绿色民法典草案》,社会科学文献出版社 2004 年版,第 38 页;许中缘、曲茂辉:《民法总则原理》,中国人民大学出版社 2012 年版,第 491 页;梁慧星:《中国民法典草案建议稿附理由(总则编)》,法律出版社 2013 年版,第 387 页;解亘:《〈民法总则(草案)〉中时效制度的不足》,载《交大法学》2016 年第 4 期;李永军:《民法总论》(第三版),中国政法大学出版社 2015 年版,第 292 页;等等。

④ 亦有学者将"权利人知道或者应当知道其权利受侵害时开始起算"与"权利人客观上能够行使其请求权时"等价处理,参见尹田:《民法典总则之理论与立法研究》,法律出版社 2010 年版,第 827 页。另有学者认为,由于有时效中止制度的补充,《民法通则》的现有规定也完全可以使权利人的民事权利得到有效保护,无须规定知道或应当知道义务人。参见魏振瀛:《民法》(第六版),北京大学出版社 2016 年版,第 202 页。

⑤ 参见杨巍:《民法时效制度的理论反思与案例研究》,北京大学出版社 2015 年版,第 338 页以下;李永军:《民法总论》(第三版),中国政法大学出版社 2015 年版,第 291 页。

其权利,也就无法实现“有利于促使权利人及时行使权利”的诉讼时效制度目的。因此,本规定以权利人知道或应当知道权利受到损害以及知道或应当知道具体的义务人时为起算点。另外,如果考虑个别的权利人在具体的个别情形下行使权利是否可能,那么各个具体情况的诉讼时效起算点就会各异,法律关系也会变得不安定。[①] 因此,本规定设置了普通诉讼时效期间的统一的起算点。

2. 规范含义

首先,“权利人知道或者应当知道”的含义。此处的权利人,通常是指权利受到侵害的人;权利人欠缺完全行为能力时,是指权利人的法定代理人,但本法第190、191条的规定的情形除外。在公益诉讼中,是指依法有权提起公益诉讼的机关和有关组织(《民事诉讼法》第55条)。知道,指权利人已了解到权利受到损害及义务人的事实。应当知道,指一个理性人在同样情况下能够知道其权利受到损害及义务人的事实。[②] 司法实践中也多以此为判断标准。[③] 当然,在权利人的判断能力明显高于理性人的标准时,应以权利人本人的判断能力为准。

在诉讼中,因义务人就时效享有时效利益,义务人应当就权利人知道或应当知道其权利受到损害及知道或应当知道义务人的时间点进行主张证明。[④]

其次,“权利受到损害”的含义。在《民法总则》以前,学说上多将《民法通则》第137条中知道或应当知道“权利被侵害”的事实扩张解释为知道或应当知道“侵害人”。《民法总则》出台后,因已专门规定“义务人”,“权利受到损

① 参见[日]山本敬二:《民法讲义1总则》,解亘译,北京大学出版社2012年版,第450页。

② 参见崔建远等:《民法总论(第二版)》,清华大学出版社2013年版,第268页;王利明:《民法总则研究》(第二版),中国人民大学出版社2012年版,第746页;等等。

③ 例如,“邝某栋等诉朱某仙法定继承案”,上海市高院(2008)沪高民一终字第76号。该案中,虽然被告早在1995年就办理了房屋所有权证,但两原告在得知其父亲留有遗嘱后,经常查阅上海市房地产登记册房屋状况及产权人信息,直至2007年11月22日,公示信息仍为其父亲。2008年1月11日,两原告再次查询诉争房产信息,得知权利人已变更。上海市第一中院据此认为“直至2008年1月11日,原告查询到诉争房产的所有权人已经变更为被告朱某仙,才认为自己的继承权受到了侵害,故原告提起继承权纠纷诉讼的诉讼时效应当以该日即2008年1月11日为起算点”。

④ 参见王利明:《民法总则研究》(第二版),中国人民大学出版社2012年版,第746页。

害”的含义应采狭义的解释。但“损害”一词,较之《民法通则》第 137 条“侵害”,其含义不甚准确。损害,意味着加害人造成权利人的受害后果,是权利人非自愿的利益丧失,通常发生在侵权或违约的情形。而诉讼时效的适用对象并不限于“损害赔偿请求权”。在司法实践中,不应将“侵害”到“损害”的变化理解为规定的实质变更,“损害”也不应理解为损害赔偿请求权意义上的“损害”,而应将其扩张解释为权利受到侵害或请求权产生之时。而且,“权利受到损害”有些情形指的是二次性的救济,有些情形指的是请求权产生之时。前者如,请求他人不作为的债权请求权,诉讼时效期间从权利人知道或应当知道义务人违反不作为义务的次日起计算。① 后者如,无因管理费用返还之债,应自费用返还请求权产生之日及知道或应当知道返还义务人之日起算;再如,被保险人或受益人向保险人请求赔偿或给付保险金的诉讼时效期间,自其知道或应当知道保险事故发生之日起计算(《保险法》第 26 条)。

再次,关于“义务人”。在表述上,《适用诉讼时效制度规定》第 8、9 条采用了“对方当事人”和“本人”的表述,与本规定中的“义务人”具有相同的含义。只不过司法解释将诉讼时效限定在债权请求权,其第 8、9 条指的是不当得利返还义务人或无因管理费用返还义务人。

最后,在计算诉讼时效期间的起算点上,因具体请求权的根据及标的不同,决定了权利人对于权利受到损害及义务人的“知道或者应当知道”的时点会有所不同。② 不仅如此,依本款第 2 句规定,特别法也可能就诉讼时效期间的起算另行作出规定。具体整理如下:

(1)对《民法通则》第 137 条规定的诉讼时效期间起算点的重申。如《专利法》第 68 条、《农村土地承包经营纠纷调解仲裁法》第 18 条、《产品质量法》第 45 条第 1 款、《环境保护法》第 66 条、《海商法》第 257 条第 2 款、第 259 条、第 260 条、《拍卖法》第 61 条,等等。但是,由于《民法总则》增加了“知道或应当知道义务人”,在文义上对《民法通则》第 137 条作出了实质变更,因此就这些规定应当作出修改或完善;或者在解释上采纳学说中的多数见解,将“知道

① 参见谢怀栻:《民法总则讲要》,北京大学出版社 2007 年版,第 204 页。

② 参见梁慧星:《民法总论》(第四版),法律出版社 2011 年版,第 256 页。

或者应当知道义务人”纳入“知道或者应当知道权利被侵害”之中。

(2)《适用诉讼时效制度规定》及其他司法解释规定的起算点(参见本条第1款评注中的列举)。随着《民法总则》的出台,即使暂不废止《民法通则》,最高人民法院也应当对以往的司法解释作出相应的清理和完善。例如,《适用诉讼时效制度规定》第5条规定已为本法第189条替代;第7条第2款、第8、9条关于合同撤销后的返还、不当得利之债、无因管理之债的诉讼时效期间起算,与《民法总则》规定一致,并未设立特别的起算标准。

(3)本法第189~191条规定的特别起算标准以及本款第3句规定的最长诉讼时效期间的起算点,不同于诉讼时效期间的一般起算标准。

(4)特别法上规定的特别起算标准。例如,《海商法》第265条规定的最长诉讼时效期间,从事故发生之日起计算;《民用航空法》第135条规定的航空运输诉讼时效,自民用航空器到达目的地点、应当到达目的地点或者运输终止之日起计算;第171条规定的诉讼时效期间,从损害发生之日起计算;《专利法》第68条第2款规定的授予权利前的专利使用费诉讼时效期间,即使在专利权被授权之前已得知或应当得知侵害的事实,也自专利权被授予之日起计算;《海商法》第257、258、261~265条分别规定了不同的起算标准;等等。

需要指出的是,本款第2句规定的“法律”,与本条第1款规定一样,仅指狭义上的法律。对此,司法实践中最高人民法院也有判决指出,“诉讼时效是由法律明确规定的权利人在法定期间内不行使权利而丧失胜诉权的法律制度,三企公司主张适用《国内水路货物运输规则》第三十四条确定本案诉讼时效起算的主张没有法律依据,不予支持”。[①]

三、最长诉讼时效期间及其延长

本条第2款第3句是关于最长诉讼时效期间的规定。

(一)历史由来

该规定源于《民法通则》第137条第2句和第3句的规定,规定最长诉讼

① “深圳市三企工贸有限公司诉深圳市中远国际货运有限公司水路货物运输合同案”,最高人民法院(2007)民四提字第2号。

时效期间及其延长。除了将“权利被侵害”改为“权利受到损害”以及删去了“延长”之后的“诉讼时效期间”,最重要的变化是将《民法通则》第 137 条第 2 句与第 3 句之间的句号改为分号,明确了此处的诉讼时效期间的延长,针对的是最长诉讼时效期间的延长。与此同时,增加了“根据权利人的申请决定”延长,明确了其并非是法院依职权延长,而是依当事人之申请。

关于《民法通则》规定的最长诉讼时效期间是否为诉讼时效,有不同的观点。[①] 有学者建议稿只规定了 10 年的长期诉讼时效,并未规定 20 年的最长诉讼时效;[②]有的学者建议稿将其命名为“最长权利保护期间”加以规定;[③]有的学者建议稿则将其纳入“诉权的除斥期间”。[④] 另外,在 2002 年全国人大常委会曾审议的《民法典草案》,除了 20 年的最长诉讼时效期间,还在其第 100 条设计了 30 年的特殊最长诉讼时效期间。主要是考虑到人身损害赔偿的最长诉讼时效期间不足以保护特定情形下的债权人的问题,针对药品质量不合格的人身伤害、医疗事故人身伤害、环境污染人身伤害、建筑物质量不合格等特殊情形设定了特别的 30 年最长时效。[⑤] 但对于上述方案,《民法总则》均未采纳,仍然维持了《民法通则》20 年最长诉讼时效期间的规定。

关于诉讼时效期间的延长,虽然《民法通则》将其与最长诉讼时效期间一起规定在该法第 137 条,但《执行民法通则意见》第 175 条规定,诉讼时效期间的延长,既可以适用于普通诉讼时效期间,也可以适用于《民法通则》第 136 条规定的短期诉讼时效期间和《民法通则》第 137 条规定的最长诉讼时效期间。诉讼时效期间的延长,源于苏联。在《民法总则》出台之前有学者认为《民法

---

① 参见魏振瀛:《民法》(第六版),北京大学出版社 2016 年版,第 200 页。

② 参见梁慧星主编:《中国民法典草案建议稿附理由 · 总则编》,法律出版社 2013 年版,第 393 页。

③ 参见王利明主编:《中国民法典学者建议稿及立法理由 · 总则编》,法律出版社 2005 年,第 430 页。

④ 参见徐国栋主编:《绿色民法典草案》,社会科学文献出版社 2004 年版,第 40 页。

⑤ 参见高圣平:《诉讼时效立法中的几个问题》,载《法学论坛》2015 年第 2 期。

通则》第137条规定的20年期间为除斥期间,不能延长;[①]有学者认为诉讼时效期间的延长,"只能适用于20年最长时效期间",[②]或者主张诉讼时效期间的延长,只是特殊历史时期的产物,《民法通则》规定的短期和普通诉讼时效期间的过短,也不能通过延长时效的办法来解决;或认为,不规定诉讼时效期间的延长,是英国法以外的大多数国家的立法通例;或认为,法官依职权适用诉讼时效已被禁止,延长制度基本丧失其意义;[③]或认为,延长制度是因为我国《民法通则》没有规定不完成及中止事由过窄而规定的,因其具有很大的不确定性及不可预见性,将来应取消诉讼时效的延长;[④]建议废除诉讼时效期间延长制度。但从全国人大法工委民法室2015年8月28日发布的"民法总则民法室室内稿"开始,民法总则各草案均维持了最长诉讼时效期间的延长制度。虽然《民法总则》最终采纳了肯定说的意见,并将其适用限定在最长诉讼时效期间,但在司法实践中,普通诉讼时效期间适用延长的案例也不在少数。如在银广厦证券虚假陈述民事赔偿案件中,最高人民法院曾召开新闻发布会将2年的诉讼时效期间延长为2年6个月;[⑤]"胡某某与海南省陵水黎族自治县公路分局人身损害赔偿纠纷上诉案";[⑥]等等。在今后司法实践中是否仍应维持《执行民法通则意见》的解释,有待商榷。从本法规定来看,普通诉讼时效期间的"延长"问题,通过诉讼时效的中止、中断予以处理,更符合本法的体系考量。

(二)规范目的与含义

1.规范目的

最长诉讼时效期间,旨在对较短的普通诉讼时效期间作出补充和限制。

---

① 参见佟柔主编:《中国民法学·民法总则》(修订版),人民法院出版社2008年版,第240页;也有学者认为20年期间的延长,因其并非诉讼时效期间,而是最长保护期间,不能被命名为"诉讼时效期间的延长",参见崔建远等:《民法总论》(第二版),清华大学出版社2013年版,第212页;徐国栋:《民法总论》,高等教育出版社2007年版,第396~397页。

② 参见梁慧星:《民法总论》(第四版),法律出版社2011年版,第260页。

③ 参见王利明:《民法总则研究》(第二版),中国人民大学出版社2012年版,第762页;霍海红:《诉讼时效延长规则之反思》,载《法律科学》2012年第2期;杨巍:《民法时效制度的理论反思与案例研究》,北京大学出版社2015年版,第438页以下。

④ 参见李永军:《民法总论》(第三版),中国政法大学出版社2015年版,第302页。

⑤ 参见杨巍:《民法时效制度的理论反思与案例研究》,北京大学出版社2015年版,第434页。

⑥ 海南省高院(2006)琼民一终字第2号。

普通诉讼时效期间,采主观起算标准。如此一来,就有可能因权利人不知权利的发生及其义务人而导致不起算诉讼时效期间,进而导致法律关系长期处于不稳定状态,也会增加义务人保存相关清偿证据的成本,因此,有必要借助最长诉讼时效期间加以控制。

但与本款第1句规定的诉讼时效期间起算点不同,最长诉讼时效期间采取客观起算标准,以"权利受到损害之日"其起算,而与权利人是否知悉无关。也正因为如此,权利人就可能面临尚未知悉权利因而无从行使、时效期间却已完成的危险,因此,采客观起算标准时,有必要设置比较长的时效期间。① 这也可说明我国自《民法通则》开始就设定20年的最长诉讼时效期间,并配置以客观起算标准。

诉讼时效的延长,则是对诉讼时效的中止和中断制度的补充。由于法律对诉讼时效的中止和中断的事由采取法定主义,不可能包罗诸多使权利人不及时行使权利成为可原宥的原因,法律特别设立诉讼时效的延长制度予以衡平,由法官行使自由裁量权弥补立法的列举式规定的不足。② 但考虑到普通诉讼时效期间存在时效的中止和中断,足以对权利人的权利行使提供保障,没有必要再另行设置延长制度;但最长诉讼时效期间,不适用中止和中断规则(《执行民法通则意见》第175条),故设置延长制度以平衡时效法定主义的僵化。在我国特殊历史时期,也曾用于解决涉台相关民事案件的处理。比较法上的延长制度,如《德国民法典》第202条,与我国《民法总则》不同,采取的是允许当事人通过协议延长时效期间以缓和法定主义。

2. 规范含义

最长诉讼时效的起算标准为"权利受到损害之日"。此处的"权利受到损害",亦如本款第1句规定的诉讼时效期间的起算一样,并不限于损害赔偿请求权意义上的"损害",而应将其扩张解释为权利受到侵害或请求权产生之时。20年的最长诉讼时效期间,不适用本法第194、195条规定的中止、中断规则。

① 参见朱庆育:《民法总论》(第二版),北京大学出版社2016年版,第553页。

② 参见刘心稳主编:《中国民法学研究述评》,中国政法大学出版社1996年版,第288～289页;徐国栋:《民法总论》,高等教育出版社2007年版,第399页。

此处的“人民法院不予保护”，亦并非意味着请求权或胜诉权的消灭，同样应遵循第192～193条规定的时效援引规则。

诉讼时效期间的延长，依本法规定，仅适用于最长诉讼时效期间，且需具备“特殊情况”。因20年最长诉讼时效已是时效之例外，而在此基础上的延长更是例外之例外，因此应对“特殊情况”做严格限制。何为“特殊情况”，《执行民法通则意见》第169条曾规定，“权利人由于客观的障碍在法定诉讼时效期间不能行使请求权的”，属于此处的特殊情况。从最长诉讼时效期间的制度目的来看，不知权利受到损害及义务人，不应构成此处的特殊情况。但因导致诉讼时效期间中止的事由持续存在，致使权利人未能在最长诉讼时效期间内行使请求权的，可以作为“特殊情况”对待。再如，《最高人民法院关于人民法院处理涉台民事案件的几个法律问题》（1988年8月9日）曾规定：“由于涉及去台人员和台湾同胞的案件，许多已经超过20年了，因此，对去台人员和台湾同胞的诉讼时效期间问题，根据《民法通则》第137条的规定，人民法院可以作为特殊情况予以适当延长。”在司法实践中，人民法院也曾就医院抱错孩子的赔偿请求权作出过最长诉讼时效延长的决定。① 但具体哪些情形构成诉讼时效期间延长的特殊情况，仍有待司法实践中进一步发展、整理，尤其是《民法总则》将其限定为最长诉讼时效期间的延长后，其“特殊情况”的理解是否会发生变化，仍有待观察。

最长诉讼时效期间的延长，除了上述“特殊情况”要件以外，尚需具备以下要件。其一，须诉讼时效期间已届满。若未届满，无需延长。其二，须权利人请求法院延长诉讼时效期间。依本法第193条，最长诉讼时效期间的延长制度，也当然属于诉讼时效的规定，法院不得主动适用。因此，从证明责任角度来看，义务人为了援引时效抗辩，应主张证明时效期间已届满，权利人则以诉讼时效期间的起算规则、中止、中断等予以再抗辩；若权利人的主张成立，义务

① “孙某东夫妇诉通化市人民医院错给所生孩子致使其抚养他人孩子达20余年要求找回亲子和赔偿案”，载《人民法院案例选（2003年第4辑）》（总第46辑），人民法院出版社2004年版，第93页以下；“赵某强等诉通化市人民医院侵犯身份权赔偿案”，载《人民法院案例选（2004年民事专辑）》（总第48辑），人民法院出版社2004年版，第80页以下。

人再以最长时效期间已届满进行抗辩;针对义务人的时效抗辩,若抗辩成立,则权利人只有申请法院延长最长诉讼时效期间,此时需证明得以延长时效的“特殊情况”,法院才得以延长诉讼时效期间。①

① 当然,若依部分学者的意见,20 年的最长期间并非诉讼时效期间,而是除斥期间。依学理,法院应当依职权对最长时效期间是否已届满进行审查。若是如此,其主张抗辩的证明责任会发生变化。

第一百八十九条 【分期履行债权的诉讼时效起算】

当事人约定同一债务分期履行的，诉讼时效期间自最后一期履行期限届满之日起计算。

一、历史由来

《民法通则》第137条只是一般性地规定了诉讼时效期间的起算点，但对于对同一债务分期履行的诉讼时效期间起算点并未作出明确规定。在《适用诉讼时效制度规定》出台以前，最高人民法院在以往的实践中也存在多种理解。既有认为应当从每期债务履行期届满之日起算，也有认为应当从最后一期履行期限届满之日起算诉讼时效期间。前者如最高人民法院(2003)民二他字第14号答复《针对辽宁省高级人民法院〈关于珠海奥运交通发展公司与大连新镇企业集团公司借款合同纠纷一案的请示〉的答复》认为“可以按每笔相对独立的债权到期之时分别起算”；最高人民法院法函(2004)22号答复《针对云南省高级人民法院〈关于继续性租金债权的诉讼时效期间如何计算的请示〉的答复》认为“自该期债务履行期限届满之次日起算”；最高人民法院法函(2004)23号答复《针对河南省高级人民法院〈关于分期履行的合同中诉讼时效起算及保证期间应如何计算的请示〉的答复》。后者如最高人民法院法经(2000)244号答复《针对山东省高级人民法院〈关于借款合同中约定借款分期偿还应如何计算诉讼时效期间的问题的请示〉的答复》。上述答复，其见解并不一致。但2004年以来的最高人民法院相关判决，则多采纳后一观点。如“吉林省吉原石油天然气开发公司与中国光大银行长春分行借款合同案”[最高人民法院(2004)民二终字第147号民事判决书]、“中国信达资产管理公司郑州办事处与河南省郸城县化肥厂等借款担保纠纷一案”[最高人民法院(2005)民二终字第185号]等。自此，最高人民法院的观点逐渐倾向于后者的起算方式。[①] 2008 年的《适用诉讼时效制度规定》第 5 条,则以司法解释的方式对此予以明确规定,采取从最后一期履行期限届满之日起算诉讼时效期间的做法。[②] 2015 年 8 月的“民法总则民法室室内稿”和 2016 年 5 月的《民法总则(草案)征求意见稿》,对此均未作规定。自《民法总则(草案)》(二审稿)开始,增加了本条规定。本条与司法解释的规定几乎完全一致,只是将“从”改为“自”。

在学说上,曾有学者建议稿建议自各期价款给付履行期限届满之日起开始计算。[③]《欧洲民法典示范草案》(DCFR)针对持续性债务,也是采取“普通时效期间始于每次违反债之关系时”的立法方案。有学者建议稿参考《阿根廷民法典草案》的规定就继续性给付规定从每一期给付到期时起算。[④] 但自从最高人民法院司法解释发布以来,多数学说认同分期履行债权的诉讼时效期间自最后一期履行期限届满之日起计算的观点,[⑤]但仍有部分学说主张《适用诉讼时效制度规定》的做法值得商榷,认为各期债务的诉讼时效应当分别计算。[⑥]

另外,有不少学说主张应当区分分期给付与定期给付,应当对定期给付作出另外规定,认为定期给付的诉讼时效期间应当自每一期履行期限届满时分别起算。[⑦] 但《民法总则》对此没有作出明确规定。也有学者主张对分期履行之债不能按照单一的期次标准判断其可分性,应综合给付性质、合同目的、法

---

① 参见宋晓明:《加强调查研究探索解决之道——就在全国民商事审判工作会议中提出的若干疑难问题答记者问》,载奚晓明主编、最高人民法院民事审判第二庭编:《民商事审判指导》2007 年第 1 辑(总第 11 辑),第 86 ~ 87 页。

② 参见最高人民法院民二庭编:《最高人民法院关于民事案件诉讼时效司法解释理解与适用》(第 2 版),人民法院出版社 2015 年版,第 96 ~ 98 页。

③ 参见王利明主编:《中国民法典学者建议稿及立法理由——总则编》,法律出版社 2005 年版,第 438 页。

④ 参见徐国栋主编:《绿色民法典草案》,社会科学文献出版社 2004 年版,第 38 页。

⑤ 参见王利明:《民法总则研究》(第二版),中国人民大学出版社 2012 年版,第 747 页;梁慧星:《民法总论》(第四版),法律出版社 2011 年版,第 256 页;魏振瀛:《民法》(第六版),北京大学出版社 2016 年版,第 201 页;等等。

⑥ 参见尹田:《民法典总则之理论与立法研究》,法律出版社 2010 年版,第 832 页。

⑦ 参见杨巍:《民法时效制度的理论反思与案例研究》,北京大学出版社 2015 年版,第 314 页。

律的价值取向等各因素加以综合判断，进而判断是否存在可分的请求权而适用不同的诉讼时效期间起算点。① 但本条并未采纳此种见解，而是将其视为一个不可分的整体，从最后一期履行期限届满开始起算诉讼时效期间。

二、规范目的与含义

（一）规范目的

本条旨在解决当事人约定的同一债务分期履行时的诉讼时效期间起算点问题。对于未分期的债务而言，依前条规定，自权利人知道权利受到损害及其义务人时开始起算。对于合同履行请求权来说，履行期限届满，债权人原则上应知道权利受到损害且知道其义务人，因此应当开始计算诉讼时效期间。但对于分期履行债务来说，如何认定履行期限届满，会存在争议。因该条延续了司法解释的规定，可以判断其立法主旨也是延续了司法解释制定当时的考虑。依司法解释起草者的理解，就同一债务分期履行时的诉讼时效起算，之所以采取上述规则，主要有以下几点考虑。

第一，该规定符合分期给付债务的整体性特征；分期履行虽具有一定的独立性，但不足以否定整体性。第二，符合诉讼时效制度的目的。权利人没有在每一期履行期限届满后即主张权利，是基于对同一债务具有整体性以及不同债务具有关联性的合理信赖。为促进友好合作关系，权利人也不愿或不想在部分债权受到侵害后就立刻主张权利。规定从最后一期履行期限届满之日起算诉讼时效期间，可以保护权利人的合理信赖利益，也不违背诉讼时效制度的立法目的。第三，有利于减少诉累，实现诉讼效率。② 此外，“该规定符合司法现实和民众的一般认识；符合订约目的、有利于促进商业交易和增加社会财富；有利于解决举证困难问题”等，③也是司法解释起草当时的主要理由。

---

① 参见冯恺：《分期履行之债的诉讼时效适用基础》，载《法律科学》2004 年第 4 期。

② 参见《最高人民法院民二庭负责人就〈最高人民法院关于审理民事案件适用诉讼时效制度若干问题的规定〉答记者问》，载《人民法院报》2008 年 9 月 1 日，第 3 版。

③ 参见最高人民法院民二庭编：《最高人民法院关于民事案件诉讼时效司法解释理解与适用》（第 2 版），人民法院出版社 2015 年版，第 104 页。

(二)规范含义

1.同一债务分期履行

所谓同一债务,“是指该债务在合同订立之时即已经确定,债权的内容和范围不随着时间的经过而变化,受到时间因素影响的只是履行的方式”。[1] 当事人约定“同一债务分期履行”的典型情况是约定分期偿还的借款之债、分期(批)交货的买卖之债或者是侵权损害赔偿协议中约定加害人分期向受害人支付赔偿金。

2.非同一债务的持续债之关系

(1)滚动支付合同

交易实践中,当事人只约定总的履行期限或债务总额,而未对分期履行的期限及数额进行明确规定,在总的履行期限内随时供货、随时结账。司法实践中,法院认为该债务具有整体性特征,应从最后履行期限届满之日起算诉讼时效期间。[2] 从理论上来说,此时当事人之间通常有结算期限的合意或默示合意,依前条规定的通常计算办法,从权利人知道或应当知道权利受损害及义务人时起计算,即应当从结算之日起计算。若无此等合意的存在,因此种情形更多的是属于框架合同范畴内的分别订立合同,并非本条所称“同一债务分期履行”,亦应依本法第188条的规定处理,理论上应当自每笔债务陷入履行迟延时起算。但从本条立法目的来看,其主要考虑的是以当事人之间的合理信赖和长期关系的友好维持以及民众的通常认识对同一债务的分期履行作出特别处理。从这点来看,滚动支付亦存在进行同样的政策考量的需要,除非有结算的安排或默示安排,当可以参照本条的精神,以最后履行期限届满之日起计算诉讼期间。

(2)定期给付

与“同一债务分期履行”类似的是定期的重复给付。所谓定期给付,是指相隔一定期间继续为给付的债权,它不同于分期给付债权:前者为数个各自独

① 最高人民法院民二庭编:《最高人民法院关于民事案件诉讼时效司法解释理解与适用》(第2版),人民法院出版社2015年版,第105页。

② 参见最高人民法院民二庭编:《最高人民法院关于民事案件诉讼时效司法解释理解与适用》(第2版),人民法院出版社2015年版,第108页。

立的债权，在一定期间内反复继续发生而为给付；后者为一个独立的债权，分数期而为给付。分期付款的各期给付，或分期偿还债务的各期给付，均非定期给付。[①] 定期给付债务系在同一合同项下、基于同一债权原因产生的债务，也具有整体性和同一性，只不过不是同一笔债务而是同一合同项下相关联的同一性质债务。常见的定期给付有租金、利息、保险费、水电热力持续供应合同项下的债务等。在比较法上，存在从每一笔债务履行期限届满之日起分别计算的立法例，如《德国民法典》第 197 条、我国台湾地区“民法典”第 126 条等。在前述司法解释起草过程中，因理论界对该问题争议较大，在讨论过程中未能形成倾向性意见，当时的司法解释对此没有规定。在立法论上，则有不少学者建议对定期给付采取不同于同一债务分期履行的诉讼时效期间起算规则。但《民法总则》对此没有明确。

从理论上来说，定期给付不同于同一债务分期履行，不属于本条规范的范围，而应归于第 188 条规定的通常的诉讼时效起算期间。不仅如此，如果当事人约定的分期履行并非针对同一债务，例如在供用电、水、气、热力合同等继续性合同中，用户缴纳每期水电费等费用的义务并非针对同一债务。同样地，在租赁合同中，承租人缴纳各期租金的义务都对应着不同的租赁期间，也并非针对同一债务。另外，在一些特别情形中，由于这类继续性合同的存续期限往往较长，甚至没有明确的存续期限，若坚持“诉讼时效期间从最后一期履行期限届满之日起计算”，将导致其诉讼时效期间长期甚至永远不能起算的结果，显然违背诉讼时效制度的立法目的。

但也有学者认为，借款合同的利息请求权、租赁合同的租金请求权，从最后一期履行期限届满之次日起算。[②] 在司法实践中，也倾向于采用同一债务分期履行相同的起算规则。[③] 另外，最高人民法院也有判决认为，“如果租赁合同双方当事人约定分期支付租金的，那么各期租金的支付具备一定的独立性，但该独立性不足以否认租金债务的整体性。如果诉讼时效从每一期租金债务

---

① 参见王泽鉴：《民法总则》，北京大学出版社 2009 年版，第 418 页。

② 参见梁慧星：《民法总论》，法律出版社 2011 年版，第 256 页。

③ 参见最高人民法院民二庭编：《最高人民法院关于民事案件诉讼时效司法解释理解与适用》（第 2 版），人民法院出版社 2015 年版，第 105 ~ 107 页。

履行期限届满之日起分别计算,将会割裂同一租赁合同的整体性,还将导致债权人频繁地主张权利,动摇双方之间的互信。因此,为充分保护债权人,维护双方之间的互信,存在长期房屋租赁合同关系的双方当事人因租金支付发生纠纷的,诉讼时效应从最后一期租金履行期限届满之日起开始计算”。[①]

从定期给付与同一债务分期履行的不同性质来看,本条文义上并不能适用于定期给付之情形,而应依分别独立之个别债务履行期限届满时开始计算诉讼时效期间。但是,如前所述,本条规定不仅仅是考虑到债务的独立性还是整体性问题,还考量了如何保障普通民众的一般司法认识、如何维护当事人之间的长期关系等诸多利益,与比较法上的立法例本身就存在不同,并不纯粹是独立还是整体的逻辑推演问题。而关于这一点,同一债务分期给付还是同一合同项下关联债务的定期给付,其利益考量的本质并不会有别。从这点考虑,建议维持《适用诉讼时效制度规定》以来逐渐形成的司法惯例,就定期给付,亦应参照本条规定的精神作出处理。

① “秦皇岛华侨大酒店与秦皇岛市海港区工商行政管理局租赁合同纠纷案”,参见最高人民法院(2011)民提字第304号民事判决书。

第一百九十条　【对法定代理人的请求权的诉讼时效期间起算】

无民事行为能力人或者限制民事行为能力人对其法定代理人的请求权的诉讼时效期间，自该法定代理终止之日起计算。

一、历史由来

《民法通则》对此并未作出规定，司法解释对此也未予以明确。《执行民法通则意见》只是在其第 172 条规定了因欠缺法定代理人而不能行使请求权时的诉讼时效中止。《适用诉讼时效制度规定》第 20 条规定了“权利人被义务人或者其他人控制无法主张权利”，适用《民法通则》第 139 条的“诉讼时效中止”。虽然该条司法解释并未明确存在法定代理关系时是否适用，但最高人民法院相关释义书认为“义务人与权利人存在监护与被监护关系”，属于这里的“因受控制不能主张权利”。[①] 或者是主张“当事人之间有法定代理关系”，属于该司法解释规定的“其他导致权利人不能主张权利的客观情形”，属于时效中止的适用情形之一。但与本条不同的是，即使对该司法解释规定做上述扩张解释，其适用的是《民法通则》第 139 条的诉讼时效中止的规则，而并非本条规定的“自该法定代理终止之日起计算”的起算规则。中止规则与起算规则，在本法对中止采纳延期届满的法律效果后，两者之间的差异更为显著。

各学者建议稿中多参考比较法上的时效不完成、时效中止、时效停止进行等规则，[②]将法定代理关系的存在视为“中止或不开始进行”的事由，[③]而并非

---

① 最高人民法院民二庭编：《最高人民法院关于民事案件诉讼时效司法解释理解与适用》（第 2 版），人民法院出版社 2015 年版，第 329 页。

② 参见尹田：《民法典总则之理论与立法研究》，法律出版社 2010 年版，第 836 页。

③ 参见徐国栋主编：《绿色民法典草案》，社会科学文献出版社 2004 年版，第 36 页；王利明主编：《中国民法典学者建议稿及立法理由 · 总则编》，法律出版社 2005 年版，第 470 页；梁慧星：《中国民法典草案建议稿附理由 · 总则编》，法律出版社 2013 年版，第 422 页。

是本条规定的“自该法定代理终止之日起计算”。其理由主要在于,权利的行使因法定代理关系的存在而不能,[①]或者是认为,成年人陷入无行为能力或限制行为能力状态,或者是原来的法定代理人因各种原因终止其法定代理关系而选定新的法定代理人等情形,在该法定代理关系建立之前,可能已经发生了请求权,此时诉讼时效应按一般规定起算,只不过碍于其后发生的法定代理或指定代理关系,不便行使请求权,故而宜规定为诉讼时效中止或者时效停止进行的规则。但本条规定未采纳该建议,而是采用了绝对地从法定代理关系终止时开始计算的规则。这点与草案起草阶段部分学者的观点类似。在草案起草阶段,有学者建议,我国诉讼时效立法应当规定诉讼时效中止,无须规定诉讼时效不完成,而对于诉讼时效开始停止应作为诉讼时效期间起算的例外情形加以规定。[②]

在《民法总则》起草过程中,从全国人大法工委民法室 2015 年 8 月 28 日发布的“民法总则民法室室内稿”到《民法总则(草案)》(一审稿)都采纳了“相互保护主义”,采用的表述是“与其法定代理人之间的请求权的诉讼时效”。也就是说,其相互间的请求权均适用“法定代理关系终止之日计算”的规则。但从《民法总则(草案)》(二审稿)开始,采用了“单向保护主义”,认为只是单方地保护屈从于法定代理关系之无行为能力人或限制行为能力人,采纳了“对其法定代理人的请求权的诉讼时效”的表述。

二、规范目的与含义

(一)规范目的

依本法第 188 条的规定,诉讼时效期间的计算“自权利人知道或者应当知道权利受到损害及义务人时起”。但是,因法定代理关系的存在,即使权利人知道权利受损害,其对法定代理人行使权利亦会面临各种障碍,无法有效行使权利。除此之外,亦有学者认为其理由在于促成家庭和睦相处,避免破坏相互间的信赖;或者是认为被监护人行使其权利,尚需诉讼能力和足够的心理准备

① 参见魏振瀛:《民法》,北京大学出版社 2016 年版,第 203 页。

② 参见房绍坤:《诉讼时效停止制度的立法选择》,载《广东社会科学》2016 年第 1 期。

时间，以更为实际地维护被监护人的利益。[①] 因此，若依本法第 191 条的一般规定开始计算诉讼时效期间并不合理，与本法第 188 条隐含的“权利人得以行使权利”时开始计算诉讼时效期间的主旨亦不相符，故本条规定自该法定代理终止之日起计算，以便于无行为能力人和限制行为能力人行使对其法定代理人的请求权。

（二）规范含义

1. 单向保护主义。在比较法上，既存在如同德国民法一样的相互保护主义，也有如同日本和瑞士民法一样的单向保护主义。[②] 本条旨在解决未成年人及成年行为能力障碍者对其法定代理人的请求权的诉讼时效期间起算问题，只是单方地保护屈从于法定代理关系行为能力障碍者。因此，本条规定的诉讼时效期间起算规则并不适用于法定代理人对行为能力障碍者的请求权。

2. 该条并非诉讼时效延期届满的规则。本法第 194 条规定了诉讼时效中止（延期届满）的规则，即在诉讼时效期间届满前的特定期限内（六个月内），因法定中止事由的发生导致权利人不能行使请求权的，诉讼时效期间应暂停计算，自中止时效的原因消除之日起满六个月，诉讼时效期间届满。与本条不同的是，本法第 194 条规定的延期届满制度，不能行使请求权的事由应发生在届满前的六个月内才不继续计算，且中止的原因消除后只是给予六个月的延期届满期间，而并非本条规定的自法定代理关系终止时起算，且该期间适用本法第 188 条的一般规定，并非只有六个月。因此，前述学界和司法实务界对《适用诉讼时效制度规定》第 20 条规定的扩张解释，并不能简单地适用于本条规定的情形。也就是说，本条规定的情形，并不属于本法第 194 条第 4 项、第 5 项规定的情形，而是单独的诉讼时效期间起算规则。

3. 特定的请求权不适用本条规定。依本法第 196 条的规定，特定的请求权并不适用诉讼时效的规定。尤其是“抚养费”，亦经常会发生在未成年人与作为法定代理人的监护人之间。但因本法第 196 条的例外规定，此种情形的请求权，因不适用诉讼时效规定，也就无所谓诉讼时效期间的起算，因此，并不

① 参见龙卫球：《民法总论》（第二版），中国法制出版社 2002 年版，第 637 页。当然，该学者主张上述理由乃是针对此种情形的诉讼时效不完成而言。

② 参见张弛：《诉讼时效中止事由范围及其效力》，载《法学》1997 年第 6 期。

适用本条规定。

4."无民事行为能力人或者限制民事行为能力人对其法定代理人的请求权"的含义。此处的请求权,当指在法定代理关系存续期间产生的请求权,对于"请求权产生在前、法定代理关系在后"情形的请求权,并不适用。

依本法第175条的规定,法定代理因代理人丧失民事行为能力或死亡等,发生法定代理的终止;此时,需重新选定法定代理人或待新的法定代理人就任。但在此之前,本条规定的"无行为能力人或限制行为能力人"对将来的"法定代理人"可能存在请求权。

同样地,依本法第33条的规定,完全行为能力人可事先确定自己丧失或部分丧失行为能力时的监护人。再依本法第23条的规定,无行为能力人或限制行为能力人的监护人为其法定代理人。因此,在成年监护之情形,完全行为能力人因丧失或部分丧失行为能力而产生的法定代理关系,亦有可能存在上述"请求权产生在前、法定代理关系在后"的情形。

此时,一旦新的法定代理人就任,该无行为能力人或限制行为能力人请求的也是"对其法定代理人的请求权"。若依本条的文义,似乎亦当适用本条规定,自法定代理关系终止时起算诉讼时效期间。但从本条规定的规范旨意来看,其所要解决的是权利人因法定代理关系的存在而无法行使其权利的问题。而这里的请求权,原本不存在此等权利行使障碍,只是在诉讼时效进程中发生的法定代理或指定代理关系,致使其不便行使请求权,而并非是自始就存在权利行使障碍。此等情形,并不在本条所涵盖的范围之内,而应当适用本法第188条的一般规定,自权利人知道或应当知道权利受损害及其义务人时起算;最长诉讼时效期间,则应当自权利受到损害之时起算。

若上述情形发生在时效期间的最后六个月内,可视为"其他导致权利人不能行使请求权的障碍",当适用本法第194条诉讼时效中止(延期届满)的规定,自该原因消除之日起满六个月,诉讼时效期间届满。若上述情形发生在诉讼时效期间的最后六个月之前、但其状态持续到最后六个月之内的,也同样如此。若上述情形发生在时效期间届满之后,依诉讼时效期间届满的规则发生法律效果。[①]

不仅如此，本条采“法定代理人”的表述，并不排除并非因法律行为产生的请求权。虽然“法定代理”存在于代理关系之中，其通常以法律行为为纽带。但作为法定代理人的监护人，亦存在侵害作为被代理人的被监护人的人身财产权益之虞，同时产生侵权损害赔偿请求权。限制行为能力或无行为能力人针对“法定代理人”的侵权损害赔偿请求权，亦同样适用本条规定。

5. 法定代理人对被代理人的请求权的诉讼时效期间起算问题。本条并未采纳“相互保护主义”，其起算规则并不适用于法定代理人对行为能力障碍者的请求权。若法定代理人行使对被代理人的请求权，存在滥用其代理权损害行为能力障碍者的合法利益之虞，可能会违背本法第35条规定的利益背反行为禁止原则。此时，除非该法定代理关系终止，即自己行为与法定代理人的行为真正分离，其请求权才有行使之可能。从理论上来说，此时亦有诉讼时效中止规则或本条规定的诉讼时效自代理关系终止时起算的规则的适用余地。但是，从本条的立法过程来看，一审稿到二审稿及最终稿表述的刻意变化，表明立法者否定了本条的适用余地。

此时，若按本法第188条的一般规定，诉讼时效期间因请求权的存在而开始起算。但此时，法定代理人因法定代理人职责之存在而无法行使其请求权，存在着权利行使的障碍，因此，参考本法第194条的规定，此时因法定代理人的利益背反行为致使其法定代理权限受限，可类推适用“无民事行为能力人或者限制民事行为能力人没有法定代理人”类似的情形，适用诉讼时效中止（延期届满）的规则。

6. 配偶之间的请求权及家庭成员之间的请求权是否得以参照适用本条规定。在民法典学者建议稿中，有建议“时效因夫妻关系、家庭关系存续而中止”，[②]或者是通过兜底条款的设计，在权利人面临权利行使障碍时，赋予法院

---

① 在《民法总则》起草过程中，有学者建议将本条规定的内容回归至时效障碍事由加以规定，而非时效期间的特别起算方法。参见朱晓喆：《关于〈民法总则（草案）〉诉讼时效制度的批评意见》，载《交大法学》2016年第4期。

② 梁慧星：《中国民法典草案建议稿附理由·总则编》，法律出版社2013年版，第424页；徐国栋主编：《绿色民法典草案》，社会科学文献出版社2004年版，第36页。

裁量权裁定时效的中止,将配偶关系的存在作为时效中止的事由。① 配偶之间、家庭成员之间,其行使权利不困难,但因相互信赖以致对权利形式多不计较,基于伦理的考虑,学说上也主张婚姻关系的持续为时效中止的事由。② 但从本条规定来看,其仅适用于存在法定代理关系的情形。因此,除非存在法定代理关系,配偶之间的请求权及家庭成员之间的请求权并不适用本条规定的诉讼时效期间起算规则。在没有对此作出特别规定之前,应适用本法第 188 条规定的一般规则。③ 但考虑到婚姻关系、家庭关系的特殊性,可以考虑在将来的司法解释中对此予以明确。④

---

① 参见王利明主编:《中国民法典学者建议稿及立法理由·总则编》,法律出版社 2005 年版,第 471 ~472 页。

② 参见魏振瀛:《民法》(第六版),北京大学出版社 2016 年版,第 203 页;杨巍:《民法时效制度的理论反思与案例研究》,北京大学出版社 2015 年版,第 359 页。

③ 在本法颁布之前,有法院认为"本案中,虽高某的侵权行为发生于蘧某某与高某婚姻存续期间,双方共同所有财产处于混同状态,但主张权利与有无财产执行并非同一概念,有无财产执行并非是主张权利的前提条件。双方财产混同不符合时效中止的事由,且也未发生在时效期间的最后六个月内",进而否定了诉讼时效中止规则的适用。参见山东省济南中院(2015)济民再字第 69 号"蘧某某与高某生命健康权纠纷审判监督案"。

④ 目前司法实践中,已有案例明确指明,"基于家庭和睦及当事人之间信赖关系,家庭成员共同生活关系存续期间,子女请求父母履行赠与义务的诉讼时效中止。共同生活事由消灭后,子女仍应在时效期间内行使权利"。参见郭峰《李某甲与李某某赠与合同纠纷上诉案》,载《人民司法·案例》2015 年第 12 期。

第一百九十一条 【未成年人性损害赔偿请求权的诉讼时效期内起算】

未成年人遭受性侵害的损害赔偿请求权的诉讼时效期间，自受害人年满十八周岁之日起计算。

一、历史由来

对于未成年人的性侵害问题，虽然在刑事领域多有侧重，最高人民法院、最高人民检察院等也不时公布严重性侵未成年人犯罪的典型案例以指导司法实践，但关于未成年遭受性侵害时的损害赔偿请求权的诉讼时效问题，一直未能引起特别关注。《民法通则》对此未作出特别规定。在比较法上，《德国民法典》《荷兰民法典》等，采用诉讼时效特定期间内不开始进行或延期届满的规定（《德国民法典》第208条、《荷兰民法典》第3:310条）。美国判例也对此作出了特别考量。[①] 学界也建议参考比较法，并斟酌我国社会传统观念，对此作出特别规定。[②] 在立法过程中，《民法总则（草案）》（一审稿）对此未作出特别规定。《民法总则（草案）》（二审稿）吸收人大代表及各部门各地方的意见，增加了上述规定。[③] 在审议过程中，也得到常委会各委员的积极赞同。《关于〈中华人民共和国民法总则（草案）〉的说明》（2017年3月8日在第十二届全国人民代表大会第五次会议上的说明）对此作出了特别说明。但司法实务界也存在反对声音，认为未成年人遭受性侵害由民法来调整有越俎代庖之嫌，现

---

① 参见谢鸿飞：《论潜在损害的诉讼时效》，载《私法》2013年第1期。

② 参见梁慧星主编：《中国民法典草案建议稿附理由·总则编》，法律出版社2013年版，第216～217页；梁慧星：《〈中华人民共和国民法总则（草案）〉：解读、评论和修改建议》，载《华东政法大学学报》2016年第5期；李永军：《民法总论》（第三版），中国政法大学出版社2015年版，第301页。

③ 参见《全国人民代表大会法律委员会关于〈中华人民共和国民法总则（草案）〉修改情况的汇报》。

有立法条文的解释能完整保护诉讼时效救济权利。①

与学界建议不同的是,本条并未采纳诉讼时效中止或延期届满的规则,而是采用了特别起算规则的立法方式;而且,也未像《德国民法典》第208条一样对出于家庭共同生活关系中的未成年人性损害赔偿请求权的诉讼时效期间的起算作出特别规定。

二、规范目的与含义

(一)规范目的

该条的立法旨在更好地保护受性侵害的未成年人的利益。依全国人大常委会法律委员会的说明,"受社会传统观念影响,不少遭受性侵害的未成年人及其监护人往往不愿、不敢公开寻求法律保护。受害人成年之后自己寻求法律救济,却往往已超过诉讼时效期间。为了更好地保护受性侵害的未成年人的利益,建议规定诉讼时效起算的特别规则"。在《关于〈中华人民共和国民法总则(草案)〉的说明》(2017年3月8日在第十二届全国人民代表大会第五次会议上的说明)中对此做了强调,"增加了未成人遭受性侵害后诉讼时效的特殊起算点,给受性侵害的未成年人成年后提供寻求法律救济的机会,保护未成年人利益"。对于未成年人来说,其只有成年时才能决定自己是否主张其请求权。鉴于对未成年人的性侵害行为的特殊性,应当让受害人有处理其权利的可能性,本条对此类损害赔偿请求权的诉讼时效期间,设定了特别的起算规则。

(二)规范含义

1.未成年人

本条仅适用于未成年人遭受性侵害时的特别起算规则。对于成年人,即使是限制行为能力人或无行为能力人,亦不适用该条的规定。对于后者,由其监护人维护其权益,其诉讼时效期间,依本法第188条的一般规定计算。而监护人性侵害成年行为能力障碍者而产生的损害赔偿请求权,则适用前条"存在

---

① 参见周杲:《未成年人性侵害特别诉讼时效条款之商榷》,载《人民法院报》2017年1月18日,第7版。

法定代理关系时的诉讼时效期间起算”。此外，未成年人与性侵害损害赔偿请求权的债务人之间是否存在监护或家庭关系等特殊关系，在所不问。其标准是未成年人即可。

若因监护人侵害未成年人的人身财产权益而产生的侵权损害赔偿请求权，包括性侵害时的侵权损害赔偿请求权在内，亦可适用前条规定。前条与本条构成竞合，但因本法第 17 条和第 18 条规定 18 周岁以上的自然人为成年人，且具有完全行为能力，其法定代理关系因监护的终止而终止。因此，其诉讼时效期间计算的规则一致。但是，因本法第 18 条规定，“十六周岁以上的未成年人，以自己的劳动收入为主要生活来源的，视为完全行为能力人”，本法第 23 条同时规定“无民事行为能力、限制民事行为能力的监护人是其法定代理人”。因此，16 周岁以上的未成年人，虽然依本法第 27 条的规定，其父母仍然是其监护人，但因其以自己的劳动收入为主要生活来源，被视为完全行为能力人，与其父母之间并不存在法定代理关系。此时，前条之规定不予适用，而应适用本条规定，并非从法定代理关系终止之日（满 16 周岁）、而应从满 18 周岁之日起计算诉讼时效期间。

2. 遭受性侵害的损害赔偿请求权

性的自主决定权，是指性不受他人支配的权利。如成年人自由选择性伙伴和决定性行为的权利，以及未成年人的性不受侵害的权利。① 遭受性侵害，指的是对该自主决定权的侵害。但因《侵权责任法》并未明确规定性自主决定权，亦未规定身体权，可将其纳入《侵权责任法》第 2 条规定的健康权或一般人格权益予以保护。因侵害此等权益产生的损害赔偿请求权，不论是对行为人还是对参与的债务人所生的请求权，均得以适用。

需要特别指出的是，依本法规定，“监护人应当按照最有利于被监护人的原则履行监护职责”（第 35 条），且“监护人不履行监护职责或者侵害被监护人合法权益的，应当承担责任”（第 34 条），监护人因此也可能因未尽到监护职责致使未成年人遭受性侵害而承担损害赔偿责任。此等损害赔偿请求权，亦

① 参见梁慧星主编：《中国民法典草案建议稿附理由 · 总则编》，法律出版社 2013 年版，第 217 页。

适用本条规定,并与前条规定产生竞合。

3. 撤销监护人、指定新监护人是否影响本条的适用

在司法实践当中,因未成年人遭受性侵害,会因此撤销监护人资格、采取临时监护措施及指定新监护人。《侵害未成年人权益意见》以及本法第36条都规定了撤销监护人资格及指定新监护人的措施。2016年5月,最高人民法院也曾发布12起侵害未成年人权益被撤销监护资格的典型案例,其中包括未成年人遭受性侵害的案件。撤销监护人资格后通常会指定新的监护人。新监护人的指定,并不妨碍本条的适用。

4. 该条为诉讼时效期间的特别起算规则,并非诉讼时效中止规则

如前所述,在本法出台以前,曾有学者建议依诉讼时效中止处理未成年人遭受性侵害时的损害赔偿请求权,但本法最终采纳了起算的特别规则,而非诉讼时效中止规则。因此,本法第194条规定了诉讼时效中止(延期届满)的规则,与本条并不构成竞合。与本条不同的是,本法第194条规定的延期届满制度,不能行使请求权的事由应发生在届满前的六个月内才不继续计算,且中止的原因消除后只是给予六个月的延期届满期间,而并非本条规定的自年满18周岁时起算,且该期间适用本法第188条的一般规定,并非只有六个月。因此,本条规定的情形,并不属于本法第194条第4项、第5项规定的情形,而是单独的诉讼时效期间起算规则。

5. 赔礼道歉是否适用本条的规定

虽然有不少学者主张将赔礼道歉还原为道德责任,不应将其作为民事责任承担方式予以规定,①但本法如同《民法通则》《侵权责任法》一样规定了赔礼道歉的民事责任承担方式(第179条)。包括性侵害在内的自然人人身权受侵害之情形,受害人通常会提出要求赔礼道歉的请求。但依本条规定,仅限于“损害赔偿请求权”始适用本条的特别起算规则。

关于赔礼道歉请求权,是否适用诉讼时效,理论上存在争议。既有认为因

① 参见姚辉、段睿:《“赔礼道歉”的异化与回归》,载《中国人民大学学报》2012年第2期。

人格权受侵害产生的赔礼道歉请求权本身，不适用诉讼时效的规定；[①]也有认为，侵害人格权产生的赔礼道歉请求权适用诉讼时效。[②] 不仅如此，对于赔礼道歉，是否亦应适用同样的特别起算规则，也存在争议。在我国台湾地区，作为恢复名誉的一种方法，赔礼道歉属于因侵害名誉权而发生的损害赔偿之债的范围，大陆也有学者持类似观点。[③] 但也有观点认为，赔礼道歉并无财产性，并非一种债，不能用金钱赔偿替代，而是一种独立的民事责任承担方式。[④] 另有学者认为，以损害为构成要件的侵权行为，其法律后果（以填补损害为目的的侵权责任）既是民事责任，也是一种债务。这种债务在传统民法上称为损害赔偿之债。这一意义的损害赔偿的实质是损害填补，含义要比通常的赔偿损失广得多。[⑤] 据此，我们认为赔礼道歉应当适用诉讼时效。

若将本条规定的“损害赔偿”理解为包括赔礼道歉在内的广义上的以填补损害为目的的恢复原状的一种方法，而并非本法第 179 条及《侵权责任法》第 15 条意义上的“赔偿损失”，未成年人遭受性侵害时的赔礼道歉请求权，自然亦适用本条的规定。即使不作如此理解，依本条的规范意旨，其旨在便于未成年人行使其权利，况且本法第 194 条的规定并未明确心理上的不能是否得以构成时效进行的障碍，难以期待未成年人或其监护人基于时效的考虑而去主张赔偿道歉请求权。若非如此，一方面主张赔礼道歉请求权因时效届满、却同时又承认赔偿损害请求权的特别起算规则，两者之间必然会存在价值的冲突。因此，从立法目的考虑，要么将本条的损害赔偿请求权理解为包括赔礼道歉在内的填补损害请求权，要么将未成年人遭受性侵害时的赔礼道歉请求权也类推适用本条规定的特别起算规则，始符合本条旨在保护未成年人利益之立法目的。

---

① 参见最高人民法院民二庭编：《最高人民法院关于民事案件诉讼时效司法解释理解与适用》（第 2 版），人民法院出版社 2015 年版，第 46 页；杨巍：《民法时效制度的理论反思与案例研究》，北京大学出版社 2015 年版，第 172 页。

② 参见魏振瀛：《民法》（第六版），北京大学出版社 2016 年版，第 197 页。

③ 参见崔建远：《债法总则与中国民法典的制定》，载《清华大学学报》（哲学社会科学版）2003 年第 4 期。

④ 参见魏振瀛：《〈民法通则〉规定的民事责任》，载《现代法学》2006 年第 3 期。

⑤ 参见葛云松：《赔礼道歉民事责任的适用》，载《法学》2013 年第 5 期。

第一百九十二条 【诉讼时效期内届满的效力】

诉讼时效期间届满的，义务人可以提出不履行义务的抗辩。

诉讼时效期间届满后，义务人同意履行的，不得以诉讼时效期间届满为由抗辩；义务人已自愿履行的，不得请求返还。

一、历史由来

《民法通则》第135条规定，“向人民法院请求保护民事权利的诉讼时效……”《民法通则》第138条的规定，“超过诉讼时效期间，当事人自愿履行的，不受诉讼时效的限制”。根据这两条的规定，学界多认为《民法通则》对于诉讼时效的效力采取了胜诉权消灭说。也就是说，诉讼期间届满后，权利人就不能再向法院请求保护其权利，权利人丧失了诉权（胜诉权），这里指实体上的权利，而不是指程序上的权利（起诉权）。[①] 但也有学者主张应采纳抗辩权发生说，时效届满后，义务人取得拒绝履行的抗辩权，权利自身及诉权不消灭。[②] 亦有少数学者主张请求权消灭说。[③]

《适用诉讼时效制度规定》第1条规定，“当事人可以对债权请求权提出诉讼时效抗辩……”其第3条规定，“当事人未提出诉讼时效抗辩，人民法院不应对诉讼时效问题进行释明及主动适用诉讼时效的规定进行裁判”；其第21条规定，“主债务诉讼时效期间届满，保证人享有主债务人的诉讼时效抗辩

---

① 参见谢怀栻：《民法总则讲要》，北京大学出版社2007年版，第201页；佟柔主编：《中国民法学·民法总则》（修订版），人民法院出版社2008年版，第233页；梁慧星：《民法总论》（第四版），法律出版社2011年版，第249页。

② 参见王利明：《民法总则研究》（第二版），中国人民大学出版社2012年版，第730页；徐国栋：《民法总论》，高等教育出版社2007年版，第400页。

③ 参见柳经纬：《关于时效制度的若干理论问题》，载《比较法研究》2004年第5期；汪渊智：《论诉讼时效完成的效力》，载《山西大学学报》2002年第3期。

权”。从这些规定来看，我国司法实务界明确采纳了抗辩权发生说。[①] 通说关于诉讼时效的法律效力也从胜诉权消灭说转变到抗辩权发生说。[②] 2015 年的《民诉法解释》第 219 条也明确将其定位为抗辩。各学者民法典草案，也都采纳了抗辩权发生说。[③]

关于时效经过后义务人同意履行和自愿履行的法律效果，除了《民法通则》第 138 条，最高人民法院亦有相关司法解释规定。《执行民法通则意见》第 171 条规定："过了诉讼时效期间，义务人履行义务后，又以超过诉讼时效为由翻悔的，不予支持。"《最高人民法院关于超过诉讼时效期间当事人达成的还款协议是否应当受法律保护问题的批复》(法复〔1997〕4 号)规定："对超过诉讼时效期间，当事人双方就原债务达成还款协议的，应当依法予以保护。"《最高人民法院关于超过诉讼时效期间借款人在催款通知单上签字或者盖章的法律效力问题的批复》(法释〔1999〕7 号)规定："对于超过诉讼时效期间，信用社向借款人发出催收到期贷款通知单，债务人在该通知单上签字或者盖章的，应当视为对原债务的重新确认，该债权债务关系应受法律保护。"[④]《适用诉讼时效制度规定》第 22 条规定："诉讼时效期间届满，当事人一方向对方当事人作出同意履行义务的意思表示或者自愿履行义务后，又以诉讼时效期间届满为由进行抗辩的，人民法院不予支持。"

全国人大法工委民法室 2015 年 8 月 28 日发布的"民法总则民法室室内稿"只是规定"人民法院不得依职权适用诉讼时效"，但并未明确诉讼时效完成的效力是否为抗辩权的发生。但自公开征求意见稿开始，《民法总则》各草

① 参见杨巍：《民法时效制度的理论反思与案例研究》，北京大学出版社 2015 年版，第 235 页；崔建远等著：《民法总论》(第二版)，清华大学出版社 2013 年版，第 258 ~ 259 页。

② 参见朱晓喆：《诉讼时效完成后债权效力的体系重构》，载《中国法学》2010 年第 6 期；李永军：《民法总论》(第三版)，中国政法大学出版社 2015 年版，第 306 页；朱庆育：《民法总论》(第二版)，北京大学出版社 2016 年版，第 542 页；魏振瀛：《民法》(第六版)，北京大学出版社 2016 年版，第 196 页。

③ 参见王利明主编：《中国民法典学者建议稿及立法理由·总则编》，法律出版社 2005 年版，第 397 页；梁慧星：《中国民法典草案建议稿附理由·总则编》，法律出版社 2013 年版，第 401 页。

④ "中国农业银行股份有限公司中宁县支行与宁夏沃尔德实业有限公司金融借款合同纠纷上诉案"，最高人民法院(2013)民二终字第 55 号。

案均采纳了抗辩权发生说,实质上修正了《民法通则》的胜诉权消灭说。但对于第2款的表述,《民法总则(草案)》(一审稿)结合《民法通则》第138条和《适用诉讼时效制度规定》第21条的规定,将其表述为“诉讼时效期间届满后,义务人自愿履行的,不受诉讼时效限制;义务人同意履行的,不得以诉讼时效期间届满为由抗辩”。该草案关于“同意履行”的规定,表明其规定了诉讼时效届满后义务人“承认债务”的法律效果的法律依据。但《民法总则(草案)》(二审稿)删除了第2款后段关于时效届满后义务人同意履行的规定。《民法总则(草案)》(三审稿)则在此基础上,将《民法通则》第138条规定的“不受诉讼时效限制”改为“不得请求返还”,进一步明确了诉讼时效届满后自愿履行的法律效果。最终颁布的《民法总则》,将“义务人同意履行的,不得以诉讼时效期间届满为由抗辩”重新纳入规定。

二、规范目的与含义

(一)规范目的

依全国人大常委会法律工作委员会的说明,诉讼时效制度是“权利人在法定期间内不行使权利,该期间届满后,权利不受保护的法律制度。该制度有利于促使权利人及时行使权利,维护交易秩序和安全”。时效的届满,作为一种法律事实(状态),其本质上并非是对权利的剥夺,而是立足于“促使权利人及时行使权利、维护交易秩序和安全”的目的,给予债务人以某种保护手段,以抵御权利人的请求权。要实现上述目的,只要阻止权利的实现即可达成,无需消灭其权利,从而实现权利人与义务人之间的利益平衡。既然诉讼时效的届满并未导致权利本身的消灭,权利人仍然得以向义务人要求履行。但是,为促使权利人及时行使权利、维护交易秩序和安全的考虑,义务人得以以此为由拒绝履行。若不赋予义务人拒绝履行的权利,诉讼时效制度的目的也就无从实现。同时,义务人也可以自愿履行,尤其是仅仅因为过了一段时间就想逃避无疑存在的义务,这种行为至少在一些交易圈子里是被视为不名誉的事情,义务人也可能因此不提出抗辩。因此,本条第一款规定了义务人的抗辩权。与此同时,因诉讼时效期间届满,并未导致权利本身的消灭,权利人当然也享有受领保持力,并不构成不当得利,不得要求返还。

(二)规范含义

本条第1款规定了时效期间届满后对于义务人产生拒绝履行的抗辩权。第2款规定了诉讼时效届满后义务人已自愿履行的法律效果。

1. 诉讼时效期间届满

诉讼时效期间届满,又称时效的完成,即一定的事实状态持续了规定的期间后实现。该期间的长短、起算规则参见本法第188~191条的规定及相关特别法的规定。当阻碍这种事实状态持续的事由发生时(时效进程中的障碍),时效的完成不被认可,即发生时效的中止和中断(本法第194~195条)。诉讼时效期间届满,作为一种状态,这一法律事实得以引起权利义务关系的变化。依本条第1款规定,对于义务人来说产生了拒绝履行的抗辩权。

2. 抗辩权发生主义

本条第1款规定了时效完成的效力是使得义务人产生拒绝履行的抗辩权。该抗辩权不同于同时履行抗辩权等延期性抗辩权,而是永久性抗辩权。前者只是在抗辩权人得以在一定时期内可以提出的抗辩权;而后者则是权利人有永久阻止他人行使权利的权利。通常,抗辩权是针对请求权而存在,是为了阻止请求权。因此,在未提出请求权的情况下,抗辩权无从行使;在权利已经消灭的情况下,不适用抗辩权。当然,本条只是规定"义务人可以提出不履行义务的抗辩"。若权利本身不存在或因清偿等而消灭,此时义务人可以主张否认权,否认权利的存在,但因其证明责任要求较高,义务人也可以援引本款规定,主张因时效届满而拒绝履行的抗辩。

时效期间届满的抗辩权,性质上属于"需要主张的抗辩",需由义务人予以主张才能产生效力。[①] 而且,时效期间的届满,并非导致请求权的消灭。若义务人主张时效期间届满的抗辩权以对抗权利人的请求权,则该请求权的行使受到阻碍;若义务人未主张时效期间届满的抗辩权或虽主张抗辩权但又继续履行义务,权利人受领义务人之给付,不构成不当得利,因为请求权本身并未消灭。因该抗辩权为需要主张的抗辩权,非经抗辩权人主张不能产生阻止请

① 参见[德]迪特尔·梅迪库斯:《德国民法总论》,邵建东译,法律出版社2000年版,第83页。

求权的效力,因此,即使义务人不知时效期间已届满而未主张该抗辩权,亦不得以不知为由主张返还。[1]

义务人行使该抗辩权时,不必采用诉讼时效完成的字样,亦不必引用规定诉讼时效的法条,只要其拒绝给付系以请求权因时效经过而不得再行使为理由,即属行使诉讼时效抗辩权。[2] 其次,在诉讼过程中,义务人主张诉讼时效抗辩权的,法院应判决驳回原告的诉讼请求(《民事诉讼法解释》第 219 条);义务人未提出诉讼时效抗辩的,法院不得主动适用诉讼时效的规定进行裁判(本法第 193 条)。

3. 得以援引时效期间届满抗辩权的主体

在《民法总则(草案)》征求意见阶段,有学者建议应将时效利益的援引人范围扩大为"有正当利益者",[3]但本条未采纳该意见,仍然只规定了"义务人"。但从学理、相关立法及以往的司法实践习惯做法,至少以下主体可以成为得以援引时效期间届满抗辩权的主体。

(1)义务人。本条第 1 款规定了得以援引因时效期间届满不履行义务抗辩的主体是"义务人"。

(2)义务的承继人。债务人转移义务的,新债务人可以主张原债务人对债权人的抗辩(《合同法》第 85 条)。

(3)保证人和抵押设定人。依《担保法》第 20 条的规定,保证人享有主债务人的抗辩权,即使主债务人放弃该抗辩权,保证人仍得以援引。依《物权法》第 202 条的规定,抵押权人应当在主债权诉讼时效期间行使抵押权;未行使的,人民法院不予保护。因此,抵押设定人亦得以援引主债权诉讼时效届满予以抗辩。

关于抵押设定人是否得以援引主债权诉讼时效届满的抗辩,学界多有争议。对此,我国台湾地区通说认为基于对物权效力的信赖,债权人往往不

---

① 参见最高人民法院民二庭编:《最高人民法院关于民事案件诉讼时效司法解释理解与适用》(第 2 版),人民法院出版社 2015 年版,第 357 页;朱庆育:《民法总论》(第二版),北京大学出版社 2016 年版,第 544 页。

② 参见王泽鉴:《民法总则》,北京大学出版社 2009 年版,第 431 页。

③ 参见解亘:《〈民法总则(草案)〉中时效制度的不足》,载《交大法学》2016 年第 4 期。

怠于行使权利，反致容易罹于时效，为顾及社会实况及债权人心态，并增强担保物权的效力，特设例外，规定“以抵押权担保之债权，其请求权已因时效而消灭，如抵押权人于消灭时效完成后，五年间不实行其抵押权者，其抵押权消灭”。《担保法解释》第 12 条也部分采纳了这一见解，但该见解已为《物权法》第 202 条所否定。① 司法实践中亦有法院明确判决支持主债权诉讼时效届满后、抵押人起诉要求确认抵押权消灭并要求注销登记的诉讼请求。② 但该问题在今后一段时间内，仍会存在争议。在相关学者草案建议稿中，也曾建议担保物权等非在诉讼时效客体范围之内，主债权罹于时效后，债权人仍可就该抵押物、质物或者出质的权利、留置物或者其他担保财产取偿。③

（4）后顺位的担保权人和抵押标的物的受让人。依《物权法》第 199 条的规定，同一财产得以向两个以上债权人抵押，因此，也就存在抵押权人的顺位问题。如果先顺位抵押权的被担保债权因债务人或抵押设定人援引时效期间届满抗辩，则先顺位抵押权人不得实现其抵押权，后顺位的抵押权人因此享有顺位上升的利益。因此，后顺位的抵押权人对于前顺位抵押权所担保的债权

---

① 参见朱庆育：《民法总论》（第二版），北京大学出版社 2016 年版，第 545 页；崔建远：《物权：规范与学说——以中国物权法的解释论为中心》（下册），清华大学出版社 2011 年版，第 829 页；尹田：《民法典总则之理论与立法研究》，法律出版社 2010 年版，第 812 ~ 813 页。但也有学者认为该条性质上与《担保法司法解释》应做同样理解，参见耿林：《论除斥期间》，载《中外法学》2016 年第 3 期。也有学者对第 202 条提出质疑，认为我国应采纳如下方案：债权罹于诉讼时效时，担保该债权的担保物权应仍然存续，且其效力不受任何影响；关于质权和留置权，应明确规定被担保的债权消灭之前，质权或留置权不消灭；关于抵押权，应以除斥期间限制其存续期间。参见戴永盛：《论债权之罹于时效与担保物权之存续》，载《法律科学》2014 年第 3 期；徐洁：《担保物权与时效的关联性研究》，载《法学研究》2012 年第 5 期。亦有学说认为，质权、留置权，主债权罹于时效，并不妨碍债权人就其担保物权取偿；抵押权虽不在诉讼时效客体之列，但《物权法》第 202 条的规定使得抵押权在实际上与所担保债权同受诉讼时效期间的限制。参见梁慧星：《民法总论》（第四版），法律出版社 2011 年版，第 251 页。另有学说认为，主债权诉讼时效期间的经过，对于抵押权来说，既不是诉讼时效期间，也不是除斥期间，而是失权期间，同时建议类推适用至留置权和质权，具体参见张永：《抵押权存续期间效力及性质的二重性分析》，载《政治与法律》2014 年第 2 期。

② “港鑫化工公司诉江南农村商业银行确认抵押权消灭纠纷案”，常州中院（2015）常商终字第 0404 号。

③ 参见梁慧星主编：《中国民法典草案建议稿附理由 · 总则编》，法律出版社 2013 年版，第 409 页；王利明主编：《中国民法典学者建议稿及立法理由 · 总则编》，法律出版社 2005 年版，第 427 页。

时效期间的届满,亦享有时效届满的利益,应当允许其援引时效期间届满的抗辩。

依《物权法》第 191 条,设定抵押的财产仍然得以转让;未经抵押权人同意的转让,受让人可通过代为清偿债务消灭抵押权。因此,对于该抵押财产所担保的债权而言,若主债务人或抵押设定人援引时效期间届满予以抗辩,则受让该抵押财产的受让人无须行使涤除权即可阻止抵押权的实现。因此,对于抵押财产的受让人而言,对于诉讼时效期间的届满亦享有其利益,应当允许其援引时效期间届满的抗辩。

(5)债权人代位权中的次债务人。债权人代位权诉讼中,次债务人对债务人的抗辩,可以向债权人主张(《合同法解释(一)》第 18 条)。此处的抗辩,本质上是前述第一种情形的"义务人"的抗辩,是次债务人在行使自己针对自己的债权人(债务人)的抗辩。但是,对于次债务人是否得以援引债务人对于债权人(代位权人)的抗辩,存在争议。依一般见解,代位权行使的是债务人对次债务人的权利,次债务人只能援引自己的抗辩权以抵御请求权,而对于债务人对债权人所享有的时效完成利益,并不能援引。但也有部分学者认为,债权因超过诉讼时效期间而成为不完全债权,这时该债权的效力即变得不完全,其效力丧失的部分不仅包括债权的执行力,而且包括债权的部分对外效力,债权人代位权便在其列,超过诉讼时效期间的债权不可以再成为债权人代位权的发生基础。①

(6)连带义务人是否得以援引时效期间届满予以抗辩,有待明确。除了连带保证人因《担保法》第 20 条的规定享有债务人的抗辩权之外,对于其他连带债务,我国现行法未予以明确规定。如果时效对连带债务人中的一人完成,比较法上存在着其他债务人就该债务人负担的债务部分主张时效抗辩权或免于债务的立法例,如我国台湾地区"民法典"第 276 条及《日本民法典》第 439 条的规定。此等立法例可供参考。

4. 义务人同意履行与义务人自愿履行

本条第 2 款规定,"诉讼时效期间届满后,义务人同意履行的,不得以诉讼

---

① 参见韩世远:《债权人代位权与诉讼时效》,载《人民法院报》2004 年 2 月 6 日,第 3 版。

时效期间届满为由抗辩；义务人已自愿履行的，不得请求返还”。《民法通则》第138条、《执行民法通则意见》第171条及《适用诉讼时效制度规定》第22条均有规定。

义务人同意履行的，不得以诉讼时效期间届满为由抗辩。学说上认为，义务人通过单方行为或合同承认债务的，不得以不知时效期间届满为由抗辩。法复〔1997〕4号规定的达成还款协议、法释〔1999〕7号债务人在催款通知单上的签证或盖章以及《适用诉讼时效制度规定》第22条的同意履行，均可以纳入本条规定的“同意履行”。[①] 本条对司法实践中形成的习惯做法予以确认。据此，诉讼时效完成后，义务人通过单方行为或合同承认债务的，无论其是否知晓诉讼时效完成的事实及有无放弃诉讼时效抗辩权的意思，均不得再主张诉讼时效抗辩权，并且原债权债务关系随之复活，[②]应按原来的诉讼时效期间重新计算诉讼时效。当然，对于义务人同意履行，究竟属时效利益的放弃，抑或是抗辩权的未主张，仍有争议。[③] 若依前者，当以知悉时效期间已届满为条件，后者则无须以此为条件。本条并未规定以知悉为要件。因时效抗辩属于需主张的抗辩；且作出同意履行的意思表示，其效果以知悉义务的存在即可，其同意的是义务的履行，而并非是对诉讼时效期间届满后的义务履行的同意。因此，若知悉诉讼时效期间届满而同意履行的情形，无论解释成时效利益的放弃抑或是抗辩权的未主张，其效果并无二致；若不知时效期间届满而同意履行，则应将其解释为抗辩权的未主张，并不以知悉为要件。

义务人的自愿履行，无论义务人是否知悉诉讼时效期间已届满的事实，只

---

① 但也有意见认为，法复〔1997〕4号规定，是“双方达成履行债务的协议”，是一种和解协议，形成了一个新的合同，参见王利明：《民法总则研究》（第二版），中国人民大学出版社2012年版，第770～771页。另有学者认为，法复〔1997〕4号、法释〔1999〕7号的规定，属于以契约为之的放弃抗辩权的处分行为，虽然不必明确以“放弃抗辩权”或“放弃时效利益”的方式表达，只要能够解释得知债务人愿对罹于时效的债务作出给付即为已足，但要求有处分能力及知悉为前提，参见朱庆育：《民法总论》（第二版），北京大学出版社2016年版，第543页。

② 有学者认为，时效届满后的同意履行，为新债的产生，导致诉讼时效重新起算，参见魏振瀛：《民法》（第六版），北京大学出版社2016年版，第205页。

③ 前者参见最高人民法院民二庭编：《最高人民法院关于民事案件诉讼时效司法解释理解与适用》（第2版），人民法院出版社2015年版，第345页以下；后者参见梁慧星：《民法总论》（第四版），法律出版社2011年版，第250页。

要其出于自愿履行义务的,该履行行为有效。因诉讼时效期间届满,并未导致权利本身的消灭,权利人当然对此等义务的履行享有受领保持力,并不构成不当得利,不得要求返还。即"债务人为履行之给付,非无法律上之原因,乃为债之清偿,故不得以不当得利为理由,请求返还。虽不知时效之完成而为给付,仍不失为债之清偿,故仍不得请求返还"。①

时效期间届满的义务自愿履行与放弃时效利益或时效期间届满抗辩权不同。② 前者是履行并未消灭的权利所对应的义务,其无须以知悉诉讼期间已届满为条件。但就放弃时效利益或放弃时效期间届满抗辩权而言,其属于放弃人的单方法律行为,需以意思表示为之;且该放弃行为涉及权利的变动,应属处分行为,要求放弃人需有处分能力或处分权限。而且,因其为处分行为,需以对处分对象的知悉为条件,否则,并不存在放弃的效果意思。因此,在诉讼时效利益或诉讼时效期间届满抗辩权的放弃情形,若其不知诉讼时效期间已届满,当有意思表示错误等的适用余地。③ 本法对于时效期间届满后的时效利益放弃或抗辩权的放弃,并未作出规定,依抗辩权放弃及法律行为的一般原理解释即可。

5. 其他效力

诉讼时效期间届满后,义务人享有拒绝履行的抗辩权。对于该抗辩权所针对的权利,虽不至于消灭权利本身,但诉讼期间届满后会对其产生何种影响,仍需注意。例如,诉讼时效期间届满后的债权,能否抵销?对此,一般认为,主动债权须效力完整,为完全债权,具备可诉请履行性、可执行性、可自力实现性、处分全能和保有给付的法律原因等权能,欠缺其中一项即为不完全债权。例如,仅有受领权能而无请求权能的债权、附有抗辩权的债权或自然债务,均属于不完全债权,不能作为主动债权适用法定抵销。原因在于,若此时允许权利人以该债权作为主动债权抵销,无异于强迫义务人放弃抗辩权。但

---

① 史尚宽:《民法总论》,中国政法大学出版社 2000 年版,第 708 页。

② 也有学者将自愿履行视为放弃抗辩权或放弃时效利益,参见李永军:《民法总论》(第三版),中国政法大学出版社 2015 年版,第 306 页;魏振瀛:《民法》(第六版),北京大学出版社 2016 年版,第 196 页;王利明:《民法总则研究》(第二版),中国人民大学出版社 2012 年版,第 769 页。

③ 参见朱庆育:《民法总论》(第二版),北京大学出版社 2016 年版,第 543 页。

若时效完成前已抵销适状的,为公平起见,可为抵销。而罹于时效的债权作为被动债权抵销时,可视为抵销权人抛弃其时效利益或未主张时效届满的抗辩权,仍然得以法定抵销。对于罹于时效的债权的抵销问题,我国司法实践中则存在正反两种意见。[1] 期待将来的民法分则明确该问题的规定。

① 参见黄勤武:《超过诉讼时效的债权可以行使抵销权》,载《人民司法·案例》2011 年第 4 期;张媛媛:《诉讼时效期间届满的债权被抗辩时不可用于依法抵销》,载《人民司法·案例》2012 年第 22 期。另外,“吴某泉等诉广东省航盛建设集团有限公司建设工程施工合同案”[广东省高院(2007)粤高法民四终字第 261 号民事调解书]也确认超过诉讼时效的债权可以抵销。

第一百九十三条 【法院主动适用诉讼时效规定的禁止】

人民法院不得主动适用诉讼时效的规定。

一、历史由来

关于法院可否主动适用诉讼时效，民法通则并无明文规定。在胜诉权消灭说的背景下，民法理论和裁判实践因受苏联民法的影响，在民法通则施行后的一段时间，曾经认为法院可依职权主动适用诉讼时效，而无须当事人主张。[①]原《民事诉讼法意见》第153条也曾规定，“当事人超过诉讼时效期间起诉的，法院应予受理。受理后查明无中止、中断、延长事由的，判决驳回其诉讼请求”。此处的“受理后查明”，被认为是法院主动查明。但在“适用诉讼时效制度规定”颁行之后，抗辩权发生主义已成为学界主流观点。2015年《民事诉讼法解释》第219条也修改了原民事诉讼法意见的表述，规定“当事人超过诉讼时效期间起诉的，人民法院应予受理。受理后对方当事人提出诉讼时效抗辩，人民法院经审理认为抗辩事由成立的，判决驳回原告的诉讼请求”。

该规定源于《适用诉讼时效制度规定》第3条。该条规定，“当事人未提出诉讼时效抗辩，人民法院不应对诉讼时效问题进行释明及主动适用诉讼时效的规定进行裁判”。各学者建议稿对此也作出了相应的规定。[②] 从2015年全国人大法工委“民法总则民法案室内稿”开始，民法总则各草案也吸收司法实践中的做法及各学者建议稿的规定，对此作出了规定。但在法院是否得以释明的问题上，各家见解并不一致。民法总则各草案及本法对此均没有作出规定。

---

① 参见梁慧星主编：《中国民法典草案建议稿附理由 · 总则编》，法律出版社2013年版，第400页。

② 参见梁慧星主编：《中国民法典草案建议稿附理由 · 总则编》，法律出版社2013年版，第399页；王利明主编：《中国民法典学者建议稿及立法理由 · 总则编》，法律出版社2005年版，第417页；徐国栋主编：《绿色民法典草案》，社会科学文献出版社2004年版，第38页。

二、规范目的与含义

（一）规范目的

通常认为，法院不应主动适用诉讼时效的规定，主要是基于以下几点理由：(1)该规定符合诉讼时效制度的立法目的，即维护交易秩序和安全的时效制度目的。对于义务人而言，其对以其责任财产承担义务具有合理的预期，不会对其现在或者将来的交易发生结果不确定、不稳定的影响。(2)根据诉讼时效制度的私法属性，在诉讼时效抗辩权的行使上应遵循意思自治原则，法院不应主动干预。(3)从民事诉讼的处分原则与当事人主义诉讼模式角度进行分析，法院不应主动适用诉讼时效的规定进行裁判。①

因本法第192条规定了诉讼时效完成效力的抗辩权发生主义。诉讼时效期间届满，义务人因此取得抗辩权；且该抗辩权属于当事人之权利，属于“需主张的抗辩”，应由义务人主张。法院不得主动援引，本应是抗辩权发生主义的应然之义，无须对此另作规定。在比较法上，德国及我国台湾地区，仅规定诉讼时效期间届满义务人取得抗辩权，未规定法院不得主动援引时效的规则；而日本、法国则是规定诉讼时效期间届满，权利消灭，同时规定法院不得主动援引时效规则；葡萄牙、阿根廷及我国澳门特区则既规定诉讼时效届满义务人取得抗辩权，也同时规定法院不得主动援引时效规则。第三种立法技术，因其重复规定而被批评为存在立法技术瑕疵。② 但因《民法通则》实施以来很长一段时间，有不少人都曾经认为法院可以依职权主动适用时效规定，为进一步纠正以往的观念，对此作出明确规定亦不失其意义。而且，本条规定的是“人民法院不得主动适用诉讼时效的规定”，不仅包括前条规定的诉讼时效完成的抗辩援引问题，还涉及时效的中断、中止等规则的适用。仅有前条之规定，对于时效进程中的障碍的主张和适用问题，并不明确。依本条之规定，将其予以明确，法律效果上更为清晰。

---

① 参见最高人民法院民二庭编：《最高人民法院关于民事案件诉讼时效司法解释理解与适用》(第2版)，人民法院出版社2015年版，第68～72页。

② 参见杨巍：《民法时效制度的理论反思与案例研究》，北京大学出版社2015年版，第228～230页。

(二)规范含义

1. 法院不得主动适用诉讼时效的规定

首先,该条文仅规定法院不得适用。但依本法第 198 条的规定,若法律对仲裁时效的援引没有作出规定的,仲裁机构亦不得主动适用诉讼时效的规定。

其次,此处的"适用诉讼时效的规定",不仅包括诉讼时效届满的援引,也包括后述中断、中止等关于时效进程障碍等规定。

最后,不应主动适用,不仅包括法院不得以诉讼期间届满不予受理,也包括法院不应主动援引时效规定进行审理和裁判,还包括不应主动查明诉讼时效事实。

2. 法院能否对时效问题进行释明

《适用诉讼时效制度规定》明确禁止法院对诉讼时效问题进行释明;而有学者草案建议稿规定"为使受时效利益人明确其权利的存在,人民法院或者仲裁机构可以进行必要的阐明",有条件地承认了法院得以释明;即"在当事人提及诉讼时效经过的事实,但对于其是否主张时效抗辩的意思不清楚或不明确时,由法官令其叙明"。[①] 而有的学者草案则延续了《适用诉讼时效制度规定》的精神,明确禁止法院就时效问题进行释明。[②] 而有的学者认为,诉讼时效的释明问题,一般应在民事诉讼法中对释明权的规则作出规定,在民法典中通常不作规定。而且,依据释明权的原理,法律只应禁止法院对诉讼时效的积极释明,而对于消极释明,则不在禁止之列,进而认为诉讼时效的释明问题交由程序法解决,而且可以对其进行消极释明。[③] 在比较法上,长期以来德、日等国在各自的民事诉讼立法及实践中对诉讼时效的释明都相当谨慎。但自 20 世纪 70 年代以来,由于在民事诉讼中加强法院的实质性诉讼指挥的观点得到进一步强调,各国学说及司法实践对待诉讼时效释明的态度已开始转向,主张法官在尊重当事人处分权的前提下,也可以对诉讼时效抗辩权的行使作出释明。

---

① 参见王利明主编:《中国民法典学者建议稿及立法理由·总则编》,法律出版社 2005 年版,第 417 页。

② 参见梁慧星主编:《中国民法典草案建议稿附理由·总则编》,法律出版社 2013 年版,第 399 页。

③ 参见杨巍:《民法时效制度的理论反思与案例研究》,北京大学出版社 2015 年版,第 245 ~ 246 页。

据此，有学者认为，通常为保障程序公正，法院原则上不应主动提示当事人主张诉讼时效抗辩权。但在当事人有提出诉讼时效抗辩的意愿，或者抗辩的意思表示不够清晰的情况下，应允许法院向当事人作出是否提出诉讼时效抗辩的释明。但抗辩权的释明应当以当事人在诉讼中提出了相应的事实基础为限，即当事人在陈述中明确地提出了含有抗辩权的构成要件事实，禁止法院在当事人陈述所设定的框架外提示攻击防御方法。① 当然，也有学者明确主张，在诉讼时效效力的私人自治转向过程中，诉讼时效援引中引入法官释明极有可能冲击我们未来建立起来的自治模式，背离诉讼时效制度的目的。② 因本法并未明确该问题，将来设计程序法相关规则或修改相应司法解释时，对是否放宽诉讼时效释明的限制，可以重新斟酌考虑。

① 参见熊跃敏：《民事诉讼中法院释明的实证分析》，载《中国法学》2010 年第 5 期。

② 参见霍海红：《论我国诉讼时效效力的私人自治转向》，载《现代法学》2008 年第 1 期。

第一百九十四条 【诉讼时效的中止】

在诉讼时效期间的最后六个月内，因下列障碍，不能行使请求权的，诉讼时效中止：

（一）不可抗力；

（二）无民事行为能力人或者限制民事行为能力人没有法定代理人，或者法定代理人死亡、丧失民事行为能力、丧失代理权；

（三）继承开始后未确定继承人或者遗产管理人；

（四）权利人被义务人或者其他人控制；

（五）其他导致权利人不能行使请求权的障碍。

自中止时效的原因消除之日起满六个月，诉讼时效期间届满。

一、历史由来

本条源于《民法通则》第139条的规定。《民法通则》第139条规定："在诉讼时效期间的最后六个月内，因不可抗力或者其他障碍不能行使请求权的，诉讼时效中止。从中止时效的原因消除时起，诉讼时效期间继续计算。"较之《民法通则》的规定，本条进一步细化了诉讼时效中止的事由，并修改了诉讼时效中止后的法律效果。

对于本条，学界和实务界的争议点之一在于如何理解"其他障碍"。对此，《执行民法通则意见》第172条以及《适用诉讼时效制度规定》第20条对"其他障碍"作了具体化规定。学说上的争议点还在于诉讼时效中止与诉讼时效不完成之间的关系以及中止时效原因消除后应继续计算还是延期届满的问题，有学者草案参考德国民法典的规定，同时规定了时效的中止和不完成（延期届满)。[①]《民法通则》采取继续计算的规则,主要是考虑到中止事由发生前,权利人已有充分时间行使权利,整个时效期间并没有因中止而缩短。[②] 但不少学者建议,由于我国的时效期间较短,而且时效中止的事由是客观原因,当事人并不能恶意促成,所以从保护权利人已给予其充分机会行使权利的立场出发,在制定民法典时,有必要考虑六个月的延期届满期间。[③] 在民法总则立法过程中,2015 年全国人大法工委"民法总则民法室室内稿"曾分别规定中止和不完成,就《民法通则》第 139 条规定的时效中止,采取原因消除后"继续计算"的方式,而对于《执行民法通则意见》第 172 条规定的行为能力障碍情形,则采取原因消除后"六个月后,诉讼时效期间届满"的法律效果。但自《民法总则(草案)征求意见稿》开始,不再做如此区分,而是将其效果统一为时效的不完成或延期届满。[④] 另外,也有学者建议稿曾建议中止事由消除之日起,时效期间继续起算;剩余期间不满两个月的,延长为两个月。[⑤] 本条亦未采纳该意见,而是直接将时效期间统一规定为原因消除后的 6 个月延期届满。

另外,在《民法总则(草案)》审议阶段,不少学者注意到了比较法上扩张中止事由、减少中断事由的趋势,对时效中止等提出完善建议。有学者建议参考日本学界理论,规定区别于本法规定的中止和中断以外的时效进程障碍类型——"进行的停止";同时建议法庭外的请求作为延期届满的事由。[⑥] 也有学者建议将"提起诉讼"及类似司法程序作为中止事由,[⑦]或者建议将权利人

① 参见梁慧星主编:《中国民法典草案建议稿附理由 · 总则编》,法律出版社 2013 年版,第 416 页以下。

② 参见佟柔主编:《中国民法学 · 民法总则》(修订版),人民法院出版社 2008 年版,第 237 页。

③ 参见佟柔主编:《中国民法学 · 民法总则》(修订版),人民法院出版社 2008 年版,第 237 页;魏振瀛:《民法》(第六版),北京大学出版社 2016 年版,第 203 ~ 204 页。

④ 比较各国的术语,德国民法的"时效不完成"不能直观表达其本意,而日本民法的"停止"与一般所谓的时效停止或中止混淆,因此日本学者建议应将日本民法的时效停止改为"时效期间届满的延期"或"时效完成的延缓"。相比而言,《欧洲示范民法典草案》所使用的"延期届满"更为准确、直观。

⑤ 参见王利明主编:《中国民法典学者建议稿及立法理由 · 总则编》,法律出版社 2005 年版,第 464 页。

⑥ 参见解亘:《〈民法总则(草案)〉中时效制度的不足》,载《交大法学》2016 年第 4 期。

⑦ 参见朱晓喆:《关于〈民法总则(草案)〉诉讼时效制度的批评意见》,载《交大法学》2016 年第 4 期。

与义务人之间的磋商、婚姻关系、家庭共同生活关系的存续等作为时效中止的事由。① 但民法总则未采纳上述建议。

本条与《民法通则》第 139 条不同之处主要在于:其一,《民法通则》仅规定“因不可抗力或者其他障碍不能行使请求权的”,诉讼时效中止,并未明言什么是“其他障碍”。本条则用类型列举结合概括规定的方式对“其他障碍”作出了进一步说明。其二,《民法通则》第 139 条第 2 句规定,“从中止时效的事由消除之日起,诉讼时效期间继续计算”;本条则将其规定为延期届满,自中止时效的原因消除之日起满六个月,诉讼时效期间届满。②

二、规范目的与含义

(一)规范目的

在诉讼时效进行过程中,会出现特定的时效进程中的障碍事由,阻却诉讼时效期间的完成,以缓和诉讼时效制度不利于权利人的结果,包括中止和中断制度。③《民法通则》立法当时,之所以规定诉讼时效中止制度,主要理由在于“在诉讼时效进行中,因一定的法定事由的发生,阻碍了权利人行使其权利或提起诉讼,此时当事人不行使权利是由于客观原因造成的而不是他怠于行使权利。故法律规定暂时停止时效的进行。把这段时间不计入诉讼时效期间之内,以便保证权利人真正享有法律规定的提起诉讼的必要时间”。④ 学界也多主张,诉讼时效期间的中止制度与诉讼时效之旨在督促权利人及时行使权利的立法目的密切相关,因特定事由的发生导致权利人不能行使请求权的,继续计算诉讼时效期间既无从督促权利人及时行使权利,也达不到诉讼时效制度的立法目的。⑤ 本法规定的诉讼时效制度,其目的也包括督促权利人及时行使

---

① 参见梁慧星主编:《中国民法典草案建议稿附理由·总则编》,法律出版社 2013 年版,第 416 页;杨巍:《民法时效制度的理论反思与案例研究》,北京大学出版社 2015 年版,第 359 页;房绍坤:《诉讼时效停止制度的立法选择》,载《广东社会科学》2016 年第 1 期。

② 参见王轶:《民法总则之期间立法研究》,载《法学家》2016 年第 5 期。

③ 参见崔建远等著:《民法总论》(第二版),清华大学出版社 2013 年版,第 207、275 页。

④ 梁书文主编:《民法通则贯彻意见诠释》,中国法制出版社 2001 年版,第 146 页;佟柔主编:《中国民法学·民法总则》(修订版),人民法院出版社 2008 年版,第 236 页。

⑤ 参见王轶:《民法总则之期间立法研究》,载《法学家》2016 年第 5 期;梁慧星:《民法总论》(第四版),法律出版社 2011 年版,第 257 页。

权利,因此本条规定延续了民法通则的这一精神。

但是,《民法通则》第139条规定的诉讼时效中止的法律效果是,中止事由发生后,暂停计算诉讼时效期间;中止事由存续期间不进入诉讼时效期间;中止事由消除后,时效期间在原已经过的期间基础上继续计算。虽然有学者认为,"各国民法诉讼时效制度关于时效期间中止,大抵有延长到6个月的规定。《民法通则》对此虽无明文,但依时效中止的目的,应作同样解释"。[①] 但从司法实践及通常的解释来看,《民法通则》规定的"诉讼时效期间继续计算",只计算其剩余期间,并不同于比较法上的时效不完成制度。而本条规定,就诉讼时效中止后,改《民法通则》的"继续计算"为"延期届满",即"自中止时效的原因消除之日起满六个月,诉讼时效期间届满"。之所以在六个月内时效期间不届满,法律草案说明未提供立法理由。学界的大致理由主要有:(1)规定诉讼时效中止后剩余期间不足一定期间的,时效期间增至6个月,无疑可以取"时效不完成"之长,弥补"时效之停止"之短;[②](2)只计算剩余期间的做法,可能会使得中止制度的目的难以实现;(3)通过明确规定6个月的期间,避免举证和计算剩余期间的诉讼成本和司法资源;(4)补足6个月的做法,可以弥补我国民法普通诉讼时效期间过短的弊端;[③]当然,也有学者主张没有必要补足6个月的期间。[④]

(二)规范含义

1.时效延期届满的效力

诉讼时效的延期届满,是指在诉讼时效期间届满前的特定期限内(6个月内),因法定中止事由的发生导致权利人不能行使请求权的障碍,诉讼时效期间应暂停计算,待引起中止的原因事由消除后之口起六个月,时效期间才届满的制度。与《民法通则》第139条不同,其并非是中止事由消除后再继续计算;也并非本法第195条规定的中断后的重新计算。

---

① 梁慧星:《民法总论》(第四版),法律出版社2011年版,第258页。

② 参见尹田:《民法典总则之理论与立法研究》,法律出版社2010年版,第834页。

③ 参见杨巍:《民法时效制度的理论反思与案例研究》,北京大学出版社2015年版,第360~361页;佟柔主编:《中国民法学·民法总则》(修订版),人民法院出版社2008年版,第237页。

④ 参见王利明:《民法总则研究》(第二版),中国人民大学出版社2012年版,第760~761页。

需要注意的是,中止原因事由消除后,若又发生本条规定的时效进程中的障碍,是否仍然得以发生中止?《民法通则》第139条的文义是"诉讼时效期间继续计算",表明其仍然处于时效进程之中。因此,在《民法通则》第139条的背景下,在最长诉讼时效期间内,诉讼时效期间的中止不受持续时间和中止次数的限制。也就是说,诉讼时效期间中止后,只要中止事由未消除,诉讼时效期间就暂停计算;待中止事由消除后,继续计算诉讼时效期间时,如在剩余诉讼时效期间内又发生了导致诉讼时效中止的事由,诉讼时效期间应当再次中止。诉讼时效期间中止的时间加上中止前已经过的诉讼时效期间,累计不得超过最长诉讼时效期间。但是,就本条文义和目的而言,其并非是"继续计算",其实质是对时效期间的延长,与《民法通则》第139条并不相同。而且,本条明确规定"满六个月,时效期间届满",明确排除了"不届满"的情形。因此,中止原因事由消除后的六个月内,若在原有诉讼时效期间内又发生本条规定的各种事由,仍然符合本条规定的"在诉讼时效期间的最后六个月内"之要件,仍然得以适用本条的规定,待该事由消除后六个月内时效才届满;但若新发生的中止事由,并非在原诉讼时效期间内发生,因不符合本条规定的要件,且依"满六个月,时效期间届满"的文义,并不停止该六个月期间的进行,因此,不发生再次延期届满。

2. 时效延期届满的适用范围

本条规定的延期届满,若仅依其文义,只要符合本条规定的要件,所有的诉讼时效期间都存在延期届满的可能。但在以往的司法实践中,虽然《民法通则》第139条并未限定诉讼时效期间的类型,但《执行民法通则意见》第175条第2款明确规定最长诉讼时效期间不适用中止、中断的规定。学说中也多支持司法实践的这一做法。[①] 虽然本条规定较之《民法通则》第139条的规定,在诉讼时效中止后发生暂停计算还是延期届满的法律效果上存在不同,但该条仍然延续了民法通则的基本精神,上述司法实践中的习惯做法仍然值得肯定。况且,最长诉讼时效期间,依本法第188条的规定,最长诉讼时效期间,在特定情况下存在延长制度,作为中止中断规则的补充,已足以平衡当事人之间

① 参见梁慧星:《民法总论》(第四版),法律出版社2011年版,第257页。

的利益,无须再设置中止中断的规则。因此,本条所称的诉讼时效期间,并不包括最长时效期间,但包括普通诉讼时效期间和特殊时效期间。

3. 时效延期届满的适用要件

依本条规定,诉讼时效期间的延期届满,应具备以下构成要件:

(1)需存在法定的诉讼时效进程障碍;

(2)上述障碍需发生在诉讼时效进程中的最后六个月内;

(3)上述障碍需导致不能行使请求权。

需要注意的是,不能行使请求权,不限于不能通过诉讼行使其权利。例如,因法院停止办公不能起诉,而尚能向义务人请求的,或者虽然不能向义务人请求,但仍然得以向法院起诉的,都不构成不能行使请求权。

当然,依前条规定,法院不得主动适用时效的规定。因此,诉讼时效期间的延期届满,同样应遵循当事人主义的主张抗辩规则。因此,若非义务人援引时效届满的抗辩,并不发生延期届满规则的适用问题,只有义务人援引时效抗辩,权利人为了对抗此等抗辩,才需要援引延期届满规则。因此,上述要件,应当由主张时效延期届满的当事人承担证明责任。

4. 时效延期届满的事由

本条延续了《执行民法通则意见》第 172 条及《适用诉讼时效制度规定》第 20 条的规定,对时效延期届满的障碍事由作了列举性规定。主要包括以下几种事由:

(1)不可抗力。对于该点,学界几无争议。主要包括自然灾害、国家行为以及军事行动、社会异常情况等。近年来,最高人民法院曾针对特别事件发布过相关的指导意见。例如,法〔2003〕72 号针对“非典”作出规定,“当事人因是‘非典’患者、疑似‘非典’患者或者被依法隔离人员,不能及时行使民事请求权的”,适用诉讼时效中止的规定。因地震导致权利不能行使的,最高人民法院在法发〔2008〕21 号中也曾规定,对《民法通则》第 139 条规定的“中止时效的原因消除”之日的确定,要区别灾区不同情况,坚持从宽掌握的原则,结合个案具体情况具体分析;法院在确定时可以考虑以下因素:(1)法院恢复正常工作的情况;(2)当地恢复重建进展的情况;(3)失踪当事人重新出现、财产代管人经依法确定、被有关部门确定死亡或被法院宣告死亡明确继承人的情况;

(4)作为法人或其他组织的当事人恢复经营能力或者已经确立权利义务承受人的情况。另外,《突发事件应对法》第13条也规定,“因采取突发事件应对措施,诉讼、行政复议、仲裁活动不能正常进行的,适用有关时效中止和程序中止的规定,但法律另有规定的除外”。

(2)无民事行为能力人或者限制民事行为能力人没有法定代理人,或者法定代理人死亡、丧失民事行为能力、丧失代理权。该项为欠缺法定代理人时的时效中止。无民事行为能力人和限制民事行为能力人因欠缺充分的意思能力,难以独立行使请求权;现行法也不承认其具有诉讼行为能力,只能由其监护人作为法定代理人代为诉讼(《民事诉讼法》第57条)。因此,在法定代理人未确定或者无法代行请求权的情况下,无民事行为能力人和限制民事行为能力人即不能行使请求权,构成时效进程中的障碍。另外,如前所述,无民事行为能力人或限制行为能力人虽有法定代理人,但若因法定代理人对被代理人行使请求权,可以该项规定,类推适用诉讼时效延期届满的规则。

另外,司法实践中有人认为限制民事行为能力人可以进行与其年龄、智力、精神健康状况相适应的法律行为,在这种情形下,不构成诉讼时效中止事由。① 也有学者建议稿认为“限制行为能力人可以独立作出的行为”不适用诉讼时效因法定代理人缺位而中止。② 但得以从事特定的法律行为,仅表明该法律行为的效力不受影响,并不代表该限制行为能力人有能力行使其请求权或以诉讼的方式救济其请求权。③ 因此,限制行为能力人虽得以从事特定的法律行为,但并不妨碍其就该法律行为所涉及的请求权援引本项规定主张时效延期届满。当然,若限制行为能力人具备诉讼能力的,因其得以不通过法定代理人行使其请求权,不构成前述“不能行使请求权”的条件,故不适用延期届满的规定。《德国民法典》第210条有类似的规定可参考。

(3)继承开始后未确定继承人或者遗产管理人。依《继承法》第2条规

---

① 参见梁展欣主编:《诉讼时效司法实务精义》,人民法院出版社2010年版,第95~96页。

② 参见王利明主编:《中国民法典学者建议稿及立法理由·总则编》,法律出版社2005年版,第469页。

③ 参见杨巍:《民法时效制度的理论反思与案例研究》,北京大学出版社2015年版,第352页。

定,被继承人死亡时即开始继承。但继承人或遗产管理人的确定需要一定时间,在此之前,无论被继承人是权利人或义务人,无论是属于继承遗产的请求权还是对继承遗产的请求权,[①]相关权利人均无法正常行使权利。若被继承人作为权利人之情形,因继承人未确定,而导致行使权利的主体尚未被确定,无法行使请求权。若被继承人作为义务人,因遗产管理人未确定,被继承人的权利人无法确定行使请求权的对象,也无法行使请求权。因此,本项将其作为时效延期届满的事由对待。这里需要注意的是,本法第 188 条规定,诉讼时效期间自"知道或应当知道……及义务人之日起计算"。在发生继承之情形,若被继承人死亡时并不知且不应知义务人,则时效期间本来就没有开始计算,并不发生时效的中止及延期届满。若被继承人作为义务人时,继承人或遗产管理人虽未确定,但并非不知且不应知义务人,而是时效期间开始起算后届满前的六个月之内发生了时效进程中的障碍,不应适用第 188 条的规定。

(4)权利人被义务人或者其他人控制。司法实践中通常认为,义务人与权利人之间存在代表与被代表的关系;权利人系义务人的控股子公司;权利人被义务人或其他人限制人身自由;义务人与权利人之间存在监护与被监护的关系等均属于被义务人或其他人控制的情形。[②] 但依本法第 190 条规定,权利人被监护时,监护人构成被监护人的法定代理人,被监护人对监护人的请求权的诉讼时效期间,除非存在其后发生的指定代理或法定代理关系,诉讼时效期间本身并不开始起算,当然亦不适用本项规定。另外,实践中也并不限于上述几种类型。例如,权利人的法定代表人与义务人的法定代表人为同一人;[③]义务人作为权利人公司股东及负责经营管理的实际控制人[④]等也被认为构成时效中止的事由。

(5)其他导致权利人不能行使请求权的障碍。该项继承了《民法通则》第

---

① 参见王利明主编:《中国民法典学者建议稿及立法理由 · 总则编》,法律出版社 2005 年版,第 469 页。

② 最高人民法院民二庭编:《最高人民法院关于民事案件诉讼时效司法解释理解与适用》(第 2 版),人民法院出版社 2015 年版,第 328 ~ 329 页。

③ "英美景记国际有限公司(IMAGINEINTERNATIONALLIMITED)等诉上海杰美体育娱乐有限公司公司利益责任纠纷案",上海二中院(2015)民四(商)终字第 978 号。

④ "陈某军诉江某元等债务转移合同纠纷再审案",常德中院(2015)常民再字第 16 号。

139 条“其他障碍”的立法精神,用兜底条款的方式对无法穷尽的影响请求权行使的时效进程障碍作出了概括性规定。学界也多有赞成此种赋予法院对时效中止事由的裁量权的做法。[①] 但对于何为其他障碍,难以做出全面的归类。对此,最高人民法院曾有判决认为“对于其他导致权利人不能主张权利的客观情形的理解”,“应当具有上述司法解释规定的严重程度,即构成权利人的主体资格丧失或不确定,以及客观上的不能”。[②] 也有些法院将交通事故受害人“在诉讼时效期间的最后 6 个月内,被司法鉴定机构鉴定为一级伤残,视为有其他障碍不能行使请求权”;[③]请求权行使的前提事实需以另案审结为前提的,[④]义务人在登记表上的签字过于潦草、难以识别,致使权利人存在难以获取义务人身份信息、难以维护权利的较大可能性;[⑤]权利人因被专案组接管而无法行使请求权,[⑥]也都被认为是构成请求权行使的其他障碍。但对于夫妻生活期间双方共同财产出于混同状态,并不被认为是构成时效中止的事由,[⑦]从司法实践来看,“导致权利人不能行使请求权的障碍”,仍然有待理论和实务对其做进一步的观察和类型化。

关于权利人被采取刑事强制措施,虽然理论上认为仍可依法委托代理人主张其权利,不应被认定为诉讼时效中止事由。[⑧] 但司法实践中仍然有案例认为“在服刑期间,人身自由受到限制,无法正常行使诉讼权利”,属于导致诉讼

---

① 参见王利明主编:《中国民法典学者建议稿及立法理由 · 总则编》,法律出版社 2005 年版,第 471 页。

② “科朗曼化工(武汉)有限公司诉云南澄江天辰磷肥有限公司建设工程施工合同纠纷案”,最高人民法院(2015)民申字第 537 号。

③ “付某山诉孙某春等机动车交通事故责任纠纷案”,内蒙兴安盟(2015)兴民终字第 735 号。

④ “刘某诉张某利买卖合同纠纷案”,河南省高院(2015)豫法民提字第 00244 号。

⑤ “姚某球与汪某、祝某仙承揽合同纠纷案”,安徽省高院(2015)皖民申字第 01241 号。

⑥ “河南省融资中心诉河南省证券有限责任公司资金拆借合同纠纷案”,参见最高人民法院民二庭编:《最高人民法院关于民事案件诉讼时效司法解释理解与适用》(第 2 版),人民法院出版社 2015 年版,第 330 页。

⑦ “蘧某某与高某生命健康权纠纷审判监督案”,济南中院(2015)济民再字第 69 号。

⑧ 最高人民法院民二庭编:《最高人民法院关于民事案件诉讼时效司法解释理解与适用》(第 2 版),人民法院出版社 2015 年版,第 329 页;杨巍:《民法时效制度的理论反思与案例研究》,北京大学出版社 2015 年版,第 353 页。

时效中止的“其他障碍”。①

另外,在民法典学者建议稿中,有建议“时效因夫妻关系、家庭关系存续而中止”。② 配偶之间、家庭成员之间,其行使权利并不困难,但因相互信赖以致对权利形式多不计较,基于伦理的考虑,学说上也主张婚姻关系的持续为时效中止的事由。③ 司法实践中则有肯定说和否定说两种见解。④ 对于离婚时无过错方的损害赔偿请求权,《婚姻法解释(一)》第30条第2项、第3项关于离婚后一年内单独起诉或另行起诉的规则,虽未明确其为诉讼时效的中止,但在一定程度上也反映出了时效因婚姻关系的持续而暂时停止。

---

① “沈阳客运集团公司沈苏公共汽车分公司与邢某发租赁合同纠纷上诉案”,沈阳中院(2015)沈中民三终字第00902号。

② 梁慧星主编:《中国民法典草案建议稿附理由·总则编》,法律出版社2013年版,第424页;徐国栋主编:《绿色民法典草案》,社会科学文献出版社2004年版,第36页。

③ 参见魏振瀛:《民法》(第六版),北京大学出版社2016年版,第203页;杨巍:《民法时效制度的理论反思与案例研究》,北京大学出版社2015年版,第359页。

④ 参见杨巍:《民法时效制度的理论反思与案例研究》,北京大学出版社2015年版,第359页。

第一百九十五条 【诉讼时效的中断】

有下列情形之一的，诉讼时效中断，从中断、有关程序终结时起，诉讼时效期间重新计算：

（一）权利人向义务人提出履行请求；

（二）义务人同意履行义务；

（三）权利人提起诉讼或者申请仲裁；

（四）与提起诉讼或者申请仲裁具有同等效力的其他情形。

一、历史由来

该条源于《民法通则》第140条的规定。《民法通则》第140条规定，“诉讼时效因提起诉讼、当事人一方提出要求或者同意履行义务而中断。从中断时起，诉讼时效期间重新计算”。在诉讼时效制度中，诉讼时效的中断，是权利人用以对抗义务人诉讼时效届满抗辩权的主要手段之一，与诉讼时效的起算规则一起，成为司法裁判中适用得最多的诉讼时效规则之一。《执行民法通则意见》第173条、《适用诉讼时效制度规定》第10～19条对中断事由、中断效力和具体的计算方法作出了更为详细的规定。此外，《海商法》第267条、《继承法意见》第17条、《担保法解释》第36条、《审理票据纠纷规定》第20条、《企业破产法规定（二）》第19条、《人民调解协议规定》第9条以及《最高人民法院关于审理涉及金融资产管理公司收购、管理、处置国有银行不良贷款形成的资产的案件适用法律若干问题的规定》第10条等，都细化了诉讼时效中断的规定。在民法总则起草过程中，各学者建议稿对此也作出了规定，多在《民法通则》的基础上增加了与起诉具有同等效力的其他中断事由。

对于民法通则及其司法解释等的规定，学说上的争议焦点主要在于诉讼外的请求是否应当作为中断事由以及是否应当扩大或缩小中断事由。在比较法上，法、德等国不承认诉讼外请求作为中断事由，2002年的德国债法改革更是将包括起诉在内的大多数中断事由改造成了停止或延期届满的事由，时效的停止替代中断成为时效进程障碍的一般情形。[①] 在我国，不少学者主张将诉讼外的请求、起诉等均作为延期届满的事由，主张缩小诉讼时效中断的事由。[②] 但《民法总则》并未跟随比较法上的立法趋势，未采纳上述建议。从《民法总则》草案征求意见稿开始，就采纳了本条相同或类似的表述，延续了《民法通则》的精神，将诉讼外的请求、起诉等均规定为中断事由，并以“与提起诉讼或者申请仲裁具有同等效力的其他情形”的兜底条款，进一步扩大了中断的事由。

本条与《民法通则》第 140 条不同。《民法通则》将中断事由确认为提起诉讼、当事人一方提出要求或者同意履行义务，本条则将申请仲裁以及与提起诉讼或者申请仲裁具有同等效力的其他情形一起并列为中断事由。另外，就诉讼时效期间的重新计算，《民法通则》规定自中断时效的原因消除之日开始；有学者曾主张将《民法通则》第 140 条后段解释为“待中断事由消失后，诉讼时效期间重新起算”，以免出现不适当的结果。[③] 也有学者草案就提起诉讼和调解而中断的重新起算，专门作出了规定。[④] 本条一定程度上吸收了这些建议，确认从中断或者有关程序终结时起重新计算。

二、规范目的与含义

(一)规范目的

诉讼时效的中断，指已经经过的时效期间因特定情事的发生而全部失去其意义，时效期间重新起算。与诉讼时效的延期届满一样，就一旦诉讼时效期间届满即发生全有或者全无的法律效果来讲，诉讼时效期间的中断制度发挥

---

① 参见杨巍：《民法时效制度的理论反思与案例研究》，北京大学出版社 2015 年版，第 420 ~ 422 页。

② 参见朱岩：《消灭时效制度中的基本问题》，载《中外法学》2005 年第 2 期；韩松、焦和平：《对我国〈民法通则〉关于起诉引起诉讼时效中断规定的反思与重构》，载《法学论坛》2006 年第 5 期；解亘：《〈民法总则(草案)〉中时效制度的不足》，载《交大法学》2016 年第 4 期；朱晓喆：《关于〈民法总则(草案)〉诉讼时效制度的批评意见》，载《交大法学》2016 年第 4 期。

③ 参见崔建远等著：《民法总论》(第二版)，清华大学出版社 2013 年版，第 210 页；崔建远：《关于制定〈民法总则〉的建议》，载《财经法学》2015 年第 4 期。

④ 参见徐国栋主编：《绿色民法典草案》，社会科学文献出版社 2004 年版，第 37 ~ 38 页。

了缓和的作用。从诉讼时效期间中断事由的规定即可看出,它们大多属于和督促权利人行使权利这个较弱的论证诉讼时效制度存在理由相对应的事由。详言之,一旦出现权利人积极行使权利的情形,即认定诉讼时效期间中断;一旦发生权利人行使权利的障碍,即认定诉讼时效期间中止。[①] 与诉讼时效的延期届满一样,诉讼时效的中断,亦不适用最长诉讼时效期间。

因本条规定的立法精神较之《民法通则》第140条并未发生实质改变,因此,司法实践中以《民法通则》第140条为基础形成的司法解释等,在《民法总则》背景下仍有其适用的余地。

(二)规范含义

1. 诉讼时效中断的效力

依本条规定,诉讼时效中断后,"从中断或者有关程序终结时起,诉讼时效期间重新计算"。也就是说,在中断事由发生前已经过的诉讼时效期间,除非已届满,全部失去其意义;在中断事由存续期间内,诉讼时效不进行;从中断事由终止时起,诉讼时效期间重新计算。[②] 此所谓"重新计算",并非是原诉讼时效期间的继续计算,也并非前条规定延期届满,是指按该债权原来的诉讼时效期间重新计算。只要在最长诉讼时效期间内,诉讼时效期间的中断并无次数限制(《执行民法通则意见》第173条第1款)。

对于诉讼时效何时起发生中断以及何时起开始重新计算,因中断事由不同,其时点亦有不同。本条将《民法通则》的"中断时起"改为"从中断、有关程序终结时起"亦有此意。但因涉及与相关程序法的衔接问题,其适用应作限缩性解释,详见后述。

另外,依《物权法》第202条,抵押设定人得以援引时效完成予以抗辩。若债权人就债务人的时效发生中断,该中断对于抵押设定人是否也生效力?本法草案三审稿阶段,曾规定了连带之债中的时效中断具有绝对效力,但对于能否导致对其他连带债务人的诉讼时效中断,理论上和实践中争议较大,删去了

① 参见王轶:《民法总则之期间立法研究》,载《法学家》2016年第5期。

② 参见王泽鉴:《民法总则》,北京大学出版社2009年版,第425页。

该规定。[①] 但即使作出规定，对于抵押设定人是否亦做同样理解，也需要进一步斟酌。比较法上也存在发生中断和不发生中断的两种理解。[②] 从担保权的从权利属性角度来看，主债权时效期间因中断而重新起算，抵押设定人因此无法援引主债权时效已届满予以抗辩，其实质上就是承认了对主债权债务人发生的时效中断，其效力亦及于抵押设定人。

关于时效中断对于“人”和“物”的效力，本法并未作出更为详细的规定，有待民法典分则予以完善。例如，《适用诉讼时效制度规定》第18条关于代位权诉讼时的中断效力及于债权人的债权和债务人的债权、[③]第19条第1款规定的债权让与通知对于债权的受让人与债务人发生时效中断的效力、第19条第2款关于债务承担构成原债务人对债务承认时的中断效力等，都可以在将来的民法典分则中作出更为具体的规定。在此之前，《适用诉讼时效制度规定》确立的司法实践中的习惯做法，在司法裁判中仍然得以发挥其作用。

2. 诉讼时效中断的适用要件

（1）需存在法定中断事由。本条规定了提出履行请求等四种法定事由。

（2）中断事由需发生在普通诉讼时效期间或特殊诉讼时效期间进程中。最长诉讼时效期间不适用该制度，且普通诉讼时效期间或特殊诉讼时效期间已开始起算且尚未届满。若尚未开始起算，则是起算规则的适用问题，并不会产生中断。若已开始起算且已届满，义务人产生抗辩权，亦不产生中断的问题。时效期间届满后的同意履行或债务承认，亦并非是诉讼时效的中断（参见本法第192条的评注）。

另外，诉讼时效的中断，乃是为权利人利益而设，应有权利人主张证明。也就是说，依本法第193条的规定，法院不得主动适用时效的规定。诉讼时效的中断，同样应遵循当事人主义的主张抗辩规则。因此，若非义务人援引时效

---

① 《第十二届全国人民代表大会法律委员会关于〈中华人民共和国民法总则〉（草案修改稿）修改意见的报告》（2017年3月14日第十二届全国人民代表大会第五次会议主席团第三次会议通过）。

② 参见[日]山本敬三：《民法讲义1·总则》（第三版），解亘译，北京大学出版社2012年版，第470~472页。

③ 中国银行股份有限公司汕头分行与广东发展银行股份有限公司韶关分行、第三人珠海经济特区安然实业（集团）公司代位权纠纷案，最高人民法院（2011）民提字第7号。

届满的抗辩,并不发生时效中断的适用问题,只有义务人援引时效抗辩,权利人为了对抗此等抗辩,才需要援引时效中断的规则。

3. 中断事由、中断的时点与重新起算的时点

本条规定了四种情形发生时效中断。

(1)权利人向义务人提出履行请求

《民法通则》称之为"当事人一方提出要求",本条将其修改为"权利人向义务人提出履行请求"。因诉讼、仲裁已为本条第3项规定,这里指权利人在诉讼或仲裁程序外请求义务人履行义务。因权利人向义务人提出履行请求,表明权利人并未怠于行使其权利,是对诉讼时效期间进行的事实状态的否定,故发生时效期间中断的效力。[①] "请求",应作广义解释,包括书面的、口头的、直接的、间接的。行使请求权就是权利人通知义务人履行义务,破产申报债权也是行使请求权。[②] 不仅如此,虽然本项规定的文义较之《民法通则》第140条要狭窄,但其立法本意仍然是表明权利人在积极行使权利即可。因此,这里的义务人,不限于义务人本人,也包括代理人、财产代管人、清算组织等。权利人虽未直接向义务人提出要求,但请求有关国家机关或社会组织保护其权利的,亦构成此处"权利人向义务人提出履行请求"(《适用诉讼时效制度规定》第14、15条)。另外,"适用诉讼时效制度规定"第10条对《民法通则》第140条"当事人一方提出要求"的认定作出了列举性说明,包括:当事人一方直接向对方当事人送交主张权利文书,对方当事人在文书上签字、盖章或者虽未签字、盖章但能够以其他方式证明该文书到达对方当事人的;当事人一方以发送信件或者数据电文方式主张权利,信件或者数据电文到达或者应当到达对方当事人的;当事人一方为金融机构,依照法律规定或者当事人约定从对方当事人账户中扣收欠款本息的;当事人一方下落不明,对方当事人在国家级或者下落不明的当事人一方住所地的省级有影响的媒体上刊登具有主张权利内容的公告的,但法律和司法解释另有特别规定的,适用其规定。

权利人直接向义务人或其代理人、财产代管人、清算组织提出要求时,应

① 参见佟柔主编:《中国民法》,法律出版社1990年版,第614页。

② 参见谢怀栻:《民法总则讲要》,北京大学出版社2007年版,第205页;佟柔主编:《中国民法学·民法总则》(修订版),人民法院出版社2008年版,第238页。

从中断原因发生时起重新计算时效。[①] 即诉讼时效期间自通知到达义务人或其代理人、财产代管人、清算组织之日起中断,自次日起重新计算。需要注意的是,司法解释将"应当到达"也视为权利人已向义务人提出要求,视为主张权利的意思表示已到达。对此,最高人民法院有判决认为,"诉讼时效制度设立的目的是为了督促权利人及时行使权利,只要权利人在法定期间恪尽一定注意义务向义务人提示权利,应认定为已向义务人提出了履行要求,产生诉讼时效中断之效果。本案中权利人提供的快递单及其载明事项达到了民事证据高度盖然性的要求,足以认定该律师催款函到达或者应当到达对方当事人",[②] 对于"应当到达"的证明采用了高度盖然性的原理。

权利人向人民调解委员会以及其他依法有权解决相关民事纠纷的国家机关、事业单位、社会团体等社会组织提出请求的,诉讼时效期间从提出请求之日起中断(《适用诉讼时效制度规定》第 14 条)。从调解协议生效或有关机构作出决定之时起重新计算时效期间。这也是本条"有关程序终结"时的应有之义。

权利人向公安机关、检察院、法院报案或者控告,请求保护民事权利的,诉讼时效期间从其报案或者控告之日起中断;上述机关决定不立案、撤销案件、不起诉的,诉讼时效期间从权利人知道或应当知道不立案、撤销案件或者不起诉之日起重新计算;刑事案件进入审理阶段,诉讼时效期间从刑事裁判文书生效之日起重新计算(《适用诉讼时效制度规定》第 15 条)

(2)义务人同意履行义务

该项事由源于《民法通则》第 140 条。义务人的同意,依口头或书面、明示或默示,均可。同意之表示人原则上应为义务人本人,义务人的代理人于授权范围内而为同意的,亦发生同意的效果。

比较法上一般规定义务人"承认"为中断事由。从文义上看,较之"义务人同意履行义务"要求更高,其不仅要求"承认"义务的存在,还要求"同意履行义务"。但在学理上和司法实务中,通说认为应将其扩张解释为义务承认,

---

① 参见梁慧星:《民法总论》,法律出版社 2011 年版,第 259 页。

② "林某某等诉卢某某民间借贷纠纷案",最高人民法院(2015)民申字第 1051 号。

而无须义务人同意履行。[①]《适用诉讼时效制度规定》第16条也规定,“义务人作出分期履行、部分履行、提供担保、请求延期履行、制定清偿债务计划等承诺或者行为的,应当认定为《民法通则》第140条规定的当事人一方‘同意履行义务’”。在司法实践中,亦有法院判决将“债务人向债权人出具的情况说明书中承认欠款及数额的行为”认定为“表明其同意履行义务”,进而肯定其为中断时效的事由之一。[②] 义务人在诉讼时效期间内所为的“承认”,之所以无须同意亦能产生中断时效的效果,原因在于义务人的承认即使权利人无须再为履行之请求,故可以被视为权利人行使权利的一种方式,能够发生与请求同等的中断时效的效力。但是,如果义务人在承认其义务的同时明确表示拒绝履行义务,则双方的法律关系并未因之而稳定,权利人仍有必要行使其请求权。此时的“承认”不能被视为权利人行使权利的一种方式,不构成时效中断的事由。因此,可将其理解为“债务人承认债务时,如无相反意思,视为同意履行债务”。[③]

“义务人同意履行义务”引起诉讼时效中断的时间点,是采“发信主义”还是“到达主义”,存在争议。[④] 在司法实践中,最高人民法院有批复曾采纳到达主义。[⑤] 若依此批复,义务人通过承诺履行义务的行为表明同意履行义务的,诉讼时效期间自其承诺到达权利人之日起中断,自次日起重新计算。

(3)权利人提起诉讼或申请仲裁

较之《民法通则》第140条,本条吸收了《适用诉讼时效制度规定》第13条

---

① 参见杨巍:《民法时效制度的理论反思与案例研究》,北京大学出版社2015年版,第367页。

② “南京国通能源有限责任公司与淮北市煤炭管理局企业出售合同纠纷上诉案”,最高人民法院(2012)民二终字第136号。

③ 尹田:《民法典总则之理论与立法研究》,法律出版社2010年版,第844~845页。

④ 参见杨巍:《民法时效制度的理论反思与案例研究》,北京大学出版社2015年版,第368页。

⑤ 《最高人民法院关于债务人在约定的期限届满后未履行债务而出具没有还款日期的欠款条诉讼时效期间应从何时开始计算问题的批复》(法复〔1994〕3号)称:“据你院报告称,双方当事人原约定,供方交货后,需方立即付款。需方收货后因无款可付,经供方同意写了没有还款日期的欠款条,根据《中华人民共和国民法通则》第140条的规定,对此应认定诉讼时效中断。如果供方在诉讼时效中断后一直未主张权利,诉讼时效期间则应从供方收到需方所写欠款条之日的第二天开始重新计算。”

的规定，增加了申请仲裁作为诉讼中断的事由。提起诉讼或申请仲裁，与向义务人请求履行一样，表明权利人已积极行使其请求权，与诉讼时效进行的事实状态相反，故应发生诉讼时效期间中断的效力。我国学说通常认为，不论为本诉或反诉，给付之诉、确认之诉或形成之诉，均发生中断时效的效力。[①] 申请仲裁，也表明当事人希望通过享有国家审判权的公权力机关以国家司法强制力认可和保护其权利，表明当事人借此方式表达行使权利的主张，因此也是中断时效的事由之一。[②]

因起诉而中断时效的，自权利人向法院提交诉状之日或口头起诉之日中断(《适用诉讼时效制度规定》第 12 条)。依本条规定，诉讼时效期间因权利人提起诉讼而中断后，在诉讼程序终结前，其时效并不进行，待程序终结后重新计算诉讼时效期间。但是，依《民事诉讼法》第 239 条的规定的两年申请执行时效及其起算规则，有学者认为不必也不能从诉讼程序终结时重新计算原有的诉讼时效期间。诉讼程序终结后，权利人败诉的，因其请求权未获承认，自无从重新计算诉讼时效期间。权利人申请再审的，应当适用民事诉讼法关于申请再审期限的规定，也不能重新计算诉讼时效期间。同理，申请仲裁的，在仲裁程序终结前，诉讼时效期间中断，也不涉及重新计算诉讼时效期间的问题。[③] 为使得《民事诉讼法》与《民法总则》实现有效衔接，本法施行以后若不考虑对《民事诉讼法》作出修改，建议按《民事诉讼法》的规则操作。

权利人起诉后又撤诉是否不引起时效中断，虽然《海商法》第 267 条对此

---

① 参见王利明主编：《中国民法典学者建议稿及立法理由·总则编》，法律出版社 2005 年版，第 451 页；最高人民法院民二庭编：《最高人民法院关于民事案件诉讼时效司法解释理解与适用》(第 2 版)，人民法院出版社 2015 年版，第 230 页。

② 参见最高人民法院民二庭编：《最高人民法院关于民事案件诉讼时效司法解释理解与适用》(第 2 版)，人民法院出版社 2015 年版，第 243 页。

③ 参见戴孟勇：《论因起诉及与起诉类似的事项导致诉讼时效中断的效力》，载《交大法学》2016 年第 4 期。

有规定,[①]但在学说和实务中,存在很大争议。[②] 有学者认为应视为不中断。[③] 有学者建议稿曾规定,“时效因起诉而中断的,若撤回起诉……视为不中断”。[④] 有学者建议稿虽然规定视为未中断,但规定若起诉状已送达义务人的,可以发生请求的中断效力。[⑤] 在司法实践中,最高人民法院有判决认为“当事人起诉后又撤诉,应视为诉讼时效中断,诉讼时效期间应从撤诉之日起重新计算”。[⑥] 对此,有学者主张,权利人行使权利而中断时效,除了要有行使权利的意思和行为,其意思亦应到达对方。若诉状未送达义务人,应视同未起诉;诉状已到达义务人,则视为请求履行的方式之一,引起时效的中断。该学者主张,在诉讼的环境中,无论权利人是在诉讼中基于何种地位、基于何种原因或采用何种形式,只要债权人对债务人有行使权利的意思并到达义务人,均应发生时效中断的效果。[⑦] 在司法实践中,也有法院以主张权利的意思到达对方为由肯定撤诉时的时效中断效力。[⑧] 当然,在比较法上,包括撤诉在内,诉讼或其他程序被驳回之情形,亦有采取在该程序终结后六个月以内不完成的立法方案。[⑨]

(4)与提起诉讼或者申请仲裁具有同等效力的其他情形

在本条规定之前,无论是学理上还是司法实践中,都积极扩张诉讼时效中断的事由。在学者建议稿和以往的司法解释中,多将与提起诉讼或者申请仲

① 该条第2款规定,“请求人撤回起诉、撤回仲裁或者起诉被裁定驳回的,时效不中断”。

② 参见尹田:《民法典总则之理论与立法研究》,法律出版社2010年版,第840页;最高人民法院民二庭编:《最高人民法院关于民事案件诉讼时效司法解释理解与适用》(第2版),人民法院出版社2015年版,第233~238页。

③ 参见佟柔主编:《中国民法学·民法总则》(修订版),人民法院出版社2008年版,第238页;徐国栋:《民法总论》,高等教育出版社2007年版,第398~399页。

④ 梁慧星主编:《中国民法典草案建议稿附理由·总则编》,法律出版社2013年版,第433页。

⑤ 参见王利明主编:《中国民法典学者建议稿及立法理由·总则编》,法律出版社2005年版,第457页。

⑥ “广西融海房地产开发有限公司与广西壮族自治区德保县糖厂借款担保合同纠纷再审案”,参见《民事审判指导与参考》2011年第3辑。

⑦ 参见尹田:《民法典总则之理论与立法研究》,法律出版社2010年版,第841页。

⑧ 参见天士力制药集团股份有限公司诉李某某名誉权纠纷案,天津市高院(2014)津高民一终字第0028号。

⑨ [日]石井教文:《債権の消滅時効》,载《金融法務事情》2029号(2015年11月10日)。

裁具有同等效力的其他情形也作为诉讼时效中断的事由。对此,依《适用诉讼时效制度规定》第13条规定,申请支付令、申请破产、申报破产债权、为主张权利而申请宣告义务人失踪或死亡、申请诉前财产保全、诉前临时禁令等诉前措施、申请强制执行、申请追加当事人或者被通知参加诉讼、在诉讼中主张抵销等均被认为与提起诉讼具有同等诉讼时效中断的效力。在司法实践中,亦有法院判决将公安机关对违法行为主动侦查、权利人应侦查部门要求协助侦查的情形,认定为"与提起诉讼具有同等时效中断效力的事项"。[①] 在交通事故保险理赔诉讼中,有法院将交通部门处理事故之日至最终责任认定之前,也作为诉讼时效中断的事由。[②]

但是,如同提起诉讼和申请仲裁一样,此等情形也存在与民事诉讼法等的协调问题,应当对本条规定的"相关程序终结时起"作出限缩解释。根据《民事诉讼法》等的规定,申请支付令虽导致诉讼时效中断,但原则上不能重新计算诉讼时效期间,仅当法院裁定驳回申请或者支付令失效后未能转入诉讼程序时,才得以重新计算诉讼时效期间。同理,因企业破产法对于破产程序有专门规定,因申请破产或申报破产债权导致诉讼时效中断的,也不存在重新计算诉讼时效期间的问题,而应当适用追加分配等规定;但破产程序中自行达成协议而终结破产程序的,则有诉讼时效期间重新起算的问题。[③] 宣告失踪或死亡之情形,在诉讼程序终结前,时效中断。法院经审理后作出判决或驳回申请,从判决生效的次日起重新计算诉讼时效期间。诉前保全措施,法院裁定驳回申请的,从裁定次日起重新计算诉讼时效期间;裁定采取诉前保全措施的,因权利人未依法起诉或申请仲裁导致解除保全的,从解除保全裁定生效的次日起重新计算;权利人依法起诉或申请仲裁的,应按照起诉或申请仲裁导致时效

① "鲁某敏诉勃贝雷有限公司等侵害商标权纠纷案",上海知识产权法院(2015)沪民终字第6号。

② "四川成都绕城高速公路有限责任公司诉徐某霞等保险合同纠纷案",成都高新区法院(2013)高新民初字第3214号。

③ 参见王欣新:《破产程序与诉讼时效问题研究》,载《政治与法律》2015年第2期。但最高人民法院亦有判决认为破产申请中断时效的,诉讼时效应当自中断之日起重新起算,并以裁定受理破产申请之日起开始起算[参见"成功控股集团有限公司与湖南湘泉集团有限公司股权转让纠纷案",最高人民法院(2012)民提字第138号]。

中断的情形处理。申请强制执行引起中断的,原则上不能重新计算诉讼时效期间,仅当执行依据为仲裁裁决或公证债权文书被法院裁定不予执行时,才有重新起算诉讼时效期间的问题。在诉讼时效因申请追加当事人或者被通知参加诉讼而中断的情形,当参加人系无独立请求权第三人且未被判决承担民事责任时,才有重新计算诉讼时效期间的问题。诉讼中主张抵销的情形,诉讼程序终结后,如果债权因抵销而消灭,无须重新计算诉讼时效期间。抵销后剩余的债权及因不符合抵销要件而未能抵销的债权,从判决生效次日起重新计算诉讼时效期间。①

① 参见戴孟勇:《论因起诉及与起诉类似的事项导致诉讼时效中断的效力》,载《交大法学》2016 年第 4 期。

第一百九十六条 【不适用诉讼时效规定的请求权】

下列请求权不适用诉讼时效的规定：

（一）请求停止侵害、排除妨碍、消除危险；

（二）不动产物权和登记的动产物权的权利人请求返还财产；

（三）请求支付抚养费、赡养费或者扶养费；

（四）依法不适用诉讼时效的其他请求权。

一、历史由来

《民法通则》第135条并未具体规定“向人民法院请求保护”的“民事权利”的范围；《物权法》第三章专门规定了物权保护相关的请求权，但对于诉讼时效不置一词；本法第188条亦是如此。依体系解释，本法第188条规定的“权利”，并不等同于本法第五章规定的所有的民事权利，指的是请求权；有关诉讼时效的适用范围仅限于“请求权”的观点，也是目前我国理论中的主流。[①]请求权依其产生的基础权利的不同，可分为债权上的请求权、物权上的请求权、人格权上的请求权、知识产权上的请求权以及身份权上的请求权，[②]并非所有的请求权均适用诉讼时效。[③] 例如，占有人返还原物的请求权，《物权法》第245条第2款规定，自侵占发生之日起一年内未行使的，该请求权消灭——依本法，时效期间的届满仅发生抗辩权，并不消灭请求权本身，因此该一年期间

---

① 参见尹田：《民法典总则之理论与立法研究》，法律出版社2010年版，第797页。

② 参见王泽鉴：《民法总则》，北京大学出版社2009年版，第75页；崔建远等：《民法总论》（第二版），清华大学出版社2013年版，第66页。

③ 参见佟柔主编：《中国民法学·民法总则》（修订版），人民法院出版社2008年版，第232页；徐国栋：《民法总论》，高等教育出版社2007年版，第398~399页。

并非诉讼时效期间。①

《适用诉讼时效制度规定》第1条规定了债权请求权适用诉讼时效规定,并同时列举了不适用诉讼时效的债权请求权,而对于物权请求权等请求权是否适用诉讼时效的问题,由于理论界和司法实务界对此争议较大,该司法解释未予规定。② 学理上,关于哪些请求权不得适用,多基于其请求权的产生基础为债权、物权、人格权、身份关系以及知识产权等的不同而展开分析。在细微之处虽有区别,但学说上多认为停止侵害请求权、消除危险请求权、消除影响请求权不适用诉讼时效;③返还请求权以外的物权请求权不适用诉讼时效,已登记不动产所有人的返还请求权也不适用诉讼时效;人格权保护中的除去侵害请求权、防止侵害请求权、基于身份关系的请求权、共有物分割请求权、基于相邻关系的请求权、基于合伙、联营、投资关系的请求权以及基于储蓄关系、债券关系的请求权,也不适用诉讼时效。④

关于返还原物请求权,学界既有主张不适用诉讼时效,⑤也有主张已登记的不动产不适用诉讼时效,⑥也有主张原则上应适用诉讼时效,善意取得、取得

① 关于该条规定的一年期间的性质,理论和实务中存在争议。既有将其视为诉讼时效,也有将其视为除斥期间,还有观点认为属于无中止、中断的诉讼时效,或构成独立的期间类型。关于该条的争议及该条的期间性质为除斥期间的分析,参见吴香香:《〈物权法〉第245条评注》,载《法学家》2016年第4期。

② 参见《最高人民法院民二庭负责人就〈最高人民法院关于审理民事案件适用诉讼时效制度若干问题的规定〉答记者问》,载《人民法院报》2008年9月1日,第3版。

③ 但也有学者持不同意见,认为排除妨害、消除危险请求权应适用诉讼时效,参见杨代雄:《民法总论专题》,清华大学出版社2012年版,第308~310页。

④ 参见梁慧星:《民法总论》(第四版),法律出版社2011年版,第252~254页;王利明:《民法总则研究》(第二版),中国人民大学出版社2012年版,第732~738页;尹田:《民法典总则之理论与立法研究》,法律出版社2010年版,第801~808页;朱庆育:《民法总论》(第二版),北京大学出版社2016年版,第536~540页;最高人民法院民二庭编:《最高人民法院关于民事案件诉讼时效司法解释理解与适用》(第2版),人民法院出版社2015年版,第46~64页;等等。

⑤ 参见王利明:《民法总则研究》(第二版),中国人民大学出版社2012年版,第735页;杨巍:《民法时效制度的理论反思与案例研究》,北京大学出版社2015年版,第210~212页;崔建远等:《民法总论》(第二版),清华大学出版社2013年版,第197页;崔建远:《关于制定〈民法总则〉的建议》,载《财经法学》2015年第4期;杨代雄:《民法总论专题》,清华大学出版社2012年版,第308页。

⑥ 参见王轶:《物权请求权与诉讼时效制度的适用》,载《当代法学》2006年第1期;梁慧星:《民法总论》(第四版),法律出版社2011年版,第253页;许中缘、曲茂辉:《民法总则原理》,中国人民大学出版社2012年版,第483~484页。

时效和失权无法完全取代诉讼时效。[①] 在司法实践中，有法院判决明确援引物权请求权不适用诉讼时效的学理，排除了确认房屋所有权、[②]出租人作为所有权人请求返还房屋的请求权适用诉讼时效。[③] 另外，也有部分学者主张，虽然我国继承法规定继承权纠纷适用诉讼时效的规定，但继承权为承继死者遗产的法律地位，继承人资格的确认实属身份关系的确认，其请求权不适用诉讼时效；遗嘱效力的确认为法律行为有无效力的确定，其请求权也不适用诉讼时效。[④] 但也有学者认为，"消除影响、恢复名誉、赔礼道歉"三种请求权，亦应适用诉讼时效。[⑤]

在本法之前，学界多呼吁应当对物权请求权、人身权请求权是否适用诉讼时效作出直接的规定。[⑥] 在各民法典学者建议稿中，对此都有所反映。有学者草案直接规定诉讼时效的适用以债权为限，停止侵害、排除妨碍、消除危险及物权人要求返还权利标的物的权利不受诉讼时效的限制。[⑦] 有学者草案将其限定在请求权，同时排除了抚养费、扶养费和赡养费请求权，基于物权的排除妨害请求权、消除危险请求权、确认权利请求权、已登记不动产所有人的返还请求权，基于相邻关系的停止侵害请求权、排除妨害请求权，基于投资关系的收益分配请求权，基于存款关系的支付本息的请求权，以及基于债券关系的还本付息请求权。[⑧]《物权法（草案）》三审稿、全民征求意见稿以及四审稿曾明

---

① 参见朱虎：《返还原物请求权适用诉讼时效问题研究》，载《法商研究》2012年第6期；杨会：《物权请求权与诉讼时效》，载《河北法学》2011年第1期。也有学者主张物上请求权应当适用诉讼时效，参见程啸、陈林：《论诉讼时效客体》，载《法律科学》2000年第1期；也有学者建议物上请求权的诉讼时效期间为15年，参见柳经纬：《民法总则不应是〈民法通则〉的"修订版"》，载《法学》2016年第10期。

② 参见"刘某喜与葛某片房屋权属纠纷再审案"，最高人民法院(2011)民提字第123号。

③ 参见"何某平与庆阳市国有资产经营有限公司房屋租赁合同纠纷上诉案"，庆阳中院(2014)庆中民终字第20号。

④ 参见尹田：《民法典总则之理论与立法研究》，法律出版社2010年版，第803页。

⑤ 参见尹田：《民法典总则之理论与立法研究》，法律出版社2010年版，第803页。

⑥ 参见杨巍：《民法时效制度的理论反思与案例研究》，北京大学出版社2015年版，第194页。

⑦ 参见王利明主编：《中国民法典学者建议稿及立法理由·总则编》，法律出版社2005年版，第400页。

⑧ 参见梁慧星主编：《中国民法典草案建议稿附理由·总则编》，法律出版社2013年版，第382页。

确规定排除妨碍请求权以及消除危险请求权不适用诉讼时效,但正式颁布的《物权法》对此未作规定。在民法典起草过程中,全国人大法工委民法室 2015 年 8 月 28 日发布的“民法总则民法室室内稿”仅规定本条前两项中的请求权不适用诉讼时效;《民法总则(草案)》(一审稿)开始,增加了不适用诉讼时效的请求权类型。但与一审稿至三审稿不同的是,本条规定将草案中的“已登记的物权人请求返还财产”修改为“不动产物权和登记的动产物权的权利人请求返还财产”。其修改理由为:“有的代表提出,目前,不少农村地区的房屋尚未办理不动产登记,为更好地保护农民的房屋产权,建议将不适用诉讼时效的范围扩大至所有不动产物权的返还请求权。法律委员会经研究,建议对这一项作出修改,明确不动产物权和登记的动产物权的权利人请求返还财产不适用诉讼时效。”①

与学者草案及学说不同的是,本条规定既没有将诉讼时效的适用限定在债权请求权,也没有将抚养费、扶养费、赡养费之外的基于身份关系产生的请求权明确排除在外;既未对因侵害人身所生之恢复名誉、消除影响、赔礼道歉是否适用诉讼时效作出明确,也未如同学者草案中一样将《适用诉讼时效制度规定》第 1 条吸收规定进本条的内容之中。

二、规范目的与含义

(一)规范目的

从全国人大常委会法律委员会以及全国人民代表大会审议过程中公布的立法草案说明及修改报告来看,本条的立法目的旨在通过明确不适用诉讼时效的情形,以完善《民法通则》以来的诉讼时效制度。如前所述,自《民法通则》以来,适用诉讼时效的“民事权利”范围,随着司法实践和民法理论的发展,其适用的权利范围也逐步得到明确。对于一些不适用诉讼时效的请求权类型,司法实践和民法理论也达成了一定的共识,本条对此进行了确认。但就本条规定不予适用的请求权类型,其之所以不适用诉讼时效,其理由不尽一致。

---

① 《第十二届全国人民代表大会法律委员会关于〈中华人民共和国民法总则(草案)〉审议结果的报告》(2017 年 3 月 12 日第十二届全国人民代表大会第五次会议主席团第二次会议通过)。

(二)规范含义

1. 请求停止侵害、排除妨碍、消除危险

本法第179条和《侵权责任法》第15条规定了上述三种民事责任承担方式。这些责任承担方式,也散见于各特别法。《物权法》第35条规定了"排除妨害""消除危险"的物权保护方式。《著作权法》第47、48条规定了停止侵害、消除影响的著作权侵权责任承担方式;《专利法》第60条规定了责任停止侵权行为;《商标法》第60条及第65条规定了责令停止侵权及诉前责令停止有关行为等。

这三种救济性请求权之所以不适用诉讼时效,其主要原因在于此等请求权与诉讼时效制度之间不具有兼容性。依起草者的立法理由,"诉讼时效是权利人在法定期间内不行使权利,该期间届满后,权利不受保护的法律制度。该制度有利于促使权利人及时行使权利,维护交易秩序和安全",其本意在于权利受侵害后若干期间内仍不行使其权利,对其权利予以限制。但这三种请求权针对的是正在进行且侵害状态仍持续存在的权利受损害或有可能受损害的状态,其针对的是继续性侵害行为,其本质上不可能适用诉讼时效。[①] 对于消除危险来说,其本质上针对未来可能发生的妨害或侵害危险,诉讼时效本身无法起算,或者是认为《民法通则》适用两年的普通诉讼时效期间。若此等请求权适用诉讼时效,不利于对当事人权利的保护以及对确定三种请求权的诉讼起算点有难度,不适用诉讼时效,适用法律时操作上较为方便。[②] 另外,也有学者认为此类请求权与诉讼时效制度核心功能之间不兼容,认为这类请求权指向现实存在的妨害和危险,这种现实存在的妨害和危险一般就排除了向不特定第三人呈现权利不存在状态的可能,不特定第三人也就无法产生相应的物权请求权不存在的信赖,诉讼时效制度的核心功能对于该类请求权不存在适用的可能性。[③]

该项规定的三种请求,并未将其限定于基于物权而产生的请求权,也就是

① 参见杨巍:《民法时效制度的理论反思与案例研究》,北京大学出版社2015年版,第171页。

② 参见魏振瀛主编:《民法》(第六版),北京大学出版社2016年版,第198页。

③ 参见王轶:《物权请求权与诉讼时效制度的适用》,载《当代法学》2006年第1期。

说,不管是基于物权还是基于人格权、知识产权等基础权利以及相邻关系等,只要其救济请求权纳入上述三种请求权范畴,均适用本项规定,不适用诉讼时效。在人格权保护相关领域,消除影响,其性质上与本项规定一致,亦不应适用诉讼时效。

2. 不动产物权和登记的动产物权的权利人请求返还财产

依前项规定,诉讼时效并未排除返还财产的请求权。但鉴于不动产物权变动采登记生效主义,非经登记不生效力。如果允许已登记不动产所有人的返还请求权因时效期间届满而消灭,将动摇不动产登记制度的效力,因此已登记不动产所有人的返还请求权,不适用诉讼时效。① 或者是从诉讼时效的功能出发,认为已登记的物权不会使不特定第三人产生合理信赖,因而不适用诉讼时效。② 而在司法实践中,对于一些特殊情形,即使是未登记的不动产,法院也有判决认为其返还请求亦不适用诉讼时效。③ 事实上,在《民法总则(草案)》阶段曾规定"已登记的物权人请求返还财产"不适用诉讼时效,其更多的是参考台湾地区"大法官解释"(释字第107号)的精神。但依该解释,之所以已登记的不动产物权不适用诉讼时效,主要是为了与取得时效的规定保持一致,并维护不动产登记之效用,同时考虑不动产登记人所承担的税捐的公平性问题。但依《民法总则(草案)修改报告》,对于未登记的不动产物权亦不适用诉讼时效,更多的是政策的考量,是为了维护农民的房屋产权利益。其理由并非是登记的效力,因不存在取得时效的规定,也并非基于制度之间的协调。不动产税负的问题,尚没有最终结论,当然亦不涉及税负的公平问题。

依其反面解释,未登记的动产物权人要求返还财产,适用诉讼时效。未登记的动产物权人享有的返还原物请求权,如果长期不行使,则会如同债权请求权一样,向不特定的第三人呈现权利不存在的状态,此时就有保护不特定第三

---

① 参见梁慧星:《民法总论》,法律出版社2011年版,第253页。

② 参见王轶:《物权请求权与诉讼时效制度的适用》,载《当代法学》2006年第1期;朱虎:《返还原物请求权适用诉讼时效问题研究》,载《法商研究》2012年第6期。

③ 参见倪红晏、谷昔伟:《物业用房返还请求权不适用诉讼时效和除斥期间》,载《人民司法·案例》2014年第14期。该案中,物业用房并未登记在业委会名下,该案主审法官评析中认为不适用诉讼时效。

人信赖利益的必要性，也就存在适用诉讼时效制度的必要性。[①] 或者认为，当所有物被他人不法占有后，占有人的不法占有行为虽也持续进行，但其不法性却难以为他人知晓，相反人们基于长期占有的事实而产生信赖。因而，该请求权应受到诉讼时效的限制。[②]

依本项文义，即使是动产，物权人只要经登记，其返还财产的请求权即不适用诉讼时效。但是，《物权法》上，就特殊动产的物权变动，采登记对抗主义。此处的登记并不具有公信力，无法以不动产登记的公示公信推导出其返还请求权不适用诉讼时效。依目的解释，该项旨在维护社会对登记制度的信赖，而特殊动产的登记，仅具有对抗效力，登记并不表明其一定是权利人。因此，理论上仅凭登记无法排除诉讼时效之适用。因此，也有学者认为，对于一般动产，从维护交易安全的角度出发，以适用诉讼时效为宜。[③] 但也有学者认为，即使是登记对抗主义的物权，登记记载的权利人所享有的返还财产请求权，也不应适用诉讼时效制度。就以登记作为公示方法的动产物权，如船舶、航空器和机动车的所有权等而言，由于此类登记在公示效力上采对抗要件主义，只有经过登记的物权变动才具有对抗任意第三人的效力。这意味着在当事人之间有效成立的物权变动，不能无条件地向外主张。登记簿上记载的船舶、航空器以及机动车的所有权人所享有的返还财产请求权，不应适用诉讼时效制度。[④] 而司法实践中也认为，"登记权利人请求无权占有人返还不动产或者动产，对方当事人以超过诉讼时效期间抗辩的，均应不予支持"。[⑤] 虽然《民法总则》最终采纳了登记的动产物权权利人请求返还财产也不适用诉讼时效，但立法者并未对其作出立法理由说明。从理论上来说，对于特殊动产，因登记并不具有公信力，无法以不动产登记的公示公信推导出其返还请求权不适用诉讼时效；虽然本项规定强化了特殊动产登记的效力和功能，但仅以其具有对抗效力推导出其返还财产的请求权不适用诉讼时效，在理论上还需要更为充分的阐述。

---

① 参见王轶：《物权请求权与诉讼时效制度的适用》，载《当代法学》2006 年第 1 期。

② 参见傅鼎生：《物上请求权的时效性》，载《法学》2007 年第 6 期。

③ 参见魏振瀛主编：《民法》（第六版），北京大学出版社 2016 年版，第 199 页。

④ 参见王轶：《民法总则之期间立法研究》，载《法学家》2016 年第 5 期。

⑤ 参见最高人民法院：《全国法院民事商事审判工作会议纪要》，载《人民法院报》2016 年 12 月 1 日，第 3 版。

3. 请求支付赡养费、抚养费或者扶养费

本项规定旨在维护家庭伦理关系，且关系人的生存，对此等权利行使的限制会涉及公序良俗的问题。不仅如此，民法典必须高度重视“家”在组织社会秩序中的关键作用。与此相适应，民法典所有的规则设计都应是服务于提升家庭的凝聚力，①因此法律规定其不适用诉讼时效。

在本法规定之前，学说上虽然多认为基于身份关系产生的非财产给付请求权不适用诉讼时效；但对于请求支付赡养费、抚养费或者扶养费，也有不少学者主张应当适用诉讼时效。例如，对于基于身份关系的请求权，如抚养费请求权、赡养费请求权等有财产给付内容的请求权，其属于债权内容，本应适用诉讼时效。② 如果权利人已经请求义务人为一定的赡养或抚养义务，此时在权利人与义务人之间已经形成一般意义上的债权关系，而不再是基于原有意义上的基于身份关系发生的请求权，这种债权关系应当适用诉讼时效。如果权利人没有及时进一步追偿，其权利可以因诉讼时效期限的届满而消灭。③ 各期抚养费和赡养费的给付请求权，仍应适用诉讼时效。④ 或者是认为，此等请求权不适用诉讼时效应以特殊身份关系的存续为条件；如果被抚养人已不具备被抚养条件，如满十八周岁以后再要求满十八周岁以前的抚养费的，则应适用诉讼时效的规定，该诉讼时效期间从不具备被抚养条件之日起计算。⑤ 从本项规定来看，本法并未给抚养费、赡养费或者扶养费请求权不适用诉讼时效留有解释的余地，因此，笔者认为本法已通过立法否定了上述学者们的主张。

4. 依法不适用诉讼时效的其他请求权

除了后述部分依法适用除斥期间而不适用诉讼时效的请求权之外（参见第199条评注），本项规定在另一方面延续了《适用诉讼时效制度规定》弥补列举式不足的立法目的。与《适用诉讼时效制度规定》第1条第4项规定存在一致之处，其本意旨在于“由于司法实务中的问题纷繁复杂，债权请求权种类众

---

① 参见王轶：《民法总则之期间立法研究》，载《法学家》2016年第5期。

② 参见尹田：《民法典总则之理论与立法研究》，法律出版社2010年版，第803页。

③ 参见王利明：《民法总则研究》（第二版），中国人民大学出版社2012年版，第737页。

④ 参见梁慧星：《民法总论》（第四版），法律出版社2011年版，第253页。

⑤ 参见最高人民法院民二庭编：《最高人民法院关于民事案件诉讼时效司法解释理解与适用》（第2版），人民法院出版社2015年版，第50页。

多,本司法解释难以全面规范,故本司法解释第(四)项作了兜底规定”。[①] 其试图为其他不适用诉讼时效的请求权留下解释的空间,以弥补列举式规定的不足。

但是,该项规定一方面为以后的立法和法律适用留下了空间,但另一方面也为诉讼时效适用于本条列举以外的请求权提供了解释依据。因本项规定“依法”不适用诉讼时效的,结合本法第 188 条“民事权利”的理解,理论上可以得出除本条规定以外的请求权,均应适用诉讼时效,除非“依法不适用”。其中就包括《适用诉讼时效制度规定》第 1 条列举的不得援引时效抗辩的债权请求权,是否仍然不得援引时效抗辩,需要对本项规定的“依法”作出扩张解释,将司法解释规定也纳入其中,始有《适用诉讼时效制度规定》第 1 条适用之可能。

在学理上,多认为基于身份关系的性质,包括夫妻同居请求权、离婚请求权、父母对第三人请求交还未成年子女的请求权、解除收养关系请求权等,均不应适用诉讼时效。[②] 在司法实践中也有法院判决认为,公司被吊销营业执照后一直未予清算,法院认为股东要求清算的请求不适用诉讼时效。[③] 最高人民法院指导案例第 65 号“上海市虹口区久乐大厦小区业主大会诉上海环亚实业总公司业主共有权纠纷案”也确认,“业主拒绝缴纳专项维修资金,并以诉讼时效提出抗辩的,人民法院不予支持”。对于此等请求权,虽然在学理上都可以予以解释其不适用诉讼时效的法理或政策考量,但因本项规定“依法不适用”,今后在实践中如何扩张解释不适用诉讼时效的请求权,会面临诸多障碍。当务之急,是借民法典编纂的契机,对民法典各编及特别法加以修改完善时,对于不适用诉讼时效的请求权逐一梳理,以立法的方式排除诉讼时效适用于特定的请求权。

另外,基于财产共有关系的分割请求,虽然名义上为“请求”,但并非请求权,而是形成权,并不在本条涵盖范围之内,其原本就不属于诉讼时效的适用

---

① 最高人民法院民二庭编:《最高人民法院关于民事案件诉讼时效司法解释理解与适用》(第 2 版),人民法院出版社 2015 年版,第 46 页。

② 参见梁慧星:《民法总则》,法律出版社 2011 年版,第 253 页。

③ “管某武诉张某等股东权案”,北京一中院(2007)一中民终字第 09787 号。

范围之内。[①] 类似的还有解除权、撤销权等。对于支配权、抗辩权,其并非请求权,同理亦不适用诉讼时效。支配权仅凭权利人意志即可实现,不存在与相对人关系上不稳定的状态,并没有通过时效实现法秩序的要求。抗辩权是针对请求权的防御性权利,请求权不行使,则无抗辩权存在之余地,并无适用诉讼时效之必要。形成权,单方行使即可引起法律关系的变动,若不及时行使,会使得法律关系处于极为不稳定状态,因此将其纳入效力更强的除斥期间。[②]

实践中争议较大的是合同无效涉及的诉讼时效问题。最高人民法院曾发布《关于无效合同所涉诉讼时效问题的规定》(征求意见稿)向社会公开征求意见,但最终并未发布相关司法解释。通常认为,当事人请求法院确认合同无效的权利,性质上并非请求权的行使,不受诉讼时效期间的限制。但无效后的返还关系,则依其返还依据之不同,则适用相关的诉讼时效。最高人民法院也有判决表明这一点。[③]

在司法实践中,还会涉及不动产买卖中产权过户登记是否适用诉讼时效的争议。依本条第 2 项的规定,不动产物权的权利人请求返还财产,不受诉讼时效限制。也就是说,在不动产买卖中,虽已交付不动产,若尚未转移过户登记,原所有权人基于各种法律上的理由(如解除后的返还等)要求返还财产时,并不受诉讼时效的限制。但是,对于买受人而言,其要求转移所有权的过户登记,是否受诉讼时效的限制,实践中多有争议。既有认为要求变更产权登记、办理权属登记不适用诉讼时效,[④]也有认为要求办理过户登记手续,应同样受

① 最高人民法院纪要认为,“继承人死亡后遗产未分割,各继承人均未表示放弃继承,依据继承法第二十五条规定应视为均已接受继承,遗产属各继承人共同共有;当事人诉请享有继承权、主张分割遗产的纠纷案件,应参照共有财产分割的原则,不适用有关诉讼时效的规定”(最高人民法院《全国法院民事商事审判工作会议纪要》,载《人民法院报》2016 年 12 月 1 日,第 3 版);但是,在《婚姻法解释(一)》第 31 条中却规定,“当事人依据《婚姻法》第四十七条的规定向人民法院提起诉讼,请求再次分割夫妻共同财产的诉讼时效为两年,从当事人发现之次日起计算。”

② 参见朱庆育:《民法总论》(第二版),北京大学出版社 2016 年版,第 536 页。

③ “广西北生集团有限责任公司与北海市威豪房地产开发公司、广西壮族自治区畜产进出口北海公司土地使用权转让合同纠纷案”,最高人民法院(2005)民一终字第 104 号,载《最高人民法院公报》2006 年第 9 期。

④ 参见史智军:《不动产买卖中的诉讼时效问题研究》,载《法律适用》2015 年第 11 期;余琼圣:《房屋交付后办理登记的时效问题》,载《人民司法·案例》2009 年第 18 期。

到诉讼时效期间的限制。[①] 最高人民法院则在其纪要中认为:“已经合法占有转让标的物的受让人请求转让人办理物权变更登记,对方当事人以超过诉讼时效期间抗辩的,均应不予支持。”[②]从本法规定来看,要求办理过户登记,其并非是确认物权,而是请求权的行使,其并非是已登记的不动产物权人请求返还财产,未在本条规定排除范围之内,应当适用诉讼时效的规定。

① 参见崔建远:《房屋买卖合同与诉讼时效》,载《人民法院报》2003 年 6 月 13 日。

② 最高人民法院:《全国法院民事商事审判工作会议纪要》,载《人民法院报》2016 年 12 月 1 日,第 3 版。

第一百九十七条 【诉讼时效规定的强行性】

诉讼时效的期间、计算方法以及中止、中断的事由由法律规定，当事人约定无效。

当事人对诉讼时效利益的预先放弃无效。

一、历史由来

关于诉讼时效的规定，能否由当事人依其意思自治约定加以变更，《民法通则》对此并未作出规定。我国学理上，以前通常认为诉讼时效制度是一种强制规定，当事人不能任意变更。① 在比较法上，既存在将时效规定作为强行规定的立法例，也存在允许当事人约定减轻时效，但不允许加重时效的立法例，还存在无论是约定减轻或加重均予以允许的立法例。当事人就诉讼时效规定存在巨大的意思自治空间，已逐渐成为立法发展的趋势。② 最高人民法院的《适用诉讼时效制度规定》第2条，对诉讼时效期间的法定性及不得预先放弃时效利益作出了规定，但未涉及能否约定中止、中断事由等。司法实践中，亦有不少案件援引该条认定当事人之间的约定无效。③

虽然有学者认为，中国民法是否有必要追随各国的立法发展趋势，应慎重研究，④但在设计民法典草案时，各学者草案仍然维持了时效的法定性和强行

---

① 参见谢怀栻：《民法总则讲要》，北京大出版社2007年版，第201页；佟柔主编：《中国民法学·民法总则》（修订版），人民法院出版社2008年版，第231页。

② 参见梁慧星：《民法总论》（第四版），法律出版社2011年版，第247页。

③ 例如，“无锡大华制衣有限公司与丹马士环球物流（上海）有限公司海上货运代理合同纠纷上诉案”，上海高院（2012）沪高民四（海）终字第159号。

④ 参见梁慧星：《民法总论》（第四版），法律出版社2011年版，第248页。

性。[①] 有学者认为，在我国，考虑到法官素质参差不齐和当事人整体法律意识的匮乏，采对当事人意志从严限制的态度，要求不得以协议方式延长或缩短时效期间，并给予法官特殊情况下延长时效期间的权力适当弥补，属于符合我国国情较为合理的选择。[②]

对此，有学者认为，苏俄立法与我国《民法通则》将诉讼时效定位为调整"人民与国家间的关系"，所针对的是国家强制力在何种情况下为债权人提供保护的问题。也因此而采纳的是胜诉权消灭说，且事关权力行使，被设置为强制规范，合乎逻辑。但诉讼时效采抗辩权发生说后，诉讼时效制度的基本功能，其实只是保护债务人，无涉公益，[③]在抗辩权发生主义立场下，以诉讼时效为强制规范，理由牵强，且存在体系不融贯：一方面将诉讼时效作为强制规范，另一方面却任由当事人决定是否主张，且否定法官的主动适用。[④] 在民法总则草案征求意见过程中，也有学者建议顺应比较法的潮流，允许时效期间的任意化，而不是强行化。[⑤] 另有学者建议将诉讼时效期间的法定性与期间的长短联动考虑，认为我国立法和学理上一贯持严格的诉讼时效期间法定性的立场，在不改变立场的情况下，诉讼时效期间设置不宜过短。[⑥] 有不少学者建议将诉讼时效规定为任意性规范，允许当事人在不违反公共利益的限度内意思自治。[⑦] 甚至有学者认为，诉讼时效制度的强制性不仅会挫败当事人的正当期待，还会

① 参见梁慧星主编：《中国民法典草案建议稿附理由 · 总则编》，法律出版社 2013 年版，第 412 页；王利明主编：《中国民法典学者建议稿及立法理由 · 总则编》，法律出版社 2005 年版，第 416 页；徐国栋主编：《绿色民法典草案》，社会科学文献出版社 2004 年版，第 36 页。

② 参见张弛：《论诉讼时效的限制与缓冲》，载《政治与法律》2010 年第 10 期。

③ 当然，也有不少学者认为，时效制度保护的利益具有多重性，即它既保护债务人，也保护法律和平与安全，甚至能起到服务于市场导向以及尽早结束法律关系以加速经济交往的作用，但建议在我国制度设计上，使社会公共利益功能在时效制度中处于相对附随地位。参见耿林：《论除斥期间》，载《中外法学》2016 年第 3 期。

④ 参见朱庆育：《民法总论》（第二版），北京大学出版社 2016 年版，第 545 ~ 546 页。

⑤ 参见解亘：《〈民法总则（草案）〉中时效制度的不足》，载《交大法学》2016 年第 4 期。

⑥ 参见杨巍：《民法时效制度的理论反思与案例研究》，北京大学出版社 2015 年版，第 292 页。

⑦ 参见郑永宽：《诉讼时效强制性的反思》，载《厦门大学学报》2010 年第 4 期；高圣平：《诉讼时效立法中的几个问题》，载《法学论坛》2015 年第 2 期；赵德勇、李永锋：《诉讼时效期间可约定性问题研究》，载《西南民族大学学报》（人文社会科学版）2015 年第 6 期。

诱使背信行为的大量发生,引发社会信任危机。[①] 但《民法总则》并未采纳这些见解,起草过程中的各草案均维持了《适用诉讼时效制度规定》以来的强行化的方向,并进一步明确了计算方法及中止中断事由亦不得由当事人约定。同时,在一审稿法律草案说明中,对此专门做了说明,将其作为完善诉讼时效制度的重要内容之一。

二、规范目的与含义

(一)规范目的

依法律委员会对《民法总则(草案)》(一审稿)的草案说明,之所以规定时效的强行性和法定性,是因为“诉讼时效制度关系法律秩序的清晰稳定,权利人和义务人不可以自行约定”。同样地,在学理上,诉讼时效具有强行性的根据,也多认为基于其规范目的的社会公益性质。[②] 诉讼时效制度的本质是对民事权利的法定限制,关于社会公共利益和法律秩序的统一。[③] 诉讼时效以牺牲已罹于时效之债权人的利益为代价,为以债务人为中心的现时及将来的交易关系提供安全保障的规范目的的达成,要求诉讼时效期间及其计算上的确定性。[④] 也就是说,诉讼时效制度的目的在于保护社会公益,维护社会交易秩序,平衡权利人与义务人之利益,如果允许任意延长,将危及现在及将来的在债务人周围形成的财产秩序,有害于公益。若允许任意缩短,则不利于督促权利人积极行使权利,对权利人的保护不利。而时效利益不可预先放弃,则是因为,若允许当事人预先放弃时效利益,无异于允许权利人无限期地怠于主张权利,不利于维护稳定的市场交易秩序,背离了诉讼时效制度的设定宗旨。[⑤] 本条延

---

① 参见金印:《诉讼时效强制性之反思》,载《法学》2016 年第 7 期。

② 参见龙卫球:《民法总论》(第二版),中国法制出版社 2002 年版,第 617 页;最高人民法院民二庭编:《最高人民法院关于民事案件诉讼时效司法解释理解与适用》(第 2 版),人民法院出版社 2015 年版,第 60 页;李永军:《民法总论》(第三版),中国政法大学出版社 2015 年版,第 279 页。

③ 参见梁慧星:《中国民法典草案建议稿附理由 · 总则编》,法律出版社 2013 年版,第 412 页。

④ 参见王利明主编:《中国民法典学者建议稿及立法理由 · 总则编》,法律出版社 2005 年版,第 416 页。

⑤ 参见最高人民法院民二庭编:《最高人民法院关于民事案件诉讼时效司法解释理解与适用》(第 2 版),人民法院出版社 2015 年版,第 62 页。

续了《适用诉讼时效制度规定》的上述考虑，仍然维持了我国民法学理中的传统学说，并未采纳最新学说和比较法的趋势。但在采纳了抗辩权发生说的背景下，随着理论研究和司法实践的进一步发展，是否放弃诉讼时效的强行性，有待将来作进一步考虑。

(二)规范含义

1. 当事人之间关于排除诉讼时效制度适用或强制诉讼时效适用的约定是否有效。依本条规定，时效期间、计算方法以及中止中断事由的约定无效。但极端的情形有可能是当事人约定排除诉讼时效制度的适用，或者是约定特定的请求权亦适用诉讼时效制度。对于前者，相当于时效利益的事先放弃，依本条第2款，当认定为无效。对于特定的请求权，如当事人就本法第196条规定的请求权约定适用诉讼时效，既然诉讼时效利益的预先放弃和期间的缩短都构成无效，举重以明轻，将不适用诉讼时效的请求权约定为适用，当然亦归无效。

2. 当事人之间就中止、中断的效力作出不同于本法的约定是否有效。依本条规定，中止、中断的事由法定，当事人之间约定无效。若当事人就中止、中断的效力作出不同约定，比如，中止原因消除后约定满四个月或满八个月，诉讼时效期间届满。其本质上亦是诉讼时效期间的缩短与延长，亦当归于无效。但是，中止、中断后的诉讼时效期间届满后，当事人之间的约定可以视为对已发生之抗辩权的放弃，当属当事人意思自治的范畴，不应认定为无效。

当然，从当事人意思角度而言，在时效进程中，当事人就诉讼时效期间作出约定，尤其是延长的约定，并不会因其无效而不具有任何意义。本法第195条规定，权利人提出履行或义务人同意履行义务，均得以中断时效。两者都是以单方的准法律行为的方式变相地延长了诉讼时效期间(重新起算)。[①] 而在时效进程中的诉讼时效期间的约定，无论是延长还是缩短，至少都表明权利人在主张权利、义务人同意履行义务，因此至少应赋予其时效中断的效力。在司

① 参见金印：《诉讼时效强制性之反思——兼论时效利益自由处分的边界》，载《法学》2016年第7期。

法实践中，最高人民法院判决将“债务人向债权人出具的情况说明书中承认欠款及数额的行为”都认定为“表明其同意履行义务”，[①]没有理由否定当事人在时效进程中就时效期间的约定不具有此种意思在内。

3. 当事人对诉讼利益的预先放弃无效。预先放弃，指的是权利人放弃尚未取得的诉讼时效利益。时效期间届满后的放弃，并不在禁止之列。同样地，此处仅指诉讼时效利益的预先放弃无效，并不妨碍当事人之间协商一致变更履行期限(《合同法》第77条)。在实践当中，在订立合同的同时就签订催收通知书，有可能被认定为预先放弃时效利益的行为、不发生诉讼时效中断的法律效果。[②]

① 南京国通能源有限责任公司与淮北市煤炭管理局企业出售合同纠纷上诉案，最高人民法院(2012)民二终字第136号。

② “中国农业银行石狮市支行诉石狮市宏福海洋渔业发展有限责任公司等船舶抵押借款合同案”，福建高院(2009)闽终字第507号。但该案中的证据不足以证明被告在催收通知上盖章、签名的行为发生于其向原告申请借款之时。

第一百九十八条 【仲裁时效】

法律对仲裁时效有规定的，依照其规定；没有规定的，适用诉讼时效的规定。

一、历史由来

该条源于《仲裁法》第74条。《民法通则》对于仲裁时效并未作出规定。但自1994年以来的仲裁法，均对此作出了规定："法律对仲裁时效有规定的，适用该规定。法律对仲裁时效没有规定的，适用诉讼时效的规定。"因仲裁法对此已有特别规定，各学者建议稿对此均未作规定。《民法总则(草案)》自二审稿开始，参考《仲裁法》第74条的原文，将其作为单独的一条加以规定。本条规定与《仲裁法》第74条相比，只是在文字表述上做了一些变化，未改变其实质含义。

二、规范目的与含义

(一)规范目的

关于仲裁时效问题，司法实务界和民法理论界关注都不多。理论上有认为劳动争议仲裁时效不同于诉讼时效，[①]也有部分实务界人士主张对仲裁时效作出完善，不应完全照搬诉讼时效的规定。[②] 本条规定，旨在通过民事基本法的方式对仲裁时效与诉讼时效的关系作出进一步确认，以利于仲裁实务时效规则适用的明晰化。

(二)规范含义

1. 法律对仲裁时效的规定

现行法上对于仲裁时效作出特别规定主要有《劳动争议调解仲裁法》与《农村土地承包经营纠纷调解仲裁法》。

---

① 参见杨茂：《劳动争议仲裁时效性质研究》，载《西南政法大学学报》2006年第6期。

② 参见彭学军、董纯钢：《仲裁时效若干问题研究》，载《北京仲裁》2006年第3期。

(1)《劳动争议调解仲裁法》第27条

该条对劳动争议仲裁的仲裁时效期间、仲裁时效的中断、中止及仲裁时效适用的排除作出了规定。该条规定亦是在《民法通则》的背景下制定,其基本法理参考了《民法通则》,因此与本法规定的诉讼时效存在较大区别。

第一,仲裁时效的期间及其起算。劳动争议仲裁时效期间为一年,短于本法规定的三年普通诉讼时效期间。其起算规则不同于本法规定的"自……以及义务人之日起计算",而是延续了《民法通则》的规定,"自当事人知道或者应当知道其权利受侵害之日起计算"。

第二,仲裁时效的中断。劳动争议仲裁时效的中断事由及其效力,延续了《民法通则》关于中断的规定,并未规定"有关程序终结时起",只是规定从"中断时起"重新计算。在中断事由上,与本法也略有不同,包括"因当事人一方向对方当事人主张权利,或者向有关部门请求权利救济,或者对方当事人同意履行义务"。

第三,关于仲裁时效的中止,也延续了《民法通则》的规定,规定的是"从中止时效的原因消除之日起"、"继续计算",而不是本法规定的延期届满规则。在中止的事由方面,并未限定在时效期间的最后六个月,且其事由限于"不可抗力或者有其他正当事由"。

第四,劳动争议仲裁时效还规定了仲裁时效适用的排除。即"劳动关系存续期间因拖欠劳动报酬发生争议的,劳动者申请仲裁不受本条第一款规定的仲裁时效期间的限制;但是,劳动关系终止的,应当自劳动关系终止之日起一年内提出"。

依本条规定,劳动争议仲裁时效的上述规定,应优先于本法规定的诉讼时效予以适用。当然,随着本法的颁布,诉讼时效的规则较之《民法通则》发生了重大变化,立法机关也应当根据新法的精神对仲裁时效作出相应的完善。

(2)《农村土地承包经营纠纷调解仲裁法》第18条

《农村土地承包经营纠纷调解仲裁法》第18条规定:"农村土地承包经营纠纷申请仲裁的时效期间为二年,自当事人知道或者应当知道其权利被侵害之日起计算。"较之本法规定的三年诉讼时效期间,其延续了《民法通则》二年的普通诉讼时效期间;且其起算规则亦依《民法通则》,并未如本法第188条一样规定“自……以及义务人之日起计算。”从理论上来说，土地承包经营权纠纷亦可能面临义务人不清楚的情况，权利人无法及时行使其权利，其起算规则亦有重新斟酌之必要。但在《农村土地承包经营纠纷调解仲裁法》修改完善以前，依《民法总则》的规定，仲裁时效的期间及其起算规则，仍应适用该法的特别规定。不过，该法并未对仲裁时效的中止和中断作出规定，依本条规定，当可以适用本法关于诉讼时效的规定。因此，可以比照本法第194条规定的权利行使障碍致使诉讼时效中止的规定，在不知亦不应知义务人时，仲裁时效可延期届满。

除了期间和起算规则，《农村土地承包经营纠纷调解仲裁法》规定的仲裁时效的适用范围亦不同于本法的规定，不应适用诉讼时效的规定。本法虽然规定诉讼时效适用于“民事权利”，但其实质是请求权；且依本法第196条的规定，也排除一部分请求权适用诉讼时效。但依《农村土地承包经营纠纷调解仲裁法》的规定，该法第18条规定：“农村土地承包经营纠纷”包括：“（一）因订立、履行、变更、解除和终止农村土地承包合同发生的纠纷；（二）因农村土地承包经营权转包、出租、互换、转让、入股等流转发生的纠纷；（三）因收回、调整承包地发生的纠纷；（四）因确认农村土地承包经营权发生的纠纷；（五）因侵害农村土地承包经营权发生的纠纷；（六）法律、法规规定的其他农村土地承包经营纠纷。”也就是说，仲裁时效的适用，并未如同《民法总则》一样将其限定在请求权，亦未如同本法第196条一样排除特定的请求权，尤其是确认土地承包经营权亦在其适用范围之内，明显不同于本法关于诉讼时效的规定。

除上述规定之外，农村土地承包经营纠纷仲裁均适用诉讼时效的规定。在司法实践中，亦有法院依诉讼时效中断的法理，对仲裁时效的中断作出了认定。[①]

2. 仲裁时效适用诉讼时效的规定

在司法实践中，在本法之前，亦多按该规则予以适用。例如，关于劳动争

---

① “乐清市乐成街道金溪村村民委员会、王某煊户侵害集体经济组织成员权益纠纷案”，温州中院（2016）浙03民终1615号。该案中，法院认为“关于被上诉人申请仲裁的时效，乐清市乐成街道信访办公室已出具了说明，确认信访对象自2012年以来每年到乐成街道信访要求维护其在上诉人村相关权益的事实，原审法院对该证据予以采纳正确，时效因被上诉人主张权利中断而重新计算”。

议纠纷案件的审理,最高人民法院2016年11月30日发布的“全国法院民商事审判工作会议纪要”称“当事人在仲裁阶段未提出超过仲裁申请期间的抗辩,劳动人事仲裁机构作出实体裁决后,当事人在诉讼阶段又以超过仲裁时效期间为由进行抗辩的,人民法院不予支持。当事人未按照规定提出仲裁时效抗辩,又以仲裁时效期间届满为由申请再审或者提出再审抗辩的,人民法院不予支持。”[①]该纪要的实质就是如同诉讼时效的援引一样,将仲裁时效的援引作为抗辩权的行使加以对待。

实践中可能会发生争议的是仲裁机构能否主动援引时效。实务上有建议仲裁机构应主动审查仲裁时效。[②] 也有学者援引社会保障部《劳动人事争议仲裁办案规则》第30条规定的受理仲裁要件之一“在申请仲裁的法定时效期间内”,主张仲裁机构具有主动审查程序意义上的仲裁时效的职能,且建议规定法院对于劳动争议的诉讼时效也采取主动审查。[③] 但依本法规定,若法律对此没有做出规定,应当使用本法规定;因上述规定均不属于法律,因此,应当禁止仲裁机构主动审查、适用仲裁时效。

另外,需要注意的是,本条规定的是“法律对仲裁时效有规定的”,对仲裁时效作出规定的仅限于法律,不包括行政法规及部门规章等。例如,社会保障部等制定《人事争议处理规定》中规定的仲裁时效是60天。依本法规定,只有法律对仲裁时效作出的规定不同于诉讼时效时才得以适用其规定的仲裁时效,该规定并非法律规定,不应适用。[④]

---

① 《人民法院报》2016年12月1日,第3版。

② 参见彭学军、董纯钢:《仲裁时效若干问题研究》,载《北京仲裁》2006年第3期。

③ 参见吴文芳:《劳动争议仲裁时效与民事诉讼时效冲突探析》,载《华东政法大学学报》2013年第6期。

④ 关于事业单位人事争议仲裁时效的法规混乱,参见张冬梅:《事业单位人事争议仲裁时效的确定》,载《人民司法·应用》2016年第4期。

第一百九十九条 【除斥期间】

法律规定或者当事人约定的撤销权、解除权等权利的存续期间，除法律另有规定外，自权利人知道或者应当知道权利产生之日起计算，不适用有关诉讼时效中止、中断和延长的规定。存续期间届满，撤销权、解除权等权利消灭。

一、历史由来

《民法通则》并未规定除斥期间。但关于民法总论的教科书中在阐述诉讼时效时，多提及诉讼时效与除斥期间的区别或专门阐述除斥期间。本条提及的撤销权、解除权的存续期间，《民法通则》、《合同法》等对此亦有规定，但均未直接表述为"除斥期间"。在相关法律文件中较早出现"除斥期间"概念的是《适用诉讼时效制度规定》第 7 条。该条规定："享有撤销权的当事人一方请求撤销合同的，应适用合同法第五十五条关于一年除斥期间的规定。对方当事人对撤销合同请求权提出诉讼时效抗辩的，人民法院不予支持。"而在司法实践中，最高人民法院公报刊登的案例中，在较早的阶段就在判决书中开始使用除斥期间的概念。①

关于是否应在《民法总则》中规定除斥期间，理论上存在赞否两说。既有学者认为《民法总则》没有必要设置除斥期间的规定或不宜规定除斥期间，②但也有学者建议应当在《民法总则》规定除斥期间、权利失效（或失权期间）等权利存续期间，③或者是认为诉讼时效、除斥期间、失权期间等问题，涉及权利

---

① "中信实业银行诉北京市京工房地产开发总公司保证合同纠纷案"，载《最高人民法院公报》2002 年第 8 期。该案中，北京市高院认定保证期间为除斥期间，并依诉讼时效与除斥期间在学理上的不同作出了判决。

② 参见朱晓喆：《关于〈民法总则（草案）〉诉讼时效制度的批评意见》，载《交大法学》2016 年第 4 期；麻锐：《我国民法典时效制度体例结构的安排》，载《社会科学战线》2016 年第 12 期。

③ 参见崔建远：《关于制定〈民法总则〉的建议》，载《财经法学》2015 年第 4 期；杨立新：《民法总则编的框架结构及应当规定的主要问题》，载《财经法学》2015 年第 4 期。

在时间上限制的制度设计问题,有待法律上进一步作出明确规定。[①] 有学者建议稿为此也设计了除斥期间的规则。[②] 本法采纳了肯定说,对此予以规定。自全国人大法工委民法室2015年8月28日发布的"民法总则民法室室内稿"始直到《民法总则(草案)》(二审稿),均明确采用"除斥期间"的概念并单设一节予以规定。但从《民法总则(草案)》(三审稿)开始采用了本条的表述,不再使用"除斥期间"的概念,并将其合并成一条,纳入本章"诉讼时效"下加以规定。除了删去"除斥期间"的表述外,内容上并没有大的变化。另外,本法并未对理论上主张规定的权利失效期间、或有期间作出规定。

关于除斥期间,我国大陆学界自改革开放以来的通说是:除斥期间与诉讼时效相对,是权利的预定期间。其客体是形成权,效果是实体权利的消灭,其期间属于不变期间,因此不得中止、中断和延长,其起算点为权利成立之时,其利益不可抛弃,其立法精神是维护原有秩序。且法官对除斥期间应依职权予以适用。[③] 除了其利益是否得以抛弃、法院是否应依职权适用、客体是否限于形成权,起算点变为主观标准等之外,本条对通说作了确认。

当然,因其删去了"除斥期间"的表述,本条条名是否应表述为"除斥期间",可能会面临争议。若从"等权利的存续期间"的表述来看,且并未表明该存续期间与权利的不行使相关联,似乎可以将权利失效期间、狭义的权利存续期间包含在内。前者主要有两种:一种是现行法已明确规定的民事权利在一定期间届满时未行使便归于消灭的情形,如《合同法》第157、158条规定的质量异议期间;[④]另一种则是指权利人在相当期间内不行使权利,依特别情势足以使义务人信任权利人不欲使其履行义务时,则基于诚实信用原则不得再为主张。[⑤] 狭义的权利期间,指的是单纯地对权利加以时间上的限制,与是否向

---

① 参见魏振瀛:《民法》(第六版),北京大学出版社2016年版,第208页。

② 参见徐国栋主编:《绿色民法典草案》,社会科学出版社2004年版,第40页;王利明主编:《中国民法典学者建议稿及立法理由·总则编》,法律出版社2005年版,第474~486页。

③ 参见耿林:《论除斥期间》,载《中外法学》2016年第3期。

④ 有学者认为该期间为或有期间,并建议《民法总则》在除斥期间之外规定或有期间,参见王轶:《民法总则之期间立法研究》,载《法学家》2016年第5期。

⑤ 参见崔建远:《关于制定〈民法总则〉的建议》,载《财经法学》2015年第4期。

他人行使并不相关，如农村土地承包经营权的期间。[1] 但是，从《民法总则》各个阶段的草案来看，关于权利失效期间和狭义的权利期间，一直未被纳入《民法总则》的视野之中；至二审稿为止，均以“除斥期间”表述本条的内容，其实质并未发生变化。不仅如此，本条所列举撤销权、解除权这两种权利类型，在学理上均认为受制于除斥期间，而并非是权利失效期间或狭义的权利期间。因此，此处仍然冠以“除斥期间”的条名。

此外，因除斥期间并非诉讼时效，但本条被纳入“诉讼时效”章节加以规定，当有商榷之处。既然将其纳入“诉讼时效”章节，原本可以就诉讼时效与除斥期间的联动关系作出适当考虑，可以借机导入“减弱的除斥期间”的概念及相关规则。但该条并未对此予以明确，实属遗憾，有待今后在民法典分则中作相应的完善。

二、规范目的与含义

（一）规范目的

除斥期间主要适用于形成权。形成权的行使，可直接改变对方的法律地位，其效力远强于请求权。如果形成权人长时期不行使权利，相对人法律地位之不确定将远甚于请求权，因此对形成权应作时间限制，且该限制应强于诉讼时效。除斥期间经过，形成权即消灭。[2] 因此，除斥期间的立法目的之一亦在于维护正常秩序，但诉讼时效制度仅适用于请求权，需要除斥期间就形成权的功能所带来的可能导致的不确定状态作一了结，稳定法律关系。[3] 对此，有学者认为，法律和平和法律安定是时效制度保护的重要利益，但该利益是基于对债务人利益保护这一具体的形式表现出来的；而除斥期间则不同，虽然也是特定他人利益和公共利益的复合利益保护，但其保护的重点并非义务人，而是权利所涉及利益关系的不确定状况。诉讼时效制度与除斥期间保护的侧重点

---

① 参见耿林：《论除斥期间》，载《中外法学》2006 年第 3 期。

② 参见朱庆育：《民法总论》（第二版），北大出版社 2016 年版，第 547 页。

③ 参见史浩明：《论除斥期间》，载《法学杂志》2004 年第 4 期；王利明主编：《中国民法典学者建议稿及立法理由·总则编》，法律出版社 2005 年版，第 474 页。

不同。①

从除斥期间不同于诉讼时效的角度言,对除斥期间单独作出规定确有必要。但是否有必要设置总则性规定,如前所述,理论上存在争议。因各种形成权的样态及其规范目的并不尽一致,应根据各个形成权的类型来设计具体制度。从这层含义来说,无须在总则层面对此作出规定。但是,在总则中设总括性的除斥期间规则,可以在具体的形成权欠缺明确期间、欠缺期间经过的效果规定(如《合同法》第55条并未明确其期间是否得以中止、中断和延长,《合同法解释(一)》第8条明确了不适用诉讼时效中止、中断和延长的规定)等各种欠缺时,得以用总则关于除斥期间的总括规定予以补足其适用规则。从这层意义上来说,在总则中设除斥期间的规定,亦有其意义。

(二)规范含义

1. 除斥期间的含义

除斥期间属于特殊的权利存续期间。除斥期间,是须向义务人行使的权利的存在期间;即权利人须在一定期间内以一定方式向义务人行使其权利,否则期间经过后该权利消灭的期间。② 我国大陆学说中通常将其表述为法定的权利存续期间,③或者是"对某种权利规定一个不变的存续期间,只要时间届满,不问其他事由如何,该项权利即告消灭"。④ 这里采纳的定义之所以与传统稍有不同,主要基于两点:一是除斥期间可以经约定而产生,如《合同法》第95条规定的约定解除权行使期限。约定除斥期间常见于当事人在合同中为解除权、买回权或者续租权约定行使期间的情形。本条规定也并未强调法定性,除斥期间亦可由当事人约定,因此不采用法定的权利存续期间的概念;二是传统的概念无法与权利失效期间、狭义的权利存续期间相区别。除斥期间,不仅具有权利存续的时间限定,亦有权利不行使的限定,不同于狭义的权利存续期间只有时间上的限制;而权利失效期间,则是基于诚实信用原则对权利滥用的

① 参见耿林:《论除斥期间》,载《中外法学》2006年第3期。

② 参见耿林:《论除斥期间》,载《中外法学》2006年第3期。

③ 参见梁慧星:《民法总论》(第四版),法律出版社2011年版,第246页;王利明:《民法总则研究》(第二版),中国人民大学出版社2012年版,第776页。

④ 佟柔:《中国民法学·民法总则》(修订版),人民法院出版社2008年版,第226页。

限制，并不是权利自身的消灭。[①] 同样地，诉讼时效，也是对权利行使的限制，并不构成请求权本身的消灭。

2. 除斥期间的适用范围

我国大陆主流观点认为除斥期间的适用范围为形成权。本条列举时也以形成权为典型加以列举，即“撤销权、解除权等权利”。但理论上对此已开始反思。[②] 比如，认为除斥期间的客体主要是形成权，例外地也可能及于其他权利，亦可及于请求权。[③] 甚至有学者认为，除斥期间适用的范围，包括形成权等在内的所有权利。[④] 也有学者注意到我国现行法及理论中关于除斥期间、诉讼时效、权利失效等制度间区分的混乱，建议《民法总则》将除斥期间的客体限于形成权。[⑤]

其实，从我国现行法的规定来看，亦存在不少并非适用于形成权的除斥期间。例如，《产品质量法》第 45 条第 2 款规定的请求权消灭的 10 年最长期间，《个人独资企业法》第 28 条规定的个人独资企业解散后债权人向债务人的偿债请求的 5 年责任期间，《合同法》第 104 条规定的领取提存物的权利，《物权法》第 245 条规定的占有返还期间，[⑥]其实质均为请求权，但其权利因不行使而在特定期间内消灭，并非是诉讼时效届满而发生抗辩权，可以将其归入除斥期间。因此，在适用本条时，对“撤销权、解除权等权利”的解释，不应限于类同于

---

① 具体分析，参见耿林：《论除斥期间》，载《中外法学》2016 年第 3 期。

② 参见魏振瀛：《民法》（第六版），北京大学出版社 2016 年版，第 208 页。

③ 王利明：《民法总则研究》（第二版），中国人民大学出版社 2012 年版，第 777 页；张静：《诉讼时效与除斥期间之区分标准再辨析》，载《研究生法学》2013 年第 1 期；朱庆育：《民法总论》（第二版），北京大学出版社 2016 年版，第 548 页。当然，朱庆育教授主张著作权中的财产权存续期间也属于除斥期间的适用对象，但耿林教授主张该期间属于狭义的权利存续期间（参见耿林：《论除斥期间》，载《中外法学》2016 年第 3 期）。

④ 参见耿林：《论除斥期间》，载《中外法学》2016 年第 3 期。

⑤ 参见崔建远：《关于制定〈民法总则〉的建议》，载《财经法学》2015 年第 4 期。

⑥ 关于《个人独资企业法》第 28 条的定性，参见王利明：《民法总则研究》（第二版），中国人民大学出版社 2012 年版，第 777 页；孙宪忠主编：《民法总论（第二版）》，社会科学文献出版社 2010 年版，第 295 页等。均将该条归入除斥期间。但这里可能会产生争议，特别是 5 年期间届满后，债务人自愿履行，债权人是否有权受领及其法律构成，都有待今后进一步阐明。甚至有学者认为，对比《合伙企业法》2006 年修改删去了 5 年清偿责任期的规定，《个人独资企业法》第 28 条本身是个错误的规定。另外，有争议的《票据法》第 17 条，虽然该条规定因权利在特定期限内不行使而消灭票据权利，符合除斥期间的特征，但该法第 18 条又规定持票人因“超过票据权利时效……”其法律用语却是“时效”。

撤销权、解除权的形成权。具体是否应纳入除斥期间适用的范围,应依当事人之约定或法律的规定判断,其主要的判断标准就是是否因权利在特定期间内不行使而导致权利本身的消灭。也有学者主张,若遇到民事立法用语不明的情形,一般对撤销权、解除权应适用除斥期间的规定,对请求权则适用消灭时效的规定。① 当然,即使是形成权,也并非所有的形成权也都受制于除斥期间。例如,学理上认为,共有物分割请求权无行使期间的限制。②

另外,除斥期间,是否需法律明确规定。依本条规定,除斥期间,须法律规定或当事人约定,始有权利存续期间的问题。但在司法实践中,针对《公司法》第34条规定的股东优先认缴新增资本的权利,也有法院在法律没有明文规定的情况下,直接依权利性质对权利行使期限作出了裁判,认为:"根据《中华人民共和国公司法》第34条的规定,公司新增资本时,股东有权优先按照实缴的出资比例认缴出资。从权利性质上来看,股东对于新增资本的优先认缴权应属形成权。现行法律并未明确规定该项权利的行使期限,但从维护交易安全和稳定经济秩序的角度出发,结合商事行为的规则和特点,人民法院在处理相关案件时应限定该项权利行使的合理期间,对于超出合理期间行使优先认缴权的主张不予支持。"③

3. 除斥期间的起算点

本法之前,除斥期间的起算并无统一的规则。例如,有些除斥期间自权利人知道或应当知道撤销事由之日起计算,如本法第152条第1项规定的撤销权、《合同法》第55条规定的变更权及撤销权、④《合同法》第75条规定的债权人撤销权、《合同法》第192条与第193条规定的赠与的法定撤销以及违法伤害赠与人时的撤销。有些除斥期间自权利人收到相对人催告的次日起计算,

---

① 参见佟柔:《中国民法学·民法总则》(修订版),人民法院出版社2008年版,第227页。

② 参见王泽鉴:《民法总则》,北京大学出版社2009年版,第411页。

③ "绵阳市红日实业有限公司、蒋洋诉绵阳高新区科创实业有限公司股东会决议效力及公司增资纠纷案",载《最高人民法院公报》2011年第3期。

④ 关于变更权适用除斥期间的问题,《合同法》第55条仅规定了撤销权的除斥期间,但解释论上认为变更权也同样受除斥期间的限制,参见徐涤宇:《论法律行为变更权的期间限制》,载《中国法学》2009年第6期。另外,因本法只规定了法律行为的可撤销,删去了《民法通则》曾规定的法律行为的可变更,但《合同法》第54条仍然规定了可变更的合同,且规定当事人请求变更的,法院或仲裁机构不得撤销。本法与《合同法》在法律行为的可变更问题上,应当作出有效协调。

如《合同法》第 47 条第 2 款、第 48 条第 2 款及本法第 145 条规定的追认权、《合同法》第 95 条第 2 款规定的无行使期限的解除权。另外，在约定型形成权中，除斥期间的起算点可以由当事人约定。也有些除斥期间以权利的产生之日作为起算点，如本法第 152 条第 2 款关于撤销权的 5 年除斥期间的规定、《物权法》第 245 条规定的占有返还期间。有的除斥期间，则以产品交付最初消费者之日起算，而不是损害赔偿请求权产生之日起算，如《产品质量法》第 45 条第 2 款规定的 10 年期间。有的除斥期间，则从合同成立之日起开始计算，如《保险法》第 16 条规定的保险人的解除权。

总之，因除斥期间适用的对象广泛，且各自的规范目的和样态并不相同，因此可能会存在不同的起算点。基于类似的理由，在《民法总则》起草过程中，也有学者建议：就意思表示错误的撤销权存续期间而言，应放弃针对所有的可撤销法律行为设立统一的撤销权存续期间的做法。该学者同时建议，若对错误采取一种严格的界定，期限的起算应该从意思表示作出之日开始起算，且在遗嘱、婚姻、合同等合意中，也会有大量的特殊规则，应制定具有针对性的规范。[①] 本法第 152 条规定的撤销权，也是根据不同的撤销事由就除斥期间的长短及其起算作出了特殊安排。

但对于除斥期间的起算，我国学理上多认为，若无特别规定的，解释上应从权利成立时起算，[②]只有少部分学说对此质疑。例如，有学者认为除斥期间的起算，也应当考虑权利人是否能够行使的主观因素，以实现必要时对权利人利益加以保护的目标。[③] 但本条规定并未吸收学理上的客观标准起算方法，而是改采主观标准，即“自权利人知道或者应当知道权利产生之日起计算”。由于除斥期间适用的范围相当宽广，且其各自的制度目的和样态并不相同，本条规定的主观标准起算方法在未来司法实践中是否会面临问题，有待观察。但不管如何，因本条的存在，在民商事相关法律的立、改、废过程中，涉及权利不

---

① 参见薛军：《论意思表示错误的撤销权存续期间》，载《比较法研究》2016 年第 3 期。

② 参见佟柔：《中国民法学·民法总则》（修订版），人民法院出版社 2008 年版，第 227 页；梁慧星：《民法总论》（第四版），法律出版社 2011 年版，第 247 页；魏振瀛：《民法》（第六版），北京大学出版社 2016 年版，第 209 页。

③ 参见耿林：《论除斥期间》，载《中外法学》2006 年第 3 期。

行使而导致消灭的期间问题,均需在期间起算时点上进行适当的利益衡量和政策考量,以比较单独作出规定还是不另作规定,更符合该规范所要实现的法政策目标。

4. 除斥期间不适用诉讼时效中止、中断和延长的规则

除斥期间,也会面临时间过程中的障碍。学理上通常认为其为不变期间。本条对此予以确认。

就诉讼时效而言,因其存在“督促权利人及时行使权利”的目标,同时又为了平衡权利人与义务人之利益,就积极行使权利的行为以及权利无法行使的障碍,设置特定的规则,以适当平衡权利人之利益。但除斥期间的侧重点在于追求权利和法律的安定,若允许当事人以主观因素不断延展期间,明显与其制度目的相悖。而且,就除斥期间适用的形成权而言,通常亦不会因权利人的行为发生中断。其原因在于,权利人的行使权利行为,因形成权的性质而使得当事人之间的权利和法律关系确定,并没有中断的可能。因此,在除斥期间的中断上,应当不可以适用诉讼时效中断的规则。

但就中止和延长而言,其主要原因在于权利人行使权利面临障碍,因此从法政策上考虑给予延期届满或延长,以使得权利人得以行使权利。除斥期间所涉及的权利,不仅包括形成权,还包括请求权、法律地位等。在极端的情形,也会面临权利行使的障碍。为此,实务界有以实际案例为例主张,认为“除斥期间不等于不变期间”,固守除斥期间的不变期间性质,在特定情况下反而引起不公正。① 也有学者主张,“抛开现行法的规定,基于比较法和利益衡平,除斥期间应当可以适用期间的中止。至于期间是否可以中断,则要区分适用的对象,若为请求权,则期间中断并非不可;若为形成权,则期间不发生中断。”②另有学者主张,“关于除斥期间是否可以适用关于诉讼时效的一般规定,我们不可简单操作,而应在充分考虑具体情形下除斥期间制度的目的与利益关系的基础上做出判断。”③

① 参见孙瑞玺:《除斥期间不等于不变期间》,载《中国律师》2010 年第 9 期;孙瑞玺:《除斥期间是可变期间》,载《中国律师》2016 年第 7 期。

② 张静:《诉讼时效和除斥期间之区分标准再辨析》,载《研究生法学》2013 年第 1 期。

③ 耿林:《论除斥期间》,载《中外法学》2016 年第 3 期。

鉴于本条规定“法律另有规定的除外”，可以考虑在民法典编纂过程中对现有法律作出完善时，就特定的情形作出例外规定，准予类推适用诉讼时效延期届满及延长的规则，以在法律秩序的稳定与权利人之权利行使之间做出平衡。比较法上也有类似主张，如日本有学者主张，若除斥期间届满的当时发生天灾及其他无法避免的事情时，应类推适用民法典关于时效停止的规定。原因在于，此时如不承认缓行期间，对权利人是苛刻的；而承认此缓行期间也是有限的，不会破坏要使权利关系尽早确定的除斥期间的宗旨。①《德国民法典》关于欺诈胁迫时的期间限制，也有同样的考虑。

5. 除斥期间届满的效力

依本法规定，除斥期间届满，权利消灭。有疑问的是，除斥期间届满的“利益”是否可以抛弃。诉讼时效利益预先不得抛弃，但作为抗辩权，对于届满后的抗辩，得以抛弃。但就除斥期间而言，其届满导致权利人的权利消灭，法定效果自动发生，受有届满利益的义务人无法抛弃所谓的除斥期间时效利益。在一些请求权中，若除斥期间经过后，义务人的给付构成非债清偿，可按不当得利要求返还；但若是知道除斥期间经过后的自愿给付，则可以视为当事人之间以合同的方式重新缔结了与原请求权相同的内容的法律关系，而不是原有权利的延续。

---

① 参见［日］我妻荣：《新订民法总则》，于敏译，中国法制出版社2008年版，第405页。

第十章　期 间 计 算

第二百条　【期间的计算单位】

民法所称的期间按照公历年、月、日、小时计算。

一、历史由来

（一）对《民法通则》的延续

本条延续了《民法通则》第 154 条第 1 款的表述和内容，未作实质性修改。

（二）《民法总则》的审议过程

1. 2015 年 8 月全国人大法工委“民法总则民法室室内稿”

关于期间计算单位的规定，与关于始期计算方法的规定，被置于同一个条文之中。该条规定：

“民法所称的期间按照公历年、月、日、小时计算。

规定或者约定按照小时计算期间的，从规定或者约定的起算时间开始计算。规定按照日、月、年计算期间的，开始的当日不算，从下一日开始计算。”

2. 2016 年 5 月《民法总则（草案）征求意见稿》

关于期间计算单位的规定已被单列一条，但具体内容较之“民法总则民法室室内稿”并未作实质性修改。该条规定：

“民事法律所称的期间按照公历年、月、日、小时计算。”

3.《民法总则（草案）》的三次审议稿

在《民法总则（草案）》的三次审议稿中，关于期间计算单位的规定内容几乎完全一样，只是将“民事法律”的称谓，在三审稿中又改回了“民法”。其中，

一、二审稿规定："民事法律所称的期间按照公历年、月、日、小时计算。"三审稿则修改为："民法所称的期间按照公历年、月、日、小时计算。"采取了与"民法总则民法室室内稿"相同的表述方法，《民法总则》最终版也采取了三审稿的表述方式。

总体来看，由于期间的计算单位属于较为纯粹的技术性规范，且在长时间的司法实践和社会生活中已经形成固定用法，因此在《民法总则》的起草和审议过程中，并未对该条内容作任何实质性修改。

二、规范目的与含义

(一)规范目的

法律关系作为规范构建的产物，属于观念层面的存在，其本身并不占据实体空间，而是于时间维度中存在。因此，时间的经过本身往往就是一项重要的法律事实，能够直接引发特定法律效果的产生。[①] 具体来说，时间与民事法律关系的联系主要表现在以下几各方面：

第一，确定民事主体权利能力和行为能力的始期和终期。

第二，决定某些权利的取得或灭失。例如，履行期限的届满，使债权人获得请求债务人履行债务的权利；诉讼时效的经过，使债务人取得对抗债权人的抗辩权；除斥期间的经过，导致权利人实体权利(如撤销权、解除权、担保权等)的灭失。

第三，特定期间的经过或时点的到来，使附期限民事法律行为正式生效。

第四，确定某些民事权利的存续期间。例如，权利人仅在法律规定的时间期限内享有知识产权；在约定的期限内享有对他人财产的承租权等。

如果将上述能够直接引起民事法律关系变动的期间，称之为关于时间的实体性规范的话，那么，本条以及本章中其他条款所规定的，就是关于时间的程序性规范，其规范目的在于，通过统一的期间的计量标准，使法律规范的形式理性和技术理性程度提高，以减少因时间计算所引发的法律纠纷。

(二)规范含义

所谓期间，是指从始期到终期所经过的时间长度。其与表征特定时间点

① 参见祁秀山：《简论时间在民法中的作用》，载《法学研究》1984年第3期。

的期日一起,构成了法律上用以固定时间的主要工具。我国古代长期采用农历纪年,直到民国建立后转而使用公历纪年,并同时采用国号纪年。1949 年新中国成立以来,我国废除了国号纪年,开始单独采用公历纪年法。

根据本条规定,除法律另有规定或约定情况外,民法上的期间应统一采用公历上的年、月、日和小时作为时间计算的基准单位。在比较法上,还有将星期、季度等作为法定期间计算单位的立法例,[①]但我国并未采用。

需要注意的是,当采用不同的历法计算方法时,相同的时间单位可能对应着不同的时间长度。详言之,在对法律期间进行计算时,主要包括以下两种历法计算法:

第一,历法计算法,即以日历所定之日、月、年计算。在此种计算方法下,由于年有平闰之分,月有大小之别,因此同为一年或一月期间,时间的具体长度可能有所不同。

第二,自然计算法,即以固定的时间长度作为期间计算标准。在此种计算方法下,每个时间单位都代表着固定的时间长度,从而确保相同的期间对应着相同的客观时间长度。根据惯例,以六十分为一小时、以二十四小时为一日、以三十日为一月、以三百六十五日为一年。

结合《民法总则》其他条文的规定可知,在对连续性期间进行计算时,应以历法计算法计算年和月的时间长度,而采用自然计算法确定日和小时的时间长度;对非连续性期间进行计算时,则统一采用自然计算法确定时间长度。

① 参见《德国民法典》第 188、189 条,《日本民法典》第 140 条,我国台湾地区“民法典”第 120 条。

第二百零一条 【始期的计算方法】

按照年、月、日计算期间的，开始的当日不计入，自下一日开始计算。

按照小时计算期间的，自法律规定或者当事人约定的时间开始计算。

一、历史由来

（一）对《民法通则》的延续

本条基本延续了《民法通则》第 154 条第 2 款的主体内容，只是在条款顺序和文字表述上有所调整。一方面，将按照年、月、日为计算期间的始期计算方法置于第 1 款，而将按照小时计算期间的相关规定放在第 2 款进行规定；另一方面，将“从规定时开始计算”修改为了更为严谨的“自法律规定或者当事人约定的时间起计算”，强调了当事人意思自治对于期间始期计算的决定性作用。

（二）《民法总则》的审议过程

1. 2015 年 8 月全国人大法工委“民法总则民法室室内稿”

关于期间始期计算方法的规定，与期间的计算单位被置于同一个条文之中。该条规定：

“民法所称的期间按照公历年、月、日、小时计算。

规定或者约定按照小时计算期间的，从规定或者约定的起算时间开始计算。规定按照年、月、日计算期间的，开始的当日不算，从下一日开始计算。”

2. 2016 年 5 月《民法总则（草案）征求意见稿》

对于始期计算方法的规定，在实质内容上与《民法总则》最终版本已经完全相同，只是在条文表述上存在一定区别。该条规定：

“按照小时计算期间的，自法律规定或者当事人约定的时间起算。

按照年、月、日计算期间的，开始的当日不计入，自下一日起算。”

3.《民法总则（草案）》的三次审议稿

在《民法总则（草案）》的三次审议稿中，一审稿与二审稿完全沿用了《民

法总则(草案)征求意见稿》中的条文表述,三审稿仅有一处微小的表述修改,将“起算”改为了“起计算”。三审稿中的条文如下:

“按照小时计算期间的,自法律规定或者当事人约定的时间起计算。

按照年、月、日计算期间的,开始的当日不计入,自下一日起计算。”

相较于《民法总则(草案)》三审稿,本条在条款顺序和文字表述上又作了一定微调,将第1、2款的顺序进行对调。

二、规范目的与含义

(一)规范目的

对于所有关于期间的规定或约定而言,起算点的确定都是其最终发生法律效果的前提条件,从何时开始起算期间,也将直接对相关各方当事人的权利义务产生影响。因此,为避免当事人在没有明确约定的情况下,对期间始期的确定发生争议,本条分别对使用年、月、日和小时作为期间计算单位时,期间始期的默认计算方法进行了规定。

(二)规范含义

1. 按照年、月、日计算期间的始期计算方法

在比较法上,对于以年、月、日为单位的期间始期计算方法,主要包括三元主义和二元主义两类:

在三元主义立法例中,始期的计算方法包括三类:第一,在计算年龄时,出生日期计算在内;第二,如期间从一日开始之时(零点)起算,则始日应计算在内;第三,如期间从一日其他时刻起算,则始日不计算在内。《德国民法典》和《日本民法典》是采用此种立法例的代表性法典。①

在二元主义立法例中,始期的计算方法包括两类:第一,在计算年龄时,出生日期计算在内;第二,不论期间是否从一日开始之日起算,始日一律不计算在内。我国台湾地区“民法典”采此种立法体例。②

我国《民法总则》采取了较为独特的一元主义立法例,即无论是计算年龄,

① 参见《德国民法典》第187条、《日本民法典》第140条。

② 参见我国台湾地区“民法典”第120、124条。

还是按照年、月、日计算其他期间，均统一以期间开始的下一日作为起算点。[①]之所以选择自期间开始的下一日起计算，主要是因为，期间开始的当日通常已经经过一段时间，如果以该日作为期间起算点，可能会使当事人的期限利益遭受损失。事实上，也正是基于上述原因，在采三元主义的立法体例中，立法者往往将以某一天的开始（零时）作为始期的期间单列，并规定期间开始的当日应计入期间。

例如，在借款合同中，双方当事人约定自2017年2月1日起15日后偿还欠款，出借人实际于2月1日12时将借款交付给借款人。根据本条规定，期间应从2017年2月2日零时起算，至2017年2月16日24时（假设出借人无业务时间）截止，借款人最长可占用资金372小时。反之，若期间从2月1日起算，那么还款期将于2月15日24时截止，借款人最长可占用资金348小时，较之前者少了24小时。

2. 按照小时计算期间的始期计算方法

在现实生活中，选择小时为计算单位的期间长度往往较短，因此，为保障期间计算的精确程度，应以法律规定或当事人约定的具体时刻作为期间的起算点，并据此推定期间的终期。例如，根据《最高人民法院关于适用〈中华人民共和国民事诉讼法〉的解释》第125条的规定，民事诉讼中以时起算的，期间从次时起算。再如，在房屋短租合同中，双方当事人若约定房屋租期3小时，自1月30日12时起算，那么该房屋租赁期应截止于1月30日15时。需注意的是，除非当事人另有约定，否则按照小时计算期间时，通常应以整点作为期间始期和终期的计算节点。

---

① 龚子秋：《中外期间法律制度比较》，载《南京社会科学》2005年第7期。

第二百零二条 【终期的计算方法】

按照年、月计算期间的，到期月的对应日为期间的最后一日；没有对应日的，月末日为期间的最后一日。

一、历史由来

(一)对《民法通则》的修订

本条对《民法通则》及《执行民法通则意见》关于期间终期计算方法的规定，进行了较大幅度的修订。

具体来说，根据《执行民法通则意见》第198条之规定，如果当事人约定的期间不是以月、年第一天起算的，那么应根据自然计算法确定月、年的时间长度，一个月为三十日，一年为三百六十五日。如果当事人约定的期间是以月、年第一天起算的情况，那么根据对《执行民法通则意见》第198条的反面解释，则应以月末或年终日作为期间最后一日，此时采取的是历法计算法。

本条并未沿用上述做法，而是不再区分期间是否从月、年的第一天起算，统一采用历法计算法，以到期月的对应日为期间的最后一日；没有对应日的，以月末日为期间的最后一日。

(二)《民法总则》的审议过程

1. 2015年8月全国人大法工委“民法总则民法室室内稿”

该版本中，立法者虽沿用了《执行民法通则意见》第198条的规定模式，根据期间是否以年、月的第一天起算，设置了不同的终期计算规则；但却未采用自然计算法，而统一以历法计算法对期间终期进行计算。具体条文如下：

“规定以月、年定期间，以月、年的第一日开始计算的，以月终、年末为期间的最后一日；不以月、年的第一日开始计算的，以最后的月、年当中与开始计算日相当之日的前一日为期间的最后一日。最后月没有与开始计算日相当之日的，以该月月终为期间的最后一日。”

2.2016 年 5 月《民法总则(草案)征求意见稿》

立法者对于“室内稿”进行了较大幅度的调整。一方面,不再区分期间起算日是否为月、年的第一天,转而采用统一的期间计算方法;另一方面,将期间终期确定为始期在到期月的对应日当日,而非对应日的前一日。此种计算方法,被《民法总则》所采纳。条文具体内容如下:

“按照月、年计算期间的,最后一月与期间开始日的相应日为期间的最后一日;最后一月没有相应日,其结束日为期间的最后一日。”

3.《民法总则(草案)》的三次审议稿

在《民法总则(草案)》的三次审议稿中,一审稿基本延续了《民法总则(草案)征求意见稿》的条文表述方式。在二审稿中,立法者对描述到期日的文字表述进行了精练,修改为:

“按照月、年计算期间的,到期月的对应日为期间的最后一日;没有对应日的,月末日为期间的最后一日。”

三审稿延续了二审稿的表述方式。在《民法总则》中,除了将“按照月、年计算期间的”改为了“按照年、月计算期间的”外,其他内容未作任何修改。

二、规范目的与含义

(一)规范目的

本条是关于按照以月、年为期间计算单位时,期间终期确定方法的规定。根据到期月是否有期间始期的对应日,本条分别设置了两种终期计算规则,以便在司法实践中更为准确地确定终期的期日。本条与《民法总则》第 201 条关于期间始期计算方法的规定一起,共同构成了民事法律关系中期间计算的基础性规则。

(二)规范含义

在比较法上,当期间起算日是月、年的第一天时,通常以月、年的末日为终期,而当期间始日不是月、年的第一天时,对于期间终期的计算方法大致可分两类:一类是以始日对应日的前一日或月末日(无对应日时)为终期,以《日本民法典》和我国台湾地区“民法典”为代表;①另一类是以始日对应日当日或月

① 参见《日本民法典》第 143 条、我国台湾地区“民法典”第 121 条。

末日(无对应日时)为终期,以《德国民法典》为代表。[1] 在我国多份专家意见稿中,多采用第一类计算方法。[2]

如上所述,在《民法总则》立法过程中,曾在这两种计算方法中摇摆,但最终选择了后者。具体如下:

1. 到期月有始期对应日的计算方法

如上所述,《民法总则》不再区分期间始期是否为月、年的第一天,统一以到期月的对应日为期间最后一日。较之旧法规定,此种计算方法更为简便、明确,但期间的实际天数会因大小月或平闰年的不同而有所变化。例如,若某期间自 2017 年 3 月 20 日开始计算,期间为 1 个月,那么按照旧法计算,到期日应为 2017 年 4 月 18 日;而按照新法计算,到期日则为 4 月 20 日,较旧法多了 2 日。再如,若某期间自 2017 年 2 月 1 日开始计算,期间为 2 个月,那么按照旧法计算,到期日应为 2017 年 3 月 31 日;而按照新法计算,到期日则为 4 月 1 日,较旧法多了 1 日。

2. 到期月无始期对应日

由于公历有大小月之分,因而可能存在到期月与始期无对应日的情况下,此时,应以到期月的月末日作为期间的最后一日。例如,期间自 2017 年 1 月 31 日起算,期间为 8 个月,那么按照旧法计算,到期日应为 2017 年 9 月 28 日;而按照新法计算,到期日则为 9 月 30 日,较旧法多了 2 日。

3. 非连续期间的计算方法

需要注意的是,前述所有期间的计算方法,都是连续期间为对象的。如果当事人约定的期间是非连续期间,那么历法计算法将不再适用,而只能依自然计算法确定终期。[3] 所谓非连续期间,是指自始期至终期期间的日期非连续计算,而将其中某些时日予以排除。例如,在采用不定期工作制的劳务关系中,雇佣双方约定,劳方工作每满一个月雇主向其支付一次工资。此处所说的一个月,是指具体的工作时间长度,而非日历上的某个日期。根据司法实践惯例和学界通说,一个月为 30 日,一年为 365 日,不区分大小月和平闰年。

---

① 参见《德国民法典》第 188 条。

② 法学会版第 177 条、北航版第 200 条、法大版第 169 条。

③ 参见王泽鉴:《民法总则》,中国政法大学出版社 2001 年版,第 510 页。

第二百零三条 【期间最后一日的计算方法】

期间的最后一日是法定休假日的，以法定休假日结束的次日为期间的最后一日。

期间的最后一日的截止时间为二十四时；有业务时间的，停止业务活动的时间为截止时间。

一、历史由来

（一）对《民法通则》的延续和修订

本条基本延续了《民法通则》第154条第3款、第4款和《执行民法通则意见》第198条第2款的规定，在规范内容上未做实质性修改，只是基于1995年《国务院关于职工工作时间的规定》修改后实行的双休日制度，不再单独提及"星期日"，而以"法定休假日"作统一表述。

（二）《民法总则》的审议过程

1. 2015年8月全国人大法工委"民法总则民法室室内稿"

本条的规范内容已经基本成型，在文字表述上与本条也相差无多。具体条文如下：

"期间的最后一日是法定休假日的，以法定休假日结束的次日为期间的最后一日。

期间的最后一日的截止时间为二十四点。有业务时间的，按照业务时间确定。"

2. 2016年5月《民法总则（草案）征求意见稿》

立法者进一步明确了在相对人有业务时间情况下的期间终期计算方法。具体条文如下：

"期间的最后一日是法定休假日的，以法定休假日结束的次日为期间的最后一日。

期间的最后一日的截止时间为二十四点;有业务时间的,到停止业务活动的时间截止。”

3.《民法总则(草案)》的三次审议稿

在《民法总则(草案)》的三次审议稿中,均直接采用了征求意见稿的条文表述,且未作任何修改。《民法总则》相较于三审稿,只是在第2款的文字表述上略有调整,规范内容并无变化。

二、规范目的与含义

(一)规范目的

本条共包括两款,分别以期日和特定期日中的时间为对象,对期间最后一日的计算方法进行规定。其中,第1款规定了期间最后一日为法定休假日时的计算方法;第2款明确了期间最后一日具体截止时间的计算方法。

立法者之所以在终期计算规则中,特意强调了“法定休假日”和“业务时间”这两个时间要素,主要是为了确保当事人能够在期间的最后一日实现有效沟通,从而尽量避免以期限届满的法定效果替代双方当事人的意思自治。因此,是否构成当事人之间有效沟通的阻碍,也就成为在司法实践中,准确理解“法定休假日”和“业务时间”概念的关键。

(二)规范含义

1. 如何理解法定休假日

由于在法定休假日期间,民事主体在理论上可以选择不从事法律交往活动,司法机关也不受理民事主体提出的纠纷解决申请,因此,法律规定当期间最后一日是法定休假日的,期间最后一日应顺延至休假日结束后的次日,以维护民事主体的期限利益。①

鉴于《民法总则》第203条第1款之规定基本沿袭了《民法通则》的相关规定,因此对于前者规范含义的理解,需要以准确理解《民法通则》第154条第3款之规定为基础。根据该款规定,法定休假日包括“星期日”和“其他法定休

① 参见[德]卡尔·拉伦茨:《德国民法通论》,王晓晔等译,法律出版社2003年版,第914页。

假日”两类。

所谓“星期日”，属于法定公休日性质，以劳动法相关规范为法律基础。在新中国成立后，我国长期采取每周六天工作制，因此在《民法通则》制定之时，仅将“星期日”作为法定休假日。直到 1994 年，国务院颁布《国务院关于职工工作时间的规定》，开始试行隔周五天工作制。1995 年，国务院对《国务院关于职工工作时间的规定》进行修订，正式施行每周五天工作制。值得注意的是，虽然在《国务院关于职工工作时间的规定》第 7 条中，只强制要求国家机关、事业单位实行统一的工作时间，将周六、日作为周休息日，但由于在现实生活中，绝大多数企事业单位都将周休日安排在周六、日，因此，除了当事人另有约定外，我国法院大多选择将周六、日直接视为法定公休日。

所谓“其他法定休假日”，属于法定节假日性质，以《劳动法》和《全国年节及纪念日放假办法》等为法律基础。自新中国成立以来，全国年节及纪念日的放假安排虽几经调整（1949 年、1999 年、2007 年、2013 年），但在放假类型上却基本保持一致，主要包括以下几类：第一，全体公民放假的节日及纪念日，如春节、新年、国庆节、劳动节等。第二，部分公民放假的节日及纪念日，如妇女节、青年节、儿童节、建军节等。第三，在少数民族聚居地区，由地方人民政府按照各该民族习惯规定的假日。在司法实践中，《民法通则》中的“其他法定休假日”主要指上述第一类休假日，即全体公民放假的节日及纪念日，第二类休假日因适用对象不具普遍性，对于日常工作生产亦不产生实质性影响，通常不作为期间计算中的“法定休假日”。对于第三类休假日，考虑到其在特定地区具有一定普遍适用性，因此，如果双方当事人知道或有理由知道法律效果发生地存在少数民族特有的法定假日，那么在计算期间终期时应以该假日的次日作为最后一日。需要注意的是，根据《执行民法通则意见》第 198 条第 2 款，如果星期日或者其他法定休假日有变通的，应以实际休假日的次日为期间的最后一天，而在现实生活中，最为常见的变通即是对节假日的调休。

综上所述，《民法通则》中的法定休假日是指法定公休日和法定节假日，而作为《民法通则》的延续，《民法总则》第 203 条第 1 款中“法定休假日”的规范含义，理应包括这两类休假日类型，在适用规则上，也应基本沿用《民法通则》及《执行民法通则意见》对于相关条文的解释。

在此需要说明的是,虽然立法者在《劳动法》第44条中,将“法定休假日”与“休息日”区分表述,但作此种区分的主要目的,是为了对应不同的加班报酬计算标准,而且结合前后文语境可知,该条中所说的“法定休假日”,实际上指的是法定节假日。因此,《劳动法》的此种条文表述对于理解《民法总则》中“法定休假日”的概念,并不会产生影响。

2. 如何理解业务时间

按照自然计算法,以二十四小时为一日,因此在通常情况下,期间最后一日应在当日二十四时截止。但是,对于从事业务活动的民事主体来说,[①]业务时间的结束意味着其在实质上不再具有受领和发出意思表示的能力,因此,当民事主体在期间最后一日发出意思表示时,该意思表示需要在受领一方的业务时间内到达方可发生法律效力,否则将使后者的期限利益受到合理预期之外的影响。至于如何判断意思表示是否到达,可参考前文意思表示一章的相关内容。

需要注意的是,由于与法定休假日不同,不同民事主体的业务时间往往各不相同,因此,为了平衡兼顾双方当事人的利益关系,本条中所说的业务时间,应同时具备公开性和固定性特点,即该业务时间既能够被相对人合理知悉,也不存在任意修改或调整的情况。如果业务时间的规定不能使相对人产生合理预期,则仍应以二十四时作为期间最后一日的截止日期。

① 由于自然人的意思表示受领能力不存在因业务时间停止而暂停的问题,因此,所谓从事业务活动的民事主体,通常只包括法人或非法人组织,而不包括自然人。

第二百零四条 【期间计算方法的其他规定】

期间的计算方法依照本法的规定，但是法律另有规定或者当事人另有约定的除外。

一、历史由来

（一）对《民法通则》的承继

本条与《执行民法通则意见》第199条一脉相承，允许当事人以约定方法确定期间的计算方法。但较之旧法规定，本条将允许当事人约定的对象，进一步扩大至所有的期间计算方法，充分体现了民法对于民事主体意思自治的尊重。此外，根据特别法优于一般法的法律适用基本原则，如果法律对期间计算方法另有规定的，应依其规定。

（二）《民法总则》的审议过程

在2015年8月全国人大法工委“民法总则民法室室内稿”中，立法者首次将期间计算方法的规则适用问题，单列一条进行了规定。具体条文为：

“期间的计算方法依照本法的规定，法律另有规定或者当事人另有约定的除外。”

而在此后《民法总则（草案）》的征求意见稿和审议稿中，本条规定均未作任何调整，只是最终增加了但书的条文表述方式。

二、规范目的与含义

1. 规范目的

在现实生活中，立法者或民事主体对于期间计算方法的需求往往是十分多样的，这使得《民法总则》第十章中关于期间计算方法的规定，很可能无法满足这些需求，而这就需要通过特别法规定或当事人之间约定的方式对此予以填补，从而确定更为恰当的期间计算方法。本条规定即是对此种填补行为法律效力的认可。

2. 规范含义

(1)本条的适用范围

根据本条规定,《民法总则》第十章中所规定的所有期间计算方法,均可以通过法律规定或当事人约定的方式予以调整。具体来说,大致包括以下两类:

第一,对期间计算单位进行调整。例如,可采用农历对期间进行计算;可增加星期、季度、半年、半月、分钟甚至秒等,作为期间计算的单位。

第二,对期间始期和终期的计算方法进行调整。例如,可将期间开始的当日作为期间起算日;可以自然计算法对以月、年为单位的期间进行计算;可采取末日不延期主义,不因末日为法定休假日而调整期间等。

(2)法律另有规定的情况

结合《民法总则》其他条文之规定可以推知,本条中所说之"法律",应仅限于全国人民代表大会和全国人民代表大会常务委员会行使国家立法权所制定的法律,其他规范性文件无权对期间计算方法进行单独调整。

例如,在《民法总则》中,对于期间计算方法的特殊规定主要包括两类:第一,宣告失踪和死亡制度中,自然人下落不明时间的起算标准。第二,诉讼时效和除斥制度中,诉讼时效和除斥期间的起算标准。再如,在知识产权相关法律中,对于权利的存续期间往往也有较为独特的计算方法规定。

(3)当事人另有约定的情况

本条规定的存在,使得《民法总则》第十章对于期间计算方法的其他规定,在法律性质上均成为了任意性规定,民事主体可以通过约定方式对其予以排除,并根据具体需要对期间的计算方法进行特别约定。当然,此种约定若想实际产生法律效力,还需要以符合合同生效的法定要件作为前提条件。

第十一章　附　　则

第二百零五条　【与期间或数目计算相关的术语】

民法所称的“以上”“以下”“以内”“届满”，包括本数；所称的“不满”“超过”“以外”，不包括本数。

一、历史由来

本条继承了《民法通则》第155条的规定。相比于《民法通则》第155条，本条增加“超过”一词。全国人大常委会法制工作委员民法室于2015年8月28日发布的“民法总则民法室室内稿”第158条提出了完全继承《民法通则》第155条的立法建议。2016年5月20日的《民法总则（草案）征求意见稿》第174条在《民法通则》第155条的基础上增设了“超过”一词。《民法总则（草案）》一审稿、二审稿及三审稿没有对征求意见稿第174条作出任何修改。《民法总则》完全接受了《民法总则（草案）》（三审稿）的规定。

在《民法总则》制定期间，本条规定未引起任何争议。

二、规范目的与含义

本条旨在对与期间或数目计算相关的技术性术语作出解释或说明，它属于典型的说明性法条。它所涉及的基本问题是，当期间以“以上”“以下”“以内”“届满”“不满”“超过”“以外”予以表达时，该期间或数目是否包括本数。

本条规定了两项规则：一是包括本数的以上、以下、以内、届满；二是不包括本数的不满、超过、以外。

以上,指等于及大于某期间或数目,譬如,《民法总则》第19条规定中“八周岁以上的未成年人”,是指已过第八个生日的未成年人。《民法总则》在两种情况下使用了“以上”术语:一是在表达期间上,如“八周岁以上”“十八周岁以上”“十六周岁以上”等;二是在表达数目上,如“二人以上”(第75、177、178条)。

以下,指等于及小于某数目。《民法总则》没有一个条文使用“以下”表达期间或数目。《执行民法通则意见》在表达数目时使用过“以下”术语,如其第63条规定,对法定代表人直接处以罚款的数额一般在二千元以下。

以内,指等于及小于某数目。《民法总则》没有一个条文使用“以内”表达期间或数目。《婚姻法》第7条有关于“直系血亲和三代以内的旁系血亲”禁止结婚的规定。“三代以内”是一代、二代、三代。

届满,是常用的期间计算术语,指法定或者约定的时间到期。《民法总则》有八个条文使用了“期间届满”“期限届满”的表达,如其第199条规定,存续期间届满,撤销权、解除权等权利消灭。

不满,是指小于某数目。《民法总则》有两个条文使用了“不满”术语,即第17条规定的“不满十八周岁”和第20条规定的“不满八周岁”。“不满八周岁”是指未至第八个生日。

超过,是指大于某数目,或者,指某期间届满后。例如,《民法总则》第188条规定中“超过二十年”,指二十年期间已经届满。

以外,是指在某一时间、数目的界限之外。《民法总则》没有使用“以外”表达期间与数目,其他民事法律亦没有使用该术语的情况。

第二百零六条 【施行时间】

本法自2017年10月1日起施行。

一、历史由来

本条沿袭了我国多年来采取的于一部法律、行政法规最后一条明确“本法”施行时间的立法模式。《民法通则》《合同法》《物权法》《侵权责任法》等民事法律,无不设有这样的条文。

二、规范目的与含义

本条旨在明确规定《民法总则》开始施行的时间。由于裁判案件是《民法总则》的基本功能,是其真正发挥行为导向作用的重要条件,所以《民法总则》开始施行的时间,实质上是指它可以被民事纠纷裁判者用作裁判依据的起始时间,在此时间之前,裁判者无权依此为据裁判民事纠纷。

由本条规定看,《民法总则》的施行时间不是在其正式颁布之前或者之时,而是在其颁布之后的数月之后。之所以这样规定,完全是为了贯彻执行现代法治的一项最基本的原则,即法不溯及既往。

法不溯及既往是现代法治普遍奉行的一项基本法律原则,其表现为,国家不能用当前制定的法律规范人们过去的行为,更不能用当前的法律处罚人们过去合法而当前却违法的行为。之所以坚持这样的原则,原因在于,法律对人们的行为具有如下积极作用:一是指引作用,无论是确定的法律规范还是不太确定的法律规范,都为人们提供了一个既定的行为模式,会引导人们依法作出有理性的选择;二是预测作用,人们可以依据法律预先估计自己的行为可能产生的法律后果,行为之时尚未颁布的法律,不可能为人们所预知,对人们的行为根本不能起到任何作用。①

我国现行法律或司法解释虽然没有明确使用法不溯及既往概念,但其具体规定则明显体现了法不溯及既往原则。例如,《物权法》第 247 条规定,“本法自 2007 年 10 月 1 日起施行。”该规定的主要意义在于告诉人们,《物权法》主要规范 2007 年 10 月 1 日之后发生的物权纠纷。这应看作关于法不溯及既往原则典型规定,它也是我国很多法律普遍采取的做法。再如,《物权法解释(一)》第 22 条规定,“本解释自 2016 年 3 月 1 日起施行。本解释施行后人民法院新受理的一审案件,适用本解释。本解释施行前人民法院已经受理、施行后尚未审结的一审、二审案件,以及本解释施行前已经终审、施行后当事人申请再审或者按照审判监督程序决定再审的案件,不适用本解释。”

不过,法不溯及既往原则也不是绝对的,根据有利追溯原则,许多国家的法律也承认,法律规范的效力可以有条件的适用于既往行为。有利追溯原则在民法中体现为,如果过去的某种行为或者法律关系在行为时并不符合当时法律的规定,但依照现行法律是合法的,并且与相关各方都有利,应当依照新法律承认其合法性并且给予保护。这在我国民法规范中同样有明显体现,例如,《合同法解释(一)》第 1 条规定,“合同法实施以后成立的合同发生纠纷起诉到人民法院的,适用合同法的规定;合同法实施以前成立的合同发生纠纷起诉到人民法院的,除本解释另有规定的以外,适用当时的法律规定,当时没有法律规定的,可以适用合同法的有关规定。”

---

① 我国台湾地区学者施启扬教授认为,“法律为社会生活的客观规范,假如法律具有溯及既往的效力,使某种行为发生当事人所不能预期的法律效果,势必破坏法律的安定性,动摇对既存法律秩序的信赖保护,引起无止境的纠纷”。参见施启扬:《民法总则》,台湾三民书局 2009 年版,第 27 页。

附件一

中华人民共和国民法总则(草案)

(征求意见稿 2016 年 5 月 20 日修改稿)

目　　录

第一章　一般规定

第一条　为了保护自然人、法人和其他组织的合法权益,调整民事关系,维护社会和经济秩序,促进社会和经济发展,根据宪法,制定本法。

第二条　中华人民共和国民事法律调整作为平等民事主体的自然人、法人和其他组织之间的人身关系和财产关系。

第三条　民事主体的法律地位一律平等。

第四条　民事主体从事民事活动,应当遵循自愿原则,按照自己的意思设立、变更和终止民事关系,行使权利、履行义务、承担责任。

第五条　民事主体从事民事活动,应当遵循公平原则,合理确定各方的权利和义务。

第六条　民事主体从事民事活动,应当遵循诚实信用原则,自觉维护交易安全。

第七条　民事主体从事民事活动,应当保护环境、节约资源,促进人与自然和谐发展。

第八条　民事主体从事民事活动,应当遵守法律,不得违背公序良俗,不得损害他人民事权益。

第九条　民事主体的民事权益受法律保护,任何组织或者个人不得侵犯。

第十条　处理民事关系,应当依照法律规定;法律没有规定的,可以适用习惯,但是不得违背公序良俗。

第十一条　其他法律对民事关系另有特别规定的,依照其规定。

第十二条　在中华人民共和国领域内的民事活动,适用中华人民共和国法律,中华人民共和国法律另有规定的除外。

第二章　自　然　人

第一节　民事权利能力和民事行为能力

第十三条　自然人从出生时起到死亡时止,具有民事权利能力,依法享有民事权利,承担民事义务。

第十四条　自然人的民事权利能力一律平等。

第十五条　自然人的出生时间和死亡时间,以出生证明、死亡证明记载的出生时间和死亡时间为准;没有出生证明、死亡证明的,以户籍登记的出生时间和死亡时间为准。有其他证据足以推翻以上时间的,以相关证据证明的时间为准。

第十六条　对胎儿利益的保护,胎儿出生时为活体的,其出生前即视为具有民事权利能力。

第十七条　十八周岁以上的自然人是成年人,为完全民事行为能力人,可以独立实施民事法律行为。

第十八条　六周岁以上不满十八周岁的未成年人,为限制民事行为能力人,可以独立实施纯获利益的民事法律行为或者与其年龄、智力相适应的民事法律行为;实施其他民事法律行为由其法定代理人代理,或者征得其法定代理人的同意。

十六周岁以上不满十八周岁的未成年人,以自己的劳动收入为主要生活来源的,视为完全民事行为能力人。

第十九条　不满六周岁的未成年人,为无民事行为能力人,由其法定代理人代理实施民事法律行为。

第二十条　不能辨认自己行为的成年人,为无民事行为能力人,由其法定代理人代理实施民事法律行为。

六周岁以上的未成年人不能辨认自己行为的,适用前款规定。

第二十一条　不能完全辨认自己行为的成年人,为限制民事行为能力人,可以独立实施纯获利益的民事法律行为或者与其智力、精神健康状况相适应的民事法律行为;实施其他民事法律行为由其法定代理人代理,或者征得其法定代理人的同意。

第二十二条 无民事行为能力人、限制民事行为能力人的监护人是其法定代理人。

第二十三条 不能辨认或者不能完全辨认自己行为的成年人的利害关系人,可以向人民法院申请宣告其为无民事行为能力人或者限制民事行为能力人。

被人民法院宣告为无民事行为能力人或者限制民事行为能力人的,根据其智力、精神健康恢复的状况,经本人、利害关系人或者有关组织申请,人民法院可以宣告其为限制民事行为能力人或者完全民事行为能力人。

前款规定的有关组织包括:被监护人住所地的居民委员会、村民委员会,学校、医疗卫生机构、妇女联合会、残疾人联合会、老年人组织、民政部门等。

第二十四条 自然人以户籍登记的居所为住所;经常居所与住所不一致的,经常居所视为住所。

第二节 监 护

第二十五条 未成年人的父母是未成年人的监护人。父母对未成年子女负有照管和保护的义务。

未成年人的父母已经死亡或者没有监护能力的,由下列人员中有监护能力的人担任监护人:

(一)祖父母、外祖父母;

(二)成年兄、姐;

(三)关系密切的其他亲属、朋友愿意承担监护责任,经未成年人住所地的居民委员会、村民委员会或者民政部门同意的。

未成年人的父母可以通过遗嘱指定未成年人的监护人;其父、母指定的监护人不一致的,以后死亡一方指定的为准。

第二十六条 无民事行为能力或者限制民事行为能力的成年人,由下列人员中有监护能力的人担任监护人:

(一)配偶;

(二)父母;

(三)成年子女;

(四)其他近亲属;

(五)关系密切的其他亲属、朋友愿意承担监护责任,经被监护人住所地的居民委员会、村民委员会或者民政部门同意的。

第二十七条　监护人可以协议确定。协议确定监护人的,应当尊重被监护人的意愿。

第二十八条　对担任监护人有争议的,由被监护人住所地的居民委员会、村民委员会或者民政部门指定,有关当事人对指定不服的,可以向人民法院提起诉讼;有关当事人也可以直接向人民法院提起诉讼,由人民法院指定。

居民委员会、村民委员会、民政部门或者人民法院指定监护人,应当根据最有利于被监护人的原则,尊重被监护人的意愿。

依照本条第一款规定指定监护人前,被监护人的人身、财产及其他合法权益处于无人保护状态的,由被监护人住所地的居民委员会、村民委员会、法律规定的有关组织或者民政部门担任临时监护人。

监护人被指定后,不得擅自变更;擅自变更的,不免除被指定的监护人的监护责任。

第二十九条　无具有监护资格的人的,由被监护人住所地的居民委员会、村民委员会、法律规定的有关组织或者民政部门担任监护人。

第三十条　具有完全民事行为能力的成年人,可以与近亲属或者其他愿意承担监护责任的个人、组织事先协商,以书面形式确定自己的监护人。监护人在该成年人丧失或者部分丧失民事行为能力时,承担监护责任。

第三十一条　监护人依法行使监护的权利,受法律保护。

监护人应当按照最有利于被监护人的原则履行监护职责,保护被监护人的人身、财产及其他权益;除为被监护人利益外,不得处分被监护人的财产。

未成年人的监护人应当履行对被监护人的教育和管理职责;根据被监护人的年龄和智力状况,在作出与被监护人权益有关的决定时,尊重被监护人的意愿。

成年人的监护人履行监护职责,应当最大程度地尊重被监护人的意愿,保障并协助被监护人独立实施与其智力、精神健康状况相适应的民事法律行为。

监护人不履行监护职责或者侵害被监护人民事权益的,应当承担责任。

第三十二条 监护人有下列情形之一的,人民法院根据有关人员或者组织的申请,撤销其监护人资格,并根据最有利于被监护人的原则依法为其指定新的监护人:

(一)实施严重损害被监护人身心健康行为的;

(二)怠于履行监护职责,或者无法履行监护职责并且拒绝将监护职责部分或者全部委托给他人,导致被监护人处于危困状态的;

(三)有严重侵害被监护人合法权益的其他行为的。

前款规定的有关人员和组织包括:其他有监护资格的人员,被监护人住所地的居民委员会、村民委员会,学校、医疗卫生机构、妇女联合会、残疾人联合会、老年人组织、民政部门等。

有关人员和组织未及时向人民法院提出撤销监护人资格申请的,民政部门应当向人民法院提出申请。

第三十三条 原监护人被人民法院撤销监护人资格后,确有悔改情形的,经其申请,人民法院可以视情况恢复其监护人资格,人民法院指定的新的监护人同时终止与被监护人的监护关系。

第三十四条 有下列情形之一的,监护关系终止:

(一)被监护人取得或者恢复完全民事行为能力的;

(二)监护人丧失监护能力的;

(三)被监护人或者监护人死亡的;

(四)由人民法院认定监护关系终止的其他情形的。

监护关系终止后,被监护人仍然需要监护的,应当依法另行确定监护人。

第三节 宣告失踪和宣告死亡

第三十五条 自然人下落不明满二年的,利害关系人可以向人民法院申请宣告其为失踪人。

自然人下落不明的时间,从失去该自然人音讯之日起计算。战争期间下落不明的,下落不明的时间自战争结束之日起计算。

第三十六条　失踪人的财产由其配偶、父母、成年子女或者关系密切的其他亲属、朋友代管。

代管有争议,没有前款规定的人,或者前款规定的人无代管能力的,由人民法院指定的人代管。

第三十七条　财产代管人应当妥善管理失踪人的财产,维护其财产权益。

失踪人所欠税款、债务和应付的其他费用,由财产代管人从失踪人的财产中支付。

财产代管人因故意或者重大过失造成失踪人财产损失的,应当承担赔偿责任。

第三十八条　财产代管人不履行代管职责、侵害失踪人财产权益或者丧失代管能力的,失踪人的利害关系人可以向人民法院申请变更财产代管人。

财产代管人有正当理由的,可以向人民法院申请另行确定财产代管人。

第三十九条　被宣告失踪的人重新出现,经本人或者利害关系人申请,人民法院应当撤销失踪宣告。

被宣告失踪的人重新出现,有权要求财产代管人及时向其移交有关财产并报告财产代管情况。

第四十条　自然人有下列情形之一的,利害关系人可以向人民法院申请宣告其死亡:

(一)下落不明满四年的;

(二)因意外事故,下落不明满二年的。

因意外事故下落不明,经有关机关证明该自然人不可能生存的,申请宣告死亡不受二年时间的限制。

下落不明的时间计算,适用本法第三十五条第二款的规定。

第四十一条　对同一自然人,有的利害关系人申请宣告其死亡,有的申请宣告其失踪,符合本法规定的宣告死亡条件的,人民法院应当宣告死亡。

第四十二条　被宣告死亡的人,人民法院宣告死亡的判决作出之日视为其死亡的日期。

第四十三条　自然人被宣告死亡的,不影响其在被宣告死亡后实施的民事法律行为的效力。

第四十四条 被宣告死亡的人重新出现,经本人或者利害关系人申请,人民法院应当撤销死亡宣告。

第四十五条 被宣告死亡的人与配偶的婚姻关系,自死亡宣告之日起消灭。死亡宣告被撤销,其配偶未再婚的,夫妻关系自撤销死亡宣告之日起自行恢复,任何一方不愿意自行恢复的除外;其配偶再婚的,夫妻关系不自行恢复。

第四十六条 被宣告死亡的人在被宣告死亡期间,其子女被他人依法收养的,在死亡宣告被撤销后,不得仅以未经本人同意而主张收养关系无效。

第四十七条 被撤销死亡宣告的人有权请求返还财产。依照继承法取得其财产的自然人、法人或者其他组织,应当返还原物;无法返还原物的,应当给予补偿。

利害关系人隐瞒真实情况,致使他人被宣告死亡而取得其财产的,除应当返还原物外,还应当对由此造成的损失承担赔偿责任。

第四节 个体工商户、农村承包经营户

第四十八条 自然人经依法登记,从事工商业经营的,为个体工商户。个体工商户可以起字号。

第四十九条 农村集体经济组织的成员,依法取得农村土地承包经营权,从事家庭承包经营的,为农村承包经营户。

第五十条 个体工商户的债务,个人经营的,以个人财产承担;家庭经营的,以家庭财产承担;无法区分个人经营和家庭经营的,以家庭财产承担。

农村承包经营户的债务,以家庭财产承担。

第三章 法 人

第一节 一般规定

第五十一条 法人是具有民事权利能力和民事行为能力,依法独立享有民事权利和承担民事义务的组织。

法人的民事权利能力和民事行为能力,从法人成立时产生,到法人终止时消灭。

第五十二条　法人应当具备下列条件：

(一)依法成立；

(二)有必要的财产或者经费；

(三)有自己的名称、组织机构和住所；

(四)能够独立承担民事责任。

第五十三条　依照法律或者法人章程规定,代表法人从事民事活动的负责人,为法人的法定代表人。

法定代表人以法人名义从事的民事活动,其法律后果由法人承受。

法人的权力机构或者章程对法定代表人的代表权范围的限制,不得对抗善意第三人。

第五十四条　法定代表人因执行职务造成他人损害的,由法人承担民事责任。

法人承担民事责任后,根据法律或者法人章程的规定,可以向有过错的法定代表人追偿。

第五十五条　法人以登记的住所为住所。

法人的主要办事机构所在地与住所不一致的,其主要办事机构所在地视为住所。

法人依法不需要办理登记的,其主要办事机构所在地为住所。

第五十六条　法人在其存续期间登记事项发生变化的,应当依法向登记机关申请变更登记。

第五十七条　法人的实际情况与其登记的事项不一致的,不得对抗信赖登记的善意第三人。

第五十八条　登记机关应当通过信息公示系统依法及时公示法人登记的有关信息。

第五十九条　法人合并、分立的,其权利和义务由变更后的法人享有和承担。

第六十条　有下列情形之一的,法人解散：

(一)法人章程规定的存续期间届满或者法人章程规定的其他解散事由出现的；

(二)法人的权力机构决议解散的;

(三)法人依法被吊销营业执照、登记证书,责令关闭或者被撤销的;

(四)出现法律规定的其他情形的。

第六十一条 法人解散的,清算义务人应当及时组成清算组进行清算。

法人的董事、理事等执行机构成员为清算义务人,但是法人章程另有规定,法人权力机构另有决议,或者法律、行政法规另有规定的除外。

清算义务人怠于履行清算义务的,主管机关或者利害关系可以申请人民法院指定有关人员组成清算组进行清算。

公司以外的法人的清算程序和清算组职权,依照有关法律、行政法规的规定;没有规定的,参照适用公司法的有关规定。

第六十二条 清算期间,法人存续,但是不得从事与清算无关的活动。

法人清算后的剩余财产,根据法人章程的规定或者法人权力机构的决议处理,法律、行政法规另有规定的除外。

清算终结,并完成法人注销登记时,法人终止;法人成立时不需要办理登记的,清算终结时,法人终止。

第六十三条 清算义务人怠于履行清算义务,造成法人财产损失的,应当在造成损失范围内对法人债务等承担责任。

清算义务人怠于履行清算义务,导致法人主要财产、账册、重要文件等灭失,无法进行清算的,对法人债务等承担连带责任。

第六十四条 法人被宣告破产的,依法进行破产清算并完成法人注销登记时,法人终止。

第六十五条 法人可以依法设立分支机构。法律、行政法规规定分支机构应当办理登记的,依照其规定。

分支机构以自己的名义从事民事活动,由此产生的民事责任由法人承担。

第六十六条 设立人为设立法人从事的民事活动,其法律后果在法人成立后由法人承受;法人未成立的,其法律后果由设立人承受,设立人为二人以上的,承担连带责任。

第二节 营利性法人

第六十七条 以取得利润并分配给其股东或者其他出资人等成员为目的

成立的法人,为营利性法人。

营利性法人包括有限责任公司、股份有限公司和其他企业法人等。

第六十八条　营利性法人,经依法登记,取得法人资格;法律、行政法规规定须经有关机关批准的,依照其规定。

营利性法人的成立条件和程序,依照法律、行政法规的规定。

第六十九条　依法设立的营利性法人,由法人登记机关发给营利性法人营业执照。营业执照签发日期为营利性法人的成立日期。

第七十条　营利性法人的权力机构为成员大会。

营利性法人设董事会或者执行董事的,董事会或者执行董事为其执行机构,董事长、执行董事或者经理依照法人章程的规定担任法定代表人;未设董事会或者执行董事的,法人章程规定的主要负责人为其执行机构和法定代表人。

法律、行政法规对营利性法人的组织机构、法定代表人另有规定的,依照其规定。

第七十一条　营利性法人应当在登记的经营范围内从事经营活动。超越登记的经营范围从事经营活动的,依法承担相应的责任,但是除违反法律、行政法规的效力性强制性规定外,民事法律行为有效。

第七十二条　营利性法人从事经营活动,必须遵守法律、行政法规,遵守社会公德、商业道德,诚实信用,接受政府和社会公众的监督,承担社会责任。

第七十三条　营利性法人应当保护职工的合法权益,参加社会保险,加强劳动保护,实现安全生产。

第七十四条　营利性法人的成员应当遵守法律法规和法人章程,依法行使成员权利,不得滥用成员权利损害法人或者其他成员的利益,不得滥用法人独立地位和成员有限责任损害法人债权人的利益。

第七十五条　法律、行政法规对合作社法人有规定的,依照其规定。

第三节　非营利性法人

第七十六条　为公益目的或者其他非营利目的成立的法人,为非营利性法人。

非营利性法人不得向其成员或者设立人分配利润。

为公益目的成立的非营利性法人终止时,不得分配剩余财产;其剩余财产应当按照章程的规定或者权力机构的决议用于公益目的;不能按照章程规定或者权力机构的决议处理的,由主管机关主持转给宗旨相同或者相近的以公益为目的的法人,并向社会公告。

第七十七条 具备法人条件,为实现公益目的设立的事业单位,经依法登记,取得事业单位法人资格;依法不需要办理法人登记的,从成立之日起,具有事业单位法人资格。

设立事业单位法人,法律、行政法规规定须经有关机关批准的,依照其规定。

第七十八条 事业单位法人设理事会的,理事会为其决策机构。事业单位法定代表人按照其章程的规定产生。

法律、行政法规对事业单位法人的组织机构、法定代表人另有规定的,依照其规定。

第七十九条 具备法人条件,基于会员共同意愿,为实现公益目的或者会员共同利益等非营利目的设立的社会团体,经依法登记,取得社会团体法人资格;依法不需要办理法人登记的,从成立之日起,具有社会团体法人资格。

设立社会团体法人,法律、行政法规规定须经有关机关批准的,依照其规定。

第八十条 社会团体法人应当制定章程,设会员大会或者会员代表大会等权力机构。

社会团体法人应当设理事会等执行机构。理事长或者会长等主要负责人依照法人章程的规定担任法定代表人。

第八十一条 具备法人条件,为实现公益目的或者其他非营利目的,以捐助财产设立的基金会、宗教活动场所等,经依法登记,取得捐助法人资格。

设立捐助法人,法律、行政法规规定须经有关机关批准的,依照其规定。

第八十二条 捐助法人应当制定章程,设理事会、民主管理组织等决策机构、执行机构。理事长等主要负责人依照法人章程的规定担任法定代表人。

捐助法人应当设监事会等监督机构。

第八十三条　捐助人有权向捐助法人查询捐助财产的使用、管理情况，并提出意见和建议，捐助法人应当及时、如实答复。

捐助法人的决策机构、执行机构或者其法定代表人作出的决定违反捐助法人章程的，捐助人等利害关系人或者主管机关可以请求人民法院予以撤销。

第八十四条　有独立经费的机关、承担行政职能的法定机构从成立之日起，具有机关法人资格，可以从事为履行职能所需要的民事活动。

第八十五条　机关法人被撤销的，法人终止，其民事责任由继续履行其职能的机关法人承担；没有继续履行其职能的机关法人的，由撤销该机关法人的机关法人承担。

第四章　其他组织

第八十六条　其他组织是不具有法人资格，但是依法能够以自己的名义从事民事活动的组织。

其他组织包括个人独资企业、合伙企业等。

第八十七条　其他组织应当具备下列条件：

(一)依法成立；

(二)有必要的财产；

(三)有自己的名称、组织机构和住所；

(四)法律规定的其他条件。

第八十八条　其他组织应当依法登记。

设立其他组织，法律、行政法规规定须经有关机关批准的，依照其规定。

第八十九条　代表其他组织从事民事活动的人，为其他组织的主要负责人。

第九十条　其他组织以登记的住所为住所。

其他组织的主要办事机构所在地与住所不一致的，其主要办事机构所在地视为住所。

第九十一条　其他组织的债务先以其财产清偿，其财产不足以清偿的，由其成员或者设立人清偿，法律另有规定的除外。

第九十二条 有下列情形之一的,其他组织解散:

(一)设立人或者其成员决定解散的;

(二)章程或者组织规章规定的存续期间届满的;

(三)章程或者组织规章规定的其他解散事由出现的;

(四)出现法律规定的其他情形的。

第九十三条 其他组织解散的,应当依法进行清算。清算终结,并完成注销登记时,其他组织终止。

第九十四条 其他组织除适用本章规定外,参照适用本法第三章第一节的有关规定。

第五章 民事权利

第九十五条 自然人的人身自由、人格尊严受法律保护,不受侵犯。

第九十六条 自然人享有生命权、健康权、身体权、姓名权、肖像权、名誉权、荣誉权、隐私权、婚姻自主权等权利。

法人、其他组织享有名称权、名誉权、荣誉权等权利。

侵害本条规定的权利的,应当依法承担民事责任。

第九十七条 自然人因婚姻、家庭关系产生的人身权利受法律保护。

第九十八条 民事主体依法享有物权。

物权是权利人依法对特定的物享有直接支配和排他的权利,包括所有权、用益物权、担保物权。

第九十九条 物包括不动产和动产。法律规定具体权利或者虚拟财产作为物权客体的,依照其规定。

第一百条 民事主体依法享有债权。

债权是因合同、侵权行为、无因管理、不当得利以及法律的其他规定,权利人请求特定义务人为一定行为的权利。

第一百零一条 没有法定的或者约定的义务,为避免他人利益受损失进行管理或者服务的,有权请求受益人偿还由此而支付的必要费用。

第一百零二条 没有合法根据,取得不当利益,造成他人损失的,应当将取得的不当利益返还受损失的人。

第一百零三条　民事主体依法享有知识产权。

知识产权是指权利人依法就下列客体所享有的权利:

(一)作品;

(二)专利;

(三)商标;

(四)地理标记;

(五)商业秘密;

(六)集成电路布图设计;

(七)植物新品种;

(八)发现;

(九)数据信息;

(十)法律、行政法规规定的其他内容。

第一百零四条　民事主体依法享有继承权。

第一百零五条　民事主体依法享有股权或者其他民事权利。

第一百零六条　法律对未成年人、老年人、残疾人、妇女、消费者的民事权利有特别保护规定的,依照其规定。

第六章　民事法律行为

第一节　一般规定

第一百零七条　民事法律行为是指自然人、法人或者其他组织通过意思表示设立、变更、终止民事权利和民事义务的行为。

第一百零八条　民事法律行为可以基于单方的意思表示成立,也可以基于双方或者多方的意思表示一致成立。

法人、其他组织的决议行为应当依照法律或者章程规定的程序和表决规则成立。

第一百零九条　民事法律行为可以采用书面形式、口头形式或者其他形式;法律规定或者当事人约定采用特定形式的,应当采用特定形式。

第一百一十条　民事法律行为自成立时生效,法律另有规定或者当事人另有约定的除外。行为人非依法律规定或者取得对方同意,不得擅自变更或者解除民事法律行为。

第二节　意思表示

第一百一十一条　以对话方式作出的意思表示，相对人了解其内容时生效。以非对话方式作出的意思表示，到达相对人时生效。

以非对话方式作出的采用数据电文形式的意思表示，相对人指定特定系统接收数据电文的，该数据电文进入该特定系统时生效；未指定特定系统的，相对人知道或者应当知道该数据电文进入其系统时生效。当事人对采用数据电文形式的意思表示的生效时间另有约定的，按照其约定。

以公告方式作出的意思表示，公告发布时生效。

无相对人的意思表示，表示完成时生效，法律另有规定的除外。

第一百一十二条　行为人可以明示或者默示作出意思表示。

沉默只有在有法律规定、当事人约定或者习惯时，方可以视为意思表示。

第一百一十三条　行为人可以撤回意思表示。撤回意思表示的通知应当在意思表示到达相对人前或者与意思表示同时到达相对人。

第一百一十四条　有相对人的意思表示的解释，应当按照所使用的词句，结合相关条款、行为的性质和目的、习惯、相对人的合理信赖以及诚实信用原则，确定意思表示的含义。

无相对人的意思表示的解释，不能拘泥于所使用的词句，而应当结合相关条款、行为的性质和目的、习惯以及诚实信用原则，确定行为人的真实意思。

第三节　民事法律行为的效力

第一百一十五条　具备下列条件的民事法律行为有效：

（一）行为人具有相应的民事行为能力；

（二）意思表示真实；

（三）不违反法律、行政法规的效力性强制性规定，不违背公序良俗。

第一百一十六条　无民事行为能力人实施的民事法律行为无效。

第一百一十七条　限制民事行为能力人实施的民事法律行为，经法定代理人同意或者追认后有效，但是纯获利益的民事法律行为或者与其年龄、智力、精神健康状况相适应的民事法律行为,不需经法定代理人同意或者追认。

前款民事法律行为需经法定代理人同意或者追认的,相对人可以催告法定代理人自收到通知之日起一个月内表示同意或者予以追认。法定代理人未作表示的,视为拒绝同意或者追认。民事法律行为被同意或者追认前,善意相对人有撤销的权利。撤销应当以通知的方式作出。

第一百一十八条　行为人与相对人串通,以虚假的意思表示实施的民事法律行为无效,但是双方均不得以此对抗善意第三人。

第一百一十九条　基于重大误解实施的民事法律行为,行为人有权请求人民法院或者仲裁机构予以撤销。

第一百二十条　一方以欺诈手段,使对方在其违背真实意思的情况下实施的民事法律行为,受欺诈方有权请求人民法院或者仲裁机构予以撤销。

第一百二十一条　第三人实施欺诈行为,使一方在违背其真实意思的情况下实施的民事法律行为,对方知道或者应当知道该欺诈行为的,受欺诈方有权请求人民法院或者仲裁机构予以撤销。

第一百二十二条　一方或者第三人以胁迫手段,使对方在违背其真实意思的情况下实施的民事法律行为,受胁迫方有权请求人民法院或者仲裁机构予以撤销。

第一百二十三条　一方利用对方处于困境、缺乏判断能力或者对自己信赖等情形,致使民事法律行为成立时显失公平的,受损害方有权请求人民法院或者仲裁机构予以撤销。

第一百二十四条　民事法律行为因重大误解、欺诈、显失公平被撤销的,不得对抗善意第三人。

第一百二十五条　有下列情形之一的,撤销权消灭:

(一)当事人自知道或者应当知道撤销事由之日起一年内没有行使撤销权的;

(二)当事人受胁迫,自胁迫行为终止之日起一年内没有行使撤销权的;

(三)当事人知道撤销事由后明确表示或者以自己的行为表明放弃撤销权的。

当事人自民事法律行为发生之日起五年内没有行使撤销权的,该撤销权消灭。

第一百二十六条 违反法律、行政法规的效力性强制性规定或者违背公序良俗的民事法律行为无效。

第一百二十七条 行为人与相对人恶意串通,损害他人民事权益的民事法律行为无效。

第一百二十八条 无效的或者被撤销的民事法律行为,从民事法律行为开始时起就没有法律约束力。

第一百二十九条 民事法律行为无效、被撤销或者确定不发生效力后,行为人因该行为取得的财产,应当予以返还;不能返还或者没有必要返还的,应当折价补偿。有过错的一方应当赔偿对方由此所受到的损失;各方都有过错的,应当各自承担相应的责任。法律另有规定的,依照其规定。

第一百三十条 民事法律行为部分无效,不影响其他部分效力的,其他部分仍然有效。

第四节 民事法律行为的附条件和附期限

第一百三十一条 民事法律行为可以附条件,但是依照其性质不得附条件的除外。附生效条件的民事法律行为,自条件成就时生效。附解除条件的民事法律行为,自条件成就时失效。

第一百三十二条 附条件的民事法律行为,当事人为自己的利益不正当地阻止条件成就的,视为条件已成就;不正当地促成条件成就的,视为条件不成就。

第一百三十三条 民事法律行为可以附期限,但是依照其性质不得附期限的除外。附生效期限的民事法律行为,自期限届至时生效。附终止期限的民事法律行为,自期限届满时失效。

第七章 代　理

第一节 一般规定

第一百三十四条 自然人、法人和其他组织可以通过代理人实施民事法律行为。

第一百三十五条　代理人在代理权限内,以被代理人名义实施的民事法律行为,对被代理人发生效力;法律另有规定的,依照其规定。

依照法律规定、当事人约定或者民事法律行为的性质,应当由本人亲自实施的民事法律行为,不得代理。

第一百三十六条　代理人在代理权限内以自己的名义与第三人实施民事法律行为,第三人知道代理人与被代理人之间的代理关系的,该民事法律行为直接约束被代理人和第三人,但是有确切证据证明该民事法律行为只约束代理人和第三人的除外。

第一百三十七条　代理包括委托代理和法定代理。

委托代理人按照被代理人的委托行使代理权。法定代理人依照法律的规定行使代理权。

法定代理,本章没有规定的,适用本法和其他法律有关规定。

第一百三十八条　代理人不履行职责,造成被代理人损害的,应当承担民事责任。

代理人和第三人恶意串通,损害被代理人民事权益的,由代理人和第三人承担连带责任。

第二节　委托代理

第一百三十九条　委托代理可以采用书面形式、口头形式或者其他形式;法律规定或者当事人约定采用特定形式的,应当采用特定形式。

授权委托书应当载明代理人的姓名或者名称、代理事项、权限和期间,并由被代理人签名或者盖章。

第一百四十条　数人为同一委托事项的代理人的,应当共同行使代理权,法律另有规定或者当事人另有约定的除外。

第一百四十一条　代理人知道或者应当知道代理的事项违法仍然实施代理行为,或者被代理人知道或者应当知道代理人的代理行为违法未作反对表示的,被代理人和代理人应当承担连带责任。

第一百四十二条　代理人不得以被代理人的名义与自己实施民事法律行为,法律另有规定或者被代理人同意、追认的除外。

代理人不得以被代理人的名义与其同时代理的其他人实施民事法律行为,法律另有规定或者被代理的双方同意、追认的除外。

第一百四十三条 代理人需要转委托第三人代理的,应当取得被代理人的同意或者追认。

转委托代理经被代理人同意或者追认的,被代理人可以就代理事务直接指示转委托的第三人,代理人仅就第三人的选任及其对第三人的指示承担责任。

转委托代理未经被代理人同意或者追认的,代理人应当对转委托的第三人的行为承担责任,但是在紧急情况下代理人为了维护被代理人的利益需要转委托第三人代理的除外。

第一百四十四条 执行法人或者其他组织工作任务的人,就其职权范围内的事项,以法人或者其他组织的名义实施民事法律行为,对法人或者其他组织发生效力。

法人或者其他组织对其工作人员职权范围的限制,不得对抗善意第三人。

第一百四十五条 行为人没有代理权、超越代理权或者代理权终止后,仍然实施代理行为,未经被代理人追认的,代理行为无效。

相对人可以催告被代理人自收到通知之日起一个月内予以追认。被代理人未作表示的,视为拒绝追认。无权代理人实施的行为被追认前,善意相对人有撤销的权利。撤销应当以通知的方式作出。

无权代理人实施的行为未被追认的,善意相对人有权要求无权代理人履行债务或者就其受到的损害要求无权代理人赔偿,但是赔偿的范围不得超过代理行为有效时所能获得的利益。

相对人知道或者应当知道代理人无权代理的,相对人和代理人按照各自的过错承担责任。

第一百四十六条 行为人没有代理权、超越代理权或者代理权终止后,仍然实施代理行为,相对人有理由相信行为人有代理权的,代理行为有效。

第三节 代理的终止

第一百四十七条 有下列情形之一的,委托代理终止:

(一)代理期间届满或者代理事务完成的;

(二)被代理人取消委托或者代理人辞去委托的;

(三)代理人丧失民事行为能力的;

(四)代理人或者被代理人死亡的;

(五)作为代理人或者被代理人的法人、其他组织终止的。

第一百四十八条　被代理人死亡后,有下列情形之一的,委托代理人实施的代理行为有效:

(一)代理人不知道并且不应当知道被代理人死亡的;

(二)被代理人的继承人均予以承认的;

(三)授权中明确代理事项完成时代理权终止的;

(四)在被代理人死亡前已经实施,在被代理人死亡后为了被代理人继承人的利益继续完成的。

作为被代理人的法人、其他组织终止的,参照适用前款规定。

第一百四十九条　有下列情形之一的,法定代理终止:

(一)被代理人取得或者恢复完全民事行为能力的;

(二)代理人丧失民事行为能力的;

(三)被代理人或者代理人死亡的;

(四)有法律规定的其他情形的。

第八章　民 事 责 任

第一百五十条　民事主体应当依照法律规定或者当事人约定履行民事义务。

民事主体不履行或者不完全履行民事义务的,应当依法承担民事责任。

第一百五十一条　二人以上不履行或者不完全履行民事义务的,应当依法分担责任或者承担连带责任。

第一百五十二条　承担民事责任的方式主要有:

(一)停止侵害;

(二)排除妨碍;

(三)消除危险;

(四)返还财产;

(五)恢复原状;

(六)修理、重作、更换;

(七)赔偿损失;

(八)支付违约金;

(九)消除影响、恢复名誉;

(十)赔礼道歉。

前款规定的承担民事责任的方式,可以单独适用,也可以合并适用。

第一百五十三条 因不可抗力不能履行民事义务的,不承担民事责任,法律另有规定的除外。

不可抗力是指不能预见、不能避免并不能克服的客观情况。

第一百五十四条 因防止、制止他人的财产、人身遭受侵害而使自己受到损害的,由侵害人承担赔偿责任,受益人可以给予适当的补偿。

第一百五十五条 因当事人一方的违约行为,损害对方人身、财产权益的,受损害方有权选择要求其承担违约责任或者侵权责任。

第一百五十六条 民事主体因同一行为应当承担民事责任、行政责任和刑事责任的,承担行政责任或者刑事责任不影响依法承担民事责任;民事主体的财产不足以支付的,先承担民事责任。

第九章 诉讼时效和除斥期间

第一节 诉 讼 时 效

第一百五十七条 向人民法院请求保护民事权利的诉讼时效期间为三年,法律另有规定的除外。

诉讼时效期间自权利人知道或者应当知道权利受到损害以及义务人之日起开始计算,法律另有规定的除外。但是,自权利受到损害之日起超过二十年的,人民法院不予保护;有特殊情况的,人民法院可以延长。

第一百五十八条 诉讼时效期间届满的,义务人可以提出不履行义务的抗辩。

诉讼时效期间届满后,义务人自愿履行的,不受诉讼时效限制;义务人同意履行的,不得以诉讼时效期间届满为由抗辩。

第一百五十九条　人民法院不得主动适用诉讼时效的规定。

第一百六十条　在诉讼时效期间的最后六个月内,因下列障碍,不能行使请求权的,诉讼时效中止:

(一)不可抗力;

(二)无民事行为能力人或者限制民事行为能力人没有法定代理人,或者法定代理人死亡、丧失代理权或者丧失民事行为能力;

(三)继承开始后未确定继承人或者遗产管理人;

(四)权利人被义务人或者其他人控制;

(五)其他导致权利人不能行使请求权的障碍。

自中止时效的原因消除之日起满六个月,诉讼时效期间届满。

第一百六十一条　无民事行为能力人或者限制民事行为能力人与其法定代理人之间的请求权的诉讼时效,自该法定代理关系终止之日起开始计算。

第一百六十二条　有下列情形之一的,诉讼时效中断,从中断或者有关程序终结时起,诉讼时效期间重新计算:

(一)权利人向义务人提出履行请求的;

(二)义务人同意履行义务的;

(三)权利人提起诉讼或者申请仲裁的;

(四)有与提起诉讼或者申请仲裁具有同等效力的其他情形的。

第一百六十三条　对连带权利人或者连带义务人中的一人发生诉讼时效中断的,对全部连带权利人或者连带义务人均发生诉讼时效中断的效力。

第一百六十四条　下列请求权不适用诉讼时效:

(一)请求停止侵害、排除妨碍、消除危险;

(二)登记的物权人请求返还财产;

(三)请求支付赡养费、抚养费或者扶养费;

(四)依法不适用诉讼时效的其他请求权。

第一百六十五条　诉讼时效的期间、计算方法以及中止、中断的事由由法律规定,当事人约定的无效。

当事人对诉讼时效利益的预先放弃无效。

第二节　除 斥 期 间

第一百六十六条　法律规定或者当事人约定的撤销权、解除权等权利的存续期间,为除斥期间。

除斥期间届满,当事人的撤销权、解除权等权利消灭。

第一百六十七条　除斥期间自权利人知道或者应当知道权利产生之日起开始计算,法律另有规定的除外。

第一百六十八条　除斥期间不适用本法有关诉讼时效中止、中断和延长的规定,法律另有规定的除外。

第十章　期间的计算

第一百六十九条　民事法律所称的期间按照公历年、月、日、小时计算。

第一百七十条　按照小时计算期间的,自法律规定或者当事人约定的时间起算。

按照日、月、年计算期间的,开始的当日不计入,自下一日起算。

第一百七十一条　按照月、年计算期间的,最后一月与期间开始日的相应日为期间的最后一日;最后一月没有相应日的,其结束日为期间的最后一日。

第一百七十二条　期间的最后一日是法定休假日的,以法定休假日结束的次日为期间的最后一日。

期间的最后一日的截止时间为二十四点;有业务时间的,到停止业务活动的时间截止。

第一百七十三条　期间的计算方法依照本法的规定,法律另有规定或者当事人另有约定的除外。

第十一章　附　　则

第一百七十四条　民事法律所称的"以上""以下""以内""届满",包括本数;所称的"不满""超过""以外",不包括本数。

第一百七十五条　本法自　年　月　日起施行,《中华人民共和国民法通则》同时废止。

附件二

中华人民共和国民法总则(草案)(一次审议稿)*

目　　录

---

* 第十二届全国人民代表大会常务委员会第二十一次会议(2016 年 6 月 27 日至 7 月 2 日)审议。

第一章　基本原则

第一条　为了保护自然人、法人和非法人组织的合法权益,调整民事关系,维护社会和经济秩序,适应中国特色社会主义发展要求,根据宪法,制定本法。

第二条　民事法律调整作为平等民事主体的自然人、法人和非法人组织之间的人身关系和财产关系。

第三条　民事主体的法律地位一律平等。

第四条　民事主体从事民事活动,应当遵循自愿原则,按照自己的意思设立、变更和终止民事关系。

第五条　民事主体从事民事活动,应当遵循公平原则,合理确定各方的权利和义务。

第六条　民事主体从事民事活动,应当遵循诚实信用原则。

民事主体从事民事活动,应当自觉维护交易安全。

第七条　民事主体从事民事活动,应当保护环境、节约资源,促进人与自然和谐发展。

第八条　民事主体从事民事活动,应当遵守法律,不得违背公序良俗,不得损害他人合法权益。

第九条　民事主体合法的人身、财产权益受法律保护，任何组织或者个人不得侵犯。

民事主体行使权利的同时，应当履行法律规定的或者当事人约定的义务，承担相应责任。

第十条　处理民事纠纷，应当依照法律规定；法律没有规定的，可以适用习惯，但是不得违背公序良俗。

第十一条　其他法律对民事关系另有特别规定的，依照其规定。

第十二条　在中华人民共和国领域内的民事活动，适用中华人民共和国法律，中华人民共和国法律另有规定的除外。

第二章　自　然　人

第一节　民事权利能力和民事行为能力

第十三条　自然人从出生时起到死亡时止，具有民事权利能力，依法享有民事权利，承担民事义务。

第十四条　自然人的民事权利能力一律平等。

第十五条　自然人的出生时间和死亡时间，以出生证明、死亡证明记载的时间为准；没有出生证明、死亡证明的，以户籍登记的时间为准。有其他证据足以推翻以上时间的，以相关证据证明的时间为准。

第十六条　涉及遗产继承、接受赠与等胎儿利益的保护，胎儿视为具有民事权利能力。但是，胎儿出生时未存活的，其民事权利能力自始不存在。

第十七条　十八周岁以上的自然人是成年人，为完全民事行为能力人，可以独立实施民事法律行为。

第十八条　六周岁以上不满十八周岁的未成年人，为限制民事行为能力人，可以独立实施纯获利益的民事法律行为或者与其年龄、智力相适应的民事法律行为；实施其他民事法律行为由其法定代理人代理，或者征得其法定代理人的同意。

十六周岁以上不满十八周岁的未成年人，以自己的劳动收入为主要生活来源的，视为完全民事行为能力人。

第十九条　不满六周岁的未成年人，为无民事行为能力人，由其法定代理人代理实施民事法律行为。

第二十条 不能辨认自己行为的成年人,为无民事行为能力人,由其法定代理人代理实施民事法律行为。

六周岁以上的未成年人不能辨认自己行为的,适用前款规定。

第二十一条 不能完全辨认自己行为的成年人,为限制民事行为能力人,可以独立实施纯获利益的民事法律行为或者与其智力、精神健康状况相适应的民事法律行为;实施其他民事法律行为由其法定代理人代理,或者征得其法定代理人的同意。

第二十二条 无民事行为能力人、限制民事行为能力人的监护人是其法定代理人。

第二十三条 不能辨认或者不能完全辨认自己行为的成年人的利害关系人,可以向人民法院申请认定其为无民事行为能力人或者限制民事行为能力人。

被人民法院认定为无民事行为能力人或者限制民事行为能力人的,根据其智力、精神健康恢复的状况,经本人、利害关系人或者有关组织申请,人民法院可以认定其恢复为限制民事行为能力人或者完全民事行为能力人。

前款规定的有关组织包括:本人住所地的居民委员会、村民委员会,学校、医疗卫生机构、妇女联合会、残疾人联合会、依法设立的老年人组织、民政部门等。

第二十四条 自然人以户籍登记的居所为住所;经常居所与住所不一致的,经常居所视为住所。

第二节 监 护

第二十五条 父母对未成年子女负有抚养、教育和保护的义务。

子女对无民事行为能力或者限制民事行为能力的父母负有赡养、照顾和保护的义务。

第二十六条 未成年人的父母是未成年人的监护人。

未成年人的父母已经死亡或者没有监护能力的,由下列人员中有监护能力的人依次担任监护人:

(一)祖父母、外祖父母;

(二)兄、姐;

(三)其他愿意承担监护责任的个人或者有关组织,经未成年人住所地的居民委员会、村民委员会或者民政部门同意的。

未成年人的父母可以通过遗嘱指定未成年人的监护人;其父、母指定的监护人不一致的,以后死亡一方的指定为准。

第二十七条　无民事行为能力或者限制民事行为能力的成年人,由下列人员中有监护能力的人依次担任监护人:

(一)配偶;

(二)父母;

(三)子女;

(四)其他愿意承担监护责任的个人或者有关组织,经被监护人住所地的居民委员会、村民委员会或者民政部门同意的。

第二十八条　监护人可以协议确定。协议确定监护人的,应当尊重被监护人的意愿。

第二十九条　对担任监护人有争议的,由被监护人住所地的居民委员会、村民委员会或者民政部门指定,有关当事人对指定不服的,可以向人民法院提起诉讼;有关当事人也可以直接向人民法院提起诉讼,由人民法院指定。

居民委员会、村民委员会、民政部门或者人民法院指定监护人,应当根据最有利于被监护人的原则,尊重被监护人的意愿。

依照本条第一款规定指定监护人前,被监护人的人身、财产及其他合法权益处于无人保护状态的,由被监护人住所地的居民委员会、村民委员会、法律规定的有关组织或者民政部门担任临时监护人。

监护人被指定后,不得擅自变更;擅自变更的,不免除被指定的监护人的监护责任。

第三十条　无本法第二十六条、第二十七条规定的具有监护资格的人的,监护人由被监护人住所地的居民委员会、村民委员会或者民政部门担任。

第三十一条　具有完全民事行为能力的成年人,可以与近亲属、其他愿意承担监护责任的个人或者有关组织事先协商,以书面形式确定自己的监护人。

监护人在该成年人丧失或者部分丧失民事行为能力时,承担监护责任。

第三十二条 监护人依法行使监护的权利,受法律保护。

监护人不履行监护职责或者侵害被监护人合法权益的,应当承担责任。

第三十三条 监护人应当按照最有利于被监护人的原则履行监护职责,保护被监护人的人身、财产及其他合法权益;除为被监护人利益外,不得处分被监护人的财产。

未成年人的监护人履行监护职责,应当根据被监护人的年龄和智力状况,在作出与被监护人权益有关的决定时,尊重被监护人的意愿。

成年人的监护人履行监护职责,应当最大程度地尊重被监护人的意愿,保障并协助被监护人独立实施与其智力、精神健康状况相适应的民事法律行为。

第三十四条 监护人有下列情形之一的,人民法院根据有关人员或者组织的申请,撤销其监护人资格,并根据最有利于被监护人的原则依法为其指定新监护人:

(一)实施严重损害被监护人身心健康行为的;

(二)怠于履行监护职责,或者无法履行监护职责并且拒绝将监护职责部分或者全部委托给他人,导致被监护人处于危困状态的;

(三)有严重侵害被监护人合法权益的其他行为的。

前款规定的有关人员和组织包括:其他有监护资格的人员,被监护人住所地的居民委员会、村民委员会,学校、医疗卫生机构、妇女联合会、残疾人联合会、依法设立的老年人组织、民政部门等。

有关人员和组织未及时向人民法院提出撤销监护人资格申请的,民政部门应当向人民法院提出申请。

第三十五条 原监护人被人民法院撤销监护人资格后,确有悔改情形的,经其申请,人民法院可以视情况恢复其监护人资格,人民法院指定的新监护人与被监护人的监护关系同时终止。

第三十六条 有下列情形之一的,监护关系终止:

(一)被监护人取得或者恢复完全民事行为能力的;

(二)监护人丧失监护能力的;

(三)被监护人或者监护人死亡的;

(四)由人民法院认定监护关系终止的其他情形的。监护关系终止后，被监护人仍然需要监护的，应当依法另行确定监护人。

第三节　宣告失踪和宣告死亡

第三十七条　自然人下落不明满二年的，利害关系人可以向人民法院申请宣告其为失踪人。

自然人下落不明的时间，从失去该自然人音讯之日起计算。战争期间下落不明的，下落不明的时间自战争结束之日起计算。

第三十八条　失踪人的财产由其配偶、父母、成年子女或者其他愿意担任财产代管人的人代管。

代管有争议，没有前款规定的人，或者前款规定的人无代管能力的，由人民法院指定的人代管。

第三十九条　财产代管人应当妥善管理失踪人的财产，维护其财产权益。

失踪人所欠税款、债务和应付的其他费用，由财产代管人从失踪人的财产中支付。

财产代管人因故意或者重大过失造成失踪人财产损失的，应当承担赔偿责任。

第四十条　财产代管人不履行代管职责、侵害失踪人财产权益或者丧失代管能力的，失踪人的利害关系人可以向人民法院申请变更财产代管人。

财产代管人有正当理由的，可以向人民法院申请另行确定财产代管人。

第四十一条　被宣告失踪的人重新出现，经本人或者利害关系人申请，人民法院应当撤销失踪宣告。

被宣告失踪的人重新出现，有权要求财产代管人及时向其移交有关财产并报告财产代管情况。

第四十二条　自然人有下列情形之一的，利害关系人可以向人民法院申请宣告其死亡：

(一)下落不明满四年的；

(二)因意外事件，下落不明满二年的。

因意外事件下落不明，经有关机关证明该自然人不可能生存的，申请宣告死亡不受二年时间的限制。

下落不明的时间计算,适用本法第三十七条第二款的规定。

第四十三条 对同一自然人,有的利害关系人申请宣告其死亡,有的申请宣告其失踪,符合本法规定的宣告死亡条件的,人民法院应当宣告死亡。

第四十四条 被宣告死亡的人,人民法院宣告死亡的判决作出之日或者判决确定的日期视为其死亡的日期。

第四十五条 自然人被宣告死亡的,不影响其在被宣告死亡后实施的民事法律行为的效力。

第四十六条 被宣告死亡的人重新出现,经本人或者利害关系人申请,人民法院应当撤销死亡宣告。

第四十七条 被宣告死亡的人与配偶的婚姻关系,自死亡宣告之日起消灭。死亡宣告被撤销,其配偶未再婚的,夫妻关系自撤销死亡宣告之日起自行恢复,任何一方不愿意自行恢复的除外;其配偶再婚的,夫妻关系不自行恢复。

第四十八条 被宣告死亡的人在被宣告死亡期间,其子女被他人依法收养的,在死亡宣告被撤销后,不得仅以未经本人同意而主张收养关系无效。

第四十九条 被撤销死亡宣告的人有权请求返还财产。依照继承法取得其财产的自然人、法人或者非法人组织,应当返还原物;无法返还原物的,应当给予补偿。利害关系人隐瞒真实情况,致使他人被宣告死亡而取得其财产的,除应当返还原物外,还应当对由此造成的损失承担赔偿责任。

第四节 个体工商户、农村承包经营户

第五十条 自然人经依法登记,从事工商业经营的,为个体工商户。个体工商户可以起字号。

第五十一条 农村集体经济组织的成员,依法取得农村土地承包经营权,从事家庭承包经营的,为农村承包经营户。

第五十二条 个体工商户的债务,个人经营的,以个人财产承担;家庭经营的,以家庭财产承担;无法区分个人经营和家庭经营的,以家庭财产承担。农村承包经营户的债务,以家庭财产承担。

第三章　法　　人

第一节　一 般 规 定

第五十三条　法人是具有民事权利能力和民事行为能力,依法独立享有民事权利和承担民事义务的组织。

第五十四条　法人应当依法成立。

法人应当有自己的名称、组织机构和住所。法人成立的具体条件和程序,依照法律的规定。

设立法人,法律规定须经有关机关批准的,依照其规定。

第五十五条　法人的民事权利能力和民事行为能力,从法人成立时产生,到法人终止时消灭。

第五十六条　法人以其全部财产独立承担民事责任。

第五十七条　依照法律或者法人章程规定,代表法人从事民事活动的负责人,为法人的法定代表人。

法定代表人以法人名义从事的民事活动,其法律后果由法人承受。

法人的章程或者权力机构对法定代表人的代表权范围的限制,不得对抗善意第三人。

第五十八条　法定代表人因执行职务造成他人损害的,由法人承担民事责任。

法人承担民事责任后,根据法律或者法人章程的规定,可以向有过错的法定代表人追偿。

第五十九条　法人以登记的住所为住所。

法人的主要办事机构所在地与住所不一致的,其主要办事机构所在地视为住所。

法人依法不需要办理登记的,其主要办事机构所在地为住所。

第六十条　法人在其存续期间登记事项发生变化的,应当依法向登记机关申请变更登记。

第六十一条　法人的实际情况与其登记的事项不一致的,不得对抗信赖登记的善意第三人。

第六十二条 登记机关应当通过信息公示系统依法及时公示法人登记的有关信息。

第六十三条 法人合并、分立的,其权利和义务由变更后的法人享有和承担。

第六十四条 有下列情形之一的,法人解散:

(一)法人章程规定的存续期间届满或者法人章程规定的其他解散事由出现的;

(二)法人的权力机构决议解散的;

(三)法人依法被吊销营业执照、登记证书,责令关闭或者被撤销的;

(四)出现法律规定的其他情形的。

第六十五条 法人解散的,清算义务人应当及时组成清算组进行清算。

法人的董事、理事等执行机构成员为清算义务人,但是法人章程另有规定,法人权力机构另有决议,或者法律另有规定的除外。

清算义务人怠于履行清算义务的,主管机关或者利害关系人可以申请人民法院指定有关人员组成清算组进行清算。

第六十六条 公司的清算程序和清算组职权,适用公司法的有关规定。

公司以外的法人的清算程序和清算组职权,依照有关法律的规定;没有规定的,参照适用公司法的有关规定。

第六十七条 清算期间,法人存续,但是不得从事与清算无关的活动。

法人清算后的剩余财产,根据法人章程的规定或者法人权力机构的决议处理,法律另有规定的除外。

清算终结,并完成法人注销登记时,法人终止;法人依法不需要办理登记的,清算终结时,法人终止。

第六十八条 清算义务人怠于履行清算义务,造成法人财产损失的,应当在造成损失范围内对法人债务等承担责任。

清算义务人怠于履行清算义务,导致法人主要财产、账册、重要文件等灭失,无法进行清算的,对法人债务等承担连带责任。

第六十九条 法人被宣告破产的,依法进行破产清算并完成法人注销登记时,法人终止。

第七十条　法人可以依法设立分支机构。法律规定分支机构应当办理登记的,依照其规定。

分支机构以自己的名义从事民事活动,由此产生的民事责任由法人承担。

第七十一条　设立人为设立法人从事的民事活动,其法律后果在法人成立后由法人承受;法人未成立的,其法律后果由设立人承受,设立人为二人以上的,承担连带责任。

第七十二条　法律对合作社法人有规定的,依照其规定。

第二节　营利性法人

第七十三条　以取得利润并分配给其股东或者其他出资人等成员为目的成立的法人,为营利性法人。

营利性法人包括有限责任公司、股份有限公司和其他企业法人等。

第七十四条　营利性法人,经依法登记成立,取得法人资格。

第七十五条　依法设立的营利性法人,由法人登记机关发给营利性法人营业执照。营业执照签发日期为营利性法人的成立日期。

第七十六条　营利性法人的权力机构为成员大会。

营利性法人设董事会或者执行董事的,董事会或者执行董事为其执行机构,董事长、执行董事或者经理依照法人章程的规定担任法定代表人;未设董事会或者执行董事的,法人章程规定的主要负责人为其执行机构和法定代表人。

法律对营利性法人的组织机构、法定代表人另有规定的,依照其规定。

第七十七条　营利性法人超越登记的经营范围从事经营活动的,依法承担相应的责任,但是除违反法律、行政法规的效力性强制性规定外,民事法律行为有效。

第七十八条　营利性法人从事经营活动,必须遵守法律、行政法规,遵守社会公德、商业道德,诚实信用,接受政府和社会公众的监督,承担社会责任。

第七十九条　营利性法人的成员应当遵守法律、行政法规和法人章程,依法行使成员权利,不得滥用成员权利损害法人或者其他成员的利益,不得滥用法人独立地位和成员有限责任损害法人债权人的利益。

第八十条 本节没有规定的,适用公司法等有关法律的规定。

第三节 非营利性法人

第八十一条 为公益目的或者其他非营利目的成立的法人,为非营利性法人。

非营利性法人不得向其成员或者设立人分配利润。

为公益目的成立的非营利性法人终止时,不得向其成员或者设立人分配剩余财产;其剩余财产应当按照章程的规定或者权力机构的决议用于公益目的;不能按照法人章程规定或者权力机构的决议处理的,由主管机关主持转给宗旨相同或者相近的以公益为目的的法人,并向社会公告。

第八十二条 具备法人条件,为实现公益目的设立的事业单位,经依法登记成立,取得事业单位法人资格;依法不需要办理法人登记的,从成立之日起,具有事业单位法人资格。

第八十三条 事业单位法人设理事会的,理事会为其决策机构。事业单位法定代表人按照其章程的规定产生。

法律对事业单位法人的组织机构、法定代表人另有规定的,依照其规定。

第八十四条 具备法人条件,基于会员共同意愿,为实现公益目的或者会员共同利益等非营利目的设立的社会团体,经依法登记成立,取得社会团体法人资格;依法不需要办理法人登记的,从成立之日起,具有社会团体法人资格。

第八十五条 社会团体法人应当制定章程,设会员大会或者会员代表大会等权力机构。

社会团体法人应当设理事会等执行机构。理事长或者会长等主要负责人依照法人章程的规定担任法定代表人。

第八十六条 具备法人条件,为实现公益目的,以捐助财产设立的基金会等,经依法登记成立,取得捐助法人资格。

依法设立的宗教活动场所,具备法人条件的,可以申请法人登记,取得捐助法人资格。

第八十七条 捐助法人应当制定章程,设理事会、民主管理组织等决策机构、执行机构。理事长等主要负责人依照法人章程的规定担任法定代表人。

捐助法人应当设监事会等监督机构。

第八十八条　捐助人有权向捐助法人查询捐助财产的使用、管理情况,并提出意见和建议,捐助法人应当及时、如实答复。

捐助法人的决策机构、执行机构或者其法定代表人作出的决定违反捐助法人章程的,捐助人等利害关系人或者主管机关可以请求人民法院予以撤销。

第八十九条　有独立经费的机关、承担行政职能的法定机构从成立之日起,具有机关法人资格,可以从事为履行职能所需要的民事活动。

第九十条　机关法人被撤销的,法人终止,其民事责任由继续履行其职能的机关法人承担;没有继续履行其职能的机关法人的,由撤销该机关法人的机关法人承担。

第四章　非法人组织

第九十一条　非法人组织是不具有法人资格,但是依法能够以自己的名义从事民事活动的组织。

非法人组织包括个人独资企业、合伙企业、营利性法人或者非营利性法人依法设立的分支机构等。

第九十二条　非法人组织应当依法登记。

设立非法人组织,法律规定须经有关机关批准的,依照其规定。

第九十三条　非法人组织的成员或者设立人对该组织的债务承担无限责任。法律另有规定的,依照其规定。

第九十四条　非法人组织可以确定一人或者数人代表该组织从事民事活动。

第九十五条　非法人组织以登记的住所为住所。

非法人组织的主要办事机构所在地与住所不一致的,其主要办事机构所在地视为住所。

第九十六条　有下列情形之一的,非法人组织解散:

(一)设立人或者其成员决定解散的;

(二)章程或者组织规章规定的存续期间届满的;

(三)章程或者组织规章规定的其他解散事由出现的;

(四)出现法律规定的其他情形的。

第九十七条 非法人组织解散的,应当依法进行清算。清算终结,并完成注销登记时,非法人组织终止。

第九十八条 非法人组织除适用本章规定外,参照适用本法第三章第一节的有关规定。

第五章 民事权利

第九十九条 自然人的人身自由、人格尊严受法律保护。

第一百条 自然人享有生命权、健康权、身体权、姓名权、肖像权、名誉权、荣誉权、隐私权、婚姻自主权等权利。

法人、非法人组织享有名称权、名誉权、荣誉权等权利。

第一百零一条 自然人因婚姻、家庭关系产生的人身权利受法律保护。

第一百零二条 民事主体依法享有的收入、储蓄、房屋、生活用品、生产工具、投资及其他财产权利受法律保护。

第一百零三条 民事主体依法享有物权。

物权是权利人依法对特定的物享有直接支配和排他的权利,包括所有权、用益物权、担保物权。

第一百零四条 物包括不动产和动产。法律规定具体权利或者网络虚拟财产作为物权客体的,依照其规定。

第一百零五条 民事主体依法享有债权。

债权是因合同、单方允诺、侵权行为、无因管理、不当得利以及法律的其他规定,权利人请求特定义务人为一定行为的权利。

第一百零六条 没有法定的或者约定的义务,为避免他人利益受损失进行管理或者服务的,有权请求受益人偿还由此而支付的必要费用。

第一百零七条 没有合法根据,取得不当利益,造成他人损失的,应当将取得的不当利益返还受损失的人。

第一百零八条 民事主体依法享有知识产权。

知识产权是指权利人依法就下列客体所享有的权利:

(一)作品;

(二)专利;

(三)商标;

(四)地理标记;

(五)商业秘密;

(六)集成电路布图设计;

(七)植物新品种;

(八)数据信息;

(九)法律、行政法规规定的其他内容。

第一百零九条　自然人依法享有继承权。

第一百一十条　民事主体依法享有股权或者其他民事权利。

第一百一十一条　法律对未成年人、老年人、残疾人、妇女、消费者等的民事权利有特别保护规定的,依照其规定。

第六章　民事法律行为

第一节　一 般 规 定

第一百一十二条　民事法律行为是指自然人、法人或者非法人组织通过意思表示设立、变更、终止民事权利和民事义务的行为。

第一百一十三条　民事法律行为可以基于单方的意思表示成立,也可以基于双方或者多方的意思表示一致成立。

法人、非法人组织的决议行为应当依照法律或者章程规定的程序和表决规则成立。

第一百一十四条　民事法律行为可以采用书面形式、口头形式或者其他形式;法律规定或者当事人约定采用特定形式的,应当采用特定形式。

第一百一十五条　民事法律行为自成立时生效,法律另有规定或者当事人另有约定的除外。行为人非依法律规定或者取得对方同意,不得擅自变更或者解除民事法律行为。

第二节　意 思 表 示

第一百一十六条　以对话方式作出的意思表示,相对人了解其内容时生效。以非对话方式作出的意思表示,到达相对人时生效。

第一百一十七条 以非对话方式作出的采用数据电文形式的意思表示,相对人指定特定系统接收数据电文的,该数据电文进入该特定系统时生效;未指定特定系统的,相对人知道或者应当知道该数据电文进入其系统时生效。当事人对采用数据电文形式的意思表示的生效时间另有约定的,按照其约定。

以公告方式作出的意思表示,公告发布时生效。

无相对人的意思表示,表示完成时生效,法律另有规定的除外。

第一百一十八条 行为人可以明示或者默示作出意思表示。

沉默只有在有法律规定、当事人约定或者习惯时,方可以视为意思表示。

第一百一十九条 行为人可以撤回意思表示。撤回意思表示的通知应当在意思表示到达相对人前或者与意思表示同时到达相对人。

第一百二十条 有相对人的意思表示的解释,应当按照所使用的词句,结合相关条款、行为的性质和目的、习惯、相对人的合理信赖以及诚实信用原则,确定意思表示的含义。无相对人的意思表示的解释,不能拘泥于所使用的词句,而应当结合相关条款、行为的性质和目的、习惯以及诚实信用原则,确定行为人的真实意思。

第三节 民事法律行为的效力

第一百二十一条 具备下列条件的民事法律行为有效:

(一)行为人具有相应的民事行为能力;

(二)意思表示真实;

(三)不违反法律、行政法规的效力性强制性规定,不违背公序良俗。

第一百二十二条 无民事行为能力人实施的民事法律行为无效。

第一百二十三条 限制民事行为能力人实施的民事法律行为,经法定代理人同意或者追认后有效,但是纯获利益的民事法律行为或者与其年龄、智力、精神健康状况相适应的民事法律行为,不需经法定代理人同意或者追认。

相对人可以催告法定代理人自收到通知之日起一个月内予以追认。法定代理人未作表示的,视为拒绝追认。民事法律行为被追认前,善意相对人有撤销的权利。撤销应当以通知的方式作出。

第一百二十四条　行为人与相对人串通,以虚假的意思表示实施的民事法律行为无效,但是双方均不得以此对抗善意第三人。

行为人以虚假的意思表示隐藏的民事法律行为,依照有关法律规定处理。

第一百二十五条　基于重大误解实施的民事法律行为,行为人有权请求人民法院或者仲裁机构予以撤销。

第一百二十六条　一方以欺诈手段,使对方在其违背真实意思的情况下实施的民事法律行为,受欺诈方有权请求人民法院或者仲裁机构予以撤销。

第一百二十七条　第三人实施欺诈行为,使一方在违背其真实意思的情况下实施的民事法律行为,对方知道或者应当知道该欺诈行为的,受欺诈方有权请求人民法院或者仲裁机构予以撤销。

第一百二十八条　一方或者第三人以胁迫手段,使对方在违背其真实意思的情况下实施的民事法律行为,受胁迫方有权请求人民法院或者仲裁机构予以撤销。

第一百二十九条　一方利用对方处于困境、缺乏判断能力或者对自己信赖等情形,致使民事法律行为成立时显失公平的,受损害方有权请求人民法院或者仲裁机构予以撤销。

第一百三十条　民事法律行为因重大误解、欺诈、显失公平被撤销的,不得对抗善意第三人。

第一百三十一条　有下列情形之一的,撤销权消灭:

(一)当事人自知道或者应当知道撤销事由之日起一年内没有行使撤销权的;

(二)当事人受胁迫,自胁迫行为终止之日起一年内没有行使撤销权的;

(三)当事人知道撤销事由后明确表示或者以自己的行为表明放弃撤销权的;

(四)当事人自民事法律行为发生之日起五年内没有行使撤销权的。

第一百三十二条　违反法律、行政法规的效力性强制性规定或者违背公序良俗的民事法律行为无效。

第一百三十三条　行为人与相对人恶意串通,损害他人合法权益的民事法律行为无效。

第一百三十四条 无效的或者被撤销的民事法律行为,从民事法律行为开始时起就没有法律约束力。

第一百三十五条 民事法律行为无效、被撤销或者确定不发生效力后,行为人因该行为取得的财产,应当予以返还;不能返还或者没有必要返还的,应当折价补偿。有过错的一方应当赔偿对方由此所受到的损失;各方都有过错的,应当各自承担相应的责任。法律另有规定的,依照其规定。

第一百三十六条 民事法律行为部分无效,不影响其他部分效力的,其他部分仍然有效。

第四节 民事法律行为的附条件和附期限

第一百三十七条 民事法律行为可以附条件,但是依照其性质不得附条件的除外。附生效条件的民事法律行为,自条件成就时生效。附解除条件的民事法律行为,自条件成就时失效。

第一百三十八条 附条件的民事法律行为,当事人为自己的利益不正当地阻止条件成就的,视为条件已成就;不正当地促成条件成就的,视为条件不成就。

第一百三十九条 民事法律行为可以附期限,但是依照其性质不得附期限的除外。附生效期限的民事法律行为,自期限届至时生效。附终止期限的民事法律行为,自期限届满时失效。

第七章 代　　理

第一节 一 般 规 定

第一百四十条 自然人、法人和非法人组织可以通过代理人实施民事法律行为。

第一百四十一条 代理人在代理权限内,以被代理人名义实施的民事法律行为,对被代理人发生效力。

依照法律规定、当事人约定或者民事法律行为的性质,应当由本人亲自实施的民事法律行为,不得代理。

第一百四十二条 代理人在代理权限内以自己的名义与第三人实施民事

法律行为,第三人知道代理人与被代理人之间的代理关系的,该民事法律行为直接约束被代理人和第三人,但是有确切证据证明该民事法律行为只约束代理人和第三人的除外。

第一百四十三条　代理包括委托代理和法定代理。

委托代理人按照被代理人的委托行使代理权。法定代理人依照法律的规定行使代理权。

法定代理,本章没有规定的,适用本法和其他法律有关规定。

第一百四十四条　代理人不履行职责,造成被代理人损害的,应当承担民事责任。

代理人和第三人恶意串通,损害被代理人合法权益的,由代理人和第三人承担连带责任。

第二节　委托代理

第一百四十五条　委托代理可以采用书面形式、口头形式或者其他形式;法律规定或者当事人约定采用特定形式的,应当采用特定形式。

授权委托书应当载明代理人的姓名或者名称、代理事项、权限和期间,并由被代理人签名或者盖章。

第一百四十六条　数人为同一委托事项的代理人的,应当共同行使代理权,法律另有规定或者当事人另有约定的除外。

第一百四十七条　代理人知道或者应当知道代理的事项违法仍然实施代理行为,或者被代理人知道或者应当知道代理人的代理行为违法未作反对表示的,被代理人和代理人应当承担连带责任。

第一百四十八条　代理人不得以被代理人的名义与自己实施民事法律行为,法律另有规定或者被代理人同意、追认的除外。

代理人不得以被代理人的名义与其同时代理的其他人实施民事法律行为,法律另有规定或者被代理的双方同意、追认的除外。

第一百四十九条　代理人需要转委托第三人代理的,应当取得被代理人的同意或者追认。

转委托代理经被代理人同意或者追认的,被代理人可以就代理事务直接指示转委托的第三人,代理人仅就第三人的选任及其对第三人的指示承担责任。

转委托代理未经被代理人同意或者追认的,代理人应当对转委托的第三人的行为承担责任,但是在紧急情况下代理人为了维护被代理人的利益需要转委托第三人代理的除外。

第一百五十条 执行法人或者非法人组织工作任务的人,就其职权范围内的事项,以法人或者非法人组织的名义实施民事法律行为,对法人或者非法人组织发生效力。

法人或者非法人组织对其工作人员职权范围的限制,不得对抗善意第三人。

第一百五十一条 行为人没有代理权、超越代理权或者代理权终止后,仍然实施代理行为,未经被代理人追认的,代理行为无效。

相对人可以催告被代理人自收到通知之日起一个月内予以追认。被代理人未作表示的,视为拒绝追认。无权代理人实施的行为被追认前,善意相对人有撤销的权利。撤销应当以通知的方式作出。

无权代理人实施的行为未被追认的,善意相对人有权要求无权代理人履行债务或者就其受到的损害要求无权代理人赔偿,但是赔偿的范围不得超过代理行为有效时所能获得的利益。

相对人知道或者应当知道代理人无权代理的,相对人和代理人按照各自的过错承担责任。

第一百五十二条 行为人没有代理权、超越代理权或者代理权终止后,仍然实施代理行为,相对人有理由相信行为人有代理权的,代理行为有效,但是有下列情形之一的除外:

(一)行为人伪造他人的公章、合同书或者授权委托书等,假冒他人的名义实施民事法律行为的;

(二)被代理人的公章、合同书或者授权委托书等遗失、被盗,或者与行为人特定的职务关系已经终止,并且已经以合理方式公告或者通知,相对人应当知悉的;

(三)法律规定的其他情形。

第三节　代理的终止

第一百五十三条　有下列情形之一的,委托代理终止:

(一)代理期间届满或者代理事务完成的;

(二)被代理人取消委托或者代理人辞去委托的;

(三)代理人丧失民事行为能力的;

(四)代理人或者被代理人死亡的;

(五)作为代理人或者被代理人的法人、非法人组织终止的。

第一百五十四条　被代理人死亡后,有下列情形之一的,委托代理人实施的代理行为有效:

(一)代理人不知道并且不应当知道被代理人死亡的;

(二)被代理人的继承人均予以承认的;

(三)授权中明确代理权在代理事项完成时终止的;

(四)在被代理人死亡前已经实施,在被代理人死亡后为了被代理人继承人的利益继续完成的。

作为被代理人的法人、非法人组织终止的,参照适用前款规定。

第一百五十五条　有下列情形之一的,法定代理终止:

(一)被代理人取得或者恢复完全民事行为能力的;

(二)代理人丧失民事行为能力的;

(三)被代理人或者代理人死亡的;

(四)有法律规定的其他情形的。

第八章　民 事 责 任

第一百五十六条　民事主体应当依照法律规定或者当事人约定履行民事义务。

民事主体不履行或者不完全履行民事义务的,应当依法承担民事责任。

第一百五十七条　二人以上不履行或者不完全履行民事义务的,应当依法分担责任或者承担连带责任。

第一百五十八条　二人以上依法承担按份责任的,责任人按照各自责任份额向权利人承担民事责任。

第一百五十九条 二人以上依法承担连带责任的,每一个责任人应当向权利人承担全部民事责任。责任人实际承担责任超过其应当承担份额的,可以向其他连带责任人追偿。

第一百六十条 承担民事责任的方式主要有:

(一)停止侵害;

(二)排除妨碍;

(三)消除危险;

(四)返还财产;

(五)恢复原状、修复生态环境;

(六)修理、重作、更换;

(七)赔偿损失;

(八)支付违约金;

(九)消除影响、恢复名誉;

(十)赔礼道歉。

前款规定的承担民事责任的方式,可以单独适用,也可以合并适用。

第一百六十一条 因不可抗力不能履行民事义务的,不承担民事责任,法律另有规定的除外。

不可抗力是指不能预见、不能避免并不能克服的客观情况。

第一百六十二条 因正当防卫造成损害的,不承担责任。正当防卫超过必要的限度,造成不应有的损害的,正当防卫人应当承担适当的责任。

第一百六十三条 因紧急避险造成损害的,由引起险情发生的人承担责任。如果危险是由自然原因引起的,紧急避险人不承担责任或者给予适当补偿。紧急避险采取措施不当或者超过必要的限度,造成不应有的损害的,紧急避险人应当承担适当的责任。

第一百六十四条 为保护他人民事权益而使自己受到损害的,由侵权人承担责任,受益人可以给予适当补偿。没有侵权人、侵权人逃逸或者无力承担责任,受害人请求补偿的,受益人应当给予适当补偿。

第一百六十五条 因当事人一方的违约行为,损害对方人身、财产权益的,受损害方有权选择要求其承担违约责任或者侵权责任。

第一百六十六条　民事主体因同一行为应当承担民事责任、行政责任和刑事责任的,承担行政责任或者刑事责任不影响依法承担民事责任;民事主体的财产不足以支付的,先承担民事责任。

第九章　诉讼时效和除斥期间

第一节　诉讼时效

第一百六十七条　向人民法院请求保护民事权利的诉讼时效期间为三年,法律另有规定的除外。

诉讼时效期间自权利人知道或者应当知道权利受到损害以及义务人之日起开始计算,法律另有规定的除外。但是,自权利受到损害之日起超过二十年的,人民法院不予保护;有特殊情况的,人民法院可以延长。

第一百六十八条　当事人约定同一债务分期履行的,诉讼时效期间从最后一期履行期限届满之日起计算。

第一百六十九条　诉讼时效期间届满的,义务人可以提出不履行义务的抗辩。

诉讼时效期间届满后,义务人自愿履行的,不受诉讼时效限制;义务人同意履行的,不得以诉讼时效期间届满为由抗辩。

第一百七十条　人民法院不得主动适用诉讼时效的规定。

第一百七十一条　在诉讼时效期间的最后六个月内,因下列障碍,不能行使请求权的,诉讼时效中止:

(一)不可抗力;

(二)无民事行为能力人或者限制民事行为能力人没有法定代理人,或者法定代理人死亡、丧失代理权或者丧失民事行为能力;

(三)继承开始后未确定继承人或者遗产管理人;

(四)权利人被义务人或者其他人控制;

(五)其他导致权利人不能行使请求权的障碍。

自中止时效的原因消除之日起满六个月,诉讼时效期间届满。

第一百七十二条　无民事行为能力人或者限制民事行为能力人与其法定

代理人之间的请求权的诉讼时效,自该法定代理关系终止之日起开始计算。

第一百七十三条 有下列情形之一的,诉讼时效中断,从中断或者有关程序终结时起,诉讼时效期间重新计算:

(一)权利人向义务人提出履行请求的;

(二)义务人同意履行义务的;

(三)权利人提起诉讼或者申请仲裁的;

(四)有与提起诉讼或者申请仲裁具有同等效力的其他情形的。

第一百七十四条 对连带权利人或者连带义务人中的一人发生诉讼时效中断的,中断的效力及于全部连带权利人或者连带义务人。

第一百七十五条 下列请求权不适用诉讼时效:

(一)请求停止侵害、排除妨碍、消除危险;

(二)登记的物权人请求返还财产;

(三)请求支付赡养费、抚养费或者扶养费;

(四)依法不适用诉讼时效的其他请求权。

第一百七十六条 诉讼时效的期间、计算方法以及中止、中断的事由由法律规定,当事人约定无效。当事人对诉讼时效利益的预先放弃无效。

第二节 除斥期间

第一百七十七条 法律规定或者当事人约定的撤销权、解除权等权利的存续期间,为除斥期间。

除斥期间届满,当事人的撤销权、解除权等权利消灭。

第一百七十八条 除斥期间自权利人知道或者应当知道权利产生之日起开始计算,法律另有规定的除外。

第一百七十九条 除斥期间不适用本法有关诉讼时效中止、中断和延长的规定。

第十章 期间的计算

第一百八十条 民事法律所称的期间按照公历年、月、日、小时计算。

第一百八十一条 按照小时计算期间的,自法律规定或者当事人约定的时间起算。

按照日、月、年计算期间的,开始的当日不计入,自下一日起算。

第一百八十二条　按照月、年计算期间的,最后一月与期间开始当日的相应日为期间的最后一日;最后一月没有相应日的,其结束日为期间的最后一日。

第一百八十三条　期间的最后一日是法定休假日的,以法定休假日结束的次日为期间的最后一日。

期间的最后一日的截止时间为二十四点;有业务时间的,到停止业务活动的时间截止。

第一百八十四条　期间的计算方法依照本法的规定,法律另有规定或者当事人另有约定的除外。

第十一章　附　　则

第一百八十五条　民事法律所称的“以上”“以下”“以内”“届满”,包括本数;所称的“不满”“超过”“以外”,不包括本数。

第一百八十六条　本法自　年　月　日起施行。

附件三

关于《中华人民共和国民法总则(草案)》的说明

一、关于编纂民法典的总体考虑

(一)编纂民法典的重大意义

编纂民法典的任务是,对现行民事法律规范进行系统、全面整合,编纂一部内容协调一致、结构严谨科学的法典。编纂民法典不是制定全新的民事法律,而是对现行分别规定的民事法律规范进行科学整理,也不是简单的法律汇编,法律汇编不对法律进行修改,而法典编纂不仅要去除重复的规定,删繁就简,还要对已经不适应现实情况的现行规定进行必要的修改完善,对社会经济生活中出现的新情况、新问题作出有针对性的新规定。改革开放以来,我国分别制定了民法通则、继承法、收养法、担保法、合同法、物权法、侵权责任法等一系列民事法律,修改了婚姻法,在经济社会发展中发挥了重要作用。近年来,人民群众和社会各方面对编纂民法典的呼声比较高。编纂民法典已经具备了较好的主客观条件。

在建设中国特色社会主义法治体系、建设社会主义法治国家进程中,党中央提出编纂民法典,意义重大。首先,编纂民法典是实现国家治理体系和治理能力现代化的重大举措。民法被称为社会生活的百科全书,民法典是民族精神、时代精神的立法表达。民法与国家其他领域的法律规范一起,支撑着国家治理体系。通过法典编纂,进一步完善我国民事法律规范,对提高国家治理能力具有重要意义。其次,编纂民法典是维护最广大人民根本利益的客观需要。民法规范人身关系和财产关系,与人民群众关系极其密切。通过编纂民法典,健全民事法律秩序，加强对民事主体合法权益的保护，有利于维护广大人民群众的切身利益。最后，编纂民法典是形成完备的社会主义市场经济制度体系的必然要求。我国民事立法秉持民商合一的传统。通过编纂民法典，完善我国民商事领域的基本规则，亦为商事活动提供基本遵循，有利于健全市场秩序，维护交易安全，促进社会主义市场经济健康发展。

(二)编纂民法典的指导思想和基本原则

民法典规范民事活动，有其自身规律，但都与特定的社会政治制度相适应。我国编纂民法典，在遵循立法规律的同时，必须与中国特色社会主义的要求相适应。编纂民法典的指导思想是，高举中国特色社会主义伟大旗帜，全面贯彻党的十八大和十八届三中、四中、五中全会精神，以马克思列宁主义、毛泽东思想、邓小平理论、“三个代表”重要思想、科学发展观为指导，深入贯彻习近平总书记系列重要讲话精神，贯彻“四个全面”战略布局要求，体现新发展理念和我们党执政为民的宗旨，编纂一部体例科学、结构严谨、规范合理、具有中国特色、体现时代精神的民法典，更好地保护民事主体的合法权益，调整民事关系，维护社会和经济秩序，适应中国特色社会主义发展要求，为实现“两个一百年”奋斗目标、实现中华民族伟大复兴的中国梦提供有力法治保障。

编纂民法典，应当坚持以下基本原则：一是坚持正确的政治方向。要坚持党对编纂民法典工作的领导，走中国特色社会主义法治道路，将编纂工作放在党中央工作大局和协调推进“四个全面”战略布局下思考、谋划和落实，推进国家治理体系和治理能力现代化。二是发挥立法的引领和推动作用。要体现鲜明的时代特征，与时俱进，在总结继承的基础上，发展和完善我国民事法律规范，更好地平衡社会利益、调节社会关系、规范社会行为，兼顾法律的稳定性和前瞻性，为改革发展稳定提供法律支撑。三是体现社会主义核心价值观。要将社会主义核心价值观融入民法典编纂全过程，弘扬中华民族传统美德，强化规则意识，增强道德约束，倡导契约精神，维护公序良俗。四是坚持人民主体地位。要立足我国国情，健全民事生活领域基本秩序，充分保障民事主体的人身和财产权利。

(三)编纂民法典的工作步骤

编纂民法典是一项艰巨复杂的系统工程，要按照党中央要求，统筹考虑，在加强顶层设计的前提下积极稳妥推进,确保立法质量。民法典将由总则编和各分编(目前考虑分为合同编、物权编、侵权责任编、婚姻家庭编和继承编等)组成。总则编规定民事活动必须遵循的基本原则和一般性规则,统领各分编;各分编在总则编的基础上对各项民事制度作具体可操作的规定。总则编和各分编形成一个有机整体,共同承担着保护民事主体合法权益、调整民事关系的任务。编纂民法典任务重、工作量大、要求高,社会期望值也很高,既要高质量完成党中央部署的目标任务,又要体现阶段性成果,坚持进度服从质量。为此,经同有关方面反复研究,编纂工作拟按照“两步走”的工作思路进行:第一步,编纂民法典总则编(中华人民共和国民法总则),经全国人大常委会审议后,争取提请2017年3月召开的十二届全国人大第五次会议审议通过;第二步,编纂民法典各分编,拟于2018年上半年整体提请全国人大常委会审议,经全国人大常委会分阶段审议后,争取于2020年3月将民法典各分编一并提请全国人民代表大会会议审议通过,从而形成统一的民法典。按照进度服从质量的要求,具体安排可作必要调整。“两步走”的工作思路得到了各方面认同,理论界和实务界都认为符合立法规律,体现了实事求是的精神,是可行的。

二、关于民法总则草案起草工作情况

按照党中央的要求和全国人大常委会的工作部署,2015年3月以来,法制工作委员会牵头成立了由最高人民法院、最高人民检察院、国务院法制办、中国社会科学院、中国法学会5家单位参加的民法典编纂工作协调小组,并组织了工作专班开展民法典编纂工作。在深入开展调查研究,梳理分析主要问题,广泛听取各方面意见的基础上,协调小组各成员单位密切配合,工作专班抓紧工作,形成了民法总则草案(征求意见稿)。今年2月2日,法制工作委员会将草案(征求意见稿)印发地方人大、中央有关部门和部分全国人大代表、法学教学研究机构和一些社会组织征求意见。根据各方面的意见和建议,对草案(征求意见稿)作了反复修改,并分别召开协调小组会议和专题会议,听取协调小组各参加单位、部分全国人大代表和专家学者的意见建议,继续对草案进行修改完善。

党中央高度重视民法典编纂和民法总则的制定。2016年6月14日,习近平总书记主持召开中央政治局常委会会议,听取了全国人大常委会党组《关于民法典编纂工作和民法总则(草案)几个主要问题的请示》的汇报,原则同意请示,并就做好民法典编纂和民法总则草案审议修改工作作出重要指示。会后,根据党中央的重要指示精神,对草案又作了进一步修改完善,形成了现在提请审议的《中华人民共和国民法总则(草案)》。

民法总则规定民事活动的基本原则和一般性规则,在民法典中起统率性、纲领性作用。民法总则草案以1986年制定的民法通则为基础,按照“提取公因式”的方法,将其他民事法律中具有普遍适用性的规定写入草案。在起草过程中,遵循编纂民法典的指导思想和基本原则,并注意把握以下几点:一是既坚持问题导向,立足于解决纷繁复杂的社会生活中出现的各种问题,又尊重立法规律,讲法理,讲体系,注重与民法典各分编的有机衔接,确保立法质量。二是既尊重民事立法的历史延续性,又适应当前经济社会发展的客观要求,对不符合、不适应现实情况的内容和制度作修改补充,对社会生活迫切需要规范的事项作出创设性规定。三是既立足中国实际,传承我国优良的法律文化传统,又借鉴国外立法的有益经验。

三、关于民法总则草案的主要内容

民法总则草案分11章,包括基本原则、自然人、法人、非法人组织、民事权利、民事法律行为、代理、民事责任、诉讼时效和除斥期间、期间的计算、附则,共186条。主要内容有:

(一)关于基本原则和法律适用规则

基本原则是民事主体从事民事活动和司法机关进行民事司法活动应当遵循的基本准则。草案在民法通则的基础上,适应经济社会的发展和民事活动的现实需要,对基本原则作了丰富和补充:一是平等原则。草案规定,民事主体的法律地位一律平等。平等原则是民事法律关系区别于行政法律关系、刑事法律关系特有的原则,也是发展社会主义市场经济的客观要求。二是自愿原则。草案规定,民事主体从事民事活动,应当遵循自愿原则,按照自己的意思设立、变更和终止民事关系。自愿原则体现了民事活动最基本的特征,其实质是民事主体根据自己的意愿从事民事活动,承担相应的法律后果。三是公平原则。草案规定,民事主体从事民事活动,应当遵循公平原则,合理确定各方的权利和义务。公平原则体现了民法促进社会公平正义的基本价值,对规范民事主体的行为发挥着重要作用。四是诚实信用原则。草案规定,民事主体从事民事活动,应当遵循诚实信用原则。诚实信用原则要求民事主体在行使权利、履行义务过程中,讲诚实重诺言守信用。这对建设诚信社会、规范经济秩序、引领社会风尚具有重要意义。草案同时规定,民事主体从事民事活动,应当自觉维护交易安全;应当保护环境、节约资源,促进人与自然和谐发展;应当遵守法律,不得违背公序良俗,不得损害他人合法权益;民事主体合法的人身、财产权益受法律保护,任何组织或者个人不得侵犯;民事主体行使权利的同时,应当履行法律规定的或者当事人约定的义务,承担相应责任。(草案第三条至第九条)

明确民事法律的适用规则,对于正确适用法律具有指导意义。草案作了以下规定:一是处理民事纠纷,应当依照法律规定;法律没有规定的,可以适用习惯,但不得违背公序良俗(草案第十条)。民事关系十分复杂,对法律没有规定的事项,人民法院在一定条件下根据商业惯例或者民间习惯处理民事纠纷,有利于纠纷的解决。二是其他法律对民事关系另有特别规定的,依照其规定(草案第十一条)。民商事领域有些法律规定了民商事活动的特殊规则,既涉及民事法律关系,也涉及行政法律关系等,需要在民法总则中作衔接性规定。

(二)关于自然人

自然人是从事民事活动的重要民事主体,依法享有民事权利,承担民事义务。草案主要作了以下补充完善:

一是增加了保护胎儿利益的规定。自然人的民事权利能力始于出生,胎儿尚未出生,原则上不具有民事权利能力。但是为了保护胎儿的遗产继承、接受赠与等权利,有必要在需要对胎儿利益进行保护时,赋予胎儿一定的民事权利能力。据此,草案在继承法规定的基础上明确:涉及遗产继承、接受赠与等胎儿利益的保护,胎儿视为具有民事权利能力。但是,胎儿出生时未存活的,其民事权利能力自始不存在。(草案第十六条)

二是下调了限制民事行为能力的未成年人的年龄标准。自然人的民事行为能力是指自然人独立实施民事法律行为、行使民事权利和履行民事义务的资格。民法通则规定十八周岁以上的自然人为完全民事行为能力人,十周岁以上的未成年人是限制民事行为能力人,不满十周岁的未成年人是无民事行为能力人。草案将民法通则规定的限制民事行为能力人的年龄下限标准从“十周岁”降到“六周岁”,主要考虑是:随着经济社会的发展和生活教育水平的提高,未成年人生理心理的成熟程度和认知能力都有所提高,适当降低年龄有利于其从事与其年龄、智力相适应的民事活动,更好地尊重这一部分未成年人的自主意识,保护其合法权益。这一调整也与我国义务教育法关于年满六周岁的儿童须接受义务教育的规定相呼应,实践中易于掌握、执行。(草案第十八条、第十九条)

三是完善了监护制度。未成年人和有智力、精神健康障碍等情形的成年人,为限制民事行为能力人或者无民事行为能力人。监护制度的主要功能是对这部分人的民事行为能力予以弥补。草案针对监护领域的突出问题,对监护制度作了完善:(1)增加规定父母对未成年子女负有抚养、教育和保护的义务,子女对无民事行为能力或者限制民事行为能力的父母负有赡养、照顾和保护的义务,以强调家庭责任,弘扬中华民族传统美德(草案第二十五条)。(2)扩大了被监护人的范围。草案将智力障碍者以及因疾病等原因丧失或者部分丧失辨识认知能力的成年人也纳入被监护人范围,有利于保护其人身财产权益,也有利于应对人口老龄化问题,更好地维护老年人权益(草案第二十条、第二十一条、第三十一条)。(3)调整了监护人的范围。民法通则规定,单位有担任监护人的职责。在社会主义市场经济条件下,单位与职工之间主要是劳动合同关系,而且就业人员流动越来越频繁,单位缺乏履行监护职责的意愿和能力。与此同时,随着我国公益事业的发展,有监护意愿和能力的社会组织增多,由这些组织担任监护人可以作为家庭监护的有益补充,也可以缓解国家监护的压力。这些社会组织担任监护人应当具备的信誉、财产状况等条件,可以由相关法律具体规定。据此,草案明确:法律规定的有关组织可以担任监护人(草案第二十九条第三款、第三十一条)。(4)完善了撤销监护制度。针对实践中监护人侵害未成年人等被监护人合法权益时有发生的情况,草案规定人民法院可以根据申请撤销监护人的资格、依法指定新监护人,并对提起撤销监护诉讼的主体、适用情形、监护人资格的恢复等作了明确规定(草案第三十四条、第三十五条)。此外,草案还理顺了监护纠纷的解决程序,明确规定,对担任监护人有争议的,有关当事人也可以直接向人民法院提起诉讼(草案第二十九条第一款)。

(三)关于法人

法人制度是民事法律的基本制度。完善法人制度,对全面深化改革、促进社会主义市场经济发展意义重大,是这次民法总则制定中的重点问题。民法通则将法人分为企业法人和机关法人、事业单位法人、社会团体法人等。随着我国经济社会的发展,新的组织形式不断出现,法人形态发生了较大变化,民法通则的法人分类已难以涵盖实践中新出现的一些法人形式,也不适应社会组织改革发展方向,有必要进行调整完善。由于法人是法律拟制的“人”,各方面对法人分类有不同认识,比如可分为营利性法人、非营利性法人,也可分为社团法人、财团法人,还可分为私法人、公法人等。不同国家的民事法律对法人的分类也不尽相同。经反复比较,草案按照法人设立目的和功能的不同,将法人分为营利性法人和非营利性法人两类,主要考虑:一是营利性和非营利性能够反映法人之间的根本差异,传承了民法通则按照企业和非企业进行分类的基本思路,比较符合我国的立法习惯,实践意义也更为突出;二是将非营利性法人作为一类,既能涵盖事业单位法人、社会团体法人等传统法人形式,还能够涵盖基金会和社会服务机构等新法人形式,符合我国国情;三是适应改革社会组织管理制度、促进社会组织健康有序发展的要求,创设非营利性法人类别,有利于健全社会组织法人治理结构,有利于加强对这类组织的引导和规范,促进社会治理创新。据此,草案规定:营利性法人是以取得利润并分配给其股东或者其他出资人等成员为目的成立的法人,主要包括有限责任公司、股份有限公司和其他企业法人等(草案第七十三条);非营利性法人是为公益目的或者其他非营利目的成立的法人。非营利性法人不得向其成员或者设立人分配利润(草案第八十一条第一款、第二款)。对公益的非营利性法人,草案明确了其终止时剩余财产的分配规则:不得向其成员或者设立人分配剩余财产;其剩余财产应当按照章程规定或者权力机构的决议用于公益目的;不能按照章程或者决议处理的,由主管机关主持转给宗旨相同或者相近的以公益为目的的法人,并向社会公告(草案第八十一条第三款)。草案还对非营利性法人中的事业单位法人、社会团体法人、捐助法人和机关法人作了相应规定(第八十二条至第九十条)。需要说明的是,草案只列明规定了比较典型的法人具体形式,对现实生活中存在的或者可能出现的其他法人形式,可以按照其特征,分别纳入营利性法人或者非营利性法人。相应地,草案不再规定民法通则中关于联营的内容。

(四)关于非法人组织

民法通则规定了自然人和法人两类民事主体。随着我国经济社会的发展,个人独资企业、合伙企业、法人依法设立的分支机构等大量不具有法人资格的组织,在实践中以自己的名义从事各种民事活动。各方的共识是,明确这些组织的民事主体地位可以适应现实需要,有利于其开展民事活动,促进经济社会发展,也与其他法律的规定相衔接。据此,草案赋予"非法人组织"以民事主体地位,并设专章作了规定。草案规定,非法人组织是不具有法人资格,但是依法能够以自己的名义从事民事活动的组织。非法人组织包括个人独资企业、合伙企业、营利性法人或者非营利性法人依法设立的分支机构等(草案九十一条)。草案还规定,非法人组织的成员或者设立人对非法人组织的债务承担无限责任,法律另有规定的,依照其规定(草案第九十三条)。

(五)关于民事权利

保护民事权利是民法的核心。按照党的十八届四中全会关于实现公民权利保障法治化的要求,为了凸显对民事权利的尊重,加强对民事权利的保护,同时也为民法典各分编和民商事特别法律具体规定民事权利提供依据,草案继承了民法通则的做法,设专章规定民事权利的种类和内容。一是人身权利。草案根据宪法第三十七条、第三十八条关于公民的人身自由和人格尊严不受侵犯的规定,并综合各方面意见,明确规定自然人的人身自由、人格尊严受法律保护(草案第九十九条);草案还规定,自然人享有生命权、健康权、身体权、姓名权、肖像权、名誉权、荣誉权、隐私权、婚姻自主权等权利(草案第一百条第一款)。草案同时规定法人、非法人组织享有名称权、名誉权、荣誉权等权利(草案第一百条第二款)。二是财产权利。保护自然人、法人等民事主体的财产权利是民法典的重要任务,也是民法总则的应有之义。草案规定:民事主体依法享有的收入、储蓄、房屋、生活用品、生产工具、投资及其他财产权利受法律保护(草案第一百零二条);民事主体依法享有物权。物权是权利人依法对特定物享有直接支配和排他的权利,包括所有权、用益物权、担保物权(草案第一百零三条);民事主体依法享有债权。债权是因合同、单方允诺、侵权行为、无因管理、不当得利以及法律的其他规定,权利人请求特定义务人为一定行为的权利(草案第一百零五条)。三是知识产权。为了加强对知识产权的保护,促进科技创新,建设创新型国家,有必要在民法总则中对知识产权作概括性规定,以统领各知识产权单行法律行政法规。据此,草案规定,民事主体对作品、专利、商标、地理标识、商业秘密、集成电路布图设计、植物新品种等智力成果依法享有知识产权(草案第一百零八条)。四是为了适应互联网和大数据时代发展的需要,草案对网络虚拟财产、数据信息等新型民事权利客体作了规定(草案第一百零四条、第一百零八条第二款第八项)。草案对弱势群体民事权利的特别保护也作了衔接性规定:法律对未成年人、老年人、残疾人、妇女、消费者等的民事权利有特别保护规定的,依照其规定(草案第一百一十一条)。此外,草案还对继承权、股权等民事权利作了规定,并为其他新型民事权利的保护留出了空间(草案第一百零九条、第一百一十条)。

(六)关于民事法律行为

关于民事法律行为,草案在民法通则、合同法等法律规定的基础上,主要作了以下完善:一是调整了“民事法律行为”的内涵。一些意见提出,民法通则规定的“民事法律行为”和“民事行为”都是有法律意义的行为,建议将二者统一规定为“民事法律行为”,使其既包括合法行为,也包括无效行为、可撤销行为和效力待定行为。据此,草案规定,民事法律行为是指自然人、法人或者非法人组织通过意思表示设立、变更、终止民事权利和民事义务的行为。这样规定既尊重民事主体按照自己的意愿设立、变更、终止民事权利义务关系,也强调了民事主体在从事民事活动时,应当预见到自己的行为将产生的法律后果,对自己的行为负责,有利于提升民事主体的规则意识和责任意识,具有更强的实践性(草案第一百一十二条)。二是增加了意思表示的规则。意思表示是民事主体内心意愿的外在表达,是构成民事法律行为的基础,增加这一规则对于确定民事法律行为的效力具有重要作用。草案根据各方面意见,对意思表示的作出方式、生效时间、撤回和解释等内容作了规定(草案第六章第二节)。三是完善了民事法律行为的效力规则。草案在规定民事法律行为有效条件的同时,对恶意串通、重大误解、欺诈、胁迫、显失公平等行为的无效、撤销等问题分别作了补充完善(草案第六章第三节)。

(七)关于代理

代理制度是调整被代理人、代理人和第三人之间关系的法律制度。随着社会主义市场经济的发展,代理活动越来越广泛,也越来越复杂,为了保护被代理人、第三人合法权益,维护交易安全,应当对代理行为予以规范。据此,草案在现行法律规定的基础上完善了代理规则:一是为了适应商事活动的需要,草案规定了隐名代理制度,即代理人在代理权限内以自己的名义与第三人实施民事法律行为,第三人知道代理人与被代理人之间的代理关系的,该民事法律行为直接约束被代理人和第三人,但是有确切证据证明该民事法律行为只约束代理人和第三人的除外(草案第一百四十二条)。二是增加了代理人不得自己代理和双方代理的内容(草案第一百四十八条)。三是完善了表见代理制度。草案规定,行为人没有代理权、超越代理权或者代理权终止后以被代理人名义实施民事法律行为,相对人有正当理由相信行为人有代理权的,该代理行为有效;同时明确了不适用表见代理的情形。这样规定有利于维护交易安全,保护善意第三人的利益(草案第一百五十二条)。

(八)关于民事责任

明确法律责任,有利于引导民事主体强化自觉履行法定或者约定义务的意识,预防并制裁违反民事义务的行为,切实保护权利人的民事权益。草案进一步完善了民事权利受到侵害后的救济渠道和方式:一是规定民事主体应当依照法律规定或者当事人约定履行民事义务,不履行或者不完全履行民事义务的,应当依法承担民事责任(草案第一百五十六条)。二是规定了承担民事责任的主要方式。针对污染环境、破坏生态的行为,草案还特别增加了“修复生态环境”这种新的责任承担方式(草案第一百六十条第一款)。三是规定为保护他人民事权益而使自己受到损害的,由侵权人承担责任,受益人可以给予适当补偿。没有侵权人、侵权人逃逸或者无力承担责任,受害人请求补偿的,受益人应当给予适当补偿,以保护因见义勇为受到损害的人,鼓励见义勇为行为(草案第一百六十四条)。四是规定因当事人一方的违约行为,损害对方人身、财产权益的,受损害方有权选择要求其承担违约责任或者侵权责任(草案

第一百六十五条)。

(九)关于诉讼时效

诉讼时效是权利人在法定期间内不行使权利,该期间届满后,权利不受保护的法律制度。该制度有利于促使权利人及时行使权利,维护交易秩序和安全。草案根据各方面意见,吸收司法实践经验,对诉讼时效制度作了完善:一是将现行二年的一般诉讼时效期间延长为三年。近年来,社会生活发生深刻变化,交易方式与类型也不断创新,权利义务关系更趋复杂,要求权利人在二年诉讼时效期间内行使权利显得过短,有必要适当延长(草案第一百六十七条第一款)。二是明确了不适用诉讼时效的情形:(1)请求停止侵害、排除妨碍、消除危险;(2)登记的物权人请求返还财产;(3)请求支付赡养费、抚养费或者扶养费;(4)其他依法不适用诉讼时效的请求权(草案第一百七十五条)。三是强调了诉讼时效的法定性。诉讼时效制度关系法律秩序的清晰稳定,权利人和义务人不可以自行约定。草案规定,诉讼时效的期间、计算方法以及中止、中断的事由由法律规定,当事人约定无效。当事人对诉讼时效利益的预先放弃无效(草案第一百七十六条)。

此外,草案还对宣告失踪和宣告死亡、除斥期间、期间的计算等内容作了规定。这些规定既延续了现行民事法律中科学合理的内容和制度,又吸收近年来实践证明行之有效的民事司法实践经验,作了必要的补充和完善。

附件四

中华人民共和国民法总则（草案）（二次审议稿）*

目　录

---

* 第十二届全国人民代表大会常务委员会第二十四次会议（2016 年 10 月 31 日至 11 月 7 日）审议。

第一章　基本原则

第一条　为了保护民事主体的合法权益,调整民事法律关系,维护社会和经济秩序,适应中国特色社会主义发展要求,根据宪法,制定本法。

第二条　民事法律调整作为平等民事主体的自然人、法人和非法人组织之间的人身关系和财产关系。

第三条　民事主体在民事活动中的法律地位一律平等。

第四条　民事主体从事民事活动,应当遵循自愿原则,按照自己的意思设立、变更和终止民事法律关系。

第五条　民事主体从事民事活动,应当遵循公平原则,合理确定各方的权利和义务。

第六条　民事主体从事民事活动,应当遵循诚实信用原则。

第七条　民事主体从事民事活动,应当保护生态环境、节约资源,促进人与自然和谐发展。

第八条　民事主体从事民事活动,不得违反法律,不得违背公序良俗,不得滥用权利损害他人合法权益。

第九条　民事主体的人身、财产权利和其他合法权益受法律保护,任何组织或者个人不得侵犯。

民事主体行使权利的同时,应当履行法律规定的或者当事人约定的义务,承担相应责任。

第十条　处理民事纠纷,应当依照法律规定;法律没有规定的,可以适用习惯,但是不得违背公序良俗。

第十一条　其他法律对民事关系另有特别规定的,依照其规定。

第十二条　在中华人民共和国领域内的民事活动,适用中华人民共和国法律。法律另有规定的,依照其规定。

第二章　自　然　人

第一节　民事权利能力和民事行为能力

第十三条　自然人从出生时起到死亡时止,具有民事权利能力,依法享有民事权利,承担民事义务。

第十四条　自然人的民事权利能力一律平等。

第十五条　自然人的出生时间和死亡时间,以出生证明、死亡证明记载的时间为准;没有出生证明、死亡证明的,以户籍登记的时间为准。有其他证据足以推翻以上记载时间的,以相关证据证明的时间为准。

第十六条　涉及遗产继承、接受赠与等胎儿利益的保护,胎儿视为具有民事权利能力。但是,胎儿出生时为死体的,其民事权利能力自始不存在。

第十七条　年满十八周岁的自然人为成年人。不满十八周岁的自然人为未成年人。

第十八条　成年人为完全民事行为能力人,可以独立实施民事法律行为。

第十九条　六周岁以上的未成年人,为限制民事行为能力人,可以独立实施纯获利益的民事法律行为或者与其年龄、智力相适应的民事法律行为;实施其他民事法律行为由其法定代理人代理,或者经其法定代理人同意、追认。

十六周岁以上的未成年人,以自己的劳动收入为主要生活来源的,视为完全民事行为能力人。

第二十条　不满六周岁的未成年人,为无民事行为能力人,由其法定代理人代理实施民事法律行为。

第二十一条　不能辨认自己行为的成年人,为无民事行为能力人,由其法定代理人代理实施民事法律行为。

六周岁以上的未成年人不能辨认自己行为的,适用前款规定。

第二十二条 不能完全辨认自己行为的成年人,为限制民事行为能力人,可以独立实施纯获利益的民事法律行为或者与其智力、精神健康状况相适应的民事法律行为;实施其他民事法律行为由其法定代理人代理,或者经其他法定代理人同意、追认。

第二十三条 无民事行为能力人、限制民事行为能力人的监护人是其法定代理人。

第二十四条 不能辨认或者不能完全辨认自己行为的成年人的利害关系人,可以向人民法院申请认定该成年人为无民事行为能力人或者限制民事行为能力人。

被人民法院认定为无民事行为能力人或者限制民事行为能力人的,根据其智力、精神健康恢复的状况,经本人、利害关系人或者有关组织申请,人民法院可以认定该成年人恢复为限制民事行为能力人或者完全民事行为能力人。

前款规定的有关组织包括:本人住所地的居民委员会、村民委员会,学校、医疗卫生机构、妇女联合会、残疾人联合会、依法设立的老年人组织、民政部门等。

第二十五条 自然人以户籍登记的居所为住所;经常居所与住所不一致的,经常居所视为住所。

第二节 监 护

第二十六条 父母对未成年子女负有抚养、教育和保护的义务。

成年子女对父母负有赡养、照顾和保护的义务。

第二十七条 未成年人的父母是未成年人的监护人。

未成年人的父母已经死亡或者没有监护能力的,由下列人员中有监护能力的人依次担任监护人:

(一)祖父母、外祖父母;

(二)兄、姐;

(三)其他愿意担任监护人的个人或者有关组织,经未成年人住所地的居民委员会、村民委员会或者民政部门同意的。

未成年人的父母可以通过遗嘱指定未成年人的监护人;其父、母指定的监护人不一致的,应当尊重被监护人的意愿,根据最有利于被监护人的原则确定。

第二十八条　无民事行为能力或者限制民事行为能力的成年人,由下列人员中有监护能力的人依次担任监护人:

(一)配偶;

(二)父母、子女;

(三)其他近亲属;

(四)其他愿意担任监护人的个人或者有关组织,经被监护人住所地的居民委员会、村民委员会或者民政部门同意的。

第二十九条　监护人可以由协议确定。协议确定监护人的,应当尊重被监护人的意愿。

第三十条　对担任监护人有争议的,由被监护人住所地的居民委员会、村民委员会或者民政部门指定,有关当事人对指定不服的,可以向人民法院提出申请;有关当事人也可以直接向人民法院提出申请,由人民法院指定。

居民委员会、村民委员会、民政部门或者人民法院应当尊重被监护人的意愿,根据最有利于被监护人的原则在具有监护资格的人中指定监护人。

依照本条第一款规定指定监护人前,被监护人的人身、财产及其他合法权益处于无人保护状态的,由被监护人住所地的居民委员会、村民委员会、法律规定的有关组织或者民政部门担任临时监护人。

监护人被指定后,不得擅自变更;擅自变更的,不免除被指定的监护人的监护责任。

第三十一条　无具有监护资格的人的,监护人由被监护人住所地的居民委员会、村民委员会或者民政部门担任。

第三十二条　具有完全民事行为能力的成年人,可以与近亲属、其他愿意担任监护人的个人或者有关组织事先协商,以书面形式确定自己的监护人。协商确定的监护人在该成年人丧失或者部分丧失民事行为能力时,承担监护责任。

第三十三条　监护人依法履行监护职责而产生的权利,受法律保护。

监护人不履行监护职责或者侵害被监护人合法权益的,应当承担责任。

第三十四条　监护人应当按照最有利于被监护人的原则履行监护职责,保护被监护人的人身、财产及其他合法权益;除为被监护人利益外,不得处分被监护人的财产。

未成年人的监护人履行监护职责,应当根据被监护人的年龄和智力状况,在作出与被监护人权益有关的决定时,尊重被监护人的意愿。

成年人的监护人履行监护职责,应当最大程度地尊重被监护人的意愿,保障并谢祖被监护人独立实施与其智力、精神健康状况相适应的民事法律行为,对被监护人有能力独立处理的事务,监护人不得干涉。

第三十五条　监护人有下列情形之一的,人民法院根据有关人员或者组织的申请,撤销其监护人资格,安排必要的临时监护措施,并根据最有利于被监护人的原则依法指定新监护人:

(一)实施严重损害被监护人身心健康行为的;

(二)怠于履行监护职责,或者无法履行监护职责并且拒绝将监护职责部分或者全部委托给他人,导致被监护人处于危困状态的;

(三)有严重侵害被监护人合法权益的其他行为的。

前款规定的有关人员和组织包括:其他有监护资格的人员,被监护人住所地的居民委员会、村民委员会,学校、医疗卫生机构、妇女联合会、残疾人联合会、未成年人保护组织、依法设立的老年人组织、民政部门等。

前款规定的人员和其他组织未及时向人民法院提出撤销监护人资格申请的,民政部门应当向人民法院提出申请。

第三十六条　未成年人的父母被人民法院撤销监护人资格后,确有悔改情形的,经其申请,人民法院可以在尊重被监护人意愿的前提下,视情况恢复其监护人资格,人民法院指定的新监护人与被监护人的监护关系同时终止。

第三十七条　有下列情形之一的,监护关系终止:

(一)被监护人取得或者恢复完全民事行为能力的;

(二)监护人丧失监护能力的;

(三)被监护人或者监护人死亡的;

(四)人民法院认定监护关系终止的其他情形。

监护关系终止后,被监护人仍然需要监护的,应当依法另行确定监护人。

第三节 宣告失踪和宣告死亡

第三十八条 自然人下落不明满两年的,利害关系人可以向人民法院申请宣告该自然人为失踪人。

第三十九条 自然人下落不明的时间,从该自然人失去音讯之日起计算。战争期间下落不明的,下落不明的时间自战争结束之日起计算。

第四十条 失踪人的财产由其配偶、父母、成年子女或者其他愿意担任财产代管人的人代管。

代管有争议,没有前款规定的人,或者前款规定的人无代管能力的,由人民法院指定的人代管。

第四十一条 财产代管人应当妥善管理失踪人的财产,维护其财产权益。

失踪人所欠税款、债务和应付的其他费用,由财产代管人从失踪人的财产中支付。

财产代管人因故意或者重大过失造成失踪人财产损失的,应当承担赔偿责任。

第四十二条 财产代管人不履行代管职责、侵害失踪人财产权益或者丧失代管能力的,失踪人的利害关系人可以向人民法院申请变更财产代管人。

财产代管人有正当理由的,可以向人民法院申请变更财产代管人。

人民法院变更财产代管人的,变更后的财产代管人有权要求原财产代管人及时移交有关财产并报告财产代管情况。

第四十三条 被宣告失踪的人重新出现,经本人或者利害关系人申请,人民法院应当撤销失踪宣告。

被宣告失踪的人重新出现,有权要求财产代管人及时移交有关财产并报告财产代管情况。

第四十四条 自然人有下列情形之一的,利害关系人可以向人民法院申请宣告该自然人死亡:

(一)下落不明满四年的;

(二)因意外事件,下落不明满二年的。

因意外事件下落不明,经有关机关证明该自然人不可能生存的,申请宣告死亡不受二年时间的限制。

第四十五条 对同一自然人,有的利害关系人申请宣告死亡,有的申请宣告失踪,符合本法规定的宣告死亡条件的,人民法院应当宣告死亡。

第四十六条 被宣告死亡的人,人民法院判决确定的日期视为其死亡的日期;判决未确定死亡日期的,判决作出之日视为其死亡的日期。

第四十七条 自然人并未死亡但被宣告死亡的,不影响该自然人在被宣告死亡后实施的民事法律行为的效力。

第四十八条 被宣告死亡的人重新出现,经本人或者利害关系人申请,人民法院应当撤销死亡宣告。

第四十九条 被宣告死亡的人的婚姻关系,自死亡宣告之日起消灭,死亡宣告被撤销的,夫妻关系自撤销死亡宣告之日起自行恢复,但是配偶再婚或者不愿意恢复的除外。

第五十条 被宣告死亡的人在被宣告死亡期间,其子女被他人依法收养的,在死亡宣告被撤销后,不得以未经本人同意而主张收养关系无效。

第五十一条 被撤销死亡宣告的人有权请求返还财产。依照继承法取得其财产的民事主体,应当返还原物;无法返还原物的,应当给予补偿。

利害关系人隐瞒真实情况,致使他人被宣告死亡而取得其财产的,除应当返还原物外,还应当对由此造成的损失承担赔偿责任。

第四节　个体工商户、农村承包经营户

第五十二条 自然人经依法登记,从事工商业经营的,为个体工商户,个体工商户可以起字号。

第五十三条 农村集体经济组织的成员,依法取得农村土地承包经营权,从事家庭承包经营的,为农村承包经营户。

第五十四条 个体工商户的债务,个人经营的,以个人财产承担;家庭经营的,以家庭财产承担;无法区分个人经营和家庭经营的,以家庭财产承担。

农村承包经营户的债务,以家庭财产承担。

第三章　法　　人

第一节　一般规定

第五十五条　法人是具有民事权利能力和民事行为能力,依法独立享有民事权利和承担民事义务的组织。

第五十六条　法人应当依法成立。

法人应当有自己的名称、组织机构和住所。法人成立的具体条件和程序,依照法律、行政法规的规定。

设立法人,法律规定须经有关机关批准的,依照其规定。

第五十七条　法人的民事权利能力和民事行为能力,从法人成立时产生,到法人终止时消灭。

第五十八条　法人以其全部财产独立承担民事责任。

第五十九条　依照法律或者法人章程规定,代表法人从事民事活动的负责人,为法人的法定代表人。

法定代表人以法人名义从事的民事活动,其法律后果由法人承受。

法人的章程或者权力机构对法定代表人的代表权范围的限制,不得对抗善意第三人。

第六十条　法定代表人因执行职务造成他人损害的,由法人承担民事责任。

法人承担民事责任后,依照法律或者法人章程的规定,可以向有过错的法定代表人追偿。

第六十一条　法人以其主要办事机构所在地为住所。

第六十二条　法人在存续期间登记事项发生变化的,应当依法向登记机关申请变更登记。

第六十三条　法人的实际情况与登记的事项不一致的,不得对抗善意第三人。

第六十四条　登记机关应当依法及时公示法人登记的有关信息。

第六十五条　法人合并的,其权利和义务由合并后的法人享有和承担。法人分立的,其权利和义务由分立后的法人享有连带债权,承担连带债务,债权人和债务人另有约定的除外。

第六十六条 法人由于下列原因之一终止:

(一)法人解散;

(二)法人被宣告破产;

(三)法律规定的其他原因。

法人终止,法律规定须经有关机关批准的,依照其规定。

第六十七条 有下列情形之一的,法人解散:

(一)法人章程规定的存续期间届满或者法人章程规定的其他解散事由出现的;

(二)法人的权力机构决议解散的;

(三)法人依法被吊销营业执照、登记证书,责令关闭或者被撤销的;

(四)法律规定的其他情形。

第六十八条 法人解散的,清算义务人应当及时组成清算组进行清算。

法人的董事、理事等执行机构成员为清算义务人。但是,法人章程另有规定、法人权力机构另有决议或者法律另有规定的除外。

清算义务人未及时履行清算义务的,主管机关或者利害关系人可以申请人民法院指定有关人员组成清算组进行清算。

第六十九条 公司的清算程序和清算组职权,适用公司法的有关规定。

公司以外的法人的清算程序和清算组职权,依照有关法律的规定;没有规定的,参照适用公司法的有关规定。

第七十条 清算期间,法人存续,但是不得从事与清算无关的活动。

法人清算后的剩余财产,根据法人章程的规定或者法人权力机构的决议处理。法律另有规定的,依照其规定。

清算终结,并完成法人注销登记时,法人终止;法人依法不需要办理登记的,清算终结时,法人终止。

第七十一条 清算义务人怠于履行清算义务,造成法人财产损失的,应当在造成损失范围内对法人债务等承担责任。

清算义务人怠于履行清算义务,导致法人主要财产、账册、重要文件等灭失,无法进行清算的,对法人债务等承担连带责任。

第七十二条　法人被宣告破产的,依法进行破产清算并完成法人注销登记时,法人终止。

第七十三条　法人可以依法设立分支机构。法律规定分支机构应当办理登记的,依照其规定。

分支机构以自己的名义从事民事活动,由此产生的民事责任由法人承担。

第七十四条　设立人为设立法人从事的民事活动,其法律后果在法人成立后法人承受;法人未成立的,其法律后果由设立人承受,设立人为二人以上的,承担连带责任。

设立人为设立法人以自己的名义从事民事活动,造成第三人损害的,第三人有权选择请求法人或者设立人承担民事责任。

第七十五条　法律、行政法规对合作社法人有规定的,依照其规定。

第七十六条　农村集体经济组织具备法人条件的,依法取得法人资格。

第二节　营 利 法 人

第七十七条　以取得利润并分配给其股东等出资人为目的成立的法人,为营利法人。

营利法人包括有限责任公司、股份有限公司和其他企业法人等。

第七十八条　营利法人,经依法登记成立,取得法人资格。

第七十九条　依法设立的营利法人,由法人登记机关发给营利法人营业执照。营业执照签发日期为营利法人的成立日期。

第八十条　设立营利法人应当依法制定章程。

第八十一条　营利法人的股东会等出资人会为其权力机构。

权力机构修改章程;选举或者更换执行机构、监督机构成员.并行使章程规定的其他职权。

第八十二条　营利法人应当设执行机构。

执行机构召集权力机构会议,决定法人的经营计划和投资方案.决定法人内部管理机构的设置,并行使章程规定的其他职权。

执行机构为董事会或者执行董事的,董事长、执行董事或者经理依照法人章程的规定担任法定代表人;未设董事会或者执行董事的.法人章程规定的主要负责人为其执行机构和法定代表人。

第八十三条 营利法人设监事会或者监事等监督机构的,监督机构依法检查法人财务,对执行机构成员及高级管理人员执行法人职务的行为进行监督,并行使章程规定的其他职权。

第八十四条 法律对营利法人的组织机构、法定代表人另有规定的,依照其规定。

第八十五条 营利法人的出资人不得滥用出资人权利损害法人或者其他出资人的利益,法人的出资人滥用出资人权利给法人或者其他出资人造成损失的,应当依法承担民事责任。

营利法人的出资人不得滥用法人独立地位和出资人有限责任损害法人债权人利益。法人的出资人滥用法人独立地位和出资人有限责任,逃避债务,严重损害法人债权人利益的,应当对法人债务承担连带责任。

第八十六条 营利法人的权力机构、执行机构的决议内容违反法律、行政法规的无效。

营利法人的权力机构、执行机构的会议召集程序、表决方式违反法律、行政法规、法人章程,或者决议内容违反法人章程的,营利法人的出资人可以请求人民法院予以撤销,但营利法人依据该决议与善意第三人形成的民事法律关系不受影响。

第八十七条 营利法人从事经营活动,应当遵守商业道德,维护交易安全,接受政府和社会的监督,承担社会责任。

第八十八条 本节没有规定的,适用公司法等有关法律的规定。

第三节 非营利法人

第八十九条 为公益目的或者其他非营利目的的成立,不向其出资人或者设立人分配利润的法人,为非营利法人。

非营利法人包括事业单位、社会团体、基金会、社会服务机构等。

第九十条 为公益目的成立的非营利法人终止时,不得向其出资人或者设立人分配剩余财产;其剩余财产应当按照章程的规定或者权力机构的决议用于公益目的;不能按照法人章程规定或者权力机构的决议处理的,由主管机关主持转给宗旨相同或者相近的以公益为目的的法人，并向社会公告。

第九十一条　具备法人条件，为实现公益目的设立的事业单位，经依法登记成立，取得事业单位法人资格；依法不需要办理法人登记的，从成立之日起，具有事业单位法人资格。

第九十二条　事业单位法人设理事会的，理事会为其决策机构。事业单位法定代表人按照其章程的规定产生。

法律对事业单位法人的组织机构、法定代表人另有规定的，依照其规定。

第九十三条　具备法人条件，基于会员共同意愿，为实现公益目的或者会员共同利益等非营利目的设立的社会团体，经依法登记成立，取得社会团体法人资格；依法不需要办理法人登记的，从成立之日起，具有社会团体法人资格。

第九十四条　设立社会团体法人应当依法制定章程。

社会团体法人应当设会员大会或者会员代表大会等权力机构。

社会团体法人应当设理事会等执行机构。理事长或者会长等负责人依照法人章程的规定担任法定代表人。

第九十五条　具备法人条件，为实现公益目的，以捐助财产设立的基金会、社会服务机构等，经依法登记成立，取得捐助法人资格。

依法设立的宗教活动场所，具备法人条件的，可以申请法人登记，取得捐助法人资格。

第九十六条　设立捐助法人应当依法制定章程。

捐助法人应当设理事会、民主管理组织等决策机构，并设执行机构。理事长等负责人依照法人章程的规定担任法定代表人。

捐助法人应当设监事会等监督机构。

第九十七条　捐助人有权向捐助法人查询捐助财产的使用、管理情况，并提出意见和建议，捐助法人应当及时、如实答复。

捐助法人的决策机构、执行机构或者其法定代表人作出的决定违反捐助法人章程的，捐助人等利害关系人或者主管机关可以请求人民法院予以撤销，但捐助法人依据该决定与善意第三人形成的民事法律关系不受影响。

第九十八条　有独立经费的机关、承担行政职能的法定机构从成立之日起，具有机关法人资格，可以从事为履行职能所需要的民事活动。

第九十九条 机关法人被撤销的,法人终止,其民事责任由继续履行其职能的机关法人承担;没有继续履行其职能的机关法人的,由撤销该机关法人的机关法人承担。

第四章 非法人组织

第一百条 非法人组织是不具有法人资格,但是依法能够以自己的名义从事民事活动的组织。

非法人组织包括个人独资企业、合伙企业等。

第一百零一条 非法人组织应当依照法律的规定登记。

设立非法人组织,法律规定须经有关机关批准的,依照其规定。

第一百零二条 非法人组织的出资人或者设立人对该组织的债务承担无限责任。法律另有规定的,依照其规定。

第一百零三条 非法人组织可以确定一人或者数人代表该组织从事民事活动。

第一百零四条 有下列情形之一的,非法人组织解散:

(一)章程规定的存续期间届满或者章程规定的其他解散事由出现的;

(二)出资人或者设立人决定解散的;

(三)法律规定的其他情形。

第一百零五条 非法人组织解散的,应当依法进行清算。

第一百零六条 非法人组织除适用本章规定外,参照适用本法第三章第一节的有关规定。

第五章 民 事 权 利

第一百零七条 自然人的人身自由、人格尊严受法律保护。

第一百零八条 自然人享有生命权、健康权、身体权,姓名权、肖像权、名誉权、荣誉权、隐私权、婚姻自主权等权利。

法人、非法人组织享有名称权、名誉权、荣誉权等权利。

第一百零九条 自然人的个人信息受法律保护。任何组织和个人不得非法收集、利用、加工、传输个人信息,不得非法提供、公开或者出售个人信息。

第一百一十条　自然人因婚姻、家庭关系等产生的人身权利受法律保护。

第一百一十一条　民事主体依法享有的收入、储蓄、房屋、生活用品、生产工具、投资及其他财产权利受法律保护。

第一百一十二条　民事主体依法享有物权。

物权是权利人依法对特定的物享有直接支配和排他的权利，包括所有权、用益物权和担保物权。

第一百一十三条　物包括不动产和动产。法律规定权利作为物权客体的，依照其规定。

第一百一十四条　民事主体的物权受法律平等保护，任何组织和个人不得侵犯。

第一百一十五条　民事主体依法享有债权。

债权是因合同、侵权行为、无因管理、不当得利以及法律的其它规定，权利人请求特定义务人为或者不为一定行为的权利。

第一百一十六条　依法成立的合同，对当事人具有法律约束力。

第一百一十七条　民事权益受到侵害的，被侵权人有权请求侵权人承担侵权责任。

第一百一十八条　没有法定的或者约定的义务，为避免他人利益受损失进行管理或者服务的，有权请求受益人偿还由此而支付的必要费用。

第一百一十九条　没有合法根据，取得不当利益，造成他人损失的，受损失的人有权请求不当得利的人返还不当利益。

第一百二十条　民事主体依法享有知识产权。

知识产权是指权利人依法就下列客体所享有的权利：

(一)作品；

(二)发明、实用新型、外观设计；

(三)商标；

(四)地理标志；

(五)商业秘密；

(六)集成电路布图设计；

(七)植物新品种；

(八)科学发现;

(九)法律规定的其他客体。

第一百二十一条 自然人依法享有继承权。

第一百二十二条 民事主体依法享有股权和其它投资性权利。

第一百二十三条 民事主体享有法律规定的其他民事权利。

第一百二十四条 法律对数据、网络虚拟财产的保护有规定的,依照其规定。

第一百二十五条 法律对未成年人、老年人、残疾人、妇女、消费者等的民事权利有特别保护规定的,依照其规定。

第六章 民事法律行为

第一节 一般规定

第一百二十六条 民事法律行为是指民事主体通过意思表示设立、变更、终止民事权利义务关系的行为。

第一百二十七条 民事法律行为可以基于单方的意思表示成立,也可以基于双方或者多方的意思表示一致成立。

法人、非法人组织依照法律或者章程规定的议事方式和表决程序作出决议的,该决议行为成立。

第一百二十八条 民事法律行为可以采用书面形式、口头形式或者其他形式;法律规定或者当事人约定采用特定形式的,应当采用特定形式。

第一百二十九条 民事法律行为自成立时生效,法律另有规定或者当事人另有约定的除外。

行为人非依法律规定或者取得对方同意,不得擅自变更或者解除民事法律行为。

第二节 意思表示

第一百三十条 以对话方式作出的意思表示,相对人了解其内容时生效。

以非对话方式作出的意思表示,到达相对人时生效。以非对话方式作出的采用数据电文形式的意思表示,相对人指定特定系统接收数据电文的,该数据电文进入该特定系统时生效;未指定特定系统的,相对人知道或者应当知道该数据电文进入其系统时生效。当事人对采用数据电文形式的意思表示的生效时间另有约定的,按照其约定。

第一百三十一条　无相对人的意思表示,表示完成时生效。法律另有规定的,依照其规定。

第一百三十二条　以公告方式作出的意思表示,公告发布时生效。

第一百三十三条　行为人可以明示或者默示作出意思表示。

沉默只有在有法律规定、当事人约定或者习惯时,方可以视为意思表示。

第一百三十四条　行为人可以撤回意思表示。撤回意思表示的通知应当在意思表示到达相对人前或者与意思表示同时到达相对人。

第一百三十五条　有相对人的意思表示的解释,应当按照所使用的词句,结合相关条款、行为的性质和目的、习惯、相对人的合理信赖以及诚实信用原则,确定意思表示的含义。

无相对人的意思表示的解释,不能拘泥于所使用的词句,而应当结合相关条款、行为的性质和目的、习惯以及诚实信用原则,确定行为人的真实意思。

第三节　民事法律行为的效力

第一百三十六条　具备下列条件的民事法律行为有效:

(一)行为人具有相应的民事行为能力;

(二)意思表示真实;

(三)不违反法律、行政法规的效力性强制规定,不违背公序良俗。

第一百三十七条　无民事行为能力人实施的民事法律行为无效。

第一百三十八条　限制民事行为能力人实施的民事法律行为,经法定代理人同意或者追认后有效,但是纯获利益的民事法律行为或者与其年龄、智力、精神健康状况相适应的民事法律行为,不需经法定代理人同意或者追认。

相对人可以催告法定代理人自收到通知之日起一个月内予以追认。法定代理人未作表示的,视为拒绝追认。民事法律行为被追认前,善意相对人有撤销的权利。撤销应当以通知的方式作出。

第一百三十九条　行为人与相对人串通,以虚假的意思表示实施的民事法律行为无效。但是双方均不得以此对抗善意第三人。

行为人以虚假的意思表示隐藏的民事法律行为的效力,依照有关法律规定处理。

第一百四十条 基于重大误解实施的民事法律行为,行为人有权请求人民法院或者仲裁机构予以撤销。

第一百四十一条 一方以欺诈手段,使对方在违背真实意思的情况下实施的民事法律行为,受欺诈方有权请求人民法院或者仲裁机构予以撤销。

第一百四十二条 第三人实施欺诈行为,使一方在违背真实意思的情况下实施的民事法律行为,对方知道或者应当知道该欺诈行为的,受欺诈方有权请求人民法院或者仲裁机构予以撤销。

第一百四十三条 一方或者第三人以胁迫手段,使对方在违背真实意思的情况下实施的民事法律行为,受胁迫方有权请求人民法院或者仲裁机构予以撤销。

第一百四十四条 一方利用对方处于困境、缺乏判断能力等情形,致使民事法律行为成立时显失公平的,受损害方有权请求人民法院或者仲裁机构予以撤销。

第一百四十五条 民事法律行为因重大误解、欺诈、显失公平被撤销的,不得对抗善意第三人。

第一百四十六条 有下列情形之一的,撤销权消灭:

(一)当事人自知道或者应当知道撤销事由之日起一年内、重大误解的当事人自知道或者应当知道撤销事由之日起三个月内没有行使撤销权的;

(二)当事人受胁迫,自胁迫行为终止之日起一年内没有行使撤销权的;

(三)当事人知道撤销事由后明确表示或者以自己的行为表明放弃撤销权的;

(四)当事人自民事法律行为发生之日起五年内没有行使撤销权的。

第一百四十七条 违反法律、行政法规的效力性强制规定或者违背公序良俗的民事法律行为无效。

第一百四十八条 行为人与相对人恶意串通,损害他人合法权益的民事法律行为无效。

第一百四十九条　无效的或者被撤销的民事法律行为,从民事法律行为开始时起就没有法律约束力。

第一百五十条　民事法律行为无效、被撤销或者确定不发生效力后,行为人因该行为取得的财产,应当予以返还;不能返还或者没有必要返还的,应当折价补偿。有过错的一方应当赔偿对方由此所受到的损失;各方都有过错的,应当各自承担相应的责任。法律另有规定的,依照其规定。

第一百五十一条　民事法律行为部分无效,不影响其他部分效力的,其他部分仍然有效。

第四节　民事法律行为的附条件和附期限

第一百五十二条　民事法律行为可以附条件,但是依照其性质不得附条件的除外,附生效条件的民事法律行为,自条件成就时生效。附解除条件的民事法律行为,自条件成就时失效。

第一百五十三条　附条件的民事法律行为,当事人为自己的不正当阻止条件成就的,视为条件已成就;不正当地促成条件成就的,视为条件不成就。

第一百五十四条　民事法律行为可以附期限,但是依照其性质不得附期限的除外。附生效期限的民事法律行为,自期限届至时生效。附终止期限的民事法律行为,自期限届满时失效。

第七章　代　　理

第一节　一 般 规 定

第一百五十五条　民事主体可以通过代理人实施民事法律行为。

依照法律规定、当事人约定或者民事法律行为的性质,应当由本人亲自实施的民事法律行为,不得代理。

第一百五十六条　代理人在代理权限内,以被代理人名义实施的民事法律行为,对被代理人发生效力。

第一百五十七条　代理人在代理权限内以自己的名义与第三人实施民事法律行为,第三人知道代理人与被代理人之间的代理关系的,该民事法律行为直接约束被代理人和第三人,但是有确切证据证明该民事法律行为只约束代理人和第三人的除外。

第一百五十八条 代理包括委托代理和法定代理。

委托代理人按照被代理人的委托行使代理权。法定代理人依照法律的规定行使代理权。

法定代理,本章没有规定的,适用本法和其他法律有关规定。

第一百五十九条 代理人不履行或者不完全履行职责,造成被代理人损害的,应当承担民事责任。代理人和第三人恶意串通,损害被代理人合法权益的,由代理人和第三人承担连带责任。

第二节 委托代理

第一百六十条 委托代理授权可以采用书面形式、口头形式或者其他形式;法律规定或者当事人约定采用特定形式的,应当采用特定形式。

授权委托书应当载明代理人的姓名或者名称、代理事项、权限和期间,并由被代理人签名或者盖章。

第一百六十一条 数人为同一委托事项的代理人的,应当共同行使代理权,法律另有规定或者当事人另有约定的除外。

第一百六十二条 代理人知道或者应当知道代理的事项违法仍然实施代理行为,或者被代理人知道或者应当知道代理人的代理行为违法未作反对表示的,被代理人和代理人应当承担连带责任。

第一百六十三条 代理人不得以被代理人的名义与自己实施民事法律行为,法律另有规定或者被代理人同意、追认的除外。

代理人不得以被代理人的名义与自己同时代理的其他人实施民事法律行为,法律另有规定或者被代理的双方同意、追认的除外。

第一百六十四条 代理人需要转委托第三人代理的,应当取得被代理人的同意或者追认。

转委托代理经被代理人同意或者追认的,被代理人可以就代理事务直接指示转委托的第三人,代理人仅就第三人的选任及对第三人的指示承担责任。

转委托代理未经被代理人同意或者追认的,代理人应当对转委托的第三人的行为承担责任,但是在紧急情况下代理人为了维护被代理人的利益需要转委托第三人代理的除外。

第一百六十五条　执行法人或者非法人组织工作任务的人,就其职权范围内的事项,以法人或者非法人组织的名义实施民事法律行为,对法人或者非法人组织发生效力。

法人或者非法人组织对执行其工作任务的人员职权范围的限制,不得对抗善意第三人。

第一百六十六条　行为人没有代理权、超越代理权或者代理权终止后,仍然实施代理行为,未经被代理人追认的,代理行为无效。

相对人可以催告被代理人自收到通知之日起一个月内予以追认。被代理人未作表示的,视为拒绝追认。无权代理人实施的行为被追认前,善意相对人有撤销的权利。撤销应当以通知的方式作出。

无权代理人实施的行为未被追认的,善意相对人有权请求无权代理人履行债务或者就其受到的损害请求无权代理人赔偿,但是赔偿的范围不得超过代理行为有效时所能获得的利益。

相对人知道或者应当知道代理人无权代理的,相对人和代理人按照各自的过错承担责任。

第一百六十七条　行为人没有代理权、超越代理权或者代理权终止后,仍然实施代理行为,相对人有理由相信行为人有代理权的,代理行为有效,但是有下列情形之一的除外:

(一)行为人伪造他人的公章、合同书或者授权委托书等,假冒他人的名义实施民事法律行为的;

(二)被代理人的公章、合同书或者授权委托书等遗失、被盗,或者与行为人特定的职务关系已经终止,并且已经以合理方式公告或者通知,相对人应当知悉的;

(三)法律规定的其他情形。

第三节　代理的终止

第一百六十八条　有下列情形之一的,委托代理终止:

(一)代理期间届满或者代理事务完成的;

(二)被代理人取消委托或者代理人辞去委托的;

(三)代理人丧失民事行为能力的;

(四)代理人或者被代理人死亡的;

(五)作为代理人或者被代理人的法人、非法人组织终止的。

第一百六十九条 被代理人死亡后,有下列情形之一的,委托代理人实施的代理行为有效:

(一)代理人不知道并且不应当知道被代理人死亡的;

(二)被代理人的继承人均予以承认的;

(三)授权中明确代理权在代理事项完成时终止的;

(四)在被代理人死亡前已经实施,在被代理人死亡后为了被代理人继承人的利益继续完成的。

作为被代理人的法人、非法人组织终止的,参照适用前款规定。

第一百七十条 有下列情形之一的,法定代理终止:

(一)被代理人取得或者恢复完全民事行为能力的;

(二)代理人丧失民事行为能力的;

(三)被代理人或者代理人死亡的;

(四)法律规定的其他情形。

第八章 民事责任

第一百七十一条 民事主体应当依照法律规定或者当事人约定履行民事义务。

民事主体不履行或者不完全履行民事义务的,应当依法承担民事责任。

第一百七十二条 二人以上依法承担按份责任,能够确定责任大小的,各自承担相应的责任;难以确定责任大小的,平均承担责任。

第一百七十三条 二人以上依法承担连带责任的,权利人有权请求部分或者全部连带责任人承担责任。

连带责任人根据各自责任大小确定责任份额;难以确定责任大小的,平均承担责任份额。实际承担责任超过自己责任份额的连带责任人,有权向其他连带责任人追偿。

第一百七十四条　承担民事责任的方式主要有:

(一)停止侵害;

(二)排除妨碍;

(三)消除危险;

(四)返还财产;

(五)恢复原状;

(六)修理、重作、更换;

(七)继续履行;

(八)赔偿损失;

(九)支付违约金

(十)消除影响、恢复名誉;

(十一)赔礼道歉。

法律规定惩罚性赔偿的,依照其规定。

第一百七十五条　因不可抗力不能履行民事义务的,不承担民事责任。法律另有规定的,依照其规定。

不可抗力是指不能预见、不能避免并不能克服的客观情况。

第一百七十六条　因正当防卫造成损害的,不承担民事责任。正当防卫超过必要的限度,造成不应有的损害的,正当防卫人应当承担适当的民事责任。

第一百七十七条　因紧急避险造成损害的,由引起险情发生的人承担民事责任。如果危险是由自然原因引起的,紧急避险人不承担民事责任或者给予适当补偿。紧急避险采取措施不当或者超过必要的限度,造成不应有的损害的,紧急避险人应当承担适当的民事责任。

第一百七十八条　为保护他人民事权益而使自己受到损害的,由侵权人承担民事责任,受益人可以给予适当补偿。没有侵权人、侵权人逃逸或者无力承担民事责任,受害人请求补偿的,受益人应当给予适当补偿。

第一百七十九条　因当事人一方的违约行为,损害对方人身、财产权益的,受损害方有权选择请求其承担违约责任或者侵权责任。

第一百八十条　民事主体因同一行为应当承担民事责任、行政责任和刑事责任的,承担行政责任或者刑事责任不影响承担民事责任;民事主体的财产不足以支付的,先承担民事责任。

第九章　诉讼时效和除斥期间

第一节　诉讼时效

第一百八十一条　向人民法院请求保护民事权利的诉讼时效期间为三年,法律另有规定的,依照其规定。

诉讼时效期间自权利人知道或者应当知道权利受到损害以及义务人之日起开始计算,法律另有规定的,依照其规定。但是,自权利受到损害之日起超过二十年的,人民法院不予保护;有特殊情况的,人民法院可以延长。

第一百八十二条　当事人约定同一债务分期履行的,诉讼时效期间从最后一期履行期限届满之日起计算。

第一百八十三条　无民事行为能力人或者限制民事行为能力人对其法定代理人的请求权的诉讼时效期间,自该法定代理终止之日起开始计算。

第一百八十四条　未成年人遭受性侵害的损害赔偿请求权的诉讼时效期间,自受害人年满十八周岁之日起计算。

第一百八十五条　诉讼时效期间届满的,义务人可以提出不履行义务的抗辩。

诉讼时效期间届满后,义务人自愿履行的,不受诉讼时效限制。

第一百八十六条　人民法院不得主动适用诉讼时效的规定。

第一百八十七条　在诉讼时效期间的最后六个月内,因下列障碍,不能行使请求权的,诉讼时效中止:

(一)不可抗力;

(二)无民事行为能力人或者限制民事行为能力人没有法定代理人,或者法定代理人死亡、丧失代理权或者丧失民事行为能力;

(三)继承开始后未确定继承人或者遗产管理人;

(四)权利人被义务人或者其他人控制;

(五)其他导致权利人不能行使请求权的障碍。

自中止时效的原因消除之日起满六个月,诉讼时效期间届满。

第一百八十八条　有下列情形之一的,诉讼时效中断,从中断或者有关程序终结时起,诉讼时效期间重新计算:

(一)权利人向义务人提出履行请求的;

(二)义务人同意履行义务的;

(三)权利人提起诉讼或者申请仲裁的;

(四)与提起诉讼或者申请仲裁具有同等效力的其他情形。

第一百八十九条　对连带权利人或者连带义务人中的一人发生诉讼时效中断的,中断的效力及于全部连带权利人或者连带义务人。

第一百九十条　下列请求权不适用诉讼时效:

(一)请求停止侵害、排除妨碍、消除危险;

(二)登记的物权人请求返还财产;

(三)请求支付赡养费、抚养费或者扶养费;

(四)依法不适用诉讼时效的其他请求权。

第一百九十一条　诉讼时效的期间、计算方法以及中止、中断的事由由法律规定,当事人约定无效。

当事人对诉讼时效利益的预先放弃无效。

第一百九十二条　法律对仲裁时效有规定的,适用其规定,法律对仲裁时效没有规定的,适用诉讼时效的规定。

第二节　除斥期间

第一百九十三条　法律规定或者当事人约定的撤销权、解除权等权利的存续期间,为除斥期间。

除斥期间届满,当事人的撤销权、解除权等权利消灭。

第一百九十四条　除斥期间自权利人知道或者应当知道权利产生之日起开始计算。法律另有规定的,依照其规定。

第一百九十五条　除斥期间不适用本法有关诉讼时效中止、中断和延长的规定。

第十章　期间的计算

第一百九十六条　民事法律所称的期间按照公历年、月、日、小时计算。

第一百九十七条 按照小时计算期间的,自法律规定或者当事人约定的时间起算。

按照日、月、年计算期间的,开始的当日不计入,自下一日起算。

第一百九十八条 按照月、年计算期间的,到期月的对应日为期间的最后一日;没有对应日的,月末日为期间的最后一日。

第一百九十九条 期间的最后一日是法定休假日的,以法定休假日结束的次日为期间的最后一日。

期间的最后一日的截止时间为二十四点;有业务时间的,到停止业务活动的时间截止。

第二百条 期间的计算方法依照本法的规定,法律另有规定或者当事人另有约定的除外。

第十一章 附 则

第二百零一条 民事法律所称的"以上""以下""以内""届满",包括本数;所称的"不满""超过""以外",不包括本数。

第二百零二条 本法自 年 月 日起施行。

附件五

中华人民共和国民法总则(草案)
(三次审议稿)*

第一章　基 本 原 则

第一条　为了保护民事主体的合法权益,调整民事关系,维护社会和经济秩序,适应中国特色社会主义发展要求,根据宪法,制定本法。

第二条　民法调整平等主体的自然人、法人和非法人组织之间的人身关系和财产关系。

第三条　民事主体在民事活动中的法律地位一律平等。

第四条　民事主体从事民事活动,应当遵循自愿原则,按照自己的意思设立、变更和终止民事法律关系。

第五条　民事主体从事民事活动,应当遵循公平原则,合理确定各方的权利和义务。

第六条　民事主体从事民事活动,应当遵循诚实信用原则。

第七条　民事主体从事民事活动,不得违反法律,不得违背公序良俗。

第八条　民事主体的人身、财产权利及其他合法权益受法律保护,任何组织或者个人不得侵犯。

民事主体行使权利的同时,应当履行法律规定的或者当事人约定的义务。

第九条　处理民事关系,应当依照法律法规规定;法律法规没有规定的,可以适用习惯,但是不得违背公序良俗。

---

* 第十二届全国人民代表大会常务委员会第二十五次会议(2016 年 12 月 19 日至 25 日)审议。

第十条 其他法律对民事关系另有特别规定的,依照其规定。

第十一条 在中华人民共和国领域内的民事活动,适用中华人民共和国法律。法律另有规定的,依照其规定。

第二章 自 然 人

第一节 民事权利能力和民事行为能力

第十二条 自然人从出生时起到死亡时止,具有民事权利能力,依法享有民事权利,承担民事义务。

第十三条 自然人的民事权利能力一律平等。

第十四条 自然人的出生时间和死亡时间,以出生证明、死亡证明记载的时间为准;没有出生证明、死亡证明的,以登记的时间为准。有其他证据足以推翻以上记载时间的,以相关证据证明的时间为准。

第十五条 涉及遗产继承、接受赠与等胎儿利益的保护,胎儿视为具有民事权利能力。但是胎儿出生时为死体的,其民事权利能力自始不存在。

第十六条 年满十八周岁的自然人为成年人。不满十八周岁的自然人为未成年人。

第十七条 成年人为完全民事行为能力人,可以独立实施民事法律行为。

第十八条 六周岁以上的未成年人,为限制民事行为能力人,可以独立实施纯获利益的民事法律行为或者与其年龄、智力相适应的民事法律行为;实施其他民事法律行为由其法定代理人代理,或者经其法定代理人同意、追认。

十六周岁以上的未成年人,以自己的劳动收入为主要生活来源的,视为完全民事行为能力人。

第十九条 不满六周岁的未成年人,为无民事行为能力人,由其法定代理人代理实施民事法律行为。

第二十条 不能辨认自己行为的成年人,为无民事行为能力人,由其法定代理人代理实施民事法律行为。

六周岁以上的未成年人不能辨认自己行为的,适用前款规定。

第二十一条 不能完全辨认自己行为的成年人,为限制民事行为能力人,可以独立实施纯获利益的民事法律行为或者与其智力、精神健康状况相适应的民事法律行为;实施其他民事法律行为由其法定代理人代理,或者经其法定代理人同意、追认。

第二十二条　无民事行为能力人、限制民事行为能力人的监护人是其法定代理人。

第二十三条　不能辨认或者不能完全辨认自己行为的成年人的利害关系人,可以向人民法院申请认定该成年人为无民事行为能力人或者限制民事行为能力人。

被人民法院认定为无民事行为能力人或者限制民事行为能力人的,根据其智力、精神健康恢复的状况,经本人、利害关系人或者有关组织申请,人民法院可以认定该成年人恢复为限制民事行为能力人或者完全民事行为能力人。

前款规定的有关组织包括:本人住所地的居民委员会、村民委员会,学校、医疗卫生机构、妇女联合会、残疾人联合会、依法设立的老年人组织、民政部门等。

第二十四条　自然人以登记的居所为住所;经常居所与住所不一致的,经常居所视为住所。

第二节　监　　护

第二十五条　父母对未成年子女负有抚养、教育和保护的义务。

成年子女对父母负有赡养、照顾和保护的义务。

第二十六条　未成年人的父母是未成年人的监护人。

未成年人的父母已经死亡或者没有监护能力的,由下列有监护能力的人按顺序担任监护人:

(一)祖父母、外祖父母;

(二)兄、姐;

(三)其他愿意担任监护人的个人或者有关组织,经未成年人住所地的居民委员会、村民委员会或者民政部门同意的。

第二十七条　无民事行为能力或者限制民事行为能力的成年人,由下列有监护能力的人按顺序担任监护人:

(一)配偶;

(二)父母、子女;

(三)其他近亲属;

(四)其他愿意担任监护人的个人或者有关组织,经被监护人住所地的居民委员会、村民委员会或者民政部门同意的。

第二十八条 被监护人的父母可以通过遗嘱指定监护人。

第二十九条 监护人可以由协议确定。协议确定监护人的,应当尊重被监护人的真实意愿。

第三十条 对担任监护人有争议的,由被监护人住所地的居民委员会、村民委员会或者民政部门指定,有关当事人对指定不服的,可以向人民法院提出申请;有关当事人也可以直接向人民法院提出申请,由人民法院指定。

居民委员会、村民委员会、民政部门或者人民法院应当尊重被监护人的真实意愿,根据最有利于被监护人的原则在具有监护资格的人中指定监护人。

依照本条第一款规定指定监护人前,被监护人的人身、财产权利及其他合法权益处于无人保护状态的,由被监护人住所地的居民委员会、村民委员会、法律规定的有关组织或者民政部门担任临时监护人。

监护人被指定后,不得擅自变更;擅自变更的,不免除被指定的监护人的监护责任。

第三十一条 无具有监护资格的人的,监护人由民政部门担任,也可以由具备条件的被监护人住所地的居民委员会、村民委员会担任。

第三十二条 具有完全民事行为能力的成年人,可以与近亲属、其他愿意担任监护人的个人或者有关组织事先协商,以书面形式确定自己的监护人。协商确定的监护人在该成年人丧失或者部分丧失民事行为能力时,承担监护责任。

第三十三条 监护人依法履行监护职责而产生的权利,受法律保护。

监护人不履行监护职责或者侵害被监护人合法权益的,应当承担责任。

第三十四条 监护人应当按照最有利于被监护人的原则履行监护职责,保护被监护人的人身、财产权利及其他合法权益;除为被监护人利益外,不得处分被监护人的财产。

未成年人的监护人履行监护职责,在作出与被监护人权益有关的决定时,应当根据被监护人的年龄和智力状况,尊重被监护人的真实意愿。

成年人的监护人履行监护职责,应当最大程度地尊重被监护人的真实意愿,保障并协助被监护人独立实施与其智力、精神健康状况相适应的民事法律行为;对被监护人有能力独立处理的事务,监护人不得干涉。

第三十五条　监护人有下列情形之一的,人民法院根据有关个人或者组织的申请,撤销其监护人资格,安排必要的临时监护措施,并根据最有利于被监护人的原则依法指定新监护人:

(一)实施严重损害被监护人身心健康行为的;

(二)怠于履行监护职责,或者无法履行监护职责并且拒绝将监护职责部分或者全部委托给他人,导致被监护人处于危困状态的;

(三)实施严重侵害被监护人合法权益的其他行为的。

前款规定的有关个人和组织包括:其他有监护资格的人,被监护人住所地的居民委员会、村民委员会,学校、医疗卫生机构、妇女联合会、残疾人联合会、未成年人保护组织、依法设立的老年人组织、民政部门等。

前款规定的个人和其他组织未及时向人民法院提出撤销监护人资格申请的,民政部门应当向人民法院提出申请。

第三十六条　被监护人的父母或者子女被人民法院撤销监护人资格后,除对被监护人实施故意犯罪的外,确有悔改情形的,经其申请,人民法院可以在尊重被监护人真实意愿的前提下,视情况恢复其监护人资格。人民法院指定的新监护人与被监护人的监护关系同时终止。

第三十七条　有下列情形之一的,监护关系终止:

(一)被监护人取得或者恢复完全民事行为能力的;

(二)监护人丧失监护能力的;

(三)被监护人或者监护人死亡的;

(四)人民法院认定监护关系终止的其他情形。

监护关系终止后,被监护人仍然需要监护的,应当依法另行确定监护人。

第三节　宣告失踪和宣告死亡

第三十八条　自然人下落不明满二年的,利害关系人可以向人民法院申请宣告该自然人为失踪人。

第三十九条 自然人下落不明的时间,从该自然人失去音讯之日起计算。战争期间下落不明的,下落不明的时间自战争结束之日起计算。

第四十条 失踪人的财产由其配偶、父母、成年子女或者其他愿意担任财产代管人的人代管。

代管有争议,没有前款规定的人,或者前款规定的人无代管能力的,由人民法院指定的人代管。

第四十一条 财产代管人应当妥善管理失踪人的财产,维护其财产权益。

失踪人所欠税款、债务和应付的其他费用,由财产代管人从失踪人的财产中支付。

财产代管人因故意或者重大过失造成失踪人财产损失的,应当承担赔偿责任。

第四十二条 财产代管人不履行代管职责、侵害失踪人财产权益或者丧失代管能力的,失踪人的利害关系人可以向人民法院申请变更财产代管人。

财产代管人有正当理由的,可以向人民法院申请变更财产代管人。

人民法院变更财产代管人的,变更后的财产代管人有权要求原财产代管人及时移交有关财产并报告财产代管情况。

第四十三条 被宣告失踪的人重新出现,经本人或者利害关系人申请,人民法院应当撤销失踪宣告。

被宣告失踪的人重新出现,有权要求财产代管人及时移交有关财产并报告财产代管情况。

第四十四条 自然人有下列情形之一的,利害关系人可以向人民法院申请宣告该自然人死亡:

(一)下落不明满四年的;

(二)因意外事件,下落不明满二年的。

因意外事件下落不明,经有关机关证明该自然人不可能生存的,申请宣告死亡不受二年时间的限制。

第四十五条 对同一自然人,有的利害关系人申请宣告死亡,有的申请宣告失踪,符合本法规定的宣告死亡条件的,人民法院应当宣告死亡。

第四十六条　被宣告死亡的人,人民法院判决确定的日期视为其死亡的日期;判决未确定死亡日期的,判决作出之日视为其死亡的日期。

第四十七条　自然人并未死亡但是被宣告死亡的,不影响该自然人在被宣告死亡后实施的民事法律行为的效力。

第四十八条　被宣告死亡的人重新出现,经本人或者利害关系人申请,人民法院应当撤销死亡宣告。

第四十九条　被宣告死亡的人的婚姻关系,自死亡宣告之日起消灭。死亡宣告被撤销的,夫妻关系自撤销死亡宣告之日起自行恢复,但是其配偶再婚或者向婚姻登记机关声明不愿意恢复的除外。

第五十条　被宣告死亡的人在被宣告死亡期间,其子女被他人依法收养的,在死亡宣告被撤销后,不得以未经本人同意而主张收养关系无效。

第五十一条　被撤销死亡宣告的人有权请求返还财产。依照继承法取得其财产的民事主体,应当返还原物;无法返还原物的,应当给予补偿。

利害关系人隐瞒真实情况,致使他人被宣告死亡而取得其财产的,除应当返还原物外,还应当对由此造成的损失承担赔偿责任。

第四节　个体工商户、农村承包经营户

第五十二条　自然人经依法登记,从事工商业经营的,为个体工商户。个体工商户可以起字号。

第五十三条　农村集体经济组织的成员,依法取得农村土地承包经营权,从事家庭承包经营的,为农村承包经营户。

第五十四条　个体工商户的债务,个人经营的,以个人财产承担;家庭经营的,以家庭财产承担;无法区分个人经营和家庭经营的,以家庭财产承担。

农村承包经营户的债务,以从事农村土地承包经营的农户财产承担;事实上由农户部分成员经营的,以该部分成员的财产承担。

第三章　法　　人

第一节　一 般 规 定

第五十五条　法人是具有民事权利能力和民事行为能力,依法独立享有

民事权利和承担民事义务的组织。

第五十六条 法人应当依法成立。

法人应当有自己的名称、组织机构、住所、财产或者经费。法人成立的具体条件和程序,依照法律、行政法规的规定。

设立法人,法律、行政法规规定须经有关机关批准的,依照其规定。

第五十七条 法人的民事权利能力和民事行为能力,从法人成立时产生,到法人终止时消灭。

第五十八条 法人以其全部财产独立承担民事责任。

第五十九条 依照法律或者法人章程规定,代表法人从事民事活动的负责人,为法人的法定代表人。

法定代表人以法人名义从事的民事活动或者其他执行职务的行为,其法律后果由法人承受。

法人章程或者权力机构对法定代表人的代表权范围的限制,不得对抗善意相对人。

第六十条 法定代表人因执行职务造成他人损害的,由法人承担民事责任。

法人承担民事责任后,依照法律或者法人章程的规定,可以向有过错的法定代表人追偿。

第六十一条 法人以其登记的住所为住所。依法不需要办理法人登记的,以主要办事机构所在地为住所。

第六十二条 法人在存续期间登记事项发生变化的,应当依法向登记机关申请变更登记。

第六十三条 法人的实际情况与登记的事项不一致的,不得对抗善意相对人。

第六十四条 登记机关应当依法及时公示法人登记的有关信息。

第六十五条 法人合并的,其权利和义务由合并后的法人享有和承担。法人分立的,其权利和义务由分立后的法人享有连带债权,承担连带债务,债权人和债务人另有约定的除外。

第六十六条 法人由于下列原因之一终止:

(一)法人解散;

(二)法人被宣告破产;

(三)法律规定的其他原因。

法人终止,法律、行政法规规定须经有关机关批准的,依照其规定。

第六十七条　有下列情形之一的,法人解散:

(一)法人章程规定的存续期间届满或者法人章程规定的其他解散事由出现的;

(二)法人的权力机构决议解散的;

(三)因法人合并或者分立需要解散的;

(四)法人依法被吊销营业执照、登记证书,被责令关闭或者被撤销的;

(五)法律规定的其他情形。

第六十八条　法人解散的,清算义务人应当及时组成清算组进行清算。

法人的董事、理事等执行机构成员为清算义务人。但是法人章程另有规定、法人权力机构另有决议或者法律另有规定的除外。

清算义务人未及时履行清算义务的,主管机关或者利害关系人可以申请人民法院指定有关人员组成清算组进行清算。

第六十九条　法人的清算程序和清算组职权,依照有关法律的规定;没有规定的,参照适用公司法的有关规定。

第七十条　清算期间,法人存续,但是不得从事与清算无关的活动。

法人清算后的剩余财产,根据法人章程的规定或者法人权力机构的决议处理。法律另有规定的,依照其规定。

清算结束,并完成法人注销登记时,法人终止;依法不需要办理法人登记的,清算结束时,法人终止。

第七十一条　法人被宣告破产的,依法进行破产清算并完成法人注销登记时,法人终止。

第七十二条　法人可以依法设立分支机构。法律规定分支机构应当登记的,依照其规定。

分支机构以自己的名义从事民事活动,产生的民事责任由法人承担。

第七十三条　设立人为设立法人从事的民事活动,其法律后果在法人成立后由法人承受;法人未成立的,其法律后果由设立人承受,设立人为二人以上的,享有连带债权,承担连带债务。

设立人为设立法人以自己的名义从事民事活动产生的民事责任,第三人有权选择请求法人或者设立人承担。

第二节 营利法人

第七十四条 以取得利润并分配给其股东等出资人为目的成立的法人,为营利法人。

营利法人包括有限责任公司、股份有限公司和其他企业法人等。

第七十五条 营利法人,经依法登记成立,取得法人资格。

第七十六条 依法设立的营利法人,由登记机关发给营利法人营业执照。营业执照签发日期为营利法人的成立日期。

第七十七条 设立营利法人应当依法制定法人章程。

第七十八条 营利法人的股东会等出资人会为其权力机构。

权力机构修改法人章程,选举或者更换执行机构、监督机构成员,并行使法人章程规定的其他职权。

第七十九条 营利法人应当设执行机构。

执行机构召集权力机构会议,决定法人的经营计划和投资方案,决定法人内部管理机构的设置,并行使法人章程规定的其他职权。

执行机构为董事会或者执行董事的,董事长、执行董事或者经理依照法人章程的规定担任法定代表人;未设董事会或者执行董事的,法人章程规定的主要负责人为其执行机构和法定代表人。

第八十条 营利法人设监事会或者监事等监督机构的,监督机构依法检查法人财务,对执行机构成员及高级管理人员执行法人职务的行为进行监督,并行使法人章程规定的其他职权。

第八十一条 法律对营利法人的组织机构、法定代表人另有规定的,依照其规定。

第八十二条 营利法人的出资人不得滥用出资人权利损害法人或者其他出资人的利益。法人的出资人滥用出资人权利给法人或者其他出资人造成损失的,应当依法承担民事责任。

营利法人的出资人不得滥用法人独立地位和出资人有限责任损害法人债权人的利益。法人的出资人滥用法人独立地位和出资人有限责任,逃避债务,严重损害法人债权人利益的,应当对法人债务承担连带责任。

第八十三条　营利法人的权力机构、执行机构的会议召集程序、表决方式违反法律、行政法规、法人章程,或者决议内容违反法人章程的,营利法人的出资人可以请求人民法院予以撤销,但是营利法人依据该决议与善意相对人形成的民事法律关系不受影响。

第八十四条　营利法人从事经营活动,应当遵守商业道德,维护交易安全,接受政府和社会的监督,承担社会责任。

第八十五条　本节没有规定的,适用公司法等有关法律的规定。

第三节　非营利法人

第八十六条　为公益目的或者其他非营利目的成立,不向其出资人或者设立人分配所取得利润的法人,为非营利法人。

非营利法人包括事业单位、社会团体、基金会、社会服务机构等。

第八十七条　为公益目的成立的非营利法人终止时,不得向其出资人或者设立人分配剩余财产;其剩余财产应当按照法人章程的规定或者权力机构的决议用于公益目的;不能按照法人章程规定或者权力机构的决议处理的,由主管机关主持转给宗旨相同或者相近的以公益为目的的法人,并向社会公告。

第八十八条　具备法人条件,为实现公益目的设立的事业单位,经依法登记成立,取得事业单位法人资格;依法不需要办理法人登记的,从成立之日起,具有事业单位法人资格。

第八十九条　事业单位法人设理事会的,理事会为其决策机构。事业单位法人的法定代表人按照法人章程的规定产生。

法律对事业单位法人的组织机构、法定代表人另有规定的,依照其规定。

第九十条　具备法人条件,基于会员共同意愿,为实现公益目的或者会员共同利益等非营利目的设立的社会团体,经依法登记成立,取得社会团体法人资格;依法不需要办理法人登记的,从成立之日起,具有社会团体法人资格。

第九十一条 设立社会团体法人应当依法制定法人章程。

社会团体法人应当设会员大会或者会员代表大会等权力机构。

社会团体法人应当设理事会等执行机构。理事长或者会长等负责人依照法人章程的规定担任法定代表人。

第九十二条 具备法人条件,为实现公益目的,以捐助财产设立的基金会、社会服务机构等,经依法登记成立,取得捐助法人资格。

依法设立的宗教活动场所,具备法人条件的,可以申请法人登记,取得捐助法人资格。

第九十三条 设立捐助法人应当依法制定法人章程。

捐助法人应当设理事会、民主管理组织等决策机构,并设执行机构。理事长等负责人依照法人章程的规定担任法定代表人。

捐助法人应当设监事会等监督机构。

第九十四条 捐助人有权向捐助法人查询捐助财产的使用、管理情况,并提出意见和建议,捐助法人应当及时、如实答复。

捐助法人的决策机构、执行机构或者其法定代表人作出的决定违反捐助法人章程的,捐助人等利害关系人或者主管机关可以请求人民法院予以撤销,但是捐助法人依据该决定与善意相对人形成的民事法律关系不受影响。

第四节 特别法人

第九十五条 本节规定的机关法人、农村集体经济组织法人、合作经济组织法人、基层群众性自治组织法人为特别法人。

第九十六条 有独立经费的机关和承担行政职能的法定机构从成立之日起,具有机关法人资格,可以从事为履行职能所需要的民事活动。

第九十七条 机关法人被撤销的,法人终止,其民事责任由继续履行其职能的机关法人承担;没有继续履行其职能的机关法人的,由撤销该机关法人的机关法人承担。

第九十八条 农村集体经济组织依法取得法人资格。

法律、行政法规对农村集体经济组织有规定的,依照其规定。

第九十九条 城镇、农村的合作经济组织依法取得法人资格。

法律、行政法规对城镇、农村的合作经济组织有规定的,依照其规定。

第一百条　居民委员会、村民委员会具有基层群众性自治组织法人资格,可以从事为履行职能所需要的民事活动。

未设立村集体经济组织的,村民委员会可以依法代行村集体经济组织的职能。

第四章　非法人组织

第一百零一条　非法人组织是不具有法人资格,但是依法能够以自己的名义从事民事活动的组织。

非法人组织包括个人独资企业、合伙企业、不具有法人资格的专业服务机构和其他组织。

第一百零二条　非法人组织应当依照法律的规定登记。

设立非法人组织,法律、行政法规规定须经有关机关批准的,依照其规定。

第一百零三条　非法人组织的出资人或者设立人对该组织的债务承担无限责任。法律另有规定的,依照其规定。

第一百零四条　非法人组织可以确定一人或者数人代表该组织从事民事活动。

第一百零五条　有下列情形之一的,非法人组织解散:

(一)章程规定的存续期间届满或者章程规定的其他解散事由出现的;

(二)出资人或者设立人决定解散的;

(三)法律规定的其他情形。

第一百零六条　非法人组织解散的,应当依法进行清算。

第一百零七条　非法人组织除适用本章规定外,参照适用本法第三章第一节的有关规定。

第五章　民 事 权 利

第一百零八条　自然人的人身自由、人格尊严受法律保护。

第一百零九条　自然人享有生命权、健康权、身体权、姓名权、肖像权、名誉权、荣誉权、隐私权、婚姻自主权等权利。

法人、非法人组织享有名称权、名誉权、荣誉权等权利。

第一百一十条 自然人的个人信息受法律保护。任何组织和个人不得非法收集、使用、加工、传输个人信息,不得非法买卖、提供或者公开个人信息。

第一百一十一条 自然人因婚姻、家庭关系等产生的人身权利受法律保护。

第一百一十二条 自然人的私有财产权利受法律保护。

第一百一十三条 民事主体依法享有物权。

物权是权利人依法对特定的物享有直接支配和排他的权利,包括所有权、用益物权和担保物权。

第一百一十四条 物包括不动产和动产。法律规定权利作为物权客体的,依照其规定。

第一百一十五条 物权的种类和内容,由法律规定。

第一百一十六条 民事主体的物权受法律平等保护,任何组织或者个人不得侵犯。

第一百一十七条 为了公共利益的需要,依照法律规定的权限和程序征收、征用不动产或者动产的,应当给予公平、合理的补偿。

第一百一十八条 民事主体依法享有债权。

债权是因合同、侵权行为、无因管理、不当得利以及法律的其他规定,权利人请求特定义务人为或者不为一定行为的权利。

第一百一十九条 依法成立的合同,对当事人具有法律约束力。

第一百二十条 民事权益受到侵害的,被侵权人有权请求侵权人承担侵权责任。

第一百二十一条 没有法定的或者约定的义务,为避免他人利益受损失进行管理或者服务的,有权请求受益人偿还由此而支付的必要费用。

第一百二十二条 没有合法根据,取得不当利益,造成他人损失的,受损失的人有权请求不当得利的人返还不当利益。

第一百二十三条 民事主体依法享有知识产权。

知识产权是指权利人依法就下列客体所享有的专属的和支配的权利:

(一)作品;

(二)发明、实用新型、外观设计;

(三)商标;

(四)地理标志;

(五)商业秘密;

(六)集成电路布图设计;

(七)植物新品种;

(八)法律规定的其他客体。

第一百二十四条　自然人依法享有继承权。

第一百二十五条　自然人合法的私有财产,可以依法继承。

第一百二十六条　民事主体依法享有股权和其他投资性权利。

第一百二十七条　民事主体享有法律规定的其他民事权利和利益。

第一百二十八条　法律对数据、网络虚拟财产的保护有规定的,依照其规定。

第一百二十九条　法律对未成年人、老年人、残疾人、妇女、消费者等的民事权利有特别保护规定的,依照其规定。

第一百三十条　民事权利可以依据民事法律行为、事实行为、法律规定的事件或者法律规定的其他方式取得。

第一百三十一条　民事主体按照自己的意愿依法行使民事权利,不受干涉。

第一百三十二条　民事主体不得滥用民事权利损害他人合法权益。

第一百三十三条　民事主体行使民事权利,应当节约资源、保护生态环境;弘扬中华优秀文化,践行社会主义核心价值观。

第六章　民事法律行为

第一节　一 般 规 定

第一百三十四条　民事法律行为是指民事主体通过意思表示设立、变更、终止民事权利义务关系的行为。

第一百三十五条　民事法律行为可以基于单方的意思表示成立,也可以基于双方或者多方的意思表示一致成立。

法人、非法人组织依照法律或者章程规定的议事方式和表决程序作出决议的,该决议行为成立。

第一百三十六条 民事法律行为可以采用书面形式、口头形式或者其他形式;法律规定或者当事人约定采用特定形式的,应当采用特定形式。

第一百三十七条 民事法律行为自成立时生效,法律另有规定或者当事人另有约定的除外。

行为人非依法律规定或者取得对方同意,不得擅自变更或者解除民事法律行为。

第二节 意思表示

第一百三十八条 以对话方式作出的意思表示,相对人了解其内容时生效。

以非对话方式作出的意思表示,到达相对人时生效。以非对话方式作出的采用数据电文形式的意思表示,相对人指定特定系统接收数据电文的,该数据电文进入该特定系统时生效;未指定特定系统的,相对人知道或者应当知道该数据电文进入其系统时生效。当事人对采用数据电文形式的意思表示的生效时间另有约定的,按照其约定。

第一百三十九条 无相对人的意思表示,表示完成时生效。法律另有规定的,依照其规定。

第一百四十条 以公告方式作出的意思表示,公告发布时生效。

第一百四十一条 行为人可以明示或者默示作出意思表示。

沉默只有在有法律规定、当事人约定或者习惯时,方可以视为意思表示。

第一百四十二条 行为人可以撤回意思表示。撤回意思表示的通知应当在意思表示到达相对人前或者与意思表示同时到达相对人。

第一百四十三条 有相对人的意思表示的解释,应当按照所使用的词句,结合相关条款、行为的性质和目的、习惯以及诚实信用原则,确定意思表示的含义。

无相对人的意思表示的解释,不能拘泥于所使用的词句,而应当结合相关条款、行为的性质和目的、习惯以及诚实信用原则,确定行为人的真实意思。

第三节　民事法律行为的效力

第一百四十四条　具备下列条件的民事法律行为有效：

(一)行为人具有相应的民事行为能力；

(二)意思表示真实；

(三)不违反法律、行政法规的效力性强制规定，不违背公序良俗。

第一百四十五条　无民事行为能力人实施的民事法律行为无效。

第一百四十六条　限制民事行为能力人实施的民事法律行为，经法定代理人同意或者追认后有效，但是纯获利益的民事法律行为或者与其年龄、智力、精神健康状况相适应的民事法律行为，不需经法定代理人同意或者追认。

相对人可以催告法定代理人自收到通知之日起一个月内予以追认。法定代理人未作表示的，视为拒绝追认。民事法律行为被追认前，善意相对人有撤销的权利。撤销应当以通知的方式作出。

第一百四十七条　行为人与相对人串通，以虚假的意思表示实施的民事法律行为无效，但是双方均不得以此对抗善意第三人。

行为人以虚假的意思表示隐藏的民事法律行为的效力，依照有关法律规定处理。

第一百四十八条　基于重大误解实施的民事法律行为，行为人有权请求人民法院或者仲裁机构予以撤销。

第一百四十九条　一方以欺诈手段，使对方在违背真实意思的情况下实施的民事法律行为，受欺诈方有权请求人民法院或者仲裁机构予以撤销。

第一百五十条　第三人实施欺诈行为，使一方在违背真实意思的情况下实施的民事法律行为，对方知道或者应当知道该欺诈行为的，受欺诈方有权请求人民法院或者仲裁机构予以撤销。

第一百五十一条　一方或者第三人以胁迫手段，使对方在违背真实意思的情况下实施的民事法律行为，受胁迫方有权请求人民法院或者仲裁机构予以撤销。

第一百五十二条　一方利用对方处于困境、缺乏判断能力等情形，致使民事法律行为成立时显失公平的，受损害方有权请求人民法院或者仲裁机构予以撤销。

第一百五十三条　民事法律行为因重大误解、欺诈、显失公平被撤销的,不得对抗善意第三人。

第一百五十四条　有下列情形之一的,撤销权消灭:

(一)当事人自知道或者应当知道撤销事由之日起一年内、重大误解的当事人自知道或者应当知道撤销事由之日起三个月内没有行使撤销权的;

(二)当事人受胁迫,自胁迫行为终止之日起一年内没有行使撤销权的;

(三)当事人知道撤销事由后明确表示或者以自己的行为表明放弃撤销权的;

(四)当事人自民事法律行为发生之日起五年内没有行使撤销权的。

第一百五十五条　违反法律、行政法规的效力性强制规定或者违背公序良俗的民事法律行为无效。

第一百五十六条　超越依法登记的经营范围从事经营活动的,除违反法律、行政法规有关限制经营、特许经营或者禁止经营的规定外,不影响民事法律行为的效力。

第一百五十七条　行为人与相对人恶意串通,损害他人合法权益的民事法律行为无效。

第一百五十八条　无效的或者被撤销的民事法律行为,从民事法律行为开始时起就没有法律约束力。

第一百五十九条　民事法律行为无效、被撤销或者确定不发生效力后,行为人因该行为取得的财产,应当予以返还;不能返还或者没有必要返还的,应当折价补偿。有过错的一方应当赔偿对方由此所受到的损失;各方都有过错的,应当各自承担相应的责任。法律另有规定的,依照其规定。

第一百六十条　民事法律行为部分无效,不影响其他部分效力的,其他部分仍然有效。

第四节　民事法律行为的附条件和附期限

第一百六十一条　民事法律行为可以附条件,但是依照其性质不得附条件的除外。附生效条件的民事法律行为,自条件成就时生效。附解除条件的民事法律行为,自条件成就时失效。

第一百六十二条　附条件的民事法律行为,当事人为自己的利益不正当地阻止条件成就的,视为条件已成就;不正当地促成条件成就的,视为条件不成就。

第一百六十三条　民事法律行为可以附期限,但是依照其性质不得附期限的除外。附生效期限的民事法律行为,自期限届至时生效。附终止期限的民事法律行为,自期限届满时失效。

第七章　代　　理

第一节　一般规定

第一百六十四条　民事主体可以通过代理人实施民事法律行为。

依照法律规定、当事人约定或者民事法律行为的性质,应当由本人亲自实施的民事法律行为,不得代理。

第一百六十五条　代理人在代理权限内,以被代理人名义实施的民事法律行为,对被代理人发生效力。

第一百六十六条　代理人在代理权限内以自己的名义与第三人实施民事法律行为,第三人知道代理人与被代理人之间的代理关系的,该民事法律行为直接约束被代理人和第三人,但是有确切证据证明该民事法律行为只约束代理人和第三人的除外。

第一百六十七条　代理包括委托代理和法定代理。

委托代理人按照被代理人的委托行使代理权。法定代理人依照法律的规定行使代理权。

法定代理,本章没有规定的,适用本法和其他法律的有关规定。

第一百六十八条　代理人不履行或者不完全履行职责,造成被代理人损害的,应当承担民事责任。

代理人和第三人恶意串通,损害被代理人合法权益的,代理人和第三人应当承担连带责任。

第二节　委托代理

第一百六十九条　委托代理授权采用书面形式的,授权委托书应当载明代理人的姓名或者名称、代理事项、权限和期间,并由被代理人签名或者盖章。

第一百七十条 数人为同一委托事项的代理人的,应当共同行使代理权,法律另有规定或者当事人另有约定的除外。

第一百七十一条 代理人知道或者应当知道代理的事项违法仍然实施代理行为,或者被代理人知道或者应当知道代理人的代理行为违法未作反对表示的,被代理人和代理人应当承担连带责任。

第一百七十二条 代理人不得以被代理人的名义与自己实施民事法律行为,法律另有规定或者被代理人同意、追认的除外。

代理人不得以被代理人的名义与自己同时代理的其他人实施民事法律行为,法律另有规定或者被代理的双方同意、追认的除外。

第一百七十三条 代理人需要转委托第三人代理的,应当取得被代理人的同意或者追认。

转委托代理经被代理人同意或者追认的,被代理人可以就代理事务直接指示转委托的第三人,代理人仅就第三人的选任及对第三人的指示承担责任。

转委托代理未经被代理人同意或者追认的,代理人应当对转委托的第三人的行为承担责任,但是在紧急情况下代理人为了维护被代理人的利益需要转委托第三人代理的除外。

第一百七十四条 执行法人或者非法人组织工作任务的人员,就其职权范围内的事项,以法人或者非法人组织的名义实施民事法律行为,对法人或者非法人组织发生效力。

法人或者非法人组织对执行其工作任务的人员职权范围的限制,不得对抗善意相对人。

第一百七十五条 行为人没有代理权、超越代理权或者代理权终止后,仍然实施代理行为,未经被代理人追认的,代理行为无效。

相对人可以催告被代理人自收到通知之日起一个月内予以追认。被代理人未作表示的,视为拒绝追认。无权代理人实施的行为被追认前,善意相对人有撤销的权利。撤销应当以通知的方式作出。

无权代理人实施的行为未被追认的,善意相对人有权请求无权代理人履行债务或者就其受到的损害请求无权代理人赔偿,但是赔偿的范围不得超过代理行为有效时所能获得的利益。

相对人知道或者应当知道代理人无权代理的,相对人和代理人按照各自的过错承担责任。

第一百七十六条　行为人没有代理权、超越代理权或者代理权终止后,仍然实施代理行为,相对人有理由相信行为人有代理权的,代理行为有效,但是有下列情形之一的除外:

(一)行为人伪造他人的公章、合同书或者授权委托书等,假冒他人的名义实施民事法律行为的;

(二)被代理人的公章、合同书或者授权委托书等遗失、被盗,或者与行为人特定的职务关系已经终止,并且已经以合理方式公告或者通知,相对人应当知悉的;

(三)法律规定的其他情形。

第三节　代理的终止

第一百七十七条　有下列情形之一的,委托代理终止:

(一)代理期间届满或者代理事务完成的;

(二)被代理人取消委托或者代理人辞去委托的;

(三)代理人丧失民事行为能力的;

(四)代理人或者被代理人死亡的;

(五)作为代理人或者被代理人的法人、非法人组织终止的。

第一百七十八条　被代理人死亡后,有下列情形之一的,委托代理人实施的代理行为有效:

(一)代理人不知道并且不应当知道被代理人死亡的;

(二)被代理人的继承人均予以承认的;

(三)授权中明确代理权在代理事项完成时终止的;

(四)在被代理人死亡前已经实施,在被代理人死亡后为了被代理人继承人的利益继续完成的。

作为被代理人的法人、非法人组织终止的,参照适用前款规定。

第一百七十九条　有下列情形之一的,法定代理终止:

（一）被代理人取得或者恢复完全民事行为能力的；

（二）代理人丧失民事行为能力的；

（三）代理人或者被代理人死亡的；

（四）法律规定的其他情形。

第八章　民 事 责 任

第一百八十条　民事主体应当依照法律规定或者当事人约定履行民事义务。

民事主体不履行或者不完全履行民事义务的,应当依法承担民事责任。

第一百八十一条　二人以上依法承担按份责任,能够确定责任大小的,各自承担相应的责任;难以确定责任大小的,平均承担责任。

第一百八十二条　二人以上依法承担连带责任的,权利人有权请求部分或者全部连带责任人承担责任。

连带责任人根据各自责任大小确定责任份额;难以确定责任大小的,平均承担责任。实际承担责任超过自己责任份额的连带责任人,有权向其他连带责任人追偿。

第一百八十三条　承担民事责任的方式主要有:

（一）停止侵害;

（二）排除妨碍;

（三）消除危险;

（四）返还财产;

（五）恢复原状;

（六）修理、重作、更换;

（七）继续履行;

（八）赔偿损失;

（九）支付违约金;

（十）消除影响、恢复名誉;

（十一）赔礼道歉。

法律规定惩罚性赔偿的,依照其规定。

本条规定的承担民事责任的方式,可以单独适用,也可以合并适用。

第一百八十四条　因不可抗力不能履行民事义务的,不承担民事责任。法律另有规定的,依照其规定。

不可抗力是指不能预见、不能避免并不能克服的客观情况。

第一百八十五条　因正当防卫造成损害的,不承担民事责任。正当防卫超过必要的限度,造成不应有的损害的,正当防卫人应当承担适当的民事责任。

第一百八十六条　因紧急避险造成损害的,由引起险情发生的人承担民事责任。如果危险是由自然原因引起的,紧急避险人不承担民事责任或者给予适当补偿。紧急避险采取措施不当或者超过必要的限度,造成不应有的损害的,紧急避险人应当承担适当的民事责任。

第一百八十七条　实施紧急救助行为造成受助人损害的,除有重大过失外,救助人不承担民事责任。

第一百八十八条　为保护他人民事权益而使自己受到损害的,由侵权人承担民事责任,受益人可以给予适当补偿。没有侵权人、侵权人逃逸或者无力承担民事责任,受害人请求补偿的,受益人应当给予适当补偿。

第一百八十九条　因当事人一方的违约行为,损害对方人身、财产权益的,受损害方有权选择请求其承担违约责任或者侵权责任。

第一百九十条　民事主体因同一行为应当承担民事责任、行政责任和刑事责任的,承担行政责任或者刑事责任不影响承担民事责任;民事主体的财产不足以支付的,先承担民事责任。

第九章　诉讼时效

第一百九十一条　向人民法院请求保护民事权利的诉讼时效期间为三年。法律另有规定的,依照其规定。

诉讼时效期间自权利人知道或者应当知道权利受到损害以及义务人之日起计算。法律另有规定的,依照其规定。但是自权利受到损害之日起超过二十年的,人民法院不予保护;有特殊情况的,人民法院可以延长。

第一百九十二条　当事人约定同一债务分期履行的,诉讼时效期间自最后一期履行期限届满之日起计算。

第一百九十三条 无民事行为能力人或者限制民事行为能力人对其法定代理人的请求权的诉讼时效期间,自该法定代理终止之日起计算。

第一百九十四条 未成年人遭受性侵害的损害赔偿请求权的诉讼时效期间,自受害人年满十八周岁之日起计算。

第一百九十五条 诉讼时效期间届满的,义务人可以提出不履行义务的抗辩。

诉讼时效期间届满后,义务人自愿履行的,不得请求返还。

第一百九十六条 人民法院不得主动适用诉讼时效的规定。

第一百九十七条 在诉讼时效期间的最后六个月内,因下列障碍,不能行使请求权的,诉讼时效中止:

(一)不可抗力;

(二)无民事行为能力人或者限制民事行为能力人没有法定代理人,或者法定代理人死亡、丧失代理权、丧失民事行为能力;

(三)继承开始后未确定继承人或者遗产管理人;

(四)权利人被义务人或者其他人控制;

(五)其他导致权利人不能行使请求权的障碍。

自中止时效的原因消除之日起满六个月,诉讼时效期间届满。

第一百九十八条 有下列情形之一的,诉讼时效中断,从中断或者有关程序终结时起,诉讼时效期间重新计算:

(一)权利人向义务人提出履行请求的;

(二)义务人同意履行义务的;

(三)权利人提起诉讼或者申请仲裁的;

(四)与提起诉讼或者申请仲裁具有同等效力的其他情形。

第一百九十九条 对连带权利人或者连带义务人中的一人发生诉讼时效中断的,中断的效力及于全部连带权利人或者连带义务人。

第二百条 下列请求权不适用诉讼时效的规定:

(一)请求停止侵害、排除妨碍、消除危险;

(二)登记的物权人请求返还财产;

(三)请求支付赡养费、抚养费或者扶养费;

(四)依法不适用诉讼时效的其他请求权。

第二百零一条　诉讼时效的期间、计算方法以及中止、中断的事由由法律规定,当事人约定无效。

当事人对诉讼时效利益的预先放弃无效。

第二百零二条　法律对仲裁时效有规定的,适用其规定。法律对仲裁时效没有规定的,适用诉讼时效的规定。

第二百零三条　法律规定或者当事人约定的撤销权、解除权等权利的存续期间,除法律另有规定外,自权利人知道或者应当知道权利产生之日起计算,不适用有关诉讼时效中止、中断和延长的规定。存续期间届满,撤销权、解除权等权利消灭。

第十章　期间的计算

第二百零四条　民法所称的期间按照公历年、月、日、小时计算。

第二百零五条　按照小时计算期间的,自法律规定或者当事人约定的时间起计算。

按照日、月、年计算期间的,开始的当日不计入,自下一日起计算。

第二百零六条　按照月、年计算期间的,到期月的对应日为期间的最后一日;没有对应日的,月末日为期间的最后一日。

第二百零七条　期间的最后一日是法定休假日的,以法定休假日结束的次日为期间的最后一日。

期间的最后一日的截止时间为二十四点;有业务时间的,到停止业务活动的时间截止。

第二百零八条　期间的计算方法依照本法的规定,法律另有规定或者当事人另有约定的除外。

第十一章　附　　则

第二百零九条　民法所称的"以上""以下""以内""届满",包括本数;所称的"不满""超过""以外",不包括本数。

第二百一十条　本法自　年　月　日起施行。

图书在版编目(CIP)数据

民法总则评注:全2册/陈甦主编.—北京:法律出版社,2017.5(2018.10重印)
ISBN 978-7-5197-0710-1

Ⅰ.①民… Ⅱ.①陈… Ⅲ.①民法—总则—法律适用—中国 Ⅳ.①D923.15

中国版本图书馆CIP数据核字(2017)第058737号

民法总则评注
MINFA ZONGZE PINGZHU

陈 甦 主编

策划编辑 高 山
责任编辑 韩向臣 汤子君
装帧设计 李 瞻

出版 法律出版社
总发行 中国法律图书有限公司
经销 新华书店
印刷 三河市龙大印装有限公司
责任印制 陶 松

编辑统筹 学术·对外出版分社
开本 720毫米×960毫米 1/16
印张 100.5
字数 1469千
版本 2017年5月第1版
印次 2018年10月第3次印刷

法律出版社/北京市丰台区莲花池西里7号(100073)
网址/www.lawpress.com.cn
投稿邮箱/info@lawpress.com.cn
举报维权邮箱/jbwq@lawpress.com.cn
销售热线/010-83938336

中国法律图书有限公司/北京市丰台区莲花池西里7号(100073)
全国各地中法图分、子公司销售电话:
统一销售客服/400-660-6393
第一法律书店/010-83938334/8335　西安分公司/029-85330678　重庆分公司/023-67453036
上海分公司/021-62071639/1636　深圳分公司/0755-83072995

书号:ISBN 978-7-5197-0710-1　**定价(全两册)**:188.00元
(如有缺页或倒装,中国法律图书有限公司负责退换)